义乌年鉴

YIWU YEARBOOK 2022

中共义乌市委党史研究室
（义乌市地方志编纂室） 编

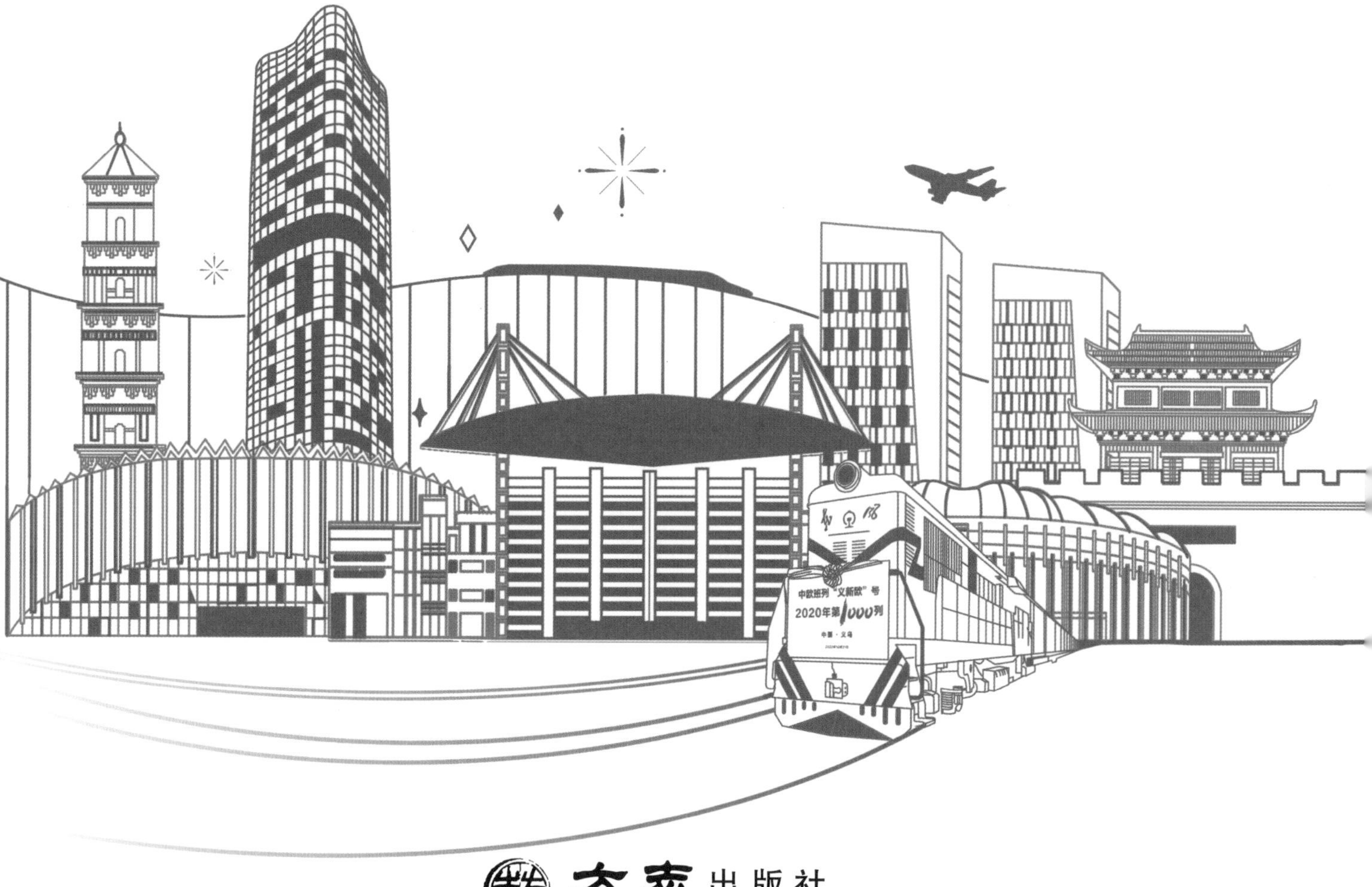

方志出版社
Publishing House of Local Records

图书在版编目(CIP)数据

义乌年鉴. 2022 / 中共义乌市委党史研究室, 义乌市地方志编纂室编. -- 北京 : 方志出版社, 2022.12
ISBN 978-7-5144-5612-7

Ⅰ. ①义… Ⅱ. ①中… ②义… Ⅲ. ①义乌—2022—年鉴 Ⅳ. ①Z525.54

中国版本图书馆CIP数据核字（2022）第256657号

责任编辑 : 徐　宏
责任校对 : 刘玉霞
责任印制 : 梅中英
出 版 者 : 方志出版社
地　　址 : 北京市朝阳区潘家园东里 9 号（国家方志馆4层）
邮　　编 : 100021
网　　址 : http://www.zgfzcb.cn
发　　行 : 方志出版社图书营销中心（010-67110500）
印　　刷 : 南京凯德印刷有限公司
开　　本 : 889毫米 × 1194毫米　1/16
印　　张 : 36.25
字　　数 : 918千字
版　　次 : 2022年12月第1版
印　　次 : 2022年12月第1次印刷
定　　价 : 208.00元

义乌市地方志编纂委员会

《义乌年鉴》编辑部

编辑说明

一、《义乌年鉴》是由中共义乌市委和义乌市人民政府主办，义乌市地方志编纂委员会主持，中共义乌市委党史研究室（义乌市地方志编纂室）编纂的地方综合年鉴，2008 年首次出版，每年出版 1 卷，本卷为第 15 卷。

二、《义乌年鉴》以马克思列宁主义、毛泽东思想、邓小平理论、“三个代表”重要思想、科学发展观、习近平新时代中国特色社会主义思想为指导，坚持辩证唯物主义和历史唯物主义的立场、观点和方法，坚持存真求实，全面、客观、系统地记述年度发展情况。

三、《义乌年鉴（2022）》主要记述义乌市2021 年间，政治、经济、文化教育、社会和生态文明建设等方面的发展状况，全面总结了上年义乌市在发展过程中面临的新问题、新情况。全书的编撰在延续上年年鉴的基础框架上，在体例、结构、资料、语言文字等方面进行了进一步的修改完善，体现了习近平新时代中国特色社会主义思想的要求，客观全面地反映了义乌市各条战线的风貌，是一部了解义乌市情的重要地情资料书。记述具有年度特色的要事，作为背景资料，有些条目内容或表格中的数据适当上溯，以保持资料的完整性。

四、《义乌年鉴（2022）》按分类法编辑，主题内容分为类目、分目、条目 3 个层次。以条目为基本记述单元，按时间发展的先后记述内容，条目标题采用【 】表示。全书设置类目60个，分目350个，收入条目1996条。“专记”中收入“义乌发展经验15周年”“扶贫“消薄”、乡村振兴攻坚行动”“新型冠状病毒肺炎疫情防控”“义乌自由贸易试验区建设”“义乌综合保税区建设”“跨境电商综试区建设”“义乌营商环境”“服务贸易创新发展十大行动”等年度重点内容。经济部类新增“新兴产业”“商贸服务业”类目，增设“夜间经济”。

五、《义乌年鉴（2022）》所用稿件均由市各单位、各部门专人提供，所记述的综合性数据由市统计局提供，部分数据由各单位提供，市领导名录由市委组织部提供。“特载”“附录”类目中的重要文献，照原文录入，一般不做处理。书中“全年”“年内”“年底”“年末”中的“年”均指2021年，书中出现的单位名称、专业术语，首次出现 时用全称，此后一般用规范简称。

六、《义乌年鉴（2022）》配备“掌上年鉴”，读者可用微信扫描小程序码，进行检索与阅读。

《义乌年鉴（2022）》装帧解释

一、封面元素

将“义乌小商品城”“义乌国际生产资料市场”“义乌世贸大厦”等城市坐标与“义新欧”中欧班列浓缩在一个版面，表现义乌作为一座建在市场上的商贸城市，市场兴则城市兴；“义新欧”班列助力义乌再腾飞，义乌营商环境跻身全球前列。

二、封面、书脊元素

以“义乌全新城市形象标识”为元素，将月季花、香樟树、乌伤乌、拨浪鼓等元素融为一体，成为自然与人文、文化与经济、传统与现代、继承与创新交融碰撞迸发的一簇奇花，是义乌过去、现在和未来发展的缩影。标识形似一个奔跑的人，在各种图形原色的衬托下，飞奔而来，向人们传递一种义乌人的精神——积极、努力、进取、活力、开放、热情。

三、类目背景

以义乌国际商贸城建筑为标志，表达义乌市场从传统集散型市场向现代化国际性市场飞跃，引领年鉴读者走进义乌各个领域，领略义乌逐年发展的瞩目成就。

义乌市行政区划图
诸暨市
浦江县
兰溪市
东阳市
义乌市
浦江县
大畈乡
虞宅乡
杭坪镇
前吴乡
仙华街道
浦阳街道
浦南街道
岩头镇
郑宅镇
黄宅镇
白马镇
郑家坞镇
安华镇
同山镇
牌头镇
大陈镇
苏溪镇
后宅街道
北苑街道
稠城街道
福田街道
江东街道
廿三里街道
义乌站
义乌西站
义乌机场
八都水库
巧溪水库
安华水库
通济桥水库
长堰水库
仙坪（义乌市飞地）
(G60) 沪昆高速
(S45) 义东高速
(G15₁₀) 甬金高速
沪昆高铁
沪昆铁
至杭州
至宁波
G351
G235
S210
S310

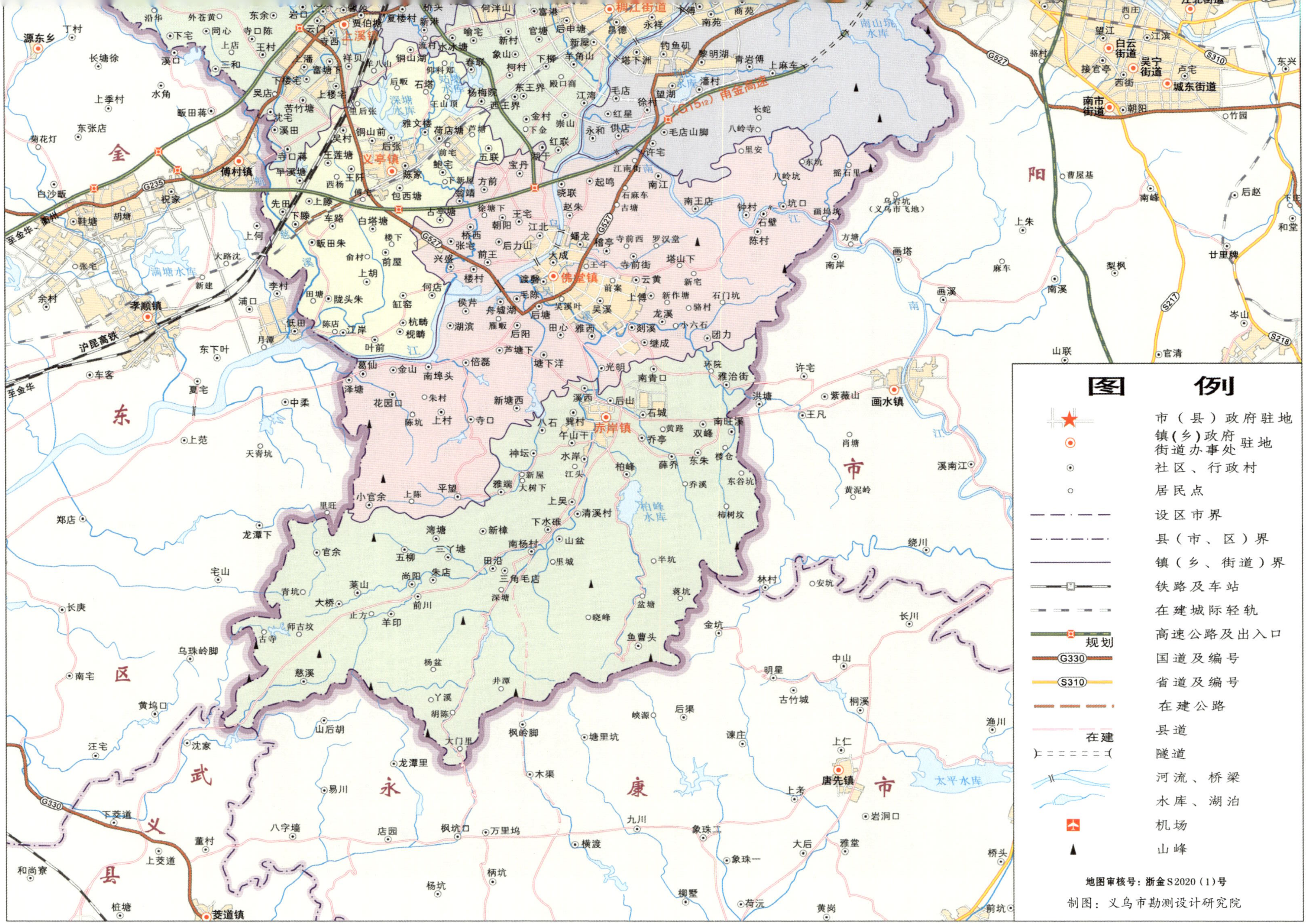
图例
市（县）政府驻地
镇(乡)政府
街道办事处
驻地
社区、行政村
居民点
设区市界
县（市、区）界
镇（乡、街道）界
铁路及车站
在建城际轻轨
高速公路及出入口
规划
国道及编号
G330
省道及编号
S310
在建公路
县道
在建
隧道
河流、桥梁
水库、湖泊
机场
山峰
地图审核号：浙金S2020（1）号
制图：义乌市勘测设计研究院
佛堂镇
赤岸镇
义亭镇
上溪镇
傅村镇
孝顺镇
画水镇
唐先镇
茭道镇
源东乡
稠江街道
江东街道
白云街道
吴宁街道
城东街道
南市街道
（G1512）甬金高速
沪昆高铁
柏峰水库
深塘水库
南山坑水库
太平水库
满塘水库
金
东
区
阳
市
永
康
武
义
县

曙光国际大厦
宁波银行
海洋商务
浙江稠州商业银行
国贸大厦
稠银大厦
义乌中国小商品城
义乌中福广场
财富大厦A座
三鼎开元

义乌城市图

（吴献华　2021年8月8日摄）

义乌金融商务区

（楼思佳　2021年1月12日摄）

2021年4月18日，稠江街道方舱接种点内，医务人员正有序给群众接种新型冠状病毒肺炎疫苗　　　（楼子荣　摄）

2021年2月20日，市人才发展集团组织人员迎接贵州籍建设者回义乌复工复产　　　（赵梅碧　摄）

2021年4月29日，浙大四院的医务人员在党旗下宣誓

（王洁　摄）

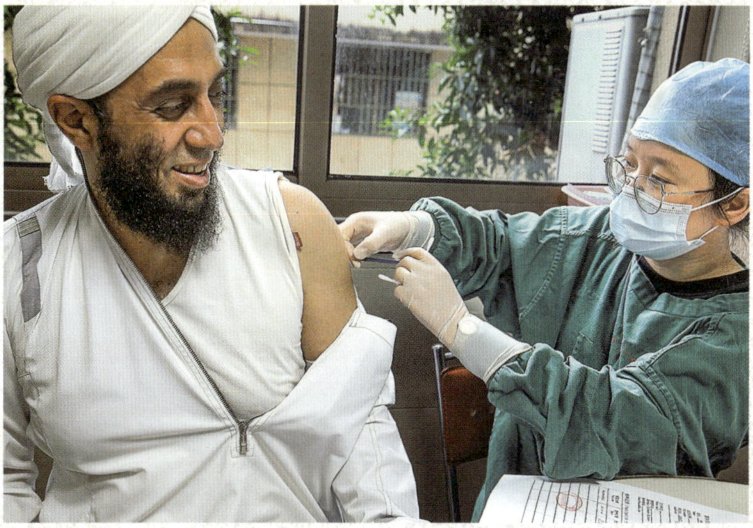

2021年6月8日，埃及商人穆罕默德在义乌江东卫生服务站接种新型冠状病毒肺炎疫苗（吴伟生　摄）

2021年8月11日，防疫人员在宾王路和工人路交叉口值守（陈义园　摄）

2021年5月31日，由共青团义乌市委、义乌市教育局和义乌市关心下一代工作委员会联合组织的“百年征程　童心向党”庆六一活动在江湾小学举行
（龚琴娟　摄）

2021年6月15日，市委老干部局等5家单位在义乌文化广场举办千人合唱庆华诞活动
（楼美芳　摄）

2021年6月15日，在义乌文化广场举办千人合唱庆华诞活动上，表演队正在进行演出　　（楼美芳　摄）

2021年6月29日，稠江街道党工委在锦都社区举办庆祝建党100周年暨锦都社区第五届文化节　　（楼子荣　摄）

2021年4月2日，义乌市追寻“真理的味道”红色研学基地启用仪式在陈望道故居举行　（龚琴娟　摄）

2021年5月15日，商城社区党委在丝路金融小镇党群服务中心开展党日活动　（吴伟生　摄）

2021年6月22日，“百米长卷”《共产党宣言》捐赠仪式在城西街道分水塘村陈望道故居举行　（吴峰宇　摄）

2021年6月25日，稠江街道在锦都社区发放“光荣在党50年”纪念章
（楼子荣　摄）

2021年7月1日，福田街道教育党委在福田小学举办庆七一主题党日活动
（吴伟生　摄）

2021年9月1日，义乌市深化“四史”宣传教育进校园暨“开学第一课”活动在香山小学举行　（龚琴娟　摄）

2021年5月20日，退伍老兵参观义乌细菌战纪念馆（李向群　摄）

志愿者帮助行动不便的抗美援朝老兵完成看望战友的心愿　　（李向群　2021年10月13日摄）

2021年10月22日，廿三里华溪谷研学基地的稻谷熟了，村民正在收割 （楼思佳 摄）

2021年12月13日，义亭镇西楼村村民将收割好的甘蔗送往糖厂
（余悦海 摄）

义亭镇枧畴村的浙江省粮食生产功能区

佛堂龙溪生态农业园　　（张继康　2021年10月26日摄）

（吴优赛　2021年9月19日摄）

福田街道的浙江小龙人袜业有限公司工人在疫情期间坚守在一线　（吴伟生　2021年3月20日摄）

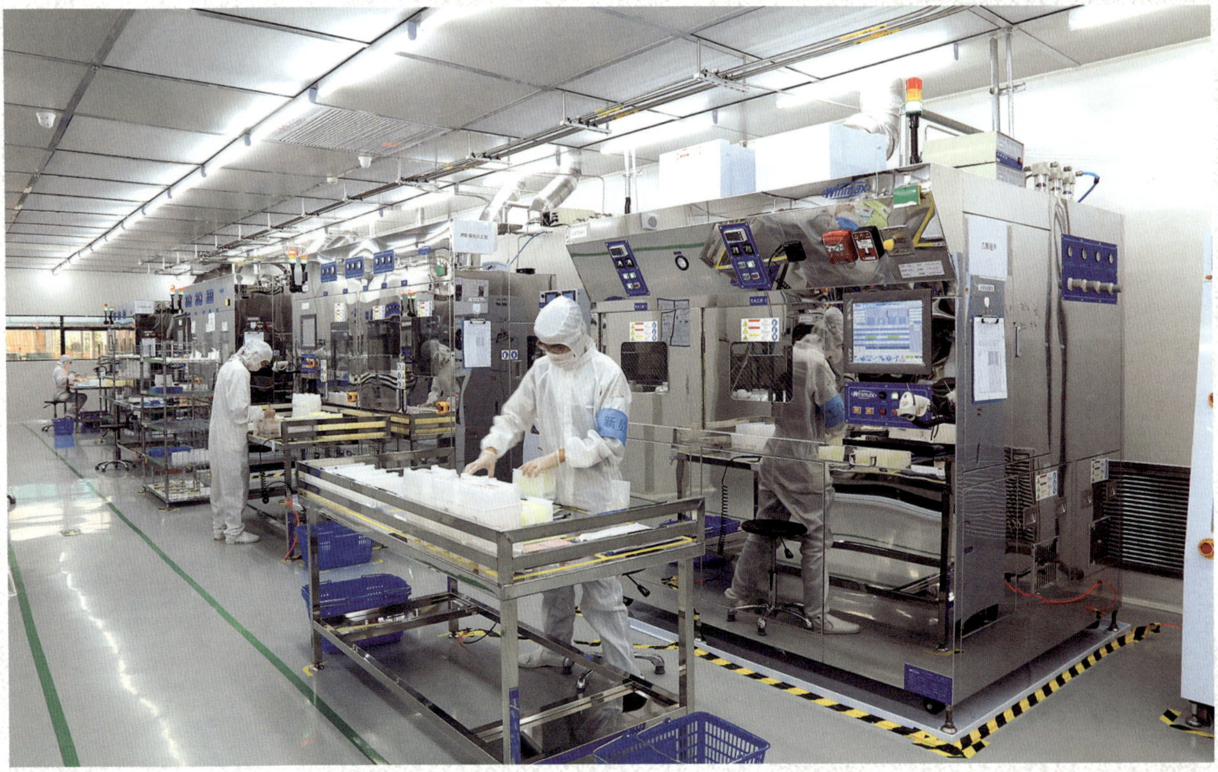

苏溪镇的华灿光电有限公司工人在无机清洗车间进行清洗　（华灿光电有限公司供图　2021年4月20日摄）

苏溪镇的天合光能（义乌）科技有限公司工人在二期车间忙碌　　（时补法　2021年5月25日摄）

廿三里街道的晶科能源（义乌）有限公司工人在车间进行层叠定位工作　　（闫　坤　2021年9月16日摄）

2021年2月20日，国际商贸城举行开市庆祝活动
（骆翔　摄）

2021年2月23日，国际商贸城内，外商友人按要求出示健康码，有序入场　（杨志斌　摄）

生产资料市场全景

2021年3月29日，义乌人才市场内，就业者与用工单位洽谈（楼子荣 摄）

稠江街道江湾村集市
（俞贤田 2021年1月27日摄）

上溪镇集市（楼美芳 2021年12月8日摄）

（商城集团供图 2021年2月18日摄）

消费者在义乌宾王夜市上挑选商品 （张继康　2021年2月28日摄）

义乌宾王夜市上，商家引导消费者扫码支付 （张继康　2021年2月28日摄）

义乌宾王夜市上，琳琅满目的商品吸引消费者驻足　　（张继康　2021年2月28日摄）

消费者在义乌宾王夜市上美甲
（张继康　2021年3月4日摄）

义乌宾王夜市上，商家在整理商品
（张继康　2021年2月28日摄）

江东街道北下朱物流市场　　（楼美芳　2021年11月11日摄）　　义乌铁路口岸多式联运服务区

义乌港直通仓货车通关　　（孙亦生　2021年11月26日摄）

（吴献华　2021年6月9日摄）

义乌港集装箱车有序驶出站台

（吴贵明　2021年9月18日摄）

义乌西站班列鸣笛启程

（吴贵明　2021年7月30日摄）

2021年4月11日，第11届中国国际电子商务博览会在国际博览中心举行。图为采购商在逛展会

（市市场发展委　供图）

2021年6月3日，中国义乌文具礼品展览会在义乌国际博览中心举行。图为参展企业在向采购商介绍产品

（市市场发展委　供图）

2021年9月25日，第16届中国义乌文化和旅游产品交易博览会在义乌国际博览中心举行。图为采购商在选购商品

（市市场发展委　供图）

2021年10月21日，第27届中国义乌国际小商品（标准）博览会在义乌国际博览中心举行。图为客商在挑选商品

（吴伟生　摄）

国贸大道和环城南路互通　（吴献华　2021年8月14日摄）

义东高速苏溪出口

何宅互通　　（张继康　2021年9月27日摄）

（楼杨敏　2021年6月6日摄）

江东街道鸟瞰图　（陈义园　2021年8月8日摄）

江东街道鸡鸣阁　（陈俊鹏　2021年6月18日摄）

佛堂镇新貌　　（李春霖　2021年6月27日摄）

福田金融小镇商圈　　（陈俊鹏　2021年6月18日摄）

朝阳水库的红水杉　　（陈俊鹏　2021年12月2日摄）

义乌植物园

森山健康小镇

（何卫荣　2021年4月16日摄）

（吴优赛　2021年3月26日摄）

枫坑水库

（陈俊鹏　2021年12月2日摄）

大陈镇李孟宅村　　（楼杨敏　2021年5月5日摄）

义亭镇枧畴水稻园　　（义亭镇供图　2021年10月7日摄）

苏溪镇鸟瞰图

赤岸镇区　　（赤岸镇提供　2021年3月25日摄）

（楼杨敏　2021年7月7日摄）

2021年5月10日，义乌市第18届校园文化艺术节上溪中学学生表演节目《茉莉花开》（龚琴娟　摄）

2021年5月10日，义乌市第18届校园文化艺术节廿三里初中学生表演节目《青春纪念册》（龚琴娟　摄）

2021年5月10日，义乌第18届校园文化艺术节大陈镇中学生表演节目《渔家心灯》（龚琴娟　摄）

2021年9月8日，义乌市举行庆祝第38个教师节大会。图为宾王小学合唱队在表演 （李森 摄）

2021年5月20日，婺剧现代戏《义乌高华》举行首场演出 （卢丽珍 摄）

后宅街道李祖村游步道两侧的油菜花地

外国友人在大陈镇马畈村的奇幻乐园游玩
（吴伟生　2021年2月17日摄）

佛堂老街入口　（陈俊鹏　2021年6月18日摄）

义乌植物园内的向日葵开了，吸引众多游客
（杨志斌　2021年10月1日摄）

（楼子荣　2021年3月12日摄）

市民自发组织到大陈镇大畈村露营看日出　（张继康　2021年8月13日摄）

2021年3月7日，义乌首届国际女性绿色公益骑行活动在义乌植物园拉开序幕　　（郑小平　摄）

2021年3月14日，运动员在义乌美丽乡村精品线越野赛义亭分站比赛中奋力奔跑　　（吴伟生　摄）

2021年4月17日，义乌美丽乡村精品线越野赛佛堂古镇分站鸣枪开跑　　（郑小平　摄）

2021年5月1日，义乌市首届幼儿足球表演大赛暨浙江省第十届足球表演大赛选拔赛在绣湖广场足球场举行　　（龚琴娟　摄）

“三八”妇女节骑行活动　　（郑小平　2021年3月7日摄）

2021年1月22日，市外事办举办“五洲友人‘义’起过年”活动。图为外国友人在佛堂镇喜迎春节　　　　（杨志斌　摄）

2021年2月5日，江东街道鸡鸣山社区组织在义乌经商的外国友人一起制作中国灯笼，迎春节　　　　（何卫荣　摄）

2021年3月20日，后宅街道全备村组织美食制作培训。图为学员制作的“拔丝土豆”

（何卫荣　摄）

2021年4月17日，福田街道全宅村开展庆旧改迎龙灯活动　　　　（张继康　摄）

2021年6月11日，江东街道鸡鸣山社区常驻义乌外籍人士和本地居民一起包粽子过端午节。图为外国友人挑粽子　　（何卫荣　摄）

2021年6月12日，由后宅街道办事处、市台办和义乌工商学院联合举办的端午民俗交流活动在后宅街道李祖村举行　　（孙亦生　摄）

2021年9月19日，义乌市爱心公社在绣湖公园举办主题为“团圆行动·让爱回家”第五届寻亲大会。图为找到亲人的家庭送上锦旗

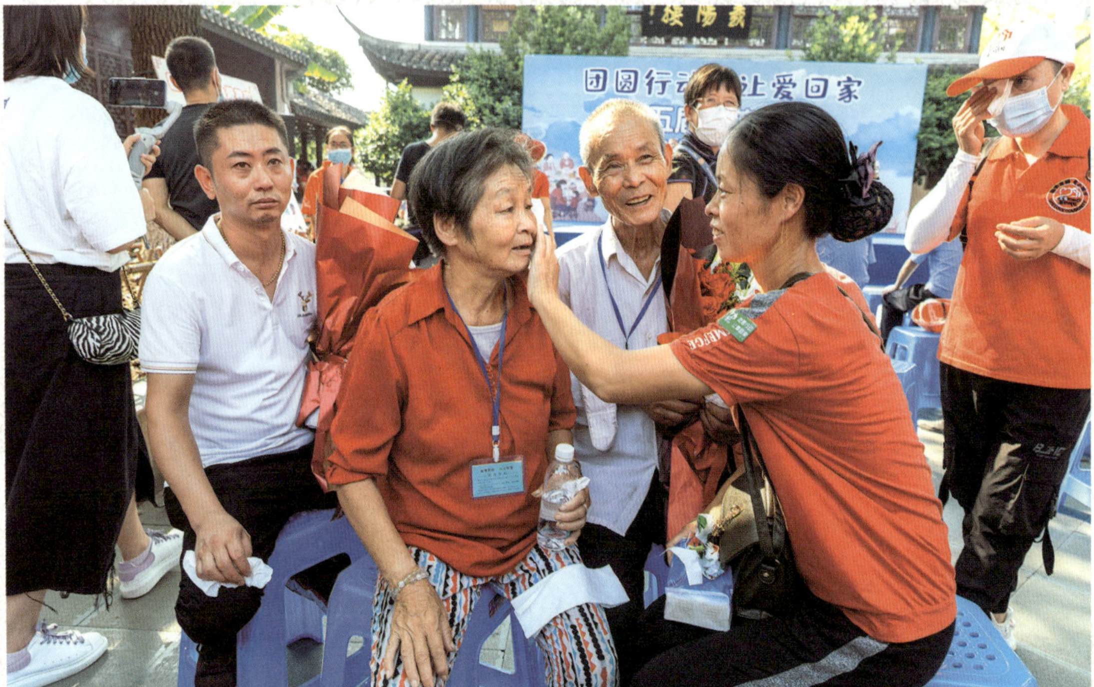

2021年9月19日，义乌市爱心公社在绣湖公园举办主题为“团圆行动·让爱回家”的第五届寻亲大会。图为嵊州75岁的马利安夫妇找到了失散38年的女儿　　（何卫荣　摄）

（何卫荣　摄）

2021年9月19日，义乌市爱心公社在绣湖公园举办主题为“团圆行动・让爱回家”的第五届寻亲大会。图为市民找到失散亲人后相拥而泣　（李向群　摄）

2021年9月19日，义乌市爱心公社在绣湖公园举办主题为“团圆行动・让爱回家”的第五届寻亲大会。图为寻找失散亲人的市民忍不住哭泣　（何卫荣　摄）

2021年2月7日，鸡鸣山社区组织研学活动。图为外国友人正在后宅街道李祖村学习制作古法梨膏糖　　（陈俊鹏　摄）

2021年6月10日，外国商人在义乌国际商贸城二区采购电动工具　　（吴伟生　摄）

2021年2月3日，鸡鸣山社区组织常驻义乌的外国友人体验中国非遗文化剪窗花　　（楼晨皓　摄）

2021年9月21日，常驻义乌的外国友人参加鸡鸣山社区举办的庆春节大团圆活动　（吐送尼沙肉孜买提　摄）

2021年9月21日，常驻义乌的外国友人在莎莎工作室参加庆中秋活动
（吐送尼沙肉孜买提　摄）

2021年6月16日，鸡鸣山社区组织“家门口的孔子学院”活动。图为外国友人在上课　（季宇航　摄）

国内生产总值

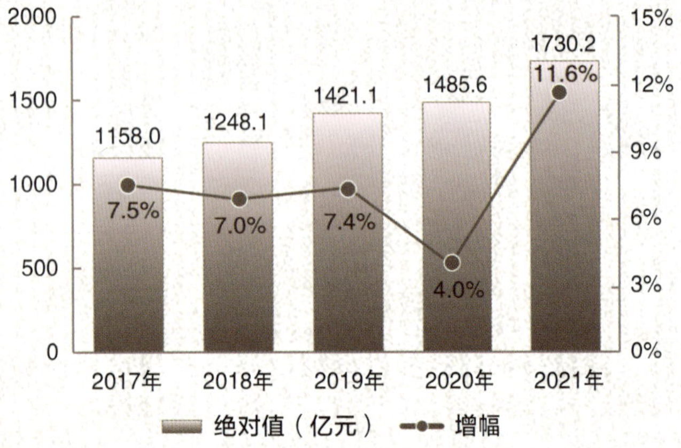

规模以上工业总产值

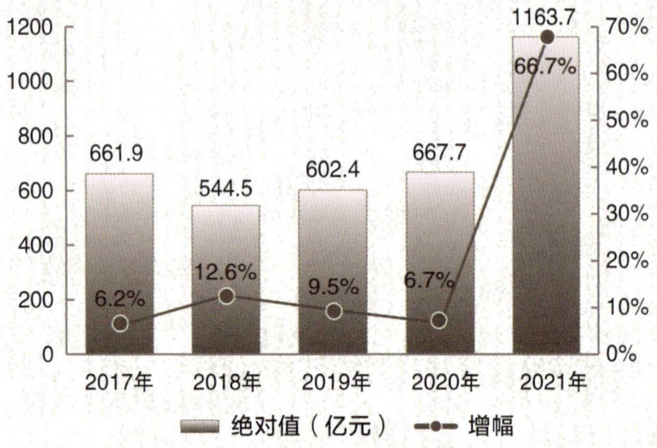

社会消费品零售总额

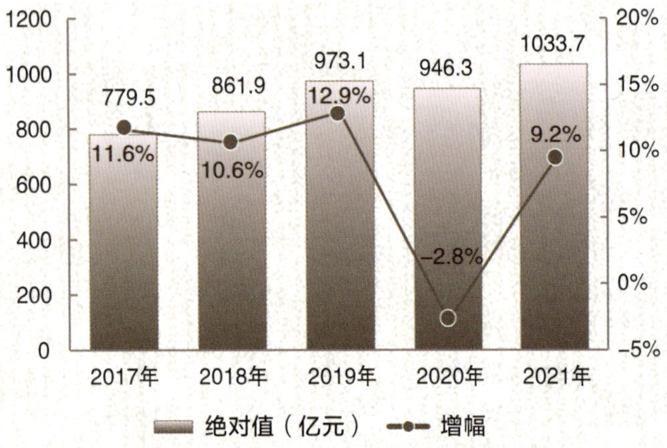

出口总额

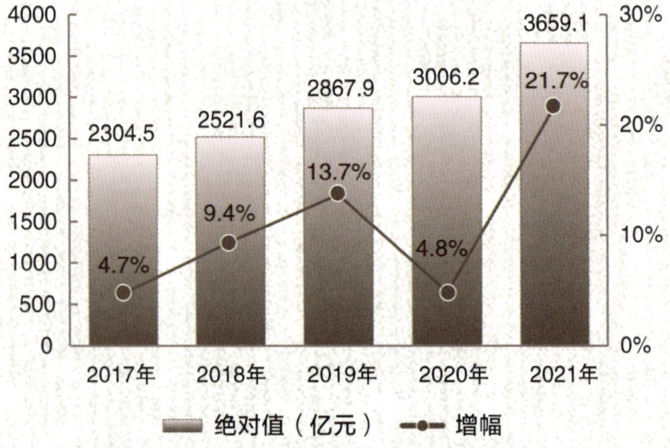

实际利用外资

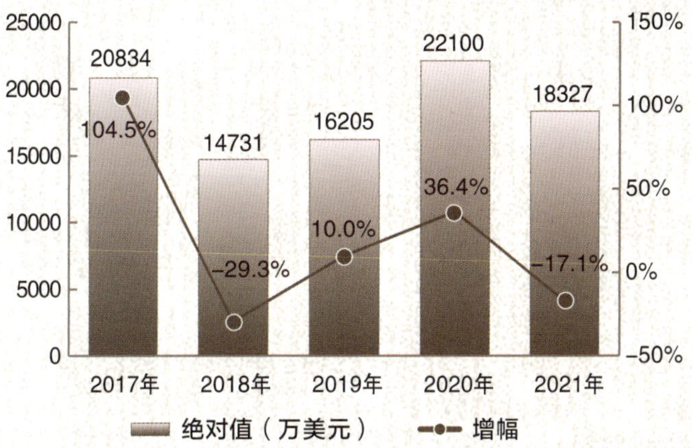

财政总收入

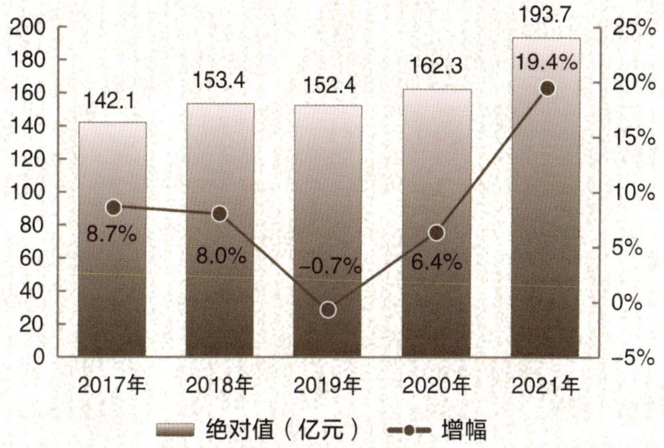

一般公共预算收入

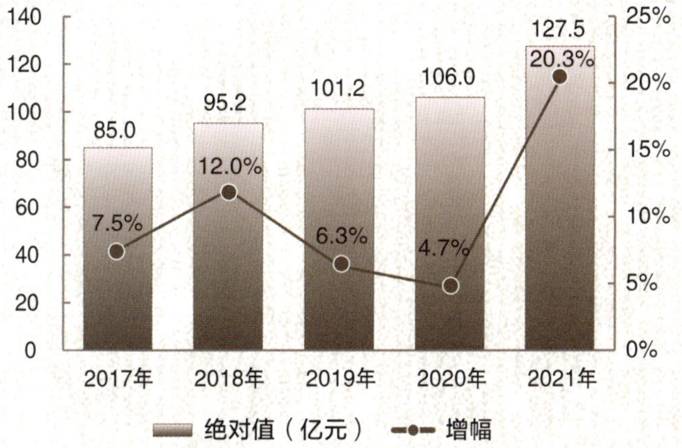

年末金融机构存款余额

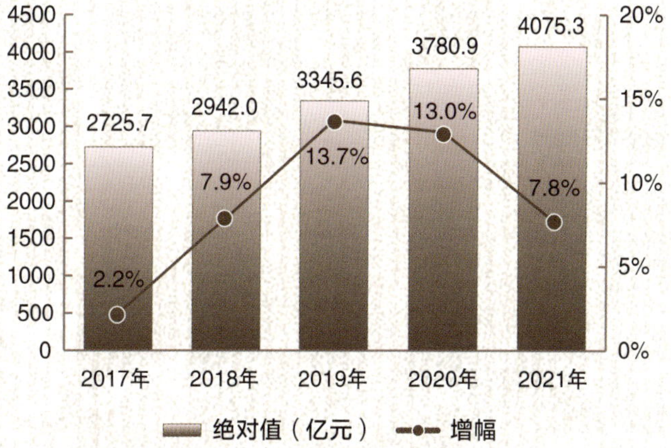

年末金融机构贷款余额

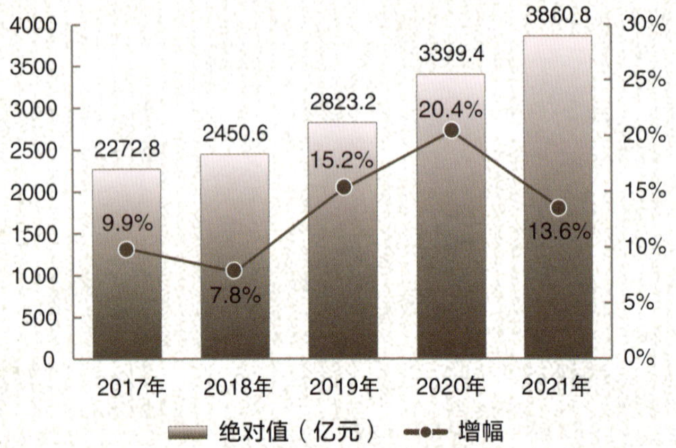

集贸市场成交额

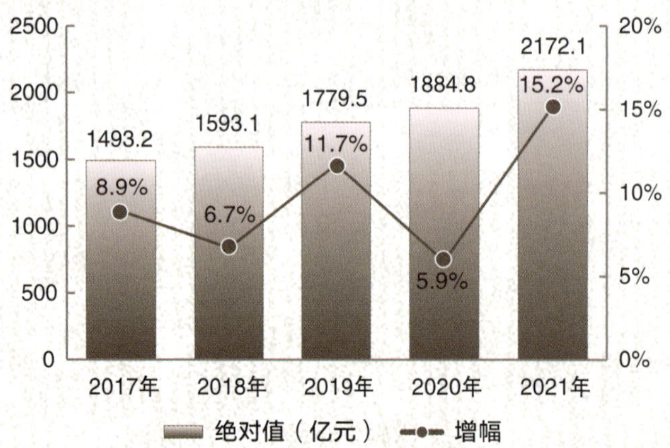

中国小商品城市场成交额

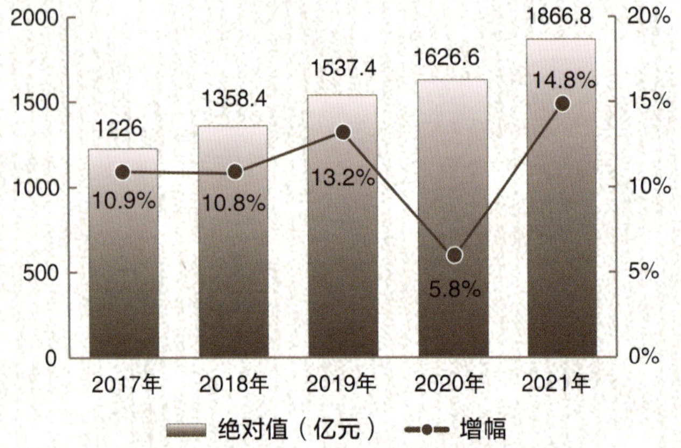

工业用电量

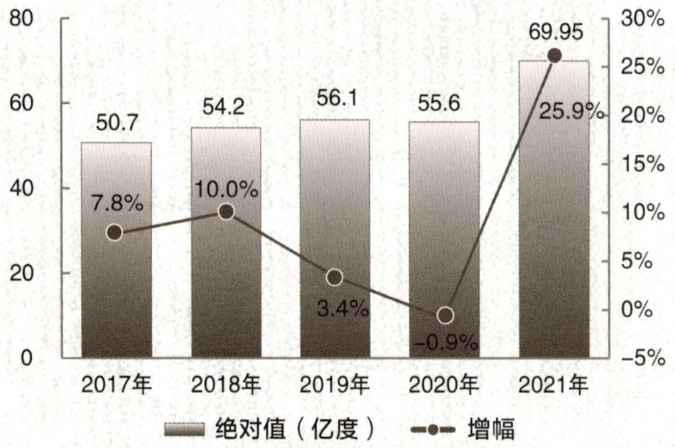

城镇常住居民人均可支配收入
90000
80000
70000
60000
50000
40000
30000
20000
20%
15%
10%
5%
0%
66081
71207
77150
80137
86628
8.7%
7.8%
8.3%
3.9%
8.1%
2017年
2018年
2019年
2020年
2021年
绝对值（元）
增幅

农村常住居民人均可支配收入
50000
40000
30000
20000
10000
0
20%
15%
10%
5%
0%
33393
36389
39529
42158
46121
9.2%
9.0%
8.6%
6.7%
9.4%
2017年
2018年
2019年
2020年
2021年
绝对值（元）
增幅

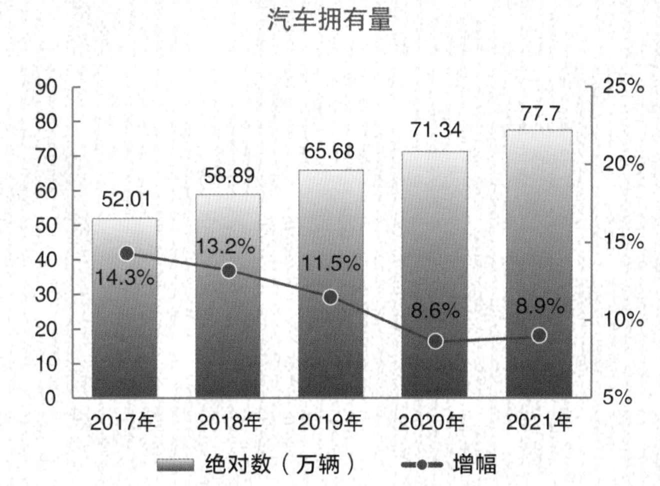
汽车拥有量
90
80
70
60
50
40
30
20
10
0
25%
20%
15%
10%
5%
52.01
58.89
65.68
71.34
77.7
14.3%
13.2%
11.5%
8.6%
8.9%
2017年
2018年
2019年
2020年
2021年
绝对数（万辆）
增幅

户籍人口
90
80
70
60
5%
4%
3%
2%
1%
0%
80.00
81.84
83.61
85.34
87.17
2.3%
2.3%
2.2%
2.1%
2.1%
2017年
2018年
2019年
2020年
2021年
绝对值（万人）
增幅

荣誉义乌

2021年1月11日，浙江省公布2021年度考核评价结果和第一批优秀应用名单，义乌市获评2021年度数字经济系统建设考核优秀县（市、区）。

2021年1月12日，浙江省“千村示范、万村整治”工作协调小组办公室，公布2020年度全省深化“千万工程”建设新时代美丽乡村（农村人居环境提升）工作考核优秀县（市、区）名单，义乌获评全省考核优秀县（市、区）。

2021年2月1日，“2021中国县域电商竞争力百强榜”出炉，义乌位列县域电商竞争力百强榜首。

2021年2月3日，2020年度全省生活垃圾分类工作考核评估结果公布，义乌市获评优秀县（市、区）。

2021年2月23日，义乌科技工作考核金华第一，义乌获2020年度县（市、区）党政领导科技进步目标责任制考核优秀单位。

2021年3月10日，中国市场学会、阿里研究院联合淘宝直播地图发布2020年《直播电商区域发展指数研究报告》，推出全国直播电商百强县榜单，义乌位居全国第八。

2021年3月27日，2021全国城市传播百强榜发布，义乌位列全国县级市传播百强榜第一。

2021年4月6日，《关于2020年度全省实施乡村振兴战略实绩考核结果的通报》义乌市获评2020年全省实施乡村振兴战略优秀单位。

2021年5月18日，在全省建设新时代美丽浙江暨中央生态环境保护督察整改工作推进大会上，义乌被授予2020年度浙江省“五水共治”（河长制）工作优秀市、县（市、区）“大禹鼎”银鼎、2020年度美丽浙江建设工作优秀市。

2021年6月15日，浙江省科学技术奖励大会在省人民大会堂举行，会上表彰2020年度市县党政领导科技进步目标责任制与人才工作述职评议考核优秀单位，义乌科技与人才工作获评优秀。

2021年7月19日，第三届全国县域旅游研究成果《全国县域旅游研究报告2021》暨“2021年全国县域旅游综合实力百强县”“2021年全国县域旅游发展潜力百佳县”名单发布，义乌市位列“2021年全国县域旅游发展潜力百佳县”第九。

2021年9月28日，在第16届全国政府采购监管峰会上，义乌市被评为“2021年全国政府采购百强县（市、区）”。

2021年9月28日，《2021年中国中小城市高质量发展指数研究报告》在《光明日报》上公布，义乌市入选2021年度全国综合实力百强县市、2021年度全国新型城镇化质量百强县、2021年度全国绿色发展百强县市、2021年度全国科技创新百强县市，分列排名第10位、3位、17位、24位。四大榜单中，义乌市在省内均排名前列。

2021年10月21日，2021中国会展城市产业合作峰会暨会展城市竞争力指数发布会在成都市大邑县安仁古镇举行，会上发布《2020年度中国城市会展业竞争力指数报告》，义乌市位列全国县域城市会展业竞争力第一。

要　目

Main Contents

目　录
CONTENTS

特　载
IMPORTANT NOTES

特　辑
SPECIAL DOCUMENTS

专　记
SPECIAL RECORD

年度聚焦
IMPORTANT EVENTS

大 事 记
CHRONICLE OF MAJOR EVENTS

市情纵览
YIWU OVERVIEW

中国共产党义乌市委员会
YIWU MUNICIPAL COMMITTEE OF THE COMMUNIST PARTY OF CHINA

义乌市人民代表大会

THE STANDING COMMITTEE OF YIWU MUNICIPAL PEOPLE'S CONGRESS

义乌市人民政府

YIWU MUNICIPAL PEOPLE'S GOVERNMENT

中国人民政治协商会议 义乌市委员会

YIWU MUNICIPAL COMMITTEE OF THE CHINESE PEOPLE'S POLITICAL CONSULTATIVE CONFERENCE

中国共产党义乌市纪律检查委员会 义乌市监察委员会

YIWU MUNICIPAL COMMITTEE FOR DISCIPLINE INSPECTION OF THE COMMUNIST PARTY OF CHINA AND YIWU MUNICIPAL SUPERVISORY COMMITTEE

民主党派

DEMOCRATIC PARTIES

人民团体
MASS ORGANIZATIONS

外事·侨务·港澳台事务

FOREIGN AFFAIRS,OVERSEAS CHINESE AFFAIRS, HONG KONG, MACAO And TAIWAN AFFAIRS

法　治

RULE OF LAW

军 事
MILITARY

应急管理
EMERGENCY MANAGEMENT

经济管理
ECONOMIC MANAGEMENT

农　　业
AGRICULTURE

工 业
INDUSTRY

新兴产业
EMERGING INDUSTRIES

产业集聚园
INDUSTRIAL CLUSTERS

特色小镇
FEATURE TOWN

民营经济
PRIVATE ECONOMY

商贸服务业
COMMERCIAL SERVICE

对口帮扶 · 区域合作
PAIRING ASSISTANCE · REGIONAL COOPERATION

对外经贸
INTERNATIONAL TRADE

市　场
MARKET

会 展 业
EXHIBITION INDUSTRY

旅 游 业
TOURISM

城乡建设与管理

URBAN CONSTRUCTION AND MANAGEMENT

环境保护
ENVIRONMENTAL PROTECTION

建筑业
CONSTRUCTION INDUSTRY

房地产业
REAL PROPERTY

交 通
TRANSPORT

物流·海关
LOGISTICS·COSTOMS

邮政·通信
POST·COMMUNCATION

金融业
FINANCIAL INDUSTRY

科学技术
SCIENCE AND TECHNOLOGY

教　育
EDUCATION

文 化
CULTURE

卫生健康
HEALTH

体　育
SPORTS

人力资源
HUMAN RESOURCES

社会生活
SOCIAL LIFE

镇・街道
TOWNS AND COMMUNITIES

人物·荣誉
PEOPLE IN FOCUS · REPUTATION

统计资料

SELECTION OF STATISTICAL DATA

附　录

APPENDICES

索　引

APPENDIXES

忠诚拥护"两个确立"坚决做到"两个维护"为高质量高水平建成世界小商品之都而努力奋斗

——中国共产党义乌市第十五次代表大会工作报告

王 健

（2021 年 12 月 28 日）

各位代表，同志们：

现在，我代表中国共产党义乌市第十四届委员会向大会作报告，请予审议。

中国共产党义乌市第十五次代表大会，是在"两个一百年"奋斗目标历史交汇、党的十九届六中全会宣示"两个确立"的重大历史关头，在浙江省高质量发展建设共同富裕示范区、金华市加快扛旗争先崛起浙中、世界小商品之都建设进入新发展阶段的关键节点，召开的一次重要会议。大会的主要任务是：以习近平新时代中国特色社会主义思想为指导，深入贯彻党的十九大和十九届历次全会精神，以及习近平总书记对义乌的重要指示批示精神，全面落实省委和金华市委决策部署，回顾总结市第十四次党代会以来的主要工作，研究确定今后五年的奋斗目标和主要任务，通过有关重大决议，选举产生中国共产党义乌市第十五届委员会、纪律检查委员会和出席中共金华市第八次代表大会代表，团结带领全市广大党员干部群众牢记嘱托、担当使命，坚定不移做"两个确立"忠诚拥护者、"两个维护"示范引领者，忠实践行"八八战略"、奋力打造"重要窗口"，不断擦亮"义乌发展经验"金名片，为高质量高水平加快建成世界小商品之都而努力奋斗。

一、牢记嘱托、感恩奋进，五年成就奠定世界小商品之都坚实基础

习近平总书记一直以来对义乌高度重视、寄予厚望。总书记曾12次深入义乌调研指导，第一次在义乌调研时就鲜明地提出"实现共同富裕"；2006年亲自总结推广"义乌发展经验"，为义乌高质量发展提供了根本遵循；2010年亲自擘画义乌国际贸易综合改革并作出重要批示，要求"深度思考、适时推进"，将义乌纳入国家改革开放总体布局，2012年又强调"抓好国际贸易综合改革试点"。党的十八大以来，总书记10次在国内外重大场合肯定义乌，2015年亲自为义乌定位世界小商品之都。市第十四次党代会以来，总书记3次在重大外交场合推介“义新欧”中欧班列，肯定“义新欧”是共建“一带一路”的早期收获；2020年7月，总书记主持召开企业家座谈会，商城集团作为全国36家企业代表之一参加会议，充分体现了总书记对义乌市场及广大中小微企业无微不至的关爱；2020年8月，在总书记的亲切关怀下，义乌纳入浙江自贸区扩区范围。五年间，谢高华老书记被党中央授予“全国优秀共产党员”“改革先锋”称号，商城集团党委获评“全国先进基层党组织”，共有6名义乌个人和集体代表光荣受到总书记的亲切会见，这是对义乌全市工作的极大鞭策和鼓励。今年12月，浙江省委、省政府专门向党中央、国务院报告义乌国际贸易综合改革试点10年进展情况和下步深化改革思路。每当义乌改革发展到了关键时刻、面临重要关口，总书记都及时为我们把舵领航，让我们倍感温暖、倍添动力。

五年来，全市上下坚持以习近平新时代中国特色社会主义思想为指导，全面落实习近平总书记考察浙江重要讲话和对义乌重要指示批示精神，坚定不移忠诚核心、拥戴核心、维护核心、紧跟核心，增强“四个意识”、坚定“四个自信”、做到“两个维护”，统筹推进“五位一体”总体布局，协调推进“四个全面”战略布局，完整准确全面贯彻新发展理念。

五年来，义乌市场带动210万家中小微企业发展、3200万名工人就业，为服务“双循环”、构建人类命运共同体发挥了积极作用。李克强总理视频连线义乌，勉励义乌市场“打头阵”，批示肯定义乌“互联网+监管”工作，汪洋、王沪宁等中央领导同志批示肯定义乌工作或作出重要指示。2018-2020年义乌获国务院正向激励项目全省第一，“放管服”改革走在全国前列。

五年来，义乌高水平全面建成小康社会，世界小商品之都建设迈出坚实步伐。预计地区生产总值、一般公共预算收入、出口、进口、固定资产投资年均分别增长7.2%、9.4%、10.3%、53.8%和15.2%。义乌成为全省人口最多县市，获评全国文明城市、国家生态文明建设示范市、省新时代美丽乡村示范市、平安金鼎、“大禹鼎”银鼎等荣誉称号，综合实力居全国县市前十。2021年地区生产总值突破1600亿元，城乡居民人均可支配收入8.8万元和4.7万元，金融机构存贷款余额突破8000亿元，“十四五”开局良好。

（一）学思践悟伟大思想，政治建设不断强化。第一时间将习近平总书记重要讲话精神传达到每一个支部，带领广大党员干部吃透精神实质、把握核心要义。推进“两学一做”学习教育常态化制度化，精心开展“不忘初心、牢记使命”主题教育、党史学习教育，听党话、感党恩、跟党走的信念更加坚定。一以贯之细化世界小商品之都发展目标和路线图，一步一个脚印、踏踏实实推动总书记重要嘱托在义乌落地生根、开花结果。坚持和深化“义乌发展经验”，举办理论研讨会，省委袁家军书记批示要求把“义乌发展经验”金名片擦得更亮。

（二）务实笃行深化改革，发展动力加速释放。以数字化改革撬动全面深化改革，“村务清廉钉办”在浙江省数字化改革首次新闻发布会上发布，一体化智能化公共数据平台建设等走在全省前列。获批建设自贸试验区、综合保税区、跨境电商综试区、进口贸易促进创新示范区、国际贸易综合改革试验区等高能级改革开放平台。市场采购贸易方式全国31个城市复制推广，两次写入国务院政府工作报告。农村土地制度改革首创宅基地“三权分置”被中央采纳。率先在全国打造无证明城市，营商环境评价全省县市第一。全面完成机构改革。新增国家级改革17项、省级改革26项，2018-2020年改革考核全省第一。

（三）主动融入“一带一路”，开放优势持续扩大。外贸进出口额突破3800亿元，出口、进口分别是五年前的1.6倍、8.6倍。“义新欧”中欧班列开行数量跃居全国第三。义甬舟开放大通道开工建设金甬铁路、义乌（苏溪）国际枢纽港，义乌陆港与宁波舟山港初步实现一体化。建成国内公路港物流中心，成为首批国家物流枢纽。在全球46个国家布局120家海外仓，迪拜义乌中国小商品城明年开业。全力培育网红直播、跨境电商等新业态新模式，建成国际陆港电商城、云驿小镇，跨境网络零售交易额连续五年全省第一，电商交易额突破3500亿元，快递业务量跃居全国第二。推进标准、设计进市场，助力市场提质创牌，办好义博会、森博会、文旅博会等国家级展会。开设进口商品孵化区，建成肉类、冰鲜水产品、水果等指定进口口岸。

（四）增量选优存量提质，新旧动能全面发力。 招大引强实现新突破，规上工业产值首次突破千亿，诞生产值超百亿企业2家。智能显示材料产业平台入选省“万亩千亿”培育名单，绿色动力小镇、丝路金融小镇成为省级特色小镇。全力推进传统制造业“腾笼换鸟”，省级认定小微企业园数量全省第一。开展“亩均论英雄”和“工业用地不姓工”整治，亩均税收提高63%。切实防范化解企业“两链”风险，金融机构贷款不良率降至0.81%。深化创新驱动发展，国家级科技企业孵化器和省级新型研发机构、创新型领军企业、重点实验室实现零突破。引进浙江大学“一带一路”国际医学院、复旦大学义乌研究院、中国计量大学现代科技学院等院校，人才资源总量达到37.1万。

（五）全域更新综合整治，城乡面貌更加靓丽。 市域一体规划，城市框架全面拉开，义乌发展跨入“双江湖时代”。主动共建金义都市区，建设金义中央大道，建成义武公路、义兰公路，轻轨金义段试运行。完成城乡有机更新8万户，改造提升老旧小区54个。启动建设双江水利枢纽、高铁全高架站房、植物园、机场路立交化改造等标志性项目，建成疏港高速、疏港快速路、国贸大道二期，获评“四好农村路”全国示范县。首创农业“标准地”改革，打造10条美丽乡村精品线，实现280公里串联，所有行政村集体年经营性收入超20万元，全省深化“千万工程”建设新时代美丽乡村现场会在义乌召开，新增美丽城镇省级样板镇5个。新增绿化面积496公顷，义乌江出境断面水质稳定在Ⅲ类，空气质量优良天数增加至350天。

（六）切实增进民生福祉，幸福质感显著提升。 累计投入超400亿元财政资金用于改善民生。新建投用中小学、幼儿园130所，工商学院入选省高职高水平学校建设单位。建成新妇保院，启动建设儿童医院。实现3岁以下婴幼儿照护、居家养老服务全覆盖。迁建星光实验学校，残疾人基本生活保障水平位居全省前列。深入践行社会主义核心价值观，突出“规则义乌，义行天下”，持续巩固全国文明城市创建成果。大力发展文化事业，启动建设义乌大剧院、桥头考古遗址公园，国家重点文保单位和传统村落实现倍增，电视剧《鸡毛飞上天》向世界展现义乌人创业风采。扎实推进平安义乌建设，扫黑除恶专项斗争成效明显，刑事案件、交通亡人事故、火灾数量五年下降60.4%、56.1%和67.8%。

（七）全面加强党的建设，党风政风焕然一新。 贯彻新时代党的建设总要求，深入践行党员干部“五（吾）带头”，党风廉政建设主体责任、监督责任和基层党建考核逐年进步，2020年度均为金华第一。出台激励干部“双十条”和党员“十二分制”动态管理机制，注重在工作一线考察、识别、锻炼干部。深入开展“五星三强”基层党组织建设，创新“党建+单元”巷战管理模式。扎实开展“三服务”“两问大走访”活动。全面履行意识形态主体责任。高质量完成省委巡视整改，从严从实抓好“七张问题清单”整改。严格落实中央八项规定精神，锲而不舍纠治“四风”，完成十四届市委巡察全覆盖。出台进一步加强“一把手”和领导班子监督的若干措施，标本兼治深化反腐败斗争，规范“一家两制”做法得到中央纪委肯定。

五年来，我们毫不动摇坚持和加强党的全面领导，全力支持人大、政协依法履职，启用全省首个国家级基层立法联系点，用好“问政面对面”“请你来协商”平台，形成群策群力、合力攻坚的良好氛围。军政军民团结持续巩固，第六次荣获全国双拥模范城。爱国统一战线进一步发展壮大，工会、共青团、妇联等群团组织作用充分发挥，民族宗教、港澳台侨、老干部、档案和关心下一代等工作全面加强。

去年以来，面对突如其来的新冠肺炎疫情冲击，全市人民众志成城，统筹疫情防控和经济社会发展成效显著，义乌国际商贸城在全国率先复市、“义新欧”率先复工，为确保全国全球供应链稳定作出了积极贡献，国务院联防联控机制新闻发布会介绍推广义乌春节留人暖政。义乌在大战大考中交出高分答卷！

成绩的取得，是习近平新时代中国特色社会主义思想科学指引的结果，是党中央和省委、金华市委坚强领导的结果，是历届义乌四套班子接续奋斗的结果，是全市各级党组织和广大党员干部群众实干苦干的结果，是各民主党派、人民团体、工商联、离退休老干部、驻义各单位、解放军和武警官兵、海内外各界人士共同努力的结果。在此，我谨代表中共义乌市第十四届委员会，向所有为义乌发展作出贡献的同志们、朋友们，致以衷心的感谢和崇高的敬意！

义乌改革发展的生动实践，充分彰显了习近平新时代中国特色社会主义思想的强大真理力量、思想力量、实践力量。回首五年奋斗历程，我们深切地体会到：

——必须忠诚拥护“两个确立”，坚决做到“两个维护”，以习近平新时代中国特色社会主义思想为指导，坚持和深化“义乌发展经验”，建设世界小商品之都才能把牢方向。

——必须坚持党的全面领导，不断增强政治判断力、政治领悟力、政治执行力，充分调动一切积极因素，广泛团结一切可以团结的力量，建设世界小商品之都才能凝心聚力。

——必须胸怀全局提高站位，立足“两个大局”，心系“国之大者”，以世界眼光和战略思维谋划义乌发展，以义乌精彩为全国添彩，建设世界小商品之都才能进而有为。

——必须坚持深化改革开放，以更大魄力推动创造型引领型改革，在更高起点推进高水平制度型开放，建设世界小商品之都才能其景日新。

——必须用心践行群众路线，坚持以人民为中心的发展思想，对人民群众充满感情，赢得人民的信任与支持，建设世界小商品之都才能落地生根。

——必须真干实干埋头苦干，以奋斗者的姿态扛起新使命、担当新作为，遵循规律，敢抢敢拼，建设世界小商品之都才能劈波斩浪。

——必须坚守安全稳定底线，下好先手棋、打好主动仗，有效防范化解各类风险挑战，实现高质量发展和高水平安全良性互动，建设世界小商品之都才能行稳致远。

——必须自我革命从严治党，坚持把纪律和规矩挺在前面，持续深化正风肃纪，充分发挥各级党组织战斗堡垒作用和广大党员先锋模范作用，建设世界小商品之都才能守正出新。

肯定成绩的同时，必须清醒看到：标志性首创性改革成果不多，改革获得感有待提高；外贸持续稳增长面临较大压力，市场传统优势正逐步削弱；广大小微企业面临经营成本上升、空间受限等压力；创新驱动总体水平较低，商贸人才、技能人才短缺，人力资源结构不合理；城市治理精细化智慧化水平不高，城市发展资源要素约束趋紧；教育、医疗等优质公共服务供给不足；一些领域工作体制机制还不够合理；少数党员干部能力素质、工作作风还跟不上新形势新要求，全面从严治党仍有薄弱环节等等。对此，我们必须高度重视，认真加以解决。

二、担当使命、扛旗争先，全面开启世界小商品之都建设新征程

习近平总书记指出：“全面建成小康社会、实现第一个百年奋斗目标之后，我们要乘势而上开启全面建设社会主义现代化国家新征程、向第二个百年奋斗目标进军，这标志着我国进入了一个新发展阶段”。把握新发展阶段、贯彻新发展理念、构建新发展格局，要求我们始终把习近平新时代中国特色社会主义思想、总书记对义乌的重要指示批示精神铭刻于心、践之于行，坚定不移做“两个确立”忠诚拥护者、“两个维护”示范引领者，全面开启世界小商品之都建设新征程，谱写“莫名其妙、无中生有、点石成金”的新篇章，以实际行动回报习近平总书记对义乌的亲切关怀和深情厚望。

把握新发展阶段，我们要准确理解建设世界小商品之都的深刻内涵，牢记嘱托、担当使命。建设世界小商品之都必须全面贯彻习近平新时代中国特色社会主义思想，深刻领会总书记对贯彻新发展理念、推动高质量发展的政治要求，坚持创新驱动，把发展主动权牢牢掌握在手中；深刻领会总书记对构建新发展格局的战略部署，主动融入和服务国内国际双循环，努力为贸易强国建设、全国中小微企业发展作出新贡献；深刻领会总书记对坚定不移全面深化改革开放的战略宣示，以数字化改革撬动各领域改革，放大改革叠加优势，加快融入“一带一路”，建好开放大通道；深刻领会总书记关于以人民为中心的发展思想，推动物质文明和精神文明协调发展，加快高质量发展建设共同富裕示范区；深刻领会总书记对全面加强党的领导和党的建设的总要求，把各级党组织锻造得更加坚强有力。

把握新发展阶段，我们要深入贯彻省委、金华市委部署要求，奋力拼搏、扛旗争先。省委一直以来高度重视义乌改革发展。袁家军同志担任省委书记以来4次深入义乌调研指导，要求义乌“打造国内国际双循环战略节点”。王浩代省长上任伊始就到义乌调研，要求推进更高水平的开放型经济发展。金华市委大力支持义乌发展，要求义乌“奋力改革争先、勇立时代潮头”。我们要坚决贯彻落实省委、金华市委决策部署，大格局、大担当深化改革、加快发展，主动参与金义都市区共建，在融入全国全省大局中抢占制高点。

把握新发展阶段，我们要奋力创造义乌新辉煌，壮志凌云、一往无前。2022年是义乌市场创办40周年。今日义乌，机遇挑战并存，世界小商品之都建设正处在蓄势勃发、蓄力蝶变的重要关口：自贸试验区、跨境电商综试区、综合保税区等加快建设，正处在放大改革开放优势的窗口期；新业态新模式层出不穷、集聚成势，正处在经济加速转型的攻坚期；城市大框架、大平台不断拓展，正处在提升都市品质的关键期；群众倍加关注民生福祉、美好生活，正处在高质量发展建设共同富裕示范区的起步期。我们必须一张蓝图绘到底、一任接着一任干，以一往无前的奋斗姿态开启世界小商品之都建设新征程，续写奇迹、再立新功。

综合以上分析，今后五年全市经济社会发展的指导思想是：坚持以习近平新时代中国特色社会主义思想为指导，全面贯彻党的十九大和十九届历次全会精神，坚定不移做“两个确立”忠诚拥护者、“两个维护”示范引领者，立足新发展阶段、贯彻新发展理念、构建新发展格局，忠实践行“八八战略”、奋力打造“重要窗口”，坚持和深化“义乌发展经验”，坚持“兴商建市”不动摇，稳中求进、以进求变，以数字化改革撬动各领域全面深化改革，主动服务和融入国内国际双循环，推动高质量发展、竞争力提升、现代化先行和共同富裕示范，扛旗争先、崛起浙中，干在实处、走在前列、勇立潮头，朝着高质量高水平建成世界小商品之都奋勇前进。

围绕这一指导思想，未来五年的总体要求是，聚焦世界小商品之都一个总目标，竞逐“数字化、双循环、共同富裕”三大新赛道，全力塑造贸易枢纽、开放窗口、智造集群、现代都市、乡村振兴、美丽义乌、民生幸福、善治之城八大新场景。“三大新赛道”在“八大新场景”中相互交织、紧密协同，共同构成今后五年世界小商品之都建设的阶段性任务，也是今后五年高质量发展的主要任务。

——竞逐数字化改革新赛道，构筑数字变革高地。习近平总书记指出，要以科技创新和数字化变革催生新的发展动能。省委提出，数字化改革是全面深化改革的总抓手，是现代化先行和共同富裕的“船”和“桥”。义乌要坚定不移把数字化改革作为高质量高水平建成世界小商品之都的战略动力，高举数字化改革大旗，奏响数字化改革最强音。统筹运用数字化技术、数字化思维、数字化认知，全方位、系统性重塑体制机制、组织架构、方式流程、手段工具，谋划实施牵一发动全身的重大改革项目，率先形成与数字变革时代相适应的生产方式、生活方式、治理方式，构筑具有义乌辨识度的数字变革高地。

——竞逐双循环新赛道，打造国内国际双循环战略节点。习近平总书记指出，要加快形成以国内大循环为主体、国内国际双循环相互促进的新发展格局。省委提出，率先打造国内大循环的战略支点、国内国际双循环的战略枢纽。义乌要坚定不移把打造双循环战略节点作为高质量高水平建成世界小商品之都的战略方向，立足“大循环”，畅通“双循环”，推进市场升级、物流升级、制造升级，建设高质量对内经济循环、高水平对外开放、高能级现代化产业体系、高效率流通体系，打造面向国内大循环的产业架构、服务国内国际双循环的功能平台。

——竞逐共同富裕新赛道，锻造共同富裕成

功案例。习近平总书记指出，要坚持以人民为中心的发展思想，在高质量发展中促进共同富裕。省委提出，要奋力扛起共同富裕示范探路的使命担当。义乌要坚定不移把共同富裕作为高质量高水平建成世界小商品之都的战略目标，以缩小地区差距、城乡差距、收入差距为主攻方向，更加注重向基础薄弱镇、偏远农村、困难群众倾斜，更加注重发展共享，推动人的全面发展和社会全面进步。率先绘就大众创业万众创新的奋斗图景，效率与公平、发展与共享有机统一的富裕图景，全域一体、全面提升、全民富裕的均衡图景，人民精神生活富裕、人与自然和谐共生、社会团结和睦的文明图景。

今后五年全市发展目标是：地区生产总值年均增长7.5%、突破2300亿元；规上工业增加值年均增长14%，规上工业产值突破2000亿元，高新技术产业增加值占规上工业增加值比重达到60%，数字经济增加值占地区生产总值比重达到65%；内外贸突破1.1万亿元，跨境电商突破2000亿元；全社会研发投入占地区生产总值比重达到3%，人才资源总量达到50万；居民人均可支配收入增长适当快于经济增长，城乡居民人均收入比缩小至1.75以内；常住人口城镇化率85%以上，人均预期寿命达到82岁以上；营商便利度稳居全国第一梯队；年空气质量优良天数稳定在350天以上，绿色发展指数保持全省领先。

三、立足大局、突出重点，全力塑造世界小商品之都建设新场景

习近平总书记就“义乌发展经验”发表重要讲话时，要求义乌同志“要谦虚谨慎，不骄不躁，再接再厉，不断进取，切实解决好发展中存在的问题，更多地学习借鉴别人的长处和经验，进一步与时俱进地丰富、发展和总结、提炼义乌的实践经验，努力创造义乌发展的新辉煌，为全省、全国大局作出新的贡献。”我们忠诚拥护“两个确立”、坚决做到“两个维护”，就是要塑造世界小商品之都建设新场景，不断赋予“义乌发展经验”新的内涵，谱写中国式现代化的义乌篇章。

*（一）以数字贸易为牵引，塑造“内外贸联动、全链条融合”小商品贸易枢纽新场景。*市场兴则义乌兴，保持市场繁荣是义乌的永恒主题，要深化国际贸易综合改革，充分发挥自贸试验区等国家战略叠加效应，迭代放大市场优势，建设万亿小商品贸易枢纽。

迭代放大市场“商品多商人多商机多”优势。加大义乌市场宣传推介和招商力度，吸引更多贸易公司总部、采购中心、结算中心落地义乌，更多侨商、外商集聚义乌。加强国内大循环渠道建设，做强义乌好货、爱喜猫等供应链公共平台，引领更多市场经营户拓展内贸市场。加强贸易新业态新模式前瞻性研究，谋划建设国际商贸城六区市场，努力打造引领全球贸易风尚的新一代市场。推进新CBD、金融商务区二期等项目开发，为集聚贸易要素开辟新空间。推动综保区、B型保税物流中心与航空口岸、铁路口岸、宁波舟山港等互联互通，建设全球集拼中心，培育发展进口转口、保税直播、离岸贸易、易货贸易等新业态，打造贸易新增长极。

迭代放大市场“综合成本低贸易效率高”优势。牢牢把握国际贸易小单化、碎片化新趋势，推动贸易数字化升级、全链条延伸、集群化发展。实施市场采购2.0版改革，升级Chinagoods和市场采购联网平台，强化关汇税、运仓融综合赋能，打造小商品自由贸易重大场景应用。着力提升全球供应链和仓储配送能力，市场化布局国内中心仓、海外仓、海外物流分拨枢纽，发展“门到门”专线物流，做强环球义达物流平台，打造全球贸易组货履约中心，实现全球货义乌拼、义乌出。

迭代放大市场“贸易规则先行先试”优势。联动推进自贸试验区和国际贸易综合改革，突出制度集成创新，加快规则开放、制度开放，打造新型国际贸易中心，争当国际贸易自由示范。深入研究CPTPP、DEPA等国际贸易规则，争创RCEP经贸合作示范区。更加注重贸易监管方式创新，争取小额小批日用消费品进口“免证清关”，落地进口汽车等“全牌照”口岸，做大中国进口商品城。更加注重掌握跨境物流话语权，加强与海陆空物流龙头企业合作，创新打造空中“异地货站”、卡航集散中心等标志性项目，保障物流链畅通稳定。更加注重金融专项改革，落地本外币合一银行账户体系和数字人民币试点，积极培育结算型金融中心。更加注重投资自由改革，进一步放宽投资准入领域，深化完善事中事后便利化监管，健全“有事必应、无事不扰、失信惩戒”机制。更加注重涉外服务综合改革，完善外国人诚信体系，赋能“外籍商友卡”，让外商生活贸易更便利。

迭代放大市场“物美价优源头货”优势。实施新一轮贸工联动，做大做强与市场紧密相关的传统优势制造业，强化对市场发展的支撑作用。提档升级小商品质量品牌，鼓励创新设计，强化知识产权保护，发展小商品“首发经济”，举办中国新国货博览会，打造“国潮风向标”“爆款供应地”。实施“异地产业带+义乌市场”源头货计划，招引集聚更多优势行业，培育做大原辅料、中间品、机械设备等新行业，不断向市场注入新鲜血液，推动市场持续繁荣。培育打造一批众创街区、特色专业街，推动场街融合互促发展。实施互联网品牌创建行动，支持企业收购代理引入知名品牌、做强公共品牌。

迭代放大市场“线上线下融合发展”优势。抢抓全球贸易数字化机遇，培育发展直播电商、跨境电商等新业态，打造全球电商直播中心。建设跨境电商产业园，实施新一轮电商主体培育计划，力争每年培育和引进年销售超5亿元的头部企业10家以上。大力发展丝路电商，支持企业建设独立站，加强与亚马逊、速卖通等国际知名跨境电商平台对接合作，落地全球电商平台服务中心，帮助更多市场主体拓展线上贸易。做强义博会等国家级展会，做精行业品牌专业展，推动展会商旅文体多元融合发展，鼓励线上线下、境内境外联动办展，提升会展对市场引流带动作用，打造世界会展特色城市。

（二）以“一港一通道一班列”为牵引，塑造国内国际双循环开放窗口新场景。迭代升级“义新欧”中欧班列、义甬舟开放大通道等标志性平台，完善立体化多层次集疏运体系，建设服务中小微企业融入双循环和“一带一路”的开放窗口。

高质量打造“义新欧”亚欧大陆桥。全力推进“义新欧”班列提质增效，实现向贸易通道、开放通道、合作通道转变。加快“义新欧”班列数字服务平台建设，积极拓展跨区域集货合作，争取长三角中欧班列集结中心，打造成为国家中欧班列枢纽集结中心示范工程。加强境外落地配送和海外集货能力建设，鼓励发展“一单到底”“门到门”跨境物流服务。推动班列进出口双向平衡，加强与央企、大宗商品进口企业等合作，提升“义新欧”在国家开放格局中的战略地位。深化政企合作，探索集群式“走出去”新路径。

高质量建设义甬舟开放大通道。全面推进“第六港区”与宁波舟山港一体化，加快建设数字义甬舟，实现铁海联运、公海联运“一次申报、一次查验、一次放行”，打造开放共享的口岸平台。加快建设义乌（苏溪）国际枢纽港、航运服务中心、集装箱运营中心，打造陆海畅通的启运港、目的港。实施义甬舟西延工程，加强与长江经济带城市物流枢纽、跨境电商综试区联动，布局物流园区、物流快线、商品分销网络，打造陆海统筹、数字智慧、综合立体、东西互济的开放大通道。加强与国内外主要港口合作，参与共建海外港口物流基础设施，提升全球航运资源配置能力。

高质量推进“四港”联动。以信息港为纽带，统筹推进铁路、航空、海运等数字化服务平台建设，探索打通海陆空国际贸易“单一窗口”，建设“四港”联动智慧物流云平台，实现“一窗办理、四港联动、多式联运、全球直达”。加快建设义西南和义东北物流园，全力招引跨境电商物流、数字物流、智慧仓储等平台龙头企业，推动物流集约化、智能化、高效化发展。扩容提质口岸基础设施，完成铁路口岸三期建设、义乌机场适应性改扩建，做大做强快件监管中心，推动与杭州、郑州、上海等国际机场互联互通，争创国家临空经济示范区。

高质量推动“一带一路”软联通心联通。积极拓展与“一带一路”沿线国家城市文化、旅游、服务等各领域交流合作，打造成为展示中国文化自信的窗口。建成浙江大学“一带一路”国际医学院，探索建立与国际接轨的医学人才培养机制。培育发展国际学校、国际医院、国际社区，着力增强开放型城市服务功能。积极承办国际体育赛事、国际文化活动，加强与国际友好城市交流合作，扩大全球朋友圈和影响力。

（三）以未来工厂为牵引，塑造“传统+新兴”智造集群新场景。深化数字经济与先进制造业融合，促进传统小商品制造转型，推进数字化设计、智能化生产、智慧化管理、协同化制造，形成以未来工厂为引领、智能工厂为主体的新智造产业集群。

瞄准智能制造赋能升级。加快推进制造业智能化改造提质扩面，打造一批针织服装、袜业、光伏等行业标杆智能工厂，形成智能制造应用新模式，力争建成数字化车间、智能工厂、未来工厂120家以上，其中省级25家以上。全面推进产业数字化和数字产业化，加快“智纺云”“针织云”等工业互联网平台提档升级，探索构筑政府产业企业全贯通、设计生产流通全覆盖的产业大脑。深入实施“5G+工业互联网”行动，鼓励企业开展专网建设，构建与工业经济深度融合的新型基础设施。

紧盯链主企业招大引强。高水平建设智能显示和绿色动力两大“万亩千亿”新产业平台，打造具有核心竞争力的产业集群。围绕信息光电、汽车、高端芯片及智能终端、医疗健康等新兴产业，精准招引行业领军和产业链关键企业。围绕传统产业延链、补链、强链，着力招引上下游企业，发展中高端小商品制造。建立健全项目决策、落地、预警、评价的全生命周期管理服务机制，提高招商引资质量。创新产业链招商、基金招商、以商招商、“云招商”，吸引外资、央企、民资来义投资兴业。深化国资国企改革，强化国有经济战略引领和支撑作用。

立足专精特新提质增效。富有竞争力的企业是高质量发展的微观基础。持续激发市场主体活力，培育壮大本土优质企业，加大空间、融资等政策支持力度，大力弘扬企业家精神和工匠精神，鼓励和引导企业韧性发展。鼓励企业专注实业深耕主业，争当细分领域冠军，力争年产值超10亿元企业达到20家以上，专精特新“小巨人”、制造业单项冠军（培育）企业、隐形冠军（培育）企业新增15家以上。深入实施“凤凰行动”，新增境内外上市挂牌企业10家以上。推进“腾笼换鸟、凤凰涅槃”，科学合理设定工业用地容积率，深化“亩均论英雄”改革，推动资源要素向优质高效领域集中。强化小微企业融资支持、用工保障，加快建设一批高质量小微企业园，持续帮助降本提效。

聚焦人才科技创新驱动。推动产业链与创新链深度融合，鼓励行业龙头企业整合上下游、产学研，打造创新联合体。主动融入G60科创走廊、杭州城西科创大走廊等区域协同创新网络，建设一批“科创飞地”。深入实施全民科学素质提升行动。加快建设双江湖科教园区，建成中国计量大学现代科技学院二期，支持复旦大学义乌研究院创建省实验室，构筑更加紧密的科教协同、产教融合生态。优化人才扶持政策和评价机制，推进“133创新人才工程”和“义乌英才”计划，构建“引育留用”全链条服务体系，每年新增首次来义高校毕业生3万名以上。

（四）以智慧城市为牵引，塑造更强辐射、更加聪明、更高品质现代都市新场景。把握城市智慧化、区域一体化机遇，以“城市大脑+未来社区”为依托，全面重塑城市形态，提升城市综合能级和现代化国际化品质内涵，建设金义都市区核心。

打造“城市大脑+未来社区”融合模式。坚持数字城市与现实城市同步规划、同步建设、同步管理，逐步形成地上建筑、地下空间、公共设施等基础数据“一张图”，夯实面向未来的城市大脑数字底座支撑。聚焦群众高频需求，让市民乐享“就在身边”的民生服务、邻里生活，建成下车门、宾王、鸡鸣山等15个以上“未来社区”。探索政企合作、多方参与、专业运营的数字城市建设运营模式，做到运营可持续、百姓真受益。

提升“时尚现代、舒适宜居”城市品位。高水平编制实施新一轮国土空间规划，高标准建设主城区、双江湖、高铁新城等重点板块，有序推进城市有机更新，因地制宜开展城市“微更新”“微改造”。坚持“房住不炒”，保持房地产市场平稳健康发展。注重对优秀历史建筑、历史风貌的保护，提升城市空间的公共性与多样性，建成15个以上城乡风貌样板区。持续推进国土空间提质增效，管好用好每一寸土地，探索二三产业混合用地，每年盘活存量建设用地5000亩以上。

构建“智慧高效、内畅外联”交通路网。开工建设义诸、义龙庆、义浦桐、甬金衢上、甬金拓宽五条高速，启动杭丽、金台城际高铁建设，建成杭温高铁、金甬铁路、高铁全高架站房，打造全国综合交通枢纽。完成江赤路、235国道等建设，形成“三环两纵两横”高快一体交通网络，实现主城区到镇街15分钟、到周边县市30分钟。优化农村公路体系，畅通带动共同富裕的毛细血管。

共建“一体化、同城化”金义都市区。大格局、大胸怀、大担当，主动参与都市区共建。不断加大共建力度、拓展共建深度，加快构建金义黄金主轴。深化与周边县市战略合作，加强自贸试验区各区块和联动创新区协同发展，推动政务服务跨区域通办，实现政策共惠、资源共享。推进基础设施互联互通，建成轨道交通二号线、金义中央大道、义永公路，加快建设金义城际铁路，形成一体畅通的轨道交通和都市路网。探索建立重点产业链创新链优势互补、利益共享机制，打造浙中科创大走廊核心创新策源地。

（五）以未来乡村为牵引，塑造城乡融合、共富共美乡村振兴新场景。深化“千万工程”，加快实施共同富裕缩小城乡差距领域省级试点，推进城乡要素双向自由流动，打造彰显“国际范、江南韵、乡愁味、时尚风、活力劲”的新时代美丽乡村。

打造未来乡村。瞄准群众全生活链条、全生命周期、全过程体验需求，打造邻里、文化、健康等场景，建成省级示范性未来乡村20个以上。深化电子商务示范村培育，推动电商村特色化、差异化、专业化发展。高水平推进农村人居环境“三大革命”，实现省级新时代美丽乡村全覆盖。提升农村公共文化服务品质，实现镇街综合文化中心一级站全覆盖。挖掘优秀乡土传统文化，加强历史文化村落、乡村特色风貌保护，让古村落“活”起来。

深化城乡融合。推动大陈、赤岸、上溪、义亭四个镇赶超发展，强化项目布局和要素支持。推进新时代乡村集成改革，打造宅基地制度改革2.0版，稳步实施农村有机更新，每年新增农民建房5000户以上，基本解决农民住房问题。拓宽村级集体经济发展路径，所有村集体年经营性收入达到50万元以上。强化农村实用人才、农创客培育，开展休闲旅游、农家乐、民宿、电子商务等创业培训，农村常住居民人均可支配收入达到6万元以上。深化“两进两回”行动，实施新乡贤带富工程，加强农村导师传帮带，不断激发乡村振兴内生活力。

实施“双强行动”。加快农机装备推广应用，推进科技特派员服务体系建设，农业科技进步贡献率达到75%以上。深化农业“标准地”改革，全域打造美丽田园，坚决遏制“非农化”、防止“非粮化”，农业“标准地”稳定在12万亩以上。强化粮食、生猪、蔬菜等稳产保供，促进农产品精深加工，打响“义乌三宝”区域公共品牌。从线到面集成提升十条精品线，形成满足多元化、品质化休闲需求的乡村消费增长极。

（六）以“碳达峰碳中和”行动为牵引，塑造绿色低碳美丽义乌新场景。像保护眼睛一样保护自然和生态环境，巩固提升国家生态文明建设示范市创建成果，全面提高资源利用效率，加快形成绿色低碳循环发展的经济体系，建设人与自然和谐共生的美丽义乌。

彰显绿色生态魅力。完善城市公园绿地生态布局，加快植物园、大寒尖省级森林公园等生态项目建设，争创国家生态园林城市。建设口袋公园和林荫停车场，让市民群众推窗见绿、四季见花，畅享“绿色福利”。推进省级山水林田湖草生态保护修复试点建设，贯通义乌江美丽城防，涵养义北、义西、义南山林特色区，打造南江、城中河等九条水链生态廊道和义乌江、大陈江高品质幸福河湖网。

守护蓝天碧水净土。开展清新空气巩固提升行动，健全工业废气、工地扬尘、餐饮油烟等污染源在线监测、协同处置机制。高质量建设省级水生态治理示范市，巩固提升全域“污水零直排区”，创建国家级节水型城市，推进岩口水库流域综合治理，实现管网全覆盖、污水全收集、处理全达标、饮水全保障，地表水水质稳定在III类以上。开展全域农用地土壤污染治理，迭代“两定四分”模式推动城乡垃圾源头减量，建成建筑垃圾资源化利用中心，争创省五星级无废城市。

厚植绿色发展底色。实施“6+1”重点领域碳达峰行动，建立碳达峰碳中和数智管理体系，实现碳排放全链式闭环管理。推进工业领域绿色制造，提高建筑领域节能标准，加快公共车辆清洁能源替换，倡导居民绿色低碳生活方式。坚决打赢能耗双控、能源保供硬仗，严格项目准入能耗标准，倒逼企业淘汰落后生产工艺技术，单位生产总值能耗降低16%。积极推广可再生能源、清洁能源，推进“风光倍增工程”，新增光伏发电装机容量150万千瓦。

（七）以公共服务数字化为牵引，塑造全生命周期优质共享民生幸福新场景。坚持办好民生实事，构建“15分钟公共服务圈”，推动文化多彩惠民、教育普惠均衡、健康优先发展、养老安心无忧、托育全面优质，打造民生幸福标杆。

推进新时代文化义乌工程。建设全国示范型新时代文明实践中心，激活各领域文明细胞，争创“全国文明典范城市”。弘扬以“真理的味道非常甜”为代表的红色文化，挖掘以“亿年恐龙化石、万年桥头遗址、千年双林寺”为底蕴的历史文化，展示以“义乌上河图”为内涵的商贸文化，传承以“孝、忠、勇、义”为精髓的传统文化，融合文明互学互鉴的丝路文化，发展社会主义先进文化，用义乌精神凝聚奋进新时代的强大力量。实施新时代文艺精品创优工程，创作义乌题材系列短视频、婺剧和影视精品。精心打造佛堂古镇、西门老街等特色文旅街区，建成博物馆新馆、美术馆、大剧院等文化地标。推进“百千团队”进基层、青年艺术家孵化计划，完善城乡一体公共文化服务体系。承办好第十七届省运会相关赛事。培育发展商务旅游，拓展和提升国际商贸城国家4A级购物旅游区。

推进城乡教育普惠均衡。开展城乡学校一对一结对帮扶，每年安排15%以上的城区骨干教师下乡，实现教育共同体全覆盖，城乡孩子同上一堂课。继续稳步推进教育倍增计划和双百园工程，打造“教育大脑+智慧学校”，全面提高教育质量，创成全国义务教育优质均衡发展市、学前教育普及普惠市。严格落实“双减”工作，完成培训机构规范治理，实施“品质课堂”计划，让孩子学得好、家长不焦虑。实施普通高中分类办学，深化职业教育产教融合，促进学生个性化成长。推行“退出机制”和“银龄讲学”计划，加大教师人才引育，打造师德好、业务精的教师队伍。规范民办义务教育发展，完成新义乌人子女学校标准化改造。支持工商学院建成浙江省高职高水平学校。

推进健康义乌建设。织密扎牢疫情防控网络，完善数字防疫“早发现、快处理”体系，提升突发公共卫生事件应对水平。打造“健康大脑+智慧医疗”，构建“看病就医一件事、智慧公共一张网、健康管理一体化”数字健康管理新模式，健全健康教育体系，普及健康知识，加强早期干预、心理健康、职业健康服务。加快浙大四院双江湖院区建设，建成投用儿童医院，创成“三甲”医院2家以上。完善分级诊疗制度、医疗综合监管、现代医院管理和医共体建设，完成村级卫生服务机构标准化改造，县域就诊率达到90%以上。全面落实三孩生育政策及配套支持措施，推动母婴健康、就近托育服务全覆盖，建设妇女儿童友好型社会。传承创新朱丹溪中医药文化。广泛开展全民健身运动，推进体育强市建设。

推进“扩中”“提低”。进一步拓宽“创富、扩中、托底”渠道，让创业者更强、让劳动者更富、帮后富者致富。发挥义乌大众创业万众创新优势，建设高质量就业创业体系，实施新时代义乌工匠培育工程和“金蓝领”职业技能提升行动，打造“义起创业”全国创业集聚中心。深化省级新业态职业伤害保障试点，推进就业援助服务计划，为每位劳动者提供就业支持，确保零就业家庭动态清零。建立失能失智老人社区探访关爱制度，建成居家养老服务综合体20个以上、康养联合体10个以上，让老人在家门口乐享养老服务。创建省残疾人就业创业先行区。引导社会各界积极投身公益慈善事业。

（八）以“152”与“141”贯通为牵引，塑造“四治融合”善治之城新场景。推进“县乡一体、条抓块统”改革，健全党建引领“四治融合”的基层治理体系，平安建设位居全省十七强县市前列。

完善整体智治格局。高标准建设市级社会治理中心，完善社会风险分析研判预警机制，数字赋能提升社会治理水平。推动“基层治理四平台”

功能拓展，打造镇街全域整体智治平台，优化全科网格治理模式，构建上情下达、下情上传全过程闭环。推进“大综合一体化”行政执法改革，集成“监管一件事”，整合精简专业执法队伍，推动执法力量下沉，行政检查事项零遗漏，实现执法监管全闭环、全智治、全覆盖。

构建基层共治体系。健全群众自治制度，培育基层公益性、服务性、互助性社会组织，支持鼓励志愿服务，让广大群众成为参与者、管理者、受益者。强化道德引领，发挥党员、乡贤、退役军人等先进榜样作用，擦亮最美家庭、平安家庭、爱心家庭等品牌，让好家风、好家规、好家训浸润乡里。强化诉源治理，加强基层调解组织和队伍建设，深化人民调解、司法调解、行政调解“三调联动”，探索村级重大事项合法性审查，实现95%以上矛盾纠纷化解在基层。

提升风险防治能力。全面落实总体国家安全观，坚决维护国家政治安全，巩固国家安全人民防线。扎实开展平安十大攻坚，建立完善风险闭环管控大平安机制，重拳整治道路交通、消防安全、网络诈骗等重点风险隐患，较大以上安全事故零发生。常态化推进扫黑除恶斗争。落实重大决策社会风险评估机制，从源头上预防和化解社会矛盾。健全市镇村三级矛调中心运行机制，集中整治重点领域信访突出问题，初信初访和信访积案化解率保持在98%以上。

深化法治义乌建设。全面加强依法治市工作，加强合法性审查和重点领域执法监督，完善公众参与监督机制，提高政府依法行政能力，创建法治政府示范市。深化行政复议体制改革，加强行政争议化解，推动行政诉讼案件量逐年下降，打造全国行政复议规范化建设标杆。完善公检法一体化办案机制，强化行刑衔接，提升办案质效。全面推进“八五”普法，健全便捷高效、均等普惠的现代公共法律服务体系，实现法治镇街和民主法治村全覆盖。

四、党建引领、全面从严，汇聚世界小商品之都建设强大合力

习近平总书记指出，要推进新时代党的建设新的伟大工程。我们要全面践行新时代党的建设总要求，全面实施“红色根脉强基工程”，打造“真理味道、信仰之源”党建品牌，坚持正确政绩观，推动全面从严治党向纵深发展。

（一）聚焦铸魂领航，旗帜鲜明加强政治建设。深入实施铸魂工程、溯源工程、走心工程，全面建立“第一议题”制度，实施习近平新时代中国特色社会主义思想教育培训计划，系统学习习近平总书记对义乌工作重要指示批示精神。充分用好《共产党宣言》中文全译本首译地等义乌红色资源，深入开展党史学习教育，赓续红色血脉。建强镇街党校，挖掘打造一批彰显新思想伟力的现场教学点和实践基地，打造“家门口的红色学堂”。落实意识形态工作责任制，守好意识形态领域阵地。全面加强全委会、常委会自身建设，完善各级党组织议事决策规则，发挥党总揽全局、协调各方的领导核心作用。坚持和完善人民代表大会制度、中国共产党领导的多党合作和政治协商制度，支持人大、政协依法依章程履行职能，坚定不移推进全过程民主。巩固和发展新时代爱国统一战线，做好民族宗教、港澳台侨等工作。更好发挥工会、共青团、妇联等桥梁纽带作用，夯实群团工作基层基础。全面落实党管武装要求，加强国防动员和后备力量建设，持续加强双拥工作。强化与莲都、巴中等结对帮扶，打造山海协作、东西部协作、对口支援合作升级版。

（二）聚焦强基赋能，全面建强变革型基层组织。建立健全“三大新赛道、八大新场景”的工作体制机制。强化基层党组织政治功能和组织力，加快形成上下贯通、执行有力的组织体系，争创省级“红色根脉”强基示范市。深化全国城市基层党建示范市建设，擦亮“有事找社区”“驿家亲”等城市服务品牌，形成城市基层党建义乌经验。聚焦未来社区、未来乡村党建，推动城市社区党组织体系向下延伸，推动党组织嵌入生产生活全服务链，塑造横向多跨、纵向细分的基层组织新形态。深入推进全域党建联盟建设，推动党建优势、党建资源有效转化，形成党建统领先富带后富机制。加大对新业态、新就业群体的政治引领，构建新兴领域党建工作标准体系。抓实党支部基本单元，常态化开展红雁主题擂台赛，每年倒排5%

的村社开展综合治理，推进基层党组织全面过硬。建立党建促“七张问题清单”落实机制，发挥基层党组织“前哨”“探头”作用，全面构建党建统领基层整体智治体系。加强和改进党对人才工作的领导，深化人才发展体制机制改革，构建新时代义乌人才工作新格局。

（三）聚焦塑造变革，全力锻造“义乌干部”品牌。重塑全面立体透视察人识人机制，常态化开展“听听干部心里话”，探索实绩追溯考察，实现大数据精准“画像”优选干部。优化干部成长选育全链条机制，培养选拔优秀年轻干部，加强“一把手”人选储备，搭建“赛马机制”“实战实训”等干事创业竞技舞台。健全干部能上能下机制，坚决调整不担当不作为干部，大力提拔政治过硬、实干担当、业绩突出的干部。改进干部专业能力提升机制，紧扣市委重大战略部署，实施干部推进现代化建设新能力提升计划，提升干部国际贸易、数字经济等领域专业化水平。全面实施“头雁计划”，强化村社党组织书记全链条管理，深化村干部专职化改革，持续优化村级班子整体结构。完善干部关心关爱机制，在政治上激励、工作上支持、待遇上保障、心理上关怀，让吃苦者不吃亏、流汗者不流泪、担当作为者没有后顾之忧，让广大干部安身、安心、安业。

（四）聚焦标本兼治，纵深推进清廉义乌建设。以党的自我革命引领推动社会革命，充分发挥全面从严治党的政治引领和政治保障作用，大力推进八大清廉单元建设，拓展建设清廉金融，讲好义乌清廉故事。严查重点领域关键环节腐败问题，把严惩腐败和严密制度、严格要求、严肃教育结合起来，纵深推进不敢腐、不能腐、不想腐目标。持续开展漠视侵害群众利益问题专项治理，解决好群众“急难愁盼”问题。树立“严管就是厚爱，监督就是保护”理念，认真落实“三个区分开来”要求，精准运用监督执纪“四种形态”。深入实施加强对“一把手”和领导班子监督“19条措施”“13张清单”，紧盯权力运行关键环节，开展嵌入式、源头式、立体式监督，推动各类监督贯通协同。发挥巡察综合监督作用，强化巡察标准化建设，高质量推进巡察全覆盖。严格落实“九个一律”“十条举措”，深化党员整治立规创优行动。深化基层站所腐败和作风问题专项治理，推进雇员队伍管理改革，建立村社“一把手”权力运行规范化、标准化机制，推动“村务清廉钉办”迭代升级，让小微权力不再任性。

（五）聚焦提神振气，营造扛旗争先的干事氛围。以义乌市场创办40周年为契机，举办解放思想大讨论，以思想观念的再解放推动改革开放的再起航。市委带头建立集体学习会制度，学深学透习近平新时代中国特色社会主义思想，提高把方向、谋大局、定政策、促改革的能力。广大党员干部必须强化自我修炼，加强生成性学习，争做信念坚、政治强、本领高、作风硬的好干部。坚持“懂团结是真聪明，会团结是真本领”，营造唯实唯先、善作善成的团队文化。始终保持奋进姿态，树牢“没有走在前列也是一种风险”的忧患意识，抬头志在万里、低头绣花功夫，推动各领域工作扛旗争先、勇争第一，敢于啃硬骨头、打硬仗。走实群众路线，面对面倾听群众诉求，实打实解决困难问题。想明白、坚决干，始终保持实干心态，崇尚实干担当，发扬钉钉子精神，锚定既定目标，争分夺秒干、量化目标干、闭环落地干、复盘评估干，确保各项工作一贯到底、干出实效。毫不松懈纠治“四风”，坚决纠正敷衍塞责、打滑空转等行为，形成人人思进、个个争先的良好氛围。

各位代表、同志们，兴商建市矢志不渝，逐梦扬帆正当其时。让我们更加紧密地团结在以习近平同志为核心的党中央周围，大力弘扬伟大建党精神，坚决贯彻中央、省委和金华市委决策部署，牢记嘱托、实干担当、勇毅前行，竞逐三大新赛道，塑造八大新场景，全力谱写世界小商品之都建设新篇章，以优异成绩迎接党的二十大胜利召开！

政府工作报告

——在义乌市第十六届人民代表大会第一次会议上

义乌市代市长　叶帮锐

2022年1月24日

各位代表：

现在，我代表义乌市人民政府向大会报告工作，请予审议，并请政协委员和其他列席人员提出意见。

一、感恩奋进、砥砺前行，站上世界小商品之都建设新起点

刚刚过去的2021年，面对全球疫情持续演变、外部环境更趋复杂的严峻形势，我们坚持从百年党史中汲取奋进的智慧和力量，在中共义乌市委的坚强领导下，在市人大、市政协的监督支持下，团结依靠全市人民，不断巩固拓展疫情防控和经济社会发展成果，实现了“十四五”良好开局。全年完成地区生产总值1730亿元，增长11.6%；完成财政总收入193.7亿元，其中一般公共预算收入127.5亿元，分别增长19.4%、20.3%；城乡居民人均可支配收入分别增长8.1%和9.4%。

回顾一年，来之不易的荣誉让我们倍受鼓舞。适逢建党百年，我们共同见证了小康社会的全面建成。党中央追授谢高华老书记“全国优秀共产党员”称号，授予商城集团“全国先进基层党组织”称号。国务院正向激励我市土地节约集约利用工作，省政府正向激励事项位居全省第二。地区生产总值、一般公共预算收入等主要经济指标跃居全省前列，其中规上工业增加值增速、税占比全省第一。这些沉甸甸的荣誉，镌刻着我们砥砺奋进的光荣与梦想。

回顾一年，热火朝天的实践让我们倍增动力。自贸区建设加速推进，综保区正式封关运行。全省义甬舟开放大会、无废城市现场会在我市召开。双江湖科教园区雄姿初现，城市一环全线贯通，植物园成为市民休憩首选。产值超百亿企业从无到有、数量达4家，规上工业产值跨越千亿大关，工业大县营商环境评价领跑全省。这些生动实践，燃烧着我们干事创业的速度与激情。

回顾一年，心手相依的画面让我们倍感温暖。面对疫情多点散发态势，我们勠力同心、守望相助，超额完成疫苗接种任务，取得了本土确诊病例零发生、无症状感染者零报告的重大成果，春节留人暖政在国务院联防联控机制新闻发布会上介绍推广；面对复杂多变的内外环境，我们政企连心、共克时艰，为企业减税降费、直达快享87.9亿元，新增市场主体数量全省第一；面对发展痛点堵点，我们上下齐心、携手攻坚，“金城系”房产、赤岸薛乔村下山脱贫等一批难题得到妥善解决。这些动人瞬间，见证了我们万众一心的温暖与力量。

这一年，我们主要在以下六方面实现了更大进步。

（一）改革更有为。数字化改革多维突破。锚定“152”跑道加速快跑，率先建成省市县三级贯通的县级公共数据平台，综合考评全省第一。领导挂帅集中攻坚，五大综合应用高效运转。省数字化改革例会每期均有义乌元素，“非伤人轻微物损交通事故处理”作为典型案例现场演示，“村务清廉钉办”亮相全省首次新闻发布会，数字审批经验获全省推广，数字经济、数字社会系统建设综合评价全省领先，鸡鸣山社区场景入选最佳实践案例。承接省级试点项目46个，创新理论制度成果70余项。跨区域通办“朋友圈”拓展至18个城市。行政服务中心获评省政务服务示范大厅。自贸区改革多向发力。构建以五大自由为重点的改革体系，获批省级以上试点及赋权事项8个，涌现改革“首单”“首例”23个。列入省自贸区制度创新案例5个、标志性成果14个。首创出口退税备案单证数字化管理，每年可为企业节省成本超亿元。创新“市场采购+一般贸易”拼箱业务，预包装食品出口监管模式获全国推广。落地全国首个县级国际商事法律服务中心。实现外籍商友卡“一卡通”。重点领域改革多点开花。新增农业标准地5508亩，改革经验写入全省土地管理条例。落地全国首个县级海外知识产权纠纷应对指导中心，荣获国家版权金奖。深化国资国企改革，国企营业收入增长84.1%。

（二）开放更有度。外循环节点持续贯通。实施市场采购2.0版，实现数字贸易全链路打通。推进国际贸易“单一窗口”铁路运输试点，义新欧班列开行1277列，增长31.1%。与宁波舟山港实现海铁联运“一次申报、一次查验、一次放行”，发运标箱增长94.6%。开通至马尼拉国际货运航线。实施出口信保政府统保等稳外贸举措，培育省重点进口平台3个。全年完成出口3659.2亿元，增长21.7%，增速超全省2个百分点；进口243.9亿元，增长95.3%；转口贸易增长6倍。内循环网络持续织密。构建“一盘好货”供应链体系。新增专业市场联盟成员13家，“城市经理人计划”链接国内终端门店3万家。实施促消费系列举措，拉动消费超26亿元。获评全省首批夜间经济样板城市。市场韧性持续增强。义西进口市场、跨境电商产业园等项目启动。市场人流、周边资金流分别增长18.2%和25%。快递业务量增长29.5%，总量达92.9亿件。入选全国首批商品市场优化升级试点市。商城集团获批商业保理牌照。

（三）转型更有效。新兴产业不断壮大。引进光伏光电强链延链项目11个，爱旭六期、彩易达、宏禧科技等项目开工，爱旭四五期、天合光能二期、东方日升二期等项目投产，世界光明之都加速崛起。引进安测、纳芯等半导体项目，芯片产业园集聚企业4家，半导体产业高地呼之欲出。平台能级不断增强。完成开发区（园区）整合。高新区获评全省园区建设突出贡献集体。丝路金融小镇获省特色小镇命名，亩均效益领跑全省。光源科技小镇成功创建3A景区。绿色动力小镇新增变速器产能30万台。云驿小镇落地物流企业33家。传统产业不断提升。实施两化融合项目35个，打造数字化车间3个，列入省智能工厂培育企业2家。针织服装行业入选省产业集群新智造试点。新增省级小微企业园10个，总数保持全省第一。新增专精特新企业21家，获评省级企业研发机构11家。统筹工业用地全生命周期管理、“工业用地不姓工”整治，改造提升低效工业用地3533亩。

（四）统筹更有方。片区建设提速。植物园一期建成，铁路综合交通枢纽大楼启用，复旦大学义乌研究院首批项目启动，浙大国际医学院主体工程结顶、健康研究院建成投用。完成有机更新区块7个，改造提升老旧小区8个，创建省级未来社区5个。城乡融合提速。金义东轨道金义线试运营，“高速免费圈”扩大至15个道口。构建15分钟文明实践服务圈，文明城市创建成果不断巩固。获评美丽城镇建设省级样板3个。新增美丽乡村示范镇1个，“望道信仰+人文上溪”精品线入选全省首批美丽乡村示范带。农村有机更新首批试点完成审批1.4万户，第二批试点完成签约39个村。成功创建国家“四好农村路”示范县。生态治理提速。公众生态满意度全省排名提升16位，入选全省首批整体清洁生产审核试点，获评美丽浙江建设工作优秀市，再次捧得“大禹鼎”银鼎。

（五）保障更有质。社会事业全面进步。十件民生实事圆满完成。落地“双减”政策，实现营利性学科类培训机构清零，“5+2”课后服务义务教育阶段全覆盖。建成中小学、幼儿园41所，新增学位1.6万个。儿童医院启动建设，浙大四院、中医院、妇保院成功创建“三甲”。完成所有基层卫生院标准化改造，基层卫生机构考核全省第一。新增家庭医生签约3.6万人。“望道之路纪念展”获评庆祝建党百年精品展。朱丹溪中医药文化入选国家非物质文化遗产名录。成功创建省体育现代化市、省食品安全示范市。共富共享全面推进。全国首试跨村有偿调剂宅基地资格权，新增农房抵押贷款70.6亿元，激活农村沉睡资产211亿元。实施消薄项目128个，发放乡村振兴贷款5.8亿元，村集体年经营性收入均超20万元、80%以上超50万元。建成三级联动公共就业平台，就业创业培训4.3万人，实现低收入家庭无劳动能力人员

100%虚拟就业。创建省高质量就业村社5个。“一对一”结对帮扶低收入家庭3845户。实现低保对象、特困人员等社保应保尽保。“百县万品”为全国421个地区搭建平台，消费助农超亿元。入选缩小城乡差距全省首批试点。

（六）担当更有力。政治坚定坚决。把学懂弄通做实习近平新时代中国特色社会主义思想作为首要政治任务。高质量开展党史学习教育，聚焦主题主线，有力有序推进，在“学党史、悟思想、办实事、开新局”中进一步筑牢政治根基。履职依法依规。自觉接受人大依法监督、政协民主监督，人代会议案建议284件、政协委员提案272件全部办复。全面开展法治镇街、法治村创建。认真落实环保督察、安全生产督查、商贸服务业集聚区管委会巡视问题整改，配合做好经济责任审计，严格落实信访工作责任制。作风扎实务实。开展隐患大排查大起底大整治，安全生产事故、火灾数较前两年平均分别下降25.6%和37.1%。“两问大走访”“春风暖企行”解决问题1.2万个。完成“非粮化”整治优化2.4万亩。深入推进财政预算绩效评估，全面开展扶持政策清理规范。审计查处管理不规范资金6.4亿元，促进增收节支超6700万元。

同时，民族、宗教、优抚、气象、档案、市志、对台、侨务、工会、红十字、慈善、统一战线、人民武装等工作都取得了新进步。

各位代表，2021年主要目标任务的顺利完成，为本届政府五年工作画上了圆满句号。过去五年，极不平凡。习近平总书记3次在重大外交场合推介义新欧中欧班列；主持召开企业家座谈会，听取商城集团关于义乌市场及中小微企业情况的汇报；支持自贸区扩区到义乌；亲切会见我市6名先进集体和个人代表。总书记的如山厚爱、亲切关怀，让全市人民始终倍感温暖、倍增动力。五年来，我们牢记嘱托、感恩奋进，紧紧围绕高质量高水平建成世界小商品之都目标，坚定不移推进经济转型、城市转型，较好完成了市十五届人大历次会议确定的目标任务，为全面奋进新征程奠定了坚实基础。

五年奋进，综合实力大幅跃升，高质量发展态势更加明显。地区生产总值、一般公共预算收入年均分别增长7.2%、9.4%；出口超过全国18个省份，进口翻三番。完成有效投资总量创历史新高。三次产业结构由2：34.4：63.6调整为1.4：32：66.6。居民人均可支配收入连续15年领跑全国，收入倍差从1.99缩小至1.88。成为全省人口最多县市。万元GDP能耗、水耗、碳排放量分别下降15.8%、31%和18.6%，金融不良率创七年新低。高质量发展指数走在全国前列。

五年奋进，重大战略持续叠加，改革开放试验田作用愈发彰显。新增国家级改革17项、省级改革26项，市场采购贸易方式在全国31座城市复制推广，农村宅基地“三权分置”写入中央一号文件，放管服改革走在全国前列。获批国贸改革试验区、综保区、跨境电商综试区等平台，阔步迈进自贸区时代。新型国际贸易格局加速构建，对“一带一路”沿线国家出口约占全国的1/40，义新欧班列发运量占全国的1/10。义乌机场、义乌陆港纳入全省开放体系。快递业务量从全国第六跃居全国第二，跨境网络零售交易额连续五年全省第一。入选首批国家物流枢纽、全省唯一“四港”联动示范城市。

五年奋进，产业转型不断深入，新旧动能转换步伐更加坚实有力。新增省重大产业项目28个，光电光伏、汽车制造两大产业集群初具规模。装备制造业、战略性新兴产业、高新技术产业增加值占比分别提高44.3、51.2和51.7个百分点。小微企业园、特色小镇、万亩千亿产业平台梯度培育体系加快形成，工业亩均税收提升63%。人才总量逾37万人。国家级科技企业孵化器、创新型领军企业、重点实验室实现零的突破。荣获省制造业高质量发展示范市、省科技目标责任制考核五连冠。

五年奋进，城乡面貌精彩蝶变，现代化都市区框架全面打开。“东西南北中”城市格局基本成型。完成有机更新8万户，城镇化率提升3.6个百分点。高快一体路网初步形成，都市区半小时交通圈加快构筑。荣获全国文明城市、省无违建市。完成星级美丽乡村全域创建、精品线全域串联，获评省新时代美丽乡村示范市。空气质量优良天数、县控及以上断面水质创有监测记录以来最好水平，荣获国家生态文明建设示范市、全省首个全域污水零直排区，绿色发展指标跃居全省第一。

五年奋进，民生福祉全面增进，高水平全面小康底色更亮成色更足。高质量打赢脱贫攻坚战，“两不愁三保障”问题彻底解决。民生支出累计超400亿元。实施教育倍增计划和双百园工程，首轮百园工程全面完成。在校学生数增加3.8万人，逾2.3万学生搬进新教室。建成高水平医共体3个，基层就诊率提升4个百分点。人均预期寿命由79.1岁提高到82岁，群众健康指数接近高收入国家水平。新增城镇就业25万人。长期护理保险试点、残疾人基本生活保障等工作全省领先。获评省公共文化服务体系示范区。实现平安义乌十三连创、“无积案县”两连创，捧得“平安金鼎”。荣获中国最具幸福感城市、全国双拥模范城等称号。

各位代表，五年奋进路，峥嵘岁月稠。五年来，我们走过了风雨，经历了彩虹，见证了阳光。取得的每项成绩，收获的每份硕果，都离不开习近平新时代中国特色社会主义思想的定向领航，离不开上级党委政府和中共义乌市委的坚强领导，离不开历届班子的接续奋斗，离不开全市人民的同心同德、同向同行。在此，我谨代表义乌市人民政府，向全市人民和所有“新义乌人”，向人大代表、政协委员和离退休老同志，向各民主党派、工商联、人民团体和社会各界人士，向驻义部队和“义乌舰”官兵，以及所有关心支持义乌发展的海内外朋友，表示崇高的敬意和衷心的感谢！

安不忘危，兴不忘忧。我们清醒地看到，我市发展仍存在问题和短板：一是好中存压。近年来经济发展“好”的因素在积累，但“变”的因素也在增多，受疫情反复、宏观形势等影响，持续向好的基础尚不稳固。二是进中存忧。城乡之间、镇街之间发展落差较大，教育医疗、城市管理等与群众期待还有一定差距，公共卫生、安全生产等领域还有短板。三是转中存难。科技创新和人才基础依然较为薄弱，新旧动能转换还需加快。发展空间、资源环境约束日益趋紧，用地、用能、资金等保障难度持续加大。四是干中存乏。政府系统少数干部进取精神不足，塑造变革能力有待提升。对此，我们一定采取更有力的措施，切实加以解决。

二、凝聚力量、扛旗争先，开启世界小商品之都建设新征程

对历史最好的致敬，是书写新的历史；对未来最好的把握，是开创更加美好的未来！市第十五次党代会全面擘画了未来发展的宏伟蓝图，吹响了高质量高水平建成世界小商品之都的奋进号角。这是义乌发展的时代使命，是全市上下的共同愿景。

根据市第十五次党代会决策部署，今后五年，政府工作的总体要求是：坚持以习近平新时代中国特色社会主义思想为指导，全面贯彻党的十九大和十九届历次全会精神，坚定不移做“两个确立”的忠诚拥护者、“两个维护”的示范引领者，坚持和深化“义乌发展经验”，坚持“兴商建市”不动摇，稳进提质、除险保安、塑造变革，以数字化改革撬动各领域全面深化改革，主动服务和融入国内国际双循环，推动高质量发展、竞争力提升、现代化先行和共同富裕示范，聚焦世界小商品之都“一个总目标”，竞逐数字化、双循环、共同富裕“三大新赛道”，塑造贸易枢纽、开放窗口、智造集群、现代都市、乡村振兴、美丽义乌、民生幸福、善治之城“八大新场景”，立发展大志，行改革大道，顺转型大势，担共富大责，赢治理大考，扛旗争先、崛起浙中，朝着高质量高水平建成世界小商品之都奋勇前进。

我们要以更加强烈的政治自觉、思想自觉和历史自觉，抬头志在万里，低头绣花功夫，全力开启高质量高水平建成世界小商品之都新征程。

（一）扛旗争先，必须立大志。穿越历史烟云，桥头遗址实证了万年浙江的悠久历史，咏鹅名篇启蒙了一代又一代华夏儿女，《共产党宣言》中文首译如星星之火点亮了整个中国。回溯奋斗历程，我们挑着货郎担、摇着拨浪鼓，跋山涉水、披荆斩棘，从内陆小县走向百强大县，从鸡毛换糖走向世界小商品之都，铸就了勤耕好学、刚正勇为、诚信包容的义乌精神，演绎了莫名其妙、无中生有、点石成金的发展奇迹。开启新征程，我们更须壮志凌云，以更大视野、更大气魄、更大手笔，勇当发展排头兵。到2026年，地区生产总值突破2300亿元，规上工业产值突破2000亿元，社会消费品零售总额突破1400亿元，金融存贷款总量达1.5万亿元；金义都市区核心地位更加凸显，在全国百强县市中继续争先进位、走在前列。

（二）扛旗争先，必须行大道。改革开放春雷乍响，“四个允许”冲破藩篱。义乌市场40年波澜壮阔，丝绸之路在这里交汇，市场采购从这里启航。改革开放的康庄大道，让义乌走向广阔世界，让世界了解新的中国。开启新征程，我们更须一往无前，将改革开放进行到底，抢占新一轮制高点，勇当改革排头兵。我们要迭代放大市场“五大优势”，加快打造内陆开放高地、万亿小商品贸易枢纽、国内国际双循环战略节点，创造义乌市场新辉煌。蹄疾步稳推动数字化改革，加快形成更多具有义乌辨识度的标志性成果，构筑数字变革高地。到2026年，内外贸总额突破1.1万亿元，跨境电商突破2000亿元，年货运量突破1.2亿吨，义新欧班列突破3000列，国际贸易自由示范功能更加彰显，营商便利度稳居全国第一梯队。

（三）扛旗争先，必须顺大势。贯彻新发展理念、推动高质量发展是时代命题。曾经，我们以“贸工联动”缔造了小商品产业竞争优势。如今，新一轮科技革命与产业变革正在加速兴起，我们不仅要有优质的“义乌制造”，更要有独特的“义乌创造”。开启新征程，我们更须乘势而上，以构建现代化经济体系为战略方向，勇当转型排头兵。我们要加快数字经济与先进制造业融合发展，构建“传统+新兴”智造产业集群。发展绿色低碳循环经济，建设人与自然和谐共生的美丽义乌。到2026年，建成浙中科创大走廊核心创新策源地，全社会研发投入占GDP比重达3%，高新技术产业增加值占规上工业增加值比重达60%，数字经济增加值占GDP比重达65%，人才资源总量达50万，单位生产总值能耗下降16%，绿色发展指数保持全省领先。

（四）扛旗争先，必须担大责。民之所思，我之所忧；民之所忧，我之所行。义乌是总书记在浙江首提“共同富裕”的地方，是先富带后富、再到共同富裕的试验田。开启新征程，我们更须一马当先，为共同富裕示范区建设先行探路，勇当共富排头兵。我们要以缩小地区差距、城乡差距、收入差距为主攻方向，全面激发共同富裕的内生动力，促进人的全面发展和社会全面进步。到2026年，常住人口城镇化率达85%以上，城乡居民收入倍差缩小至1.75以内，以中等收入群体为主的橄榄型社会结构基本形成；全生命周期公共服务体系更加完善，精神文明建设、教育现代化、居民主要健康指标、社会保障水平走在全省前列。

（五）扛旗争先，必须赢大考。治理体系和治理能力现代化是一场时代大考。我们战疫情、抢复工，惠民生、稳企业，交出了一份基层治理高分答卷。当下，世纪疫情叠加百年变局，统筹安全和发展依然任重道远。开启新征程，我们更须久久为功，加快建设“整体智治、唯实唯先、善作善成”的现代政府，全力护航改革发展，勇当善治排头兵。我们要全面落实总体国家安全观，健全党建引领的“四治融合”基层治理体系，建设更高水平的法治义乌、平安义乌。到2026年，防范化解重大风险能力显著增强，“无积案县”成果持续巩固，平安义乌建设跃居全省十七强县市前列，争创法治政府建设示范市。

三、燃烧激情、奋发有为，谱写世界小商品之都建设新篇章

2022年是党的二十大召开之年，也是推进“十四五”规划的深化之年、新一届政府的开局之年。今年全市经济社会发展的主要预期目标是：地区生产总值增长8%以上；一般公共预算收入增速高于全省平均；社会消费品零售总额增长7.5%以上；制造业投资，民间投资，高新技术产业投资，生态环保、城市更新和水利设施投资均快于面上投资增长；城乡居民收入增速快于经济增速，收入比持续缩小；节能减排全面完成上级下达的任务。重点实施十项行动。

（一）市场升级行动。市场是义乌的根和魂，市场兴则义乌兴。要始终坚持工作围绕市场转、城市围绕市场建、产业围绕市场育，促进市场持续繁荣。推动传统市场升级。优化市场行业布局，支持优势行业做大做强。深化“设计、标准、直播、大学生”进市场活动，举办国际小商品创意设计大赛，制定国家、行业标准30项以上。强化知识产权全链条保护。完善商位综合评价体系，在国际商贸城三区推进要素市场化配置改革。加强二次元、网货等新兴行业培育招引。做强国际商贸城4A级购物旅游区。推动贸易升级。全面优化小商品数字自贸应用，加快市场采购联网信息平台与Chinagoods平台融合。推广采购宝应用，加强组货人治理。完成综保区一期项目，启动二期建设。扩大优质消费品、农产品进口，争取食用水生动物指定监管场地。深化市场大联盟，开展行业垂直展、市场万里行活动20场以上，新增合作品牌2000个以上。整合“进口好物”“新潮国货”，做强义乌好货、爱喜猫等平台。争取举办新国货博览会。支持企业出口转内销，争取内外贸一体化试点。力争出口增速超全省平均，进口突破400亿元，转口实现翻番。推动业态升级。培育发展离岸贸易、易货贸易等新业态，引进贸易型总部5家以上。推进“产业集群+跨境电商”试点，新增跨境电商1000家以上。支持直播电商、内容电商发展，培育引进年销售超5亿元电商企业10家以上。加快跨境电商产业园建设。在国际商贸城二区、五区增设电商基地5个。推动服务升级。加快“人货场”云化改造，完善数字产业链供应链体系。打造“产业基地集货仓—物流干线—义乌仓”货运模式，联动国内城市节点仓120个。完善公共海外仓全球服务体系，新增海外仓40个。启动国际商贸城六区、家居城四区、模具城三期、国际数字物流市场建设，义西进口市场一期开业、二期结顶。推动商城集团向综合服务商转型，提升贸易履约支撑能力。

（二）通道拓展行动。完善全球化立体化集疏运体系，大力发展枢纽经济，提升对外开放能级和水平。高质量发展义新欧班列。拓展班列保税进口、保税转口业务，加密跨境电商精品班列，全年开行1600列以上。深化铁路运单物权化改革。拓展“一带一路”国际干线运输，在杜伊斯堡等沿线布局物流网络节点3个以上。争取列入中欧班列集结中心示范工程。高质量建设义甬舟开放大通道。完善第六港区多式联运转场机制，在公路和进口领域探索实行“一次申报、一次查验、一次放行”。争取开通义乌航运专线，完成海铁联运8万标箱以上，全程提单占比50%以上。推动义甬舟开放大通道西延。启动苏溪国际枢纽港建设，加快金甬铁路进度，力争甬金高速改扩建先行段开工。高质量推进“四港”联动。加快铁路口岸二期建设，推进机场适应性改造。优化“异地货站”模式，与萧山机场合作开辟航空安检绿色通道，与郑州、重庆等地机场加快互联互通，做大“空空转关”业务。推进航空物流集拼中心建设，争取货邮吞吐量超1.3万吨。完善义新欧、第六港区数字化平台功能，谋划航空、物流数字化平台建设。

（三）改革深化行动。坚持向改革要动力、要活力、要战斗力。纵深推进数字化改革。强化一体化智能化公共数据平台，加强数据共享运用和安全管控，提升平台综合支撑能力。迭代完善“三张清单”，强化核心业务梳理、流程再造和制度重塑。持续深化“两端”集成，打造“浙里办”城市频道，深化“浙政钉”集成应用。设立长三角G60“一网通办”专窗，建设市镇两级中心智慧政务大厅。推进数字政府3.0版，打造数字服务最优市。迭代升级“141”体系，推进“1512”体系重大应用按需下沉基层。紧盯全省重大应用“一本账”目录，深化多跨场景应用，争取全省“最佳应用”1个以上。纵深推进自贸区改革。争取深化国际贸易综合改革试点，落地“实施方案+授权清单”。推进市场采购2.0版，延伸“管得住、通得快、可溯源、服务好”的贸易链路。争取进口日用消费品正面清单管理。探索“保税进口+市场采购”“保税加工+转口”集拼模式，完成保税进口100亿元以上。创新“两国双园”自由贸易模式，争取设立RCEP经贸合作示范区。深化电子交易直连结汇改革，争取本外币一体化账户体系、数字人民币试点。深化商事主体登记确认制改革。完善移民服务体系。纵深推进其他领域改革。实施优化营商环境2.0版行动。深化涉外服务综合改革，落地城市国际化提升十项举措。开展新一轮标准城市建设。加快“大综合一体化”行政执法改革。有序推进国企整合重组，深化混合所有制改革。

（四）产业提质行动。实施新一轮“腾笼换鸟、凤凰涅槃”，加快制造业提质增效。强产业。立足“4+X”产业，加大链主型企业、上下游产业招引。

落地开工卡游动漫、威克抗老化胶膜等亿元项目20个以上，建成投产晶澳二期、瞻芯科技等重大项目15个以上。推行细分行业“链长制”。强智造。加快传统产业转型升级，推进“产业大脑+数字工厂”。建成工业互联网平台2个，培育数字化车间、智能工厂20个以上。完成规上工业智能化诊断全覆盖，针织服装规上企业数字化改造达70%以上。数字经济核心产业增加值增长30%以上。强平台。做强智能显示材料、绿色动力两大万亩千亿新产业平台。光源科技小镇争取省特色小镇命名，高起点规划建设芯片小镇。提升小微企业园质量，开工建设印染园。统筹“工业用地不姓工”整治和老旧工业区有机更新，实施“新四破”专项行动，盘活存量建设用地5000亩以上。强企业。民营企业家是和平年代的英雄，是义乌的最宝贵资源、最宝贵财富。要积极构建亲清政商关系，依法保护民营企业合法权益，大力弘扬新时代企业家精神，在全社会形成尊重企业家、支持企业家、关爱企业家的浓厚氛围。坚持“第一时间+顶格优惠”，推动各项政策直达企业，力争为企业减负100亿元以上。扩大首贷、信用贷、中长期贷、技改贷规模，新增民营企业、小微企业贷款200亿元以上。支持本土优质企业发展，加大中小微企业、高税无地企业供地。力争挂牌上市企业10家。新增“小升规”100家，隐形冠军、专精特新企业10家以上。深化“三服务”2.0版，实施组团式下沉服务。

（五）创新引领行动。加快从要素驱动向创新驱动转变，为发展注入新动能。加强区域创新协同。实施共建浙中科创大走廊项目40个，新增G60科创走廊产业联盟企业10家。推动创新券长三角通用通兑。谋划设立上海科创飞地。加快集聚创新要素。推进双江湖科教园区建设，争取浙大国际医学院二期开工，中国计量大学现代科技学院二期宿舍建成，复旦大学义乌研究院实验室投用，浙大健康研究院实体化运行。加强“四位一体”人才供应链建设，引进大学生3万人以上，新增专业技术人才5000人以上。建设人才综合体，构建人才服务最优生态。全面激活创新主体。支持头部企业设立研发机构，加强爱旭全球光伏联合创新中心、华灿半导体材料与器件重点实验室建设，新增科技型企业孵化基地2个。探索建立小微企业设计服务机构，组建产业技术联盟，招引、提升一批公共创新设计平台。实施科技企业双倍增计划，争取新增国家高新技术企业40家、省科技型企业150家，规上企业研发投入增长18%以上。推进科技成果产业化，实施揭榜挂帅项目20个，技术交易额14亿元以上。

（六）城乡提升行动。强“内涵”提“颜值”，打造宜居宜业宜商宜游的现代都市。让城市功能更完善。以“多规合一”为抓手推进全域土地综合整治，推动空间重构、产业重整、村庄重理。主动对接上海、杭州都市圈。放大“自贸区—联动创新区—金义都市区”辐射效应，深化与周边县市合作，推进金义一体化发展。有序实施自贸区等区块有机更新，推进国贸大道、机场路两侧等更新改造与开发利用。高起点谋划双江湖区块产城融合，集聚更多资源要素，推动“绣湖时代”向“双江湖时代”迈进，打造城市新增长极。加快双江水利枢纽、植物园建设，启动新CBD一期开发。让群众出行更快捷。构筑“三轴六向”区域互联大通道，推进义诸、义龙庆、义浦桐、甬金衢上高速建设，加快杭温高铁一期、二期进度。高架站房主体工程全面开工，铁路综合交通枢纽南广场投用。金义东轨道全线通车。建设跨区域三环，金义中央大道上佛路至金东段开工。完善“两环一纵两横”城市快速路网，G235龙回至祥贝段开工，商城大道隧道、老城地下环路工程完工，疏港快速路延伸、国贸大道义亭段建成通车。让生活环境更优美。全方位提升城乡文明水平。加快城乡风貌整治提升，打造风貌样板1个，创建美丽城镇省级样板1个。拓展更多公共绿地、休憩空间。加快宾王、鸡鸣山、下车门等未来社区建设，实施未来乡村试点5个。以未来社区理念提升老旧小区7个，新开工高层集聚项目4个。推进数字生活新服务，打造“15分钟便民生活圈”。提升夜间经济示范街区、示范点5个，引进首店、潮店30家以上。

（七）共富示范行动。以缩小城乡差距试点为突破口，扎实推进共同富裕。加快“扩中”“提低”改革。启动居民收入倍增计划。推动更加充分、更高质量的就业创业，新增城镇就业5万人以上，确保零就业家庭动态清零，低收入农户收入增长10%以上。做实“一张床”就业创业扶持。建成残疾人辅助性就业机构15家以上。探索构建城乡融合“双向开放”机制。深化宅基地制度改革试点，争取农房发证应发尽发，累计发放农房抵押贷款250亿元以上，统筹农村改革收益3亿元以上。深化消薄攻坚，所有行政村集体年经营性收入达50万元以上。完善社会大救助体系，强化低收入农户综合帮扶，提高最低生活保障水平，确保共富路上一个也不掉队。推动社保向灵活就业、新就业形态人员精准扩面。促进区域协调发展。实施“一镇一策”定向扶持。加快大陈前山区块、赤岸江头区块、义亭黄林山工业区、上溪义兰公路两侧等开发，支持落地重大项目，发展特色产业。探索生态、土地互助补偿机制，加大薄弱镇专项转移支付力度。全面推进乡村振兴。实施农业“双强”行动，争创省农业“机器换人”高质量发展先行市，创建特色农业强镇1个，建成千亩农业“双强”示范平台10个。完成高标准农田新建补建任务。完善精品线统一运维机制，打造农业农村现代化示范线共富带。深化农村电商示范县创建。念好新时代“山海经”。深化与四川巴州、吉林伊通、丽水莲都等对口协作。实施百县万品协作共富行动，新增助农连锁店、专区50个以上，消费助农1.5亿元以上。

（八）生态提档行动。持续巩固污染防治攻坚战成果，擦亮国家生态文明建设示范市名片。打好“双碳”攻坚战。启动碳账户建设，创建省低（零）碳试点4个。完善用能预算化管理，完成3亩以上宗地企业智能电表安装。严格执行新上项目能耗控制标准，腾出用能2.5万吨标煤。实施“风光倍增工程”，推进分布式光伏发电，完成50万千瓦并网。深化亩均论英雄改革，推进以单效论用能。实施工业节能项目20个，创建绿色工厂2家，单位工业增加值能耗下降3%以上。打好环境提升战。开展固定气源、移动气源、大气面源协同治理，推进PM2.5和臭氧“双控双减”。加快老旧柴油货车更新淘汰，实现出租车100%清洁能源化。深化省水生态治理示范试点、省幸福河湖试点。开工江东三期、武德二期污水厂，建成苏溪二期污水厂、双江湖净水厂。加快建筑垃圾资源利用中心、污泥干化焚烧二期项目建设。加强土壤污染源头防治。打好绿色保卫战。积极培育“绿色细胞”“无废细胞”“零碳细胞”。推进山水林田湖草生态修复省级试点。深化“三线一单”数字化应用。实施全面节约战略。完成分质供水2000万方。争创国家节水型城市、绿色出行示范市。

（九）平安守护行动。始终绷紧安全发展这根弦，有效防范化解各类风险。守牢疫情防控底线。全面加强疫情防控能力建设，进一步提升实战水平。突出平战结合，完善疫情防控“六大机制”，做到快检测、快流调、快编组、快转运、快隔离，强化“源头查控+快响激活+硬核隔离+精密智控”，筑牢“外防输入、内防反弹”防线。继续扩大人群接种覆盖面。守牢公共安全底线。深化平安十大专项行动。构建“一网智治”数字法治体系，深入推进诉源治理和重点矛盾纠纷化解攻坚。保持严打各类违法犯罪高压态势，实现电信网络诈骗重点市“摘帽”，创建无黑恶城市。收官安全生产综合治理三年行动，完成所有镇街安全生产标准化示范创建。提升综合应急救援能力。实施“千塘百库除险清零行动”。深入开展耕地“非农化”“非粮化”整治，全面完成粮食生产功能区整治优化。守牢经济金融底线。加强金融机构数字化监管，强化金融领域信用应用。实施“一企一策”稳企纾困，防范化解涉企风险。促进房地产市场平稳健康发展。

（十）民生优享行动。坚持从人的需求和用户视角出发，推进全生命周期公共服务优质共享。打响善育义乌品牌。全面落实三孩生育政策。投用婴幼儿照护服务中心，创建托育服务示范机构5个。争取省婴育数字化服务试点。实现幼儿园托班设置率80%以上，公办幼儿园招生覆盖面50%以上。打响好学义乌品牌。推进名校集团化办学，实现城乡义务教育共同体全覆盖。规范民办义务教育发展，完成“公参民”学校改革。争创“互联网+义务教育”省级示范区。探索建立学员制教师补充机制。巩固扩大“双减”成果，加快建设品质课堂，推进校外培训机构“两转一停”。打响健康义乌品牌。推进“三医联动、六医统筹”改革。加快浙大四院双江湖院区、儿童医院等建设，完成口腔医院迁建、稠城卫生院搬迁工程。推进二级医院等级创建，中心医院争创“三甲”。启动基层医院中医特色专科建设。加强青少年心理健康教育，建立“一生一档”。广泛开展全民健身运动。做好省运会承办工作。打响文化义乌品牌。擦亮“真理味道、信仰之源”金名片，赓续红色根脉。挖掘优秀乡土文化，弘扬孝义文化、丝路文化。加快大剧院、博物馆新馆、美术馆建设，完成义乌剧院改造。推进佛堂古镇、西门老街、双林景区等项目，建设桥头遗址考古工作站。加强传统文化村落保护利用。做优做特“义乌十碗”。打响怡养义乌品牌。全面开展养老机构星级评定，提升“医康养”一体化养老服务能力。新增康养联合体1家。护理型养老床位占比由56%提高到60%。加强机构养老与居家养老服务衔接，提升居家上门服务质量。

四、勇立潮头、塑造变革，打造世界小商品之都建设新铁军

新时代呼唤变革，新形势倒逼变革，新征程引领变革。我们将忠诚拥护“两个确立”、坚决做到“两个维护”，自觉强化变革意识，激发变革斗志，加强变革实践，彰显变革成效，打造敢担当、快执行、守底线的政府铁军。

（一）理念大变革。理念是行动的先导。只有以变应变、主动求变，才能赢得先机、跃升蝶变。视野要变。建设世界小商品之都，理应有世界眼光；四十不惑的义乌市场，更要有全球视野。对标国际贸易规则谋划五大自由，围绕双循环布局贸易网络。义乌，不仅要“买全球卖全球”，还要引领全球贸易风尚。格局要变。始终胸怀“两个大局”，心系“国之大者”。在“一带一路”的大舞台中放大格局，在长三角一体化的大战略中高标定位，在共建都市区的大战场中主动担当，把义乌的发展推向新的高度。思维要变。数字化改革、双循环、共同富裕无先例可循，依赖固有思维跑不出“加速度”。要加强生成性学习，激发创造性张力，以思维破冰催生赛道领跑，演绎“鸡毛飞上天”的新传奇。

（二）方法大变革。用好数字化改革这个“船”和“桥”，推动加快发展、裂变发展。要围绕需求变。数字自贸应用让小商品加快越洋出海，空间治理应用让要素发挥更大效益。找准小切口，更好解决大问题。聚焦拆迁安置、教育均衡等群众关切，聚焦集体经济薄弱村、困难弱势群体所思所盼，办好关键小事、历史难事，把公共财政的阳光雨露更多洒向民生。要围绕多跨变。深化“县乡一体、条抓块统”改革，联动政企社，贯通县乡村，重构重塑业务体系。树牢整体政府理念，打造数源“一个仓”、政府“一个端”、服务“一件事”，让群众办事像网购一样便捷、省心。要围绕成果变。数字审批锚定最优营商环境，数字贸易聚焦最佳经贸规则，未来工厂对标最强智能制造，未来社区、未来乡村紧扣最美现代都市，加快形成更多硬核成果，变制度优势为发展胜势。

（三）行动大变革。唯有把变革真正落到行动上，才能先手破局、以变制胜。要在实干中变。想明白坚决干。发展、改革、转型、共富、善治“五个排头兵”不是喊出来的，是靠干出来的。要完善目标、工作、政策、评价“四个体系”，推动从量变到质变，从渐变到巨变。要在担当中变。要主动担当，敢涉深水滩，敢闯无人区，知责于心，担责于身，履责于行。要实施扩大有效投资、减负强企、科技创新、稳外贸稳外资促消费、民生保障“五大政策包”和财政、资源、金融、能源“四张要素清单”，推动经济进一步稳进提质。要在争先中变。激发敢于竞争、敢于胜利的精气神，决不允许“打折扣”“搞变通”“慢执行”。要树立强烈的只争朝夕、时不我待的紧迫感危机感，抢喝头口水，抢占快速道，抢抓潮头鱼，抢上头班车，以实干实绩论英雄。

打铁还需自身硬。我们将切实加强政府系统党的建设，认真学习贯彻习近平新时代中国特色社会主义思想和即将召开的党的二十大精神，学思用贯通、知信行合一，不断提高政治判断力、政治领悟力、政治执行力。打造服务政府。始终与群众想在一起，干在一起，把工作干到群众心坎上。打造责任政府。用心想事、用心谋事、用心干事，大兴真抓实干之风。事不避难，一抓到底，说一件、干一件、成一件，始终把事业放在心上，把责任扛在肩上。打造法治政府。把法治思维、法治方式贯穿始终，自觉接受人大依法监督、政协民主监督以及社会各界监督。打造清廉政府。落实全面从严治党各项要求，力戒形式主义、官僚主义，营造风清气正的政治生态。

各位代表，今年我们将围绕群众关心关注的问题，扎实办好十件民生实事。

1.改善群众居住条件。启动农村有机更新（含微改造）30个村，新增农民建房9000户，开工新社区集聚安置房5000套，新建、改建、转化保障性租赁住房18000套（间）。

2.提升教育服务水平。建成投用中小学、幼儿园20所，新增学位1万个，新建25所学校“上下学接送区”，优化义务教育段学校课后托管服务供给。

3.完善公共基础配套。新增天然气设施配建村（社区）30个，完成天然气入户1.5万户，实施10个中高层住宅小区二次供水设施改造，新（改）建公厕30个，推广智慧停车平台应用。

4.优化卫生健康服务。新增社区卫生服务站8个，完成发热门诊规范化改造4家，深化二级及以上医院检查检验结果互认共享。

5.关心关爱老年群体。试点建设村（社区）小微养老机构3家，建设老年友善医疗机构5家，完成2家医院老年医学科规范化建设，为全市60周岁以上户籍老年人免费接种流感疫苗10万剂次，开展“银龄跨越数字鸿沟”专项培训1.5万人次。

6.提升公共交通服务能力。新建或优化公交候车亭100个（其中农村80个），新增或优化公交接驳轻轨线路20条，新建或提升农村公路30公里，新增新能源汽车公共充电桩300个。

7.加强食品安全管理。创建省级“放心农贸市场”3家，建立定点保供放心蔬菜基地30处，建成外卖餐饮单位“阳光厨房”300家。

8.加大文体服务供给。举办青少年科技小课堂、“花开四季”文体课外学堂1500场次，开设“公益普惠·职工学堂”500场次，新增百姓健身房、足球场15个，将国民体质健康测试纳入居民健康体检，建立居民个人体质健康档案2万人次。

9.加大创业就业支持力度。新增创业孵化基地5家，高质量举办创业活动30场次，发放创业担保贷款5000万元，开展各类职业技能培训1.8万人次。

10.优化婴幼儿照护服务。全面实施幼儿园晚托、暑托服务，新增3岁以下婴幼儿托位800个，规范化提升婴幼儿照护服务成长驿站30个，培训保育员3000名。

以上民生实事，我们将明确时间表，落实销号制，确保每一件民生实事都做细做实做好，言必行、行必果，让群众有更多获得感。

各位代表，百舸争流，奋楫者先；千帆竞发，勇进者胜。让我们更加紧密地团结在以习近平同志为核心的党中央周围，大力弘扬伟大建党精神，在中共义乌市委的坚强领导下，紧紧依靠全市人民，牢记使命，扛旗争先，聚焦“一个总目标”，竞逐“三大新赛道”，塑造“八大新场景”，全力护航党的二十大，为高质量高水平建成世界小商品之都而努力奋斗！

义乌指数

【义乌·中国小商品指数】 2021年，月景气均值为1171.46点，同比上涨10.72%。其中，8月份海运成本趋稳，秋冬产品采购趋旺，12月备货订单增多，8月、12月景气指数达年度高峰，同比分别增长18.68%、17.93%。规模指数温和上涨。2021年规模指数均值为921.87点，同比上涨7.68%，其中，交易额指数、交易量指数、人气指数均有不同程度上涨，年平均值涨幅分别为10.66%、8.45%和4.26%。由于疫情形势严峻，外商入场难，部分外贸型经营户缺乏研发新品动力，品种扩张度指数均值较上年微跌1.34%。盈利指标上涨特性明显。2021年二级指标反映市场盈利能力同比上涨明显，效益指数年平均值为1669.32点，同比上涨21.05%，其中，资金周转指数、户均毛利额指数、毛利率指数全年平均值同比分别增长47.98%、26.72%、14.27%。由于2021年原材料价格涨幅突出，各类产品定价均有不同程度上调，加之疫情反复，客流量起伏较大，商品流转速度放缓，商转指数年均值同比下跌19.05%。

（义乌指数编制办公室供稿）

【义乌市场信用综合指数】 2021年，义乌市场信用综合指数（简称“综合指数”）从市场监测和抽样调查的指标来看，呈现先下跌后上涨态势，从1月的134.40点下跌至110.83点，后上涨至6月的143.32点，后经历小幅度波动，至12月上涨到163.5点。根据义乌市场信用指数（YMCI）波动预警子系统的监测，2021年，综合指数的变动幅度处于“正常”状态（即波动幅度在-5%和5%之间）的有7个月；处于“变好”状态（即波动幅度≥5%）的有4个月；处于“变坏”状态（即波动幅度<-5%）的有1个月（详见表1）。

2021年义乌市YMCI全年波动预警状况一览表

表1

月份	YMCI分值	YMCI波动幅度	YMCI波动预警标识
1	134.40	0.28%	正常（N）
2	110.83	-17.54%	变坏（W）
3	128.98	16.38%	变好（B）
4	128.18	-0.62%	正常（N）
5	139.56	8.88%	变好（B）

续表1

月份	YMCI分值	YMCI波动幅度	YMCI波动预警标识
6	143.32	2.69%	正常（N）
7	138.52	−3.35%	正常（N）
8	136.83	−1.22%	正常（N）
9	147.93	8.11%	变好（B）
10	154.52	4.45%	正常（N）
11	149.95	−2.96%	正常（N）
12	163.50	9.04%	变好（B）

注释：五色预警灯形象化地表现了YMCI综合指数及分类指数变化水平，方便指数使用者观测和了解相关情况。

* YMCI指数≥110　绿灯（S，security，安全级）
* 100≤YMCI指数<110　蓝灯（N，normality，正常级）
* 90≤YMCI指数<100　黄灯（C，caution，关注级）
* 80≤YMCI指数<90　橙灯（W，warning，警戒级）

根据YMCI五色灯预警子系统的监测，2021年全年综合指数全部为“绿灯”标识，说明义乌市场信用状况一直处于“安全级”，这反映出义乌市场信用建设实践和义乌市场监管工作取得显著成效。2021年各月综合指数五色灯预警情况详见表2。

2021年义乌市YMCI五色灯预警系统一览表

表2

月份	YMCI分值	YMCI分值区域	五色灯标识
1	134.40	≥110	绿灯
2	110.83	≥110	绿灯
3	128.98	≥110	绿灯
4	128.18	≥110	绿灯
5	139.56	≥110	绿灯
6	143.32	≥110	绿灯
7	138.52	≥110	绿灯
8	136.83	≥110	绿灯
9	147.93	≥110	绿灯
10	154.52	≥110	绿灯
11	149.95	≥110	绿灯
12	163.50	≥110	绿灯

【市场分类指数】 商品质量指数。2021年，义乌累计制定国家标准221项、行业标准260项，33家企业的53款产品获得“品字标”浙江制造认证，数量居全省前列。义乌“标准城市”建设、“标博会”被列入省政府和国家标准委《2021年标准化工作省部合作行动计划》，并在省部合作联席会议上做经验介绍。深化“标准进市场”行动，引导市场经营户以自我公开声明方

式亮晒商品执行标准或主要技术指标，实现市场主要行业全覆盖。指导中国小商品城商会、义乌市玩具行业协会发布6项团体标准，“标准进市场”入选总局标准化发展年度报告2020十大典型案例。企业履责指数。2021年第一季度企业履责指数月均值从上季度的103.66点下跌至100.40点，跌幅为3.14%，处于“正常”（N，Normal）状态。下跌原因主要在2月，小商品城市场信用评价得分从上月的64.59分降至64.40分，异常名录企业整改率从上月的12.44%降至7.75%，降低了4.69个百分点。第二季度企业履责指数月均值从上季度的100.40点上涨至103.07点，涨幅为2.66%，处于“正常”（N，Normal）状态。第三季度企业履责指数月均值从上季度的103.07点下跌至102.47点，跌幅为0.58%，处于“正常”（N，Normal）状态。下跌原因主要在9月，异常名录企业整改率从上月的13.24%降至11.52%，降低了1.72个百分点。第四季度企业履责指数月均值从上季度的102.47点上涨至102.83点，涨幅为0.35%，处于“正常”（N，Normal）状态。市场活跃指数。2021年第一季度市场活跃指数月均值从上季度的197.91点下跌至173.28点，跌幅为12.45%，处于“变坏”（W，Worse）状态。主要原因是2月份受到春节因素影响小商品成交额从上月的202.03亿元降至91.27亿元，降幅为54.82%，快递日均发货数量从上月的2370万件降至1334万件，降幅为43.71%。第二季度到四季度市场活跃指数月均值持续上涨，从一季度的173.28点上涨至214.11点，涨幅为23.56%，连续3个季度处于“变好”（B，Better）状态。

【市场开放指数】 2021年第一季度市场开放指数月均值从上季度的195.30点下跌至187.24点，跌幅为4.13%，处于“正常”（N，Normal）状态。下跌原因主要是进口总额从2020年12月的14.60亿元降至2021年1月的8.38亿元，降幅为42.60%；出口总额从2020年12月的255.07亿元降至2021年1月的220.65亿元，降幅为13.49%；国际快递收发件数从2021年1月的498.88万件降至2月的400.36万件，降幅为19.75%。第二季度起连续3个季度市场开放指数月均值保持上涨，从一季度的187.24点上涨至373.48点，涨幅为99.47%，均处于“变好”（B，Better）状态。

【市场满意指数】 2021年第一季度市场满意指数月均值从上季度的90.45点上涨至93.94点，涨幅为3.86%，处于“正常”（N，Nomal）状态。第二季度市场满意指数月均值从上季度的93.94点下跌至92.82点，跌幅为1.19%，处于“正常”（N，Normal）状态。下跌的主要原因是企业平均存续年限从3月的3.0293年缩短至5月的3.0010年，消费者投诉从4月的15.12件每亿元上升至6月的22.8件每亿元，增幅为50.79%。第三季度市场满意指数月均值从上季度的92.82点下跌至91.58点，跌幅为1.34%，处于“正常”（N，Normal）状态。下跌的主要原因是消费者投诉从6月的22.80件每亿元升至8月的35.68件每亿元，升幅为56.49%；企业平均存续年限从3.0010年缩短至3.0001年。第四季度市场满意指数月均值从上季度的91.58点上涨至92.55点，涨幅为1.06%，处于“正常”（N，Normal）状态。

【风险可控指数】 2021年第一季度风险可控指数月均值从上季度的95.68点上涨至101.26点，涨幅为5.83%，处于“变好”（B，Better）状态。第二季度风险可控指数月均值从上季度的101.26点下跌至91.28点，跌幅为9.86%，处于“变坏”（W，Worse）状态。主要原因是4月市场主体增长率从上月的3.59%降至-0.15%，降低了3.74个百分点，行政处罚案件数量从上月的559起增至752起，增幅为34.53%。第三季度风险可控指数月均值从上季度的91.28点上涨至92.26点，涨幅为1.07%，处于“正常”（N，Normal）状态。第四季度风险可控指数月均值从上季度的92.26点下跌至81.06点，跌幅为12.14%，处于“变坏”（W，Worse）状态。下跌的主要原因是市场主体增长率连续3个月下降，从9月的1.43%降至-1.21%，下降了2.64个百分点；行政处罚案件数量连续2个月增长，从9月的536

起增至11月的651起，增幅为21.46%。（市场监管局供稿）

经济运行

【工业经济运行情况】2021年，义乌市面对复杂多变的国内外环境，科学统筹疫情防控和经济社会发展，坚持和深化"义乌发展经验"，高质量推进工业经济发展。规模以上工业迈上新台阶。2021年，全市实现规模以上工业产值1163.7亿元，迈上千亿元新台阶，同比增长66.7%，平均增长39.0%；实现销售产值1169.5亿元，同比增长70.3%，平均增长42.6%。2021年，全市实现规模以上工业增加值269.7亿元，同比增长47.4%，增速位居金华各县市区第一，平均增长28.1%。光伏行业拉动作用明显。2021年，光伏行业产值477.2亿元、增加值116.3亿元，分别占规模以上工业的比重38.4%、43.1%，对规模以上工业增速贡献率达80.1%，是规模以上工业增长的主引擎。新兴产业增速可观。2021年，规模以上工业中，数字经济核心产业、装备制造产业、战略性新兴产业、高新技术产业分别增长161.3%、123.7%、107.2%和71.9%，增速均位于金华市第一。企业经营效益好转。规模以上工业企业营业收入1222.7亿元，同比增长69.7%；利润总额30.8亿元，同比增长54.8%。工业投资回落。2021年，工业投资同比下降2.5个百分点，其中制造业投资同比下降3.0%，低于浙江省、金华市22.8个百分点和15.1个百分点。制造业项目计划总投资同比下降11.0%，新开工制造业项目完成投资同比下降44.5%。制造业投资项目储备不足，影响工业发展后劲。（于　群）

【金融运行形势】2021年，全市贷款新增461.4亿元，余额3860.8亿元，同比增长13.6%。企业信用债融资余额955.09亿元，比年初增加124.01亿元，同比增长14.9%。在新增贷款中，农商银行、工商银行和农业银行增量排名靠前。贷款结构调整力度加大，小微企业、民营企业和制造业贷款明显增多。全年普惠口径小微企业贷款新增241.61亿元，余额1114.71亿元，同比增长27.67%，高于贷款平均增速14.08个百分点；民营企业贷款新增139.09元，余额1075.85亿元，同比增长14.85%。在信贷结构调整工作方面，国有四大银行中工商银行、农业银行，地方法人银行稠州银行和农商银行、股份制银行中兴业银行等部分金融机构贯彻信贷的逆周期调节作用，在小微、制造业和民企信贷投放上持续发力。企业贷款利率稳中有降，随着LPR报价改革落地，稳妥有序推进存量贷款定价基准转换，企业贷款利率逐月下降，2021年末，民营企业贷款加权平均利率为4.89%，较年初下降0.12个百分点，小微企业贷款和普惠口径小微企业贷款加权平均利率分别为5.05%和5.10%，较年初分别下降0.19个百分点和0.15个百分点。在降成本方面，"四大行"起到带头作用，小微企业贷款利率均在4.31%以下。信用风险得到有效控制。2021年，全市信用风险保持2016年下半年以来的下降态势，不良率为近5年以来的低点，银行业整体资产质量持续改善。2021年年末全市不良贷款余额27.75亿元，比年初下降8.22亿元；不良贷款率0.72%，比年初下降0.34个百分点，不良贷款余额和不良贷款率实现双降。新增风险得到遏制，存量风险逐步化解。贸易投资便利化持续推进，跨境收支稳中向好。全年，跨境收支总额618.51亿美元，同比增长48.92%；跨境收支顺差与结售汇顺差分别为580.32亿美元和587.76亿美元，同比分别增长54.41%和59.79%。其中跨境人民币收支总额361.90亿元，占跨境收支总额的9.07%，占比提升2.4个百分点。2021年，人民银行义乌市支行统筹疫情防控和经济发展，以高度的政策执行力应对实体企业经营的不确定性，全力争取中国人民银行信贷政策资源。12月末，义乌市中国人民银行再贷款余额124.20亿元，总量规模居全省前列。2项直达货币政策工具精准落地，地方法人金融机构累计向2.03万余户普惠小微企业实施阶段性延期还本付息政策，延期本息228.22亿元，中国人民银行累计向其提供激励资金2.28亿元；向2.21万余户普惠小微企业发放信用贷款134.44亿元，中国人民银行累计为义乌市法人银行提供35.15亿元的优惠资金支持。各类新型抵质押贷款不断增量扩面，2021年末，义乌市应收账款质押贷款余额117.34亿元、商标专利权质押贷款4.71亿元、股权质押贷款35.21亿元、排污权质押贷款0.13亿元、农房抵押贷款余额57.92亿元。续贷转贷类产品普惠效果显现，12月底，“转贷通”业务共办理987笔184.8亿元，为685家企业提供转贷，节约转贷成本1.5亿元，有效解决民营企业经营还款压力大的困境。

（中国人民银行义乌市支行供稿）

【消费市场运行分析】 2021年，义乌市社会消费品零售总额1033.74亿元，同比上升9.2%，其中限额以上消费品零售总额225.15亿元，同比上升12.8%。按区域看，城镇限额以上消费品零售总额221.71亿元，同比上升12.4%；乡村限额以上消费品零售总额3.44亿元，同比上升44%。按行业看，限额以上批发业零售总额7.19亿元，同比上升14.7%，限额以上零售业零售总额213.74亿元，同比上升13.1%；限额以上住宿业营业总额1.86亿元，同比下降10.5%；限额以上餐饮业营业总额2.35亿元，同比上升6.6%。大型商场超市销售情况不一。2021年，全市受监测的10家大型商场超市销售额53.88亿元，其中万达广场、义乌之心城市生活广场、新光汇购物中心、新城吾悦销售额分别为9.44亿元、21.09亿元、2.81亿元和6.81亿元，分别同比上升22.63%、75.83%、11.11%和13.32%；银泰百货销售额为7.77亿元，同比上升1.55%；世纪联华江东店、物美超市、富国超市和华润万家分别同比下降30.94%、21.59%和14.43%和26.19%。2021年，义乌市成品油实现销量71.39万吨。其中，汽油销售52.79万吨，同比上升21.13%；柴油销售18.6万吨，同比上升12.59%。住餐行业销售下滑。2家样本家电卖场全年总销售额1.04亿元，其中，苏宁电器实现销售额1340万元，同比下降34.86%；新虹家电实现销售额8704.94万元，同比下降4.68%。 （吴　越）

城乡居民收支

【城镇居民人均收入分析】 根据城市居民抽样调查显示，2021年义乌市城镇常住居民人均可支配收入8.66万元，同比增长8.1%。工资性收入依然是可支配收入增长的“稳定器”。2021年，义乌市委、市政府充分实施就业优先政策，保居民就业，稳存量、扩增量，加大减负稳岗扩就业力度，突出重点群体的就业创业帮扶。开展“留在义乌”“春暖义乌”等4场线上直播带岗活动，组织537家企业到54所院校开展校园招聘活动。同时，举办全球电商人力资源大会、全国电商专场的高校毕业生巡回招聘会等会议，贯彻落实稳就业各项政策措施，经营净收入增长贡献提高，财产性收入增长稳定。受疫情影响，居民对未来收入不稳定的预期加大，投资理财意识增强，同时随着投资渠道拓宽，居民理财能力有所增强，逐渐增加存款和购买理财产品、储蓄性保险的投入，进一步增加了居民利息、红利等财产性收入。转移净收入增长较快，居民养老保险、低保等标准逐年提高，教育、医疗、住房等项社会保障政策落实落地，为转移净收入持续快速增长起到促进作用。城乡收入差距持续缩小。2021年，义乌城乡收入比1.88，较上年同期缩小0.02，比金华（2.0）、全省（1.94）分别低0.12和0.06，城乡居民收入比连续9年呈缩小态势，共同富裕三大核心目标之一的城乡差距取得实质性成效。

【城镇居民消费性支出情况分析】 根据城镇住户抽样调查资料显示，2021年，义乌市城镇常住居民人均消费性支出4.93万元，同比增长15.7%。比金华全市平均水平（4.30万元）高14.65%；比全省平均水平（4.22万元）高16.82%。八大类消费支出具体增长为：衣着、居住和生活用品及服务支出平稳增长。随着收入水平的提高和对美好生活的向往，居民在衣着、居住等生活品质方面的追求明显提高。城镇常住居民人均衣着支出3615元，同比增长14.3%。城镇常住居民人均居住支出为1.32万元，同比增长13.1%；生活用品及服务支出为2190元，同比增长10.5%。食品烟酒支出稳定增长。2021年猪肉价格总体呈现下跌趋势，一定程度上抑制了居民食品支出成本的上涨，同时居民的消费种类更加多样化，食品消费支出占比与2020年同期基本持平。城镇居民人均食品烟酒支出1.2万元，同比增长15.9%，占消费性支出的24.3%，即恩格尔系数为24.3%。交通通信支出较快增长。2021年政府出台购车补贴等优惠政策，进一步刺激居民交通出行方面的消费需求，城镇居民人均交通通信支出9311元，同比17.0%。医疗保健支出快速增长，2021年，义乌城镇常住居民人均医疗保健支出3109元，同比增长21.6%。随着社会竞争愈加激烈，家长在子女教育方面的投入越来越多；同时，文化娱乐市场的进一步丰富促使居民文娱活动消费增长。教育文化娱乐支出4921元，同比增长19.2%；其他用品和服务支出997元，同比增长19.3%。

【农村居民收入情况分析】 根据抽样调查显示，2021年义乌市农村常住居民人均可支配收入46121元，同比增长9.6%。工资性收入依然是增长主要动力。农村居民工资性收入增长与政府积极促进农村劳动力转移就业并进一步加强农村劳动力的就业技能培训密不可分。鼓励农村劳动力就近就地转移就业；加强农村劳动力就业技能培训，将建档立卡的低收入农户和低保对象中的劳动力、登记失业的农村转移劳动者纳入免费技能培训群体，在组织定点培训的同时加大线上培训扶持力度。经营净收入增长加快。得益于政府财政助农力度不断加强，农村普惠金融政策落实，乡村振兴工程实施，农村电商的快速发展，农村居民创业群体不断扩大，经营净收入较上年同期有明显提高。财产净收入增长稳定。实施“一村两楼宇”“多村联建”等项目，盘活农村闲置资源，多途径实现稳定的经济收入，让农村居民有“分红”。持续推进农房有机更新，在进一步提高农村居民居住环境的同时，推动农村居民房租等财产性收入增长。转移性收入增长快速。得益于城乡居民基本养老保险基础养老金最低标准的提高，城乡居民最低生活保障标准，医疗保障标准等社会保障水平不断提高。

【农村居民消费性支出情况分析】 根据农村住户抽样调查资料显示，2021年，义乌市农村常住居民人均消费性支出2.77万元，同比增长24.8%。食品烟酒支出平稳增长。农村居民人均食品烟酒支出9201元，同比增长22.3%，占消费性支出的33.2%，即恩格尔系数为33.2%。居住、教育文化娱乐、衣着和医疗保健支出较快增长。2021年继续深入推动农村人居环境整治，优化村庄规划，全面提升农村居民居住环境，农村常住居民人均居住支出3532元，同比增长20.3%。2021年疫情有效防控促进假日经济、旅游经济快速恢复，文化娱乐消费得到有效释放。乡村旅游、红色旅游等不断推陈出新；教育方面，“双减政策”对学科类的培训辅导冲击较大，孩子们从繁重的学业中解放后，有更多的时间去学习兴趣特长，非学科类的兴趣班培训有增无减。教育文化娱乐支出4627元，同比增长22.0%。衣着支出1589元，同比增长24.9%；医疗保健支出2024元，同比增长26.3%。交通通信、生活用品及服务和其他服务支出快速增长。交通方面，随着基础设施不断完善，交通更为便利，居民家庭汽车保有量提升。移动通信技术深刻变革，5G技术应运而生，4K超清视频越来越广泛，居民更加享受现代交通、通信的方便与快捷。农村居民人均交通通信支出3281元，同比增长32.5%。生活用品及服务支出1718元，同比增长37.3%。其他用品和服务支出632元，同比增长43.3%。收入水平是消费者购买能力的直接体现，2021年农村居民人均可支配收入增速明显反弹，居民消费能力和消费意愿进一步增强，发展型、享受型消费增长较为明显；同时，居民消费结构发生变化，更加注重生活品质。 （朱培培）

义乌发展经验15周年

2021年是习近平总书记推动总结推广“义乌发展经验”发表重要讲话15周年。习近平任浙江省委书记时曾指出：“义乌的发展是过硬的，在有些方面还非常突出；义乌发展的经验十分丰富，既有独到的方面，也有许多具有普遍借鉴意义的方面”。习近平感叹，义乌的发展简直是“莫名其妙”的发展、“无中生有”的发展、“点石成金”的发展。2006年6月8日，时任浙江省委书记的习近平在义乌横塘村就学习推广“义乌发展经验”发表重要讲话，提出“五个结合”的科学论断，指出：“学习推广‘义乌发展经验’，必须把贯彻中央精神、落实省委决策部署同本地实际紧密结合起来，必须把继承前人同推进创新紧密结合起来，把推进经济发展同促进社会全面进步紧密结合起来，把发挥政府这只‘有形的手’的作用与发挥市场这只‘无形的手’的作用有机结合起来，把推进改革发展同实现社会和谐稳定紧密结合起来”。由此，“义乌发展经验”成为从县域层面解读浙江现象、总结浙江经验、弘扬浙江精神的典型样本，推动当时已在浙江掀起的学习“义乌发展经验”热潮向纵深发展。为推进“义乌发展经验”再学习、再研究、再宣传、再提升，2021年，义乌市委认真谋划和承办“义乌发展经验”理论研讨会，召开市委常委（扩大）会议、市委理论中心组会议，专题学习“义乌发展经验”和省委袁家军书记“要求把‘义乌发展经验’金名片擦得更亮，希望义乌更好地打造国内国际双循环战略节点，并对深化义乌国贸改革、谋划新一轮高质量发展”等重要批示精神，深入挖掘好、守护好、传承好“义乌发展经验”。15年来，义乌市委、市政府统筹推进“五位一体”总体布局、协调推进“四个全面”战略布局。经济、政治、文化、社会、生态文明等领域和党的建设都得到全面进步发展。

“有效市场+有为政府”的义乌实践，谱写了“义乌发展经验”新实践、新成果、新篇章。“有效市场+有为政府”是市场逻辑和政府逻辑的有机统一。义乌始终把“兴商建市”作为城市发展主线，遵循抓市场就是抓经济、抓市场就是抓发展的理念，不断推进专业市场建设；注重政府在市场规划布局中始终发挥有效的宏观调控作用，逐步探索出“集聚经营、划行规市”的管理模式，促进市场机制在良性竞争中不断完善。依靠改革为发展提供土地空间。2015年，义乌入选全国33个农村土地制度改革试点县之一，承担农村宅基地制度改革的任务，为义乌的改革发展盘活了大量宝贵空间。依靠改革为发展提供良好的制度环境。义乌市委、市政府15年来全面推进自我革命，采取一系列举措，强化机关效能建设。2018年，义乌率先在全国建成“无证明城市”，实现市内无证明。2019年，通过“六个一”的改革实现权力运行公开透明。2020

年，探索建设“无费城市”，通过建立白名单，实现“单”外无收费。通过这些“刀刃向内”的政府自身改革，市场主体的活力被真正地激发出来。2021年6月9日，义乌市委召开第17次常委会（扩大）会议暨市委理论学习中心组“义乌发展经验”专题学习会，传达省委书记袁家军关于“义乌发展经验”的重要指示精神；会议强调义乌各行各业要坚持深化“义乌发展经验”，以自己的实际行动，不断诠释和丰富“义乌发展经验”的内涵和外延。义乌“莫名其妙”“无中生有”“点石成金”的故事不断续写新篇章。

创新发展“义乌经验”三大跨越。第一，市场作为推动义乌发展的“发动机”向“永动机”的跨越。市场是义乌的发动机。15年来，义乌一直坚持“兴商建市”不动摇，因时因势创新市场发展举措，推进市场的数字化国际化迭代升级，拓展市场的无限可能性边界，使市场这一义乌发展的“发动机”变成了“永动机”。义乌小商品市场的成交额、市场经营面积、商位数仍保持稳步增长，成交额从2006年的415亿元增至2021年的1884亿元，增长3.54倍；市场经营面积、商位数分别从360万平方米、4.3万个增至650万平方米、7.5万个。经营主体和货物来源愈加丰富。7.5万个商位的商品来自220万家企业，商品中24%来自义乌本地，35%来自浙江其他地区，31%来自全国其他省区市。第六代市场的核心标志——进口商品孵化区，有经营主体350余家、经营面积24万平方米，汇聚全球100多个国家和地区的15万种源头商品。2021年，义乌市出口3659.1亿元，其中：对中东出口738.04亿元，同比增长0.63%；对非洲出口756.41亿元，同比增长14.14%。市场主体以每年10万户的幅度递增，成为浙江省人口最多的县级市。

第二，从小商品到大制造的跨越。市场带动工业，工业支撑市场，市场与产业联动发展是义乌市场高质量发展的独特路径。15年来，义乌一直坚持“贸工联动”战略，不断发挥市场对制造的巨大带动作用和溢出效应，不断培育新动能、壮大新制造。义乌的高端制造、智能制造蓬勃兴起，实现了从小商品到大制造的跨越，从“制造”向“智造”蜕变，逐渐打造信息光电和汽车制造两大千亿级现代制造业集群。2021年1—11月，义乌规模以上工业产值1029亿元，同比增长67.5%，正式迈入“千亿时代”。义乌针对市场商品周期短、款式多、更新快等特点，通过加快数字工厂、数字车间建设，以适应数字时代生产方式变革的内在要求，积极创建国家级新型工业化示范基地。在工业领域保持传统优势的基础上，通过无中生有打造培育了光电光伏和装备制造两大千亿级的产业集群，日益呈现出产业发展集聚化、产业结构高级化、产业竞争高端化的特征。光源科技小镇汇聚全球光伏行业前三的晶科、晶澳、天合光能和第五的东方日升，绿色动力小镇引进吉利5个重大产业项目。义乌智能显示材料产业平台入选第三批浙江“万亩千亿”新产业平台培育名单。15年来，义乌不仅实现了“富民强市”目标，以义乌市场为核心，构建了一个连通全球的贸易和产业协作网络“义乌商圈”，全国很多无力自建出口渠道的中小微企业借助这一网络接轨国际市场、参与全球分工，带动全国200余万家中小微企业发展、2000万以上人员就业。同时，很多地方利用义乌“中国小商品城”这一中国驰名商标创办大量冠名“义乌小商品（城）”的市场，促进当地劳动就业、民营企业家成长、群众市场意识的增强。2021年全市有证市场建筑面积611万平方米，市场经营户8.58万户，市场从业人员23万人，总成交额2172.1亿元，增长15.2%。2021年义乌城区公路、铁路、航空客流量2332.7万人次，外商入境3.41万人次；市场周边金融网点共实现资金、现金总流量2.36亿元。

第三，从中国小商品城向世界小商品之都的跨越。15年来，义乌一直围绕“商”和“城”字开展工作，推动义乌从中国小商品城向世界小商品之都的跨越。坚持“窗口”意识、标准和担当，抢占了一个个中央重大决策部署的机遇，快速反应、深入探索，蹚出一条条义乌实践之路。2014年9月26日，习近平主席在北京会见西班牙首相拉霍伊时提出开行“义乌—马德里”班列的倡议。同年11

月18日，首趟“义新欧”中欧班列（义乌—马德里）从义乌发车，迎着复兴的古丝绸之路，驰向1.3万千米外的马德里。“义新欧”中欧班列成为义乌、浙江参与“一带一路”建设的重要平台，先后获习近平总书记在多个重要外交场合点赞。2017年5月13日，习近平总书记在会见来华出席“一带一路”国际合作高峰论坛的西班牙首相时指出：“义乌至马德里中欧班列开通运行，成为亚欧大陆互联互通的重要桥梁和‘一带一路’建设的早期成果”。“义新欧”中欧班列的开通，为义乌开辟了“买全球、卖全球”通道，义乌商品从陆路直接通达各国，国外商品通过陆路源源不断地直接进口。2014年至2021年，义乌陆续开通至伦敦、布拉格、莫斯科、杜尔日、列日、维尔纽斯等17个方向的线路，沿线设立5个物流分拨点，8个海外仓，辐射49个国家。辐射欧亚大陆50个国家和地区，到达境外站点101个，实现丝路沿线主要贸易国家与地区的全覆盖。从2014年11月18日开行至2021年12月，“义新欧”中欧班列累计开行3200余列。“义新欧”中欧班列促进了沿线国家和地区间的合作交流，义乌与沿线86座城市保持官方往来，与西班牙巴塞罗那等18个国家和地区的24座城市结成“姐妹城市”。与商贸新业态新模式紧密互动的现代物流长足发展，2016年义乌快递业务量6.3亿件，2021年，8.9亿件，业务收入27.09亿元；义乌快递累计业务量92.9亿件，同比增长29.5%，累计业务收入2498亿元，同比增长24.5%。每天，各式各样的小商品从义乌出发，源源不断地被送进世界各地的商场、超市。同样，西班牙的红酒，意大利的咖啡，法国的果酱等商品通过“义新欧”等途径，汇聚到义乌中国进口商品城。义乌小商品市场成为“世界超市”。实体市场，电商、微商、直播等新业态、新实体市场和电子商务的共同繁荣。180余万种商品，7万余家市场经营户，41个行业、1900余个大类的40余万种商品在义乌市场交易。2006年全市实现商品市场成交额389亿元，其中中国小商品城成交额289亿元。2021年全市有证市场建筑面积611万平方米，市场经营户8.58万户，市场从业人员23万人，全市集贸市场成交额2172.07亿元，其中义乌小商品市场的成交额1866.79亿元，市场经营面积640余万平方米，商位7.5万个，总成交额2172.1亿元，增长15.2%，2021年义乌城区公、铁、航客流量2332.7万人次，外商入境3.41万人次；市场周边金融网点实现资金、现金总流量23571.1亿元。

“义乌经验”硕果累累。自义乌发展经验提出15年来，义乌坚持尊重群众首创和力行党政有为结合，引导市场主体放手干、大胆试、积极闯，为“无形之手”提供制度供给。义乌作为唯一县级市参与国家营商环境评价，“纳税”和“知识产权创造、保护与应用”2项指标成为全国标杆，在浙江营商环境评价中排名第一。率先建成“无证明城市”，获“中国法治政府奖”，打造“干事不受礼、办事不求人”城市，获第二届“中国廉洁创新奖”。实现91.3%的政务服务事项在网上办结，“最多跑一次”改革考核居全省第一，被国务院表彰为“深化商事制度改革成效显著地方”。

构建国内国际双循环相互促进的新发展格局，开展国际贸易综合改革、自贸区改革，建设数字综保区、双江水利枢纽建设。2011年3月10日，“义乌国际贸易综合改革试点”获批后，义乌的自主创新成为中央新政策在全国推广前的试验场。2020年5月14日，中共中央政治局常委会召开会议，首次提出“构建国内国际双循环相互促进的新发展格局”。义乌迅速探索并开掘出一条通过拓展内贸市场、依托自贸区、综保区发展进口、发展物流经济等多种途径的“双循环”路线图。同年9月29日，义乌率先发布《国内国际双循环十大行动方案》，围绕建设“百场万店”专业市场联盟、实施“百城万链”物流提升计划、实施“百线万点”国际畅运项目、实施“百仓万企”贸易节点项目、搭建“百国万商”采购快捷通道、打造“百馆万货”新型进口市场等10个方面，建设服务国内大循环的市场标杆、连接国外大循环的开放枢纽和联通国内国际双循环的商贸节点。2020年3月25日，国务院正式批准设立义乌综合保税区。同年9月21日，义乌自由贸易试验区获批，义乌打造服务中小微企业的数字化自由贸易枢纽，11项创新案例在全国全省领先。

通过全面深化改革，政府能力、市场活力、发展效率更高。义乌先后承担30余项国家级、40余项省级改革重任，20余个领域的重大制度创新成果在全省、全国复制推广，尤其是市场采购贸易方式复制推广至全国31个市场。大力推动政府职能转变，“最多跑一次”改革考核成绩位居浙江省第一，在全国率先建成“无证明城市”。以“亩均论英雄”和工业、农业“标准地”改革为引领，深化全域要素市场化配置改革，成为社会主义市场经济最旺盛的生长点之一。2006年至2021年，义乌地区生产总值、人均国内生产总值、财政总收入分别从352.06亿元、5.01万元、44.9亿元升至1730.16亿元、20.06万元、193.7亿元。15年来，全市进出口总额增长31倍，地区生产总值、财政总收入分别增长4倍，总人口从150万人增加到250万人；建城区面积从55平方千米增加到110平方千米。2021年，义乌地区生产总值突破1600亿元，城乡居民人均可支配收入8.8万元和4.7万元，金融机构存贷款余额突破8000亿元。

义乌的营商环境更优。人文环境和干事创业的环境更优。2007年，义乌第一家淘宝店在青岩刘村“邻家实惠小店”开业，此后一个个电商诞生。2013年网店数2000家，销售额20亿元，日均出单量3万单；2021年，青岩刘的网店数量4000余家，年销售突破60亿元。被称为“网红直播第一村”的江北下朱村共有99幢房屋、1200间店面，2万人在村里从事电商相关行业，主播5000余人。至2021年，全市拥有电商专业村169个。义乌连续七年获全国电子商务百佳县榜首，2021年电子商务交易额3125亿元。2021年义乌开展网红直播带货24万场，完成零售额324.93亿元，同比增长56.2%。2020年，义乌成立全国首个直播电商职业教育集团和直播电商学院，颁发全国首本电商直播专项职业技能证书。2021年，义乌有市场主体73.4万户，各类社交电商服务机构40余家，形成产品供应、直播培训、内容制作、网红带货等产业链，从业人员8万人，推动实体市场和电商企业每年新增销售额200亿元以上。内外贸网商密度分列全国第一位、第二位。与商贸新业态新模式紧密互动的现代物流长足发展，快递量从2016年的6.3亿件居全国第八位、占全国3%，到2021年升至71.7亿件，跃居全国第一位。

义乌从产业帮扶、就业帮扶、智力帮扶、济困帮扶等方面出实招、谋实策，精准帮扶。汶川是义乌“东西部帮扶协作”对口援建城市，义乌以提供20亿元来料加工订单，培训农村创业带头人、电商人才等形式进行扶贫。义乌市商务局、义乌工商职业技术学院与汶川县经济商务和信息化局、阿坝师范学院签订合作协议，向阿坝师范学院提供资金、师资培训等；新建“电子商务学院”，培育电商人才，汶川生源占比在60%以上。义乌通过市场优势帮扶欠发达地区，带领当地人走上共同富裕之路。2020年5月11日，在义乌市委、市政府领导下，“百县万品”消费助农项目启动，6个小组奔赴全国欠发达地区选品，义乌“消费助农”的印记留在欠发达地区。2021年12月30日，中国（义乌）“百县万品”消费助农展销中心开业，“百县万品”微商城消费助农3.0版上线运营。至2021年年底，义乌“百县万品”展销中心累计销售额2200余万元。

2006年6月，时任浙江省委书记习近平在义乌调研时说“义乌突出‘两个关注、两个尊重’（关注经济社会协调发展、关注不同利益群体合理诉求，尊重劳动者主体地位、尊重文化多样性），形成本地人与外地人、本国人与外国人和谐相处、和谐创业的良好环境，实现了社会的和谐稳定。”创新对外来建设者的服务和管理。义乌在全国率先将“外来打工者”“外来农民工”改称“外来建设者”“新义乌人”。常住人口中，外省流入义乌的人口88.02万人、占比47.34%。每年到义乌采购的境外客商56万人次，来自100多个国家和地区的1.5万名外商常驻义乌。不同肤色、国家、民族、文化、信仰的人来到义乌，在此购车、买房、结婚、安家、生子，有20余万未成年人随父母来到义乌生活。世界多种民俗文化、饮食文化、宗教文化等交融，大街小巷遍布阿拉伯、东南亚、南亚、非洲等不同地域风格的餐馆、酒店、酒吧等。在全国首开外来建设者参与人大代表、政协委员选举和担任人民陪审员先河，鼓励外来建设者以各种方式参与公共事务管理、建言献策，增强其主人翁意识。有65名外来建设者当选为镇级人大代表，11人当选市人大代表。全市平安建设群众满意率超过97%，义乌获“浙江省平安综治优秀县市”，实现平安义乌“十三连创”，勇夺“平安金鼎”。

（陈金春）

扶贫“消薄”、乡村振兴攻坚行动

2021年，义乌市按照浙江省深化开展“消薄”攻坚提升行动部署和《关于发展壮大村集体经济深化“消薄”攻坚提升行动实施方案（2020—2022年）》目标要求，狠抓八大帮扶措施落地落实，不断加快村集体经济增收，村集体经济呈现多元发展的良好态势。

产业植入，助推村集体增收。全力推进市级统筹、国企结对、镇街联建、村级自主谋划项目实施，全市实施“消薄”项目128个（市级统筹项目4个，国企结对项目13个，镇街联建项目43个，村级项目68个），项目投资12.6亿元。市级统筹水务集团小微产业园项目（赤岸区块、佛堂区块）开工建设，村级投入资金1亿元。加大财政金融支持力度，对12个项目和140笔贷款进行补助，年度补助1936万元，累计向188个行政村发放“乡村·振兴贷”5.77亿元。2021年10月27日，义乌市召开2021年对口联系工作会议，总结交流对口联系工作开展情况，全面提升义乌市对口联系工作水平。10月，市委组织部、市农业农村局和义乌农商银行等部门联合举办首届“义同富裕·携手共进”村集体经济发展项目评选活动，评选出9个建成类和9个谋划类项目角逐各奖项，进一步激发村级在“消薄”工作中的主体意识，挖掘优秀发展村集体经济典型案例，更好地发扬村级“闯、干、拼”精神。11月，设计编制《消薄项目评选活动项目汇编》《全市消薄十大项目》《消薄项目分布图》等资料，制作消薄工作墙，展示消薄成果。实现全市442个村集体年经营性收入全部达到20万元以上，其中386个村年经营性收入达到50万元以上，占比87.3%；82个村年经营性收入达到100万元以上，占比18.5%。佛堂镇、苏溪镇、大陈镇、赤岸镇、福田街道、江东街道和城西街道7个镇街所属的村经营性收入均达到50万元以上。全市442个行政村年集体经济总收入7.53亿元，较2020年的6.13亿元增长22.8%；年经营性收入3.96亿元，较2020年的3.06亿元增长29.4%。义乌市通过“一村一策”实施消除集体经济薄弱村三年行动，村集体经济呈现多类型、多渠道、多元化发展的良好态势，义乌76个省定薄弱村全部“摘帽”。

低收入农户帮促，推进共同富裕。2021年，义乌市按照城乡融合发展推进共同富裕的要求，以数字化帮扶工作为引领，持续巩固脱贫攻坚成果，全面实施乡村振兴，低收入农户帮促工作取得一定成效。6月16日，义乌市乡村振兴局挂牌成立。9月17日，市农业农村局召开数字化帮扶工作部署培训会，全面开启低收入农户数字化帮扶工作。在完成脱贫攻坚后，低收入农户帮扶工作的重点在做好“两不愁、三保障”的基础上，慢慢转向数字化帮扶，利用省低收入农户数字化帮促应用系统，实现返贫检测。至2021年底，系统完成幸福清单归集30项，结对干部走访率100%，农户空间录入率100%，农户“两不愁三保障”照片上传率100%，浙政钉结对干部使用率100%。针对低收入家庭等重点群体，10月15日，市人力社保局、市农业农村局、市民政局、市退役军人事务局、市残联、国资办、人才发展集团7个部门联合举办义乌市特殊群体专场招聘会。48家企业参加招聘，提供2550个岗位。来自全市各镇街的1600名对口求职者到场参加招聘，现场达成就业意向380余人。

因地制宜、因村施策，推进集体经济的壮大发展。义乌市因地制宜、因村施策，探索发展壮大村集体经济的有效途径。围绕“中国众创乡村”主题定位，探索众创众筹发展乡村产业新模式，鼓励村民以土地、资金众筹入股农业项目建设，引导村集体自建农业公司经营，实现致富增收。全市82个众筹村累计实现收入超2亿元。全市股份经济合作社年集体经济总收入和年经营性收入分别从2016年底的8.22亿元和4.03亿元增长到2021年底的12.31亿元和7.08亿元。2021年，义乌共谋划实施“消薄”项目128宗，其中，完工58宗，在建70宗，产生收益8500万元，惠及270个村。

把握内涵，精准施策，推进飞地抱团发展。2021年，义乌市深入把握精准施策的内涵要义，着眼于因村制宜、多赢共赢，做好“准”“细”“实”。在发展物业经济上精准发力，鼓励符合条件的村集体通过多村联建、单村独建或者村企合建等方式建设“小微产业园”、标准工业厂房、仓储设施等物业资产，增加经营性收入；在推进“飞地抱团”上精准发力，对本地资源少、区位条件差、靠自身力量难以持续发展的村，积极依托各类园区、开发区、特色小镇等平台，大力发展“飞地抱团”项目；在产业植入上精准发力，对区位条件好、生态环境优、历史文化资源丰富的村，通过村集体投资入股、村民众筹和村企合作等途径，引入现代农业项目，适时发展农家乐、民宿、古村落观光等休闲旅游业，建立农业招商项目与落地村联结机制，带动村集体经济发展。坚持以绿色发展推动生态振兴，推行绿色发展方式和生活方式，促进农业农村可持续发展。2021年创建高品质绿色科技示范基地2家，新增省级美丽牧场和渔业健康养殖示范场各3家。全市完成农林牧渔业总产值37.38亿元，同比增长9.6%；实现增加值25.09亿元，按可比价增长7.2%。

长效机制，组织保障，选优育强“领头雁”队伍。义乌充分发挥组织优势，大力实施村级班子整固提升行动，逐村分析研判村级班子战斗力，对那些推动发展缺思路、无能力、没干劲的村干部，坚决予以调整；对缺少合适村干部人选的村，大力拓宽选人渠道，采取上级下派、优秀人才回请、跨村任职等方式，切实选好配强带头人。同时，严格考核督查，把发展壮大村集体经济工作纳入乡村振兴考核，作为镇（街道）领导班子和领导干部年度市级考核的重要内容，作为村主要干部考核奖惩的重要依据，并与其基本报酬挂钩，确保助推村集体经济发展工作措施扎实、结果真实。抓好项目谋划、产业发展、政策支撑、盘活“三资”四条线，为“消薄”工作注入可持续发展的因子，充分挖掘各村自有资产资源，结合农业“标准地”改革、新时代美丽乡村建设、农业招商引资等工作，有效提升村集体经济自主能力，做到既坚决完成目标任务，又有载体、有特色；既抓好短期攻坚，又坚持长效管理，推动村集体经济和农民收入同步提升。

（陈金春）

新型冠状病毒肺炎疫情防控

2021年，义乌市委、市政府全力做好新型冠状病毒肺炎疫情防控工作，举全市之力，全力谋划部署，做深做实，打赢新型冠状病毒肺炎疫情防控攻坚战。坚持群策群力，群防群控，全市发动，全员参与。2021年紧急处置境外输入确诊病例1例、无症状感染者17例，未造成本地感染，春节留人暖政在国务院联防联控机制新闻发布会上介绍推广。成立由人社局、商务局、市场发展委、金融办、文旅局等政策实施相关单位组成的“春节留人专班”，落实细化17条暖心政策工作。春节留人专班主要负责跟踪“留人政策”的实施进展情况，实时收集反馈，及时调整。500元消费券、20G流量包、倡导房租减免或延后等政策，除真金白银的支持外，还涉及生活方方面面，免费坐公交，免医院就诊费和挂号费，景区、停车场、孩子冬令营均免费向外来务工人员开放。相关政策出台后，48.7万人留义乌过年，占义乌外来建设者总数的48.5%，（往年留义乌过年人数一般在20万左右）为市经济社会平稳运行提供安全健康保障。

强化核酸检测。确保应检尽检，排查消除隐患，做到早发现。2021年先后在北苑、后宅、稠城及3所高校进行大规模核酸检测实战化演练，共检测4万人次。提升大规模核酸检测能力，组建一支600人的应急采样队伍；紧急采购3辆移动核酸检测车，建设1个10万管核酸检测基地和3个5万管核酸检测基地，提升核酸检测能力至30余万管。累计检测9000余万份。

精准流调溯源。2021年，义乌市严格进行疫情中高风险地区人员的摸排与健康检测。有疫情重点地区（发生本地病例、无症状感染者的地区及疫情中、高风险区）旅居史的人员在返市前要向所在市提前报备个人行程及抵达日期，返市后，进行健康检测和核酸检测，中高风险地区人员必须2次核酸检测，无异常人员再进行14+7天健康监测。健全落实住宿宾馆等场所对外来人员的摸排随访机制，对排查确认有疫情重点地区旅居史的辖区内人员，所在辖区立即纳入当地疫情防控管理，及时落实相应的核酸检测和健康监测等措施。按照“平战转换”机制实行溯源调查队伍。联合公安局共同组建5支15个小组的市溯源调查队伍，储备228名各医疗卫生机构组成的流调队伍，确保一旦发生疫情现场流调处置做到“2+4+24”（2小时内到达现场，4小时内完成流行病学核心信息调查，24小时内完成具体情况调查）。累计管控密接196人，次密接1500人。

闭环管控发热患者。2021年，义乌市加强医务人员、冷链从业人员等重点人群及重点场所、关键环节外环境核酸监测，全年累计监测100万份样本，均为阴性。做好医疗机构内重点人员排查，主动对就诊中发现有中高风险地区旅居史的人员及时上报辖区镇街指挥部，9月至12月，共发现51人并落实相应管控措施。建立“八个一”（构建“一张网”、组建“一个群”、建立“一套标准”、开展“一次排查”、做好“一次云诊所使用情况调查”、组织“一次疫情防控工作测试”、落实“一次政策法规宣讲”、开展“一次意见征求”）督查机制，管理中小医疗机构疫情防控落实，375家机构因违反规定被停业整顿。做好发热门诊患者核酸检测，每隔1小时送采样标本到实验室，承检机构24小时运行，确保4～6小时反馈结果；对发热病人实施分类处置+适当增建留观板房的闭环留观措施，对不符合最新要求的定点救治医院和发热门诊进行新建或改造。严格落实预检分诊和首诊负责制，制定下发《关于进一步加强医疗机构疫情防控和院感工作的通知》，对医疗机构院感防控流程、医务人员防护用品选用原则及穿脱流程等再做强调。组织专家每周对各医疗机构疫情防控和感控风险进行专项检查，全年累计巡查医疗机构9000余家次，责令停业整顿107家，自主关停125家。

抓好新冠疫苗接种。做好疫苗接种工作，按照市委统一部署和要求，优先对疫情防控一线人员（医生、村干部、冷链物流行业从业人员等）进行疫苗接种，卫生院及镇街卫生室医护人员、冷链物流行业从业人员，全部接种疫苗，对镇街村两级干部做到应接尽接。属地专班统筹疫苗接种，不断优化完善工作流程。全市有26家单位（接种台223个）承担疫苗接种工作，14个镇街均建立方舱式临时接种点，单日最大接种量4.5万剂次。至年底，接种467.2万针次。

构建集中隔离点。2021年义乌市政府与基本符合条件的50家酒店签订征用合同（日均最高可隔离人数3700人），对12家酒店实行标准化改造。滚动式组建健康观察点管理小组，累计组建700人的42支管理小组。重新修订完善《义乌市集中隔离医学观察的工作手册》，明确综合服务点各岗位职责，实行组长负责制。根据省防控要求，按照平战结合的思路，选定在国防教育训练基地内建设“健康驿站”。分类分级对重点人群全流程精准管控，有效应对新冠肺炎疫情，全年，完成重点人群健康管理和随访5万余人次，转运服务1万余人次，管控重点到义乌人员4万余人次。

重点场所常态化防控。2021年义乌市进一步加强商场超市、农贸市场、酒店宾馆、养老院、网吧等公共场所、娱乐场所、重点场所人员的健康监测和出入管理。加强环境卫生整治、科学规范消毒、人员防护、检测筛查、空调使用、环境监测等常态化防控措施。节日期间人流密集，增加消毒频次，采取每天早晚2次公共场所消毒措施；人员体温检测正常、佩戴口罩方可进入；兼顾不使用或不会操作智能手机的老年人等群体，做好人工服务引导。设置“一米线”，督促要求服务人员、顾客佩戴口罩，保持安全距离；顾客不戴口罩时，拒绝其进入。强化学校防控措施落实，健全放假期间学校、家庭、学生联动机制，确保离校学生底数清、返家行程可追踪。严格执行教职员工和学生健康情况“日报告”“零报告”制度。12月31日，义乌市召开疫情防控工作视频连线会，严格落实“六大机制”，全力以赴打赢疫情防控持久战。

重点人群管理。2021年，以来自疫情中高风险地区人员、冷链物流从业人员、返义人员（特别是边境地区和境外返义人员）、外来人员等为重点，加强人员管理，掌握人员动向。指定专人开展返市人员情况排查和信息登记工作，详细掌握外出人员相关信息，进行科学化、系统化管理。做好返市前、返市途中、返市后相应宣传引导。对不同风险程度的返市人员实施分类精准管理，督促落实防控措施，返市14天内做好日常健康监测，每天自觉测量2次体温，减少串门走动和非必要外出。加强红白喜事等群众聚集性活动管理，加强聚集性活动规范化管理，50人以上集聚性会议活动等需制定防控方案，减少室内聚集性文娱活动，落实防疫和应急处置措施。不组织大规模聚会聚餐，倡导红事缓办、白事简办等，家庭聚会聚餐等控制在10人以下。

新冠肺炎病毒分析研判处置。2021年，市疾控中心加强新冠肺炎疫情风险研判，密切追踪疫情形势，及时分析研判处置。编制风险评估报告、舆情监测和疫情分析等材料89期，为政府决策提供参谋。建立人物同防监测系统，实现对重点岗位重点人群和重点物品、环境核酸采样情况全面监测，累计抽检各类监测项目4.5万份，检测结果均为阴性。处置入境人员新冠病毒核酸异常个案49例，本地新冠病毒核酸结果异常事件20起，协查外地流入义乌市涉疫产品10起，本地监管仓发现阳性涉疫产品14起，累计收到协查函418份，累计协查管控密接196人、次密接1486人，全部密接、次密接均及时管控到位，未发生本土疫情。（陈金春）

义乌自由贸易试验区建设

2021年，义乌以制度创新为核心，以变革为动力，全面构建以贸易自由、投资自由、资金自由、运输自由、人员往来自由“五大自由”为重点的改革推进体系，全力以赴做好招商引资、项目谋划和落地，自贸试验区建设取得显著成效，在全省自贸试验区年度建设成效评价中被评为优秀等次。其中，“出口退税备案单证数字化管理”等5个试点经验被评为“浙江自贸试验区制度创新案例”，“获批进口贸易促进创新示范区”等14项工作被评为“浙江自贸试验区标志性成果”。义乌自贸试验区数据集成平台、市场采购全数字化治理应用、出口退税备案单证数字化管理系统3个项目，入选自贸试验区态势感知中心多跨场景应用第一批中榜验收项目。2021年2月26日，义乌召开全市作风建设暨自贸试验区工作推进大会，加快数字自贸区建设，动员全市上下以习近平新时代中国特色社会主义思想为指导，全面贯彻中共十九届五中全会精神和省委、金华市委决策部署，聚焦“世界小商品之都”建设总目标，全力打造“九个中心”、精心打好“十五张牌”，努力确保“十四五”起好步、开好局。8月3日，义乌围绕“从贸易创新看义乌发展”主题举行新闻发布会，义乌副市长葛巧棣介绍上半年义乌经济社会发展情况，重点介绍义乌市场贸易运行指标亮点，解读背后的改革创新及下一步工作。同月5日，市人大常委会围绕“助推自贸试验区建设奋力打造‘重要窗口’示范区”这一主题开展“问政面对面”活动。11月23日，义甬舟开放大通道建设现场推进会在义乌召开，会议以“共建义甬舟，共享新机遇”为主题，合力加快六大通道建设，共享开放性战略性大平台，推动“一带一路”重要枢纽建设。

以贸易自由改革助推进出口贸易创新发展。开展市场采购数字化迭代集成改革，率先实施市场采购预包装食品出口监管模式，国务院办公厅《关于加快发展外贸新业态新模式的意见》国办发〔2021〕24号，在全国推广。首创出口退税备案单证数字化管理模式，退税申报从“到港提货”提前到“装船离岸”，一年可为企业节省综合成本1亿元。2021年1月22日，义乌快件（跨境）监管中心完成进口数字清关首单业务。进一步拓展城市的口岸功能，丰富进口贸易的业态，促进义乌进口市场的培育、发展。

以投资自由改革助推营商环境不断优化。深化企业投资项目承诺制审批改革，取消审查和现场踏勘，搭建“负面清单”外项目施工许可快速通道，实现“一张表格开工建设”“当天受理当天办理”。实施外资登记信用承诺制，信用良好的外国投资者免予提交相关外文材料的翻译件。2021年2月8日，义乌法院福田金融法庭揭牌成立，为全省首家办理金融与破产案件的人民法庭，管辖全市辖区内的金融贷款、信用卡、票据等金融纠纷案件以及义乌市场监督管理部门核准登记的公司（企业）强制清算以及破产案件及相关衍生诉讼案件。3月26日，浙江自贸试验区义乌税警工作室揭牌，“三色”预警管理实现出口企业精准、动态、联合、高效管理，通过大数据分析、部门间联动高质量建设数字自贸区。

以运输自由改革助推货物流通实惠便利。“义新欧”扩量提质，较2020年提前4个月开行达1000列，回程班列占比由2020年的8.5%提升至24.4%，全年开行1904列，进出口集装箱15.7万标箱，同比分别增长36.1%和35.95%。创新整合铁路运单和海运提单，实现“铁路多式联运提单物权化”。7月1日，长三角地区首趟“中吉乌”公铁国际多式联运班列发车，迈出了实现国际陆路联运提单“物权化”的关键一步。8月19日，铁路多式联运提单物权化改革正式落地。建设宁波舟山港“第六港区”，海铁联运出口集装箱实现“一次申报、一次查验、一次放行”。创新海铁联运全程提单模式，每个集装箱节省100美元。8月25日，首单“1039+6033”集拼转口业务落地，有利于义乌综保区和新型进口市场建设，对义乌进一步做大进口、稳定出口，推动外贸“进出转”融合发展意义重大，助力义乌构建“双循环”新发展格局。9月19日，“义乌—莫斯科”公铁联运运邮车首发，义乌成为全国首个开展公铁联运运邮的县级市。

以资金自由改革助推金融服务便捷高效。依托跨境电商综合服务平台，以认证的数据作为结汇依据，降低电商运营成本。发展跨境人民币结算，推广电子单证审核、事后审查等跨境人民币便利化举措，与“一带一路”沿线国家200余家银行建立代理行关系，构筑双边清算渠道。

以人员进出自由改革助推涉外管理服务更精准。搭建外国人综合服务平台，集成政务、金融、生活、信用、贸易等领域80余个涉外服务事项。简化外国人申请工作许可和工作居留流程，推行全流程网办，公安和科技2项许可同步申请，工作时效由原12个工作日减为5个工作日，申请人网上预审通过后现场办件实现10分钟内办结。

项目、政策“双支柱”支撑自贸试验区高质量发展。奔跑招商，梳理重点企业，制定招商地图，先后开工中通供应链创新中心、爱旭新世代太阳能电池、晶澳高效电池组件、义乌公学二期等重大项目73个，总投资539.6亿元，涉及高端装备制造、商贸服务、交通基础设施等领域。累计投产项目31个，总投资368.1亿元。聚焦企业全生命周期及产业发展方向，构建全面普惠、重点扶持的“1+X”自贸试验区政策体系（“1”即围绕准入、准营、准建、要素保障、竞争环境等方面构建所有主体均等享受的政策支撑；“X”即围绕“4+5+4”产业体系构建特定主体享受的政策体系），出台41项政策。2021年3月24日，浙江省海港集团与义乌市政府签订《义乌（苏溪）国际枢纽港建设框架协议》。8月19日，浙江海港义乌枢纽港有限公司成立。9月1日，海关总署会同国家发改委、财政部、商务部等国家部委组成联合验收组，同意义乌综合保税区（一期）通过正式验收。10月22日，首单货物顺利通关，义乌综保区封关运行，于第一时间获批增值税一般纳税人资格试点。11月2日，浙江海港义乌枢纽港有限公司在义乌苏溪镇揭牌成立。

（方徐翎）

义乌综合保税区建设

义乌综合保税区于2020年3月25日经国务院批准设立。义乌综合保税区规划布局保税展示、保税物流、保税加工、保税研发、保税服务和口岸作业六大功能区。2021年1月13日，海关总署综合业务司复函杭州海关，同意增设义乌综合保税区海关机构，关区代码“2925”，关区简称“义乌综保”，代码于1月15日正式启用。2月5日义乌综合保税区管理委员会揭牌运行。6月，义乌综保区（一期）通过预验收。9月1日义乌综合保税区（一期）通过国家八部委验收，10月22日封关运行，义乌综保区首票跨境电商保税进口（1210）业务正式开办，货物是来自全球医药健康巨头赛诺菲（Sanofi）旗下保健品品牌萃益维（Cenovis）维生素C咀嚼片，由杭州但丁电子商务有限公司从澳大利亚进口，货值340万元，通过海关验放后，陆续送达长三角的进口网购消费者手中。

义乌综合保税区借鉴国内外自由贸易港建设经验，突出国际贸易特色和优势，以数字贸易为引领，以跨境电商、保税物流、保税加工为主导产业，以大众贸易数字化、自由化、全球化为主攻方向，重点打造保税展示交易、双向跨境电商、国际贸易综合服务、供应链金融服务及保税检测维修等平台，深度联动周边综保区、口岸港区及义乌市场集群，构建“区区、区港、区场”协同发展的保税生态圈，推动义乌小商品国际贸易转型升级。建设成为业态高端多元、功能布局完善、服务优质高效的内陆示范引领型海关特殊监管区域，打造具有全球影响力和竞争力的“五大中心”，成为辐射带动周边地区经济发展的新引擎，为全国自贸区改革和全球数字贸易规则创新作出示范。（程培英）

跨境电商综试区建设

自2018年7月义乌获批全国第三批跨境电子商务综合试验区后，义乌市认真贯彻落实国务院批复精神，重点在创新驱动、主体引育、环境营造等方面发力，加快推进跨境电商综试区建设。2021年，实现跨境电子商务交易额1013.57亿元，同比增长16.38%，其中跨境网络零售交易额402.04亿元，同比增长16.53%。义乌跨境电商第三方平台账户14.5万个，外贸网商密度列全国第二位。商务部对2021年跨境电子商务综合试验区进行评估，中国（义乌）跨境电子商务综合试验区评估结果成效明显，综合排名第一档，第一档全国仅10家。

开展跨境电商数字清关业务。创新跨境电商新模式新业态，率先在全国开展跨境电商数字清关业务，补齐义乌快件进口及跨境9610进口短板，聚集一批优质跨境电商物流企业及电商平台。2021年，义乌数字清关业务完成进口票件量45.23万票，进口金额2.03亿元，进口票件量、交易额均位居全国首位。

产业集群跨境电商发展试点获省级激励。义乌先后于2016年6月和2019年9月获批开展省级小商品产业集群、饰品产业集群跨境电商发展试点，并于2020年、2021年分别获得省级产业集群跨境电商发展试点500万元的专项激励资金，小商品产业集群、饰品产业集群跨境电子商务应用呈现良好发展态势。义乌首票9710出口清单模式实单申报成功。2021年7月6日，义乌跨境电商综合服务平台第一票9710出口清单模式实单申报成功。货物主要以配件、家居用品为主，重量266.5千克，从杭州萧山机场离境出口，目的国新加坡。

义乌实现国际站9710出口全程在线通关。7月28日，义乌跨境电商线上综合服务平台助力阿里巴巴国际站的义乌企业，成功走通了全程在线的跨境电商9710出口。此批货物主要为化妆包，货值1.1万美元，在阿里巴巴国际站生成订单后，通过综服平台直接将订单转化成9710报关单后，向海关“单一窗口”申报，在上海洋山港完成通关放行，发往美国。9月4日，在2021年中国国际服务贸易交易会上，商务部组织开展服务示范案例颁奖典礼，义乌数字港科技有限公司的“义乌数字监管的数字贸易应用”项目获评“中国服务实践案例”，义乌市合道电子商务有限公司的“Rakumart”

（脸书、推特、油管）平台获评“业态创新服务示范案例”。推动义乌跨境电商出口结构由产品出海向产品与品牌同步出海转换，千岸公司Ohuhu、洛克体育ROCKBROS、夏歌信息科技Adisputent、8seasons 4个品牌入选2021年度浙江跨境电商出口知名品牌。（骆怡岚）

义乌营商环境

义乌营商环境持续改善，营商环境改革成果显著。2021年1月12日，2021年浙江省万家民营企业评营商环境报告发布，义乌位列营商环境总体评价最高的20个工业大县（市、区）第一名。获2021年中国政府采购奖——优化营商环境卓越奖（全省唯一入选的县级市）。9月28日，在第16届全国政府采购监管峰会上，义乌市被评为2021年全国政府采购百强县（市、区）。政府采购档案管理项目被列为全省政府采购数字化共建共享改革试点。浙江省义乌科创园知识产权服务业集聚发展示范区成功入围第二批省级示范区建设名录。义乌市知识产权维权服务中心成功获批第二批国家海外知识产权纠纷应对指导中心地方分中心，成为入围该名单的全国首个县级单位。义乌市“互联网+不动产登记”案例被选入浙江省“政府数字赋能高质量发展优秀案例”，并获《中国自然资源报》等主流媒体多次报道，将义乌不动产登记综合创新试点经验加以总结推广。

优化外商投资环境审批平台。2021年，组织各项目审批部门落实《浙江省投资项目在线审批监管平台管理办法（试行）》，实现多跨协同管理。对接行政服务中心推广应用投资项目行政审批中介服务平台，推动义乌市中介服务管理平台与3.0平台的数据共享。借助审批工作群，做好系统问题收集反馈，优化审批平台3.0使用体验。

创新贸易新模式，优化口岸营商环境。义乌聚焦自贸区建设，以便利化改革突破双循环堵点。创新贸易新模式，开发小商品数字自贸应用，为贸易主体赋能，带动自贸区金义片区发展，实现“市场采购+跨境电商”，出口增长1.9倍；发展贸易新业态，向内外贸联动、全链条融合拓展，电商快递量稳居全国第二位；构建贸易新机制，首创出口退税备案单证数字化管理，率先建设国际贸易铁路“单一窗口”。以“四港联动”促进国内国际双循环畅通，加快西延东拓，与26个城市物流园区合作开展双向运输协同，数字化前移宁波舟山港港口功能和船务资源，提升开放能级；开辟货运通道，创新义乌—宁波—美国快船、义乌—欧洲卡航、义乌—老挝班列，提升物流时效；加快对外组网，在46个国家布局120家海外仓，开辟206条“环球义达”物流专线，提升全球布局。

深化工作流程和程序，打造国际一流营商环境样板城市。实施“智能审核+自助打印”智慧审签新模式，签发自贸协定优惠原产地证书22.9万份，为出口货物减免关税13.5亿元；推行海关备案网上办理，新增进出口收发货人3727家，总量增长18%。组织市场监管局、市建设局、义乌供电公司等评价责任单位完成2020年度浙江省营商环境试评价。统筹推进数字化改革工作，完成营商环境市场活力应用治理端页面上线。会同税务局开发自贸区市场主体风险动态监管平台，降低商事主体登记确认制改革后带来的虚开发票风险。完善优化营商环境方案体系，制定《建设国际一流营商环境样板城市规划（2021—2025年）》《义乌市建设国际一流营商环境三年行动计划（2021—2023）》。探索营商环境标准化建设。《知识产权纠纷多元化解服务规范》获省级标准立项，浙江省营商环境标准化试点成功验收，并被评为优秀。

提高政务服务效能，助力营商环境优化。2021年，完成“水、电、气、网”集成办营业厅建设，实现四方业务联办，办理联办业务325单。优化办电服务。设立金义都市区跨区受理专窗，实现自贸区内企业办电业务跨区域受理，提升客户办电效率，减少客户办电成本。实现“两保户”用户免费用电额度无感智办。实现全部放开160千瓦以下用户低压接入，低压小微企业接入“零投资”。利用“网上国网”App等线上平台实现客户办电线上受理，实现“零跑腿”。低压办电时间压减至20个工作日。推出自贸区内企业获得用水“1+2+3+4”改革举措2.0版（一套工作方案、两大机制、三化建设、四免服务），确保1天通水；居民用水“013”报装系统实现试运行，实现居民用水“0材料、1个环节、3天通水”；完成新版“义乌水务”浙里办应用的开发和上架，为义乌市用水户提供涉水业务的掌上办。优化用气环节，开通上门、网上、电话及窗口等受理渠道，精简举措，合并环节，实现非居民用户“0110”服务，即0份材料、1个环节、1个工作日通气、0接驳费用，最大程度保障企业便利。

培育先进制造业集群，营造亲商护商的发展环境。探索建立以企业家满意度为导向的营商环境评价机制，坚持项目为王，增量选优、存量提质，打造了信息光电和汽车制造两大千亿级现代制造业集群，实现从传统制造业为主向现代智造和小商品制造并举跨越。2021年义乌市实现地区生产总值（GDP）1730.16亿元，同比增长11.6%。规模以上工业产值269.7亿元，增长47.4%；规模以上工业总产值1163.7亿元，增长66.7%。推进全球数字自贸中心、新型进口市场、跨境电商产业园、义乌（苏溪）国际枢纽港等十大项目建设。出台关于优化营商环境的举措，让更多外商看好义乌市场。

有机更新和乡村振兴推动城市转型。2021年按照“多规合一”“一个市”理念推进城市转型，建设双江湖、高铁新城、植物园、新CBD、跨区域城市三环等牵引性项目，分片区拉开300万人口城市框架，构建共同富裕基础布局，常住人口城镇化率79.7%。城乡有机更新8万户，每个镇创建成为美丽城镇，突出“中国众创乡村”，每个村开展“双星争创”活动，10条农业农村现代化示范线实现280千米串联。倡导“规则义乌、义行天下”，来了就是义乌人，创建成为全国文明城市。以倍增理念增加公共服务供给，2017年以来用2个3年计划建设200所幼儿园，至2021年，已建成86所，正在建设28所。践行“绿水青山就是金山银山”理念，义乌连续四年获评“美丽浙江建设优秀市”。义乌江出境断面水质好于入境断面，稳定在Ⅲ类水以上，荣获“大禹鼎”银鼎。义乌居民人均年收入超7万元，领跑全国县级市。助力各民族加快共同富裕，来自31个省（区、市）的52个少数民族、18万人在义乌创业创新。创新“党建+市场+电商+物流+加工贸易+X”义乌帮扶模式，推进“百县万品”行动，为全国342个欠发达县1万余种商品提供服务，至2021年底，累计销售5600万元。

（陈金春）

服务贸易创新发展十大行动

2021年，义乌市以《义乌市服务贸易创新发展十大行动实施方案》为指导，全面开展服务贸易创新发展工作，进一步推进服务贸易改革、开放、创新，赋能义乌市场和贸易高质量发展。

推进贸易数字化改革。以市场采购2.0引领贸易领域数字化改革，引导市场采购贸易链、监管链、价值链逐步向数字化升级，逐步改善国际贸易生态。Chinagoods平台上线中、英、阿拉伯语站及西班牙国家站，2021年，累计交易额157亿元，平台活跃商家1万余家。市场采购全数字化治理项目成功入围省数字政府双循环应用首批应用场景培育库名单、浙江省态势感知中心第一批验收中榜应用项目，浙里探馆（义乌先行）入选数字贸易子系统第二批应用场景先行示范名单。

推进新业态融合发展。全力推进跨境电商综试区建设，1—10月，全市实现跨境电商交易额840.34亿元，同比增长18.90%。推进市场采购与跨境电商深度融合发展，1—10月，实现“1039+跨境电商”出口19.21亿美元，同比增长208.84%。8家企业通过省级外贸综合服务企业认定，其中5家列入示范型企业。累计在全球布局小商品城海外仓112个，在德国、捷克、西班牙、卢旺达等国家布局15个“带你到中国”贸易服务中心，展示1000家企业2.1万余个产品。

推进贸易风险保障。完善贸易风险防范体系，实施一般贸易小微出口信保政府统保项目，覆盖企业1143家，承保金额11亿美元。创新市场采购出口信用险，为市场商户出口提供托底保障，赔付比例由30%提高至45%，针对白名单企业进一步提高至80%。推出海运费应收账款险，为国际货运代理企业降低海运费拖欠风险，首单保额600万美元。

推进物流服务提升。“义新欧”班列运营线路增加至17条，至2021年11月17日，义乌平台累计开行1148列，同比增长41.90%。开通“义乌—喀什—中亚”公铁联运、“义乌—加里宁格勒—罗斯托克”铁海铁多式联运2条新通道。加快义乌与宁波舟山港一体化进程，打造宁波舟山港“第六港区”，实现海铁联运“一次申报、一次查验、一次放行”。建设环球义达国际物流服务平台，整合上线物流专线184条，产品覆盖85个国家。

推进金融服务创新。1—10月，累计办理跨境人民币结算286.4亿元，同比增长95.7%；全市外汇结算488亿美元，同比增长60%；自贸区银行开展“境外机构境内外汇账户”不落地结汇4.67亿美元。全国首创外籍商友银行卡，为在义乌外商提供移动支付、外汇结算、投资理财等一卡式金融服务，至10月发放外籍商友银行卡278张。创新海运贷、跨境电商贷、跨境快贷、外贸e贷等20余款自贸区金融产品，累计惠及商贸主体1260余家，投放贷款36.1亿元。

打造文化服务产业。依托综保区，招引深圳华岳创新供应链管理有限公司落户开展文化贸易进出口业务。形成与火凤凰国际文化集团合作框架协议，拓展文化保税展拍业务。举办第16届义乌文化和旅游产品交易博览会，996家企业和机构参展、3.55万人次境内外采购商及观众观展，线上观展1亿余人次。1—8月，全市实现文化产品出口47.28亿元，同比增长49.22%。

打造创新设计服务产业。举办第四届“一带一路”中国（义乌）小商品城创新驱动国际论坛、2021第四届“义乌中国小商品城”杯国际小商品创意设计大赛、2021年“数智赋能，创享未来”中国义乌小商品爆品设计大赛等活动，实施“设计进市场”“品牌提升—双百计划”等举措，重塑义乌小商品设计生态。义乌创意园作为全国首个以“小商品创新设计”为主要研发方向的创意文化园区，实现年均服务生产企业3000家。

打造进口贸易产业。推动省级层面印发《支持义乌建设进口贸易促进创新示范区工作方案》，实现“数字清关”项目等进口系列首单，探索进口日用消费品正面清单管理制度。商城集团进口跨境电商品牌“ICMall爱喜猫”2021年累计实现跨境电商新零售测试2.09万笔，货值572万元，完成多功能皂等10个单品。1—10月，全市实现进口178.7亿元，同比增长81.6%。

推进展会国际化。至11月中旬，全市举办商业性展览项目32个，展览面积77.06万平方米，参展企业1.66万家，标准展位3.11万个，观众88万人次。举办“义博会”“文旅会”“森博会”“电子商务博览会”等政府主导型展会。引进深圳中盛国际展览有限公司到义乌举办“针博会”，深圳蒙歌玛利展览工程有限公司到义乌开展展馆主场运营。制定重点支持境外展会目录，支持700余家次企业通过线上线下、代参展等方式参加境内外展会。

打造采购服务产业。举办“义路同行”——全球青年创业培训计划，累计培训来自60余个国家的243名学员。举办“义路同行到东盟”全球青年创业专场培训，承办浙江省第二届“国际创客”创业创新大赛，举办以“智引全球才聚义乌”为主题的“千名硕博生、留学生义乌行”活动。新设伊拉克、尼泊尔、智利等6个采购商服务中心。2021年全市共有国别化采购商服务中心38个。 （应如悦）

党史学习教育

2021年是中国共产党成立100周年，义乌市成立党史学习教育领导小组，召开全市党史学习教育动员部署会，制定《党史学习教育实施方案》，推出“我在首译地学党史”等四大类“八个一”活动。开发“中国共产党为什么能夺取全国政权”等党史重点课程46门，开展党史学习教育云课堂4期，线上受众45.5万人次。开放校内红色阵地——义乌党史陈列馆、党史名人馆、乡镇干部老物件陈列馆和党性教育主题馆，面向党员干部开展党史教育47场次3000余人次。在微信公众号推出《党史故事》54期，《习近平在浙江》访谈实录32期。“三为”专题实践活动成效在义乌市《“三服务”活动简报》刊出。义乌作为《共产党宣言》中文全译本首译地，在全市党员干部群众中掀起“追寻真理味道、勇当改革先锋”的热潮，并取得显著成效。2021年，党中央追授老书记谢高华“全国优秀共产党员”称号，授予商城集团党委“全国先进基层党组织”称号；《中央党史学习教育简报》185期刊登义乌《不见外的老外向世界讲述中国故事：联合国社区里的志愿者》；流动党员党史学习教育全覆盖的做法受到省委常委、宣传部部长、省党史学习教育领导小组办公室主任朱国贤的批示肯定。

学以铸魂，推动党史学习教育形成长效机制。义乌市委理论学习中心组围绕习近平总书记在党史学习教育动员大会和庆祝中国共产党成立100周年大会上的重要讲话精神，依托主题党日、周一夜学、“三会一课”等载体，发挥陈望道故居等红色资源优势，用好“学习强国”“干部网络学院”等新媒体平台，激励党员干部深学细研百年党史、“七一”重要讲话和六中全会精神、习近平总书记《论中国共产党历史》《习近平在浙江》采访实录、“习近平科学的思维方法在浙江的探索与实践”研究成果等必学内容，开展集中学习9次，专题活动4次，中心组成员交流发言全覆盖。2021年4月，市委党校连续推出四期“学党史·开新局”——献礼建党100周年云课堂，直播当日45.5万人次观看，加上后期云课堂的回放点播，收看观众50余万人次。6月8日，“义乌发展经验”理论研讨会召开，深入研讨“义乌发展经验”的科学内涵、时代价值、实践成就和现实意义，形成系列理论研究成果。同月30日，庆祝中国共产党成立100周年先进典型表彰会暨金华市委党史学习教育专题党课举行，会议以视频形式召开。会上，宣读金华市“两优一先”表彰文件，并为受表彰代表颁发证书、奖牌。11月17日，义乌市召开全市领导干部大会，学习传达六中全会精神，同月23日以市委名义下发《关于学习宣传贯彻党的十九届六中全会精神工作方案》。12月3日，召开市委“学习贯彻中共十九届六中全会精神”专题学习会，实现全市县处级以上领导学习、发言全覆盖。全市各级党委（党组）理论学习中心组均以专题学习会交流研讨的形式开展集中学习。在市委党校主体班次中开设六中全会重大问题培训课程，实现各类进修班、培训班学习全覆盖。全市各级党组织开展专题学习6000余场，完成基层党组织书记2919人轮训。组织全市党员集中收看中国共产党成立100周年大会，组织“喜迎百年华诞、赓续红色血脉”庆七一主题党日活动，开展“聆听一堂专题党课、分享一次心得体会、重温一次入党誓词、观看一个红色教学片、学习一个身边典型、办好一项民生实事、拍摄一张全家福”活动。创新学习方式，对年老体弱、行动不便的党员，组建“送学”小组，通过“流动课堂”，开展“送学到家、送教上门”；对外出流动党员，推出“云上课堂”，开设党史微课堂、微测试、微故事“三微”掌上课堂，组织开展在线学习、交流讨论；对市内流动党员，落实同亮相、同学习、同活动、同履职、同服务“五同”管理，确保党史学习教育不缺位、不掉队。在全市打造448个“驿家亲”红色驿站，为外卖、快递行业从业人员提供学习场所。全市各党支部均按要求召开专题组织生活会，县处级以上党员领导干部以普通党员身份参加专题组织生活会。充分用好《共产党宣言》中文全译本首译地的丰富党史素材，盘活、提升、修缮、新建红色资源，重点打造陈望道、冯雪峰、吴晗“名人故居+专题展馆”3个红色资源展示教育基地，推出上溪、大陈2条精品红色旅游线路，全市6.5万名党员在城西街道分水塘村、横塘公园等地开展“六个一”活动，聆听红色故事，重温入党誓词，深切缅怀革命先烈，传承红色基因。创作党史题材文艺作品，与复旦大学、上影集团联合拍摄电影《望道》；婺剧《义乌高华》入选浙江省党史学习教育推荐巡演剧目；启动电视剧《鸡毛飞上天2》项目。构建“红色影院”三级体系，党史学习教育社会氛围浓厚。

学以致知，深刻感悟共产党人力量源泉。以习近平总书记系列重要讲话精神为重点，开展各类党史宣讲4300余场。开展“三级书记讲党史”，市委书记带头，各镇街、各单位党委（党组）书记和基层党支部书记围绕党史专题和习近平总书记“七一”重要讲话精神，为党员干部群众上党课。组织市委宣讲团和望道宣讲团等70余个宣讲团1500人开展“追寻‘真理的味道’”等宣讲活动。4月14日，由中联部和浙江省委主办的“中国共产党的故事——习近平新时代中国特色社会主义思想在浙江的实践”专题宣介会上，扎根义乌20年的穆德成为首位分享个人故事和感受的在华外国人。构建骨干带动、品牌推动、网络互动、多方联动的青年宣讲格局，开展“百家文化礼堂青年说”“青年委员说党史”系列活动，培育出“望道”“信仰树”等青年宣讲品牌。整合全市宣讲资源，优化宣讲队伍结构，实施1支“市委六中全会精神宣讲团”示范讲、5支特色宣讲团广泛讲、六大基层阵地覆盖讲的“156”宣讲行动。发挥干部宣讲团、望道宣讲团、文艺宣讲团、乡音宣讲团、后浪宣讲团5支宣讲团优势，运用镇村文化阵地、校园学堂阵地、市场商铺阵地、机关部门阵地、两新组织阵地、媒体网络阵地六大基层阵地作用，形成“部门领导+专家学者+基层干部+青年宣讲员+媒体记者+文艺工作者”的“大宣讲团”，全年开展六中全会精神线下宣讲800余场次，覆盖党员4.5万余人。组织开展“我在首译地给党唱首歌”“印迹初心”西泠印社百名艺术家篆刻展、深化“四史”宣传教育进校园“开学第一课”、红色电影展映等宣教活动，活动覆盖人群300余万人次。发挥“报、台、网、微、端、屏”全媒组合立体宣传优势，开设《奋斗百年路启航新征程》等栏目10余个，刊发稿件1800余篇（次）。至12月底，义乌市党史学习教育工作信息简报被中央、省、金华市简报录用65篇（次），位列金华地区第一。征集上报红色文物故事69篇，在中央、省“学习强国”平台刊发11篇。《人民日报》、新华社、中央电视台等省级以上媒体刊播义乌市开展党史学习教育报道400余篇，“学习强国”平台刊发相关报道56篇。

学以为民，办好民生实事。开展“两问大走访”“百团助万企”等惠企利民举措。坚持群众需求导向，通过“找真问题”实现“解真难题”。市领导发挥“头雁效应”，率先与重大产业项目、社区农村、市场商会、困难群众等9个方面建立联系指导制度。聚焦企业群众的所思所想和所需所盼，在全市层面推出“两问大走访”活动。全年，收集意见建议1.3万条，解决难题1.27万个。从办实事、解难题、减负担3个方面公开公示重点实事项目134项，指导全市各单位2批次谋划本单位实事项目454个，带动全市各村（社区）及各基层党组织联动梳理发布“微实事”清单，确保真帮实办，落地见效。抓党风带政风促民风，推进反腐触角深入基层一线，查处违反中央八项规定精神问题43起71人。深化“百团助万企”活动，分类型组建15个助企服务团，下辖142个专业服务组，通过“线上+线下”联动的方式为全市企业提供精准精细、专业到位的组团服务。举办“春风暖企行”活动12次，帮助143家企业现场解决问题或明确方案159件。邀请来自工业企业、市场经营户等16个行业领域的50名体验官，通过个人体验、分组体验、专题体验等形式推动问题解决落到实处。年内“义码通”问题直通平台累计收集各类问题1673件，解决问题1651件，企业群众满意率达97%。（陈金春）

年度聚焦

上级领导聚焦义乌

全国人大常委会法工委领导到义乌调研。2021年5月12日，中央全面依法治国委员会立法协调小组成员、全国人大常委会法制工作委员会副主任许安标率队到义乌市调研。在全国人大常委会法制工作委员会义乌基层立法联系点，许安标一行详细了解基层立法联系点运行情况，充分肯定义乌市在规范制度、广泛征集民意、推进高质量立法等方面的探索实践，认为基层立法联系点工作有声有色、成效明显。座谈会上，听取关于义乌商城集团、市外贸整体情况以及部分外贸企业代表生产经营情况后，指出，义乌是国家重要的国际贸易窗口和改革开放“试验田”，要进一步激发市场主体活力，强化法治思维，加强品牌建设，增强市场竞争力和抗风险能力，更好实现依法规范、保障和推进经济社会发展。调研期间，许安标一行走访国际商贸城二期，考察小家电、厨具等经营商位，与经营户们亲切交谈，询问商品研发生产、销售等情况。

国家发展改革委领导到义乌调研义乌市场国内国际双循环等情况。2021年5月20日，国家发展改革委副主任兼国家统计局局长、党组书记宁吉喆率队到义乌调研。在国际商贸城一区，详细考察义乌市场国内国际双循环等情况。宁吉喆强调，在“双循环”背景下，义乌深化改革、抢占先机，抢出了市场发展新天地，希望义乌在实践中继续深入探索，发挥跨境电商、对外贸易、市场采购等领域特色优势，构建“买全球、卖全球、买卖全球”的国内国际贸易新生态，努力成为服务“双循环”的标杆。在盈和国际物流公司，详细了解企业发展现状、要素保障、政策落实、发展规划等方面情况。对企业创新的“市场采购+高效国际物流”业务模式给予充分肯定，鼓励企业积极参与国内国际双循环，加强海外基础能力建设，做好跨境电商本土化运营，通过数字化改革，提升企业信息化技术化水平，推动企业不断做强做优做大。

省政协领导到义乌调研企业生产等情况。2021年7月13日，省政协主席葛慧君到义乌调研。在绿色动力小镇，实地走访吉利DHT专用混动变速器项目，进车间、看产品、问研发，就企业生产、技术、市场等情况作详细交流，认真听取绿色动力小镇情况，以及吉利动力总成项目和英伦新能源整车建设情况汇报。葛慧君说，连续三年到绿色动力小镇调研，每年都看到新发展新变化。2020年虽然受疫情影响，但小镇依然保持良好的发展态势。葛慧君希望义乌继续发挥“无中生有”的创业创新精神，进一步强化顶层设计，加强规划引领，谋求新的更好更快发展；立足本地，全力拓展发展空间，让人才进得来、留得住、干得好。葛慧君到浙江大学医学院附属第四医院，考察名医馆、未来医院—智慧医疗体验馆等地，详细了解浙江大学“一带一路”国际医学院、浙大四院、浙江大学国际健康研究院“三位一体”发展模式建设情况，对浙大四院信息化、智能化建设予以赞赏，勉励医院积极发挥浙大在医学学科、技术、人才和医院管理方面的优势，助力义乌“浙中医疗高地”建设，努力将其打造成为助推全省服务“一带一路”建设的标志性项目。

国家市场监管总局领导到义乌调研市场情况。2021年9月16—17日，国家市场监管总局党组书记、局长张工到义乌开展调研。先后实地走访城西街道分水塘村（陈望道故居）、北苑市场监督管理所、国际商贸城一区。在北苑市场监督管理所，肯定义乌开展基层所标准化规范化建设的经验做法，勉励义乌要持续推进基层所标准化建设，积极运用数字化手段，不断提高监管效能，强化专业人才配备。在国际商贸城，走进商位，与经营户深入交流，详细询问疫情影响下商铺经营情况；听取市场信用分类监管、市场党建、“标准进市场”等情况介绍。召开中小微企业座谈会，听取华灿光电（浙江）有限公司、义乌易镭电子商务园区开发有限公司、浙江斯坦格运动护具科技有限公司、义乌市昌潮文具商行、义乌市陶燕工艺饰品有限公司、义乌市长江制笔厂、义乌市发现者五金商行等企业相关负责人的意见建议。对企业反映的知识产权保护、大宗商品价格上涨、海运费用攀升等实际困难和意见建议，进行交流，探讨可行办法。

团中央领导到义乌开展调研。2021年10月1日，团中央书记处常务书记、全国青联主席汪鸿雁一行到义乌调研共青团工作。在义乌期间，参观陈望道故居和陈望道翻译《共产党宣言》的柴房，了解陈望道的生平事迹、义乌青少年党史学习教育等情况；实地察看“红色驿站”、青年服务吧台、社会组织活动阵地，了解义乌青年之家体系建设、团属社会组织培育、青益投公司运营等情况。在国际商贸城二区，了解市场团建“五个三”工作方法、市场青年组织管育、青年就业创业等情况；汪鸿雁对义乌市委、市政府在青年工作给予资金、场地等方面的大力支持表示肯定。汪鸿雁指出，青年工作要以青年为本，广泛统筹各类资源，充分发挥“青年之家”“红色驿站”等阵地资源和社会组织、团干社工等队伍资源，以项目化方式落地服务青少年，让青年有更多获得感。

省委领导班子到义乌市调研经济运行情况。2021年10月20日，省委副书记、代省长王浩到义乌市调研经济运行情况。先后到义乌国际商贸城一区、义乌铁路口岸、义乌进口商品孵化区，走进小商品店铺与经营户深入交流，参观共享直播间及跨境体验中心，了解义乌推进自贸试验区建设、促进进出口市场发展和“义新欧”中欧班列运营等情况。在盈帆贸易，仔细询问企业在生产经营中遇到的实际困难。王浩指出，义乌是全省乃至全国改革开放的重要窗口，要深入贯彻落实习近平总书记对浙江工作的重要指示精神，全面把握新发展阶段的新任务新要求，始终保持昂扬向上的精神状态，只争朝夕、真抓实干，勇立潮头、争当时代弄潮儿，为高质量发展建设共同富裕示范区做出新的更大贡献。

国家邮政局局长马军胜到义乌调研。2021年11月24—25日，国家邮政局党组书记、局长马军胜带队到义乌市调研。实地走访义乌国际邮件互换局、中国邮政速递物流义乌分公司，顺丰快递、百世汇通、东宇智能物流园、红狮智慧物流园和公路港物流中心，详细询问了解发展情况和未来规划，针对各部门、网点发展经营情况和存在的问题提出指导性意见和建议。鼓励物流企业利用自身优势，盘活各种资源，为国际客户提供专业化、系统化、精细化服务，做大做好做细跨境寄递业务，为义乌经济社会发展做出更大贡献。在义乌期间，主持召开省级品牌快递企业座谈会，围绕快递小哥合法权益保障和快递市场秩序整顿等问题，与省级品牌快递负责人进行深入交流。（刘航宇　陈金春）

媒体聚焦义乌

2021年，义乌市紧紧围绕干实“八八战略”义乌篇章，坚持和深化“义乌发展经验”，抢当

“重要窗口”模范生要求，开展“建党百年”“自贸区建设”“数字化改革”“党史学习教育”“共同富裕”等主题的对外宣传工作，取得显著成效。1—12月，省级以上媒体刊播（发）义乌主题新闻报道4000余篇（条），其中，《人民日报》（含海外版）67篇，新华社126篇，中央电视台132条，（《新闻联播》25条，《焦点访谈》5条），《浙江日报》185篇（头版24篇），浙江卫视408条，（《浙江新闻联播》138条）。

聚焦建党百年。2021年，中国共产党百年华诞之际，义乌市抢节点、抓重点、展亮点，层层递进推动宣传热潮。义乌元素亮相中央电视台《庆祝中国共产党成立100周年》《今日中国》浙江篇等直播特别节目，中央电视台新媒体中心、中央电视台《百年百城》、中国之声等特别直播节目走进义乌。开展“学党史，办实事”活动，“党旗在项目工地高高飘扬”“‘一村一辅警’驻村工作”等系列解民忧、干实事举措得到《人民日报》《浙江日报》等媒体肯定。策划组织“开学第一课”等对外宣传报道，开展《义乌高华》婺剧走进杭州、西泠印社篆刻展等特色主题活动，获中央电视台、浙江卫视重点报道。创新宣传形式，讲好陈望道首译《共产党宣言》中文全译本精彩故事，展现义乌市重要红色根脉，获《人民日报》6次关注，新华社10余次全媒体报道，《浙江日报》2次头版点赞。

聚焦“义乌发展经验”宣传。2021年，义乌市精心策划“义乌发展经验15周年”新闻宣传方案，提前谋划布局，将宣传贯穿始终。从3月起，联络上级新闻单位，组织开展媒体集中采访活动。《浙江日报》头版、专栏等重要版面5次刊发系列报道，总结义乌发展经验。改革先锋谢高华勇于开放市场故事先后被中央电视台《新闻联播》《人民日报》、新华社等中央级主流媒体《数风流人物》专栏报道。6月8日“义乌发展经验”理论研讨会组织邀请各级主流媒体到义乌参会报道。6月17日《浙江日报》头版头条推出“在红船边向总书记报告”专栏，开篇聚焦义乌勇当改革实验田。第一财经以“文字+视频报道”形式推出深度报道，梳理义乌经验，解析义乌精神，探寻义乌奇迹背后的逻辑路径。

聚焦义乌共同富裕。2021年，义乌围绕全市扎实推动共同富裕的重大战略部署要求，有序谋划，主动出击，聚焦特色，讲好义乌共同富裕故事。策划组织“奋斗百年路启航新征程·大地的回响”“美丽乡村精品线”“共建‘三环’致富路”“土地制度改革”等专题对外宣传采访活动，中央电视台《新闻联播》节目以“浙江推动公共服务优质共享”报道义乌“医共体入乡”工作成效，《浙江日报》头版点赞义乌共富成效。围绕全省央媒走进浙江共同富裕区等重点活动，展现义乌亮点。《人民日报》《新华每日电讯》《光明日报》等10余家中央媒体头版集体刊发浙江建设共同富裕示范区调研手记，4次点赞义乌，肯定义乌小商品城处处展现着创新发展、富民惠民的蓬勃之势。积极宣传全国乡村振兴和东西协作帮扶工作的“义乌消费助农新模式”，开展“百县万品帮扶山区26县”等对外宣传活动，新华社5次聚焦采访。义乌—莲都山海协作科创金融飞地——莲都大厦开工仪式受各级媒体关注。

聚焦主题主线。2021年，义乌围绕全市中心工作，主动谋划，先人一步，将义乌改革开放故事讲得更好、讲得更响、讲得更亮。“村务清廉钉办”“全省首个未来社区上线”等内容在中央电视台、《农民日报》《浙江日报》头版、浙江卫视《新闻联播》等中央、省级主流媒体刊发。开展“自贸区建设一周年”媒体集中采访活动，合作开展“镜头下的义乌自贸区”短视频拍摄活动，义乌自贸区精彩故事走进“两会”现场。开展“从人口变化看义乌发展”“从贸易创新看义乌发展”等主题新闻发布会及媒体集中采访，新华社等主流媒体推出权威报道。疫情防控留义乌举措获主流舆论点赞，市长王健参加国务院联防联控新闻发布会，《新华每日电讯》中央电视台《焦点访谈》聚焦义乌。做好“义博会”“电商博览会”“文旅博会”、世界义乌人大会等展会论坛活动对外宣传工作，中央电视《新闻联播》2次关注。

聚焦国际传播建设。2021年，义乌加强国际传播能力建设，讲好中国共产党精彩故事。把握“中国共产党的故事——习近平新时代中国特色社会主义思想在浙江的实践”等专题宣传推介会机遇，在义乌外商穆德作为唯一一名外籍参会发言嘉宾讲述中国共产党的精彩故事，获得省委充分肯定，受到在场驻华大使及连线政党代表的高度评价。组织邀请香港《大公报》、香港《商报》等20家境内外媒体参加“守牢‘红色根脉’打造‘重要窗口’”主题系列新闻发布会。国际网红友人做客义乌，讲述红色故事，其中英国网红小伙汤姆走进义乌分水塘村，寻找“中国共产党为什么能”其中的浙江答案，相关视频海外主流平台播放量超过10万余次。与中央广播电视总台亚非中心合作共建义乌海外展示平台。依托各级海外传播媒体资源，浙江电视台国际频道推出《100年·外国人眼中的中国记忆》义乌系列2期短视频节目，在海外主流平台视频播放量20余万次。

聚焦舆情处置应对。2021年，义乌市加强负面监督报道，召集市外事办、市公安局、市国家安全局、商城集团等相关部门就境外媒体到义乌采访联动闭环机制、处置流程等内容会商讨论，明确职责分工，制定《境外媒体记者来义采访信息通报机制》《境外媒体应对工作预案》等长效工作机制。针对境外媒体到义乌，强化部门联动，提升处置效率，增强应对能力。就《纽约时报》《洛杉矶时报》、德国电视台、西班牙电视台、日本每日电视台等25批45人次境外媒体到义乌，采访“新冠疫苗”“市场外贸”等内容，均及时跟进处置。接待处置中央电视《今日说法》、浙江卫视《今日聚焦》、澎湃新闻、《都市快报》等新闻单位开展监督报道，联动相关部门做好解释应对工作。化解上级新闻单位负面监督10起，为高质量高水平建成世界小商品之都营造良好的舆论氛围。（陈华栋）

义乌改革成效

2021年，义乌市以数字化改革为统领，从试点到推广，从农村到城市，一系列改革举措在义乌落地扎根，一批重大改革举措走在全国前列，改革向纵深挺进义乌市场采购全数字化治理项目成功入围浙江省数字政府双循环应用首批应用场景培育库名单，浙江省态势感知中心第一批验收中榜应用项目，浙里探馆（义乌先行）、货款宝入选数字贸易子系统第二批应用场景先行示范名单，“义新欧”班列一件事列入浙江省第一批数字政府多跨场景清单。

数字化改革助力新经济发展。2021年，义乌市全面深化改革。5月，成立数字化改革专班，出台《中共义乌市委关于坚持和深化“义乌发展经验”以数字化改革锻造高质量发展建设共同富裕示范区成功案例的决议》《义乌以数字化改革锻造高质量发展建设共同富裕示范区成功案例实施方案（2021—2025年）》。对照省级“三张清单”一本账，谋划多跨应用场景16个，其中，6个应用场景纳入省级部门谋划基础或要求义乌先行建设，谋划数量和争取省级试点数量列金华市第一位。迭代完善重大任务和主要领域模块设计，完成40余个页面1000余项数据的梳理，形成制度成果14项，理论成果1项，成为金华市第一个主要领域“党的建设+五位一体”完成上线的县市区。谋划建设工业经济分析、亩产效益评价、小微园建设、数字商贸等场景应用。2021年全市数字经济系统共承接5项省级重大应用试点建设工作。其中浙里探馆（数字贸易服务在线）、远程异地多点评标（公共资源交易服务）、区域取水分析（浙水减碳）等应用入选第一批优秀省级重大应用。至2021年年底，推进智能工厂、数字化车间项目29个，涉及针织、化妆品、食品、仪表、光伏等行业，棒杰针织、晶澳科技、迪元仪表等数字化改造标杆示范企业已初步培育形成。梦娜袜业入选省级新一代信息技术与制造业融合发展试点示范企业名单；晶澳科技、棒杰针织入选省级智能工厂（数字化车间）企业名单。义乌市被评为2021年全省数字经济系统建设优秀县（市、区）。2021年1—11月，义乌数字经济核心制造业增加值111.67亿元，累计增速170%；数字经济制造企业完成投资63.4亿元，实现年产值450.1亿元。“六位一体”建设经验入选省数字化改革教材。一体化智能化公共数据平台义乌元素连续5次入选省数字化改革推进会(全省唯一县市区),获2021年度综合评估全省县市区第一。

政务服务数字化改革全面实施。从政务服务申请、审批、办结全流程3个环节出发,通过办事材料电子化、审批方式数智化、办事结果数字化举措,推动事项全程智能审批或数字辅助审批。2021年,义乌市16个自建系统212个事项全部完成改造,实现了审批方式数智化;不动产交易、规划审批等152个事项实现数字辅助审批,填报字段、办事材料、办理流程分别削减64.4%、67.1%、56.6%,数字化结果从27项增加至75项。613个事项已延伸至基层办理,其中484项实现义乌市通办;设立村(社)直办点39个,全力推进网上办、就近办,构建"10分钟政务服务圈",让群众办事"不出圈"。为义乌人做好服务的同时,将政务服务进一步向外地人延伸,通过创新跨区通办模式,与省内外18个地方实现通办合作,最多通办事项达334项,让外地人不用"两头跑"就可在义乌完成办事。

全省未来社区试点。2021年,宾王社区、鸡鸣山社区列入全省未来社区试点,缸窑村列入全省未来乡村试点,救助一件事等13项列入省级数字化改革试点,"公告声明一件事"被评为全省首批最佳案例。义乌市"关键小事智能速办"列入省级试点,写入全省第二次数字化改革例会省委书记讲话材料,"非伤人轻微物损交通事故处理"作为优秀案例在全省数字化改革推进会上演示介绍。鸡鸣山社区入选全省社区场景运营"最佳实践"优秀案例,在10月、12月全省数字化改革例会中,义乌数字社会考核评分位列全省各县(市、区)第一、第二位。义乌市"互联网+不动产登记"领跑全国案例入选浙江省"政府数字赋能高质量发展优秀案例"榜单。

疫情防控数字化改革推动实现"四控合一"疫情防控体制机制。义乌市疫情防控数字化改革以"早发现、快处理"为切口,推动实现多层级数据归集、多系统集成应用、多场景触发预警、多部门联动处置、多环节留痕管理,打造"四控合一"的疫情防控体制机制义乌模式。此应用完成中高风险地区来返义乌人员预警分析研判应用、重点人员全流程闭环管控应用、日常健康监测人员外出预警应用、外出及来返义乌人员自主申报应用等系统建设,建立专题数据库,归集多层级、多系统数据15.3亿余条。

数字化赋能推动农业高质量发展。2021年义乌市通过农业"标准地"数字化应用平台,义乌市农业开发有限公司与佛堂镇签订土地流转协议,在佛堂镇倍磊四村、佛堂镇毛陈村和佛堂镇隔湖村流转农业"标准地"63.33公顷。义乌市6个应用场景入选金华市首批数字化改革多跨协同特色应用场景。人才创业通应用场景则在第一次全省数字化改革例会上被点赞。市"执法监管信用应用场景"案例获评2020年度信用数字化改革应用场景十大示范案例,成为数字化改革以来浙江省信用应用领域的首批标志性成果。

数字化改革应用。2021年7月,中共中央政策研究室、中央全面深化改革委员会办公室到义乌督察后,肯定义乌改革"站位高、民意足、创意多、效果好"。全力推进数字化改革,27项省级数字化改革揭榜挂帅项目在义乌实施,9个应用场景在全省推进会上被省级部门点赞,义乌"村务清廉钉办"综合应用成为浙江省数字化改革新闻发布会发布的5个应用之一,入选省党史学习教育领导小组办公室汇编的党史学习教育百法百例。落实中央、省委、省政府交办的自贸区建设任务,由市领导牵头组建工作专班,以"五大自由"为重点,推进自贸区制度创新。突出上下联动、一体整改,切实抓好"7+2"问题清单整改。2019年中国(浙江)自由贸易试验区义乌片区获批后至2021年,出口退税备案单证数字化管理等5个试点经验被评为"浙江自贸试验区制度创新十佳案例","进口贸易促进创新示范区"等14项工作被评为"浙江自贸试验区标志性成果",获批16个省级以上试点或赋权事项,涌现78个"首单""首例""首家",形成100个改革创新案例、50个关键小事。全年累计办件43万余件。

数字政府系统建设。2021年,义乌市政府按照省政府建设"重要窗口"先行省要求和打造"整体智治、唯实唯先”现代政府理念，围绕经济调节、市场监管、社会治理、公共服务、生态环保等政府五大职能，找准跑道、精准发力、全速冲刺，在全省数字化改革中交出高分答卷。2021年，数字政府系统综合考评位居金华第一，全省前列。“小商品数字自贸”应用入选省数字政府系统最佳应用；“不动产智治”应用获评省数字政府首批“一地创新、全省共享”重大应用。“小商品数字自贸”“危化品全生命周期安全管控”“小流域山洪预警及应急联动”等特色应用作为全省数字政府汇报的重要内容在省数字化改革推进会中作介绍。在实践中形成市场采购贸易组货人制度等21项理论、制度成果，其中农业标准地改革经验被吸收进《浙江省土地管理条例》。从2011年设立义乌市政府质量奖后，至2021年全市已举办8届义乌市政府质量奖评审，树立25家先进质量标杆企业，其中，省政府质量奖1家、金华市政府质量奖4家，兑现奖励资金1080万元。

数字化改革“1+5”工作目标和举措。2021年3月19日，义乌市召开义乌国际贸易综合改革试验区深改会暨市委全面深化改革委员会第90次会议。会议专题研究深化数字化改革“1+5”工作目标和举措、自贸区贸易自由专班工作进展情况。会议指出，要围绕省委“1+5+2”工作体系，搭建好数字化改革“四梁八柱”，着力完善省市县一体化智能化公共数据平台，加快推广应用“浙里办”“浙政钉”，结合义乌实际，争取相关试点，努力夯实五大领域数据技术支撑。要加快推进党政机关整体智治综合应用，落实落细市委“1+9+15”决策部署，推进核心业务数字化重点突破。要建设数字政府综合应用，加快数字审批顶层设计，全面深化改革内容。要着力建设数字经济系统，加快启动数字工厂、“小微园区+数字工厂”“行业+数字工厂”试点，构建“产业大脑+未来工厂”核心业务场景，推进传统产业数字化。要推进数字社会系统建设，探索打造以镇街为单位的“未来社区”，着力拓展场景应用，推进各项改革集成。要全力构建数字法治系统，完善政法一体化办案体系，推进律师综合管理平台等项目建设，以数字化改革助力“平安建设”。

亩均论英雄改革。2021年6月24日，义乌工业企业“亩均论英雄”评价结果公布。此次评价3亩以上工业用地2452宗，其中剔除有机更新、当年度转让、小微园及签订全生命周期管理协议未达评价期的企业，纳入评价企业1878家，用地面积3.01万亩。其中A类企业108家、6693.42亩，含高税无地企业9家，总投资5亿元以上项目参照享受A类政策企业9家。B类企业967家、1.22万亩，C类企业457家、7040.18亩，D类企业364家、4188.78亩。纳入评价的工业企业合计纳税30.44亿元，平均亩均税收10.1万元B类企业评价中，土地拥有者企业销售收入占宗地销售收入不足80%或自用面积占厂区总建筑面积不足50%的，不得评为B1类企业；纯出租企业亩均税收低于全市平均水平的，不得评为B2类企业，有A类企业、国家高新技术企业以及完成股改的拟上市企业、上市培育企业和新三板挂牌培育企业承租在内的除外。与此同时，用地25亩以上拥有土地的企业自身销售未达到每亩80万元的直接评为D类。按照正向激励与反向倒逼原则，评价企业将在税收、能源、环境、人才等资源要素上享受差别化待遇。在电力方面，第一年被评为D类企业的每千瓦时电费从0.1元调整至0.2元；连续两年的提高0.3元，连续三年的从提高0.4元调整至提高0.5元。A类、B1类企业有单宗用地出租给规模以上企业且亩均税收不低于20万元的，允许减半享受土地使用税减免、用水用气价格补贴政策。不使用天然气使用蒸汽的A类企业将得到每吨20元的补助。12月15日，义乌市丝路金融小镇获“省特色小镇亩均效益”领跑者。

低风险小型项目审批改革。2021年，义乌发布《义乌市企业投资低风险小型项目审批“最多10个工作日”改革方案》，依托3.0平台建立企业投资低风险小型项目审批模块，完成改革试点从5000平方米向1万平方米扩面，至2021年年底，累计低小项目办件量18件。推进新一轮“证照分离”改革，直接取消审批，审批改为备案，实施告知承诺的事项达到205项。打造智能登记3.0系统，在全省率先实现企业开办批量审批、企业简易注销全智能审批、企业登记全周期智能辅助审批，减少填报内容约70小项，削减80%左右，企业登记便利度大幅提升。

宅基地“三权分置”改革。2021年3月，义乌市印发《义乌市农村宅基地资格权益登记工作规则》（简称《规则》），相应的登记管理系统开发完成并投入使用，义乌市宅基地“三权分置”改革在工作制度和系统应用方面再一次走在全国前列。《规则》的出台，有利于义乌积极探索落实宅基地集体所有权，保障宅基地农户资格权和农民房屋财产权，既深化了农村宅基地制度改革，又符合“放管服”改革、“互联网+不动产登记”的要求。建立规范高效的“三权分置”登记运行机制，对宅基地资格权益登记、城乡新社区集聚建设置换权益、资格权益质押、权益凭证网上掌上办理等内容均进行细化规定。《规则》的出台，填补了义乌市集聚建设置换权益登记的政策空白。通过宅基地所有权的收益体现、资格权的有偿调剂，宅基地使用权实现有偿选位和有偿退出。2021年，全市村集体累计从中获利75.16亿元。强化农地使用的集约性、效益性、带动性，将每百亩带动村集体收入1万元以上作为基本控制性指标，助推村集体经济增收。至2021年，义乌建成农业“标准地”项目241个，面积4773.33公顷。

不动产改革。2021年，义乌“不动产智治”应用场景成功入选省数字政府系统“一地创新、全省共享”应用项目。不动产登记标准化规范化综合创新联系点建设项目在北京通过自然资源部登记中心组织的验收。义乌“掌上办”工作获金华市税务局党委书记、局长许保国的肯定。在全国率先全面推广无纸化单证备案。出口退税备案单证数字化管理获评“中国（浙江）自由贸易试验区制度创新第一批十佳案例”，入选浙江自贸区态势感知场景应用中心“揭榜挂帅”第一批应用项目，在杭州、嘉兴、绍兴、台州、金华5个地区推广复制。

医共体改革。2021年，义乌市全面整合基层医疗机构。结合义乌市医疗资源现状，将全市14个镇街基层医疗机构按地理区划、服务人口、特色门诊等要素综合考虑，与浙医四院、市中心医院、市中医院3家龙头医院资源整合，设立浙医四院、市中心医院、市中医院3个医共体。统一管理村级卫生服务机构。结合义乌市新一轮村居规划调整，整合优化村（社区）卫生服务机构的规划布局。对政府或集体举办的村卫生室（社区卫生服务站），按隶属关系纳入医共体，实施统一管理，其他村卫生室按自愿原则纳入统一管理。加大对基层的投入，启动稠城院区搬迁等8个基层改扩建项目，对基层发热门诊、设备购置及村级机构实行标准化建设。完成标准化改造的村级卫生服务机构有107家，新增基层床位326张，较改革前增长44.8%。2021年1—9月，基层院区门急诊351.9万人次，住院1.3万人次，基层就诊率由同期的64.03%提高至66.44%，25%的基层院区均达到全国优质服务基层推荐标准。 （陈金春）

“一带一路”效应

新冠肺炎疫情暴发后，作为陆路运输通道的“钢铁驼队”，“义新欧”班列展现出安全高效的强大优势，开行数量逆势增长，在国际供应链持续紧张的情况下，班列保持安全稳定运行。至2021年累计开行3000余列，发运重箱35万标箱。回程班列占比由2020年的8.5%提升至2021年的23%。海铁联运班列发运重箱6.85万标箱，同比增长94.6%。航空口岸进出口货物5150.7吨，同比增长70%，“义乌—大阪”国际货运航线实现每周6班常态化，往返航班319班。打造“义新欧”班列双平台、海铁联运全程提单改革等7个案例（成果）入选2021年中国（浙江）自贸试验区制度创新案例和标志性成果。“‘义新欧’中欧班列实现高质量发展”“铁路多式联运提单物权化改革正式落地”等项改革事项入选“省自贸区改革标志性成果和制度创新十佳案例”，在全国范围内推广。

“义新欧”融入国内国际双循环，促进市场繁荣。义乌市场关联全国200万家中小微企业、2000万名产业工人，与233个国家和地区有贸易往来。积极拓展内贸市场，与全国287家市场建立联系，20多个省（区、市）消费品产业集群与义乌耦合。拓展线上市场，2020年直播销售200余亿元，2021年1—9月直播销售250余亿元，形成全产业链直播电商生态圈；快递量65.4亿件，增长38.4%。拓展海外市场，“义新欧”班列开行17条线路，联通50个国家和地区，至2021年，义乌平台已开行1062列，发运8.7万标箱，同比增长54.2%，运量位居全国第三，约占全国十分之一。义乌国际陆港实现与宁波舟山港一体化，1—9月义甬舟海铁联运发运量同比增长87%。在全球45个国家布局海外仓96家、50万平方米，开辟170条“环球义达”物流专线，通达海外城市1000余个。至2021年，中欧班列“义新欧”（金华、义乌双平台，下同）累计开行1904列，经海关监管进出口集装箱15.7万标箱，同比分别增长36.1%和35.95%；年均增幅超过100%，实载率100%。至2021年年底，“义新欧”中欧班列义乌平台先后开通运营线路17条，境外站点101个。投用“一带一路”捷克站，在班列沿线国家建成海外仓16个，物流配送网络覆盖欧亚大陆全境。与苏州、合肥等平台开展运输线条、货源统筹等方面合作，开行“义新欧”环球义达号、春力号、吉利号等企业班列，与中国邮政、菜鸟、盈和物流等企业合作加密跨境电商班列。10月23日，举办第四届“一带一路”中国（义乌）小商品城创新驱动国际论坛。

深化“义新欧班列一件事”改革。2021年1—6月，减少企业纸质运抵报告单证1.5万余份，班列出口作业平均时长从70小时缩减至4小时。创新组织模式和服务产品，推进跨境电商班列、中转集拼、“进口+转口”、整车出口等新业态新模式。开通“义乌—喀什—中亚”以及“义乌—加里宁格勒—罗斯托克”2条多式联运新通道，实施多式联运一单制和铁路运单物权化改革，赋能班列金融属性。

4个铁路口岸齐发。2021年1月1日，满载着96个标箱吉利汽车配件的X8022次列车从义乌西站驶出，途经二连浩特铁路口岸13天后到达白俄罗斯首都明斯克，这是浙江和义乌新年首日发出的第一列中欧班列。同日下午，X8014次、X8020次、X9017次3趟中欧班列从义乌发出，分别装载着义乌小商品途经满洲里、阿拉山口、霍尔果斯3个铁路口岸，驰向白俄罗斯明斯克、西班牙马德里、中亚五国。随着“一带一路”建设的不断推进，运营线达到28条，联通亚欧大陆59个国家和地区，运输货物涵盖五金器具、纺织用品、汽车配件、生活用品、工程设备等领域。

中欧班列防疫物资专列。2021年1月25日，满载着100个标箱防疫物资和生产生活物资的“义新欧”中欧班列X8026次（义乌—马拉舍维奇）防疫物资专列从义乌西站启程，13天后抵达波兰的马拉舍维奇。此趟班列为2021年全国首趟中欧班列防疫物资专列，其中82个标箱为防疫物资，4万余件防护服、医用隔离衣、注射器等总重324吨；18个标箱为运往欧洲的生产生活物资，由同一班列运输至马拉舍维奇后中转至德国汉堡，为当地生产生活提供保障。6日，满载着100个标箱的防疫物资、日用百货、家电设备、纺织材料、玩具、汽车配件的“义新欧”中欧班列从义乌西站鸣笛启程，经霍尔果斯口岸出境，奔赴1.1万千米外的捷克首都布拉格。

首运出口二手车。2021年2月9日，义乌市首辆出口二手车搭乘“义新欧”中欧班列从义乌西站出发，驶往吉尔吉斯斯坦首都比什凯克市，标志着义乌二手车市场从此敲开世界大门。

首趟“茶叶专列”。2021年6月8日，首趟满载100个标箱茶叶及茶系列产品的“义新欧”春力号——嵊州茶叶专列从义乌西站启程，经霍尔果斯口岸出境，最终抵达乌兹别克斯坦首都塔什干市，为浙江省开行的首趟“茶叶专列”。“茶叶专列”帮助浙江茶企拓展中亚国家市场，有效促进和扩大浙江茶叶出口规模。帮助茶农增收致富，带动上下游产业链，打开浙江茶产业进出口贸易新局面，助力浙江乡村振兴建设。

“中吉乌”公铁国际多式联运班列。2021年7月1日，首趟

2021年6月8日，“义新欧”中欧班列春力号—茶叶专列从义乌西站启程
（龚书弘 摄）

“义新欧”中欧班列“中吉乌”公铁国际多式联运班列从义乌铁路口岸出发，奔赴“陆上丝绸之路”中段国家——吉尔吉斯斯坦、乌兹别克斯坦。此班列运送的货物从义乌铁路口岸出发，通过铁路方式运至喀什，再经公路运输，途经新疆伊尔克什坦口岸出境，运抵吉尔吉斯斯坦、乌兹别克斯坦等中亚国家。中铁国际多式联运有限公司作为全程多式联运经营人签发全国首张具备物权属性的提（运）单。这是推进中欧班列多式联运“一单制”和国际陆路联运提单实现“物权化”走出的关键一步，提高了“中国制造”国际货运通达性，更好地满足义乌“买全球，卖全球”的战略需求。

“义新欧”（义乌—加里宁格勒—罗斯托克）中欧班列首发。2021年7月29日，“义新欧”（义乌—加里宁格勒—罗斯托克）中欧班列从义乌铁路口岸首发，为“义新欧”中欧班列义乌平台的第16条班列线路，也是继义乌—里加班列之后连接太平洋和波罗的海的新通道。此趟班列经霍尔果斯铁路口岸出境，到达俄罗斯加里宁格勒后通过海铁联运方式转运至德国罗斯托克港，最后经铁路分拨运抵汉堡和杜伊斯堡，全程运行时间18天。同时，此次班列将在中欧班列铁海联运提单“一单制”和“物权化”方面进行新的尝试，对铁路运单和海运提单进行整合。

“义新欧”中欧班列“环球义达号”首发。2021年9月27日，满载着100个标箱义乌小商品、家用游戏机、太阳能电池、平板电脑、圣诞用品、汽车配件、面膜等货物的“义新欧”中欧班列“环球义达号”班列从浙江铁路义乌西站鸣笛启程。从新疆阿拉山口铁路口岸出境，驶向西班牙首都马德里。此趟班列是“义新欧”中欧班列义乌平台与商城集团共享货源、共同服务于义乌乃至长三角地区贸易发展的实践探索。

“义新欧”中欧班列开行突破1000列。2021年10月1日10时，“义新欧”中欧班列（义乌）2021年第1000列鸣笛启程。当天，“义新欧”中欧班列义乌平台开行6列，分别奔赴中亚五国和白俄罗斯。

“义新欧”中老铁路（义乌—万象）国际货运列车。2021年12月14日，满载70个标箱钾肥、小家电、机械配件和纺织用品等货物的“义新欧”中老铁路（义乌—万象）国际货运列车在义乌西站始发，途经云南昆明市、玉溪市、普洱市、西双版纳傣族自治州等地，从磨憨口岸出境，最终抵达老挝首都万象，全程运行时间4天。是中欧班列义乌平台开通的第17条新线路，也是首趟“义新欧”中老铁路国际货运班列。2021年1—10月，浙江省对东盟市场进出口贸易额4365.9亿元，同比增长23.0%，东盟市场进口增长35.2%，此条线路成为浙江及中国东南沿海地区直达老挝及东南亚地区的又一条经济快捷的物流运输通道。

（陈金春 朱介冻）

大事记

1月

6日，浙江省探索自然资源信息化创新实践项目在义乌启动。

同日，浙江省住房和城乡建设厅发布《2020年浙江省园林城镇评审结果的公示》，经综合设区市主管部门报告和专家组现场考查结果，义乌市苏溪镇获评“浙江省园林城镇”。

同日，省商务厅公布2020年度浙江省对外贸易预警点检查结果，义乌市化妆品行业对外贸易预警点获评“2020年度浙江省优秀预警点”。

8日，中国义乌小商品市场被认定为第五批国家级知识产权保护规范市场。

10日，义乌“数字地图”上线试运行。

11日，浙江省文化和旅游厅公布第四批浙江省公共文化（项目）名单，义乌成功创建省公共文化服务体系示范区服务体系示范区。

同日，浙江省召开数字经济系统建设工作会议，对2021年全省数字经济系统建设工作进行全面总结并公布年度考核评价结果和第一批优秀应用名单。义乌市获评2021年度数字经济系统建设考核优秀县（市、区），列入浙江省13个考核优秀县（市、区）之一。

12日，浙江省“千村示范、万村整治”工作协调小组办公室，公布2020年度全省深化“千万工程”建设新时代美丽乡村（农村人居环境提升）工作考核优秀县（市、区）名单，义乌被评为浙江省考核优秀县（市、区）。

同日，海关总署同意增设义乌综合保税区海关机构关区代码“2925”关区（简称“义乌综保”）。

同日，义乌被评为2020年度浙江省深化“千万工程”建设新时代美丽乡村（农村人居环境提升）工作考核优秀（县区）。

同日，2021年浙江省万家民营企业评营商环境报告发布，义乌位列营商环境总体评价最高的20个工业大县（市、区）第一名。获2021年中国政府采购奖——优化营商环境卓越奖，为全省唯一入选的县级市。

14日，义乌市首批海关高级认证企业出炉，义乌海关向获得海关高级认证的浙江天派针织有限公司、浙江仁派服饰有限公司授牌，2家企业成为义乌市首批取得海关高级认证资格的企业。

同日，“达飞号”海铁国际联运专列在义乌西站首发。

15日，义乌综合保税区海关机构关区代码“2925”关区简称“义乌综保”获批正式启用。

18日，义乌市被省体育局授予“十三五”浙江省社会足球场地建设先进单位。

19日，金华市“基层党建+安全生产标准化”建设现场推进会在义乌市召开，义乌市就“基层党建+安全生产标准化”试点工作进行汇报交流。

20日，中国人民政治协商会议第十三届义乌市委员会第五次会议在义乌剧院开幕。

22日，博实乐教育集团（纳

斯达克：BEDU）与义乌市人民政府举行合作办学签约仪式，双方就共建博实乐义乌碧桂园实验学校有关事宜达成合作，义乌碧桂园实验学校正式落地。

27日，浙江大学医学院附属第四医院（简称"浙大四院"）300平方米核酸检测实验室（PCR实验室）投入使用，为义乌市最大的核酸检测实验室。

28日，义乌工商职业技术学院与马来西亚ITS工业培训及服务有限公司共同组建的"马来西亚义乌丝路学院"在马来西亚马六甲揭牌成立。

29日，2021中国国际电子商务博览会暨数字贸易博览会新闻发布会在线上召开。

同日，浙江省人民政府教育督导委员会办公室公布2020年浙江省现代化学校名单，义乌市宾王幼儿园、廿三里第二小学、后宅中学、义乌中学、城镇职业技术学校、赤岸镇社区教育学院6所学校被认定为浙江省现代化学校。

2月

1日，"2021中国县域电商竞争力百强榜"出炉，义乌位列县域电商竞争力百强榜首。

2日，全国首家独立机构运行的医院保障金第三方监管中心在市行政服务中心挂牌。

3日，2020年度全省生活垃圾分类工作考核评估结果公布，义乌市获评优秀县（市、区）。

3—4日，义乌快件（跨境）监管中心完成郑州转关义乌进口数字清关业务、义乌转关郑州空空转关出口业务，义乌实现与郑州进出口双向转关互通。

5日，全国首家独立机构运行的医疗保障基金第三方监管中心在义乌市行政服务中心挂牌成立。

8日，全省首家办理金融与破产案件的人民法庭——义乌法院福田金融法庭揭牌成立。

16日，义乌市人社保局和财政局联合推出《关于解决义乌市企业阶段性招工难问题的意见（试行）》

18日，2020年度全省"小微企业三年成长计划"工作成绩揭榜，义乌市获评2020年度"小微企业三年成长计划"工作优秀县（市、区）。

23日，义乌科技工作考核金华第一，被评为金华"双料"优秀。义乌市被评为2020年度县（市、区）党政领导科技进步目标责任制考核优秀单位，市科技局被评为2020年度金华市科技创新工作优秀单位，同时被评为高新技术产业发展先进单位和科技金融先进单位。

24日，义乌人才发展集团与安歆集团合作投资的义乌首个人才公寓项目开工建设。

3月

1日，义乌组建首批科技驻企服务团，指导企业解决专业性、技术性的诉求和问题。

2日，一架B757圆通航空的国际货运航班从菲律宾马尼拉机场返航，顺利降落至义乌机场，义乌—菲律宾马尼拉国际货运航线正式开通运行。

同日，义乌发放首张网上申领省外迁入准迁证。

4日，义乌在全国自贸区率先实施涉企许可"承诺即入"，提交材料从6项简化为1项，审批时间从5个工作日缩短为立马可办。

7日，义乌首届国际女性绿色公益骑行活动在义乌植物园启动。

8日，义乌市政府与浙江启奥生物科技有限公司签订义乌生命科学园及国际体外诊断质控品、标准品制备和研发中心项目投资协议，高端医疗健康产业项目落地义乌。

8—10日，埃及驻沪总领事艾哈迈德到义乌访问。

9日，国家技术标准创新（义乌）基地获国家市场监管总局批复同意，成为全国第11个、浙江省首个获批基地。

10日，中国市场学会、阿里研究院联合淘宝直播地图发布2020年《直播电商区域发展指数研究报告》，推出全国直播电商百强县榜单，义乌位居全国第八位。

12日，东南亚电商平台Lazada生态服务中心在义乌设立运营中心。

15日，义乌成立数字化改革专班。

同日，义乌市首个装饰行业国民消费教育基地在义乌筑宅装饰工程有限公司授牌成立。

同日，义乌市发布全省首个《小餐饮店经营管理规范》。

同日，义乌首家网络货运平台运营主体——浙江佰川物流有限公司网络货运平台试运行。

18日，义乌市发出首本自贸区5年期外国人工作许可证。

19日，国家标准化管理委员会批准成立国家技术标准创新基地（义乌）。

20日，第14届中国城市物流大会暨2021科技物流大会公布第14届中国物流业金飞马奖获奖名单，义乌市获“第14届中国物流业金飞马奖”“中国物流五年特别成就奖”“2020抗疫先锋特别奖”3项奖项。

20—21日，澳门中联办代表团考察义乌，就进一步推动义乌影片通过澳门平台走向国际达成初步共识。

22日，义乌市出台《建设宁波舟山港“第六港区”支持政策》，共9个方面内容。

23日，“创业创新圆梦义乌”千企万岗进百校湖南站首场招聘活动在湖南工业大学拉开帷幕，义乌市17家企业组团赴湖南招揽人才。

24日，义乌与浙江省海港集团签订义乌（苏溪）国际枢纽港建设框架协议，在港口功能布局、海外仓布局、供应链增值服务等方面建立全面战略合作伙伴关系。

26日，在浙江自贸试验区制度创新经验决赛评选会上，由义乌市勘测设计研究院研发的“自贸试验区数据集成平台”通过专家评选，成为浙江省首批10个最佳制度创新案例。

同日，浙江自贸试验区义乌“税警”工作室揭牌成立，全市1.3万户出口企业根据税收大数据的风险预警分析指标和模型，分类标注绿、黄、红码，接受动态分层预警管理。

同日，甬金高速傅村收费站、杭金衢高速金义新区（鞋塘）收费站零时正式纳入义乌浦江高速公路差异化收费政策范围。

同日，分水塘村获评“全国生态文明村”称号。

27日，2021全国城市传播百强榜发布会在人民日报社举行，义乌位列全国县级市传播百强榜第一。

28日，义乌机场开通哈尔滨—义乌—深圳航线，由南向北串联了深圳、义乌、哈尔滨3座城市。

30日，全省首家专门办理金融与破产案件的人民法庭揭牌成立。

同日，“‘海铁联运’发展升级”入选浙江自贸试验区第三批“十大成果”。

31日，浙江自贸试验区金义片区“出口退税备案单证数字化管理模式”成功入围浙江自贸试验区第一批最佳制度创新案例，义乌市在全国率先试行备案单证数字化。

4月

1日，义乌市城市规划设计院有限公司浦江分院在浦江县规划设计有限公司挂牌成立。

同日，阿富汗驻华大使到义乌访问，就经贸往来情况、友城结好等议题进行座谈交流。

2日，义乌市人民政府与浙江大学共同签署《关于扶持浙江大学医学院附属第四医院发展的补充协议》，双方就政策、人才、学科、财政等方面全力支持浙大四院实现跨越式发展。

6日，浙江省乡村振兴领导小组下发《关于2020年度全省实施乡村振兴战略实绩考核结果的通报》，义乌市被评为“全省实施乡村振兴战略优秀单位”。

7日，廿三里街道、后宅街道、城西街道入选2021年度浙江省美丽城镇建设样板。

9日，《义乌市农村宅基地制度改革试点实施方案》获浙江省委、省政府批复，并报农业农村部备案。

同日，浙江省文物系统“六个一百”庆祝建党百年系列活动在义乌市陈望道故居启动。

同日，市交通运输局与浙江数智交院科技股份有限公司签订战略合作协议，为浙江省首个与省级智库达成战略合作的地方政府部门。

同日，商城集团作为全国3家企业代表之一参加总理李克强主持召开的经济形势专家和企业家座谈会并发言。

10日，由中国专利保护协会指导，北大新结构经济学知识产权研究院评选的《2020年中国县域知识产权竞争力百强榜单》发布，义乌成功入围百强榜单前10名。

同日，浙江自贸试验区金义片区“出口退税备案单证数字化管理模式”成功入围浙江自贸试验区第一批最佳制度创新案例。义乌市在全国率先试行备案单证数字化。

11日，2021中国国际电子商务峰会在国际博览中心举行。

同日，义乌在杭州举行2021营商环境说明会。

同日，2021年大中城市联合招聘高校毕业生义乌站（电商专场）巡回招聘会在义乌国际博览中心D2馆举行。

12日，首届全球电商人力资源大会暨第七届全球创业者大会在义乌国际博览中心举行。

13日，2021年度金华市建设工程“双龙杯”奖（优质工程）名单公布，义乌市17项工程获“双龙杯”奖。

15日，义乌—宁波舟山港“光伏号”海铁联运专列首发。

同日，东阳市党政代表团到义乌考察，义乌市政府与东阳市政府签订“推进同城化、共建都市区”战略合作框架协议。

16日，义乌市政府与兰州市政府签署战略合作框架协议，在打造双循环联动枢纽、中欧班列集拼集运模式、公铁联运国际货运班列、两地国家物流枢纽协同合作、复制推广国际贸易单一窗口铁路运输项目和市场采购贸易方式等方面进行合作。

同日，省水利厅、省节水办公布浙江省2021年“节水行动十佳典型案例”和“节水行动优秀实践案例”名单，义乌市3个案例入选“节水行动十佳典型案例”。

21日，省广电局发布浙江省广播电视和网络视听“十四五”重点文艺作品选题规划，义乌市电视连续剧《大陆港》、纪录片《中非工厂》2个项目入选选题规划。

19—21日，司法部行政复议与应诉局、立法一局会同全国人大法工委行政法室，实地调研义乌市行政复议局，召开座谈会，听取编办、人大、法院、行政复议局等单位和主要行政执法部门对行政复议法修订的相关意见建议。

22日，省委依法治省办、省法学会公布法治浙江十五周年十大法治人物、十大法治事件、十大最佳实践，义乌设立全国首家行政复议局获评十大法治事件。

同日，司法部与全国人大常委会法工委到义乌实地调研研究解决《中华人民共和国行政复议法》修订有关重点问题。

23日，全省信用数字化改革应用场景观摩评选活动在杭州举行。活动中，义乌市“执法监管信用应用场景”案例获评2020年度信用数字化改革应用场景十大示范案例，为全省唯一获奖的县级市案例。

24日，由科学技术部（国家外国专家局）和深圳市人民政府共同主办的第19届中国国际人才交流大会在深圳会展中心举行，会上，义乌市“揭榜挂帅”云平台项目入选《全国人才大数据创新应用案例汇编》，相关做法及经验在科学技术部主办的“数聚天下英才，智启产业未来”人才大数据高峰论坛上专题分享交流。

25日，宁波舟山港“第六港区”推介会在义乌幸福湖举行，义乌携手宁波舟山港打造首个内陆港区。

同日，金华市庆祝中国共产党成立100周年国防教育图片巡展暨文艺演出启动仪式在义乌市城西街道分水塘村陈望道故居举行。

26日，四川省巴中市党政代表团到义乌考察交流。

同日，国家知识产权局公布《第二批国家海外知识产权纠纷应对指导中心地方分中心名单》，义乌市知识产权服务中心成功获批，成为全国首个入围名单的县级单位。

27日，义乌首块“企业环境信息公开牌”在浙江爱旭太阳能有限公司挂牌。

28日，义乌市心理卫生协会成立。

同日，“Z-LINK+义乌中关村揭榜挂帅行动计划”举行发布仪式。

同日，由义乌市标准化研究院和浙江义境通电子商务有限公司提出的《预包装临期食品流通规范》团体标准获中国国际贸易促进委员会商业行业委员会和浙江省标准化协会联合立项。

29日，宁波机场与义乌机场互为异地货站项目在义乌幸福湖国际会议中心签约揭牌。

同日，义乌市交通局、东阳市交通局签订《深化义乌东阳交通战略合作框架协议》。

30日，义乌市因“土地节约集约利用成效好、闲置土地少且土地需求量较大”成为浙江省获得国务院督查激励唯一的县级市。

同日，义乌市获批国家试点项目气瓶充装安全责任保险试点。

5月

2日，义乌市举行“我为家乡办件事——高层次人才义乌行”活动，来自北京义乌海内外高层次人才联谊会及北京义乌企业商会的20余名义乌籍专家学者、企业家代表，受邀回乡参观交流。

7日，义乌市政府与海南商务局签订《关于促进贸易高质量发展合作意向备忘录》。

8日，国务院办公厅通报，义乌获国务院1000亩用地指标奖励。

8—9日，甘肃省武威市党政代表团到义乌市考察义乌市场创新、物流发展等方面的工作经验。

10日，义乌市成功办理首笔“9810”出口退税业务，“跨境电子商务出口海外仓”实际销售后退税通道开始运作。

11日，义乌、东阳两地的行政服务中心共同签订战略合作协议，义乌、东阳“跨市域通办”政务服务合作正式启动。

12日，义乌—宁波舟山港穿山港区海铁联运班列首发，此列是中远海运在义乌启运的首趟全程提单光伏专列。

同日，中央全面依法治国委员会立法协调小组到义乌市调研基层立法联系点建设工作。

13日，在全国“三线一单”专题研讨班中，义乌市作为全国唯一一个县级市作典型案例发言。

13—14日，中国社科院调研组到义乌市调研推进共同富裕工作。

17日，浙江省委、省政府授予义乌市2020年度“美丽浙江”建设工作优秀县（市、区）“大禹鼎”。

18日，浙江“万亩千亿”新产业平台建设现场推进会召开。会上，义乌智能显示材料产业平台等7家第三批“万亩千亿”新产业培育平台正式授牌。

同日，浙江省发展改革委通报2020年度全省扩大有效投资考核结果，义乌市被评为优秀单位。

19日，浙江省人民政府办公厅公布《浙江省开发区（园区）名单（2021年版）》，义乌经济技术开发区（义乌信息光电高新技术产业园区）、义乌自由贸易发展区（筹）（义乌综合保税区）上榜。

同日，义乌市围绕“从人口变化看义乌发展”主题，举行新闻发布会。《人民日报》、新华社、中央广播电视总台、中新社、《中国日报》《浙江日报》《中国经济导报》、凤凰网、《香港商报》等50余家媒体参加发布会。

20日，国家发展改革委调研组到义乌调研义乌市场国内国际双循环等工作。

同日，浙江省第12届中小学生校园足球联赛女子甲组总决赛落下帷幕，江湾小学夺得小学女子甲组总决赛冠军；江湾小学摘得此赛事男子甲组冠军，江湾小学成为全省首个校园足球双冠王。

同日，在浙江省美丽城镇建设工作现场会上，公布浙江2020年度新时代美丽城镇建设优秀设区市、优秀县（市、区）名单，义乌市入选优秀县（市、区）。

23日，省农业农村厅、省文化和旅游厅公布2021年浙江省休闲农业和乡村旅游精品线路名单，义乌市“望道信仰”美丽乡村精品线路入选省级休闲农业和乡村旅游精品线路名单。

28日，全省首个市县国资国企党建工作现场推进会在义乌召开，会上，义乌市国资办作国企党建工作交流发言。

29日，全国文明城市巩固提升推进会暨“红黄旗”小区（村）授牌仪式在北苑街道举行。

31日，浙江省经信厅公布全省36个产业集群（区域）开展新智造试点，义乌针织服装产业集群新智造试点成功入选浙江省首批产业集群（区域）新智造试点名单。

6月

1日，义乌市首个“社区青少年服务中心”在福田街道福田社区挂牌成立。

同日，义乌办理浙江省首笔“区域通办”户籍业务。

同日，市公安局稠城派出所成功办理浙江省第一笔“区域通办”户籍业务。

同日，义乌市国际商事法律

服务中心成立，是全国首家县级商法中心，为在义乌企业提供多元商事法律服务。

同日，义乌市“义纾先锋”党建联盟成立仪式在市矛盾调解中心举行，为浙江省首家矛盾调解中心党建联盟。

1—2日，古巴驻华大使佩雷拉率古巴留学生代表团到义乌市访问，古巴驻上海总领事馆总领事内斯托·托雷斯陪同考察。

2日，浙江省教育厅公布全省教育领域数字化改革第一批创新试点项目，义乌市教育装备智能管理系统入选全省教育领域数字化改革第一批创新试点项目。

3日，金华市“6·5”世界环境日主题宣传活动在义乌市启动，围绕“人与自然和谐共生”主题开展系列活动。

同日，浙江省守好“红色根脉”打造“重要窗口”主题系列新闻发布会金华专场在义乌举行。

同日，义乌市“信仰之源”志愿讲解团成立。

7日，金华市首批数字化改革多跨协同特色应用场景发布，义乌市6个应用场景入选金华市首批数字化改革多跨协同特色应用场景。

8日，由浙江省委宣传部、金华市委联合举办的“义乌发展经验”理论研讨会在义乌举行，围绕如何从理论、实践和制度上深刻把握、持续深化“义乌发展经验”，进行深入研讨。

同日，长三角首趟“茶叶专列”从义乌启程，打通了长三角茶产业进出口贸易重要的国际物流大通道。

9日，由浙江省人民政府主办，浙江省商务厅、浙江省工商业联合会、金华市人民政府、义乌市人民政府、浙江省海港集团共同承办的“丝路鸣笛”——中欧（义新欧）班列高质量发展论坛在义乌举行。会上，浙江省商务厅发布“义新欧数字服务平台”；江浙皖三地平台企业代表共同签署《长三角中欧班列发展行动宣言》。

9—10日，市委常委、市政府党组成员王炜出席2021中国—中东欧国家市长论坛。

10日，“数智金融赋能创享小镇未来”高峰论坛在丝路金融小镇举行。

同日，义乌市首期“互联网+”直播创业培训班在义乌工商学院开班，开启全省首个“互联网+”直播创业培训。

13日，义乌市人民政府与顶度集团有限公司战略合作协议签约仪式举行，推动义乌文化和旅游产业全面发展。

15日，浙江省科学技术奖励大会在省人民大会堂举行，会上表彰2020年度市县党政领导科技进步目标责任制与人才工作述职评议考核优秀单位，义乌科技与人才工作获评优秀。

16日，义乌市乡村振兴局挂牌成立。

同日，长三角地区三省一市人大监察司法工作协作会议在义乌召开，围绕“加强诉源治理，推动社会治理现代化”主题，研究谋划三省一市人大监察司法委在社会治理领域的协作项目。

同日，吉林省妇联考察组到义乌考察调研义乌市场妇联组织作用的发挥、女企协发展情况。

同日，甘肃省定西市党政代表团到义乌市考察义乌脱贫攻坚成果、全面推进乡村振兴经验。

17日，东西部协作培训中心在义乌工商职业技术学院成立。

17—18日，义乌党政代表团赴四川巴中市巴州区考察。考察期间，举行义乌—巴州区东西部协作工作党政联席会，签订东西部协作框架协议。

18日，第二届“基层清廉建设（浙江）十大创新经验”发布活动在杭州举行，义乌市“激发创新活力 优化营商环境”项目获评“基层清廉建设（浙江）十大创新奖”。

18—19日，全国高职院校宣传部长暨马克思主义学院院长联席会议在义乌举行。

20日，浙江省第三届“绿道健走大赛”暨“绿道健身月”活动全省启动仪式在义乌市植物园绿道举行。

21日，第五届中国—阿拉伯国家博览会暨“一带一路”国家客商邀请推介会在义乌举行，围绕清洁能源、新型材料、绿色食品、医疗康养、跨境电商等领域，设置六大主题展览。

24—26日，四川省巴中市巴州区人社局考察组到义乌开展劳务协作对接交流活动。

25日，义乌首个《农村家宴中心建设和管理规范》地方标准发布会在后宅街道李祖国际创客村举行。同期，2021年食品安全宣传周系列活动启动。

28日，义乌市被共青团中央正式确定为县域共青团基层组织改革试点地区。

29日，义乌市与中国驻南苏丹使馆，浙江省贸促会，南苏丹贸工部、工农商会共同举办首次"中国—南苏丹促进中小企业和贸易发展视频交流会"。会上，双方中小企业代表就营商环境、女性创业和交流培训等话题深入交流。

30日，义乌市"两优一先"集中表彰仪式暨庆祝中国共产党成立100周年文艺演出在义乌文化广场举行。

同日，庆祝中国共产党成立100周年先进典型表彰会暨金华市委党史学习教育专题党课举行。

7月

6日，义乌跨境电商综合服务平台第一票9710出口清单模式实单走通。货物主要以配件、家居用品为主，重量266.5千克，从杭州萧山机场离境出口，目的国新加坡。

同日，浙江省首个农村电商快递物流服务中心在义乌赤岸镇揭牌，中心系全国电子商务进农村综合示范项目之一。

7日，东华大学—斯坦格运动护具联合研究中心落户义乌。

7—8日，浙江省考核组对义乌市省级节水型城市创建工作进行现场考核和综合评审，并召开综合评审反馈会，义乌市通过省级节水型城市创建现场考核验收。

8日，义乌市入选浙江省"跟着节气游乡村"电子地图场景应用第一批"先行先试"试点。

9日，浙江省(义乌科创园)知识产权服务业集聚发展示范区揭牌仪式在义乌科技创业园科创大楼举行。

同日，浙江省教育技术中心公布2021年全省中小学书香校园亮色工程受益学校名单，义乌市14所学校入选名单。

12日，由共青团中央基层建设部主办，团浙江省委、团金华市委、中共义乌市委党校、团义乌市委共同承办的全国县域共青团基层组织改革扩大试点专题培训研讨班在义乌开班。

14日，浙江省委常委、常务副省长陈金彪到义乌调研企业数字化建设情况。

同日，全省首笔"小微社保贷"在义乌落地，农商银行授信额度100万元。

15日，孝感市党政代表团到义乌考察，两地签署《友好城市战略合作框架协议》。

17日，自贡区研究院在义乌工商职业技术学院成立。

19日，第三届全国县域旅游研究成果《全国县域旅游研究报告2021》暨"2021年全国县域旅游综合实力百强县""2021年全国县域旅游发展潜力百佳县"名单发布，义乌市位列"2021年全国县域旅游发展潜力百佳县"第九名。

19—20日，义乌市人社局主要负责人带队前往甘肃省临夏市调研和对接，双方就相关人力资源项目达成初步合作意向。

22日，由市市场发展委牵头起草的《绿色展览运营管理规范》通过浙江省地方标准专家评审。

同日，中央改革办督察组到义乌专项督查农村宅基地制度改革试点工作。

29日，义乌至德国罗斯托克中欧班列首发，为"义新欧"中欧班列(义乌平台)开行的第16条线路。

30日，义乌应邀参加中国—东盟民间友好组织特别会晤。

8月

1日，义乌首个人才公寓综合体使用。

1—3日，东盟外交官代表团到义乌参观考察。

3日，义乌围绕"从贸易创新看义乌发展"主题举行新闻发布会。《人民日报》、新华社、中央广播电视总台、中新社、《中国日报》《浙江日报》《中国贸易报》、中国经济网、凤凰网、《香港商报》《香港大公报》等50余家媒体参加发布会。

同日，全省首个快递行业劳动保障信用管理办法在义乌市出台。

9日，国家相关部委联合公布首批全国商品市场优化升级专项行动试点名单，义乌市成功入选首批商品市场优化升级专项行动试点城市名单。

17日，中国驻累西腓总领事馆举办“万里牵手——中国同巴西地方交往云端对话会”友好城市专场，义乌市与巴西马塞约市云端对话。

18日，义乌市入选2021“科创中国”浙江省试点县。

19—20日，“媒体走进自贸试验区”采风团到义乌市，深入义乌铁路口岸、义乌综合税区等自贸试验区扩展区域采访，记录中国（浙江）自由贸易试验区的建设新面貌、改革新成果。

20日，浙江省公布数字经济系统省级应用项目示范试点单位，义乌市行政服务中心入选“远程异地多点评标”项目的省级示范试点单位。

22日，浙江省共富办印发《高质量发展建设共同富裕示范区重点任务清单、突破性抓手清单、重大改革清单和典型案例清单》的通知，义乌“以宅基地制度改革促进共同富裕”入选浙江省共同富裕示范区“典型案例清单”。

25日，浙江省医保局批复同意医共体开展县域医共体医保行业自律示范点建设，为金华地区唯一试点单位。

25日，《2020年度浙江省经济开发区综合考评报告》正式下发，义乌经济技术开发区位列全省国家级开发区第八名。

9月

2日，义乌市被国家体育总局评为2017—2020年度全国群众体育先进单位。

3日，“黄海先锋”轮从宁波大榭信业码头开航，标志着义乌民营企业联手打造的宁波—洛杉矶直航航线正式首航。

7日，2021年中国国际服务贸易交易会组委会发布100个服务示范案例，义乌市合道电子商务有限公司的“B2B数字化贸易平台——揽贸网”项目被评为业态创新服务示范案例；义乌数字港科技有限公司“义乌数字监管的数字贸易应用案例”项目被评为中国服务实践案例。

8日，浙江省风景园林学会公布2021年度“优秀园林工程奖”获奖名单，义乌上溪镇虎山公园景观提升工程、稠江公园和鸡鸣山景观建筑工程3个园林项目获省级金奖。

14日，由中国—东盟中心、北京市人民对外友好协会主办的“中国—东盟日”活动在北京举行，义乌市受邀参加活动。

16日，第三届浙江省高质量发展智库论坛在湖州举办，论坛上发布“政府数字赋能高质量发展优秀案例”榜单，义乌市“互联网+不动产登记”领跑全国案例入选榜单。

17日，义乌数字直播产业孵化中心正式启用。

18日，从义乌发出的全国首单“市场采购+卡航”在新疆塔城巴克图口岸正式出关出境，30日后到达英国伦敦。

19日，义乌—莫斯科公铁联运新邮路正式开通。首班邮车集结了菜鸟俄罗斯路向邮件27万件，义乌成为全国首个开展公铁联运运邮的县级市。

同日，义乌被省农业农村厅、省委网信办确定为第二批省级数字乡村建设试点县。

23日，杭州跨境电子商务协会义乌联络处成立仪式暨义乌跨境私域营销品牌出海论坛在义乌举行。

同日，浙江省住房和城乡建设厅、浙江省发展和改革委员会、浙江省经济和信息化厅联合发文公布义乌市为“浙江省节水型城市”。

24日，义乌上溪选手龚璐莹在第14届全运会田径项目女子跳远决赛中，以6米46的成绩摘得金牌。

26日，城西街道何斯璐村获“2021年全国示范老年友好型社区”称号。

27日，泰王国驻上海总领事到义乌访问。

同日，义乌数字直播产业孵化中心正式营业。

28日，义乌—宁波舟山港“第六港区”海铁联运专列首发。

同日，在第16届全国政府采购监管峰会上，义乌市获“2021—2022年度全国政府采购百强县（市、区）”。

同日，中国中小城市高质量发展指数研究课题组、国信中小城市指数研究院发布“2021年中国中小城市高质量发展指数研究报告”，义乌位列“2021年度综合实力百强县市”第10位，“2021年度新型城镇化质量百强县”第三位，“2021年度绿色发展百强县市”第17位，“2021年度科技创新百强县市”第24位。

29日，首趟“义乌—莫斯科”公铁联运运邮班列开通。

同日，义乌被确定为首批全国商品市场优化升级专项行动试点地区。

30日，义乌市技工学校成立。

同日，义乌市首座工业污水厂——武德净水厂正式开启污水处理工艺调试运行。

10月

8—10日，韩国驻华大使代表团到义乌访问。

13日，中国民主促进会义乌市基层委员会成立。

同日，中国侨联与最高人民检察院联合调研组到义乌调研涉侨纠纷多元化解和检侨合作工作。

同日，省自贸办公布浙江自贸试验区第六批“十大”成果，义乌区块投资建设跨境电商产业园打造独具特色的跨境电商产业生态、义乌首批29位自贸高层次紧缺人才完成认定、铁路多式联运提单物权化改革正式落地、义乌区块走通“1039+6033”转口贸易集拼模式4个项目入选。

13—15日，中国侨联与最高人民检察院联合调研组到义乌调研“检侨之家”工作。

14—15日，2021年长三角食品安全抽检一体化暨风险预警交流会在义乌市召开，浙江、上海、江苏、安徽4省（市）就食品安全抽检和风险预警工作进行交流。

16日，2020中国版权金奖在杭州颁奖。市市场监督管理局获2020中国版权金奖管理奖，为浙江省唯一获奖单位。

17日，“媒眼看浙中聚焦新发展格局”两岸媒体联合采风团走进义乌，采访记录义乌在交通枢纽建设、电商发展、美丽乡村打造等方面情况。

18日，浙江省气候中心公布首批40个“浙江省气候康养乡村”，义乌市城西街道何斯路村入选。

20日，由埃及、越南、斐济、日本、法国等国家和地区驻沪领馆及经贸促进机构人员组成的“国际经贸代表团浙江行”系列活动走进义乌。

同日，2021世界义乌人大会在幸福湖国际会议中心启幕。300余名与义乌市场关系密切的企业家、侨商、外商、专业市场经营者齐聚义乌，500万人次海内外人员通过云上直播参会。

21日，2021跨境进口数字直播生态论坛在义乌中国进口商品城孵化区举行。

同日，2021义乌跨境电商发展论坛暨跨境电商产业（物流）园推介会在幸福湖国际会议中心举行。

同日，浙江省《绿色展览运营管理规范》地方标准发布会在义乌国际博览中心举行。义乌作为主要承担县市之一的“省标”，即日起，该规范在全省范围内全面推广应用。

同日，以“绿色数字可持续——助力共同富裕示范区建设”为主题的第四届中小企业标准化（国际）大会暨2021年世界标准日浙江主题活动在义乌市举行。

同日，2021中国会展城市产业合作峰会暨会展城市竞争力指数发布会在成都市大邑县安仁古镇举行，会上发布《2020年度中国城市会展业竞争力指数报告》，义乌市位列全国县域城市会展业竞争力第一位。

22日，国家市场监督管理总局以“标准提升高品质生活”为主题，在义乌召开国家标准新闻发布会，发布34项重要国家标准。

同日，第12届中国商品市场峰会在义乌召开，会议发布“中国商品市场综合百强榜单”“中国商品市场十大数字化领跑者榜单”，义乌中国小商品城均排名第一。

同日，义乌市召开全国人大常委会法工委义乌基层立法联系点工作推进会。会上为新确定的第二批6家基层立法联络站进行授牌，为第二批14名立法咨询专家颁发聘书。

同日，义乌综保区封关运行。封关运行当日，开展区内首票跨境电商保税进口（1210）业务，货物是来自全球医药健康巨头赛诺菲（Sanofi）旗下保健品品牌萃益维（Cenovis）维生素C咀嚼片，货值340万元。

23日，第四届“义乌中国小商品城”杯国际小商品创意设计大赛在义乌国际博览中心落幕，来自江西财经大学的李子萱《轻洁》洗手纸插画系列包装，摘得金鹁鸪奖，赢得大赛奖金30

万元。

同日，第四届“一带一路”中国（义乌）世界小商品创新驱动国际论坛在义乌国际博览中心举行。

25日，义乌市快递物流行业工会联合会成立，下设快递行业单建工会、联合工会，物流行业单建工会、联合工会。

27日，义乌市应邀出席“2021韩中友好城市论坛”，市委常委、副市长王炜从市场、物流、电商等方面介绍义乌经济社会发展情况。

29日，浙江省人民政府下文公布第二批浙江省全域示范县（市、区）名单，义乌成为第二批浙江省全域旅游示范县（市、区）。

同日，义乌工商职业技术学院与江东街道合作成立的浙中未来社区智库揭牌仪式在鸡鸣山社区党群服务中心举行。

29—31日，“感知义乌，业在这里”复旦大学应届毕业生活动在义乌举行。60名复旦师生走进商城，通过所见所闻及实地交流，感受义乌的就业创业环境和氛围。

31日，第30届义乌市文化艺术节——“百年百艺 共富共享”义乌市农民书法大赛及绘画写生活动在城西街道横塘公园举行。

11月

1日，为做好疫情常态化防控工作，义乌在浙大四院、义乌市中心医院、义乌市中医医院等7家医院开通首批24小时核酸检测点。

同日，由南方航空公司执飞的义乌—巴中—乌鲁木齐航线首航，义乌机场举行首航仪式。

同日，四川巴州区驻浙江义乌人力资源联络处、四川巴州区外出民工义乌维权服务站在义乌市人力资源产业园揭牌。

4日，商务部对外宣布，全国将设立10个进口贸易促进创新示范区，义乌市位列其中。

6日，在第四届中国国际进口博览会上，义乌市人民政府与香港贸易发展局签订战略合作协议，双方着重在展会、贸易、金融、物流等方面开展广泛深入合作。

7日，浙江省重点进口平台推介会在上海举办，义乌爱喜猫进口供应链、海客来、宥畅进口生鲜智慧供应链被授予浙江省重点进口平台牌匾。

8日，义乌市民政局与四川省巴中市巴州区民政局在义乌举行推动东西部协作工作会议暨签约仪式，签订《义乌市—巴州区两地民政局共建协作协议》。

同日，工信部发布《关于制造业单项冠军第六批遴选和第三批通过复核企业名单的公示》，义乌华鼎锦纶股份有限公司锦纶弹力丝上榜拟通过复核的第三批制造业单项冠军名单，为单项冠军产品企业。

同日，杭州海关对外公布，辖区义乌机场的口岸出境免税商店近期获海关总署批复同意设立。义乌空港成为继杭州、温州、宁波后，第四个开设口岸免税商店的空港。

14日，义乌市与韩国友好城市举行线上线下交流活动，开展云端对话，搭建义乌与韩国贸易往来桥梁。

18日，交通运输部、财政部、农业农村部、国家乡村振兴局四部委发布关于2021年“四好农村路”全国示范创建结果公示，义乌市获评“四好农村路”全国示范县。

19日，亚马逊全球物流团队正式启用义乌服务中心，全国首个产业带集货运营中心落户义乌。

同日，浙江省政府发布《关于命名第五批省级特色小镇的通知》，义乌丝路金融小镇被命名为省级特色小镇。

22日，义乌市民骆光丰被省政府授予“浙江省见义勇为”一等功奖励。

23日，浙报集团融媒共享联盟义乌各镇街、国企微融站（工作站）授牌仪式在义乌市融媒体中心举行，21个微融站（工作站）挂牌成立。

同日，义乌田心小学入选全国中小学中华优秀传统文化传承学校名单。

29日，第六届中国创新挑战赛（浙江）暨2021年浙江省技术需求“揭榜挂帅”大赛新材料行业现场赛在丽水举行。浙江工业大学义乌科学技术研究院研发的“应用于生物医药高纯天然明胶复合新材料合成——螯合吸附强化多级膜分离制备高质量明胶复合材料”解决方案获一等奖。

30日，义乌市行政服务中心与巴中市巴州区政府服务和公共资源交易服务中心通过线上方式，签订政务服务“跨省通办”战略合作协议，推动首批65个政务服务事项实现“跨省通办”。

同日，金华市公布2021年度优化营商环境优秀案例名单，义乌市行政服务中心关于“义乌市高频政务服务事项‘村（社）直办’”“义乌市打造自贸试验区建设背景下的服务综合体”2项工作入选金华市优秀案例。

12月

2日，国家林业和草原局发来表扬信，对义乌市人民政府在第14届中国义乌国际森林产品博览会筹办过程中做出的突出贡献予以表扬。

3日，义乌直飞银川航线开通，进一步带动两地经贸往来。

3—4日，绍兴市柯桥区党政代表团到义乌考察义乌产业发展、市场贸易等方面经验和做法。

6日，义乌市党政代表团赴杭州余杭区、滨江区学习考察数字化改革、创新驱动、产城融合等方面先进经验做法，寻找差距，鼓足干劲，谋划今后一个时期义乌高质量发展。

9日，金华市首家区块链技术检察应用中心在义乌市检察院成立。

12日，义乌市到莲都区开展山海协作交流。举行义乌—莲都山海协作联席会议，会上签订义乌—莲都产业飞地框架协议、义乌—莲都政务服务“山海通办”战略合作协议。

同日，浙江省政府办公厅印发《关于2021年三季度全省投资“赛马”激励地区的通报》义乌市获省政府投资“赛马”激励。

13日，中共义乌市委社会建设委员会揭牌成立。

14日，首趟“义新欧”中老铁路国际货运班列发车，途经云南昆明市、玉溪市、普洱市、西双版纳傣族自治州，从云南磨憨口岸出境，最终抵达老挝首都万象，全程运行时间4天。

15日，经省特色小镇规划建设工作联席会议办公室组织评定，义乌市丝路金融小镇获评省特色小镇“亩均效益”领跑者。

同日，浙江电子商务学院“双实双创基地”入选工信部全国首批“校企协同就业创业创新示范实践基地”建设单位。

17日，2021年中国政府采购奖揭晓，义乌市财政局获“优化营商环境卓越奖”。

同日，西班牙义乌丝路学院在义乌工商职业技术学院和西班牙马德里同时成立。

22日，义乌市人民政府和中国农业银行浙江省分行以云签约的方式举行战略合作签约仪式，双方签署“政银共建推进共同富裕示范先行区建设”五年1000亿元战略合作协议。

26日，义乌市经省商务厅等7部门及省级夜间经济试点城市验收专家评审，成为省级夜间经济样板城市。

28日，中国共产党义乌市第十五次代表大会义乌剧院开幕，30日闭幕。会上，中共义乌市委书记王健做《忠诚拥护“两个确立”坚决做到“两个维护”为高质量高水平建成世界小商品之都而努力奋斗》工作报告。

27日，义乌市在全省一体化智能化公共数据平台综合评估考核中获全省县市区第一名，成为县级平台典型示范。

31日，中国地方志指导小组、中国地方志学会印发文件，对全国地方志（年鉴类）优秀成果进行通报，《义乌年鉴（2020）》被评为县级综合年鉴一等。

同日，2021年度浙江省美丽河湖名单出炉，义乌市义乌江获评省级“美丽河湖”称号。

（陈金春）

市情纵览

自然地理

【位置面积】 义乌市位于浙江中部，金衢盆地东缘，地理坐标为北纬29°02′13″～29°33′31″，东经119°48′52″～120°16′25″。东与东阳市接壤，西与金华市金东区、兰溪市相接，西北与浦江县毗连，南与永康市、武义县相邻，北与诸暨市交界。全市南北长58.15千米，东西宽44.41千米，境界总长309.75千米。地域总面积1104.53平方千米。 （陈金春）

【地质地貌】 义乌市大地构造位置位于扬子准地台和华南褶皱系的接合部位，以江山—绍兴深断裂为界，北西属江南地层分区，南东属华南地层分区。市域以白垩系火山岩和紫红色碎屑岩广泛分布为特征，中元古界陈蔡群、上三叠统乌灶组呈构造窗，出露于断裂带中。燕山期强烈的火山活动造就了义乌东北部芙蓉山金银萤石成矿远景区（部分）和义乌东南部武义—东阳萤石金银多金属矿成矿区（北东段）；义乌盆地周边大面积分布的火山碎屑岩，是丰富的建筑石料矿资源；在义乌盆地内形成的巨厚的白垩系红色碎屑岩，是砖瓦泥页岩的重要来源；全新统鄞江桥组河流相砂砾层则是建筑用砂的来源之一。 （冯建民）

【矿产资源】 至2021年，义乌市域内已发现的矿产有20种，其中：金、银、铜、钼、钴、锰金属矿产6种；萤石、重晶石等非金属矿产2种；石墨、石膏、花岗岩、云母、大理岩、凝灰岩、建筑用砂、砖瓦用黏土非金属矿产8种；煤、地热、铀能源矿产3种；水气矿产（矿泉水）1种。已查明资源储量（甲类）的矿产有3种，无烟煤1处、水泥用凝灰岩1处、萤石矿7处。市域内金属矿均为矿点或矿化点，尚无开发利用价值。 （冯建民）

【土地资源】 至2021年年底，义乌市土地总面积11.05万公顷。其中，耕地1.66万公顷，园地4659.81公顷，林地5.52万公顷，草地471.2公顷，公共管理与公共服务用地2.08万公顷，交通运输用地5184.72公顷，水域及水利设施用地6386.01公顷，湿地41.18公顷，其他土地1178.13公顷。 （冯建民）

【森林资源】 2021年，义乌市林地面积5.76万公顷，森林面积5.63万公顷，森林覆盖率50.95%；林木蓄积量375.79万立方米。阔叶林及针阔混交林面积2.68万公顷，占森林面积的47.58%。乔木林地面积4.98万公顷，竹林面积3827.6公顷，疏林地面积19.73公顷，灌木林地面积2627.47公顷，其中，特殊灌木林面积2495.87公顷，一般灌木林面积131.6公顷；未成林造林地面积461.87公顷，迹地面积22.6公顷，其中，采伐迹地14.2公顷，火烧迹地7.93公顷。宜林地面积920.13公顷，其中，规划造林地515.27公顷，其他宜林地404.87公顷。义乌域内植物资源丰富，高等植物迄今已发现的有156科、1258种，其中，森林植物107科、337属、636种。针叶树种主要有马尾松、杉木、水杉等；阔叶树种主要有木荷、青冈栎、枫香、苦槠等；竹种以毛竹、哺鸡竹、早竹、雷竹为主；灌木树种有映山红、马银花、乌饭、盐肤木、茅栗、檵木、化香等。属于国家一级保护的植物有南方红豆杉，国家二级保护的植物有银杏、榧树、长叶榧、七子花、香果树、樟树、榉树、厚朴、凹叶厚朴、浙江楠、花榈木、杜仲、金钱松、鹅掌楸14种。（刘　娟）

【水资源】 2021年，义乌市水资源总量9.43亿立方米，比上年减少5.7%，其中地下水资源量1.78亿立方米，地表水资源量9.43亿立方米（地下水与地表水重复计算量1.78亿立方米），产水系数0.53，地表水资源空间分布与降水量空间分布基本相似，总体呈自南向北递减，至北部山区又逐步增加的特点。全年义乌市用水总量2.79亿立方米，按常住人口计算，人均水资源量500立方米，用水总量增加6.9%，万元地区生产总值用水量和万元工业增加值用水量分别下降8.2%、44.9%。（崔冬冬）

【生物资源】 义乌地处亚热带季风气候调节区，地貌类型多样，森林植被良好，为野生动物的栖息、活动和繁衍提供了适宜的生态环境，尤其是义乌地处浙江中部，处于东洋界和古北界的交替部位，兼有两界动物的种群和混合种。因此，野生动物种类繁多，资源较丰富。根据全市野生动物调查结果，主要脊椎野生动物有28目77科274种；无脊椎野生动物主要有蛛形纲10科17种、多足纲1科1种、昆虫纲116科233种。两栖纲，主要有义乌小鲵、大鲵（娃娃鱼）、东方蝾螈、虎纹蛙等8科19种。爬行纲，主要有乌龟、鳖、多疣壁虎、北草蜥等，以及五步蛇（蕲蛇）、眼镜蛇（老鸦扑）、竹叶青、蝮蛇（犁头蝮）、黑眉锦蛇、两头蛇、赤链蛇（火辣蛇）、乌游蛇、乌梢蛇（乌蛇、乌风蛇）8科39种。鸟纲，主要有草鸮、红角鸮、黑枕黄鹂、画眉、鸳鸯、绿翅鸭、花脸鸭、黑枕绿啄木鸟、斑啄木鸟、发冠卷尾、八哥等，还有池鹭、棉凫、水雉、红尾伯劳、白鹳、鸿雁、小天鹅等41科156种。哺乳纲，主要有穿山甲、青鼬、水獭、獐等20科60种。（刘　娟）

【气候特征】 2021年，义乌市年平均气温19.2℃，较常年平均值偏高1.1℃，较2020年偏高0.4℃。全年有9个月平均气温较常年偏高，分别是1—6月、9—10月、12月，其中2月份偏高最多，达3.9℃；7—8月、11月接近常年，略偏低。年内日最高气温≥35℃的天数有42天，较2020年偏少1天。日最低气温≤0℃的天数有15天，较2020年偏多7天。年极端最高气温38.4℃（7月15日），较2020年偏高0.2℃，历年极端最高气温值42.0℃（2003年）。年极端最低气温-6.7℃（1月9日），较2020年偏低0.2℃，历年极端最低气温-10.7℃（1977年）。月平均气温的年较差22.9℃，较2019年偏少0.4℃。2021年总降水量1386.6毫米，较常年基本持平，略偏少，较2020年偏少114.6毫米。全年日照时数1595.7小时，较常年偏少123.3小时，较2020年偏多144.8小时。（戴红星）

【水文特征】 2021年，全市平均降水量1531.7毫米，比上年1586.5毫米偏少3.5%。6月10日入梅（常年6月13日入梅），7月5日出梅（常年7月3日出梅），梅期25天（常年梅雨期20天）。梅雨期平均降雨量201.4毫米，比2020年579.4毫米偏少65.2%。梅期最大雨量站点为北苑城西河272.0毫米，最小雨量站点为安珠弄水库152.0毫米。台汛期主要受6号台风“烟花”和14号台风“灿都”影响。6号台风“烟花”7月22—28日（主降雨24日和25日）影响义乌市，据全市水文监测系统统计（50个站点），全市过程平均降水量141.1毫米。2021年，义乌江佛堂水文站断面、义乌水文站断面均未出现超警戒水位。10月15日汛期结束后，全市中型水库蓄水量1.08亿立方米，正常蓄水率为81.5%，比入汛前增加库容284万立方米。（王　丹）

【湖泊河流】 义乌市境内河流有金华市级河道3条，分别为义乌江、南江、大陈江。义乌江在义乌市境内长度38.39千米，至上而下形成白沙湖、清波湖、月亮湖；南江在义乌市境内长度13.5千米；大陈江在义乌市境内长度14.5千米。义乌市级河道5条，分别为航慈溪、铜溪、吴溪、洪巡溪、八都溪。境内长度分别为：航慈溪16.5千米、铜溪20千米、吴溪18.1千米、洪巡溪12千米、八都溪10千米。其他主要河流17条，包括城南河、城中河、城西河、城东河、洪溪、六都溪、东青溪、青口溪、鲇溪、赤塘溪、石溪、杨村溪、香溪13条城市内河及环溪、缸窑溪、后溪、前溪4条农村河道。

（叶俊飞）

【重大天气气候事件】 2021年，义乌强对流天气多发，单站小时雨强超过30毫米的次数达77站次，远超近10年平均次数（28.5站次）；超过50毫米的次数达15站次，是近10年平均值的3倍。极端强降水次数多、范围广、影响大。5月10日夜里受飑线影响，全市出现大范围大风天气，出现7级以上大风站26个（占比74.3%），出现10级以上大风站3个，最大为义亭姑塘站每秒32.4米（11级）。5月12日夜里受强对流云团影响，中部地区出现短时暴雨，20—23时，有6个站雨量逾80毫米，最大小时雨强为上溪溪华站67.9毫米。年内2个台风影响义乌市（6号台风“烟花”、14号台风“灿都”）。其中台风“烟花”外围环流云系于7月22日开始影响义乌市，28日结束，风雨影响时间长达6天，累计降雨总量大，分布不均。10月后冷空气频发，气温起伏较大，10—12月，共出现9次较明显的冷空气过程，过程降温幅度较大，部分过程伴有8级阵风，岁末的过程伴有雨雪冰冻天气。其中11月9日早晨义乌站最低温度低至4℃，位居历史同期第二位（第一位为1981年3.3℃），北部山区低至0℃以下；12月28日大部分地区出现小雪。

（戴红星）

人文历史

【历史沿革】 春秋属越国。秦王政二十五年（前222），建县名乌伤，属会稽郡。新莽时改县名乌孝。东汉建武初复名乌伤，属会稽郡。初平三年（192）分割西部辖境，设置长山县（即后之金华兰溪县）。三国吴赤乌八年（245）分南境，置永康县。宝鼎元年（266），原会稽郡西部分出设东阳郡（郡治长山），乌伤县属东阳郡管辖。历经晋和南朝的宋、齐二朝270余年，隶属关系未变。隋开皇九年（589），废吴宁县时5个乡并入乌伤县。隋开皇十三年，分吴州置婺州。大业三年（607），婺州复为东阳郡。唐武德四年（621），东阳郡改称婺州，废乌伤设稠州，并分置乌孝、华川2县。乌孝县治即今市治所在地。武德七年废稠州，乌孝、华川2县合而为一，称义乌，属婺州，为县名义乌之始。元代，义乌隶属婺州路。元至正十八年（1358），朱元璋部攻取婺州，义乌归附，婺州路一度改置宁越府。元至正二十年改名金华府。明清仍旧，义乌隶属关系未变。辛亥革命后废府制代以道制，义乌属金华道。民国初，撤销府一级建制，义乌县直属于省。民国3年（1914）以道代府，义乌县属金华道。民国16年，废道制改为省县两级制，义乌直属浙江省。民国24年，省下设行政督察专员公署，义乌属第四区。民国36年，属第五区。民国37年4月，属第三区；同年7月，属第八区。1949年5月8日，义乌解放，中国共产党领导下的义乌县人民政府在稠城镇建立，隶属金华专区。1959年浦江县并入义乌。1968年5月，析复浦江县。1970年起，义乌属金华地区行政公署。1985年7月起，属金华市。1988年7月，撤销义乌县，设立义乌市，仍隶属金华市。

义乌，古称“乌伤”，浙江省辖县级市，由金华市代管，全国Ⅱ型大城市。金华—义乌（浙中）和杭州（浙北）、宁波（浙东）、温州（浙南）并列浙江四大区域中心城市；位于浙江省中部，地处金衢盆地东部。义乌先后出了“初唐四杰”之一的骆宾王、宋代名将宗泽、金元四大名医之一朱丹溪及现代教育家陈望道、文艺理论家冯雪峰、历史学家吴晗等历史名人。义乌市是国家综合配套改革试验区、全国文明城市、浙江省文明示范市、浙江高质量发展建设共同富裕示范区试点地区；义乌国际商贸城被国家旅游局授予中国首个AAAA级购物旅游区。2021年，义乌全市实现地区生产总值（GDP）1730.16亿元，同比增长11.6%；荣登2021年中国GDP十强县榜单，排名第十。

（陈金春）

【行政区划】 2021年，义乌市下辖建制镇6个，街道8个，行政村432个，居委会10个，社区居委会95个。其中：佛堂镇辖村委会54个，社区居委会7个；赤岸镇辖村委会42个，社区居委会1个；义亭镇辖村委会38个，居委会5个；上溪镇辖村委会45个，社区居委会2个；苏溪镇辖村委会43个，社区居委会5个；大陈镇辖村委会31个，居委会1个；稠城街道辖社区居委会13个；福田街道辖村委会31个，社区居委会13个；江东街道辖村委会36个，社区居委会16个；稠江街道辖村委会24个，社区居委会11个；北苑街道辖社区居委会16个；后宅街道辖村委会30个，居委会2个，社区居委会6个；廿三里街道辖村委会28个，居委会2个，社区居委会4个；城西街道辖村委会30个，社区居委会1个。

（季国政）

【人口变迁】 2021年，全市共从市外迁入18206人，迁出市外3651人，机械增加14555人，机械增长率为16.88‰；省内迁入4714人，省外迁入13492人；迁往省内2330人，迁往省外1321人。全市在册流动人口1744156人，同比增加111051人，增幅6.80%，其中16～59岁（劳动年龄）流动人口1546543人，占总量的88.67%；16岁以下157411人，占比9.03%；60岁以上40202人，占比2.30%。流动人口中男性1017476人，占比58.34%；女性726680人，占41.66%。居住时间6个月以下478471人，占比27.43%，居住时间达半年以上1265685人，占72.57%。

（陈国华）

【义乌桥头遗址】 2021年9月，考古研究人员对义乌桥头遗址出土的陶器进行残留物分析，发现古人酿酒的直接证据。桥头遗址诸多彩陶中，一件陶器引起专家们注意。此件彩陶造型线条圆润，陶面光滑细腻，用手指轻弹，发出清脆悦耳的撞击声，是一只酒器。在陶壶里的残余物中发现了一种加热产生的糊化淀粉，经送到斯坦福大学做检测研究，考古专家认为“残留物与低温发酵的损伤特征相符。”因此猜测，9000年前的桥头人可能已经掌握酿酒技术。根据对出土文物的考证，约在公元前6000年，美索不达米亚地区（西亚两河流域）就已出现雕刻着啤酒制作方法的黏土板。义乌桥头人的酿酒技术得到进一步确认，世界酿酒史将提前3000年。这只陶壶是迄今为止发现的中国最早酒器，它的出土将中国历史延长至9000年。

（陈金春）

【千年古镇赤岸】 2021年4月21日，第二批浙江省“千年古镇（古村落）”地名文化遗产发布会在杭州召开，会上，义乌市赤岸镇入选“千年古镇”。赤岸镇古称“蒲墟”，因此地原是以交易蒲草及制品为主的集市，朱幼任南齐（479—502）扬州刺史期间，改蒲墟为赤岸，1983年改称乡，1987年赤岸乡改为建制镇。2001年，撤销赤岸镇、毛店镇，合并设立新的赤岸镇。赤岸镇有着完整连片的古街和明清古商铺、民居群，有国家级文保单位3处，浙江省级文保单位3处，义乌市级文物保护单位18处。青山绿水，环境优美，是都市人假日休闲旅游常选之地。近年来，赤岸镇“1+3+X”的全域旅游发展格局已初步形成。（“1”是指以省级历史文化名镇保护开发为主，加快赤岸镇区有机更新，建设赤岸美丽城镇；“3”是指3条精品线路，西线以四季花海、古村名人为特色，发展红色文化和田园民俗生态旅游，东线以传统古村落为主，融汇丹溪医药文化、戚家军文化、古月桥等古建文化，发展人文历史深度游，南线主打养生项目开发，适合登高览胜、运动、休闲和纳凉避暑；“X”是指杨盆栖隐大安民宿项目、帐篷家项目、龙山风景区项目等一系列串联的旅游项目）。至2021年年末，赤岸镇总面积149.98平方千米，下辖42个行政村，户籍人口1.96万户3.5万人，外来人口1.63万人。有工业企业148家，其中规模以上28家，营业面积超过50平方米以上的综合商店或超市有57个。

（陈金春）

经济与社会发展

【经济建设】 2021年义乌市实现地区生产总值（GDP）1730.16亿元，同比增长11.6%。其中第一产业增加值24.58亿元，增长7.2%；第二产业增加值554.17亿元，增长21.4%；第三产业增加值1151.41亿元，增长7.8%。全市按户籍人口计算，人均GDP达200594元（按年平均汇率折算为31093美元），增长9.3%，按常住人口计算，人均GDP达92339元，增长9.1%。三次产业结构由上年的1.6∶28.4∶70.0调整为1.4∶32.0∶66.6，第二产业比重比上年提高3.6个百分点。全年完成农林牧渔业总产值37.38亿元，同比增长9.6%；实现增加值25.09亿元，按可比价增长7.2%。全年实现工业增加值502.8亿元，增长24.4%，其中规模以上工业增加值269.7亿元，增长47.4%。全年实现电子商务交易额3715.05亿元，同比增长18.9%，其中电子商务内贸交易额2701.48亿元，同比增长19.9%；跨境电子商务交易额1013.57亿元，同比增长16.4%。全市实现网络零售额2187.93亿元，同比增长14.6%，位居全省各县（市、区）第一。全年实现进出口总额3903.05亿元，增长24.7%。其中：出口3659.12亿元，增长21.8%；进口243.93亿元，增长95.3%。进口消费品171.6亿元，同比增长57.0%，占全市进口总值的70.3%。全年完成财政总收入193.7亿元，增长19.4%，完成一般公共预算收入127.5亿元，增长20.3%。一般公共预算收入中，税收收入124.3亿元，增长21.3%。完成一般公共预算支出154.3亿元，增长12.4%。年末全市金融机构本外币存款余额4075.3亿元，比年初增加294.4亿元，增长7.8%。辖内证券公司全年两市总交易量为1691.6亿元，增长20.0%。全市共有期货公司8家，全年总交易金额661.05亿元，下降34.64%。全市共有保险公司分支机构43家，实现保费收入71.43亿元，同比增长0.9%。 （赵　斌）

【政治建设】 2021年，市委、市政府学习习近平总书记对义乌的重要指示批示精神，坚定不移做“两个确立”忠诚拥护者、“两个维护”示范引领者。统筹疫情防控，超额完成疫苗接种任务，春节留人暖政在国务院联防联控机制新闻发布会上介绍推广。深入开展党史学习教育，全市各级党组织开展各类专题学习6000余场，完成基层党组织书记2919人轮训，婺剧《义乌高华》入选浙江省党史学习教育推荐巡演剧目。举办“义乌发展经验”理论研讨会，省委书记袁家军批示要求把“义乌发展经验”金名片擦得更亮，打造国内国际双循环战略节点。深化与四川巴州等地对口协作，市场化推进“百县万品”行动，为全国421个欠发达县1万余种商品提供服务。高质量完成省委巡视整改，从严从实抓好“七张问题清单”整改。召开市委人大工作会议、市委政协工作会议，全力支持市人大常委会、市政协依法依章开展工作，人代会议案建议284件、政协委员提案272件全部办复。深入推进司法体制改革，法院、检察院工作全面加强。爱国统一战线进一步发展壮大，群团组织作用充分发挥。落实党管武装工作责任，双拥工作走在前列。纵深推进全面从严治党，查处“四风”问题85起，处理人员133人，党纪政务处分58人。全年立案524件，党纪政务处分494人。用好监督执纪“四种形态”，2021年处理1954人次。发挥巡察利剑作用，对20家单位开展巡察，对10家村社开展巡察“回头看”，圆满完成本届市委巡察全覆盖。老书记谢高华被党中央授予“全国优秀共产党员”称号，商城集团党委获评“全国先进基层党组织”。 （刘航宇）

【社会事业建设】 2021年，实施新建、续建教育项目116项，建成稠城一小、正阳实验学校、实验小学附属幼儿园等41所中小学、幼儿园，新增学位1.6万余个。“老百园”100所全部建成，“新百园”共开工18所，“教育倍增计划”中小学项目共开工32项。建成25所学校“上下学接送区”，完成1505间教室空调安装、1701间教室灯光改造。与博实乐教育集团合作办学，义乌碧桂园实验学校正式落地。与上海世外托管合作，与翰林博德携手开展师能提升行动，搭建“名校+”“名校长+”“名师+”提升平台。全年新培育国家高新技术企业95家，省科技型中小企业400家，新培育省备案众创空间3家，金华市备案众创空间2家；省级新型研发机构1家；省重点企业研究院1家。全年专利授权量1.12万件，增长13.7%，其中发明专利授权量910件。陈望道故居等20处文物保护单位入选浙江省第一批不可移动革命文物名录，吴晗故居入选第12批省级爱国主义教育基地，朱丹溪中医药文化入选第五批国家级非物质文化遗产代表性项目名录扩展项目，义乌市中医医院入选第五批国家级非物质文化遗产代表性项目保护单位；骆宾王的传说等5个项目入选金华市第八批非物质文化遗产项目名录；婺剧《义乌高华》入选浙江省党史学习教育推荐剧目，“望道之路——陈望道与《共产党宣言》暨中国共产党成立100周年纪念展”入选中宣部、国家文物局庆祝中国共产党成立100周年精品展。完成新建和提升基层阅读场所10个、丝路文化驿站1个。“公共文化场馆预约”“图书一键借阅”2个关键小事应用列入省级关键小事智能速办。争创浙江省体育现代化市，全市共有健身路径1279条，篮球场1107片，室内外羽毛球场268个，室内外乒乓球桌463张，小型健身场地120余片（含门球场），小康健身工程示范点（即全民健身广场）100个，农村社区体育设施达到全覆盖。全市有医院、卫生院53个，共有卫生技术人员1.33万人，执业医师和执业助理医师6190人，注册执业护士7281人。年末城镇职工基本养老保险参保72.83万人，职工基本医疗保险参保67.69万人，失业保险参保37.92万人，工伤保险参保59.43万人，生育保险参保34.22万人，城乡居民基本医疗保险45.39万人。

（赵　斌）

【生态文明建设】 2021年，义乌市聚力推动绿色高质量发展，编制实施《义乌市高水平推进生态文明建设走在前列引领高质量绿色发展两年行动计划》。谋深做实生态文明建设先行示范，印发《深化生态文明示范创建，高水平建设新时代美丽义乌规划纲要（2021—2035）》《义乌市生态环境保护“十四五”规划》，启动国家“绿水青山就是金山银山”实践创新基地创建。宾王社区、鸡鸣山社区获批浙江省首批低（零）碳试点，入选全省首批整体清洁生产审核试点。打好“清新空气”巩固提升战。制定环境空气质量巩固提升行动实施方案，统筹推进三大结构调整、三大专项行动和三大治理攻坚。开展$PM_{2.5}$和O_3双控双减，推进VOCs和NO_x协同减排，完成VOCs深度治理项目15个、源头替代项目50个；完成重型柴油货车OBD在线监控终端安装联网205辆、非道上牌联网3623辆、工程机械卫星定位1500余台。打好“五水共治”碧水提升战。加强精准治水，完成义乌江、南江国控断面污染源走航分析，编制实施“一河一策”水质提升方案。强化饮用水水源保护，推进岩口水库水质提升，完成8个“千吨万人”以上水源地污染源走航分析，推进污水处理扩容提质，全市9座污水处理厂全部完成清洁排放改造任务，污水处理能力达到57万吨每日。开展工业园区“污水零直排”质量提升行动，完成问题整改316个，顺利通过全省交叉检查和第三方对义乌市开展的工业园区“污水零直排”建设质量评估工作。打好“无废城市”全域创建战。成立“无废城市”创建专班，构建“1+4+5+N”的“无废城市”创建架构体系（即“1个方案、4张清单、5大体系、N个模式”），细化“41+27+36”创建任务清单。全市41项主要建设任务全面完成，全省首创工业固废“五全制”管理模式等6个亮点做法入选省“无废城市”建设巡礼典型案例，13个镇（街道）工业垃圾分拣中心全部建成投用，1.2万余家产废企业纳入工业垃圾分拣中心管理体系管理，实现工业垃圾管理体系全覆盖。944家小微产废企业实现危废应收尽收、动态清零。建成投用华川集团每天污泥干化焚烧1000吨项目等一批固废处置项目，污泥处置能力达每年76万吨，实现“污泥不出市”。完成浙江省首批“无废城市”申报，大陈镇获评2021年度“浙江省园林城镇”，义乌市香溪印象小区和锦都豪苑获评2021年度“金华市园林式居住区”，国网浙江义乌市供电有限公司和义乌市中医医院获评2021年度“金华市园林式单位”，“通惠门小区”等33个居住区授予2021年度“义乌市园林式居住区”称号、“保联小学”等43家单位授予2021年度“义乌市园林式单位”称号。（刘佳苗）

领导人员名单

中共义乌市委员会

市委书记

王　健（2021年11月新任）

林　毅（2021年11月离任）

市委副书记

叶帮锐（2021年11月新任）

胡作滔（2021年12月新任）

陈小忠（2021年12月离任）

市委常委

董利明（女，2021年12月离任）

何若伟（2021年1月离任）

蒋令树（2021年12月离任）

王　强

虞秀军

谢国才（2021年5月新任）

蒋　涛（2021年1月新任）

喻新贵

贾以鸣

朱有清

许建正

王　炜（挂职，2021年5月新任）

丁艳丽（女，2021年12月新任）

陈峻峰（2021年12月新任）

义乌市人大常委会

主　任

丁　政

副主任

傅春明

骆　亘

颜新香（女）

胡爱芬（女）

朱位松

金有富（2021年1月新任）

义乌市人民政府

市　长

王　健（2021年11月离任）

叶帮锐（代市长，2021年11月新任）

副市长

喻新贵

王　炜（挂职，2021年8月新任）

江　栋（2021年12月离任）

宋寅寨（2021年12月新任）

骆小俊（女）

葛巧棣

贾文红（女）

张　超（挂职）

罗祖盘（2021年9月新任）

何旭明（挂职，2021年1月离任）

杨　献（2021年12月新任）

政协义乌市委员会

主　席

葛国庆（女）

副主席

季金甫（2021年1月新任）

朱　斌（兼）

王　迎（女）

何文飞

王建新

王亦民

鲍建平

中共义乌市纪律检查委员会

书　记

王　强

副书记

王庆明

陈国强（2021年12月新任）

义乌市监察委员会

主　任

王　强(2021年1月当选)

副主任

王庆明

金有富（2021年1月离任）

委　员

范文中（2021年12月新任）

吴枝燕（女）

赵文兴（2021年9月新任）

楼静敏（2021年9月新任）

方　霞（女，2021年9月离任）

朱跃平（2021年12月离任）

义乌市人民法院

法院院长

吴传档（代院长，2021年11月新任）

胡公益（2021年11月离任）

义乌市人民检察院

检察院检察长

陈　新

中国共产党义乌市委员会

综　述

【政治建设不断加强】 2021年，中国共产党义乌市委员会坚定争当“两个确立”忠诚拥护者，“两个维护”示范引领者，始终把学深悟透习近平新时代中国特色社会主义思想作为最大政治任务，通过市委常委会、市委理论中心组专题学习会等形式，学习习近平总书记重要指示批示精神。聚焦世界小商品之都建设，提出竞逐“三大新赛道”、塑造“八大新场景”，形成系统化的时间表、路线图。坚持和深化“义乌发展经验”，举办理论研讨会。省委书记袁家军批示要求把“义乌发展经验”金名片擦得更亮，打造国内国际双循环战略节点。深入开展党史学习教育，以“九个一”为抓手，展示“首译地”等义乌元素，掀起“追寻真理味道、勇当改革先锋”的热潮。全市各级党组织开展专题学习6000余场，完成基层党组织书记2919人轮训。“感悟信仰的味道”入选中组部精品课程。

【改革攻坚全面深化】 2021年，义乌市以数字化改革为统领，全面深化改革。深入推进数字化改革，围绕“152”工作体系，落实“五个必须”要求，“关键小事”智能速办应用（义乌试点）获李克强总理和国务委员肖捷批示肯定；“村务清廉钉办”作为全省5个重大应用成果之一在省数字化改革新闻发布会上发布，一体化智能化公共数据平台评估居县（市、区）第一，14个数字化改革案例在全省推进会上被肯定，小商品数字自贸应用获评全省数字政府最佳应用。深化国际贸易综合改革，全力推进自贸区义乌区块建设，构建以“五大自由”为重点的改革推进体系，涌现23个“首单”“首例”“首家”，获批21个省级以上试点或赋权事项。进口贸易促进创新示范区等16项工作被评为“浙江自贸试验区标志性成果”，出口退税备案单证数字化管理等5个案例被评为“浙江自贸试验区制度创新案例”。

【开放优势持续扩大】 2021年，义乌市积极融入“双循环”，与全国287家市场建立联系，整合“进口好物+新潮国货”优势商品供应链，拓展“一盘好货”国内分销渠道，入选首批全国商品市场优化升级专项行动试点。拓展线上市场，形成全产业链电商生态圈，直播销售324.9亿元，同比增长56.2%；快递业务量92.9亿件，同比增长29.5%，总量稳居全国第二。推进国际贸易“单一窗口”铁路运输试点，“义新欧”班列义乌平台开行1227列，发运10.5万标箱，同比增长31%；打造宁波舟山港第六港区，海铁联运实现“一次申报、一次查验、一次放行”，发运量增长94.6%。在全球46个国家布局海外仓123家、“带你到中国”展厅20个，开辟206条“环球义达”物流专线，通达海外85个国家和地区。

【产业集群培育壮大】 2021年，义乌市签约重大项目95个，总投资1108亿元，其中10亿元以上重大制造业项目11个。21个省重点项目、17个省“4+1”项目、42个省“六个千亿”项目、292个市重点实施类项目年度投资计划完成率均超100%。爱旭六期、彩易达、宏禧科技等项目开工建设，爱旭四五期、天合光能二期、东方日升二期、威克新材料一期等项目投产，DHT变速器项目一期试运行。推动传统产业转型提升，打造数字化车间3个，针织服装行业入选省产业集群新智造试点，新增省级小微企业园10个，总量全省第一。做好能耗“双控”工作，完成255家D类企业整治和739家规模以上企业用能监测平台建设，2021年，工业增加值能耗降低率11.3%，位居金华市第一。

【城乡建设一体推进】 2021年，义乌市完成有机更新区块7个，改造提升老旧小区8个。畅通交通路网，商城大道下穿隧道、县前街南延段等主体完工，城市“内环路”实现闭环通车。加快推进金义中央大道义乌段的建设，金义东轨道交通金义段通车试运行。推进新时代美丽乡村建设，城乡融合“义乌标准”12项标配全面落地，新增一星样板村25个、三星村22个，启动53个村有机更新，成功创建“四好农村路”全国示范县。推动农业高质量发展，完成“非粮化”整治2400公顷，建成农业“标准地”6533.33公顷，农业“标准地”写入《浙江省土地管理条例》，入选2021年全国农村改革试验区改革实践案例。“望道信仰+人文上溪”和美乡村精品带入选省级共同富裕新时代美丽乡村示范带，实施消薄项目126个，产生收益超1亿元，所有行政村集体年经营性收入达20万元以上。

【民生福祉显著增进】 2021年，义乌市推进“教育倍增”，全部建成“老百园”工程项目，“新百园”工程启动32所。建成投用中小学、幼儿园41所，新增中小幼学位1.6万个。“入学一件事”“未来社区教育场景”等场景应用列入省试点。启动浙大儿院义乌院区、浙大四院双江湖院区建设，3岁以下婴幼儿照护服务率先实现全覆盖。稳步推动社保扩面提质，新增养老保险参保人数5.2万人，外籍人士基本医疗保险、生育保险参保人数均居全省首位。

【平安底线扎实筑牢】 2021年，义乌市抓好常态化疫情防控，推进新冠疫苗全民接种，完成接种388万针次；及时处置境外输入确诊病例1例、无症状感染者17例，本土病例“零发生”。承接1921名上虞转运人员集中隔离任务，实行专班运作，加强暖心服务，未发生交叉感染。开展“平安十大攻坚”“百日攻坚”行动，推进交通、消防、建设、危化等九大领域集中攻坚，安全生产事故数、死亡人数均比前两年平均数下降25.6%，火灾事故同比下降20%，平安建设实现“十三连创”，获得“平安金鼎”。常态推进扫黑除恶，摧毁恶势力犯罪团伙4个。打造“无信访积案县”，推进市镇村三级矛调中心全覆盖，构建三级领导抓矛盾纠纷化解的责任闭环。

【党风政风持续向好】 2021年，义乌市以乡镇换届为契机，推动干部队伍系统性重塑，树牢“重实干”的选人用人导向，全面推行“干中换、换中干”，实行“揭榜挂帅”，在信访维稳、数字化改革等一线提拔重用干部超三分之二。加大干部交流力度，推动142名干部在镇（街道）、机关、国企间交流。加强变革型基层组织，全面开展“五星三强”创建，深化“拼创争先、强基固垒”行动，推动基层党组织全面进步全面过硬。开展村社换届“回头看”，撤换“六不”村干部29人。开展党员整治立规创优行动，率先出台“九个一律”“十条举措”，党员违法率为金华最低。推动两新领域党建有效覆盖，新建22家新兴领域党组织，448个“驿家亲”驿站。加快清廉义乌建设，牢牢把握“严”的主基调，持之以恒正风肃纪反腐，处置问题线索1417条，党纪政务处分508人，留置3人，移送司法机关13人，查处法院执行局窝案串案、公安涉恶保护伞等政法干警违纪违法典型案件。村社巡察、常规巡察实现全覆盖，十四届市委巡察共发现问题8092个，整改率达97.7%。打造“村务清廉钉办”综合平台，推动村级权力规范阳光运行。

（刘航宇）

重要决策和部署

【概况】 2021年，中共义乌市委坚持以习近平新时代中国特色社会主义思想为指导，忠实践行"八八战略"、奋力打造"重要窗口"，坚持和深化"义乌发展经验"，审议通过《中共义乌市委关于坚持和深化"义乌发展经验"以数字化改革锻造高质量发展建设共同富裕示范区成功案例的决议》《义乌以数字化改革锻造高质量发展建设共同富裕示范区成功案例实施方案（2021—2025年）》等重大事项。推进民生"关键小事"智能速办，32项省级揭榜挂帅项目在义乌实施，11个应用场景在省数字化改革例会上受到点赞，"村务清廉钉办"在全省5个地市推广。

【"十四五"规划】 2021年1月13日，市委十四届九次全体（扩大）会议暨市政府第八次全体会议在市委党校召开，审议通过《关于制定义乌市国民经济和社会发展第十四个五年规划和二〇三五年远景目标的建议》。制定义乌"十四五"规划建设的总背景是"进入新发展阶段、贯彻新发展理念、构建新发展格局"。"十四五"时期，义乌将聚焦建设世界小商品之都总目标，打造"九个中心"，打好"十五张牌"，开创"十四五"高质量发展新局面。强化"九个中心"战略支撑，是对2035年基本建成世界小商品之都的描绘。义乌将打造全球大众贸易双循环中心、"一带一路"开放创新中心、全球重要物流中心、特色产业智造中心、区域经济中心、长三角重要交通中心、区域公共服务中心、高质量发展示范中心、社会主义现代化先行展示中心。打好"十五张牌"，是做实世界小商品之都的战略抓手，关于经济现代化，主要是打好改革、贸易、开放、智造、大学"五张牌"，关于城乡现代化，主要是打好数字、都市、交通、土地、文化"五张牌"，关于治理现代化，主要是打好生态治理、民生治理、社会治理、安全治理、党建治理"五张牌"。

【生态文明建设工作机制建立】 2021年2月26日，为深入践行"绿水青山就是金山银山"理念，高水平推进生态文明建设走在前列，引领高质量绿色发展，勇当全省生态文明建设排头兵，义乌市委印发《义乌市高水平推进生态文明建设走在前列引领高质量绿色发展两年行动计划》。方案建立生态文明建设"1+2+6+10"走前列立标杆工作机制，围绕"高水平推进生态文明建设走在前列引领高质量绿色发展"一个总体目标，以"绿色发展指数""公众满意程度"双提升为导向，聚焦资源利用、环境治理、环境质量、生态保护、增长质量、绿色生活6个领域，全面开展生态屏障、美丽经济、设施建设、清新空气、碧水提质、净土保卫、无废城市、环境安全、示范共建、治理体系十大示范行动。

【较大生产安全事故攻坚战】 2021年2月26日，为深入贯彻习近平总书记关于安全生产重要论述，全面落实党中央、国务院和省委省政府关于安全生产的决策部署，牢牢把握防范重大安全风险的战略主动权，坚决打赢遏制较大生产安全事故攻坚战，义乌市委印发《关于坚决打赢遏制较大生产安全事故攻坚战的通知》。方案以习近平新时代中国特色社会主义思想为指导，坚持"管行业必须管安全""人民至上、生命至上"理念，牢固树立发展决不能以牺牲安全为代价的红线意识，统筹发展与安全，紧盯易发生群死群伤的重点领域，深刻汲取历年来省内外重大事故教训，强化精准治理、源头治理、系统治理、协同治理，有效防范化解重大安全风险，全力"遏较大、减总量"，确保人民群众生命财产安全，为义乌市建设"两个样板"抢当"重要窗口"模范生提供坚实的安全保障。

【共同富裕示范区建设】 2021年8月25日，市委十四届十次全体（扩大）会议暨市政府第九次全体会议在市委党校召开，审议通过《中共义乌市委关于坚持和深化"义乌发展经验"以数字化改革锻造高质量发展建设共同富裕示范区成功案例的决议》《义乌以数字化改革锻造高质量发展建设共同富裕示范区成功案例实施方案（2021—2025年）》。会议强调，要以数字化改革为统领，推动“义乌发展经验”从贯穿历史向引领未来迭代，形成理论到实践再到理论的螺旋上升，从省域先行向全国示范、全球共享迈进，锻造高质量发展建设共同富裕示范区成功案例。预计到2025年，以数字化改革锻造高质量发展共同富裕示范区成功案例取得明显实质性进展，率先形成一批可复制、可推广的标志性成果，居民人均可支配收入率先突破10万元。到2035年，实现高水平共同富裕，现代化基本单元、基本场景全面覆盖，人均收入等主要指标达到发达经济体水平，城乡居民收入倍差逐步缩小到1.45以内。

【新时代美丽义乌建设】 2021年12月8日，为贯彻落实《美丽浙江规划》《美丽金华规划》，高水平开启新时代美丽义乌建设新征程，当好生态文明建设“重要窗口”模范生，义乌印发《深化生态文明示范创建高水平建设新时代美丽义乌规划纲要（2021—2035年）》。《纲要》坚持以习近平新时代中国特色社会主义思想为指导，聚焦建成新时代美丽中国标杆市的总目标，打造“绿水青山就是金山银山”转化实践样板、城乡均衡全域美丽样板、生态环境治理改革创新样板“三个样板”，绘就美丽城市“六要素图景”，实现国家生态文明建设示范市、“绿水青山就是金山银山”实践创新基地“双示范”，高质量精准绘好新时代“义乌上河图”，努力成为中国向国际社会展示人与自然和谐共生、生态文明高度发达的“重要窗口”。

【“一三八”发展战略】 2021年12月28日，中国共产党义乌市第十五次代表大会在义乌召开，大会报告提出未来五年的总体要求是，聚焦建设世界小商品之都的总目标，竞逐“数字化、双循环、共同富裕”三大新赛道，奋力打造贸易枢纽、开放窗口、智造集群、现代都市、乡村振兴、美丽义乌、民生幸福、善治之城八大新场景。（刘航宇）

市委重要会议

【概况】 2021年，义乌市委对照“十四五”和2035年远景目标，围绕高质量高水平建成世界“小商品之都”，聚焦改革开放、产业发展、城乡建设、民生稳定，先后召开“义乌发展经验”理论研讨会，“党史学习教育动员部署会，两优一先”表彰和建党百年庆祝大会等系列重要会议，奋力推动党史学习教育、自贸区建设、义甬舟开放大通道建设等工作。

【市委十四届九次全体（扩大）会议暨市政府第八次全体会议】 2021年1月13日，市委十四届九次全体（扩大）会议暨市政府第八次全体会议在市委党校召开。会议以习近平新时代中国特色社会主义思想为指导，深入学习贯彻中共十九届五中全会精神，认真贯彻习近平总书记考察浙江重要讲话精神，全面践行习近平总书记对义乌的嘱托和要求，积极落实省委十四届八次全会、金华市委七届八次全会精神，审议通过《关于制定义乌市国民经济和社会发展第十四个五年规划和二〇三五年远景目标的建议》，进一步动员全市上下坚持和深化“义乌发展经验”，干实“八八战略”义乌篇章，抢当“重要窗口”模范生，为高质量高水平建成世界小商品之都不懈奋斗。

【全市作风建设暨自贸试验区工作推进大会】 2021年2月26日，全市作风建设暨自贸试验区工作推进大会在市委党校召开，总结上一年度综合考核工作，加快数字自贸区建设，动员全市上下以习近平新时代中国特色社会主义思想为指导，全面贯彻党的十九届五中全会精神和省委、金华市委决策部署，以闯的精神状态、劲头作风和执行力、纪律性，全力担当开创新未来的使命责任，聚焦“世界小商品之都”建设总目标，全力打造“九个中心”、精心打好“十五张牌”，努力确保“十四五”起好步、开好局。市长王健主持会议，市委副书记陈小忠宣读全国文明城市创建记功嘉奖集体和个人等表彰文件。市四套班子领导、集聚区管委会主任、法院院长、检察院检察长等200余人在主会场参加会议。

【全市党史学习教育动员部署会】 2021年3月11日，全市党史学习教育动员部署会在市政府八楼会议室召开，对全市党史学习教育有关工作进行安排部署。会议强调，要自觉把思想和行动统一到习近平总书记重要讲话精神、党中央和上级的决策部署上来，在全市扎实部署开展党史学习教育，为奋进社会主义现代化建设新征程、高质量高水平建成世界小商品之都，汇聚更强大的精神力量、提供更有力的思想引领。市长王健出席会议并讲话，市委宣传部部长蒋令树介绍义乌市党史学习教育实施方案，市委组织部部长蒋涛主持会议。会上，与会人员集中观看党史教育片《回首百年奋斗路 启航发展新征程》。市四套班子领导、集聚区管委会主任、法检两长等350余人在主会场参加会议。

【市委十四届十次全体（扩大）会议暨市政府第九次全体会议】 2021年8月25日，市委十四届十次全体（扩大）会议暨市政府第九次全体会议在市委党校召开。会议以习近平新时代中国特色社会主义思想为指导，忠实践行“八八战略”、奋力打造“重要窗口”，全面落实省委十四届九次全会、金华市委七届九次全会决策部署，回顾2021年工作，研究部署共同富裕重点任务，审议通过《中共义乌市委关于坚持和深化“义乌发展经验”以数字化改革锻造高质量发展建设共同富裕示范区成功案例的决议》《义乌以数字化改革锻造高质量发展建设共同富裕示范区成功案例实施方案（2021—2025年）》，动员全市上下为全省全国实现共同富裕做出义乌探索、义乌贡献。

【义甬舟开放大通道建设现场推进会】 2021年11月23日，义甬舟开放大通道建设现场推进会在义乌幸福湖国际会议中心召开，会议以“共建义甬舟，共享新机遇”为主题，合力加快六大通道建设，共享开放性战略性大平台，推动“一带一路”重要枢纽建设。省委书记袁家军、省长王浩对会议作出重要批示，强调要把义甬舟开放大通道打造成陆海统筹、数字智慧、综合立体、东西互济的国内国际双循环战略性开放大通道。省委常务副省长陈金彪出席会议并讲话，省政府副秘书长周日星主持会议。金华市及义乌市相关领导，义甬舟开放大通道联席会议成员单位、相关央企、外资企业、省属国企、省内民企、金融机构等代表参加会议。会上，浙江省义甬舟办发布《支持义甬舟开放大通道高质量发展的政策举措》和沿线“5+1”（宁波、绍兴、金华、衢州、舟山、义乌）市义甬舟建设行动方案，举行项目签约仪式，共安排场内外签约项目81项，总投资约3475亿元；会上签约项目11项，签约总额451亿元。浙江省发改委相关负责人介绍前阶段推进义甬舟开放大通道建设工作情况及下阶段工作安排，宁波、绍兴、金华、衢州、舟山、义乌市政府和省海港集团相关负责人进行了交流发言。在义甬舟开放大通道建设现场推进会现场，常务副省长陈金彪宣布义新欧“侨商号”班列开行，这是自2014年11月18日义乌至马德里班列首发后的第663列。

【中国共产党义乌市第十五次代表大会】 2021年12月28日，中国共产党义乌市第十五次代表大会在义乌剧院开幕。金华市委书记凌志峰出席会议并讲话。义乌市委书记王健代表中共义乌市第十四届委员会，向大会作《忠诚拥护“两个确立”坚决做到“两个维护”为高质量高水平建成世界小商品之都而努力奋斗》的工作报告。大会主要任务是：以习近平新时代中国特色社会主义思想为指导，深入贯彻中共十九大和十九届历次全会精神，以及习近平总书记对义乌的重要指示批示精神，全面落实省委和金华市委决策部署；回顾总结市第十四次党代会以来的主要工作，研究确定今后五年的奋斗目标和主要任务，通过有关重大决议，选举产生中国共产党义乌市第十五届委员会、纪律检查委员会和出席中共金华市第八次代表大会代表，团结带领全市广大党员干部群众牢记嘱托、担当使命，坚定不移做“两个确立”忠诚拥护者、“两个维护”示范引领者，忠实践行“八八战略”、奋力打造“重要窗口”，不断擦亮“义乌发展经验”金名片，为高质量高水平加快建成世界小商品之都而努力奋斗。市委书记王健参加市第十五次党代会代表分团讨论活动，与代表们一起审议市委、市纪委工作报告。大会应到正式代表400名，实到正式代表392名。

【中国共产党义乌市第十五届委员会举行第一次全体会议】 2021年12月30日，中国共产党义乌市第十五届委员会在市政府八楼会议室举行第一次全体会议。会议经过选举，王健、叶帮锐、胡作滔、王强、虞秀军、谢国才、蒋涛、喻新贵、贾以鸣、朱有清、许建正、丁艳丽、陈峻峰13人当选为新一届市委常委。王健当选市委书记，叶帮锐、胡作滔当选市委副书记。新当选的市委委员、候补委员出席会议。新当选的市纪委委员列席会议。王健主持会议并讲话。（刘航宇）

市委重要活动

【概况】 2021年，中共义乌市委紧扣“打造‘两个样板’城市”主题，先后开展义乌人大会、“义博会”“文旅博会”、重大项目开工、招商引资项目集中签约等系列重大活动，强化项目谋划招引，经济和城市转型提质提速。主动共建都市区，与东阳、浦江深化战略合作，与金义新区共享自贸区服务事项，轨道交通试运行。以季度为单位抓签约、开工，谋划建设芯片小镇，进一步动员全市上下干实“八八战略”义乌篇章，以优异的成绩向中国共产党成立100周年献礼。

【一季度重大项目开工和招商引资项目集中签约活动】 2021年3月30日，义乌举行2021年一季度重大项目开工和招商引资项目集中签约活动。当日，20个优质项目在香格里拉酒店集中签约，产业类项目有7个，围绕着义乌市核心产业方向，涵盖光伏、高端装备、软件等重点产业板块，总投资80亿元；自贸区流通类项目共13个，围绕进口、卡航等新业态、高端仓储、冷链物流等板块，预计将带动义乌进口增量100亿元以上。一季度义乌累计开工项目37个，总投资243.4亿元。其中，产业项目11个，服务业项目10个，学校、农村有机更新等民生类项目13个，交通和城市基础设施项目3个。市四套班子领导参加相关活动。

【“从人口变化看义乌发展”主题新闻发布会】 2021年5月19日，义乌围绕“从人口变化看义乌发展”主题举行新闻发布会。《人民日报》、新华社、中央广播电视总台、中新社、《中国日报》《浙江日报》《中国经济导报》《香港商报》、凤凰网等50余家媒体参加发布会。会上，常务副市长喻新贵介绍义乌人口变化、经济社会发展等基本情况；市委改革办、市建设局、市商务局、市政法委等相关负责人，分别就改革开放、城乡建设、民生改善、经济转型、社会治理、平安建设等方面答记者问。

【二季度重大项目集中开工仪式】 2021年6月25日，义乌二季度重大项目集中开工仪式在爱旭项目现场举行。二季度开工项目37个，总投资296.2亿元，其中10亿元以上项目有5个，总投资210.1亿元，占70.9%，涉及高端装备制造、商贸服务、教育民生、交通基础设施等领域，确保义乌市经济稳定健康发展。市相关领导9人参加开工仪式。7月7日，义乌市招商引资项目集中签约仪式在幸福湖国际会议中心举行，22个项目成功签约，总投资619.3亿元。

2021年7月7日，义乌市招商引资项目集中签约仪式在幸福湖国际会议中心举行
（市融媒体中心　供图）

【全国县域共青团基层组织改革研讨班】2021年7月12日，全国县域共青团基层组织改革扩大试点专题培训研讨班在义乌市委党校开班。此次培训研讨班由共青团中央基层建设部主办，团浙江省委、团金华市委、中共义乌市委党校、团义乌市委共同承办，分3个批次对全国900余名团干部进行专题轮训，涵盖31个省（区、市）及新疆生产建设兵团团委主责部门，304个市（地、州、盟）团委、621个县（市、区、旗）团委的负责人。团中央基层建设部部长齐虎，团中央基层建设部副部长李辉、张然，团浙江省委副书记盛乐，义乌市市长王健，义乌市委常委贾以鸣参加开班仪式。

（刘航宇）

组织工作

【概况】2021年，全市发展中国共产党党员1100人，其中女党员349人，占31.7%；35岁以下657人，占59.7%；大专以上815人，占74.1%。全市共有中国共产党党员6.59万人，其中35岁以下1.82万人，36～60岁2.97万人，61岁以上1.80万人；农村党员2.38万人，城市社区党员1.39万人，两新组织党员0.86万人，机关事业单位党员1.24万人，国有企业党员0.28万人；大专以上3.5万人，高中（含中专）1.29万人，初中及以下1.79万人。全市有各级党组织3472个，其中党（工）委259个，党总支120个，党支部3093个。党代会期间，选举产生55名金华市级党代表、400名义乌市党代表和628名乡镇党代表，组织意图人选100%当选。深化城市基层党建示范市建设，发布城市基层党建“20条标准”和“百法百例”，打造“驿家亲”红色驿站、“家门口的暑托班”等具有义乌辨识度服务品牌，中小城市党建“12条”标准在金华全市推广。

2021年，深化党员和村干部整治立规，率先出台“九个一律”“十条举措”，健全月度约谈、责任追究、点名通报等制度。制订实施《义乌市快递物流行业党委联系指导重点企业工作办法（试行）》，在全市建成448个“驿家亲”红色驿站。开展“最美”系列评选，选树40名“最美快递人”“最美主播”“最美网约车司机”。“抓实‘四力’助推新就业群体党建破题增效”入选全国“2021年度百个两新党建优秀案例”。

（朱杨威　傅祖健）

【农村基层组织新形态】2021年，义乌市聚焦筑基红色根脉，分区域分领域组建党建联盟，实施村社结对共建行动，“一盘棋”推动资源共享、产业协作、抱团发展。全覆盖选派农村第一书记，推行第一书记“5+2”、周五议事会等工作机制，强化村社干部履职管理。至年底，创建五星三强示范乡镇7个，基层党组织120个，农村共富党建联盟45个，城市党建联盟8个，21个后进村通过“一村一策”全面完成整转提升。

（季俊峰）

【党建引领乡村富裕】2021年，义乌市深化国企与农村结对共建模式，大力推动党建资源、党建力量向乡村倾斜集聚，发挥党建共同体的引擎带动作用，建立村干部薪酬与集体经济挂钩机制。2021年，全市442个行政村经营性收入达到20万元以上，其中382个村经营性收入达到50万元以上。（季俊峰）

【“有事找社区”首创】2021年，义乌市首创“有事找社区”城市服务机制，从党建统领、闭环机制、资源整合、考核激励4个方面细化12条意见，将服务群众工作清单化、条目化。通过“有事找社区”城市服务机制，解决群众关键小事2.54万件。

（杨　瑞）

【村社干部塑造变革能力提升】2021年，义乌市实施基层党员干部新能力提升行动，深化“导师帮带制”“群雁攻闯点”等党建实招，市镇两级选聘100名兴村治社导师，结对帮扶242名新任村党组织书记和685名青年委员，全面提升队伍整体战斗力。搭好赛马争先大擂台，深化月度“红黄旗”竞赛、季度“晒拼创”现场会等经验做法，提级举办4期“红雁”系列村社干部擂台赛，激励村社干部争先晋位，推动完成年度干事清单3198项。

（季俊峰）

【数字赋能党员干部队伍管理】 2021年，义乌市创新开发“村干部健康码”等特色应用场景，深化村干部专职化和薪酬制度改革，全面落实“5810”工作机制，系统重塑村干部考核评价体系，全息掌握村干部干事状态和精准画像，实现“以码管人、一码管人”。全年，70名“黄码”、19名“红码”村干部受到追责问责，撤换“六不”村干部29人。

（季俊峰）

【社交电商党建】 2021年，义乌市组建社交电商产业党建联盟，围绕“‘e’红耀江北”党建品牌，推行“五加五强”工作法，建成投用江北下朱“驿家亲”红色驿站，整合优势资源，着力在创业带动、融入治理、扶贫攻坚等方面发挥实质作用，推动新就业群体融入基层党建格局。社交电商产业党建做法入围“火种计划·全国数字经济党建创新项目”优秀案例30强。

（傅祖健）

【县乡机关选调生招录与培养】 2021年，按照省委组织部统一部署和安排，义乌市开展面向全国“双一流”和省内12所重点建设高校择优选调应届毕业生工作，经笔试、面试、考察等层层环节，共招录8名选调生。在“选好”的基础上，健全培育链条，设立成长档案，通过一人一场现场会、一人一本工作指南、人人参与经验分享会等互学互比机制，实行“一周两单”跟踪管理，定期发布选调生微信息，让选调生去基层一线锻炼，做到“培养好、使用好”。

（朱杨威）

【公务员招考录用】 2020年12月9日，市公务员局发布《2020年义乌市考试录用公务员公告》启动公务员招考工作，面向社会公开招聘48名公务员（含1名人武专干）。2021年7月26日，在义乌城镇职业技术学校、义乌市机电技师学院、义乌国际商贸学校3个考点158个考场进行笔试，4622名考生参加公务员考试，在疫情防控下整项招录工作安全、有序、平稳、顺利。经笔试、面试、体检等环节，确定44名拟录用人员，经向金华市公务员主管部门请示报批，共录用44人。

（朱杨威）

【智慧党建平台】 2021年1月，义乌迭代市场党建工作，打造智慧党建“一库三台四中心”，探索形成党建服务即时化、党群资源聚合化、党务管理精细化、考核评价科学化的市场党建新路径。10月，全省小个专党建工作会议在义乌召开，智慧党建平台入选全省小个专党建云平台建设试点单位。

（傅祖健）

【“聘任制”公务员招聘】 2021年9月，在金华市委组织部组织下，义乌市定位高端紧缺专业性人才，开展第三批聘任制公务员招聘工作，义乌国际贸易综合改革试验区管委会政策法规局国际贸易改革高级主管和国际金融高级主管2个岗位面向全国招贤纳才，吸引60余人咨询、4名英才报名。经过专业素质评估、专家面谈、考察公示等层层环节，确定1名拟聘任人选。推进“项勤毅工作室”等聘任制公务员工作站点建设，健全日常管理、考核、使用全方位机制，打造展示特色公务员制度优越性的义乌窗口。4月27日，省委组织部副部长胡旭阳到义乌市调研聘任制公务员工作。8月，省委组织部年度教学片摄制义乌市聘任制公务员工作专题片，12月，浙江组工刊发义乌市聘任制公务员工作短视频。同月，中组部《组工信息》刊发宣传义乌市聘任制公务员助力数字化改革经验信息。

（朱杨威）

干部工作

【概况】 至2021年年底，全市有市管干部968人，其中，机关部门班子成员442人（机关正副职、纪检正副组长423人，党委委员19人），镇（街道）班子203人，“三员”（组织员、纪检员）33人，其他正副局级干部55人，退出现职领导干部235人。机关部门班子成员平均年龄47.8岁，镇（街道）班子成员平均年龄42.9岁，全市市管干部班子成员平均年龄46.4岁。在全市市管干部中（不含退出现职领导干部），35周岁以下年轻干部32人，女干部96人，党外干部18人。全年调整市管干部249人，其中提拔或进一步使用干部106人。

（高溶蔚）

【干部教育培训】2021年，义乌市在干部教育网络学院，设置习近平新时代中国特色社会主义思想学习专栏，面向全市公务员，推送70门新思想优质课程选学。全年举办市委主体培训班38期，培训领导干部4274人次，实施共同富裕主题培训计划，累计培训干部2131人，7篇中青班调研报告得到市委主要领导批示，拍摄的“感悟信仰的味道”网课入选中组部精品课程。（陈德明）

【疫情防控工作力量统筹调配】2021年，义乌市建立全市疫情防控应急力量储备池，梳理机关国企各单位的保障单位基本运转人员清单和可供市里统筹调配力量清单，常态化储备可统筹人员2000余人、专业力量217人，分类储备、动态更新、按需调配，及时补充一线防疫力量。全年，共抽调疫情防控集中隔离点管理组443组854人次，完成上虞1918人、永康1641人转运人员的管控工作；向省组推荐疫情防控大考大赛先进集体1个和先进个人4人。（陈　超）

【镇街领导班子换届】2021年6月9日，全市镇（街道）换届工作动员会议召开。同月，由市委组织部7个考察组到各镇（街道）开展班子换届考察，对镇（街道）领导班子分析研判。8月27日，召开市委常委会研究镇街领导班子人事调整方案，共配备领导班子成员206名（含人武部长），提拔或进一步使用90人，涉及进退留转250人。此次换届，3名机关部门“一把手”到镇街任党（工）委书记，2名“90后”干部成长为镇（街道）、部门“一把手”，6个镇领导班子中共配备35周岁以下27人，其中30周岁以下8人；35周岁以下党政正职2人，其中，党委书记1人，30周岁以下1人，结构比例符合上级要求。10月底至12月中旬，各镇完成党代会选举工作；12月底，各镇完成人代会选举工作，组织提名的各项选举候选人均顺利当选。（高溶蔚）

【干部挂职锻炼】2021年9月24日，省委组织部选派15名“新百人计划”干部到义乌挂职，支持义乌国贸改革工作。全年累计选派24名年轻干部赴国家部委和省直机关实践锻炼，组织57名新提拔副科级干部到市信访局开展岗前锻炼。（陈德明）

【人大代表换届选举】2021年10—11月，组织市纪检委、市公安局、市人民检察院、市人民法院等20余家单位，对568名人大代表候选人推荐初步人选的资格条件进行审核，其中26人因各种原因被取消人选资格。经多轮筛选，并经市委研究，共确定514名市十六届人大代表候选人。12月3—5日，组织对人大代表候选人初步人选进行考察，坚决防止涉法涉罪人员“带病当选”。同月15—17日，经选举程序，共选举产生333名正式代表。（高溶蔚）

【市十五次党代会选举】2021年12月28—30日，中国共产党义乌市第十五次代表大会在稠城召开。同月30日，大会以无记名投票方式，选举产生由45名市委委员、8名候补委员，组成中国共产党义乌市第十五届委员会，选举产生中国共产党义乌市第十五届纪律检查委员会委员25名，选举出席中国共产党金华市第八次代表大会代表59名。此次会议应到代表400名，实际到会393名，符合选举规定。（高溶蔚）

【换届风气监督】2021年6月，市委组织部围绕确保换届风清气正的目标，制定下发《关于从严从实加强换届风气监督确保换届风清气正的通知》，列出加强换届风气监督的17项工作清单和时间节点。向全市党员干部发放换届纪律提醒卡等资料1.3万余份，通过新闻媒体、微信、浙政钉等形式持续宣传换届纪律要求。2021年6月至2022年1月，广泛开展谈心谈话，组织观看警示教育片8000余人次，全面推行换届纪律承诺制，全体市管干部、换届考察对象、“两代表一委员”参与换届“六类人员”100%签订严守换届纪律承诺书。派出换届风气巡回督导组，对全市各镇（街道）加强换届风气监督工作情况开展4轮督导。打造“云联审”平台，植入算法规则，运用数字化手段开展代表委员资格联审6000余人次。对违反换届纪律行为坚持“零容忍”，畅通“12380”等信访举报渠道，注重风险防范，制定换届工作舆情管控和应急处置工作预案。换届期间，未发生违反换届纪律问题。

（蒋驰啸）

宣传工作

【概况】 2021年，市委宣传部不断完善市委理论学习中心组学习制度，紧密结合党史学习教育，围绕习近平新时代中国特色社会主义思想、百年党史、习近平总书记"七一"重要讲话、中共十九届六中全会精神等重要内容，组织开展集中学习9次，专题活动4次。抓好各级党委（党组）理论学习中心组学习制度的落实，建立巡听旁听制度，年内对27家单位开展巡听旁听。成功举办由省委宣传部、金华市委联合主办的"义乌发展经验"理论研讨会，省委书记袁家军就总结深化义乌发展经验作出重要批示，中央党校、中国社科院、浙江大学等一批领导和专家出席会议并作理论交流。聚焦自贸区建设等重点工作，开展社科理论课题研究，立项课题52项，形成一批高质量的理论成果。

2021年5月30日，北苑街道举办"唱支山歌给党听"系列活动

（傅柏琳　摄）

【中国共产党成立100周年活动】 2021年，市委宣传部统筹谋划全市建党100周年系列庆祝活动，做好34项重点庆祝活动的统筹、指导和落实。开展"永远跟党走"群众性主题教育活动，组织开展"我在首译地给党唱首歌""唱支山歌给党听""印迹初心"西泠印社百名艺术家篆刻作品展、"义乌记忆"百幅老照片展、"百年风华不忘初心"文艺晚会、红色电影展映等活动，覆盖人群300余万人（次）。运用公益广告、标语标牌、海报等户外载体，在城区主要路段、国道、省道、高速出入口、园区、景区景点以及各镇（街道）、各村（社）重要路段，设置庆祝中国共产党成立100周年广告牌、横幅、LED屏幕，实现全覆盖。

【社会宣传】 2021年，义乌市坚持正确政治方向和舆论导向，聚焦党史学习教育、"义乌发展经验"15周年、数字化改革、共同富裕、"十四五"开局、重点工程建设、自贸区建设等重大主题，开设专栏专题，开展全媒体报道，营造良好氛围。深化媒体融合发展，提升新媒体矩阵影响力，推动大小屏互动融合，推进义浦同城、义东同城广电信号资源互通，不断提升主流媒体传播影响力。完善媒体监督闭环管理，紧扣民生所需，办好《义乌新闻》《特别关注》《同年哥讲新闻》等电视品牌栏目，推动问题和矛盾的解决，服务百姓生活。

【对外宣传】 2021年，义乌市全年接待媒体记者3000余人次。省级以上媒体刊播（发）义乌主题新闻报道4000余篇（条）。举行"守好'红色根脉'打造'重要窗口'""从人口变化看义乌发展""从贸易创新看义乌发展"等新闻发布会7场。接待25批境外媒体48人次到义乌采访。打造以"魅力义乌"脸书、推特等海外社交平台账号为主体，义乌英文网为支撑的国际传播平台，累计覆盖美国、英国、日本等网民50万余人次。聚焦"中国共产党的故事——习近平新时代中国特色社会主义思想在浙江的实践"等专题宣传推介会，在义乌常驻外商讲述义乌精彩故事。

【文艺事业】 2021年，电影《望道》被列入上海市建党百年重点文艺创作项目名录；婺剧《义乌高华》入选浙江省党史学习教育推荐巡演剧目；启动电视剧《鸡毛飞上天2》项目。评定2020年文化精品奖励项目和2021年扶持项目90件。充分利用农村文化礼堂、新时代文明实践站等基层阵地，开展各类文化惠民活动，组织“流动书场”进文化礼堂巡演活动543场，播放公益电影场次（含送电影下乡）2000余场，利用“红色影院”三级体系开展“我在首译地，观影学党史”红色电影展播1000余场。全年开展义乌市文化艺术节、商城文艺大观园、江滨之夜等各类大型文化活动20余场。加快文化地标建设，义乌大剧院开工建设，博物馆新馆、美术馆公共区域装修基本完成。修订《农村文化礼堂运行管理经费管理制度》，推出“礼堂活力值排行榜”、效能指数榜等11期、红色礼堂巡礼20余期，百家文化礼堂青年说90余期，征集并形成涉及29个部门和组织的45项农村文化礼堂免费配送菜单，总配送场次逾5000场。获评“全省五星级农村文化礼堂”9家，全省“书香文化礼堂”1家；第四届“最美文化礼堂人”2人，“省级特色农村文化礼堂试点”6家。吴晗故居获评“省级爱国主义教育基地”。构建“红色影院”三级体系，公布6家首批“新时代红色影院”，建成31处公益电影室外固定放映点、20个农村文化礼堂影院，实现14个镇（街道）红色影院全覆盖。

【孝义文化建设】 2021年，义乌市评选“义乌好人”29例，获评“金华好人”15例，“浙江好人”2例。推进孝义文化建设，实施孝义文化“三工程、两活动”建设，惠及老年人10万人次。实施未成年人思想道德建设提升行动，推进“春泥计划”“扣好人生第一粒扣子”等活动。强化乡风文明建设，推行“道德银行”“文明家宴”，推进“好家风”建设，评选“最美家庭”“文明家庭”100余户。开展日常督查、定期考评和复评迎检集中督查，累计交办问题9700余个。围绕公共环境、公共秩序、公共设施等城市管理问题，推进十项重点工作。开展“文明细胞”创建，重点推荐2023年金华市级、浙江省、全国文明单位培育对象各10家、6家、1家，文明村镇各12个、8个、3个，全国文明校园1家。完善年度测评、竞争评比、结对共建等工作机制，在镇街新时代文明实践所建成镇街融媒体分中心，建成14支编外新闻宣传队伍，打造区域文明实践品牌，谋划并启动横塘公园新时代文明实践中心的规划建设，在金华市“晒拼创”评比活动中，义乌被评为优秀等次。“志愿汇”App全市注册志愿者达24.47万人，实践阵地孵化志愿服务队伍1894支。开展“百年征程益心向党”首届公益博览会、首届新时代文明实践志愿服务项目大赛。在第二届省志愿服务项目大赛中获铜奖2例，第六届金华市志愿服务项目大赛中获奖5例。

吴晗故居获评“省级爱国主义教育基地”

（王慧玲　2021年10月16日摄）

【网络安全建设】 2021年，义乌市围绕中共十九届六中全会、省委全会、市委全会等重大会议，以图解、微视频等形式全方位多层次加强网络宣传。创新网络宣传新形式，以“融媒体直播间+农村文化礼堂+农村广播大喇叭”为载体，开设线上线下红色课堂，开展直播讲座80余场次。发挥新媒体矩阵作用，开设《全面推进数字化改革》《从人口变化看义乌发展》等专栏，创作推送宣传报道2万余篇，阅读量8000万余人次。中央、省委网信办采用并全网推送共19条。开展疫情防控、换届选举、能耗双控等重大节点、重点工作网上舆情应急保障任务80余个，累计巡查网上涉及义乌的信息223.36万条，通报各涉事单位处置舆情5704条，及时处置负面有害信息1600余条，敏感舆情较上年下降23.5个百分点。“北下朱售假”重大网络舆情问题清单整改入选省优秀整改示范案例，并在“七张清单”省级驾驶舱展示。建立完善“分业分层监管、联合联动执法”机制，推动全市各涉网管理部门落实主体责任。加强部门有效联动，合力开展网络虚假信息专项整治、非法利用“军”字招牌营销等各类网络专项整治行动，严格落实属地重要LED显示屏网络安全工作责任。严格落实网络平台主体责任，完善网络信用动态12分制管理办法，以信用管网提高网民网络素养。中央网信办刊发义乌创新做法3次，被评为全省网信工作成绩突出集体，被省委网信办列为“浙江省网络综合治理体系建设先行区”。

【“扫黄打非”工作】 2021年，义乌市开展“扫黄打非”工作，深入推进“护航百年·扫黄打非”攻坚行动，持续开展“护苗”“净网”“秋风”等专项行动。印制派发“扫黄打非”举报奖励宣传海报和宣传手册3.8万余份，公告注销1978家出版物零售单位，查办“扫黄打非”案件19起，完成全国“扫黄办”挂牌督办案件3件，义乌市凯创印刷包装产业园被评为全省“扫黄打非”进基层示范点。

【宣传文化智融工程】 2021年，义乌市实施宣传文化智融工程，明确改革框架，建立工作机制。推进党政机关整体智治建设，聚焦宣传思想文化领域重大任务，建设市委宣传部专题门户、文化建设、党的思想建设等应用场景。推进未来社区“家头条”“邻里帮”“文E家”等应用场景文化多跨场景建设，增强社区居民幸福感。打造“义网智靖”多跨应用场景，重塑全链条、闭环式新型网络舆情联管联控体系。多角度全景式集中展示数字化改革历程成果，报道数字化改革的进展成效和工作亮点，推出各类稿件200余篇，为义乌市数字化改革工作走在前列、干出特色提供舆论支撑。（袁　凯）

统一战线工作

【概况】 2021年，义乌统一战线工作围绕不同主题，举办各类培训班11期。召开民主协商座谈会10次，完成建言直通车19篇，其中17篇得到市主要领导批示肯定，并交办部门落实；形成“和鸣智库”调研成果25篇。在“自贸区建设”专项民主监督中，形成监督成果8篇，交办发现问题32大类，提出意见建议36条，建议意见均被有关部门采纳落实。年内，义乌市委统战部获评“全省统战系统先进集体”，统战部数字化改革专班获中共义乌市委、义乌市人民政府集体记功一次。义乌统战“议政直通车”、基层宗教治理相关场景应用入选“首批全省统战系统重点培育应用场景目录”。“议政直通车”数字化改革经验做法在省改革办《数字化改革》第88期刊发。（王伟杰）

【“义同”系列三服务行动】 2021年2月，市委统战部联合市工商联、市侨联发动统一战线各界人士，组织开展“义同”系列三服务行动，为全市留义过年人员提供暖心服务支撑。组织统一战线制作28个拜年视频，向广大统一战线成员发出留义倡议；开展“义同”送春联活动，吸引15万人次在线观看，送出春联500余幅；开展“义同·来学习”活动，联合市教育局开展“义同·来学习”名师云课堂系列活动，首期活动在线观看人数9.3万人次；发动统一战线多形式开展留义人员公益慈善帮扶行动，安徽商会出资10万余元，采购“百县万品”特产大礼包向商会企业留义员工免费发放，民族团结促进会以“老乡帮老乡”等形式开展结对帮扶，帮助联系

对接春节期间务工企业，解决各类困难问题60件。（郑海洋）

【统一战线党史学习教育】 2021年3月初，市委统战部开展全市统一战线党史学习教育活动，组织党员干部学党史，统战成员学史事。各党派主委结合多党合作史给各自成员上党课、盟课、会课，筑牢思想政治基础，强化携手奋进共识。5月20日，邀请党校讲师以"中国共产党奋斗历程与启示"为题开展党史学习教育培训，义乌各民主党派、统战组织、民族宗教、港澳台侨代表及市委统战部全体干部工作员、统战部党总支下属各支部党员60人参加学习。11月30日，召开义乌统一战线"六讲六做扛旗争先"大宣讲活动动员部署会，会议分动员部署和宣讲培训2个部分。动员部署会上，统战部常务副部长陈东宣读《义乌统一战线深入学习贯彻中共十九届六中全会精神广泛开展"六讲六做扛旗争先"大宣讲活动方案》，结合具体工作进行部署要求。培训会上，市委党校高级讲师徐应红以"以史为鉴开创未来"为题做专题宣讲。义乌各民主党派、工商联、统战组织、宗教人士、港澳台侨等各界代表，统战部党总支下各支部书记、党务工作者，统战部全体干部工作人员，70余人参加会议。（郑海洋）

【庆祝中国共产党成立100周年系列活动】 2021年4月16日，全市统一战线"同心向党·携手奋进"庆祝中国共产党成立100周年系列活动在陈望道故居启动。各条线开展"共走信仰线""共唱一首歌""重温合作史""庆百年学史事""寻根筑魂圆梦""'百千万'服务""民族团结一家亲""五教同行和合义乌"等分主题活动90余场，参与1万余人，中央统战部、《中国统一战线》、浙江统战等主要媒体关注报道系列活动，累计阅读量520万余人次。

（郑海洋）

【新乡贤书画展】 2021年6月25日，由市委统战部、市文联主办，各镇街乡贤会、市书画研究院、市书法家协会、市美术家协会承办的"同心向党携手奋进"——义乌市新乡贤庆祝中国共产党成立100周年书画展览活动在华川书舍举行。活动共收到59位新乡贤的68副作品，经各镇（街道）初评，市作品评审委员会评选，59幅作品入展。

（郑海洋）

【多党合作成果展】 2021年7月2日，义乌市以"肝胆相照铸辉煌携手奋进新征程"为主题的"多党合作成果展"启动仪式在义乌统战之家"同心苑"举行。共展出图片11幅，文字1万余字。集中展示中国新型政党制度形成的理论基础和实践探索，展示各民主党派与中国共产党风雨同舟的光辉历程，以及多党合作在义乌的生动实践，2000余人观展。（郑海洋）

【义乌港澳总商会成立】 2021年8月28日，义乌港澳总商会成立（选举）大会召开，通过线上选举方式成功选出第一届领导班子。义乌港澳总商会是由在义乌市投资创业或经商的港澳人士及家属自发成立，下挂义乌市海外联谊会的分会组织，是义乌市港澳同胞之间相互交流合作的平台。在国家"十四五"计划的宏图下，义乌港澳总商会推动会员与义港澳三地经济科技界人士的交流与合作，推动会员企业与义乌企业、政府部门、商业机构以及其他组织之间开展合作和沟通；增强与港澳台地区及海外各商会及工商界人士的联系，促进经贸合作；发挥香港、澳门"超级联络人"的作用，为"一带一路"投资发展提供支持，协助会员发掘商机、开拓业务，促进内地企业在港澳地区的招商引资、招才引才，为促进义港澳三地经济社会发展做出新的更大贡献。

（郑海洋）

【2021世界义乌人大会】 2021年10月20—21日，以"数字引领、畅通循环、创富共富"为主题的2021世界义乌人大会在幸福湖国际会议中心召开，来自129个国家和地区800万人次线上线下参会。会上签约项目30个，计划总投资330亿元以上，其中100亿元以上项目2个，10亿元以上项目6个。项目预计将带动贸易增量300亿元以上。50余家各级媒体对大会进行报道，累计阅读量1390万余人次。（王伟杰　郑海洋）

机构编制

【概况】 至2021年，全市共设立市委、市政府工作部门44个，其中，人大政协机关2个，党委工作部门10个，政府工作部门28个，市级派出机构4个（义乌自由贸易发展区管理委员会、义乌经济技术开发区管理委员会机构规格为副处级）。省政府派出机构1个（义乌国际贸易综合改革试验区管理委员会），金华市级部门派出机构1个（金华市生态环境局义乌分局）。群团机关12个（含合署2个），法检机关2个，镇（街道）共14个，其中，镇党委政府6个，街道党工委办事处8个。事业单位367个，市级直属正科级事业单位8个，部门所属副科级事业单位11个，另有副厅级高校1所。全市共有行政编制4139人，其中党政群编制2452人（含行政执法411人），政法专项编制1687人。事业编制1.31万人（含参公1032人），事业单位报备员额编制核定8402人。

【党政机构组织体系和职能体系完善】 2021年2月24日，完成中国科学院沈阳自动化研究所义乌中心转企改制工作。全力保障与国际贸易综合改革、自贸改革相适应的配套力量。3月18日，同意将中国国际贸易促进委员会浙江省义乌市支会更名为中国国际贸易促进委员会浙江省义乌市委员会。6月24日，市委编办下发《关于调整中国国际贸易促进委员会浙江省义乌市委员会人员编制的批复》，推动义乌市国际商事工作高质量发展，打造更好更优的国际营商环境。同日，设立义乌市乡村振兴局，为义乌推动乡村全面振兴提供新的体制保障。10月28日，向金华市委编委请示设立市委社会建设委员会，推动义乌市高质量发展建设共同富裕示范区建设。

【机构编制刚性管理】 2021年，义乌市严格在机构限额内设置机构，原则上不新设机构，各部门确有需求新设机构的实行“撤一建一”。3月3日，市委编办下发《关于报送部门机构编制运行情况的通知》，进一步规范机构编制报告工作。同月5日，市委编办下发《中共义乌市委机构编制委员会关于转发〈机构编制报告制度实施办法（试行）〉的通知》，严格落实机构编制报告制度。11月9日，市委编办下发《关于开展第二次全国机构编制核查工作的通知》，核清机构编制资源的数量、结构、分布等实际配置情况，督促机构编制违纪违规问题整改，深化党和国家机构改革、管住管好用活机构编制资源。做好机构编制问题整改，按照“见人、见事、见单位、见处理结果、见责任追究、见长效机制”的要求，扎实做好巡视反馈问题整改工作。至年底，问题均按要求高质量高标准整改到位。

【机构编制体制机制改革】 2021年3月8日，市委编办开展全市编外用工基本情况摸底，4月13日，组织开展全市各单位和下属事业单位编外人员专项调查和统计工作。8月12日，全市各镇（街道）、各机关事业单位编外聘用人员（含雇员、政府购买服务人员及劳务派遣人员）只出不进，暂停招聘。同月24日，全面启动全市编外聘用人员管理体制机制改革。通过打造一个编外聘用人员数字化管理平台，实行聘用分离、减员增效、优绩优酬、规范管理、廉政防控五大改革举措，打造一支与义乌经济社会和改革发展定位相适应，精干、高效、廉洁的编外聘用人员队伍。

【机构编制资源配置】 2021年，义乌市委编办探索建立党政群行政编制“周转池”机制，通过创新统筹党政群行政编制和参公事业编制管理，完善“周转池”工作机制，规范工作范围和流程，累计转入16家单位46人，转出5人，有效缓解单位行政编制紧缺压力。6月24日，设立义乌市事业单位综合服务中心，小范围内探索针对机关力量补充的事业编制实行集中统一管理。探索建立中小学教职工编制“周转池”。在金华市委编委的支持下，全面保障义乌市中小学教职工基本编制需求，核定中小学教职工“周转池”编制970人。

【开发区（园区）管理机构清理规范】 2021年8月18日，市委编办下发《关于中共义乌自由贸易发展区工作委员会义乌自由贸易发展区管理委员会机构编制事项的函》《关于中共义乌经济技术开发区工作委员会义乌经济技术开发区管理委员会机构编制事项的函》，在全市各类各层级多个平台进行整合的基础上，对管理机构进行清理规范，整合设立义乌经济技术开发区管委会和义乌自由贸易发展区管委会2个开发区（园区）管理机构，领导职数及内设机构数量均按高能级战略平台配备，并争取保留处级规格。

【“大综合一体化”综合行政执法改革】 2021年，向金华市委编委请示设立义乌市综合行政执法指导办公室。11月4日，市委编办下发《关于要求报送行政执法队伍整合和人员编制划转方案的函》，要求各相关单位抓紧拟订本部门行政执法队伍整合和人员编制划转方案。机构设置得到保障，市综合行政执法局加挂综合行政执法指导办公室牌子，明确改革牵头协调和指导职责；执法队伍精简到位，整合撤销教育、监察等5支执法队伍，构建完成“综合行政执法+市场监管、生态环境、交通运输、文化市场、农业农村、应急管理、卫生健康、自然资源专业执法”的“1+8”执法体系。执法资源不断优化，结合事项划转比例、监管执法实际工作量等因素，划转应急、气象等14名事业编制至市综合行政执法局。

【公办幼儿园办学体制机制创新】 2021年11月30日，市委编办印发《义乌市公办幼儿园办园体制改革创新试点工作方案》，完善非财政预算的公办幼儿园配套政策12个。全市共设立公办幼儿园54所，其中新增登记设立公办幼儿园11所，学位覆盖面可达50%以上。全市公办幼儿园有劳动合同制教职工2200余人，新增400余人。保教费大幅降低，占保教成本的比例严格控制在40%以下。

（何程伟）

人事管理

【概况】 2021年，义乌市招聘事业编制工作人员660人，其中，教育系统组织招聘259人，卫生系统组织招聘278人，其他事业单位招聘123人。至2021年12月底，义乌市共有公务员4863人，其中女性公务员1151人，参公人员861人，乡镇公务员680人。全年新增大专以上人才3.9万人，新增专业技术人才7570人，引进和培养博士后人才7人。录用公务员102人，其中通过四级联考考录公务员（含参公）44人，公安院校毕业生录用25人，市外调入3人，调往市外11人，辞职6人。新增高技能人才3305人，入选“浙江大工匠”1人、“浙江杰出工匠”1人、“浙江工匠”6人、“浙江青年工匠”20人。

（刘旭邦）

【事业单位考试录用】 2021年，部分事业单位计划招聘80人。9月25日，1.05万余人参加公开招聘考试，在义乌工商职业技术学院、浙江省机电技师学院、稠州中学城南校区、宾王中学、绣湖中学、稠江中学、后宅中学等352个考场进行笔试。10月23日，232名入围考生在市委党校进行面试。同月25日，158名考生在金华市健康体检咨询中心进行体检。11月10日，经体检、复查、复检，78名考生体检合格入围考察。同月30日，考察结束后进行公示。12月，办理聘用手续，聘用78人。（杨　英）

【事业人员工资待遇】 2021年，全市办理事业单位工作人员正常晋升薪级工资1.75万人。公务员普遍发放奖励性补贴时，同步、同幅度统筹考虑中小学教师，确保义务教育教师平均工资收入水平不低于公务员平均工资收入水平。会同市财政局、市卫健局出台《关于新冠肺炎疫情防治一线医务人员薪酬待遇落实有关事项的通知》，核定新冠肺炎疫情防治一线医务人员临时性工作补助，共7个批次，计213人29.55万元。（刘旭邦）

党校工作

【概况】 2021年，市委党校组建“党史学习教育”“七一讲话”“中共十九届六中全会精神”3个宣讲团，推出宣讲专题52个。以走进车间开展乡音宣讲等形式，面向基层干部群众宣讲350场

4万余人次。联合市委组织部、市委宣传部，挂牌成立14家镇（街道）党校，推动镇（街道）党校规范化建设。完成党性教育主题馆场馆建设，设立“真理的味道非常甜”主题雕塑，凸显红色元素。成立专班，广泛征集，启动纪念市委党校建校70周年活动筹备，部署开展校史馆建设。入选浙江数智党校综合应用唯一县级试点单位，投资340万元对院（校）进行数字赋能、业务协同、流程再造、制度重塑，推动院（校）智慧党校建设，为省委党校探索县级党校公共业务基础模块应用提供参考。年内，选派党员干部支援镇（街道）疫情防控20人次，隔离酒店轮值8人次。

【党校教学管理】 2021年，市委党校严格把控课程质量，新开发“习近平在浙江导读”“努力成为共创共富引领者”“整体智治下的数字化改革”等17门课程并完成入库认定。课程“感悟信仰的味道，做共产党宣言精神忠实传人”入选中组部网络干部学院党性教育精品课程。教改论文《地方特色资源课程化视角下精品课程培育——基于信仰的味道核心课程体系的思考》获全省党校系统一等奖。与市融媒体中心联合摄制并播出“六讲六做，扛旗争先，六中全会精神面对面”视频16期，与镇（街道）合作创作“红货郎”等系列微视频20个。专班推进《改革之城》教材编写，收集整理义乌国家级改革项目及相关案例，分14章系统呈现改革脉络，书稿由中共中央党校出版社公开出版。

【干部培训与活动】 2021年5月17—22日，国家知识产权总局57名领导干部到市委党校开展学习培训，培训采用专题讲座、现场教学、自习研讨等形式。学员走进陈望道故居红色教育基地追寻红色足迹，品尝真理的味道；实地参观义乌海关知识产权保护展示中心、义乌城市规划展示馆、鸡鸣山社区等，近距离体验义乌社会经济发展的生命力。7月12—21日，全国县域共青团基层组织改革扩大试点专题研讨班分3个批次在市委党校对全国900余名团干部进行专题培训，进一步提升团干部的综合能力，塑造工作氛围。11月22—26日，义乌市首期党员立规创优提升班在市委党校举办，来自12家单位的21名党员参加培训。培训以集中学习与个人自学相结合，理论学习与军事训练相结合，专题教学与现场教学相结合的形式开展，党员干部素质得到全面提高。全年，市委党校举办全市党政干部培训221期9977人次，其中，主体班次31期2500人次，异地干部培训班次94期6187人次。

【教学科研】 2021年，市委党校推进教学科研工作。立项省地级课题33项。与市委党史研究室联合申报立项中央党史与文献研究院重点规划课题1项，实现国家级课题零的突破。配合市委办完成“‘八八战略’实施效果评估报告”课题，承担市委、市政府委托的“共同富裕示范区”“碳达峰碳中和”2项行动方案起草任务。呈报决策参阅件17项，编印统战决咨汇编《和鸣》4期，《市情论坛》4期。22项决咨件获市领导批示，其中20项获市委、市府主要领导批示肯定。12月24日，《发挥党校优势扎实推进智库建设》在《学习时报》上发表。 （黄丹妮）

机关党建

【概况】 至2021年年底，市直机关共有基层党委86个、党总支44个、党支部876个，党员1.64万名。2021年，市直机关工委围绕全市重大改革、重大项目、重大平台、重大政策中的堵点难点，组织199名机关基层党组织书记梳理攻坚课题，立下履职“军令状”，挂图作战、定期亮晒、逐一销号。深入推进“双建争先”工程，评选10项优秀课题研究成果、20项机关党建工作最佳（优秀）案例并集中展示；105个基层党组织获评金华市五星基层党组织，24个党支部（党总支）新晋金华市星级品牌党支部，市委改革办获评全省“建设清廉机关、创建模范机关”工作先进集体，“服务力指数”党建品牌被省工委发文推广。

【党史学习教育全覆盖】 2021年，义乌市紧扣中国共产党成立100

周年和党史学习教育主题，举办百场纪念活动“向党献礼”、百场党务干部“初心课堂”、百堂精品党课巡回宣讲活动，推动1006个机关基层党组织、1.6万名机关党员党史学习教育全覆盖。举办市直机关庆祝中国共产党成立100周年大合唱活动，机关党员干部齐心唱响“不忘初心跟党走”主旋律，传承红色精神，凝聚奋进力量。

【双建争先无感智评应用】 2021年，义乌工委揭榜省工委“清廉机关模范机关建设（驾驶舱）”应用场景建设项目，打造双建争先无感智评（“服务力指数”3.0版）应用。针对党建业务难结合、党建成效难量化等问题，通过多跨义起督、数字督考等系统，贯通市督考办、市矛调中心、市统计局等部门数据，每季度对56家机关单位“党建统领下的机关建设质效”进行无感考评、常态考评、多维考评，共评选出红旗22面、黄旗5面。

【“党建+共富”项目】 2021年，义乌市组织79个部门党组（党委）书记结合职责职能、核心业务，紧扣省市共同富裕实施方案，确定79个“党建+共富”重点项目并领办，明确具体内容、推进举措、预期目标和完成时限。至年底，市自规局“党建+专班”实施宅基地制度改革推动安居共富项目，入选金华市机关党建引领助推共同富裕第二批试点（培育）名单。

（陈　鹤）

老干部工作

【概况】 至2021年年底，全市有离休干部80人，其中，异地安置在义乌市离休干部3人，垂直管理3人，军干所4人，本市离休70人（含异地安置在外省市3人）。享受县处级39人、科级41人。行政29人，事业23人，企业28人。抗日战争时期参加革命工作12人，解放战争时期参加工作68人。90岁以上57人，年龄最大的102岁。平均年龄92.6岁。曾担任副县级以上实职离退休干部40人（包括2名离休干部）。年内，15名“义老骥”志愿者受市级以上通报表彰。市委组织部（老干部局）被评为全省老干部工作先进集体，关工委专职副主任杨英被评为“全省先进老干部工作者”。

【老干部活动】 2021年，开展“我为老干部办实事”活动，做实“医疗健康、居家上门、智慧养老、社区就近、网格连心”等五大场景，一月一次通话、一季一轮走访、一人一车接送，深化离休干部一人一策服务，获评“全省老干部工作优秀创新案例”。聚焦助力共同富裕示范区建设，4次组织走基层、看变化、促发展活动，持续打响“商城红管家、水保姆护河、周周有戏”等志愿服务品牌，《阳光团的故事》被拍成主题电影。

【老干部学习教育】 2021年，市老干部局开展“永远跟党走”群众性主题活动，全覆盖送上党史学习包和初心邮册，联动开展“望道故里话信仰”主题党日、全市老年学员合唱比赛和千人文体展演等学习教育活动。整理口述史4套12万字，“信仰树”老干部宣讲团宣讲党史122场，获全省主题党日案例大赛一等奖，参加全国涉老工作部门党史知识竞赛，获优秀组织奖。

【离退休干部党建融入城市基层党建工作试点】 2021年2月，印发试点工作《义乌市深入推进离退休干部党建融入城市基层党建工作五条意见（试行）》，建立“一方隶属、双轮驱动、双向服务”工作体系，推进组织、服务、职能、机制“四融入”，形成建立3+X（3即党建服务、文化服务、生活服务；X即X项特色服务）惠老服务清单和“四位一体”社区发挥作用机制等制度性成果。试点做法受人民网、《中国老年报》头版头条报道。（邵显明）

信访工作

【概况】 2021年，全市信访总量1.46万件次，同比下降40.8%。其中群众来信事项2236件，同比下降1.5%；网上信访1.03万件，同比下降19.6%；四级走访837批2050人次，人次同比下降12.2%。信访“最多跑一次”改革进一步深化，建立初信初访“日清、周结、月检”机制，推动初信初访化解责任100%

落实到位，交办初信初访事项2562件，推动化解2464件，化解率96.2%，化解周期压缩至1个月，全市新增积案率0.58%。办理信访复查申请56件。来信来访主要集中在旧村改造、劳资劳务、村务财务、城镇房屋拆迁安置、违法建筑、人才房、涉法涉诉等方面问题。加大依法信访宣传和违法上访依法查处力度，政法机关依法处理违法上访人员15人。开展重大活动期间信访保障工作，确保了建党100周年、各级“两会”及本市重大活动等期间的信访稳定。

【“无信访积案县（市、区）”三连创】 2021年，全市开展“无积案县（市、区）”创建活动，通过落实市领导“一案双包”和责任单位“一案双责”，对突出问题实行“组团式”专班攻坚。528件国家级重复信访事项化解523件，化解率99.1%。313件省级重复信访事项全部化解，化解率100%；“无积案县（市区）”各项指标全部达标，成功实现“无积案县（市、区）”三连创。义乌市被评为2021年度“无信访积案县（市、区）”。

【政务热线服务】 2021年，义乌市政务服务热线电话总话务172.73万通，其中，呼入150.25万通（96150热线92.13万通，12345热线58.12万通），接通88.97万通，呼出22.48万通，共受理工单90.66万件。咨询类主要涉及疫情防控，职工养老、医疗社保、医保问题咨询，疫情相关基本信息，劳资纠纷问题，移车服务，健康码等问题。投诉类主要涉及消费者权益保护、疫情防控措施、快递物流配送、噪音污染、美容美发、游泳健身等预付卡退费、车辆乱停放或停车位被占用、市容环境、房产质量、物业服务及出租车等问题。

【“基层治理四平台”迭代升级】 2021年，义乌市推动省市县“152”体系与县以下“141”体系全贯通，根据《浙江省“基层治理四平台”数字化建设指南》要求，完成基层治理四平台3.0版升级和本地化部署工作。在金华市率先接入纪委监督一点通应用并实现数据互通，同时加大基层治理四平台与矛调协同应用系统、行政执法监管平台、110接处警系统的联动互通，拓展基层治理四平台功能，持续擦亮基层治理四平台品牌。全年基层治理四平台共新增事件17.24万件，按期办结率99%，累计走访重点人员4.37万人次，走访重点场所1.7万场次，全市网格员共排查安全隐患12.61万件，化解矛盾纠纷9074件。

【义乌“智哨”指挥平台建成】 2021年，针对义乌当前基层社会治理中存在源头防控难、研判分析难、联动协同难等问题，义乌市成立数字化改革专班，归集基层治理四平台、省统一投诉举报平台等47个数源系统，汇聚3631万条数据，覆盖重点人员4364人，重点场所1922处，建成“智哨”指挥平台驾驶舱，设置矛盾纠纷数据，设置劳资、预付卡、移车等5个子场景，打造集矛盾纠纷防范化解、社会风险研判预警、治理事件闭环处置于一体的多业务场景，推动纠纷化解在基层。至年底，智哨指挥平台共预警风险事项1360件，办结率96.3%。其中，预警劳资风险企业646家，实地排查处置率100%。预付卡化解率从41%提升至80%，群众满意率从37%提升至95%。移车投诉量同比下降40.52%。

【“义纾先锋”党建联盟成立】 2021年6月1日，义乌市“义纾先锋”党建联盟在市社会矛盾纠纷调处化解中心成立。“义纾先锋”党建联盟以市社会矛盾纠纷调处化解中心为牵头单位，成员由市纪委、政法委、法院、检察院等18家单位及社会组织组成。党建联盟以“服务群众、化解矛盾、纾忧解难、促进和谐”为宗旨，推行资源清单、服务清单、需求清单“三张清单”，落实议事协商、项目领办、活动推进、交流学习、服务保障“五项机制”，有力推动了矛盾纠纷化解“最多跑一地”，促进化解各类矛盾纠纷4190件。年内，党建联盟被评为“市机关党建优秀案例”，“学习强国”浙江平台、金华电视台等6家媒体平台先后报道刊播。

（舒东阳）

义乌市人民代表大会

综　述

【依法履职】 2021年，市人大常委会深入贯彻中共十九届六中全会和中央人大工作会议精神，在义乌市委的领导下，以“盯住法、把牢图、管好钱、议大事、任免人”为重点，依法履职、主动作为，为加快世界小商品之都建设、奋力打造“重要窗口”发挥积极作用。全年，召开市人大常委会10次，市人大常委会党组会议18次。开展《浙江省粮食安全保障条例》《固体废物污染环境防治法》等执法检查6次，有力推动严格执法、公正司法、全民守法。审议、批准“十四五”规划纲要，助力“十四五”开好局、起好步。听取和审议市政府工作报告，及时作出批准国民经济计划调整的决定。推动全面落实高质量发展要求，审查重大投资项目4批13个，提出审议意见24条，调减项目投资5500余万元。坚持党管干部与人大依法选举任免相统一，依法任免国家机关工作人员111人次。疫情防控期间，市人大常委会代表和人大干部累计参与卡口值守、检查督促等防控工作3万余人次，捐款捐物1600余万元。在常态化疫情防控形势下，开展走村入企访民暖心解难题行动，审议疫情防控、健康驿站工程项目等报告，推动健全公共卫生应急管理体系和重大疾病防控体制建设。2021年，市人大常委会全面推进全省唯一的国家级基层立法联系点建设，得到全国人大的充分肯定；市人大数字化改革得到省人大常委会领导的肯定；获批金华市示范性“四好”代表联络站4家。

【换届选举工作完成】 2021年，市人大常委会深入贯彻落实中央和省委、市委关于县乡人大换届选举工作的部署要求，组织市、镇两级人大代表换届选举工作，确保选举工作依法有序推进。会同党委组织部门，严格人选标准和条件，规范推荐提名程序，做到依法有序选举。全市有选民70.4万人，参选率为98.3%，333名代表全部一次选举成功，基层一线代表比例占48.7%。

【基层立法联系点工作】 2021年，义乌市人大常委会持续高标准推进国家级基层立法联系点工作，构建完善“1+3+X”（“1”是设立义乌基层立法联系点办公室；“3”是征询单位、联络站、立法咨询专家库三大立法建议收集平台；“X”是立法联络员、信息采集员、人大代表、基层群众等人员队伍）工作网络，联系点建设启动以来，成为推动科学、民主立法的重要平台，共接到征求法律、法规草案38部，2.1万人次群众踊跃参与，上报立法意见建议1500余条，121条被已出台的法律采纳。基层立法联系点相关做法被《新闻联播》《焦点访谈》《新华每日电讯》《法治日报》《浙江日报》等国家和省级媒体报道。

【“人大民情快递”平台】 2021年6月，义乌市人大常委会创新开发浙政钉“人大民情快递”平台上线，以构建短平快的民情收集反馈机制，推动代表工作流程再造和制度重塑。市民利用“浙里办”、微信小程序、联络站二维码、代表个人二维码等平台，第一时间将民生实事相关问题反映至代表和联络站，通过直接答复、转交办理等方式，逐一整改销号，实现反馈闭环。至年底，“人大民情快递”平台交办问题591个，在“浙政钉”的点击量居全市党政整体智治系统应用前列。（朱滇峰）

重要会议和决策决定

【概况】 2021年，义乌市举行人大常委会会议10次、主任会议14次，围绕全市经济社会发展大局的重大问题深入调研，作出国民经济计划调整、预算调整等重大事项决定决议21项。围绕中心工作，听取和审议全域分质供水、“无废城市”建设、养老机构运行和居家养老服务等专项工作报告26个。

【市十五届人民代表大会第五次会议】 2021年1月20—23日，义乌市第十五届人民代表大会第五次会议在稠城举行。会议听取和审议《政府工作报告》《义乌市人民代表大会常务委员会工作报告》《义乌市人民法院工作报告》《义乌市人民检察院工作报告》。审议《关于义乌市2020年国民经济和社会发展计划执行情况及2021年国民经济和社会发展计划草案的报告》（书面）、《关于义乌市2020年预算执行情况和2021年预算草案的报告》（书面）。经审议，通过上述各项报告，并作出相应决议。会议审议《关于义乌市2020年环境质量状况和环境保护目标完成情况的报告》（书面），确定《高标准建设自贸区，推动高质量高水平建成世界小商品之都》《高质量推进乡村振兴，打响“中国众创乡村”品牌》2件议案作为大会议案，收到代表提出的议案建议298件。会议以无记名投票方式，选举王强为义乌市监察委员会主任，金有富为义乌市第十五届人民代表大会常务委员会副主任；依法选举刘利剑、傅凤丽为市人大常委会委员，对13项候选民生实事项目进行差额投票表决；确定“建成投用中小学、幼儿园40所以上，新建25所学校“上下学接送区”，全面完成公办中小学普通教室灯光改造等10项实事项目为市政府2021年度民生实事项目，并在《义乌商报》上进行公布。

【市十五届人大常委会会议】 2021年，市人大常委会紧紧围绕市委、市政府中心工作，在市政府八楼召开常委会会议10次，听取和审议专项工作报告26个，作出重大事项决定决议21项。

2021年义乌市人大常委会常务会议情况

表3

会议名称	时　间	参加人员	会议内容
市十五届人大常委会第三十八次会议	1月15日	市人大常委会主任，副主任及委员共34人出席会议。市纪委书记，常务副市长，市法院、市检察院负责人，市府办、市委组织部、市发改局等部门单位负责人共41人列席会议	听取和审议市发改局《关于2021年度新建重大基础设施和公益性项目计划草案情况的报告》。审议并表决通过市政府、市监委、市法院、市检察院有关人事提请报告和市人大常委会主任会议有关人事提请议案
市十五届人大常委会第四十一次会议	3月25日	市人大常委会主任，副主任及委员共38人出席会议。市政府党组成员，市监察委员会、市人民法院、市人民检察院负责人，市府办、市发改局、市水务局等单位负责人共33人列席会议	听取和审议市水务局《关于义乌市全域分质供水工作有关情况的报告》，市发改局《关于提请调整义乌市2021年国民经济和社会发展计划的报告》，审议《市人大常委会“代表+”机制标准化工作的实施意见》

续表 3

会议名称	时　间	参加人员	会议内容
市十五届人大常委会第四十二次会议	5月20日	市人大常委会主任，副主任及委员共36人出席会议。全国人大常委会法工委挂职干部，市政府党组成员，副市长，市监察委员会、市人民法院、市人民检察院负责人，市府办、市委人才办、经开区发展指挥部等单位负责人共39人列席会议	会议听取和审议市科技局《关于推进落实“十四五”规划创新发展部署、加快建设国家创新型城市情况的报告》，市生态环境分局《关于“无废城市”建设情况的报告》，市民政局《关于养老机构运行和居家养老服务工作情况的报告》，佛堂镇《关于义乌市佛堂镇历史文化名镇保护规划的报告》
市十五届人大常委会第四十三次会议	8月3日	市人大常委会主任，副主任及委员共38人出席会议。市长，市政府党组成员，全国人大常委会法工委挂职干部，市人民法院、市人民检察院，市监察委员会负责人，市府办、市委编办、市发改局等单位负责人共45人列席会议	会议听取和审议市府办《关于市十五届人大五次会议议案和代表建议办复工作及重点建议办理进展情况的报告》，市卫健局《关于义乌市重大疾病防控体制机制以及公共卫生应急管理体系建设审议意见落实情况的报告》，市发改局《关于提请调整义乌市2021国民经济和社会发展计划的报告》，市审计局《关于市本级2020年度预算执行和其他财政收支的审计工作报告》，市政府《关于〈浙江省粮食安全保障条例〉实施情况的报告》，市人大常委会《关于粮食安全执法检查情况的报告》
市十五届人大常委会第四十四次会议	9月28日	市人大常委会主任，副主任及委员共34人出席会议。市纪委书记，副市长，市人民法院、市人民检察院负责人，市府办、市财政局、市人社局等单位负责人共46人列席会议	会议听取和审议了市监委《关于整治群众身边的不正之风和腐败问题工作情况的报告》，市财政局《关于义乌市2021年1—8月财政情况和全年预算调整方案的报告》，市府办《关于2020年度全市国有自然资源资产管理情况的专项报告》，市双江湖新区管委会《关于双江湖建设开发情况的报告》
市十五届人大常委会第四十五次会议	10月15日	市人大常委会主任，副主任及委员共31人出席会议。全国人大常委会法工委挂职干部，常务副市长，市监委、市法院、市检察院负责人，市府办、市委组织部、市发改局等单位负责人共28人列席会议	会议听取和审议市发改局《关于中国计量大学现代科技学院二期、研究生院学生宿舍和配套设施工程情况的报告》，审议通过了《关于义乌市市、镇两级人民代表大会换届选举有关事项的决定》《关于设立义乌市选举委员会的决定》《关于设立义乌市各镇选举委员会的决定》《关于调整市十五届人大常委会代表资格审查委员会组成人员的决定》
市十五届人大常委会第四十六次会议	11月26日	市人大常委会主任，副主任及委员共33人出席会议。市委书记，市委副书记，全国人大常委会法工委挂职干部，常务副市长，市法院党组书记，市监委、市检察院负责人，市府办、市委组织部、市发改局等单位负责人共47人列席会议	会议审议通过有关人事事项。听取和审议市府办《关于2020年度义乌市本级预算执行和其他财政收支审计查出问题整改情况的报告》。听取和审议市发改局《关于义乌市国防教育训练基地健康驿站工程情况的报告》。审议通过《关于开展第八个五年法治宣传教育的决议》《关于调整义乌市新一届市、镇两级人民代表大会代表选举日的决定》

续表3

会议名称	时间	参加人员	会议内容
市十五届人大常委会第四十七次会议	12月24日	市人大常委会，副主任及委员共34人出席会议。全国人大常委会法工委挂职干部，纪委书记，副市长，市法院、市检察院负责人，市府办、市司法局、市财政局等部门单位负责人共38人列席会议	会议审议通过有关人事事项。听取和审议市建设局《关于全市传统村落保护工作情况的报告》，市司法局《关于年度法治政府建设工作情况的报告》

【决策决定】 2021年1月15日，义乌市第十五届人民代表大会常务委员会第三十八次会议通过《关于接受钱佩忠辞去金华市第七届人民代表大会代表职务的决定》《关于接受黄超辞去义乌市第十五届人民代表大会代表职务的决定》。同月23日，义乌市十五届人大常委会第三十九次会议通过《关于接受钱福安、郑月琴辞去金华市第七届人民代表大会代表职务的决定》。3月25日，义乌市十五届人大常委会第四十一次会议通过《关于接受骆金水辞去义乌市第十五届人民代表大会代表职务的决定》《义乌市人大常委会关于人大各街道工委工作报告的决议》《关于批准调整义乌市2021年国民经济和社会发展计划的决议》。5月20日，义乌市十五届人大常委会第四十二次会议通过《关于义乌市佛堂镇历史文化名镇保护规划的决议》。8月3日，义乌市十五届人大常委会第四十三次会议通过《义乌市人大常委会关于批准义乌市2020年财政决算的决议》《关于批准调整义乌市2021年国民经济和社会发展计划的决议》。9月28日，义乌市第十五届人民代表大会常务委员会第四十四次会议通过《关于接受刘利剑等辞去义乌市人大常委会委员职务的决定》《关于批准义乌市2021年市级预算调整方案的决议》。10月15日，义乌市第十五届人民代表大会常务委员会第四十五次会议通过《义乌市人民代表大会常务委员会关于市、镇两级人民代表大会换届选举有关事项的决定》《义乌市人民代表大会常务委员会关于设立义乌市选举委员会的决定》《义乌市人民代表大会常务委员会关于设立义乌市各镇选举委员会的决定》《义乌市人民代表大会常务委员会关于调整代表资格审查委员会组成人员的决定》。11月26日，义乌市十五届人大常委会第四十六次会议通过《关于接受王健辞去义乌市人民政府市长职务的决定》《关于叶帮锐代理义乌市人民政府市长职务的决定》《关于接受胡公益辞去义乌市人民法院院长职务的决定》《关于吴传档代理义乌市人民法院院长职务的决定》《关于调整义乌市新一届市、镇两级人民代表大会代表选举日的决定》《义乌市人民代表大会常务委员会关于开展第八个五年法治宣传教育的决议》。 （朱滇峰）

国家机关人事任免

【概况】 2021年，落实《市人大常委会任免国家机关工作人员办法》，加强和规范人事任免中各个环节工作，任免国家机关工作人员111人次，通过法定程序实现市委人事安排意图，确保地方国家机关正常运转。组织常委会任命人员进行宪法宣誓，增强干部法治意识、责任意识和担当意识。

【市十五届人大常委会第三十八次会议人事任免事项】 2021年1月15日，市十五届人大常委会第三十八次会议通过，决定免去何旭明的义乌市人民政府副市长职务；免去金有富的义乌市监察委员会副主任职务。任命陈欣为义乌市第十五届人民代表大会社会建设委员会副主任委员，陈节庆为义乌市人民法院副院长、审判委员会委员、审判员。免去朱卫东义乌市人民法院副院长、审判委员会委员、审判员职务。任命朱卫东为义乌市人民检察院副检察长、检察委员会委员、检察员，何小航为义乌市人民检察院检察委员会专职委员。免去陈节庆的义乌市人民检察院副检察长、检察委员会委员、检察员职务，任命丁冰净等123人为人民陪审员。

【市十五届人大常委会第四十一次会议人事任免事项】 2021年3月25日，义乌市十五届人大常委会第四十一次会议通过，决定免去徐翠英的义乌市人民法院审判员职务、张小平的人民陪审员职务。2021年5月20日，义乌市十五届人大常委会第四十二次会议通过，决定任命孙娜娜为义乌市人大常委会法制和监察司法工作委员会副主任、陈凯为义乌市人大常委会法制和监察司法工作委员会副主任、万里城为义乌市退役军人事务局局长。免去吕兴文的义乌市人民法院审判委员会委员、上溪人民法庭庭长职务，免去朱明的义乌市人民法院廿三里人民法庭庭长职务、叶迪龙的义乌市人民法院审判员职务。

【市十五届人大常委会第四十三次会议人事任免事项】 2021年8月3日，义乌市十五届人大常委会第四十三次会议通过，决定任命王炜为义乌市人民政府副市长。免去毛志坚的义乌市人民法院审判员职务。

【市十五届人大常委会第四十四次会议人事任免事项】 2021年9月28日，义乌市十五届人大常委会第四十四次会议通过，决定任命罗祖盘为义乌市人民政府副市长、朱金弟为义乌市经济和信息化局局长、楼辉腾为义乌市自然资源和规划局局长、周建平为义乌市农业农村局局长、张凤德为义乌市文化和广电旅游体育局局长。免去曹耿的义乌市经济和信息化局局长职务、鲍建平的义乌市自然资源和规划局局长职务、楼辉腾的义乌市农业农村局局长职务、王东升的义乌市文化和广电旅游体育局局长职务。任命吴唯一为义乌市人大常委会人事代表工作委员会主任、方霞为义乌市人大常委会教育科技文化卫生工作委员会主任、许贞党为义乌市人大常委会社会建设工作委员会主任、杨文庆为义乌市人大常委会稠城街道工作委员会主任、方立标为义乌市人大常委会福田街道工作委员会主任、吴春光为义乌市人大常委会江东街道工作委员会主任、孟腾为义乌市人大常委会北苑街道工作委员会主任、万扬华为义乌市人大常委会后宅街道工作委员会主任、邵锋为义乌市人大常委会廿三里街道工作委员会主任、丁焕平为义乌市人大常委会办公室副主任、陈仕俊为义乌市人大常委会城建环保工作委员会副主任、楼其根为义乌市人大常委会农业农村工作委员会副主任、郑琦为义乌市人大常委会社会建设工作委员会副主任、刘加云为义乌市人大常委会稠城街道工作委员会副主任、余文东为义乌市人大常委会江东街道工作委员会副主任、赵向阳为义乌市人大常委会稠江街道工作委员会副主任、余悌军为义乌市人大常委会北苑街道工作委员会副主任、金瑞贤为义乌市人大常委会后宅街道工作委员会副主任、陈宝新为义乌市人大常委会廿三里街道工作委员会副主任、陈思法为义乌市人大常委会城西街道工作委员会副主任。免去许贞党的义乌市人大常委会人事代表工作委员会主任职务、吴军民的义乌市人大常委会教育科技文化卫生工作委员会主任职务、吴唯一的义乌市人大常委会社会建设工作委员会主任职务、吴功三的义乌市人大常委会稠城街道工作委员会主任职务、何华东的义乌市人大常委会福田街道工作委员会主任职务、刘利剑的义乌市人大常委会江东街道工作委员会主任职务、陈运欣的义乌市人大常委会北苑街道工作委员会主任职务、朱建荣的义乌市人大常委会后宅街道工作委员会主任职务、吴学民义乌市人大常委会廿三里街道工作委员会主任职务、陈仕俊的义乌市人大常委会办公室副主任职务、丁焕平的义乌市人大常委会城建环保工作委员会副主任职务、许双源的义乌市人大常委会社会建设工作委员会副主任职务、陈呈云的义乌市人大常委会稠城街道工作委员会副主任职务、刘加云的义乌市人大常委会稠江街道工作委员会副主任职务、刘红伟的义乌市人大常委会江东街道工作委员会副主任职务、陈永军的义乌市人大常委会北苑街道工作委员会副主任职务、葛勇坚的义乌市人大常委会后宅街道工作委员会副主任职务、赵向阳的义乌市人大常委会廿三里街道工作委员会副主任职务、金瑞贤的义乌市人大常委会城西街道工作委员会副主任职务。任命龚卫兵为义乌市第十五届人民代表大会财政经济委员会副主任委员、许贞党为义乌市第十五届人民代表大会社会建设委员会副主任委员。免去陈建兴的义乌市第十五届人民代表大会财政经济委员会副主任委员职务、吴唯一的义乌市第十五届人民代表大会社会建设委员会副主任委员职务。任命赵文兴为义乌市监察委员会委员、楼静敏为义乌市监察委员会委员。免去方霞的义乌市监察委员会委员职务。

【市十五届人大常委会第四十六会议人事任免事项】 2021年11月26日，义乌市十五届人大常委会第四十六会议通过，决定任命叶帮锐为义乌市人民政府副市长，代理义乌市人民政府市长职务；任命吴传档为义乌市人民法院副院长、审判委员会委员、审判员、代理义乌市人民法院院长职务；任命李双为义乌市人民法院审判员、范燕为义乌市人民法院审判员。免去胡公益的义乌市人民法院审判委员会委员、审判员职务，张婷的义乌市人民法院福田金融法庭副庭长、审判员职务，蒋建华的义乌市人民法院审判员职务。任命曹云为义乌市人民检察院检察员、刘鑫麟为义乌市人民检察院检察员。

【市十五届人大常委会第四十七次会议人事任免事项】 2021年12月24日，义乌市十五届人大常委会第四十七次会议通过，决定任命宋寅寨为义乌市人民政府副市长、杨献为义乌市人民政府副市长。免去江栋的义乌市人民政府副市长职务。任命宋寅寨为义乌市公安局局长、江泽阳为义乌市交通运输局局长、朱跃平为义乌市综合行政执法局局长。免去陈国荣的义乌市发展和改革局局长职务、江栋的义乌市公安局局长职务、王俊庆的义乌市交通运输局局长职务、黄镇的义乌市综合行政执法局局长职务。任命黄镇为义乌市人大常委会法制和监察司法工作委员会主任、邵元龙为义乌市人大常委会财政经济工作委员会主任、陈溪光为义乌市人大常委会农业农村工作委员会主任。免去周灯荣的义乌市人大常委会农业农村工作委员会主任职务、吴洪的义乌市人大常委会法制和监察司法工作委员会主任职务、王碧荣的义乌市人大常委会财政经济工作委员会主任职务、陈溪光的义乌市人大常委会办公室副主任职务。任命范文中为义乌市监察委员会委员。免去朱跃平的义乌市监察委员会委员职务。 （朱滇峰）

督查·视察·调研

【概况】 2021年，义乌市人大常委会以习近平总书记关于坚持和完善人民代表大会制度的重要思想为遵循，深入贯彻中央人大工作会议精神，不断增强落实好人民代表大会制度的政治责任感、使命感。通过依法履职行权，全力助推中心工作，做到“中心工作推进到哪，人大工作就跟进到哪，作用就发挥到哪”，在经济高质量发展、双循环新发展格局融入、共同富裕建设、新冠肺炎疫情防控、重大项目建设、预算审查监督、城市品质提升等方面，贡献人大力量。年内，围绕危化品安全管理、“无废城市”建设、长期护理保险试点、民主法治村（社区）建设、桥头遗址保护开发、自贸试验区建设、双江湖建设开发、城市生活垃圾处置等工作开展视察12次，交办视察意见8份。

【危化品安全管理情况视察】 2021年3月26日，市人大常委会组织9名市人大代表对义乌市危险化学品安全管理情况进行视察。视察组实地视察蝶妃化妆品公司、凯创印刷包装产业园的危化品安全管理情况，听取市应急管理局等部门关于危化品安全管理执法监管工作情况汇报，并进行座谈。视察组认为，市政府及有关部门认真贯彻实施《安全生产法》《危化品安全管理条例》等法律法规，开展危化品三年专项治理行动，有针对性地推进执法监管；组织应急处置培训演练，推动危化品经营使用单位提高安全发展水平。但也存在部分企业危化品安全操作、运输环节不规范，管理不到位，存在安全隐患；部分储存经营危化品企业租用临时场地，安全投入不足，作业环境、储存条件亟须改善；重大危险源单位从无到有，配套设施不完善等问题逐步显现；危化品从业人员风险认知和应急处置能力有待提高；危化品管理专业人才较为短缺等问题。视察组对发现的问题提出建设性意见和建议。

【“无废城市”建设情况视察】 2021年4月20日，市人大常委会组织8名市人大代表对义乌市“无废城市”建设情况进行视察。视察组实地视察义乌市再生资源利用中心（餐厨垃圾综合利用场所）、义乌市建筑垃圾资源化利用中心项目（在建）及浙江华川深能环保有限公司（生活垃圾焚烧），听取市生态环境分局关于义乌市“无废城市”建设情况的汇报，并进行座谈。视察组认为，市生态环境分局及相关部门单位推动华川垃圾焚烧技改提升、污泥干化焚烧处置、餐厨垃圾资源化利用中心、镇（街道）工业垃圾分拣中心及小微危废收储转运中心等一批全省示范的固废处置项目建成投运，为“无废城市”创建打下良好基础。但在工作推进过程中，仍存在建筑垃圾等固废处置能力亟待提高，污水处理收集率偏低，垃圾分类源头管理有待强化，全域“无废”齐抓共管格局有待夯实，大型废弃家具等废弃物的收集、处置没有形成闭环机制及公众参与程度有待提升等问题和不足。视察组对发现的问题提出建设性意见和建议。

【长期护理保险试点工作情况视察】 2021年4月26日，市人大常委会组织8名市人大代表对义乌市长期护理保险试点工作情况进行视察。实地视察稠城社区卫生服务中心和上溪镇养老服务中心，听取市医保局等部门关于长期护理保险试点相关工作情况汇报，并进行座谈。视察组认为，义乌市自2018年纳入全省长护险试点城市以来，从政策、监管、服务等方面进行制度设计，探索出具有义乌特色的长护保险模式，在提供中重度失能人员长期护理保障、减轻失能老年人家庭压力和经济负担、优化医疗资源配置、推动养老产业和护理服务市场发展等方面发挥积极作用。但还存在部分家庭居家照护的能力和效果不尽人意；医疗康复机构开办上门护理服务的积极性不高等问题。视察组对视察中发现的问题提出建设性意见和建议。

【民主法治村（社区）建设情况视察】 2021年4月28日，市人大常委会组织10名市人大代表对义乌市民主法治村（社区）建设情况进行视察。实地视察苏溪镇六都村和大陈镇红旗村，听取市司法局关于义乌市民主法治村（社区）创建工作情况汇报，并进行座谈。视察组认为，近年来，市政府坚持以增强基层群众参政意识，提高基层法治化管理水平为目标，在科学谋划、机制建设、强化推进、完善标准等方面做出努力，培育了一批创建意识强、法治意识高、治理能力突出的民主法治村。但仍存在部分镇（街道）思想重视程度不够，参与创建的积极性不高，民主法治村的覆盖率偏低，民主法治村创建工作推进的力度和氛围有待提高，部门之间的工作合力有待加强等问题。

【桥头遗址保护开发工作情况视察】 2021年6月17日，市人大常委会组织9名市人大代表对义乌市桥头遗址保护开发工作情况进行视察。实地察看桥头遗址保护现状，听取市文旅局等部门关于桥头遗址保护开发工作的汇报，并进行座谈。视察组认为，近年来，市委市政府高度重视桥头遗址保护开发工作，有关部门全力以赴推进各项工作落实，在发掘保护、学术研究、配套建设等方面做了大量工作，保护开发工作取得阶段性成果。视察组就高标准推进桥头遗址保护开发工作，把桥头遗址打造成义乌历史文化名片和对外宣传窗口提出建设性意见。

【自贸试验区建设情况视察】 2021年6月25日，市人大常委会组织17名市人大代表对义乌市自贸试验区建设情况进行视察。实地视察义乌综合保税区及海关监管指挥中心，详细了解综保区规划建设、验收、招商引资等工作，听取市委改革办、综保区管理局、海关、商城集团等部门单位关于义乌市自贸试验区建设情况汇报，并进行座谈。视察组认为，自2020年义乌市获批纳入自贸试验区以来，全市上下大胆闯、大胆试，坚持以制度创新为核心、以项目建设为支撑、以数字变革为动力，全面加快自贸试验区建设各项工作，取得显著成果。同时，义乌市自贸试验区建设还面临着受海关监管政策限制，综保区建设规划面临重新调整，预留功能置换区还存在土地政策处理难题。视察组就存在的问题提出加快完善综保区配套设施建设、推动指定监管口岸优化整合、持续加大招商引资力度、全面推进综保区开发建设，要突出制度创新，着力打造先行示范区，要强化改革破题，加快培育发展新动能等建设性意见。

【双江湖建设开发情况视察】 2021年7月14日，市人大常委会组织9名市人大代表对双江湖建设开发情况进行视察。实地视察双江水利枢纽工程、浙大国际医学院等建设现场，听取双江湖新区管委会关于双江湖建设开发情况的汇报，并进行座谈。视察组认为，双江湖新区建设，是义乌发展的百年大计，标志着义乌从“绣湖时代”迈向“双江湖时代”，全社会高度关注、百姓期盼已久。双江水利枢纽工程自2020年11月开工建设以来，双江湖新区管委会和相关部门、镇（街道）通力协作，克服诸多困难，工程建设取得阶段性进展。视察组就工程和质量问题提出建设性意见。

【城市生活垃圾处置工作情况视察】 2021年8月12日，市人大常委会组织10名市人大代表对义乌市城市生活垃圾处置工作情况进行视察。实地视察稠江街道欧景花园垃圾分类站、佛堂镇塔山垃圾填埋场、义乌市再生资源利用中心（餐厨垃圾处置项目）及华川垃圾焚烧发电厂，听取市行政执法局《关于义乌市城市生活垃圾处置工作的汇报》，并进行座谈。视察组认为，近年来，市政府能够贯彻落实上级和市委的工作部署，高度重视城市生活垃圾处置工作，以垃圾减量化、资源化、无害化为导向，采取强有力的工作措施，形成从垃圾源头管理、过程监督到末端处置的全过程管控体系，取得良好工作成效。但仍存在垃圾集中投放点的管理和建设有待提升，部门之间协作有待加强，宣传力度有待加大等薄弱环节。视察组就存在的问题提出建设性的意见。

（朱滇峰）

议案办理

【概况】 2021年，市十五届人大五次会议期间，收到大会议案2件，代表建议意见284件。经研究，确定2件大会议案和13件重点建议由市政府领导领衔办理，并由市人大领导分工督办，下发督办工作方案。

【建议督办】 2021年9月18日，市人大开展代表建议办理工作“回头看”活动，研究分析正在解决的建议，分线开展局长、代表“面对面”活动，督促各承办单位加大办理力度，对不满意件实施二次办理并注重考核检查，开展实地调查和跟踪督办，修订代表建议办理工作考核细则，以解决率为导向，推动问题的真正化解。12月底，2件大会议案办理工作取得较好成效；代表对284件建议办理答复情况表示满意的有241件，表示基本满意的有43件，满意率为100%。所提建议已解决的96件，列入计划逐步解决的121件，需要创造条件解决的58件，受条件限制留作参考的9件。大会所有代表建议具体内容和承办单位答复意见均在“中国义乌”网公开。

【市镇两级人大代表换届选举】 2021年10月中旬，在克服“人户分离”、疫情防控等不利影响下，义乌市启动市镇两级人大代表换届选举。市人大常委会会同党委组织部门严格代表人选标准和条件，按照选举准备，动员培训、选区划分和名额分配，选民登记，提名推荐和协商确定代表候选人，准备和组织投票5个阶段任务，依法有序推进换届选举工作，12月下旬完成。此次换届，全市共登记选民70.92万人，登记率99.65%。选举产生义乌市第十六届人民代表大会代表333名，各镇人民代表大会代表524名，全部一次选举成功。2022年1月11日，义乌市十五届人大常委会第四十八次会议通过代表资格审查委员会提交的《关于义乌市第十六届人民代表大会代表资格审查的报告》，同月12日，在《义乌商报》公布义乌市第十六届人民代表大会代表名单。

（张顺凯）

专委会工作

【概况】 2021年，义乌市人大法制和监察司法委员会、财政经济委员会、社会建设委员会在市人大及其常委会的领导下，紧扣市委重大决策部署，坚持围绕中心服务大局，不断增强履职实效；坚持社会公平正义，不断强化司法执法监督；坚持人民至上，不断提升群众的获得感幸福感。全年开展规范性文件备案审查79件，审查重大投资项目4批13个，提出审议意见24条，调减项目投资总额5545万元。

【法制和监察司法委员会】 2021年，市法制和监察司法委员会以对“一府一委两院”监督为主线，司法执法监督为重点，全力推动打造公平公正公开的法治社会环境，为义乌经济社会发展保驾护航。围绕市委中心工作，助力共同富裕示范区建设、自贸区建设、打造国际化一流营商环境等中心工作。对“一府一委两院”开展监督，出台《关于义乌市人民法院、市人民检察院规范性文件备案审查工作规定》，首次提请常委会听取和审议监察委员会专项工作报告。推动建立“大综合、一体化”行政执法体系，27个方面852项执法权下沉，建立行政诉讼败诉案件过错责任追究与容错免责机制和“一案一报备”工作机制。坚持普治结合理念，七五普法圆满收官，组织人大代表视察义乌市民主法治村建设情况，提升社会基层治理能力水平。坚持以人民为中心理念，着力推动解决群众的急难愁盼问题，推动“老年人交通事故防治”“智安小区建设”以及“交通事故一键报警”等民生实事落地。

【财政经济委员会】 2021年，市人大财政经济委员会聚焦主责主业，全面加强财政经济工作监督，助力全市经济社会高质量发展。关注自贸区建设工作，不断深化“代表+”监督工作机制，以大会议案督办为主线，组织开展自贸区建设专题调研、专题视察、专题问政等系列专项监督活动，用多场景监督全力助推义乌自贸区高质量发展。做好法定审查监督事项，提请常委会、主任会议审议关于计划、预算、审计等法定监督议题9项，组织人大代表开展部门预算审查1次，完成人大财经联网系统建设初验，全面推动人大预算审查监督提质增效。坚持贯彻新发展理念，紧盯经济高质量发展主题主线，组织开展系列经济监督活动，组织审查重大投资项目4批13个，提出审议意见24条，调减项目投资总额5545万元。做好计划调整审查工作，提请常委会依法作出批准调整国民经济计划的决议，支持做好全市城市有机更新、土地征收工作，助推城市转型发展；提请常委会首次听取和审议国有自然资源管理情况专项报告，人大国有资产管理监督工作实现全覆盖。

【社会建设委员会】 2021年，市人大社会建设委员会扎实有效地推进人大社会建设工作。年内，提请市人大常委会会议审议议题2项，主任会议听取汇报2项，开展视察、执法检查2次，开展专题调研3项。聚焦养老服务工作，5月，常委会听取养老机构运行情况和居家养老服务工作情况报告，同时强化后续落实情况的跟踪监督。11月，对专项审议意见落实情况进行跟踪监督。加强医疗保障工作监督，通过组织代表视察医保支付方式改革、第三方机构参与医保基金监管等工作，提高基金使用绩效。同时配合省人大社会建设委员会做好长护险工作的调研，梳理义乌长护险工作的主要经验做法。重视安全领域工作监督，2021年，针对应急指挥系统、应急仓储基地建设等难点问题，开展专项监督活动，持续跟踪应急管理体系和能力建设，组织危险化学品安全管理情况视察。监督人力资源工作，提请主任会议专题听取汇报，推动全面完成三年行动计划的目标任务，提高各行业劳动者就业能力和职业素养。关注退役军人事务工作，提请主任会议听取退役军人事务工作专项汇报。开展养老服务体系建设、网络虚假信息治理、新业态从业人员社保工作、长期护理保险工作调研，配合金华市人大专委开展基层应急力量建设工作视察，上下联动开展《消防法》执法检查，以此为契机，深入了解和推动相关工作。（朱滇峰）

义乌市人民政府

综　述

【数字化改革多维突破】 2021年，义乌市锚定“152”跑道加速快跑，率先建成省市县三级贯通的县级公共数据平台，综合考评全省第一位。省数字化改革例会每期均有义乌元素，“非伤人轻微物损交通事故处理”作为典型案例现场演示，“村务清廉钉办”亮相全省首次新闻发布会，数字审批经验获全省推广，数字经济、数字社会系统建设综合评价全省领先，鸡鸣山社区场景入选最佳实践案例。承接省级试点项目46个，创新理论制度成果70余项。跨区域通办“朋友圈”拓展至18个城市。市行政服务中心获评省政务服务示范大厅。构建以“五大自由”为重点的改革体系，获批省级以上试点及赋权事项8个，涌现改革“首单”“首例”23个。列入省自贸区制度创新案例5个、标志性成果14个。首创出口退税备案单证数字化管理，每年可为企业节省成本超亿元。创新“市场采购+一般贸易”拼箱业务，预包装食品出口监管模式获全国推广。落地全国首个县级国际商事法律服务中心。新增农业“标准地”367.2公顷，改革经验写入《浙江省土地管理条例》。落地全国首个县级海外知识产权纠纷应对指导中心，获国家版权金奖。深化国资国企改革，国企营业收入增长84.1%。

【外循环节点持续贯通】 2021年，义乌市推进国际贸易“单一窗口”铁路运输试点，“义新欧”班列开行1277列，增长31.1%。与宁波舟山港实现海铁联运，“一次申报、一次查验、一次放行”，发运标箱增长94.6%。开通至马尼拉国际货运航线。实施出口信保政府统保等稳外贸举措，培育省重点进口平台3个。全年完成出口3659.2亿元，增长21.7%，增速超全省2个百分点；进口243.9亿元，增长95.3%；转口贸易增长6倍。内循环网络持续织密。构建“一盘好货”供应链体系。新增专业市场联盟成员13家，“城市经理人计划”链接国内终端门店3万家。实施促消费系列举措，拉动消费超26亿元。获评全省首批夜间经济样板城市。市场韧性持续增强。义西进口市场、跨境电商产业园等项目启动。市场人流、周边资金流分别增长18.2%和25%。快递业务量增长29.5%，总量92.9亿件。入选全国首批商品市场优化升级试点市，商城集团获批商业保理牌照。

【新兴产业不断壮大】 2021年，义乌市引进光伏光电强链延链项目11个，爱旭六期、彩易达、宏禧科技等项目开工，爱旭四五期、天合光能二期、东方日升二期等项目投产。引进安测、纳芯等半导体项目，芯片产业园集聚企业4家。完成开发区（园区）整合。高新区获评全省园区建设突出贡献集体。丝路金融小镇获省特色小镇命名，亩均效益领跑全省。光源科技小镇成功创建AAA景区。绿色动力小镇新增变速器产能30万台。云驿小镇落地物流企业33家。实施两化融合项目35个，打造数字化车间3个，列入省智能工厂培育企业2家。针织服装行业入选省产业集群新智造试点。新增省级小微企业园10个，总数保持全省第一。新增专精特新企业21家，获评省级企业研发机构11家。统筹工业用地全生命周期管理、“工业用地不姓工”整治，改造提升低效工业用地235.53公顷。

【片区建设提速】 2021年，义乌市植物园一期建成，铁路综合交通枢纽大楼启用，复旦大学义乌研究院首批项目启动，浙大国际医学院主体工程结顶、健康研究院建成投用。完成有机更新区块7个，改造提升老旧小区8个，创建省级未来社区5个。金义东轨道金义线试运营，“高速免费圈”扩大至15个道口。获评美丽城镇建设省级样板3个。新增美丽乡村示范镇1个，“望道信仰+人文上溪”精品线入选全省首批美丽乡村示范带。农村有机更新首批试点完成审批1.4万户，第二批试点完成签约39个村。成功创建国家“四好农村路”示范县。公众生态满意度全省排名提升16位，入选全省首批整体清洁生产审核试点，获评美丽浙江建设工作优秀市，再次获“大禹鼎”银鼎。

【社会事业全面进步】 2021年，义乌市落地“双减”政策，实现营利性学科类培训机构清零，“5+2”课后服务义务教育阶段全覆盖。建成中小学、幼儿园41所，新增学位1.6万个。儿童医院启动建设，浙大四院、中医院、妇保院成功创建“三甲”。完成所有基层卫生院标准化改造，基层卫生机构在全省考核中位居第一。新增家庭医生签约3.6万人。“望道之路纪念展”获评庆祝建党百年精品展。朱丹溪中医药文化入选国家非物质文化遗产名录。成功创建省体育现代化市、省食品安全示范市。共富共享全面推进。全国首试跨村有偿调剂宅基地资格权，新增农房抵押贷款70.6亿元，激活农村沉睡资产211亿元。实施“消薄”项目128个，发放乡村振兴贷款5.8亿元，村集体年经营性收入均超20万元、80%以上超50万元。建成三级联动公共就业平台，就业创业培训4.3万人，实现低收入家庭无劳动能力人员100%虚拟就业。创建省高质量就业村社5个。“一对一”结对帮扶低收入家庭3845户。实现低保对象、特困人员等社保应保尽保。“百县万品”为全国421个地区搭建平台，消费助农超亿元。入选缩小城乡差距全省首批试点。

【聚焦主题主线】 2021年，义乌市开展党史学习教育，聚焦主题主线，有力有序推进，在“学党史、悟思想、办实事、开新局”中进一步筑牢政治根基。履职依法依规。自觉接受人大依法监督、政协民主监督，人民代表大会议案建议284件、政协委员提案272件全部办复。全面开展法治镇（街道）、法治村创建。认真落实环保督察、安全生产督察、商贸服务业集聚区管委会巡视问题整改，配合做好经济责任审计，严格落实信访工作责任制。开展隐患大排查大起底大整治，安全生产事故、火灾数较前两年平均分别下降25.6%和37.1%。“两问大走访”“春风暖企行”解决问题1.2万个。完成“非粮化”整治优化1600公顷。深入推进财政预算绩效评估，全面开展扶持政策清理规范。审计查处管理不规范资金6.4亿元，促进增收节支超6700万元。 （刘　岱）

市政府重要会议

【概况】 2021年，义乌市政府根据市委“十四五”和2035年远景目标部署，围绕高质量高水平建成世界“小商品之都”，聚焦改革深化、市场提升、创新驱动、民生事业、绿色发展、营商环境等方面，先后召开系列重要会议，奋力推动新型贸易体系建设、“第六港区”建设、未来社区建设、法治政府建设、生态文明建设、自贸区发展、产业转型升级、安全生产等工作取得新局面，为高质量高水平建成世界小商品之都不懈奋斗。

【市政府全体会议】 2021年，义乌市政府全体会议共召开2次，均与市委全体会议合在一起召开。1月13日，义乌市委十四届九次全体（扩大）会议暨市政府第八次全体会议；8月25日，市委十四届十次全体（扩大）会议暨市政府第九次全体会议（会议内容在市委“重要会议”分目中已记述）。

【市政府常务会议】 2021年，在市政府四楼会议室召开市政府常务会议27次，审议通过议题、事项160余项。市长、副市长、相关党组成员、市人武部部长、市府办主任、相关单位负责人参加历次会议。

2021年义乌市政府常务会议情况一览表

表4

时　间	会议名称	会议内容
1月11日	市政府第84次常务会议	研究2020年国民经济和社会发展计划执行情况及2021年国民经济和社会发展计划、义乌市国民经济和社会发展第十四个五年规划和二〇三五年远景目标纲要（草案）、2020年预算执行情况和2021年预算；听取胜利（二）区块更新改造的情况汇报，研究政府工作报告
1月27日	市政府第85次常务会议	传达贯彻全省工业经济“开门红”电视电话会议精神、浙江自贸区工作领导小组专题会议暨第十一次出口专班会议精神、全国安全生产电视电话会议精神，研究部署春节前安全生产和消防工作，研究禁止高排放机动车通行方案，听取农村房屋安全隐患排查整治工作情况汇报，研究新建铁路杭州至温州铁路、杭州至义乌段（义乌段）建设项目用地事宜、《义乌市政府质量奖管理办法》《义乌市加快推进国家进口贸易促进创新示范区建设十大行动方案》、数字人民币试点工作方案
2月9日	市政府第86次常务会议	研究《关于深化全市白蚁防治改革工作实施方案》《义乌市工程建设项目涉及矿产品处置工作管理意见（试行）》、2020年度全市集体和个人奖励事宜；研究工业企业50强事宜、《关于促进商贸业高质量发展的若干意见（试行）》涉及进口政策修订事宜、《义乌综合保税区入区企业发展扶持政策》
3月6日	市政府第87次常务会议	研究完善农村有机更新相关补充规定、苏溪新厅采石场后续处置方案、华统集团养殖场建设有关事宜、采用PPP（政府和社会资本合作）模式建设义乌市再生资源利用中心二期项目事宜、城西街道殿口村、蒋母塘村按农村有机更新模式安置事宜、被征地农民参加基本养老保险工作
3月18日	市政府第88次常务会议	学习《中华人民共和国行政处罚法》（新修订），研究《关于支持义乌工商职业技术学院建设省双高校若干意见》、调整原开发区建设工程质监分站事宜、推进政府主导展会市场化转型工作举措、《建设宁波舟山港“第六港区”支持政策（试行）》、义乌市2021年开放型经济和内贸发展扶持政策
3月23日	市政府第89次常务会议	研究《2021年第一阶段耕地“非农化”“非粮化”整治奖励方案》《义乌（苏溪）国际枢纽港建设框架协议》、房地产平稳健康发展主体责任未落实约谈会整改落实事宜、《义乌市新冠病毒疫苗接种实施方案》
3月31日	市政府第90次常务会议	研究市校合作补充协议（“十四五”期间浙大四院扶持政策）
4月13日	市政府第91次常务会议	研究与华为技术有限公司合作事宜、2021年度市政府重大行政决策事项目录、建立行政诉讼败诉案件过错责任追究和容错免责工作机制事宜、《义乌市关于开展合格境外有限合伙人（QFLP）境内股权投资暂行办法》、与北京市文化和旅游局签订战略合作协议事宜、给予骆光丰见义勇为奖励事宜、浙江金华西陶220千伏变电站#4主变扩建工程采用EPC（工程总承包模式之一）招标事宜；传达学习2017年以来上级有关统计工作精神，研究义乌市统计督察迎检工作
4月30日	市政府第92次常务会议	分析一季度经济形势，研究浙大国际医学院管理架构和复旦大学义乌研究院采购办法、义乌市商品混凝土有限公司异地迁建安置方案、季保民户房屋征收补偿决定方案、北门街通惠门小区拆迁户车位安置方案、赤岸镇双峰路北侧南侧地块有机更新事宜、《岩口水库流域综合治理工作实施方案》

续表 4

时 间	会议名称	会议内容
5月28日	市政府第93次常务会议	传达贯彻全省建设新时代美丽浙江暨中央生态环境保护督察整改工作推进大会精神、省知识产权保护大会精神、交通强市建设暨综合交通大会战推进会议精神，研究农村公路建设补助方案、兰州与义乌战略合作协议、与蚌埠市淮上区签订友好合作框架协议事宜、延续“稳岗贷”政策性担保政策事宜、义乌国际冷鲜城项目涉及国有土地上房屋收购补偿方案、将原二手车市场区块纳入北苑街道新社区建设安置事宜、原娃娃鱼区块用途建议方案
6月9日	市政府第94次常务会议	研究二季度促消费财政政策（购车补贴）
6月12日	市政府第95次常务会议	研究《义乌住房发展“十四五”规划》《义乌经济技术开发区发展“十四五”规划》《义乌科技创新发展“十四五”规划》《义乌自贸试验区鼓励类产业企业综合贡献扶持奖励实施办法（试行）》《支持自贸区金融业发展的若干意见》《义乌市突发事件总体应急预案》、西门老街项目事宜
6月22日	市政府第96次常务会议	学习习近平总书记关于安全生产重要论述、传达贯彻全国安全生产电视电话会议精神。传达学习全省“大棚房”问题专项清理整治行动“回头看”会议精神，研究义乌市陆生野生动物禁猎区、禁猎期及禁猎工具和方法有关事宜，研究东风股份经济合作社遗留问题处置事宜、金城系公司预重整工作有关情况
7月6日	市政府第97次常务会议	研究顺丰丰泰浙江自贸区临空跨境产业园项目、橙联全球跨境电商物流产业园项目、义乌市与上海韦豪创芯投资管理有限公司签署《战略合作框架协议》事宜、海外半导体并购和月产15万片8英寸晶圆厂项目、亿晶高效光伏电池和组件及配套生产基地项目、卡游动漫总部项目
7月19日	市政府第98次常务会议	研究上半年经济形势，传达学习金华市统计工作会议精神。研究做好迎接国家统计督查相关工作、《义乌市开发区（园区）整合提升总体方案》《义乌市人民政府与浙江大学医学院附属儿童医院共建义乌院区合作协议》、口岸配套建设区块内工业企业收购补偿方案
7月30日	市政府第99次常务会议	金华市常务会议连线部署疫情防控工作，金华市常务会议连线传达贯彻国务院、省政府和住建部重要会议精神，研究部署房地产平稳健康发展有关工作、《义乌市贯彻落实第二轮中央生态环境保护督察报告反馈问题整改方案》、2021年基准地价更新事宜、桥头考古遗址公园建设涉及村庄拆迁安置及更新改造事宜、《义乌市民办教育财政扶持实施办法》《义乌市政府与上海外国语大学战略合作协议》，传达贯彻全国公安机关深化“三非”专项治理加强外国人管理工作会议精神；研究《2021年“义新欧”班列高质量发展实施方案》
8月6日	市政府第100次常务会议	研究部署近期新冠肺炎疫情防控工作、2020年度审计工作报告反映问题整改工作、国道235义乌上佛路-金东区界段工程涉轻轨施工处置方案、《义乌市市场发展“十四五”规划》、部分市属企业领导人员薪酬发放事宜、贯彻落实民办教育新政事宜、调整全市城乡公交票价事宜，复旦大学义乌研究院新材料平台材料加工与微纳工艺公共实验室建设项目、人群队列生物样本库建设项目事宜、英伦汽车在义乌推广无障碍出行事宜、研究支持稠州金融租赁有限公司财政存款事宜
8月9日	市政府第101次常务会议	研究义乌跨境电商产业园项目、金义东轨道项目秦塘站上盖物业开发相关政策事宜、第16届中国义乌文化和旅游产品交易博览会有关事宜

续表4

时间	会议名称	会议内容
8月20日	市政府第102次常务会议	学习疫情防控有关法律法规，传达贯彻上级有关能源工作指示精神；研究义乌市林长制工作实施方案、进一步规范设施农业用地管理事宜、中国计量大学现代科技学院二期和研究生院工程建设事宜、华录北邮（义乌）信息文化众创园项目，研究国际体外诊断质控品、标准品制备和研发中心项目，研究义乌市再生资源利用中心二期工程PPP项目实施方案
8月29日	市政府第103次常务会议	研究部署2021年省委生态环境保护专项督察迎检工作；听取法治政府建设情况汇报；研究《浙江省义乌市矿产资源规划（2021—2025年）》《义乌市"十四五"制造业高质量发展规划》《义乌市农业发展"十四五"规划》、文成大厦项目合作协议、浦江房产处置事宜、义乌市"双减"实施方案
9月7日	市政府第104次常务会议	学习《最高人民法院关于审理行政协议案件若干问题的规定》；研究浙江金华安邦护卫有限公司义乌分公司基地项目事宜、佛堂镇塔山路北侧E地块土地使用权收回及重新出让工作、2020年高税企业项目招选事宜、浙江傲哥服饰有限公司安置事宜、工业领域市场化招商体制机制改革方案、法治宣传教育的第八个五年规划、开发区、集聚区平台国企重组整合方案
9月29日	市政府第105次常务会议	研究《深化生态文明示范创建高水平建设新时代美丽义乌规划纲要（2021—2035年）》，传达学习新《中华人民共和国安全生产法》，研究工业用地全生命周期管理工作有关事宜、马拉松赛事运营有关事宜、季保民户房屋征收补偿决定、双林风景区历史遗留问题解决有关事宜
10月19日	市政府第107次常务会议	研究矽成半导体先进封装项目、晶澳光伏辅材生产基地项目、华鼎光伏支架系统及边框项目、浙江义乌独立储能项目
10月27日	市政府第108次常务会议	研究三季度经济形势、2021年东西部协作和山海协作工作，《义乌市高标准农田建设工程两年计划实施方案（2021—2022年）》、卫生健康事业发展"十四五"规划、《深化宁波舟山港"第六港区"建设战略合作框架协议》《义乌综合保税区管理办法》、儿童医院重点项目拆迁企业安置事宜、义乌海关驻义乌综保区保障方案
11月11日	市政府第109次常务会议	研究明确新CBD（中央商务区）开发为城市有机更新项目事宜、前洪整村参加新社区建设事宜、上溪镇农业银行区块有机更新收购事宜，研究与中远海运、普洛斯签署战略合作框架协议事宜，研究与杭州海关加强紧密合作落实长效保障机制事宜
11月20日	市政府第110次常务会议	研究军地土地置换事宜、东方日升15GW高效电池+15GW组件项目补充协议（二）、生态环境保护"十四五"规划、《农用地基准地价成果》《城镇国有建设用地标定地价评估成果》、义甬舟开放大通道建设义乌行动方案、建设国际一流营商环境样板城市规划（2021—2025年）、国资国企"十四五"发展规划、教育事业"十四五"改革发展规划、接管义乌新世纪外国语学校工作方案、真爱国际广场项目、研究印染园建设方案、研究蝶妃化妆品公司遗留问题

（刘　岱）

十大民生实事

【概况】 2021年，市政府紧盯年度目标，高度重视、高位推进，全面完成了十大民生实事。市政府第84次常务会议专题研究2021年民生实事项目，市长带队实地督查推进农村有机更新、上下学接送区、绿地建设等民生实事项目，听取进展情况汇报，研究推进工作落实，要求各部门、各镇（街道）进一步增强责任意识，真心诚意、全力而为，确保民生实事高质高效完成，切实增强百姓的幸福感和获得感。将十大民生实事细化分解为33个子任务，分别交由20个牵头单位、53个配合单位和各镇（街道）协同办理，强化土地、资金等要素保障，合力推进办理落实。各牵头部门落实“一把手”负责制，实行“一个项目、一个计划、一份点位、一套标准、一个专班、一抓到底”的“六个一”工作推进机制，落细落实任务清单、责任清单、时间清单，压紧压实责任，层层传导压力，确保各项民生实事真落实、真见效。承接省政府办公厅统筹的“政府民生地图管理系统”数字化改革项目，利用此系统对民生实事进行量化指标分解，逐项采集民生实事项目基本信息、地理信息、图像信息、进度信息、完成信息，动态掌握民生实事推进落实情况。每周对项目建设采用“四不两直”方式开展督查检查，约谈滞后项目责任单位，定期向市领导汇报工作进展，紧盯重点难点问题强力推进。坚持以公开促落实，在政府门户网站、《义乌商报》上开设“民生实事”专栏，通报晾晒工作进度，广泛接受群众监督、社会监督和媒体监督，促进各单位争先创优、提质提效。

2021年义乌市十大民生实事完成情况一览表

表5

序号	实事内容	完成情况	牵头单位
1	优化教育基础设施。建成投用中小学、幼儿园40所以上，新建25所学校“上下学接送区”，全面完成公办中小学普通教室灯光改造	建成投用如稠城一小、宾王小学银苑校区、师大附小改扩建，正阳实验学校等中小学校6所；建成投用如实验小学附属幼儿园、丹桂幼儿园、江北幼儿园、上溪二幼等幼儿园35所。完成稠城三小、黎明湖小学、大陈小学等25所学校“上下学接送区”建设。实施1701间教室灯光改造，全面完成公办中小学普通教室灯光改造工作	市教育局
2	改善农村住房条件。新增农民建房8000户以上，新开工新社区集聚安置房5000套以上	完成农民建房分户审批8863户，其中，佛堂镇542户、苏溪镇901户、上溪镇287户、大陈镇387户、义亭镇224户、赤岸镇314户、福田街道968户、江东街道438户、稠江街道361户、后宅街道2003户、廿三里街道1015户、城西街道1423户。开工建设新社区集聚安置房7364套，为佛堂日信、王宅地块、稠江古母塘地块、上溪兴华路西侧地块和后宅城北路春晗路地块项目	市自规局 社区建设办
3	关心关爱老年群体。实施60周岁以上老年人免费接种流感疫苗，开展老年人“乐学”活动1.5万人次以上，实施困难老年人家庭适老化改造200户以上，实现交通环境复杂村社预防老年人交通事故伤亡工程全覆盖	实施60周岁以上老年人免费接种流感疫苗11.5万人。其中，佛堂镇1.16万人、苏溪镇9127人、上溪镇8453人、大陈镇6336人、义亭镇7789人、赤岸镇5675人、稠城街道5319人、福田街道7125人、江东街道1.2万人、稠江街道8538人、北苑街道1.05万人、后宅街道7820人、廿三里街道7900人、城西街道6872人。开展声乐、书画、陶艺、剪纸等具有义乌特色的老年人“乐学”活动1.54万人次。完成困难老年人家庭适老化改造380户，其中，佛堂镇37户、苏溪镇23户、上溪镇39户、大陈镇41户、义亭镇44户、赤岸镇31户、稠城街道2户、福田街道16户、江东街道15户、稠江街道33户、北苑街道2户、后宅街道33户、廿三里街道26户、城西街道38户。实施260个交通环境复杂村社“一路一牌”“一户一牌”“一窗一栏”设置工作，构建老年人交通事故预防“党建+单元+警务”治理模式，在各村社播放警示教育视频5000余次，发放宣传资料3万余份，实现交通安全宣传全覆盖	市教育局 市公安局 市民政局 市卫健局

续表 5

序号	实事内容	完成情况	牵头单位
4	完善城市公共配套。实施老旧中高层住宅二次供水设施改造2000户以上，新增天然气入户1.2万户以上，实现市域5G信号全覆盖	完成世纪公寓、绣湖公寓、时代广场、经贝家园、芳草园等14个小区共4013户老旧中高层住宅二次供水设施改造。新增天然气入户1.53万户，其中，佛堂镇3305户、苏溪镇333户、上溪镇476户、大陈镇644户、义亭镇841户、赤岸镇631户、稠城街道1420户、福田街道2344户、江东街道1570户、稠江街道1528户、北苑街道470户、后宅街道573户、廿三里街道386户、城西街道748户。完成1221个5G基站建设，实现市域5G信号全覆盖	市经信局 市建设局 市水务局 城投集团 水务集团
5	提升公共交通服务。新建公交候车亭150个以上，新增或优化公交线路15条以上，投放无障碍公交车30辆以上，新增新能源汽车公共充电桩300个以上，推动轻微交通事故快速处理"一键报警"全民使用	完成公交候车亭建设214个，其中，佛堂镇15个、苏溪镇15个、上溪镇17个、大陈镇13个、义亭镇13个、赤岸镇13个、稠城街道12个、福田街道12个、江东街道8个、稠江街道14个、北苑街道12个、后宅街道12个、廿三里街道16个、城西街道12个、恒风集团30个。优化公交线路15条，如国际商贸城客运中心—蒋宅、江东公交站—华溪环线、国际家居城—下湾；新增公交线路3条，为塔下洲（银河湾）—畈东、六都村—欧意电器环线、岩南—寺前。投放无障碍公交车36辆，其中37路公交线18辆，809路公交线18辆。安装新能源汽车公共充电桩305个，其中佛堂镇31个、苏溪镇36个、上溪镇23个、大陈镇7个、义亭镇19个、赤岸镇16个、稠城街道10个、福田街道12个、稠江街道54个、北苑街道32个、后宅街道33个、廿三里街道22个、城西街道10个。运用微信公众号、新闻广播、电子显示屏、互动回访、"党建+单元"等多种形式广泛宣传"一键报警"轻微交通事故快速处理系统，推动全民使用。"义乌交警"微信公众号关注人数72万人次，全年通过该系统处理轻微物损交通事故6.38万起	市发改局 市公安局 市交通局
6	提高公共安全水平。新建或提升村社微型消防站200个以上，开展高层民用建筑消防、电梯等公共安全"体检"，推动老旧电梯更新改造200台以上，新建智安小区170个以上	新建或提升村社微型消防站214个，其中，佛堂镇21个、上溪镇17个、苏溪镇17个、大陈镇11个、义亭镇15个、赤岸镇9个、稠城街道9个、福田街道15个、江东街道22个、稠江街道24个、北苑街道15个、后宅街道15个、廿三里街道11个、城西街道13个。完成2019年底前建成投用的997栋高层民用建筑消防"体检"，完成使用年限15年以上的265台高层民用建筑电梯安全风险评估工作。完成老旧电梯更新改造201台，其中重大修理74台，一般修理110台，加强使用管理和维护保养17台。完成智安小区建设171个，其中，佛堂镇7个、上溪镇3个、苏溪镇11个、大陈镇2个、赤岸镇1个、稠城街道15个、福田街道16个、江东街道16个、稠江街道28个、北苑街道50个、后宅街道7个、廿三里街道4个、城西街道11个	市政法委 市公安局 市市场监管局 消防支队
7	增强农村发展能力。提升改造农村公路30千米以上，实现快递服务村村通，开展农村电商等专业技能培训1万人次以上	完成农村公路提升改造40.2千米，如美丽乡村精品线新厅至堂阁10.1千米、黄大线6.4千米、团力至环院2.1千米等。完成94个村快递基础设施和服务建设提升，其中，佛堂镇16个、上溪镇21个，大陈镇17个，赤岸镇37个，城西街道3个，实现邮政、中通、圆通、申通、百世、韵达、顺丰、京东、德邦等快递品牌全面通达全市所有行政村。开展面向农村劳动力的电商创业、停车管理、育婴保健、养老照护、医疗护理等就业创业培训1.03万人次	市人力社保局 市交通局 市邮管局

续表 5

序号	实事内容	完成情况	牵头单位
8	改进公共卫生服务。在人员密集公共场所安装AED（全自动除颤仪）100台并建立日常管理制度，开展AED操作员培训3000人以上、市民自救互救技能普及培训2万人次以上，实施肺结节免费筛查1万人以上	在市矛调中心、市博物馆、农副产品物流中心、绣湖里商业中心、商贸区菜市场等人员密集公共场所安装AED（全自动除颤仪）100台，制定下发《关于加强和规范公共场所自动体外除颤仪（AED）配置管理的通知》，加强日常管理。开展AED操作员培训4255人、市民自救互救技能普及培训2.44万人次。实施肺结节免费筛查1.15万人	市卫健局 红十字会
9	营造优美人居环境。实施江滨绿廊改造提升，新建绿道20千米以上，新建或改造街心绿地、林荫停车场等50处以上	完成江滨绿廊芳草园、樱花园、银岸园、香雪园、下傅段改造提升。完成绿道建设22.1千米，如洪巡溪两侧绿道6千米，航慈溪滨河绿道（寺西段）3千米，通宝路东西侧绿道（曙光小学段、东苑路—茂盛大街段）13.1千米。完成街心绿地、林荫停车场建设或改造53处，如北苑嘉禾公寓景观绿地、福田路东青溪侧绿地、上溪府前广场景观工程、苏溪体育公园林荫停车场、廿三里光耀境村北侧停车场等	市建设局
10	增加文体服务供给。开展美丽乡村精品线文体活动500场以上，举办青少年“花开四季”文体课外学堂1000场以上	开展周周有戏、广场舞“千人培训”、美丽乡村精品线越野跑等文体活动509场，其中，佛堂镇170场、苏溪镇122场、上溪镇26场、大陈镇49场、义亭镇11场、赤岸镇3场、后宅街道37场、廿三里街道3场、城西街道88场。举办手工、书法、剪纸、黏土、素描、乐器等青少年“花开四季”文体课外学堂1453场，其中，佛堂镇59场、苏溪镇84场、上溪镇45场、大陈镇156场、义亭镇28场、赤岸镇23场、稠城街道119场、福田街道128场、江东街道122场、稠江街道207场、北苑街道123场、后宅街道146场、廿三里街道145场、城西街道68场	市文广旅体局

（朱力鸣）

行政审批

【概况】 2021年，市行政服务中心以数字化改革为引领，围绕共同富裕示范区建设要求，全面打造“1+4+5”智慧政务服务环境，即实施1项数字审批改革、领办4项省级示范试点、推进5项重大改革突破，切实为群众办实事、解难题。年内，市行政服务中心获评“全市机关基层党组织标准化建设示范点”，党建引领基层政务服务获“全市机关党建工作最佳案例”，机关支部在建党100周年获评“市级先进基层党组织”。政务服务数字化改革（一网通办）考核全省第一，远程异地多点评标公共资源交易服务获省数字经济最佳应用，“放管服”工作考核金华市第一。政务服务营商环境显著提升，全省万企评营商环境中政务服务指标全省第一，自贸区行政服务中心建设、村社直办2项工作入选“金华市2021年度优化营商环境优秀案例”。（鲍庆丰）

【政务服务数字化改革】 2021年，义乌全面实施政务服务数字化改革，从政务申请、审批、办结全流程3个环节出发，通过办事材料电子化、审批方式数智化、办事结果数字化举措，推动事项全程智能审批或数字辅助审批，大幅压缩、细化、量化行政审批自由裁量权，提升群众办事体验，构建高效、规范、阳光的智慧政务环境。16个自建系统212个事项全部完成改造，实现审批方式数智化；不动产交易、规划审批等152个事项实现数字辅助审批，填报字段、办事材料、办理流程分别削减64.4%、67.1%、56.6%，数字化结果从27项增加至75项，613个事项延伸至基层办理，其中484项实现义乌市通办；设立村(社)直办点39个，全力推进网上办、就近办，构建"10分钟政务服务圈"。通过创新跨区通办模式，与省内外18个地方实现通办合作，通办事项334项，外地人不用"两头跑"就可在义乌完成办事。

（陈金春）

【数字审批改革】 2021年，义乌市通过推行办事材料数字化、审批方式数智化、办事结果数字化，在全省率先提出"三环三化"数字审批改革。梳理研究并向36个省级部门提交1030项事项7318条改革建议，省厅采纳改革建议1942条。全省公布的106个"智能秒办"事项，其中39项通过义乌数字审批改革建议实现。全省50个"关键小事"中，37项是数字审批事项，8项通过数字审批结果支撑。《数字化改革》第61、74期专刊推广义乌数字审批改革经验，7个系统成为国家部委和省级试点，"一件事"改革经验上升为全省标准。至12月31日，15个义乌自建系统的212项事项完成数字化改造，60个事项实现全程智能审批，152个事项实现数字辅助审批。

（鲍庆丰）

【政务服务驿站】 2021年1月1日，义乌市首个自贸试验区政务服务驿站在陆港电商小镇挂牌启用。政务服务驿站设综合政务服务自助机、人工服务窗口，结合电商企业发展需求和特点，"定制"专属政务服务，商户凭身份证即可自助办理677项业务。5月14日，义乌丝路金融小镇政务服务驿站启用，结合小镇入驻企业特色，此政务服务驿站"定制"涉及社保、医保、人才就业等57项政务服务事项。至年底，2个政务服务驿站分别办理业务387和205项。

（鲍庆丰）

【跨区通办】 2021年3月19日，义乌市行政服务中心开通"江西万年通办窗口"，实现两地医保、社保、公积金、公安、卫健等领域高频政务服务事项"跨省通办"。5月11日，义乌、东阳两地正式签署"跨市域通办"政务服务战略合作协议，实现两地联动协同发展，打造"跨市域通办"的"义东样板"。7月15日，义乌与金义新区（金东区）签订政务服务"跨区域通办"战略合作协议，首次在省内采用"两张清单"模式，在重点民生领域实现通办基础上，义乌和金义新区（金东区）共享92项自贸区服务事项，有效扩大金义片区内涉企事项的通办范围。至年底，义乌市与省内外18个地区开展"跨区通办"合作，全年办件量20.3万件。

（鲍庆丰）

【全省首个行政中心统一"出证窗口"】 2021年，义乌市邮政分公司联合义乌市行政服务中心，从固有的寄递服务模式向"个性化多样化"服务叠加转型。3月，打造全省首个行政服务中心统一"出证窗口"，深化"最多跑一次"改革、提升便民服务。此窗口共出不动产权证、营业执照、烟草证、道路运输许可证、国土公告、社保审批等行政审批文件78种，证书10.35万件。

（金　昕）

【"证照分离"改革】 2021年7月1日，义乌市全面落实国务院关于深化"证照分离"改革的精神，在"证照分离"改革1.0、2.0版的基础上再次启动新一轮改革，持续破解"准入不准营"。此轮改革中，全市范围按自贸试验区改革方式落实，区内区外采取一张清单，一体推进。涉企经营许可事项中，本市有对应承接部门的事项492项，其中，直接取消审批、审批改为备案、实施告知承诺的事项数由117项扩展至205项，占全部事项的41.7%，比2.0版改革提高了16.5个百分点。至年底，全市共通过"证照分离"方式简化审批办件3.15万件，其中，采用"取消审批办件"方式1.15万件，"审批改备案"方式办件4590件，"实行告知承诺"方式办件4434件，"优化审批服务"方式办件1.1万件。

（陈奕帆）

【公告声明"一件事"】 2021年，针对办理公告声明存在环节多、用时长、花费大的问题，市行政服务中心对全市62项公告声明进行全面梳理，采取直接取消一批、书面承诺一批、网上公开一批、有限保留一批等方式，优化公告声明办理流程。8月22日，公告声明"一件事"应用场景上升为省级标准，成功上线"浙里办"。在全省数字化改革双月例会上，数字社会专班专门用PPT介绍，在全省推广应用。至年底，公告声明"一件事"减少群众跑腿3000余次，节省费用100余万元。（鲍庆丰）

【自贸区行政服务】 2021年，义乌市国际贸易服务中心围绕五大自由，线下集成企业准入、知识产权、人才服务、法律保障等全链条服务事项540项，线上依托"浙里办"、国际贸易"单一窗口"和Chinagoods平台，打造全周期政务、商务和生活服务场景。在政务服务领域争取省级以上权限8项，实施制度创新12项，其中，获批建设全国首家县级市国家海外知识产权纠纷应对指导中心、外国人来华工作居留许可"一件事"办理、成立全国首家县级国际商事法律服务中心3项改革入选浙江自贸试验区2021年"十大标志性改革成果"，"双抬头"原产地证签发改革试点入选"浙江省自贸试验区制度创新案例"。12月，在义乌市国际贸易服务中心挂牌自贸区行政服务中心。至年底，设立基层移民事务服务站4个、政务服务驿站2个、海外服务站点8个，在国内率先初步构建国内国外一体发展的自贸区服务环境。（鲍庆丰）

机关政务信息

【概况】 2021年，上报各类政务信息487条，其中，被浙江省政府办公厅、金华市政府办公室采用信息126条，信息考核排名全省第二。《浙江调研反映圣诞订单呈现八方面新变化新动向外贸行业四方面新形势待关注》等3篇信息被国务院办公厅采用。年内，义乌市政府办公室被省政府办公厅评为"全省政务信息工作考核优秀单位（一等奖）"。

【获省政府领导批示信息】 2021年13条信息获省政府领导批示。2月10日，《义乌市以四个"就在身边"营造就地过年"家"味道》获副省长王文序批示。5月10日，《科学摆脱"三种体态"义乌市全力打造公益类国企改革试点显成效》获副省长高兴夫批示。8月4日《义乌市以"四个聚焦"打造校园足球可持续发展示范样本》获副省长成岳冲批示。同月16日，《义乌市用好三种形态全力构建特色化综合交通运输体系》获副省长高兴夫批示。11月10日，《义乌市"五力提升"打造知识产权创新生态链》获副省长朱从玖批示。同月23日，《义乌市以"剥离式重整"方式成功化解历时13年房地产遗留问题》获副省长高兴夫批示。同月29日，《立体式设计销号式运维动态式优化——义乌市为中小微电商搭建优质孵化平台的主要做法》获副省长朱从玖批示。12月30日，《义乌市创新出口退税单证数字化管理企业出口退税提速成效明显》获副省长朱从玖批示。

【国务院办公厅采用3篇信息】 2021年2—7月，《浙江调研反映圣诞订单呈现八方面新变化新动向外贸行业四方面新形势待关注》《义乌市以"四频共振"助力企业早开工、快达产》《浙江省发挥市场采购贸易先发优势推动市场采购出口逆势而上但当前仍存多方面问题待关注》3篇信息被国务院办公厅采用，其中《浙江调研反映圣诞订单呈现八方面新变化新动向外贸行业四方面新形势待关注》分析在境外疫情反复、经贸格局调整、国际物流供需失衡等因素影响下，2021年义乌圣诞用品出口情况及特点，以及折射出的外贸新动向和新形势。此条信息获国务院领导批示。（俞星晃）

电子政务

【概况】 2021年，推进政务公开平台优化完善，完成"互联网+政务"公开"一块手机屏"开发建设，推进掌上公开和网站适老化改造。推进两地多中心灾备体系建设，累计完成20个重要业务系统双机房部署，服务器系统备份70余台，数据备份80T。全年网上政务公开信息6.5万条。义乌市人民政府门户网站全年访问量3775万余次，页面浏览量为全省县（市）区平均值的1.58倍。年内，义乌一体化数字资源管理系统应用目录编制与关联工作获全省县（市）区示范，入选省一体化数字资源管理系统应用目录使用优秀案例集3个。（傅铁民）

【网络安全防护】 2021年1月，市公安局发现有人通过微信公众号、贴吧、百度网页上发布出售“电商黑科技”涉嫌非法软件。经初查，此软件在用户运行时会非法获取计算机系统中的用户数据，涉嫌非法获取计算机信息系统数据罪。市公安局工作人员赶赴杭州，对开发此软件的网络公司进行收网，抓获犯罪嫌疑人10余人，查扣违法所得100余万元。此案件获评“浙江净网2021十大打击网络犯罪典型案例”。5月，市公安局网安大队建设的涉网犯罪研判平台投入使用，实现案件侦办审批和案件信息反馈在平台上一体化流转，改变以往手工审批办理的模式，有利于基层单位快速办案。至年底，通过此系统流转案件1300余起，占所有案件量的三分之一，浏览量2万次。年内，市数管中心协同市网信办等部门对全市110余家单位320余个自建业务系统、门户网站等网络资产开展安全检查，督促整改各类安全隐患9400余个，基本构建网络安全通报、处置、反馈、核查全流程闭环管理，全年无网络安全事故。

（陈国华　傅铁民）

【电子政务基础建设】 2021年4月，完成政务“一朵云”政务专区、行业专区、镇（街道）专区规划与建设。至12月底，政务外网接入单位803个，实现县乡村三级全覆盖、全联通。接入公安、综治及部门视频监控5.6万余路，视联网接入节点150余个。政务数据中心机房累计托管75个单位硬件设备1000余台，政务云资源实例1500余个。全年新增网络线路340余条，撤销180余条，推动全市基础设施统一建设、运营、管理。

（傅铁民）

【数字资源开发统筹】 2021年，义乌市推进省一体化数字资源管理系统（IRS）落地使用。8月，自建数据、云管、项目等子系统完成与省平台对接，累计梳理登记应用188个、数据资源1768条、云资源实例1336个，关联指标达100%，实现数字资源全面整合和一体化全链路管理。10月，“基层公权力监督系统”“数字防疫系统”2个应用分别在全省、金华进行推广复制。11月，启用市政府投资信息化项目全生命周期管理系统，实现信息化项目管理全流程管理。至年底，共审核数改应用申报1.02亿元，核定0.36亿元，节省0.66亿元。

（傅铁民）

政务督查

【概况】 2021年，市督考办围绕市委、市政府重大决策部署，修改完善《2021年考绩法》。根据省委部署，增加“共同富裕”板块，突出数字化改革工作。在全面总结分析往年考绩工作基础上，充分考虑各镇（街道）工作差异性，由上年建成区内外区别赋分，改为14个镇（街道）个性赋分。强化上级考核结果运用，对部门在业务线上综合成绩优秀的，在年终考评中予以加分；对获得全国、省级或金华综合性荣誉的，满足一定条件直接晋升为优秀。开展“督查一线”督察任务，督办42项工作、工程涉及问题，以点带面，推动工作落实。坚持安全生产无小事，会同安委会七大专班对安全生产九大重要领域不定期开展督查，累计检查138个点位，检出问题隐患89处。至年底，累计跟踪督查市主要领导担当群交办任务113项、销号82项，口头交督办任务516项、销号427项，对76项推进较慢事项赴责任单位调研或项目现场实地督查。

【攻坚竞赛】 2021年，市督考办根据全市工作重点，结合基层调研情况，缩减镇（街道）竞赛项目至17项，在原有错峰竞赛的基础上，合并成五大类别，综合赋分评出红旗黄牌，使评价更合理更科学，避免人情分决定等次颜色。组织攻坚竞赛，设置镇（街道）竞赛项目17项，部门5项。实施错峰竞赛，全年开展10期，评出红旗单位434个次，黄牌单位86个次。

【关注群众利益督实事】 2021年，市督考办采取实地督查、现场督办、会议协调等方式，定期跟踪督办媒体曝光问题整改工作。组织人员对火车站、飞机场、客运中心、驾考中心等行业服务情况实地督查，提出改进意见建议10余项。全年，跟踪督办媒体曝光整改事项95项，会同融媒体中心实地回访12次，发挥舆论监督利剑作用，有效保障了群众的切身利益。

【责任清单督查】 2021年，实行全市镇（街道）、机关部门重点工作清单管理制。3月，组织全市98家单位制定上报2021年度重点工作780大项2156小项。每项工作明确时间表、路线图。每季度开展实绩对账，对重点工作清单未完成事项做到底数清、情况明，切实推动各单位重点工作有效落实。

（陈志明）

市直机关事务管理

【概况】 2021年，市机关事务管理局共有行政和事业编制人员44人，临聘人员67人。承担12个行政大楼的机关后勤物业管理、会务服务、安全保卫等服务工作，物业面积35万平方米。经营8家机关食堂，其中1家委托酒店管理，7家自行管理。年内，市机关事务管理局出台《义乌市机关事务管理局公职人员因私出国（境）管理办法》《义乌市机关事务管理局印章管理使用制度》，参与出台《义乌市党政机关事业单位公务用车管理实施办法》。进一步完善《义乌市机关事务管理局自行采购管理办法》《义乌市机关事务管理局雇员考核管理办法》等制度，不断完善人事管理、公车管理、询价招标、物资采购等内控制度建设。严格执行“三重一大”会议决策制度，提交“三重一大”会议研究议题515个。

【实施设备增容改造】 2021年，市机关事务管理局先后完成一号楼高配增容改造（将原2台500千伏安变压器升级为2台1250千伏安变压器）、一号楼宣传部及二号楼电梯更新改造、各行政楼高配年检、行政五号楼多功能厅音响改造及行政四、五、六号楼油改气项目实施。完成各行政楼电梯、中央空调、配电、供水系统的换季检修和日常维护，确保各行政楼的设施、设备正常运行。全年，各行政楼共收到报修电话4840次，一次性完成率和服务满意率均达到90%以上。

【审计巡察问题整改】 2021年1—2月，市审计局对市机关事务管理局工作进行审计，发现食堂管理、财务管理方面大小问题16处，即时整改完成率达83%，年终整改完成率达100%；3—6月，市委第一巡察组对市府办开展巡察，巡察发现机关事务管理局在机构运行、内部管理、合同履行、支部教育等方面问题8个。至10月份，除机构运行方面的问题外，其余问题整改完成，并扣回工程签证部分让利费2.15万元。

【节约型机关创建】 2021年，市机关事务管理局完成全市2020年度与2021上半年度公共机构能耗统计，纳入统计379家公共机构。启用新能耗统计平台，打造能耗管理全省一张网。稳步推进2021年度全市节约型机关创建，确定新创建24家节约型机关。行政楼垃圾统一交由市环境集团进行集中定点清运，共创建垃圾分类示范单位260家，创建覆盖率达98.17%。6月，行政九号楼通过浙江省节水单位创建。

【基建工程稳步推进】 2021年，基建房管科统筹实施行政三号楼食堂改造、行政二号、四号、九号楼及海关西区的停车场改造；行政二号楼外墙（玻璃窗户）改造工程；完成1215项目设计、施工等项目报批手续，11月底，完成基础工程结顶。至年底，完成部门办公室漏水、路面修复、办公桌椅维修配置等各类零星维修400余次，一次性完成率及满意度达88%。

（郭　静）

中国人民政治协商会议义乌市委员会

综　述

【政协组织机构】 2021年，中国人民政治协商会议义乌市委员会（简称“市政协”）由中国共产党、九三学社、无党派人士、共青团与青联、工会、妇联、工商联、科协与科技、台联、侨联、文艺、社科、经济、农业、教育、新闻出版、医卫、社会福利和社会保障、体育、少数民族、宗教及特邀22个界别人士组成。政协义乌市常委会由主席、副主席、秘书长及政协常委组成。政协机关内设1办6委，即办公室、提案委员会、文化文史和学习委员会、城市与市场委员会、工业与科技委员会、农业和农村委员会、港澳台侨与社会法制委员会。其中，办公室下设秘书科、行政科、信息调研科、提案科4个科室。

【政协履职效能】 2021年，市政协围绕中心、服务大局，聚焦高质量高水平建成世界小商品之都履职尽责，全年召开专题议政性常委会会议和主席会议7次，开展考察协商21次，报送调研报告26篇，其中楼宇经济、品牌强市、农村不动产登记等7篇调研报告得到市委、市政府主要领导批示。

【立足高点站位专题协商】 2021年，市政协常委会专题协商义乌综保区建设及招商引资工作，举办“推进自贸试验区建设”“推进跨境电商综试区改革”请你来协商活动；关注高税无地高成长型企业用地、产业创新服务综合体建设，开展楼宇经济、日用百货高质量发展等调研，提出将楼宇产业列为义乌市重点发展产业，推动研发设计、生产制造、时尚展销联动等建议17条，助力产业转型。开展“助力农民农村共同富裕”请你来协商活动，就农业数字化、农村有机更新、村集体经济发展等问题进行协商讨论。举行“健康有约”“关注食品安全”请你来协商活动，就医疗领域数字化改革、医疗服务提升、外卖监管等问题开展协商。全年，开展“委员话共富讲担当”线上主题议政8场，发言4000人次。举办协商活动16场。发动全体政协委员参与2022年民生实事征集，共征集各类民生实事146件，汇总梳理出10件供市政府决策参考。2021年，全省政协社会与法制工作座谈会在义乌举办，义乌市政协在会上作经验交流。

【民生议事堂平台建设】 2021年，市政协在总结江东街道、北苑街道试点经验基础上，在全市全面启动“请你来协商·民生议事堂”平台建设。10月，市政协出台《政协义乌市委员会关于“请你来协商·民生议事堂”平台建设的实施方案》，落实工作任务。初步形成党委重视、政府支持、政协主抓、各方参与的工作格局。至年底，各镇（街道）聚焦农村建房、美丽乡村建设、养老服务等方面，举办协商活动16场，落实城镇发展、乡村振兴、红色旅游、教育医疗等方面意见建议96条。

2021年7月8日，市政协组织部分委员就市重大项目开展专项视察，图为委员们实地视察浙大国际医学院工程 （市政协 供图）

【重大项目专项视察】 2021年，市政协开展重大项目专项视察，实地视察义乌高架站房和铁路枢纽项目、儿童医院新建项目等基础性项目，提出强化统筹、提高效能、加快进度、科学规划、加大宣传等建设性意见建议12条，助推城市基础设施完善。

【"数字政协"】 2021年，市政协持续发挥委员微信群微协商平台作用，政协委员以"随手拍"的形式上传社情民意66条，推动城市基础设施维修、交通信号灯优化等85项民生小事快速解决。启用浙政钉"义事即办"社情民意平台，打造委员微信群2.0版本。让界别群众能够随时随地参与到政协履职活动中，使各方诉求能够在"数字政协"平台得以充分表达。推进"义乌政协·掌上履职"个性化应用开发，上线"委员风采""书香政协"等板块，有效提高委员建言资政质量，规范委员档案管理。

【党建促履职】 2021年，市政协全面落实新时代人民政协党的建设总要求，注重发挥政协党组、机关党组作用，促进政协党建与履职工作共同提升。开展党史学习教育，以"跟着总书记学党史"为主题，深研必读书目《论中国共产党历史》《毛泽东、邓小平、江泽民、胡锦涛关于中国共产党历史论述摘编》《习近平新时代中国特色社会主义思想学习问答》《中国共产党简史》，把党史学习教育同推动落实"十四五"规划结合起来，同推动义乌市高质量发展结合起来，同促进政协事业创新发展结合起来，同解决实际问题结合起来，将学习成果转化为工作动力和成效。6月，组织72名委员到福建龙岩古田会议旧址、江西井冈山开展红色现场教学。全面履行管党治党主体责任，7月，召开市政协全面从严治党工作会议，强化"一岗双责"。指导政协党总支及下属党支部完成换届选举工作。做好市委第十一轮常规巡察的整改工作，巡察反馈的18个问题全部整改到位。给予4人教育提醒，开展民主生活会批评帮助10人，建立完善7项制度，追缴资金0.13万元。

【突出凝聚共识】 2021年11月，市政协制定出台《关于加强和促进人民政协凝聚共识工作的意见》，从加强思想政治引领、广泛团结联谊等方面作出规范。主动支持和保障各民主党派、工商联、无党派人士履职，邀请参与课题调研等重要活动，定期召开座谈会征求意见100余条。加强与社会团体、行业协会联系，邀请参加政协活动。充分发挥"义新欧"新丝路、科创政协委员会客厅作用，深入开展"政协主席讲党史"、专家授课、主题研讨等活动，搭建交流渠道。

（余　超）

市政协重要会议

【概况】 2021年，市政协围绕中心、服务大局，聚焦高质量高水平建成世界小商品之都履职尽责。全年召开全体会议1次、常委会会议5次、主席会议8次。

【市政协十三届五次会议】 2021年1月20—22日，中国人民政治协商会议第十三届义乌市委员会第五次会议在稠城召开。参会政协委员288人。根据疫

2021年11月5日，市政协召开十三届二十三次常委会期间，委员们实地视察义乌高架站房和铁路枢纽项目　（市政协　供图）

情防控工作要求，邀请22名镇（街道）分管统战工作的党委委员等全程列席会议，其他列席人员通过收看会议直播、新闻报道、阅读会议资料等方式列席会议。大会收到提案318件，经审查立案272件。大会补选政协第十三届义乌市委员会副主席1人、常务委员2人。会上，6名委员先后作大会口头发言，就优化知识产权营商环境、构建幼师发展新格局、做强义乌市冷链物流产业、提升义乌化妆品行业、提高老年人生活品质，深化救助救护救援服务等义乌市改革发展中的重要问题及群众普遍关注的民生问题建言献策，2名委员作书面发言。会议期间，全体委员实地考察义乌综合保税区、双江水利工程项目和双江湖科教园区。

【市政协常委会会议】 2021年，市政协常委会会议聚焦综保区建设、未来社区创建和数字社会建设、重点工程建设、十大民生实事落地等工作开展协商，在资政建言和凝聚共识上双向发力，确保市委重大决策部署落地。全年，召开常委会会议5次。

【市政协主席会议】 2021年，市政协主席会议围绕市委、市政府中心任务，聚焦宁波舟山港“第六港区”建设情况、市矛调中心运行及数字化改革情况等方面开展协商；围绕自身建设，协商讨论“请你来协商·民生议事堂”平台建设实施方案、市政协换届人事安排等工作。全年，召开主席会议8次。

2021年义乌市政协常委会会议一览表

表6

时间	会议名称	参加人员	会议内容
1月8日	十三届十九次常委会会议	市政协领导、常委，市政府相关领导，市府办、市委组织部、市委统战部有关领导，市政协机关各办委正副主任	学习习近平总书记在全国政协新年茶话会上的重要讲话精神，听取2020年十大民生实事办理情况及2021年十大民生实事征集情况通报，审议通过市政协十三届五次全会有关事项
1月22日	十三届二十次常委会会议	市政协领导、常委，市政协常委候选人建议人选、各组召集人、市委组织部、市委统战部、市政协机关各办委正副主任	听取大会秘书长汇报分组讨论情况，审议通过义乌市政协十三届五次会议决议（草案），通过义乌市政协十三届五次会议提案审查情况的报告（草案），通过选举办法，通过补选政协第十三届义乌市委员会副主席、常委候选人名单，通过总监票人、监票人名单
4月29日	十三届二十一次常委会会议	市政协领导、常委，市政府相关领导，市府办、市场发展委、集聚区管委会、商城集团有关领导，市政协机关各办委正副主任	学习习近平总书记赴广西视察调研指示精神，听取综保区建设及招商情况通报

续表 6

时间	会议名称	参加人员	会议内容
7月2日	十三届二十二次常委会会议	市政协领导、常委，市政府相关领导，市府办、市发改局、市建设局有关领导，市政协机关各办委正副主任	学习习近平总书记在庆祝中国共产党成立100周年大会上的讲话精神，听取未来社区创建和数字社会建设情况通报
11月5日	十三届二十三次常委会会议	市政协领导、常委，市政府相关领导，市府办、市发改局有关领导，市政协机关各办委正副主任	学习习近平总书记在《求是》杂志上发表的重要文章《扎实推动共同富裕》，实地视察义乌高架站房和铁路枢纽项目，听取义乌市重点工程建设情况通报，审议通过《政协义乌市委员会关于加强与促进人民政协凝聚共识工作的实施意见》

2021年义乌市政协主席会议一览表

表7

时间	会议名称	参加人员	会议内容
1月8日	十三届四十七次主席会议	市政协领导，市委组织部、市委统战部、市卫健局有关领导，市政协机关各办委正副主任	学习习近平总书记在全国政协新年茶话会上的重要讲话精神，协商讨论市政协十三届五次全会和市政协十三届十九次常委会会议有关事项，协商通过新增补政协委员按镇（街道）工委分组名单、《关于重新公布政协界别活动小组正副组长的通知》《关于重新公布市政协民主监督小组及成员的通知》
1月21日	十三届四十八次主席会议	市政协领导	审议义乌市政协十三届五次会议决议（草案），审议义乌市政协十三届五次会议提案审查情况的报告（草案）
3月8日	十三届四十九次主席会议	市政协领导，市政协机关各办委正副主任	学习习近平总书记在党史学习教育动员大会上的重要讲话精神，协商讨论《政协义乌市委员会2021年工作要点（草案）》《市委、市政府、市政协2021年度协商工作计划（代拟稿）》
4月16日	十三届五十次主席会议	市政协领导，市政协机关各办委正副主任	学习习近平总书记在党史学习教育动员大会上的讲话，研究相关资产移交、交流月度工作，协商通过市政协十三届二十一次常委会会议议程（草案）、日程及分组名单
6月10日	十三届五十一次主席会议	市政协领导，市政府分管领导，市矛调中心、市经信局、市科技局、市自规局有关领导，市政协机关各办委正副主任	学习习近平总书记在《求是》杂志上发表的重要文章《学好"四史"，永葆初心、永担使命》，听取市矛调中心运行及数字化改革情况通报，高税无地高成长型企业用地、产业创新服务综合体建设情况通报
7月23日	十三届五十二次主席会议	市政协领导，市政府分管领导，市自规局、市交通局、市市场发展委、集聚区管委会、义乌港、陆港集团有关领导，市政协机关各办委正副主任	学习贯彻习近平总书记出席亚太经合组织领导人非正式会议时的讲话精神，学习传达省政协主席葛慧君到义乌调研讲话精神，听取宁波舟山港"第六港区"建设情况通报

续表 7

时间	会议名称	参加人员	会议内容
10月9日	十三届五十三次主席会议	市政协领导，市政协机关各办委正副主任	学习习近平总书记在中央民族会议上的讲话精神，听取市政协2022年民生实事征集情况，协商讨论《义乌市政协关于加强和促进人民政协凝聚共识工作的实施意见》，协商通过《义乌市政协"请你来协商·民生议事堂"平台建设的实施方案》，以及市政协十三届二十三次常委会会议议程（草案）、日程及分组名单
10月29日	十三届五十四次主席会议	市政协领导，市委组织部、市委统战部有关领导，市政协机关各办委正副主任	学习习近平总书记在中华人民共和国恢复联合国合法席位50周年纪念会议上的重要讲话精神，协商讨论《关于做好市政协换届人事安排工作的意见》（征求意见稿），听取本届政协委员履职考核情况汇报并协商讨论政协委员留任原则意见，通过市政协十四届一次会议筹备工作领导小组名单

（金文强）

协商议政

【概况】 2021年，市政协及其常委会充分发挥专门协商机构作用，重视调查研究，提高调查研究的质量。深入基层、深入实际、深入群众，自觉投身助推义乌发展的生动实践。全年，开展重大考察协商活动29次，围绕义乌发展、聚焦民生保障，向市委、市政府提出有价值的意见建议200条，通过协商议政求同存异、聚同化异，助推了疫情防控、自贸区建设、有机更新等中心工作，推动形成高质量高水平建成世界小商品之都的强大合力。

【聚焦改革发展】 2021年，市政协常委会会议围绕数字社会建设和未来社区创建开展协商，依托"义乌政协·掌上履职"数字化平台收集建议。紧扣自贸区、电商、物流等领域开展调研，助力第六代市场建设。举办"请你来协商——推进自贸试验区建设""请你来协商——推进跨境电商综试区改革"，提出建好用好开放平台、提升扩大开放水平、打通海运全链条各环节堵点、加快数字化贸易平台建设等19条建议。

【助力医疗健康专题协商】 2021年4月24日，义乌市政协举行"请你来协商——健康有约"活动，市领导与政协委员、社情民意联络员、民主党派、医疗机构及群众代表等120余人，走进浙大四院，聚焦卫生健康领域进行专题协商。协商中，委员和代表们就医疗领域数字化改革、传染病防治、医疗服务提升等群众关心关注领域，多维度、全方位、立体化剖析当前全市卫健领域存在的痛点、堵点，建净言、谋良策、出实招；提出委员之间、群众之间、健康之间，政府相关部门主要负责人逐一回复并作出表态。

【推进共同富裕协商建言】 2021年，市政协以"扎实推进共同富裕"为主题，5月，组织委员参与省政协网络主题议政，发言200人次；围绕共同富裕的"幼有所育、学有所教"等7个方面，发言208人次。深入学习贯彻省委十四届九次全会精神，9月，组织委员以书法、绘画、诗歌和心得体会等方式交流学习感悟。

【深化"义乌发展经验"建言献策】 2021年9月，市政协以"深化义乌发展经验 奋进'十四五'新征程"为主题，开展委员论坛议题征集、选题、调研、撰写等系列工作，市长王健应邀在论坛上作专题报告。8名政协委员分别围绕构筑未来社区健康场景、推进义乌传统制造业高质量发展、实施"义乌三宝"复兴行动等内容交流发言；3名委员就强化基层医疗卫生队伍建设、合理开发利用地下空间等内容作书面交流，为义乌转型发展献计献策。

【"请你来协商"活动】2021年，市政协围绕医疗健康、食品安全、深化义乌发展经验、自贸试验区建设、跨境电商高质量发展、农民农村共同富裕等方面，举办"请你来协商"活动6场。

2021年政协义乌市委员会"请你来协商"活动一览表

表8

活动名称	时间	地点	参加人员	活动内容
请你来协商——健康有约	4月24日	浙大四院行政楼411会议室	义乌市委市政府主要领导，义乌市政协正副主席、秘书长，部分金华、义乌政协委员、民主党派代表、社情民意联络员、卫生系统行风监督员和群众代表，义乌市卫健局、义乌市医保局、义乌市民政局等相关单位负责人共120人	围绕医疗领域数字化改革、传染病防治、医疗服务提升等14个方面专题协商
请你来协商——关注食品安全	8月6日	市政府八楼会议室	市政府分管领导、市政协分管领导，市政协秘书长；市府办、市教育局、市民政局、市财政局及市政协提案委全体成员，部分政协民主监督小组成员共50余人	围绕外卖监督、校园周边食品安全、餐饮具集中消毒、进口食品监管等11个问题专题协商
请你来协商——深化义乌发展经验奋进'十四五'新征程	9月9日	市委党校报告厅	市政府主要领导、副市长，市政协正副主席、秘书长，义乌市政协委员，市府办、市经信局、市教育局、市农业农村局，市政协机关各办委正副主任共300余人	围绕构筑未来社区健康场景、推进义乌市传统制造业高质量发展、实施"义乌三宝"复兴行动等8方面专题协商。就强化基层医疗卫生队伍建设、合理开发利用地下空间等内容作书面交流
请你来协商——推进自贸试验区建设	9月27日	综保区会议室	市政协分管领导，市政协港澳台侨与社法委成员、政协委员、进出口企业代表，市改革办、市商务局等相关单位负责人共20余人	围绕缓解国际海运物流不畅、帮助跨境电商企业降低成本、加强海外仓运营、数字化贸易平台等10个方面问题，进行专题协商
请你来协商——推进跨境电商综试区改革	10月28日	市政协七楼会议室	市政协分管领导，市政协委员、跨境电商行业代表，市场发展委、商城集团、陆港集团等相关单位负责人共30余人	围绕打通海运全链条各环节堵点、海外仓运营、数字化贸易平台建设等8个方面，进行专题协商
"请你来协商——助力农民农村共同富裕"	11月12日	市政府八楼会议室	市政协分管领导，市政协委员、农业种植户代表与市府办、市自然资源和规划局、市生态环境分局、交通局、市水务局等相关单位负责人共60余人	围绕农业数字化、农村有机更新、村集体经济发展等12个方面问题，进行专题协商

（余　超）

调研与视察

【概况】 2021年，市政协坚持围绕中心、服务大局，聚焦共同富裕、改革发展、产业转型、城市建设、基层治理、社会事业等各方面，报送各类调研报告18件，助推未来社区创建、乡村产业发展、农村生活环境整治、公共卫生体系建设，为高质量高水平建成世界小商品之都履职尽责。

【共同富裕调研】 2021年2月25日，省政协副主席陈小平率调研组到义乌市，就“扎实推进共同富裕”开展专题调研。陈小平一行到义乌飞楼——莲都大厦项目施工现场，听汇报、问工期、查进度，详细了解项目推进情况。此项目以建成现代金融集聚中心为目标，重点招引金融类、科技类、电子商务、孵化器、人力资源等产业，项目于2021年1月12日动工，计划2023年底竣工。陈小平对飞楼模式给予充分肯定，希望义乌进一步找准产业定位，加大招商引资力度，将此项目打造成为全省山海协作的标杆项目，为助推两地经济高质量发展做出积极贡献。调研组一行召开座谈会，听取市人才办、市发改局、市教育局、市财政局、市人社局、市自规局、市农业农村局、市卫健局等单位相关工作情况汇报。陈小平充分肯定了义乌在“扎实推进共同富裕”工作中取得的成效。希望义乌坚持新发展理念，进一步深化改革，推进共同富裕体制机制创新，切实增强发展动力，为全省提供更多好经验、好做法。

【促进城乡发展的建议】 2021年4月8日，市政协围绕义乌市未来社区创建和数字社会建设，组织9名政协委员实地视察G537至规划S214义乌江东连接线工程、青岩书院新建工程、儿童医院新建项目等重点工程，建议注重规划科学性前瞻性、部门合力做好服务保障、加强宣传广泛凝聚共识。4月21日，组织22名政协委员，深入湖大塘区块邻里中心开展城市有机更新区块邻里中心、西门街区块规划协商，建议推动产城融合，打造义乌城市建设精致“名片”。5月21日，组织20名政协委员，深入上溪镇开展集体经济薄弱村“消薄”后续“造血”功能提升专项视察，提出充分调动村两委积极性、加大政策扶持力度等建议。5月15日，组织19名政协委员，深入廿三里街道开展“农村居家养老”民主监督调研，了解工作推进情况、取得成效、存在困难，建议优化顶层设计，激发市场活力，打造数字赋能的智慧养老。9月2日，组织12名政协委员，深入宾王社区，组织开展宾王未来社区建设专项视察，开展网上主题议政，111名委员提出意见建议123条，顶层设计、未来邻里、未来教育、未来健康、未来服务、未来治理等方面42条建议报市政府供参考。12月3日，组织19名政协委员，深入廿三里街道开展美丽城镇专项视察，提出增强城镇功能、构建新型城乡关系等建议。年内，组织参与省政协“推进塑料污染综合治理”民生协商论坛。开展农村不动产登记、深化宅基地改革、教育产业化、学前教育规划、宗教场所管理、安全生产领域、文化场馆建设使用、老龄健康服务调研视察共12次，参与视察人员285人次。

【关于持续繁荣的调研】 2021年，市政协组织95名委员就自贸区、电商、物流等领域，对进出口贸易、“义新欧”班列高质量发展开展调研12次。5月6日，组织8名政协委员开展楼宇经济调研，实地走访上海长宁、深圳福田、广州越秀区等地，提出坚持“打造专业楼宇，发展特色产业”建议。7月23日，组织20名政协委员实地走访义乌（苏溪）国际枢纽港，提出强化要素保障，加快项目落地，提前谋划招商，形成工作合力等建议。9月27日，组织30名政协委员实地走访视察进口市场工地、综保区，建议建好用好开放平台、提升扩大开放水平、合力凝聚开放共识。9月27日和10月28日，组织委员分别围绕“自贸试验区建设”“跨境电商综试区改革”开展调研和协商，提出打通海运全链条各环节堵点、加快数字化贸易平台建设等建议。10月29日，组织18名委员围绕“品牌强市”战略实施开展专题调研，提出全力打造“品牌之都”建议。11月，先后4次组织17名委员开展日用百货高质量发展调研，实地走访日用百货行业制造类企业、市场经营户及电商直播平台，并赴经信局、商城集团等部门开展调研，提出推动研发设计、生产制造、时尚展销联动的建议。

【市长和政协委员同调研同协商】 2021年7月8日，义乌市市长王健、市政协主席葛国庆带领相关部门负责人和政协委员共35人，前往佛堂镇，就提案办理进行现场调研，深入征求政协委员意见，共同商议对策，进一步推动提案办理工作。在年初召开的义乌市政协十三届五次会议上，由政协委员方立标牵头提交的集体提案《关于强化政策支持，促进佛堂借力双江湖融入主城区的建议》被列为重点提案，由市长王健领办。提案建议，要完善佛堂与主城区之间的交通网络设施布局，构建联通周边县市的15分钟通行圈；提前谋划公共基础设施配套，搭建好近期30万人口、远期50万人口的城市发展框架；在佛堂实施综合改革授权，成为先行先试的整体智治改革试验区。王健和政协委员实地视察和溪村集聚拆迁、浙大四院双江湖院区选址等现场，查看工作进展。座谈会上，佛堂镇、交通局、教育局等提案主办和会办单位作情况汇报，与政协委员、有关部门负责人就提案办理情况进行交流协商。

【绿色动力小镇调研】 2021年7月13日，省政协主席葛慧君到义乌调研。葛慧君前往绿色动力小镇，实地走访吉利DHT专用混动变速器项目，进车间、看产品、问研发，就企业生产、技术、市场等情况作详细交流。葛慧君认真听取绿色动力小镇情况、吉利动力总成项目和英伦新能源整车建设情况汇报。葛慧君表示，连续三年到绿色动力小镇调研，每年都看到新发展新变化。小镇从无到有、从小到大，如今产业初具规模，公共服务配套愈发完善，营商环境不断优化，人口迅速集聚。葛慧君希望义乌继续发挥“无中生有”的创业创新精神，进一步强化顶层设计，加强规划引领，谋求新的更好更快发展；立足本地，全力拓展发展空间，让人才进得来、留得住、干得好。其间，葛慧君到浙江大学医学院附属第四医院，视察名医馆、未来医院——智慧医疗体验馆等，详细了解浙江大学“一带一路”国际医学院、浙大四院、浙江大学国际健康研究院“三位一体”发展模式建设情况。

（陈　婧）

提案工作

【概况】 2021年，市政协按照“围绕中心、服务大局、提高质量、讲求实效”的工作方针，做好提案的征集、审查、办理协商等工作，共立提案272件，其中，委员提案261件，集体提案11件。自贸区建设、打造改革示范区方面27件，市场迭代发展、打造万亿双循环大平台方面48件，实体经济创新发展、打造先进制造业基地方面34件，城市能级提升、打造300万人口现代化都市区方面59件，乡村振兴实施、打造中国众创乡村方面26件，民生福祉增进、打造共同富裕幸福家园方面78件。

【提案审查】 2021年1月20—22日，市政协十三届五次会议期间，广大政协委员、政协各参加单位和各专门委员会、镇（街道）政协委员履职小组，以习近平新时代中国特色社会主义思想为指导，认真贯彻中共十九届五中全会精神，紧紧围绕市委十四届九次全会决策部署，通过提案建言资政、凝聚共识。大会收到提案318件。经提案委员会审查，立案272件，并案17件，转为意见和建议29件。

【重点提案办理】 2021年，市政协将《构建义甬舟开放大通道加快宁波舟山港第六港区建设》《强化政策支持促进佛堂借力双江湖融入主城区》《立足百园工程新起点构建幼师发展新格局》《提升义乌化妆品行业大力发展“美丽经济”》4件提案确定为重点提案。明确承办单位在提案办理过程中至少与委员进行3次协商，完善承办单位制订办理方案、填报承办信息、首次联系沟通、答复初稿征求意见、正式答复等流程，着重对4个重点提案和4个重要提案进行跟踪关注。6月30日，市政府、市政协主要领导及分管领导召集佛堂镇、相关部门和部分委员，就重点提案《强化政策支持促进佛堂借力双江湖融入主城区》开展现场走访，召开提案办理协商会议，听取办理情况汇报和委员意见建议，将委员的意见建议以清单形式交部门限期办理。

（陈 婧）

专门委员会·界别活动小组·镇（街道）政协委员履职小组

【概况】 2021年，义乌市政协加强专委、镇（街道）政协委员履职小组、界别三大基础组织建设，鼓励和支持发挥自身优势，进一步形成履职合力。政协各专委会把精力集中在市委、市政府确定的重大发展战略和重要工作部署上，全年组织“六送下乡”活动23场。各镇（街道）政协委员履职小组针对社会发展的新矛盾、民本民生的新问题、人民群众的新意向，积极收集社情民意和意见建议，梳理并反映群众诉求350余条。各界别活动小组注重突出专业性，将界别委员在理论素养、实践经验和专业特长方面的个人优势，转化成建言资政的整体优势，努力营造良好协商氛围，开展公益宣讲和培训100余次。

【镇（街道）政协委员履职小组】 2021年，佛堂政协委员履职小组组织委员召开协商座谈会3次，累计收集集资源、聚人气、优环境、强作风4个方面的意见建议137条。3月20日，苏溪政协委员履职小组组织委员10人，参加苏溪镇开展“学党史、知乡情、跟党走”公益图书展暨爱心图书进基层启动仪式。上溪政协委员履职小组召开“城乡生活垃圾分类处理”民主监督部署会，以日常监督和联动监督的方式入村督查农村生活垃圾分类、太阳能垃圾房情况。大陈政协委员履职小组全年开展“文明城市创建”“美丽城镇建设”“数字化改革”等问政议事会12次，收集各类意见建议110余条。义亭政协委员履职小组针对农村居家养老工作，开展专项集体民主监督，通过调研摸排，提出用户需求导向、上门体检服务、文化产品开发等意见建议。赤岸政协委员履职小组组织委员开展“我为群众办实事”活动，走访朱店等10余个村，慰问农户110余人，为农户解决问题20余件。5月14日，稠城政协委员履职小组组织委员赴翁靖村、泽塘村等地开展居家养老调研，对存在的问题提出改善环境设施、增加服务内容、加强集体资产运营等建议。福田政协委员履职小组开展“一月一走访”工作，推进委员下基层、听民声、察民意、解民忧，组织开展健康科普公益活动45场。江东政协委员履职小组推出“委员面对面”数字化改革赋能委员履职创新，助力回应未来社区创业场景热点需求。稠江政协委员履职小组委员号召对留义员工提供帮助、发放补贴，梦娜、浪莎等企业发放补贴900余万元，吸引留义人员7.7万人。5—6月，城西政协委员履职小组开展农村居家养老服务专项调研，组织委员入15个村开展农村居家养老服务现状与问题专项调查。

【提案委员会】 2021年，市政协十三届五次会议期间，在318件提案中，并案17件，不立案29件。8月，举办“请你来协商活动——食品质量安全”活动，围绕全市食品安全领域存在的痛点、堵点，政府相关部门主要负责人逐一回复并作出表态。9月，开展提案办理“回头看”活动，对本届政协提案办理工作进行回头看，着重了解重点提案、不满意提案办理进展情况。10月，围绕义乌市品牌战略实施，深入市场监管局、科技局、经信局开展课题调研，形成《实施“品牌强市”战略，全力打造“品牌之都”》调研报告，得到市委、市政府主要领导批示肯定。

【文化文史和学习委员会】 2021年4月24日，市文化文史和学习委员会举行“请你来协商——健康有约”活动，市领导与政协委员、社情民意联络员、民主党派、医疗机构及群众代表，共商健康民生大计。9月9日，举办以“深化义乌发展经验奋进‘十四五’新征程”为主题的委员论坛，委员分别围绕构筑未来社区健康场景、推进义乌传统制造业高质量发展、实施“义乌三宝”复兴行动等内容发言或书面交流。开展“百年党史”学习活动，赴赤岸镇、市文明实践基地、联系社区等开展“义乌党史”讲座5场次，视频讲座《抗战时期党领导下的义乌情报工作》被选入“学习强国”。开展“同心向党”网上读书活动，共完成发帖6422条，委员参与率接近90%。11月，组织参加省政协百科群“打造‘浙里长寿’名片”专题读书活动，围绕居家养老、机构养老、医康养结合、银发经济4个专题，发言1600余条。调研“双减”工作，形成《关于推进我市“双减”政策平稳落地的建议》报送市委、市政府。

2021年4月16日，义乌市政协科协科技界别委员到浙江蓝宇数码科技股份有限公司进行调研。（市政协 供图）

【城市与市场委员会】 2021年4月21日，市城市与市场委员会组织部分委员实地考察湖大塘区块邻里中心建设，开展城市有机更新区块邻里中心规划建设工作对口协商，提出合理规划布局、完善顶层设计、坚持需求导向、推动产城融合、注重文化传承、创新体制机制等建议8条。10月28日，举行“请你来协商——推进跨境电商综试区改革”，市政协委员、跨境电商行业代表与市市场发展委、商城集团、陆港集团等单位相关负责人面对面协商。12月3日，开展美丽城镇建设情况专项视察，实地视察廿三里街道金麟社区、爱琴海购物公园及晶科能源有限公司，提出明确目标任务、注重规划提升、强化统筹联动等建议。

【工业与科技委员会】 2021年3月，市工业与科技委员会协助省政协“推进塑料污染综合治理”民生协商论坛活动，协助开展“义乌科创政协委员会客厅”相关活动并进行党课宣讲。3月25日，赴宁波、郑州等地视察学习，召开传统物流企业和航空货代企业座谈会，助推第六港区建设、“义新欧”班列高质量发展、海关进口指定监管场地业务突破、跨境电商出海通道拓展、快递物流指数建设等工作。5月，组织市经信局、市科技局、市人社局和市市场监管局有关负责人，工科委部分政协委员及化妆品行业协会代表共25人，就细化化妆品行业扶持政策开展协商活动。同月，开展“义乌楼宇经济发展”专题调研，深入调研义乌市楼宇经济发展情况，并赴广州、上海等发达地区学习培育和发展楼宇经济的先进经验。

【农业和农村委员会】 2021年，市农业和农村委员会开展“深化农村土地制度改革，激发乡村振兴活力”课题调研，完成调研报告《深化宅基地制度改革促进农民共同富裕》《关于农房不动产登记发证有关情况的调研报告》报送市委、市政府。4—5月，开展“农村居家养老”民主监督调研活动，建议积极应对农村居民老龄化，加快创造农村居民高品质生活，构建高质量农村居家养老服务新体系。5月，开展集体经济薄弱村“消薄”后续“造血”功能视察，实地视察上溪岩湖路云上之溪仓储“消薄”项目、萧皇塘生态探险森林公园“消薄”项目，委员们从充分调动村两委积极性、加大政策扶持力度、依法依规建设等方面提出意见建议。10月，开展“请你来协商——助力农民农村共同富裕”调研，分别就农业数字化改革、农业水利基础设施建设、循环农业发展、水稻白叶枯病防治、农村有机更新等方面提出对策建议。

【港澳台侨与社会法制委员会】 2021年3月，市港澳台侨与社会法制委员会赴温州龙湾走访瑞浦能源有限公司、空港同心阁委员工作室、中国眼谷，赴丽水莲都走访古堰画乡特色小镇、下南山特色古民居，赴丽水缙云走访河阳古民居、黄龙浙大科技园，交流经济发展、专委会建设等工作。4月，组织开展宗教场所管理专项视察。9月，举办“请你来协商——推进自贸试验区建设”，并在掌上履职平台上发起主题议政活动，实地视察进口市场工地和综保区，市委改革办、市市场发展委、市商务局、自贸发展区管委会、商城集团、海关6个部门与政协委员、进出口企业代表进行互动交流。10月，赴海南省海口市、澄迈县等地视察学习，围绕全面深化改革开放，提升自贸试验区建设水平，实地视察海南生态软件园、海口综合保税区等地。12月，开展安全生产领域专项视察，实地视察苏溪车站小区旧改全高层项目、苏溪中学扩建项目，听取安全生产工作情况通报并协商。调研社法、民宗、港澳台侨工作、政法队伍教育整顿工作及商贸经济运行情况。

【界别活动小组】 2021年1月，经济一组提交《关于广泛开展分布式雨水收集利用工程助力节水型社会建设的建议》集体提案，被列入2021年浙江水利改革总体方案。经济二组开展账户冻结援助，自2020年11成立义乌市银行账户冻结援助中心，会同市商务局、市公安局、市外汇管理局、律师团队等部门共同入驻，帮助解冻账户6382个，解冻金额19.46亿元。2月，无党派人士针对义乌市教育发展有限公司所属11所学校推出“义”乡有礼“百万教育补贴”活动，3000人受益。教育界别组织委员，通过招生热线及校门口招生咨询服务点，为300余名家长提供新生招生政策咨询、解答服务。同月，工商联界别组织11家民营企业举办以“科技自立自强促发展”为主题的座谈活动，围绕科技自立自强、惠企政策及科研技术成果转化等问题提出意见建议7条。4月，工青妇界别通过社会招募形式，组建“智慧小囡”巾帼志愿服务队，为400余名村居老人指导智能设备使用方法。6月，九三学社专家团队参加“同心奉献”义诊活动，服务稠江街道松门里社区居民200余人次。科协科技界别全年开展“健康护眼守护光明”科普活动，免费视力筛查2.5万人次，云课堂线上观看7.2万余人次。年内，台联、侨联界别累计报送《国际陆港对标德国杜伊斯堡港》《试论义乌市场在中国实现贸易强国中的作用》《海外疫情分析》等专报15篇，得到市主要领导批示3次。

2021年义乌市政协各专委会重要建议一览表

表9

序号	时间	建议形式	建议人	主题	内　容
1	4月12日	考察纪要	市政协提案委、市政协文化文史和学习委	关于G527至规划S214义乌江东连接线工程、青岩书院新建工程重大项目专项考察纪要	建议充分认识重大项目是承载义乌发展的重要支撑，部门合理做好服务保障，注重规划科学性、前瞻性，加强宣传，广泛凝聚共识。此件以市政协办〔2021〕9号文件报送市委、市政府
2	7月16日	考察纪要	市政协文化文史和学习委	关于儿童医院新建工程、浙大国际医学院工程、浙大附属第四医院科研教学和国际保健楼项目专项考察纪要	建议进一步提高认识、进一步优化设计方案、进一步引导有序发展、进一步强化统筹协调。此件以市政协办〔2021〕25号文件报送市委、市政府
3	9月6日	考察纪要	市政协文化文史和学习委、市政协港澳台侨与社会法制委	宾王未来社区建设专题考察纪要	建议坚持需求导向，强化场景应用，优化保障机制。此件以市政协办〔2021〕29号文件报送市委、市政府

续表 9

序号	时间	建议形式	建议人	主题	内容
4	10 月 27 日	考察纪要	市政协文化文史和学习委	义乌市大型文化场馆建设使用情况考察纪要	建议达标提升公共文化场馆建设，体现现代化，实现均衡化；大力激活公共文化场馆运营，做强运营团队，扩大社会力量参与，加强督导评估；切实加强基层文化队伍建设，理顺基层工作机制，提高队伍专业水平；丰富充实公共文化场馆内涵，扩大市民参与度，创新文化惠民方式。此件以市政协办〔2021〕35 号文件报送市委、市政府
5	12 月 1 日	考察纪要	市政协港澳台侨与社会法制委	安全生产领域专项考察纪要	建议进一步强化思想认识、进一步强化安全制度、进一步强化长效机制。此件以市政协办〔2021〕45 号文件报送市委、市政府
6	12 月 7 日	考察纪要	市政协城市与市场委	美丽城镇建设考察纪要	建议明确目标任务，注重规划提升，强化统筹联动，广泛发动参与。此件以市政协办〔2021〕47 号文件报送市委、市政府
7	5 月 28 日	考察纪要	市政协农业和农村委	关于集体经济薄弱村“消薄”后续“造血”功能提升考察纪要	建议充分调动村两委积极性，加大政策扶持力度，依法依规建设。此件以市政协办〔2021〕19 号文件报送市委、市政府
8	10 月 8 日	协商纪要	市政协港澳台侨与社会法制委	关于“请你来协商——助推自贸试验区建设”专题协商纪要	建议建好用好开放平台。提升扩大开放水平，合力凝聚开放共识。此件以市政协办〔2021〕32 号文件报送市委、市政府
9	11 月 19 日	协商纪要	市政协城市与市场委	关于“请你来协商——跨境电商综试区改革”专题协商纪要	建议加大改革力度，持续推进跨境电商综合试验区建设；完善要素支撑，持续优化跨境电商发展环境；强化数字赋能，推动跨境电商健康发展。此件以市政协办〔2021〕39 号文件报送市委、市政府
10	12 月 2 日	协商纪要	市政协农业和农村委	关于“请你来协商——助力农民农村共同富裕”专题协商纪要	建议进一步统一思想，深刻认识实施乡村振兴战略的重大意义；进一步完善规划，持续缩小城乡区域发展差距；进一步因地制宜，促进美丽乡村产业发展；进一步强优补弱，深化以土地制度改革为重点的乡村集成改革；进一步铸魂赋能，传承农村优秀传统文化。此件以市政协办〔2021〕46 号文件报送市委、市政府
11	4 月 29 日	协商纪要	市政协城市与市场委	关于城市有机更新区块邻里中心规划建设工作对口协商纪要	建议合理规划布局，完善顶层设计，坚持需求导向，推动产城融合，注重文化传承，创新体制机制。此件以市政协办〔2021〕13 号文件报送市委、市政府

续表 9

序号	时间	建议形式	建议人	主题	内容
12	6 月 24 日	协商纪要	市政协文化文史和学习委	关于学前教育专项规划工作对口协商纪要	建议科学配置学前教育资源，扩大普惠性学前教育供给，重视幼师队伍建设，跟进学前教育内涵发展。此件以市政协办〔2021〕20 号文件报送市委、市政府
13	8 月 17 日	调研报告	市政协工业与科技委	义乌楼宇经济发展情况的调研报告	建议建立健全楼宇经济管理考核机制；规划引领科学布局，大力引进企业总部；培育专业特色楼宇，引导楼宇集聚发展；多管齐下，全面提升楼宇品质。此件以市政协办〔2021〕27 号文件报送市委、市政府
14	7 月 15 日	调研报告	各专委会	关于“未来社区创建和数字社会建设”主题议政意见建议的函	此件以市政协办〔2021〕24 号文件报送市委、市政府
15	11 月 19 日	调研报告	市政协提案委	实施“品牌强市”战略全力打造“品牌之都”	建议坚持政企学行联动，走品牌及品牌商品“买全球、卖全球”之路；发挥行业协会、商会在行业性、区域性品牌培育和创建中的积极作用；进口商贸特色坚持市场导向，加快数字品牌建设；把品牌建设融入自贸区改革，促进义乌品牌国际化；大力引进和培育品牌渠道、品牌机构、品牌经纪人队伍，加强品牌制度化建设。此件以市政协办〔2021〕40 号文件报送市委、市政府
16	11 月 30 日	调研报告	市政协提案委	关于农房不动产登记发证有关情况的调研报告	建议建立完善宅基地基础数据，尽快完善遗留问题处理政策，抓好技术服务和业务监管，强化考核和专项经费保障。此件以市政协办〔2021〕41 号文件报送市委、市政府
17	12 月 22 日	调研报告	市政协农业和农村委	深化宅基地制度改革，促进农民共同富裕	建议加快调查，打实改革基础；加强统筹，汇聚改革合力；严守底线，防范改革风险。此件以市政协办〔2021〕48 号文件报送市委、市政府
18	12 月 23 日	调研报告	市政协工业与科技委	关于推进义乌市日用百货行业高质量发展的对策建议	建议放大区域特色，多方发力，推动日用百货行业提档升级；更新发展理念，以“零增地”重塑工业用地空间；整合发展资源，提升行业孵化水平；创新发展模式，重塑市场“磁场效应”。此件以市政协办〔2021〕49 号文件报送市委、市政府
19	10 月 28 日	调研报告	市政协港澳台侨与社会法制委	关于赴海南省海口市、澄迈县考察学习的情况报告	建议贯彻新发展理念，进一步突出改革特色；积极向上争取，进一步扩大开放水平；加快平台建设，进一步释放发展潜力；集成改革合力，进一步打造发展优势。此件以白头文〔2021〕10 号文件报送市委、市政府

（喻　然）

中国共产党义乌市纪律检查委员会 义乌市监察委员会

综 述

【执法监察】 2021年，中国共产党义乌市纪律检查委员会、义乌市监察委员会（简称“市纪委监委”）围绕耕地非农化非粮化、农村乱占耕地建房、粮食购销领域腐败、粮食浪费等问题开展监督，立案18件。协助市委抓好巡视整改，对标中央巡视反馈确定的125个问题全部提前完成整改；省委巡视集聚区反馈的24个问题，完成整改23个。抓好疫情防控督导工作，建立“810”督导体系，8个督导组平时一周一督、战时一日一督，10项配套机制有效发力，协助打造坚固防线。全年检查点位2.28万个，发现并督促整改问题9318个，提出建议2060条，处理232人次，通报102期。加强对共同富裕示范区建设、大平安建设、能耗“双控”、数字化改革、省市领导批示交办工作落实情况的监督，严肃查处义亭镇车路村非法填土等案件背后的腐败和作风问题，问责处理党组织10个、党员干部94人。协助市委制定出台《关于进一步加强对“一把手”和领导班子监督的若干措施》，督促落实落细13张履责清单，问责各级“一把手”31人次。

【纪检监察干部自身建设】 2021年，市纪委常委会以县乡换届为契机，优化市纪委市监委和镇街纪（工）委的班子结构、梯次配备，深化分层分类培训和实战锻炼，全市287名纪检监察干部实现教育培训全覆盖。深化纪检监察体制改革，撤销派出集聚区纪检监察工委，向整合提升后的自由贸易发展区、经济技术开发区派驻纪检监察组，理顺对开发园区的监督机制。健全常态化干部交流机制，注重在反腐败斗争一线考察识别干部，强化谈心谈话、家访慰问、团队文化建设，队伍凝聚力进一步增强。严格执行党章党规、宪法、监察法及相关配套制度规定，完善规范纪检监察权力运行的内控机制，做到严格依纪依法、不越雷池一步。加强内部日常监督，处置纪检监察干部信访举报、问题线索13件，坚决防止“灯下黑”。出台《介绍信使用管理办法》《工作证使用管理规定》《问题线索管理处置工作办法》等制度，完善对执纪执法权的监督制约，处理纪检监察干部信访举报、问题线索10起，谈话提醒、批评教育各1人，澄清正名1人。

【警示教育】 2021年，市纪委监委坚持以案说纪说法，制作《法不容私》《歧途勿入》等警示教育片，拍摄清廉微电影10余部，编发违纪违法案例警示读本2期5000余册，为中青班干部、政法干警等群体上廉政党课10余次。向全市所有党员和公职人员不定期发放廉洁提醒卡，一期一个主题。2月8日，全市领导干部警示教育大会在义乌市党校召开。会议以视频形式召开，各镇（街道）、机关单位设分会场。会议强调，全市各级党组织和广大党员干部要进一步筑牢思想防线，坚决当好忠诚干净担当的表率，努力将清廉义乌建设推向新境界，以全面从严治党的新成效为建党100周年献礼，为高水平高质量建成世界小商品之都做出更大贡献。会后，参会人员观看警示教育片《镜鉴常在》。市四套班子领导、集聚区管委会主任、法检两长，市纪委市监委班子成员，市机关各单位主要负责人，各镇（街道）党（工）委书记，工商学院、浙大四院、中心医院、义乌中学等单位党政正职，市委各巡察组组长，市纪委监委各派驻纪检监察组负责人共270余人在主会场参会。

【不正之风和腐败问题专项整治】 2021年9月28日，市十五届人大常委会第四十四次会议听取和审议市监察委员会《关于开展整治群众身边不正之风和腐败问题工作情况的报告》，是市监察委员会首次向市人大常委会报告专项工作。报告中指出，市监委深化监察体制改革，调整优化派驻（出）机构设置、稳慎授予监察职能，深入推进镇（街道）监察办规范化建设，在全市537个村社建立监察工作联络站，推动监察监督向基层延伸。深入整治民生领域“微腐败”，开展扶贫领域不正之风和腐败问题专项治理三年行动和漠视侵害群众利益问题专项整治，查处群众身边不正之风和腐败问题348起，处理322人。

（王俊磊）

市纪委监委重要会议

【中国共产党义乌市第十四届纪律检查委员会第六次全体会议】 2021年3月1日，中国共产党义乌市第十四届纪律检查委员会第六次全体会议召开。出席会议的市纪委委员24人，列席253人。全会的主要任务是：以习近平新时代中国特色社会主义思想为指导，深入贯彻落实中共十九大和十九届二中、三中、四中、五中全会精神，按照十九届中央纪委五次全会、省纪委十四届六次全会、金华市纪委七届六次全会和市委十四届九次全会的部署，回顾总结2020年义乌市纪检监察工作，部署2021年任务。审议通过王强代表市纪委常委会所作的《奋力推动纪检监察工作高质量发展，为高质量高水平建成世界小商品之都提供坚强保障》工作报告。会议就学习贯彻习近平总书记重要讲话和上级纪委全会精神，纵深推进全面从严治党，引领保障义乌“十四五”良好开局提出明确要求。市四套班子领导、集聚区管委会主任、法检两长，市纪委委员、市监委委员等277人在主会场参加会议。会议以视频直播的形式召开，市机关各单位、各镇街、各村（社区）设分会场。

【党史学习教育动员会】 2021年3月16日，市纪委监委召开全市纪检监察系统党史学习教育动员会，会议明确纪检监察系统党史学习教育工作要求，研究部署下一阶段义乌市纪检监察重点工作任务。市委常委、市纪委书记、市监委主任王强出席会议并讲话。会上，学习传达中央、省、市党史学习教育活动的相关要求，详细解读全市纪检监察系统党史学习教育活动方案，并对学习教育活动重点工作及目标任务进行全面部署。市纪委监委班子领导，各镇（街道）纪（工）委书记、副书记，委机关、派驻（出）机构、市委巡察机构全体干部，国企纪委书记、副书记等150余人参加会议。

【义乌市第十五届纪律检查委员会第一次全会】 2021年12月30日，中国共产党义乌市第十五届纪律检查委员会召开第一次全体会议。会议由市委常委、市纪委书记、市监委主任王强主持，市第十五次党代会选举产生的25名市纪委委员参加会议。会议以举手表决方式，通过中共义乌市第十五届纪律检查委员会常委候选人名单，并采用无记名投票的方式，选举产生市纪委书记、副书记、常委。选举结果经中共义乌市第十五届委员会第一次全体会议审议通过。

（王俊磊）

巡视巡察

【概况】 2021年，义乌市纪委监委深入贯彻落实中央、省委、金华市委巡视巡察工作新精神新要求新部署，全面贯彻中央巡视工作方针，始终坚持政治定位、坚持问题导向、坚持系统观念、坚持依规依法依纪，按照上下联动要求，以高质量巡察推动高质量发展为要求，以打好十四届市委巡察“收官战”为目标，认真谋划、扎实推进，较好地发挥了巡察“利剑”和监督作用。全年全市部署开展2轮常规巡察，1轮村社巡察“回头看”，1轮涉粮问题专项巡察，共发现问题871个，移交问题线索22条；运用第一种形态处理446人次，给予党纪政务处分6人；督促被巡察单位催收、追缴资金1010万元，建立完善制定规定269项。

【高标准推进巡视整改】 2021年，义乌市纪委监委坚持精准施策，高标准高质量推进巡视反馈问题整改落实。年内，中央巡视整改由市纪委牵头的37项问题全部提前报结，积极协助集聚区做好省委巡视整改，指导修改整改方案，召开会议，协调相关部门共同落实6个问题10项举措。

【巡察标准化建设】 2021年，义乌市纪委监委全面深化巡察工作标准化建设，规范巡前、巡中、巡后和整改、督办五大环节56项具体工作的时间安排、责任主体、工作程序、标准要求等内容，完善巡前信息收集、巡察中期汇报、重要线索快转快办等工作机制。

【巡察全覆盖】 2021年3月、9月，市委开展十四届市委第十一、第十二轮常规巡察。制定出台《关于推进巡察整改标准化建设的意见》，明确主体责任落实、巡察移交、整改督办、成果运用4个方面的标准，建立制度化、标准化、常态化巡察整改工作机制，切实增强巡察监督实效，实现巡察全覆盖目标任务。查找发现各类问题634个，移交问题线索15件，追缴资金718.2万元。开展涉粮问题专项巡察，发现面上问题24个，留置2人。第十四届市委村社巡察、常规巡察均实现100%全覆盖，发现问题8092个，整改率为94.92%，给予党纪政务处分239人，移送司法机关31人，督促被巡察单位催收、追缴资金2.03亿元。

【村社巡察“回头看”】 2021年7月，义乌市纪委监委推进扶贫领域腐败和作风问题专项治理，对巡视巡察、监督检查、审计等反馈问题的整改等情况开展村社巡察“回头看”，选取党组织软弱涣散、重点工作推进不力、信访问题突出的10个村社开展巡察“回头看”，发现问题161个、问题线索7条，整改率95%，党纪处分3人，第一种形态处理88人，追缴资金289.6万元。

（王俊磊）

党风政风监督

【概况】 2021年，市纪委常委会常态化开展正风肃纪检查，每月至少开展2次、全年共开展30次，发现问题线索78件，处理87人；查处违反中央八项规定精神案件85起133人，处分58人，下发通报11期。开展党员整治立规，9月初，出台深化党员整治立规“十条举措”，提出市委主要领导提级约谈、短信实时通报、拍摄个人忏悔视频等举措。总结出88%的违纪违法案件在农村、70%的信访举报在农村、40%的信访因信息公开不到位等规律特点，进而从群众的视角去设置工作流程和操作场景。建立工作专班，对24项村务高频事项进行最小颗粒化拆解，对村级权力事项进行流程再造、规则重塑。共建成子模块93个，审批流程24条，设置最小字段3757个，改革运行机制21项，构建起全流程嵌入式、源头性、立体化监督体系。

【群众身边腐败和不正之风治理】 2021年，市纪委坚持“纪委搭台、部门唱戏”模式，围绕群众“急难愁盼”问题，选定回迁安置慢、保健食品虚假宣传、电信诈骗、殡葬领域公益属性不足等20个治理项目，深入开展漠视侵害群众利益问题专项整治，查处群众身边腐败和作风问题137起181人，推动职能部门整改问题281个。

【基层站所腐败和作风问题专项治理】 2021，市纪委监委开展基层站所腐败和作风问题专项治理，督促全市386个基层站所排摸权力风险点1160个，严肃查处违纪违法政府雇员、基层站所工作人员296人，推动雇员管理改革，建立编外人员招聘“五统一”工作机制、履职负面清单和禁入政府部门的“黑名单”制度，配套建立四岗45级的薪酬体系、1%的末位淘汰转岗机制，实现队伍的良性迭代和有机更新。开展涉企资金奖补领域腐败和作风问题专项整治，发现问题29个，追回违规发放资金192.37万元，处理24人。

【“清风护航”正风肃纪检查】 2021年，市纪委监委常态化开展“清风护航”正风肃纪检查，严肃查处违规吃请、违规报销、超标准公务接待等享乐主义、奢靡之风问题27起，批评教育帮助和处理31人、处分21人，严肃查处贯彻上级决策部署、维护群众利益不担当不作为等形式主义、官僚主义问题58起，批评教育帮助和处理102人、处分37人。

【村社集体资金管理不规范清理】 2021年，市纪委监委开展村社集体资金管理不规范、老年协会等资金未纳管、资产合同签订履行不合规问题大清理，发现问题784个，其中，村级合同不规范466个，资产交易不公开177个，民主决策不到位的6个，及老年协会等村级以下组织“账外账”等违反非生产性支出规定问题135个；受理信访举报件8件，处置问题线索10条，组织处理和纪律处分114人次。为防止问题复发反弹，要求各镇（街道）对发现问题逐个研究整改，并通过随机抽查指导，督促各村社落实整改。至年底，抽查村社347个，清理合同9433份，完成整改问题783个，清缴资金1765.34万元。在土地征迁、有机更新、招标采购、村级工程等重大项目中探索事前教育提醒制度，经事前教育提醒的68个重大项目、77个在建工程均未发生违纪违法案件和信访情况。

【“村务清廉钉办”系统】 2021年，“村务清廉钉办”系统以多跨场景应用为重要抓手，贯通基层治理四平台、“三资”管理、困难群众救助等系统，开发监督一点通、财务收支全流程线上运行等场景，形成数字化改革的聚变效应。5月17日，“村务清廉钉办”成为省纪委基层监督数字化改革“揭榜挂帅”试点全省六大模板之一，被5个地市选用。8月29日，此系统作为全省第一批数字化改革重要应用场景在省政府新闻发布会上发布。至年底，使用系统21.6万余人，钉办审批34.7万余件、公开信息11.1万余条、直报监督异议278条、预警数2.6万余件，办理“民情民访”“两问大走访”事项7.35万件，累计解决7.29万件。

【义乌获浙江“十大创新经验”创新奖】 2021年6月18日，由浙江大学、浙江日报报业集团共同主办，浙江大学廉政研究中心和《反腐败导刊》杂志承办的第二届“基层清廉建设（浙江）十大创新经验”发布活动在杭州举行。市委常委、市纪委书记、市监委主任王强应邀出席活动并作专题发言。第二届“基层清廉建设（浙江）十大创新经验发布”活动共评选出十大创新奖和13个创新提名奖及40个优秀案例，内容既涉及党风廉政建设和反腐败工作中难点堵点的破题之举，也包含清廉浙江建设各单元推进过程中探索出的先进经验。义乌市“激发创新活力优化营商环境”项目获第二届“基层清廉建设（浙江）十大创新经验”创新奖。

（王俊磊）

纪律检查和案件审理

【概况】 2021年，市纪委深入开展政法队伍教育整顿监督执纪执法工作，处置问题线索93条；运用“四种形态”处理63人，立案27人，处分21人，留置1人，移送司法机关6人，查处法院执行局窝案串案、公安涉恶保护伞等政法干警违纪违法典型案件。

【四种形态运用】 2021年，全市运用“四种形态”处理1999人次，第一、第二种形态占比92.9%。迭代升级整治党员违法问题的10条举措，整治立规效果明显，月均违法数下降至个位数、保持低位运行，违法比例降至0.21%，为各县（市、区）最低。依纪依法依规对相信组织、主动交代问题、积极清退赃款赃物的9名公职人员和在干事创业中过错轻微且一心为公的5名公职人员作出从轻、减轻处理或免予处分。坚持激励、约束并重，及时通过问题线索核查、公开澄清等方式为143名受到信访举报的干部澄清正名，同步查处诬告陷害行为3起12人。为换届工作提供纪律保障，提前排摸核查正股级以上干部问题线索93人，回复党风廉政意见118批5826人次，明确给出“不宜提拔使用”意见33人。全国政法队伍教育整顿以来，处置问题线索105条，运用“四种形态”处理81人，立案37人，处分36人，留置审查调查后移送司法机关11人，直接移送司法机关5人。

【“三不”一体推进】 2021年，市纪委充分发挥市委反腐败协调小组的作用，强化与政法、审计等机关的协同配合，处置问题线索1331件，立案540件，党纪政务处分508人，留置5人，移送司法机关14人。在思想触动和政策感召下，全市有33名公职人员主动投案。着力构建“查、改、治”“三不”一体工作闭环，统筹考虑边查边改、以案促改，针对案件暴露出的制度漏洞和管理短板，制发纪检监察建议书94份，督促规范涉案物品管理、执行款分配、财务审核等制度236项。法院执行局窝串案“后半篇”文章走深走实，累计清理执行款11亿元，负面问题反映零新增，法院执行局窝串案获评“全省纪检监察系统十大优秀案例”。

【干部队伍正向激励反向倒逼】2021年，市纪委结合县乡两级领导班子工作，加快有关问题线索处置，每周分析研判，6月底，完成正股级以上干部问题线索处置工作，并做好拟提名人选党风廉政意见回复工作，对356名拟提拔人选进行资格审查。排摸处置正股级以上干部的问题线索93条，经核查，发现存在违纪违法、受到诫勉或处分未过影响期等情况33人，明确给出“不宜提拔使用”的意见。坚决打击诬告陷害，澄清正名64人，打击3起，训诫5人、行政拘留3人，党纪立案和移送司法机关各1人，切实保护和激发干部干事创业积极性。 （王俊磊）

信访举报

【概况】 2021年，市纪委深化信访举报“三清三提升”活动，全面推进云视频接访、“两问大走访”“71530”办信机制和“室组地”协作化解机制。全市检举控告、重复举报、初次举报分别同比下降53.2%、27.3%和61.3%，涉村检举控告量退至全省第15位。

【初信初访“71530”机制】 2021年，市纪委对初信初访超过7天未办结的发函督办、超过15天的告知联系纪检室提级办理、超过30天的落实委领导包案，督办后办理时效提升80%，平均办结时间从35天缩短至7天。建好用好矛调中心纪检监察窗口和“1+14”视频指挥系统，加强市、镇两级接访信息互通，在线督办难点问题，自2020年8月运行以来，矛调中心窗口日均接访量从上年的5.3批下降至2.5批。

【积案化解】 2021年，市纪委梳理出22件重复信访积案和40名信访3年以上老访户，深化领导包案化解，积极探索室组地协作化解机制，实行“一个案件、一名领导、一个专班、一套方案”，22件信访积案落实领导包案化解6件、室组地协作化解8件。至年底，化解信访积案8件。

【镇街重大项目事前教育提醒制度】 2021年6月，市纪委实施镇（街道）重大项目事前教育提醒制度，在土地征迁、拆迁安置、有机更新、招标采购、村级工程等廉政风险高、易引发信访的事项中运用，由镇街党委、纪委书记召集专项工作专班讲清廉政风险点、作风纪律和程序规范要求，将违纪违法问题消除在萌芽。至年底，全市各镇（街道）进行事前提醒24次162人，经事前教育提醒的重大事项均未发生违纪违法案件和信访情况。

（王俊磊）

民主党派

中国国民党革命委员会义乌市基层委员会

【概况】 2021年，中国国民党革命委员会义乌市基层委员会（简称“民革义乌市基层委”）共有党员74人。党员中担任浙江省人大代表1人，金华人大代表2人，金华市政协委员3人；担任义乌市人大代表2人，担任义乌市政协委员14人，其中，政协副主席1人，政协常委5人；担任金华市市管干部1人，义乌市市管干部5人；担任省市各类特邀人员20人次。年内，民革义乌市基层委获“2021年度民革全省工作先进集体”，基层委四支部获“民革金华市委会先进基层组织”，基层委二支部获民革金华市委会组织建设先进支部。“两会”期间，义乌民革党员共提交省人大建议4篇、金华市人大建议5篇、金华市政协提案1篇、义乌市人大建议1篇、义乌市政协提案18篇。11人被评为“金华民革2021年度先进党员”，第四支部被评为“金华市委会年度先进基层组织”，第二支部被评为“金华市委会年度组织建设先进支部”。

【乡村振兴议案】 2021年1月20—23日，义乌市政协十三届五次会议、义乌市十五届人大五次会议先后召开，民革义乌市基层委员会15名党员，以高度的政治责任感和强烈的使命担当，认真履行参政议政职能，建诤言，献良策。经议案审查委员会审查，民革党员周灯荣领衔提出的“高质量推进乡村振兴，打响中国众创品牌”议案列为义乌市十五届人大五次会议大会议案。议案提出，面对高质量高水平建成世界小商品之都的总目标，最艰巨最繁重的任务依然在农村，最广泛最深厚的基础依然在农村。应该把乡村建设摆在更加重要的位置，加大资源要素倾斜，全面推进乡村产业、人才、文化、生态、组织振兴，打响“中国众创乡村”品牌。

（吴永建）

中国民主同盟义乌市基层委员会

【概况】 2021年，中国民主同盟义乌市基层委员会（简称“民盟义乌市基层委”）有盟员60人。协助民盟金华市委会举办纪念陈望道诞辰130周年座谈会暨参政党理论研讨会，通过对先贤的研究，传承先贤精神，弘扬先贤文化，推动义乌市民盟先贤理论研究。疫情期间，广大盟员参加统战部“义同”来学习名师讲堂系列活动、疫情防控活动。“两会”期间，向大会提交“关于隆重纪念吴百朋诞辰500周年编排剧本的提案”“关于加快文化场馆建设丰富群众文化体育生活”等提案4件。申报完成民盟省委会2021年课题“义乌市民盟基层委发展成果与建设经验——基层盟组织建设情况调查与思考”、民盟金华市委会课题“加快推进快递进村畅通城乡循环助力乡村振兴”、市委统战部重点课题“完善信用评价

2021年7月28日，“美美同心”宣讲团为参观考察的游客做讲解

（民盟义乌市基层委　供图）

体系更加精准服务地方经济社会发展”“‘百园工程’工程建设的问题及建议”“职业院校创业启蒙教育校本课程的建设问题与建议”“智慧居家养老的研究与探索”。年内，“美美同心”宣讲团接待各级各类参观考察团20余批，为900余名参观考察游客做讲解。

【社区治理现代化专项民主监督】 2021年6月，义乌民盟组建民主监督团以座谈、现场走访形式对市金融办、市公安局、商城集团等单位开展专项民主监督活动3次，围绕贸易自由中的外商信息不对称等痛点堵点问题，以完善信用应用为路径，推进自贸区建设，为义乌自贸试验区建设建言献策，提出在加速推进项目建设的同时，加大宣传，让更多人了解自贸试验区，把握自贸试验区带来的红利和商机，从而共同推进自贸试验区的建设。

【民盟义乌市基层委成立】 2021年10月12日，中国民主同盟义乌市基层委员会成立暨第一次盟员大会在义乌党校召开。金华市政协副主席、民盟金华市委会主委胡锦全，义乌市领导董利明、蒋涛、骆亘、罗祖盘、季金甫出席大会；义乌市各民主党派主委、工商联负责人、民盟东阳市基层委代表，民盟义乌市基层委全体盟员共55人参加大会。会议宣布民盟义乌市总支完成换届，升格为基层委。开幕式上，市领导肯定了过去五年民盟义乌市总支围绕中心、服务大局，为义乌市经济社会高水平高质量发展做出的积极贡献。会议选举产生第一届民盟义乌市基层委员会：吴光东为主任委员，朱友龙、何志强为副主任委员，叶月飞、何中联、吴俊峰、韩飞为委员。吴光东代表新当选的领导班子作表态发言。闭幕式上，市领导对新的基层委提出了希望和要求。

【未来社区建设调研】 2021年12月，民盟义乌市基层委副主委朱友龙、何志强等智慧社区课题组成员前往稠城街道宾王社区、词林社区、北苑街道丹溪社区调研未来社区建设。提出完善未来社区建设顶层设计，建立相关治理机制；加快不同层级信息平台构建，打造更多未来社区服务

2021年10月12日，中国民主同盟义乌市基层委员会成立暨第一次盟员大会在义乌党校召开　（民盟义乌市基层委　供图）

应用场景；引导社会与民间资本投资社区服务项目，实现共建共享；培育和打造一支专业化的项目开发人才队伍。

（骆士珍）

中国民主建国会义乌市基层委员会

【概况】 2021年，中国民主建国会义乌市基层委员会（简称“民建义乌市基层委”）共有会员123人，下设8个支部，有支部正副主委24人。民建会员中担任金华市人大代表1人，金华市政协委员4人，义乌市人大代表2人，义乌市政协委员13人（其中担任人大常委会副主任1人）。“两会”期间，提交人大议案、政协提案19件，其中王焕英《构建义甬舟开放大通道加快舟山宁波第六港区建设》的提案被列为重点提案，孙兵代表民建在政协大会上做《关于做强我市冷链物流产业的建议》的发言，王焕英、孙兵、黄洪鸣、曾菊红被评为“2021年度义乌市政协先进个人”。

【建言献策】 2021年，民建义乌市基层委开展各类调研提出的，《关于建设领域数字化改革工作的建议》《民建义乌市基层委关于设立“府院联席会议”机制，助推企业司法重组破产清算的建议》《加强医务信息化建设的建言》等建议被统战部以“建言直通车”的形式采用。会员龚前进在全国人大法制工作委员会关于《中华人民共和国反食品浪费法（草案）》意见征求工作中提出的建议被立法机关采纳，并获得全国人大常委会法工委表彰。2021年，民建义乌市基层委被民建金华市委会评为“2021年宣传工作先进集体”“2021年社会服务工作先进集体”“2021年参政议政工作先进集体”。

【加快舟山宁波第六港区建设提案】 2022年1月，民建义乌市基层委成员王焕英就构建义甬舟开放大通道情况进行调研，形成《构建义甬舟开放大通道加快舟山宁波第六港区建设》提案。建议支持进入义乌国际陆港货物视同进入宁波舟山港，实现“一次申报、一次查验、一次放行”，助力义乌成为高能级的“一带一路”国际贸易重要支点。此提案被列为市政协第十四届义乌市委员会第一次会议的重点提案。

【调研学习活动】 2021年4月18日，民建绍兴市直越州支部一行17人赴义乌国际商贸城和陈望道故居开展调研学习活动。会员们到义乌国际商贸城一区，详细了解义乌中国小商品城的发展情况；深入商贸城一区玩具工艺、珠宝饰品和二区电子器材经营户摊位，与经营商户交谈交流；听取绍兴籍在义乌经商户“绍益商行”负责人王浩峰有关小商品城经营模式的介绍；了解疫情以来小微经营户面临的货物购销困难，支付货款中出现的电信网络诈骗行为以及地下钱庄洗钱等问题。随后，赴义乌市城西街道分水塘村的陈望道故居开展党史学习活动。

【“思源工程”社会服务】 2021年，民建义乌市基层委致力于打造“思源工程”社会服务品牌，开展各类扶贫助学、结对共建活动。6月，与义乌市第五中学举行共建活动。9月，到大陈中学慰问结对助学的学生。全年，民建义乌市基层委共结对8名学生，捐赠助学金2万余元，叮嘱学生们好好学习，树立远大理想，学业有成后回报社会，将爱心和温暖传递下去，将扶贫济困、乐善好施的传统美德发扬光大。

【民建上级组织到义乌调研】 2021年9月23日，全国人大常委会副委员长、民建中央主席郝明金到义乌就“综保区+自贸区”工作、中欧班列运行、跨境电商和对外贸易等情况展开调研。同月24日，省政协副主席、民建省委会主委陈小平一行4人走访义乌实力企业，与义乌民建基层委委员举行座谈会。11月15日，陈小平带队省民建专职副主委计勇强等一行6人，到义乌调研义乌民建换届后新一届基层委工作，走访部分基层支部和会员企业。与民建义乌市第九届基层委全体成员座谈，听取委员们个人工作情况和下步工作思路。民建义乌市基层委主委鲍建锋汇报基层委当前的主要工作和今后的工作思路。座谈会后，陈小平一行走访会员企业申通快递和金永昌会员参与社会纠纷治理化解的永昌工作室。

【民建义乌市基层委第九次会员大会】 2021年10月9日，中国民主建国会义乌市第九次会员大会在中共义乌市委党校召开，金华市政协副主席杨坚明，义乌市领导陈小忠、董利明、骆亘、罗祖盘、季金甫出席大会，义乌市各民主党派主委、工商联负责人、民建东阳市基层委主委、对口联系部门负责人共11人参加会议。大会听取民建义乌市第八届基层委员会工作报告，报告总结五年工作情况，并对民建义乌基层委今后的工作提出建议。大会选举产生由王焕英、孙兵、朱晓棠、邹华忠等11人组成的新一届基层委员会。在随后召开的九届一次会议上，鲍建锋当选为主任委员，何俊、王焕英、朱晓棠、俞锋当选为副主任委员。

（楼舒莹）

中国民主促进会义乌市基层委员会

【概况】 2021年，中国民主促进会义乌市基层委员会（简称“民进义乌市基层委”），共有会员51人，其中新发展会员3人，下设机关、教育、综合、医卫4个基层支部。“两会”期间，民进界别政协委员提交个人提案10篇，团体提案4篇，会员陶旭明的“破解民营企业融资难题建设地方企业信用信息展示平台”课题，得到市委主要领导的批示。会员楼雅景的《关于推行村村通天然气的建议》等成果以“直通车”形式上报市委、市政府，得到政府主要领导的批示。至年底，民进义乌市基层委被评为“民进全国优秀基层组织”“民进全国反映社情民意信息工作先进集体”“民进浙江省优秀基层组织”金华民进市委会及义乌统战部授予的“抗击新冠肺炎先进集体”“民进金华市优秀基层组织”“信息宣传优秀集体”“社会服务优秀集体”“参政议政优秀集体”等称号。

【建设地方企业信用信息展示平台课题】 2021年5月，民进义乌市基层委成员陶旭明就民营企业融资难情况进行调研，形成“破解民营企业融资难题建设地方企业信用信息展示平台”课题。课题围绕地方政府在促进地方经济发展的过程中，扶持部分规模以上企业的发展，建立信用公示系统方面展开。课题肯定了当下不论是政府主导的国家企业信用信息公示系统还是企业创办的企查查、天眼查等企业查询系统相当成熟，让企业得到了实惠，但此类系统建立在被查询人自主申报基础之上，往往缺乏核心数据，且真实性难以保障，不能穿透企业真实经营情况和财务状况；提出通过规范地方民营企业的管理，促进民营企业诚信经营，提升社会资本进入民营企业的信心的建议。

【民进义乌市基层委成立】 2021年10月13日，民进义乌市基层委成立大会在义乌市委党校报告厅举行，会议由总支主委陈永福主持，总支部班子成员及下属各支部主委46人参加会议。会议宣布民进义乌市总支完成换届，升格为基层委，选举产生第一届民进义乌市基层委主委为陈永福，副主委为何大姝、王旭平、邓鹏辉，秘书长为陶旭明。会上，市领导肯定了过去5年民进义乌市总支践行“继承传统，以党为师，立会为公，参政为民”的理念，主动履行参政党职能，积极开展社会服务。陈永福代表新当选的领导班子作表态发言。

（陶旭明）

中国农工民主党义乌市基层委员会

【概况】 2021年，中国农工民主党义乌市基层委员会（简称“农工党义乌市基层委”）共有党员95人，其中医卫界51人，教育和其他界别44人。“两会”期间，向大会提交《关于西门区块开发和建设的建议》《我市公共卫生服务现状及建议》等政协提案14篇，人大议案2篇，集体提案2篇。张兴茂等人的调研课题“精准补‘链’，提升光电产业可持续发展能力的建议”“探索保税区加工区建设模式，促进自贸区内外联动发展”上报市长直通车，“我市生活垃圾分类现状和资源化利用产业链困境调查和改进措施建议”在市委统战部《和鸣智库》上发表。党员张兴茂入选农工党中央生态环境保护民主监督专项工作组成员，党员杨锦和陶志强分别被评为“金华市医界新秀”“金华市名医”；党员楼肖青剪纸作品《建党百年》获“金华市剪纸大赛”金奖，作品以及事迹等先后10余次上义乌融媒体、《金华日报》、浙江省纪委监委网站、“学习强国”等媒体。党员邵永红编著浙江省普通高校“十三五”新形态教材《创意色彩学》，美术作品入选农工党中央办公厅庆祝中国共产党成立100周年“光辉的历程”美术作品展。

【西门区块开发和建设的建议】 2020年7—12月，党员吴亦、张惠芳对全市的基层公共卫生工作进行实地调研，走访稠城、江东等街道社区和中心卫生院。2021年1月底，形成《关于我市公共卫生服务现状和建议》。建议提出，优化规划布局，调整医疗机构空间结构；加强村级卫生服务机构标准化建设，创造条件；增加财政投入，建立稳定的经费保障机制；鼓励督促基层卫生服务机构提高服务意识，医疗、医药、医保三医联动要满足义乌的地方需要；定向培养一批社区医生充实到基层一线等建议，建议在义乌政协十三届五次会议作为提案上交，由市卫健局等单位承办。

【公共卫生服务现状及建议】 2020年12月，围绕如何延续义乌历史脉络、织补义乌城市空间、提升义乌文化品质等主题，党员华枫红、朱建忠以西门街区块的保护和开发为课题，查阅历史文献，开展实地调研，2021年1月底，形成《关于西门区块开发和建设的建议》。建议提出，着眼延续义乌历史文化脉络，做好西门区块建设的规划，修缮重建戚宅里、大夫第等建筑，借以展现义乌深厚历史文化底蕴；西门区块建设要有利于展现义乌特有的民俗文化，借助西门区块的改造，吸纳、安置义乌市域范围内古旧民居；实施低租金、税费减免政策，鼓励商家进驻。此建议在义乌政协十三届五次会议作为提案上交，由市交投集团、市文旅局和稠城街道等单位承办。

（陈金弟）

九三学社义乌市委员会

【概况】 2021年，九三学社义乌市委员会发展新社员5人，共有社员137人。以庆祝中国共产党成立100周年为契机，举办多党合作成果展、“同心向党·共唱一首歌”、“五史”学习教育等活动9场。“两会”期间，提交提案25件，采用25件，其中《深化救助救护救援服务，彰显“义乌温度”城市形象》《顺应自贸区发展新形势，优化知识产权营商环境》在中国人民政治协商会议第十三届义乌市委员会第五次会议上发言。选送的4篇社情民意信息被“建言直通车”采用。开展各类调研10余项，《关于在疫情常态化防控阶段更加重视中医药振兴的建议》被九三学社浙江省委员会评为“优秀参政议政成果三等奖”。制定《九三学社义乌市委员会履职效能评价实施方案》，通过科学的效能评价机制，对社员的工作进行量化考核。年内，九三学社义乌市委员会被评为“2021年全省社会服务工作先进县级组织”“德赛同心”社会服务基地被评为“省级社会服务示范基地”。

【“义乌九三”订阅号】 2021年，“义乌九三”订阅号共发布原创文章62篇，转载社省委、社金华市委及义乌统战相关学习摘要、新闻报道28篇，累计阅读量3.92万人次，转载量6223人次。选派骨干社员进行信息宣传培训，加入微信订阅号运维、编辑及管理团队。丰富订阅号内涵，宣传国内外重大时事政治、推动社市委思想政治建设，报道社市委的工作方针以及重大活动、指导各支社的工作，将订阅号打造成展示党派建设的重要窗口。订阅号分设学习园地、参政议政、信息报道、民主监督、社员风采、互动交流6个板块。

【“德赛同心”社会服务】 2021年，九三学社义乌市委员会打造“德赛同心”社会服务品牌，深入推进社会服务基地建设，巩固“1+3+3+X”（即打响“1”个品牌——德赛同心；创建“3”个项目：社区服务项目、康养服务项目、科技服务项目；采用“3”种形式，提供菜单式的社会服务清单、组建社会服务宣讲团、成立社会服务专家库；X为多点服务的社会服务模式，开展各项社会服务工作）。主动与社区、企业园区、医疗机构对接，使社会服务规范化、常态化；主动招引优质资源，争取社省委支持义乌服务基地建设；主动下沉、精准服务，巩固“德赛同心”社会服务品牌，充分发挥“九三宣讲团”、专家团队的作用，组织团队送服务、送技术、送政策。全年，开展定点大型服务活动5次，各类专项服务4次，接受“点单”服务9次，参加服务社员240余人次，服务及受益对象5000余人次。

【九三学社浙江省委员会到义乌调研】 2021年3月4日，九三学社浙江省委员会宣传部部长王敏茜一行到义乌市调研社会服务基地及“九三之家”建设情况。调研组到九三学社义乌市委员会“德赛同心”社区社会服务基地——后宅街道金城社区党群服务中心考察参观。主委丁光海向调研组介绍社义乌市委“1+3+3+X”社会服务模式，重点汇报社区、康养、科技三大社会服务基地的成立背景、功能定位、组织构架、体制机制、工作成效以及辐射影响。王敏茜对社义乌市委的社会服务工作表示充分的肯定，要求九三学社义乌市委在社会服务中要进一步突出九三学社的科技特点；建议学社义乌市委在金城社区社会服务基地植入“九三之家”元素，把凝聚共识融入“九三之家”的建设、新时代民主党派“五种能力”“四新”“三好”融入“九三之家”的建设，争取将义乌“九三之家”打造成综合性、多功能、复合型的多党合作活动基地典范。4月13日，省人大常委会副主任、九三学社浙江省委员会主委姒健敏带队到义乌开展走访调研，听取主委丁光海对九三学社义乌市委员会在组织建设、参政议政、社会服务等方面的主要工作情况汇报。其间，调研组参观义乌统战之家“同心苑”。

【赴洪华小区开展项目对接交流】 2021年4月24日，九三学社义乌市委员会主委丁光海、副主委虞海菊率由社内相关专家组成的洪华小区规划提升项目组成员一行11人，到金城社区洪华小区进行考察调研，与小区村委干部座谈交流，此行是按照点单式社会服务模式为洪华小区规划项目提供智力支持。洪华小区位于有义乌“城市绿肺”之称的植物园内，生态环境优美。小区已完成旧村改造，有农户511户，套间2400余套，居住人口7000人，承租住户多为福田市场商户，流动相对稳定。小区店铺以物流、外贸仓储为主，特色产业不明显，同时存在停车位不足、物流车占道、缺少餐饮点等问题。提升项目组由社内规划、设计、园林、建设、环境、招商等领域专家组成，在听取村委干部、社区书记、街道领导的情况介绍及相关需求后，专家各自结合专业特长，针对小区的痛点和诉求，提出小区特色建设需从深挖当地历史和地理位置为切入点，充分发挥其大健康、大生态的传统历史文化和毗邻茶园、植物园的地理优势，争创集旅游、文化、养生、医疗、交通、教育、创业于一体的“未来社区”等建议。自2019年开始，九三学社义乌市委会致力于将“德赛同心”社会服务基地，打造成为宣传九三形象、展示多党合作的重要窗口。洪华小区规划提升项目，是2021年度“德赛同心”社会服务基地5个点单式项目活动之一，通过提供及时有效、实实在在的服务，进一步夯实“德赛同心”社会服务基地建设。

【“资金自由化便利化改革”专项民主监督】 2021年4—9月，九三学社义乌市委员会开展“资金自由化便利化改革”专项民主监督，先后赴市金融办、商城集团和义乌农村商业银行等单位开展调研，了解资金自由化便利化改革中各相关单位的工作进展、难点和需求，与相关单位就自贸区金融服务创新亮点、自贸区内机构简政放权、争取数字人民币试点落地、跨境电商结汇、汇率避险业务推进、外商信用贷款等内容深入交流形成问题式清单。 （张　凌）

义乌市总工会

【概况】 2021年，义乌市总工会开展组建攻坚行动，以“党员+单元”为依托，划网格、分区块、带任务、定责任，有效实施建会工作，全年建立单建基层工会499家，联合工会6家，工会联合会1家，其中义乌市快递物流行业工会联合会成为全省首家快递物流行业的工会联合会。推进“妈咪暖心小屋”建设，打造“妈咪暖心小屋”10家，培育金华市级五星级“妈咪暖心小屋”5家、金华市级四星级“妈咪暖心小屋”6家，举办“妈咪萌宝”公益讲座5场。推送国网义乌市供电有限公司职工吴志民创新工作室研发的“低压配网电力抢修车”项目，获全国职工优秀技术创新成果优秀奖，推评选树全国工人先锋号1家、金华市劳动模范集体2家、金华市巾帼标兵岗3家，“浙江工匠”培养项目人员6人、金华市劳动模范15人、金华市巾帼标兵4人，评选出第四届“最美职工”10名、义乌市“工人先锋号”50家，打造义乌市工匠示范基地4家。开展劳模工匠进企业、进车间、进班组、进学校、进社区“五进”活动，举办劳模（工匠）讲堂5期，组织劳模工匠技术服务队深入企业开展用电安全等技术帮扶活动3次。培育选树浙江义乌市供电有限公司吴志民工作室、义乌市万少君工艺品美术设计工作室、浙江义利汽车零部件有限公司周华英和王二镇工作室、义乌市城西街道七一村文化创意园4家单位为第一批义乌市工匠示范基地。

【工会基层组织培育】 2021年，按照“龙头单建、产业联建、区域统建”形式，成立快递物流行业工会联合会、外卖送餐员工会、网约司机工会。年内，培育省级产业工人思想政治教育基地1家，金华市产业工人思想政治教育基地2家。推进“云驿小镇”片区工委建设，吸纳3万家新业态新就业群体入会，形成《义乌市总工会推行“三联”“三建”“三+”模式不断夯实入会组织基础》工作经验，在全总“新就业形态劳动者入会集中行动工作动态”中刊登推广。

【总工会系列活动】 2021年，市总工会举办新任基层工会干部培训2期，基层干部轮训14期，1000余名工会干部参训。推出“公益普惠·职工学堂”公益课程，开设书法、国画、瑜伽等传统课程及剪纸、太极拳、香道、手工制作等新颖课程20门35期，培训学员5326人次。打造镇（街道）职工培训中心6家。开展“送演出”活动2场，送培训活动2场，送技能培训30余场次，1000余名一线职工参加系列活动。

【职工疗养】 2021年，市总工会出台疗休养政策、抓好职工疗休养工作，制订对口地区疗休养线路，组织392名职工赴巴中市巴州区、温宿县等对口地区开展疗休养活动，促进当地消费。引导职工在省内疗休养，疗休养2.85万余人。加强义乌和浦江合作，与浦江县总工会联合开展非公企业职工免费春游活动，组织2000余名职工到两地购物、旅游，带动基层工会的4万余名职工参加春游活动。组织537名一线职工开展免费疗休养，其中273名职工赴莲都区、武义县、磐安县等省内山区县疗休养，助力山海协作工程。

【劳动领域维稳】 2021年，市总工会加强劳动领域维稳工作，以专题会议、座谈会、实地走访等形式，重点排查小微企业产业园、快递行业等领域的劳动纠纷情况，确保小微企业、快递行业职工队伍稳定。排查期间，走访企业180余家，填写职工调查问卷1000余份，化解劳资纠纷31起。做好工会救助工作，接待来访职工173人次，来电247个，解答法律咨询问题380余个，代写仲裁法律文书36份，处理劳动纠纷46起，为职工挽回经济损失90万余元，做到“事事有回音，件件有落实”。开展“劳动用工”体检，对用人单位招聘、规章制度制定、未成年工使用、劳动合同履行、劳动合同解除等环节进行检查，对风险点督促用人单位及时予以改正，避免纠纷的发生，280家企业开展“劳动用工”体检。

【留义过年普惠活动】 2021年2月，市总工会制定“‘义’起过年工‘惠’暖心”系列活动，设立30万元慰问600名留岗职工，开展“义乌工会”微信公众线上活动8场次，发放7100份年货大礼包。开展“1元购”普惠活动，吸引5000余名职工参与活动。开展“多彩培训大礼包”下基层活动，送公益培训14场，送留义主题演出6场。

【非公企业产业工人改革】 2021年3月，市总工会下发《义乌深化非公企业产业工人队伍建设改革试点工作方案》，明确改革试点工作进度安排、任务清单，同时以提升试点层次，拓宽试点范围为原则，注重从电商、物流及小微企业园等新领域新业态方面增加试点单位，确定3家省级试点、1家金华试点、28家义乌非公企业为产业改革试点单位。其中，浙江森宇有限公司推荐为新时代浙江产业工人队伍建设改革成绩突出集体。

【“当一周工人、体工会初心”活动】 2021年3—6月，市总工会组织机关工会及镇（街道）基层33批次275名工会干部深入29家企业开展“当一周工人、体工会初心”活动。工会干部走进车间，与一线工人同吃同住同劳动，了解职工所思所想，对工会的所期所盼，收集问题70余个。选派6名机关干部组成3个小组，分赴稠江、苏溪、赤岸3个镇（街道）总工会开展工会干部蹲点活动，帮助基层解决组织建设、民主管理和工会服务等方面实际问题20余个，形成调研报告3篇。

【第15届劳动技能大赛】 2021年3—12月，市总工会以“提高竞赛规格、增加竞赛项目，拓宽竞赛工种”为目标，举办义乌市第十五届劳动技能大赛，包含省级竞赛项目2个，市级竞赛项目4个，镇（街道）总工会、产业工会、市直工委63个竞赛项目，全市280余家企业1.3万余名职工参加各种类型的劳动技能竞赛，25人被授予“义乌市技术标兵”称号。

【“技能培训大风车”行动】 2021年3—12月，市总工会实施职工“技能培训大风车”行动，开展四大类（企业管理、市场营销、电子商务、自我提升技能）28个项目的订单式培训20场次，1450余名职工参加培训。

【党史学习教育学深学透】 2021年，市总工会制定党史学习教育实施方案，以班子会议、理论中心组学习会、专题交流会等形式，加强理论知识学习，提高理论水平。全体机关干部职工在自学的基础上，依托每月1次主题党日，以集中学习、谈心得、谈感悟等方式，学深学透党史学习教育内容。4月，组织全体党员赴上溪吴山民、吴晗故居开展“沿着红色足迹学党史”活动，以“请进来”“走出去”的方式让党史学习教育真正“活”起来。全年，开展“我心向党”系列活动，邀请党史老师、基层工会主席、车间员工进行党史专题宣讲，同步开展送红色电影进企业活动，共开展100场，覆盖职工1.2万余人。

【"四送四免"服务】 2021年，市总工会常态化为困难职工开展"四送四免"服务，通过社会救助+工会常态化帮扶综合施策，帮助12名困难职工解困脱困。元旦、春节期间开展送温暖活动，走访困难职工25人，发放慰问金13.6万元。5月，开展"工会进万家"调研走访困难职工，慰问7户建档困难职工家庭，发放生活补助3300元。8月，开展金秋助学活动，救助3名困难职工子女，发放助学金2.1万元。9月，中国农民丰收节期间走访慰问农民工7户，发放补助3500元。

【职工权益维护】 2021年8月，开展防暑降温送清凉活动，向15个省重点工程、14个镇（街道）110家非公企业的一线高温岗位职工发放7000份物资，价值42万元。加强非公企业一线职工免费体检工作，完成职工免费体检2.08万人次，女职工"两癌"筛查1万人次。简化生病住院和特殊门诊医疗互助保障活动的给付申请报销程序，为3.11万人次办理报销，报销金额411.86万元。开展2021年度职工医疗互助参保工作，为722家基层工会的9.77万名职工办理参保，参保工作80%以上网上办理。

（吴　婷）

共青团义乌市委员会

【概况】 2021年，共青团义乌市委员会（简称"团市委"）共有基层团委（团工委）91个，派出团工委7个，下属团支部（总支）2759个，在册团员5万余人，专职团干部32人。建立"3+3+3"（实施主体3方协同+工作执行3步联动+结果运用3环紧扣）团干部任期目标管理工作体系，制定《团干部任期目标管理办法（试行）》等4份制度性文件，实行机关"1+1+X"（明确1名团干部联系1个基层团组织，发展培育1个青年组织，认领若干团建项目）、村社"3+X"（即3张履职清单，"X"为若干个服务项目）。加强统筹资源，强化要素保障，统筹青少年工作经费3026.5万元。新建市级700平方米"青年之家"总店，以与新时代文明实践中心阵地共享形式建设589个青年之家"分店"。开展线上线下"青年大学习"活动，利用"青春义乌""义乌共青团""网上团校"等团属微信平台，发布"青年大学习"专题团课25期，发动57.7万人次团员青年参加学习。"五四"青年节，利用微信、钉钉开展"五四"云团课，传达学习习近平浙江考察时重要讲话精神，2万余名团员青年在线学习。选派优秀代表参加金华市"党团知识竞赛"，获二等奖。开展"从小学先锋长大做先锋"、开学第一课、"学习新思想共筑中国梦"作品大赛、"新时代义乌需要什么样的好青年"主题大讨论等主题教育实践活动30余场。开展网络文明志愿者工作，实施"互联网志愿护航行动"，净化网络空间，唱响网络好声音。巩固"青年网络意见领袖+网络文明志愿者"的青年网军队伍建设，深化开展青年瞭望哨工程，持续提升青年网军战斗力。

【精耕细作"团小青"系列活动】 2021年，团市委围绕市委、市政府中心工作，开展走访调研，摸排符合"青创农场"创建条件的家庭农场和涉农类创业孵化器8家，定期指导创建工作。5月6日，组织召开"跑小青"业务培训会，进一步提高"跑小青"业务能力水平和服务效率。发动各青年文明号开展调研、体验活动，全年累计代办业务823件。实施志愿品牌计划，组织"青益"训练营、青少年事务社工培训、展会志愿培训等40余场次，5000余人次参训。梳理青年志愿优质项目74个，形成"义救援""爱心书包漂流"等项目12个。5月，开展"童心守护'未'爱集结""焕新乐园"等活动，举办未成年人保护培训、座谈会，与市检察院联合成立市未成年人检察社会支持中心，开发"童心守护"未成年人保护平台小程序，组织志愿者队伍115人，落实帮扶帮教重点青少年353人，帮助弱势青少年和特殊青少年健康成长。12月，廿三里街道华溪谷农场被评为2020年省级示范性"青创农场"。

【党团志愿服务队突击队授旗仪式】 2021年3月4日，"百年征程益心向党"义乌市首届公益博览会在义乌之心南门开幕。开幕式上，为党团志愿服务队突击队授旗，对2020年志愿服务先进集体和个人进行表彰。至年底，义乌市共有2063支党团志愿服务队伍，19.6万名志愿者活跃在服务一线，累计服务时长486.4万小时。

【青年委员说党史】 2021年3月，团市委组织各镇（街道）青年委员以组建宣讲团、开展读书会、强团带团活动学、“线上+线下”双线共学、党史+咖啡边品边学、看电影学党史、民族共融学党史、党史诵读沉浸式学八大载体开展学党史活动。以中国共产党的100年发展历程为顺序，以中国共产党的重大事件为线索，以不同时间的典型事例、历史人物为主干，推出“青年委员说党史”活动，以“宣讲+情景剧”的表演形式回顾中国共产党的历程和辉煌成就，并通过“线下演出+线上展播”，引导广大团员青年厚植爱党、爱国、爱社会主义的情感，组织后浪宣讲团等宣讲队伍43支，开展各类宣讲活动1000余场，覆盖团员青年12万人次。

【青年抗疫突击队】 2021年3月，团市委发动全市各级团组织、团属社会组织，召集团员团干、青年志愿者、青年委员等4100余人，成立青年抗疫突击队120余支，按需开展服务。12月，团市委机关成立抗疫先锋队，协助绣湖社区开展到义返义人员核查工作，通过电话一一确认返义乌人员信息，建立人员信息台账。全年，团市委通过“党建+团建+单元”三级单元体系，发动基层团组织和团属青年社会组织组建青年突击队24支，组织发动团员团干2000余人，线上线下招募青年志愿者3000余人，累计志愿服务时长10万小时。整合社交电商、市场、青企协等团组织的丰富社会资源，累计筹集医用防护口罩21万只，防护面罩1700个。通过开展“团干联企业青年进车间”等活动，组织100余名团干、2200余名团员青年协助1700余家企业开展返义乌人员登记和信息录入4万人。市民间紧急救援协会被评为首批战“疫”先锋团队，5名团员青年被评为首批战“疫”先锋个人。

【“银龄跨越数字鸿沟”专项服务行动】 2021年4月，为切实解决老年人在运用智能技术方面遇到的现实困难，帮助广大老年人走进数字时代、融入智慧社会、享受智慧生活，对照建设“重要窗口”新目标新定位，团市委开展“青年委员助力银龄跨越数字鸿沟”专项服务行动。组织青年委员教会老年人学习使用智能手机，如何打开健康码，使用微信、手机拍照等基础性功能。青年志愿者帮助老年人扫码加入“党建+单元”微信塔群，利用手机提需求，社区快速响应并上门服务的模式，帮助老年人与信息化社会接轨。通过举办预防金融、电信诈骗知识宣讲活动，增加老年人对现有诈骗手段和形式的了解，帮助老年人提高辨识能力和处理、解决诈骗事件的能力，增强自我保护意识。全年服务1557人次。

【义乌市青年之家总店“青春里”运营】 2021年6月11日，义乌市青年之家总店“青春里”在文化市场开店运营，系浙江省首个由社会企业负责运营的市级青年之家总店。同时，义乌市青益投发展有限责任公司举行成立

2021年7月，全国县域共青团基层组织改革扩大试点专题培训研讨班人员参观“青春里”

（团市委　供图）

仪式，公司负责“青春里”的运营和义乌市青年之家的活动推送。义乌市青年之家总店“青春里”和义乌市青益投发展有限责任公司分别进行了揭牌，并为全市14个镇（街道）青年之家旗舰店授牌，共同启动涵盖创业创新、公益志愿、关爱帮扶、社会实践、权益维护、交友联谊、基层治理等10个方面112项标准化青少年服务项目。义乌市青年之家总店“青春里”集成义乌市青少年发展大数据研究中心、青少年综合服务中心、志愿者指导服务中心、青年组织孵化培育中心、青春义乌全媒体中心、青少年权益维护中心、国际青年交流中心、青年学习培训中心八大平台功能，是义乌市青少年社会支持体系的枢纽平台。

（黄超炜）

义乌市妇女联合会

【概况】 2021年，义乌市妇女联合会（简称“市妇联”）开展义乌首届家庭文化周活动、“义童游”家庭友好活动10场，100余户家庭受益。联合市文广旅体局创建首批家庭友好活动基地，联合市民政局成立“幸福家庭爱能赢”社区服务站2个，开展婚姻家庭活动53场。推出“商城女性学党史”等系列专栏193期，组织“新时代大妈宣讲团”开展宣讲257场，开展“亲子共读学党史”活动61期，开展“我为群众办实事”专题实践活动231场。项目化开展“舌尖巧娘”美食培训12期，培训巧娘1230人次，组织“舌尖巧娘”开展“饺子餐车”进企进村等活动130余场。举办家政技能线上培训，发动镇（街道）妇联举办家政技能培训15场，共873人次。全市新建“两新”妇女组织32家，探索建立少数民族“妇女微家”5家，打造基层妇女组织示范点42家。全市3917名各级妇联执委，累计走访联系2874户4.72万人次；走访慰问妇女儿童119名，关爱低保家庭女性861人。发动市女企业家协会、中国小商品城妇联积极为结对帮扶地区——四川省巴州区开展爱心捐赠，计20余万元，春蕾助学55人。年内，在人民网、新华网、《中国妇女报》《浙江新闻》等媒体发布信息134篇，被评为“浙江省实施妇女儿童发展规划成绩突出集体”，中国小商品城妇联被评为“全国巾帼建功先进集体”。

【助推中西部“妇字号”产品销售】 2021年，市妇联依托全国巾帼助农创业浙江基地，助推中西部“妇字号”产品销售，与各省妇联建立合作机制。与吉林妇联、广西妇联等达成合作，助推1万余款产品入驻基地，线上线下累计销售8500余万元。

【巾帼系列活动】 2021年，市妇联实施“数字巾帼”行动，举办线上线下巾帼主播带货培训70余期，累计辐射广西、甘肃等地妇女10余万人。实施“巾帼云代理人”计划，促成1.2万余单交易。10月23日，开展首届全国巾帼助农创业浙江基地直播大赛，评选出10名巾帼助农代言人。

【反家暴行动】 2021年3月，市妇联联合相关部门启动全城“点亮橙色对家暴说不”行动，聘任10名代表为“义乌市反家暴大使”，设立首批7家反家暴驿站。在110接处警系统中将“家庭暴力”单独列项，作为专项统计指标，做好涉家暴案件的信息登记。实现家暴告诫书电子化，公安依法查明事实后，启动告诫程序，并在执法办案系统记录相关证据，包括家庭暴力受害人、加害人、证人笔录证据以及相关办案文书等，生成电子家暴告诫书。至年底，出具电子家暴告诫书561份，开展“反家暴橙色行动”15场，“反家暴列车”进村进社区宣传30余次。

【打造巾帼志愿服务品牌】 2021年4月底，市妇联与义乌工商学院外语外贸学院建立“智慧小囡”巾帼志愿者培育基地，组建“智慧小囡”巾帼志愿服务队，有志愿者成员80人，为老年人使用智能手机出行、消费、就医、办事等方面提供帮助。至年底，开展7场镇（街道）巡回服务，400余名村社老年人受益。

【家庭教育咨询服务】 2021年，市妇联开展“家长学堂”“百场家庭教育讲座送基层”等家庭教育主题活动32期，全市3000余户家庭参与活动。7月，开通家庭教育咨询服务平台，为家长在亲子沟通、情绪处理、儿童照料、亲子陪伴、家庭规则、心理咨询、青少年学业问题、青少年行为问题等方面，提供专业化、系统化、科学化服务。至年底，提供线上线下个性化服务咨询155条。（赵双萍）

义乌市科学技术协会

【概况】2021年，义乌市新建企业科协33家，金华市级科普教育（示范）基地3家，义乌市级科普教育（示范）基地13家。推进"最多跑一次"改革，通过数字赋能、优化流程，专业技术人员培训实现"零次跑"，服务科技工作者6030人。开展"百名院士义乌行"活动19场次，156位院士、专家到义乌调研，举办院士咨询讲座、科技沙龙、报告会17场。建立院士资源智库和企业技术需求库，促成合作项目27个，解决技术难题59项。举办南京大学院士专家与义乌光电光伏企业座谈会、复旦大学应届毕业生义乌行等活动10场，并推动集聚工程师152人，成立科技志愿者队伍11支。推出科普宣传3项238场、学术交流56场、志愿服务100余场。

【科学技术普及活动】2021年，开展"全国学会智汇义乌"专项行动，助力义乌成功获评"中国工艺美术产业贸易之都"。开展"双千"助力"双减"科普专项行动，推出"森宇科普基地游""环保行动"等活动100余场，参与10万余人次。开展"追科学星筑强国梦""小小科普家"系列活动4场。组织科技运动会，参与10余万人次。联合成员单位、市医学会、水利协会、视力矫正研究会开展"世界水日"、全国防灾减灾日和"5·12"护士节活动，联合长兴、嘉善等7家省科协战略合作单位共同发起成立全省"科创联盟"。"智慧科协2.0"平台，阅读量429.6万人次。推进科普信息化，全年推送科普微信2271条。推进"科普中国"App落地，全年新增注册用户800余人，注册用户数占金华地区总数的55%。义乌市成功入围2021"科创中国"浙江省级试点县（市、区）入选名单。专报《充分发挥科协职能，全面融合聚才服务——义乌市科协倾力打造"三位一体"大平台，服务共同富裕示范区建设》受到浙江省科协党组书记谢志远的批示肯定。

【近视防控科普行动】2021年，市科协开展"健康护眼守护光明"近视防控科普行动，举办"线上+线下"近视防控科普云课堂，听众7.2万人次，推出近视防控科普知识进校园17场，免费筛查视力2.5万人次。

【银龄跨越数字鸿沟活动】2021年4月，市科协启动"银龄跨越数字鸿沟"老年人使用智能手机科普专项行动，全年共设置教学点46个，举办培训134场次，印制、发放教材和宣传资料1万余份，9500余人次受训。

【"三位一体"平台建设】2021年5月20日，义乌市科协所属科技咨询中心与浙江义乌高新区所属开发建设有限公司签订《全球光电产业工程师协同创新中心和浙江省义乌信息光电产业创新服务综合体运营服务合作协议》，由义乌科协牵头运营管理。在此基础上，义乌市科协同步成立院士智创服务中心，形成"三位一体"功能融合的服务平台，组建5人专业运营团队，实行实体化运营管理。融合聚才平台聚焦信息光电、新能源汽车等战略性新兴产业和生物健康、纺织服装等义乌特色优势产业，提供科技咨询和人才技术对接服务，促进科技经济融合发展，服务共同富裕示范区建设。通过融合聚才平台汇聚智力，至年底，院士及团队专家123人次到义乌，推动集聚工程师152人，签约入驻义乌"浙江院士之家"院士53人。

【市科协项目"揭榜挂帅"】2021年，义乌市科协以"五个一"的要求（即建立一个工作专班，有一个作战图，每周专题研究一次，每周至少向上级对接一次，力争一个试点项目）扎实推进数字化改革。6月8日，经浙江省科协数字化专班审定，评选出"揭榜挂帅"第一批榜单项目15家，义乌市科协"乡村振兴科技支撑行动"项目成功入围。

【“我为群众办实事”活动】 2021年，市科协开展“两问大走访”“我为群众办实事”活动，分科技创新、乡村振兴2个小分队，到企业基层了解群众急难愁盼等问题。共走访学会、企业、学校、农业基地等116家，了解需求109项，解决浙江好材好非织造布有限公司棉柔巾材料改良等问题100项，困难化解率达91.7%。6月23日，市科协与浙江农林大学签订全面战略合作协议。全年，招收农函大一年制学员2500人，同比增长25%。举办大枣、蔬菜、葡萄、杨梅、柑橘、水产养殖、中草药养殖等乡村振兴科技服务培训班10期，受益群众2000余人。

【健康产业创新驿站成立】 2021年7月30日，浙江省林学会义乌市森山小镇健康产业创新驿站授牌仪式在森宇集团举行，浙江省科协一级巡视员姜长才和省林学会理事长江波共同为森山小镇健康产业创新驿站授牌，此驿站是继义乌模具城服务产业创新驿站后的第二家创新驿站。中国科学院、中国工程院、浙江省科协、中国林学会、省林学会及义乌市政协、义乌市自然资源与规划局、义乌市科协、森宇控股集团等相关单位领导70余人出席会议。现场围绕“增强国民身体健康，加快林粮特色产业发展”开展主题讨论，形成“义乌共识”。会上，浙江省林学会与森宇集团共同签订“共建创新驿站合作协议”。 （郑　捷）

义乌市归国华侨联合会

【概况】 2021年，义乌市归国华侨联合会（简称“市侨联”）围绕市委、市政府中心工作和侨联主责主业，以四个平台建设为抓手，凝侨心、聚侨力、护侨益，切实发挥群团组织政治功能，全面提升服务大局能力水平，逐步推进为侨护侨的平台建设，为义乌市高质量锻造共同富裕示范区贡献侨界力量。建立完善机制，聚焦问题解决全流程管理，建立“收集—协调—办理—反馈—跟踪”工作闭环机制，常态化开展为企三服务工作。召开镇（街道）基层侨联规范化建设推进会，出台《加强镇街基层侨联建设十条举措》，推进“五有”基层侨联和“侨胞之家”建设。开展基层侨联统一社会信用代码赋码工作，主动与省侨联、先进地区对接，明确登记范围、流程、材料，组织14个镇（街道）侨联统一开展申报。

【防疫与保畅】 2021年，市侨联指导并协助海内外侨界群众做好各项防疫抗疫工作，完成入境人员信息预申报工作，累计统计录入信息4000余条。完成侨界群体疫苗接种工作，组织留联会、侨爱会等100余名人员集中接种。开展海外侨情调查，专题向市委、市政府报告海外义乌人抗疫困难问题，向南非、智利等6个海外义乌人联络站寄送医疗用品并走访海外新冠患者在义乌家属。组织开展与海外侨胞远程视频问诊等活动，解答咨询问题500余个。

【“侨小二”服务侨企活动】 2021年3月，市侨联开展“侨小二”服务侨企活动，为侨企办实事、解难题。通过一线走访、集中座谈、聚焦项目，发现、收集、解决侨企问题、需求。至年底，累计走访镇（街道）11个，走访企业35家，收集问题20个，解决问题16个。 （张瑞君）

义乌市台胞台属联谊会

【概况】 2021年，义乌市台胞台属联谊会（简称“市台联会”）围绕联络交友、参政议政、服务台商台属等方面开展工作18次。组织成员开展互联网在线云拜年、春节送温暖、“同心学党史”“义乌台青看义乌”等活动50余次。“两会”期间，委员代表们积极参政议政，围绕全市中心工作和群众普遍关心的热点难点问题，深入台资台属企业、农贸城台湾馆等开展调研，提交议案8件，其中被采纳6件。

【市场分会换届】 2021年4月16日，义乌市台联会市场分会在同心苑召开第五次代表大会暨换届选举大会。市台办专职副主任黄兰英、市台联会会长蒋国勇出席会议，来自市场分会的代表以及后宅分会、义北分会、廿三里分会等分会嘉宾共70余人参加会议。大会听取和审议《义乌市台联会市场分会第四届理事会工作报告》和财务工作报告，选举楼寅龙为市场分会第五届理事会会长，毛克强、方何等16人为副会长，骆劲松为秘书长，丁誉金、万孝斌等26人为常务理事。

【端午民俗文化交流活动】 2021年6月14日，为弘扬中华民族优秀传统文化，促进义台文化交流，义乌市台联会会长蒋国勇带领20余名台联骨干参加由义乌市人民政府台湾事务办公室联合后宅街道、义乌工商学院举办的“粽情重义·义台同心”端午民俗文化交流活动。活动共邀请在义台商台胞台属和李祖村民创客等100余人一起参与包粽子比赛、制作香囊等传统民俗活动。

【台联骨干培训交流活动】 2021年7月20—23日，义乌市台联会会长蒋国勇率台联会骨干4人赴厦门参加由金华市台办、台联会组织的台联骨干培训交流活动，聆听专家教授讲授的“当前台海局势和两岸关系走向”专题讲座，学习台联会建设和发展的意见及对台前沿阵地的先进工作经验。在交流活动中，蒋国勇代表义乌市台联会分享了服务台胞台属、加强联谊交流的工作方法。

【浦江县台联会员到义乌学习考察】 2021年9月2日，浦江县台办副主任蒋忠仰一行11人到义乌学习考察，参观陈望道纪念馆、故居，深入学习党的发展史和《共产党宣言》相关知识。同时，考察团考察了义乌中国进口商品城孵化区，领略“一带一路”沿线国家与地区的风土人情和特色产品。

【走进“世界小商品之都”活动】 2021年9月14—16日，义乌市台联会联合义乌工商学院共同举办“两岸同心·E路同行”在浙台青走进“世界小商品之都”活动，50名来自浙江各地的台青和义乌台青、台胞台属聆听工商学院教授的课题报告，参观优秀台商企业，体验电商直播带货。

（黄建辉）

义乌市青年联合会

【概况】 2021年，义乌市青年联合会（简称“市青联”）开展“学党史、强信念、跟党走”“学习新思想·共筑中国梦”“青年大学习”等主题宣传教育活动30余场。承接西藏干部到义乌挂职，开展港澳台、中东欧、日本、波兰、非洲等地的青年文化交流活动20余场。完善青少年综合服务中心、青年之家建设，全市共有综合服务中心5家、青少年综合服务中心3家。结合青少年知识拓展、婚恋交友、创业创新等实际需求，设计开发97个标准化服务项目，开展“法制教育进校园”“安全自护营”“法治夏令营”等活动60余场。完善“共青团与人大代表、政协委员面对面”制度，举办“面对面”活动11场次，进一步畅通青少年利益诉求表达渠道，向有关部门反映青少年成长问题271条，及时关注和回应青少年诉求。

【生态环保实践活动】 2021年2月，市青联组建“有机更新”“河小二”“乡村振兴”等青年突击队，开展“我为商城种棵树”“让垃圾分开旅行”“大王派我来巡河”等活动，号召青联委员企业、青企协会员、农村青年致富带头人常态化参与生态环保实践。全年，共种植青春树4200余棵，开展志愿巡河活动1000余次。

【义乌市青年联合会换届】 2021年4月，市青联在义乌党校举办义乌市青年联合会第五届委员会第一次全体会议。来自市党政、共青团、科教文卫、金融企业管理、农业农村、政法军警等部门的100余名青年代表参加会议。会议听取市青联四届常委会工作报告，审议通过《义乌市青联工作规则（试行）》，选举产生市青联五届委员会常委35名，其中，傅凤丽当选主席，王鑫、王旭坚、朱伟忠、何玟明、金丽宾、潘宏当选为副主席。会上，“青联委员带你看义乌”活动正式启动，与会领导为经济、农业、科技、教育等条战线的青联委员代表颁发“青春宣传官”聘书。

（黄超炜）

义乌市工商业联合会

【概况】 2021年，义乌市工商业联合会（简称“市工商联”）有行业商会2个，基层商会、义乌外地商会、异地商会等商会99个，会员2.16万人。新组建商会2家，完成12个商会的换届，新增会员123家。举办以“义乌党史的红色记忆”为主题的党史教育活动，引导民营经济人士永远跟党走，工商联所属200余名执委、商会负责人参加党史教育活动。组织160名调解员参加全国工商联开展的商会调解服务平台建设片区调度线上培训。义乌市政协会议期间，提交提案30件，其中2件被列为重点提案。撰写书面发言报告3篇。

【“四好”商会创建】 2021年，义乌市工商联加强与兄弟商会和海外工商社团的联系，接待成都市温江区、丽水市莲都区等地工商联和商会到义乌访问13批次计120人次。参观考察义乌市相关企业和国际商贸城，交流服务民营经济发展的经验。开展商会会费规范督查，检查51家商会，提出28条整改建议。强调要以“班子建设好、团结教育好、服务发展好、自律规范好”四好工作为引领，推进商会改革和发展。全年各商会调委会共受理调解各类纠纷等案件26起，涉及金额656万余元。年内，义乌市安徽商会入选省“百家示范商会”。义乌市丽水商会获评省“四好”商会。义乌市城西街道商会、义乌市河南商会、义乌市宁波商会被评为金华市工商联“四好”商会。义乌市工商联副主席周福云等10名优秀会员先进事迹在《义乌商报》“政协委员风采”“义乌匠心故事”等栏目刊登。

【亲清直通车·政企恳谈会】 2021年3月、4月、8月，市工商联分别举办以“科技自立自强促发展”“学党史、办实事，2021便民办税春风行动”“融入新格局，助力双循环”为主题的“亲清直通车·政企恳谈会”，搭建交流平台，优化营商环境。恳谈会期间，与会的36名企业家提出20个问题和建议，转交相关部门承办均全部办理到位。

【经贸合作交流】 为推动民间商会平台建设，更好服务、引导义乌市民营企业参与“一带一路”建设。2021年3月、7月，义乌市工商联2次组织民营企业家25人赴丽水市莲都区开展工作对接与项目考察，其中华统集团在莲都区投资生猪养殖项目计3亿元。6月8日，与丽水市莲都区工商联达成互惠互利5项协议，进一步加强双方企业家之间的网络新媒体平台交流、企业间线下互动交流。9月，义乌市工商联组织商会会员80人参加义乌—莲都“山海协作”文化旅游节，助力26县跨越式发展。

【义乌乡贤考察】 2021年5月15日，杭州义乌商会会员、乡贤回义乌人员70人，前往义乌市北苑街道、稠江街道森山健康小镇，陈望道故居等地进行考察。在北苑街道高质量发展恳谈会上，考察团详细了解义乌市经济社会发展情况，就义商回归的招商政策、医疗护理产业发展、国家级科技企业孵化器建设等方面与与会人员沟通交流，就做好乡贤工作提出建议意见，杭州义乌商会会长陈晓峰等9人做了发言。

【商会调解和金融反诈培训】 2021年6月17日，市工商联联合市人民法院、市公安局举办商会调解和金融反诈培训，市工商联70个商会调委会、调解室的120余名调解员及会员参加培训。市人民法院围绕《人民调解法》相关知识和如何发挥调解作用，高效解决纠纷进行专题讲解；市公安局以案例的形式讲述如何防范治理电信网络诈骗，以增强会员的防范电信网络诈骗意识。

【“我在首译地给党唱首歌”活动】 2021年6—7月，义乌市组织开展征集庆祝建党百年百部合唱创意短视频活动。活动以视频内容、创意策划和精神风貌等方面为重点，分为视频拍摄技能培训、创作征集、作品评选和集中展播4个环节，30个商会代表队参加活动。共征集作品26件。经评委审定，湖南商会、江山商会和义乌总商会获精神风貌奖和优秀组织奖。（何庆荣）

外事·侨务·港澳台事务

外　事

【概况】 2021年，义乌市接待外宾来访团组17批161人次。协调22批49人次外媒记者到义乌采访有关事宜。审核审批因公出国（境）团组13批24人次。APEC申办量29人次，代办领事认证105本。举办（参加）国际会议、论坛、大型活动17场。牵头处理涉外案事件63起，协助处理42起。在全省外事系统中率先开通24小时外语服务热线，累计响应7668次。年内，义乌外国人管理服务经验在外交部《外事管理》刊发，向全国外事系统推广。

【在义外国人"留义过年"座谈会】 2021年1月22日，市外事办举办以"五洲友人'义'起过年"为主题的外国人座谈会，邀请来自韩国、意大利、埃及、伊拉克、土耳其、伊朗、阿联酋等14个国家外籍人士代表15人参加座谈会。座谈会上，市外事办向参会外国人代表解读义乌市新型冠状病毒肺炎疫情防控指挥部通告中与外国人相关的政策福利，就如何获取福利提供建议和渠道。与会外国人赞赏义乌市政府推出的各项"暖心"政策，对政策内容进行提问。

【"义"起欢度中国年活动】 2021年2月2日，来自12个国家的20余名留义乌外商在采购商服务中心一楼参加由义乌市外事办和商城集团采购商服务分公司联合举办的"义"起欢度中国年活动。活动现场，义乌市外事办副主任王烈刚致新春祝福和欢迎辞。市外事办对2021年留义乌过年攻略进行宣讲，对防疫政策及优惠政策进行全面的阐述。活动期间，举行学写春联、剪窗花、包饺子等活动，让外国友人感受中国新年的热闹氛围。

【义乌首届国际女性绿色公益骑行活动】 2021年3月7日，由义乌妇联、市外事办等单位联合主办，以"Ladygo！与新时代同行"为主题的义乌首届国际女性绿色公益骑行活动在植物园拉开序幕，副市长骆小俊出席活动并致辞。此次活动倡导绿色公益理念，由市妇联、市外事办等单位联合主办，来自三八红旗手方阵、巾帼建功方阵、巾帼志愿者方阵、创业女性方阵、民族团结方阵、外籍友人方阵的300余名女性参与活动。整场骑行游园活动以乐享、慢游方式展开，途中设立补给点和休息点。

【埃及驻沪总领事到义乌考察】 2021年3月8—10日，埃及驻沪总领事艾哈迈德到义乌参观考察，副市长葛巧棣会见并宴请代表团。会见中，葛巧棣介绍义乌市基本经济社会发展情况，指出埃及一直以来都是义乌重要出口对象国，双方经贸人员往来密切，希望双方在已有的良好合作基础上进一步加强合作、交流和贸易往来。葛巧棣表示，义乌市积极发展进口和转口贸易，希望总领事推动埃及优质产品到义乌参展销售。艾哈迈德对义乌经济活力和文化包容性表示赞赏，指出双方要进一步加强沟通，推动双方各领域合作。在义乌期间，艾哈迈德一行参观考察浙江天派针织有限公司、国际商贸城、国际贸易服务中心。

【阿富汗驻华大使到义乌访问】 2021年4月1日，时任市长王健会见阿富汗驻华大使贾维德·艾哈迈德·盖姆一行。副市长葛巧棣参加会见。王健简要介绍义乌经济社会发展情况，并表示，阿富汗是"一带一路"建设重要国家，希望阿富汗在铁路运输、货物通关等方面给予更多便利，推动中欧班列持续运营。贾维德提出，义乌经济发展迅猛，与阿富汗经贸往来日渐频繁，希望能够深化交流，拓展义乌与阿富汗之间中欧班列，增加双方贸易量。在义乌期间，贾维德一行考察国际商贸城一区、义乌中国进口商品城孵化区等地。

2021年4月1日，市长王健会见阿富汗驻华大使贾维德·艾哈迈德·盖姆一行　　（市外事办　供图）

【学习大讲堂系列活动】 2021年4月20日，市外事办联合疾控中心开展外国人学习大讲堂系列活动"新冠疫苗接种政策知识宣讲"，来自也门、伊拉克、印度、墨西哥、尼日尔、埃及、尼泊尔等国的30余名在义外商参加活动。宣讲会上着重讲述疫苗接种意义、注意事项、如何预约登记、接种流程等方面的政策和知识，并就疫苗预约情况、疫苗与签证政策联系等热点问题进行专业答疑。5月19日，市外事办组织以红色旅游与体验乡村为主题的外国人学习大讲堂活动，来自10国15名外国友人全程参与"5·19中国旅游日——主播带你游义乌"活动。9月10日，市公安局出入境管理局、市外事办、市商务局、市市场监管局、市科技局联合举办"百国万商，融情义乌"沙龙活动，30名在义乌外国人参加活动。活动现场，各参会部门介绍最新版外籍商友卡功能应用及申请流程、自贸区集群虚拟注册流程、自贸区外籍人才引进政策及境外采购商金融政策。

【摩尔多瓦驻华大使到义乌访问】 2021年5月19—21日，摩尔多瓦驻华大使杜米特鲁·贝拉基什一行5人到义乌考察访问，活动期间，举办摩尔多瓦投资推介会。市领导王炜参加会见，双方就加强义乌与摩尔多瓦经贸合作、建立中摩展示馆等事宜进行交流。考察团在义乌期间，参观卓雅国际、利玛针织等企业，深入了解义乌企业经营、管理、投资和出口等方面的工作成果，邀请企业赴摩尔多瓦考察投资环境，利用摩尔多瓦投资平台，拓展对欧洲贸易合作。

【南非驻上海总领事到义乌访问】 2021年5月28日，南非驻上海总领事何安娜一行3人，在金华外办及省商务厅驻南非代表处陪同下访问义乌。时任市长王健、市领导王炜接待总领事一行。王健简要介绍义乌与南非的经贸人员往来情况，希望双方能在经贸、文化等多领域进一步强化交流合作。何安娜积极评价义乌经济、社会、文化的发展成就，诚挚感谢浙江省和义乌市在疫情期间对南非的援助。在义乌期间，代表团一行参观城市规划馆、国际商贸城。

【古巴留学生代表团一行到义访问】 2021年6月2—3日，古巴驻华大使卡洛斯·佩雷拉率古巴留学生代表团一行15人到义乌访问。市人大常委会党组书记、主任丁政会见代表团一行。丁政简要介绍义乌经济社会发展情况，并表示多年来，义乌与古巴经贸往来密切，双边贸易持续增长。希望双方深入贯彻两党两国领导人达成的共识，持续拓展多领域交流合作，进一步巩固增进中古传统友谊。同时，欢迎古巴企业参展中国义乌进口商品博览会，欢迎古巴年轻人参与“义路同行——全球青年创业培训计划”。佩雷拉表示，希望双方在进口贸易、医疗卫生、文化交流等方面合作、携手共进，推动义乌古巴国家馆的设立，更好实现各自发展目标。在义乌期间，古巴留学生代表团先后参观国际商贸城、进口商品孵化区、陆港电商小镇、李祖村等地。

【义乌市领导出席2021中国—中东欧国家市长论坛】 2021年6月9—10日，市委常委、市政府党组成员王炜率市外事办一行出席在宁波举办的2021中国—中东欧国家市长论坛，与11个中东欧国家驻华使节及城市代表开展国际对话，推介义乌发展经验，扩大与中东欧国家的交流合作。其间，王炜围绕“团结抗疫情·合作促发展”主题介绍，面对突如其来的新冠肺炎疫情，义乌推行精密智控防疫机制，多举措复市暖企惠民，“义新欧”中欧班列保障全球供应链畅通，全市与国际社会守望相助，取得疫情防控与复工复产的“双胜利”，并希望义乌与中东欧国家在进口贸易、互联互通、青年创业交流等方面强化交流合作。

【中国和东盟会晤活动】 2021年是中国和东盟建立对话关系30周年。中国人民对外友好协会以此为契机，7月30日举办中国—东盟民间友好组织领导人特别会晤活动，与东盟民间友好组织一同回顾历史、把握当下、展望未来，为团结协作夺取抗疫最终胜利、促进本地区经济复苏发展、构建更加紧密的命运共同体、推动中国东盟关系迈向更美好的明天凝心聚力，共商大计。活动以线上会议形式举行，设领导人会晤和“后疫情时期中国东盟经贸合作与民间参与”“传统医药在防疫抗疫中的积极作用”2个主题分论坛，邀请东盟10国友协及友好组织的负责人、各领域专家参会，义乌市作为唯一的中国城市代表受邀参加，市领导王炜在分论坛“后疫情时期中国东盟经贸合作与民间参与”上发言。

【贸易发展视频交流会】 2021年6月29日，义乌市与中国驻南苏丹使馆，浙江省贸促会，南苏丹贸工部、工农商会共同举办首次“中国—南苏丹促进中小企业和贸易发展视频交流会”。中国驻南苏丹大使华宁，商务部西亚非洲司副司长贺松，浙江省贸促会副会长张青山及义乌市领导王健、王炜，与南苏丹贸工部、工业农业商会负责人，以及双方商会、企业等50名代表通过视频连线方式参加会议。会上，双方中小企业代表就营商环境、女性创业和交流培训等话题深入交流。新华社、中央电视台等40余家媒体报道，南苏丹《第一公民报》等主流媒体头版、整版报道，会议列入国家层面双边建交10周年系列活动。

【中国—东盟民间友好组织领导人特别会晤活动】 2021年7月30日，以中国和东盟建立对话关系30周年为契机，中国人民对外友好协会举办中国—东盟民间友好组织领导人特别会晤活动。义乌市受邀参加会晤活动，市领导王炜在分论坛上发言，从市场、物流和创业创新等方面介绍义乌市情，分享义乌跨境电商的发展经验，倡议义乌同东盟各国在进口贸易、跨境电商、互联互通和会展及友好城市等领域深化合作。

【全球青年创业专场培训启动】 2021年8月2日，由中国—东盟协会、中国驻东盟使团、中国—东盟中心、浙江省人民政府外事办公室、义乌市人民政府共同主办的“义路同行到东盟”——全球青年创业专场培训项目在义乌市举行启动仪式。中国人民对外友好协会秘书长袁敏道以视频形式出席并致辞。义乌市市长王健，中国驻东盟大使邓锡军，泰国驻华大使阿塔育·习萨目，泰国中国友好协会会长功·塔帕朗西，文莱中国友好协会会长陈家福及来自东盟国家的友好组织、青年代表100余人以线上或线下方式出席启动仪式。启动仪式后，来自义乌市工商学院的专家围绕跨境贸易和电商创业等内容以案例教学方式，讲授“第一堂课”并与线上线下学生互动交流。培训跨境电商、国际贸易、网络直播等内容。通过为期7天的线下培训，打造集技能培训、创业孵化、人文交流、城市推广于一体的资源平台，让东盟青年共享中国发展故事和义乌发展机遇，促进双方民相亲、心相通。活动自2018年至2021年，已举办7期，来自60多个国家的236名学员参训。

【义乌与巴西地方交流云端对话】 2021年8月17日，中国驻累西腓总领事馆举办“万里牵手——中国同巴西地方交往云端对话会”，驻累西腓总领事严宇清出席并致辞，义乌市、广州市、武汉市、大连市、南通市、中山市与巴西马塞约市、累西腓市、圣路易斯市、福塔莱萨、德奥多鲁元帅市、坎皮纳格朗德市6对已结好或意向结好的城市代表出席会议。市委常委、副市长王炜从市场、物流、电商、创业等方面介绍义乌社会经济发展情况。马塞约市副市长罗纳尔多·莱萨表示，希望与义乌开展友好交流，助力两地在经贸等领域的务实合作。严宇清表示，巴西一直是义乌市的重要贸易伙伴，双边贸易总额位居前列。2021年上半年，义乌市对巴西进出口总额5.26亿美元，同比增长57.64%。进口孵化区已设立巴西国家馆，巴西的肉类、水产品深受中国消费者的喜爱。马塞约市所在州的特产蜂蜜计划进入义乌市场，马塞约市将成为义乌市与拉美国家首个意向友好交流城市。

【“游美丽乡村体验中医文化”活动】 2021年9月11日，市外事办举办“‘义’家人”之“游美丽乡村体验中医文化”活动，邀请来自也门、西班牙、德国、美国、澳大利亚、波黑、摩洛哥、芬兰等11国20余名在义乌外国友人代表参加活动。通过参观三溪堂国药馆、佛堂古镇和李祖村，了解义乌美丽乡村，感受中医魅力和义乌“温度”。

【“纪念中国—东盟建立对话关系30周年研讨会”】 2021年9月17日，以“推动中国—东盟战略伙伴关系，在新常态下实现可持续发展”为主题的纪念中国—东盟建立对话关系30周年研讨会及招待会在北京举行。外交部、文旅部、教育部、贸促会、中国国际商会双边合作部等政府部门代表以及国际机构、知名专家学者和商界领袖150余人出席研讨会及招待会。义乌副市长王炜受邀率外事办、陆港集团参加研讨会及招待会，义乌市外事办与东盟各国驻华使节以及商协会、知名企业代表进行深入探讨和交流，推介“义新欧”中欧班列、“义甬舟”开放通道等项目。义乌融媒体艺术中心小演员在招待会上表演儿童婺剧《昭君出塞》，对外宣传义乌传统戏剧婺剧，加深东盟各国对义乌文化的了解。

【市领导会见泰王国驻上海总领事】 2021年9月27日，义乌副市长王炜会见到义乌访问的泰王国驻上海总领事乐达·普玛女士一行5人。王炜详细介绍义乌市场优势、物流优势、电商优势、保税区优势，并邀请总领事推动泰国城市参加2021浙江省国际友城交流展，推动泰国特色商品通过义乌综合保税区进入中国。乐达·普玛表示，将继续推动泰国加强同义乌的经贸联系和人文交流。在义乌期间，总领事一行参观国际商贸城一区、五区进口商品城、进口孵化区、双林寺及佛堂古镇。

【韩国驻华大使馆代表团到义乌访问】 2021年10月8—10日，韩国驻华大使馆高级外交官一行5人到义乌访问，义乌副市长王炜接待代表团一行。王炜详细介绍义乌在市场、物流、跨境电商、就业创业环境等领域的优势，并就双边合作方向提出与韩方开展进口贸易合作、利用智慧物流共同开发第三国市场以及邀请韩国青年到义乌就业创业等方面合作建议。代表团就人才合作提出举办“义路同行——全球青年创业培训计划”韩国专场、在华韩国籍留学生政策说明会等合作项目。在义乌期间，代表团考察城市规划馆、义乌港、国际商贸城一区、五区进口商品馆、绫香阁、佛堂古镇、澳升传媒直播、进口孵化区、综合保税区、铁路西站及人才公寓等地。

【义乌市成为世界城地组织亚太区旅游委员会初始成员城市】 2021年10月20日，由全国友协、世界城地组织、世界城地组织亚太区主办，西安市人民政府承办的“欧亚经济论坛面向未来——地方政府治理与可持续发展会议”召开。会上，宣布成立世界城地组织亚太区旅游委员会并发布《世界城地组织概况》一书，义乌市是31个初始成员城市之一。世界城地组织亚太区旨在通过组建旅游委员会，广泛参与世界文明对话，帮助各会员城市结为更加紧密的利益共同体、命运共同体和责任共同体，携手推进世界旅游业复苏繁荣。会上，各参会代表围绕重建可持续发展旅游业展开深入交流。

【领事保护宣传系列活动】 2021年10月29日，市外事办涉外科组织人员前往李祖村开展领事保护宣传及“三服务”工作。在李祖村党群服务中心，涉外科相关人员与村负责人就领事保护工作进行深入交流，了解李祖村在境外人员和机构情况，发放领事保护宣传手册等。组织印度外商洛基向李祖村捐献医用防护口罩2000个，将李祖村创客资源向在义乌外商推介，支持村招商工作。11月16日，涉外科相关人员前往江东街道商博社区开展领事保护宣传。在社区党群服务中心，涉外科相关人员了解社区在境外人员和机构情况，敦促社区做好面向境外人员和机构的风险提醒，发放领事保护宣传手册。

【“义起牵手”活动】 2021年11月14日，由义乌市人民政府联合驻韩使领馆、韩国地方政府和友好协会代表等联合主办，市外事办、市商务局、市市场发展委、商城集团联合承办的“友情有义寰球畅购@韩国”系列活动以线上线下结合的方式举行。活动包括由义乌市人民政府与韩国海南郡厅、中国驻光州总领馆、韩中经济文化教育协会共同主办的“义起牵手”义乌市—海南郡交流会，以及与韩中文化友好协会共同主办的“钟情义乌”——中韩缘经贸文化节2个环节。向韩国各大城市及友好团体展示义乌“跨境进口+直播”新业态，创新海外企业、跨境进口商家、直播平台云上对接新模式，推动义乌跨境进口数字贸易实现新发展，搭建集城市交流、经贸推广、文化互鉴于一体的互动平台，推动义乌与韩国开展多层次、宽领域、全方位交流合作。

【义乌市外事办获“韩中交流部门奖”】 2021年12月19日，由韩中经济文化教育协会主办的“韩中企业经营大奖”颁奖仪式以线上方式举行。义乌市外事办获韩国国会外交统一委员会颁发的“韩中交流部门奖”。近年来，义乌市外事办不断扩容韩国“朋友圈”，推动义乌与韩国5个城市建立友好交流关系；成功举办“义起牵手”义乌市—海南郡交流会、“钟情义乌”——中韩缘经贸文化节、韩国青年到义乌就业创业等活动；密切与在义韩国商会商人交流合作，成功组织包机接韩商到义乌复工复产。

2021年12月20日，韩国国会外交统一委员会授予市外事办“韩中交流部门奖” （市外事办 供图）

【义乌市地方自愿陈述报告在联合国官网发布】 2021年12月，义乌市向联合国提交《和谐创新开放发展中小城市的可持续发展之路——联合国可持续发展目标义乌地方自愿陈述报告》(简称《地方自愿陈述报告》),全文被发布于联合国官网可持续发展目标专栏。义乌是继广州之后第二个向联合国提交地方自愿陈述报告的中国城市。自2020年7月起,市外事办主动筹划,会同义乌工商学院等院校机构组建《义乌市落实可持续发展议程进展报告》课题组,编制《地方自愿陈述报告》。《地方自愿陈述报告》从经济可持续发展、宜居环境、智慧城市、共同富裕、全球伙伴关系等方面阐述义乌高质量建设世界小商品之都的成果,与联合国17个可持续发展目标高度契合。义乌向联合国提交《地方自愿陈述报告》,分享"义乌发展经验",贡献"中国智慧"。 (周 琪)

侨 务

【概况】 2021年,义乌市侨务部门严格按照上级防控指挥部的工作部署,指导并协助海外侨界群众做好各项防疫抗疫工作。加强日常安侨抚侨,有序安排急需出国出境的华侨华人及留学生接种新冠疫苗。在线解答在义港澳台侨同胞疫情防控问题300余个,帮助解决困难6个。常态化开展"三服务"工作,通过一线走访、集中座谈,收集港澳侨企的问题、需求,累计走访企业41家次,发现问题8个,协调解决留义乌过年、银行卡冻结等问题8个。每月推出一期侨法宣传系列报道,在公众号"义乌统战"上发布最新侨政法规、规章条例,开展侨法宣传系列活动15次。印发《浙江省华侨权益保护条例》《侨法侨政》《海外留学安全》等10余种侨法侨政宣传资料5000余份,认定华侨、归侨、"三侨生"身份4份。

【"情系中华共筑梦"活动】 2021年4月8日,市委统战部、市侨联举办以"侨联四海心向党·情系中华共筑梦"为主题的"庆祝中国共产党成立100周年红歌朗诵会"。来自俄罗斯、阿联酋、安哥拉、埃及、尼日利亚、澳大利亚等国家和地区的20余名侨界代表紧扣主题,以歌颂党、歌颂祖国为主线,用饱满的激情,朗诵《祖国啊我爱您》《祖国,我为你自豪!》《没有共产党就没有新中国》等诗歌,抒发对党和国家的热爱之情。朗诵会后,侨界代表走进陈望道故居,通过观看展板实物、聆听革命故事。活动中,侨界代表追寻革命足迹、缅怀革命先烈,品味百年前真理之甘甜,探寻新时代信仰之源泉。

【义乌侨商联合会成立大会】 2021年8月28日,召开义乌市侨商会换届暨义乌侨商联合会成立大会。大会采取线上选举方式,邀请来自欧洲、南美洲、东南亚、中国香港等地区的200余名会员参加线上选举大会,选出新一届领导班子。新成立的义乌侨商联合会,是由在义乌市投资创业或经商的华侨华人、归侨侨眷、港澳台人士、留学归国人员及企事业单位相关管理人员、侨商社会组织自愿组成的联合性、非营利性社会团体,由涉及商贸物流、文化传媒、生物医药、服装纺织、科技农业、电子商务等行业和领域214名会员组成。其业务主管单位为义乌市委统战部和义乌市归国华侨联合会。

【"国际创客"创业创新大赛】 2021年,浙江省第二届"国际创客"创业创新大赛在义乌举行。大赛以"'浙里'数智赋能,'义同'创享未来"为主题,由中国侨联指导,浙江省侨联、义乌市政府主办,浙江省留联会、金华市侨联、义乌市委统战部、义乌市侨联、义乌市人社局、义乌市外事办承办,义乌热线(稠州论坛)执行。自8月18日开启报名后,征集到来自美国、俄罗斯、加拿大、澳大利亚、葡萄牙、印度、巴西、墨西哥等30余个国家和中国香港、澳门、台湾地区的各类创业创新项目290余个,项目涉及传统产业转型升级、新兴产业发展、互联网经济、直播电商、新业态创业、青年创业、创业金融服务、创新设计及乡村振兴等10余个领域。10月20日,创业中华筑梦义乌——2021年浙江省第二届"国际创客"创业创新大赛在义乌举行颁奖典礼,颁发金奖、银奖、铜奖及"最佳人气之星"奖等奖项。"植物废弃物综合处理利用"项目夺冠,奖

2021年8月18日，浙江省第二届“国际创客”创业创新大赛在义乌举行。图为参赛选手在大赛复赛现场　　（市侨联　供图）

金5万元+配套奖励；“BONG-GO”“聚焦非遗——钩编工艺的时尚‘新生’”“时光派——衰老管理综合平台”3个项目获银牌；“造梦空间——新型游戏产品的研发与销售”等6个项目获铜牌。根据网络投票，“聚焦非遗——钩编工艺的时尚‘新生’”等10个项目获“最佳人气之星”奖。

【侨商会客厅启用】 2021年12月26日，义乌市侨爱公益促进会、义乌侨商联合会、义乌市港澳总商会等侨社组织集体入驻义乌市城北路中福广场侨商大厦四楼连廊侨商会客厅。侨商会客厅位于义乌金融商务区，功能齐备，有办公区、大小会议室、接待室等配套设施。义乌侨社组织以搬迁新址为契机，进一步团结侨界群众，为侨界群众办实事、解难事、做好事，齐心合力把侨界事业做大做强、做出成效。

（王伟杰）

港澳事务

【概况】 2021年，义乌与澳门特别行政区经济贸易累计销售总额0.4万美元，同比减少99.32%。澳门特别行政区在义乌设立的外资合伙企业1家，澳门特别行政区到义乌临时入境203人次。义乌与香港特别行政区经济贸易累计销售总额5545.27万美元，同比增长91.11%。香港特别行政区在义乌设立的外商投资企业264家，外资合伙企业3家，代表处477家，香港特别行政区到义乌临时入境1574人次。全年，义乌港澳办接待香港、澳门特别行政区官方代表团4批19人次。

【商城集团组团访问澳门特别行政区】 2021年2月，商城集团董事长赵文阁一行2人访问澳门特别行政区，与澳门广告展览有限公司董事总经理毕志健达成义乌文旅会合作意向；与澳门贸易投资促进局执行委员余雨生等会谈，达成经贸合作意向。

【澳门中联办访问义乌】 2021年3月20—21日，澳门中联办副主任严植婵、澳门特别行政区政府文化局局长穆欣欣一行访问义乌。在义乌期间，考察国际商贸城、城市规划馆、东方影业，对义乌市影视文化产业发展给予充分肯定，就进一步加大宣传力度、整合旅游资源、强化区域合作、拓宽产业渠道等方面提出意见建议。此次调研，加强了义乌与澳门特别行政区两地在影视、旅游、文化、人才等领域沟通对接，为进一步推动两地影视文化融合发展提供了新的契机和动力。

【第十届两岸暨港澳服务业论坛】 2021年12月17日，第十届两岸暨港澳服务业论坛以线上线下相结合的方式召开。以“协同奋进助力两岸暨港澳服务业高质量融合发展”为主题，由中国商业联合会、台湾商业总会、台湾服务业联盟协会、香港工业总会等联合举办，市委常委、副市长王炜应邀参会，从市场、物流、电商等方面介绍义乌经济社会发展情况，义乌在“国际贸易、海外联通、国内商贸”3个方面优势，并向与会嘉宾提出，义乌愿同港澳台地区深化贸易合作、义乌愿同港澳台地区加强会展合作、义乌愿同港澳台地区开展青年创业创新交流合作三大倡议。

（周　琪）

台湾事务

【概况】 2021年,全市有台资企业、贸易机构和个体工商户300余家,常住台胞400余人。到义乌探亲访友、旅游观光、考察访问和贸易洽谈台胞4900余人次。年内,开展各项活动16场次,为台胞、台属办实事62件。采取“走出去,引进来”招商方法参与招商引资10场次,引进台资企业15家。

【“两岸同心·E路同行”活动】 2021年5月18—20日,市台办组织在义乌台青20人开展以“两岸同心·E路同行”为主题的电商培训活动,义乌工商职业技术学院党委副书记贾少华作“数字化转型中电商的模式、热点和趋势”讲座。在义乌台青代表们考察义乌工商职业技术学院的电商直播实训室、省级众创空间和入驻企业的文创设计工作坊,学习借鉴电商创业经验。其间,台青们赴金华参观城市展示馆、婺州窑、台湾义勇队纪念馆等地。

【两岸端午民俗交流活动】 2021年6月12日,由义乌市后宅街道办事处、义乌市人民政府台湾事务办公室和义乌工商职业技术学院联合主办的端午民俗交流活动在后宅街道李祖村举行,100名在义乌台商、台胞、台属及李祖村村民、创客参加活动。活动在欢乐的歌舞中开场,李祖村台商和李祖村村民展开包粽子比赛;义乌工商职业技术学院台湾籍教师郭儒钊现场展示书法技艺,书写“全国文明村”5个大字赠予李祖村;李祖村创客盛家布艺掌柜现场制作端午香囊,手绣“粽情重义义台同心”8个大字;台胞代表与后宅街道代表互赠端午礼品。通过传统民俗活动,弘扬中华优秀传统文化,促进义台文化交流。

【在浙台青看义乌】 2021年9月14—16日,市台办举办的“两岸同心·E路同行”在浙台青走进“世界小商品之都”活动,浙江各地台青和义乌台青50人参加活动。台青们考察市双童日用品有限公司、数字直播产业孵化中心、台资企业花衣裳鲜花包装纸厂等企业,听取义乌工商职业技术学院党委副书记贾少华作“数字化浪潮下创业的机会与把握”的专题报告,组织在浙台青与义乌台青、义乌台联2场篮球友谊赛,促进了在浙台青与义乌台青、台属友好交流与合作。其间,义乌工商职业技术学院在市双童日用品有限公司设立“台湾青年创业创新实践基地”。

【两岸媒体联合采风活动】 2021年10月17日,中国台湾网、中国新闻社、浙报集团、福建省广播影视集团卫视中心、香港《紫荆》杂志社、《台湾人民报》、台湾自媒体及义乌融媒体8家媒体12名记者应邀走进义乌。采访团先后到义乌铁路口岸、国际陆港电商城、后宅街道李祖村,以“义新欧”班列、电商发展、美丽乡村建设等为主题,深入采访记录义乌在交通枢纽建设、电商发展、美丽乡村打造等方面的建设情况。在义乌铁路口岸,中国台湾网、海峡卫视等主播现场播报,通过镜头记录义乌铁路口岸繁忙运行的场景。国际陆港电商城聚集义乌100余家电商企业、电商服务类企业、金融投资类企业,形成集聚集群集约发展格局,打造现代电子商务生态链和生活圈。电商业激活了物流业快速成长,记者们对义乌全产业链发展给予高度肯定。

（张　飞）

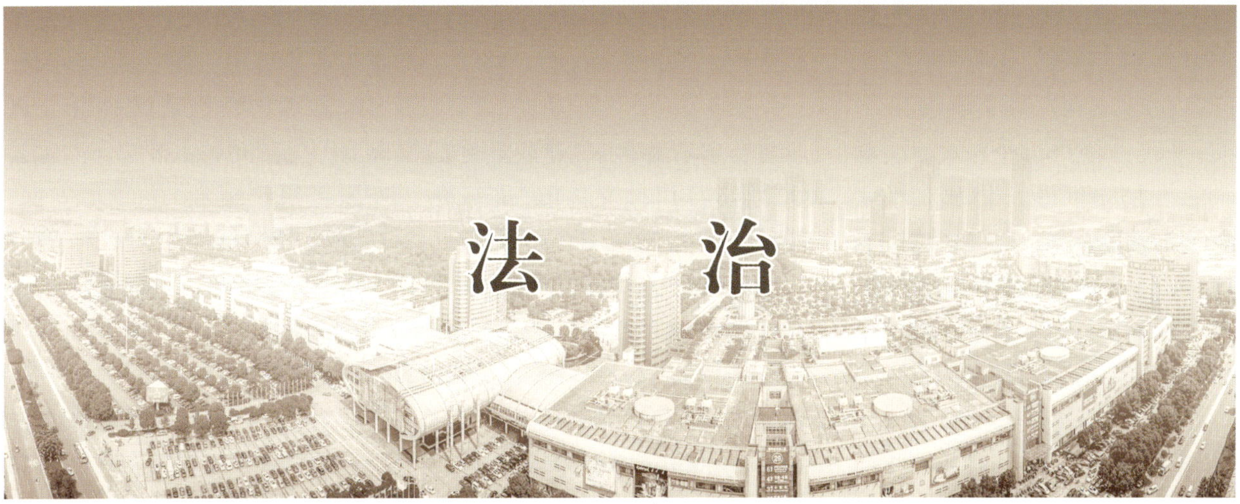

法　治

政法委及综治

【概况】 2021年，义乌市委政法委完成“中国共产党成立100周年”“十九届六中全会”“各级两会”等重大活动和重要节点的维稳安保工作任务。守牢暴恐“零发生”底线，全市未发生重特大案事件。常态化推进扫黑除恶斗争，平安专项整治成效显著，全年安全生产事故数、死亡人数均下降25.58%，火灾事故同比下降20.19%，交通事故死亡人数同比下降5.2%；电信网络诈骗案件下降21.85%。疫情防控期间，政法战线上，数据、境外、流调等专班连轴运转，卡口检查、转运隔离、跨县增援等工作无缝衔接，研判各类指令数据106万余条，流调溯源3.1万余人。“一中心四平台一网格”实现迭代升级，与纪委清廉钉办系统等平台实现双向互通。建立网格与防疫六大机制衔接，完成14个镇（街道）网格地图绘制，划分网格800个、微网格3743个。初信初访化解率96.2%，去京访、赴省访总量分别下降33.3%、13.1%，四级走访人次为历史最低位，实现“无积案县市”三连创。

【数字法治改革】 2021年，市委政法委牵头数字法治改革，重点场所管理态势分析场景等6个数字法治项目获批省级试点；“交通事故一键报警”等项目进入全省数字化重大应用“一本账”，“车检一件事”改革经验在省《竞跑者》刊发，商贸纠纷诉调对接云平台成为浙江解纷码协同单位，入选浙江法院工作现代化创建项目；行刑衔接闭环管理项目被列入全省数字法治系统重大应用任务清单。全市政法系统获省级以上荣誉32个集体49人，其中，国家级先进集体5个，先进个人8个。年内，义乌市被浙江大学社会治理研究院评为“中国社会治理百强县”第三名、“全省社会治理十佳县”首位，被省委、省政府授予2020年度平安县（市、区），“平安义乌”建设实现“十三连创”。

【市委政法委员会召开全体（扩大）会议】 2021年3月2日，市委政法委员会召开全体（扩大）会议，传达学习习近平总书记在省部级主要领导专题研讨班上的重要讲话精神和中央、省委、金华市委政法工作会议精神，听取各镇（街道）政法工作情况汇报，研究全市政法工作会议有关内容，安排部署政法重点工作和信访维稳工作。市委副书记、政法委书记陈小忠作重要讲话，副市长、市公安局局长江栋，市人民法院院长胡公益，市检察院检察长陈新出席会议，市委政法委常务副书记楼建明主持会议。相关单位分管负责人，市委政法委副书记、委员，各镇（街道）分管副书记，市委政法委委务会议成员、各处室负责人共50人参加会议。

【政法队伍教育整顿】 2021年3—6月，义乌市开展“政法队伍教育整顿”，以专题党课、廉政教育报告、党史学习培训、参观红色纪念馆等形式，确保政法干警学习全覆盖。积极践行“我为群众办实事”活动，出台“法院执行款快速支付”等实事项目57项，便民措施65条，有效解决群众急难愁盼问题。建章立制堵塞各类问题漏洞，完善长效机制149项。中央政法队伍教育整顿第七督导组、省委驻金华指导组对义乌工作表示肯定。

【普法宣传活动】 2021年4月15日是第六个全民国家安全教育日，义乌市开展“国家安全义骑维护”全民国家安全教育日自行车骑行活动、党校干部和中小学生普法讲座以及主题普法活动等活动，将《国家安全法》《反间谍法》等国家安全相关法律法规送进市场、学校、机关、社区、企业，共发放宣传资料3000余份，接受现场咨询50人次。教育日期间，结合各类“线上+线下”学习宣传活动，在全市医院、市场、大型商场、集贸市场、超市、车站等人流集中区域设置国家安全日宣传标语和电子海报，推动总体国家安全观深入人心。

【全省首家矛调中心党建联盟成立】 2021年6月1日，义乌市“义纾先锋”党建联盟在市矛盾纠纷调处化解中心成立，为浙江省首家矛调中心党建联盟。“义纾先锋”党建联盟由义乌市纪委、政法委、信访局（矛调中心）、法院、检察院、妇联、团市委等18家成员单位组成，吸收有意愿的党建组织加入联盟。至年底，“义纾先锋”党建联盟推动化解各类矛盾纠纷4190件，信访积案836件，有力推动了矛盾纠纷处化解“最多跑一地”。

【“决战决胜献礼大庆”活动】 2021年6月21日，市公安局在警训基地举行“决战决胜献礼大庆”建党100周年安保维稳决战决胜动员大会。市委政法委书记陈小忠出席大会并宣布决战决胜安保启动，政法委、各镇（街道）分管平安综治领导，市公安局全体党委班子成员，辅警、助警标兵、民间救援协会代表等1000余人参加大会。2021年起，义乌公安紧紧围绕建党100周年安保，部署开展“整洁社会面、干净迎大庆”社会治安大整治，深入推进“平安使命”等4个系列专项行动，确保社会秩序平稳有序。会上，《义乌公安之歌》首次发布；出席领导为巡特警大队佛堂中队、巡特警大队望道联勤点授牌，为“义警先锋”授旗、“助警标兵”颁发奖杯。

2021年4月15日，志愿者进社区向市民宣传《中华人民共和国民法典》 （市司法局　供图）

【平安创建工作会议】 2021年11月17日，中共义乌市委政法委员会全体（扩大）会议暨反邪教工作、“共享法庭”建设、平安建设工作会议召开。会议强调，要认真学习全省县（市、区）委书记交流会精神、金华市政法系统“攻坚争先大比拼”活动等相关会议精神，以扛旗争先的状态，确保高质量完成全年工作任务，决胜全年红。会前，与会人员现场考察北苑街道反邪教广场、国际村小区的反邪教警示教育园、四季社区的“共享法庭”。全市相关部门、各镇（街道）有关负责人计50余人参加会议。

【习近平法治思想集中宣讲】 2021年11月19日，习近平法治思想进矛盾调解中心集中宣讲活动在市矛盾纠纷调处化解中心举行。各镇（街道）负责人、矛调中心工作人员、法学会会员代表等80余人参加活动。省学习习近平法治思想宣讲团成员、省检察院副检察长王祺国宣讲。通过宣讲，参会人员深刻认识习近平法治思想重大意义，增强学习贯彻习近平法治思想的思想自觉、政治自觉、行动自觉。全市法治部门要加强习近平法治思想集中宣传解读；要协调发挥法治工作部门宣传习近平法治思想的重要作用，做到各有侧重、相互配合、协同推进；要加强与宣传部门、主流新闻媒体的沟通协调，推动制定宣传方案，通过开展法治大讲堂、报告会等活动，组织推动新闻媒体以专题报道、发表评论员文章、组织访谈、开设专栏等方式，宣传习近平法治思想及其生动实践。（陈津康）

法治政府建设

【概况】 2021年，市司法局审核行政规范性文件21件，向金华和义乌市人大常委会报备12件。审核市政府重大合同44件、市政府重大行政决策事项7项，参加招商引资、项目洽谈、重大群体性事件处置等协调会议110余次。备案审查部门及镇（街道）文件42件。全年受理行政复议案件732件，审结584件，其中调解终止案件266件，调解率为45%。行政诉讼收案398件，结案401件，败诉38件，败诉率为9.47%，调撤率为35.16%。开展法治体检7次，发现问题28个，形成评估报告并落实整改。重点领域开展执法监督活动6次，发现并解决问题13件。发放行政执法监督通知书40余份。“三项制度落实回头看”发现问题14个，并督促整改。28家执法单位，在联合市政府公开办建立全市统一行政执法公示平台上，依规公开相关内容，联合市法院、市检察院等单位开展涉企处罚案卷评查，对主要执法单位的自由裁量权进行专项督查，开展涉企类行政执法案卷评查2次，评查案卷36件，发现各类问题32个。组织开展全市行政执法案卷评查，评查执法单位16家，案卷100卷，其中：行政许可案卷17卷，发现各类问题33个；行政处罚案卷83卷，发现各类问题107个。

【行政复议工作机制】 2021年4月13日，在市政府第91次常务会议上，审议通过建立行政诉讼败诉案件过错责任追究与容错免责工作机制，配套建立行政复议行政审判联席会议制度。经市政府常务会议、市委常委会讨论通过，市委依法治市委员会办公室印发《关于加强行政诉讼败诉案件过错责任追究与容错免责工作的通知》。10月，出台《义乌市行政争议化解工作规程》，推进行政争议实质性化解。

【法治浙江建设15周年十大法治事件】 2021年4月22日，义乌设立全国首家行政复议局被评为“法治浙江建设15周年十大法治事件”。7月，“法治浙江建设15周年十大法治事件”入选“中国共产党在浙江100年大事记”。2015年8月，浙江省政府正式批复义乌开展行政复议体制改革。同年9月，义乌市行政复议局正式挂牌，设复议综合科、复议应诉科2个科室，设立行政复议局进行相对集中审理行政复议案件为全国首创。2020年7月，义乌市行政复议规范化建设被省政府办公厅评为“全省县乡法治政府建设最佳实践优秀项目”。至2021年年底，市行政复议局召开行政复议审判联席会议4次，讨论已生效败诉案件35件，经会议讨论，适用容错免责20件，要求败诉单位进行内部追责15件。

【镇街法治化综合改革试点】 2021年5月，市司法局修订完善法治建设年度考核指标，每月开展法治建设实绩排名通报。对行政执法案件数量大、行政复议诉讼多、败诉率高的7家单位开展“法治体检”，发现问题28个，形成评估报告并落实整改。7月，成立镇街法治化综合改革试点工作领导小组，印发《义乌市镇街法治化综合改革试点实施方案》，将改革试点工作情况列入2021年度法治建设考核。12月，赤岸镇、上溪镇、义亭镇、廿三里街道、佛堂镇成功创建“金华市法治建设示范乡镇（街道）”。

【法治义乌规划和八五普法规划制定】 2021年5月，市司法局召开市委依法治市委员会第三次会议，审议通过《法治义乌建设规划（2021—2025年）》，对法治政府建设作出规划部署。9月，市政府召开第104次常务会议，研究通过《关于在全市开展法治宣传教育的第八个五年规划(2021—2025年)》,《规划》在健全法治宣传工作体系、提升公民法治素养、增强法治文化建设、构建智慧普法功能体系、提高社会治理法治化水平5个方面提出具体要求。同月,提交市委常委会审议,并提交人大审议。10月,正式批复下发。

【行政执法动态管理】 2021年5月,市司法局落实《浙江省行政执法证件管理办法》,严格落实执法人员持证上岗,未获得行政执法证件人员,不得从事执法活动。对执法证件实施动态管理,组织对行政执法人员证件的清理,保证执法证件延续性和执法资格合法性。8月,根据省司法厅、金华市司法局统一部署《金华市司法局关于做好全国统一行政执法证件换发和申领工作的实施方案》,进行执法证件换发和申领工作;11月,完成2435人证件更换工作。至年底,共申领省政府制发的执法证374本,持证率达88.7%。

【证明事项告知承诺制】 2021年7月30日,进一步推进实施证明事项告知承诺制,以市府办名义下发《关于公布义乌市告知承诺制事项清单的通知》。10月,修订完善告知承诺失信行为信用评价规则,实现证明材料告知承诺失信行为与信用监管、信用联合惩戒机制的有效衔接与具体应用。至年底,完成8个告知承诺事项违背承诺信用扣分归集。

【"无证明"办理】 2021年,义乌市"无证明城市"改革向域外延伸,形成市域外常见证明办事清单12项,均可实现网上申请和线上办理,全年累计开具域外证明215个。10月,梳理形成《义乌市证明事项"无证明"办理清单3.0版》,新版本共有证明369项,其中:直接取消85项,比优化版减少19项;告知承诺50项,比优化版减少14项;数据查询106项,比优化版减少20项;部门核验128项,比优化版减少22项。 (何 程)

公 安

【概况】 2021年,义乌市公安局共接报有效警情40.2万起,同比上升13.6%,其中:刑事警情1.05万起,同比上升2.5%;治安警情5.12万起,同比上升2.5%;侵财类警情1.54万余起,同比下降13.5%。刑事案件立案9626起,同比下降11.6%,破案2534起,采取刑事强制措施5184人,移送起诉4400人。受理行政案件3.29万余起,行政处罚9687人次,同比上升18.02%。受理交通事故19.6万起,同比上升15.72%,死亡90人。查处各类交通违法148万余起(酒驾2812起),机动车保有量83.96万辆,同比增长9.78%;道路总里程2425千米。核查"断卡"线索6325条,打击团伙27个433人;铲除恶势力犯罪集团(团伙)14个,查处涉黑恶案件158起475人;打处毒品犯罪案件43起93人,立省标案件2起。深化"全民反诈"人民战争,抓获电诈犯罪嫌疑人968人,成功劝阻19万余人次、止损3430万余元。全市刑事、治安打处分别同比上升16.7%、17.3%,实现连续第七年命案等7类恶性案件全破。年内,市公安局会同有关部门,调处化解劳资纠纷,处置讨薪欠薪事件,受理拒不支付劳动报酬案件12起,移送起诉11起14人,为49名员工追回工资113万余元。

市公安局机场分局共接报有效警情70起,同比下降3%,查处行政案件3起,行政处罚各类违法人员3人,其中行政拘留1人,行政罚款2人。当场处罚轻微危害民航秩序类违法人员10人,教育训诫12人。法院临控人员预警35人,网上逃犯预警87条,精神病人预警11条,协助其他公安机关押解犯罪嫌疑犯人14人次。

【星级清廉所队创建】 2021年,市公安局开展星级清廉所队创建工作,涌现出"德胜清廉"车管所、"清风佛堂"、特警"骁狼警队"、义亭"红梅警营"等清廉公安基层所队。年内,2家单位被评为"金华市局五星级清廉所";7家单位被评为"四星级清廉所队";3家单位被评为"三星级清廉所队"。通过深入队伍教育整顿,问责处分民警65人、问责辞退辅警413人。开展党史学习教育、"三能"主题教育实践等活动,确保队伍健康发展。实施"13+4+N"人才培育计划,1人入选公安部教官。年内，市公安局1个集体立一等功，2个集体立二等功，11个集体立三等功；3人立个人二等功，54人立个人三等功。在警种比武中获4个全省第一，11个金华前三名。在金华9个警种测评中，获5个团体第一，2个第二；经侦民警代表省公安厅参加公安部比武，获第五名。

【市公安局党史学习教育】 2021年，市公安局把中国共产党党史学习教育贯穿全年始终，为取得实效，采取"1+2+3+X"的学习模式，"1"即抓"关键少数"，"2"即坚持宣讲与培训相结合、竞赛评比与考试考评相结合，"3"即全局集中学习、单位每周夜学和个人自学，"X"即通过线上"学习强警App"学习、知识竞赛、征文比赛、微型党课等不同方式开展学习教育活动。全年，举办专题讲座8次，开展全局性集中学习13次，民警参学率达100%。制定下发每周（每月）学习计划，为1200名党员购买发放党史学习必读书目，为66个支部购买发放相关学习资料。在全局范围内开展百年党史"大学习、大讨论、大践行"活动，引领全局广大民警做到学史明理、学史增信、学史崇德、学史力行。

【出租房屋消防安全整治】 2021年，市公安局开展居住出租房屋消防安全整治。全年，共检查整治出租房228万余间，督促整改隐患67万余处，整治"多合一"2680处，规范通道9.86万处，安装烟感5.01万个，新增充电桩4090个。涉及出租房屋火警84起，同比下降24.32%，燃气爆燃警7起，同比下降22.22%。

【"清风"系列行动】 2021年，市公安局对酒驾、"一桌餐"、违规收送礼品礼金、违规使用公车、公职人员出入娱乐场所等问题进行重点检查。共开展检查17次，投入警力60余人次，核对人员信息600余条，核查公车轨迹100余条。开展"酒赌毒密网"问题专项检查29次，问责民警3人、辅警1人，坚决抵制歪风邪气，遏制"群众身边的腐败"。

【市公安局疫情防控】 2021年2月，市公安局会同民航局、机场公司、海关、边检、卫健局、恒风集团等单位负责人组成机场疫情防控工作领导小组，制定下发《义乌机场新冠肺炎疫情防控方案》《机场卡点检控工作流程》《应急处置预案》，形成前置提醒闭环、数据应用闭环、检控处置闭环的"三个闭环"工作模式，有效阻断传播风险，实现"内部零感染、外部零扩散"的目标，相关经验做法得到国务院督导组和省、市各级领导的肯定。

【"7·14"操纵证券市场专案（部督）侦破】 2021年7月22日、9月23日，市公安局会同证监会稽查总队、上海专员办、深圳证监局对"叶飞概念股"系列案件开展集中收网行动，破获"中源家居""利通电子""今创集团"3起操纵证券市场案，抓获犯罪嫌疑人27人，涉及操纵证券市场期货罪、利用未公开信息交易罪、非国家工作人员行受贿罪、对非国家工作人员行贿罪等罪名。此案系有组织实施操纵证券市场违法犯罪案件，为全国首起公募基金接盘操纵证券市场案件，案件侦破获得国务院副总理刘鹤、中共中央政法委书记郭声琨等领导的批示肯定。

【"5·20"专案收网行动】 2021年，义乌市开展打击虚开增值税专用发票、骗取出口退税、地下钱庄非法经营等犯罪行为集中收网行动。10月14日，市公安局联合金华市税务局第二稽查局，抽调精干警力180余人，分别在福建、江西、安徽、河南等7省11市，对"5·20"专案开展统一收网行动。抓获犯罪嫌疑人40人，采取强制措施44人，冻结银行账户100余个，金额580余万元；查获电脑、手机、银行卡、公司公章、U盾等作案工具若干，成功打掉骗税、虚开税票及地下钱庄犯罪团伙11个。

【义乌"全能神"案收网】 2021年10月15日，在省公安厅、金华市局的统一部署下，市公安局配合开展部督"QNS2117"专案的集中收网工作。组织相关单位共70余名警力对义乌市"全能神"邪教人员居住点及聚会点进行统一收网。

【义乌首个空防宣教基地】 2021年10月，市公安局机场分局建成首个具有义乌机场特色的全国中小型机场空防宣教基地。结合义乌机场发展史、国内军用机展示、国际国内空防重大安全事件、空防净空常识、乘机常识、救护技能训练、防护设施建设、乘机体验8项内容，通过听取宣讲、参观、互动、参与模拟4种形式，让参观者零距离感受空防安全重要性，切实增强空防教育的直观性和可持续性。至年底，接待上级领导、驻场部队、机场公司及社会团体等团体参观体验30余批次。

（陈国华）

检　察

【概况】 2021年，市人民检察院审查逮捕924件1193人，同比上升5.48%；审查起诉3379件4700人，同比上升25.77%。未检逮捕案件106件127人，起诉案件215件289人。常态化开展扫黑除恶，办理涉黑涉恶案件4件14人。开展"打、治、防"三位一体反电诈、"断卡"行动，办理"电诈"案件237件366人，在全省首家发布"断卡"行动《检察白皮书》，办理涉及电话卡、银行卡案件417件622人。办理司法救助案件40件。加强刑事诉讼监督，监督立案192人，监督撤案25人，纠正漏捕漏诉25人，提出刑事抗诉9件，制定下发纠违通知书、检察建议书18份。加强刑事执行监督，开展社区矫正专项检察，监督收监执行8人。加强与市监委协作，起诉职务犯罪9人。坚持监督纠错与维护裁判权威并重，办理民事生效裁判监督案件63件，民事审判程序监督案件138件，民事执行监督案件171件。坚持夯基点、抓重点、创亮点，办理行政检察案件93件，妥善化解涉征地拆迁、行政处罚等争议案件13起。办理公益诉讼案件80件，其中全国四级检察机关联动办理英烈权益保护公益诉讼案，入选2021年度全国十大法律监督案例。

【司法制度建设】 2021年，市检察院出台队伍教育整顿3个实施方案、6个细化方案，实行"挂图作战"，成果获金华教育整顿办表彰。对照"六大顽瘴痼疾"，建立"自查+互查+评查"机制，发出征求意见函655份、协查函5份，核查信息1244条。完善离职检察人员从事律师等职业的监督报备、"三个规定"及重大事项记录报告等16项制度。构建"单元办案 · 集成监督"，3个具有义乌检察辨识度的多跨协同应用项目入选全省数字检察应用场景创新任务。建设"行刑衔接闭环管理"应用场景，获评全省数字检察"十佳方案"。年内，市人民检察院被浙江省人民检察院评为"全省先进基层检察院"，取得省级以上荣誉35项，入选省级以上精品、典型案例11件，涌现出全省"最美公务员"、全省检察业务标兵等省级以上先进典型13人次。

【诉源治理】 2021年，市人民检察院深化落实"少捕慎诉慎押"刑事司法政策，出台《关于减少羁押性强制措施实施细则》等制度，不捕率20.83%、不诉率27.63%。诉前羁押率从53%降至35.62%，轻罪起诉率从22.5%降至12.84%。全面落实认罪认罚从宽制度，适用率87.99%，确定刑量刑建议提出率92.63%，法院采纳率98.77%，最大限度减少对抗、促进和谐。市社会矛盾纠纷调处化解中心检察窗口接待群众来访1752件1926人次，全年办理涉法涉诉矛盾化解案件119件。

【最高检典型案例】 2021年，市人民检察院助力推进"根治欠薪"，在办理一起拒不支付劳动报酬案中，发现有2名员工超过退休年龄，属于超龄劳动者，劳动行政部门以超龄劳动者和用人单位之间系劳务关系而非劳动关系为由，未将此2名员工的工资认定在责令支付的范围内。市人民检察院全面审查欠薪事实，对特殊超龄劳动者的欠薪进行平等保护，敦促犯罪嫌疑人付清此2名员工的工资，并向劳动行政部门制发检察建议，对未享受养老保险待遇且未领取退休金的超龄劳动者适用《劳动法》平等保护。此案入选最高检典型案例。

【"一心守护者"行动】 2021年4月2日，市人民检察院联合共青团义乌市委、市教育局、市妇联等单位，在全国率先建立未成年人检察"融合式监督"线索发现协作机制，成立社会支持中心，上线“童心守护”平台，共筑社会保护合力。5月8日，举行“一心守护者”行动启动仪式，发动全市685名青年委员、538名妇联干部、216名教师骨干，组成“一心守护者”队伍，义乌慈善总会给予大力支持，并设立专项基金。2021年，在全市中小学开展法治巡讲220余场，受众10万余人。相关做法于4月10日被最高检转发推广，5月29日入选全省未成年人司法保护典型案例。

【知识产权司法保护】 2021年4月25日，金华市人民检察院在市人民检察院国际商贸城检察室举行知识产权保护工作新闻发布会暨义乌市知识产权检察保护联络点授牌仪式，在义乌港等5个点位设立知识产权检察办公室联络点。全年办理知识产权案件103件246人，保护知名品牌60余个。年内，知识产权检察办案团队被评为2021年度全省检察机关优秀办案团队，“知识产权一体保护机制”入选全省检察年度创新成果。

【立法建议被《浙江省动物防疫条例》采纳】 2021年，市人民检察院根据在牛羊肉中违法添加违禁物质“瘦肉精”的违法事实，深入梳理研究后，发现无集中屠宰点、无合规检验检疫流程、无检疫信息追诉凭证3项牛羊肉领域重大食品安全风险，针对性提出建立集中屠宰点、规范检验检疫流程、做实做细食品溯源工作3条立法建议，经市人大上报，10月被《浙江省动物防疫条例》采纳。

【“助力民营经济发展专项服务月”活动】 2021年10月，市人民检察院开展“助力民营经济发展专项服务月”活动，制定服务保障市场主体健康发展24项举措，在微信公众号上线“服务民营法治专栏”，提供“点单式”法律体检。至年底，举办“检察官对话企业家”、检察开放日等活动18场，“检察护企讲师团”赴企开展普法宣讲70余次，年内，“检察护企讲师团”获评金华市社会大普法“六优”项目。

【全省首家涉企案件治理检察办公室挂牌成立】 2021年11月9日，义乌市涉企案件治理检察办公室在市人民检察院国际商贸城检察室揭牌成立。市人民检察院成立全省首家涉企案件治理检察办公室，统筹涉企案件办理、机制建设、服务提升、企业合规、大数据研判、法治宣传、理论研究等工作，实现案件一站式受理、一体化办理、融合式监督、协同化治理。至年底，办理涉企犯罪191人。

【全省首家区块链技术检察应用研究中心成立】 2021年12月9日，全省首家区块链技术检察应用研究中心在市人民检察院揭牌成立，旨在通过产、学、研相结合的全新模式，融合平台建设、机制探索、理论创新等多项功能，加强区块链技术在法律监督领域的应用。 （王晗璐）

法 院

【概况】 2021年，义乌法院办结各类案件4.1万件，新收各类案件4.07万件，同比上升7.32%；结案4.1万件，同比上升5.38%，收、结案均位于全省第一。法官人均结案493件，是全省平均数的1.86倍。审结刑事案件2060件，判处犯罪2669人。新收民商事案件2.38万件，审结2.44万件。审结行政诉讼366件，对33件行政机关违反法定程序案件判决确认违法或撤销。执结执行案件1.4万件，执行到位标的13.97亿元。开展涉党政机关执行案件专项清理，实现涉党政机关执行案件全部清零，共执结涉党政机关执行案件26件，同比上升73.33%，执行到位3434万元。2021年，义乌共建成554家“共享法庭”、包括14个镇（街道）层面“共享法庭”，529个村社层面“共享法庭”及国际商贸城、知识产权等11个特设法庭。实现“小事不出村、大时不出镇，矛盾不上交”。

【市场商贸纠纷化解协同应用场景】 2021年，义乌商贸纠纷诉调对接云平台使用“实体+云平台”双轨运行、PC端+手机端全覆盖的立体式格局，融合纠纷化解、法律服务、风险预警、调解员队伍管理、市场治理等业务，贯通失联修复系统、商城集团系统、公安经侦预警平台、外国人综合服务平台、法院办案办公平台等系统，打造市场商

2021年12月4日，经共享法庭调解员调解后，因帽子定做事宜产生纠纷的市场经营户握手言和　（市法院　供图）

贸纠纷化解协同应用场景。全年，应用场景累计受理“线上+线下”调解案件6640件，调解成功4049件，调解成功率60.90%。获2021年“浙江省法院现代化创建项目”，被省委政法委纳入2022年度数字法治系统重大应用子应用场景建设。

【“E执行”项目推进】 2021年，市法院推进“E执行”项目和限制高消费综合集成改革，实现执行协作事项“一体办”“一键办”。“限消惩处E研判”系统对接车管所数管系统、公安旅管系统、教育智慧平台、不动产数管系统，实现数据共享，智能监测与研判被执行人高消费行为；智慧控车系统涵盖全市1.4万余个公共停车位，实时智能监测待扣车辆。此项目被列入浙江省高级人民法院“执行一件事”第二批子场景应用目录，作为全省试点重点推进。

【“我为群众办实事”实践活动】 2021年2月底，市法院推进“我为群众办实事”实践活动，集中推出“一月一会战”执行专项行动、巡回审判进村居、行政诉讼法律援助、“民营企业家对话法官”“云课堂”“宪法宣传周”等36项司法便民新举措，将政法队伍教育整顿成效转化为工作实效。至年底，累计开展各类执行专项行动8次，执行到位2363万元，对39人次进行司法救助，发放救助款项28.73万余元，结合法院特色开展知识产权宣传周、宪法宣传周、巡回审判等普法活动。

【入选“十大标志性成果”】 2021年2月8日，市法院福田金融法庭揭牌成立，是全省首家专门办理金融与破产类案件的人民法庭。福田金融法庭聚焦专业团队、重点环节、机制创新，办结金融案件2473件，涉案金额26.89亿元；破产案件94件，引进重整资金15.4亿元，盘活工业用地11.27公顷，涉及房产建筑面积4.97万平方米。3月30日，市法院福田金融法庭入选第三批中国（浙江）自由贸易区建设“十大标志性成果”。

【全省首例房地产开发企业合并预重整案】 2021年10月22日，市法院依法裁定批准破产管理人提交的义乌市金城房地产开发有限公司、义乌市金桂房地产开发有限公司、义乌市金亭房地产开发有限公司《重整计划草案》，终止重整程序，标志着浙江省首例房地产开发企业合并预重整转重整案取得成功。此案引入外部投资12.6亿元，妥善处理烂尾10余年的历史遗留问题，有效盘活了企业核心资产。

（刘丹妮）

司法行政

【概况】 2021年，全市有人民调解组织642个，调解员3000余人；调解矛盾纠纷8105件，调处成功率99.8%，挽回经济损失2.49亿元。全市有律师事务所61家、执业律师762人、实习律师108人、公职律师65人。全市有基层法律服务所8家、基层法律服务工作者40人。全市律师办理业务3.17万件，律师业务收费3.93亿元。办理行政审批229件。市公证处办理公证2.51万件，业务收费2100万元。全市在册社区服刑人员1125人。

市法律援助中心接待来电来访1.99万人次，办理法律援助案件2421件，挽回经济损失2600余万元。全年开展各类法治宣传活动232场，宣传教育4.6万人。

【司法行政获佳绩】 2021年，义乌市被评为“全省法治浙江（法治政府）建设优秀单位”。市司法局被省委全面依法治省委员会守法普法协调小组评为“2016—2020年全省普法工作成绩突出单位（表扬）”。义亭司法所被省司法厅评为浙江省“枫桥式”司法所。市社会工作服务中心被省普法办评为第三批社会大普法“六优”培育行动计划普法公益性组织。市涉外纠纷人民调解委员会陈津颜调解工作室、江东街道人民调解委员会龚景永调解工作室被评为省级金牌人民调解工作室。北苑司法所被金华市司法局评为金华市“枫桥式”司法所。

【律师执业素养综合评价系统试点】 2021年2月，市司法局承接省司法厅律师执业素养综合评价系统试点，先后召开各层面座谈会、意见征求会10余次，对优化系统指标体系、做到评价“可视”提出意见建议，围绕“信息可视化”“业务可视化”“评价可视化”入手，对评价指标、数据需求等进行系统梳理，形成对外展示引导、对内监管规范的综合评价效果。8月，开展村级重大事项合法性审查，在上溪、佛堂试点。至年底，各村（社区）线上提交合同595个，律所出具审查意见书480份。

【自贸区法治建设】 2021年3月，市司法局出台《司法行政服务保障自贸区建设工作实施意见》，并入选《义乌市建设自由贸易试验区政策汇编》。按照“工作项目化，项目清单化、清单责任化”的要求，提出十大举措，明确36项具体工作的责任分工，强化工作落实，形成工作合力。8月，参加“媒体走进自贸试验区”采风行到义乌活动，接受新华社、中新社等23家媒体集中采访，介绍自贸区法律服务相关情况。全年在省司法厅门户网及中国新闻网等各类媒体上发布涉及服务自贸区法治建设、公证、涉外法律服务、涉外调解等相关信息及宣传稿件27篇。11月，全面总结服务保障自贸区建设工作经验，形成工作专报，被《法治浙江》简报第33期刊用。

【律师行业党建大联盟】 2021年4月，义乌市司法局开展党建大联盟品牌的培育，通过落实“点”的布局、打造“线”的联结，积极构建“1+7+X”（1即“律、先锋”党建大联盟；7即7个党建品牌；X即每个品牌下开发的若干法律服务产品或者建立的基层服务站点）党建大联盟体系，构筑“纵向+横向”法律服务大网格，实现律师行业影响力、向心力、作用力等“面”上的大幅提升，党建带队建促所建取得显著成效。6月11日，金华市委组织部、金华市司法局在义乌市召开律师行业党建工作现场会，在《金华日报》新闻客户端等媒体平台宣传报道。至年底，培育律师行业党建大联盟品牌7个。

【部级社区矫正中心创建】 2021年6月，市司法局申报“社区矫正指挥中心”信息化项目，经专家评审立项，列入《义乌市2021年度政府投资信息化建设项目计划（第二批）》，7月，资金到位180万元。12月，对标创建要求，建设综合管理区、监督管理区、教育帮扶区“三大功能区”和“十八个功能室”。

（何　程）

军 事

市人武部

【概 况】 2021年，中国人民解放军浙江省义乌市人民武装部（简称“市人武部”）按照“举旗铸魂讲政治、开拓创新求作为、服务国防解难题、军地携手促发展”的思路，推动全市经济建设、国防动员和后备力量建设创新协调发展。市人武部聚焦“六位一体”建设目标，按照“立足实际、因地制宜、设施完备、管理规范、分类抓建、全面达标”的思路，以软硬件落实为重点，全面推进14个镇（街道）基层武装部规范化达标建设，督促投入专项经费对硬件设施提档升级，实现基层武装部规范化建设100%达标。

【平战转换强化应急应战】 2021年，市人武部牢牢把握“平时服务、急时应急、战时应战”的时代要求，牢固树立战斗力这个根本的唯一指标，不断强化遂行新时期应急应战任务能力。修订完善1个总案8个子案作战方案，6类18项非战争军事行动方案预案，实现与驻军、人防、交战、重要目标、年度形势任务等要素的紧密衔接。与市应急管理局建立军地抢险救灾协调联动机制，将应急队伍纳入地方应急管理体系，确保指挥高效、反应迅速。全年发动民兵完成疫情防控、防灾减灾日演练、抗击“烟花”台风、全国文明城市创建国测复评、处置“5·18”恶性案件等重要任务，为义乌经济社会稳定提供坚强保障。

【党史学习主题教育】 2021年，市人武部开展党史学习主题教育，组织全体专武干部、民兵骨干和役前新兵参观陈望道故居，现场追溯“真理的味道”；通过邀请党史专家入营授课，观看红色电影，收看《百炼成钢——党史上的今天》优秀纪录片等形式激发全市武装系统投身强军实践热情；系统学习领悟中共十九大和十九届历次全会精神，积极推动习主席关于国防和军队建设讲话精神纳入各级党委中心组学习计划，不断打牢党管武装的思想根基。

【双拥共建“全覆盖”】 2021年10月，市人武部贯彻落实《浙江省军人军属权益保障条例》，妥善做好军人军属权益保障工作。协调市人社局、市退役军人事务局安置随军家属上岗就业，实行岗位安置、货币安置。实现全市14个镇（街道）、10家国有企业与部队共建“全覆盖”。

（王　华）

武警义乌中队

【概 况】 2021年，武警义乌中队（简称“中队”）全年完成押解任务36批次。中队以新时代军事文化建队育人，4人入党，1人立三等功。军事训练质效不断提升，官兵思想纯洁稳固，连续33年执勤安全无事故，连续九年被评为“四铁”先进单位。

【“书香军营”建设】2021年，中队贯彻落实“嘉峪关会议”精神，对照《武警部队书香军营建设规范》，率先完成武警部队“书香军营”东南片区先行建设任务。打造集学习、交流、娱乐于一体，具有“两大资源、四大系统、4个区域、7种设备、3项活动”的智能化“书香军营”，在此阅读的人越来越多，“书香军营”蔚然成风。

【学党史办实事】2021年，武警义乌中队扎实完成党史学习教育，组织官兵观看《百炼成钢——党史上的今天》《党史故事100讲》，以及《革命者》《三湾改编》《守岛人》3部优秀红色电影，每人每部电影撰写1篇观后感。将“我为群众办实事”活动与党史学习教育实践活动结合起来，帮助中队2名官兵解决实际问题。

【毛店战斗遗址立碑】为贯彻习近平主席关于“铭刻光辉历史，传承红色基因”重要指示精神，完成上级党委“编战斗史、立战斗碑、走战斗路”专题活动，2021年11月，中队在赤岸镇水岸社区大门里举行毛店战斗遗址揭碑仪式，中队官兵15人参加仪式。通过活动，引导官兵从队史中汲取精神养分。毛店战斗遗址完善了赤岸镇红色示范基地阵地建设，丰富赤岸镇的红色旅游资源。1957年，义乌县公安队在属地毛店村伏击围剿匪患，活擒冯金福等3个顽匪，为全县人民生命财产安全、捍卫革命成果做出重要贡献。

（徐建新）

武警金华支队机动大队特战中队

【概况】武警金华支队机动大队特战中队（简称“中队”）主要担负义乌市反恐维稳、城市武装巡逻和抢险救灾工作。2021年，中队传承红色基因，对经常性、基础性2项重大教育开展扎实有效的工作，以武警部队“百名优秀士官”蓝惠泽、“总队十大士官标兵”刘宇文、总队爬杆纪录保持者孙淋、尊干爱兵典型蓝国斌、军事训练全能达人覃奕章为典型，为强军事业提供不竭的精神力量。年内，完成2次总队组织的片区魔鬼周训练，蓝国斌参加总队教练员比武，被评为优秀教练员；中队被武警金华支队评为“四铁先进中队”；3人立三等功，18人被表彰为“四有”优秀士兵；选送9人参加武警部队狙击、搜排爆、侦察、无人机、重火器等专业集训。至年底，中队共接待武警部队、总队、兄弟支队参观学习12批次。

【魔鬼周极限训练】2021年4月，中队组织兵力参加温州片区魔鬼周极限训练。中队按照“真、难、实、严”要求，完成交通工具反劫持、楼房反劫持、公交车反劫持、重要目标防袭击等战斗演练。在“卫士—2021·浙江”演习任务中，中队主要担负重要目标防卫和战时处突任务。通过魔鬼周极限训练，有效提升了特战官兵在极端条件下的作战能力。

【侦察干部骨干集训】2021年11月，中队组织7人参加总队开展的特战、侦察干部骨干集训。集训主要对高楼反劫持、山林地捕歼灭等相关科目进行训练考核。经角逐，中队获团体第二名，徐胜博获搜排爆专业第一名，肖鹏获侦察专业第二名。

（邓洪杰）

人民防空

【概况】2021年，义乌市人防工程审批办件218项，其中，兼顾人防项目1个，面积核定项目58个，功能等级确认66个，易地核实43个，质量监督41个，竣工验收线上办理9个。人防工程竣工验收40个，常态化组织开展全市“5·12”“9·18”警报试鸣工作，人防警报鸣响率和城区音响覆盖率均达100%。2021年，义乌市人民防空办公室被省人民防空办公室评选为“人民防空先进单位”。

【人防工程产权制度改革】2021年7月，按照金华市工作总体部署，同步推进存量人防工程和增量人防工程（新出让地块）两方面产权制度改革。存量人防工程方面，按照“公建项目先行、分期分批登记”的原则，优先开展材料齐全的公建人防项目产权登记收归国有，完成28个人防项目产权收归国有，产权登记面积位列全省县级市第一。增量工程（新出让地块）方面，探索土地出让过程中一并公示人防建设条件书的可行性，逐步推动国资企业成立专业维护管理队伍，确保后续人防工程的规范化使用、标准化运维。

【金华市暨义乌市人防金盾演习】 2021年11月16日，组织“浙江金盾（金华·义乌）”人民防空实战化演习演练，负责金华市全市的现场演练工作，按照“事前、事中、事后”三方面内容，对9支人防专业队进行整组扩编和日常训练。演习“事前”聚焦交通管制、网络管制、平战转换以及重要防护经济目标隐真示假；“事中”强调战略物资疏散转运、临战防护、经济目标周边巡察以及恢复网络控制；“事后”注重消除空袭后果，开展房屋灭火、人员救助转移、地下管网的抢险抢修以及弱电通信恢复等，演习取得圆满成功。（王小龙）

国防教育

【概况】 2021年，市国防教育办公室（简称“国教办”）围绕国防教育普及和深化，狠抓国防教育质量落实，以丰富的教育形式，营造全社会关心支持国防建设的浓厚氛围，实现经济社会与国防建设同步发展。结合征兵工作契机，通过电视广播、新闻网络、专题教育片、手机短信、微信公众号等平台进行《国防法》《兵役法》《国防教育法》宣传教育。利用陈望道故居、侵华日军细菌战纪念馆等1个国家级、4个省级、9个地市级爱国主义教育基地，宣传革命传统和国防教育知识。按照“能讲党史，能当教头”的思路，选拔文武兼备的优秀基干民兵组建义乌市民兵“望道班”，采取进社区、走基层形式，宣扬望道精神、讲好红色故事，全年开展宣讲22次。年内，市人武部为党政机关和入伍新兵家庭订阅《国防教育》杂志900余份，被《国防教育》编辑部评为“2020年度《国防教育》杂志订刊用刊先进单位”。

2021年11月16日，义乌市消防救援支队开展重要经济目标灾后灭火实战演练 （市应急管理局 供图）

【征兵宣传“十个一”活动】 2021年1月13日，市人武部在大学生征兵宣传工作中，开展“十个一”活动。即深入义乌工商职业技术学院开展一次征兵政策咨询活动，组织兵役登记和网上报名；制作一批征兵宣传册，发放至校内每一个大学生；在本级国防教育微信公众号上开设大学生征兵工作专栏，及时发布工作动态，提供政策咨询等服务；制作大学生征兵宣传主题海报，在城区及高校周边悬挂，进一步浓厚参军入伍氛围。制作一部大学生征兵宣传短片或公益广告，在高校内的流动显示屏幕、饭堂、电梯等公共场所滚动播放；组织国防教育讲师团深入高校开展国防教育宣讲授课，增强大学生的国防意识；依托中国义乌网站开设大学生征兵工作专页，设置工作动态、政策解读、国防教育、征兵咨询等环节，全面反映当地大学生征兵工作情况；协调电信部门定期向属地高校大学生手机推送征兵宣传短信；协调义乌融媒体、《义乌商报》等主要媒体安排重要版面、重要时段，策划推出系列报道、专题节目，对大学生征兵工作进行全方位的宣传报道；组织一支由专武干部和院校老师组成的宣传服务队伍，逐个走访大学生，进行谈心交心，发现问题及时解决。通过高校征兵宣传互动，大学生对参军的一系列优待政策有了深入了解，激发大学生群体报名参军意愿。

【北苑小学少年军校揭牌】 2021年5月28日，市人武部在义乌市北苑小学举行少年军校揭牌仪式。市国教委、市人武部、团市委、市退役军人事务局等相关领导和嘉宾9人出席活动，义乌市教育局副局长楼洪昌主持仪式，市人武部政委田亮和团市委书记傅凤丽共同为北苑小学少年军校揭牌。现场，与会人员观摩北苑小学少年军校学员军体拳、军体操表演，参观国防教育图片和军事装备展。 （王 华）

【中国计量大学及全市高中军事训练】 2021年7月中旬起，市国教办遴选优秀退役军人为中国计量大学和全市11所高中9900余名学生开展军事训练。

民兵·预备役

【概 况】 2021年，市人武部发挥青年民兵之家主阵地作用，开设理论讲堂，举办知识讲座，开展文化活动，创造“处处是课堂，时时受教育”的良好氛围。在发挥民兵预备役队伍作用方面，充分发挥基干民兵在急难险重任务、经济社会发展中的重要作用，全年发动民兵积极投身疫情防控、防灾减灾日演练、抗击“烟花”台风、全国文明城市创建国测复评、处置“5·18”恶性案件等重要任务中，以实际行动为义乌经济社会稳定提供坚强保证。2021年，道桥一营适应预备役部队领导体制新变化，创新预备役整组新模式，主动配合预备役人员征召、积极提供训练条件、破除民兵预备役混编难题，最大限度支援预备役部队战斗力建设。完成预备役兵员整组、入队训练、应急分队训练和预备役部队调整改革等任务。

（王 华 曾昭伟）

2021年8月13日，义乌树人中学的新生在进行军训（王井均 摄）

【入队训练】 2021年4月12—17日，预备役道桥一营组织入队训练，按预备役军事训练大纲，主要开展军事基础、队列、战术、防护等科目训练，训练考核均达到合格以上，3人因成绩优秀被评为训练标兵。 （曾昭伟）

【应急训练】 2021年6月15—25日，预备役道桥一营组织为期11天的应急排训练，按照理论学习、实装操作和综合演练的步骤，围绕工程救援、森林灭火、反恐维稳、水上救援4个课目展开训练，有效检验应急排人员协同配合水平。 （曾昭伟）

【民兵应急排实战化课目比武】 2021年6月20日，市人武部在民兵训练基地开展民兵应急排实战化课目大比拼活动，来自全市14个镇（街道）的民兵骨干参加比武。此次比武竞赛设置的课目，实战氛围浓厚、设置科学合理，体现战训一致、以战领训的原则，提高了民兵实战化水平和应急应战能力。7月22日，义乌民兵在参加军分区“第四届岗位练兵大比武”活动中获团体第二名。 （王 华）

【预备役部队调整整编】 2021年9月27日，金华陆军预备役工兵团作为组建基础单位调整整编为陆军预备役某基地，原金华陆军预备役工兵团编制撤销，

驻守金华义乌市的预备役道桥一营同时被撤销。（曾昭伟）

退役军人事务

【概况】2021年，市退役军人事务局坚持服务退役军人为中心，全力落实各项优抚安置政策。推动红色根脉传承，推出“义乌兵样”报道宣传20期，讲述老兵初心故事。组织老战士宣讲团，进学校、进社区、进企业宣讲15场。市四套班子带头参加清明祭英烈和向烈士敬献花篮仪式，全市烈士纪念设施接待团体、个人3万余人次。加强烈士褒扬宣传，制作烈士褒扬宣传片，利用公交车载电视，4—5月，循环播放《中华人民共和国英雄烈士保护法》及烈士纪念设施的保护和管理相关内容，覆盖全市33条公交线路，366辆公交车，受众1000万人次。在《义乌商报》开辟烈士事迹宣传专栏，宣传新时代义乌精神，营造崇尚英烈的社会氛围。6月，在全国退役军人志愿服务工作部署会上，市退役军人事务局作为县级单位唯一代表作典型发言。年内，市退役军人事务局被评为“全省退役军人全生命周期管理保障工作成绩突出集体”“2021年度《中国退役军人》宣传工作先进单位”。

【退役军人服务体系建设】2021年，市退役军人事务局下发《义乌市2021年度“枫桥式”退役军人服务中心（站）创建工作方案》《基层退役军人服务站“轮值站长”制度实施方案》，每季度召开服务保障体系建设推进会，抓基础、抓规范、抓特色，指导各镇（街道）、村（社区）对标完成创建工作。至年底，成功创建国家示范型服务站57个、省“枫桥式”服务站45个。国家退役军人服务中心、省委退役军人事务工作领导小组督查组、省退役军人事务厅“枫桥式”服务站验收工作小组对义乌市服务体系建设给予高度评价，分水塘退役军人服务站获评“全国百家红色精品服务站”，佛堂镇退役军人服务站获评“浙江省退役军人服务保障体系建设先进单位”。

【双拥工作推动提升】2021年，市退役军人事务局以双拥模范城届中检查为契机，夯实基础工作，推动提升双拥工作。明确大学生入伍义务兵一次性奖励金发放政策，鼓励全市青年踊跃参军。全力帮助现役官兵，为符合条件、未分配公寓房的官兵提供租房补助，为新入伍义务兵购买2年的人身意外保险，为义务兵父母开展免费体检。完成边海防官兵家属走访慰问，为官兵解决后顾之忧。为驻义部队立功官兵和“四有军人”赠送慰问品，鼓励官兵再建新功。年内，3家单位获金华市拥军优属模范单位。

【“八个一”暖心活动】2021年，市退役军人事务局依托镇（街道）退役军人服务站和红水晶协会等社团组织，对认定为享受60周岁农村籍退役士兵老年生活补助的老兵，每月举行一期以“致敬老兵，花甲荣耀”为主题“八个一”暖心活动。通过送一份通知书、过一次生日会、佩一条荣光绶带、赠一份专属礼盒、拍一张集体照片、重温一次军人誓词、分享一个军旅故事、认领一个微小心愿，增强仪式感，提升退役军人尊崇感。至年底，在侵华日军细菌战史实陈列馆、共产党宣扬首译地分水塘、义乌抗战首胜地上溪抗倭亭等地举办“八个一”暖心活动6期。

【移交安置】2021年，安置营以下及技术军转干部，首次实现行政机关（含参公）100%安置；由政府安排工作安置退役士兵，安置驻义部队随军家属，实现部队、个人、接收单位“三满意”。

【烈士设施管护】2021年，市退役军人事务局与市委宣传部、市检察院、市财政局加强协调沟通，四部门联合下发整修文件，明确按照“应迁尽迁、集中管护”的原则，引导烈士亲属将零散烈士墓搬迁至长城公园或镇（街道）烈士陵园进行集中管理。至年底，52穴散葬烈士墓进行集中安放管理，28穴烈士墓原地修缮保护管理，集中保护管理率达65%。

【全生命周期管理保障】2021年，市退役军人事务局开展退役军人全生命周期管理保障改革，按照“试点先行、分步实施、全域推进”思路，构建全要素覆盖、全链条集成、多业务协同的退役军人全生命周期管理保障新模式。通过打通12个部门15类数据，推进流程再造和制度重构，全部事项实现“零材料、零跑腿”。全年为退役军人实现“无感办”，减少跑腿2000余次，减少材料提交3300余份，极大方便退役军人，增强其获得感。12月5日，中央电视台以义乌视角宣传反映浙江省退役军人全生命周期管理保障数字化改革成果。年内，市退役军人事务局被评为“全省退役军人全生命周期管理保障工作成绩突出集体”。

2021年11月25日，市退役军人事务局工作人员在北苑街道推广“拥军码”
（市退役军人事务局　供图）

【退役军人就业创业】 2021年9月15日，义乌市2021年度退役士兵返乡欢迎会暨专场就业推介会在市委党校举行，2021年退役士兵及50余家企事业单位参加，市场发展集团、商城学校等单位提供人事经理、体系工程师、直播运营等职位，为退役军人择业和就业提供选择空间。修编《退役军人就业创业优惠政策和办事指南》，汇集创业税费减免、住房公积金缴存登记、创业担保贷款贴息申领等9个事项具体政策依据、办理部门、办事流程、办理地址和咨询方式，营造创业发展平台服务退役军人就业创业。“丹溪红曲——义乌国家级非遗品牌的重塑和运营”在浙江省第二届“建行杯”退役军人创业创新大赛中，获传统产业及生活服务业赛道三等奖，跨界园（三区）被评为“浙江省首批退役军人就业创业基地”。

【职业技能培训】 2021年11月19日，义乌市退役士兵职业技能培训在义乌工商职业技术学院开班，此次培训持续3个月，采取理论与实操相结合的方式进行，以前导课程、直播授课、专题讲座、导师双选、实操演练及创业培训等方式，重点培训就业创业所需知识和专业技能，帮助退役士兵改善知识结构，强化专业技能，拓宽就业渠道，全方位提升退役士兵的职业技能及综合素质。年内，市退役军人事务局举办退役军人网上就业招聘会4期，200家企业单位提供岗位职数3163个，点击浏览量1.1万余次。

【“老兵码”启用暨“拥军商城”联盟成立】 2021年10月15日，由市拥军优属拥政爱民领导小组办公室主办，市退役军人事务局、浙江中国小商品城集团股份有限公司承办的义乌市“老兵码”启用暨首批“拥军商城”联盟成员单位授牌仪式，在义乌国际商贸城四区南大厅举行。仪式上，金华市、义乌市相关部门负责人为国际商贸城5家拥军驿站、首批10家“拥军商城”联盟成员单位代表授牌。“老兵码”是“浙里老兵”平台的一个应用模块，将完成信息采集的退役军人及其他优抚对象的身份证、退役证及其他有关证件数证合一，通过一人一码，一键申领，为全市现役军人、退役军人及其他优抚对象提供全方位的数字化生活服务的载体。市退役军人事务局发动拥军商家入驻“浙里老兵”平台，成为义乌“拥军商城”联盟成员单位，为退役军人在餐饮、住宿、购物、出行、医疗等方面提供专属的优惠、优待、优先服务。至年底，全市250余家商户入驻“拥军商城”。（毛林峰）

应急管理

综　述

【应急救援装备】 2021年，全市有各类应急队伍63支3750人；应急物资储备单位20余个，物资40余万件，遍布全市各个点位。有风力灭火机、高压水泵等重要应急装备1000余件，指挥车、云梯车等大型装备200余辆（台）。全市规范化建设避灾安置场所197个、可视化172个，实现主城区56个社区避灾安置场所全覆盖。537个村全部配齐“三大件”（卫星电话、发电机、排水泵），2620个应急广播接入市应急指挥中心。（王小龙）

【全风险管控体系】 2021年1月，义乌市“一图一码”智控平台全面上线。至年底，上线企业完成自查自纠41.29万家次，发现各类隐患10.4万条，完成隐患整改9.33万处，隐患整改率95%以上。1.34万家加工制造类生产经营单位通过浙江省工业企业风险普查平台完成安全风险普查，累计普查风险点7.58万个，制定风险管控措施30余万条，全面落实工矿企业安全风险管控体系。平台上线以来，全市所有2482宗地1.39万余家企业纳入监管，用户月活跃率99.6%，运行以来业主扫码自查自纠16.8万余次，平均整改时间缩短至19小时。2021年，工业企业发生火灾12起，同比2020年下降29.4%，安全生产事故零发生。（王小龙）

【义乌市应急管理学院成立】 2021年3月29日，由市应急管理局和义乌工商职业技术学院合建的义乌市应急管理学院成立。义乌市应急管理学院以人才培养为核心，培养适应经济社会发展和应急管理工作需求的应用型专门技能人才、综合性复合型人才；打造师资力量雄厚、软硬件设施完备的应急培训平台，为应急指挥人员、专业救援人员、安全管理人员、基层应急志愿者、中小学生等群体提供系统化、专业化与实战化的应急培训。至年底，开设安全生产和防汛防台培训班12班次，培训2000余人。（王小龙）

【危险化学品使用风险精准管控应用系统在全省推广】 2021年7月8日，危险化学品使用风险精准管控应用系统上线，此项目获评全省优秀应用案例，纳入全省数字化改革成果展，在全省复制推广。至年底，义乌市743家危化品使用企业、47家经营企业100%纳入该系统管理，引导使用企业按要求配备安全管理人员737名（配备率99.3%），在线岗前安全培训2136人，监测规范885个危化品仓库（储罐）储量管理；通过“线上预警、线下打非”联动模式，智能预警线索8起，行政处罚81万元。（王小龙）

【疫情防控演练】 为切实加强新冠肺炎疫情防控工作，健全疫情防控快速反应机制，2021年8月11日，市疫情防控演练在北苑街道畈东小区和义乌市科技创业园进行。市卫健局、市公安局、市消防救援支队等相关部门工作人员和社区志愿者共300余人参加。演练中，指挥员统筹全局，根据上级指示和要求安排任务；班长带领全班落实战备措施，指挥全班完成各项任务，教育和监督全班落实安全措施，预防安全事故；通信员对疫情防控区内交通道路、水源和重点单位等有关情况进行熟悉，核对市政消火栓数量，测试消火栓水压。其间，全体消防员穿戴全套个人防护装备，圆满完成各项任务。（楼 颖）

自然灾害应急抢险

【概况】 2021年，入汛以来义乌市启动Ⅳ级应急响应6次，Ⅲ级应急响应1次，Ⅱ级应急响应1次，Ⅰ级应急响应1次；发布明传电报37期，发布气象灾害预警信号99次，其中，暴雨蓝色预警信号4次，暴雨黄色预警信号17次，暴雨橙色预警信号15次，暴雨红色预警信号1次，台风蓝色预警5次，台风黄色预警2次。梅汛期和台汛期，市防汛防台抗旱指挥部先后组织召开工作部署会议51次，对每轮强降雨和台风期间的工作进行重点部署。组织镇（街道）和市防指成员单位先后开展检查5685人次，查出隐患45处，均在梅汛前完成整改或落实相应整改措施。年内，台汛期内影响义乌市的台风有2个，其中影响较大的台风主要是第六号台风“烟花”。（王小龙）

【森林火灾应急管理】 2021年，义乌市修订完善义乌市森林火灾应急预案，实现小火由属地镇（街道）解决，大火快速调度增援的应急指挥体系。从市政府到护林员层层签订责任书，实现风险管控层层落实。全年，开展森林防灭火督查50余次，933名森林消防队员、171名护林员深入重点地段、重要路口严防死守，收缴火种，共制止野外违规用火119起，行政处罚26人。投入40余万元购置森林消防战斗服400套、高压水泵5台等消防装备。在春节、清明、冬至等重要节日编发森林防火警示短信108万余条，张贴森林消防禁火令6000余份，在各类新闻媒体上刊登防火动态内容20条，在农村（社区）播放森林防火宣传短视频1000余场。全年共接到森林火警78起，未形成1起森林火灾。（王小龙）

【避灾安置场所规范化建设】 2021年5月14日，义乌市下发《关于做好2021年度避灾安置场所规范化建设的通知》，全年完成42个避灾安置场所规范化建设，完成率280%，全部成功接入省级避灾场所可视化系统。（王小龙）

【地震应急救援拉动演练】 为切实做好地震、建筑坍塌和地质灾害事故应急救援准备工作，进一步提升队伍综合救援实战能力，2021年5月11日，市消防救援支队联合苏溪镇在新院村举行地震应急救援拉动演练。支队全勤指挥部、各救援站地震救援小型队、战勤保障分队、应急通信前突分队及苏溪镇专职消防队、基干民兵应急排等救援力量，联动公安、医疗、交通、供电等社会单位共150余人参加演练。现场假设发生七级地震，震源中心为苏溪镇新院村，地震造成新院村楼房大面积倒塌，多

2021年5月11日，义乌市消防救援支队联合苏溪镇在新院村举行地震应急救援拉动演练（义乌市消防救援支队 供图）

人失踪。支队接到应急指挥部命令后，快速集结并开展抢险工作。此次演练圆满完成了徒步携行、营地搭建、搜索技术、人员营救、应急通信保障、战勤保障、指挥部协调指挥能力7个演练科目，全面检验地震灾害救援力量体系和能力建设的成果。（楼 颖）

【成功抵御台风"烟花"】2021年7月20日14时，气象台首次发布台风"烟花"登陆消息。同月23日11时35分发布台风蓝色预警信号，23日11时40分启动防台风Ⅳ级响应，24日13时30分将防台风应急响应提升至Ⅰ级响应，25日16时45分将防台风应急响应降至Ⅱ级响应，26日14时15分将防台风应急响应降至Ⅲ级响应，同日19时30分将防台风应急响应降至Ⅳ级响应，27日15时结束防台风Ⅳ级响应。"烟花"登陆期间共转移人员5.81万人，处理稠大线、八坑线等积水点40处，清理邢里线、杜上线、S310等19处零星塌方及G235等2处落石。（王小龙）

【自然灾害综合风险普查工作被评为全国先进】2021年12月24日，国务院第一次全国自然灾害综合风险普查工作领导小组办公室发文通报普查工作情况，义乌市应急管理局被国务院普查办列入典型经验做法名单，被评为全国先进。从2020年起，义乌市开展全国第一次自然灾害综合风险普查工作，制定普查进度计划表，明确实施步骤和时间节点。至2021年年底，义乌市风险普查应急管理部分提前完成调查任务，上报调查数据总量3779条，其中，外业核查数据3047条，历史年度自然灾害数据706条，重大历史自然灾害数据26条。此外，一般自然灾害数据240条。（王小龙）

消防救援

【概 况】2021年，义乌市消防救援支队（简称"支队"）共有各类消防车48辆，其中，全进口消防车14辆，进口底盘消防车27辆，国产消防车3辆，消防摩托车4辆。有灭火类消防车14辆、举高类消防车11辆、专勤类消防车6辆、战保类消防车12辆、其他消防车1辆。有消防器材1.18万件（套）、个人防护装备7417件（套）、灭火救援装备1454件（套）、地震地质灾害救援装备4117件（套）、洪涝灾害及水域救援装备1290件（套）、空中救援装备304件（套）、各类灭火泡沫19.3吨。监督执法检查2542家单位，办理行政处罚案172起，拘留112人，临时查封11处，办理投入营业前安全检查654个，火灾调查84起。全年，全市共发生火灾979起，直接财产损失1396.62万元；发生亡人火灾事故1起。全市消防救援队伍出动车辆7079辆次，抢救财产2302.88万元，出动警力4.58万人次，抢救被困人员550人，全市火灾起数同比下降17.86%。

【消防安全专项行动】2021年，为进一步加强全市社会面火灾防控工作，推动消防安全形势持续向好发展，支队会同行业部门、属地镇（街道）和公安派出所，在全市范围内开展为期30天的消防安全"攻坚1号"专项行动。重点围绕沿街店面是否违规住人、可燃物及易燃易爆物管理与危险品仓库设置是否符合规范、消防车通道是否被占用、消防设施是否保持完好有效、消控室值班人员是否持证在岗五大类56项内容，对"两房一店"、小微产业园、高层建筑、人员密集场所、在建工地等场所开展消防安全集中整治。累计检查145家单位，发现火灾隐患162处，督促整改隐患134处，处罚23家，临时查封3家，责令"三停"8家，罚款20.3万元。

【灭火救援夜间实战演练】2021年5月27日，支队在义乌篁园市场商业中心举行城市综合体事故灭火救援夜间实战演练暨应急通信实战演练。支队全勤指挥部调集2个消防救援站、3个专职消防队前往处置，应急通信保障分队遂行出动，同时调动公安、应急、120急救中心、电力、水务、气象、电信、移动等社会联动单位共24辆车120人参加演练。现场假设市场4层西南侧服装店铺因电线短路引发火灾，接到报警后，支队启动城市综合体灭火救援预案，调集消防救援力量前往现场开展火情侦查、警戒划分、人员疏散、堵截灭火、火场内攻、火场排烟、人员搜救、火场破拆、移动消防设施运用、无人机侦查火情建模等，检验城市综合体事故处置能力。演练结束，现场指挥部组织召开大型城市综合体火灾事故处置桌面推演，结合演练情况对战斗力量部署、内攻小组的设置、紧急救助等方面进行推演阐述，进一步明确支队机关各部门和各消防站在启动应急响应后的任务分工，提高完善应急响应、灾情研判、应急处置、社会联动、安全管控等能力。

【危化品场所灾害事故灭火救援实战演练】 为进一步加强全市危化品场所消防安全应急救援作战能力，2021年9月1日，支队在华义医药有限公司举行危化品场所事故灭火救援实战演练。支队全勤指挥部、应急通信保障分队、北苑特勤站、稠江消防救援站、廿三里消防救援站以及佛堂专职队共20辆车100余人参加。现场模拟华义医药有限公司的东北侧固体原料仓库因电线老化短路引起火灾。支队迅速启动危化品场所灭火救援预案，调集救援力量前往现场，演练设置化学品火势蔓延等灾情。救援力量开展接警调派、组织指挥、火情侦查、安全管控、警戒划分、无人机高空侦查、人员疏散、堵截灭火、移动消防设施运用等科目演练，实战检验初战控火能力和危化品事故处置能力。针对危化品火灾事故特点，支队指挥中心调派"小黄人"机器人运输车、高喷车、无人侦察机等高科技救援设备，有效检验了消防救援队伍针对危化品场所火灾事故的处置能力和水平。

【超高层民用建筑消防安全专项检查行动】 2021年9月15日，支队开展义乌市消防安全"攻坚3号"暨超高层民用建筑专项检查行动。为便于更高效开展超高层民用建筑消防安全专项检查，支队以提升应急救援能力、提升火灾防范能力为目标，成立由各党委成员分片包干的"一班五组"检查模式。"一班五组"检查组由支队机关全体干部和辖区队站主官组成，包括消防安全管理组、建筑外部平面布局组、防火分区及安全疏散组、内部消防设施组、电动自行车（电气）及内部装修组。全市投入使用的超高层建筑共有26栋，其中，4栋属于住宅，其余均为公共建筑。行动期间，"一班五组"检查组对各超高层建筑的重点部位、突出风险、关键环节开展检查，使每栋建筑消防安全管理责任得到有效落实。同时，各辖区消防救援站以此次行动为契机，收集超高层建筑平面图、立面图、楼层图以及消防给水系统等资料，开展相应的实战演练工作。

【消防队伍业务技能竞赛】 2021年9月23—24日，支队开展义乌市多种形式消防队伍业务技能竞赛活动，来自全市14个镇（街道）以及商城集团专职消防队的120名队员参赛。此次技能竞赛秉承"注重基础、贴近实战"的原则，根据政府专职消防队和企业专职队日常训练及执勤工作实际，设置3000米、单杠引体向上、2人4盘水带连接操、单人攀登6米拉梯操、初战快速出水控火操以及理论考核等比赛项目。经角逐，苏溪专职队、上溪专职队、北苑专职队、廿三里专职队及稠城专职队分获团体总分前五名。

【义乌蓝·云上之溪消防主题公园启动】 2021年11月9日，义乌市"119"消防宣传月活动暨义乌蓝·云上之溪消防主题公园启动仪式在上溪镇举行，以"落实消防责任防范安全风险"为主题的"119"消防宣传月活动拉开序幕。结合疫情防控常态化实际，活动采取线上线下相结合的方式进行。仪式上，宣读全市"119"消防宣传月活动方案，并为消防志愿者团队授旗，为义乌市首家消防主题公园——义乌蓝·云上之溪消防主题公园揭牌。义乌蓝·云上之溪消防主题公园集参观游览、科普教育、休闲娱乐等多功能于一体，公园坐落于上溪镇金塘路与四海大道交叉口，占地面积1.7万平方米，由消防知识科普教育区、消防常识和休闲结合区、消防安全体验馆、消防健身器材区、新中国消防救援队伍发展史区5个区块组成。内设各类消防元素的宣传牌、雕塑、小品、主题墙、健身器材等，可通过烟雾逃生区、现场急救体验区、安全隐患排查区、VR逃生体验区、消防装备器材展示区、警示教育区、逃生结绳体验区等区块，模拟开展消防安全隐患的排查整改、火灾现场的逃生、受伤人员的现场急救等活动、通过消防真实案例进行警示教育。

【危化品灾害事故处置演练】 为进一步提升全市危化品场所消防安全处置能力，2021年11月10日，支队联合公安、应急、水务、电力、环保、卫健等单位在晶澳太阳能科技有限公司举行危化品灾害事故处置实战演练暨应急通信实战演练。现场假设厂内氨气存储点内发生气体泄露，有人员被困。支队启动危化品事故处置灭火救援预案，调集就近消防救援站和专职消防队、小型站9辆车50余人前往现场处置。支队全勤指挥部、应急通信保障分队人员利用无人机对危化品泄漏情况和人员被困情况进行侦查，穿戴好防护装备，铺设水带稀释泄漏的危化品，成功“救出”被困人员，转移到安全地带。在水枪的掩护下，泄漏的危化气体阀门被成功关闭，堵漏任务完成。同时，根据危化品火灾特点，现场假设因厂区人员操作不当危化品起火爆炸、火势蔓延、人员被困等灾情。消防救援力量开展火情侦查、警戒划分、强制冷却、稀释驱赶、水幕分隔、强攻灭火、紧急避险、现场监护等科目演练，全方位检验各级队伍应对危化品灾害事故专业处置和协同作战能力。190余人参加演练。

【涉疫灾情处置实战拉动演练】 为进一步加强全市消防队伍涉疫灾情处置实战能力，2021年12月23日，支队在北苑特勤站营区内开展涉疫灾情处置实战拉动演练，支队政委唐继文率支队全勤指挥值班人员、北苑特勤站及凌云小型站共8车40余人参加演练。现场模拟北苑特勤站二楼为涉疫隔离场所，内有1名行动不便的隔离人员需要消防救援力量协助转运，并需要对该隔离场所开展洗消作业。支队指挥中心模拟接报后，立即按照涉疫场所处置行动要则，调派疫情处置专业队前往处置，支队全勤指挥部遂行出动。演练主要围绕人员转运、场所消毒、人员装备洗消、现场安全管控等科目开展，导调组主要对接警调度、指挥部组织指挥、处置流程、个人防护、安全管控等方面进行拉动演练。（楼　颖）

2021年11月10日，义乌市消防救援支队在晶澳太阳能科技有限公司举行危化品场所灾害事故灭火救援实战演练

（义乌市消防救援支队　供图）

安全生产监督管理

【概况】 2021年，市应急管理局制定下发《义乌市安全生产委员会关于印发重点领域遏制较大生产安全事故整治攻坚实施方案的通知》，222处关键节点、310项管控措施逐项落实落细。危化品领域，实现835家危化品企业线上全流程管控，落实“四实”“三抓六个一”等管理措施，开工建设全市仓储基地。工矿领域，完成全市3.04万家小微企业风险四级评定，探索推广出租型企业“标准+物业+数字+执法”安全管

理模式。全年，开展执法检查676家次，立案查处安全生产违法行为154起，罚没款545万元，同比增长146%，行政刑事衔接追究刑事责任6起。

【安全生产事故指标平稳可控】 2021年，全市安全生产事故指标平稳可控，各项指标同比均有较大幅度下降。全年，发生各类安全生产事故16起，死亡16人，较2019年、2020年两年平均值均下降25.6%。发生火灾83起，较2019年、2020年两年平均数下降37.1%，全市未发生较大以上事故以及较大社会影响事故。自然灾害方面，成功应对梅汛期间4轮强降雨和台风“烟花”“灿都”，实现自然灾害零伤亡，森林火灾“零发生”。

【基层党建+安全生产标准化”示范乡镇创建】 2021年1月19日，金华市“基层党建+安全生产标准化”建设现场推进会在苏溪镇召开，金华市委常委、金华市应急管理局，义乌市委常委等相关领导12人参加会议。会议期间，义乌市就“基层党建+安全生产标准化”试点工作进行汇报交流；与会人员先后走访华灿光电（浙江）有限公司、年年旺针织小微园、苏溪镇应急指挥中心，通过听介绍、实地查看了解各点位的安全生产工作开展情况。为推进该项工作顺利开展，义乌市以苏溪镇为试点，从单元巷战入手，自上而下实现体系架构标准化；从风险防控入手，由表及里实现安全监管标准化；从预警备战入手，以点扩面实现应急处置标准化。12月，义乌市苏溪镇、江东街道、佛堂镇获评金华市“基层党建+安全生产标准化”示范乡镇。

【打击非法生产经营危化品行为】 2021年1月，义乌市部署非法违法“小化工”排查工作，市应急管理局联合市交通局、市市场监管局等部门联合执法检查20余家次。推动、指导各镇（街道）结合日常走访、夜查等工作，全面制定完善非法违法“小化工”排查工作机制，排查发现各类非法经营违规储存14处，督促不符合危化品使用条件的危化品使用企业15家，全面落实安全措施或暂停危化品使用。开展铁腕执法，立案查处各类非法违法“小化工”案件25起，注销危化品带储存经营企业2家。

【安全生产“遏较大”攻坚战】 2021年4月9日，市委、市政府确定2021年为义乌市“遏较大”生产安全事故攻坚年，紧盯道路运输、消防安全、危险化学品、建设施工、城市运行、工矿、旅游、特种设备8个“遏较大”重点领域，绘制市级重点领域重大事故风险链鱼骨图，对照风险链关键节点，逐项建立风险防控措施清单，明确完成时限、责任单位和责任人，严格落实闭环管控。至年底，310项任务完成率达100%；全市695家危化品使用企业、50家经营企业100%纳入数字化管控；市内50辆57座以上的老旧运营车辆全部淘汰。

【义乌市首届危险化学品企业应急技能比武】 2021年12月8日，由义乌市应急管理局主办、苏溪镇政府承办的义乌市首届危险化学品企业应急技能比武在苏溪镇体育公园举行，来自危化生产经营企业、重大危险源企业和部分医药化工企业等7支代表队参赛。比武共分规范穿戴重型防化服操、人员转移应急操、消防栓单干出一支水枪打靶操、油桶灭火操、快速堵漏5个科目。前4个科目每支参赛队派出2组队员、每组2人比拼，最后1个科目每支参赛队派出1组4人比赛。经角逐，爱旭太阳能有限公司获团体第一名，华义医药有限公司获团体第二名，中石化义乌油库获团体第三名。（王小龙）

经济管理

发展改革管理

【概况】 2021年，义乌市完成固定资产投资596.9亿元，同比增长20.3%，获评“省级有效投资优秀县市区”，获省政府正向督查激励，获得全省三季度投资“赛马”激励（100亩建设用地指标，500万元中央资金等奖励）。累计争取中央、省级资金2.8亿元。双江水利枢纽工程等3个项目获评省“重点红旗”项目。爱旭10吉瓦新世代高效太阳能电池等7个项目列入全省重大产业项目，其中特别重大产业项目2个，占全省总量的十五分之二。

【营商环境顶层设计】 2021年，义乌市谋划营商环境顶层设计方案，全力打造以“制、治、智”为核心的自贸区营商环境标杆，落细落实“30”项工作举措。打造开放便利的投资环境。聚焦“市场准入、项目投资、市政服务”3个方面，重点抓好15项任务，推进投资高效便捷。打造公平竞争的市场环境。聚焦“招标投标、政府采购、负面清单管理”3个方面，重点抓好8项任务，推进市场竞争一视同仁。打造依法有序的经营环境。聚焦“知识产权保护、中小投资者权益、监管执法服务”3个方面，重点抓好6项任务，推进法律保护全覆盖。打造配套完善的产业环境。聚焦“跨境贸易、惠企政策、信贷服务”3个方面，重点抓好10项任务，推进产业发展配套建设。打造活力迸发的双创环境。聚焦“人才服务、平台建设、数字经济”三个方面，重点抓好15项任务，推进创业创新发展。打造尚义崇礼的人文环境。聚焦“诚信建设、文化服务、文明城市”3个方面，重点抓好10项任务，推进人文理念大提升。打造公平正义的法治环境。聚焦“执行合同、司法服务、破产管理”3个方面，重点抓好13项任务，推进数字法治建设。打造宜居宜业的生活环境。聚焦“数字社会、城市建设、生态保护”3个方面，重点抓好16项任务，推进生活品质大提升。打造廉洁高效的政务环境。聚焦“数字政务、登记财产、纳税服务”3个方面，重点抓好12项任务，推进政务服务水平大提升。打造风清气正的政治环境。聚焦“清廉义乌、法治政府、治安环境”3个方面，重点抓好9项任务，推进政治风气大提升。

【能耗“双控”精准施策】 2021年，市发改局统筹推进碳达峰“6+1”领域行动，即能源、工业、建筑、交通、农业、居民生活六大领域以及绿色低碳科技创新，开展碳达峰行动方案编制，推进十大方面40项重点工作。实施“精准+切块”用能预算化管理，全市738家规模以上工业企业安装接入智慧用能平台。编制实施充电桩布局“十四五”规划，年内完成383个公共充电桩建设。谋划推进分布式光伏发电项目建设，全年完成新增4.66万千瓦光伏装机容量并网和15万千瓦装机容量备案，累计并网19.88万千瓦。

【义乌市获全省扩大有效投资优秀】 2021年5月18日，省发展改革委发布《关于2020年度全省扩大有效投资考核结果的通报》，义乌市获优秀单位称号，将在省重大产业项目、省公共建设投资计划、中央预算内资金安排上给予优先支持。2020年，义乌市共安排十大标志性重大项目150项，其中115项实施类重大项目年度投资计划253.6亿元；开展政策处理难题攻坚，完成31个项目涉及48项政策处理；25个项目列入省重点工程；14个项目申报省重大产业项目；18个项目列入省“4+1”重大项目建设行动计划；9个项目列入2020年第一批全省扩大有效投资集中开工项目；42个项目列入2020年省“六个千亿”投资工程；共谋划申报12个市县项目工程；18个项目申报城建领域中央资金。

【共同富裕先行示范】 2021年7月，浙江公布《浙江高质量发展建设共同富裕示范区首批试点名单》，义乌市列入缩小城乡差距领域共同富裕试点。同月，义乌市委、市政府制定出台《义乌市共同富裕试点三年行动计划》，“以宅基地制度改革促进共同富裕”案例入选浙江省共同富裕示范区“典型案例清单”。2021年，实现地区生产总值（GDP）1730.16亿元，同比增长11.6%，增速位居金华各县（市、区）第一，全省前列。小商品创新发展区入围全省首批服务业创新发展区，全市服务业企业“小升规”超额完成年度任务，位居金华市第一位。完成东西部协作32项、山海协作14项考核任务，助力对口地区实现共同富裕。

【对外开放绘就新格局】 2021年，义乌市加强顶层设计，编制《义甬舟开放大通道建设行动方案》、“一带一路”、长三角一体化、“十四五”等规划；深入推进义乌“四港”（海港、陆港、空港、信息港）联动，苏溪国际枢纽港项目列入国家多式联运规划，义乌“四港”联动示范城市试点获评“浙江交通强国建设优秀试点”项目，获全省积极推进“一带一路”枢纽建设正向督察激励。海铁联运升级、签发多式联运“一单制”提运单、金华（义乌）快递业务量跃居全国第一位、铁路多式联运提单物权化改革落地等改革成果入选自贸区“浙江十大标志性成果”。11月22—23日，全省义甬舟开放大通道建设现场推进会在义乌市召开，会上，义乌市人民政府与浙江省海港集团签署合作协议，深化推进“第六港区”建设。 （王苇萦）

国有资产监督管理

【概况】 2021年，全市共有市属国企12家，其中，上市企业1家，资产超200亿元企业6家。下属二级企业161家，其中，全资100家，控股22家，参股39家。国有企业资产评估核准事项5项、备案事项5项。国有产权转让项目2宗，国有资产转让、租赁项目1404宗，收入18.52亿元，其中，房产转让190宗，成交价14.43亿元。国有企业招聘员工1147人。至年底，市国有企业资产总额2435.91亿元，同比增长4.33%；所有者权益总额694.15亿元，同比增长5.67%；累计实现营业收入306.59亿元，同比增长84.11%。累计实现利润总额30.34亿元，同比增长84.36%。全年完成投资242.11亿元，完成新增融资250.19亿元。

【国资国企招商引资】 2021年，国资运营公司参与义产投基金、韦豪创芯一期基金等项目，累计投资25.62亿元。4月，签约引进北京掌上能量科技共享充电宝项目，协议落地总投资8亿元。同月，签约招引纳芯半导体。7月，签约招引瑞测科技半导体测试设备研发和制造项目，协议落地总投资57.2亿元。8月，签约引进上海美目美佳科技项目，协议落地总投资10亿元。

【国企管理数字化改革】 2021年，义乌市开展国企管理数字化改革。推进义乌市国有企业房产管理数字化系统（简称“房管家”）建设。此系统是义乌市完善国企房产统一管理，实现管理制度重构、流程再造、效益提升、公开透明的数字化改革重点工作。国企“房管家”建设方案经过第二次评审，通过专家论证，并下文由市场集团组织实施，市场集团于5月25日完成招标，项目建设正式启动。

【混合所有制改革】 2021年，义乌市推进国有企业混合所有制改革，提升企业经营活力。根据不同功能类别、规模大小、盈利能力等情况，"一企一策"制定混合所有制改革计划。国企与民营企业合作，发挥国有企业资源、资金等方面优势，民营企业市场化运营、业务管理经验等优势，弥补国有企业管理、人才等方面的欠缺，实现优势互补，共同发展。6月，市场集团与民营企业共同成立浙江融聚供应链公司，注册资本5000万元，其中市场集团占股51%，义乌和德进出口公司占股49%。9月，市场集团与华统集团共同成立义乌市农牧发展有限公司，注册资本1亿元，其中，市场集团占股51%，华统集团占股49%。

【主业管理】 2021年11月29日，义乌市国资办印发《义乌市属国有企业主业管理办法》，建立完善以管资本为主的国有资产监管体制，进一步推动国有企业聚焦主责主业，提升国有经济竞争力、创新力、控制力、影响力、抗风险能力。该办法审核认定全市国企主业范围，对企业主业发展情况实施全过程动态监管。

【国资"十四五"规划】 2021年11月，《义乌市国资"十四五"发展规划》出台。规划重点阐述"十四五"期间义乌国资的发展战略、发展目标、重点任务、重要举措。"十四五"时期，义乌国资谋求向枢纽化、集群化、平台化、资本化和国际化转型，以国际贸易与物流为核心，以基础设施建设为主轴，以城市运营、综合交通、水务、市政环保为业务聚焦，以投资金融服务与供应链服务为支撑，以信息化、数字化贸易为延伸，全面提升"义乌发展经验"，打造义乌产业生态圈，推动高水平治理、高质量发展、高品质生活，助力义乌建设成为"国际小商品自由贸易中心、数字贸易创新中心、中国制造创新策源地和标准输出示范地、'一带一路'开放合作高地"，力争规划期内成为宜商宜居宜游的现代化国际化标杆城市。明确2021—2025年义乌国资国企发展的战略定位、发展目标，资本、产业的重点布局，国资国企发展的行动计划和重要举措，为国资国企发展描绘了蓝图，指明了路径。

（谢文昌）

土地资源管理

【概况】 2021年，义乌市供应各类建设用地1040公顷，全市土地出让金成交总额634.06亿元。消化批而未供470.33公顷，盘活存量建设用地454.73公顷，城乡低效用地再开发336.87公顷。争取新增建设用地指标518.8公顷，争取各类耕地占补平衡指标200.6公顷，争取规划额度528.5公顷，争取林地指标120公顷。保障爱旭太阳能、亿晶光伏、韵达小镇一期等290项重点项目建设用地。完成土地成片开发方案63个，涉及征收集体土地1153.13公顷。

【国土规划编制】 2021年，市自然资源和规划局完成《义乌市城镇有机更新近期实施规划（2021—2026）》《轨道交通线网专项规划》《产业用地谋划》等7项专项规划方案；出台《义乌市控制性详细规划局部调整操作流程（试行）》《规划项目科室联审制度》，为规范控制性详细规划调整程序、加强规划方案项目审查提供机制保障。出台国有与集体土地置换办法、宅基地资格权益登记工作规则等6项制度。全国第三次国土调查预检工作通过市、省级核查，为国土空间规划编制理清底数。完成国土空间总体规划"三区三线"两轮试划工作，基本形成"一主两副四组团"国土空间保护开发总体格局。

【土地整治】 2021年，为改善农村居民居住和生活条件，节约土地资源，增加耕地有效面积，提高耕地实际面积，市自然资源和规划局开展农村乱占耕地建房问题的专项清理整治。新立项佛堂、赤岸2个全域土地整治工程，涉及39个村。落实水田占补平衡，完成32个土地整治项目验收，加强土地整治项目管护种植整改，全年入库水田指标221.13公顷。开展耕地

"非农化""非粮化"整治工作，全年，完成签约2100公顷，整治搬迁1940公顷，种植1726.67公顷。完善永久基本农田连片整治242.87公顷，夯实耕地数量、质量、生态"三位一体"保护。开展大棚房问题"回头看"、农村乱占耕地建房问题的专项清理整治，整治卫片图斑3646个，完成2020年度耕地保护督查。

【历史遗留问题政策处理】 2021年，义乌市加快历史遗留问题的政策处理，按照"依法依规、尊重历史、面对现实、为民利民"原则，出台具体细化可操作性的措施。年内，完成赤岸蒋坑、大陈一村等5处地质灾害治理工程，核销2处地质灾害隐患点。完成全市1：50000地质灾害风险普查，大陈镇1：2000地质灾害风险调查工作。完成新厅采石场历史遗留问题政策处理，保障金甬铁路重点工程顺利建设。完成苏溪西张等4处历史遗留矿山治理；下发《义乌市工程建设项目涉及矿产品处置工作管理意见（试行）》，关停制砂场11家，对全市保留的6家经营性制砂场进行规范化整治提升和联合验收。

【省级改革项目启动】 2021年1月5日，义乌市"智慧自然资源"综合管理信息系统试点建设动员大会召开，市自然资源和规划局承担的全省自然资源信息化创新实践项目启动。5月13日，浙江省自然资源厅下发《关于同意义乌市开展"智慧自然资源"综合管理信息系统建设试点工作的批复》，明确义乌市开展"智慧自然资源"综合管理信息系统建设试点工作，并提出相关要求。试点工作以自然资源治理能力和治理体系现代化为总目标，以建设项目用地"全生命周期"管理和数据"一棵树"为核心，深化"一张图"数据内涵，充分利用人工智能、区块链、云计算、物联网、大数据和移动互联网等新一代信息技术成果，积极探索自然资源信息化建设模式创新、方法创新、技术创新和服务创新，打造业务深度融合、资源综合管理、系统协同高效、数据全面共享、决策智能科学的"智慧自然资源"综合管理信息系统，为县区级自然资源和规划领域信息化建设提供可推广、可复制的经验。

【首个国务院督查激励奖励】 2021年4月30日，国务院办公厅印发《国务院办公厅对2020年落实有关重大政策措施真抓实干成效明显地方予以督查激励的通报》，义乌市作为"土地节约集约利用成效好、闲置土地少且用地需求量较大的地方"，获国务院督查激励，获奖励用地计划指标66.67公顷。为全国16个市（县、区）之一，是义乌首个获国务院督查激励奖励项目。2020年，义乌以全域土地精准管控为总抓手，深化自然资源节约集约利用，实现义乌城市从县域经济型到都市融合型、产业从传统粗放型到创新智造型、乡村从发展单一型到和美众创型、民生从地域差异型到普惠均衡型的转变，探索出自然资源全域管理和土地精准管控的新模式和新经验。统筹安排新增建设用地计划指标，推动土地资源要素向优势产业倾斜。优先保障自贸试验区、综合保税区、现代电商物流等供应链项目、先进制造企业、"教育倍增""医疗补短板"等项目用地，严格执行土地利用计划，全市土地利用计划指标执行率达99.99%。至2021年年底，完成各类建设用地供应1040公顷，消化批而未供470.33公顷，盘活存量建设用地454.73公顷，完成城镇低效用地再开发336.87公顷。

【土地出让金征收职能划转税务部门试点征收】 2021年7月1日，根据国家税务总局浙江省税务局、浙江省财政厅、浙江省自然资源厅、中国人民银行杭州中心支行联合下发的《关于国有土地使用权出让收入等四项非税收入划转税务部门征收有关问题的通知》，义乌推行自然资源部门负责征收的国有土地使用权出让收入等4项非税收入，全部划转至税务部门试点征收。义乌市办理职能划转后首宗划拨土地转让出让金缴纳手续，市自然资源交易中心与当事人签订出让合同，业务经办人和审核人员陪同前往税务部门；税务部门在税务系统中录入相关信息后，当场为其办理费用缴纳手续并开具正式票据，实现即来即办。至年底，共办理此试点招拍挂项目44宗，出让金359.11亿元；个人划转项目321宗，出让金5892万元。

【入选省共同富裕示范区“典型案例清单”】2021年7月23日，浙江省共富办印发《高质量发展建设共同富裕示范区重点任务清单、突破性抓手清单、重大改革清单和典型案例清单》，义乌“以宅基地制度改革促进共同富裕”入选省共同富裕示范区“典型案例清单”。2015年3月起，义乌开展农村土地制度“三项改革”试点，在全国首创首提、先行先试农村宅基地所有权、资格权、使用权“三权分置”，并系统建立“1+7+9”（一意见、七办法、九细则）制度体系。2019年6月，义乌被列为宅基地“三权分置”登记试点地区，以“落实宅基地集体所有权，保障宅基地农户资格权，适度放活宅基地使用权”为目标，开展农村宅基地所有权、资格权、使用权“三权分置”登记试点工作。2020年年底，经中央农业领导小组办公室、农业农村部批复，义乌被确定为新一轮全国农村宅基地制度改革试点县（市、区）。至2021年年底，义乌探索出城乡统一的基准地价体系、宅基地历史遗留问题处理和有偿使用、农房发证和抵押贷款、宅基地有条件转让和跨村安置、“集地券”等改革成果，颁发经济组织集体土地所有权证725宗，宅基地权证18.97万宗，其中房地一体的宅基地不动产权证13.5万宗。（冯建民）

财　政

【概况】2021年，义乌市完成财政总收入193.71亿元，同比增长19.4%，其中：一般公共预算收入127.49亿元，同比增长20.3%；非税收入3.22亿元，同比下降9.4%。一般公共预算收入占财政总收入的97.5%，同比增长0.9个百分点。一般公共预算支出154.30亿元，同比增长12.4%，其中民生支出110.59亿元，同比增长14.6%，占一般公共预算支出的比重为71.7%，全年财政收支基本平衡。

【财政收支管理】2021年，市财政局加强财政收支管理，全年征收非税收入741.19亿元，同比增长53.1%；累计向上争取各类资金87.69亿元，其中，各类转移支付资金26.58亿元，新增地方政府债券资金20.51亿元，再融资债券资金40.6亿元。支持实体经济发展，拨付各类扶持国资资金418.47亿元，拨付各类扶持企业资金25.12亿元，落实减税降费87.85亿元。党政机关“过紧日子”，严控非刚性、非重点支出，切实降低行政运行成本，全年共压减一般性支出1.82亿元。重视财政绩效，年内，组织对1679个项目和87个单位开展绩效自评，选取130个项目开展抽查复评，对自然资源和规划局等10个单位及10个政策（项目）开展重点评价。加强项目稽核，审结各类政府性投资项目750个，核减造价12.6亿元。

【财政电子票据管理】2021年，义乌市深化财政电子票据改革，启用横版医疗收费电子票据，并将医疗信息系统直连省财政非税和票据管理平台，电子票据的生成、交付、查验等功能均由省平台提供，保障票据安全存储、高效传输。1月，浙大四院全面启用横版医疗收费电子票据，义乌市成为全省首个推广应用医疗收费票据全流程电子化的县级市。6月16日，义乌市承办全省财政电子票据改革现场会。至年底，改造6家公立医院的医疗收费系统，所有公立医院启用全国统一的医疗收费电子票据。全市有528家单位开通电子票据，累计开具电子票据5256万笔，开票金额908亿元。

【支持城乡融合发展】2021年5月31日，市财政局印发《村级公益事业建设一事一议财政奖补项目资金管理办法》，进一步修订完善村级公益事业建设一事一议财政奖补项目资金管理办法。同日，印发《下达2021年村级公益事业一事一议财政奖补项目省级专项资金的通知》，将城西街道流大塘村综合楼等16个项目列入财政奖补计划，安排财政奖补1666万元。8月31日，印发《下达2021年第二批村级公益事业一事一议财政奖补项目省级专项资金的通知》，将上溪镇五星社村粮食功能区田间道路及水渠项目等10个项目列入财政奖补计划，安排财政奖补1048万元。

【政府采购管理】2021年6月，义乌市在全省统一的政采云平台搭建采购资金“一键”支付模块，在政采云平台嵌入供应商采购资金“一键”支付申请界面，通过整合连通预算链、采购链与资金（支付）链等，打通财政系统间的“数据孤岛”，促成信息互联互通互享，并与远程投标、开标、评标，电子合同、电子发票等应用结合，打造政府采购资金支付“合同网签—在线审核—资金即付”涉企服务智能化场景。至年底，全市27个采购项目3512万元采购金额通过“一键”支付模式完成支付。

【财政“十四五”规划发布】2021年7月26日，市财政局印发《义乌市财政“十四五”规划》，全面总结“十三五”时期财政发展成效与经验，分析“十四五”时期财政发展机遇和挑战，谋划“十四五”时期财政发展总体要求和具体思路。

【财政扶持政策清理】2021年8月31日，市财政局提请市政府部署开展全市财政扶持政策清理工作，依托绩效评价结果，通过保留、优化、退坡、退出一批政策，清理优化现有财政扶持政策，实现政策兑付资金规模可控。

（陈堂堂）

税　务

【概况】2021年，市税务局组织各项税收收入197.74亿元，同比增长15.8%。组织社会保险费（含职业年金）入库92.24亿元，同比增长39.1%。非税收入（不含社会保险费）入库359.7亿元，剔除新划转非税收入后同比增长34.71%。累计办理出口退（免）税74.55亿元，同比增长28.9%。深化党史学习教育，推动义乌税收营商环境优化。4月，以“税收惠民办实事深化改革开新局”为主题，举办“便民办税春风行动”政企恳谈会，推出十大类31项118条税务服务措施。开展“我为纳税人缴费人办实事”系列活动，累计走访企业1734家，出台6项办实事制度，为群众办实事153件。7月15日，市税务局局长李剑作为全国税务系统5名代表之一出席中共中央宣传部举行的“坚守初心，税收为民”中外记者见面会，并答记者问，得到新闻联播、《人民日报》、新华社等媒体报道。2021年，市税务局获各类荣誉49项。9月，市税务局第一税务所（办税服务厅）获“第20届全国青年文明号”称号。12月，税源管理股获“全省税务系统先进集体”称号。

【税收营商环境优化】2021年，市税务局推行各项业务“网上办”“掌上办”，完善智慧化办税模式，全年窗口办件量17万笔，同比下降35%，网上办税率达98.53%；掌上办件量57万笔，重点推广事项总体掌办率80%，其中不动产交易、车辆购置税等业务走在全省、全国前列。充实12366纳税服务热线服务力量，热线接通率从年初的73%提升至年末的98%。6月，与义乌工商职业技术学院联合创办“义乌市青创税宣基地”，为创业大学生送政策、问需求、优服务。推广“十税合一”合并申报，即将城镇土地使用税、房产税、车船税、印花税等10个税种集中在一个入口申报，精简办税流程，全市企业平均办税申报次数减少68%。深化税银互动，“税易贷”系列产品累计放贷金额61亿元。创新“社保+信用”联动机制，为企业提高授信额度14.66亿元。在浙江省营商环境评价中，义乌“纳税”指标连续两年居参评县（市）第一。

【耕地占用税流程改造】自2020年起，市税务局试点开发应用耕地占用税复核系统，2021年1月正式使用。此系统借助党政机关协同管理平台，开发上线耕地占用税复核事项。通过提供相关表单在线填写，相关数据精准推送，全流程线上审批，各环节审批意见可见，系统自动留痕，从而实现耕地占用税复核业务信息化闭环流转。同年3月，此系统由浙江省税务局下文在全省推广。

【税收征管改革】2021年，市税务局深化落实中办、国办《关于进一步深化税收征管改革的意见》，对内组织11轮培训确保全员覆盖，对外通过主流媒体进行广泛宣传。1月和7月，分别实现国有土地使用权出让收入等2批共10项非税收入的平稳划转。

4月，市税务局制作短视频《深化税收征管改革，浙江税务这么干》。此视频以动画的形式围绕精确执法、精细服务、精准监管、精诚共治4个方面，对浙江税务部门在深化改革方面推出的一系列举措进行讲解，帮助纳税人畅享改革红利。9月，此视频入选第28届大学生电影节“中国税收”特别单元提名作品。

【税务服务地方中心工作】 2021年3月，市税务局创新推出出口退税备案单证数字化管理政策，以电子舱单信息为核心，将传统的纸质备案单证无纸化、数字化。在此模式下，税务核查数据、企业递交资料全部线上完成，备案单证核查可实现税企双方零次跑，实现用“数据跑路”全面替代“企业跑腿”，提高企业的办事效率，减轻纸质资料保管成本费用负担，提供备案预警提示，保证企业及时享受出口退税优惠。此模式被评为“浙江自贸试验区第一批制度创新十佳案例”，并作为“义乌经验”在全省推广。同月，针对自贸区“集群虚拟注册”企业，建立商业秘书库，完善进驻企业名录传递机制，增强商务秘书库企业协税护税和风险管控能力。3月26日，联合市公安局建成浙江自贸试验区义乌税警工作室，运用“一企一档，三色三策”工作方法，对出口企业实施动态分层预警管理，防范化解出口骗税风险。5月，打通9810（跨境电子商务出口海外仓）实际销售后退税通道，帮助企业破解单证收集、数据比对等难题。同月10日，成功办理首票跨境电商9810出口退税。建设自贸区市场主体风险动态监管平台，实现新办纳税人事前预警，存量纳税人虚假、冒名注册监控，房地产、建筑业申报监控等功能。

【个税征收管理】 2021年，市税务局加快推进增值税专用发票电子化，规范个税的征收管理，做好自然人代开发票风险管理等工作。推进城镇土地使用税差别化减免规范性文件的修订工作，进一步优化减免方案。4月起，开展现金税费征缴专项整治工作，全量排查作废税票和作废发票12万余份。12月，完成全市范围内工业用地及零星小块工业用房最低计税价格的调整，进一步发挥税收对经济的调节作用。深化法税协作，探索打通税务和法院数据传递，全年共入库税款3.38亿元。

【税收宣传效果提升】 2021年8月，聘请18名税务体验师和首名外籍税收宣传大使，提升税收宣传效果。11月，市税务局制作的《财产和行为税合并申报》宣传视频，被评为浙江省纳税宣传辅导优质作品。与财政部门联合加强对涉税专业服务机构的监管，根据其信用评定级别进行重点培育，义乌市TSC5级企业的数量从8家增至133家，总数位列浙江省第一。通过征纳沟通平台推送“2021年减税降费优惠政策大礼包”4.8万户，开展纳税人学堂14期，制作并发放《2021年度最新减税降费税收政策汇编》。

（陈　财）

审　计

【概况】 2021年，市审计局完成审计项目21个，查出主要问题金额7.57亿元，其中，违规金额8393万元，管理不规范金额6.66亿元，损失浪费金额650万元；审计处理处罚金额7.24亿元。移送司法机关、纪检监察机关和有关部门处理事项5件，移送处理人员13人，移送处理金额160万元；审计促进整改落实有关问题金额5.24亿元；审计后挽回（避免）损失2289万元。出具审计报告和专项审计调查报告52篇；审计提出建议144条，被采纳137条；促进被审计单位制定、完善规章制度64项；提交审计信息53篇，被批示、采用38篇。向社会公告审计结果11篇。

【财政审计】 2021年，市审计局深化审计全覆盖、强化审计组织统筹，强化对公共资金绩效的监督力度，把揭示防范财经、国资领域风险摆在突出位置，对全市62家一级预算单位实现预算执行审计全覆盖。全年揭示单位管理问题145个，推进市法院、市自然资源与规划局等4家单位入库非税收入4159万元，发现35家单位历史遗留款挂账未及时清理处置。根据轮审规划覆盖3家国企，发现问题18个，促进增收节支金额592万元，揭示薪酬管理不规范、工程管理制度缺失、资产管理漏洞等风险，推进完善企业现代化管理制度。

【民生审计】 2021年，市审计局推进审计力量下沉，结合党史学习教育"我为群众办实事"活动，审计社保医保、公共卫生、基础教育等民生事项。揭示居民健康档案信息失真、民办教育政策导向不够合理、补助资金发放管理不够规范、环卫工人配置不科学等问题，督促完善《民办教育财政扶持实施办法》等制度。审计义乌江美丽城防工程预算执行、教育工程项目等，保障重点民生工程。

【审计规范权力运行】 2021年，义乌市审计局受金华市审计局委托编制《乡镇经济责任审计操作规程》，落实"五审五评"新要求；在镇（街道）、国企等重点单位进行四年轮审，主要单位五年轮审，其他单位落实财政财务审计。全年共开展10个单位13名领导干部经济责任审计，镇（街道）领导干部自然资源资产离任（任中）审计2个，财政收支审计2个，查处问题185项，其中定责问题61项，报告反映问题金额4160万元，审计结果获市领导批示18人次。

【保障政策及项目审计】 2021年，按照审计"十四五"规划和轮审计划，聚焦重点政策、项目滚动，市审计局审计制造业发展、金融扶持、春节留人等12方面政策，审计美丽城防、智慧城市、电梯采购等29个项目或事项。揭示"无感智付"拨付系统兑付阻滞（涉及874家企业），"标准地"出让后续监管弱化，企业转贷环节成本高、贷款"支农支小"占比小等问题；累计完成抽查复审项目25个，涉及送审金额19.99亿元，审计发现原结算多记1793万元。

【审计整改】 2021年，市审计局将解决"屡审屡犯"问题当作审计构成党内监督力量的重要落脚点，从以点带面、提醒防范、落实责任、跟踪检查、联动协同、成果运用等方面抓实问题整改工作。完善日常整改督促机制，执行15天发提醒函，截止日发催办单，实地督察整改难点、疑点并发放督办单限期整改，视情将整改拖延、不实情况呈报纪委监委、组织部及审计委员会。推进以点带面整改走深走实，全年推进各部门开展协调会、培训班等5次，监督检查67次，促成完善市级制度4项，国企资产确权118宗。重点剖析以往发现的经济决策、政府采购等11类典型问题，协同市府办落实市财政局、市司法局、市自然资源与规划局、市发改局等职能部门推进以点带面整改。加强事前提醒、反馈警示工作。全年向全市印发审计提醒9篇，获市领导批示12人次，召开经济责任审计发现问题反馈会10次。深化"七张问题清单"应用，巩固与纪委、监委、组织等部门的会商机制，强化人大整改督查办法运用，增强审计对象整改责任意识。

【审计数字化改革】 2021年，搭建义乌审计"经济云体检"平台，归集2018年以来审计发现问题1063个，投入使用数据查询、整改跟进、成果归集等模块，实现问题可分解、可交办、可跟进整改，审计内部管理数字化。深化"集中分析、分散核查"大数据审计方式，构建财政管理、采购管理、国有企业、社保医保、自然资源等领域审计模型共115个，揭示智慧城市建设中数据安全管理制度不健全、部分信息化项目绩效不理想问题，申报大数据案例10篇，其中2篇案例获省审计厅表彰。

【审计线索移送】 2021年，市审计局移送问题线索8起，其中，6家企业涉嫌骗取财政资金，1人被批准逮捕、6人被取保候审，涉案资金追缴市财政专户。审查59家单位加油卡管理情况，揭示"一卡多车""私车公养"等问题，出具审计移送书6份，3人受到警告处分、2人诫勉、1人谈话提醒、1人批评教育处分，推进健全完善义乌市公务用车管理实施办法。（丁宇星）

统　计

【概况】 2021年，市统计局发布经济月报10份，统计分析、专报

30篇，准确反映经济运行中趋势性、苗头性问题，其中《用新思维构建乡村产业融合发展的义乌样板》得到市委主要领导的肯定批示。开发口袋化、电子化、掌上化的统计产品，在浙政钉上线“数据义乌”应用，实现统计数据的可视化展示和图表对比。定时发布月度数据和分析，通过“政务公开专栏”“义乌统计”微信公众号平台，发布2020年数说义乌、统计公报等资料信息，用丰富的统计信息服务社会。10月，“义乌统计”微信公众号在全国区县级统计调查系统微信公众号综合影响力月榜中排名全国第三。年内，义乌“最多报一次”（电子台账路径）改革，列入省统计系统数字化改革重大应用第一批试点单位。

【自贸区统计监测】 2021年，市统计局推动自贸区监测，精准统计自贸区发展成就。新增指标21个，初拟五大类71个指标的义乌市自贸区统计制度。定期开展自贸区统计数据的收集发布，通过义乌市统计数字化应用平台建立自贸区指标数据的报送渠道，通过浙政钉“数据义乌”发布自贸区主要经济指标数据，及时反映自贸区改革工作成果。

【电子商务统计研究】 2021年，市统计局探索专业市场及电子商务企业纳入统计试点工作。建立电子商务单位培育库，部门联动，探索亩产效益评价、电商园区考核等手段，发挥要素政策导向作用，推动电商企业入库纳统。全年完成17家电商企业和56家市场大个体入库纳统。市统计局与浙江大学合作，开展《电子商务对义乌经济增长贡献研究》，探索构建电子商务产业增加值核算方法和核算体系，测算电子商务对义乌经济总量的贡献。

【完善部门统计调查制度】 2021年，市统计局满足各主管部门业务技术管理所需要，指导部门建立相应统计调查制度。在节水用水、专业街、主要商品市场经营方面，依法审批通过4个部门调查制度，丰富、完善义乌市高质量发展和共同富裕监测统计制度体系。以农业“2+2”（特色水果、畜禽养殖两大优势特色产业全产业链融合发展和农产品精深加工、农业社会化服务两大先导性支撑产业）统计改革工作为契机，进一步完善部门统计联合工作机制。

【统计业务教育培训】 2021年，市统计局拓展业务学习平台，每月开展统计“小”课堂，由专业人员主讲统计业务知识，通过“请进来、走出去”等方式，提升干部的统计业务素养，增强服务企业的能力。全年通过岗前培训、现场指导和线上课堂等形式，对全市企事业单位的统计人员进行培训，6000人次参与培训。编印《统计易错指标清单汇编》3500册，发放给统计调查对象，指导企业统计工作。

【统计执法检查】 2021年，市统计局推进各专业“双随机一公开”抽查检查、“一网通管”平台掌上执法、部门联合执法等工作，结合数据审核、查询、核查等手段，有针对性地开展统计执法检查。全年累计通过掌上执法等开展检查520余家企业，其中现场统计执法检查73家，立案查处9家，罚款2.62万元，所有执法案件通过网上执法平台予以公示，提高法律威慑力。

【统计专项调查】 2021年，市统计局围绕市委、市政府中心工作、自贸区建设、平安义乌等社会热点难点问题，开展各类专项调查，为政府决策提供科学依据。开展低收入农户人均可支配收入监测工作，完成全市50户低收入监测样本人均可支配收入监测调查。开展规模以上工业企业经营状况调查和外贸流通企业经营状况调查，了解工业、出口领域形势，收集掌握行业面临的主要困难和企业订单、营收、产能等情况。开展市场主体有效性调查，完成对6个样本区块3861户市场主体的抽样调查，了解民营个私经济主体生存状况，同时立足现阶段实际和新发展特点，为第五次全国经济普查单位清查工作探索工作方法。

【统计公报和统计年鉴编印】 2021年，市统计局整理编辑《2021年义乌市国民经济和社会发展统计公报》《统计年鉴（2021）》。《2021年义乌市国民经济和社会发展统计公报》，从综合、农业和新农村建设、工业和建筑业、固定资产投资、国内贸易等12个方面全面分析回顾2021年义乌市经济社会各方面取得的成就。《统计年鉴（2021）》以图文并茂的形式，从公报、综合、农村农业、工业、投资、建筑房地产、市政建设、环保、商贸旅游、工商服务、劳动力与工资、财政金融、保险证券、教育文体、卫生计生、民政福利、能源交通、邮电科技、人民生活、横向资料等方面，集中记载义乌市2020年社会经济建设各方面取得的成就。

【第七次人口普查完成】 2021年5月19日，义乌市统计局、义乌市人民政府第七次人口普查（简称“七人普”）领导小组办公室发布《义乌市第七次人口普查主要数据公报》，全市共有常住人口185.94万人，比2010年第六次全国人口普查的123.4万人增长50.68%。年内，义乌市统计局开展“七人普”数据汇编，部署研究全市“七人普”资料开发工作，发布系列研究成果，得到浙江新闻、澎湃网、腾讯网、搜狐网、《义乌商报》等媒体的报道和转载。利用高校、政府相关部门等资源，开展人口课题研究，深度挖掘数据资源。年内，义乌市统计局被评为“全国第七次人口普查”先进集体，7家单位获得金华市人口普查先进集体，38名普查员获得省、金华市级先进个人称号。

【“智在统计”系统上线】 2021年8月，市统计局“智在统计”系统上线。平台归集部门在行使行政管理职能过程中产生的行政记录数据、定向采集互联网数据、跟踪企业填报的各类报表数据，通过数据挖掘提高发现问题的能力，实现调查项目设计、统计调查、统计监测、分析预警评价、共享发布、在线培训的业务协同。（应　虹）

价格管理

【概况】 2021年是“十四五”开局之年，受新型冠状病毒肺炎疫情、中美贸易战等不稳定因素影响，不同商品结构性波动明显，总体价格稳中略涨。根据国家统计局义乌调查队统计数据，义乌居民消费价格总指数同比上涨2.1%，商品零售价格总指数同比上涨2.3%。

【居民消费价格指数总体稳定】 2021年，义乌居民消费价格指数同比上涨2.1%，涨幅较上年同期下降1.2个百分点。构成居民消费价格指数的八类商品及服务价格同比呈“五涨三降”，其中，居住价格上涨5.2%，交通通信价格上涨4.2%，生活用品及服务价格上涨3.1%，教育文化娱乐价格上涨2.1%，医疗保健价格上涨0.8%，其他用品及服务价格下降2.2%，食品烟酒价格下降0.7%，衣着价格下降0.4%。食品烟酒价格方面，畜肉类价格下降21.6%，其中猪肉价格下降28.8%；粮食、食用油价格上涨2.4%，鲜菜价格上涨5.5%，水产品价格上涨14.2%，鲜果价格上涨9.5%，蛋类价格上涨8.2%。

【粮食收储价格提高】 2021年，国家继续对粮食实行保护价收购政策，义乌市粮食最低收购价格为小麦每50千克113元，早籼稻每50千克125元，晚籼稻每50千克131元，均比上年上涨1元，粳稻每50千克133元，与上年保持不变。早籼稻订单收购结算价格为每50千克160元，其中收购价格125元、政府奖励30元、种粮大户补助5元；晚稻（晚籼稻、粳稻，下同）订单收购结算价格均为每50千克147元，与上年持平，其中政府奖励10元。向江西基地采购早籼稻、晚籼稻每50千克价格分别为152.5元、143元，向永康、武义以市内余缺调剂方式采购晚籼稻每50千克价格分别为145元、147元。销售方面，早籼稻出库竞拍均价为每50千克115元，同比上涨3元；晚稻出库竞拍均价为每50千克119元，同比上涨1元；小麦出库竞拍均价为每50千克122元，同比上涨7元。

【粮食批零价格总体平稳】 2021年，义乌粮食批发市场成交量价总体平稳，全年成交量42.1万吨，成交额18.61亿元，同比分别增长0.20%、0.22%。其中大米交易量28.63万吨，交易额13.18亿元，同比分别下降4.33%、5.37%。国内稻谷高位增产，大米进口量突破历史高位，市场供给充足，批发价格总体稳定。

12月底，东北长粒香米价格为每500克2.88元，同比上涨2.13%；安徽粳米价格每500克2.18元，同比上涨1.87%；江苏粳米每500克2.04元，同比上涨0.99%；糯米国内供应充足、消耗缓慢，市场持续不景气，安徽糯米价格每500克2.14元，同比下跌34.95%。市场零售价格富国超市、江南菜市场粮店全年无波动。面粉成交量为11.35万吨，成交额3.82亿元，同比分别增长12.5%和14.9%。受饲用小麦消费量大幅提升影响，面粉价格上涨明显，江苏特一粉批发价格每500克上涨2元，同比上涨10.5%；安徽特一粉每500克上涨1.64元，同比上涨3.14%。江南菜市场粮店特一级面粉零售价格为每500克上涨2.3元，同比上涨4.55%。

【食用油价格涨幅较大】 2021年，受国外疫情及北美极端高温天气等因素影响，加拿大菜籽、美国大豆、马来西亚棕榈油产量减少，国际植物油价格连创新高，加上进口减少、运输成本增加，带动国内食用油价格整体上行。义乌粮食批发市场全年食用油成交量5885吨，成交额7007万元，同比分别增长16.88%和52.6%。12月底，5升桶装金龙鱼调和油批发价为每桶64元，同比上涨11.3%；5升桶装金龙鱼一级菜籽油每桶63.75元，同比上涨27.5%；5升桶装金龙鱼一级大豆油每桶55元，同比上涨29.4%。富国超市5升桶装金龙鱼大豆油、菜籽油、1∶1∶1调和油零售价分别为62元、69.9元和79.9元，同比分别上涨24.2%、24.8%，9.6%。

【蔬菜价格上涨】 2021年，浙中农副产品批发中心蔬菜年成交量82.9万吨，成交额26.7亿元，成交均价每千克3.22元，同比分别增长10.98%、23.04%和11.03%。一季度受全国大范围寒潮天气影响，蔬菜产量下降，二、三季度蔬菜上市量增多，市场供应充足，大宗蔬菜批发价格回落，较上年同期稳中有降，四季度受北方自然灾害影响，山东、甘肃等蔬菜主产基地产量锐减，产地收购价上涨明显。新马路菜市场12个蔬菜价格监测品种的算术平均零售价格为每500克上涨4.31元，同比上涨10.5%。分月价格呈常态波动，受春节及寒潮天气因素影响，1月均价为每500克4.88元，2月为每500克4.50元，3月回落到每500克3.63元。随着气温回升，本地菜上市，蔬菜供应量增加，价格继续回落，4月为每500克3.58元，5月为每500克4.58元（鲜藕较往年提前上市，价格为每500克15元），6—7月价格分别为每500克3.83元、3.29元。受北方多雨水影响，蔬菜产量下降，产地收购价上涨，8—11月价格分别为每500克4.5元、4.42元、6元、4.71元；12月气温逐步回升，产量增加，价格回落到每500克3.83元。

【猪、牛肉价格大幅下跌】 新马路菜市场监测显示，受养猪积极性提高影响，商品猪出栏量大幅增加，猪肉（前腿肉，下同）零售价格从2020年9月的每500克27元逐步回落。2021年1月，受春节因素影响，零售价格仍保持在每500克25元，自2月起逐步回落，到6月最低每500克12元，7—12月基本在每500克12～15元间波动，12月24日零售价格为每500克14元，同比下跌44%。2021年12个月算术平均价为每500克16.5元，同比下跌34.21%。鲜牛肉价格1月每500克55元，2月后维持在每500克50元，12个月平均价格为每500克50.42元，与上年持平。

【禽蛋价格上涨】 2021年，新马路菜市场监测显示，白条鸡价格全年基本在每500克6.5～9元波动，全年价格算术平均为每500克7.63元，同比上涨6.2%。鸡蛋1月零售价格为每500克6元，2月回落至每500克5元，5月起逐步上涨，11月上涨至每500克6.3元，12月回落至每500克4.8元，全年算术平均价为每500克5.58元，同比上涨22.8%。鸭蛋价格全年平均为每500克6.81元，同比上涨4.26%。

【淡水鱼价格涨幅较大】 近年来，大宗淡水鱼等养殖水产品价格持续低迷，加上饲料价格上涨，养殖户积极性不高，养殖面积大幅度缩减，淡水鱼总产量明显下降，造成淡水鱼价格大幅上涨。2021年，浙中农副产品批发中心大宗淡水鱼成交量4.1万吨，成交额7.39亿元，均价每千克18.05元，同比分别上涨8.05%、23%、

13.81%。新马路菜市场鲫鱼6—7月最高价格每500克17元，较常年最高价格上涨70%，其余月份基本在12～15元波动，全年算术平均价为每500克13.67元，同比上涨50.51%；包头鱼平均价格为每500克10.17元，同比上涨5.14%。冻黄鱼、明虾价格总体稳定，全年平均分别为每500克17.92元、30.58元，同比分别下跌6.15%、1.34%。

【化肥价格创新高】 受大宗原材料价格上涨等因素影响，加上全球对粮食安全的高度重视，拉动了主要化肥、农药消费市场需求扩大，2021年6月起，主要化肥、农药价格上涨势头明显，其中化肥价格涨至十年新高。2021年，上溪供销社全年算术平均价格为国产尿素每千克2.66元，同比上涨31.16%，碳酸氢铵每千克1元，同比上涨16.76%，过磷酸钙每千克0.66元，同比上涨3.97%，复合肥每千克3.73元，同比上涨23.21%。草甘膦每瓶19.83元，同比上涨11.24%，氯氢菊酯每瓶15.5元，同比上涨3.33%，辛硫磷每瓶10元，保持稳定。

【能源价格大幅上涨】 2021年，随着全球疫情好转、需求回暖、供应抽紧及库存持续下降，加上多数国家维持宽松货币政策，天然气、煤炭、石油三大传统能源价格均创近年新高或历史最高水平。国际油价从低点反弹，最高突破每桶80美元，较年初上涨60%，创7年新高。郑州商品交易所动力煤期货价格最高上涨至每吨1908元，较年初上涨185%；东北亚液化天然气现货（JKM）价格升至每百万英热单位56.3美元，较年初上涨168%，均创历史新高。零售环节，国内油价整体处于上涨的趋势，在年内25轮油价调整中，出现“15次上涨、6次下跌、4次搁浅”的局势，油价整体涨多跌少，浙江省92号汽油零售价从年初的每升5.86元上涨至年底的每升7元，涨幅19.45%，年内最高价每升7.53元。零号柴油从年初的每升5.47元上涨至年底的每升6.66元，涨幅21.76%，年内最高价为每升7.19元。非居民用管道天然气最高销售价格从年初的每立方米3.12元上涨到年底的每立方米4.69元，涨幅50.32%，其中：4—10月，执行非供暖季价格，最高销售价格为每立方米2.94元；居民生活用管道天然气销售价格全年保持每立方米2.95元不变；瓶装液化石油气（14.5千克装）从年初每瓶105元上涨到年底每瓶120元，涨幅14.29%。10—11月，最高价格为每瓶125元，全年算术平均价为每瓶113.3元，同比上涨16.21%。

【建材价格整体上行】 2021年，建材行业受国内疫情多点散发、原燃料价格快速上涨、限电限产等因素影响，价格整体上行，建材及非金属矿工业产品全年平均出厂价格同比上涨4.1%，其中，水泥上涨6%，平板玻璃上涨35.1%。自1月始，受大宗商品原材料价格上涨影响，钢材价格保持上升的趋势，义乌市规格等级为ϕ10HPB300圆钢、ϕ10HRB400螺纹钢零售价格从年初的每吨4200元逐步上涨至4月的每吨5000元，ϕ6.5HPB300线材从每吨4100元上涨至每吨5100元；5—6月，钢材价格有所下降并保持稳定状态；7月起，钢材价格开启新一轮上涨，尤其是9月因“能源双控”升级，水泥、钢材等建材价格出现较大涨幅，ϕ10HPB300圆钢、ϕ10HRB400螺纹钢、ϕ6.5HPB300线材零售价格均上涨至年内最高的每吨5500元，水泥零售价格上涨至每吨860元；11月受成本走低、下游需求转淡影响，钢材价格逐步下降，12月底，ϕ10HPB300圆钢、ϕ10HRB400螺纹钢、ϕ6.5HPB300线材零售价格分别为每吨4850元、4850元、4800元，同比分别上涨7.78%、7.78%、9.09%，水泥零售价格每吨860元，同比上涨34.38%。玻璃价格由2021年年初的每平方米30元上涨至每平方米45元后，总体保持稳定，全年算术平均价每平方米43.75元，同比上涨40%。

【民生价费规范】 2021年，市发改局修订完善《义乌市市场价格异常上涨应急预案》，规范市场价格异常上涨事件的应急处置工作，发挥政府调控监管职能，确保市场价格基本稳定。重要节假日、灾害性天气及疫情期间，设立7个监测点，对34个重要民生商品开展应急价格监测，密切关注供求形势和价格状况，全年开展43次应急价格监测。自2021年1月1日起，平均降低大工业用电价格每千瓦时0.05元，为大工业企业减轻用电成本1.61亿元；1—6月，水资源费、人防工程易地建设费等收费标准阶段性降低20%，为企业减轻经济负担1100万元。

【殡仪服务收费管理】 2021年10月15日，义乌市规范殡仪服务收费行为，出台《关于义乌市殡仪馆殡仪服务收费项目和收费标准的批复》，明确殡仪服务收费管理形式，重新公布殡仪基本服务项目和收费标准。义乌市殡仪馆基本服务项目和收费标准：遗体接运每具180元，普通炉火化每具330元，拣灰炉火化每具880元；普通冷藏每天80元，独立单轨冷藏每天180元，独立移动冷藏柜冷藏每天280元，不足24小时的，按一天计算；骨灰寄存每月10元，不足一个月的，按一个月收取。在保证基本服务的供给规模和质量的前提下，殡仪服务机构可根据实际情况，适当开展延伸服务项目，未经金华市民政和发改部门确定的延伸服务项目，不得开展，不得收费。11月1日起执行。

【城乡公交票价调整】 2021年11月11日，市发改局、市交通局出台《关于调整我市城乡公交票价的通知》，调整义乌市城乡公交票价。市内BRT实行3元一票制，城区、城乡公交实行2元一票制，农村支线实行1元一票制；调整票价优惠政策，普通市民卡9折优惠、学生卡7折优惠，70周岁以上老人、离休干部、残疾军人（武警）、伤残警察、现役军人、在本市享受定期抚恤补助的对象、消防救援队伍人员、市级人才、献血人员、反扒人员、残障人士、特困人员、1.2米以下儿童等人员免费，60～70岁老人、1.2米～1.5米儿童等人员享受半价优惠。（陈根法）

公共资源交易监管

【概况】 2021年，义乌市累计完成公共资源交易4499项，成交金额985.86亿元。其中：工程建设项目招投标1175项，预算价306.91亿元，中标价259.18亿元，节约金额47.73亿元，让利率15.55%；政府采购421项，预算价12.07亿元，中标价10.83亿元，节约1.24亿元，让利率10.27%；国企采购31项，预算价1.93亿元，中标价1.59亿元，节约3329万元，让利率17.25%；国有产权交易520项，成交价28.24亿元，增值3.52亿元，增值率14.24%；农村产权交易2222项，成交价15.87亿元，增值金额4302万元，增值率2.79%；土地交易130项，出让金670.14亿元。

【"评定分离"改革深化】 2021年4月，在全国招投标工作现场会上，浙江省发改委将义乌"评定分离"典型经验做交流介绍。2017年4月，浙江省发改委批复同意义乌开展工程建设项目招投标"评定分离"试点。义乌制定"评定分离"指导规则，发布全省首个《工程建设项目招标评定分离工作规程》地方标准。至2021年年底，全市累计完成定标1500个标段，占同期必须招标项目的50.3%；定标金额600余亿元，占同期招标成交额的72.4%。

【远程异地多点评标获评省级示范】 2021年8月20日，浙江省公布数字经济系统省级应用项目示范试点单位，义乌市行政服务中心入选"远程异地多点评标"项目的省级示范试点单位。市行政服务中心在协调系统基础上建设开发远程异地评标监控子系统、网上评标子系统、标准化远程异地评标室等子系统，对评标室环境、音视频会议、专家评标桌面等进行全程监控，严格规范评标流程，并创新搭建在线询标平台，投标人通过业务系统即可回复和确认询标结果，最终生成评标报告并对相关电子档案进行严格管理。11月24日，义乌市作为副场，完成全省首例工程建设项目远程异地多点评审工作。12月21日，义乌完成首个主场工程建设项目远程异地多点评审工作。至年底，义乌完成3个远程异地多点评审工作。（朱　俊）

市场监督管理

【概况】 2021年，义乌市新设市场主体19.77万户，同比增长18.92%，其中，新设企业5.49万户、个体工商户14.28万户。新设外资主体793户，其中，新设外资公司760户、港澳台个体户28户，外资合伙企业5户。至年底，全市市场主体总量79.04万户，同比增长14.4%，其中，企业24.19万户，个体户54.83万户，农民专业合作社171户。外资主体累计8196户，占全省的16.67%，其中，外资合伙企业1922户，外资公司4421户，常驻代表机构1651户，港澳台个体户200户，外国（地区）企业在华从事经营活动2户。年内，市市场监管局共受理投诉举报案件12.2万件，其中，消费投诉5.78万件，举报6.23万件，咨询1949件，为消费者挽回经济损失903.76万元。

【市场监管执法】 2021年，市市场监管局对各类经济案件立案2878起，结案2770起，其中大要案899起，罚没款3800.03万元，移送公安机关追究刑事责任60起。对成品油开展执法抽检20批次，查处成品油案件8起，涉案货值81.64万元，罚没款7.64万元，扣押问题油品129.81吨，移送公安机关2起。查处农村各类假冒伪劣食品违法案件840起，结案569起，罚没款592.4万元。约谈药品网络销售单位108家，轻微违法行为责令改正11起，立案查处药品违法案件25起，罚没款35.89万元。查办网络市场领域各类违法案件372起，罚没款144.79万元，移送1起。市市场监管局连续6年被评为“全国查处侵权盗版案件有功单位”，获“全国市场监管卫士”称号。

【价格执法检查】 2021年，义乌市加大价格执法力度，开展转供电检查，出动执法人员686人次，排查企业359家，检查转供电主体95家，行政约谈28家，发放告知书92份，转供电主体经告知约谈后主动清退疫情期间降低电价红利48.24万元。开展涉企和涉民生价格整治，查办价格违法行为案件11起，罚款4.32万元。开展价格联合检查任务8次，检查医院、学校、协会、银行业、国有粮库等各类主体171家，重点检查明码标价、涉企收费等内容，未发现相关违法行为。落实公平竞争审查，全市各部门共清理存量文件249份，废止2份，审查2021年度新增政策措施文件50份，均符合公平竞争审查要求，未发现存在妨碍、限制公平竞争的情况。

【“放心消费”创建】 2021年，义乌市深化推进“放心消费在浙江”行动，全年建成“放心消费”单位7156家，其中，无理由退货承诺单位2098家，放心工厂2056家，放心商圈4家，美丽乡村1家，普通放心消费单位2997家。组织消费维权义工开展消费体验评价工作，经实地体验，普通“放心消费”单位合格率为87.79%，无理由退货单位合格率为84.08%，总体合格率为85.76%，2021年度“放心消费”单位建设质量总体优良。

【“3·15”消费者权益保护活动】 2021年，义乌市加强市场监管和宣传教育引导，制作8起消费维权电视节目，编印“3·15”消费维权专刊，举办“3·15”消费维权知识有奖竞赛，发布2020年度消费维权成果。14个基层市场监管所开展全域性的消费知识宣传，3月，佛堂市场监管所在宝龙广场举行以“走进百姓生活守护消费安全”为主题的现场活动，对年度消费者信得过单位进行授牌表彰，组织餐饮经营户开展塑料污染治理承诺书；稠城市场监管所开展消费安全进社区进学校活动，在车站社区、稠城一校举办消费维权知识讲座；江东市场监管所在五爱库存市场、新兴村开展电商村规范整治行动；苏溪市场监管所开展小餐饮义乌市地方标准发布仪式、餐饮4D规范化建设承诺活动，举办小型文艺演出，宣传放心消费文化和政策制度；福田市场监管所在北下朱村开展法律法规宣传。

【实施包容审慎信用监管】 2021年，市市场监管局探索新业态触发式监管机制，实施“告知承诺，首错免罚”。全面推进“双随机、一公开”监管，建立健全以信用为核心的新型市场监管体系。在双随机抽查中全面应用企业信用风险分类管理模式，提高对高风险、低信用等级、重点行业领域等检查对象的抽查比例和频次，实现对不同信用风险程度的企业差异化监管，提高监管精准性和问题检出率。4

月，“执法监管信用应用场景”获全省信用数字化改革应用场景十大示范案例。

【市场监管综合执法体制改革】2021年，市市场监管局与市商务局、市经信局梳理形成整合划入市场监管综合行政执法范围的商务、盐业执法事项目录。自4月起，划入市场监管综合行政执法范围的94项商务行政处罚事项和15项盐业行政处罚事项在义乌市行政区域范围内，由市市场监管局统一行使。全年查处商务案件3件，罚没款21万元。（陈弈帆）

质量技术监督管理

【概况】2021年，市市场监管局开展口罩、烟花爆竹、车用汽柴油、车用尿素、燃气灶具、学生文具、儿童玩具、电动自行车、消防产品等27类重点产品专项监督抽检324批次，对重点行业生产企业开展定期监督抽查154批次，开展水晶泥、车用柴油风险监测170批次。对193批次不合格产品生产企业、销售单位开展约谈，指导企业查找问题，促进企业产品质量提升。年内，19家企业44款产品获得“品字标”浙江制造认证，3家企业获义乌市政府质量奖，2家企业获质量管理创新奖，“品牌创建”工作获金华市政府专项激励。国家日用小商品质量检验检测中心通过国家实验室认可复评审和扩项评审。（陈弈帆）

【“品字标”浙江制造认证】2021年，义乌市扎实推进“质量强市”创建，有计划、有针对性地筛选一批重点培育扶持的企业和产品纳入“浙江制造”品牌培育计划，建立梯度培育库，实施动态管理。通过组建“浙江制造”专家库，针对培育企业开展对标达标活动，帮助企业找差距、促提升。至年底，新增“品字标”浙江制造认证企业19家。（陈弈帆）

【标准研制】2021年，义乌市“浙江制造”标准立项22项，数量与萧山区并列居全省首位，成功发布17项。主导或参与研制国家标准15项，发布《农村电影放映场所建设与管理规范》等省级地方标准4项，发布《中欧班列商贸物流气象服务规范》《学生自主创业认定工作指南》等义乌市地方标准6项。在企业标准信息公共服务平台上公开标准2108项，数量居全省前列。全年共兑付标准化战略奖励资金1083万元。至2021年12月底，义乌市累计主导或参与研制国际标准4项，国家标准248项，行业标准260项，浙江制造标准64项，省级地方标准14项，义乌市地方标准25项。（陈弈帆）

【“小微”企业质量管理体系认证提升行动】2021年5月8日，义乌率先在全省服务业领域开展质量提升行动，选取物流行业开展试点，引导企业导入质量管理体系运行模式。至年底，12家企业成功导入质量管理体系运行模式，企业的服务管理能力得到改进，客户投诉比上年同期下降64%，顾客满意度由70%提升至90%。（陈弈帆）

【质量信得过班组成果发布竞赛】2021年5月12日，义乌举办2021年度优秀质量管理小组（QC小组）及质量信得过班组成果发布竞赛。9组QC小组和2组质量信得过班组参加竞赛，经企业推荐、专家评审、现场成果交流，华灿光电（浙江）有限公司的华灿光电QC小组被评为优秀质量管理小组、获质量信得过班组一等奖，东方日升（义乌）新能源有限公司提升圈QC小组等2个小组获二等奖，东方日升（义乌）新能源有限公司乘风破浪QC小组等3个小组获三等奖。同月13日，推荐获得义乌一、二等奖的小组参加金华市2021年度优秀质量管理小组及质量信得过班组成果发布竞赛，获得一等奖2个，二等奖2个，总成绩位列各县（市、区）之首。（陈弈帆）

【义乌首个农村家宴地方标准发布】2021年6月25日，义乌首个《农村家宴中心建设和管理规范》（简称《家宴中心规范》）地方标准发布会在后宅街道李祖国际创客村举行。同期，2021年食品安全宣传周系列活动启动。义乌市首个《家宴中心规范》地方标准规定了家宴中心建设和管理的基本要求、场所与设施设备、人员、关键过程控制、记录与追溯5个方面132条具体要求。其中,《家宴中心规范》对家宴中心选址与面积、功能布局、设施设备等10个方面进行规定。发布会现场,播放《厨师标准化管理教学片》,后宅综合监管中心人员介绍《家宴中心规范》义乌市地方标准的制定过程,并对标准内容进行介绍。至年底,全市建设完成36家农村家宴中心,覆盖14个镇(街道)。（陈金春）

【2个标准化试点项目通过验收】 2021年9月29日,受国家标准化管理委员会委托,浙江省市场监管局组成专家评估组,对义乌市2个标准化试点项目进行终期考核评估。经现场考核评估,由义乌市佛堂镇人民政府承担的"四个平台"网格智能化管理国家级标准化试点项目获评92.5分;由义乌市标准化研究院承担的优化营商环境省级标准化战略重大试点获评90分,通过验收。"四个平台"网格智能化管理综合标准化试点构建了涵盖基础标准、保障标准、服务管理等67个标准体系,通过试点建设,做到"小事不出村、大事不出镇",实现全镇网格事件办结率99%以上,按时处置率达99%,信访案件化解率达95%。优化营商环境省级标准化战略重大试点围绕行政审批事中事后监管、社会信用、公平竞争3个领域,构建完成涵盖基础通用标准43项,服务提供标准101项,保障标准48项的优化营商环境标准体系,为全省乃至全国其他地区开展营商环境优化工作提供了义乌样板。（陈弈帆）

【第四届中小企业标准化(国际)大会】 2021年10月21日,以"绿色数字可持续——助力共同富裕示范区建设"为主题的第四届中小企业标准化(国际)大会暨2021年世界标准日浙江主题活动在义乌举行。会上,国家市场监管总局发布《"对标达标"提升行动蓝皮书2018—2020》,浙江省市场监管局发布以"双碳"为重点的可持续发展领域标准化试点成果。义乌市政府发布《标准城市建设助力可持续发展案例》,总结提炼义乌在"标准城市"建设中创新理论与工作机制、市场贸易、产业发展、科技创新等6方面30条可复制、可推广的典型经验。（陈弈帆）

【中国义乌国际小商品(标准)博览会标准主题展区】 2021年10月21—25日,第27届中国义乌国际小商品(标准)博览会(简称"义博会")召开。展会上设绿色低碳领跑、全国对标达标、品字标浙江制造、时尚美妆四大标准主题展区,1845个展位进行亮标,覆盖"义博会"十大行业,亮标率达51.2%。博览会期间,配套举办国家技术标准创新基地工作现场会、"标准提升品质生活"国家标准专题新闻发布会等活动。（陈弈帆）

【"标准进市场"入选全国典型案例】 2021年10月21日,全国百城千业万企对标达标提升专项行动日常办公室发布《"对标达标"提升行动蓝皮书2018—2020》,义乌"标准进市场"相关做法被列入全国"对标达标"提升行动城市案例。11月5日,国家市场监管总局发布《中国标准化发展年度报告(2020年)》,"标准进市场"入选十大典型案例。至2021年年底,通过"亮标、对标、提标、宣标"四大行动,义乌市场共有5.5万余个商品亮标,覆盖市场所有行业,小商品国内外标准比对数据资源库入库数据200余万条,发布重点行业标准白皮书5期。形成21份市场主要出口产品的国内外标准比对报告。

（陈弈帆）

食品药品监督管理

【概况】 2021年,市市场监管局开展农村假冒伪劣食品、重点地产食品、冷藏冷冻食品等专项整治行动10余次,查处案件892件,罚没款477.8万元。强化食品安全监督抽检,全年完成食品检测3176批次。深化抽检分离改革,完成基层食品安全抽检能力规范化建设,实现抽样对象和抽样人员"双随机","抽、检、研、处"全闭环,全年开展食品抽检3560批次,问题食品处置率100%。

【"阳光厨房"建设】 2021年,市市场监管局推进"阳光厨房"建设。市市场监管局对选定拟建点位逐个走访、上门指导、实施建设，建成农村家宴“阳光厨房”23家。联合教育部门，对全市435家学校食堂完成“阳光厨房”改造。推进网络订餐经营场所“后厨阳光化”，后厨等重点部位进行线上实时监控，建成外卖餐饮单位“阳光厨房”5000余家。以重点企业为突破口，运用人工智能、大数据等数字化技术，实现对生产加工过程和质量安全管理实时在线监管，建成食品生产企业“阳光工厂”38家，肉制品、桶装水生产企业“阳光工厂”建设率达100%。至2021年10月底，建成网络订餐经营单位“阳光厨房”5324家，完成“浙江外卖在线”商户端激活使用5270家，网络餐饮“阳光厨房”在线率89%，建成数、激活使用数位均列全省各县（区）局第一。

【“留义过年”食品供应保障】 2021年2月，市市场监管局引导、鼓励和动员全市餐饮单位和便利店经营户响应“留义过年”号召，组建专班专干、制定工作方案确定发放餐饮补助细则，通过组织基层摸排、结合线上线下宣传、引导搭建“共享食堂”等方式，为全市留义乌过年人员提供安全、有序的食品供应保障。全市餐饮单位、便利店市场经营主体1.89万家，春节期间正常经营1.34万家，正常经营率70.97%；从业人员“留义过年”、经营主体正常经营占比均达65%以上。核定正常经营单位1.3万家，发放补助4499.7万元，其中餐饮单位6694家，补助3240.3万元；便利店6297家，补助1259.4万元。

【省域食品安全治理现代化典型案例】 2021年5月13日，省市场监管局组织开展《〈浙江省域食品安全治理现代化之路〉典型案例集》编撰工作，在全省范围内择优选取25个典型案例，义乌市基层食安办规范化建设入选其中，是全省唯一一个以基层食安办建设入选的案例。2020年，市市场监管局作为唯一起草单位制定了全国首个基层食安办建设省级标准——《基层食品安全协调管理等级与评价》，从队伍建设、制度建设、工作保障、运行管理和绩效5个方面明确三星级、四星级、五星级评价要求，规范化推进全市基层食安办星级分类建设。至2021年年底，全市14个镇（街道）基层食安办实现三星级创建全覆盖，其中9个完成四星级创建，3个完成五星级创建，数量位居全省各县（市、区）第一。

【风险预警交流会】 2021年10月14—15日，长三角食品安全抽检一体化暨风险预警交流会在义乌召开，上海、江苏、安徽、浙江“三省一市”市场监管局食品安全分管副局长、抽检相关处室负责人30人参加会议。会议期间，参会人员实地观摩义乌市市场监管局抽检办、浙江华统肉制品股份有限公司链上点检、苏溪餐饮双随机抽检和4D管理等工作内容，商讨研究《评价性抽检工作模型探讨》《长三角区域省级及以下食品安全监督抽检实施细则》等机制规则，对各省（市）食品安全抽检暨风险预警工作开展情况进行交流。

【食品安全重点领域疫情防控】 2021年，市市场监管局一体化推进进口冷链食品疫情防控工作，强化进口冷链（进口水果）相关从业人员核酸检测数字化建设工作。11月，市市场监管局创新推出进口冷链食品从业人员管理系统，智能化管理从业人员的核酸检测工作，核酸检测情况自动比对、检测预约自动提醒、黑名单自动生成，有效落实从业人员应检尽检，实现进口冷链食品从业人员核酸检测工作100%闭环管理。

【制售假药案获国家药监局通报表彰】 2021年12月8日，市市场监管局查处“12·2”制售假药案，获国家药监局表彰。市市场监管局会同公安机关成功捣毁违法窝点5个，涉案金额5000余万元，移送检察机关提起公诉。在案件查处中，市市场监管局提请公安机关提前介入，成立联合专案组开展专案调查，追根溯源深入调查取证，召开专题会议研究案情，为案件顺利侦破做出重要贡献。（陈弈帆）

农 业

综 述

【粮食高产稳产推进】 2021年，全市完成农林牧渔业总产值37.38亿元，同比增长9.6%；实现增加值25.09亿元，按可比价增长7.2%，较上年提高1.9个百分点。粮食生产大幅增长，粮食播种面积8113.33公顷，产量4.47万吨，同比分别增长9.3%和1.7%。其中：早稻播种面积2426.67公顷，同比增长3.3%；晚稻播种面积3866.67公顷，同比增长13.7%，其他粮食作物1819.99公顷。猪肉产量1.07万吨，同比增长141.2%。渔业水域面积3320公顷，水产品产量4021吨，同比增长2.55%。组织动用储备早稻种子14.8万千克，保障早稻用种足量供应。创建省级早稻绿色高产千亩示范片7个，产量最高达到每亩676千克，高于2020年全国每亩382千克的平均水平。全年粮食种植面积8113.33公顷，5年来首次突破8000公顷。

【农业安全生产】 2021年，义乌市农业农村局完成农产品农药残留定量检测536批次、定性检测8903批次，合格率100%，实现食用农产品合格证应用全覆盖。开展植物疫情监测和防控，设置市级重大植物疫情固定监测点16个，监测面积468公顷，严防加拿大一枝黄花、红火蚁疫情。抓好非洲猪瘟等重大动物疫病防控，加强病死畜禽无害化处理监管，推行强制免疫"先打后补"政策，强制免疫病种群体疫苗接种率、抗体合格率分别保持在90%以上。

【农业"标准地"建设】 2021年，义乌市持续推进农业"标准地"建设，新增农业"标准地"666.67公顷，累计建成农业"标准地"项目392个6533.33公顷，带动全市农业科技化、机械化发展。农业标准地被写入《浙江省土地管理条例》，并入选全国农村改革试验区典型案例。获省委书记袁家军批示"义乌探索农业标准地改革做法应认真总结推广"。

【农业农村数字化改革】 2021年，义乌市探索农业"标准地"数字化应用，构建耕地、主体、监管、服务和绩效5个多跨场景，启动农业"标准地"数字化先行示范区建设，推动现代农业生产全流程各领域多跨集成，成功上线浙里办、浙政钉，并被纳入"浙农促富"跑道。启动5个未来乡村试点建设，其中缸窑村入选省未来乡村第一批试点村。配合市纪委开发"村务清廉钉办"系统，列入全省第一批数字化改革重大应用成果、省纪委基层监督数字化改革"揭榜挂帅"试点六大模板。成功入选全省第二批数字乡村建设试点县。

【农业科技化发展】 2021年，义乌市加强良种应用推广，完成29个单季稻、晚稻新品种试验任务，建立种质资源保护基地5处。实施"药肥两制"改革，推广有机肥1.1万吨，减少不合理化肥用量197.1吨，减少农药用量6.1吨，统防统治11.9万亩次，创建省级“药肥两制”改革农资店15家。推进农业绿色生产，创建高品质绿色科技示范基地2家。编制农作物秸秆县域全量化利用规划，秸秆综合利用率达97.18%。推进养殖业生态发展，创建省、金华兽用抗菌药使用减量化和饲料环保化试点场和示范场12家，创建省级渔业健康养殖示范场3家。

【农业机械化提升】 2021年，义乌市开展变型拖拉机清零“回头看”，拆回牌照78副、查扣及拆解报废本地籍变型拖拉机15辆、劝退外省籍拖拉机22辆。严格落实农机购置补贴政策，新增补贴机具180台套，核查3年内享受农机购置补贴机具187台。开展纯农田作业农机安全生产专项检查，年检农业机械302台。加快农业机器换人，创建现代农业发展机器换人项目21个、示范基地3个，创建省级高标准农机综合服务中心1个、高水平农艺农机融合示范基地2个。承办金华市农业机械事故应急演练活动。全市水稻耕种收机械化率达88.64%，主要农作物耕种收机械化率达86.3%。

【高标准农田建设】 2021年，义乌市实施高标准农田建设工程，完成新建任务906.67公顷、高效节水灌溉任务320公顷，完成补建立项13个项目面积2053.33公顷，结转项目建成306.67公顷。加快农村土地规模流转，流转总面积1.15万公顷，流转率75.77%。发放耕地地力补贴936.14万元，惠及农户10.49万户，覆盖耕地1.05万公顷。开展“大棚房”问题专项清理整治行动“回头看”，排查设施农业项目5828个471.57公顷，完成问题整治4个0.31公顷。

【特色农业强镇创建】 2021年，义乌市开展特色农业强镇创建工作，完成粮食生产功能区整治优化1926.67公顷，义亭镇省级现代农业园区、大陈镇水果粮食特色农业强镇创建工作通过省级验收。推进义乌大枣产业振兴，新增种植基地5个29.26公顷，有效保障南蜜枣加工原材料的供应，义乌南枣获国家农产品地理标志登记证书。开展农业招商引资，对接招商农业项目12个，开工建设4个。森宇铁皮石斛省级特色产业优势区项目建设完成并通过验收。规范农业主体经营，评选“十佳”农业龙头企业，认定农业龙头企业51家。促进小农户规范发展，新增示范性家庭农场10家，家庭农场总数415家；培训高素质农民及农村实用人才1040人，培育农创客210人。

【实施药肥减量增效工程】 2021年，义乌市农业农村局实施药肥减量增效工程，全市测土配方施肥技术覆盖率90.5%，推广商品有机肥1.1万吨，不合理施用化肥减量197吨，农药减量6吨。病虫害统防统治面积8000公顷，绿色防控技术应用推广面积9000公顷。完成主要农作物免费取土测土服务594个。建立2个省级、7个义乌市级农作物病虫害绿色防控示范区。

【受污染耕地安全利用项目】 2021年，义乌市农业农村局开展不同镉浓度土壤秸秆镉吸附量研究、不同施肥措施对水稻吸收重金属的影响研究2项试验，对土壤改良效果持久性进行监测，建设受污染耕地安全利用技术千亩推广区。加强基本农田18个监测点土壤重金属污染状况例行监测和评价，定期开展土壤和农产品协同监测评价，构建受污染耕地安全利用长效机制，全市受污染耕地安全利用率93.12%。

【绿色食品创建】 2021年，浙江道人峰茶叶有限公司、义乌市奕瑄农业开发有限公司2家单位获中国绿色食品发展中心颁发的“绿色食品证书”。浙江道人峰茶业有限公司成立于2005年，公司有绿色茶园基地48.33公顷，分布于义乌北部山区。公司注册“道人峰”牌商标，拥有进口蒸青茶生产线及国产蒸青茶生产线各1条、名茶加工生产线1条、精制加工生产线1条。厂区占地面积1.33万平方米，年生产能力300余吨。义乌市奕瑄农业开发有限公司成立于2016年9月，同年注册“花果粒”牌商标。公司在苏溪镇同春村承包8公顷土地，专业从事无花果生产，公司有职工6人，技术员1人。

（邹　涛　王永杭）

种植业

【概况】 2021年，全市粮食生产保持增长，粮食播种面积8113.33公顷，总产量4.47万吨。油料作物播种面积1595公顷，总产量4368吨；蔬菜播种面积8700公顷，产量23.33万吨，同比增长1.49%。受“非农化”“非粮化”整治影响，水果种植尤其是规模种植面积减少，种植面积3947公顷，同比下降2.15%；采收水果6.35万吨，同比下降5.25%。茶叶生产因采摘面积减少持续下降，茶园面积415.53公顷，同比下降6.12%；茶叶总产量650吨，同比增长4.67%。甘蔗种植面积726.67公顷，同比下降3.12%，产量6.42万吨，同比增长1.26%。食用菌栽培规模618万袋，产量3159吨，同比分别增长8.4%和7.7%。铁皮石斛、益母草和覆盆子等中药材种植面积166.67公顷，产量1786.5吨，均同比基本持平。

【佛堂镇蔬菜产业园建设】 2021年1月，佛堂镇蔬菜产业园开工建设，12月完工。园区面积29.73公顷，总投资5000万元，由市场集团和佛堂镇人民政府联合打造，是一个集生产示范、惠农生产、农资农机服务、仓储冷链物流、种苗培育、亲子研学、观光采摘等多功能于一体的现代科技农业产业示范园。园区采用“土地统一流转、设施统一建设、农资统一服务、品牌统一打造、食品安全统一监测”的运营模式，主要种植茄果类、叶菜类蔬菜，年产量1300吨，可有效保障市民“菜篮子”安全和新型冠状病毒肺炎疫情等特殊时期的蔬菜保供任务。

【粮食生产功能区建设】 2021年，完成赤岸镇乔亭村、义亭镇早溪塘村、义亭镇田塘村的粮食生产功能区提标改造74公顷，投资250万元。根据《浙江省人民政府办公厅关于坚决制止耕地“非农化”防止耕地“非粮化”稳定发展粮食生产的意见》《浙江省自然资源厅浙江省农业农村厅关于做好耕地“非农化”“非粮化”摸底调查工作的通知》《浙江省农业农村厅浙江省自然资源厅关于抓好粮食生产功能区整治优化工作的通知》等文件要求，3—4月，组织开展耕地“非农化”“非粮化”摸底调查，义乌市为省自然资源厅、省农业农村厅指定的调查试点县。组织对全市耕地种植情况的调查，结合城镇开发边界、生态保护红线、重污染土壤等数据，义乌市粮食生产功能区需整治优化的面积2410.47公顷。至12月底，累计完成粮食生产功能区整治优化1930.4公顷，其中，整治1668.99公顷、调整优化261.41公顷，完成进度80.1%。

【义亭镇省级现代农业园区创建】 2021年，义亭镇省级现代农业园区完成总投资11.21亿元，实现森山铁皮石斛产业园、正康养猪场、西田稻香园、农田基础设施提升工程等项目建设，园区实现农业总产值122.74亿元。12月3日，省农业“两区”办组织专家对义亭镇省级现代农业园区创建工作进行验收。实地查看、听取创建汇报并查阅台账资料后，认为园区创建规划布局合理、产业融合紧密、绿色发展先行、主体活力强劲、工作推进有力，创建成效较为显著，同意通过考核验收。义亭镇省级现代农业园区于2018年9月立项，园区位于义亭镇上佛路西南区域，规划总面积45平方千米，核心区面积1806公顷。园区在稳定粮食生产基础上，突出生态畜牧、铁皮石斛、红糖三大主导产业，优化园区功能布局，培植优势产业集群。

【省级特色农业强镇创建】 2021年，大陈镇围绕“主导产业强、生态环境美、农耕文化深、农旅结合紧”的目标要求，以粮食生产种植为基础产业、四季鲜果为特色主导产业，打造四季鲜果生产示范区、高产粮食生产示范区、农旅深度融合示范区为主体的“一线三区”特色农旅产业发展新格局，建设投资9850万元。大陈镇自2019年12月至2021年10月，完成马畈展馆、“至美大陈”美丽乡村精品线——八坑线“白改黑”和景观工程、大畈康养度假村等建设，培育义乌蓝城农业开发有限公司、浙江道人峰茶业有限公司、浙江九都酒业有限公司等特色农业经营主体。2021年10月21日，省农业“两区”办组织相关专家对义乌大陈水果粮食特色农业强镇创建工作进行验收，专家组认为大陈水果粮食特色农业强镇创建规划布局合理、产业特色鲜明、农旅有机融合、绿色创新发展，创建成效较为显著，大陈水果粮食特色农业强镇通过验收。

（楼珍彦　钱璟珊）

畜牧业

【概况】 2021年年底，全市生猪存栏7.19万头，其中，能繁母猪1.14万头，同比下降43.87%；生猪出栏14.94万头，同比增长109.24%。猪肉产量1.07万吨，同比增长141.2%。家禽存栏138.73万羽，同比增长4.96%，家禽出栏882.86万羽，同比增长20.3%。禽肉产量1.48万吨，同比增长17.6%。全市牛饲养量86头，羊饲养量1698只，较上年基本持平。肉类总产量2.62万吨，禽蛋产量199.54吨。推进养殖业提质增效，平望、下水碓2个村年出栏10万头以上的大型现代化村猪场建成投产，满产后生猪产能从2万头增产至60万头以上。年内，新增省级美丽牧场3家、省级数字化牧场4家。

【非洲猪瘟防控】 2021年，义乌市推进非洲猪瘟防控常态化监管，加强防控措施落实督导和隐患排查，指导正康（义乌）猪业有限公司开展非洲猪瘟无疫小区建设。严格执行生猪屠宰场非洲猪瘟自检制度，全年完成屠宰入场生猪非洲猪瘟PCR检测样品2.48万个，检查结果全部阴性；对养殖场、屠宰企业监督抽检非洲猪瘟样品3589份，检查结果均为阴性。

【重大动物疫病防控】 2021年，市农业农村局部署全市重大动物疫病防控工作，组织开展春秋季集中免疫行动，指导养殖场做好程序免疫和疫病防控，同时加强免疫抗体监测，确保免疫质量。全年监测口蹄疫、猪瘟、禽流感等血清抗体5605份；监测非洲猪瘟、口蹄疫、禽流感等病原4067份，结果均为阴性。组织开展布鲁氏菌病等人畜共患病排查行动，采集羊的血样487份，鼻拭子150份，结果均为阴性。

【畜产品质量安全监管】 2021年，市农业农村局开展畜产品质量安全宣传教育和日常检查，强化源头生产管理，把好畜产品质量安全关、畜禽产地检疫和屠宰检疫关。年内，完成动物及其产品调运备案6162批次、落地审核5331批次；屠宰检疫生猪24.26万头、家禽815.06万羽。加强畜禽养殖和屠宰环节无害化处理监管，全年处理病死猪1.70万头、病害畜禽及产品707.60吨。加强畜产品质量安全抽检，全年抽取畜禽产品及饲料、兽药等样品139批次送检。生猪养殖和屠宰环节“瘦肉精”监督抽检3831份，结果均为阴性。

【畜牧业高质量发展】 2021年，义乌市全面推进生猪增产保供工作，2个大型现代化猪场项目相继投产。5月，义乌华昇牧业有限公司平望猪场投产，引入种猪1.7万头；12月，义乌华昇牧业有限公司下水碓猪场投产，引入仔猪开始生产。2个猪场正常运行后，生猪产能大幅提升，生猪年产量60万头。5月，正康（义乌）禽业有限公司青肃肉鸡养殖基地建成投产，家禽产能达500万羽以上。11月，义乌华昇牧业有限公司平望猪场、下水碓猪场和正康（义乌）禽业有限公司青肃鸡场通过省级美丽牧场创建验收；义乌华昇牧业有限公司平望猪场和下水碓猪场、正康（义乌）禽业有限公司青肃鸡场、义乌市绿发农业开发有限公司上吴鸡场通过省级数字化牧场创建验收。

【畜禽遗传资源普查】 2021年9—11月，义乌市组织开展全市畜禽遗传资源普查工作，指导镇（街道）普查员走村入户开展普查。经普查，畜禽资源有18个畜种，71个品种；群体数量187.33万头（只、羽、匹）；能繁母畜405头、种公畜293头；无新发现资源。蜂资源有5个已知品种，群体数量8455群。

【饲料环保化三年行动】 为推进畜禽健康养殖，逐步减少兽用抗菌药使用，实现饲料环保节约，根据《浙江省农业农村厅关于印发〈浙江省推进兽用抗菌药减量化和饲料环保化试点三年行动方案（2020—2022年）〉的通知》，2020年12月，义乌市组织开展兽用抗菌药减量化和饲料环保化(简称"两化")三年行动,制定"两化"创建计划,全市计划创建"两化"试点场和示范场18家,至2021年年底,通过省、金华市"两化"评估专家评审12家,其中兽用抗菌药减量化试点场9家、示范场1家、饲料环保化示范场2家。 (陈韶青)

水产业

【概况】 2021年,全市渔业水域面积3320公顷,其中禁养区、限养区渔业水域面积2220公顷,养殖区渔业养殖面积1106.67公顷。全年水产品产量4021吨,同比增长2.6%。年内,创建省级水产健康养殖示范场3家。

【渔业增殖放流】 2021年,根据义乌水生生物资源状况和水域生态环境状况,义乌市开展增殖放流,以"养护水生生物资源,促进生态文明建设"为主题,助力改善水生态环境。5月,完成渔业增殖放流招投标工作。6月19日、6月22日,分别在岩口水库、长堰水库完成渔业资源增殖放流1004万尾。通过渔业增殖放流,提高民众水资源保护意识。

【省级水产健康养殖示范场创建】 2021年12月,义乌市祥信家庭农场、义乌市荣达农庄、义乌市奕雯养殖场被认定为"浙江省水产健康养殖示范场"。义乌市祥信家庭农场养殖面积2.53公顷,主要产品有青鱼、鲫鱼,采用反季节捕捞和投放大规格鱼苗的方式确保产量,年产值100万元。义乌市荣达农庄养殖面积2.33公顷,主要产品有青鱼、草鱼、鲢鱼、甲鱼、鲫鱼,通过发展休闲垂钓,拓展渔业产业多功能,年产值60万元。义乌市奕雯养殖场位于佛堂镇后阳村,占地5.67公顷,主要产品为中华鳖和娃娃鱼,以养殖尾水为水源,在养殖地下游种植莲藕等作物,实现农渔结合,年产值260万元。 (邹 涛)

林 业

【概况】 2021年,全市有"浙江省生态文化基地"5个、"省级森林人家"6家、"浙江森林氧吧"5个、"浙江省林业科普基地"1个、"全国林业科普基地"1个。新建和改造绿化面积402.4公顷,森林覆盖面积5.63万公顷,林木蓄积量375.79万立方米。发放森林生态效益补偿资金1322.58万元、天然商品林停伐补偿资金50.62万元。国有天然林生态保护恢复资金26.43万元发放到位,惠及全市583个村集体。完成大陈镇众拥村等3个村"一树万树"示范村建设,创建金华市森林村庄20个,建设珍贵彩色森林面积1180.8公顷。编制完成《森林防火"十四五"规划》,出台《义乌市林长制工作实施方案》,基本形成林长制标准化建设"闭环"责任链。全年出动执法车136车次,执法人员490人次;依法查处各类涉林违法犯罪案件61起,实现森林火灾"零发生、零伤亡"。成功举办第14届"森博会",获国家林业和草原局表扬;市自然资源和规划局(市林业局)获评"浙江省生态文化建设突出贡献集体"称号。 (刘 娟)

【松材线虫病除治】 2021年,市自然资源和规划局投资1630余万元,完成松材线虫病除治面积1.18万公顷。清理枯死松树13.9万株;对全市2.81万公顷松林开展春、秋季疫情普查,进行马尾松毛虫虫情调查等林业有害生物的测报工作,监测覆盖率100%;在佛堂镇、大陈镇等松材线虫病入侵高危区域喷施噻虫啉微囊粉剂,预防面积3778.07公顷。在全市重要风景区和水源地采取生物防治手段投放花绒寄甲109.4万头,防治面积2400公顷。采用打孔注药技术预防松材线虫病,使用松材线虫病免疫制剂4万支,保护全市重点区域松树1.6万株。 (刘 娟)

【省级示范性家庭林场】 2021年1月15日,省林业局发文公布2020年度省级示范性家庭林场名单,义乌市早贝农业开发有限公司名列其中,为义乌第二家省级示范性家庭林场。义乌市早贝农业开发有限公司是以油茶生产种植为主的农业企业。自2013年起,公司自筹资金,分别在大陈镇芦柴村、朝塘村等地建立油茶基地15.33公顷，2019—2020年，油茶基地年产油茶籽5吨。

（刘　娟）

【义乌小鲵成为国家二级保护动物】 2021年2月1日，国家林业和草原局、农业农村部公布2021年第3号公告《国家重点保护野生动物名录》，“义乌小鲵”（Hynobiusyiwuensis）由浙江省特有物种升为国家二级保护动物。“义乌小鲵”隶属两栖纲、有尾目、小鲵科、小鲵属，为浙江特有种，属中国稀有两栖动物。1985年首次发现于义乌深山中，被命名为“义乌小鲵”。2017年，义乌启动“义乌小鲵”救护工程，开展了义乌小鲵野生资源调查，先后在大陈镇、赤岸镇、城西街道、上溪镇发现“义乌小鲵”栖息地7处，发现义乌小鲵成体2尾，幼体1575尾，卵袋149对；对原生境开展保护与改造工作，清理产卵场6处，设立生境保护标牌2处，架设上岸通道7处，提高“义乌小鲵”成活率。通过对“义乌小鲵”遗传多样性分析，发现“义乌小鲵”濒危原因为遗传多样性水平贫乏，并通过室内人工配种、胚胎孵化、稚鲵培育、成鲵培育，成功繁育幼体1000余尾，原生境放归500尾。

（刘　娟）

【《义乌市油茶种植抚育改造补助细则》】 2021年2月24日，市自然资源和规划局联合市财政局出台《义乌市油茶种植抚育改造补助细则》（简称《细则》），《细则》对“十四五”期间义乌市油茶种植抚育改造补助的范围、标准及补助申请、检查验收、资金拨付等做出明确规定。规定2021—2025年新发展种植油茶基地连片面积10亩以上（含10亩），补助不超过每亩2000元；从第二年开始连续两年，每年抚育补助每亩600元。2021—2023年，对2021年以前种植的油茶基地实施抚育、改造，连片面积10亩以上（含10亩）且未享受过相关政策补助的，补助不超过每亩1000元。《细则》对油茶种植基地的用地类别进行限制，必须符合国家耕地“非农化”“非粮化”政策要求。同时对新种植（补植）的油茶种苗及种植改造造林成活率、保存率进行规范，必须是国家或浙江省推广的适生区域对应的油茶良种种苗（容器苗），苗龄2年以上。

（刘　娟）

【生态文化村先进建设经验在全国推广】 2021年3月18日，中国生态文化协会印发《关于宣传推广北京市平谷区独乐河镇北寨村等128个生态文化村先进建设经验的通报》，义乌市城西街道分水塘村名列其中。分水塘村是《共产党宣言》首个中文全译本翻译者陈望道的故乡。分水塘村以“不忘初心、牢记使命”主题教育和打造全国生态文化村为契机，传承“真理的味道非常甜”的红色力量，实践“绿水青山就是金山银山”的乡村振兴美丽梦想。先后获国家森林乡村、浙江省红色旅游示范基地、浙江省AA级旅游景区村庄、浙江省美丽乡村特色精品村、浙江省生态文化基地等荣誉称号。以分水塘村陈望道故居为核心的望道信仰线，是义乌重点打造的十条精品线路之一。通过从文化方面入手发掘红色文化线，从自然景观入手提升绿色生态线，出台扶持政策大力推进产业植入，使得全长13千米的望道信仰线成了一条产业富民线。2021年，分水塘村接待游客300余批次10余万人次，接待各单位集体宣誓、上党课活动280余次。

（冯建民　刘　娟）

【义乌与大兴安岭林业集团公司签订《战略合作协议》】 2021年9月17日，第14届中国义乌国际森林产品博览会推介会在大兴安岭林业集团公司会议室举行，浙江省林业局、义乌市委、义乌市政协、大兴安岭林业集团公司等单位35人参会。会上，义乌市副市长喻新贵对第14届中国义乌国际森林产品博览会在大兴安岭林业集团作专题推介，与会人员进行座谈交流，义乌市人民政府与大兴安岭林业集团公司签订《战略合作协议》。围绕提升林业治理体系和治理能力现代化，开拓林产品市场，坚持“优势互补、友好协商、真诚合作、协同创新、共同发展”的原则，充分发挥各自优势，加强合作交流，建立全方位、宽领域、多层次的合作关系；开展共享信息资源平台、共建商品交易平台、共推人才交流培养、共促生态保护修复、共谋森林康养产业、共赢会展发展红利6个方面合作。

（冯建民）

【生态文化建设业绩】2021年11月23日，浙江省林业局通报浙江省生态文化建设突出贡献集体和个人，义乌市自然资源规划局（义乌市林业局）获“浙江省生态文化建设突出贡献集体”称号。义乌市自然资源和规划局（义乌市林业局）贯彻和落实中共中央和浙江省委、省政府关于生态文明建设的决策部署，践行“绿水青山就是金山银山”理念，打造生态文化示范精品，推动生态文化繁荣发展。至2021年年底，义乌市何斯路村、马畈村、上新塘村、分水塘村和义乌市林场被命名为“浙江省生态文化基地”，分水塘村生态文化村先进建设经验在全国宣传推广，大陈镇北山村、赤岸镇大树下村和羊印村、城西街道何斯路村、后宅街道李祖村5个村成为“省级森林人家”，大陈镇北山村、义乌市华溪森林公园、义乌市林场、赤岸镇乔溪村森林氧吧入选“浙江森林氧吧”；全省“森林康养旅游五百地”中，义乌入选13个；浙江森宇铁皮石斛科普示范基地被命名为“浙江省林业科普基地”，浙江森宇铁皮石斛地理公园被命名为第四批“全国林业科普基地”。（冯建民）

【“浙江森林氧吧”】2021年12月6日，浙江省林业局公布2021年度“浙江森林氧吧”名单，“义乌市宦塘竹韵森林氧吧”名列其中，为义乌市第五个“浙江森林氧吧”。宦塘村地处义乌市最北面，坐落于勾乘山、道人山两大名山脚下，与诸暨交界。村庄依山傍水，风景秀丽，全村有森林面积514.8公顷，其中毛竹433.33公顷，享有“万亩竹海”的称誉。宦塘村作为“古韵十都”精品线的重要节点和终点村，统筹高粱烧、大竹海、勾乘山等资源，按照生产、生态、生活“三生融合”的理念，大力发展白酒经济产业、高粱观光旅游产业、乡村旅游产业等，将美丽生态资源转化为美丽经济。投资1700余万元，完成主题公园、业态街、林区道路、村内干道白改黑、村口景观工程等项目建设。先后承办7届义乌市春笋鉴评会，建成毛竹高效示范园区，打造“古越宦塘·酒香小村”。至2021年年底，先后获“浙江省全面小康建设示范村”“浙江省文明村”“浙江省文化示范村”“浙江省卫生村”“浙江省兴林富民示范村”等荣誉称号。（冯建民）

水 务

【概况】2021年，全市有水库101座，其中市属水库12座，水电站8座，水闸9座。义乌市主要供水水库全年供水量为1.1亿立方米。完成水利投资11.1亿元，其中双江水利枢纽项目完成投资8.9亿元。全市获上级补助5.23亿元，其中，中央补助2190万元，省补助5.01亿元，创历史新高。投资5000万元，建设上佛路给水管道等十大城乡供水一体化工程；启动雪峰西路供水加压泵站等四大供水工程，拓展水资源利用空间，构建全市水厂连通大网络，实现东水西输。（崔冬冬）

【农业水价改革“五个一百”创建】2021年，义乌市加快推进全市农业水价综合改革“五个一百”创建进程，完成年度农业水价改革“五个一百”创建任务，6个项目被评为全省示范性工程，其中，王村机埠、下麻车机埠被选为全省示范性机埠泵站，沿华村鱼鳞堰坝被选为全省示范性堰坝，岩口水库灌区被选为全省示范性灌区灌片，华溪村管水小组被选为全省示范性农民用水管理主体，赤岸镇水利站所被选为全省示范性基层水利站所。完成柏峰灌区供水计量设施建设任务8处，全市农田灌溉面积1.73万公顷，农田灌溉水有效利用系数为0.59。2021年，义乌市农业水价综合改革工作年度绩效被评为全省优秀。（崔冬冬）

【水库除险加固“清零行动”】2021年，根据《义乌市病险水库三年清零行动方案》，市水务局实施病险水库除险加固“清零行动”。全市农田水利有“强塘工程”新建项目6项，续建项目7项，前期项目6项；实施山塘除险加固45座，年内开工建设40座，完成山塘加固20座。至年底，全市105座水库完成除险加固工作100座，基本实现病险清零；461座山塘实现第一轮清零。

（陈 竞 叶俊飞）

【美丽城防工程建设】2021年，重点推进义乌江、南江干堤加固工程，通过河道综合治理，解决水安全隐患，美化沿江环境。至年底，完成义乌江杨宅水闸至伏虎大桥右岸段、铜溪入江口至金东交界右岸段干堤加固工程。加强水旱灾害防御，排查各类水利工程隐患，加强山洪灾害防御监测预警，全年短信预警平台发出山洪预警信息准备转移2023条，立即转移120条。推进美丽河湖建设，完成义乌江双江湖上游段的美丽河湖创建，佛堂镇乐水小镇建设，义亭镇上宅村中心塘等7个农村美丽池塘建设。东青溪支流（前店、堂阁村段）治理工程、大陈江（溪北桥—苏溪大道）美丽河湖工程、城南河（稠州中路—城中中路段）美丽河湖工程建设完成。完成绣湖公寓、世纪公寓等10个小区的二次供水改造惠民工程。（崔冬冬）

【农村供水】 2021年，义乌市巩固农村饮用水达标提标工作成果，全面提升点片状农村饮用水工程，创建农村供水规范化水厂，至年底，全市农村供水达标人口覆盖率达100%，专业化管理率100%，供水保证率98%，水质达标率95%以上，规模化供水工程覆盖率98%以上。全市日供水规模74万吨，日供水量最高62万吨。上溪水厂被评为“2021年度全国农村供水规范化水厂”。（崔冬冬）

【全域分质供水全面推进】 2021年，义乌市全面推进全域分质供水项目。市水务局制定分质供水“一图四表”作战图，计划全年推进147个项目。至年底，三大分质供水水厂供水能力达每日7.5万吨，其中，义驾山生态水厂供水规模每日1万吨，苏福水厂供水规模每日5万吨，稠江工业水厂二期扩能项目供水规模每日1.5万吨。分质供水管道建设累计完成60千米。完成副食品市场等3个市场，稠州小学等4所学校，绣湖公园等3个公园，绣湖里间茶等5所公厕，稠州中学扩建工程等10个在建工地，稠江消防站，浙江爱旭太阳能科技有限公司等8家生产企业的中水接入；分质供水管道沿线布置智能取水机10处，涵盖有机更新区块、苏溪高新区、廿三里等范围。完成卿悦府东区等有机更新区块的部分地块中水入户，累计安装户表3988户，日均用水30吨。剧院北区块、市场回迁区块等分质供水工程竣工交付，丽景湾、融创B地块、融创C1地块等分质供水工程完工。（崔冬冬）

【节水项目建设】 2021年3月25日，市十五届人大常委会举行第四十一次会议听取和审议《义乌市全域分质供水工作有关情况的报告》，要求高度重视全域分质供水工作，切实将其提到重要议事日程，提到义乌发展的战略地位，抓实抓细。4月，苏福工业水厂及分质供水配套工程建成投运。5月，稠江工业水厂二期扩能项目完工，供水规模达到每日1.5万吨。9月，义乌市获评“浙江省节水型城市”。11月，市水务局印发《义乌市分质供水管理标准》《义乌市分质供水水质标准》。至年底，全市分质供水总规模达到每日7.5万吨，管网覆盖范围内3个专业市场、4个公园、5家医院、8所学校、15个居民小区、33家企业及大部分市政用水实现分质供水。创建成功节水型标杆企业1家、标杆酒店2家、标杆校园2个、标杆小区1个、省级节水型居民小区14个、省级节水型单位5家、省级节水型企业7家，通过省级节水型企业复评3家。（崔冬冬）

【新作塘水库除险加固工程竣工】 2021年7月29日，新作塘水库除险加固工程竣工验收。新作塘水库位于佛堂镇塔山村南800米，水库属钱塘江流域义乌江水系，坝址以上集雨面积2.86平方千米，主流长2.69千米，校核洪水位78.98米，设计洪水位78.57米，正常水位77.69米，是一座以灌溉为主，结合防洪等综合利用的小（2）型水库。水库枢纽建筑物包括大坝、溢洪道及放水涵管等设施。2019年3月，市发改局以《关于新作塘水库除险加固工程初步设计的批复》对工程初设进行批复，核定概算总投资607万元。工程于2020年8月20日开工，主要对大坝套井回填和基岩帷幕灌浆防渗加固，迎水坡、背水坡重新护坡处理，新建溢流堰等。工程由义乌市安迪水利水电勘测设计股份有限公司设计，杭州天恒水利建设有限公司施工。（陈　竞）

【义乌市获评浙江省节水型城市】2021年9月23日，浙江省住房和城乡建设厅、浙江省发展和改革委员会、浙江省经济和信息化厅联合发文公布义乌市为“浙江省节水型城市”。义乌市高度重视水资源的节约保护工作，实施国家节水行动，把节约用水工作贯穿城市建设和经济社会发展全过程。2018年起，义乌市谋划实施国家节水型城市创建，以加强组织领导为基础，以落实工作清单为抓手，以强化节水管理为手段，以节水载体创建为示范，通过持续不断的努力，节水工作取得明显成效，各项节水指标符合省级节水型城市创建要求。

（崔冬冬　王　颖）

【高标准农田建设】2021年11月8日，市人民政府办公室印发《义乌市高标准农田建设工程两年计划实施方案（2021—2022年）的通知》，集中开展农田内部灌排设施和田间道路新建和修缮，力争到2022年年底新建和补建高标准农田3587公顷。2021年，全市建成高标准农田920公顷，其中：高效节水灌溉面积320公顷；获批补建项目12个，计划补建面积1906.67公顷。

（杨一峰）

【唇塘水库除险加固工程竣工】2021年12月21日，唇塘水库除险加固工程完工检查。唇塘水库位于佛堂镇起鸣村，水库属钱塘江流域义乌江水系，坝址以上集雨面积0.24平方千米，主流长0.62千米，校核洪水位69.69米，设计洪水位69.46米，正常水位69米，是一座以灌溉为主，兼顾防洪等综合利用的小（2）型水库。水库枢纽建筑物包括大坝、溢洪道及放水涵管等。工程于2020年8月25日开工，总投资297.07万元。主要对大坝套井回填和基岩帷幕灌浆防渗加固，迎水坡、背水坡采用预制块护坡处理，新建溢流堰、管理房、上坝道路等。（陈　竞）

农业机械

【概况】2021年，全市有省级“平安农机”示范镇9个、示范村2个、示范合作社1个，市级示范村123个、市级示范专业合作社7个；各类农业机械2.41万台（套），农机总动力17.41万千瓦。完成机耕面积1.25万公顷，机收面积6496公顷，机播面积4642公顷，水稻耕种收农机化水平达88.64%。全市有乡村农机从业人员1.21万人，其中，执证拖拉机驾驶员1195人，联合收割机驾驶员148人，农机维修人员98人，其他农机从业人员1.06万人。有省级农机示范合作社3家，省级“机器换人”示范镇4个、“机器换人”示范基地5个、农机服务中心1个，市级“机器换人”示范基地19个。有育秧中心7个、粮食烘干中心20个（批烘干能力15吨以上）、粮食加工中心7个、农机专业服务合作社15家，有专业户870户。设施农业面积3301公顷，农用大棚897公顷，喷滴灌设备656套。办理农业机械注册、补换和注销登记479台次，拖拉机驾驶证换证、补证和注销194人次。公安驻农机联络室开展专项整治活动2次，拆回本地籍变拖拉机牌照78副、查扣及拆解报废本地籍变拖15辆、劝退外省籍拖拉机22辆，发放资料300余份。

2021年义乌市农业机械拥有量一览表

表10

序号	名　称	数量（台，套）	动力（千瓦）
1	耕作机械	3554	32055
	其中：大中型拖拉机（22.1千瓦以上）	273	10949
	小型拖拉机（22.1千瓦及以下）	849	8744
	田园管理机（微、耕整机）	2432	12362

续表 10

序号	名　称	数量（台，套）	动力（千瓦）
2	种植机械	260	2407
	其中：水稻插秧机	167	1784
3	排灌机械	7226	21652
4	植保机械（机动喷雾机）	2750	5981
	其中：无人机	12	52
5	联合收割机	69	4623
6	收获后处理机械	2526	10688
	其中：粮食烘干机	177	1274
7	农产品加工机械	1296	11936
8	茶叶机械	505	1315
9	运输机械	11	83
10	其他机械	2023	48164
	合计	24130	174069

【农机扶持项目】 2021年，义乌市实施现代农业建设项目19个，扶持资金212.48万元，其中，钢架大棚、喷滴灌建设项目14个，资金103.25万元；“机器换人”示范基地建设项目5个，资金109.23万元。市级“机器换人”示范基地创建3个，资金24万元。

【农机购置补贴】 2021年，义乌市补贴农业机具336台，补贴资金390.76万元，其中，中央资金340.21万元，省级资金13.51万元，市级配套37.04万元。310户农户受益。

【农机年检】 2021年8月，市农业农村局深入镇（街道）开展联合收割机、纯农田作业拖拉机及驾驶人年检，共年检联合收割机65台、纯农田作业拖拉机237台，年检率93%。 （王胜钢）

农村产业化经营

【概况】 至2021年年底，全市有县级以上农业龙头企业51家，其中，国家级3家、省级3家，金华市级13家，义乌市级32家。农业龙头企业销售额110.37亿元。浙江义乌农村经济发展有限公司、浙江义乌林业开发有限公司市场交易额123.11亿元。

【农家乐】 2021年，全市有农家乐和休闲农业经营主体235家，其中农家乐（民宿）130家，全年接待游客371万人，实现营业收入1.84亿元，同比分别增长2.63%和1.3%。拥有省级休闲农业和乡村旅游精品线路、休闲农业和乡村旅游秋冬精品线各1条，省级休闲乡村和农家乐集聚村各1个，省级农家乐特色村4个，省级农家乐特色点4个，金华市级农家乐特色村3家，金华市农旅融合示范点1个，四星级农家乐经营户1家，三星级农家乐经营户18家。

【义乌大枣产业发展项目】 2021年，义乌市继续实施义乌大枣产业发展项目，对连片种植义乌大枣面积50亩及以上的农业（龙头）企业、农民专业合作社、农业种植大户和家庭农场每亩补助2000元（分两年拨付），立项扶持5个新开发大枣基地，补助330亩，第一年拨付26.4万元，在非农化非粮化整治形势下，枣园面积稳定在5000亩，青枣产值4000万元。

【义乌南枣获国家农产品地理标志登记证书】 2021年6月4日，农业农村部发布公告，义乌南枣获中华人民共和国农产品地理标志登记证书。义乌南枣乌黑透红，表面有光泽，颗粒完整，枣身干爽，枣纹匀称，手握不粘个，成把握摇有响声，枣核剪开有枣仁。义乌大枣种植有1700余年的历史，2021年，义乌大枣种植面积333.33公顷，产量1000吨，鲜果产值4000万元。积极拓展产业链，大力开发南枣酒、南枣饮料等农产品深加工业，提高枣类产品附加值。至年底，义乌市共有后宅街道金鹤村、福田街道杏园村和义亭镇缸窑村3个南枣、蜜枣标准化加工示范基地。3个加工基地总投资1000万元，日可处理鲜枣13吨，均实行工厂化、标准化生产。

（王永杭　楼珍彦）

农村经济管理

【概况】 2021年，全市经工商注册登记并备案的各类农民专业合作社171家，年内新增2家、注销15家、吊销25家。其中，种植业136家，林业10家，畜牧业6家，渔业5家，农机服务业14家。义乌市规范化建设考核（监测）合格合作社18家，金华市级示范性合作社9家，省级示范性合作社4家。开展示范性家庭农场培育工作，下发《义乌市示范性家庭农场创建办法》，在工商部门注册登记的家庭农场415家，新增59家。义乌市级示范性家庭农场31家，金华市示范性家庭农场20家，省级示范性家庭农场14家。

【村社集体资产清理专项行动】 2021年，市农业农村局联合市纪委监委开展村社集体资产清理专项行动。对全市行政村和社区下属经济合作社组织，按照集体“三资”全纳管、合同管理全规范、财务事项全公开的总要求，全面清理村社集体资产和相关合同，同步开展义乌市侵占农村集体资产资源专项治理和农村集体“三资”管理领域腐败突出问题专项治理（漠视群众利益）行动。全市查出问题784个，其中，村级合同不规范468个，资产交易不公开177个，民主决策不到位6个，违反非生产性支出规定（包含老年协会等村级以下组织资金未纳入镇街农村集体“三资”代理中心联管账户）133个。至年底，完成整改问题784个，清缴资金1765.33万元，其中老年协会等村级以下组织已整改收缴金额1418.22万元。处置问题线索10条，组织处理和纪律处分18人。清理合同9433份，发现问题合同468份，问题合同收缴金额341.27万元；受理信访举报8件。

【农村集体财务数字化应用】 2021年3月，在苏溪镇试点浙江省农村集体经济数字管理系统应用，将村级账户资金全部纳入实时监管，实现线上审批、线上支付，全流程监管等数字化管理，推动村集体资金收支透明化、结算公开化、监管智能化。建立长效管理机制，强化村级“微权力”监督，依法保障村民的知情权、参与权和监督权。4月底，在全市推广，660个村社全部推行线上审批系统。开展“先行先试”工作，配合市纪委共同开发“村务清廉钉办”系统，将村级财务、资源管理，合同管理、村民务工、村级工程审批等事项纳入数字化监管平台，通过制度重塑，流程再造，实现村级财务管理公开透明。

【耕地地力补贴发放】 2021年11月，经镇（街道）农业农村办核查、公示，市农业农村局资料审核，确定2021年全市享受耕地地力保护补贴农户10.49万户，补贴面积15.68万亩，补贴标准每亩59.69元，发放农业生产发展资金936.14万元。（陈安仙）

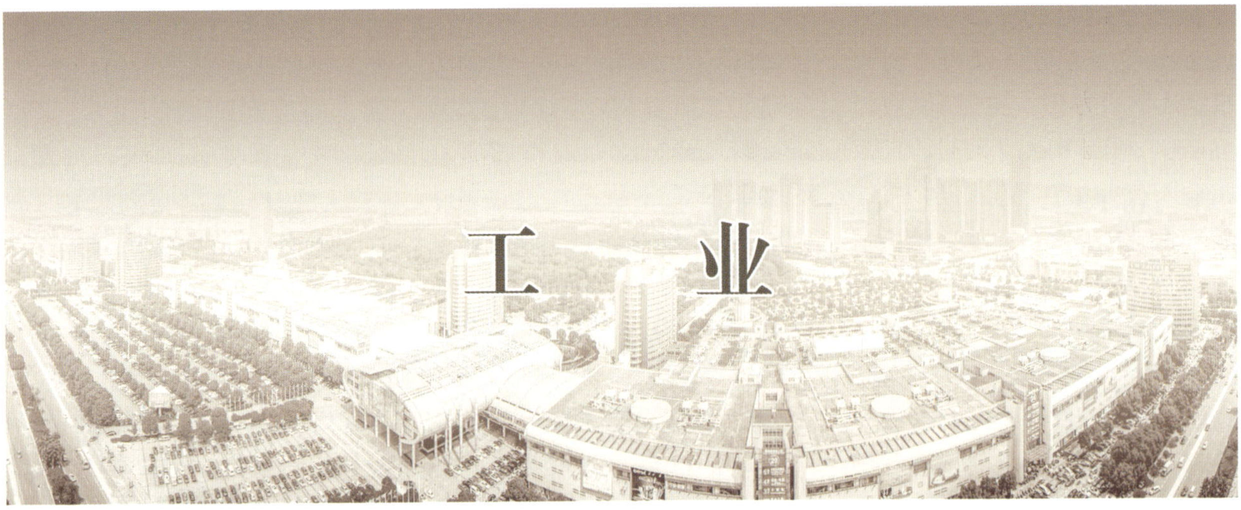

工 业

综 述

【工业经济持续发展】 2021年，义乌市有规模以上工业企业821家，实现工业产值1163.7亿元，同比增长66.72%。规模以上工业增加值269.7亿元，同比增长47.4%，位列全省县（市、区）第一。其中数字经济核心产业制造业、装备制造业、战略性新兴产业、高新技术产业增加值同比分别增长161.3%、123.7%、107.2%、71.9%，高于金华市和全省平均增速。传统制造业规模以上企业实现营业收入552.6亿元，工业增加值118.4亿元，利润总额27.7亿元。饰品、无缝织造、服装、袜业、拉链、工艺品、线带、玩具、化妆品、印刷包装十大产业总产值占传统制造业产值的63.8%，其中无缝内衣织造产业占全国70%以上份额，饰品、袜业产业均占全国30%以上份额。 （何江波）

【工业投资回落】 2021年，义乌市规模以上工业企业营业收入1222.7亿元，同比增长69.7%，利润总额30.8亿元，同比增长54.8%。工业投资回落，全年工业投资同比下降2.5个百分点，其中制造业投资同比下降3.0%，低于全省、金华市22.8个百分点和15.1个百分点。制造业项目计划总投资同比下降11.0%，新开工制造业项目完成投资同比下降44.5%。 （陈金春）

【工业企业提质增效】 2021年，义乌完成D类企业整治提升257家，完成低效工业用地整治提升268.13公顷，完成小微企业“小升规”141家。浙江蓝宇数码科技股份有限公司、义乌恒邦科技有限公司入围国家第三批专精特新“小巨人”企业名单。新增省隐形冠军企业1家，省“专精特新”企业19家，省“放水养鱼”培育企业7家（累计25家）。浪莎控股集团有限公司入选省级第一批制造业单项冠军培育企业名单。浙江真爱美家控股有限公司成功上市，成为义乌市第九家上

2021年4月6日，浙江真爱美家控股有限公司成功上市，图为公司外景 （浙江真爱美家控股有限公司 供图）

市企业。持续推进小微企业园提质增效，重新制定下发小微企业园绩效评价办法，全年新增省级小微企业园10家，累计69家。（何江波）

【低效用地整治】2021年，义乌市制定整治计划，开展低效用地摸排，以“工业不姓工”整治为重点，推进老旧工业区有机更新、加快全市低效工业用地整治提升。完成低效工业用地整治提升268.13公顷。其中，低效企业腾退3宗土地计19.2公顷，有机更新66宗计117.27公顷，产业提升114宗计132.33公顷。1—12月，“低小散”整治累计上报546家。其中，整治提升“低散乱”企业115家，改造升级166家，搬入园区57家，合作转移63家，关停淘汰145家。（陈金春）

【“供电+效能”服务】2021年，义乌市供电公司响应自贸区金义新区区块改革创新需求，提升电力客户体验，创新开展自贸区用电报装受理联动机制，实现金东、义乌线下办电业务跨区域受理。创新实践，建立公司“供电+能效”三级服务体系，设立“供电+能效”服务专窗，加强传统供电业务和新兴效能服务的融合，全力推进“供电+效能”服务。延伸拓展线下服务渠道，完成575个村级电力便民服务中心建设，打造分水塘村“乡村振兴·电力先行——红船·光明驿站”和浙江省供电公司A类电力驿站精品路线，推进城乡供电服务一体化。（陈金春）

【绿色制造体系建设】2021年，义乌落实上级碳达峰碳中和决策部署，研究编撰《义乌市工业领域碳达峰行动方案（初稿）》，明确全市工业碳达峰碳中和行动时间表、路线图。建立绿色工厂培育库，推荐浙江森宇实业有限公司申报国家绿色工厂，义乌晶澳太阳能科技有限公司等4家企业5个国家级绿色设计产品、浙江华川实业集团有限公司省级绿色工厂完成公示。年内，浙江华川实业集团有限公司被评为“省级绿色工厂”，东方日升（义乌）新能源有限公司、义乌市易开盖实业公司等8家企业成功创建“金华市级绿色工厂”；创建金华市节水型企业8家。（朱友龙）

【省“隐形冠军”企业】2021年1月15日，浙江省经济和信息化厅公布2020年浙江省“隐形冠军”企业和“隐形冠军”培育企业名单，义乌易开盖实业有限公司获评省“隐形冠军”企业，义乌市双童日用品有限公司、浙江博尼时尚控股集团有限公司、浙江佳洁塑胶有限公司3家企业获评省“隐形冠军”培育企业。入选省“隐形冠军”企业需具有良好的综合效益，长期专注并深耕于产业链中某个环节或某个产品，具备主导产品的相关发明专利、实用新型专利及软件著作权等，并在国内细分行业中拥有较高的市场份额。义乌易开盖实业有限公司拥有自行开发设计的圆形、椭圆形、方形、马蹄形、长圆形五大系列100余个品种的易开盖、底盖、食品罐、饮料盖等品种，盖型结构、技术性能均处于国内领先水平。拥有食品易开盖年产能60亿只、食品罐年产能10亿罐、底盖年产能30亿只、饮料易开盖年产能60亿只的生产能力，占有全国食品易开盖三分之二的市场份额，食品易开盖生产规模占据亚洲第一、全球前三的位置。至2021年年底，义乌共有“隐形冠军”企业2家，“隐形冠军”培育企业9家。（于　群）

【供地招商项目监管】2021年，义乌市对2014年1月1日后供地的招商项目，按照“谁招商、谁监管”原则，全程跟踪项目开工、竣工、投达产等情况。未按招商协议履约的，严肃追究违约责任，原则上不予办理工业用地转让，重新约定开工、竣工时间，提高建筑容积率、股权转让等手续。对于存量用地，在鼓励提高利用效率的同时，明确工业用地历史遗留厂房办证、提高建筑容积率、股权转让（股权转让给配偶、父母、子女等对转让人承担直接抚养或赡养义务以外的单位或个人，且累计转让份额在25%以上的）等情形均纳入全生命周期管理。并明确存量用地的税收标准。2014年1月1日至2021年年底，供地招商项目纳入全生命周期管理的，招商协议或投资协议约定的投资额、税收等指标标准原则上不得降低；“标准地”出让的新增工业用地按照“标准地”指标进行考核。（王洪健）

【工业用地全生命周期管理】 2021年，加强工业用地全生命周期管理。5月18日，制定出台工业用地全生命周期管理2.0版，规范股权转让行为，规范已纳入全生命周期管理土地的转让、退出行为，明确违约责任追究和后续土地收回标准。新增工业用地仍然坚持落实“标准地”出让模式，同步纳入全生命周期管理，确定协议签订主体。工业项目全生命周期管理按照“出让合同+项目履约协议”模式执行，全生命周期管理履约协议则由属地镇街（平台）签订。未纳入全生命周期管理的存量工业用地纳入全生命周期管理的，亩均税收要求不得低于15万元。新政同时规范了已纳入全生命周期管理土地的转让、退出行为。2018年5月，义乌制定出台《关于加强工业用地全生命周期管理的实施意见（试行）》。至2021年年底，新增纳入全生命周期管理企业99家，累计469家。完成工业“标准地”出让指标评审74宗，签订全生命周期管理协议459宗。工业用地全生命周期管理制度的实施，提高了土地利用效率，遏制了炒卖工业用地现象，解决了一部分开竣工违约和历史遗留厂房办证问题。（王洪健）

化妆品产业

【概况】 至2021年12月，义乌有化妆品生产企业170家，企业数量占金华市的50%，全省的30%以上，生产企业数量与上年同期持平。尽管遭遇美国高关税和新冠肺炎疫情持续蔓延的强烈冲击，2021年，义乌化妆品出口实现正增长。7月，浙江颜雪化妆品有限公司、浙江蝶妃化妆品有限公司获评中国美妆网颁发的“2021年中国美妆制造商100强”。10月，浙江蝶妃化妆品有限公司被评为2021年度“金华市绿色低碳企业”。12月，浙江蝶妃化妆品有限公司企业研发中心被浙江省科技厅认定为“省级高新技术企业研究开发中心”；浙江蝶妃化妆品有限公司和浙江美之源化妆品有限公司获评“2021年义乌市政府创新奖”。

【义乌化妆品行业协会换届】 2021年，根据义乌化妆品行业协会工作计划和上级部门要求，4月，成立义乌化妆品行业换届筹备工作小组，对协会章程、财务管理办法进行修订，确定第六届协会理（监）事规模、任职等要求。由协会办公室全面征求第五届理事会成员、监事、会员在第六届中任职意向和换届工作建议。通过自我报名、组织推荐（市场监管部门）、筹备小组考察等程序，吸收新会员13家。对推荐新任的理事会成员、监事在筹备工作小组讨论通过后，报主管部门审批，确定第六届理事会正式候选人（理事18人、监事1人）。7月7日，在义乌海洋酒店召开协会第六届会员大会和六届一次理事会，完成协会换届工作。

【企业品牌建设】 2021年7月，由浙江省健康产品化妆品行业协会主办、浙江省药品监督管理局支持的2020浙江美妆十大品牌、2020浙产美妆十大新锐品牌评选活动结果揭晓，义乌化妆品生产企业浙江艳庄化妆品有限公司的“艳庄”品牌

2021年10月19日，“艳庄”品牌获评“2020浙产美妆十大品牌”
（义乌市化妆品行业协会　供图）

被认定为“2020浙产美妆十大品牌”；浙江蝶妃化妆品有限公司、浙江丽芙秀化妆品有限公司、浙江美蜜科技有限公司、浙江雅思丽化妆品有限公司、浙江欧诺化妆品有限公司和安科化妆品（浙江）有限公司6家企业的主打品牌被评选为“2020浙产美妆十大新锐品牌”。

【参展第26届中国美容博览会】 2021年5月12—14日，义乌市化妆品行业协会组织浙江颜雪化妆品有限公司、浙江蝶妃化妆品有限公司、浙江艳庄化妆品有限公司等11家企业参展第26届中国美容博览会，设展位48个，与上届持平。11家企业现场达成客户（含意向客户）500余户，成交额（含意向成交）600余万元。通过展会企业收获了客户资源，全面掌握行业发展信息。协会为参展企业争取政府参展补贴46.8万元，提振了企业发展的信心。

【“品字标”认证】 2021年，义乌浙江美之源化妆品有限公司、浙江晶辉化妆品股份有限公司、浙江颜雪化妆品有限公司、浙江雪芙蓉化妆品有限公司等9家化妆品生产企业参加浙江制造“品字标”认证。浙江颜雪化妆品有限公司、浙江蝶妃化妆品有限公司2家企业牵头制订《粉底液（霜）》《烤粉》2个标准通过省级团体标准认证，11月，由浙江省日用化工行业协会发布，12月1日起实施。（王新健）

制笔产业

【概况】 2021年，义乌制笔行业有企业360余家，其中规模以上企业31家，从业人员4万余人。主要有水彩笔、活动铅笔、圆珠笔、自来水笔、水性笔、中性笔、记号笔、白板笔、荧光笔、蜡笔、油画棒、木杆铅笔12个大类200余个品种。制笔企业主要分布在稠城宗宅、义南义北义东工业区、上杨村等地。有“中国制笔工贸基地”区域集体品牌1个，行业知名品牌10个，市级制笔企业研发中心3个。

【义乌制笔产业集群授牌】 2021年9月25日，中国轻工业联合会在北京召开全国轻工业科技创新与产业发展大会。会上，义乌市“中国制笔工贸基地”产业集群通过专家组考察复评，获中国轻工业联合会、中国制笔协会联合授牌。制笔行业是义乌制造业率先发展的产业，有浙江宇航制笔有限公司、浙江义乌美能制笔有限公司、义乌市正航文具有限公司等知名制笔企业及宗宅圆珠笔专业村和上杨村活动铅笔专业村。2005年，经义乌市人民政府申报，中国轻工业联合会、中国制笔协会授予义乌市“中国制笔工贸基地”称号。2006年，浙江宇航制笔有限公司、浙江英代文具有限公司被评为“全国制笔行业最具有影响力企业”。2021年，义乌制笔行业有市场销售商位1500个，经营主体1863家。实现产值26.3亿元，销售额35.8亿元。

【墨水圆珠笔团体标准发布】 为弥补现行国家标准、行业标准覆盖领域的不足，填补现有标准空白，及时反映市场需求和技术创新发展，加快科技成果的规范性推广应用，与现行国标、行标的制修订工作形成互补和相互支撑。提升产品和服务的市场竞争力，引领产业和企业的发展，提升义乌制笔行业整体核心竞争力。由市标准化研究院、义乌市制笔行业协会牵头，义乌市奥德美文具有限公司等21家企业共同起草的《大容量直液式水性墨水圆珠笔》团体标准2021年12月21日颁布，同月28日正式实施。（杨佳怡）

制伞产业

【概况】 2021年，义乌制伞行业有生产企业130余家，其中规模以上企业8家。义乌国际商贸城有雨伞雨具商位300余个。受新冠肺炎疫情影响，2021年制伞产业总销售额14亿元，同比下降13%。其中出口占50%，产品主要销往欧美，中东，东南亚等地。营销模式以实体销售和互联网营销为主，形成以义乌本地制伞企业为主，结合小部分雨伞配件及原材料供应单位的行业集群。

【义乌制伞行业协会换届】 2021年11月15日，义乌制伞行业协会召开第六届换届会员大会，选举产生新一届理事会。选举浙江宝丽姿有限公司董事长孙秀鸿连任会长职务，选举义乌荣信布行总经理沈周华为协会秘书长兼副会长，主持协会日常工作，选举新增副会长单位4家，新增理事单位12家，新增会员单位39家，为协会发展注入新的活力。

【抗疫公益行动】 2021年，浙江多地爆发新冠肺炎疫情，浙江上虞成中高风险区，对上虞制伞市场造成极大的影响，波及义乌制伞行业的稳定和销售。12月12日，义乌制伞行业协会召集协会主要负责人商讨，决定本着“一方有难，八方支援”的抗疫宗旨，在协会内部展开抗疫募捐活动，筹集资金支援上虞制伞行业兄弟单位，2天筹集资金11.67万元，转入上虞崧厦镇财政账户。

（沈周华）

文化用品产业

【概况】 2021年，义乌市文化用品行业有市场经营户5000余家，从业人员30余万人，其中规模以上企业30家。义乌文具市场有经营主体3000余家、制造企业1000余家，实现销售额300亿元。义乌文化用品企业主要分布在佛堂、北苑、廿三里、后宅、苏溪、义亭等镇（街道）。

【新产业新业态整合】 2021年5月11日，义乌市成立浙江泓文供应链管理有限公司（简称“供应链公司”），以行业服务型供应链为导向，聚焦产业链环节的分化、融合，行业跨界整合的新产业新业态；致力于为行业企业拓展销售渠道，引导协会内企业向品质化、品牌化发展；探索如何利用供应链技术优化产品生产销售的流通成本，实现义乌文具产业带数字化变革。6月1日，供应链公司启动京东义乌文具产业带自营专区项目，通过京东星宇对接涂磊、罗永浩、胡海泉、张丹峰、刘媛媛、李金铭等直播间并开展合作，助推义乌文具品牌在线上的宣传和推广。

【参展2021中国义乌文具礼品展】 2021年6月3—5日，2021中国义乌文具礼品展览会在义乌国际博览中心举办。“平米晨光”“一正”等国内外知名品牌参展商552家。展会推出夜场、500辆车大抽奖、商超采购对接会等配套活动，有效拉动文具消费市场，促进国内国外双循环。

【文化用品行业高端实效培训】 2021年9月28日，市文化用品行业协会开展“破局突围”行业高端实效培训。营销数字化研究院院长刘春雄、爆品工厂创始人李国平为会员企业授课，300余人参训。培训采取课堂授课和现场教学相结合方式，从分析宏观经济形势、民营企业面临的机遇与挑战、企业现代管理、浙江中小企业模式参考及分析、大数据应用等方面着手，同时结合梦想小镇等现场教学点的实地考察，提升企业家、企业高层管理人员认知和理念。

（骆黎莉）

画框产业

【概况】 义乌市画业行业协会位于义乌国际商贸城三区，下属会员企业1500余家，分布于国际商贸城一区、三区、四区以及赵宅等市场。涵盖国画、油画、刺绣、版画、新中式、简欧、装帧

2021年9月28日，“破局突围”2021义乌文化用品行业高峰论坛现场

（市文化用品行业协会　供图）

画、羽毛画、实物画、晶钻画、鎏金画、浮雕画、玉雕画、珐琅彩等装饰画和工艺摆件及画框线条配件等辅料行业，为全国最大的装饰画、画框线条配件批发零售基地。年内，面积27万平方米的画业生产基地白马画业园区启动。在新冠肺炎疫情环境下，市画业行业协会带领会员企业出口转内销，全年实现销售额150余亿元。

【优质样品直播销售】 2021年，义乌市画业行业协会推动会员商户转型发展。以抖音平台为主导，聚合企业画框精品，构建优质样品抖音直播销售模式，展示“华鸿集团”“王斌相框”“大森画业”“顶尖刺绣”等高精企业产品。全年播量达200万次，线上销售同比增长50%。

【企业知识产权保护】 2021年，义乌市画业行业协会联合商城集团、市市场监督管理局推进知识产权保护工作。成立知识产权保护领导小组，建立健全知识产权保护管理体系，调节版权纠纷，发挥以“保护企业知识产权”为目的的行业自律保护会作用。采取点面结合模式，开发适应市场和客户的新产品。至年底，收到100家企业500项原创作品。

【赴外诚邀商客】 2021年8月，义乌市画业行业协会组织协会会员200人，赴上海、广州、西安、廊坊、石家庄等城市，诚邀商客2000余人参加在义乌举办的第三届中国义乌画框画业新品订货会。订货会现场成交额1.8亿元，繁荣义乌画业市场，打出全球化、专业化、精品化画业名片。

（叶国民）

玩具产业

【概况】 中国小商品城玩具行业分布于国际商贸城一区，销售网络遍及国内各大、中城市，并远销欧美、非洲、东南亚、中东等地的200余个国家和地区。玩具产销量占全国玩具市场的30%以上、世界玩具市场的25%，全球每4件玩具就有1件是义乌产品。国际商贸城一区有玩具经营商位1575个，经营主体1861户，毛绒玩具、电动玩具、充气玩具、普通玩具四大类品种分别位于一楼B、C、D、E4个区域。有生产企业200余家，分布于义乌各镇（街道）工业区。有玩具生产设备缝纫平板机4000余台、注塑机1200余台、搪胶机1800余台。

【参观考察】 2021年3月，中国小商品城玩具行业组织市玩具行业协会理事赴广东省汕头市澄海玩具制造基地参观考察。参观宏腾玩具展厅，走访大树玩具股份有限公司等源头生产企业，参观玩具专业市场宝奥城，学习澄海玩具制造管理方法，为义乌企业的发展吸取经验。

【玩具嘉年华活动】 为搭建国际商贸城一区玩具行业Chinagoods平台优质商户的展示平台，营造六一儿童节购物氛围，2021年5月29日—6月7日，国际商贸城一区举办第四届购物节暨“六一”玩具嘉年华活动，采取线上线下相结合方式进行。线下购物节在5月29日—6月1日推出新品40余款，2万人次客流量，现场成交21万元。线上（Chinagoods

2021年5月29日，“六一”玩具嘉年华活动现场

（市玩具行业协会　供图）

平台）在5月29日—6月7日设活动专区，展示商家50家，商品（SKU）1017个。实现订单数229个，现场交易额656万元。

【水晶泥团体标准制定】 水晶泥为玩具类产品，因其产品的特殊性，对儿童有可能造成一定的伤害。2021年，市玩具行业协会组织生产企业研究产品配方，提高产品安全性。6月，在市标准化研究院指导下，市玩具行业协会牵头制定《义乌市玩具行业团体标准》。7月，经过研究立项、标准制定、项目评估、标准评审、样品检测等一系列标准流程，10月25日，T/YWWJXH0001-2021《水晶泥》团体标准发布，11月1日正式实施。 （范璐艳）

电力工业

【概况】 2021年，义乌全社会用电量123.44亿千瓦时，同比增长22.14%。国网浙江义乌市供电公司（简称“义乌供电公司”）售电量104.99亿千瓦时，同比增长23.49%，实现营业收入60.58亿元。5月11日凌晨3点左右，受极端天气影响，义乌供电公司出动各类抢修车辆98辆次，抢修人员332人次，砍伐树木170余处，清理异物14处。11日凌晨4点，受雷暴雨影响的故障主线设备全部恢复供电。年内，义乌供电公司被评为省公司卓越管理单位，获评金华供电公司绩效优胜单位、精神文明建设先进单位。“全要素唤醒，构建‘12345’建设体系提升灵活互动资源”入选浙江省电力公司2021年卓越管理案例。

【电网建设提质增速】 2021年，义乌成立“双碳”领导小组，统筹新型电力系统建设。滚动修订义乌“十四五”配电网规划，完成项目可行性研究批复3项，核准3项，开工建设110千伏城东变电站等输变电工程4项。建成投产110千伏及以上输变电工程4个，110千伏变电站总数达40座。实施不同变电站10千伏线路环网建设三年行动计划。累计新增配电线路77条344.48千米，新增配变585台，容量383.29兆伏安。高效完成杭温高铁、金甬高铁等121个电力迁改项目。

【水电站发电】 2021年，义乌市有10千伏并网地方小水电站11座，计38台发电机组9160千瓦装机容量。有半月湾、杨宅、塔下、古寺等11座小水电站发电，全市小水电合计上网电量765.9万千瓦时。有10千伏并网地方小火电厂3座，其中华川热电按自备电厂管理，发电机组容量为1.2万千瓦，全年上网电量646万千瓦时。义乌市双峰环保热电有限公司孤网运行电厂1座，2台发电机组，装机容量为2.4万千瓦，全年发电量2.18亿千瓦时；浙江富元能源开发有限公司热电联产项目按非统调公用电厂管理，发电机组容量为0.9万千瓦，全年发电量762万千瓦时；义乌天子岭有限公司（塔山填埋场）沼气发电项目按非统调公用电厂管理，发电机组容量为0.21万千瓦，全年上网电量为258万千瓦时。至年底，全市并网分布式光伏用户累计5061户，容量20.4万千瓦，全年发电量1.25亿千瓦时。其中：居民分布式光伏用户4817户，容量4.44万千瓦，发电量4139万千瓦时；企业分布式光伏244户，容量15.95万千瓦，发电量8344万千瓦时。中广核太阳能（义乌）有限公司光伏集中地面电站1座，装机容量为0.96万千瓦，全年上网电量937万千瓦时。

2021年义乌市水电站发电量统计表

表11

电站名称	装机容量（千瓦）	上网电量（万千瓦时）
义乌市岩口水库管理处	805	17.6
义乌市枫坑水库管理处	640	1.9
柏峰水电站	885	0

续表 11

电站名称	装机容量（千瓦）	上网电量（万千瓦时）
东塘水电站	285	0
荷火塘水电站	95	0
义乌市尚阳古寺水电站	570	44.7
义乌市杨宅水轮泵站	1520	176.8
义乌市八都水库管理处	640	35
义乌市半月湾水轮泵站	1800	403.3
义乌市塔下水轮泵站	1120	86.7
义乌市巧溪水库管理处	800	0

【电网建设】 2021年1月27日，义乌市第38座变电站110千伏象山变电站投产运行。此变电站位于陆港新区核心区块内，为一层钢结构，半户内GIS布置方式，用地3801平方米，建筑面积781平方米。年内新建10万千伏安容量，新建线路长度0.65千米，采用电缆敷设。110千伏象山变电站主供陆港新区物流园及稠江街道部分区域，电站投产有效减轻了110千伏孙村变电站及110千伏开诚变电站的负荷，优化了区块网架结构，满足区块负荷日益增长的需求。9月28日，110千伏下沈变电站建成投产。此变电站位于荷叶塘工业园区，为半户内智能化变电站，容量10万千伏安，年内新建110千伏线路6.9千米，架空线5.1千米，电缆1.8千米。11月23日，110千伏全村变电站投产。此变电站位于义亭镇姑塘工业区，2020年9月开工建设，为义乌第40座110千伏变电站。110千伏全村输变电工程是一座半户内GIS智能变电站，2021年新增110千伏主变2台，新增变电容量10万千伏安、10千伏出线间隔24个，有效减轻110千伏义亭变电站、铜山变电站及佛堂变电站的负荷，优化义乌市西南部网架结构，为义亭镇的社会经济发展提供电力支撑。

2021年11月23日，义亭姑塘工业区110千伏全村变电站投产

（傅海涛　摄）

【“供电+能效”服务体系】 2021年，义乌供电公司建立公司“供电+能效”三级服务体系，设立“供电+能效”服务专窗，加强传统供电业务和新兴效能服务的融合，全力推进“供电+效能”服务。延伸拓展线下服务渠道，完成575个村级电力便民服务中心建设，打造分水塘村“乡村振兴·电力先行——红船·光明驿站”、浙江省供电公司A类电力驿站精品路线，推进城乡供电服务一体化。6月3日，义乌首个社区（村级）电力便民服务点在佛堂落户。

【全省首家"浙里办"充电平台】2021年8月18日，义乌供电公司充电平台"义乌充电"App在浙江政务服务平台"浙里办"上线，助力电动汽车充电服务走上便民、利民之路，为浙江数字化改革，打造集约高效、安全可信、开放兼容的一体化智能化公共数据平台再添力量。此平台是浙江首家成功上线的"浙里办"充电平台。

【屋顶光伏发电项目】为推动电力产业绿色转型发展，2021年7—8月，义乌供电公司开展分布式屋顶光伏发电项目可行性研究，对全市屋顶资源、用户能耗、发电消纳情况进行摸排分析。9月，启动北苑基地、汇商汽车公司屋顶光伏并网发电项目建设。10月29日，随着各项测试数据有序反馈，义乌供电公司屋顶光伏发电北苑基地、汇商汽车公司屋顶光伏发电成功并网发电。装机容量共1.71兆瓦，年发电量171万千瓦时，为义乌首批建成投产的屋顶光伏发电项目。至年底，义乌供电公司与市场集团、商城集团、恒风集团旗下公司、水务集团旗下公司签订屋顶光伏建设合作协议，完成建设光伏项目25个，装机容量20兆瓦。

【110千伏江东变电站改造】110千伏江东变电站2003年建成投产。因变电站保护及监控系统厂家停产，且近年来运行过程中设备缺陷频发，国网浙江省电力有限公司金华供电公司决定于2021年10月20日—11月20日对110千伏江东变电站进行保护及综合自动化改造，整个改造施工由义乌供电公司自主开展。110千伏江东变电站改造采用"变电站全停，用户用电通过环网柜转供不停电"方式，在降低安全风险，保证安全作业的基础上确保电能供应。此次改造的变电站，是由义乌供电公司自行开展的第四座保护及综合自动化改造变电站，也是首次开展"义乌输变电工程有限公司负责、变电运检中心技术支撑"工作模式的变电站。110千伏江东变电站改造项目完成后，有效提升设备效能，降低运行成本，降低电力系统运行风险，提高区域供电的可靠性、安全性和连续性，为江东用户提供更优质的电力服务。

【"义乌制造"电力设备首次出口非洲】2021年12月1日，国网义乌市供电公司八方电气分公司与中国海大渔业有限公司签订安哥拉索约市投资建设工程光大项目设备销售合同，为国网义乌市供电公司自主生产的电力设备首次走出国门，进入非洲市场。"非洲·安哥拉·光大索约"项目是中国海大渔业有限公司在安哥拉索约市投资建设的工程，预算总投资2亿元，主营业务为远洋渔业捕捞、加工生产及销售全产业链。在项目落地中，需要采购一批电力设备。通过义乌牵线搭桥，最终选中了"义乌供电制造"。此次签订的销售合同计GCS低压柜28台，包括4台并网柜、封闭母线70米，总金额221.4万元。

【防雨雪冰冻应急演练】2021年12月28日，国网义乌市供电公司开展冰雪灾害导致供电线路断线的应急演练。义亭所、苏溪所、佛堂所3个供电所的33名抢修人员，在接到抢修指令后迅速集结应急抢修队伍，提前到达抢修现场，演练过程中各班组分工明确，紧密配合，在发生断线后快速进行应急管理和现场处置。演练中，设置汽车防滑链安装，以确保工程车辆在山区的安全行驶；操作无人机巡视，快速寻找定位故障点，缩短寻找故障花费的时间；演练了树木修剪，事故抢修及应急照明等项目。最大限度地检验相关预案的针对性、可操作性，锻炼应急队伍，提高参演各部门、班组应对突发自然灾害的能力。经过一个小时的抢修作业，10千伏杨塘YK12线因覆冰引起的故障处置完毕，安全隐患消除，国网义乌市供电公司2021年雨雪冰冻应急处置实战演练圆满结束。通过实战演练，国网义乌市供电公司有效完善了处置突发事件的应急机制，规范处置程序和方法，提高了协同处置雨雪冰冻等自然灾害影响电网设备运行的能力，最短时间恢复电力供应和社会正常秩序，最大限度减少财产损失及社会影响。入冬以来共出动车辆43辆次，出动人员176人次，修剪树木500余棵，完成34处山区输配电线路廊道的清理工作，确保冬季电网安全稳定运行。（庞　芸）

综　述

【新兴产业增势良好】 2021年，义乌市新兴产业增速良好。规模以上工业中，数字经济核心产业、装备制造产业、战略性新兴产业、高新技术产业增加值分别增长161.3%、123.7%、107.2%和71.9%，增速均位于金华第一。光伏行业拉动作用明显，2021年，光伏行业实现产值477.2亿元，增加值116.3亿元，分别占规模以上工业比重的38.4%、43.1%。规模以上工业增加值增速贡献率达80.1%，光伏行业是规模以上工业增长的主引擎。2021年，规模以上数字经济核心产业增加值同比增长161.3%，保持金华第一，超金华73%的平均水平。（陈金春）

【推动装备制造业发展】 2021年，义乌市先后制定出台《义乌市人民政府关于鼓励工业企业实现倍增推动制造业高质量发展的若干意见》等系列支持实体经济发展政策，发挥政策“指挥棒”作用，加快培育新兴产业，支持企业持续发展。全年开展政策宣传、专题培训和对接会、软件赋能对接会、专项宣传培训等活动18场，引导200家企业与专家面对面沟通，培育壮大优质企业。至年底，累计申报技改补助106个项目，开展技改补助83个，实现技改补助1.01万元。加快推动装备制造业发展，推荐3家企业申报省级装备制造业重点领域首台（套）产品，1家申报省装备制造业首台（套）重大技术装备保险补偿，打造装备制造高地，推进浙江省先进制造业基地建设。（陈金春）

【实体经济培育】 2021年，义乌市出台一系列政策，进一步推进实体经济的培育。1—3月，出台《义乌市人民政府办公室关于加快推动生物医药产业高质量集聚发展的七条意见》《义乌市工业企业技术改造财政扶持政策实施细则》等支持实体经济发展政策，加快新兴产业培育。3月底，市政府出台《关于鼓励工业企业实现倍增推动制造业高质量发展的若干意见》，从打造新型制造业体系，构建特色区域创新体系、健全企业梯队培育体系，鼓励企业标准化发展，强化要素保障支撑体系4个方面提出支持和鼓励制造业实现高质量发展的18条举措。12月1日，发布《义乌市“十四五”制造业高质量发展规划》，明确全市产业体系规划。（何江波）

【省级融合发展试点示范企业创建】 2021年9月8日，浙江省经信厅公布《2021年省级新一代信息技术与制造业融合发展试点示范企业名单》，义乌市浙江梦娜袜业股份有限公司（简称“梦娜袜业”）入围名单，为个性化定制方向试点示范企业。从2019年起，为提高生产效率，实现企业转型，梦娜袜业对生产车间进行数字化改造，以企业资源计划管理系统（ERP）和制造执行系统（MES）等为基础，以企业智慧运营和产品的全生命周期管理为目标，实现从棉花→纺纱→染纱→袜子研发生产全过程→全球物流→分销商→客户的全程可追溯数字化管理体系，实现企业高质量发展和快速反应，满足市场多变和消费者个性化需求。（赵江英）

【省"尖兵""领雁"研发攻关计划项目】 2021年10月30日，省"尖兵""领雁"研发攻关计划项目立项公示，义乌华灿光电（浙江）有限公司和浙江爱旭太阳能科技有限公司各有1个项目入选。华灿光电（浙江）有限公司入选的项目是面向新型显示应用的第三代半导体材料Micro-LED外延生长与芯片制备关键技术研究，入选"领雁"计划；浙江爱旭太阳能科技有限公司入选的项目是高效晶硅太阳能电池的研发与产业化。入选的项目采取"揭榜挂帅"组织实施，揭榜单位签订"军令状"，对攻关目标、"里程碑"节点、攻关时限、技术（产品）具体指标等进行约定，承诺按照对标单位的领先技术或产品要求，开发出符合条件的技术（产品），并在最终用户单位实现应用。（陈金春）

数字经济

【概况】 2021年，义乌市数字经济实现规模以上产值450亿元，同比增长66.7%；数字经济增加值128.3亿元，同比增长107.2%。战略性新兴产业增加值164亿元，同比增长107.2%；数字经济综合评价90.2，位列金华第一。培育数字经济制造业规模以上企业24家，其中，产值100亿元企业2家，产值1亿元以上企业10家。年内，义乌市入围"实施数字经济'一号工程'2.0版；深化数字经济系统建设，大力发展数字经济成效明显的县（市、区）"名单，获省工业与信息化发展财政资金倾斜。（赵江英）

【数字经济系统建设】 2021年，义乌获评"2021年度数字经济系统建设考核优秀县（市、区）"。从2019年起，义乌抢抓科技革命和产业革命重大机遇，实现从低小散传统工业到先进数字产业集群跨越性突破，义乌制造业数字化、智能化、网络化水平大幅提升，两化融合区域指数连续五年位居全省一类档次。2021年，义乌市数字经济综合评价为金华第一、全省第16位。战略性新兴产业增加值164亿元，增速107.2%；数字经济制造业企业完成投资63.4亿元，数字经济产值450亿元。至2021年年底，共推进智能工厂、数字化车间项目29个，涉及针织、化妆品、食品、仪表、光伏等行业。浙江义乌棒杰针织品股份有限公司、义乌晶澳太阳能科技有限公司、浙江迪元仪表有限公司等数字化改造标杆示范企业初步培育形成，义乌针织服装产业集群新智造试点入选首批浙江省产业集群（区域）新智造名单，浙江梦娜袜业股份有限公司入选省级新一代信息技术与制造业融合发展试点示范企业名单，义乌晶澳太阳能科技有限公司、浙江义乌棒杰针织品股份有限公司入选省级智能工厂（数字化车间）企业名单，吉成文体小微企业创业园被列入2021年省数字化示范小微企业园。（赵江英）

【2021世界数字贸易大会】 2021年4月11日，由中国电子商会、义乌市人民政府共同主办，中国电子商会电子商务专业委员会承办的2021世界数字贸易大会在义乌国际博览中心举行，上级有关部门领导和专家及顺丰、阿里巴巴、长虹佳华、怡亚通、Shopee、亚马逊、杭州自贸创新发展中心、美团优选、华商纵横、北京易同云网等平台企业高管共25人出席大会。大会围绕"数字贸易新业态，国际商贸新发展"主题，在贸产服数字化融合发展、数字贸易国际规则、平台企业国际合作、新时代跨境物流的探索和实践等方面，深入探讨数字贸易面临的机遇与挑战和数字贸易发展新思路、新模式、新方向，搭建全球数字经济体间对话、沟通、合作和发展平台。会上，摩洛哥数字化发展署署长梅勒亚尼介绍摩洛哥的数字化发展，中国国际贸易学会副会长李钢对区域全面经济伙伴关系（RCEP）协议做深度解读，主持开展以"RCEP对推动形成国内国际双循环相互促进的新发展格局的影响"为主题的圆桌对话。会上，专家学者、企业家们进行对话、沟通。中华人民共和国友谊勋章获得者，法

国前总理让·皮埃尔·杜法兰通过视频连线，对世界数字贸易大会的举办表示祝贺。

（赵江英）

【数字化示范小微企业园】 2021年11月16日，浙江省经信厅发布2021年度数字化示范小微企业园名单，义乌市后宅吉成文体小微企业创业园成功入选。后宅吉成文体小微企业创业园位于后宅街道城北路西侧，占地面积6公顷，建筑面积9.59万平方米，由义乌市联吉企业管理咨询有限公司独立运营。园区入驻企业51家，其中文体行业相关企业36家，产业集聚度70.58%。园区有规模以上企业5家，省科技型企业4家，国家高新企业1家。自2019年以来，园区以数字化改革为抓手，推动园区提质增效；将传统的物业管理模式逐渐向数字化管理模式转变，园区数字化管理平台于2019年建成投用并不断更新改造。平台通过连接智能智慧用电系统、远程监控系统、智能水电表系统等实现园区、消防、水电表管理的智慧化管理。至2021年年底，义乌市有省级数字化示范小微企业园3家。

（陈全春）

光电信息产业

【概况】 至2021年年底，义乌经济技术开发区累计引进落地LED光电信息产业项目6个，协议总投资259亿元，涵盖LED产业链上、中、下游重大项目。其中，华灿光电LED外延、芯片及蓝宝石加工项目，瑞丰光电LED扩产及新能源项目，木林森年产10亿套LED照明灯具生产基地项目，彩易达小间距LED显示屏生产基地项目，清越光电前沿小尺寸显示器产业化项目和华灿光电（浙江）有限公司mini/Micro LED研发与制造项目实现投产，带动5000余人就业。年内，总投资10.6亿元的宏禧硅基微型显示芯片项目开工建设，总投资108亿元的华灿先进半导体与器件项目实现投产。LED光电信息产业实现年产值40亿元，同比增长58.9%。义乌制造业百亿级企业实现历史性突破，浙江爱旭太阳能科技有限公司、天合光能（义乌）科技有限公司、义乌晶澳太阳能科技有限公司、晶科能源（义乌）有限公司4家光伏企业年产值100余亿元，光伏、服饰制造、汽车发动机制造三大产业实现规模以上工业总产值548亿元，占全市规模以上工业总产值的50%，义乌工业增加值增速和总量均居金华第一位。“世界光明之都”阶段性建设成果获省政府主要领导充分肯定。

（倪　伟）

【碳化硅功率芯片生产基地项目开工建设】 2021年3月30日，上海瞻芯电子科技有限公司（简称“瞻芯电子”）碳化硅功率芯片生产基地项目开工建设。项目总投资5亿元，投资建设碳化硅功率器件生产研发中心，建设期2年。一期占地3.33公顷，含6英寸碳化硅功率器件生产线与工艺研发平台，形成年产30万片6英寸碳化硅晶圆生产能力。项目全面达产后，可实现产品进口替代，年销售收入16.8亿元。

（倪　伟）

【纳芯半导体制造基地项目引进】 2021年5月20日，义乌经济技

义乌晶澳太阳能科技有限公司外景

（义乌经济技术开发区管委会供图　2021年8月1日摄）

术开发区管委会与纳芯半导体科技（浙江）有限公司（简称“纳芯半导体”）签约，引进纳芯半导体制造基地项目。项目分2期实施。项目一期建设1座存储/IGBT/SiC模组和封装厂。投资20亿元，其中，固定资产投资15.5亿元，流动资金4.5亿元。租用场地2500平方米，建设用地4公顷。项目二期由纳芯半导体与英国NWF公司联合建设6英寸SiC基、8英寸Si基和硅光复合晶圆厂。投资32亿元，其中，固定资产投资26.5亿元，流动资金5.5亿元。用地6.67公顷。（倪　伟）

【特种电线、裸电线生产项目引进】 2021年5月21日，义乌经济技术开发区管委会与琦富瑞电子工业集团（香港）有限公司签约，引进年产10亿米特种电线、20亿米裸电线生产项目，投资8亿元，总用地5.33公顷。达产后，可实现年产值10亿元，年缴纳税收5500万元。（倪　伟）

【义乌芯片产业园投用】 2021年8月23日，义乌芯片产业园投入使用。义乌芯片产业园位于义乌市稠江街道戚继光路，占地2.6公顷，建筑总面积5.8万平方米，打造产品研发、产品测试、IC设计、代码开发等研发空间，集会议室、食堂、休闲书吧等基础配套于一体。随着5G、物联网时代到来，芯片产能需求越来越大，芯片产业呈现国产化趋势。自2020年始，义乌经济技术开发区积极招引芯片企业，重点引进半导体材料、装备制造、封装测试等产业链项目，为培育壮大义乌芯片产业奠定坚实基础。至2021年年底，义乌芯片产业园引进半导体企业4家。

（何江波）

新能源光伏产业

【概况】 至2021年年底，义乌经济技术开发区累计引进落地新能源光伏产业项目14个，协议总投资680亿元。其中，爱旭太阳能年产8吉瓦高效太阳能电池生产基地项目、晶澳科技年产10吉瓦高效电池和10吉瓦高效组件及配套项目、晶科能源高效太阳能电池组件生产基地项目、天合光能高效太阳能电池组件项目、东方日升年产5吉瓦高效太阳能电池组件项目、爱旭36吉瓦新世代高效太阳能电池项目实现投产。14个项目全部达产后，义乌光伏电池和组件产能规模分别可达75吉瓦和59吉瓦。2021年，义乌新能源光伏产业实现规模以上工业产值478亿元，同比增长307%，其中浙江爱旭太阳能科技有限公司、晶科能源（义乌）有限公司、义乌晶澳太阳能科技有限公司、天合光能（义乌）科技有限公司4家企业年产值逾1亿元，实现义乌制造业百亿级企业历史性突破，助推义乌规模以上工业总产值首破1000亿元。（倪　伟）

【首片高效电池片下线】 2021年1月31日，义乌晶澳太阳能科技有限公司电池一期第一片高效电池片正式下线，义乌晶澳年产10吉瓦高效电池和10吉瓦高效组件及配套项目（简称“晶澳义乌项目”）一期全面投产。晶澳义乌项目用地44.07公顷，分2

2021年1月31日，晶澳义乌基地二期高效电池项目首片电池片下线　（义乌晶澳太阳能科技有限公司　供图）

期建设。一期用地38.67公顷，主要建设年产5吉瓦太阳能电池和10吉瓦太阳能组件。2020年3月签约，5月启动，10月太阳能组件投产。晶澳义乌项目全面达产后，可实现年销售收入170亿元。（倪　伟）

【九洲光伏组件辅材生产基地项目引进】 2021年1月29日，九洲光伏组件辅材生产基地项目正式签约，项目总投资3.2亿元。租赁厂房生产，主要建设20吉瓦光伏焊带和10吉瓦光伏接线盒的光伏组件辅材生产基地。项目4月投产，全面达产后，可实现年销售收入11亿元。

（倪　伟）

【年产5吉瓦高效电池及配套项目开工建设】 2021年6月25日，晶澳科技年产5吉瓦高效电池及配套项目开工建设，为义乌晶澳太阳能10吉瓦高效电池和10吉瓦高效组件及配套项目二期项目。建于义亭与佛堂交界地块，占地5.41公顷，总建筑面积5万平方米。投资34.72亿元，购置光伏电池及辅助配套设施、装备等，形成年产5吉瓦高效光伏电池的产能，建设期1年。

（倪　伟）

【年产10吉瓦高效太阳能电池项目】 2021年6月25日，爱旭新世代年产10吉瓦高效太阳能电池项目开工建设。此项目为浙江爱旭36兆瓦新世代高效太阳能电池项目子项目，投资64.4亿元，占地16.6公顷，建设10吉瓦新一代N型高效太阳能电池生产基地。项目投产后，可实现年产5兆瓦高效电池+10兆瓦高效组件。（倪　伟）

【副食品市场光伏项目投运】 2021年10月，义乌供电公司推进义乌市浙中农副产品批发市场光伏项目建设，以“质量、安全、进度”为核心，全面督导，精准实施。12月29日，最后一组逆变器接线并网，义乌市浙中农副产品批发市场光伏发电项目建成投运。义乌市浙中农副产品批发市场是浙中地区农副产品物流中心，集聚蔬菜批发、冷冻、仓储等区域功能，电力保障要求较高。项目分4期开发，总装机容量4.8兆瓦，年发电量480万千瓦时项目的投产，优化了市场内部配电布局，为义乌供电公司大型屋顶资源集约开发，削减电力尖峰负荷，发展清洁能源创造条件。（庞　芸）

汽车及装备制造产业

【概况】 义乌以绿色动力小镇为核心，大力发展汽车及装备制造产业，义乌汽车制造业向产业中高端迈进。至2021年年底，义乌经济技术开发区累计引进锋锐发动机、义利动力总成、英伦新能源整车、吉利沃尔项目、赵龙特种车等项目，形成年产160万台发动机、70万台变速器、20万辆特种车、10万辆新能源整车的生产能力。

【吉利动力总成义乌基地】 2021年，吉利动力总成义乌基地实现产值26.3亿元，营业收入32亿元。吉利动力总成义乌基地是浙江吉利控股集团有限公司（简称“吉利集团”）旗下浙江吉利动力总成有限公司七大生产制造基地之一，位于义乌经济技术开发区赤岸镇南青口汽车产业园。项目于2014年6月签约，总投资96亿元，下设浙江锋锐发动机有限公司、浙江义利汽车零部件有限公司两大制造工厂。规划年产能80万台，是集发动机研发、制造、销售、服务于一体的高科技制造型企业。吉利动力总成义乌基地坚持“以市场为导向，以客户为中心，以奋斗者为本”的企业文化导向，激发团队智慧和力量，致力于打造先进的、具有国际影响力和竞争力的动力总成制造基地，2021年，基地有员工1300人，人才队伍呈现年轻化和专业化。

【全球首款量产3挡混动电驱变速器下线】 2021年12月7日，“雷神动力”3挡混动电驱变速器DHTPro在吉利集团DHT工厂下线，为全球首款量产3挡混动电驱变速器DHTPro。此款变速器在轴向仅为354毫米的尺寸内，高度集成1个发电电机和1个驱动电机、2个电机控制器和3挡速比的变速增扭机构，结构紧凑。不仅是传统意义的变速器，还可独立参与电驱动的动力驱动装置，整个混动系统的智能能量控制中枢，可实现纯电机驱动、油电混合驱动、智能发电、智能能

量分配和3挡变速增扭的强大功能，将电和燃油进行“无损”高质量输出，实现自学习自适应的20种智能工作模式。（倪　伟）

生物健康产业

【概况】 生物健康产业是义乌重点发展的传统优势产业，至2021年年底，义乌培育了杭州华东医药集团浙江华义制药有限公司、浙江红雨医药用品有限公司、浙江森宇有限公司、浙江大德药业集团有限公司、浙江三溪堂中药有限公司等20余家生物健康产业企业。2021年，义乌有生物健康产业规模以上企业18家，规模以上产值22.9亿元。用工人数2712人。（吴惠春）

【国际体外诊断质控品项目】 2021年3月8日，义乌市政府与浙江启奥生物科技有限公司签订协议，引进义乌生命科学园及国际体外诊断质控品、标准品制备和研发中心项目。项目总投资10亿元，用地11公顷。在后宅街道上周村及综合保税区内投资建设国内领先的体外诊断医疗器械产品注册、报批、质量管理体系、厂房建设一体化的总部公司，国际高端医疗产业园、公共服务技术平台，以及组织、细胞、体液等多样本类型的综合自动化生物样本库及实验室。项目达产后，可实现亩均税收60余万元，累计取得一类、二类、三类医疗器械注册证分别不少于100个、200个、50个。此项目的建成，有利于加速孵化医疗器械企业，弥补义乌市医疗产业基础薄弱的短板。（吴惠春）

【中科新生命（义乌）质谱技术检测中心投用】 2021年6月，中科新生命（义乌）质谱技术检测中心建成投用。2020年3月23日，义乌经济技术开发区与上海中科新生命生物科技有限公司（简称“中科新生命”）签订项目投资协议，引进总投资5亿元的中科新生命高通量质谱技术检测中心项目。建成国内最大的生物质谱领域应用中心、中科新生命全国产能中心，5年内成为中科新生命亚太地区的产能中心。此项目落户高科技人才创业园，建筑面积4400平方米，投入60余套各类质谱系统，实现自动化、标准化批量分析检测，满足蛋白质组学和代谢组学等科技服务项目的分析通量及临检大样本的持续检验分析通量。覆盖20余种产品线的流水化自动化检测产业线，面向2000余家科研高校、医院、研究院所和生物医药企业，提供蛋白质组学、代谢组学、生物信息学技术等科技服务。中科新生命成立于2004年12月，由中国科学院上海生命科学研究院投资，为上海市高新技术企业，在科技服务（蛋白质组、代谢组）、生物医药CRO（医药研发合同外包服务机构）的细分领域行业里排名第一，属于领域内龙头企业，总部位于上海。（倪　伟）

华义制药洁净区车间通道

（杭州华东医药集团浙江华义制药有限公司供图　2021年9月10日摄）

【中央厨房及肉制品深加工项目】 2021年9月30日，正大食品（义乌）有限公司中央厨房及肉制品深加工项目一期投产，可实现年产9500吨蒸饺生产规模。2016年3月6日，义乌经济技术开发区管委会与正大（中国）投资有限公司签约，引进中央厨房和肉制品深加工项目。将现代科技成果融入餐饮的产品加工、管理、经营、开发等环节，在义乌建设具有国际水平的“现代化、标准化、清洁化”新型中央厨房和肉制品深加工基地，打造全产业链、安全放心的食品与现代农业品牌。项目建成后，实现年销售收入60亿元，新增就业1800余人。（倪　伟）

新材料产业

【概况】 2021年，义乌市引进新兴产业，以政策促进产业转型升级，以招商引资扩大产业规模，取得一定成效。全市有浙江真爱毯业科技有限公司、浙江爱旭太阳能科技有限公司等高新技术新材料产业企业169家，比上年增加56家。半导体材料和新能源等领域快速增长，实现产值697.5亿元，税收9.49亿元，带动就业4.9万人。（侯斌杰）

【新型芯底两用瓦楞原纸造纸工艺研究项目】 2021年1月，浙江华川实业集团有限公司承担新型芯底两用瓦楞原纸的造纸工艺研究项目。以国产OCC（废旧箱板纸）废纸为原料，经过碎解、筛选、净化、疏解制浆，再经成型、滤水、压榨、烘干、分切等工序制造成客户需要的规格用纸。在纸机制造阶段，使用世界一流的稀释水流浆箱、底网+顶网成型器，四辊三压区复合压榨（带靴压、压榨蒸汽箱）、单排缸设计烘干部等进口先进设备，采用先进DCS、QCS自动控制技术，辅以双元助留助滤系统、喷淋施胶系统、原淀粉在线酶转化技术，使产品达到芯底两用多重效果。项目的实施，可实现年新增销售收入3000万元，利润320万元，税收290万元。（金正春）

【高效率P型TOPCon太阳电池研发项目】 2021年1月，浙江爱旭太阳能科技有限公司承担高效率P型TOPCon太阳电池研发项目。针对TOPCon太阳电池难题、技术瓶颈，围绕量产转换效率不够高，良率低等问题，对TOPCon技术中共通的高性能载流子选择性收集层技术、超细栅线印刷技术和低复合的金属化技术等技术进行攻关突破，开发P型TOPCon太阳电池的规模化工艺技术。通过这些技术的整合，开发出低成本的高效P型TOPCon太阳电池新产品，有效降低TOPCon电池制造成本，TOPCon电池硅成本和非硅制造成本分别控制在每瓦0.6元和每瓦0.2元以下，成本控制水平在国际领先。申请2件发明专利，解决3项关键技术。7月，高效率P型TOPCon太阳电池研发项目获批2021年第一批省级新产品试制计划。（吕园芳）

【石墨化电极材料关键技术研究】 2021年12月，义乌工商职业技术学院主持纳米纤维素基水凝胶构筑吸附及石墨化电极材料关键技术研究项目，为浙江省基础公益研究计划项目。纳米纤维素基水凝胶是最具发展前景的纳米生物质材料，具有高孔隙率、大比表面积的新型三维多孔等特性，经高温石墨化可实现由非导电材料向导电碳材料的转变，广泛应用于超级电容器、锌–空气燃料电池、柔性电子传感器件中的石墨化电极材料等方面。项目采用氧化改性的纳米纤维素（TOCNs）与阳离子瓜尔胶（CGG）自组装形成复合水凝胶，利用水凝胶骨架中的吸附竞争配位和限域作用，实现对重金属离子的吸附调控，并经石墨化处理，制成重金属单原子掺杂的多孔石墨化电极，实现重金属单原子的级联锚定和高密度负载，确立高活性重金属单原子的定向调控方法。将石墨化电极组装成锌–空气电池，建立电极材料微结构与宏观电催化性能之间的构效关系。项目研究结果解决吸附重金属离子的水凝胶的二次处理难题，“变废为宝”，为纳米纤维素基绿色催化剂及其在电化学储能器件中的研究提供理论指导与技术支持，助力纳米纤维素的高附加值利用发展。至年底，项目完成纳米纤维素基水凝胶构筑及吸附调控。（金正春）

先进制造与自动化业

【概况】 2021年，义乌市有浙江英伦汽车有限公司、义乌市易开盖实业公司等高新技术先进制造与自动化企业43家，比上年增加3家。实现产值49.5亿元，税收1.99亿元，带动就业4500余人。（侯斌杰）

【全自动胶带分条机包装线项目】 2021年1月，浙江钜业机械设备有限公司实施Jy8218-3全自动胶带分条机包装线项目。针对现有的半自动胶带分切机进行胶带生产全自动流程优化，对胶带生产的各个环节进行前后工序重新排序及整合，通过一字型磁粉刹车机构的优化设计，全自动胶带分切机纠偏刻度标识装置设计和全自动胶带分切机收卷轴放置架设计等工序，保证半自动胶带分切机可以适应全自动化的操作节拍并保证稳定性。增设全自动纸管理料装置实现胶带分切机的全自动运行，实现全自动胶带生产和包装。新包装线克服传统人工操作造成的工序慢、停顿时间长的缺陷，工序连贯流畅，工作效率高，出错概率小。项目完成后，年产值可达3600万元，实现税前利润1000万元，缴纳各项税费306万元。至年底，完成整机组合，装配完成后试机达到预期设想，整体运行效果良好。（金正春）

【智能制造新模式应用】 2021年11月，义乌华鼎锦纶股份有限公司五洲新材全流程锦纶生产智能工厂智能制造新模式应用完成建设并通过验收。项目总投资3.17亿元，研发应用锦纶纤维的智能原料仓库、智能成品立体仓库及智能切片配送系统、自动落丝系统、在线检测系统、自动包装系统等配套工程。开发集成物流调度、企业资源管理、制造执行、产线控制、仓储管理、能源管理及控制、实时数据采集等工业软件和生产大数据应用分析平台，研发高参数大容量多品种原料和产品的锦纶生产MES智能优化、丝饼智能在线检测、智能仓储等关键技术，建成全流程锦纶生产智能工厂，提升产业的智能化水平和核心竞争力。项目采用5个大类共23项关键核心装备，开发应用7项工业软件和2项工业互联网系统。通过项目实施，企业生产效率提高，运营成本降低，产品研制周期缩短，产品非优等品率降低。申请发明专利6件，其中授权2件，获软件著作权11项。制定行业标准1项，团体标准1项，企业标准2项。（吕园芳）

生物医药产业

【概况】 2021年，义乌有浙江森宇有限公司、浙江美之源化妆品有限公司等高新技术生物医药企业23家，比上年增加6家。实现产值18.7亿元，税收1.29万元，带动就业3000余人。有规模以上生物医药制造企业7家，实现年销售产值7.4亿元，杭州华东医药集团浙江华义制药有限公司、浙江红雨医药用品有限公司、浙江大德药业集团有限公司3家企业年产值在1亿元以上。（侯斌杰　吴惠春）

【O-糖链修饰作用机制研究】 2021年1月，义乌市妇幼保健院承担“O-糖链修饰相关CircRNA-ZEB1/miR-337-3p/OGT信号轴在三阴乳腺癌进程中的作用机制研究”项目。此项目列入2021年度浙江省自然科学基金探索项目。项目以O-糖链修饰相关circRNA为切入点，通过生物信息学分析筛选出三阴乳腺癌候选circRNA-ZEB1。以“验证circRNA-ZEB1调控三阴乳腺癌进程及其具体的分子机制”为关键科学问题，通过对临床组织样本及三阴乳腺癌细胞株进行一系列细胞功能及分子机制验证实验，揭示circZEB1/miR-337-3p/OGT信号轴对TNBC的调控关系，以阐明环状非编码RNA调控蛋白O-糖链修饰对三阴乳腺癌生物学行为的影响及分子调控机制，为三阴乳腺癌的诊疗提供新的预测及研究靶点。至年底，项目完成包括高通量测序、细胞功能、蛋白质免疫共沉淀联合质谱分析在内的绝大部分实验。（金正春）

【米拉贝隆缓释片项目】 2021年4月，米拉贝隆缓释片项目通过国家药监局申报资料审评和现场核查，首仿获批，并取得发明专利1项，国内首家成功上市销售。米拉贝隆缓释片项目由杭州华东医药集团浙江华义制药有限公司（简称“华义制药”）自主研发，2017年3月立项。2019年3月，启动生物等效性临床研究，并一次性通过空腹、餐后的生物等效性评价。同年9月，完成资料整理撰写、注册申报，并纳入国家药监局优先审评资格。米拉贝隆缓释片是华义制药第一个缓释制剂项目，也是第一个立项时强调争取首仿并最终首仿获批的项目。治疗膀胱过动症的一线药物多为M受体拮抗药物，国内最常用的M受体拮抗剂是奥昔布宁和托特罗定和曲司氯铵，这些产品均存在较严重的口干、便秘等M受体拮抗剂副作用，有较高的尿潴留风险。米拉贝隆为高选择性β3肾上腺素能受体激动剂，是一种治疗膀胱过度活动症（OAB）的全新作用机制口服药物，可有效治疗尿急、尿频和急迫性尿失禁症状，不影响膀胱排空，不易造成急性尿潴留，且不会发生M受体拮抗剂类不良反应。（吕园芳）

电子信息产业

【概况】 2021年，义乌有华灿光电（浙江）有限公司、浙江英特来光电科技有限公司等高新技术电子信息企业30家，比2020年增加4家。实现产值38.8亿元，税收6873万元，带动就业6800余人。（侯斌杰）

【多重加密电子合同签章系统研发】 2021年3月，收稻网络科技（义乌）有限公司承担多重加密电子合同签章系统研发。项目总投资50万元。电子合同签章方法及系统是在业务系统中设置签章控件模块。当用户向业务系统中上传合同文件后，签章控件模块加载合同文件供用户预览，用户确认合同文件后，签章控件模块在合同文件上创建签名。此系统的特点是业务系统一方的人员无法对用户上传的合同文件进行替换，确保用户进行电子签章的合同文件就是其上传的那一份合同文件。主要解决合同的安全性问题，防止电子合同内容泄密或被篡改的风险。多重加密电子合同签章系统研发完成后，投入公司的平台服务中，可产生销售收入1500万元，实现利润90万元，税收12万元。年底，系统进入内部测试阶段。（吕园芳）

【高亮度TOP四合一户内全彩显示器件研发】 2021年12月，浙江英特来光电科技有限公司承担高亮度TOP四合一户内全彩显示器件的研发。项目总投资300万元。产品集成单一TOP型RGB器件的高可靠性和CHIP型四合一产品外观的一致性优点，解决传统全彩显示LED的TOP型支架为底部金属结构加单个塑胶碗杯。单个碗杯的支架在做小尺寸支架时，由于尺寸限制，不能做的更小，无法提高产品的亮度；单个碗杯支架由于引出脚多，支架碗杯气密性较差，封装成品后外部潮气容易从支架引脚进入碗杯内部，导致LED封装成品气密性差，造成失效的问题。产品量产后，可年增销售收入2300万元，利润184万元，税收20万元。（金正春）

知名企业

【概况】 2021年2月18日，义乌市政府公布2020年度工业企业50强名单，浙江爱旭太阳能科技有限公司荣登榜首。2020年，义乌实现规模以上工业产值667.66亿元，同比增长6.66%；实现规模以上工业增加值164.73亿元，增速11.4%。此次入围的2020年度工业企业50强企业实现产值占50%以上，达347.94亿元，比2019年工业企业50强产值增长16.66%。2020年，工业企业50强实现税收11.56亿元。工业企业50强评定指标主要有企业实缴税收总额（40分）、企业产值（25分）、企业亩均税收（15分）、企业工业投资（10分）和研发费用（10分）。与上年评定办法相比，亩均税收得分从10分上升至15分。限制性条款中，增加亩均税收低于8万元的企业不得评为50强（尚在投资期的招商引资项目和农产品生产项目除外）。（于　群）

2021年义乌工业50强企业一览表

表12

序号	企业名称	序号	企业名称
1	浙江华川实业集团有限公司	26	华灿光电（浙江）有限公司
2	天合光能（义乌）科技有限公司	27	浙江森宇有限公司
3	义乌华鼎锦纶股份有限公司	28	浙江润晖服饰有限公司
4	浙江锋锐发动机有限公司	29	浙江瑞丰光电有限公司
5	义乌晶澳太阳能科技有限公司	30	义乌市南吉针织有限公司
6	华鸿画家居股份有限公司	31	浙江高普照服饰有限公司
7	晶科能源（义乌）有限公司	32	浙江梦娜袜业股份有限公司
8	浙江卡游动漫有限公司	33	义乌建恒建材有限公司
9	浙江爱旭太阳能科技有限公司	34	浙江蝶妃化妆品有限公司
10	浙江天派针织有限公司	35	浙江颜雪化妆品有限公司
11	浪莎控股集团有限公司	36	浙江博尼时尚控股集团有限公司
12	义乌市易开盖实业公司	37	浙江帝宏家纺有限公司
13	浙江棒杰数码针织品有限公司	38	杭州华东医药集团浙江华义制药有限公司
14	浙江蓝宇数码科技股份有限公司	39	浙江超凡制衣有限公司
15	义乌市佰晟商品混凝土有限公司	40	浙江爱美莱纤体服饰有限公司
16	浙江奥翔服饰有限公司	41	浙江迪元仪表有限公司
17	浙江伊彤服饰有限公司	42	浙江珊琪服饰有限公司
18	义乌市超其特玩具工艺品有限公司	43	浙江平步服饰股份有限公司
19	浙江大德药业集团有限公司	44	浙江宾王扑克有限公司
20	义乌市金厦商品混凝土有限公司	45	浙江芬雪琳针织服饰有限公司
21	浙江真爱毯业科技有限公司	46	浙江美之源化妆品有限公司
22	浙江王斌装饰材料有限公司	47	义乌市锐超相框有限公司
23	浙江年年旺针织有限公司	48	义乌市瑞泽服饰有限公司
24	东方日升（义乌）新能源有限公司	49	浙江广鸿新材料有限公司
25	荣利服饰有限公司	50	义乌浩盛新材料有限公司

（于　群）

【浙江锋锐发动机有限公司】 浙江锋锐发动机有限公司成立于2014年11月25日，位于义乌市赤岸镇吉祥路1号，总投资20.65亿元，总占地面积9.27公顷，是吉利汽车集团动力制造公司下属集汽车发动机研发、制造、营销于一体的全资子公司。有员工400余人，专科及以上人才170余人。主要生产JL-4G系列多款汽油及混合燃料、甲醇混动等发动机，搭载吉利SS11、帝豪、远景X3等吉利现有市场畅销车型，年产能40万台。全面对标VOLVO工厂，引进世界顶尖级的先进高端智能设备，生产制造精品发动机，装配线使用BOSCH拧紧设备、自动涂胶测试设备等自动化设备；关键螺栓拧紧工位采用全自动设备拧紧，前后油封压装采用伺服电缸压装。整条装配线三分之一工位为全自动无人工位，机加线采用柔性生产工艺。引进德国进口珩磨机、高压清洗机、高速数控加工中心和自动线，采用自动上下件、自动输送、高压去毛刺等先进工艺，设备精度和生产制造工艺均达到行业先进水平。浙江锋锐发动机有限公司于2015年5月8日开工建设，2016年9月通过SOP（标准作业程序）后进入量产。至2021年年底，浙江锋锐发动机有限公司累计生产发动机129.33万台，实现产值95.34亿元，营业收入88.86亿 元。2016—2021年，公司被评为"全国工贸行业标准化样板区建设示范企业""浙江省中小学质量教育社会实践基地""浙江省安全生产标准化二级企业（机械）""义乌市2015年度工业亩产效益综合评价五星A类企业""义乌市工业企业50强""义乌市优秀企业"等。

（彭国辉）

【华鸿画家居股份有限公司】 华鸿画家居股份有限公司为华鸿控股集团于2017年进行资产重组，将经营性业务剥离成立的股份公司。原名华鸿文化创意有限公司，2019年更名为华鸿画家居股份有限公司（简称"画家居"）。位于佛堂镇大士路1号。画家居下设浙江画之都文化创意有限公司（简称"画之都"）、浙江天画家居用品有限公司（简称"天画"）2家子公司，拥有天画、画家居、画之都3个生产基地，总占地面积20公顷，建有国际化标准厂房20万平方米。引进国际时尚设计理念，产品畅销全球各地，是国际零售巨头沃尔玛指定供货商。拥有自主版权1.6万个，授权专利90余项。拥有专业研发和油画创作人员100余人。根据客户的需求提供完整的设计方案，量身定做拥有图片知识产权和版权的各类家居装饰画产品。2012年，画之都被认定为国家文化出口重点企业；2019年，获"义乌市政府质量奖"。2020年，画之都、画家居被认定为国家高新技术企业。2021年，画家居有员工3000人，实现产值10亿元。

（王 平）

画家居全自动喷绘机

（华鸿画家居股份有限公司供图 2021年8月1日摄）

【浙江卡游动漫有限公司】 浙江卡游动漫有限公司（简称"卡游动漫"）成立于2019年8月，注册资金8.36亿元，位于义乌市稠江街道英才创业园。专业从事原创动漫及其衍生品开发、生产、销售。主导产品为动漫卡牌，拥有宇宙英雄奥特曼、斗罗大陆、火影忍者以及哈利·波特等流行动漫形象授权50余个。产品销售采用线上、线下两种途径，线上在卡游旗舰店、京东、天猫、拼多多等平台推广；线下以经销商及直营店模式推进。有一线城市直营店20家，主要产品"动漫卡牌"市场遍布全国33个省、区、直辖市，覆盖率达95%以上，其中"宇宙英雄奥特曼"系列明星产品销售趋旺。自2019年以来，卡游动漫发挥上海研发、运营优势和浙江义乌生产、物流优势，获头部动漫IP奥特曼等授权合作。与国内新兴动漫IP持有方武汉艺画天开文化传播有限公司、腾讯影业文化传播有限公司、杭州玄机科技股份有限公司等8家公司建立合作关系。《检测和校准实验室能力认可准则》，经审查、评审，卡游动漫检测中心成功获CNAS（中国合格评定国家认可委员会）实验室认可，为义乌市"倍增计划"试点企业。公司先后获"国家级高新技术企业""浙江省'放水养鱼'业""金华市研发中心""义乌市纳税先进企业"等荣誉。同年4月11日，卡游动漫启动"卡游杯"英雄对决全国冠军赛，至年底，对决赛在全国27个省（直辖市）134座城市举办赛事1.15

2021年4月11日，浙江卡游动漫有限公司启动“卡游杯”英雄对决全国冠军赛。图为济南巡回赛现场

（浙江卡游动漫有限公司　供图）

万场，以爆发式的增长，成长为全国规模最大的TCG（集换式卡牌）赛事之一。2021年，公司营业收入22.25亿元，纳税7915万元，列“2021年义乌市工业企业50强”第八位。　（李雨桐）

【浙江瑞丰光电有限公司】 浙江瑞丰光电有限公司（简称“瑞丰光电”）成立于2016年，为深圳市瑞丰光电子股份有限公司（股票代码：300241）全资子公司。位于义乌信息光电高新区，注册资金4亿元。是一家研发、生产LED光源并提供应用解决方案的全球知名LED封装方案及产品提供商。公司主营光电技术研发、照明灯具生产和销售、发光二极管生产和销售。主要产品有照明产品系列、CHIPLED产品系列、全彩产品系列、汽车电子产品系列、红外产品系列及紫外产品系列等。拥有200余人的研发团队，其中本科以上学历占90%，硕博以上学历占10%（含国家级专家）。有浙江省“千人计划”专家1人。申请专利429项，其中，发明专利142项，实用新型234项，外观专利53项；拥有自主知识产权80余项。与全球欧司朗、飞利浦、LG、首尔、松下等30余个一线品牌企业建立战略合作关系。公司占地面积6.67公顷，2016年6月开工，12月正式投产，实现当年开工当年投产。至2021年年底，公司先后获“国家高新技术企业认证”“金华市高成长十佳标杆企业”“义乌市工业企业50强”“义乌市工业亩产效益A类企业”“义乌市人力资源服务协会理事单位”等荣誉。2021年，公司有员工1300余人，实现总产值7.6亿元，税收3008万元。　（赵琼超）

【浙江颜雪化妆品有限公司】 浙江颜雪化妆品有限公司成立于1999年，注册资金5000万元，占地面积4公顷，位于义乌市义东工业区。公司集科研、开发、生产、销售、服务于一体，生产眼妆、面妆、唇妆、彩妆、护肤、洗护等化妆品100余种，款式1000余种，规格1万余种。产品远销东南亚、中东、欧美等90余个国家和地区。专业承接国外客户ODM、OEM及加工贸易业务，服务全球50余个品牌客户，在意大利、西班牙、墨西哥、巴西、南非、迪拜、尼加拉瓜等20多个国家设立销售代理。在上海、杭州设立销售中心，在义乌国际商贸城设立直营门店3个，在全国各省一、二线城市建立经销商90余家。有现代化花园厂房7万平方米，十万级净化车间2万平方米。引进国际先进的全自动压粉机、口红机、灌装机等生产、检测设备，旗下“USHAS”“Febble”“SAS”等品牌在100个国家注册，先后通过ISO 9001质量管理体系、ISO 14001环境管理体系、ISO 45001职业健康安全管理体系及ISO 22716、GMPC化妆品良好操作规范管理体系认证、安全标准化认证、Halal清真认证、新欧标CPSR认证。拥有自主知识产权发明专利3项，外观设计、实用新型专利30余项，著作3项，作品1项。至2021年年底，公司先后获“国家高新技术企业”“品字标浙江制造”“浙江省科技型中小企业”“浙江省重点联系外贸企业”“金华市自营出口超2亿元生产企业”“2021年义乌市工业企业50强”等荣誉。2021年，公司有员工600余人，月生产能力1200万支（盒），年营业收入2亿元，上缴税收1000余万元。　（骆锦钢）

华义制药员工操作铝塑包装机

（杭州华东医药集团浙江华义制药有限公司供图　2021年9月10日摄）

【杭州华东医药集团浙江华义制药有限公司】 杭州华东医药集团浙江华义制药有限公司（简称“华义制药”）为国家级高新技术企业、中外合资企业，位于义乌市佛堂镇双峰路15号，占地7.2公顷。成立于2000年9月，注册资本1950万美元。公司先后通过SFDA、FDA、CEP等质量认证，取得ISO 14001、OHSAS 18001等证书。中国主要投资方杭州华东医药集团控股有限公司是“杭州市十大企业集团”“浙江省政府重点培育的18家大企业集团”“中国500强企业”。公司有生产车间8个，其中，API车间5个，制剂车间3个，年产能200吨。制剂车间有高速包装生产线等生产线3条，主要生产和销售医药中间体、原料药、药物制剂，年产能10亿片。有流化床、混合机、冲高速压片机、包衣机等设备。华义制药生产的原料药及中间体产品销往亚洲、欧洲、美洲等地区，制剂在中国各大医院及药房有售。华义制药每年在科研上投入3000余万元。2020年，公司首个制剂产品索利那新片获批上市；2021年，米拉贝隆片取得国内首仿药。2021年，华义制药实现产值1.4亿元，税收822万元。至2021年年底，华义制药有员工180人，大专学历占65%以上。（蒋　娟）

上市公司

【概况】 2021年，义乌有新上市公司1家，累计有浙江中国小商品城集团股份有限公司、四川浪莎控股股份有限公司、义乌华鼎锦纶股份有限公司、棒杰数码针织品股份有限公司、浙江世宝股份有限公司、新光圆成股份有限公司、浙江华统肉制品股份有限公司、浙江博尼时尚控股团有限公司（香港红筹上市）、浙江真爱美家股份有限公司上市公司9家，实现营业收入281亿元，其中，7家企业盈利22.5亿元，2家企业亏损7.9亿元。有新三板挂牌企业7家，实现营业收入11亿元，利润1.09亿元。

【浙江真爱美家股份有限公司上市】 2021年4月6日，浙江真爱美家股份有限公司（股票简称“真爱美家”）在深圳证券交易所上市，股票代码003041，发行价每股18元，融资净额3.75亿元，为义乌市第九家上市企业。真爱美家股份有限公司成立于2010年，注册资金1亿元，员工1567人，其中高端研发人员274人。专业从事以毛毯为主的家用纺织品的研发、设计、生产与销售。2017年，在全国毛毯类纺织品出口企业中，真爱美家以1.11亿美元的出口额排名全行业第一位。2018年、2019年，公司毛毯类产品在中国纺织工业联合会组织的中国纺织服装行业企业竞争力排序中连续两年蝉联第一。2021年，公司实现营业收入9.33亿元，净利润1.07亿元。（吴雄青）

产业集聚园

义乌经济技术开发区

【概况】 至2021年年底，义乌经济技术开发区有规模以上企业654家，国家高新技术企业173家，完成固定资产投资95.1亿元，其中工业投资74.4亿元。招引的企业实现规模以上工业总产值605.6亿元，同比增长172.8%。年内，义乌经济技术开发区以产城融合为理念，编制完成《义乌绿色动力小镇区块控制性详细规划》《光源小镇控规》《高铁新城控规》《廿三里拓展区块成片开发控制性详细规划》《大陈前山工业区块控制性详细规划》《上溪松山区块控制性详细规划》等城市规划21项。

【开发区项目推进】 2021年，义乌经济技术开发区实施市政基础配套建设项目42个，其中，新建32个，续建10个。完成基础建设有效投资1.4亿元，其中铜山路、深塘防汛抢险道路一标等10个项目完工，实现通车里程12千米，绿化面积10万余平方米。武德水厂投用运营，义乌高新区小学、义乌杭州育才学校和义亭中学改扩建工程等工程有序推进。完成总部经济C组团、江东街道宗泽路与和欣路西侧以及苏溪18-2、22、23号等6块商服用地出让，做强商服和文旅板块。全面加强规划引领，全域谋划功能布局，高质量完成绿色动力小镇控制性详细规划等城市规划21项，稠江二中项目方案设计等建筑设计10项，东方日升专用排水管道工程施工图等市政工程设计20项，高新区10号地块公园方案等景观工程设计11项。

【开发区项目签约】 2021年，义乌经济技术开发区管委会累计赴外地招商480余次，接待客商来访考察600余批次，签约1亿元以上项目38个，协议总投资633亿元。其中，10亿元以上项目19个，100亿以上项目2个，涉及新能源光伏、高端芯片、医疗器材和新材料等领域。高端芯片领域引进投资150亿元的海外半导体并购和月产15万片8英寸晶圆厂等重大项目7个，总投资267.77亿元；新能源光伏领域引进投资130亿元的亿晶高效光伏电池和组件及配套生产基地等产业链项目9个，总投资177.4亿元。储备东方雨虹、清越光电新一代OLED等重点项目50余个。

【开发区（园区）整合提升】 根据《中共浙江省委浙江省人民政府印发〈关于整合提升全省各类开发区（园区）的指导意见〉的通知》《中共浙江省委办公厅浙江省人民政府办公厅印发〈关于打造高能级战略平台的指导意见〉的通知》，2020年12月1日，义乌市委办公室、义乌市人民政府办公室下发《关于成立义乌经济技术开发区管理机构整合提升工作指挥部的通知》，明确整合义乌经济技术开发区、义乌信息光电高新技术产业园区管理委员会的工作职责，提出整合提升发展战略、重大事项协调、重要政策制定，2021年1月4日，义乌市经济技术开发区管委会和义乌信息光电高新区管委会合署办公。5月19日，浙江省人民政府办公厅公布《浙江省开发区（园区）名单（2021年版）》，批准同意整合原国家级义乌经济技术开发区和省级义乌信息光电高新技术产业园区，设立义乌经济技术开发区。规划面积108平方千米，负责统筹全市14个镇（街道）工业经济发展。8月2日，中共义乌市委印发《义乌市开发区管理机构调整方案》，保留义乌经济技术开发区管理委员会，挂义乌信息光电高新技术产业园区管理委员会牌子。

【全球光电工程师协同创新中心建成运营】 2021年5月20日，义乌全球光电产业工程师协同创新中心建成运营，为浙江省首批14家特色产业工程师协同创新中心建设试点单位之一，也是金华市唯一一家特色产业工程师协同创新中心。协同创新中心围绕工程师引进、培育、评价、流动、使用、服务6个核心环节，形成对工程师的科研能力、技能提升、个人生活进行全方位的配套式服务的科研链、培育链、生活链，帮助企业解决人才引进难、技术成果转化难、共性问题研发难等问题。至年底，中心有全职工程师42人，柔性合作工程师86人，共享共用工程师85人，“雏雁型”工程师136人。

【开发区人才引进】 2021年，义乌经济技术开发区管委会推进人才引进工作。5月28日，会同市人社局，举办义乌市光电光伏专场校企合作对接会，来自全国20所中高职院校就业负责人，与义乌市50余家企业及入驻义乌经济技术开发区的光电光伏企业深入洽谈，就联合办学、订单培养、毕业生、实习生就业安置，短期工及寒暑假实习，产业工人输送等方面达成合作。至2021年年底，义乌经济技术开发区共有核心企业员工2.36万人。

【开发区综合考评获省佳绩】 2021年8月25日，省商务厅下发《2020年度浙江省经济开发区综合考评报告》，义乌经济技术开发区考评位列全省国家级开发区综合排名第八，质量效益排名第九。2020年，省商务厅对全省82家经济开发区及参照经济开发区管理单位进行考评，对经济规模、发展质量、综合效益和增长增速4方面进行评分，义乌经济技术开发区在全省20家国家级开发区考评中发展质量方面位列第五，增长增速方面位列第二。义乌经济技术开发区对标全省高能级战略平台，积极招大引强，优化企业服务。至2021年6月30日，义乌经济技术开发区签约引进1亿元以上产业项目20个，其中100亿元以上项目2个，协议总投资440余亿元，涵盖芯片半导体、光伏、光电、新材料等领域。

【循环化改造示范试点通过省级验收】 2021年10月9日，经实地核查、专家评审，义乌经济技术开发区循环化改造示范试点通过浙江省2021年省级循环化改造试点园区验收，义乌市经济技术开发区加快推进水资源高效循环利用、传统产业整合集聚技改、能源资源基础设施网络建设三大中心任务，探索开展生态产品价值实现机制试点，将义乌经济技术开发区打造成为浙江省节水型、低碳型产业发展示范基地和国家新型工业化产业示范基地。（倪　伟）

丝路新区

【概况】 2021年，丝路新区完成有效投资32亿元，完成率100%。招引1亿元以上凯越贸易服务总部大楼、赛尔供应链管理总部、亚杰跨境电商综合服务平台总部、中石化易捷义乌分公司等项目15个，投资签约总额56.3亿元。6个地块挂牌出让，收取土地出让金3.12亿元。

【凯越贸易服务总部大楼项目】 2021年3月12日，宁波凯越国际贸易有限公司与义乌丝路新区管委会签订项目合作协议，拟在丝路新区投资建设贸易服务总部大楼。项目定位为凯越生态链全国总部，打造一站式跨境电商孵化中心、多功能产品展示中心、进口商自贸总部平台和易货贸易平台，总投资5亿元。9月3

日，宁波凯越国际贸易有限公司全资子公司义乌凯越供应链管理有限公司竞得金融商务区一期03-23、03-24地块，成交价4228万元。

【亚杰跨境电商综合服务平台总部项目】 2021年10月12日，义乌市亚杰网络科技有限公司与义乌丝路新区管委会签订项目合作协议，拟在丝路新区投资建设跨境电商综合服务平台总部项目。项目选址口岸路和商城大道西北侧地块，用地面积5978平方米，建筑面积2.7万平方米，总投资2.5亿元。

【赛尔供应链管理总部项目】 2021年10月20日，宁波赛尔集团有限公司与义乌丝路新区管委会签订项目合作协议，拟在丝路新区投资建设供应链管理总部大楼项目，打造供应链管理运营中心、国际贸易大数据中心、"一带一路"合作交流中心、跨境电商出口运营中心、出口产品研发设计中心及出口产品检测中心。项目选址口岸路和商城大道西北侧地块，用地面积1.12万平方米，建筑面积5万平方米，总投资5亿元。 （陈　虹）

义乌商贸服务业集聚区

【概况】 2021年，义乌商贸服务业集聚区（简称"商贸集聚区"）组织实施项目84项，完成有效投资64.93亿元，完成率101.5%。新开工建设千岸华东运营中心等项目9个。新型进口市场完成招商蓄客564家，义乌综合保税区对接企业240余家，签约宏远控股集团等优质企业53家。招引50亿元以上跨境电商产业园及物流园项目1个，1亿～20亿元以上项目8个。完成《义乌商贸服务业集聚核心区块概念规划》《义乌市殿口区块总体概念设计》《义乌中心城区YZ-CX-04.05香溪路西侧区块控规方案（修编）》，形成《2021年度集聚区零星规划项目》《宁波舟山港"第六港区"——义乌苏溪国际枢纽港临港区概念规划》初步成果。

【《义乌综合保税区入区企业发展扶持政策》】 2021年3月10日，义乌综合保税区管理委员会印发《义乌综合保税区入区企业发展扶持政策》（简称《政策》），吸引国内外企业入驻义乌综合保税区。《政策》支持加工贸易发展，对区内加工贸易企业，除基建投资以外的机器设备一次性给予其实际投资额10%的补助，最高不超过1000万元；与区外企业年度来料加工与采购贸易总额达到100万美元，进出口额达到300万美元，奖励20万元。支持研发设计及检测维修，对研发设计、检测维修等现代服务业及新基建等项目，固定资产投资1000万元及以上、且年进出口实绩500万美元及以上的项目，在项目投产后第一年度内按其设备投入金额的10%给予一次性补助，单个项目累计补助金额不超过200万元。支持发展国际中转集拼，对在综保区内集装箱拼箱且通过综保区报关的企业，给予每标箱100元的运输补助；在区内报关、报检并通关的，补助通关费用每票50元，单家企业最高不超过50万元。支持区内企业科技创新，区内企业首次被认定为国家高新技术企业的，给予40万元奖励；区内企业获国家最高科学技术奖、国家技术发明奖、国家科学技术进步奖、国家自然科学奖，且区内企业为项目第一完成人的，给予100万元奖励。鼓励市外进口龙头企业入区，对于首次入驻义乌综保区的异地进口贸易企业，按照进口额给予企业阶梯式达额奖励；年进口额达3000万美元的，新增奖励150万元；年进口额达5000万美元的，再新增奖励100万元。同时，《政策》鼓励外资投入，在区内注册设立的外资企业，经认定实际外资到位资金在500万美元（含）以上1000万美元以下的，一次性奖励20万元；实际外资到位资金在1000万美元（含）以上的，每增加300万美元再奖励10万元，最高奖励不超过200万元。

【义乌深国际智慧物流项目】 2021年5月1日，义乌深国际智慧物流项目一期项目建成投用。义乌深国际智慧物流项目占地面积41.67公顷，总建筑面积54万平方米，总投资30余亿元，规划建设电商云仓、现代仓储、区域物流总部、供应链金融中心、电商产业中心、数据信息服务中心、综合楼等设施。项目建成后，成为商贸、物流、电商互融共生的商贸名城新基地，为客户提供标准化、规范化的电商仓配一体化硬件设施和金融、管理、信息等高端配套服务，打造成为以信息技术为支撑、以物流高效运作为基础、以高品质服务为保障的智慧物流新平台。

【集聚区核心区块概念规划】 2021年11月，《义乌商贸服务业集聚区核心区块概念规划》（简称《规划》）编制完成。《规划》研究范围为78平方千米，将商贸集聚区核心区块定位为自贸之心、进口之心、数贸之心、义西之心。片区内核心位置结合地形规划打造自贸中央公园，作为核心景观绿地。沿西城路北侧规划60米绿带，打造城市中央景观绿廊。形成“五横五纵”干路网结构，客货分流，合理动静分区，消除对中心城区的干扰。同时，打造自贸综合产业片区、数字贸易生活片区、智慧数字物流片区、进转口综合片区4个产业片区，打造集展示销售、跨境电商、实景体验、售后服务等于一体的国际进转口商品博览综合体。《规划》由上海华东建筑设计研究院有限公司编制。

（程培英）

义乌科技创业园

【概况】 2021年，义乌科技创业园（简称“科创园”）对接意向入驻项目80余个，成功招引项目20个，其中科技企业13家，商业配套项目7个。累计入驻企业126家，常住办公3000余人。科创园企业实现营业收入10.45亿元，税收4541万元。受新冠肺炎疫情影响，科创园各类沙龙、培训等活动由线下转为线上开展，全年开展财税、科技政策宣讲，职业病预防、网络安全防范等培训10场，培训700余人。接待各方领导、客商考察30余次。

【人才与科技项目】 2021年，科创园培育国家高新技术企业2家，浙江省科技型中小企业12家。累计有人才企业12家，双龙计划项目3个，义乌英才计划项目12个。企业研发形成发明专利、实用新型专利、软件著作权等类知识产权520余项，其中2021年申请299项，授权169项。

【科技企业招引培育】 2021年4月，浙江工呼呼信息科技有限公司入驻科创园。浙江工呼呼信息科技有限公司是一家为各行各业蓝领技术工人提供选择性就业、承接项目工程、输出与业主和企业相匹配的技术人员、技工兼职就业创造价值服务的一体化互联网平台。至年底，科创园招引科技企业13家，累计培育国家高新技术企业14家，浙江省科技型中小微企业79家。

【安歆青年社区项目引进】 2021年7月1日，浙江义乌高新区投资运营有限公司与义乌市人才发展集团有限公司签订协议，引进安歆青年社区项目。安歆青年社区旨在为义乌科技创业园内外企业提供住房安置、生活配套、服务保障、生活服务等解决方案；为企业人才提供安全、舒适、有品质的租住环境，助力区域招商和产业升级；进行区位分析、客群分析、供需关系等综合分析，以蓝领公寓（多人间）+白领公寓（双人套房）模式升级打造产品。至年底，安歆青年社区有房间131间、床位248张，总建筑面积8993平方米；公寓建筑面积6500平方米，公共区域2443平方米；出租率89%，入住211人，服务企业25家。

【“创业季”培训】 2021年11月，由市科协主办，义乌市信息光电产业服务综合体承办的“朱位秋院士义乌行”及知识产权诉讼实务线上培训在科创园科技大楼会议室举行，各领域科研企业主、行政人员共60余人参训。培训以“如何完善企业知识产权管理，提高企业专利市场价值”为主题，就知识产权中专利资产及商标权的基本运用，如何利用知识产权扩张市场，成为市场优势企业进行案例讲解，并现场答疑。通过学习，强化企业主利用税收政策进行科技创新的能力，提高企业核心竞争力。

（毛鑫玮）

双江湖新区

【概况】 2021年，双江湖新区实施重点项目11个、一般项目5

个，完成有效投资39.72亿元，完成年度投资任务的132.3%。双江湖水利枢纽Ⅱ标段完成定标，义乌天阳建设集团中标。浙大健康医学研究院项目动物养殖区和实验区完成总施工工程量的90%，生活区和办公区竣工交付。中国计量大学现代科技学院和义乌研究生院二期宿舍工程开工建设。年内，双江湖新区旅游度假区接待全国各地考察团队135批次，接待游客123万人次，实现旅游收入4.37亿元。

【双江湖新区招才引智】 2021年，双江湖新区依托浙江大学、复旦大学等知名高校人才及品牌资源优势，推进招才引智工作，为义乌市高质量建成世界小商品之都提供强大的人才支撑和智力支持。年内，浙江大学国际健康医学研究院获批省级工程研究中心、省级新型研发机构及省级博士后工作站，引进院士1人，国家杰出青年、特聘医师、研究员等各类人才16人，海外高层次人才3人，有在读研究生224人，其中，博士29人，硕士195人。复旦大学义乌研究院获批省级新型研发机构和省级博士后工作站，复旦基地首批63个理工医科和人文社科项目进入实质性开展阶段。17人申报省级引才计划，8人通过金华“双龙计划”初审。中国计量大学现代科技学院及研究生院共有在校本科生4566人，硕士研究生597人。有教职工262人，其中，正高职称14人，博士30人。

【双江湖新区推介活动】 2021年，双江湖新区开展佛堂古镇文旅推介活动。与金华广播电视集团合作，在金华电视台新闻频道《无限金华》新媒体电视栏目宣传8条；在无限金华移动App开设网上专区，展现双江湖新区动态2次；在无限金华客户端及外宣新媒体平台资讯推送双江湖新区动态30条次，其中8条信息在学习强国等省级以上媒体宣传。以无限金华客户端为平台，举办“古镇采风活动”，组织60余名摄影师及10余名金华知名书画家在佛堂古镇、中国计量大学现代科技学院写生、摄影、创作，推介宣传古镇新貌。与市教育局联合开展中小学生古镇研学活动。全年组织佛堂小学、江湾小学等10余所小学8249人次开展冬令营、夏令营及日常周末研学活动；参观徐侨馆、吴棋记、新华剧院、古民居苑等文化景点，打卡义乌红糖、锡艺制作等非物质文化遗产点，品尝舌尖上的佛堂美食，宣传佛堂古商业文化。启用佛堂旅游度假区公众号和视频号，发布“佛堂百店”“每周一景”等系列推文15条，视频号宣传5次，观看1.52万人次。利用节假日举办万善浮桥灯光秀、江北桥头音乐节、古民居苑灯光美食节等活动，其中国庆假期13万游客到佛堂省级旅游度假区休闲观光。

【蒲川水街项目】 2021年2月，蒲川水街项目建设启动。蒲川水街为佛堂省级旅游度假区重要区块，位于佛堂古镇核心区，临接义乌江，北起老市基入口，南至建设路。地块呈长条形，由南向北，全长415米，由11幢2～3层商业及公共配套用房组成，总投资1.9亿元。蒲川水街保留植槐堂、茂德堂、新南山民居等历史建筑，由北往南为老市基、地涌金莲、幻影活字、蒲川修竹、画江流水、水兴百堂六大景点，是佛堂古镇新亮点。项目边建设边招商，11月中旬，蒲川水街完成一期招商，招引商户20余户。同时，开街试运行，日均客流5000余人。（何杭军）

创意园

【概况】 义乌市创意园位于义乌工商职业技术学院校内，为全国首个以“小商品创新设计”为主要研发方向的创意文化园区，为国家级生产性实训基地、浙江省高等学校省级产教融合示范基地、省中小学生职业体验基地。至2021年年底，创意园拥有国家旅游商品研发中心、国家林产品创意研发中心2个国家级研发平台，浙江省中小企业服务平台、浙江省饰品设计与制作培训平台2个省级平台，金华市科技孵化器、义乌市众创空间2个市级平台。与浙江大学现代工业设计研究所共建“智能设计应用技术协同创新中心”，与中国小商品城共建“设计进市场行业单品研发中心”，与义乌市博物馆共建“义乌市文创科普基地”。入驻高端设计机构、产品研发科技型小微企业、师生共创工作室等平台单位56家，是中国美术学院、华中科技大学、台湾辅仁大学等150余所知名高校设计学子实践基地。全年累计开发文创产品1万余款，年均服务生产企业3000余家。全年接待实习实训师生2000余人。

【广西高素质女农民直播带货培训班】 2021年7月6—11日，由广西壮族自治区妇女联合会和农业农村厅主办，金华市妇女联合会、金华巾帼云创联盟协办，义乌工商职业技术学院乡村振兴培训中心承办的广西高素质女农民直播带货培训班在义乌工商职业技术学院举行，来自广西壮族自治区的巾帼脱贫示范基地负责人、女性种养大户、女能人、女家庭农场主、农民合作社女骨干、返乡创业女大学生代表等100余名学员参加培训。培训采用专题讲座、现场教学、成果会演等形式，以直播理论为基础，帮助学员实现从“直播小白”到“网红主播”的转变。为引导和鼓励参训女性创业者尽快学会弄懂“直播带货”新业态，义乌工商职业技术学院依托全国巾帼助农创业浙江基地，结合义乌市“百县万品”消费助农项目，引导学员在实操演练中边学边成长。11日，“百名高素质女农民主播成果会演”在义乌“百县万品”展厅以“5G云集市”方式在线举办，以“培训+助农”新模式助力乡村振兴。

【首届商品创意设计大赛】 2021年9月26日，由义乌市人民政府主办，义乌工商职业技术学院、义乌市文旅局共同承办，义乌市创意园等单位协办，浙江中国小商品城集团股份有限公司支持的首届“义乌好礼”城市IP文旅商品创意设计大赛结束。大赛历时一年，分为义乌城市文化IP视觉形象体系设计、“义乌好礼”文旅商品类目及相关企业确定、文旅商品创意设计大赛3个阶段。收到来自36家高校及文旅产品设计研发机构200余名独立设计师的2000余份作品，作品内容以义乌故事、义乌商贸等核心元素为主，涵盖“红色主题”“日用品”“文化用品”“化妆品”“服饰类”五大类。大赛采用“线上直播+线下成果展”方式进行，线上观看直播5万余人次。评选出金奖1个、银奖2个、铜奖3个、创意奖4个、新锐奖10个、优秀奖20个。

2021年9月26日，首届“义乌好礼”城市IP文旅商品创意设计大赛在义乌国际博览中心举行。图为义乌市创意园管理中心工作人员为参会嘉宾讲解展品 （吕斌　摄）

【“一带一路”世界小商品创新驱动国际论坛】 2021年10月23日，由中国创新设计产业战略联盟、国家旅游商品研发中心、国家林产品创意研发中心指导，义乌市人民政府举办，义乌工商职业技术学院主办的第四届“一带一路”中国（义乌）世界小商品创新驱动国际论坛在义乌国际博览中心二楼报告厅举行。论坛以“数字创意与智能设计”为主题，旨在引导本土传统产业转型升级。来自中国创新设计产业战略联盟、同济大学、华中科技大学、中国机械工程学会、浙江中国小商品城集团股份有限公司等科研院校、行业企业学会及意大利、韩国、日本、哈萨克斯坦等国家的政府、行业企业、科研高校的知名人士150人参加论坛。论坛同期举行“数字创意·智能设计·设计教育”圆桌会议，2021年第四届“义乌中国小商品城”杯国际小商品创意设计大赛颁奖典礼等活动。 （朱玉清）

特色小镇

综　述

【特色小镇创建】 2021年，义乌市特色小镇创建有序推进。绿色动力小镇建成廊道公园等公园绿地，开放小镇客厅等公共服务，绿色动力实验小学和体育广场按照全市最高标准建设并投用。丝路金融小镇成功举办"浙江省特色小镇投融资对接会（新能源及环保专场）"路演活动，打造一体化现代化数字展厅，2021年11月，获省政府命名为"第五批省级特色小镇"。光源科技小镇作为义乌智能显示材料产业平台核心区块被纳入省第三批万亩千亿平台，获批国家级AAA级旅游景区。云驿小镇红狮物流园、公路港入选2021年度物流园提质增效试点，小镇入驻的企业浙江佰川物流有限公司入选为2021年度物流新业态新模式发展试点。

【特色小镇项目建设】 2021年，义乌市特色小镇项目建设成果突出。绿色动力小镇入驻企业产值计34.6亿元，义乌吉利自动变速器有限公司年产70万台DHT混动双离合变速器项目一期投产，义乌威克新材料有限公司年产3亿平方米封装胶膜项目入选省重大产业项目（预选类）。丝路金融小镇工商银行义乌分行方案设计由浙大设计院主持，持牌金融机构总数44家。光源科技小镇完成天合光能二期，爱旭太阳能四、五期，华灿光电二期部分等项目建设并投入生产；瞻芯电子、真爱毛纺、人才房等项目开工建设，完成有效投资35.71亿元，其中工业有效投资35.67亿元。云驿小镇区内企业率先探索以机器替人技术。义乌申通率先研发投用"小黄人"分拣机器人并向全国推广，中通自主研发并投用双层分拣设备，全年丝路金融小镇、绿色动力小镇、光源科技小镇、云驿小镇4个省级特色小镇共完成有效投资58.9亿元，其中特色产业投资55.4亿元，占比94.06%。

【特色小镇招商引资】 2021年，义乌市特色小镇招商引资实现新突破。光源科技小镇新招引爱旭新世代项目，总投资200亿元，总工业用地40公顷，项目全面达产后，年产值288亿元，年纳税10亿元。义乌基地太阳能电池产量占全球总产量的25%～30%，占全球先进电池产量的50%～60%，年内项目第一部分开工建设。云驿小镇成功引进"三通一达"、顺丰、宝湾、越海、红狮等31个1亿元以上项目，累计完成快递业务量92.9亿件，占全国总量的十二分之一，位列全国城市第二，物流干线运输直达线路500余条。（**程梓桐**）

绿色动力小镇

【概况】 绿色动力小镇位于佛堂镇与赤岸镇交界处，规划面积3.32平方千米。2017年7月，入选省级特色小镇创建名单；2020年10月，获批省级特色小镇，为金华首批、义乌首个获省政府命名的特色小镇。绿色动力小镇自启动建设以来，吸引吉利集团五大项目（锋锐发动机、义利动力总成、英伦新能源整车、沃尔沃发动机、DHT专用混动变速器）及斯威克年产3亿平方米抗老化胶膜项目等24个项目入驻，协议总投资400亿元。2021年，绿色动力小镇实现产值34.6亿元，税收2.64亿元。

【绿色动力小镇项目引进】 至2021年年底，绿色动力小镇入驻浙江锋锐发动机有限公司、浙江义利汽车零部件有限公司、浙江英伦汽车有限公司、义乌吉利发动机有限公司、义乌易换骑电池有限公司等优质企业25家，有锋锐年产40万台车用发动机项目、易换骑电动自行车锂电池项目等省重大产业项目7个，省特别重大产业项目义利年产40万台发动机和50万台变速器项目，英伦汽车年产10万台新能源整车项目，吉利年产40万台1.5T、2.0T发动机项目，吉利70万台DHT混动双离合变速器项目4个。2021年，绿色动力小镇累计完成科技投入30余亿元，完成固定资产投资7.5亿元，累计103.7亿元。

【绿色动力小镇四大功能区】 至2021年年底，绿色动力小镇按照产业、文化、旅游和社区功能叠加要求，四大功能区基本形成。产业发展核心区位于小镇南部，重点布局汽车整车、核心零部件及衍生产业项目，5个省级重大产业项目入驻。运动休闲体验区主要位于小镇中部，重点布局公园绿地等旅游景观，建设汽车休闲体验设施，廊道公园、窑址公园、后龙湖公园开放投用。城镇综合服务区位于小镇西北部，重点建设绿色动力实验小学、锦都吉家、滨水菁英社区、时光度假公馆、湖滨会务创展中心等配套服务项目。创新综合服务区位于小镇北部，主要布局研发制造产业园、产业用房等。

【省政协考察团调研绿色动力小镇】 2021年7月13日，浙江省政协考察团一行11人，对绿色动力小镇进行考察。考察团走访了吉利DHT专用混动变速器项目，对项目建设予以肯定。召开座谈会，听取义乌经济技术开发区管委会对绿色动力小镇建设情况的汇报，充分肯定绿色动力小镇的工作成效，对绿色动力小镇建设提出新的希望和要求。 （倪　伟）

丝路金融小镇

【概况】 义乌丝路金融小镇位于国际商贸城周边核心区域，是义乌市因地制宜规划发展的以金融业为主导、体现国际贸易特点的产业小镇。至2021年年底，小镇入驻企业636家，其中全国500强民营企业2家。小镇核心区建设商务大楼及酒店28栋，其中世贸中心、国信证券等24栋大楼已建成投用。2021年，通过“一网通服”平台网上“零跑腿”兑现金融企业财政奖励6家，共兑现扶持金额1.29亿元。举办沙龙及路演活动120余场次，接待各地游客106万人次。至2021年年底，丝路金融小镇累计完成固定资产投资（不包括商品住宅和商业综合体项目）72.4亿元，其中特色产业投资44.3亿元，占比61.2%。2021年，小镇完成税收22.6亿元，实现“七连涨”。

【丝路金融小镇被命名为第五批省级特色小镇】 2021年11月16日，省政府发布《关于命名第五批省级特色小镇的通知》，义乌丝路金融小镇被命名为第五批省级特色小镇，成为继义乌绿色动力小镇后，义乌市第二个通过命名验收的省级特色小镇。义乌丝路金融小镇位于福田街道，紧邻国际商贸城。小镇以金融、贸易为主导，以贸易金融为主要特色，围绕义乌国际贸易提供金融服务。总体规划面积3.8平方千米，其中核心区面积0.75平方千米。小镇2015年6月入选全省首批省级特色小镇创建名单。至2021年年底，丝路金融小镇入驻金融机构339家，其中持牌机构44家；引进高级职称人员35人，金融专业人才248人，金融从业人员7214人。

【义乌大剧院开工建设】 2021年12月13日，义乌大剧院开工建设。大剧院位于义乌国际文化中心04-01地块，总投资24亿元。总用地面积4.7万平方米，总建筑面积11万平方米，其中

光源科技小镇外景

（义乌经济技术开发区管委会供图　2021年11月6日摄）

地上4层建筑面积5.5万平方米，地下2层建筑面积5.5万平方米。主要建设1600座大剧场、1200座音乐厅、2000座国际会议厅、600座多功能厅、8个120座小会议厅及室外培训部、后期用房等项目。大剧院施工单位为中国建筑第三工程局有限公司，由上海建科工程咨询有限公司实施全过程工程技术咨询与服务（含监理）。（陈　虹）

光源科技小镇

【概况】 义乌光源科技小镇位于义乌市东北部苏溪镇，规划总面积2.99平方千米。2018年9月13日，入选省级特色小镇创建名单。至2021年年底，光源科技小镇有规模以上企业9家、国家级高新技术企业4家、上市公司5家，形成以华灿光电（浙江）有限公司、浙江爱旭太阳能科技有限公司、天合光能（义乌）科技有限公司、浙江瑞丰光电有限公司等企业为代表的半导体发光和新能源光伏产业链。2021年，光源科技小镇实现规模以上工业总产值240.3亿元，同比增长194%，其中特色产值236亿元，占比98%。年内，绿色光源科技小镇成功创建AAA级景区，作为义乌智能显示材料产业平台核心区块纳入省第三批“万亩千亿”新产业平台培育名单。

【光源科技小镇人才与科研】 2021年，光源科技小镇推进企业人才培养与技术研发平台建设，推荐茂夕生物、义氪生物科技等5个人才项目申报金华“双龙计划”，其中2个项目入围答辩。至年底，全球光伏联合创新中心集聚硕士及以上人才129人，拥有授权专利569项。浙江省第三代半导体材料与器件重点实验室集聚硕士及以上人才54人，拥有授权专利345项，其中发明专利320项。累计申报国家级高层次人才13人、省部级高层次人才26人。

【省“万亩千亿”新产业培育平台】 2021年5月18日，浙江省“万亩千亿”新产业平台建设现场推进会召开，义乌智能显示材料产业平台获省第三批“万亩千亿”新产业培育平台授牌，成为金华首

2021年5月18日，义乌智能显示材料产业平台获省第三批“万亩千亿”新产业培育平台授牌

（义乌经济技术开发区管委会　供图）

批、义乌首个列入浙江省培育名单的“万亩千亿”新产业平台。此产业平台规划总面积7.16平方千米，按照“新老联动”发展思路，空间布局分为苏溪区块和廿三里区块。至授牌之日，落地总投资168亿元的华灿光电LED芯片项目、投资20亿元的瑞丰光电LED封装项目、投资55亿元的木林森生产基地项目、投资11亿元的彩易达小间距显示屏项目、投资7.5亿元的清越光电前沿小尺寸显示器以及投资260亿元的爱旭科技项目、投资60亿元的天合光能项目、投资110亿元的晶科能源项目等重大标志性项目，总投资600余亿元，全部建成达产后可实现年产值1200亿元以上。

【光电光伏校企合作对接会】 2021年5月27日，义乌经济开发区举行2021年光电光伏行业专场校企合作对接会。来自全国各地的20所中高职院校就业负责人，与义乌市50余家企业及义乌经济技术开发区入驻的10家光电光伏企业进行沟通洽谈。对接会现场达成初步合作意向185个，为义乌企业输送人才5000人。

【义乌信息光电产业创新服务综合体通过省级考评】 2021年10月19日，义乌信息光电产业创新服务综合体通过省科技厅绩效评价专家组现场考评。义乌信息光电产业创新服务综合体是一个具有典型意义的由政府引导，国资公司牵头，龙头企业、高校科研院所共同参与建设的产业创新服务综合体，致力于创建以光电产业为核心的上下游协同技术创新服务、双创孵化服务、金融服务、人才引育服务、公共服务5个专业平台。以光源科技大楼、义乌科技创业园（含国家级科技企业孵化器）、义乌信息光电学院3个空间为主要物理空间，开展与创新设计、检验检测、行业标准制定、人力资源等专业机构的深入合作，打通创新链、服务链、资金链、人才链，助力义乌光电产业集聚、资金集聚、人才集聚。

【光源科技小镇获批国家AAA级旅游景区】 2021年11月9日，经义乌市旅游景区质量等级评定委员会评定，义乌光源科技小镇被批准为国家AAA级旅游景区。光源科技小镇位于义乌市城区东北部的苏溪镇，规划总面积2.99平方千米，为全国半导体发光产业中唯一的特色产业小镇，打造集工业、旅游及研学于一体的产城融合特色小镇。至2021年年底，小镇集聚各类人才2万余人，成立全球光伏联合创新中心、第三代半导体材料与器件省级重点实验室及4家院士专家工作站等科创载体，拥有各项专利536件，其中发明专利102件。

（倪　伟）

云驿小镇

【概况】 云驿小镇位于义乌市西南部，商贸服务业集聚区核心区块，规划总面积3.49平方千米，以现代物流为主导产业。2021年，云驿小镇完成固定资产投资（不包括商品住宅和商业综合体项目）10.07亿元。自创建以来，云驿小镇累计投资60.62亿元；特色产业完成投资9.63亿元，累计投资33.23亿元。提供就业岗位1.4万个，集聚中高级技术技能人才167人。开展技术合作的高校、省级以上研究院（所）及行业协会4个。规划建设用地面积2.65平方千米，建成1.53平方千米，其中快递物流集聚中心、公路运输中心、红狮智慧物流园项目、普洛斯智慧物流园项目、国内公路港物流中心项目相继投用，初步形成快递物流集聚中心、国内公路物流中心以及“义新欧”公路运输、跨境供应链总部基地四大板块。2021年，云驿小镇全年实现服务业总产出63.42亿元；税收1.88亿元，同比增长30%。

（程培英）

【云驿小镇物流体系建设】 云驿小镇依托义乌商贸服务型国家物流枢纽和快递示范城市建设，以现代物流为主导产业，布局快递物流、公路干线物流、智慧物流、冷链物流、城市配送、云仓等功能，致力于打造世界快递物流枢纽中心。2021年，云驿小镇吸引11家AAAAA级、7家AAAA级物流企业入驻，义乌国内公路港物流中心、红狮智慧物流园获批第三批浙江省级物流示范园区。小镇物流线路通达全国321个地级市，日车流量10余万辆，支撑义乌市快递业务总量突破92.9亿件，位居全国第二位。2021年，云驿小镇引进“三通一达”“顺丰”“普洛斯”“东宇”“红狮”等20余家国内外知名物流品牌，总投资150余亿元。到2021年，云驿小镇将集聚全国或全球总部5家，区域性物流总部20余家，配套及产业链服务企业500余家，快递业务总量达到全国总量的十四分之一，新增税收3亿元。新增就业岗位2万个，人口规模达3万以上。创建AAA级景区，年接待旅游人数30万人次，年旅游总收入5000万元。

【义乌（苏溪）国际枢纽港项目】 2021年3月24日，义乌与浙江省海港集团签订义乌（苏溪）国际枢纽港建设框架协议。义乌（苏溪）国际枢纽港项目是义甬舟开放大通道西延行动的重要项目，主要承担宁波—义乌进出口海铁联运业务，与开展“义新欧”中欧班列、中亚班列、国内物流等业务的铁路义乌西站实现错位发展。项目选址在金甬铁路苏溪站附近，占地面积213.33公顷。项目一期为金甬铁路苏溪集装箱办理站，占地面积64.87公顷，包括铁路作业区与非铁路作业区。项目二期为临港产业区，包括集装箱堆场区、物流仓储区、商务办公区等区块。物流仓储区按年货运量180万标箱配置。项目以“海关监管码头”概念进行功能布局，通过铁路实现陆港与海港间的快速转运，推动全程运输服务（CCA）在内陆腹地延伸，实现“港务、关务、船务”功能前移。义乌（苏溪）国际枢纽港项目建成投用后，成为功能全面、设施先进、效益显著的绿色、智慧、高效的内陆国际枢纽港。（程培英）

国际陆港电商城

【概况】 2021年10月26日，市发改局下发通知，陆港电商小镇更名为国际陆港电商城。国际陆港电商城由义乌市国际陆港集团有限公司投资建设，为浙江省重点工程。整合电商全产业链，聚集互联网+骨干企业，打造“新产业、新模式、新技术、新机制、新领军人物”经济示范区。国际陆港电商城分2期建设。一期占地6.66公顷，建筑面积29.56万平方米，投资12.8亿元，2016年12月开园运营，打造党群服务大厅、孵化中心、人才中心、电商云数据中心、电商展示馆五大电商服务功能板块。二期于2018年10月开始建设，规划总用地12.28公顷，为办公和商业配套用房。至2021年年底，国际陆港电商城一期产业楼入驻企业97家，出租率达95.46%，孵化中心和众创空间出租率均达100%；陆港云仓1号共签约企业46家，出租率达98.99%；“不宅公寓”共1276套，出租率100%，常住人口2500人。招引入驻企业218家，常驻办公人员5000人，入驻企业年销售额76亿元。

【校企合作】 2021年，国际陆港电商城重视引才、用才、育才、留才，搭建校企合作平台，精准匹配就业供需。7月12日，联合浙江商业职业技术学院举办“超级电商”产教融合双选对接会，覆盖61家企业，900余个电商岗位及120名学生，输送成功率达100%。主动对接教育部高校学生司，发布2021年供需对接就业育人项目，至年底，国际陆港电商城累计与30所高校签订合

2021年11月23日，国际陆港电商城人才项目组工作人员赴江西财经职业技术学院开展招聘会（赵艳君 摄）

2021年5月27日，举行全球速卖通义乌服务中心开业典礼

（国际陆港电商城　供图）

作协议，共建实训基地，为企业输送电商人才2500余人次。

【国际陆港电商城二期项目】2021年12月，国际陆港电商城二期S2地块投入使用。国际陆港电商城二期以电子商务、数字经济和网红经济等互联网产业为主导，探索多元化新商业模式，重点构建“进出口贸易+互联网创新创业+展示展贸”核心功能区，分块打造电子商务产业基地、数字经济产业基地、科创孵化器、产教融合创新综合园、直播电商基地、“一带一路”进口展贸中心、“星期八”文教活动中心、新生代网红打卡地八大功能区块。项目于2018年开工建设，投资25.5亿元，占地面积12.28公顷，建筑面积60万平方米。

【2家电商平台落地电商城】2021年，国际陆港电商城主动对接优质电商平台，助推官方运营中心落地，5月27日，全球速卖通义乌服务中心开业，11月，亚马逊全球物流团队义乌服务中心入驻国际陆港电商城并设立义乌首个官方运营中心。至年底，国际陆港电商城联合2家电商平台组织电商活动13场，覆盖义乌及周边地区中小型电商从业者2200余人，解决跨境电商卖家需求，助推跨境电商产业转型升级。（毛鹏飞）

森山健康小镇

【概况】森山健康小镇位于义亭镇，规划面积4.03平方千米。立足森宇集团铁皮石斛产业优势，以“打造AAAAA级景区、石斛文化产业发展先导区”为目标，开发健康旅游、健康养心、健康养生、石斛智造、健康农业、健康文化六大产业。2017年3月，小镇开工建设，先后被列入金华市级特色小镇创建名单、国家农村产业融合发展示范园创建名单、省级农业科技园区创建与培育名单，为国家级农业示范园、浙江省中小学生研学营地、浙江省“院士之家”、浙江中医药文化旅游基地、浙江省干部培训基地。2021年，森山健康小镇接待参观、学习人员100万人次，其中研学师生11.8万人次。

【“森山健康产业园”项目竣工】2021年5月15日，森山健康产业园项目竣工。森山健康产业园项目是义乌市加快推进农业、工业、旅游业和商贸业深度融合的重大项目，占地面积44公顷，建筑面积8.9万平方米，包括厂房、仓库、科研办公楼、创客中心等。引进国际先进功能性保健饮料生产线等关键设备，配备国内先进设备，形成功能饮料生产基地。项目分2期建设，一期（仓储）项目2017年12月5日开工，2018年11月20日竣工；二期项目2020年4月29日开工建设。

【“森山半岛”投用】2021年12月20日，“森山半岛”建成投用。“森山半岛”占地13.2公顷，地上建筑面积13.22万平方米，地下建筑面积9.34万平方米。分为东区和西区，其中：东区建筑面积8.22万平方米，2018年11月13日开工建设，2021年3月28日交付；西区建筑面积15.04万平方米，2019年3月5日开工。“森山半岛”是一座集大健康、生态农业、文化旅游、养生养老、国际康复等功能产业于一体的休闲游玩打卡地。（倪　伟）

民营经济

综　述

【市场主体结构优化】 2021年，义乌市民营经济稳步提效，市场主体结构不断优化。全市新设市场主体19.77万户，同比增长18.92%；注册资本1447.13亿元，同比增长10.77%。其中，企业5.49万户，同比增长1.18%，注册资本1298.81亿元，同比增长9.5%；个体工商户14.28万户，同比增长27.5%，资金148.31亿元，同比增长23.37%；农民专业合作社2户，比上年少2户，成员出资总额90万元。公司制企业登记门槛不断放宽，年内新设公司制企业5.44万户，占新设内资企业的99%。“个转企”数量不断增长，新增“个转企”2302户，累计完成2.46万户，居全省第一位。产业结构持续优化，新设市场主体中，第一产业173户，注册资本（金）4.42亿元；第二产业1.2万户，注册资本（金）144.68亿元；第三产业18.53万户，注册资本（金）1298.03亿元。第三产业数量和资本增量分别占新设市场主体总量的93.72%和89.7%。全市市场主体总量79.04万户，注册资本7698.82亿元，其中，第三产业69.6万户，注册资本（金）6353.09亿元，分别占市场主体总量的88.06%、82.52%，第三产业主体地位明显。市场主体总量中，第三产业占比呈逐年扩大趋势，2019年、2020年、2021年分别为85.71%、86.28%、88.06%。

（陈奕帆）

【电子商务主体增势不减】 2021年，义乌新设电商主体12.71万户，创历年新高，同比增长30.76%，占新设主体六成以上，占全省新设电商主体的三成。新设主体中，批发零售业主体占多数，新设15.14万户，占总量的76.58%；其次是以加工为主的制造业，新设1.12万户，占5.68%；第三是住宿和餐饮业，新设1.01万户，批发零售业仍是义乌市经济发展的支柱行业。至年底，全市共有电商主体37.55万户，占市场主体总量的50%。（陈奕帆）

【企业数字化改造】 2021年，义乌进一步推进企业数字化改造提升，遴选出由20余人组成的专家组，组建第一批“未来工厂”建设专家顾问团。至年底，60家企业进行数字化改造，实施64个数字化改造项目，其中，两化融合项目35个，数字化车间、智能工厂项目29个。晶澳科技、华川深能等项目完成建设，棒杰智能工厂项目完成验收，浙江梦娜袜业股份有限公司、浙江棒杰控股集团股份有限公司、浙江迪元仪表有限公司等数字化改造标杆示范企业培育形成，义乌晶澳太阳能科技有限公司、浙江棒杰控股集团股份有限公司入选省级智能工厂（数字化车间）企业名单。至年底，累计完成企业数字化改造360家，组织申报省级工业互联网平台4家。

（叶志星）

【义乌优势产业活力迸发】 2021年2月22日，义乌公布2021年度义乌工业企业50强名单。上榜的50强企业实现产值759亿元，比2020年度“工业企业50强”产值增长118%，占规模以上产值比重的68%，占比提高16个百分点。实现税收14.3亿元，比2020年增长24%，占规模以上企业税收比重的49%。从行业分布中看，50强企业包含行业小类19类，其中，无缝内衣14家，光伏5家，纺织4家，生物医药健康、相框、化妆品、袜业、商品混凝土各3家，光电、玩具各2家，汽车零部件、电器、金属制品、造纸、帽子、沥青、墨水、印刷包装各1家。从产值带动上，5家光伏企业显示强劲动能。2020年达到百亿产值的天合光能（义乌）科技有限公司、义乌晶澳太阳能科技有限公司、义乌晶科太阳能科技有限公司、浙江爱旭太阳能科技有限公司分别排列50强榜单第二、五、七、九位，推动义乌工业步入“千亿时代”。

（陈金春）

企业主体培育

【概况】2021年，义乌市积极构建企业主体培育体系。出台《关于鼓励工业企业实现倍增推动制造业高质量发展的若干意见》，提出对首次列入规模以上统计管理，并连续保持规模以上统计管理满2年的企业，给予20万元的奖励。制定出台《义乌市“小微企业三年成长计划”（2021—2023年）》，继续支持小微企业做大做强。持续深化“个转企、小升规、规改股、股上市”工作，支持“限下”小微企业升“限上”，计划至2023年年底，累计新增“规下”升“规上”工业的小微企业100家以上。2021年，义乌“小升规”企业144家，新增数创历年之最。自贸区通过集群虚拟注册方式共招引入驻企业6000余家，新设企业8606家，实现主体倍增。

（陈金春）

【迭代企业智能登记系统】2021年，市市场监管局以数字化改革为切入口，推出企业智能登记3.0系统，构建“企业开办”“企业变更”“企业注销”“企业信息智能分析”四大应用场景，在全省率先实现企业开办批量审批、企业简易注销全智能审批、企业登记全周期智能辅助审批等功能。此系统通过归集自然人身份库、标准地址库、标准经营范围库等大数据信息，引入OCR（图片文字识别软件）图像识别技术，减少申请人填报内容70项，削减率达80%，企业登记便利度大幅提升。

（陈奕帆）

【金融“一企一策”稳企纾困】2021年，市金融办推行“一企一策”，以稳企纾困，助推企业培育。全面梳理核心企业及其上下游企业金融问题，帮助企业快速复苏、集体发展。至年底，累计接洽企业1.36万人次，召开协调会1915起，发函809份，发纪要1342份，涉及企业4043家次，稳定信贷金额4404.03亿元，其中开展临时解封转贷292起，涉及金额86.26亿元。

（张　程）

【工业企业倍增政策】2021年2月18日，为积极培育发展先进制造业和改造提升传统制造业，鼓励工业企业实现倍增，加快推动实体经济、从高速增长向高质量发展转变，义乌市人民政府出台《义乌市人民政府关于鼓励工业企业实现倍增推动制造业高质量发展的若干意见》，《意见》充分发挥政策的引领作用，修改调整部分绩效不高奖项，降低部分普惠制奖励政策，调整部分义乌市有差距的指标内容的奖励额度。同时，修订《义乌市人民政府关于实施重点企业规模与效益倍增计划的实施意见》，整合为同一个扶持政策，从打造新型制造业体系、构建特色区域创新体系、健全企业梯队培育体系、强化要素保障支撑体系4个方面提出支持和鼓励制造业实现倍增高质量发展的18条政策举措。

（陈金春）

【商事主体登记确认制改革】2021年8—10月，义乌作为全省试点地区之一，推进商事主体登记确认制改革。围绕自主自治、信用承诺、依法确认、便捷高效的改革核心原则，加快推进“自主申报+信用承诺”在注册登记环节的应用，赋予商事主体更大的自主权，实现名称自主申报、企业住所自主申报、经营范围自主选定、企业档案自主查询。推进电子营业执照自主应用、企业推出方式自主选择和主体迁移自主决定。在全省市场监管系统“三比一讲”竞赛中，义乌市电子营业执照下载量达52.65万户，下载总量位居全省县级市第一，获省市场监管局领导批示肯定。

（陈奕帆）

小微企业园建设

【概况】 2021年，义乌新增省级小微企业园10家，累计建成69家，总数列全省第一位。集聚小微企业4321家，其中，规模以上企业94家，科技型企业232家，高新技术企业52家。至年底，省级四星级小微企业园1家，三星级4家，省级数字化示范试点小微园3家。年内，义乌“以高质量为引领推动存量改造园区提质提效”入选2021年度全省小微企业园建设与管理最佳实践案例名单。（吴惠春）

【融资担保体系建设】 2021年，义乌市落实小微企业贷款授权、授信和尽职免责“三张清单”，深入推进政策性融资担保体系建设。缓解小微企业融资难问题，深化企业开办全流程“一件事”便利化改革，推动企业设立登记、公章刻制、发票申领、银行开户、社保登记、公积金存缴登记全链条、一站式办理。创新实施商事主体登记确认制改革，最大程度赋予企业登记注册自主权。推动“证照分离”改革迭代升级，取消和精简一批重复性涉企经营许可事项，推进告知承诺事项增量扩面。至2021年年底，小微贷款859亿元。（陈金春）

【中小微企业梯度培育】 2021年，义乌市将小微企业园建设作为盘活存量资源和产业转型升级的重要抓手，重新制定下发《小微企业园绩效评价办法》，完成2020年小微企业园绩效评价工作。新增10个省级小微企业园（累计69个），总数列全省第一位。开展专精特新“小巨人”“单项冠军”“放水养鱼”等企业培育工作。蓝宇数码、恒邦科技入围国家第三批专精特新“小巨人”企业名单。新增省隐形冠军企业1家，省专精特新企业19家，省“放水养鱼”培育企业7家（累计25家）。浪莎控股入选省级制造业“单项冠军”培育企业名单（第一批），真爱美家成功上市，成为义乌市第九家上市企业。

（陈金春）

【义乌市小微企业三年成长获评省级优秀】 2021年2月18日，2020年度全省“小微企业三年成长计划”工作成绩揭榜，义乌市获评省2020年度“小微企业三年成长计划”工作优秀县（市、区）。2020年，义乌市统筹抓好疫情防控和小微企业发展工作，推进“服务促稳”“金融支持”“创新赋能”“人才强企”四大行动，帮扶小微企业走出疫情困境、实现逆势增长。2020年，新增小微企业4.9万户，新增八大重点产业小微企业9200家，新增“个转企”2465家。完成6167家优质企业入库。新增科技型小微企业245家，发放科技创新券3124.04万元。向小微企业开放实验室服务2731批次，“浙里检”服务小微企业650单。新增股份有限公司36家，新增省级小微企业园20个。开展小微企业职业技能培训4.2万人次，5970人获电商直播专项职业能力证书。累计发放“两直”补助3.2亿元，位居全省前列。（吴惠春）

【小微企业园管理办法】 2021年7月15日，义乌市发布《制造业小微企业园管理办法（2021年修订）》（简称《办法》），从基本条件、园区规划、入园标准等6个方面对小微企业园认定管理办法进行明确。新修订的管理办法提出，在通过省级信息平台认定，亩均税收必须达到每亩12万元或单位建筑面积税收达到每平方米90元的园区，才可认定为市级小微企业园；产业地产类园区的基数则必须达到每亩40万元。在亩均产出方面，存量改造类园区基数要求为每亩200万元，产业地产类园区基数为每亩800万元。同时，新管理办法对园区设置绩效评价和退出机制，按照绩效评价得分从高到低分成A、B、C、D档，比例分别为10%、20%、60%、10%。绩效评价结果为A档的园区，给予园区运营机构奖励50万元；绩效评价结果为B档的园区，给予园区运营机构奖励20万元；绩效评价结果为D档的园区，允许限期整改，整改期限不超过6个月。逾期未完成整改的，将被取消市级小微企业园资格，同时纳入工业企业亩产效益评价，并按照亩产效益评价结果，执行资源要素差别化配置政策。

（陈金春）

【"小微企业三年成长计划"（2021—2023）出台】 2021年11月8日，义乌市出台《义乌市"小微企业三年成长计划"（2021—2023年）》（简称《计划》）。根据《计划》，至2023年年底，义乌累计新增小微企业5.2万家以上，其中八大万亿产业小微企业1.3万家以上。累计新增"规下"升"规上"工业小微企业100家以上，新增科技型小微企业600家。对"个转企"给予税费、财政、金融等方面政策扶持。健全高新技术和科技型小微企业"微成长、小升高、高壮大"梯度培育机制，延续执行企业研发费用加计扣除75%的政策，制造业企业加计扣除比例提高至100%。

（陈金春）

【后宅吉成文体小微园入选省数字化示范小微园】 2021年11月19日，省经信厅发布2021年度数字化示范小微企业园名单，义乌市后宅吉成文体小微企业创业园入选。后宅吉成文体小微企业创业园位于后宅街道城北路西侧，占地面积6公顷，建筑面积9.59万平方米，由义乌市联吉企业管理咨询有限公司独立运营。自2019年始，后宅吉成文体小微企业创业园以数字化改革为抓手，将传统的物业管理模式逐渐转变为数字化管理模式。至2021年年底，后宅吉成文体小微企业创业园入驻企业51家，产业集聚度70.58%，其中，规模以上企业5家，省科技型企业4家，国家高新企业1家。

（陈金春）

企业创新转型

【概况】 2021年，义乌市有入选省"五个一批"重点技术改造示范项目8个，推进智能工厂、数字化车间项目29个，两化融合项目25个。加快推动装备制造业发展，推荐3家企业申报省级装备制造业重点领域首台（套）产品，1家申报省装备制造业首台（套）重大技术装备保险补偿。年内，市经信局印发《义乌市工业企业技术改造财政扶持政策实施细则》，鼓励工业企业加大技术改造投资，推动全市工业经济转型升级。开展专项宣传培训活动18场，引导200家规模以上企业与专家面对面沟通对接。至年底，累计申报技改补助项目106个，开展技改补助项目83个，共实现技改补助1.01亿元。

（朱友龙）

【义乌针织服装产业集群新智造试点入选省级名单】 2021年5月31日，省经信厅公布全省36个产业集群（区域）开展新智造试点名单，义乌针织服装产业集群新智造试点成功入选，为首批省产业集群新智造试点。入选省试点后，义乌针织服装产业集群新智造将以数字化改革为牵引，发挥义乌针织服装产业集群优势和国际小商品市场信息集散优势，强化数字经济系统联动互促，到2021年年末，义乌袜业无缝针织产业集群基本形成以未来工厂、智能工厂为引领，数字车间和数字化生产线广泛覆盖，智能制造由点状突破向整体提升转变的发展格局。

（叶志星）

【省级工业设计中心创建】 2021年6月17日，省经济和信息化厅公布2021年度省级工业设计中心认定及复核结果。经企业自主申请，市经信局初审，专家评审和公示，义乌市新增义乌市易开盖实业公司工业设计中心省级工业设计中心1家。工业设计是指以工业产品为对象，综合运用科技成果和工学、美学、心理学、经济学等知识，对产品的功能、结构、形态及包装等进行整合优化的创新活动，省级工业设计中心每两年认定1次。至2021年年底，义乌有省级工业设计中心5家，省级工业设计企业浙江工业大学义乌科学技术研究院有限公司1家，省级工业设计基地中国义乌工业设计中心1家。

（朱友龙）

【专精特新"小巨人"企业培育】 2021年7月19日，工信部公示第三批专精特新"小巨人"企业名单，义乌市浙江蓝宇数码科技有限公司及义乌恒邦建筑智能科技有限公司2家企业入围名单。专精特新"小巨人"企业主导产品优先聚焦制造业短板弱项，重点推荐属于集成电路产业链、5G新一代信息技术、生物医药和高端医疗装备产业链、新能源汽车和智能网联汽车产业链、农业机械产业链、工业母机产业链领域的企业。2021年，出台《义乌市人民政府关于鼓励工业企业实现倍增推动制造业高质量发展的若干意见》《义乌市人民政府办公室关于加快推动生物医药产业高质量集聚发展的七条意见》等政策，推动制造业产业升级和转型发展。至2021年年底，义乌培育专精特新“小巨人”企业3家。（于　群）

【全国制造业单项冠军培育】 2021年11月8日，工信部发布《关于制造业单项冠军第六批遴选和第三批通过复核企业名单的公示》，义乌华鼎锦纶股份有限公司锦纶弹力丝进入拟通过复核的第三批制造业单项冠军名单，为单项冠军产品企业。制造业单项冠军企业是指长期专注于制造业某些特定细分产品市场，生产技术或工艺国际领先，单项产品市场占有率居全球前三的企业。义乌一直将单项冠军培育工作作为制造业高质量发展的重要抓手，不断加大政策支持力度，建立中小企业梯度培育机制，逐渐建立隐形冠军到专精特新“小巨人”企业，再进阶至单项冠军的梯度培育模式，形成大企业成长的完整路径和便捷通道，引导中小企业走“专业化、精细化、特色化、新颖化”发展之路。（于　群）

民营经济发展环境

【概况】 2021年，义乌市为企业减负65亿元，惠及企业279万家，减负总额居金华首位。市经信局在全市工业领域推广应用企业码，为企业提供码上政策、码上诉求、码上直播、码上活动等一站式服务。领码的企业17.9万家，政务服务9万余人次，推送各类惠企政策170余万条，兑现政策资金1亿元，解决企业诉求391个，结对帮扶数字赋能、技术赋能项目450余项。市商务局会同中国出口信用保险公司浙江分公司、中国人保财险义乌分公司等机构推进一般贸易小微出口信用保险政府统保工作，1143家小微外贸企业领取一般贸易免费保单，涵盖出口金额75亿元，实际为企业挽回损失1088万元。年内，“码”上行动入选全省服务企业最佳实践案例名单，义乌市中小企业公共服务平台入选省级中小企业公共服务示范平台。（王志坚　翁杭琪）

【“转贷通”平台】 2021年，市金融办通过“转贷通”平台，为企业提供“低成本、免担保、普惠式、不见面”的转贷服务。紧盯新型冠状病毒肺炎疫情后政策延续问题，针对性地开展银企协调，杜绝政策到期后收压贷、抬高利率、提高担保条件等行为。全年，累计接洽企业823家次，稳定金额511.7亿元，不良率降至0.72%，创7年来新低，实现从“化风险保稳定”到“防风险促发展”的转变。“转贷通”平台为2617家企业9903笔贷款进行转贷，涉及1361.92亿元，节约转贷成本12亿元。（张　程）

【综保区首家入驻企业在海关注册】 2021年4月14日，义乌市迦元供应链管理有限公司通过“互联网+海关”提交注册申请，义乌海关在系统审核通过，义乌综合保税区内首家入驻企业在海关注册成功。2020年3月25日，国务院批准设立义乌综合保税区，建设保税物流区、保税展贸区、保税加工区、保税研发区、保税服务区和口岸作业区六大功能区。同年，海关总署制定出台支持综合保税区发展6项措施，提出在区内推动“互联网+保税”监管，区内企业向海关申请注册登记、备案或变更的，海关实行网上办理。（陈金春）

【首单“电e贷”申请成功】 2021年7月29日，义乌市福康工艺品有限公司收到59.4万元额度“电e贷”申请成功的消息，浙江义乌市首单“电e贷”申请成功。“电e贷”是国网电商公司（国网金融科技集团）基于电网主营业务，以客户需求为导向，联合中国工商银行推出的一款基于用电信息的信用融资产品，额度专项用于缴纳企业电费。产品主要受众是中小微企业，无需抵押质押，按日计息，随借随还，从申请到放款全部在线完成。（庞　芸）

【金融服务中小微企业】 2021年，市金融办全面实施融资畅通工程，推动金融服务中小微企业工作。至12月末，小微贷款859亿元，较年初新增128.6亿元，同比增长17.6%；民企贷款1721.7亿元，较年初增加296.4亿元，同比增长20.8%；制造业贷款625.1亿元，较年初新增55.5亿元，同比增长9.8%。民企贷款平均利率4.89%，较年初下降0.12个百分点。不良率0.72%，为2015年以来最低水平。年内，发挥金融顾问专业力量，重点围绕义乌市小微企业园、高新企业等，引导金融机构加大对小微企业信贷支持。至年底，全市金融机构累计走访企业、园区、农村2502次，解决问题1523个。

（张　程）

企业主体活动

【概况】 至2021年年底，义乌市各类跨境物流、贸易、电商主体共布局海外仓149个，运营总面积100余万平方米，覆盖俄罗斯、菲律宾、西班牙等50个国家100余座城市。商城集团积极探索“海外仓+展厅”模式，在德国、西班牙等国家布局15个“带你到中国”贸易服务中心，展示900余家企业2.1万余SKU（库存量单位）。

（翁杭琪）

【数字化改革软件赋能对接会】 2021年6月25日，由市经信局和中国电信义乌分公司联合主办的义乌市数字化改革软件赋能对接会在义乌幸福湖国际会议中心举行，40余家数字化软件企业，以及150余家企业和制造业小微企业园代表参加对接会。对接会上，浙江正业玖坤智能科技有限公司、思爱普华东及华中区等6家优秀软件信息服务企业代表，围绕智能制造一站式解决方案及路径解读、企业数字化转型等内容开展路演。参加活动的企业代表和软件信息服务企业现场进行沟通交流，达成合作意向35家。从2019年起，为贯彻落实全省数字化改革大会精神，促进传统行业数字化转型，义乌大力推进企业深化应用ERP、MES、WMS等信息化系统，通过物联网+云ERP+大数据计算等技术手段，打造“未来工厂”，培育冠军型“链主工厂”，引领义乌制造向新智造集群转型。至2021年年底，义乌实施数字化改造项目64个，其中，两化融合项目35个，数字化车间、智能工厂项目29个。（叶志星）

【中小微企业创新创业大赛】 2021年7月20日，2021年“创客中国”浙江好项目·中小微企业创新创业大赛（义乌赛）落下帷幕。此次大赛由市经信局、市财政局、市人社局、市总工会联合主办，旨在激发中小企业创新创业活力，为义乌创业者提供一个展示、竞技、提升的舞台。自7月6日启动，大赛共收到参赛项目48个。经专家评审组评审，MAX32智能新型高耐冲击纳米材料、秘密盒子SECRETSBOX、基于散热研发的新型液冷系统等10个项目参加决赛。经角逐，评出一等奖1项，二等奖1项，三等奖3项，浙江云崖科技有限公司秘密盒子SECRETSBOX项目获大赛一等奖。此项赛事自2017年开始，至2021年累计100余个项目从义乌走向全省，体现义乌浓厚的创新创业氛围。

（王志坚）

【创新主体培育专项指导】 为强化创新主体培育，加强街区入驻企业对当前科技政策的理解，进一步增强创新意识，2021年11月3日，义乌双创街特邀创业导师杨苏芬深入街区开展专项指导。杨苏芬实地走访义乌维笛奥智能科技有限公司和蓝色（义乌）科技有限公司2家企业，与企业负责人深入沟通，有针对性地对企业在经营过程中面临的问题提出合理化建议；着重强调申报高新技术企业的各类注意事项，指导2家企业正确整理相关申报材料。解决企业在经营方面的困惑和难题，对入驻企业发展起到切实有效的帮助。

（陈全春）

商贸服务业

综　述

【商贸服务业经济指标完成】 2021年，义乌市社会消费品零售总额1033.74亿元，同比增长9.2%。其中，城镇限额以上消费品零售总额221.71亿元，同比增长12.4%；乡村限额以上消费品零售总额3.44亿元，同比增长44%。分行业销售中，限额以上零售业零售总额213.74亿元，同比增长13.1%；限额以上住宿业营业总额1.86亿元，同比减少10.5%；限额以上批发零售在库企业共502家，占限额以上批发零售企业数的32.9%，比上年增加32家，累计实现销售额520亿元；限额以上餐饮业营业总额2.35亿元，同比增长6.6%。（吴　越　应如悦）

【综合商场销售率】 2021年，受新型冠状病毒肺炎疫情等因素影响，全市受监测的10家大型商场超市销售额53.88亿元。2月，义乌市通过支付宝平台，累计向38.28万留义乌过年人员发放消费券1.9亿元，实际核销消费券1.7亿元，核销率89%，直接拉动消费4.9亿元。助推一季度限上社会消费品零售额实现49%的增长，高于全省平均值14个百分点。指导各大商超、综合体开展各类促销活动，全年各大商超、综合体举办各类促销活动432场次，累计拉动消费23.1亿元。10月18日，国际知名连锁便利店罗森首次进入义乌市场。（吴　越）

【网络零售额连续11个月位居全省第一】 2021年12月22日，根据省商务厅公布的数据显示，至2021年11月，义乌实现网络零售额1856.23亿元，同比增长10.8%，连续11个月位居全省各县（市、区）第一。从2017年开始至2021年，义乌网络零售额就一直位居全省首位。这一切得益于义乌始终坚持将电子商务定位为战略性、先导性产业，进行重点培育，有力地推动了全市电子商务的发展，形成线上线下融合、特色鲜明的县域电子商务经济体。从分县（市、区）数据来看，义乌市、余杭区、萧山区3地网络零售额居全省前三名，滨江区、钱塘区、上城区、西湖区、永康市、拱墅区、临平区等地紧随其后，入围前十；前十县（市、区）累计实现网络零售额10986.3亿元，占全省网络零售总额的49.8%。从分行业数据来看，服饰鞋包、家居家装、3C数码三大行业居全行业网络零售额前三名，占比分别为30.9%、17.6%、16.0%，相当于全行业网络零售额的64.5%。

2021年，在新型冠状病毒肺炎疫情零星散发的背景下，全市32个电商园区、197个淘宝村一手抓疫情防控，一手抓业务增长。“双十一”期间，义乌电商企业实现网络零售额162.23亿元，同比增长10.36%。（陈金春）

粮油供应

【概况】 2021年，义乌市下发《关于进一步做好粮食应急保供工作的通知》《义乌市联保联供“五大体系”建设实施方案》等文件，制定粮食安全应急预案，建立粮食经营主体应急协作、粮食应急运输对接沟通、镇（街道）联保联供机制，应急保障能力全面提升。修订完善《超标粮食收购处置监督管理制度》，全流程闭环管理卫生指标超标粮食出库工作。全市社会粮食需求总量55.83万吨，其中，口粮37.97万吨，饲料用粮17.75万吨，种子用粮0.11万吨。食油需求总量3.09万吨，其中，口油2.84万吨，工业用油0.25万吨。全市粮食生产总量4.46万吨，从市外采购粮食91.66万吨，总体供需正常。全市粮食储备规模为11.12万吨，设有市中心粮库等储备库点7个，仓容稻谷12.94万吨。至年底，全市储备粮构成为：成品粮2600吨（折合原粮3214吨），晚籼稻4万吨，早稻4.11万吨，小麦2.68万吨，计11.11万吨，晚稻储备占38.9%。

【订单粮食收购完成】 2021年，明确全年早、中、晚稻粮食收购政策，做好相关宣传工作。与95户种粮大户签订早稻订单合同，落实早籼谷种植面积2246.67公顷，订单1.5万吨。与110户种粮大户签订晚稻订单合同，落实晚稻谷种植面积3420公顷，订单2.38万吨，其中“五优联动”优质稻1266.67公顷，试点数量1000吨。至年底，完成收购本地小麦2010吨，早籼稻1.17万吨，晚籼稻1.97万吨，其中优质稻1000吨。发放预购金399万元。

【跨省粮食产销合作】 2021年，实施义乌市“百县万品”工程，6月17日，义乌百县万品助农供应链有限公司与吉林伊通深入产销合作，签订“战略合作框架协议”，设立水稻基地和玉米基地1333.33公顷。义乌市与江西弋阳、东乡建立粮食合作基地，义宝农庄在吉林省建立1333.33公顷粮食合作基地，粮食供应链得到有力保障。“百县万品”有秋田小町、小町香米、五常稻花香3个自有品牌大米，分别进入各大商超、菜市场、企事业单位食堂销售，成为70余所中小学校大米定向采购品种。全年大米销售797吨387万元。

【放心粮油体系建设】 2021年，义乌市开展放心粮油体系建设，依托商务部监测平台等渠道，及时掌握粮油供需及价格，对异常情况实时分析预警，形成监测、预警、联动、报告的闭环机制。对16个仓库粮食的质量指标、储存品质指标和主要食品安全指标进行全面抽样检测，检测结果均符合要求。

（刘　菲）

烟草专卖

【概况】 2021年，义乌市烟草专卖局（分公司）查获各类涉烟案件601起，查获卷烟10.7万条，总案值1876万元，其中，走私烟2万条，假冒烟1.38万条。全年销售卷烟6.94万箱，同比增长0.29%，占全市销售量的27.22%；销售额34.11亿元，同比增长4.85%；单箱销售额4.92万元，同比增长4.55%；实现税利10.14亿元，同比增长4.54%。

【烟草专卖“农网消白”行动】 2021年1月，义乌市烟草专卖局（分公司）实施“提质升星”行动，推进“千店标准化陈列”工程，完成转角柜标准化陈列1200户，累计实现“升星”828户。同月，实施“农网消白”行动，融入乡村振兴发展规划，以重点行政村、美丽乡村精品线为突破口，打造农村终端示范点。至年底，建有现代终端135个行政村，农村烟草零售户安装香溢通比例达19.2%。建成“香溢加盟店”115户，现代终端1941户。“香溢家”消费者会员44.41万个，“香溢通”客户占比32.48%。双屏机安装1941户，实现现代终端全覆盖。

【“守护成长”专项行动】 2021年6月，为贯彻落实新修订的《未成年人保护法》，保护未成年人免受烟草侵害，义乌市烟草专卖局（分公司）持续推进“守护成长”专项行动，全面落实《未成年人保护法》关于烟草制品零售点设置新要求，加大中小学及幼儿园周边卷烟、电子烟零售户清理整顿力度。加大《烟草专卖法》《未成年人保护法》宣传，在零售户店面张贴

2021年6月2日，义乌市烟草专卖局（分公司）启动“守护成长”专项行动。图为专卖执法人员在张贴警示标语

（市烟草专卖局　供图）

“不向未成年人售烟”警示语和“12313”举报电话，引导广大卷烟零售户和电子烟经营者牢固树立未成年人保护意识。至年底，共清理中小学校周边卷烟零售户4户，幼儿园周边卷烟零售户16户。

【出口走私烟、假烟网络案破获】 2021年11月25日，义乌市烟草专卖局（分公司）联合义乌海关缉私分局、市公安局经侦大队，成功破获义乌市2019年6月24日出口走私烟、假烟网络案。此案假私烟来自广东深圳，物流发货至义乌外贸中转仓，经在义乌注册某商行出口澳大利亚、美国等地。共查获假私烟24426.8条，实物案值464.56万元，其中，假烟8267.8条，案值158.73万元，走私烟16159条，案值305.83万元。7名主犯均被采取刑事措施。

（陈开亮）

供销合作

【概况】 2021年，义乌市供销社立足“稳产保供”，统筹推进疫情防控和农业生产。上半年化肥储备量突破1万吨，农药储备达到110余万元，有效保障春耕所需农资质优、量足、价稳。开展送肥下乡活动，为专业合作社、种植大户等种植主体提供农资配送服务，配送复合肥、尿素等农资2.9万吨，实现销售额8354.8万元。联合市场监管局等部门，组织“农资打假保春耕”宣传活动3场，发放宣传资料400余份。组织农业主体参加种植技术、用肥用药等各类农业专业技术培训35期，累计受训2548人次。加强农药废弃回收管理和政策宣传，开展专项检查10次，发放宣传资料200余份。回收农药废弃包装物39.5吨，无害化处理39.5吨，农废回收率达80%以上，无害化处理率100%。

【资产整合优化】 2021年，义乌市供销社立足更新促盘活，配合相关镇（街道）做好有机更新工作，做好廿三里供销加油站、义亭供销社直横街地块、车站村地块、友谊西路地块、苏溪供销社后山坞村仓库等12处有机更新资产的协议签订、腾空等工作，持续推进系统资产整合、优化、提升，完成资产置换土地面积9471.97平方米。

【供销社项目建设】 2021年1月18日，市供销社竞得佛堂剡溪邻里中心项目地块，3月25日竞得福田社区邻里中心地块和城北路电商直播大楼地块，3个项目概算总投资4.5亿元。4月22日，蟠龙社区邻里中心项目完成建设，6月中旬正式投入使用。蟠龙花园综合服务中心项目8月20日完工建设，引进开元酒店。联合市场集团，建设蔬菜产业园项目，搭建共富蔬菜8公顷。年内，完成圣穗电商园房屋招商工作，签订《房屋租赁协议》。跟踪绣川府商业街建设进度，对接绣湖里、1970文创园等项目运营团队及中国移动、中国银行、农商银行等经营主体，佛堂剡溪邻里中心项目和电商直播大楼进入主体建设阶段。

【义乌市红糖和柑橘产业农合联成立】 2021年4月7日，义乌市供销社成立红糖产业农合联，首批吸纳会员51家。成立红糖产业农合联，旨在组织本地区红糖生产加工者加强合作，统一生产和技术标准，进一步提高生产技术、品质效益，树立良好的行业形象，打响义乌红糖产业品牌。9月4日，成立柑橘产业农合联，首批吸纳会员27家，累计组建产业农合联6家。柑橘产业各类经营主体进入联合发展、共建共享的崭新阶段。

【数字农合联平台上线】 2021年7月，完成全市24家农资门店智慧农资销售一体机的安装和使用工作，义乌市农资实名制系统完成上线，为“肥药两制”数字化改革工作打好重要基础。10月底，义乌市数字农合联平台上线。涵盖农合信息、生产服务、供销服务、信用服务等七大模块内容，数字农合联将生产、供销、信用的服务功能在线上进行整合，集聚农业资源，更好地为农合联会员服务。

【线上业务拓展】 2021年，做大夯实供销服务平台，依托义乌市场的电商环境，发挥绿禾网、农创园、皓野妈妈社区团购等网络平台优势，大力发展线上业务。2021年，绿禾网累计销售额1.1亿元，农创园累计销售额1.92亿元，皓野公司累计销售额1900万元。5G直播大楼运营不断步入正轨，自2020年5月开业至2021年12月，累计实现销售额2.3亿元，培训直播人员1.7万余人。义乌市供销联社完成经营总收入2.98亿元，实现经济效益3370万元，利润总额2156万元，资产总计12.49亿元。

（虞　晶）

电子商务

【概况】 2021年，全年实现电子商务交易额3715.05亿元，同比增长18.89%，其中：内贸电子商务交易额2701.48亿元，同比增长19.85%；跨境电子商务交易额1013.57亿元，同比增长16.38%。全市工商登记的电子商务经营主体累计有28.07万家。义乌跨境电商保税进口（1210）业务突破2686万票，销售额达42.5亿元，整体业务量位居全国第三批跨境电子商务综合试验区第一。至2021年年底，全市有电商园区32个，建筑面积200余万平方米。拥有淘宝村197个、淘宝镇13个，数量位居全国前列。

（黄洁淼　朱玉清）

【电子商务专业和创业融合发展】 2021年，义乌工商职业技术学院电子商务专业群以电子商务专业为龙头，以商务数据分析与应用专业为支撑，以跨境电子商务、网络营销与直播电商专业为两翼，立足区域产业市场需求，紧抓电子商务发展新业态，以专业和创业融合为发展理念，设18个教练型创业导师团队和4个高规格教科研机构，拥有教育部国家级教师教学创新团队1个、省级教学名师4名和1名省级电商专业带头人。年内，义乌工商职业技术学院“电子商务职业技能提升行动”首次入选浙江省社科联社科普及创新示范推介项目，获批浙江省首个高校直播电商基地，与阿里巴巴共建义乌工商职业技术学院阿里巴巴数字贸易学院，持续推动全国直播电商职业教育集团建设。“跨境电商实务”入选“浙江省省级课程思政示范课程”，指导学生获全国一类竞赛5项。全年开展各类电商培训14项，受益4432人次。

（黄洁淼　朱玉清）

【省级直播电商基地】 2021年1月12日，浙江省商务厅公布《2020年浙江省省级直播电商基地名单》，义乌工商职业技术学院创业园直播基地入选，为全省15家入选单位之一。创业园于2008年创立，园区面积1.28万平方米。以“打造创业者的摇篮”为目标，有专创工作室、教师工作站、青创中心、义台青年交流中心等30余个创业实践基地，形成教学、创业孵化一站式服务体系。2020年起，创业园借助直播电商风口极整合校内外资源，推进直播基地建设，培养电商直播人才。至2021年年底，创业园区累计入驻直播创业团队6个，涉及阿里巴巴、腾讯看点、抖音等平台；100余名学生在创业园创办企业。

（朱玉清）

【世界数字贸易大会】 2021年4月11日，由商务部、工业和信息化部及浙江省人民政府指导，中国电子商会、义乌市人民政府共同主办，中国电子商会电子商务专业委员会承办的2021世界数字贸易大会在义乌皇冠假日酒店举行。大会围绕“数字贸易新业态，国际商贸新发展”主题，充分利用“一带一路”合作倡议、中欧投资协定和区域全面经济伙伴协定（RCEP）签署的战略机遇，培育贸易竞争新优势，形成推进贸易高质量发展的突破口。围绕贸产服数字化融合发展、数字贸易国际规则、平台企业国际合作、新时代下跨境物流的探索和实践等议题，汇聚全球数字贸易领域行业领袖和知名专家，深入探讨数字贸易面临的机遇与挑战和数字贸易发展新思路、新模式、新方向，搭建全球数字经济体对话、沟通、合作和发展平台。现场进行中国电子商会网络直播，举行短视频第二届理事会副会长单位授牌仪式。

（黄洁淼）

【浙江国际电子商务博览会暨数字贸易博览会】 2021年4月11—13日，由中国国际电子商务中心、中国电子商会、浙江省商务厅、义乌市人民政府共同主办的2021浙江国际电子商务博览会暨数字贸易博览会在浙江义乌国际博览中心举行。展会以“发展高质量电商构建新经济格局”为主题，共设国际标准展位2103个，展览面积5万平方米。来自美国、日本、韩国、新加坡、尼日利亚等国家的在华企业代表和国内19个省市的1082家企业参展，吸引192个团组，15.12万人次到会参观、洽谈，现场达成合作意向6.24万个，意向成交额12.3亿元，同比增长9.8%。同期，在义乌国际博览中心、皇冠假日酒店、国际商贸城、青岩刘、江北下朱等地举办2021中国国际电子商务峰会、2021世界数字贸易大会、2021年大中城市联合招聘高校毕业生义乌站（电商专场）巡回招聘会等36场主题活动。

（黄洁淼）

2021年4月10日，国际学生在义乌工商职院创业园直播基地直播带货

（宗诗芮　摄）

【获省“最美志愿服务组织”称号】 2021年4月23日，浙江省教育系统“最美志愿者”“最美志愿服务组织”选拔结果公示，全省评出89个“最美志愿服务组织”，义乌工商职业技术学院东西协作电商服务队成功入选。义乌工商职业技术学院东西协作电商服务队于2018年10月成立，在义乌市人民政府、汶川县人民政府，以及义乌工商职业技术学院和阿坝师范学院开展东西协作背景下组建的。团队发挥专业优势，以“建好一个专业，振兴一个产业，激活一方经济”为目标，以共建汶川电商学院为载体，开创“扶贫扶智、校际共建、师生同创”东西协作职教扶贫模式，为汶川培育15名创业导师、86名电子商务专业学生，组建5个教学团队和5个电商创业工作室，帮助销售农产品50吨。（朱玉清）

【入选省科普及创新示范推介项目】 2021年4月23日，浙江省社科联公布2020年度社科普及创新示范项目评选结果，义乌工商职业技术学院“电子商务职业技能提升行动”成功入选，成为全省45个获批项目中仅有的2所高职院校之一。此项目聚焦产培结合，深耕校企合作，至2021年年底，累计培训各类学员650人，500人获阿里巴巴直播电商助理主播证书。学员直播带货累计销售额5亿余元，日最高带

货30.82万元。电商科普（面向社会）培训1万余人，助力3万人获电商直播专项能力证书。先后12次派遣团队驻点汶川，建成汶川电商学院，促进电商行业发展，助力乡村经济振兴。

（朱玉清）

【全球速卖通义乌服务中心暨菜鸟华东优选仓开仓】 2021年5月27日，阿里巴巴全球速卖通义乌服务中心开业暨菜鸟华东优选仓在义乌陆港电商小镇开仓，全球最大的实体小商品市场和全球最大的网上贸易市场再度携手，标志着阿里巴巴全球速卖通与义乌的合作迈入新阶段。此次启用的速卖通菜鸟华东优选仓，位于菜鸟出口物流华东最大枢纽之中，首期运营面积5000平方米，至2021年年底，运营面积达到3万平方米，并使用了数字化流水线、龙门架、Lemo等智能物流设备。华东中心仓（义乌）的启用，标志着速卖通菜鸟的优选仓网系统初步形成，四仓之间可以形成智能调拨体系，以数据智能为商家进一步降本增效。菜鸟与速卖通能为商家自动匹配最优的干线物流，帮助商家节省物流成本，提升履约时效，实现5美元10日达的物流时效目标。

（骆怡岚）

【全省首个农村电商快递物流服务中心揭牌】 2021年7月6日，全省首个农村电商快递物流服务中心在赤岸镇揭牌，为全国电子商务进农村综合示范项目之一。为加快推动全国电子商务进农村综合示范县建设，按照“政府推动、企业主体、资源整合、市场运作”的思路，义乌构建市、镇、村三级快递物流服务体系，实现“农产品进城”“工业品下乡”的双向便捷流通，在赤岸、大陈、上溪3个镇，建设镇级农村电商快递物流服务中心。自2020年12月始，在市市场发展委、市邮管局和赤岸镇政府的指导和支持下，各快递企业通力配合，市邮政分公司以村邮站为依托，搭建了“统一投递，统一揽收”的快递共配服务平台暨中邮驿站快递共配点，打通义乌城乡快递配送微循环，全面降低社会物流成本。完成赤岸镇42个行政村中邮驿站铺点覆盖，与中通、圆通、申通、韵达、极兔、百世6家品牌快递公司合作，建成共配服务中心，日均共配快递量达3000余件，满足了百姓用邮需求。至2021年6月底，共配送快递企业包裹27.7万件，日均投递1320件。（骆怡岚）

【“百县百万”协作共富电商人才培养】 2021年9月23—27日，由市市场发展委、市场集团主办的义乌—巴州协作共富电商人才培训班在义乌举行。巴州区50名企事业单位电商学员参加培训班，课程设置电商平台发展规划、电商运营、现场实操、短视频运营、企业实地考察、直播带货技巧等方面内容。此次义乌—巴州协作电商人才培训班，是“百县万品+百县百万”双轮驱动协作共富平台举办的首个电商人才培训班，义乌面向全国欠发达县域开展电子商务全领域人才培训服务正式启动，全力打造全国乡村振兴和东西协作帮扶工作的“义乌协作共富新样板”。

（骆怡岚）

【亚马逊国内首个产业带集货运营中心落地义乌】 2021年11月19日，亚马逊国内首个产业带集货运营中心落地义乌，亚马逊全球物流团队义乌服务中心同时启用。启用当天，亚马逊全球物流与义乌国际陆港电商城签订战略合作协议，义乌与亚马逊的合作迈入新阶段。亚马逊义乌集货中心位于义乌国际陆港物流园（普洛斯义乌物流园），占地面积3000平方米，计6个垛口，拥有专业的仓储管理团队，为20余家义乌本地电商企业提供集货服务。（骆怡岚）

【全国直播电商职业教育集团年度会议】 2021年12月24日，由全国直播电商职业教育集团主办、昆明冶金高等专科学校和义乌工商职业技术学院承办、南京奥派信息产业股份公司协办的全国直播电商职业教育集团2021年度会议召开。会议以线上方式举行，线下设义乌、昆明、南京3个分会场。全国各理事单位代表、相关院系负责人、专业带头人、骨干教师等共577人线上参加会议。开幕式后，与会人员聚焦直播电商发展战略及方向，直播电商行业的发展趋势与人才需求情况，以及直播电商人才培养的新模式和新路径等内容召开4场专题会议。2020年12月18日，义乌工商职业技术学院牵头成立全国直播电商职业教育集团，旨在发挥平台和纽带作用，整合优势资源，促进政校行企协同，为直播电商人才培养、直播电商行业发展、社会经济发展深度赋能，助力谱写现代职业教育发展。至2021年年底，集团共有成员单位208家。（朱玉清）

"义乌购"电子商务平台

【概况】"义乌购"为义乌小商品市场官方平台，致力于线上线下融合发展，推动传统专业市场数字化转型升级。"义乌购"背靠"全球最大的小商品批发市场"，享有一手厂家货源，服务产业链上游200余万家中小微企业，产品涉及玩具、饰品、工艺品等26个大类。2021年，"义乌购"累计入驻商家5万余家，在线商品800余万种，日均访客80余万人，注册采购商1000余万人，其中10%为海外用户。在B2B电子商务平台上，"义乌购"访问量仅次于阿里巴巴（exodus.1688.com）。年内，"义乌购"与天猫、网易严选、唯品会和蘑菇街等20家优质电商平台一同入选"浙江省重点培育综合性电商平台"名单。

【"义乌购"内贸订单增长40%】2021年，"义乌购"内贸订单同比增长40%。百货、玩具、小家电、饰品、服装服饰等热门采购类别，采购商多为国内三、四线城市的小卖家、二级批发市场的卖家。采购商通过"义乌购"少量下单，体验样品后再选择供应商进一步合作。为更好地将国内采购商与义乌市场供应商联系起来，2021年年初，"义乌购"推出SaaS"订货通"服务，将国内小卖家的采购需求与义乌市场供应商接洽，推动义乌经营户拓展内贸市场。

【"义乌购最美老板娘"诞生】2021年4月8日，义乌市张卫超袜行、晓梦文化工厂直营店、旺金包业、奇霞厨业、星宝伞业（中国梦授权）、陈杰八彩泡泡水厂、义乌市明灿针织有限公司、诗丰袜业、南通恩娜丝家纺有限公司、蝶飞花边厂的10位老板娘从133位竞选人中脱颖而出，获得"2021年义乌购最美老板娘"称号。同月15日，"义乌购"通过直播形式，举行"2021年义乌购最美老板娘"发布会。20日晚，在义乌万豪酒店举办颁奖晚会，为获奖人员颁奖。

【"义乌购"十大经营户评选】2021年5月10日至12月31日，开展2021年度"义乌购"十大经营户评选活动。系义乌购公司连续第十次举办"十大经营户"颁奖活动。首次将全国产业带3000家商户纳入评选范围，"义乌购"十大经营户评选范围走出义乌，面向全国。评选通过"义乌购"PC端及App，每个账号可投10票，需投给不同的商铺，综合交易额和商铺投票数的分值各占50%。经评选，妮珂饰品、XUPINGJEWELRY旭平首饰、雨儿毛绒玩具、小蜜蜂毛巾、张卫超库存袜子批发厂家、平阳县蝶飞织带有限公司、澜菲气球派对用品厂、美阁地毯、义乌市爱尚家居日用品厂、博乐毛绒挂件玩具十大经营户入选。同时评选出10名年度领袖经营户，产业带及各区块明星经营户90人，优秀经营户120人。

【"义乌购"大讲堂开课】2021年5月19—20日，"义乌购"第三期大讲堂在"义乌购"16层会议室开课，"义乌购"商户60余人参加培训。课程共分为"义乌购"网站介绍、PC端操作、App后台优化和"义乌购"站内引流等内容，帮助经营户更好地理解平台机制，学习接单的"小心机"操作。参加培训的客户表示"义乌购"后续的服务和运营跟进很到位，是目前市面上同类型平台性价比最高的。"义乌购"大讲堂是为市场经营户解决运营"义乌购"商铺、开拓电商新渠道开设的培训课程，是由"义乌购"商户服务中心为市场经营户精心打造的公益性免费课程。

【"义乌购"获评浙江省高新技术企业研发中心】2021年12月24日，浙江省科学技术厅下文确定"义乌购"为浙江省高新技术企业研发中心。2019年，"义乌购"大数据研究中心高效运作，为义乌市场管理和服务提供科学数据及决策依据，获批国家高新技术企业。“义乌购”具备高新技术研发中心的基本素质，拥有较高比例的高新技术人才，掌握比同行业更突出的高新技术革新能力，同时建立完整规范的技术创新管理体系，在自主研发和业务创新领域拥有相当数量的转化成功的科技成果。

（王文娟）

Chinagoods

【概况】2020年10月21日，“义乌小商品城”平台（www.chinagoods.com）正式上线，为义乌市场官方网站。平台打造“市场主体+业务平台+服务平台+基础设施”框架体系，推动国家站建设及跨境贸易业务拓展，融入国际大循环，搭建全链路、全场景、数字化的市场贸易生态圈，展现“云上一平台，地上一张网”，实现义乌市场线上线下无缝对接、协同发展，让贸易更简单。2021年，Chinagoods平台上线运营中文站、英文站、阿拉伯语站及西班牙国家站等版本，展示、支付、直播、地图导航等交易功能，市场业务办理、经侦预警、采购商服务等市场管理功能不断完善，基本实现商人、商品及市场管理服务的数字化。至2021年12月底，注册采购商累计110万户，入驻商户5.8万户，平台单品数（SKU）500万个，交易总额（GMV）168亿元。

【引流拓客】2021年，Chinagoods平台上线店铺商品展示、地图导航、视频带货等平台功能，开展多渠道、多载体、多形式的全量营销，帮助商户拓展客户渠道，促成交易。平台共吸引采购商110余万户注册，平台浏览量峰值600余万人次。

【服务贸易赋能新发展】2021年，义乌商城集团从贸易履约端着手，打通集货、报关、干线物流、海外仓配送、收汇结汇等全流程的贸易闭环，提供一站式外贸履约服务，上线短驳、国际物流、酒店预订、贸易保险、产业金融、外国人服务等功能。推出“货款宝”进一步降低赊账风险，推出“结汇宝”解决结汇难题，实现GMV1.5亿元。完成西班牙站功能开发，与一米供应链公司签订战略协议，实现交易总额（GMV）3000余万元。结汇宝结合9610、9710、9810业务，累计结汇1.18亿美元。

【小商品数字自贸应用开发】2021年，义乌商城集团以“一码贯通、四单对碰”的思路，集成数字交易、数字履约、数字金融、数字监管4大场景、X项子应用，形成“1+4+X”顶层设计和系统架构，重塑小商品贸易“管得住、可溯源、成本低、更便利”的机制。至年底，开发完成数字自贸驾驶舱共31个页面的前后端开发及数据对接。完成Chinagoods与市场采购联网信息平台系统49个接口对接。开发履约服务产品采购宝，下单总额2.48亿元。服务义乌场采购贸易方式出口2901亿元，同比增长30.1%。

（何振威）

综合服务业

【概况】2021年，义乌市整合镇（街道）、市场、执法、教育、公安等网格，完善监管体系，开展虚假广告、违规收费、培训合同、消防安全专项治理行动12次。起草《义乌市房地产经纪人员信用信息管理办法（试行）》，推进行业信用管理向纵深发展。

【教育培训行业】2021年，义乌有校外培训机构681家、职业技能培训机构56家、体育艺术培训机构213家、科技类机构16家。2021年，按照“减负提质并举、校内校外并重”思路抓好“双减”工作，打好校外培训机构治理“组合拳”，减轻校外培训负担。严格落实机构培训时限要求，常态化、全覆盖、零遗漏督查巩固压减成效，全年督查校外培训机构5万余次。“一校一策”分析机构办学情况，削减集团类、连锁类培训机构，削减培训机构330家。开展数字监管，学科类培训全部转为非营利机构，100%开设预收费监管账号并进驻“金信培”平台，100%机构按照政府指导价收费。全年，义乌市学科类培训机构由452家压减至122家，减轻了校外培训负担。

（陈东栋）

【职业技能培训行业】 2021年，义乌市有民办职业技能培训机构54家。为规范民办职业技能培训行为，维护劳动者及民办职业技能培训机构的合法权益，2021年6月，市人力社保局对2020年6月30日前审批的36家民办职业技能培训机构进行年报和检查，查出7家培训机构不合格（取消办学资质），合格率80.56%。（陈晓辉）

【经营性人力资源服务机构】 2021年，义乌市共有经营性人力资源服务机构166家，其中备案机构82家。全年新增经营性人力资源服务机构58家。指导人力资源服务机构做好疫情防控措施，开展人力资源服务机构年报填报工作。实行“双随机”监管制度，采用随机抽取的形式对人力资源机构进行事中事后监管。（冯　倩）

【房地产经纪行业】 2021年，义乌市房地产经纪机构新增备案48家（含延续），备案证书有效期内机构81家。发放经纪人执业证书217本。对992名已满1年的经纪人执业证书持有者组织网上继续教育培训，采用网络直播的形式，邀请大学老师进行线上教育。开展行业疫情防控监督指导工作，通过党建+单元微信塔群转发最新疫情防控政策、中高风险旅居史人员排查等相关文件16件。组成4个巡查小组，实地巡查机构700余家次，因疫情防控制度落实不到位且整改不力移交镇（街道）执行停业整顿1家。（毛功伟）

餐饮住宿业

【概况】 2021年，义乌市有星级饭店10家，其中，五星级2家，四星级6家，三星级2家。具有相当规模已开业的饭店12家，其中按五星标准建造的奢华酒店5家，按四星标准建造的豪华酒店7家。拥有金树叶级绿色饭店3家，银树叶级绿色饭店9家，银鼎级特色文化主题饭店4家，金桂级品质饭店3家，银桂级品质饭店2家，金宿级等级民宿1家，银宿级等级民宿1家。（陈　庆）

【全省首个《小餐饮店经营管理规范》发布】 2021年3月15日，义乌发布《小餐饮店经营管理规范》（简称《规范》），为浙江省首个针对小餐饮店规范运行的地方标准。《规范》围绕场所规范、准入规范、人员规范、食材规范、设施规范、文明规范，设置相关安全指标和经营要求，着力改变过去小餐饮“低、小、散、难转变”的问题。至年底，此《规范》在全市481家餐饮店试运行，试点区域内的消费投诉同比下降达60%。（陈奕帆）

【网络餐饮单位红黑榜晾晒】 2021年6月，结合省市场监管局网络餐饮单位检查的工作部署，市市场监管局创新开展网络餐饮单位红黑榜晾晒，每月线下检查100余家网络订餐单位，从中选出2家最好的红榜单位和2家最差的黑榜单位进行外网曝光公示。至年底，此项工作共检查网络订餐单位659家，发现问题56家，发布红黑榜6期，表彰12家红榜单位，曝光12家黑榜单位。（陈奕帆）

【浙江省银桂级品质饭店创建】 2021年12月22日，浙江省旅游饭店星级评定委员会下发《关于批准杭州开元森泊有限公司等45家饭店为浙江省品质饭店的批复》，义乌市环球酒店和义乌市璞锦酒店被评为银桂级品质饭店。义乌环球酒店坐落于义乌核心金融商务区，毗邻国际商贸城一期市场，与义乌国际博览中心相望，与义乌城市生活广场新光汇一街之隔，距离国际商贸城客运中心2千米。义乌环球酒店共有200余间客房，拥有健身房、游泳池、台球室、棋牌室、美容美发等配套设施，所有房间配备全景落地玻璃窗。义乌市开臣璞锦是开臣酒店旗下时尚轻奢型商务酒店，2020年被评为三星级饭店。酒店位于宾王商贸中心，交通便利，地理位置优越，毗邻宾王夜市、宾王商贸区、158文创园，距离义乌机场6.5千米，义乌高铁站8千米，国际商贸城1千米，国际博览中心3千米。酒店拥有各类舒适、智能的客房133间，配套功能完善，有中西自助四季餐厅、休闲商务大堂悦咖啡、自助拂尘洗衣房、足迹健身房等。（季心怡）

夜间经济

【概况】 2021年，义乌市有大中型商业综合体10家，推进建设华润万象天地、绿地朝阳门等商业街区项目，年内陆续投用开业。全市有各类文体娱乐主体1170余家，以佛堂老街、“1970文创园”、夜健梅湖、义乌市文化广场等为代表的夜间文体娱乐场，在春节、国庆等档期观影人次位列全省第一。充分利用城市有机更新，整合提升现有商业空间，植入高品质商业亮点项目，形成以综合体为核心的商圈发展，构建“一核五带多节点”总体布局。宾王商贸区成为国际化地标性夜生活集聚区，五大核心商圈中，有面向高端消费的绣湖商圈，以商务休闲楼宇经济为主力业态的福田金融小镇商圈，以服务创业人员大众消费的北苑商贸区商圈、稠江万达广场商圈，以串联文体健身时尚购物消费的江东商圈5条夜购商圈。2021年1—11月，义乌市区5家综合体客流量5300余万人次，同比增长24%，实现销售额45亿元，同比增长40%。

【不夜商城】 2021年，义乌以打响“不夜商城”品牌，打造国内知名夜间经济城市为目标，实施九大行动，出台政策措施，整体推进，通过国际化消费和夜间直播、夜间集市等特色，初步构建“商城风韵、国际风范”的夜间经济体系，夜间经济活跃度指数连续两年位列全省各县市区第三位。市中心的义乌之心营业额位居金丽衢地区综合体之首，其60%营业收入源于夜间消费。对示范街区和示范点建立动态管理机制，实现“优进劣退”，引导夜间经济经营主体规范发展。

【夜间经济发展新动能】 2021年，义乌围绕建设区域消费中心城市目标，全力打造国内知名夜间经济城市。利用“网络直播”“短视频”等模式，构筑“线下孵化+供应链+线上平台”网络流量孵化群；利用互联网流量优势，在进口商品城孵化区等地开展直播探店等网上推介活动，培育夜间经济发展新动能。“中国网红直播第一村”江北下朱村集聚各类品牌1000余个，经营主体4400余家，从业人数最高峰时达5万余人。江北下朱村“线上平台”网络流量孵化群，利用互联网流量优势，开展直播探店等网上推介活动。积聚一批各国风情的购物场所和美食、演艺活动，涌现宾王国际生活街区、义乌韩国风情街、稠州北路异国风味餐厅等多元夜间消费场所。义乌“爱喜猫”进口商品旗舰店面积5600平方米，汇集来自欧美、日韩、东南亚、澳新等200多个国家和地区的1万余种进口商品。2021年，全市引进各类品牌首店41家，新开各类首店200家。各类文体娱乐主体1170余家，义乌影院数量26家，汇聚万达、保利、上影、横店、中影等院线，票房稳居全省前列。

【首家室内夜市在北苑开市】 2021年2月23日，义乌首家室内夜市“众集聚北苑夜市”开市营业。“众集聚北苑夜市”2020年8月开始改建，营业面积1.5万平方米。以服装、日用百货和小吃为主。“众集聚北苑夜市”是一个以“义乌小商品”为主体，融合线上电子商务平台和线下实体体验供货平台的全国性商品批发供货平台。室内夜市区别于传统的马路夜市、露天夜市，不受天气因素制约，营业时间更长。经营人员可无差价挑选商品，如退出市场，尾货（库存）均可退回市场管理方。除固定商户以外，“众集聚”夜市为临时摆摊人员免费提供摊位。此夜市开市首日，免费摆摊、提供货源、尾货可退等一系列优惠政策吸引来自全国各地的摆摊经营者200余人。2021年5月9日，摊位抽签定位，共设摊位380个，其中百货摊位365个，宽2.4米；水果、干货摊位15个，宽3.6米，同月20日正式运营。

【全省首个《夜间经济示范街区和示范点标准》】 2021年7月30日，围绕商圈品质提升，义乌制定全省首个《夜间经济示范街区和示范点标准》，在业态结构、管理机制、夜景灯光、配套设施等方面提出明确的标准和要求。此次认定的10个夜间经济示范街区和示范点，在出入口的标识，夜景灯光等街区环境方面进行了改造，整体形象有明显提升。

【"义乌新地标网红打卡地"百万市民推选活动】 为展示义乌特有的"颜值"与"气质",增强市民的获得感、幸福感、自豪感,围绕"网红经济"新业态,着力打造一批新消费品牌、新消费业态、新消费场景,2021年8—11月,市文旅局联合市融媒体中心等单位,组织开展"义乌新地标网红打卡地"百万市民推选活动。广大网友踊跃参加,在投票页面累计浏览量132万人次,投票762万票。评委会组织来自各个行业的专家评委,以规模、知名度、好评度为评审导向,对各个类目的参赛对象进行评审,结合网络投票结果,评选出"吃在义乌(街区)""吃在义乌(美食)""住在义乌(美宿)""购在义乌(购物)""玩在义乌(美景)"五大类目的45个义乌"网红打卡地"。

【义乌青口宝龙广场启幕】 2021年11月27日,义乌青口宝龙广场启幕。这是宝龙商业在金华布局的6个项目中的第四个开业项目,是宝龙商业在浙江区域布局的第32个项目。广场集饕餮美食、时尚购物、儿童创新、休闲娱乐、生活服务于一体,为义乌人民带来全新的休闲购物场所,打造义乌商业新地标。义乌青口宝龙广场位于义乌江东区域核心地块,紧邻义乌城区东西向中轴——江东路及城市南北向交通大动脉东义路,距离G1512义乌东1.5千米,被称为"义乌东大门",交通便利。建筑面积7.4万平方米,是集商业购物中心,高端住宅于一体的体验式综合体。已入驻150余家国内外知名品牌,包含六大业态,打造潮玩空间。项目集合11个国内知名珠宝品牌,打造首个"宝龙珠宝城"。引进大渝火锅浙江壹号店、鸡毛换糖街、钱小奴创意自助、王阿盖网红餐厅等主题餐饮48家,引进小米之家、华为、荣耀等众多数码零售品牌。开业当天,宝龙珠宝城、合电占动漫娱乐空间、大渝火锅、钱小奴创意自助等品牌同时举办开业剪彩仪式。

【义乌夜间经济省级样板】 2021年12月23日,经省商务厅等7部门及省级夜间经济试点城市验收专家评审,义乌获评"省级夜间经济试点城市"。义乌市以打响"不夜商城"品牌,打造国内知名夜间经济城市为目标,通过培育发展,夜间经济活跃度指数连续两年位列全省各县市区第三位,其中夜食指数高居全省各县市区首位,夜购指数位居第六位,夜宿、夜娱指数进入全省前十位。义乌市十分注重商圈的培育和发展,集聚消费全要素、全业态,倾力打造连点成线、连线为面的核心圈层。

【夜间经济示范街区和示范点建设】 2021年12月25日,经运营主体申报,属地镇街推荐,相关部门联审,公示等流程,义乌市发展夜间经济领导小组办公室认定,宾王国际夜生活街区为综合类示范街区,佛堂老街为文旅类示范街区,南山里为国际风情类示范街区,江北下朱村为夜间直播类示范街区,"1970文创园"为文创类示范街区;义乌之心为综合体类示范点,三挺路夜市为夜间集市类示范点,梅湖体育中心为文体健身类示范点,金苑美食街为夜间美食类示范点,李祖国际创客村为乡村夜游类示范点。义乌对示范街区和示范点建立动态管理机制,实现夜间经济"优进劣退",引导夜间经济经营主体规范发展,提升义乌夜间经济整体品质与形象。全市引进各类品牌首店41家,新开各类首店200家,新投用的佛堂镇蒲川水街成为义乌夜间经济新的网红打卡点。

【义乌爱琴海购物公园开业】 2021年12月31日,义乌爱琴购物公园开业。义乌爱琴海购物公园紧邻商城大道(双向6车道)、开元南街,地处义乌至东阳的交通要道,作为位置优越的成熟居住区,项目核心辐射人口20万人。义乌爱琴海购物公园总建筑面积8万平方米,是定义为"都市新生活体验中心"的新型购物空间,项目锁定周边3~5千米范围消费人群,集休闲体验、餐饮、日常零售、亲子教育娱乐、生活配套于一体的全新购物中心。开业当日实现营业收入800万元。

(陈金春)

对口帮扶·区域合作

综 述

【人才互动共鉴】 2021年，义乌市与巴州区、恩阳区签订劳务协议，在义乌新设巴州区驻义乌人力资源联络处，建立义乌与巴州区长效劳务协作机制。组织4385人在义乌及东部地区稳定就业。组织巴州区20余家电商骨干企业对接义乌电商园区，并参加2021网红大赛，组织“巴山妹子”等当地农业企业赴义乌对接“百县万品”展销中心，开展创意交流、资源分享、投融资等对接。打造“来料加工+产业培育”模式，搭建来料加工平台，确定巴州区首批38名来料加工经纪人。

【特色农产品销售渠道拓宽】 2021年，义乌市开展对口地区农副产品进机关、进企业食堂活动，工会福利采购对口地区农特产品890.45万元。开设“百县万品”山海协作专区，邀请莲都区等山区26县企业到第16届中国义乌文化和旅游产品交易博览会、第27届中国义乌国际小商品（标准）博览会等重要展会上参展，共采购销售山区县农副产品4015万元。依托义乌市场和会展优势，充分利用电商平台、义乌“百县万品”消费助农展销中心等平台，拓宽对口地区特色农产品销售渠道。在“百县万品”开设新疆馆，产品包括新疆温宿、叶城、墨玉等15个县市的472款农产品。开展“红色百次方助农社区行”等消费助推等活动，着力在线上微商位、社群团购、企事业单位工会团购等方面拓展销售渠道，销售额42.19万元。

【东西部协作年度任务全面完成】 2021年，义乌东西部协作结对地区调整为四川省巴中市巴州区，自结对关系确定后，6月17—18日、11月2—4日，义乌市与巴州区委分别组队赴对方调研考察，分别召开东西部工作党政联席会议各1次。在2次联席会议上分别签订两地东西部协作框架协议，义乌城西街道、福田街道和巴州区化成镇、天马山镇结对协议。结对以来，两地开展互动调研对接活动26次。编制《义乌市2021年度东西部协作工作任务和责任清单》，义乌市对口办召开东西部协作工作部署会、协调会等会议6次，有力推动实施各项任务。至年底，产业项目合作、乡村振兴和社会事业合作等14项对口帮扶任务、32项区域合作考核任务全部完成。

【区域协调互助】 2021年9月13日，义乌市工商联联合义乌市经信局、义乌市农业农村局组织义乌市各行业12名企业家赴巴中市巴州区投资考察。至年底，引导义乌到四川投资企业25家，完成投资7.81亿元；企业吸纳农村劳动力就业1526人，其中脱贫人口就业365人。帮助巴州区共建产业园区2个，其中农业产业园1个。引导到园区落地企业8个，园区落地企业完成投资5847万元，入园企业吸纳农村劳动力就业1021人，其中脱贫人口就业350人。帮助巴州区完成援建（续建）就业车间11个，吸纳农村劳动力就业408人，其中吸纳脱贫人口就业290人。

【学校、医院结对帮扶】 2021年，义乌市6所学校、4家医院与巴中市巴州区相关学校、医院签订结对协议，开展专业技术交流对接活动，义乌市选派的卫生技术人才向巴州区输出放射检查、骨融合固定等技术2项。组织四川省学生到义乌就读，全年接收四川籍农村学生在义乌职业院校就读54人，其中，义乌市城镇职业技术学校26人，义乌市国际商贸学校28人。开展助学、救助等活动，助推乡村振兴。9月24日，四川省首创的“义巴助学服务站”在巴州区挂牌成立，义乌市慈善总会与巴州区教科体局签订捐资助学协议。至年底，义乌市向巴州区完成社会捐赠款物897.9万元，其中捐赠资金676万元，捐赠物资折款221.9万元。 （陈金春）

东西部协作

【概况】 2021年，义乌市发改局编制实施《义乌市2021年度东西部协作工作任务和责任清单》，义乌市对口工作领导小组办公室召开东西部协作工作部署会、协调会等会议6次。确定结对地区调整为四川省巴中市巴州区，双方在党建、改革、产业、乡村振兴和人才、劳务等方面交流合作。围绕共同巩固脱贫攻坚成果、推进乡村振兴、推动共同富裕三大任务。建立“32+7+X”（32项上级考核指标，7项特色合作项目，若干项后续谋划项目）东西部协作工作体系，以“排头兵”的姿态推动东西部协作工作，打造东西部协作升级版“义乌样本”。至11月20日，完成组织领导、助力巩固脱贫攻坚成果、加强区域协作、促进乡村振兴四大方面32项考核任务指标。年内，投入东西部协作资金100万元，帮助巴州区开展天马山镇天南村、化成镇梁大湾村2个乡村振兴示范村建设。义乌市福田街道北下朱经济合作社、城西街道分水塘村分别与巴州区天南村、梁大湾村签订结对协议，在电商帮扶、红色研学、文旅产业等方面开展合作。 （金　剑）

【开展专业技术交流对接活动】 2021年，义乌、巴州区两地相关领导、部门开展专业技术对接活动26次。义乌市选派卫技人才向巴州区输出放射检查、骨融合固定等技术2项。义乌市帮助四川省采购、销售农业畜牧产品和特色手工艺产品2628万元。义乌—巴州东西部协作方面工作在国家级及省级媒体宣传报道22篇，其中《双城联动促就业 巴义连心“山海情”义乌·巴州2021东西部劳务协作专场招聘会》《“密”起来“动”起来“富”起来浙江义乌东西部协作促振兴》《义乌—巴中—乌鲁木齐航线通航仪式在义乌机场举行》等报道，分别在《人民日报》新媒体平台、《中国组织人事报》《中国经济导报》等国家级媒体上发布。 （金　剑）

【社会帮扶】 2021年，义乌市工商联开展社会帮扶，组织动员企业及商会捐款捐物，引导商会参与慈善“一日捐”公益活动。至年底，22家商会捐款57万元；19家商会向河南灾区捐款7.2万元，捐物价值302.6万元。 （何庆荣）

【投资环境考察与结对】 2021年3月、7月，义乌市工商联2次组织25名民营企业家赴丽水市莲都区开展工作对接、项目考察，其中华统集团在莲都区投资生猪养殖项目3亿元。4—12月，市工商联先后2次率企业家26人赴四川省汶川县就落实扶贫资金，助力产业发展，教育卫生事业发展，劳务输出等方面开展产业帮扶。9月，市工商联开展“万企兴万村”工作，组织12家民营企业赴四川省巴中市巴州区考察投资环境与结对村，引导12家会员企业和1家商会与巴州区结对，捐赠资金39万元，捐物价值79.2万元。 （何庆荣）

【义乌与巴州区签订劳务协议】 2021年6月5日，义乌市与四川省的巴州区、恩阳区签订劳务协议，在义乌新设巴州区驻义乌人力资源联络处，建立义乌与巴州区长效劳务协作机制。义乌市帮助开展四川省农村劳动力培训1258人，其中脱贫人口950人；四川省在义乌就业4385人，其中脱贫人口488人；帮助巴州区农村劳动力在当地就近就业1856人，其中脱贫人口921人；帮助巴州区农村劳动力到其他地区就业1143人，其中脱贫人口472人。（金 剑）

【东西部协作深化】 2021年6月初，义乌市人社局派出工作组前往四川省巴中市巴州区等地，开展面对面交流并签订劳务协作框架协议。6月24—26日，巴州区人社局到义乌开展劳务协作对接，就“互联网+”直播电商创业培训、农民工服务工作站挂牌等工作进行深入交流，实地走访义乌重点企业，就合作搭建劳务协作信息交流平台、举办劳务协作专场招聘会等达成共识。7月19日，义乌市人社局考察组前往甘肃省临夏市开展人力资源项目合作考察对接工作，就人力资源领域的合作达成初步共识。同月26日，举办金华—巴中首场线上云招聘活动，11名求职人员成功应聘。全年累计向四川省巴州区、甘肃省徽县和临洮县推送义乌市重点企业就业岗位9266个。（陈金春）

【义乌党政代表团赴四川巴中市巴州区考察】 2021年6月17—18日，义乌党政代表团10人赴四川省巴中市巴州区考察对接东西部协作工作。考察团先后考察盘兴物流园、巴州区中药材现代农业产业园等项目，实地了解巴州区商贸物流、产业发展、美丽乡村建设情况；召开义乌—巴州区东西部协作工作党政联席会，两地签订东西部协作框架协议，深化多领域、多层次交流合作。（金 剑）

【携手谱写“山海情”】 2021年7月2日，巴州区首期电商网络直播创业培训班第一堂课在义乌举办，义乌工商职业技术学院讲师曹前讲解“直播带货”的基础知识，66名学员及返乡创业大学生前来听课。培训结束后，考核合格的66人获义乌市人社局、巴州区人社局共同颁发的“创业培训合格证书”。2021年，临夏市150余名青年创业者先后到义乌参加电商培训。年内，义乌市经信局、义乌市市场监管局、商城集团等单位的12名业务骨干、技术能手作为首批专业技术人才，前往四川省巴州区，开展为期6个月或一年半的挂职交流，推动先进理念互补共享，挖掘优势资源互利共赢，携手谱写“山海情”。（陈金春）

【对口地区消费帮扶】 2021年8月26日，义乌市总工会、义乌市发改局、义乌市商务局、义乌市财政局联合出台《关于开展对口地区消费帮扶活动的补充通知》，将对口地区纳入义乌市消费帮扶采购和工会疗休养范围，明确各单位年度工会福利总额的30%以上用于采购对口地区的农特产品。开展对口地区农副产品进机关、企业食堂活动。依托义乌市场和会展优势，充分利用电商平台、义乌“百县万品”消费助农展销中心等平台，不断拓宽对口地区特色农产品的销售渠道。至年底，义乌市累计帮助四川省采购、销售农业畜牧产品和特色手工艺产品2628万元。（金 剑）

【“百县万品”走向国内市场】 2021年8月，义乌“百县万品”消费助农展销中心增设巴州专区，集中展销巴州区特色农产品205款。在线上，利用义乌优势，开发“百县万品”微商城，引入电商直播机构，整合高校创业创新资源，进行“品牌体系输出”，建立网络营销全覆盖的电商营销中心。9月，义乌市场发展委、市场集团联合巴州区商务局在“百县万品”举办义乌—巴州协作电商人才培训班，培训巴州区电商经营骨干、致富带头人和创业者等51人。至2021年年底，“百县万品”累计对接全国421个脱贫县，选出1.27万款农产品、手工艺品，其中带有扶贫认证的产品2800款。线下展销中心在售产品1.05万款，累计销售额8500余万元。（楼向华）

【义乌—莲都“山海协作”文化旅游节启动仪式】 2021年9月16日，义乌—莲都“山海协作”文化旅游节启动仪式暨文旅推介会在义乌举行。双方签署了“义乌·莲都”文化旅游山海协作战略合作框架协议、“义乌·莲都”推进山海协作工会疗休养合作协议。活动现场，莲都与义乌两地签订文旅合作四大协议。两地将共同推动文旅资源互通，积极构建两地文旅产品营销网络，共同策划和推广一批义乌—莲都文旅景区精品旅游线路，打造区域文旅经典品牌。实现文旅政策共享的同时，利用双方产业优势，着力推广和开发一批文创旅游商品、文旅农产品，积极开展两地文旅合作交流，联合举办文旅人才培训，切实提升文旅干部业务能力。

（陈金春）

【巴州区党政代表团到义乌考察】 2021年11月2—4日，四川省巴中市巴州区委书记余斌率党政代表团到义乌考察。代表团一行先后考察安歆青年社区、“百县万品”消费助农展销中心、国际商贸城一区和五区等，学习义乌市经济社会发展、市场转型升级、城市有机更新等方面工作经验。在巴州馆，代表团成员详细了解农产品销售情况，对义乌精心筹备“百县万品”巴州馆表示感谢，希望义乌与巴州进一步加强对接，推动更多巴州特色优势产品融入义乌市场，助力巴州乡村振兴、经济高质量发展。在国际商贸城一区和五区，代表团询问商品经营销售相关情况，对义乌市推进市场转型、开放发展的举措和成效表示赞许，认为义乌从“鸡毛换糖”到“买全球，卖全球”，许多经验、做法值得学习借鉴。代表团一行听取义乌市城市有机更新工作情况介绍，并参观公寓样板间、餐厅，考察行政服务中心、陆港电商小镇、国内公路港物流中心和城西街道分水塘村陈望道故居。其间，召开东西部工作党政联席会，会上，巴州区天马山镇与福田街道、巴州区化成镇与城西街道签订结对框架协议。根据协议，福田街道在来料加工方面与巴州区天马山镇全方位开展合作；城西街道将在文旅、产业、人才交流等方面与巴州区化成镇开展合作。

（金 剑）

【助力巴州特色农产品展销】 2021年，四川省巴州区为新一轮浙川东西部协作义乌对口帮扶地区。为做深做实帮扶成效，8月，义乌市场集团在“百县万品”消费助农展销中心入口醒目位置特设四川巴州专区，集中展示205款巴州区特色农产品，营业2个月销售额达22万元。

（金 剑）

【乡村振兴助力推进】 2021年，义乌市落实山海协作年度援建资金311万元，会同丽水市莲都区制定援建资金（项目）管理办法，建立援建项目储备库，开展项目实施督查和绩效评价。支持莲都区松坑口村上县头、磐安、婺城区3个乡村振兴示范点建设。组织发动义乌市22家企业、4家社会组织与巴州区相关村签订结对帮扶协议，助推乡村振兴。义乌市向巴州区完成社会捐赠款物897.9万元，其中捐赠资金676万元，捐赠物资价值221.9万元。11月8日，义乌市民政局与四川省巴中市巴州区民政局围绕共同巩固脱贫攻坚成果、推进乡村振兴、推动共同富裕展开讨论并签署相关合作协议。签约仪式当日，通过义乌韵达快递的公益运输，建设美丽义乌促进会首批爱心物资电脑、棉衣、棉被、文具等送达巴州区。义乌市社会组织总会联合义乌市建设美丽义乌促进会结对巴州区梁大湾村，助力乡村振兴；义乌市汽车人教育公益联合会、义乌市学习雷锋公益协会结对帮助天马山镇狮子寨村。

（陈金春）

【民政领域东西部协作】 2021年11月5—8日，巴州区民政局一行12人前往义乌市对接民政领域东西部协作工作，先后到养老机构、社区、社会组织、行业商会考察学习，就养老服务体系建设、社会组织培育、社区治理、社会救助等方面进行深入交流，确定协作项目。双方致力于建立对接共建协作机制，更好地深化两地民政领域合作，实现在养老服务、社会治理、社会组织培育、社会救助等方面的结对交流、援助、帮扶。义乌市温州商会、义乌市安厦建设工程施工图审查中心、义乌市大地保险公司、浙江知联金桥税务师事务所、浙江至诚会计师事务所、浙江新世纪会计师事务所等单位出资捐物精准帮扶。其中，义乌市安厦建设工程施工图审查中心向巴州区社区养老综合体建设捐赠100万元；3家事务所联合向巴州区天马山镇狮子寨村、化成镇梁大湾村2村村民捐赠1653份“防返贫”险，合计保额900

万元，此保险由义乌大地保险公司承保，专项用于因意外、疾病、自然灾害等原因“返贫”的村民。义乌市温州商会向巴州区第七小学捐赠价值6万元的电脑。义乌市福利企业协会向巴州区捐赠价值5万元的保暖内衣。（陈金春）

【民政共建协作机制】 为进一步深化东西部协作，实现基层社会组织有效对接，2021年11月8日，义乌市民政局与巴州民政局在义乌举行推动东西部协作工作会议暨签约仪式，签订《义乌市—巴州区两地民政局共建协作协议》，13家义乌商（协）会及社会爱心企业代表参加会议。协议本着“义乌所能，巴州所需、协商推动”的原则，两地民政部门建立对接共建协作机制，在养老服务、社区治理、社会组织培育、社会救助等方面结对交流、援助、帮扶。（陈金春）

【东西部协作的义乌“教育力量”】 2021年，为全面落实国家区域协调发展战略，切实做好东西部对口协作工作，推动义乌市与巴州区协同发展，义乌市教育局与巴州区教育科技和体育局签订对口协作协议。11月，募集价值64万元300余件爱心物资送达巴州区第三小学。此批物资将重点用于帮扶巴州区困难师生、改善办学条件，鼓励偏远学校开展丰富多彩的文体活动。54名四川籍学生在义乌市职教集团就读，超额完成原定计划。义乌市教育局在职校学生培养、教师培训、教育项目建设援助等方面与巴州区开展协作，实现资源共享、优势互补，促进巴州区教育事业高质量发展，发挥精准帮扶的义乌“教育力量”。来自巴州区的教师刘倩和张萍，分别在义乌市稠州中学教育集团和实验学校教育集团跟岗学习；义乌市绣湖学校教育集团以“云课堂”方式，为巴州区第六中学推送主题班会、分享专题讲座；义乌市绣湖小学教育集团以网络教研助力巴州区第一小学提升教师教研能力。

（陈金春）

区域合作

【概况】 2021年，义乌市派驻四川省巴州区党政挂职干部2人；派驻四川省专业技术人员共16人（6人挂职6个月，4人挂职7～12个月，6人挂职12个月），其中挂职巴州区12人、挂职原结对地区汶川县4人。围绕巴州区农业、电商、教育、卫生等重点领域，分别帮助巴州区开展乡村振兴干部、人才培训1065人次、2349人次。2021年，义乌市帮助巴州区共建产业园区2个，其中农业产业园1个。引导到园区落地企业8个，园区落地企业完成投资5847万元，入园企业吸纳农村劳动力就业1021人，其中脱贫人口就业350人。

【引导企业到对口地区投资兴业】 2021年，义乌市贯彻国家东西部帮扶协作大战略，坚持“输出与造血结合、帮扶与合作并举”，强化产业合作在对口帮扶中的基础性和引领性作用，积极引导本地企业履行社会责任，到对口地区开展脱贫攻坚。9月13日，义乌市工商联联合市经信局、市农业农村局组织义乌市各行业12名企业家赴四川省巴州区投资考察。至年底，义乌市引导到四川省投资企业25家，完成投资7.81亿元。义乌市企业吸纳四川省农村劳动力就业1526人，其中脱贫人口就业365人。

【援建就业车间】 义乌市推进深度贫困地区脱贫攻坚，积极扶持援建“就业扶贫车间”“就业扶贫工坊”等经济实体。“就业扶贫车间”组织贫困人口从事农产品加工、手工工艺等生产活动或来料加工业务，带动贫困劳动力就近就地就业。2021年，义乌市帮助四川省巴州区完成援建（续建）就业车间11个，吸纳农村劳动力就业408人，其中吸纳脱贫人口就业290人。

【“义巴助学服务站”挂牌成立】 2021年，义乌市发动22家企业、4家社会组织与四川省巴州区相关村签订结对帮扶协议，开展助学、救助等活动，助推乡村振兴。9月24日，四川省首创的“义巴助学服务站”在巴州区挂牌成立，义巴助学服务站作为浙川东西部协作义乌—巴州捐资助学的一项创新机制，系全省首创，义巴助学服务站挂牌在巴中市巴州区学生资助管理中心。挂牌现场，义乌市慈善总会与巴州区教科体局签订捐资助学协议，明确将向巴州区捐资200万元，同时，义乌市文化用品行业协会也自愿捐赠价值20万元的学生文具用品，用以改善巴州区家境困难学生的学习条件。至年底，义乌市向巴州区完成社会捐赠款物897.9万元，其中捐赠资金676万元，捐赠物资折款221.9万元。

（金　剑）

山海协作

【概况】 2021年，义乌市开展“红色百次方助农社区行”等消费助推活动，拓展线上微商位、社群团购、企事业单位工会团购等方面的销售渠道，全年销售额42.19万元。在“百县万品”消费助农展销中心开设新疆馆，产品包括新疆温宿、叶城、墨玉等15个县市472款农产品。组织巴州区20余家电商骨干企业对接义乌电商园区，并参加2021网红大赛，组织“巴山妹子”等当地农业企业赴义乌对接“百县万品”消费助农展销中心，开展创意交流、资源分享、投融资等对接活动。打造“来料加工+产业培育”模式，搭建来料加工平台，确定巴州区首批38名来料加工经纪人，援建就业车间11个，帮助吸纳农村劳动力就业408人，携手巴州奔向共同富裕。

（金　剑）

【莲都大厦开工建设】 2021年1月12日，总投资13亿元的莲都—义乌山海协作项目“莲都大厦”在义乌市金融商务区开工建设。莲都大厦项目位于义乌金融商务区一期01-16和01-17地块，总用地面积1万平方米，为2幢超高层双子建筑；总建筑面积18万平方米，建筑总高167米，总投资13亿元，系浙江省投资最多、建筑面积最大的山海协作科创飞地项目，项目投资主体为义乌莲义建设发展有限公司。义乌莲义建设发展有限公司是丽水市莲都区城乡建设投资有限公司在义乌注册成立的全资子公司，全面负责莲都大厦的综合开发、建设及运营工作。项目充分结合义乌、莲都两地优势，重点聚焦科创、金融、数字经济等领域，聚力服务时尚产业、信息经济、先进装备制造、食品生物医药健康等战略新兴产业，引进和培育现代服务业，为两地企业在多领域开展合作搭建平台，形成创新研发销售在义乌、生产制造落地在丽水的协同产业链，成为“跨山统筹、问海借力”的样板工程和展示两地山海协作的“重要窗口”。项目建成后，将为丽水企业提供优质商务办公平台，直接对接“莲都制造”与义乌市场，成为两地互通互融、共建共享的新桥梁，助力莲都区经济发展。

（龚国栋）

【山海协作直播电商培训班】 2021年9月22日，2021年莲都区山海协作直播电商培训班在义乌工商职业技术学院开班。此培训班由丽水市莲都区人社局和义乌市人社局主办，旨在引导和鼓励莲都区创业者认识“直播带货”新业态，学习电商直播各类技能。培训班共持续4天，采用专题讲座、现场教学、直播实操演练等教学形式，由义乌工商职业技术学院、陆港电商小镇、中国网店第一村青岩刘村、中国网红第一村北下朱村优秀导师主导培训内容讲授，让学员在实操演练中学习成长。46名莲都区学员参加培训。

（黄尚保）

【东西部就业协作】 2021年11月初，义乌—巴中首条直飞航线开通，巴中市巴州区驻义乌人力资源联络处、巴州区外出民工义乌维权服务站在义乌市四川商会挂牌成立。聚焦就业援助，全年累计组织线上、线下专场招聘会3场，义乌市59家企业提供适宜岗位1.14万个，达成初步就业意向950人。向巴州区发布义乌市企业岗位信息4000余个，其中“不讲技能、只讲爱心”的爱心岗位1000余个。组织巴州区首期“互联网+”直播电商创业等各类培训和巴州区首届直播电商创业创新大赛，1000余名巴中人员参与培训，引导本土电商平台销售四川地区产品20余万元。帮助四川省农村劳动力到义乌市就业4385人，为对口帮扶四川省农村劳动力开展培训1258人。

（黄尚保）

【文化走亲活动】 2021年11月29—30日，磐安、义乌两地开展的文

2021年11月29日，磐安 · 义乌文化走亲文艺晚会在义乌城西街道望道书场举行

（市文旅局　供图）

化走亲活动在义乌市城西街道望道书场举行。磐安县文化馆展演了《采茶舞》《炼火》《磐安金龙》等传统舞蹈、打击乐、婚俗文化节目，并举办了静态摄影展。通过文化走亲，进行文艺表演，举办图片展，展现了磐安的风土人情和文旅资源，助推磐安与义乌深化山海协作，加强优势互补，实现资源共享。

（俞兰贞　丁晨颖）

【“森博会”设立阿克苏地区特装区】 2021年，阿克苏地区组团到义乌参加“森博会”。阿克苏地区有23家林果企业、合作社参展，设立特装区展位21个、标准展位4个、馕文化展区1个，参展产品共三大类46个品种，其中20余个精深加工产品集中在新疆特装区展出。同时，举办“核苹枣 · 浙新情”专场推介会，向来自全国各地的客商推介阿克苏的核桃、苹果、红枣等特色优质农产品。

（金　剑）

【东西部劳务协作新机制】 2021年，根据《东西部协作框架协议》义乌市，巴州区双方制定细化工作方案，围绕“产业、劳务、人才交流、消费帮扶、改善民生、拓展合作”6个方面开展协作。针对义乌、巴州两地不同就业群体的需求和目标，按照“工作项目化、项目体系化、体系品牌化”要求，打造授业、就业、创业层层帮扶，培训、就业、带富层层递进的全链条劳务协作新机制；建立“面上基础培训+合格予以颁证+择优重点培育”的层层推进工作机制，提升就业参训人员积极性和就业岗位稳定性。在组织技能培训基础上开展技能评审、业务竞赛，对评审合格者，由两地共同颁发证书，择优组织赴义乌企业实岗锻炼并推荐就业。至年底，共组织4385人在义乌及东部地区稳定就业；开发公益性岗位220个，帮助四川省农村劳动力就业7384人。

（金　剑）

【劳务输出精准对接培训】 2021年，义乌市建立和完善劳务输出精准对接机制，提高劳务输出的组织化程度。通过摸清底数，准确掌握脱贫人口中有就业意愿和能力的未就业人口信息、在外地就业人员的基本情况，因人按需提供就业服务。依托本地产业发展，多渠道开发就业岗位，支持脱贫人口在家乡就地就近就业，形成“义乌提供用工清单+巴州梳理培训清单”“政府提供匹配清单+特色培训机构落实”的培训工作体系。在义乌人才网设置劳务协作暨重点企业招工专区、采取分段培养、递进培养、交流培养形式，选送10名建档立卡贫困家庭学生到义乌市职业学校进行优势专业互补学习。会同巴州区开展“直播带岗”“云招聘”，至年底，累计向巴州区发布岗位信息1万余个。组织义乌工商职业技术学院等机构为巴州区提供乡村振兴“一点三面”创业赋能包，打造以直播电商为特色的电商技能全链条培训。至年底，共开展“互联网+”直播电商培训29班次，培训巴州本土电商1000余人，直播带货实现产值500万元。

（金　剑）

对外经贸

综 述

【开放型经济稳定发展】 2021年，义乌实现进出口总额3903.1亿元，同比增长24.7%；其中：出口3659.1亿元，同比增长21.8%；进口243.9亿元，同比增长95.3%。自2012年起，市场采购贸易带动义乌市出口快速增长，迅速成为义乌市主要贸易方式，2021年实现出口2901.54亿元，同比增长30.1%，占全市出口比重79.3%。在全省数字化改革背景下，义乌市实施升级监管链、打通贸易链、拓展价值链等数字化治理升级举措，着力打造市场采购贸易竞争新优势。“市场采购+”系列融合创新趋势明显，走通“市场采购+美森快船/义新欧/空运/卡航”等物流新通道，发挥贸易和物流通道叠加优势，为碎片化订单提供便捷的拼箱出口履约服务。2021年，实现“市场采购+跨境电商”出口24.7亿美元，同比增长1.8倍，涌现出浙江盈和国际物流有限公司、浙江赤道供应链有限公司等一批“国际物流快递化”的跨境物流服务商。至2021年年底，累计在全球布局海外仓145个，其中7个获评浙江省级公共海外仓，集聚100余家拥有“门到门”双清关服务优势的国际物流服务商。

【多元化市场开拓成效突出】 2021年，义乌市商品出口220多个国家和地区，其中年出口超10亿元的有75个国家。从地区看，义乌市出口以中东、非洲等“一带一路”沿线国家为主，对中东出口738.04亿元，同比增长0.63%；对非洲出口756.41亿元，同比增长14.14%；两地合计占全市出口额的40.84%。从国别看，得益于“市场采购+跨境电商”业务发展，义乌市对美出口连续3年保持快速增长，2021年同比增长41.93%，美国成为义乌市出口第一大国。

2021年1—12月义乌市出口额前十名国家统计表

表13

序号	国家和地区	出口额（亿元）	同比（%）
1	美国	403.59	41.93
2	印度	167.59	33.83
3	智利	112.86	74.22
4	墨西哥	108.43	73.02
5	马来西亚	103.01	29.58

续表 13

序号	国家和地区	出口额（亿元）	同比（%）
6	埃及	95.67	12.24
7	菲律宾	91.29	81.52
8	伊拉克	90.25	−11.39
9	阿联酋	89.56	24.02
10	泰国	86.09	49.21

【出口商品运行情况】 2021年，义乌市出口排名前五的商品分别为服装服饰、塑料制品、电气设备、玩具及运动用品、钢铁制品，出口额分别为373.94亿元、369.18亿元、361.96亿元、270.52亿元、235.54亿元。服装订单回流较为明显，义乌有本土服装产业支撑，2021年，同比增长30.76%，增速列出口前十商品第一。防疫物资出口持续萎缩，防疫物资相关编码下出口127.96亿元，同比下降12.78%，其中，口罩出口27.19亿元，同比下降44.98%，消毒剂出口0.50亿元，同比下降95.32%。光电产业增长迅猛，2021年，光电企业出口96.79亿元，同比增长8倍，其中，天合光能出口43.89亿元，晶澳出口36.05亿元，分别居光电企业出口第一位、第二位。

2021年1—12月义乌市主要出口商品一览表

表14

序号	商品	出口额（亿元）	同比（%）
1	服装及衣着附件	373.94	30.76
2	塑料及其制品	369.18	22.76
3	电机、电气设备及其零件	361.96	21.97
4	玩具及运动用品	270.52	26.33
5	钢铁制品	235.54	12.22
6	家具及灯具	200.36	18.79
7	机械器具及其零件	187.03	9.55
8	杂项制品	138.25	23.42
9	贱金属工具	137.38	22.39
10	家用纺织品	121.46	−0.88

【进口保持快速增长势头】 2021年，义乌实现进口243.9亿元，增长95.3%，高于全省65个百分点，高于全国73.8个百分点。10月22日，义乌综保区封关运营，保税物流中心业务排名上升至全国第四名。2021年，通过保税区进口53亿元，同比增长2.8倍。“义新欧”回程进口大幅增长，通过“义新欧”回程进口24亿元，同比增长14倍。进口业态不断丰富，走通全国首单“1039+6033”区外集拼转口，实现转口贸易20余亿元，同比增长6倍。“数字清关”项目完成9610及B类快件进口33.8万票，进口金额1.62亿元，排名全国各试点第一位。

2021年义乌分地区进口情况一览表

表15

地区	进口额（万元）	同比增长（%）
亚洲	1355796.36	184.59
欧洲	472462.88	92.99
拉丁美洲	278658.87	24.23
大洋洲	138041.58	14.39
北美洲	133147.91	-11.41
非洲	61218.82	87.25
其他	0.02	-92.66

（应如悦　傅莉倩）

货物贸易

【概况】 2021年，义乌市出台《义乌市促进进口贸易发展十条扶持政策》，充分发挥政策引导作用，激发企业创新发展动能。2021年，义乌市一般贸易进口165.28亿元，占全市进口额的67.76%；保税仓库进出境货物进口53.05亿元，占全市进口额的21.75%；保税区仓储转口货物进口25.23亿元，占全市进口额的10.34%；加工贸易进口2959.3万元，占全市进口额的0.12%；其他方式进口729.94万元，占全市进口额的0.03%。重点培育的日用消费品进口183.1亿元，同比增长58.92%，占全市进口额的75.06%；生产资料及其他商品进口额60.83亿元，同比增长526.95%。进口品类不断丰富，其中：水果类进口64.31亿元，同比增长81.66%；肉类进口10.73亿元，同比下降37.41%；坚果类进口17.17亿元，同比增长93.51%。全市有进口实绩进口企业1661家，同比增长24.61%，进口额前20强的企业中，有5家为新招引的企业。进口额超1000万元的规模企业184家，其中84家为2020年新招商引进企业。2021年，全市有进口实绩的企业中，有贸易流通企业1246家，新引进企业703家；有生产企业415家，新引进企业197家。全市企业与156个国家（地区）有进口贸易关系，商品来源国数同比增长5.4%，其中109个国家（地区）进口额保持正增长。亚洲进口135.58亿元，占总进口量的55.58%；欧洲进口47.25亿元，占总进口量的19.37%；拉丁美洲进口27.87亿元，占总进口量的11.43%。从“一带一路”沿线国家进口101.07亿元，同比增长202.64%，占全市进口比重41.43%。从国家来看，泰国进口47.46亿元，同比增长306.92%，主要热销商品为蔬菜及水果；日本进口14.98亿元，同比增长36.4%，主要热销商品是精油香料。年内，爱喜猫、海客来、宥畅供应链3家义乌平台授牌“第二批浙江省重点进口平台”。

（傅莉倩）

【市场采购组货人制度全面推行】 2021年，为完善市场采购商品认定体系确认机制，规范市场采购贸易秩序，提升义乌国际贸易服务竞争力，义乌市全面推行市场采购贸易组货人制度。出台信用办法、分级分类管理、贡献激励等系列政策机制，完善“市场采购商品认定”属地管理体系。至年底，备案组货人企业814家，评定67家认证组货人，涌现出一批“航线庄家”“国际专线”，助力“全国到义乌、义乌到全球”的国际物流布局。

（应如悦）

【贸易保障体系全面升级】 2021年，为增强义乌市外贸企业的抗风险能力，加强对中小外贸企业信贷支持，义乌市全面升级贸易保障体系。市场采购政府统保——义乌“商户信保”项目提升赔付比例至45%、80%两档，实现市场采购贸易全覆盖；一般贸易小微企业出口信保政府统保项目入驻企业1100余家，覆盖企业数量稳居全省县市区第一位。创新推出海运贷数字融资产品，为企业授信1.05亿元，循环放款316笔1.52亿元。全国首创运费应收账款信用险，

全年累计保障运费款2900万美元。（应如悦）

【首辆出口二手车搭上“义新欧”】 2021年2月9日，义乌市首辆出口二手车成功搭乘“义新欧”班列，驶往吉尔吉斯斯坦首都比什凯克市。系义乌成为全国试点地区之后的首单二手车出口业务，浙江省国贸供应链服务有限公司负责接单出口，义乌市恒风汽车服务有限公司负责寻找二手车车源，义新欧贸易服务集团有限公司负责承运，充分体现了义乌外贸专业化分工特色。

（应如悦）

【“市场采购+卡航”出口新通道】 2021年9月18日，由浙江欧华供应链有限公司发运的全国首单“市场采购+卡航”货物在新疆塔城巴克图口岸正式出关出境，前往英国伦敦。此票货物包含45个SKU产品，货值12万美元，标志着义乌市顺利打通“市场采购+卡航”通道。全年，义乌市共打通“义乌—新疆—欧洲/俄罗斯/中亚”3条国际“卡航”公路运输线路，进一步增强义乌线上贸易出口订单集货中心优势。

（应如悦）

【获批国家进口贸易促进创新示范区一周年】 2021年，是义乌市获批国家级进口创新示范区一周年。10月22日，义乌综保区封关运营，保税物流中心业务排名全国第四位。11月4日，义乌市获批国家级进口创新示范区。“进口网络”联通海外，新开通“义乌—菲律宾马尼拉”国际货运航线及4条“义新欧”中欧班列线路，打通“义新欧+义乌B保+X（全国各地综保区）”“中欧+海铁+海运”多式联运等转口通道，实现全国首单“1039+6033”集拼转口业务。“数字清关”项目2021年完成票件量45.22万票，进口额2.03亿元，排名全国各试点城市第一位。出台全省首个地方性RCEP行动纲要及经贸合作指南，走通澳大利亚货物对新加坡、马来西亚转口首单，完成日本减税商品进口首单落地，实现常态化组货进口；创新发展进口金融服务，“分离式海关付税保函”“关税宝”等业务落地义乌。（傅莉倩）

招商引资

【概况】 2021年，义乌市完成重大产业项目到位资金102.45亿元，完成全年任务数90亿元的113.83%；其中制造业到位资金66.70亿元。全市签约引进亿元以上重大项目62个，总投资为历年最高。组织主题招商活动，举办各类重点招商推介活动4场，参与“2021上海·金华周”系列活动。每季度举办一次集中签约仪式，突出展示招商成果，加快项目进度。成功举办招商引资项目集中签约仪式2次，现场签约项目42个，涵盖光伏、高端装备、商贸流通等重点产业板块，增强发展动能。举办义乌营商环境（杭州）说明会，促进项目招商引资。（龚少斌）

【驻外招商有序推进】 2021年，根据金华市驻外招商引才工作部署，义乌市召开专题会议研究推进驻外招商工作，努力提升招商引资实效。8月底，义乌市完成4个驻外小组的组建工作。9月初，人员全面到岗，开展驻外工作。同时，给予驻外招商引才工作最大力度保障。第一时间完成经费拨付，根据工作需要可额外追加，并建立资金快速支付通道、“备用金”制度等。至年底，为开展招商引资活动和政商资源对接打好前战，收集梳理1800余名在外义乌籍企业家、知名人士信息库，200余条对接项目信息库，100余条招商核心产业政策库。各驻外招商引才小组走访企业家1200余家、拜访乡贤等100余人次，参加各种展会活动20余个，收集项目信息500余条。（龚少斌）

【剑阁县党政代表团赴义乌开展招商考察】 2021年12月4日，浙广合作25周年活动闭幕次日，四川省广元市剑阁县委书记杨祖斌率领剑阁党政代表团前往浙江省义乌市开展招商考察活动。前往义乌国际商贸城，参观了解各区域产品分布，实地感受人气、商气，学习借鉴义乌精神，尤其是党中央政策方针的落地落实。杨祖斌指出，义乌是勤劳与创富的代名词，从纽扣、拉链起家，到各类产品享誉国内外，义乌人凭借与时俱进的视野、不懈奋斗的勇毅，用“小纽扣”书写致富“大文章”。要认真学习义乌精神，坚决树牢攻坚克难和勇争一流的思想认识，既要办好小事，更要做成难事。善于从“大市场”“大格局”“大战略”中笃定路径、引领发展，不断发挥党建、历史、文化重要促推作用，实现全局高质量发展。（陈金春）

对外经济合作

【概况】 2021年，义乌市在外商投资注册、人员进出、签证居留等方面开展便利化改革，实施“单一窗口”服务模式。出台外资工商注册翻译费用减免、优质外商5年签证、新冠肺炎疫情期间外商到义乌邀请函申请渠道等一系列政策，促使义乌市外资企业注册量快速增长。1—12月，新设外资企业726家，同比增长112.28%，实际利用外资1.83亿美元，超额完成全年1.68亿元的工作任务。根据境外投资环境和全球疫情的变化，开展外经服务工作，组织“AFCFTA背景下的境外投资机遇”“如何保障境外投资风险”“美国投资贸易分析”3场助推企业境外投资的“商务思享会”。做好境外企业外派人员的服务，指导企业申报“浙江境外服务码”，向企业提供疫情打卡、码上求助、码上政策，码上合作，码上办事等服务，发放《浙江省境外项目新冠疫情日常防控手册》供企业参考。2021年，新批境外投资项目10个，投资总额1741.54万美元，中方投资额1625.74万美元，同比下降20%。

（金俊豪　傅叶青）

【便利化外资企业登记注册改革】 2021年，义乌市实现商友卡外资准入功能，完成与外国人护照的数据对接，允许外国投资者以“外籍商友卡”代替“护照”作为身份证件进行外资登记，免除外国投资者身份证件公证认证手续，简化外商投资准入环节，实现外商在义乌经商办事“一卡通”，进一步降低外商在义乌投资创业成本，提高外商投资准入便利化水平。实施外资登记信用承诺制，信用良好的申请人外资登记时可免予提交相关外文材料的翻译件，减轻注册登记成本。开展“一带一路”跨境商事登记，结合商城集团海外“带你到中国”贸易服务中心，为海外投资者提供一站式商事登记服务，让境外投资者“足不出国”即可申请办理中国义乌营业执照。至2021年年底，开通日本、卢旺达、迪拜、德国、西班牙、捷克6个国家站点的“一带一路”跨境商事登记。

（金俊豪　傅叶青）

【国际投资单一窗口平台】 2021年，义乌市依托外国人综合服务平台，完成整合上线涉及市发改局、市商务局、市市场监管局、市自规局等部门计88个事项，集成打造国际投资单一窗口，进一步畅通外资“引进来”渠道。通过信息化手段，将投资在线3.0系统、商务部业务系统接入平台，投资者通过一个端口进行项目全过程办理。通过功能集成，实现“一窗登入”全面88个事项链条办理，接入Chinagoods平台后进一步实现“多事项、多功能、多环节”办理，实现“减时间、少跑腿”，审批服务效率提高。

（金俊豪　傅叶青）

【一体化信用风险保障平台】 2021年，义乌市与中国出口信用保险公司义乌营销服务部对接，编制《创新搭建义乌市“走出去”项目投建营一体化信用风险保障平台方案》，开发海外投资保险、短期出口信用保险特定合同保险、短期出口信用保险买方违约保险、外派劳务人员海外风险保险、短期出口信用保险5款保险产品，提供海外投资咨询报告、国家风险分析报告、行业报告等服务。至2021年年底，中国出口信用保险公司累计服务义乌企业1300余家，短期出口信用保险承保金额10.6亿美元。

（金俊豪　傅叶青）

【湖南在义乌推介中非经贸博览会】 2021年5月25日，第二届中国—非洲经贸博览会暨中非经贸深度合作先行区（义乌）推介会在义乌举行。湖南省副省长何报翔致辞。南非、埃塞俄比亚、纳米比亚、赞比亚共和国、坦桑尼亚、阿尔及利亚等国驻华使节和非盟代表，商务部等中央部委相关负责人，湖南及浙江省直相关部门和市州代表，央企、地方企业和商协会等代表400人参会。

推介会上，何报翔对广大客商发出热情邀约，指出，义乌是连接中非的“魅力之城”，希望借此窗口，携手中非政府、智库、企业、金融机构等方力量，共同开创合作共赢、携手并进的中非经贸深度合作新局面；希望广大客商能宣传中非合作的好政策、好机遇、好前景，带动更多非洲朋友融入中非合作的大潮流，争当中非合作的先行者。

（陈金春）

涉外服务

【概况】 2021年，义乌市涉外服务中心以涉外服务超市为平台，以“面对面、一条龙、一站式”模式为外商提供有关涉外投资、国际贸易、涉外生活信息等全方位咨询和服务，为外商免费代办签证、营业执照、邀请函、就业证等业务2444件。结合疫情防控工作，线上线下同步开展疫情防控期间相关政策信息咨询服务，线上线下信息咨询服务3000余次。结合疫情防控工作，世界商人之家组织开展涉外政策宣讲培训、经贸交流、慈善公益等活动80余场次。（陈丹花）

【义乌自贸区政策宣讲会】 2021年9月17日，2021中外商人中秋联谊会暨义乌自贸区政策宣讲会在香格里拉大酒店举行，市文旅局、市行政服务中心、市改革办、市公安局、市民政局、市外事办、商城集团等涉外部门领导及长期在义乌的100余位外商参加活动。活动中，市商务局、市委改革办、商城集团等相关负责人就进出口政策、自贸区政策、综保区政策等为中外商人做详细说明。通过活动，进一步推动了驻义乌外商融入自贸试验区建设，促进各国商人的交流和合作，增进彼此友谊，为促进义乌市国际贸易繁荣营造了良好的氛围。（陈丹花）

【“电子商务、跨境贸易、知识产权海外保护及争议解决”研讨会】 2021年7月22日，“电子商务、跨境贸易、知识产权海外保护及争议解决”研讨会在义乌召开。会议由中国国际经济贸易仲裁委员会（简称“中国贸促会”）浙江分会和义乌市商务局、义乌市贸促会联合主办，研讨会围绕疫情下电子商务和新形势下跨境贸易、知识产权海外保护及争议解决所面临的挑战，邀请中国国际经济贸易仲裁委员会（简称“贸促会”）资深仲裁员、实务人员与大家共同研讨。中国国际经济贸易仲裁委员会浙江分会秘书长曲竹君、义乌市商务局副局长朱晓棠出席会议并致辞。义乌市司法局党组成员、副局长黄以军以及义乌市人民法院等法律界及企业界120余人参加了研讨会。会上，就企业如何妥善应对电子商务、跨境贸易风险，有效实施知识产权海外保护及解决争议等方面议题分别进行演讲，并就电商相关活动的理解做了重点解读，启发电商企业在经营中注意防范各种经营风险。企业代表与演讲嘉宾积极互动，为顺利开展国际业务提供了有针对性、实用性、可行性的思路和对策。（陈金春）

【“钟情义乌”中韩缘经贸文化节】 2021年11月14日，“钟情义乌”中韩缘经贸文化节以线上线下相结合方式举行。中国驻韩国大使邢海明、韩国市道议会议长协议会会长、首尔市议长金仁镐、韩国驻华文化院院长金辰坤通过视频致辞，对活动表达祝贺。“钟情义乌”中韩缘经贸文化节，是义乌市“友情有义 寰球畅购@韩国”系列活动的重头戏。活动通过在义乌数字直播产业孵化中心打造的城市主题直播间，依托“义乌小商品城”Chinagoods线上平台开展直播带货，助力中韩双边经贸往来。

（陈金春）

【疫情下国外“代参展”模式】 2021年11月7日，义乌市贸促会组织的国外“代参展”成功模式探索分享会在万达嘉华酒店绣湖厅举办。“代参展”模式是国内参展商利用各种视频会议软件与现场人员取得联系，实时与重要买家进行在线洽谈，现场代参展人员（可以是亲戚朋友、合作代理或是翻译）协助沟通，收集买家名片，帮助参展商获得买家信息，参展企业拥有一个实体展位展示产品的模式。2021年下半年开始，国外一些知名展会陆续恢复线下举办，国际买家采购需求旺盛，参展商急需开拓海外订单。因国际移动受限，“代参展”

（远程参展）作为一种新的模式应运而生。会上，义乌市商务局宣布支持国外参展包括“代参展”模式相关政策。（陈金春）

贸易促进

【概况】 2021年，义乌市贸易促进委员会（简称“市贸促会”）签发原产地证书18.4万份，签证数量和增幅均位列全省贸促系统第二位。其中：一般原产地证15.83万份，双抬头O/B原产地证占70%；优惠原产地证书1.88万份，增幅为313%。代办证明书1038件。市贸促会办证在库企业2002家，出证量居于浙江省县级城市第一位，自主签发优惠原产地证获批。2021年，成立的国际商事法律服务中心入选浙江省自贸区第五批“十大标志性改革成果”；“双抬头”原产地证签证改革试点入选第二批“自贸区建设十大制度创新”。（金英毅）

【市贸促会与涉外部门横向合作】 2021年，市贸促会与义乌海关对接有关RCEP培训，与市市场监督管理局联合开展知识产权业务推广，协助开展2021年义乌市内涉及美国337案件企业调查。与市司法局、市法院等对接仲调对接、诉调对接等工作，联合推进贸易纠纷化解服务。协同外办举办中国与南苏丹促进中小企业和贸易发展交流会，开展国内外政府、企业线上互动，服务疫情期间外经贸工作。（李德华）

【自主签发业务】 2021年，市贸促会积极争取优惠原产地证自主签发权，做好出证认证业务。2月，取得优惠原产地证自主签发业务授权，5月，获得优惠原产地证自主签发人员授权，并于6月1日正式开展自主签发业务，成为全省首个自主签发优惠原产地证的县级贸促机构。至12月，自主签发优惠原产地证书3152份。（金英毅）

【全国首家县级国际商事法律服务中心成立】 2021年6月1日，义乌市国际商事法律服务中心揭牌成立，系全国首家县级国际商事法律服务中心。商法中心以“规范、国际、专业、高效”为工作目标，以企业的商事法律需求为导向，建立贸促会专职人员+专业机构+社会力量三元结合工作机制，为企业提供原产地证、商事证明书等国际商事认证服务，国际商事纠纷调解、国际商事仲裁等相关法律服务，敦促履约、合规建设、知识产权、关税筹划及相关政策培训、法律咨询等服务。成立仪式上，市贸促会向义乌市4家企业颁发自主签发的首批优惠原产地证，与北京融商一带一路法律与商事服务中心、深圳前海国际商事调解中心签署合作协议。（金英毅）

【市贸促会、市国际商会换届】 2021年7月29日，市贸促会、市国际商会第三届代表大会在万豪酒店召开。义乌市委常委、市政府党组成员王炜和浙江省贸促会、浙江省国际商会副会长张善坤出席会议并讲话。会议推举葛巧棣担任中国国际贸易促进委员会浙江省义乌市委员会第三届名誉会长，审议通过会长、副会长和委员名单；选举产生义乌市国际商会第三届理事会理事、会长、副会长、秘书长，并进行授牌仪式。杨忠宏担任义乌市贸促会及义乌市国际商会新一届会长。新一届市贸促会、国际商会产生后，将继续发挥自身优势，把国际化、专业化作为贸促事业科学发展的主攻方向，以自贸区建设目标为指引，充分发挥市贸促会、国际商会的双重优势，强化服务意识，拓宽服务领域，创新服务手段，着力帮助企业开拓国际市场，开展国际化经营，扎实推进一流贸促机构建设，全面开创义乌贸促事业的新局面。（金英毅）

【新增6个采购商服务中心】 2021年8月，市贸促会发挥中外商人、中外企业在招引境外采购商中的积极作用，新设立伊拉克、尼泊尔、智利、印度尼西亚、巴拿马、阿富汗6个境外采购商服务中心。自2018年5月义乌成立首批采购商服务中心以来，国别化、市场化、企业化的采购商服务中心在拓宽境外采购商到义乌通道，吸引境外采购商到义乌采购，发挥中外商人、企业经贸往来等方面成效显著。至2021年年底，义乌市贸促会境外采购商服务中心总数达38个。（舒卫明）

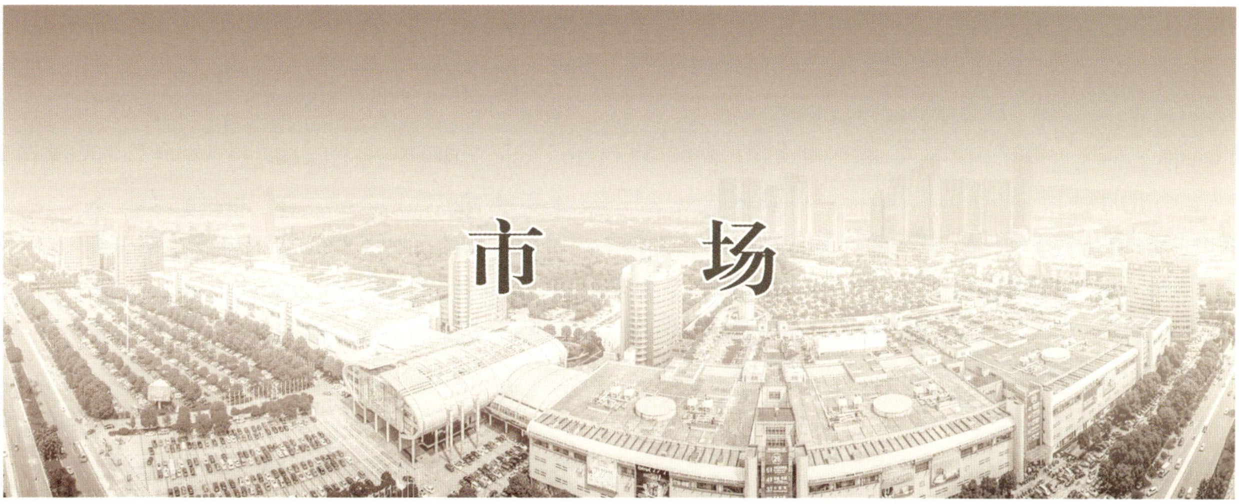

市 场

综 述

【市场趋势向好】 2021年9月，义乌市被商务部、国家发改委、工信部等7部委确定为“全国商品市场优化升级专项行动试点”城市。义乌中国小商品城位列中国社会科学评价研究院发布的“2021年度中国商品市场综合百强”榜单第一位。义乌市场被联合国、世界银行与摩根士丹利等权威机构称为“全球最大的小商品批发市场”，全市外贸出口额分别占浙江、全国外贸出口总额的1/8、1/60。至2021年年底，义乌市有市场建筑面积640万平方米，商位7.5万个，汇集26个大类、210余万种商品，关联全国200万家中小微企业，与233个国家和地区有贸易往来。全市集贸市场成交额2172.07亿元，同比增长15.24%，其中中国小商品城成交额1866.79亿元，同比增长14.77%。市场从业人员23万人。12月份义乌市场景气指数为1275.58点。市场周边金融网点实现资金总流量23571.1亿元。

【电子商务持续健康发展】 义乌市商务局等主管部门不断推出跨境电商便利化措施，推进“丝路电商”国际合作，跨境电商持续健康发展。2021年，全市电子商务交易额3715.05亿元，同比增长18.89%，连续五年位居百强县榜首。2021年，跨境电子商务交易额1013.57亿元，同比增长16.38%，跨境电商零售交易额位列全省第一。

【市场采购出口稳定增长】 2021年，新冠疫情反复、客商不便来华、海运价格上涨，给对外贸易带来挑战。义乌市转换工作形式、改变产品思路、主动寻求机会，外贸企业在困难中开新局、逆势中求增长。2021年，义乌市通过市场采购贸易方式出口2901.5亿元，同比增长30.1%，占义乌市出口总值的79.3%，拉动全市出口增长22.3个百分点。一般贸易进出口900.9亿元，同比增长4.9%。“义新欧”中欧班列实现快速增长，义乌海关监管“义新欧”中欧班列进出口货物总值305.3亿元，同比增长47.2%。其中，出口货物总值253.7亿元，同比增长26.4%，进口货物总值6.6亿元，同比增长683.9%。义乌港集装箱施封量33.55万标箱，与上年基本持平。2021年市场日均人流量12.24万人，同比增长19.46%，其中日均采购商6.62万人，同比增长65.76%，日均外商989人，同比增长27.01%。

【外贸进出口保持增长】 2021年，义乌依托丰富的侨商资源，建立新的联系、开拓新的市场，根据客户要求进行产品定制。2021年，义乌外贸进出口总额3903.1亿元，同比增长24.7%。实现出口3659.1亿元，同比增长21.8%，占全省份额的12.15%，占全国份额的1.68%，出口规模超过全国17个省份。实现进口243.9亿元，同比增长95.3%。义乌对非洲进出口总值762.6亿元，同比增长14.5%；对东盟进出口总值503.5亿元，同比增长42.8%；对欧盟进出口总值410.8亿元，同比增长42.2%。对美国、印度、泰国、智利、马来西亚分别进出口414.9亿元、175.8亿元、133.6亿元、122.1亿元、115.0亿元，同比分别增长41.0%、38.5%、92.5%、62.4%、28.7%。对"一带一路"沿线国家合计进出口1616.4亿元，同比增长18.7%。（刘万存）

【数字化改革全面落实】 2021年，义乌市市场发展委创新"数智市监"建设，围绕"规定动作接得住，自选动作有创新"的要求，打造了一批具有义乌元素、义乌特色、义乌经验的改革成果。数字化试点引路先行，获批2个省级数字化建设试点、11个省级数字化应用试点和14个金华市级数字化改革试点。数字化应用领跑全省。全面推广"浙冷链""浙食链""浙江公平在线"等11个省级数字化应用，电子营业执照下载量、"企业在线"移动端激活量等39项指标完成率或进度值居全省第一，获全省"三比一讲"争先创优竞赛一等奖。数字化成果亮点纷呈。以"小切口"谋划"大场景"，打造全省推广度的"硬核成果"。全国首创市场主体清退一件事系统，上线全省首个企业智能化登记3.0系统，全省首推"浙里检"平台检测费用支付便利化应用，全省率先开展化妆品生产领域全生命周期监管服务"综合一件事"改革。（陈金春）

【全国首单"市场采购+卡航"出关】 2021年9月18日，5天前从义乌发出的全国首单"市场采购+卡航"，在新疆塔城巴克图口岸正式出关出境，12天后到达英国伦敦。此辆卡车装载着45个SKU计12万美元货值商品，在义乌市场采购，由浙江欧华供应链有限公司组货、新疆塔城盛大卡航承运、义乌市场采购贸易方式报关。根据《国际道路运输公约》，卡航备案车从始发国到目的国，跨境国家海关原则上不查验不开箱，实现跨洲运输无障碍、高时效。"市场采购+卡航"采用"义乌卡航集货+边境口岸中转仓+跨国公路运输+海外仓分拨"模式，具有速度快、时效稳、价格竞争力强的优势。卡航物流模式非常契合欧洲、俄罗斯、中东等地跨境电商订单的物流需求。"市场采购+卡航"将给义乌带来每年100亿元外贸增长，进一步增强义乌线上贸易出口订单集货中心优势。（陈金春）

市场建设

【概况】 2021年，全市拥有市场建筑面积640万平方米，市场经营户8.58万户，市场从业人员23万人。2021年，重点规划建设全球数字自贸中心（国际商贸城六区市场）、义乌国际家居城四区、义乌模具城（三期）、义乌国际冷鲜城等市场项目，持续强化专业市场集群效应，合理优化集贸市场规划布局，涉及福田街道、稠江街道、城西街道、上溪镇、义亭镇5个镇（街道）。（刘万存）

【国际商贸城六区市场建设】 2021年1月15日，中国义乌小商品城集团股份有限公司对外发布全球数字自贸中心（国际商贸城六区市场）启动项目设计招标的信息。全球数字自贸中心（国际商贸城六区市场）位于国际商贸城五区东，用地面积39.13公顷，总建筑面积132万平方米，建设内容为中央贸易区、科工贸一体化、人才公寓、生活商业配套及科创研发楼等，集聚研发设计、品牌孵化、打样定制、时尚智造、展示贸易、网红直播、新销售展示、贸易服务、办公生活等功能业态，打造科工贸一体的"未来市场"。项目概算总投资56亿元。（刘万存）

【义乌国际商贸城二区东综合楼建设】 2021年1月20日，中国义乌小商品城集团股份有限公司启动建设义乌国际商贸城二区东综合楼项目，地上五层、地下二层，一、二层具体功能为专业市场，三层至五层、屋面及地下二层为停车场。项目总建筑面积13.2万平方米，其中，地上建筑面积9.79万平方米，地下建筑面积3.41万平方米。项目建设期预计2年，总投资5.06亿元。项目主要服务于国际商贸城采购商及经营户。项目建成后，将扩展国际商贸城二区专业市场经营区位，同时缓解国际商贸城二区停车难问题。

（刘万存）

【义乌模具城（三期）建设】 2021年1月29日，市场集团启动义乌模具城（三期）项目设计招标，占地面积9.4公顷，总建筑面积24.18平方米，重点建设塑料粒子交易区、高端模具区及小微孵化园改造。概算投资10亿元，建设期3年。（刘万存）

【义乌国际冷鲜城建设】 2021年2月1日，市场集团启动国际冷鲜城二区、三区项目设计招标。义乌国际冷鲜城项目用地面积25.33公顷，重点建设蔬菜水产交易区、果品冷冻品交易区、冷库。概算投资24.66亿元，建设期5年。（刘万存）

【新型进口市场建设】 2021年6月，中国义乌小商品城集团股份有限公司启动新型进口市场建设，占地面积18.67公顷，总建筑面积42平方米，项目估算投资总额19.5亿元，建设期3年。市场设有品牌直销区、美妆药妆区、进口酒庄区、高端商品区、综合展销区、国家馆、夜经济区、商务配套区八大功能区。计划将新型进口市场打造成为以全国首个数字贸易为引领，以保税体验为核心，以转口贸易为特色，以新型海关监管为抓手的集文、商、旅、娱、展等功能于一体的全链路、全业态、全品类、全天候的进口商品贸易枢纽。

（刘万存）

【迪拜义乌中国小商品城投入运行】 2021年6月30日，迪拜义乌中国小商品城在迪拜杰贝阿里自由贸易区投入运行，由上交所主板上市公司——小商品城与迪拜环球港务集团共同开发建设，是“一带一路”倡议下中阿企业合作的标志性项目，为义乌市场“全球战略”中第一个海外分市场。占地面积20万平方米，总投资10.6亿元。辐射周边（中东、北非、欧洲等地）10亿人口消费市场。此商品城为公司首个海外分市场，涵盖八大行业、1600个商位、324个仓库。所在的杰贝阿里自由贸易区入驻的企业可享受货物转口零关税、无企业所得税、无个人所得税，100%企业所有权，无需当地保人、无外汇管制及利润和资本调拨回国不加限制等政策。

（陈金春）

【义乌数字直播产业孵化中心开业】 2021年9月17日，位于国际生产资料市场一楼1～2区的义乌数字直播产业孵化中心正式开业。义乌数字直播产业孵化中心占地2万平方米，设立50个直播间，同步配置1100余平方米选品中心、特色短视频拍摄场景及14个场景化沉浸式共享直播间，标配各类直播设备。同时，引进抖音头部直播运营机构“交个朋友”品牌，为商户提供包括直播电商培训、直播运营陪跑、代运营、PGC、短视频、广告及选品在内的服务内容。至年底，数字直播产业孵化中心累计开展直播带货活动3226场，累计销售额3295.26万元；场内入驻培训机构累计开展培训72场，累计培训756人。

（何振威）

【义乌国际家居城四区建设】 2021年12月27日，稠江街道、市场集团对义乌国际家居城四区项目规划进行公示，项目占地8.27公顷，总建筑面积10.95万平方米，重点建设高端家居交易区、家居装饰交易区。概算投资6亿元，建设期2年。（刘万存）

市场监管

【概况】 2021年，市市场监管局重点推出共建共享海外仓、省外市场销售浙货合作框架、省内重点市场聚焦“共同富裕”，对接帮扶26个欠发达县（市、区）。会同商城集团，稳步推进国内重点商品市场联盟扩面工作，全市共有国内重点商品市场联盟成员30家，其中新增10家。开展农贸市场规范整治，完成4家农贸市场和1家专业市场的“五化”（便利化、智慧化、人性化、特色化、规范化）改造工作，完成11家省级放心农贸市场、19家省星级文明规范市场的创建任务。先后召开专题工作会议6次，动员农贸市场开展禁限塑专项整治10余次。常态化开展辖区农贸市场（专业市场）野生动物、活禽禁售日常巡查和监管。全年，市市场监管局共出动检查人员6752人次，检查市场1124

个，检查门店6787家，发现活禽禁售4起，收缴活禽32只，立案2起，罚没款4000元。

【农贸市场新冠肺炎疫情防控】2021年，市市场监管局探索建立农贸市场新型冠状病毒肺炎疫情防控“平战结合”工作机制，常态化落实农贸市场疫情防控“四个一律”“三个到位”工作要求，扎实推进农贸市场从业人员新型冠状病毒肺炎疫苗接种工作，除因特殊原因不宜接种人员外，实现100%接种。全年，先后组织开展农贸市场新型冠状病毒肺炎疫情防控应急演练1次，不定期组织开展疫情防控专项督查15次，发现并落实闭环整改问题350余个。针对个别托管农贸市场存在的疫情防控措施落实不到位现象，先后会同市场集团和相关镇（街道）集体约谈8家农贸市场的负责人和所在村居（社区）负责人，专门发函相关镇（街道）和市场集团，督促启动问责机制，调整市场负责人7人，责令市场负责人书面检查1人，辞退市场管理人员2人。

【农贸市场规范整治】2021年，市市场监管局稳步有序推进全国文明城市创建，重点推进10个项目之集贸市场规范经营项目，先后组织开展2次全市农贸市场现场达标考核评价和15次专项督查，全市农贸市场日常规范管理水平持续提升；实施4家农贸市场和1家专业市场的“五化”改造，完成11家省级放心农贸市场、19家省星级文明规范市场的创建任务。至年底，全市省级农贸市场放心市场覆盖率达60%以上，全市乡村农贸市场星级覆盖率保持100%。全面加快全市农贸市场提升改造、创建和委托管理费用等各类补助资金的兑现工作，累计发放各类补助3000万元。

【商品市场数字化改革】2021年，市市场监管局分管领导先后3次带队赴省市场监管局，争取“商品市场智慧化应用”项目的“揭榜挂帅”和试点应用落户义乌。年内，重点完成“商品交易市场综合贡献度”研究课题，会同中国社科院专家、义乌市相关职能部门业务骨干深入开展商品交易市场综合贡献度指标和评价体系的分析梳理，并向省局提交相关课题报告。结合“浙江市场在线”平台应用试点，完成全市40余家商品（农贸）市场的商品每日检测、日常巡查、市场信用评价和“守合同重信用”公示企业等相关数据信息的每日采集录入工作，在数据录入的准确率和及时性方面位列金华各县（市、区）前茅。

【虚假违法广告专项整治】2021年，市市场监管局先后组织开展违法违规商业营销宣传集中整治、校外培训广告专项治理百日行动、广告监管领域“护苗助老”专项整治行动、医疗美容广告专项执法整治等专项整治工作。全年查处各类违法广告案件398件，罚没款237.44万元，其中违法违规商业营销宣传集中整治工作在全省广告监管视频会议中作经验发言。在双减工作校外培训广告整治活动中，市市场监管局共出动检查人员1230余人次，清理校外培训广告380余条次，立案查处虚假违法校外培训广告26件，罚没款13.57万元。

【农贸市场限塑禁塑工作】2021年5月始，市市场监管局成立工作专班和5个工作小组，在全市所有农贸市场（包括室内农产品集散中心、临时过渡菜市场）中全面开展禁售禁用厚度小于0.025毫米和标志标识不规范的塑料购物袋，推广使用符合GB/T38082-2019标准的可生物降解的塑料购物袋、布袋子和菜篮子工作。先后召开专题工作会议6次，组织市场经营户业务培训和动员会议27家次，利用电子显示屏、广播、微信工作群等方式开展限塑宣传活动，印发限塑宣传小册子8000份，张贴限塑海报240余张，签订市场经营户限塑承诺书4000份，印制塑料购物袋有偿使用标识标牌6000余块，设置塑料袋自动售卖机70余台；开展禁限塑专项整治10余次，立案查处违法销售塑料购物袋案件9起，查扣违规销售的超薄塑料购物袋100万余只。

【野生动物非法贸易“清风”行动】2021年3月，市市场监管局会同市自然资源和规划局、市公安局等部门联合印发《联合开展打击野生动物非法贸易“清风”行动实施方案》，组织全市农贸市场管理单位负责人开展野生动物保护业务知识培训，重点对5家农贸市场和1家花卉市场开展野生动物保护专项突击检查，共检查市场内水产和花卉等行业经营摊店20余家，出动执法人员30余人次，未发现销售野生动物行为。（陈奕帆）

义乌中国小商品城

【概况】 2021年，义乌中国小商品城市场整体开门率为93%，日均人流量12.1万人次，同比增长20%，商位出租率98%，市场抽样成交额1714亿元，市场运行整体平稳。年内，完成国际商贸城一区物业改革试点。探索管理员职能转型，形成管理员、业务员双线融合发展路径。创新市场管理模式，出台《新商位管理办法》，从管商位向管商人转变。开展设计集市20场、设计师商铺认证1000家、推出新品1.26万款；开展标准化培训43场，培训5500余人次，完成对标报告25份；引导行业商（协）会制定团体标准4个。强化展场联动，组织经营户1.5万余人参加"义博会""进博会"等展会5场，举办行业垂直展8场。

【数字市场建设】 2021年，数字客服实现质押、续租、转让等业务线上办理，累计办理线上质押业务2121笔10.76亿元。智慧商管上线，实现现场动态线上掌握、商位商人在线管理。采购商统一触点平台通过对卡口处380万人员数据的分析应用，精准招引和全程服务采购商，赋能市场、展会、酒店等业务板块，并为贸易综合服务平台提供数据支撑，日均访问6.5万余人次。市场精密智控体系迭代升级，在市场210余个出入口部署人脸立柱机、智能通道闸机，并与省大数据局实时数据对碰，用数字防控系统代替物理隔离，实现"测温+识别健康码+系统留痕"。

【迪拜义乌中国小商品城对外招商启动】 2021年，由义乌商城集团与迪拜环球港务集团（DP World）共同开发建设迪拜义乌中国小商品城。1月1日，义乌商城集团启动对外招商，系义乌商城集团布局全球战略的首个海外分市场。3月，尼日利亚的海外华商和义乌中国小商品城海外投资发展有限公司就在非洲开拓布局海外仓进行洽谈，双方就尼日利亚的政治环境、往来交通情况、金融进出渠道及合作方式进行探讨。迪拜号称"中东门户"，是"义乌制造"在中东地区最大的贸易集散地，义乌销往非洲的商品大部分在迪拜中转，每年合计进出口额超过1300亿元，占义乌外贸总额的40%以上。迪拜义乌中国小商品城位于杰贝阿里自贸区内，总投资额11亿元，建于1985年，占地面积20万平方米，建筑面积15.7万平方米。项目分2个部分，第一部分1539个商铺，集商品展示、采购洽谈区于一体。与市场平行的第二部分为保税仓库，共324间（每间208平方米），每个保税仓库都配备装卸平台，为货物的无缝运输提供基础设施保障。（何振威）

【国际小商品创意设计大赛】 2021年3月7日，"义乌中国小商品城"

2021年10月23日，2021第四届"义乌中国小商品城"杯国际小商品创意设计大赛暨第十三届浙江省大学生工业设计竞赛义乌专项赛在义乌国际博览中心举行颁奖典礼（欧能 摄）

杯国际小商品创意设计大赛在“云直播”向全球征求创意设计作品，得到全国院校、知名机构及独立设计师的响应。其间，收到103所高校的3027位设计学子、608位独立设计师投送的3635件创意作品。10月22日，2021第四届“义乌中国小商品城”杯国际小商品创意设计大赛决赛在义乌国际博览中心新闻发布厅进行。经角逐，决出金鹈鹕奖1项、银鹈鹕奖2项、铜鹈鹕奖3项、最佳创意奖4项。“30强作品”市场转化率100%，市场化竞赛单元销售额达1000万元。

【市场直播基地开业】 2021年，商城集团设立国际商贸城五区直播基地、进口商品城孵化区数字直播产业孵化中心，以数字化赋能为核心，以数字贸易为引领，以平台化管理模式，形成以Chinagoods平台为支撑的数字直播闭环，鼎力打造“人、货、场”高效匹配、内销外贸直播经济发展新格局。9月，直播基地正式开业，至年底，两大基地直播带货701场、商品交易总额1806万余元，直播培训37场640人次。

专业市场

【浙中农副产品物流中心】 浙中农副产品物流中心为浙江省重大产业项目、省重点项目，是义乌市市场发展集团有限公司依托多年商贸市场运营经验，倾力打造的集农产品仓储、物流、批发、配送于一体的综合性市场园区。市场位于五洲大道2000号，概算投资5.08亿元，占地面积13.33公顷，总建筑面积18万平方米。布局有8幢交易用房、3幢辅助用房、整车交易区、自产自销区、高层商务中心，配套农产品检测中心、电子结算中心、垃圾无害化处理中心，主要经营蔬菜、水产、鲜肉、禽蛋水果、调料、农林特产等商品，2016年12月29日建成投用。2021年，市场拥有各类商位547个，经营户427户。严格执行核酸检测应检尽检、疫苗接种应接尽接、“浙冷链”“浙食链”应推尽推、货物进场应报尽报系列举措，切实做好保供稳价工作。年内，营商环境持续优化，组织实施水产交易区电动伸缩雨棚、智慧停车系统、消防自动报警系统、高层服务楼外墙面改造、屋面4.8兆瓦光伏电站建设、数智防疫等提升改造项目。至2021年年底，市场总成交额48.42亿元，同比增长17.13%，总交易量93.44万吨，同比增长11.45%。（韦 炜）

【副食品市场】 义乌副食品市场位于义乌市城中西路立交桥旁，为浙江省四星级文明规范市场。市场建筑面积14.8万平方米，有商位2322个、经营户1623户。市场共三层，一、二层主营非定型包装干果炒货类、参茸等高档补品类、酒饮料水果罐头类、非定型包装糖类、茶叶类、调味品食用油类、其他副食品类和杂货类等八大类3万余种商品，三层是“百县万品”及精品展销中心。2021年，在春节就地过年的号召下，市民居家囤货需求增加，干果炒货类年货销售火爆，部分小区周边小超市小卖部备货销售一空，市场开市后补货量大，配零生意较好。提高免疫力成为民众养生新时尚，参茸等高档补品同比需求继续上升。口罩、纸巾、洗涤消毒用品销售稳定，成为杂货区电商销售大头。为进一步稳经济、促繁荣，市场启动“市场万里行”活动，组织经营户参加各类展会、走出去对接长沙、成都、无锡、晋江等目标市场，成功举办义乌与石狮贸易对接会，引进石狮厂家源头货。三楼精品展销中心北区10月底正式开业，与南区连成一片、优势互补，新增冷冻食品、清真食品、小家电等板块，进一步丰富了精品展销中心的商品种类。至2021年年底，市场交易额69.67亿元，同比增长18.54%。（张习习）

【粮食市场】 义乌粮食市场为国家重点扶助的粮油现代物流项目，紧临西站大道，与火车西站隔道相望，交通便利。市场占地面积3.82万余平方米，建筑面积5.5万余平方米；共有经营店面292间，店铺面积2万余平方米。拥有铁路中转场地2.13万平方米，铁路粮食专用线331米，是集粮油批发、交易、仓储服务、物流配运等功能于一体的粮油专业市场，义乌及周边地区的粮食集聚地。经营品种有大米、面粉、大豆、玉米、食用油、高粱等30余类，产品主要来自安徽、江苏、河南、黑龙江、吉林等地，销往义乌、东阳、浦江、兰溪、磐安、诸暨、丽水等地。2021年，市场经营户89户，交易量42万吨，交易额18.61亿元，被浙江省粮食和物资储备局认定为“浙江省粮食流通主渠道企业”。（王 安）

【新马路菜市场】 新马路菜市场位于北苑街道世俊路333号，由一幢12层商务主楼和4层裙房组成，总建筑面积5万平方米，经营面积8778平方米，内设摊位、店面658个（间），经营主体521户，经营商品有蔬菜、鲜肉、调味品、蛋类、水产品、海产品、熟食等17个类别。2021年，受新型冠状病毒肺炎疫情反复等因素影响，小辣椒、大白菜、豆角等部分类别蔬菜零售价较上年上浮较为明显。因供应量持续加大，鲜猪肉价格与上年相比有所下降，其中，前腿肉全年平均零售价每千克30元，五花肉每千克32元。水产品、海产品、蛋类及其他类别商品的零售价与上年基本持平。至年底，市场成交额30.19亿元，同比增长10.39%。（赵 珊）

【国际家居城】 义乌国际家居城由义乌市市场发展集团有限公司下属国有控股企业浙江义乌林业开发有限公司（简称“林发公司”）承办，分为义乌国际家居城一区、二区、三区和义乌花卉市场4个经营区。市场投资5.4亿元，建筑面积34万平方米，经营户1042户，集家具、家居、装饰材料、花卉于一体，高中低档商品齐全、批零兼营、内外贸并举，是义乌市内率先实现行业高度集聚的家居建材专业市场。2021年，林发公司聚焦“泛家居市场群”总体规划，实施三区南侧3.07公顷低效用地有机更新，5月，建成义乌国际家居城木条子、木线龙回过渡区块，占地面积4000平方米，原木条子、木线区块经营户完成整体搬迁，营商环境改善明显。12月，义乌国际家居城四区项目获批并开工建设。项目总投资3.5亿元，建筑面积11万平方米，定位进口生活馆、精品馆及设计、装修中心，旨在打通家居建材装修行业一站式产业链。至2021年年底，市场日均客流量1200余人次，车流量1000余车次，实现成交额43.2亿元。举办各类营销活动100余场，累计成交额2亿余元，被中国市场学会批发市场发展委员会评为“2020年度全国商品交易市场行业文明诚信经营示范市场”，被中国建筑材料流通协会授予“2021年中国建材家居卖场单店50强”荣誉称号。林发公司分别被浙江省林业局、义乌市人民政府授予省级林业重点龙头企业、义乌市级农业龙头企业荣誉称号。（陈晓燕）

【木材市场】 木材市场位于佛堂镇上佛路与五洲大道交叉口，占地面积4.5万平方米，建筑面积1.59万平方米。市场现有商户333个，经营主体105户，主要经营原木交易、锯木加工、建材销售等业务，辐射浦江、东阳、金华等周边县（市）。2021年，因原木成交量有所上升，市场实现成交额9937.2万元，同比增长6.45%。（赵 珊）

【国际生产资料市场】 义乌国际生产资料市场由浙江中国小商品城集团投资建设，总投资20亿元，占地面积29.13公顷，总建筑面积75万平方米。市场主营进口商品、塑料粒子、动力设备及其他机械设备、缝纫设备、酒店设备、创意装饰（软装）用品、中高档灯具、皮革及辅料等。2021年，参加全国各地展会7场，参展期间共走访对接企业600余家。义乌中国进口商品城孵化区开展各类引流活动20余场，吸引客流25万余人次。（何振威）

【收藏品市场】 义乌收藏品市场位于义乌市西城路455号3楼，市场经营面积3.6万平方米，分外围店面和场内商位2个区域，有商位531间，入驻经营户385户。主营古玩杂项、翡翠玉器、瓷器、书画、木雕、石雕、珠宝等10余种收藏艺术热门品类，以及字画装裱、珠宝加工等配套服务。2021年，市场举办中国画作品展、名家邀请展、红色主题展、艺术巡展等活动，连续7年举办收藏品春秋两季交易会，年内首次引进奇石展、文物商品展。受新型冠状病毒肺炎疫情影响，周六地摊集市部分时段暂停营业。全年累计开放39周，成为义乌乃至周边县市收藏爱好者淘宝、交流的重要平台。2021年，市场实现交易额7065万元，同比增长26.03%；日均客流量2010人次，日均车流量1530车次。

（张习习）

【模具城】 义乌模具城位于上溪镇四通东路（S103省道）300号，2014年10月开业，至2021年有商位1528个，经营户874户。2021年，市场淡旺季明显，受返工潮较早影响，呈现淡季不淡现象，各种网红爆款产品不断涌现，模具城前三季度实现稳增长和模具产业结构调整的动态平衡。9月底以来，受“双控”、疫情、国际形势等多重因素影响，形成有单无货现象，外贸量有所下降。机械销售行业实现私人定制模式，提高了机械准确度、精确度。配件加工由简到繁、由低端向高端发展，销售范围不断扩大。至2021年年底，模具城实现交易额10.93亿元，同比上升20.21%，出口额4.42亿元，衍生品产值30亿元，日均车流量3500车次，日均客流量4000人次。

（张习习）

【篁园服装市场】 篁园服装市场位于篁园路51号，总占地面积7.8公顷，总建筑面积42万平方米，总投资14亿元。市场地上8层为经营区，有批发、零售、外贸、进口等多种经营业态。拥有商位5400余个，一楼为牛仔·裤·服装定制·综合零售·轻奢生活馆，二楼为男装（皮装），三楼为女装，四楼为女装、睡衣、羊毛衫、运动服（衬衫），五楼为童装，其中国内销售主要辐射浙江及周边省份，外贸主要出口至中东、非洲等国家及地区。六楼设有1万余平方米的综合休闲配套服务区，引进一线影院、品牌餐饮、特色快餐、烘焙等相关配套服务，集吃喝玩乐于一体，七、八楼定位为品质生活馆，主营国内精品服装服饰和韩国进口服装服饰，营业面积7万平方米，设有餐饮、培训机构、家居生活馆及美容、美体、美发等配套服务设施。2021年5月，市场举办成立10周年庆祝活动，邀请百万网红直播，举办美食节、品牌时装秀、红包雨、来就送等系列活动。7月，举办“篁园汽车嘉年华”，奔驰、奥迪、路虎等各大汽车豪华品牌参展。9月，举办服装垂直展，以汉唐服饰展为切入点，线上线下共同推广，吸引4.2万人次参观。（何振威）

【汽车城】 义乌汽车城2004年1月8日开业。设交易区、专卖区、生活服务区、培训中心，集汽车交易、维修、零部件供应、驾培于一体，是一家提供上牌、保险、信贷、检测、食宿等相关服务功能的综合性汽车市场，占地面积13公顷。设中心展馆、A馆、B馆、C馆4个综合品牌展馆及4S品牌专卖区、生活服务区等功能区，其中展馆展位面积1.3万余平方米，商品车专用停车位400余个，来客停车位400余个。2021年，义乌汽车城有60家汽车经销商进场交易，其中汽车品牌4S店18家，城市展厅14家。全年汽车销量累计成交2.4万辆，与上年基本持平，成交额29.86亿余元，国产自主品牌车辆销量持续稳步上升，平行进口车销售呈持续下降趋势。

（洪庆生）

【义乌汽车交易中心】 义乌汽车交易中心于2019年12月21日开业，由义乌市市场发展集团有限公司全资子公司义乌市汇商汽车发展有限公司投资开发、管理运营。市场位于后宅街道义浦二线1000号，占地面积11.87公顷，总建筑面积23万平方米，总投资9亿元。设二手车交易区、综合服务区、机动车性能检测区三大功能区块，共有经营主体390余家。2021年，市场创新打造智慧大脑，整合商人、商位、商品数据，搭建大数据分析平台，设置智能信息查询终端。拓展二手车出口业务，2021年2月，成功申领出口密钥，同年6月，实现出口业务零突破。推动多元化经营，引入第三方机构“查博士”提供汽车检测、评估等增值服务，联合第三方举办二手车拍卖会，对接法院合作开展“法拍车”业务。全年共组织拍卖会12场，累计成交二手车137辆，成交额990万元。12月，举办首届义乌二手汽车展，客流量1万余人次，成交二手车21辆，成交额850余万元；达成意向客户80余人，挖掘潜在客户1000余人。至2021年年底，市场成交二手车6.9万辆，同比增长32.81%，成交额59.45亿元，同比增长53.57%。（吴艳丽）

会展业

综　述

【会展业持续发展】 2021年，义乌市成功举办“电商博览会”“春秋季框画展”“文具礼品展”等线下展会40场，展览面积87.76万平方米，观众92.4万人次。举办“框画展”“文具展”“义博会”“森博会”等线上展会11个，参展企业2321家，观众1.08亿人次；约见洽谈11.44万对，贸易成交额1.8亿元。新办和引进2021第13届全国婚礼道具、喜庆用品仿真花&美陈道具（义乌）交易会、2021义乌建筑装饰材料博览会、2021义乌国际针织品博览会暨义乌内衣跨境电商供应链采购会、2021中国义乌喜庆用品博览会、2021华夏家博会5个商业性展览项目。规模以上（展览面积1万平方米）展览项目23个。年内，浙江省市场监管局批准发布浙江省地方标准DB33/T2362—2021《绿色展览运营管理规范》，并在义乌正式对外发布。在中国会展城市产业合作峰会暨会展城市竞争力指数发布会上发布的《2020年度中国城市会展业竞争力指数报告》，指出，义乌市居全国县域城市会展业竞争力第一位。（曹国强）

【传统展会模式向数字化转型】 为顺应数字经济发展潮流，2021年，义乌市推动传统展会模式向数字化转型。第14届中国义乌国际森林产品博览会上，整合现有资源，探索线上线下同步互动、有机融合的办展新模式。首次搭载Chinagoods平台，设立“优质林产品展示交易中心”，开通在线金融支付系统。依据平台数据中心，带动商品信息和企业信息的配对交流，使信息更加对称，为参展企业提供更多商机。通过“云展示”“云对接”“云洽谈”“云交易”等功能，无缝链接国内外参展商、采购商、专业服务商及普通观众。入驻“优质林产品展示交易中心”企业可享受免收平台技术服务费、入驻保证金及交易服务费“红利”，共享包括“义博会”“文化和旅游产品博览会”“进口展”等大型展会采购商资源。搭建线上直播平台，将直播间搬进展区，利用“网红”“网红经济”开展规模化、集中性的直播带货活动。通过腾讯朋友圈广告、林草价值链等新媒体平台，扩大网络宣传力度，运用“森博会”官网、微信公众号、微博等网络信息平台，收集、分析、发布各类数据信息。利用大数据平台，集中邀请国内外采购企业和专业观众与会观展、商务洽谈，做到由“屏对屏”向“面对面”的深度转化，实现会展服务增值。（刘　娟）

【首届木（竹）雕艺术“中工杯”创新设计大赛】 2021年11月2日，由中国工艺美术学会、中国林业产业联合会和中国义乌国际森林产品博览会组委会联合举办的首届木（竹）雕艺术“中工杯”创新设计大赛在义乌国际博览中心举办，来自全国各地的木（竹）雕艺术家200余人参赛。此届木（竹）雕艺术“金雕手”创新

2021年11月2日，在第14届中国义乌国际森林产品博览会期间，举办木(竹)雕艺术"中工杯"创新设计大赛。图为大赛颁奖现场

(市自然资源和规划局　供图)

设计大赛更名为木(竹)雕艺术"中工杯"创新设计大赛，升级为国家级专业大赛。赛事收到参赛作品347件，其中，木雕155件，根雕112件，竹编28件，竹雕52件。大赛组织相关专家对参赛作品评审，评选出木(竹)雕获奖作品110件，其中，金奖10件，银奖37件，铜奖55件；另设传承贡献奖1件，杰出技艺奖1件，特殊成就奖1件，特别奖5件。

(陈金春)

重大展会

【概况】 2021年，义乌市举办各类会展160个，其中展览119个，会议、论坛及节庆等活动41个。展览面积87.76万平方米，同比增长12.03%；参展企业1.53万家，同比增长8.23%；展位3.73万个，同比增长18.25%；客商102.4万人次，同比下降50.45%，展览面积逾1万平方米的展览24个。

(曹国强)

【第13届全国婚礼道具、喜庆用品、仿真花&美陈道具(义乌)交易会】 2021年3月13—15日，由山东雅昌会展服务有限公司承办的第13届全国婚礼道具、喜庆用品、仿真花&美陈道具(义乌)交易会在义乌国际博览中心举办。展览面积2.28万平方米，设国际标准展位1175个，436家企业参展。全国各地专业采购商1.1万人参观采购，现场成交额3.2亿元。全国婚礼道具、喜庆用品、仿真花&美陈道具(义乌)交易会自2020年开始举办，为国内首个通过UFI权威认证的婚礼道具、仿真花&美陈道具行业展会。

(杨　健)

【2021浙江美业博览会】 2021年3月25—27日，由浙江省商务厅、浙江省美发美容行业协会、浙江省日用化工行业协会联合主办的2021浙江美业博览会在义乌国际博览中心举办。展会以"构建'双循环'窗口为行业经济注入新动能"为主题，展览面积4万平方米，1500余个展位全面展示美妆供应链，来自全国20余个省(市)的700余个品牌，1万余个美妆潮品、新品集中亮相。浙江省美发美容行业协会、浙江省日用化工行业协会、杭州市化妆品行业协会、温州市美发美容行业协会、金华市美发美容行业协会等26个代表团，4.13万人次采购商到会，现场贸易成交额4.09亿元。博览会同期举办第二届全球私域直播大会、网红直播爆品选品会等20余场行业品牌活动。(曹志强)

【2021浙江国际电子商务博览会暨数字贸易博览会】 2021年4月11—13日，由中国国际电子商务中心、中国电子商会、浙江省商务厅、义乌市人民政府主办的2021浙江国际电子商务博览会暨数字贸易博览会在义乌国际博览中心举办。来自美国、英国、韩国、新加坡、印度尼西亚等国在中国的企业代表和国内19个省(市)的1082家企业参展，计2103个展位。192个团组，共15.12万人次观展，其中义乌市外参会人数占67%。现场达成合作意向6.24万个，意向成交12.3亿元。其间，在义乌国际博览中心、皇冠假日酒店等地举办会议论坛36场，参会人员1.36万人。

(赵梅君)

【第五届中国义乌国际五金电器博览会】2021年4月20—22日，由义乌中国小商品城展览有限公司主办的第五届中国义乌国际五金电器博览会在义乌国际博览中心举行。展览面积4万平方米，浙江、山东、河北等15个省（市）的1175家企业参展。展会重点凸显五金工具、建筑五金、电子电器、劳保用品四大展区。来自86个国家和地区的采购商1.9万人次到会。其间，举办线上线下境外采购专场对接会，300余家参展企业参会，达成意向成交额1000余万元。（胡一舟）

【2021中国义乌机械及机电产品博览会】2021年4月20—22日，由义乌市博森展览服务有限公司主办的2021中国义乌机械及机电产品博览会在义乌国际博览中心举行。展会以"搭建机械会展平台，服务全球行业市场贸易"为宗旨，瞄准国际和国内两大市场，搭建一个集形象展示、新品推介、贸易洽谈、信息传播于一体的交易平台。展览面积1万平方米，设标准展位420个，邀请国内外318家知名企业参展，涵盖机械装备、机电产品、植保及园林机械等产品，成交额4687万元。（王永生）

【第16届义乌汽车展览会】 2021年5月14—16日，由中国机械国际合作股份有限公司、浙江省汽车行业协会主办的第16届义乌汽车展览会在义乌国际博览中心举办。50余家企业参展，设展览面积2万余平方米，观众2万余人次，现场成交300余台汽车，意向成交客户600组。（寿震曦）

【2021浙江（义乌）包装印刷展览会】2021年5月26—28日，由金华市印刷行业协会、义乌市印刷行业协会、浙江印艺文化传媒有限公司共同主办的2021浙江（义乌）包装印刷展览会在义乌国际博览中心举办。展览面积1.52万平方米，设国际标准展位908个，来自全国各地的200家名优包装印刷企业参展，采购商8100人次。（张东平）

【2021中国义乌文具礼品展览会】2021年6月3—5日，由中国制笔协会主办，义乌市文化用品行业协会承办的2021中国义乌文具礼品展览会在义乌国际博览中心举行。展会以"创新思维、整合资源、抱团发展、合作共赢"为宗旨，创新"订货会+新品发布会+传统展会"模式。展览面积5.2万平方米，设国际标准展位2500个。国内外知名参展商552家，国内外采购商8.31万人次，同比增长8%；现场贸易成交额7.57亿元，同比增长23%。（骆峻翔）

【2021义乌国际针织品博览会暨义乌内衣跨境电商供应链采购会】2021年6月8—10日，由浙江省无缝织造行业协会主办，广东省内衣协会、义乌市袜业协会协办，义乌市润盛展览有限公司承办的2021义乌国际针织品博览会暨义乌内衣跨境电商供应链采购会在义乌国际博览中心举办。展会以"重塑·共进"为主题，展览面积1万平方米，设国际标准展位338个。针织品、文胸等针织全产业品类知名企业78家参展，各地代理商、经销商、连锁品牌买手、电商品牌买手、直播机构买手、设计师、媒体人士等1.17万名观众参观。其间，举办针织产业发展大会、社群团购私享会、新品牌私域渠道大会三大论坛，共同探讨行业趋势、实体借助私域运营转型升级等专题。（殷晓蕾）

【2021中匠义乌多元百货展暨杯壶、餐厨用品主题展】 2021年7月18—20日，由义乌市中匠会展有限公司主办的2021中匠义乌多元百货展暨杯壶、餐厨用品主题展在义乌国际博览中心举办。展览面积4万平方米，标准展位1530个，752家国内知名品牌企业参展，专业客商3.34万人次，实现贸易成交额5.34亿元。展会以义乌为窗口，连接长三角，扎根浙中市场，辐射全中国，会前在全国举办招商会30场，为参展商提供免费客房5万间。（蒋饶传）

【2021中国义乌喜庆用品博览会】2021年7月25—27日，由中国商业联合会主办，义乌市喜品汇会展有限公司承办的2021中国义乌喜庆用品博览会在义乌国际博览中心举办。展会以"专业化，市场化，品牌化"为理念，设展览面积1万平方米，国际标准展位459个，特装率达66%。

146家知名企业参展，专业采购商1.1万人次，现场贸易成交额6000万元，带动国际商贸城喜庆用品专区人流量新增50%。其间，开展满额抽奖、喜庆人之夜、贸易配对、新品发布、行业颁奖等配套活动。展会免费为参展采购商提供酒店客房1046间。（刘建华）

【中国义乌网络直播与短视频产业博览会】 2021年9月12—14日，由中国电子商会主办，牛人会、手拉手供应链共同协办的中国义乌网络直播与短视频产业博览会在义乌国际博览中心举办。展会以“搭建国内直播与短视频行业的交流平台，推进网络直播与短视频产业的健康发展”为主题，展览面积1.5万平方米，设国际标准展位351个。中国移动义乌分公司、“义乌购”电商平台，及300家知名企业参展，专业采购商1.5万人次。现场贸易成交额1.8亿元，其中网红带货销售6000余万元。（赵梅君）

【2021中国义乌物流经济产业博览会】 2021年9月12—14日，由中国仓储与配送协会主办，物博会展服务（义乌）有限公司承办的2021中国义乌物流经济产业博览会在义乌国际博览中心举行。展会以“发展现代物流，共享物流经济”为主题，展览面积1万平方米，设国际标准展位402个。敦煌网站优选平台、跨境电商雨果网、波兰Allegro等286家平台、企业参展，到会专业采购商1.65万人次，现场贸易成交额2.1亿元。同期，举办全球跨境电商大会等论坛10余场，参会2000人次。（赵梅君）

【第20届中国框业与装饰画展览会】 2021年9月17—19日，由上海璟诺展览有限公司承办的第20届中国框业与装饰画展览会在义乌国际博览中心举办。展览面积4.5万平方米，设国际标准展位1650个，510家知名企业携带3万余款新品亮相展会。到会国内外采购商1.1万人，现场成交额1.75亿元，连续八年蝉联全球画与框行业专业展第一位。同期举办抖音直播培训会、第三届中国软装峰会等配套活动。（毕新荣）

【第16届中国义乌文化和旅游产品交易博览会】 2021年9月25—27日，由文化和旅游部、中国国际贸易促进委员会、浙江省人民政府主办，文化和旅游部资源开发司、浙江省文化和旅游厅、义乌市人民政府等共同承办的第16届中国义乌文化和旅游产品交易博览会在义乌国际博览中心举办。展会以“共话百年、共同富裕、美好生活、美丽中国”为主题，设主题馆、美丽中国馆、诗画浙江馆、创新设计馆、旅游装备馆、旅游商品馆、非遗体验馆、电竞动漫馆8个展馆。来自全国26个省（市区）的996家企业和机构参加展会，较上年增长55.3%；设标准展位3154个，较上年增长37.1%，52大类15万余件产品参展。展会达成采购与合作意向100余个，境内外采购商及观众3.55万人次，较上届增长179%，线上参观人数1.03亿人次。（姚晓蓓）

【第42届中国浙江国际自行车新能源电动车展览会】 2021年10月12—14日，由浙江省自行车电动车行业协会等主办，义乌市华创展览服务有限公司、浙江华达展览有限公司承办的第42届中国浙江国际自行车新能源

第16届中国义乌文化和旅游产品交易会旅游商品馆

（市文旅局供图　2021年9月25日摄）

电动车展览会在义乌国际博览中心举办。展会以“智能、物联、出口”为主题，以“看趋势，到浙江”为口号，展览面积2万平方米，设国际标准展位1001个。国内各大知名企业120家参展，涵盖电动自行车、电动轻便摩托车、电动摩托车及零部件，自行车、休闲车、运动车、童车及零部件，四轮新能源绿色交通工具、老年休闲车、休闲运动车、沙滩车、平衡车、滑板车和骑行装备、户外运动用品，共享租赁及新兴互联网相关技术四大板块。境内外采购商2万余人次参观，实现贸易成交额8亿元。

（陈春芳）

【2021义乌厨房、卫浴设施展览会】2021年10月12—14日，由义乌环博展览有限公司承办的2021义乌厨房、卫浴设施展览会在义乌国际博览中心举办。展会以“立足中国义乌、辐射全国、链接全球”为主题，展览面积1万平方米，设标准展位379个。来自全国的171家名优企业参展，全国各地专业观众2.82万人次，其中巴基斯坦、伊拉克、印度、也门、伊朗、埃及、韩国等国外专业采购商382人，成交额800余万美元。（杜广军）

2021年10月21日，第27届中国义乌国际小商品（标准）博览会上的外国客商

（楼子荣　摄）

【第27届中国义乌国际小商品（标准）博览会】2021年10月21—25日，由商务部、中国国际贸易促进委员会、国家标准化管理委员会、浙江省人民政府、中国轻工业联合会、中国商业联合会主办的第27届中国义乌国际小商品（标准）博览会（简称“义博会”）在义乌国际博览中心举办。展会以“面向世界、服务全国、全球采购、义乌风向”为主题，展览面积11万平方米。设国际标准展位4000个，涵盖五金工具、日用品、建筑五金、机电机械、电子电器、体育及户外休闲用品、玩具、服帽针纺、文化办公、工艺装饰品十大行业，全国18个省（市、自治区）2300余家企业参展，到场参观10.5万人次，其中专业采购商5.79万人，同比增长24.6%；来自也门、巴基斯坦、印度、孟加拉国、韩国等国家外商2124人到会。此届“义博会”首设RCEP展区，设展位395个，进出口日本、韩国、印尼等RCEP相关国家的意向成交额3147.22万元。同期举办线上“义博会”，平台及直播关注浏览量207万人次。其间，在义乌发布34项重要国家标准。《绿色展览运营管理规范》浙江省地方标准，为全省会展业首个绿色展览运营管理地方标准。举办国际经贸代表团浙江行“走进义乌”对接会、国家技术标准创新基地工作现场会、第17届长三角贸促机构联席会议、第12届中国商品市场峰会、首届全国巾帼助农创业浙江基地直播大赛等配套活动23项。

（李德华　舒卫明）

【第14届中国义乌国际森林产品博览会】2021年11月1—4日，由国家林业和草原局、浙江省人民政府主办，中国林业产业联合会、浙江省林业局、浙江省人民政府台湾事务办公室、义乌市人民政府承办的第14届中国义乌国际森林产品博览会（简称“森博会”）在义乌国际博览中心举办。展览面积7万平方米，设国际标准展位3009个。汇聚家具及配件、木结构木建材、木竹工艺品、木竹日用品、森林食品、茶相关产品、花

2021年11月1日，在第14届中国义乌国际森林产品博览会上，外国客商在洽谈　（市自然资源和规划局　供图）

卉园艺、林业装备与科技八大行业10万余种商品。设立结对帮扶展区、“一带一路”主题展区、台湾农林精品展区、林草装备精品展区、林下道地药材精品展区、木（竹）雕展区、森林食品展区、花卉园艺精品展区、茶产品展区、木屋展区10个特色展区。23个国家和地区的1878家企业参展，10.2万人次客商到会采购，其中也门、巴基斯坦、孟加拉国等30个国家和地区的境外客商到会采购；专业采购团队11个，其中境外采购团队3个，实现成交额18.5亿元。特设结对帮扶展区，设展位99个，分别由浙江省对口办和浙江省民宗委亲自参与组展，对浙江省帮扶的四川省68个县及浙江畲乡参展企业予以减免展位费的优惠政策，结对帮扶展区共实现意向成交额807万元。展会通过线上线下融合，打破时空边界，提升参展商和采购商的对接效率。线上“森博会”“优质林产品展示交易中心”平台入驻企业340家，上线产品3652个，线上流量达132万人次。同期举办义乌市美丽乡村精品线招商专场推介会、2021云南森林生态产品助力乡村振兴义乌专场推介会、第14届“森博会”跨国采购商贸易洽谈会、首届木（竹）雕艺术“中工杯”创新设计大赛、第14届“森博会”优质产品推荐、组织奖评选等配套活动。

（刘　娟）

【第15届义乌汽车文化节暨首届义乌二手汽车展】 2021年12月2—5日，由义乌中国小商品城展览有限公司主办，义乌昊卓展览服务有限公司承办的第15届义乌汽车文化节暨首届义乌二手汽车展在义乌国际博览中心举行。展览面积3.2万平方米，有73家参展商。上汽大众全新纯电动ID、全新途昂、红旗HS9等1000款优惠车型，吸引4万余人次的市民前来观展，成交车辆2400余台，成交额2.88亿元。同期举办首届义乌二手汽车展。

（朱卫武）

2021年义乌其他重大展会情况一览表

表16

序号	展会名称	举办时间	举办地点	主办单位	承办单位	展览面积（平方米）	参展商（家）	成交额（万元）
1	2021第四届中国（义乌）婚纱用品交易会暨春季框画展	3月20—22日	义乌国际博览中心	中国商业联合会	义乌市中展展览服务有限公司	25000	373	20000
2	第26届建玛特购App家博会	3月27—28日	义乌国际博览中心	义乌鼎浩品牌策划有限公司	义乌鼎浩品牌策划有限公司	7600	68	6000

续表 16

序号	展会名称	举办时间	举办地点	主办单位	承办单位	展览面积（平方米）	参展商（家）	成交额（万元）
3	2021义乌建筑装饰材料博览会	5月25—27日	义乌国际博览中心	义乌米恩斯展览服务有限公司	深圳市蒙歌玛利展览工程有限公司义乌分公司	15200	298	1000
4	浙江国际纺织服装产业博览会	6月8—10日	义乌国际博览中心	雅式展览服务有限公司	雅式展览服务有限公司	5500	78	未统计
5	第27届建玛特购App家博会	6月26—27日	义乌国际博览中心	义乌鼎浩品牌策划有限公司	义乌鼎浩品牌策划有限公司	7600	70	6000
6	第28届建玛特购App家博会	9月18—19日	义乌国际博览中心	义乌鼎浩品牌策划有限公司	义乌鼎浩品牌策划有限公司	7600	75	4000
7	2021中国义乌汽摩配用品交易会	10月21—23日	义乌国际博览中心	义乌市汽车摩托车用品配件行业协会	义乌励展会展有限公司	8100	418	18000

（曹国强）

会展管理

【概况】 2021年，义乌市加强会展活动的管理扶持，全市各有关部门协调配合，主动做好会展的各项服务保障工作。市财政每年安排1000万元资金，专项用于培育引进重点展会。2021年，义乌市用于扶持民营展会及企业走出去参展等专项资金1440.4万元，扶持2021第四届义乌婚纱影楼用品交易会暨春季框画展、2021浙江美业博览会等15个展会，先后组织364家义乌企业参加2021中国国际服装服饰博览会、2021中国跨境电商交易会、第18届中国国际文具礼品博览会等国内重要展会17批次，设国际标准展位1030个。（曹国强）

【第五届“中阿博览会”暨“一带一路”国家客商推介会】 2021年6月21日，第五届“中阿博览会”暨“一带一路”国家客商推介会在义乌举办。中国—阿拉伯国家博览会是经国务院批准，由商务部、中国贸促会、宁夏回族自治区人民政府共同主办，宁夏商务厅、浙江省商务厅、宁夏博览局、宁夏回族自治区人民政府驻上海办事处联合主办的国家级、国际性大型经贸会展活动。浙江省商务厅、义乌市政府及有关部门负责人、浙宁企业家代表、在义乌的阿拉伯客商、在义乌的宁夏企业家、媒体人士等200余人参会。推介会上，在义乌的阿拉伯工商界代表分别发言，回顾参加历届博览会的经历，表达对此届博览会的期待，表示借助本届中阿博览会，积极开展对接洽谈，推动双方务实合作。推介会2013年举办，至2021年累计有110余个国家和地区、20余名中外政要、280余名中外部长级嘉宾、5000余家国内外企业、4万余名国内外嘉宾参会参展，签订各类合作项目936个，促进中国与“一带一路”沿线国家和地区经贸投资交流合作。

（陈金春）

【浙江省《绿色展览运营管理规范》地方标准在义乌发布】 2021年10月21日，浙江省《绿色展览运营管理规范》地方标准发布会在义乌国际博览中心举行，作为由义乌主要承担制定的县（市）之一的“省标”，即日起在全省范围内全面推广应用，全省绿色展览形成统一的管理规范。会

2021年10月21日，浙江省《绿色展览运营管理规范》地方标准在义乌国际博览中心发布（楼子荣　摄）

展业以无烟产业著称，但国内会展传统搭建产生的大量垃圾对环境污染和破坏严重，平均每1万平方米展览面积产生展览固体废弃物80吨，被称为“一个展会结束就是一个垃圾场的诞生”。义乌是“世界超市”也是展会名城，每年在义乌举办的各类展会达100余场次。从2019年起，义乌开始运用绿色展览标准规范展馆行为。2020年3月，省商务厅提出《绿色展览运营管理规范》浙江省地方标准立项申请。同年9月，省市场监督管理局下达立项制定计划。2021年2—6月，义乌市市场发展委在省商务厅的支持下，联合相关企业和行业协会先后赴杭州、宁波、温州、绍兴、台州等地走访调研，深入研究“广交会”“上海进博会”等国内优秀绿色会展经验及德国等国际优秀绿色会展成果，以浙江省各地绿色展览运营管理工作经验为依据，构建绿色展览运营全过程管理量化指标体系。同年9月22日，省市场监管局正式批准发布浙江省地方标准DB33/T2362—2021《绿色展览运营管理规范》。此“省标”从展览运营全流程出发，综合考量绿色展览的特有性和与传统展览标准的差异性，最终选用“绿色搭建、绿色展出、绿色处理、绿色评价”四大模块组建标准框架体系，提出“展台搭建材料回收率和使用率、各类展台搭建材料环保及安全性能要求、展览场馆室内空气质量要求、固体废弃物的产生率和回收率”等核心技术指标要求。（曹国强）

会展企业

【概况】 义乌会展业依托独特的市场优势和扎实的产业基础，对区域经济产生巨大影响，形成产业加会展，以展促贸的义乌模式。义乌先后被评为“中国十大品牌会展城市”、全国会展业“金五星”优秀会展城市和中国十大影响力会展城市。2021年，义乌有会展机构35家，直接从业人员1000余人，展位搭建、广告设计、交通物流、礼仪等专业化分工协作体系不断健全。

（曹国强）

【义乌中国小商品城展览股份有限公司】 义乌中国小商品城展览股份有限公司成立于1998年，为浙江中国小商品城集团股份有限公司旗下控股企业，是国际展览联盟（UFI）、国际展览与项目协会（IAEE）会员企业。公司集国内组展、海外出展、展览配套服务于一体，从事展馆运营开发和租赁等会展全产业链服务，具体运营义乌国际博览中心（UFI）场馆，可提供国际标准展位6300个，配备7600平方米大型会议活动多功能厅。2021年，公司承办中国义乌国际小商品（标准）博览会（UFI）、中国义乌文化产品和旅游产品交易博览会、中国义乌国际森林产品博览会（UFI）、中国义乌进口商品博览会（UFI）四大政府主导型展会，以及公司自主发展的中国义乌五金电器博览会等展览项目，展览规模达29.24万平方米，6776家企业参展，27.54万人次专业采购到会参观采购。

（贯文俊）

【义乌市中展展览服务有限公司】 义乌市中展展览服务有限公司成立于2016年，是专业承办画框行业展览的公司。中国框业与装饰画展览会创办于2006年，依托义乌产销基地优势，行业上下产业链配套齐全，成为中国画框行业的一站式采购平台，2014年起，连续八年成为全球规模最大的画框行业专业展。中国（义乌）婚纱影楼用品交易会及春季画框展创办于2018年，每年吸引采购商1.8万人，打造成为国内专业采购商新品发布、品牌推广的最佳平台。2021年，公司有员工10余人，举办春秋两季画框展，其中中国（义乌）婚纱影楼用品交易会及春季画框展展览规模3万平方米，500家企业携带春季新品亮相展会，1.5万名专业采购商到会参观采购。

（毕新荣）

【义乌翔达展览服务有限公司】 义乌市翔达展览服务有限公司成立于2008年，注册资金100万元，有员工40余人，专业从事大中型展会策划、组织、主办、承办等业务。为中国电子商会常务理事单位、中国电子商会社交新零售专委会副会长单位、浙江省会展行业协会理事单位、义乌市建设美丽义乌促进会会长单位、义乌市会展业联合会组展主办专业委员会会长单位，高校实习基地。2019年，公司获评义乌市“十大优秀会展企业”；2020年，被选为“中华人民共和国商务部第二批展览业重点联系企业”。旗下品牌展会中国国际电子商务博览会被评为中国会展产业2018—2020年度“中国最具行业影响力展览会”、中国会展行业年度“最具影响力品牌展会”；中国义乌物流产业博览会获中国会展行业“中国品牌博览会金奖”；中国义乌网络直播与短视频博览会被评为“2020义乌最具成长型博览会”。2021年，公司参与策划中国国际电子商务博览会、中国义乌网络直播与短视频博览会、中国义乌物流产业博览会，代理“义博会”、中国义乌进口商品博览会2个展会。自办的展览规模8万平方米，累计参展企业1500家，展位3000个。

（赵梅君）

【义乌创杰展览服务有限公司】 义乌创杰展览服务有限公司创建于2003年，专业从事国内外大型展览、政府会议、学术会议、高层论坛和企业会务会议的主办、承办、策划、组织工作，为商务部重点联系展览企业。公司下设会议主办、展览策划、招展招商、展台搭建四大核心板块，拥有国家认证的高级会展师12人、中级会展师20人。2021年，公司参与承办浙江美业博览会、义乌假发与美发工具展、深圳包装世界（义乌）博览会、中国厕所革命创新博览会4个展会，累计参展企业720家，展位数1800余个。举办浙江美业博览会、义乌小商品制造展览会线上云展，开通中国厕博会线上云展，累计线上参展企业1600余家，在线成交额6000余万元。

（涂如明）

【义乌市鼎文展览服务有限公司】 义乌市鼎文展览服务有限公司成立于2016年8月，注册资金50万元，员工12人，是专业举办文体及周边行业的展览公司。2017—2018年被评为义乌市十大成长型展览会，2020年被省商务厅列入浙江省重点举办和支持展会。2021年，由义乌市文化用品行业协会承办，义乌市鼎文展览服务有限公司执行的第五届中国义乌文具礼品展览会，以“创新思维、整合资源、抱团发展、合作共赢”为主题，创新“联合订货会+新品发布会+传统展会”办展模式，效果显著，有标准展位3154个，境内外采购商及观众3.55万人次。

（骆峻翔）

【义乌博裕会展服务有限公司】 义乌市博裕会展服务有限公司成立于2012年，注册资金100万元，员工12人，专业从事海外客商邀约、展会和跨国采购对接会组织策划等业务。2021年，公司参与中国国际进口博览会、中国国际自行车展、浙江名品水暖卫浴中东专场线上对接会、宁波文具礼品东南亚线上博览会、绍兴机床及五金水暖中东专场线上对接会、上海CBME中国玩具展、中国义乌小商品博览会、中国义乌五金博览会、中国义乌国际森林博览会、中国台州塑料交易会、中国宁波服装服饰博览会等展会40余个，展览面积100余万平方米，展位30万余个，涉及西班牙、英国、德国、法国、意大利、加拿大等80多个国家，线上+线下境外采购商3.1万人次。2020年，公司获“第三届中国国际进口博览会招商合作突出贡献奖”。

（钟佳媚）

旅游业

综述

【旅游业健康稳步发展】2021年1—12月，义乌市共接待游客657.5万人次，同比增长2%，其中境外游客4.89万人次，同比增长24.25%。实现旅游总收入108.4亿元，同比增长11.5%；外汇收入2532.17万美元，同比增长39.42%。完成四星级旅游饭店复评1家，取消四星级旅游饭店1家，新增银树叶级绿色饭店1家，银桂级品质饭店2家，培育浙江省百强旅行社4家。开展旅游业“微改造、精提升”工作，引导各镇（街道）以“体验更精致、设施更精良、景观更精美、服务更精心、运营更精细”为主攻方向，开展清洁美化提升行动，改善和提升环境设施，植入旅游产业，至年底，创建AAAA级景区镇2个，AAA级景区镇2个，AAA级景区村4个，AA级景区村庄15个。

【旅游市场平稳有序】2021年，市文化和广电旅游体育局（简称“市文旅局”）综合执法队采取日常巡查、联合检查、错时检查等方式，加大对旅行社的执法检查频度和力度，重点对侵害游客权益、非法经营旅行社业务、不签订旅游合同或签订旅游合同未载明规定事项、“不合理低价游”等违法违规行为进行检查，确保旅游市场安全有序。全年共出动执法人员541人次，累计检查旅游企业248家次。开展旅游普法宣传，引导游客文明旅游、理性消费，树立群体新形象，制作并发放文明旅游和安全旅游宣传图片3000份。坚持96150等投诉热线24小时畅通，全年接处各类投诉408起，其中，有效处理旅游投诉21起，涉及旅行社13起，协调理赔或补偿金额4.3万元。

【旅游帮扶】2021年，义乌市全方位开展山海协作、义浦同城、对口帮扶工作。与丽水市莲都区文旅局举办义乌—莲都“山海协作”文化旅游节，签订《义乌·莲都文化旅游山海协作战略合作框架协议》，在旅游宣传、招商推介等方面深化交流合作。与新疆巴州签订义乌—巴州东西部协作文化和旅游帮扶框架协议，在文化走亲交流、文博合作交流、文旅人才交流、旅游市场互动、旅游产品共建和文旅产业富民等方面深化合作帮扶。联合东阳市文旅局，组织浙江中国小商品城集团、横店影视城等旅游企业在山东青岛、烟台举办“浙江·义乌·东阳购物影视木雕美食游”文旅推介会。

【义乌市旅游专班成立】2021年3月4日，义乌市人民政府办公室下发《义乌市人民政府办公室关于成立义乌市旅游工作专班的通知》，市旅游工作专班成立。旅游专班负责研究制定加快全市旅游发展的目标任务和政策举措，坚持问题导向和目标导向，统筹推进扩消费、稳投资、拓市场等工作；开展对各镇街旅游工作的指导和协调，强化政策支持，强化土地、资金、交通等要素保障，完善旅游统计评价制度。专班下设1个办公室，有消费促进、投资推进、宣传营销、政策支持、交通保障、统计评价和“微改造、精提升”7个专题小组。6月24日，副市长骆小俊主持召开义乌市旅游专班第一次工作会议，市委宣传部、市府办、市文旅局、市发改局、市公安局、市人社局、市财政局等31个单位，各镇（街道）、国企等单位相关负责人共50余人参加会议。会议指出，要深刻认识专班化推进旅游工作的重要意义；要建立旅游项目的准入机制、监管机制，政策保障机制，坚持规划引领，做好顶层设计，精准发力补齐产业发展短板；要协同联动推进专班高效运转，建立健全各项工作制度，坚持清单化推进，形成工作合力，提高工作效率，打造具有义乌特色的旅游产业。

【《文化旅游企业帮扶十条意见》出台】 2020年5月29日，市文旅局出台《文化旅游企业帮扶十条意见》（简称《意见》）。《意见》对符合《义乌市旅游业财政扶持办法》组团旅游奖励办法的旅行社，根据每家旅行社2020年的地方财政贡献额度，于2021年予以全额补助。分别给予2020年新评三星级、四星级和五星级饭店20万元、50万元和100万元的补助，给予新评银桂级和金桂级品质饭店10万元和20万元的补助，给予新评银鼎级和金鼎级特色文化主题饭店10万元和20万元的补助，给予新评银树叶级和金树叶级绿色饭店10万元和20万元的补助，给予新评银宿级、金宿级和白金宿级民宿10万元、15万元和20万元的补助。2021年共兑付补助资金78.6万元。

【省全域旅游示范市创建】 2021年10月29日，浙江省人民政府下发《浙江省人民政府关于命名第二批浙江省全域旅游县（市、区）的通知》，义乌市被列为省全域示范县（市、区）。义乌市依托商贸旅游优势，开展全域旅游建设，以创建省全域旅游示范市为抓手，狠抓旅游项目、培育精品景区、完善旅游配套，构建“旅游+”多元化发展格局，逐步向着“处处可旅游、时时能旅游、行行加旅游、人人享旅游”目标迈进。以“国企+精品线”为抓手，众创引领三产融合、城乡融合，打造望道信仰、德胜古韵等10条美丽乡村精品线，涌现264个A级景区村庄。

【文旅合作】 2021年11月17日，义乌市文旅局与浙江旅游职业学院在义乌市文化馆签订战略合作协议，双方就开展行业管理培训、开展校地合作办班、组建博士服务团队、提供文旅智库服务、推动文旅标准化工作、建设教育实践基地、共建文旅图信资源库7个方面开展为期3年的合作。同期，义乌市文化馆举办“浙江旅游职业学院教育实践基地”授牌仪式和郑羽蘅、叶乐安博士等工作团队“博士工作站”授牌仪式。通过文旅合作，发挥浙江旅游职业学院重点学科优势，助力义乌文旅产业发展，实现产教深度融合，为缩小城乡差距打造义乌文旅样本。（季心怡）

旅游规划

【概况】 2021年，市文旅局编制完成义乌旅游业“十四五”规划、义乌市全域旅游空间规划等旅游规划。以争创国家级全域旅游示范区为导向，积极参与省诗路文化带建设。构建以商贸旅游、红色旅游、乡村旅游为主体的特色旅游产品体系。完善旅游配套设施，打造形象鲜明、产品多元、服务一流的世界商旅之都、“一带一路”旅游线重要节点城市。

【义乌旅游业“十四五”规划】 2021年12月，市文旅局编制旅游业“十四五”规划。规划以“一核”引领：以二环内266平方千米中心城区为核心。依托中心城区的区位和交通优势，商贸服务业的良好基础，以及国际商贸城购物旅游资源，做大购物旅游市场规模，提升购物旅游环境，增强游客购物的体验感。把握高铁旅游的“同城效应”，依托高铁新城的建设，打造浙中旅游集散中心。“三区联动”：打造义南历史文化旅游区、义西乡村红色旅游区和义北生态休闲旅游区。区内镇、街道突出各自特色，实现有差异的迭代发展。“十线示范”：以精品线为链，以沿线村社为珠，串珠成链，辐射发展，构成文旅风景外环。提质赋能望道信仰、至美大陈、红糖飘香、德胜古韵、人文上溪、画里南江、千年古镇、赤岸西海、多彩华溪、慢养龙祈10条美丽乡村精品线。加快文旅体基础设施建设，谋划文化旅游节、乡村健身行、洲际三球联赛等系列活动、品牌赛事。推动农文旅融合进程，开展乡村旅游、古村落保护开发利用等项目，由特色资源带动全域发展转型，将精品线周边盆景转化为全域风景。“多点带动”：加快打造标志性项目，形成分布全域的特色“节点”，充分发挥各节点在所属区域的辐射带动能力，以点带面带动全局发展，有效支撑全市文广旅体壮大发展。依托各地优势基础及特色资源，持续提升国际商贸城购物旅游景区，加快建设义乌植物园、义乌市博物馆新馆（美术馆）和义乌大剧院等文化新地标，大力推进佛堂省级旅游度假区、桥头遗址公园、西门老街、望道红色景区、赤岸古镇、华溪森林公园等特色文化和旅游平台，构建特色鲜明、品牌突出的区域文广旅体发展增长极，满足大众化、多样化、特色化需求。

【全域旅游空间规划】 2021年12月，市文旅局委托义乌城市规划院编制《义乌市全域旅游空间规划》，对义乌旅游资源名单、空间位置、规模进行全盘摸底，分析义乌旅游发展取得的成就及存在的核心问题，在此基础上结合国土空间规划多规合一的要求绘制义乌旅游发展的蓝图。规划总体布局：坚持全域发展与特色发展相结合，进一步整合义乌文化、旅游资源，着力优化空间布局、搭建发展平台、促进产业融合，培育特色区块、谋求区域联动、实现共建共享，到2025年总体构成“一核三区十线多点”的文广旅体发展空间布局。做大做强“一核”，提升中心引领作用。培育壮大“三区”，推动区域联动发展：整合文广旅体特色资源，打造义南历史文化旅游区、义西乡村红色旅游区和义北生态休闲旅游区，有序发展三大片区，加快区域联动，共同打造全域化大景区。各区内镇（街道）突出各自特色，实现差异化发展，推动文化和旅游资源升级。做精做美“十线”，串成文旅风景外环：按照AAA级景区标准，差异化打造望道信仰、至美大陈、红糖飘香、德胜古韵、人文上溪、画里南江、千年古镇、赤岸西海、多彩华溪、慢养龙祈10条美丽乡村精品线，以精品线为主轴辐射串联全市乡村发展，构成文旅风景外环。加快基础设施建设，推动农旅融合，结对开展乡村旅游、古村落保护开发利用等项目，以特色资源带动全域发展转型。

（金舒晨）

旅游业态培育

【概况】 2021年，市文旅局贯彻全省“百千万工程”指导思想，深入推进乡村振兴战略，释放乡村万亿市场发展潜力，按照《“十四五”旅游业发展规划》《国务院关于促进乡村产业振兴的指导意见》要求，高标准推进乡村旅游建设。年内，丝路金融小镇、光源科技小镇、义乌市文化馆、缸窑景区4家单位成功创建为国家AAA级景区。赤岸镇、大陈镇成功创建浙江省AAAA级景区镇，后宅街道、上溪镇成功创建AAA级景区镇，义乌市景区镇街覆盖率达93%。赤岸镇神坛村、义亭镇陇头朱村、义亭镇西楼村、佛堂镇钟村成功创建浙江省AAA级景区村庄，佛堂镇倍磊村等15个村庄成功创建浙江省AA级景区村庄。

【国家AAA级景区创建】 2021年5月11日，义乌市旅游景区质量评定委员会下发《关于批准义乌丝路金融小镇为国家AAA级旅游景区的通知》，义乌市丝路金融小镇达到国家AAA级旅游景区标准要求，批准为国家AAA级旅游景区。义乌丝路金融小镇于2015年6月入选浙江省首批省级特色小镇创建名单，总体规划面积3.8平方千米，其中核心区面积0.75平方千米。小镇立足义乌支柱产业，以金融、贸易为主导产业，以贸易金融为主要特色，围绕义乌国际贸易提供金融服务。11月9日，义乌市旅游景区质量评定委员会下发《关于批准义乌光源科技小镇为国家AAA级旅游景区的通知》，义乌市光源科技小镇达到国家AAA级旅游景区标准要求，批准为国家AAA级旅游景区。光源科技小镇位于义乌市城区东北部的苏溪镇，是义乌经济技术开发区（义乌信息光电高新技术产业园区）“一区、两平台、三组团”中的省级智能显示材料“万亩千亿”新产业平台的核心部分，规划总面积2.99平方千米，是全国半导体发光产业中唯一的特色产业小镇。光源科技小镇坚持“科技强镇、创新活镇”，大手笔推进科创载体建设，加速创新资源要素集聚，打造集工业、旅游及研学于一体的产城融合特色小镇。12月10日，义乌市旅游景区质量评定委员会下发《关于批准义乌市文化馆为国家AAA级旅游景区的通知》，义乌市文化馆达到国家AAA级旅游景区标准要求，批准为国家AAA级旅游景区。义乌市文化馆建筑面积6.8万平方米，有剧院、美术馆、非遗馆、摄影棚、培训室、排练室等配套功能，户外有下沉广场，是集演出、培训、展览、创作、交流、非物质文化遗产保护、文化娱乐、教育培训、体育健身等功能于一体的现代化公共文化服务中心。12月30日，义乌市旅游景区质量评定委员会下发《关于批准义乌缸窑景区为国家AAA级旅游景区的通知》，义乌市缸窑景区达到国家AAA级旅游景区标准要求，批准为国家AAA级旅游景区。缸窑村秉持“在保护中创新和发展”理念，在传承“窑”“陶”“酒”“戏”四大传统文化基础上推陈出新。缸窑古村积极在基础设施上创造条件，有新窑老窑、古陶陈列馆、陶艺体验中心、乡村图书馆、陶然里茶馆等富有创意特色的文化商业空间。

【省AAAA级景区镇创建】 2021年12月23日，金华市文化广电旅游局下发《金华市文化广电旅游局关于公布2021年度浙江省AAA级景区城、AAAA级景区镇及AAA级景区镇名单的通知》，义乌市赤岸镇、大陈镇成功创建省AAAA级景区镇。赤岸镇地处义乌市西南部，是一个人杰地灵、山清水秀，具有2000多年悠久文化历史的文明古镇，为全国环境优美乡镇、浙江省生态镇、浙江省历史文化名镇。赤岸镇充分保留朱丹溪、冯雪峰等名人留下的丰富文化遗产，有国家级文保单位1处，省级文保单位3处，市级文保单位2处。结合地理环境和区位优势，开展以“新赤岸、新农村、新旅游、新体验、新风尚”为主题的乡村旅游，推出5条“一日游”休闲度假带，开创乡村旅游新模式，乡村游成为赤岸的一张亮丽名片。大陈镇地处义乌市北大门，自然环境优美，乡风淳朴，交通便利。大陈镇坚持以城镇化建设为重点，加大基础设施投入，抓好多项重点工程；积极响应各项重点工作，聚焦景区镇创建，开展环境整治，在美丽城镇创建基础上融入旅游元素、文化元素；编制大陈镇全域旅游规划，以规划引领加快镇区全域旅游建设进程；逐步形成经济繁荣、设施完善、生活富裕、环境优美、社会文明的现代化乡镇。

【省AAA级景区镇创建】 2021年12月23日，金华市文化广电旅游局下发《金华市文化广电旅游局关于公布2021年度浙江省AAA级景区城、AAAA级景区镇及AAA级景区镇名单的通知》，义乌市后宅街道、上溪镇成功创建省AAA级景区镇。后宅街道是浙中“宜居宜业、宜游宜商”的一方沃土，丰厚的自然资源和悠久的人文资源相结合，以德胜岩省级森林公园为中心，德胜古韵精品线为“藤”，“长藤结瓜”式开展镇村景区化创建。涌现出一批如李祖国际创客村、研学户外拓展基地军旅项目、曹村老街、点道乡吧精品民宿、岭脚休闲骑行、上金豆腐皮基地等精品乡村旅游项目。上溪镇地处义乌市西部，是传统的农业大镇，新兴的旅游新镇。上溪镇大力提升吴晗故居、五塘龚氏祠堂、亘古桥、五石桥、上溪陈大宗祠、吴山民故居等古建品位，优化镇域环境，进一步打造“生产发展、生活宽裕、乡风文明、村容整洁、管理民主”的和美乡镇，获“2020年度浙江省园林城镇”“省美丽乡村示范乡镇”等荣誉称号。

【省AAA级景区村创建】 2021年12月23日，金华市文化广电旅游局、金华市农业农村局联合下发《金华市文化广电旅游局金华市农业农村局关于公布2021年度浙江省AAA级景区村庄名单的通知》，义乌市赤岸镇神坛村、义亭镇陇头朱村、佛堂镇钟村、义亭镇西楼村4个村庄成功创建省AAA级景区村。神坛村交通便捷，是义乌市三星级和美乡村，也是西海美丽乡村精品线的核心点。神坛村以AAA级红色旅游精品示范村为定位开展建设，完成冯志祥纪念馆、湖畔诗社、红星广场、雪峰学堂、年代照相馆、雪峰文学馆、左联书屋、初心广场等基础设施建设，神坛雪峰故里焕然一新。陇头朱村文化遗产丰富，古村落整体格局保存完整，拥有官厅、白虎门厅、梅麓宗祠3处市级文保单位，至今保存着小祠堂、大厅里等明清古老建筑，以及故居遗址、千年古水利湖南堰、千年古刹三观堂、龙眼古井等历史文化遗产。拥有加工工艺国家级非物质文化遗产，以及抽粉干、鱼花等非物质文化遗产。西楼村是红糖节的主会场，家家户户均以种植糖梗作为主要经济收入，义乌红糖传统制作技艺被列入国家级非物质文化遗产。钟村位于画里南江精品线中心点，在市文旅局“微改造·精提升”工作布局下，村庄进一步完善公共基础设施和旅游设施，整改游客接待中心，钟村驿站；修建停车场，旅游标识系统、安全设施及生态湿地等设施，村落人文、生态环境得到协同发展。

【省AA级景区村创建】 2021年12月28日，义乌市文化和广电旅游体育局、义乌市农业农村局联合下发《关于公布2021年度浙江省AA级景区村庄的通知》，义乌市佛堂镇倍磊村，苏溪镇杜村，大陈镇北山府村、宦塘村，赤岸莱山村、尚阳村、塘边村、乔亭村、薛乔村、雅端村、羊印村，后宅街道岭脚村、大傅宅村、鹤田村、上金村15个村庄成功创建AA级景区村。佛堂镇、苏溪镇、大陈镇、赤岸镇、后宅街道致力于景区村庄的创建，紧扣“乡村振兴”的主题，接续传统民俗、弘扬文化个性、发挥各村优势，在美丽乡村建设的基础上，不断推进景区村庄的业态升级。2021年，各镇（街道）市文化和广电旅游体育局的指导下，不断加快乡村旅游业的发展，用心、用情打造诸多乡村打卡点，为加快建设“宜商宜居宜游”的中国文旅名城贡献力量。　（金舒晨）

旅游推介与活动

【概况】 2021年，市文旅局组团参与“浙江之心水墨金华”——“‘横’渡武汉再续‘金’彩”金华文旅推介会暨新华东线“穿越时空之旅”产品发布会、“义乌—东阳双城游”推介会等旅游推广活动5场。开展“5·19”中国旅游日、义乌—莲都“山海协作”文化旅游节、“主播带你游义乌”等旅游宣传活动10余场。与东阳、丽水莲都等地开展旅游宣传推广合作，开展义浦同城、义乌—莲都山海协作旅游宣传推广合作。在火车站、公交车身、公交站台、城区交通主干道等地投放义乌全域旅游广告，线上线下多渠道开展宣传，发放各类宣传册和宣传物料4万余份。推进“诗画浙江·百县千碗”工程落地见效，编制分发《百县千碗·知味义乌》宣传书籍。

（金舒晨）

【“红色旅游季”活动】 2021年5月19日，市文旅局主办的“文明旅游绿色出行”暨2021年主播带你游义乌“红色旅游季”活动启动仪式在义乌伊美广场酒店举行。副市长骆小俊、市文旅局局长及相关部门、镇（街道）代表及市民游客共250余人参与活动。会上，为义乌市优秀导游、

2021年5月19日，市文旅局主办的“5·19”中国旅游日“文明旅游绿色出行”暨2021年主播带你游义乌“红色旅游季”启动仪式在义乌伊美广场酒店举行　（市文旅局　供图）

讲解员和主播代表颁发“文旅宣推官”证书。以触屏形式点亮义乌红色旅游地图，与会嘉宾为游客方阵代表授旗。仪式后，由红色方阵、白衣天使方阵、国际友人方阵、文旅志愿者方阵等组成的八大游客方阵200余人分批乘坐大巴，前往陈望道故居、佛堂古镇、缸窑村等地展开义乌一日游活动。（金舒晨）

【文旅推介会】 2021年6月23—24日，义乌市文旅局携手东阳市文旅局在山东青岛、烟台分别举办“浙江·东阳·义乌影视木雕购物美食游”文旅推介会。两场推介会共邀请当地文化和旅游局相关领导，景区、旅行社和酒店等旅游企业以及媒体代表共400余人出席。义乌国际商贸城、东阳横店影视城等单位参与此次推介会活动。推介会上，义乌讲解员向与会嘉宾推介义乌国际商贸城、千年古镇佛堂、《共产党宣言》中文首译本作者陈望道故居、美丽乡村旅游精品线及“义乌十碗”“万国美食”等义乌特色元素，国际商贸城购物旅游景区专题推介义乌国际商贸城旅游购物中心、进口商品城、爱喜猫等购物旅游资源，精美的画面加上生动的解说，为与会代表呈现义乌商贸和旅游的独特魅力。推出“义乌大散4日游”“诗画浙江动车卧铺7日游”“寻味绍兴，光影横店6日研学游”三大精品游产品线路，文旅资源优化组合，涵盖义乌国际商贸城、义乌佛堂古镇、横店影视城精华景区，东阳卢宅、东阳中国木雕城等元素，让游客体验融影视、木雕、购物、美食于一体的深度文化旅游。（金舒晨）

2021年6月23日，“浙江·东阳·义乌影视木雕购物美食游”推介会现场
（市文旅局 供图）

【义乌—莲都“山海协作”文化旅游节】 2021年9月16日，由义乌、莲都两地人民政府主办、两地文旅局共同承办的2021年义乌—莲都“山海协作”文化旅游节在义乌市启动。启动仪式上，义乌、莲都两地文旅局、工会、旅游协会、旅游企业签订战略合作协议，义乌、莲都两地就各自文化旅游资源分别作了推介。此次文化旅游节主要包括“山海协作”文旅成果展、文化主题酒店论坛、义乌—莲都（商都莲都）美食节、莲都农副产品推介会、书画古玩艺术品展销会、“最具商都莲都特色城乡风光”摄影展、两地文化旅游交流等内容，旨在进一步深化两地合作交流，加强文化和旅游产业融合发展，提升两地文旅品牌的美誉度、知名度，促进两地文旅事业共同繁荣发展。义乌—莲都“山海协作”文化旅游节活动持续至10月15日。（金舒晨）

【“义乌新地标·网红打卡地”百万市民推选活动】 2021年8月24日，由市文旅局主办，市融媒体中心承办的“义乌新地标·网红打卡地”百万市民推选活动正式对外征集报名信息，向社会征集市民眼中关于吃在义乌（街区）、吃在义乌（美食）、玩在义乌（美景）、住在义乌（美宿）、购在义乌（购物）5个方面的网红打卡地。活动共收到201个点位推荐，最终推选出吃在义乌（街区）点位5个，吃在义乌（美食）点位10个，玩在义乌（美景）点位15个，住在义乌（美宿）点位10个，购在义乌（购物）点位5个。

（季心怡）

【中国旅游景区高质量发展对接会】 2021年9月24日，由中国旅游景

区协会举办的中国旅游景区协会义乌招商资源对接会在义乌海洋酒店举办。此届景区高质量发展资源对接会以第16届中国义乌文化和旅游产品交易博览会召开为契机，致力于推进文旅市场融合、产业融合、技术融合，旨在打破地域局限，让资本和资源面对面沟通、精准对接，为全国景区和文旅企业搭建交流与合作平台。会议由中国旅游景区协会秘书长霍建军主持，文化和旅游部资源开发司、浙江省文化和旅游厅、中国旅游景区协会相关领导出席会议并致辞讲话，义乌市人民政府副市长骆小俊在会上作义乌市经济文化和旅游的发展推介报告。来自全国260家景区单位负责人和代表参加会议。大会精选优质景区介绍发展经验，组织会员间洽谈交流，设置旅播大会活动发布等环节，为与会嘉宾提供了更多学习交流、深入对接洽谈的机会，帮助实现项目落地。其间，与会代表参加第16届中国义乌文化和旅游产品交易博览会及开幕式，到义乌中国小商品城和横店影视城进行考察学习。（金舒晨）

旅游行业管理

【概况】 2021年，义乌市文旅局致力构建全域旅游发展新格局，成立"一办七小组"旅游专班，召开专班会议统筹全市旅游发展；修编《关于促进义乌市旅游业高质量发展的若干意见》，指导开展省级等级民宿、文化主题民宿创建工作，举办2021义乌市旅游饭店服务技能大赛。打造百县千碗旅游金名片，成功创建2家省级百县千碗特色美食体验店。中国旅游协会举办的2021中国特色旅游商品大赛上，义乌选送的3个产品从8万余件推选产品中脱颖而出荣获金奖，金奖数居全省县级市第一，成功创建浙江省全域旅游示范市。2021年，义乌市共有旅行社23家，其中，具有出境资质的旅行社6家，四星级旅行社7家。（季心怡）

2021年9月25日，第16届中国义乌文化和旅游产品交易会现场

（市文旅局供图 摄）

【绿色旅游饭店创建】 义乌市注重绿色环保建设，响应国家关于节能减排的号召，明确创建绿色旅游饭店目标，建立健全有关节能、环保和降耗的规章制度，采用一系列环保、节能、减排的科学方法，有效降低能耗和废弃物排量。2020年12月15日，浙江省旅游饭店星级评定委员会下发《关于批准杭州花家山庄等27家饭店为绿色饭店的批复》，义乌市日信国际大酒店有限公司日信开元分公司被评为"银树叶级绿色饭店"。至2021年年底，义乌市共有金树叶级绿色饭店3家，银树叶级绿色饭店9家。（季心怡）

【义乌导游(讲解员)获评金华市优秀】 2021年6月18日，由金华市文广旅游局主办，各县(市、区)文广旅体局协办，义乌市导游协会承办的2021金华市导游(讲解员)技能大赛在金华开赛，来自金华市9个县(市)的导游(讲解员)计30余人参赛，义乌市3名选手参加大赛。经比赛，义乌商都国际旅行社王旭屿获"优秀导游员"称号，义乌市国际商贸城购物旅游区杨晶晶获"优秀讲解员"称号、王璐获"金牌讲解员"称号。义乌市文旅局获"优秀组织奖"。（季心怡）

【2021年义乌市旅游饭店服务技能大赛】 2021年10月15日，由市文旅局主办，市风景旅游协会承办的2021年义乌市旅游饭店服务技能大赛在义乌三鼎开元名都大酒店开赛。来自全市12家旅游饭店、院校代表队的53名选手参加比赛。大赛分为中式铺床及客衣服务、中餐宴会摆台、西餐宴会摆台和大堂茶水台服务设计4个项目。分类竞技中，选手们激烈比拼，争相献技，全面展现了义乌市旅游饭店从业人员爱岗敬业的精神风貌和娴熟精湛的服务技能。促进了行业内部服务技能的交流和学习，提升了员工的服务意识和饭店的服务水平。经角逐，24名选手脱颖而出，分获比赛项目的一、二、三等奖。评选出团体奖6项，组织奖1项。（季心怡）

【获省旅游饭店服务技能大赛佳绩】 2021年11月24—26日，由浙江省文化和旅游厅主办、浙江省饭店业协会承办的2021年浙江省旅游饭店服务技能大赛在杭州举办。来自全省11个地区12支代表队，各地61家饭店代表队，259名选手参加比赛。大赛分个人赛、团体赛和表演赛，其中个人赛有“迎亚运”特色服务设计、中餐宴会摆台、“迎亚运”主题宴会设计、中式铺床及客衣服务4个项目。创新推出“迎亚运”特色服务设计、“迎亚运”主题宴会设计等比赛项目。义乌市派出5支代表队20人参赛。经角逐，义乌银都华悦酒店朱晓倩获中餐宴会摆台项目三等奖，义乌三鼎开元名都大酒店刘鑫获中式铺床及客衣服务项目三等奖。（季心怡）

【旅游用车专项检查】 为进一步做好旅行社安全用车工作，加强旅游市场安全生产管理。2021年12月2—3日，市文旅局联合市交通局对义乌旅行社用车情况开展专项督查。督查以台账查阅和现场检查两种方式进行。检查组走访11家旅行社和1家旅游用车公司，对属地旅行社、客运企业的包车合同、派车手续、车辆和驾驶员资质等台账进行核查，对用车公司的旅游车辆进行现场检查。从督查情况看，义乌市旅行社和客运企业经营规范，团档资料齐备。但在检查现场也发现个别旅行社的团队与车辆匹配信息台账不够完整、使用私家车接送客人等问题。检查组和属地交通执法针对问题车辆和人员，进行了现场教育和整改。（陈金春）

【4家旅行社入围浙江省百强旅行社】 2020年12月16日，浙江省旅行社协会下文公布《2020年度浙江省百强旅行社和2020年度浙江省融合创新旅行社获奖单位名单》，义乌市恒风国际旅游有限公司、义乌市华夏国际旅游有限公司、义乌顺风国际旅游股份有限公司、浙江金秋国际旅游有限公司4家旅行社获“浙江省百强旅行社”称号，义乌顺风国际旅游股份有限公司获评“融合创新旅行社”称号。（季心怡）

【浙江省美食体验（示范）店创建】 2021年12月17日，浙江省文化和旅游厅、浙江省商务厅联合下文公布《第三批“诗画浙江·百县千碗”美食体验（示范）店名单》，义乌市新增义乌大酒店、义乌宗江大酒店2家省级美食体验（示范）店。义乌大酒店是一家四星级豪华酒店，设计独特新颖，内部装饰高雅，具有义乌传统文化特色，酒店自开业以来先后荣获中华餐饮名店、国家银树叶级绿色饭店、浙江省银鼎级特色文化主题饭店、“义乌十碗”体验店、义乌市文明单位等荣誉。义乌宗江大酒店创办于2007年10月18日，是中华餐饮名店，义乌十大宴席名店，义乌传统地方美食名店、“义乌十碗”体验店。（季心怡）

城乡建设与管理

综　述

【城市基础设施建设】 2021年，义乌市建成区面积1.11万公顷，建成区绿地面积4255.49公顷，绿地率38.30%。建成区绿化覆盖面积4677.73公顷，绿化覆盖率42.10%，人均公园绿地面积12.03平方米。全年新增竣工道路15.67千米，其中，新增车行道面积25.57万平方米，人行道面积10.88万平方米。新增雨水管道24.99米，污水管道18.49千米。主城区新增停车位525个。新建天然气中压管道48.4千米，新增天然气开通2万户。全年，市建设局会同城投集团、水务集团实施重点工程17项，其中，续建11项，前期6项。一般工程59项，其中，新建26项，续建8项，前期25项。建设工程计划投资26.4亿元，实际投资28.51亿元（不含绿化）。

【城市路网建设】 2021年，义乌市推进快速路网建设，提升城市交通格局。机场路立交化改造工程三阶段、商城大道立交化改造工程完成总工程量的50%，商城大道隧道主体工程、县前街南延段工程主体结构、老城区更新改造地下环路配套工程主体结构完成。完善城市道路设施，完成四海大道与富港花园、宾王路与江滨路、商博路与清波路、城北路与城中北路等交叉口改造工程，以及福田市场二区、三区连接口，丹溪路桥上过街封闭改造工程，西城路、西站大道维修改造工程。

【桥隧风险普查】 2021年，市建设局开展路面塌陷、内涝防治、城市桥隧专项安全风险检查及重点区域脱空检测，对四海大道、戚继光路、贝村路路等100条道路路段进行三轮道路脱空检测。完成管辖范围内143座城市桥梁风险普查。强化全市排水系统日常运维，并进行隐患排查，义乌排涝经验在全省城市内涝治理暨配电设施防涝能力提升工作部署会上交流分享。

【未来社区建设】 2021年6月8日，省发展和改革委员会、省住房和城乡建设厅下发《关于公布2021年未来社区创建名单的通知》，义乌宾王社区、鸡鸣山社区获批浙江省第三批未来社区试点。12月16日，省城乡风貌整治提升（未来社区未来乡村建设）工作专班办公室下文《关于公布2021年未来社区创建名单的通知》，义乌丹溪社区、永祥社区获批浙江省第四批未来社区试点项目。至年底，义乌市共有省级未来社区试点5个，其中：下车门社区未来社区展示中心对外开放；宾王社区完成驾驶舱优化，上线所有应用22项，社区管家上架“浙里办”改造，清廉钉办完成11项数据对接；鸡鸣山未来社区形成邻里、教育、健康、创业、交通、服务、治理七大场景，78项数字化应用上线，未来社区服务端全省首个上线“浙里办”，获批全省未来社区场景运营“最佳实践”优秀案例。

【"绿道健走大赛"暨"绿道健身月"活动】 2021年6月20日，由省住房和城乡建设厅、省文化和旅游厅、省卫生健康委员会、省体育局、省总工会、浙江日报报业集团、义乌市人民政府共同主办，义乌市建设局、义乌市融媒体中心承办的浙江省第三届"绿道健走大赛"暨"绿道健身月"在义乌植物园启动。活动以"庆祝建党百年共享绿色家园"为主题，结合庆祝建党百年及红色文化元素，进一步营造绿道共建共享氛围，提升公众健康意识。绿道健走大赛全程3千米，以方阵的形式进行，共设9个方阵。活动全程设置"学习百年党史，汲取奋进力量""1921中国共产党成立""1949中华人民共和国成立""1978改革开放""不忘初心，牢记使命""2021中国共产党成立100周年"6个红色互动打卡点，参赛者完成3个以上打卡，即可在终点处领取纪念礼品1份。同时，大赛沿途设置党史知识及义乌红色路线、绿道等内容，终点处设立"留言墙"，参赛者可以写下对祖国和党的祝福，参与线下党史答题游戏，答对即可获得礼品1份。

【省级节水型城市创建】 2021年8月17日，省住房和城乡建设厅下发《关于公布义乌市为"浙江省节水型城市"的通知》，义乌市被认定为"浙江省节水型城市"。自2020年12月起，义乌市全面推进省级节水型城市创建，下发《义乌市人民政府办公室关于印发义乌市创建国家节水型城市实施方案的通知》，从目标设定、规划制定、科学统筹、考核方案等方面，全面推进省级节水型城市创建。成立义乌市创建国家节水型城市工作领导小组，对创建工作狠抓落实。至2021年年底，义乌市有22家企业、33家单位、47个居民小区被评为"省级节水型载体"，9家单位被评为"浙江省节水标杆单位"。

【"义乌市城市内涝监测预警系统"上线】 2021年8月，为最大限度减少强降雨天气下人员伤亡和财产损失，提升全市内涝防御治理能力，义乌市开发建设城市内涝监测预警系统。系统谋划天气预报预警、模型预测预警、监测感知设备报警、智能雨水井盖自动化排水、预警自动派发多跨部门协同处置、历史积涝事件复盘等场景建设，实现内涝风险智能预警和闭环处置，有效提升内涝风险防范水平和处置效率。11月18日，"义乌市城市内涝监测预警系统"与省平台数据对接，实现系统应用上线，为省建设系统应用场景第一批试点项目。

（郭亚丽　牟　蕾）

城乡规划

【概　况】 2021年，市自然资源和规划局在省自然资源厅的统一部署下，完成生态保护红线调整建议方案并上报自然资源部，完成义乌市近期（过渡期）城镇开发边界划定方案（2021年调整版）。按照义乌市工作部署，完成赤岸镇总体城市设计和近期实施规划、大陈镇总体城市设计和近期实施规划、江东—佛堂郊野公园概念性规划方案和义乌市湿地公园概念性规划研究。有序推进各重点地块开发建设，组织编制江东拓展区、秦塘、孝子祠区块、秦塘枢纽站区块、义乌新CBD等地块城市设计。5月，经争取，省自然资源厅预分解下达给义乌市至2035年新增建设用地指标1933.33公顷。配合土地征收和出让工作，完成36个成片开发地块控规方案修编和报批，出具规划条件402宗，占金华市的40%。办理规划说明750宗，建设用地规划许可证222件，建设工程规划许可证2047件，规划核实619件。完成《义乌市控制性详细规划局部调整操作流程（试行）》《规划项目科室联审制度》的制定和下发。全年共完成配套停车位建设1万个，超额完成2000个配套停车位年度任务。

（王　劼）

【义乌市城市规划设计研究院有限公司浦江分院挂牌成立】 2021年4月1日，义乌市城市规划设计研究院有限公司浦江分院在浦江县规划设计有限公司挂牌成立。从2019年起，义乌市城市规划设计研究院与浦江县建设集团有限公司建立合作关系，2020年正式签署《战略合作框架协议》，共同谋划成立义乌规划院浦江分院。浦江分院的挂牌，义乌市城市规划设计研究院转企

改制工作全面完成，成为全省率先完成转企改制的甲级地方规划院。（冯建民）

【“三区三线”试点试划】 2021年6月，市自然资源和规划局贯彻《中共中央国务院关于建立国土空间规划体系并监督实施的若干意见》精神，开展“三区三线”（三区：农业空间、生态空间、城镇空间；三线：永久基本农田保护红线、生态保护红线、城镇开发边界）全国试点划定工作。8月，按照自然资源部下达规则，完成第一轮“三区三线”、第二轮“三区三线”试点划定工作。9月25日和10月28日，国家自然资源督察广州局局长叶明权一行、自然资源部副部长庄少勤一行先后到义乌调研“三区三线”试点划定工作，听取义乌市国土空间总体规划方案、“三区三线”二轮试划工作情况及空间类专项规划衔接情况汇报，利用“一张图”系统对各类专项规划矛盾冲突情况及协调情况进行介绍和演示。义乌市的国土空间总体规划方案、“三区三线”规划方案获自然资源部领导高度肯定。11月，按照自然资源部统一部署和技术规程要求，完成2020年度国土空间规划的城市体检评估工作。（王　勍）

【《“多规合一”村庄规划》】 2021年11月9日，义乌市召开规划集体会审会议，会上，《赤岸镇三角毛店村“多规合一”村庄规划》得到与会领导和专家充分肯定。2020年1月，《义乌市农村有机更新实施办法（试行）》（简称《实施办法》）出台，市自然资源和规划局组织相关科室和专家深入农村调研，通过了解村民意愿、村庄现状以及土地资源等情况，总结探索制定既符合《实施办法》，又能因村制宜、以村民为中心的村庄规划。赤岸镇三角毛店村由三角毛店、胡陈、石牛栏、深塘4个自然村组成，位于赤岸镇中部，北接义武公路，南连枫赤线，是赤岸镇规模、区位都比较重要的中心村。此次规划对三角毛店土地资源进行盘活，将三角毛店村庄现状人均建设用地126平方米核减为100平方米，结合村庄北侧国有土地，总计盘活存量建设用地5万平方米，建成集居住、商业、养老服务、区域公共配套于一体的毛店片服务核心；在整治修建老街的同时，对现状文保建筑及历史建筑进行活化利用，以“浙派民居”风格引导村庄新建和改造。《赤岸镇三角毛店村“多规合一”村庄规划》由浙江汉宇设计有限公司编制。（冯建民）

城市投资建设

【概况】 2021年，义乌市城市投资建设集团有限公司（简称“城投集团”）承担工程226项，其中，重点工程83项，一般性项目143项。计划完成投资50亿元，实际完成51亿元。安装文明创建公益广告画面2500余杆，发布美丽乡村氛围宣传画面300余组，中国共产党成立100周年宣传画面560余组。春节期间悬挂灯笼1150组，国庆期间悬挂国旗2816面。年内，城北路延伸（紫金南路—通宝路）市政工程一标获评浙江省建设工程“钱江杯”、金华市建设工程“双龙杯”、义乌市市政工程“商城杯”，城北路延伸（紫金南路－通宝路）市政工程二标、三标获评浙江省市政工程金奖、金华市建设工程“双龙杯”、义乌市市政工程“商城杯”，稠江公园获评浙江省风景园林协会金奖、金华市建设工程“双龙杯”、义乌市市政工程“商城杯”。

【公共出行】 2021年，义乌市新增国贸丹溪、新科停车场充电站2个，全市共有充电车位16个。新增国贸新科路、植物园正大门、北苑地下文化广场、江东卫生院停车场4个及金融商务区东区、学院路区块道路停车场2个，全市累计有停车泊位982个。完成江东卫生院、香山路、新科路、植物园正大门、北苑地下文化广场、东方、经发大道、伊美望族8个停车场自助扫码设备安装。完成341个自行车站点支付宝扫码租车改造，全年累计借车83万人次，公共自行车使用量2000余万人次。

【公安局警体训练、警犬基地新建工程竣工】 2021年2月7日，公安局警体训练、警犬基地新建工程竣工。工程投资1.31亿元，位于北苑街道莲塘小区附近，建筑面积3.37万平方米。主要建设综合楼、宿舍楼、食堂、运动馆、标准犬舍、隔离犬舍、室外操场、篮球场等。2018年6月27日开工建设。项目设计单位为浙江翰城建筑设计有限公司，监理单位为义乌市建安建设工程监理有限公司，施工单位为浙江环宇建设集团有限公司。

【梅湖体育中心省运会场馆改造项目完成】 2021年6月21日，义乌梅湖体育中心省运会场馆改造项目完成。项目投资713万元，改造面积1.1万平方米。主要对场馆内赛事灯光、运动地板、显示屏、球员休息室及新闻发布厅等服务用房进行装饰装修。提升改造“一场两馆”整体环境，助力浙江省第17届运动会在义乌的赛事。

【北方联小学新建工程竣工】 2021年6月25日，义乌市北方联小学新建工程竣工。工程投资2.36亿元，建设班级42个，位于稠州北路与化工路交叉口南侧，建筑面积5.4万平方米。主要建设教学楼、综合楼、食堂风雨操场、地下车库、配套辅助用房、跑道及球场等。2019年2月28日开工建设。项目设计单位为浙江省建筑设计研究院，监理单位为浙江双圆工程监理咨询有限公司，施工单位为浙江土木建设有限公司。

【义乌市警察主题公园投用】 2021年7月5日，义乌市警察主题公园建成投用。公园投资340万元，位于环城南路与篁园路交叉口东北角，毗邻江东派出所，占地面积4100平方米。内设主要环线、次要游线、登山线3条参观道路，串联政治建警、从严治警、改革强警、科技兴警四大区块，为金华地区首个警察主题公园。公园内设有各项警务特色人物群雕，义乌公安沿革展小区、“枫桥式公安派出所”创建情况展示区。2020年8月25日开工建设。此公园设计单位为浙江天地环境建设有限公司，监理单位为浙江工正工程管理有限公司，施工单位为浙江伟达园林工程有限公司。

【机场路过江隧道工程】 2021年8月2日，机场路三阶段三标段过江隧道南半幅主题结构完工。机场路过江隧道为义乌市首条过江隧道，投资6.84亿元，北起江滨中路，南至南山路，全长1.8千米。建设工程主要为道路、义乌江桥、过江隧道、高架、管廊及建设管理用房，其中鸡鸣山段设双向进出口接出地面。机场路过江隧道工程于2020年2月20日开工建设。项目设计单位为上海市政工程设计研究总院集团有限公司，监理单位为上海建科工程咨询有限公司，施工单位为中铁五局集团有限公司。

【湖塘小学新建工程竣工】 2021年9月26日，湖塘小学新建工程竣工。工程投资9000万元，建设班级24个，位于福田街道草塘沿路南侧、工人北路西侧。主要建设教学楼、综合楼、报告厅、食堂体育馆、200米环形塑胶跑道、地下恒温游泳馆、地下停车场等配套设施。2019年6月3日开工建设。项目设计单位为浙江公和建筑工程设计有限公司，监理单位为义乌市建设工程监理有限公司，施工单位为浙江广辉建设有限公司。

【美丽乡村精品线项目建设】 2021年11月，南江（南王店—佛堂大道段）美丽城防工程完工。总投资750万元，南江流域堤防建设和景观提档实现新突破。年内，“千年古镇”“画里南江”2条精品线完成1亿元以上项目招引，项目总签约8.3亿元。云黄山驿站引进“鸡毛换糖”餐饮品牌，梅林游客服务中心引进“画里南江 · 韵和书院 · 梅林耕读”文化园，设立研学实践教育基地。

（陈佳瑶）

新社区投资建设

【概况】 2021年，义乌市建设投资集团有限公司（简称“建投集团”）承担建设项目34个，房建项目31个，其中，有机更新项目9个，新社区集聚项目17个，房地产开发及代建项目5个，总建筑面积669.04万平方米，总住宅套数3.37万套。至2021年年底，建投集团累计建设住宅4.44万套，建筑面积1000余万平方米。以数字化改革为契机，开启集团房地产综合开发、工程全过程咨询、供应链贸易、资产经营（物业管理）、建设工程施工五大板块市场化转型发展，全年，完成有效投资60亿元，完成年度指标的120%。2021年，建投集团资产总额403.49亿元，完成营业收入78.29亿元，净利润4.79亿元。

【卿悦府西区交付】 2021年6月10日，城市有机更新回迁房项目卿悦府西区交付。项目位于稠城街道车站路西侧、国贸大道东侧。项目建设总投资7.72亿元，总用地面积1.19公顷，总建筑面积5.34万平方米，其中地上建筑面积3.57万平方米，地下建筑面积1.77万平方米。容积率为2.99，建筑密度为30.94%，绿地率为30%。项目由4幢22层高层建筑组成，住宅226套，机动停车位317个。项目建设单位为义乌市建设投资集团有限公司，设计单位为浙江绿城建筑设计有限公司，总建设单位为浙江稠城建筑工程有限公司，监理单位为浙江丞央建设管理有限公司。2018年9月30日开工建设，2021年5月13日竣工验收。

【望江府交付】 2021年8月18日，城市有机更新回迁房项目望江府交付。项目位于稠城街道，东接规划路，南邻江滨路，西至县前街，北靠桥西街。项目建设总投资15.86亿元，总用地面积2.51公顷，总建筑面积10.39万平方米，其中地上建筑面积6.64万平方米，地下建筑面积3.75万平方米。容积率为2.58，建筑密度为28.99%，绿地率为30%。项目由8幢14～16层高层住宅和配套商业服务用房组成，设计住宅套数为354套，机动停车位830个。项目建设单位为义乌市建设投资集团有限公司，设计单位为浙江绿城建筑设计有限公司，总建设单位为天津天一建设集团有限公司，监理单位为浙江工正工程管理有限公司。2018年11月28日开工建设，2021年7月23日竣工验收。

2021年8月18日，城市有机更新回迁房项目望江府交付

（建投集团　供图）

【文华府交付】 2021年12月9日，城市有机更新回迁房项目文华府交付。项目位于北苑街道机场路与国贸大道交叉口，东临城东河，南靠新马路，西接规划路，北至机场路。项目建设总投资9.88亿元，总用地面积2.1公顷，总建筑面积7.4万平方米，其中地上建筑面积4.8万平方米，地下建筑面积2.6万平方米。容积率为2.29，建筑密度为26.47%，绿地率为30%。项目由7幢16～17层高层住宅和配套商业服务用房组成，设计住宅套数为314套，机动停车位560个。项目建设单位为义乌市建设投资集团有限公司，设计单位为浙江绿城建筑设计有限公司，总建设单位为浙江荣呈建设集团有限公司，监理单位为浙江南方工程咨询管理有限公司。2019年8月28日开工建设，2021年11月12日竣工验收。

（刘羽生）

市政工程建设

【概况】 2021年，市建设局市政设施处（简称“市政处”）接管道路291千米，总面积1296万平方米（不包括由规划红线扩大至房屋立面部分、环城路拟移交部分）。雨水管道750千米，雨水井4.7万座，桥梁162座，泵站6座。完成西城路（大通路—高速入口起坡点、稠州路—丹溪路）维修工程，西站大道（雪峰路—经发大道）维修工程，道路隔离设施提升改造工程，2021年，完成交通治堵维修工程，2020年宾王大桥、篁园大桥更换吊杆等维修工程9个。年内，市政处被评为“金华市生态文明建设突出集体”。（楼俊超）

【市政园林养护】 2021年，城投集团推进市政园林养护工作。5月7日，中标城西区块市政设施零星养护工程。7月1日，建成全市首个数字养护平台，实现市政设施“一张图”管理，信访投诉量同比下降83%。年内，城投集团承接全市市政园林养护业务1207万平方米，新建江滨麦冬种植基地和城北标准化苗圃。建成四季路（环城西路—富港大道）综合养护示范区，试点开展含砂雾封层等新型工艺施工，打造高质量养护标杆。

（陈佳瑶）

【西站大道（雪峰路—经发大道）维修工程】 2021年9月3日，西站大道（雪峰路—经发大道）维修工程开工建设，12月底竣工。工程对西站大道主辅双向车道严重龟裂、裂缝、坑洞、坑槽、沉陷等情况进行处理，对西站大道与伏龙山、西站大道与宝港路、西站大道与富港大道交叉路口主辅分隔带开口方向进行改造，削减部分侧分带增加右转车道，改善拥堵的状况。同时，检查全路段的水和污水排水系统，更换井盖为防盗防沉降球墨铸铁井盖。重新铺筑新的路面结构层，对维修路段重新进行标线施划。

（楼俊超）

城建工程招投标管理

【概况】 2021年，市建设局完成市级工程建设项目招标备案477个，预算造价259.68亿元，中标价220.3亿元，平均让利率15.17%。完成镇（街道）工程招投标项目备案448个，预算造价31.84亿元，中标价27.59亿元，平均让利率13.36%。深入调研，创新优化招投标办法，会同相关单位编制下发《关于进一步规范工程建设项目招标投标工作的通知》。

【投标价格恶性竞争遏制】 2021年，为防范投标价格过度竞争，市建设局改革工程招投标现场评分法评标基准值计算方法，形成第二种基准值计算方法。6月起，以市政协提案为切入口，率先在园林绿化项目进行现场评分法改革，实施现场随机二选一方式，确定评标基准值。9月下旬，评标基准值二选一方法向全市所有房屋建筑工程和市政工程建设项目推广。12月，根据省住房和城乡建设厅下发的施工招标文件示范文本，结合义乌市实际，市建设局制定省招标文件的“义乌模板”，包括“义乌市房屋建筑与市政基础设施施工招标文件示范文本（省模板2021版）专家评审法”和“义乌市房屋建筑与市政基础设施施工招标文件示范文本（省模板2021版）现场评分法”两个文本。现场评分法适用于预算造价3000万元以下结构简单、无特殊要求的项目，由招标人组建资格审查小组开展审查工作。预算造价3000万元以上的项目采用专家评审法，招标人和专家组建评标委员会开展评标工作。完善和规范招投标方式方法，进一步遏制投标价格的恶性竞争，确保建设工程实体质量。

【招投标办法改革】 2021年6月29日，市建设局会同市公共资源交易管理委员会编发《关于进一步规范工程建设项目招标投标工作的通知》，对工程项目招投标作出明确规定。调整园林绿化项目评标办法，设置投标业绩门槛，排除恶意低价竞争企业；研究改变现场评分法中评标基准值的计算方法，采用开标现场随机抽取评标基准值计算方法；创新定标方式，探索“推—评—定”招标模式，深化评定分离“优中选优、低中选优”原则；减少定标环节的事前人为操作可能，降低廉政风险。至年底，园林绿化项目（包括绿化养护项目）全部设置业绩门槛作为投标条件。（杜京霏）

城市有机更新

【概况】 2021年，市建设局进一步实施全市第二轮920公顷面积的城市有机更新。配合镇（街道）完成5个零星区块352户的收购。推进回迁房交付工作，完成卿悦府西区、望江府、文华府共1001套房屋交付及车位分配定位工作。实施老旧小区改造，加快加装电梯试点。全年兑现国有土地上安置凭证117户，凭证面值3.11亿元，兑现4.19亿元。契税补助15户，补助126.57万元。探索新模式，在征收、收购以外创新更新改造模式，降低拆迁前期资金使用，以稠城街道胜利（二）区块为试点项目，取得成功。

【城市有机更新模式探索】 2021年，义乌市城市有机更新方式除征收、收购外，推行新的运作模式。以镇（街道）为实施主体，进行原址回迁，更新改造协议签订至区块总户数的90%以上生效。补偿方式除特殊情形外，主要以产权调换（回迁安置）为主。2月，对以水平套房为主的胜利（二）区块开展更新改造模式试点工作。2月2日，由稠城街道公布胜利（二）区块老小区改造红线范围。同月5日，发布胜利（二）区块老小区改造实施方案（征求意见稿）。4月23日，胜利（二）区块更新改造产权调换签约顺序号抽签。同月25日，胜利（二）区块启动签约。5月5日，胜利（二）区块更新改造产权调换签约达90%，协议生效。胜利（二）区块更新改造涉及1134户，拆除旧房建筑面积11.59万平方米，腾出土地8.7公顷。此新模式的运行，优势在于降低前期资金使用，保障更新改造的顺利进行。

【零星区块收购】 2021年，市建设局配合各镇（街道）完成零星区块的收购工作。2月7日，完成北苑街道柳青工业区块126户的收购。3月30日，完成廿三里街道公交南站地块区块18户的收购。4月29日，完成赤岸镇双峰路北侧南侧地块区块72户的收购。12月25日，完成稠江街道儿童医院区块4户的收购。同月30日，完成义亭镇老火车站区块132户的收购。

【回迁房交付】 2021年6月，市建设局完成交付卿悦府西区住房226套，商铺16个。8月，完成交付望江府住房354套，商铺59个。12月，完成交付文华府住房314套、商铺32个。

（庞　涛）

执法监管

【概况】 2021年，市综合行政执法局办结一般程序案件1.26万件，简易程序案件11.42万件，罚款6239.7万元，保持行政复议零撤销、行政诉讼零败诉、行政争议零上访的“三零”成绩，行政争议化解相关做法在金华推广。全年通过商城e管家交办事项14.2万个，完成整改13.6万个。免疫犬只3.5万只。施划停车泊位5980余个，查处人行道违停17.74万起。采集共享单车电子围栏泊位2.4万个，共享单车减量1万辆，更新升级2.3万辆。拆除整改各类广告6495块2.9万平方米。核准63家运输企业2151辆清运车，办理许可2073件，整治乱倾倒点566处。

【城镇燃气安全专项整治】 2021年，市综合行政执法局出动2.2万余人次检查燃气经营和使用情况，检查燃气经营企业和站点、重点用户及管道燃气设施2万余家次，查扣燃气钢瓶881只，整改问题1000余个，办理燃气类违法案件313起，罚款89.2万元。

【油烟噪声专项执法】 2021年5—12月，完成400家重点监管餐饮企业油烟实时监测设备安装，在北苑街道进行餐饮油烟“三规范”（规范安装、规范使用、规范维护）管理试点工作，完成1100余家餐饮企业油烟净化器安装。6—7月，开展2021年中高考“静音护考”暨校园周边市容环境专项整治，全方位保障高考环境。至年底，查处噪声污染类案件402起，处罚70.86万元；办理油烟超标排放案件8起，罚款4万元。

【“大综合一体化”行政执法】 2021年，市综合行政执法局牵头推进义乌市“大综合一体化”行政执法改革，开展“一支队伍管执法”。6月，义乌市作为省“监管一件事”试点地区，在建筑垃圾监管、广告监管、犬类管理等领域开展综合监管，推进“三不管”“多头管”问题解决。9月，成立“大综合一体化”行政执法改革专班，设在市综合行政执法局，负责全面统筹推进改革工

2021年10月15日—12月31日，市综合行政执法局开展工业企业违法建筑专项整治。图为整治现场 （市综合行政执法局 供图）

作。同月，改革专班印发《义乌市“大综合一体化”行政执法改革行动计划（2021—2022年）》，清单式推进改革。11月，经金华市编委会批复，在市综合行政执法局增挂市综合行政执法指导办公室牌子，强化“大综合一体化”行政执法改革的统筹协调和组织实施。12月，完成《浙江省新增综合行政执法事项统一目录（2021年）》划转工作，将15个方面184项行政处罚事项划转给市综合行政执法局行使，更大范围推进跨领域跨部门综合执法。

【“双减”教育执法】 2021年9月8日，根据上级关于“双减”文件精神及相关职能，市综合执法局制定下发《关于开展校外培训机构专项执法行动的方案》，明确整治目标，细化工作任务，会同相关单位开展“双减”执法检查工作。至年底，共开展联合检查168次，排查各类培训机构1435家次，办理案件9起，罚款15.88万元，拆除各类教育培训广告206块。

【工业企业违建整治】 2021年10月15日，市综合行政执法局在前期小微企业影响生产及消防安全违法建筑专项整治基础上，开展工业企业违法建筑专项整治，加强违法建筑分类处置工作。至12月31日，共排查工业企业2529家，拆除违法建筑221处5.71万平方米，督促补办临时建筑许可284处。

（陈尚真）

市容环卫

【概况】 2021年，环境集团有限公司承担城市道路保洁面积增至2986.71万平方米，管辖转运站48座、城区公厕114座，清运处理生活垃圾77.1万吨。环卫体制改革之后，市综合行政执法局环卫处承担全市环卫作业质量监管、环卫设施监管、城镇生活垃圾分类和处置监管职责。年内，对环境集团清扫保洁作业、废弃物捡拾、公厕转运站管理、垃圾分类、生活垃圾处置等进行环卫作业质量监管考核，结合每月镇（街道）考核，对全市公厕、转运站、道路保洁情况等

义乌市中央公园1号公厕

（市综合行政执法局供图 2021年8月1日摄）

进行检查。全年完成城镇公厕“五化”改造65座，在金华市城市公共厕所服务大提升考评中获得优秀。

【垃圾分类推进】 2021年，义乌市新增“两定四分”3.0版垃圾投放点92个，改造提升103个，累计建成投运城镇点位1445个，实现垃圾分类全覆盖。聚焦问题短板，推动宗地企业垃圾分类提质升效1487家。完成创建省级垃圾分类示范街道1个、省级垃圾分类示范小区18个。分类运输与“两定四分”同步推进，新增分类运输车20辆，累计配备399辆。落实“五定管理”（定时、定点、定车、定人、定路线），全面落实分类清洁运输，对全市转运站进行撤并改建，新建转运站1座，累计新建或改造提升转运站9座。加强对垃圾分类的执法监督，全年共处罚8178例，罚款131.6万元。至年底，义乌连续获评2020年、2021年度浙江省生活垃圾分类工作优秀县（市、区）。

【义乌再生资源利用中心项目】 2021年3月15日，义乌再生资源利用中心二期工程通过市政府常务会议同意，采用PPP模式建设，总投资1.24亿元，新增处置规模每日300吨。二期项目完成后，全厂合计餐饮垃圾处理规模为每日250吨，厨余垃圾处理规模为每日250吨，地沟油处理规模为每日30吨。义乌再生资源利用中心一期于2020年9月26日建成投产。

【华川垃圾焚烧发电厂提升改造项目】 2021年，华川垃圾焚烧发电厂提升改造项目运行正常，环保排放达标，完成义乌市生活垃圾处置任务和金华市布置的应急任务。宣教中心等基础设施向公众开放，接待县市交流人员、参观学习人员55批次。4月，华川垃圾焚烧发电厂提升改造工程获中国建筑金属结构协会颁发的中国钢结构金奖；9月，获义乌市科学技术协会授予的“科普教育基地”称号。11月，浙江省生态环境厅、经济和信息化厅联合公布《浙江省第一批“无废工厂”评估结果》名单，浙江华川深能环保有限公司入选。

【义乌市建筑垃圾资源化利用中心项目】 2021年12月31日，义乌市建筑垃圾资源化利用中心生产中心楼进场开工。义乌市建筑垃圾资源化利用中心项目位于佛堂镇金义东南线北侧塘山坑地块，占地面积8.13公顷，总投资3.9亿元。项目采用全封闭、工厂化生产模式，建筑垃圾处置规模每年100万吨，装修垃圾处置规模每年30万吨。项目按照“高起点规划、高标准建设、高效能管理”目标，开创“生产、办公、生活、教育、旅游”五位一体的综合体建设发展模式，促进项目周边社区经济转型升级。项目由金华赫丰建设有限公司承建，杭州中研工程监理有限公司监理。（陈尚真）

园林绿化

【概况】 2021年，市建设局园林绿化处（简称“园林处”）有城区绿化养护标段45个，面积1164.9万平方米。续建、新建园林绿化项目30个，建设改造绿地面积61.18公顷，完成园林绿化工程投资1.54亿元。新改建街心绿地、林荫停车场53处。建成

后宅高速口庆祝中国共产党成立100周年立体造型

（赵佳依　2021年6月1日摄）

绿道22.13千米，新改扩建公园44个，完成海绵城市建设3.4千米。完成西城路、城北路、稠州路、福田路、国贸大道、涌金大道绿化景观提升，新增道路绿化面积19.5万平方米，恢复绿化面积18.3万平方米。营造市区庆祝中国共产党成立100周年环境，完成绣湖广场、幸福湖、后宅高速口等关键节点立体造型12组。年内，依据省《关于城市绿化规划建设与补偿有关事项的通知》要求，市建设局会同市自然资源和规划局、市财政局制订《关于明确绿地占用审批与补偿有关事项的实施意见》，对相关绿地政策作出规定。

（毕林娟）

【城市绿化】 2021年，义乌市新建下傅公园、北站公园2个公园，月季园3月23日开工新建，总面积4.1公顷。改造提升绣湖公园、樱花园、草暖园等6个公园。新建、改建福田路等街心绿地10处，增设避雨设施15处，健身儿童游憩场地7处。推进林荫停车场建设，建成下傅公园、东新屋村、通宝路等林荫停车场4处。开展绿道建设，完成洪巡溪绿道等绿道建设11.9千米。

（毕林娟）

【义乌植物园一期建成开放】 2021年2月9日，义乌植物园一期建成开放。投资1.5亿元。位于义乌城区北部，北靠环城北路，西接商城大道，东邻西城北路，占地面积840公顷，主要有月季园、作物园、水生植物园等园区。2020年10月20日开工建设。项目设计单位为汉嘉设计集团股份有限公司，监理单位为浙江中环建设监理有限公司、浙江华正建设项目管理有限公司，施工单位为浙江绣水园林建设有限公司、春晗环境建设股份有限公司、杭州兴业市政园林工程有限公司。

（陈佳瑶）

【园林城市创建】 2021年11月10—11日，省住房和城乡建设厅组织专家组对义乌市义亭镇、大陈镇省级园林城镇创建工作进行现场考评验收，大陈镇获评2021年“浙江省园林城镇”。12月29日，省住房和城乡建设厅公布《2021年度浙江省园林式居住区（单位）、优质综合公园、绿化美化路、街容示范街评审结果的通知》，义乌市稠江公园获“浙江省优质综合公园”称号。年内，义乌市香溪印象小区及锦都豪苑获评2021年度“金华市园林式居住区”，国网浙江义乌市供电有限公司及义乌市中医医院获评2021年度“金华市园林式单位”；通惠门小区等33个居住区获评2021年度“义乌市园林式居住区”，保联小学等43家单位获评2021年度“义乌市园林式单位”称号。

（毕林娟）

城市公用设施

【概况】 2021年，义乌市水务建设集团有限公司（简称“水务集团”）完成供水1.85亿立方米，同比增长10.56%；处理污水1.89亿立方米，同比增长2.6%；完成城市内河配水6036万立方米；运维全市污水主次管网2205千米，市政雨水管网757千米，镇（街道）社区管网1998千米，市建设局与义乌市排水有限公司累计巡查雨污水管网26.5万千米，清捞养护管网3800余千米，清理各类窨井23.6万井次，完成19座雨污水泵站养护及丹溪路、西城路雨水泵站建设工作。完成稠江、江东、北苑、福田等区块雨水管网检测，累计检测40余千米。

（龚晓文　方芸虹）

【城市供气规模】 2021年，义乌市共有天然气中压管网530千米、低压管网1301千米，管道天然气累计开通12.9万户。新建天然气中压管网54.6千米，新增管道天然气入户2.08万户。全年全市管道天然气供气总量1.23亿立方米，其中居民家庭用气量2125万立方米。全市共有液化石油气储配站4座，总储存能力430吨，全年液化石油气供气总量4.1万吨。

（龚晓文　牟　蕾）

【天然气入户】 2021年，城投集团完成69个小区、村天然气入户工作，新增入户2.15万户，累计入户18.7万户。新建改造中压管线54.6千米，累计投运高压管线5400千米、中压管线530千米、低压管线1301千米。全市销售气量1.23亿立方米，同比增长17.1%，其中居民用户用气量2125万立方米。市建设局全年检查燃气经营企业、供气站点750家次，发放整改通知书81份，督促整改安全隐患160处。组建以燃气专业技术人员为骨干的培训宣教团队，对全市镇（街道）开展天然气集中培训16场次1380余人。

（陈佳瑶　龚晓文）

【供电保障】 2021年，国网浙江义乌市供电公司（简称“义乌供电公司”）完善供电可靠性管理体系，充分发挥配网运行大数据分析系统建设成果，开展不停电作业3363次。停电时户数同比下降36.34%，户均停电时长0.98小时。完成电能替代项目74个，替代电量2.4亿千瓦时。加快电动汽车充电设施布局，在2020年12座充电站的基础上，新建充电站23座，充电枪397把，完成售电量2735.5万千瓦时，服务车辆148.34万次，日售电量最高时逾10万千瓦时。光伏业务7月底启动，至年底，完成分布式光伏项目投建25个，总装机容量20兆瓦。全年推广智能交费，累计线上交费287.04万笔，线上交费率达96.07%。2021年，义乌全社会用电量123.44亿千瓦时，农业用电量2715.51万千瓦时，工业用电量69.95亿千瓦时，服务业用电量29.02亿千瓦时，城乡居民生活用电量19.75亿千瓦时。

（庞　芸）

【供水保障】 2021年2月，水务集团完成杨梅岗向江东水厂反向供水调试，城区两大水厂双水源保障体系正式建成。5月，稠佛泵站投入运行，实现对五洲大道沿线、义亭镇姑母塘区块补充性供水，保障城西区域供水安全。6月，义中泵站建成投用，保障义中、党校、孔村等区域用水。

（方芸虹）

【瓶装液化气联合执法】 2021年，市建设局联合市综合行政执法局、市公安局、市交通局等部门开展瓶装液化气无证经营、非法经营专项整治行动，重点打击非法跨区域运输、无证经营、非法充装等危害公共安全行为。3月29日、4月9日、4月30日，分别查处3起跨区域非法运输、储存瓶装燃气案件，查扣非法运输车辆5辆，气瓶256个，治安拘留1人。

（龚晓文　牟　蕾）

【污水厂建设与清洁排放改造】 2021年3月30日，佛堂污水处理厂二期扩建工程通水试运行。6月20日，赤岸污水处理厂扩建工程通水试运行，新增处理能力每日3万吨，全市污水处理能力达每日57万吨。同月29日，中心污水处理厂、义亭污水处理厂、佛堂污水处理厂（二期）3座清洁排放项目通过验收，全市9座城镇污水处理厂全部执行浙江省地方标准（DB33/2169-2018），较省定时间提前一年半完成清洁排放改造，出水达省地方标准。9月30日，义乌首座工业污水厂——武德净水厂通水试运行，主要服务高新区浙江爱旭太阳能科技有限公司和华灿光电（浙江）有限公司2家企业，接收处理企业排放的工业污水，通过双膜系统再生后，回供给企业作生产用水，实现水的循环利用。

（方芸虹）

【污水管网建设】 2021年4月10日，市建设局完成上溪岩口水库污水设施提升工程（一阶段），助力岩口水库流域水环境综合治理。4月底，建成上溪镇金傅宅及新西楼2座一体化泵站，在现有污水管基础上，加压提升管道输送流量以解决污水输送问题，实现污水管网流量净增1天5000吨。6月30日，完成佛堂污水压力总管工程污水管道建设，新建DN1000（内径1000毫米的管道）污水压力管道3千米，满足佛堂污水厂三期扩建后进水需求。11月23日，完成义亭—佛堂污水调度泵站工程建设，将主城区部分污水调往佛堂污水厂，最大限度利用佛堂污水厂二期扩建后空余容量，缓解主城区污水厂及配套管网满负荷运行压力。

（龚晓文　牟　蕾）

【首个社区（村级）电力便民服务点】 2021年6月3日，义乌首个社区（村级）电力便民服务点落户佛堂镇。服务点位于浮桥边，取名“清风驿站”，主要服务佛堂镇居民和古镇游客群体。此电力服务点的落成，“让数据多跑路，让群众少跑腿”，标志着义乌供电公司推行加快新时代乡村电气化建设，助力打造“世界小商品之都”八项举措落地。至年底，“清风驿站”服务群众500余人次。

（庞　芸）

【苏溪液化天然气应急储备站建成投运】 2021年8月，苏溪液化天然气应急储备站完成投产试运行。站点设4台150立方米立式储罐，12台每小时5000标准立方米空温式气化器，1套调压计量加臭撬，设计总气化规模为每小时3万标准立方米。此储备站投运后，全市形成南部、西部“双门站”，北部“一应急场站”的供气格局，有效提升应急调峰能力。（陈佳瑶）

【义乌、东阳天然气管线互联互通】 2021年11月1日，义乌市天然气有限公司与东阳市天然气有限公司中压管网在廿东线完成对接通气。管线始于东阳市友谊路，止于义乌廿三里街道富商路，全长1208米，设计管径外径250毫米。对接通气后，天然气可从东阳向义乌廿三里区块供气。（陈佳瑶）

【“排水运维管理示范区”创建】 2021年，围绕“打造行业标杆，争创全国运维标杆”要求，义乌市开展“排水运维管理示范区”创建工作。通过探索实践，形成符合区块发展，且行之有效、亮点突出的排水运维管理经验；创新设计施工“一条龙”模式，提升问题整改效率；强化雨水管网末端管道旁路水质净化研究，实现区域出水稳定在地类Ⅳ类水质以上；进行水平衡研究，实现以数据体现管网运行现状，达到管网运维的可视化，实现排水管网长效运维目标。至10月底，全市打造江东街道龚大塘村、稠江街道黎明社区、廿三里街道下娄村等“排水运维管理示范区”8个。11月19日，义乌市排水设施长效运维成果通过省级鉴定。（龚晓文　牟　蕾）

三改一拆

【概况】 2021年，义乌市完成连片拆397万平方米。拆除违法建筑86万平方米，完成年度任务的576%；完成拆迁类城中村88万平方米，完成年度任务的183%；改造旧住宅91万平方米，完成年度任务的165%；改造旧厂区165万平方米，完成年度任务的330%。拆后利用率96.7%。

【获评省精品道路】 2021年2月9日，省“三改一拆”办公室印发《关于公布2020年省级绿化美化精品道路及特色精品道路评选结果的通知》，义乌市望道信仰线获评“省级特色精品道路”“省级绿化美化精品道路”称号。2月18日，金华“三改一拆”办公室印发《关于公布金华市2020年市级绿化美化精品道路及特色精品道路的通知》，义乌市德胜古韵线获评“金华市级特色精品道路”称号，义乌市倍鱼线获评“金华市级绿化美化精品道路”称号。望道信仰线起于横塘村，沿七一村、义乌西站、溪干村、流里塘村、石明堂村、何斯路村，北至分水塘村，全长13.5千米。德胜古韵美丽乡村精品线路以大傅宅、曹村、李祖村、岭脚村为节点，全长1.6千米。倍鱼线南起赤岸镇神坛村、北至佛堂镇寺口村，全长8千米，是佛堂、赤岸两地人员往来的重要通道。

【“无违建”创建创先争优部署会】 2021年7月16日，市“三改一拆”办公室在行政三号楼19楼会议室召开“无违建”创建创先争优部署会，各镇（街道）分管领导，市自然资源和规划局、农业农村局、经信局、建设局等单位分管领导，市“三改一拆”办公室全体工作人员共30余人参加会议。会议全面部署“三改一拆”“无违建”创先争优工作，部署落实违法建筑再排查、农村乱占耕地建房问题整治、“大棚房”问题“回头看”等专项整治工作。至年底，摸排处置涉及安全隐患违法建筑143处，3万平方米。（王旭滢）

智慧城市建设

【概况】 2021年，义乌高质高效推进县级公共数据平台建设。依托一体化智能化公共数据平台，全面梳理数据资源，完成系统普查363个，数据编目3748条。精准对接数字化改革应用数据需求，推进105个本地信息系统数据归集。争取576类上级数据回流，融合本地归集数据，按需建成数据仓36个。定制数据接口647个，调用6.46亿次，实现人才政策智能匹配、补助事项一指办理，人均减少材料7份，为义乌数字化改革提供全领域、全周期数据服务。中国电信义乌分公司城域网投资1000余万元，城域网出口带宽1170G，IDC总出口带宽1000G，实现城市、农村光网全覆盖，具备家庭千兆接入能力。年内，义乌一体化智能化公共数据平台获县级平台典型示范，“六位一体”建设经验入选省数字化改革一本教材。一体化智能化公共数据平台义乌元素连续5次入选省数改推进会（全省唯一县市区），列2021年度综合评估全省县（市、区）第一位。

（傅铁民　蒋丹琪）

【校园“智安单位”建设】 至2021年年底，市公安局完成全市公办校园“智安单位”建设。总投资1223万元，新建、改建前端监控视频2260路，其中，人像识别监控258路、车辆抓拍监控合作共建后端应用系统594路。整合全市校园监控资源，联网校园监控6500余路，形成立体化、全覆盖、无死角城市校园防控网。

（陈国华）

【“智慧”治水试点】 2021年，义乌市作为全省5个数字化治水试点之一，科学谋划“1234”基本框架，即围绕“数字（治）五水、智慧（绘）绿水”1个理念，突出“实用性、服务型”2个特点，打造义乌数字治水总控、“智慧排水”综合管控和碧水提升行动3个平台，开展镇、村、区块、河道4个“智慧”治水试点，全力打造全程数字化治水体系。依托“智慧排水”综合管控平台，深化县域整体智治“555”模式（即提升“五水一体系”建设、深化“五项一闭环”建设、拓展“五类一平台”建设模式），坚持试点先行，推进各类“智慧单元”建设并取得初步成效。至年底，吴溪“智慧防洪”项目、江滨社区“智慧运维”运行，苏溪镇“智慧小脑”形成初步方案，李祖村“智慧村居”进入调试阶段。

（王　颖）

【自贸试验区数据集成平台】 2021年3月26日，在杭州召开的浙江自贸试验区制度创新经验决赛评选会上，义乌“自贸试验区数据集成平台”通过专家评选，成为全省第一批10个最佳制度创新案例。2020年11月，为准确判断新注册市场主体是否属于自贸区，可否享受自贸区红利，义乌市改革办、数管中心委托义乌市勘测设计研究院研发自贸试验区数据集成平台。同年同月，义乌市勘测设计研究院成立专班，调研全市各单位，清洗利用政府相关部门数据39万条，通过地址信息智能算法对市场主体工商注册地址进行自动识别匹配对比，及反馈企业地址是否在自贸区内及图上审批功能；通过整合共享市市场监管局、市税务局、市金融办等部门数据，建立信用、纳税、处罚等相关信息网，为企业精准画像，提供给相关部门科学分级分类监管，初步实现自贸试验区市场主体统一集成服务；通过叠加自贸区“4+5+4”产业规划（新型国际贸易、现代服务业、制造创新产业三大核心产业，包含13个细分行业），实现26.2平方千米产业功能布局“一张图”；通过工商注册企业经营范围等信息进行13个细分行业关键词匹配分析，自动划分自贸区内企业所属行业，实现自贸区各行各业企业数量与位置的统计和分析，形成企业服务监管“一张图”。

（冯建民）

【全国“三线一单”落地应用案例】 2021年5月13日，全国“三线一单”专题研讨班在浙江省湖州市举办，义乌市勘测设计研究院研发的“义乌市环评与排污信息管理平台”被生态环境部列为全国“三线一单”落地应用案例，为第一批入列的16个案例之一。2020年9月，金华市生态环境局义乌分局委托义乌市勘测设计研究院研发“义乌市环评与排污信息管理平台”。集成义乌市污染源普查地理数据库、“三线一单”管控方案、规划环评、饮用水源保护区、禁养区等数据，具备分类标注、信息查询、统计、缓冲分析等功能，为加强污染源监管、改善环境质量、防控环境风险、服务环境综合决策提供依据。此平台建设基于数据共享和“一张图”应用的“三线一单”数字化应用管理系统，精准高效指导项目审批服务。至2021年年底，义乌市所有建设项目均通过此管理平台进行“三线一单”等环境准入精准比对，审批效率大幅提升。累计完成建设项目审批468个。

（冯建民）

【智慧水务建设】 2021年6月22日，水务智能审批模块在“浙里办”上线，汇集公安常住人口、不动产、企业登记等数据，实现用水申请、更名过户、销户等16项业务系统全自动核验，此项工作入选省《数字化改革（工作动态）》第74期动态简报。6月，打造全省首个“智水家园”管理系统，全年建成丹溪二区、绣湖公寓、江东四小区3个智慧用水小区。9月，“智慧排水”综合管控系统中新增“智慧雨洪”板块，根据城区757千米雨水管网各重要节点设立26个在线监测点，54个雨量监测点。自动采集易积水点的历史数据，结合气象预报数据、GIS数据、SCADA监测数据等，缜密分析，提前预判，实现对城市积水点液位、降雨量、河道排口水位与流量状况的在线监测、数据采集、传输与存储，提高防涝能力。10月，完成46家第一批工业企业数字化改造，实现企业用水情况在线监测。11月，完成丹溪泵站、富港泵站等19座排水泵站数字化提升改造，由“智慧排水”综合管控系统统一分配、调度，通过线上智能巡检代替线下人工巡检，实现泵站无人值守。全年累计调度污水时长1.12万小时，跨区域调度量共936.5万吨。

（方芸虹　龚晓文）

【党政机关整体智治平台】 2021年，中国电信义乌分公司承建义乌市党政机关整体智治应用开发。此平台按照“四横四纵”基本架构，构建党政机关整体智治综合应用，通过政务网络连接各级各部门。建设、丰富和完善平台功能模块组，包括主要领域、重大任务及执行链管理、数据链管理、权限管理等模块，为实现全局“一屏掌控”、政令“一键智达”、执行“一贯到底”、服务“一网通办”、监督“一览无余”提供基础保障，推动区域治理体系和治理能力现代化。6月底，此平台完成驻点支撑。

（将丹琪）

【义乌数字孪生应用入选“省数字孪生最佳案例”】 2021年10月29日，在全省数字化改革推进会上，水务集团会同市数管中心联合揭榜攻坚的“义乌市污水泵站安全运维管理”数字孪生应用，被选为“省数字孪生最佳案例”。8月下旬，水务集团排水公司围绕作业环境安全管理需求、作业人员安全管理需求、设备运行安全管理需求、风险管控研判需求、政府部门信息掌握及监管需求五大需求，以丹溪泵站为切口，通过对作业环境、设施设备的实时检测和智能分析，实现有限空间作业管理智慧研判、智能预警、全程监管、应急联动、线上巡检、无人值守，变“被动安全”为“主动安全”。至年底，“义乌市污水泵站安全运维管理”数字孪生应用延伸至管道、池体、地埋式污水处理厂等设施的安全运维。在全市19座排水泵站、10余万座检查井和全市范围内9个重点化工企业13个污水池进行复制推广，累计进行危险有限空间作业管理80余次，有效触发安全预警3次。

（王　颖　傅铁民）

城乡新社区集聚建设

【概况】 至2021年年底，义乌市完成分房交付的一期集聚高层住宅项目有佛堂蟠龙花园、苏溪安福家园、上溪上和家园、稠江香溪印象、北苑和聚园、廿三里金麟花园、城西香溪裕园7个，可交付的二期集聚高层住宅项目有佛堂小江滩地块、福田湖塘地块、稠江古母塘地块、江东毛店一期地块、后宅镇中北侧1号地块、城西A2地块6个，建设中的三期集聚高层住宅项目有江东久府西侧地块、稠江江湾一期地块、稠江古母塘东侧地块、佛堂日信地块、佛堂王宅地块、后宅镇中北侧3号地块、廿三里集聚二期地块7个，以上20个项目集聚高层住宅3.27万套，面积407万平方米，可安置农户3.5万人，提高全市城镇化率5个百分点。安置的房屋土地性质均为国有出让，可直接交易或抵押贷款等，盘活资产显化财产价值。集聚村庄撤村并入社区，农户可享有城镇居民养老保险，实现农民市民化，推进城市化发展。采用新社区集聚模式安置，高层公寓用地面积人均58平方米，低于老村庄用地面积（人均90～100平方米）。

【"异地奔小康"工程】 2021年，义乌市各镇街(道)实施"异地奔小康"工程，全市5个镇(街道)实施"异地奔小康"集中高层安置。至年底，上溪镇、城西街道、赤岸镇、佛堂镇、大陈镇5个高层项目均完成分房工作，受益8000人。"异地奔小康"工程2021年度财政补助经费7786.7万元拨付到位，累计拨付5.9亿元。

【集聚二期高层项目】 2021年1月，集聚二期高层项目全面竣工并列入市社区建设办2021年度重点工作责任清单，制定年度重点工作推进计划。佛堂小江滩、福田湖塘、江东毛店、稠江古母塘、后宅镇中北侧1号等6个集聚二期高层项目全部竣工，合计8097套住宅面积113万平方米。8月，市社区建设办按照市委常委会会议要求，制定工作时间表，指导、督促相关镇街(道)做好分房前期准备工作和抽签定位工作，做到项目竣工和农户交付的无缝对接。至12月底，计分房2918套，收取建设款25.4亿元。

【集聚配套政策完善】 2021年，义乌市进一步完善集聚配套政策。3月，协调"异地奔小康"高层公寓交易土地出让金补助相关事项，明确在"异地奔小康"高层公寓交易过户后，安置对象向所在镇(街道)提出补助申请，经镇(街道)审核后汇总报市社区建设办按程序审批拨付，再由镇(街道)发放到申请人。5月，出台《关于规范完善城乡新社区集聚建设置换权益交易有关事项的通知》，规范完善城乡新社区集聚建设置换权益交易程序，明确权益面积可以交易的时间和次数，即在权益证发放后经镇(街道)备案才可交易，且每宗权益面积原则上只能交易过户1次。规定集聚权益不得自行交易，转让、受让双方需通过市产权交易信息平台发布供求信息来实现权益交易。交易程序的出台，遏制了投机炒房行为，保障转让受让双方利益。 (蒋守敏)

村镇建设

【概况】 2021年，义乌市持续深化"千万工程"，迭代升级新时代美丽乡村建设，把未来乡村试点建设、新时代美丽乡村创建、精品线沿线环境整治、星级和美乡村创建等作为和美乡村月考督查重要内容。新增创建一星样板村25个、三星村22个，认定新时代美丽乡村127个，现代化和美乡村15个。全年完成拨付省、市美丽乡村建设专项补助8305万元。加强历史文化名镇名村和传统村落保护，市建设局拟定《加强历史文化名镇名村和传统村落保护发展实施意见》，设立传统村落保护专项资金，确定东朱非遗公园、雅治街忍和堂等保护发展项目25个。开展农村房屋安全隐患排查整治，完成房屋鉴定1万余户。完成126处历史建筑测绘建档工作，累计完成测绘建档234处。全面推进农村生活污水标准化运维，完成81处标准化运维点建设，全市农村生活污水标准化运维实现全覆盖。至年底，赤岸镇获评"省级美丽乡村示范乡镇"，红糖飘香农情体验精品线获评"省美丽乡村风景线"，苦竹塘村、宦塘村、陇头朱村、李宅村、杜村5个村获评"省特色精品村"。第六批历史文化(传统)村落重点村田心村实地验收，被评为省级优秀，义乌市2021年度深化"千万工程"建设新时代美丽乡村(农村人居环境

赤岸风景区二乔故里　　(2021年9月27日　张继康摄)

提升）工作获评全省优秀。

（成丹丹　冯义斌）

【农村危房治理改造】 2021年，市建设局开展全市农村房屋安全隐患排查整治行动。排查录入农村房屋信息13.33万户，完成房屋鉴定1.47万户。鉴定为危房的105户，其中，C级85户，D级20户，至年底全部完成治理改造。开展农村困难家庭危房改造即时救助，全年救助农村困难家庭21户，拨付救助款54万元。

（冯义斌）

【农村生活污水治理】 2021年，市建设局开展农村生活污水治理工作，全面推进农村生活污水标准化运维。完成标准化运维点建设81处。完成水质抽检311次，合格304次，合格率97.7%。新建五谷山、芦塘下、采莲塘农村生活污水处理终端3处，完成楼界桥头、乔里何2处终端改纳管处理。至年底，全市有农村生活污水处理终端86处。（冯义斌）

【传统村落保护】 2021年，市建设局强化全市传统村落保护，会同相关部门确定东朱非遗公园、雅治街忍和堂等25项年度传统村落保护补助项目，共投资4350万元。实施省级美丽宜居示范村创建工作，至年底，寺前街村列入2022年度省级美丽宜居示范村创建计划，倍磊村通过省级美丽宜居示范村验收。（冯义斌）

【新时代美丽乡村创建】 2021年，义乌推进新时代美丽乡村创建。3月，下发《义乌市农村城乡融合12项标配设施具体要求及其标识》，将《众创乡村建设指南》中12项标配设施作为实现城乡融合"义乌标准"落地的主抓手，以新时代美丽乡村设施导览图、美丽庭院打造等为重点提升美丽乡村建设。至年底，新增省新时代美丽乡村达标村127个，其中，精品村51个，金华市现代化和美乡村15个。完成2021年度深化"千万工程"建设新时代美丽乡村（提升农村人居环境）工作市级评价交叉检查。（成丹丹）

【国企结对精品线建设】 2021年3月，市农业农村局梳理汇总全市10条精品线基础设施建设计划，下发《关于下达2021年美丽乡村精品线基础设施建设投资任务的通知》，相关国企全年实施精品线建设工程30个，完成有效投资1.2亿元。4月，"望道信仰+人文上溪"和美乡村精品带成功申报全省首批共同富裕新时代美丽乡村示范带，争取到年度省补资金1000余万元。为争创农业农村现代化示范线，6月，对全市精品线沿线的基础设施建设、产业培育、"消薄"项目落地等方面取得的成效及存在问题展开摸底调研，先后走访9个镇街（道）10条精品线12个重点村，并形成调研报告。

（成丹丹）

【星级和美乡村创建】 2021年3月，市农业农村局摸排汇总各镇街（道）创建计划，下发《关于下达2021年度义乌市和美乡村建设工作任务的通知》，全年实施主干道（精品线沿线）环境整治提升工程114个。10月，组织市委组织部、市委宣传部、市妇联、市财政局、市文旅局等相关部门开展星级村联合考评，下发《关于公布义乌市2021年度星级和美乡村创评结果的通知》，新增创建一星样板村25个，三星村22个。（成丹丹）

【历史文化村落传承保护】 2021年4月，市农业农村局按照历史文化（传统）村落入库条件，组织镇街（道）开展新一轮历史文化（传统）村落调查摸底，新增入库村7个，其中，古建筑村落入库村6个，红色文化村落入库村1个。至年底，黄山五村因村庄撤并更名为黄山村，苦竹塘村申报第十批省级重点村。完成第六批历史文化（传统）村落重点村田心村实地考评验收，并在验收评价中获得优秀。（成丹丹）

【未来乡村试点建设】 2021年，义乌聚焦数字社会建设跑道，向上争取缸窑村未来乡村"2+4"（"2"指"文化大脑+社区文化""健康大脑+社区医疗"；"4"指"教育大脑+智慧学校""旅游大脑+智慧旅游""救助大脑+智慧救助""养老大脑+智慧养老"）多跨场景应用优先落地和"跟着节气游乡村"电子地图场景先行先试2项省级试点。9月，缸窑村成功申报第一批省级未来乡村建设试点，实现"浙里办""浙政钉"两端上线，接入并打通线上涉及文化、教育、健康、服务、养老等场景7个应用，完成教育、旅游、健康等线下场景提升。“跟着节气游乡村”先行先试，完成二十四节气村及6个历史文化村落重点村基础信息、图片、视频素材等具体内容数据的采集、汇总和录入。至年底，义乌市涉及信息管理及乡村经营四大版块计24项数据内容上线“浙里办”相关页面。（薛竟一）

【《义乌市传统村落保护发展总体规划》】 2021年12月，编制完成《义乌市传统村落保护发展总体规划（2020—2035）》。提出以整体保护为原则，对市域传统村落进行分级、分类、分片保护，优先保护级别较高、文化遗产较多的村落；建立传统村落档案，制订保护规划，划定保护范围；提出村域环境的保护措施，对传统村落格局风貌进行整体保护；明确风貌格局、传统建筑、街巷空间、历史环境要素、非物质文化遗产等方面的保护内容和措施；注重保持建筑、村落及周边环境的整体空间形态和内在关系，注重村落历史的完整性，注重文化遗产形态、文化遗产内涵、村民生活的真实性，注重生态环境、经济发展的延续性。

（冯义斌）

城建档案管理

【概况】 2021年，市建设局城建档案馆（简称“城建档案馆”）完成工程竣工档案移交248项3.13万卷，完成工程档案验收303项4万卷。接收纸质及扫描件双套制档案2.18卷，馆藏档案总量达52万卷，全部实现数字化。接收建设工程业务审批档案3677卷，市征收中心城市有机更新档案6931卷。全年档案利用4403人次2.73万卷，电子档案利用2万卷，刻录光盘596个。年内，城建档案馆深化“三服务”，对融创壹号院、义乌陆港新区1～27号地块项目、铁路义乌站综合交通枢纽建筑工程、义乌市建设投资集团有限公司工程等16个项目和民生工程开展多环节、多方式的业务指导，发放《建设工程档案进馆范围》新标准、工程档案报送告知书及整改告知书16份。11月，城建档案馆通过省住房和城乡建设厅考核验收。

【城建宣传与资料编研】 2021年，城建档案馆在市建设局政务公开专栏网站发布信息470条，“义乌城建”微信公众号信息96条。拍摄照片800余张。选取“十三五”期间完成的具有代表性的工程项目资料，制作完成《大城义乌》画册，展现过去5年义乌城市建设的发展进程。完成专题片《城建档案三十年巡礼》拍摄制作，从“三十年耕耘结硕果”“开展智慧型城建档案馆建设”“百尺竿头更进一步”3个方面，反映城建档案馆创业、奋斗和发展的30年历程。制作完成短片《城建档案人的一天》，真实反映城建档案人的工作内容、状态和精神面貌。

【义乌城建档案查询实现“零次跑”】 2021年1月，义乌城建档案查询功能上线运行，义乌城建档案查询实现“零次跑”。市民无论身在何处，均可登录省政务服务网或浙里办App义乌平台，搜索“城建档案查询”，点击在线办理，填写申请人和查询内容，选择取件方式，提交确认后即完成申请。后台工作人员根据市民申请情况，进行电话核实，将资料打印或刻盘。2020年7月，省住房和城乡建设厅将义乌市列为试点城市，试行政务服务2.0系统第三批建设清单中的“城建档案查询”。同年10月，政务服务2.0系统通过省住房和城乡建设厅接入验收。11月，“城建档案查询”开启政务服务2.0及浙里办App的上线试运行。至2021年年底，共办理城建档案查询网上申请55件。

【建设工程档案在线接收】 2021年4月，为缓解工程建设单位年中、年末等关键节点扎堆移交档案、审核量大、整改时间长等问题，城建档案馆建设专门系统，推行工程档案分段式在线接收。10月，建设工程档案分段式在线接收系统正式上线，全年共有139个建设工程2.57万卷档案在此系统接收运行。加强对各建设单位及档案中介公司在线接收系统操作培训，全年培训35家企业200余人次。（杨　波）

环境保护

综　述

【生态环境质量巩固提升】 2021年，义乌市聚焦打造“天蓝、水清、净土、无废”美丽义乌建设，推动绿色高质量发展持续走在全省前列。全市细微颗粒物（$PM_{2.5}$）平均浓度每立方米24微克，同比下降7.7%。空气质量指数优良率98.6%，环境空气质量连续4年稳定达到国家二级标准。地表水县控及以上断面水质达标率100%，8个集中式饮用水水源地水质达标率100%，八都水库获评省级优秀水源地。成功承办浙江省全域“无废城市”现场会，再夺“五水共治”大禹鼎银鼎。连续4年获评“美丽浙江”建设工作优秀市。在全省公众生态环境满意度调查中义乌得分88.38分，创历史新高，排名提升了16位。

【义乌获评“美丽浙江”建设工作优秀市】 2021年5月17日，省委、省政府授予义乌2020年度“美丽浙江”建设工作优秀市称号。2021年，义乌制定蓝天保卫年度工作计划和细微颗粒物（$PM_{2.5}$）与臭氧“双控双减”方案，统筹推进治气六大专项行动31项重点工作。建立数字化协同作战工作闭环等大气治理五项机制，压紧压实部门、镇（街道）治气工作责任。超额完成燃气锅炉低氮改造、挥发性有机物（VOCs）深度治理、非道路移动机械整治、重型柴油车车载自动诊断系统（OBD）联网等年度任务。全省首创镇（街道）“清新空气”示范区评比、“党建+单元”秸秆焚烧快速处置法、非质检工地扬尘治理“三色”评价、餐饮油烟净化在线监控等治气举措。严抓柴油货车路检路查，开出首张机动车尾气超标罚单。夏秋季臭氧超标天数降至3天，同比下降62.5%。至2021年年底，全市空气质量和水环境质量率先实现“双达标”，建成省级“清新空气示范区”和“污水零直排区”。

【环评审评改革】 2021年7月28日，生态环境部授予义乌排污许可制与环境影响评价制度有机衔接改革试点，通过创新“四个一”改革，实现建设项目环评审批与排污许可一体化办理全覆盖。义乌深入推进环评审批改革，不断创新“打捆审批”改革、环评报告表标准化改革等举措，实现审批时间再缩短、环评费用再压缩。至年底，“三线一单”数字化应用主要经验入选全国“三线一单”首批落地应用案例，义乌作为全国唯一县级市在全国会议作典型发言。

【浙江省全域“无废城市”现场会在义乌召开】 2021年11月24日，全省全域“无废城市”建设工作现场推进会在义乌市召开，对“十四五”全域“无废城市”建设工作进行再动员再部署。会前，与会人员考察义乌市生活垃圾和污泥处置、餐厨垃圾综合利用和工业固废分拣收运等项目，参观全域“无废城市”建设成果展。2020年，全省“无废城市”建设工作启动，义乌成为全省首个申报创建的县级市。2021年

7月，成立以市政府主要领导任组长的工作领导小组，组建专班实体化运作，市生态环境分局、市农业农村局、市综合行政执法局等部门出台各类政策40余项。针对普遍存在的固废处置能力短缺问题，谋划固废基础设施建设，投资43.5亿元建成华川垃圾焚烧、餐厨垃圾资源化利用等一批全省示范项目。10月，义乌申报验收全省首批“无废城市”。

（刘佳苗）

环境质量

【概况】 2021年，义乌市全年城市空气质量指数优良率为98.6%，与上年持平；细微颗粒物（$PM_{2.5}$）年均浓度为每立方米24微克，同比下降每立方米2微克，空气质量优于国家二级标准。全市8个集中式饮用水水源地水质全部达到或优于三类水，8个县控及以上断面水质达标率100%，水质省考良好。

【大气环境质量】 2021年，共监测大气环境365天，有效天数365天。市区环境空气质量优良率98.6%，优良天数360天。环境空气质量总体良好，城区环境空气中二氧化硫、二氧化氮、可吸入颗粒物、细颗粒物、一氧化碳和臭氧6项污染物的年平均值分别为每立方米0.006毫克、每立方米0.032毫克、每立方米0.048毫克、每立方米0.024毫克、每立方米0.6毫克、每立方米0.079毫克。酸雨频率30.9%，同比上升28.8%；酸雨量占总降水量46.3%，同比上升84.5%；降水酸碱度值分布范围4.34～6.96，酸碱度值年雨量加权平均值5.32，同比下降5.3%。

【声环境质量】 2021年，义乌市区环境噪声等效声级为52.9分贝，噪声来源以生活噪声、交通噪声、工业噪声和施工噪声为主。道路交通干线噪声平均等效声级为67.4分贝，同比上升0.8分贝。

【地表水环境质量】 2021年，按照《地表水环境质量标准》，对义乌江、南江、大陈江和洪巡溪等12个地表水断面开展12次（每月1次）23个项目的常规监测。12个地表水断面132站次常规监测中，达标130站次，占98.5%。义乌江6个监测断面，水质均为三类水，达到水质功能要求。南江2个监测断面，水质为三类水，与上年持平。大陈江3个监测断面，外朝塘、龙潭2个断面水质达到二类水，与上年持平；邢宅水质为三类水，与上年持平，洪巡溪石斛桥断面水质为三类水，与上年持平。

【饮用水水环境监测】 2021年，按照《地表水环境质量标准》，对八都水库、巧溪水库2个市控集中式饮用水水源地水质开展12次（每月1次）29个项目的常规监测、4次（每季度1次）33个优选特定项目的水质补充监测、1次109个项目的全项监测，2个市控集中式饮用水水源地水质均符合《地表水环境质量标准》二类水标准，达标率均为100%。对岩口水库、柏峰水库、枫坑水库、卫星水库、古寺水库、龙门脚水库6个其他集中式饮用水水源地水质开展12次（每月1次）29个项目的常规监测，6个饮用水水源地水质均符合《地表水环境质量标准》三类标准，达标率均为100%。

（刘佳苗）

环境综合治理

【概况】 2021年，义乌市委、市政府印发《深化生态文明示范创建，高水平建设新时代美丽义乌规划纲要（2021—2035）》，建立“1+3+6+2”（聚焦建成新时代美丽中国标杆市的总目标，打造“绿水青山就是金山银山”转化实践样板、城乡均衡全域美丽样板、生态环境治理改革创新样板“三个样板”，绘就美丽城市“六要素图景”，实现国家生态文明建设示范市、“绿水青山就是金山银山”实践创新基地“双示范”）总体架构。开展镇（街道）生态环保“红黄旗”攻坚竞赛，常态化推动重点任务落实到位。年内，全市挥发性有机物（VOCs）年排放1吨以上企业全部完成用电监控系统安装，13个镇（街道）垃圾分拣中心全面建成投用，实现工业垃圾管控全覆盖。

【碧水提升战】 2021年，义乌市开展国控断面污染源走航分析，编制“一点一策”治理方案，推进义乌江流域断面精细化管理。全力保障饮用水水源地水质安全，完成“千吨万人”饮用水水源地走航、八都水库有机物全指标分析，全力推进岩口水库水环境综合治理。全面提升污水处理能力，佛堂二期、赤岸二期污水厂建成投用，全市9座污水处理厂全部完成清洁排放改造任务。强化巩固“污水零直排区”创建成果，开展全市工业园区（工业功能区）“污水零直排区”建设“回头看”行动，顺利通过金华市级复核评估。

【全域“无废城市”创建】 2021年，义乌市开展全域“无废城市”建设，建立工作专班，完善工作报送、工作例会、工作推进、指标销号和督察考核机制。推动41个建设任务全面完成，37个建设指标达到上级指标要求，26个建设项目完成19个。成功创建“无废细胞”74个，浙江华川深能环保有限公司获评全省首批“无废工厂”，6个经验做法入选“全省典型巡礼案例”，入选案例数位居全省县级市首位。10月底，完成首批省级“无废城市”申报。11月，全省“无废城市”现场会在义乌召开。

【环境空气质量巩固提升】 2021年5月，市蓝天保卫工作领导小组办公室印发《义乌市2021年环境空气质量巩固提升行动实施方案》，调整优化产业、能源、交通三大结构，实施夏秋季臭氧削峰、秋冬季大气污染综合治理、全年度城乡面源管控三大专项行动，挥发性有机物（VOCs）、工业炉窑、移动源三大治理攻坚战。10月，印发《关于开展义乌市2021—2022年秋冬季环境空气质量巩固提升行动的通知》，统筹协调有关部门开展扬尘、秸秆焚烧、挥发性有机物（VOCs）、移动源、餐饮油烟五大专项执法行动，立案查处违法案件871起，2021—2022年秋冬季，全市细微颗粒物（$PM_{2.5}$）平均浓度每立方米29微克，同比下降每立方米4微克；优良率99.5%，同比提升1.2%。开展工业废气治理，完成工业废气深度治理项目15个、源头替代项目50个、LARD项目1个。针对挥发性有机物（VOCs）年排放1吨以上企业开展“环保管家”服务，完成“一企一策”整治提升方案编制，全市311家挥发性有机物（VOCs）年排放1吨以上企业全部完成用电监控系统安装。推进碳达峰工作，宾王社区、鸡鸣山社区获评“浙江省首批低（零）碳试点”。

2021年9月23日，浙江华川深能环保有限公司获评浙江省第一批“无废工厂” （金华市生态环境局义乌分局　供图）

【净土清废】 2021年5月，市土壤污染防治工作领导小组办公室印发《义乌市土壤污染防治2021年工作计划》，月底完成重点企业用地土壤污染状况详查工作。推进污染地块安全利用行动，进一步完善土壤污染防治工作部门协调联动机制，全年未发现污染地块。推进固废处置能力匹配化建设，星仰含氟污泥处置项目建成投用，有效破解义乌市光伏行业含氟污泥处置难题。华川集团污泥干化焚烧二期项目建成投用，全市污泥处置能力达每年76万吨，实现“污泥不出市”。谋划建设危险废物利用处置项目，活性炭再生利用、贵金属利用处置、废机油壶机油滤芯技改3个项目纳入全省2021年危险废物利用处置项目规划，均已启动并有序推进。狠抓工业垃圾分类减量与规范化处置，13

个镇（街道）工业垃圾分拣中心全面建成投用。2021年，义乌市工业固体废物产生量49.644万吨，利用处置率100%；集中式污水厂污泥产生量15.18万吨，处置率100%；医疗废物产生量3646.1吨，处置率100%。

（刘佳苗）

海绵城市建设

【概况】 2021年，义乌市大力推进海绵城市建设顶层设计和标准体系建设工作。7月，制定下发《义乌市海绵城市建设项目概念性方案编制内容和深度要求（试行）》。10月，启动《义乌市"十四五"中心城区海绵城市建设实施方案》《义乌市建设项目海绵城市设计文件编制导则》《义乌市建设项目海绵城市设施竣工验收技术导则》《义乌市建设项目海绵城市设施运行维护技术导则》的编制工作。12月，市建设局、市自然资源和规划局联合制定下发《义乌市海绵城市建设管理办法（试行）》。义乌市中心城区区域海绵城市建设控制指标为：年径流总量控制率为≥75%（对应设计雨量20.9毫米），年径流污染削减率（以悬浮颗粒物SS计）为≥60%，场地综合雨量系数为≤0.6。2021年，完成建成区海绵城市建设3.4平方千米。受理审核房地产及公建等各类海绵城市项目设计文件23项，通过设计审查18项。

【海绵城市建设项目】 2021年，市建设局实施城区公园绿地海绵城市提升改造工程，包括城区江滨绿廊芳草园、樱花园、香雪园、银岸园等海绵改造，总改造面积35.33公顷，新增透水园路长2.6千米、面积5.57万平方米。

（方舒丽　邓顺阳）

污染减排

【概况】 2021年，全市氮氧化物、挥发性有机化合物、化学需氧量和氨氮四大类主要污染物减排量分别为257.55吨、210.66吨、370吨和19吨。

【非道路移动机械整治】 2021年，义乌市全面落实非道路移动机械环保编码登记制度，新增非道上牌联网3652台（累计上牌数7941台），完成非道未上牌处罚33台。完成非道卫星定位安装1509台，基本覆盖全市在建工地工程机械。开展非道路移动机械规范化使用专项监督检查，完成非道抽测1335台。推进机场、物流园等场内56千瓦以下中小功率机械新能源或者清洁能源替代，完成叉车清洁能源替代30辆。

【环保检验能力提升】 2021年，义乌市全面提升机动车环保检验能力，义乌市恒风机动车性能检测有限公司后宅分站、义乌市昇驰机动车性能检测有限公司、义乌市王斌机动车性能检测有限公司3家检测机构完成在用机动车排放检验信息联网现场技术审查。至年底，全市有机动车检验机构11家，汽柴油检测线66条，最大检测能力每年63万车次。

【工业污染减排】 2021年5月，义乌市印刷包装行业集聚区整体清洁生产审核纳入全省首批试点，以凯创和华莱氨纶为试点产业园，开展整体清洁生产审核。指导12家企业完成强制性清洁生产审核验收。开展挥发性有机物（VOCs）深化治理减排，至年底，完成工业废气深度治理项目15个、源头替代项目50个、LARD项目1个。推动实施工业炉窑减排治理项目4个，其中，天然气替代1家，生物质燃料替代1家，关停2家。（刘佳苗）

环境管理

【概况】 2021年，义乌市完成项目环评审批152个，其中，报告书项目13个，报告表项目139个。完成"区域环评+环境标准"登记表备案项目37个，登记表网上自行备案项目317个。核发排污许可证114本，其中，重点管理36本，简化管理78本。深化环境资源市场化配置，完成排污权交易22笔742.4万元，其中，储备库出让15笔133.31万元，企业之间交易7笔609.10万元。

【生态文明数字化改革】 2021年，义乌市完成生态文明核心业务梳理，构建数字政府生态文明微门户。在全省率先开发和建设“清新空气提升”应用场景，纳入义乌市首批数字化改革重点培育项目，年内一期4个子场景正式上线应用。完善生态环境要素态势感知网络，完成污水管网镇街交接断面水质监测监控系统、国控断面氟化物监测系统等自动监测点位建设。推动治水管水核心业绩数字化转型，建成水环境治理智慧管理平台，构建“测、管、治”为一体的治水管水闭合体系，实现“水质双考”数字化转型，推进治水向数字化精准管控迈进。

【企业环保服务】 2021年，义乌市深化企业环保服务日制度，3月，制定出台《全面打造生态环保“三服务”2.0活动实施方案》，建立企业问题快速响应、协同解难、结对服务和“1+1+N”（1个联络员+1家企业+N个问题）揭榜挂帅四大机制，创新推出一科室一服务、环保服务“四张牌”等系列举措，全年累计走访服务企业3438家次，发放复工复产“环保资料服务包”200余个，排污管理台账2000余本。

【机动车环保年检】 2021年，义乌市深入实施“车检一件事”改革，创新开展便利化、智慧化、人性化、特色化、规范化“五化行动”，破解车辆检测耗时较长、流程复杂、环境不佳、秩序混乱等问题，全面提升群众车辆检测体验度和获得感。6月30日，义乌实施环保10年免检政策，浙G号牌的非营运小微型载客汽车（面包车除外），在义乌市范围内申请机动车定期检验的，环保免检年限由6年延长至10年。至年底，全市8家在用机动车排放检验机构均通过省市县三级验收，线上预约、“交钥匙服务”“一窗通办”、星级评价等改革举措获群众好评，车主等候时长平均缩短50%。

【环境准入审批制度改革】 2021年，义乌创新打造“三线一单”数字化应用管理平台，实现数据共享和“一张图”应用，所有建设项目均通过平台进行环境准入精准比对，提升审批效率，主要做法入选全国“三线一单”落地应用案例、金华市2021年度优化营商环境优秀案例。创新“四个一”改革举措，破解企业反复审批的难题，缩短办理时间，实现同步审批、同时拿证，6月，排污许可制与环境影响评价制度有机衔接改革被列为生态环境部试点。11月，创新实施同类项目全域“打捆”审批，全市46家红糖生产企业同时申领排污许可证，实现审批时间再压缩、环评费用再降低，建设项目报告和排污许可只需编制3个环评报告和46本排污许可证，费用从单家企业1.5万元节省至3000元。

【企业环保培训创新】 2021年8月，义乌创新企业环保培训新形式，开设“义乌生态环保企业微讲坛”，定期上传法律法规解读、环境管理技能、典型违法案例等学习课件。针对重点排污单位环保管理人员，开展全日制脱产技能培训，全年开班9期，培训人员700余人次。常态化开展各类专题培训18场次，培训人员3600余人次。 （刘佳苗）

环境监察

【概况】 2021年，义乌市重点推进中央生态环境保护督察整改、省委生态环境保护专项督察、新冠肺炎疫情防控、环境应急管理等工作，开展环境污染问题排查见底“百日攻坚”“绿剑”等专项执法行动。全年，检查企业（作坊）6200余家次，立案查处各类环境违法案件265起，处罚款1488.36万元。其中：办理刑事案件2起，行政拘留1起，查封扣押25起；依法关停低小散企业（作坊）264家。受理环境信访1512件，同比上升30%，信访件答复率、满意度达100%。

【“互联网+监管”执法检查】 2021年，市生态环境保护行政执法队应用“浙江省行政执法监管平台”，下发双随机执法、专项执法、联合执法、日常监管等项任务56次，通过“浙政钉”掌上执法等数字化手段检查企业1183家次，其中跨部门专项执法49次，涉及医疗机构、印刷、汽修等20余个行业，在“一网通管”攻坚竞赛的历次考核中均斩获红旗。

【“双打”专项执法行动】 2021年4—9月，开展严厉打击危险废物环境违法犯罪和重点排污单位自动监测数据弄虚作假违法犯罪行动。出动2849人次，检查1142家，其中危险废物产生企业1027家，收集企业10家，处置企业1家，运输企业2家，安装自动在线监控企业102家。立案处罚21件，移送公安1件，罚款117.5万元。

【百日攻坚专项行动】 2021年3—7月，金华市生态环境局义乌分局开展环境污染问题排查见底暨打击危险废物环境违法犯罪百日攻坚执法专项行动。检查企业1442家，发现问题495个，立案130起，报送新闻报道7起，典型案例3起（省厅录用1起），问题发现数、立案数、整改率均位列金华第一。

【突发环境事件应急演练】 2021年7月16日，义乌、浦江两地在石斛桥断面联合开展突发环境事件应急监测演练，提高环境应急监测队伍的快速反应能力、协调联动能力和临场实战能力。11月10日，在义乌晶澳太阳能科技有限公司开展突发环境事件应急演练。同月17日，在华川集团开展突发辐射事件应急演练，提升突发环境事件的应急处置能力，完善环境应急指挥体系。充实突发环境事件应急力量，持续更新专家库名录，新增浙江爱旭太阳能科技有限公司等8个应急物资联络点。

【生态环境保护督察】 2021年8月，市委、市政府印发《义乌市贯彻落实第二轮中央生态环境保护督察报告反馈问题整改方案》，统筹推进第二轮中央生态环保督察整改，36件信访件全部完成整改销号。9月，开展省委生态环境保护专项督察，义乌领办信访件15件，全部办理报结，信访量较上一轮交办下降77.3%，为历轮督察最低。

2021年11月10日，金华市生态环境局义乌分局在义乌晶澳太阳能科技有限公司开展突发环境事件应急演练

（金华市生态环境局义乌分局　供图）

【“绿剑”执法专项行动】 2021年，为加大对涉挥发性有机物（VOCs）排放企业监管力度，加强高能耗、高排放建设项目源头防控，9—12月，开展“绿剑”执法专项行动。检查企业（点位）268家，立案查处企业7家，涉及塑料制品企业、汽修厂、彩印厂等行业。　（刘佳苗）

五水共治

【概况】 2021年，义乌市完成年度“五水共治”各项任务，考核排名位列金华各县（市）首位。31个实施类治水项目完成投资14.35亿元，完成率151.07%；20个浙中生态廊道项目完成投资46.38亿元，完成率210.26%，均位列金华市第一。全市各级断面水质均稳定在三类及以上，出境断面水质优于入境断面水质，水质省考获“优秀”等次。编制《义乌市分质供水规划》，先试先行两大重点，建立政府主导的联动体系、科学合理的价格体系、奖惩结合的信用体系三大体系。建设苏福、义驾山、双江湖三大分质水厂，完成稠江—义亭、高新区、主城区3个供水扩面管网工程，供水规模达每日22万吨。2所学校、3个市场、3个居民小区在全省率先实行分质供水，供水能力达每日7.5万吨。实现节约优质水资源2000万平方米，分质供水占比10.14%，位居全

省第一，成功创建全省节水型城市。年内，义乌市荣获“大禹鼎”银牌，连续五年获省“五水共治”最高荣誉。获评“浙江省节水型城市”，江东街道临江社区入选浙江省首批“五水共治”实践窗口名单，佛堂镇获评2021年“金华市水美乡镇”，入围“2022年幸福河湖建设试点县”。义乌市“五水共治”领导小组办公室获取金华市“五水共治”“大禹鼎”金鼎，行政奖励集体嘉奖一次。

【在全省率先建立运维管理“义乌模式”】 2021年，义乌市在全省率先完成全域污水零直排区建设的基础上，率先构建“3+3”运维管理体系，即制度化、规范化、标准化“三化”运维管理机制，推行一体化、等级化、信息化“三化”运维管理模式。创新建立排水设施管理系列标准、规范和指导意见，梳理完成一、二级主干管2205千米、检查井6000余座，确保排水设施稳定运行，达到长效管理目标。创新开展排水设施运维管理示范区（镇）建设，全市14个镇（街道）按“一镇一特色”基本完成示范区建设，佛堂镇高标准完成省级运维管理示范镇建设。至年底，全市确定重要接驳井1447个，重点监管163个，有效推动分级、精准、高效监管。

【全市首个分质供水公厕】 2021年1月7日，秀禾问茶公厕中水管道阀门开启，成为全市首个分质供水公厕。2020年11月起，水务集团对农贸城范围内中水管网进行供水改造，覆盖副食品市场、果品市场和收藏品市场3个市场，涉及16个公厕、3个垃圾分类点以及消防水池、消防管网等点位，共铺设中水主管1000余米，改造内部管道1000余米，对各市场取水点、阀门、穿井道等设施进行维修。改造前农贸城公厕用水量每天400吨，改造后每日可置换自来水240吨，每年可节约水费7万元。

【全市首个内部分质供水学校】 2021年3月14日，稠州小学正式进入“分质供水时代”。稠州小学通入的中水来自义驾山生态水厂，原水取自义乌江，经混凝、沉淀、过滤、消毒后，用于园林绿化市政用水、环境用水和居民冲厕用水。此次改造，每年可节省置换优质自来水2万吨。

【尾水湿地生态养鱼】 为有效削减义乌市苏溪污水处理厂尾水污染物含量，改善尾水水质，提升尾水排放的质量和标准，2021年3月31日，苏溪镇启动尾水湿地生态放鱼净化水质活动，成为全市首座污水处理厂尾水湿地生态养鱼项目。苏溪污水处理厂尾水深度处理复合生态湿地工程位于苏溪污水处理厂周边区域和大陈江沿江区域，湿地总占地面积4.13公顷，其中，水域面积2.63公顷，陆域面积1.5公顷，可综合日处理污水2万吨。启动当日，共向苏溪污水处理厂尾水湿地投放鱼苗和螺蛳200余千克，有效改善下游水体的生态环境。

【义乌市节水案例获评全省“十佳实践案例”】 2021年4月25日，浙江省水利厅公布浙江省2021年“节水行动十佳实践案例”“节水行动优秀实践案例”名单，“义乌市双童日用品有限公司：树立‘生态双童、综合节水’理念，集成打造水资源高效利用样板”获评全省“节水行动十佳实践案例”，“义乌市：构建11238体系推进全域分质供水打造全省节水高地”“义乌富力万达嘉华酒店：创新宣传方式实施综合节水引领酒店节水新模式”获评全省“节水行动优秀实践案例”。

【污水处理改造目标完成】 2021年7月6日，义乌市水处理公司中心污水处理厂、义亭污水处理厂、佛堂污水处理厂（二期）3座清洁排放项目通过浙江省地方标准验收，标志着义乌9座市政污水处理厂全部执行浙江省地方标准，比省定技术改造时间提前一年半。自2018年7月始，义乌市水处理公司按照省环保厅、省建设厅联合下发的《关于推进城镇污水处理厂清洁排放标准技术改造的指导意见》要求，分批对9座污水处理厂进行提标改造，从工艺调控、技术改造、项目改造等方面着手，消减化学需氧量、氮、磷等污染物排放量，高标准的出水为城市内河水系提供更优的补偿水，推进城市内河污染治理，激活内河水系，提升义乌市生态环境质量。

【首批浙江省“五水共治”实践窗口】 2021年9月3日，省治水办公布第一批浙江省“五水共治”实践窗口名单，义乌市江东街道临江社区位列其中。2017年3月，义乌市江东街道临江社区以“污水零直排区”建设为契机，启动雨污分流、环境绿化、道路整改、停车泊位等项目综合更新改造，总投资8000万元，并于同年年底完成，成为全市老旧小区从乱到美的样板和“污水零直排区”建设示范区。

【全省首个“智水家园”管理系统上线】 2021年9月，义乌市自来水公司打造的全省首个“智水家园”管理系统在丹溪社区、绣湖公寓全面上线，“智水家园”管理系统以物联网、云计算等高新技术为支撑，通过云平台分析各类供水小数据。10月，系统配套功能相继完善并投用。“智水家园”管理系统信息统一集成、人文关怀、供排水安全保障、供水设备基础信息精细化管理、涉水业务快捷办理等功能于一体，让居民及时掌握供水信息，了解自身用水情况，随时办理供水业务。

【“五水共治”优秀村创建复核】 2021年12月16—17日，义乌市五水办组织相关部门和镇（街道）开展“五水共治”优秀村创建复核，20个村通过复核验收。义乌市结合自然条件、文化历史和产业发展，围绕“绿水润村”“清水宜居”“秀水富民”等主题，对标“十个一”创建标准，开展“五水共治”优秀村建设。通过规范提升雨污水排水系统、引水入村、生态修复、门口塘美化、排水沟渠整治、治水文化宣传、亲水平台设置等，农村水生态环境进一步优化，有力推动农村产业发展。

集防洪、生态于一体的义乌江美丽城防工程，两岸堤线治理总长33千米　（王松能　2021年3月24日摄）

【获评省级节水标杆单位】 2021年12月22日，浙江省水利厅等7部门公布浙江省2021年度节水标杆单位，义乌万豪酒店、义乌三鼎开元名都大酒店获评“节水标杆酒店”，义乌市福田小学、义乌市实验学校教育集团获评“节水标杆校园”，义乌市龙山雅苑获评“节水标杆小区”，浙江华川实业集团有限公司获评“节水标杆企业”。

【义乌江获评浙江省“美丽河湖”】 2021年12月31日，省水利厅、省美丽浙江建设领导小组、“五水共治”河湖长制办公室联合公布2021年浙江省“美丽河湖”名单，义乌江获评浙江省“美丽河湖”。2021年，由市水务建设集团有限公司承建的义乌江美丽城防工程，总投资5.08亿元，两岸堤线治理总长33千米（除涉及双江湖、佛堂镇域规划范围5千米），集防洪、生态于一体的堤顶路全线贯通。通过美丽城防工程对河道治理和景观提升改造和义乌市主城区段内两岸优美公园绿道的建设，展现义乌江丰富的水生态、水景观、水文化和水经济。

（王　颖）

综述

【工程质量监管体系】2021年，义乌市进一步完善工程质量监管体系。重新修订发布《义乌市预拌商品混凝土使用质量三色评价办法》，编制下发《关于推进建设工程质量缺陷保险的实施意见》《关于推行起重机械“一体化”管理的通知》《关于进一步加强建设施工领域安全文明施工标准化工地建设的通知》，对相关制度作进一步明确。推行超危大专家参与“一体化”管理，推广应用承插型盘扣式钢管脚手架。按照国家、省、金华市部署，围绕城市建设安全专项整治三年行动、遏较大事故攻坚等重点工作，多层次多轮次开展起重机械、深基坑、脚手架、消防安全、商砼等专项检查。全年共监督、检查在建工地6052个次，行政处罚案件33起，其中暂扣安全许可证2起；移交行政处罚案件40起。

【建筑企业招引】2021年，义乌市引进建筑施工企业39家，其中，总承包二级企业4家，总承包三级企业31家，专业承包企业4家；资质79项。监理企业浙江宏创工程管理有限公司1家，房屋建筑工程监理甲级资质1项。

【建筑业新冠肺炎疫情防控】2021年，市建设局开展建筑工地、公园、市政工程现场新冠肺炎疫情防控检查1846处次，累计出动1416人次。开展房地产、物业、建筑业及燃气行业企业防疫检查，检查行业企业1051家次，物业管理小区2460个次，累计派出1259人次。52个微信群累计发送新冠肺炎疫情防控工作部署、预警信息1.86万余条。

【义乌17项工程获“双龙杯”奖】2021年4月13日，2021年度金华市建设工程“双龙杯”奖（优质工程）名单公布，义乌市中福广场项目（A组团），上溪镇养老服务中心（一期），国内公路港物流中心一期配套综合楼，恒风旅游商务大厦及立体车库，佛堂中心卫生院迁建项目，中欧智造园实验小学，工业园区综合市场住宅、服务型公寓、综合市场、地下室房屋建筑工程等7个项目，阳光大道立交化改造提档（二阶段）三标段，小商品国内物流中心一期、二期配套道路龙海路（龙行大道—圣达街），经济技术开发区西江路（杨村溪—富港大道）等10个项目共17项工程获“双龙杯”奖。

【“安全生产万里行”活动】2021年6月1日，市建设局启动“安全生产万里行”活动，至12月底结束。活动围绕城市建设安全综合治理三年行动、“遏较大事故”攻坚战及“平安护航建党百年”安全隐患大排查大整治专项行动，开展“专题行”“区域行”“网上行”等活动。集中曝光一批突出问题和严重违法行为，采取观看典型事故警示教育片、以案说法等方式引导企业和广大职工吸取事故教训。发挥“12350”举报电话作用，鼓励广大群众特别是企业员工举报重大隐患和违法违规行为。

（楼　丹　许思远）

【《义乌市建设工程生产安全事故应急预案》】 2021年11月24日，市府办印发《义乌市建设工程生产安全事故应急预案》（简称《预案》），从组织指挥体系及职责、预防预警、应急响应、应急保障、综合管理等8个方面，对全市建设工程生产安全事故应急工作作出全面部署。《预案》以“统一领导，分级负责；统筹协调，快速反应；以人为本，明确职责”为原则，成立市应急指挥部，由市委、市府统一领导，市公安局、市建设局、市应急管理局等单位任成员单位。组建应急救援专家组，为房屋市政工程生产安全事故预防、抢险救援工作提供重要信息研判和专业技术支持。同时，对信息报告、先期处理、分级响应、扩大响应、变急结束、后期处置、善后处置、保险理赔等环节作出具体安排，明确医疗卫生保障、物资保障、技术保障、资金保障等方面的责任单位和工作要求。要求市应急指挥部办公室负责每年组织一次建设工程生产安全事故综合或专项演练工作，各施工单位每年至少组织一次实战演练。加强宣传和教育，有计划、有目的、有针对性地开展预防建设工程生产安全事故及有关知识宣传，普及预防突发事故常识，增强群众防范意识，提高防范能力和应急反应能力。

（楼　丹　许思远）

勘察设计

【概况】 2021年，在义乌开展业务活动的本地、外地勘察设计企业共196家，其中，勘察企业9家，设计企业187家。通过政府招标的审图机构5家，民用建筑节能评估机构4家。有注册资格人员611人，其中，注册建筑师319人，注册土木工程师28人，注册结构工程师264人。全年完成施工图电子审查项目1033个，其中：房建项目997个，总送审面积1627.68万平方米；市政项目36个。二审内通过评审项目933个，二审通过率90.32%。年内，开展施工图审查机构考核评价2次，考核情况良好，结果均为A级。完成新开工装配式建筑225万平方米。

【优秀勘察设计项目评选】 2021年5月，开展义乌市建设工程“商城杯”优秀勘察设计项目评选，10家单位27个项目参加评选。评出优秀勘察设计项目21项，其中，工程勘察类2项，房屋建筑工程设计类11项，节能评估类1项，交通、市政、园林类7项。获奖项目中，一等奖5个，二等奖8个，三等奖7个，优秀奖1个。

【勘察设计质量监管】 2021年，市建设局严格监管工程勘察设计质量，依托“一网通管”平台，全年，进行勘察设计质量大检查2次，共检查企业99家次，项目99项，发放整改通知书100张，整改事项100项。　（楼　丹）

绿色建筑推广及应用

【概况】 2021年，义乌市围绕“碳达峰碳中和”目标，推动建筑业转型升级，新建、扩建类民用建筑强制性全部按一星级以上绿色建筑标准建设。全年完成既有公共建筑节能改造开工面积4.3万平方米，可再生能源应用面积100万平方米。

【获评省绿色建筑二星级标识项目】 2021年5月27日，金华市住建局下发《金华市住房和城乡建设局关于公布中共金华市委党校迁建项目等13项绿色建筑评价标识项目的通知》，铁路义乌站综合交通枢纽工程及义乌绿城兰园2个项目被申报为省二星级绿色建筑设计标识。铁路义乌站综合交通枢纽工程为公共建筑，建筑面积20.47万平方米，建设单位为义乌市交通置业有限公司；义乌绿城兰园项目建筑面积18.40万平方米，建设单位为义乌绿城汇商房地产开发有限公司。

【节能评估】 2021年6月18日，市建设局对义乌大剧院项目进行节能评估，认为此项目符合有关节能法律、法规、规章和产业政策，达到行业节能设计标准要求，资源综合利用较好，环境效益较好。义乌大剧院位于规划中的义乌国际文化中心区域，西邻商博路，东南紧邻次干路清波路，西北、东侧临近义乌江，交通便利，景观资源优越。项目为公共文化建筑，包含1600座大剧院、1200座音乐厅、2000人国际会议厅及600座多功能厅。总用地面积4.7公顷，总建筑面积10.97万平方米，其中，地上建筑面积5.49万平方米，地下建筑面积5.48万平方米。年内，市建设局共组织开展节能评估项目78个，总建筑面积1011.94万平方米。（楼　丹）

工程管理

【概况】 2021年，义乌市办理施工许可证在建受监理项目共400个，其中：房屋建筑工程361个，建筑面积2350.36万平方米；市政工程39个，工程造价88.43亿元。新办理施工许可项目306个，其中：房屋建筑工程277个，建筑面积1501.1万平方米；市政工程29个，工程造价9.74亿元。竣工验收房屋建筑工程158个，面积378.74万平方米；市政工程17个，工程造价4.06亿元。新冠肺炎疫情防控和生产两不误，发布《关于鼓励建筑施工领域春节假期正常施工的举措》，至2月底，全市在建工程全部复工，复工复岗率位居金华市第一。至年底，12个房屋建筑工程、10个市政工程、7个市政园林工程获义乌“商城杯”（优质工程）奖，评出义乌市标准化优良工地108个。

【工程实体质量监管】 2021年，市建设局严抓工程实体质量监管。实体检测复核项目377个次，合格率99.4%。检测钢筋保护层构件8644个，空间几何尺寸构件5562个，其中不合格167个。完成验收住宅工程（含联建户住宅项目）35个，共3.8万户406.04万平方米，均进行分户验收；在施工单位自查自验基础上，监督抽验其中785户，合格率100%。

【建设工程质量缺陷保险】 2021年5月10日，市建设局下发《关于推进建设工程质量缺陷保险的实施意见》，在全市推行商品住宅工程质量潜在缺陷保险（简称“保修金保险”）。建设单位投保保修金保险的，保险公司根据保险条款约定，对保险范围和保险期间内出现的，因工程质量潜在缺陷所导致的投保建筑物损坏履行赔偿义务。投保保修金保险的项目，建设单位可免交住宅物业保修金。至年底，8个商品房项目投保保修金保险。保修金保险的推行，有利于化解工程建设中的问题纠纷，确保工程项目顺利推进。

【建筑工程安全生产现场会】 2021年6月17日，市建设局在江东街道久府西侧集聚项目工地，组织召开义乌市建设工程“安全生产月”现场观摩会，金华生态环境局义乌分局、市劳动监察大队、市行政执法局、市“五水共治”办，负责人和全市所有在建项目施工单位负责人、市质安站全体监督员共500余人参加观摩会。会上通报2021年6月1—15日安全管理落实不到位项目，部署下半年安全生产、扬尘治理、工程车管理、无欠薪等工作。会议强调做好高温、台风等极端天气应对，提升安全生产责任意识，狠抓安全生产落实。7月30日，在城市有机更新下车门社区回迁房地块三工程工地，召开全市住宅工程质量安全标准化建设现场观摩会，全市住宅工程建设单位负责人、施工单位项目负责人、监理单位总监及市质安站全体监督员共300余人参加观摩会。现场会对样板间、钢筋加工棚、现场安全文明施工标识标牌等做法进行观摩，对材料堆放、安全通道、现场大型机械、脚手架搭设及防护等管理方法进行交流学习。9月29日，在义乌市东大门学校新建工程工地，召开“质量月”现场观摩会，全市各镇街（道）分管城建负责人、国有企业分管工程建设负责人、施工企业安全联络员、检测机构负责人、市质安站监督人员共300余人参加观摩会。会上，推广优秀施工工艺及管理方法，以点带面提升建设单位一线管理人员质量管控能力。

【农村建筑工匠培训班】 2021年12月3—20日，根据省住房和城乡建设厅《浙江省农村建筑工匠管理办法》要求，市建设局在市人力资源产业园举办义乌市农村建筑工匠线上培训班，建筑业农民工28人参加培训。培训内容为建筑业农民工务工常识、建筑制图及识图、建筑工程施工质量问题预防与处理、建筑工程施工工艺及质量标准、装配式建筑等。通过培训，使建筑业农民工提升业务能力，增强安全防范意识。（叶善德　许思远）

建筑市场监管

【概况】 2021年，义乌市共有受监理项目400个，其中房屋建筑工程361个，市政工程39个。全年，市建设局共检查在建受监工地6052个次，起重机械设备852台，吊篮268台，发放停工通知书485份，整改通知书2275份，隐患告知书2094份。围绕《义乌市预拌商品混凝土质量三色评价办法》对工地进行考核，共检查商砼交货现场192次，抽查坍落度、骨料质量192次，发布考核通知4次。行政立案查处违法案件8起，移交案件40起。召开安全生产及"遏较大事故"攻坚整治工作部署会、建设施工领域安全生产联络员会议、警示教育大会等会议，剖析典型事故案例，部署安全生产工作，参会200人次。

【工程监测机构监管】 2021年3月9日，市建设局召集全市建设工程质量检测机构负责人、实体检测人员60人召开工作部署会议，与所有检测持证人员签订《义乌市2022年度检测机构持证人员承诺书》。6月25日，组织全市检测机构公司负责人及技术负责人共15人召开上半年工作总结会，通报日常检查发现的问题，部署专项检查工作要求。9月29日，结合"质量月"现场观摩会，对全市检测机构公司负责人传达贯彻《义乌市建设工程质量检测机构评价管理办法（试行）》。12月3日，组织全市检测机构管理人员共15人参加业务能力培训，分析检测行业现状问题及对策，提高检测机构管理水平。至年底，开展工程质量检测机构集中检查2次，重点检查检测机构资质、管理体系运行、检测行为等，共检查工程质量检测机构18家，对检查发现问题较多的2家检测机构予以全市通报批评。

【"安全生产月"活动】 2021年6月1—30日，市建设局开展"安全生产月"活动。制定下发《2021年建设系统"安全生产月"活动方案》，对活动的目的和任务进行宣讲。活动期间，开展集中学习、专题宣讲、现场观摩会等活动3次，提升安全生产意识，防范化解隐患风险。开展"安全生产月"建筑施工安全生产大检查，共检查工程项目358个次，发放隐患告知书63份，隐患整改通知书242份，局部停工整改通知书40份，全面停工整改通知书13份。

【"质量月"活动】 2021年9月3—30日，市建设局开展"质量月"活动。制定下发《关于开展2021年义乌市建设行业"质量月"活动的通知》，传达活动意义，部署工作计划。开展主题宣传、示范项目观摩会、专项整治检查、人员集中培训等活动4次，强化质量主体责任，加强工程质量管理。开展"质量月"施工质量专项检查，检查工程项目122个，发放局部停工通知书4份，整改通知书71份，隐患告知书47份。抽查钢材43组、砼试块30组、防水卷材1组、碎石2组、芯样9组，抽查结果全部合格。

（楼　丹　叶善德）

建筑企业

【概况】 2021年，义乌有本地建筑业施工企业375家，进入义乌开展业务活动的外地建筑施工企业253家。义乌本地监理企业38家，进入义乌开展业务活动的监理企业48家。义乌本地招标代理机构16家，进入义乌开展业务活动的招标代理机构12家。义乌本地工程造价咨询企业5家，进入义乌开展业务活动的外地企业21家。年内，浙江广辉建设有限公司、浙江协晟建设有限公司、义乌市第三建筑工程有限公司3家建筑施工企业资质晋升为房屋建筑工程施工总承包壹级资质，浙江望泰工程咨询有限公司（监理企业）资质晋升为房屋建筑工程甲级资质。

【浙江津义建设发展有限公司】 浙江津义建设发展有限公司是天津天一建设集团有限公司（简称"天一集团"）全资子公司。2020

年3月，天一集团与义乌市人民政府签署《战略投资框架协议》，同年7月在义乌注册成立具有建设工程施工总承包壹级资质的子公司浙江津义建设发展有限公司，注册资本1.0亿元。有各类经济技术、施工管理人员260余人，其中，中高级职称人员48人，一级建造师12人。至2021年年底，浙江津义建设发展有限公司先后承接义乌市场社区回迁房、义乌胜利社区回迁房、义乌下车门社区回迁房、中国计量大学现代科技学院、义乌东大门学校新建工程、义乌市上溪镇兴华路西侧地块项目S2区块工程、佛堂镇王宅区块集聚安置工程一标段等工程，其中：中国计量大学现代科技学院EPC项目获评浙江省新技术应用示范工程，金华市安全文明施工标准化优良工地、优质结构、绿化施工工地；市场社区回迁房项目获评义乌市安全文明施工标准化优良工地。2021年，浙江津义建设发展有限公司完成建安产值10.7亿元，上缴税收1501万元。

【浙江川卓建设工程有限公司】 浙江川卓建设工程有限公司前身为创建于2002年4月的义乌市海鹏市政工程有限公司。拥有市政公用工程施工总承包壹级、建筑工程施工总承包贰级、机电工程施工总承包贰级、隧道工程专业承包贰级、桥梁工程专业承包贰级、建筑装修装饰工程专业承包贰级、消防设施工程专业承包贰级、城市及道路照明工程专业承包叁级、环保工程专业承包叁级、市政公用工程监理甲级、房屋建筑工程监理乙级等资质，为金华地区建筑业重点培育施工企业、义乌市建筑业重点骨干企业，注册资金9300万元。有各类经济技术、施工管理人员500余人，中级以上技术工人500余人，其中，中高级职称150余人，一级建造师21人。至2021年年底，浙江川卓建设工程有限公司承建义乌市诚信大道（隧道695米）、宾王路、春晗路、拥军路道路工程、环城路五洲大道高架桥（主跨跨径70米）、环城路黎明湖路高架桥（主跨跨径60米）、垃圾填埋场、地下暗挖隧道、地下通道（西江路265米）等特色市政工程。同时开拓外部市场和房屋建筑领域，先后承建金华市双溪西路西延工程、瑞昌市外环路道路引桥工程（桥梁全长576米）、安徽站南路改造工程（3165米）、佛堂镇低丘缓坡土石方工程（土石方200万立方米）、金义东轨道交通塘雅工程（土石方217万立方米）、佛堂保障性用房（18层）、万村小高层住宅（建筑面积7万平方米）、输变电综合楼（建筑面积6万平方米）、廿三里公交车站、新社区产业厂房（建筑面积11万平方米）等房屋建筑工程，业务范围遍及浙江省及安徽、江西等省（市）。承建的义乌市环城南路立交改造工程（与五洲大道交叉口）、义乌市环城南路与黎明湖交叉口改造工程获评浙江省“钱江杯”优质工程。2006—2021年，公司先后被评为“浙江省AAA级‘守合同重信用’企业”“浙江省市政行业三十年先进单位”“浙江省市政行业先进单位”“金华市建筑业诚信企业”“金华市市政行业先进单位”。2021年，公司实现产值52470.5万元，义乌本地税收1253.02万元，利润374.56万元。

【浙江协晟建设有限公司】 浙江协晟建设有限公司为房屋建筑工程施工总承包壹级施工企业，2017年年底经义乌市建设局批准迁入义乌市。协晟公司在晟元集团有限公司义乌分公司基础上组建而成，融合晟元集团有限公司优秀项目管理团队，注册资金2000万元。有各类经济技术、施工管理人员120余人，其中，中高级职称30余人，国家注册一级建造师20余人。2018年开始正式承接业务。2020年6月，被义乌市人民政府授予“建筑行业龙头企业”称号。2021年10月，晋升为房屋建筑工程施工总承包壹级施工企业。至2021年年底，公司承接义乌国际生产资料市场配套工程（宾馆、写字楼工程）工程，佛堂镇江滨一期2#地块（吴溪印象）项目，东方日升义乌一、二期项目，苏溪之心，苏溪镇车站村全高层建设项目二期工程，华统集团投建的义乌正大猪场，华统总部大楼等项目。其中天合光能二期6万平方米钢结构（厂房）项目从开工至正式投产仅用99天，创全球光伏行业投产最快速度。2021年，公司完成产值6.98亿元，义乌纳税1540余万元，全国共纳税2500余万元。（楼　丹）

房地产业

综 述

【房地产市场稳定发展】 2021年，义乌市房地产市场发展稳定。1—12月，商品住房备案面积295万平方米，同比增长48.87%。推行公租房保障工作，完成公租房保障资格确认1140户，发放公租房租赁补贴5121户，完成公租房实物抽签分房80户。做好棚户区改造工作，竣工1.02万套，交付580套。至2021年年底，棚户区改造在建项目累计投资43.63亿元，建成竣工2018年5个棚改项目9495套，申报2022年棚改2个项目3043套。年内公租房保障6288户，退出保障2616户。受理公租房申请3894户，审核符合1618户，租赁补贴发放5378户，实物分房82户。加大问题楼盘化解力度，14个问题楼盘共发函278宗。完善住房保障体系，完成公租房保障资格确认1140户，发放公租房补贴5121户，完成公租房实物抽签分房80户。

【经济适用住房上市转让和回购】 2021年2月2日，市建设局发布《关于规范经济适用住房上市转让和回购管理的实施意见》，对相关经济适用住房上市转让和回购作出明确规定。实施意见适用义乌市范围内2010年10月28日—2020年4月23日期间申购的1314套经济适用住房的上市转让、回购管理、收回及补差价。经济适用住房购房人取得不动产权证满5年，可通过购买政府产权份额取得完全产权。经济适用住房购房人在取得完全产权后，可采用买卖、赠与等方式处置该住房。经济适用住房购房人未取得完全产权，通过购置、继承、受赠等方式取得其他住房，不再符合经济适用住房保障条件的，应当退出经济适用住房，或者通过补交土地收益等价款取得完全产权。经济适用住房购房人取得不动产权证未满5年，因涉及政府重大项目、重点工程征迁等情况，并经市政府批准同意退出住房保障序列的，已购经济适用住房由住房保障部门回购，购房人可选择按同地段普通商品房价格补交差价款后，取得完全产权。经济适用住房购房人取得不动产权证未满5年，发生以下违反经济适用住房规定之一的，已购经济适用住房由住房保障部门责令回购，或者通过补交土地收益等价款的方式，补交相关差价后，转为普通商品住房并取得完全产权：通过弄虚作假、隐瞒家庭收入和住房条件，骗购经济适用住房；出售、出租、闲置、出借该套经济适用住房；擅自改变住房用途且拒不整改。至年底，开放办理经济适用住房满5年取得完全产权并上市工作，全年办理153宗。

【《义乌市住房发展“十四五”规划》】 2021年7月21日，义乌市发布《义乌市住房发展“十四五”规划》。规划指出，“十四五”期间，义乌住房发展主要任务包括：促进住房市场平稳健康发展，培育和发展住房租赁市场；推进保障性住房建设和管理；大力实施人才住房建设管理，改善环境，提高居住品质，加大财税和金融支持以及建立多部门协作机制。根据规划，义乌将确保租赁和政策类住房规模占新增住房总量的30%～40%；加大普通商品住房建设供应比例控制，确保供应比例不低于80%；实行公租房实物配租与租赁补贴并举方式，实行租赁补贴保障的，人均保障面积不低于18平方米，户均保障面积不低于36平方米；加强老旧小区综合环境整治，2025年，新建商品住房专业物业覆盖率达100%，城市化专业化物业管理房屋达70%以上，城镇新建绿色建筑占新建建筑50%以上，装配式建筑占30%以上，城区新建多层和高层住宅装修交付达100%。"十四五"期间，义乌规划新增建设商品住房7.08套，住房用地面积394公顷，新增建设租赁住房1.5万套，新建安置住房3.27套，住房用地面积187.4公顷。其中，商品房按每年10%左右的增加量，公共租赁用房按每年新建300套，其他新建租赁住房按每年建设总量在上年度基础上增加300～400套安排年度计划，安置住房结合各镇街（道）发展实际和计划进行安排。

（陈　娴　王　欣）

房地产管理

【概况】 2021年，市建设局共核发房地产开发企业商品房预售证76本。制定实施《关于进一步促进房地产市场平稳健康发展有关事项的通知》《关于进一步加强房地产市场调控的通知》《义乌市房地产开发项目十二分制管理办法》等规章，进一步规范房地产市场秩序。开展跨部门专项和双随机实地检查房地产开发公司、房地产经纪机构124家次，发现问题16个，均完成整改。

（陈　娴）

【义乌市房地产开发项目管理】2021年6月18日起，义乌市房地产开发项目实行"十二分制"管理办法。所有房地产开发项目从结构施工开始，到项目竣工备案交付，由市建设局对房地产项目负面清单进行扣分，对正面清单进行加分，在计分周期内，基本分为12分。房地产项目出现因工程质量问题、严重欠薪事件、误签合同等负面清单行为的予以扣分，有受表彰、开现场观摩会等正面清单行为的予以加分，加扣分计分上限为12分，结论分数作为房地产项目预售的重要依据。房地产项目售楼部应设置12分制公示展板，在售楼部醒目位置进行公示。

【房地产市场调控】 2021年8月10日，为落实"稳地价、稳房价、稳预期"目标，市建设局编制下发《关于进一步加强房地产市场调控的通知》，从优化土地供应，加强品质管控，制定房价、地价联审备案制度，推行"公证摇号"，支持自住需求，调整住宅限售政策，严格更名管理，完善人才住房保障政策，加大租赁住房保障力度9个方面作出明确规定，确保义乌房地产市场平稳健康发展。

【历史遗留问题解决】 2021年8月17日，市人民法院裁定义乌市金城房地产开发有限公司、义乌市金桂房地产开发有限公司、义乌市金亭房地产开发有限公司、房地产开发企业（简称"金城系公司"）合并破产预重整申请，金城系公司合并破产预重整成功。2020年12月，市政府授权市建设局推进金城系公司预重整工作，以"加法"开展问题调研，以"减法"消解广大购房户损失，以"乘法"创新债务难题解决方案，以"除法"推进债权实质公平清偿，系统疏解金城系公司债务危机和合并破产预重整难题。2021年2月23日，完成滨江国际问题楼盘整体招租。至年底，14个问题楼盘共发函278户，锦绣篁园等8个参照问题楼盘发函1户。

（陈　娴）

房地产交易

【概况】 2021年，义乌市商品房销售2.94万宗，同比增长63.33%；销售面积335.17万平方米，同比增长54.46%。其中：商品房住宅销售2.64万宗，同比增长60%；销售面积295万平方米，同比增长48.87%。商品房销售均价每平方米2.37万元，商品房住宅销售均价每平方米2.45万元。存量房销售面积122.57万平方米，同比下降37.74%，其中住宅销售面积62.88万平方米，同比下降37.38%。受理租赁备案108宗。全年人才购房并享受补贴8152人，占符合条件的84.7%，购房面积85.64万平方米，购房补贴23.12亿元，购房总金额188.24亿元。

【商品房市场】 2021年，义乌市新增预售许可76本（不含变更），总预售面积259.74万平方米（不含其他面积），同比减少11.58%，其中住宅面积207.4万平方米，同比减少23.14%。

【商品房备案】 2021年，义乌市商品房备案套数2.94万宗，同比增长63.33%；备案面积335.17万平方米，同比增长54.46%。其中：商品房住宅备案套数2.61万宗，同比增长60%；备案面积295万平方米，同比增长48.87%。商品房和商品住房备案均价每平方米分别为2.37万元和2.45万元，分别同比增长8.31%和9.88%。2021年，商品房合同备案金额795.68亿元，同比增长67.3%；商品住房合同备案金额722.32亿元，同比增长63.58%。备案总额前五的楼盘为万家风华小区59.51亿元，金茂府51.13亿元，都会文澜48.3亿元，檀境小区48.26亿元，翠湖湾37.96亿元。按用途分类，商品房备案总面积为335.17万平方米，其中：住宅295万平方米，占比88.02%；办公楼18.43万平方米，占比5.5%；商业用房22.12万平方米，占比6.6%。按户型分类，商品住房备案户型前三位依次是90～120平方米、120～144平方米、60～90平方米，分别占总数的58.8%、18.1%和17.1%。

【二手房市场】 2021年，义乌市二手房（含二手住房、非住宅、工业）成交面积6078宗122.57万平方米，面积同比下降37.7%。其中：二手住房成交62.88万平方米，占51.3%；商业营业房9.31万平方米，占7.6%；工业仓储用房38万平方米，占31%；其他用房12.38万平方米，占10.1%。与上年同期相比，二手住房比重上升0.37个百分点。2021年，二手住房成交4957万套62.88万平方米，面积同比下降37.24%。从成交户型看，90～144平方米户型成交比重最高，占39.15%；其次是小于90平方米户型，占比34.5%；144～180平方米户型占15.67%；180平方米以上户型成交比重占10.68%。从成交区域分布看，成交面积排名前三的依次是北苑街道10.49万平方米，稠江街道9.48万平方米，江东街道8.48万平方米，成交面积占全市的45.4%。 （甘　璐）

物业管理

【概况】 2021年，义乌市有物业服务企业67家，其中，义乌本地企业45家，外地驻义乌企业22家。从业人员9532人。共有物业服务项目257个，其中，住宅物业服务项目162个，其他物业服务项目95个。新增物业服务项目19个。创建浙江省高标准生活垃圾分类示范片区1个，浙江省高标准生活垃圾分类示范小区18个；浙江省节水型小区17个，浙江省节水型单位5个。创建金华市园林式居住区2个，金华市园林式单位1个，义乌市物业管理示范项目5个。全年完成物业两金归集审批54宗，收缴资金3.14亿元；“两金”使用审批269件，拨付资金1026.52万元。完成67家物业服务企业信用等级评定工作。

【物业从业人员培训】 2021年，市建设局强化物业服务行业从业人员技能培训，会同市人社局组织开展物业服务人员技能项目制培训。培训采用政府全额补贴，小班制教学方式，50人一班，以政策法规得到宣传贯彻、行业标准得到规范、服务重点得到强调等为内容。至年底，共举办培训32班次，完成培训1600人次，为义乌市物业服务健康发展提供了有力支撑。

【优秀物业项目】 2021年8月20日，金华市住房和城乡建设局印发《关于2021年金华市园林式居住区（单位）评定结果的公示》，义乌香溪印象、锦都豪苑获评“金华市园林式居住区”，义乌市中医医院获评“金华市园林式单位”。12月26日，义乌市建设局印发《关于公布2021年度义乌市物业管理示范项目的通知》，欧景花园、新光国际、复兴嘉园、世纪公寓、国信证券大厦获评“2021年度义乌市物业管理示范项目”。12月27日，浙江省住房和城乡建设厅印发《关于公布2021年度第二批浙江省节水型单位、居民小区的通知》，义乌復元第一医院、义乌市第六中学等6家单位获评“省节水型单位”，和欣花园、吾悦·首府、翠堤雅苑等17个小区获评“省节水型居民小区”。12月30日，浙江省生活垃圾分类工作领导小组办公室印发《关于公布2021年度浙江省高标准生活垃圾分类示范小区、示范片区名单的通知》，义乌市曲苑小区、荷园小区、上城家园等18个小区获评“省高标准生活垃圾分类示范小区”。

【物业企业信用管理】 2021年，市建设局推行物业服务企业信用管理工作。结合主管部门现场抽查及镇街（道）日常检查，对物业服务企业评定信用等级。至12月底，完成67家物业服务企业的信用评定工作，其中，信用等级A级企业1家，信用等级B级企业2家，并向社会进行推介。5家信用等级为D的企业向社会予以警示，供业主在选聘物业服务企业过程中参考。

（李轩明）

住房公积金管理

【概况】 2021年，义乌市住房公积金实缴职工15.52万人，比上年同期增长23.04%。提取住房公积金19.40亿元，同比下降10.23%（为平衡资金使用，新政策将贷款额度与账户余额挂钩，提取量有所减少）。发放公积金贷款1333笔12.82亿元，同比增长47.19%；归集住房公积金25.55亿元，同比增长11.47%；缴存余额63.38亿元，同比增长10.69%；贷款余额61.93亿元，同比增长8.34%。存贷比97.72%，较2020年年底的99.89%，下降2.17个百分点。

【公积金“一件事”办理】 2021年2月，市住房公积金管理中心会同市不动产登记中心实现“贷款结清一件事”。公积金缴存职工结清公积金贷款后，中心通过与市不动产登记中心联动，自动注销抵押登记，无需职工申请抵押注销。6月，会同市人社局，实现“退休一件事”。公积金缴存职工在市人社局办理退休手续后，中心自动将职工公积金账户余额提取到退休金领取的账户。

【“按月商贷冲还贷”业务开通】 2021年3月，为减轻缴存职工偿还商业贷款压力，市住房公积金管理中心与工商银行义乌分行、建设银行义乌分行、农业银行义乌分行等10家银行开展数据共享，开通“按月商贷冲还贷”业务。公积金缴存职工在以上银行办理商业住房按揭贷款，可在每月自动提取公积金用于偿还住房按揭贷款，可在银行公积金业务网点一次性办理此业务。至2021年年底，共办理“按月商贷冲还贷”签约1451笔。

【住房公积金管委会决议】 2021年4月25日，召开义乌市住房公积金管委会一届十次会议，研究通过《2020年义乌公积金年度报告》等议题。7月28日，召开义乌市住房公积金管委会一届十一次会议，审议通过《义乌市住房公积金管理办法》《义乌市住房公积金信用评价管理办法》《义乌市灵活就业人员缴存使用住房公积金管理办法（试行）》，及义乌市住房公积金缴存、提取、贷款三大实施细则。

【公积金贷款实现“零材料、不见面”】 2021年5月24日，“公积金小程序”上线，实现公积金贷款业务全流程网办，为全国首个实现公积金贷款“零材料、不见面”办理的公积金管理中心。12月，平台接入“浙里办”。此平台通过数据共享、智能辅助审批、部门协同、流程优化、制度重塑，实现公积金贷款业务线上办理和抵押联办。公积金缴存职工可通过线上平台申请公积金贷款、签署借款合同和抵押材料等，无需职工本人办理抵押手续，真正实现“零材料、不见面”。至年底，办理“不见面”贷款507笔，网办率达95.83%。

（陈小妹）

综　述

【交通强市建设】 2021年，市交通局围绕年度目标任务，以高水平建设交通强市为目标，提速交通建设，提质运输服务，成功创建“四好农村路”全国示范县。中共中央、国务院印发《国家综合立体交通网规划纲要》，义乌与杭州、宁波共同列入“国际性综合交通枢纽”建设规划，杭甬义三足鼎立，共同支撑浙江省成为全球贸易与运输的战略高地。同时，义乌被列为全省“四港联动”唯一试点城市，“三轴六向”开放大通道基本形成。2021年，义乌共实施综合交通大会战重点建设项目（含前期）31项，完成有效投资78.78亿元。12月，G527国道至规划S214省道义乌江东连接线工程正式通车，与环城路、阳光大道闭合形成完整城市内环。共建成公路总里程1542千米，境内一级及以上公路里程315千米，境内高速公路里程76千米。全市有城乡公交线路218条，城乡公交车1373辆，公交线网长3930.9千米。有运输服务站点（含城市公交首末站）47个，总面积19.65万平方米。巡游出租车1379辆，网约车经营平台31家。全年，完成道路运输客运量6572.18万人次，旅客周转量6.06亿人千米。完成公路运输货运量1.1亿吨，货物周转量661.11亿吨千米。义乌机场完成总起降架次1.65万次，同比增长20.7%；全年旅客吞吐量167.7万人次，同比增长22.8%；完成货邮吞吐量2.19万吨，同比增长16.1%。建成公交候车亭214个，完成新增、优化公交线路20条，全市首批无障碍公交车36辆全部到位。提升改造农村公路40.2千米。加快客货邮融合发展，结合义乌市农村电商快递物流服务中心（赤岸）投用，推出538路“公交邮路”试点线路，提高农村物流“最后一公里”配送效率，试点情况良好。

【交通“十四五”规划】 2021年，为打造国内国际双循环枢纽城市，构建“三轴六向”对外开放大通道，建设长三角南翼交通中心，义乌市完成综合交通发展“十四五”规划编制。“十四五”期间，义乌谋划实施类项目39个、预备类项目12个，综合交通总投资规模1500亿元，计划完成投资544亿元。为更好推动义乌市交通发展，针对徐村片区、义西区块、江东区块等交通重点区域开展专题研究，进一步理顺区域路网结构。为开辟融杭达沪新通道，开展义乌至杭州城际轨道交通前期方案研究。完成义乌江航道（义乌段）航运开发可行性研究，为义乌江三级航道开发奠定基础。

【三环跨区域融合打造】 2021年，市交通局构建实现周边县域半小时交通圈。联合周边县市打造跨区域三环，整合利用现有国省道的6个提档改造项目，打造义乌、东阳、浦江、兰溪多县市合作的跨区域快速路环，“十四五”期内建成全长140千米、合围1084平方千米的一级公路通行圈，实现县与县之间半小时交通圈，实现与周边县市交通资源共建共享。义乌段2个项目计划年内完工，浦江段1个项目年内开工，其余3个项目均开工。实施与周边县市跨境公路的互联互通工程，37省道东义线、义武公路、义兰公路、阳光大道江东路立交化改造、东萧公路等路段43千米先后建成通车，义乌至永康公路正在加快建设。建成全国首个跨县域“免通圈”。

【高速公路差异化收费政策】 2021年，义乌市对安装并使用ETC（电子不停车收费）记账卡的一类客车，在杭金衢高速、甬金高速、疏港高速义乌、望道、浦江、金义新区（鞋塘）等15个收费站之间进出行驶，免收车道通行费。“高速免通圈”是统筹共建都市区的重要成果，义乌、浦江、金东三地群众共享交通建设成果和优惠政策，对加快建设浙江自贸区（金义片区）、推进金义一体化具有重要意义。至2021年年底，累计为1200万辆次汽车，减免费用1.26亿元。

【交通数字化改革】 2021年，市交通局围绕省市数字化改革目标，以“规定动作接得住，自选动作有亮点”原则，按照“一年出成果、两年大变样、五年新飞跃”时间表，谋篇布局义乌市交通数字化改革总蓝图，编制出台《义乌交通数字化改革行动方案》，构建1+4+6+X（“1”是全面应用全市一体化智能化公共数据平台，同时根据义乌实际，打造夯实义乌市数字交通基础平台，实现对外全面对接和对内全面服务；“4”是指全面对接落实省厅关于交通条线数字化改革的要求，推进4个省级层面重点应用场景；“6”是指围绕义乌交通行业管理和服务，重点实施6个特色应用场景；“X”是指谋划储备一批数字化改革项目）总体框架，提出14项重点建设任务和6项储备项目。车保姆码迭代升级版本——交通码系统11月11日上线试运行，试运行期间，系统运行平稳，未出现重大性能故障和程序错误，系统功能符合预期。系统上线后，道路运输行业的监管能力与公众服务能力得到大力提升。9月，配合业务科室需求，在项目中增设新冠肺炎防疫功能板块，为道路运输行业的安全生产工作保驾护航。义乌出租车数字化服务管理系统建设项目有序推进。

【绿色出行城市创建】 2021年，市交通局根据省、市碳达峰工作部署，联络浙江省交通运输科学研究院技术力量组建研究团队，成立双碳工作专班，召集发改、财政、公安、建设、生态环境等15家相关单位研究编制交通领域碳达峰方案。制定并以市政府名义印发实施《关于进一步落实公共交通优先发展战略的实施意见》；落实公交补助资金保障行业健康发展；义乌市作为全省唯一一个县级市积极推进绿色出行城市创建工作，将绿色出行创建行动纳入义乌市综合交通“十四五”规划及公交专项规划编制；加强公交与轻轨衔接，制定并完善轻轨站周边公交配套方案；推进义东公交同城化，开通1条跨县定制公交。2017—2021年，5年累计新增和更新新能源（清洁能源）公交车557辆，其中36辆为无障碍公交车。全市1361辆公交车清洁能源车型的占比达86.11%，纯电等新能源车型的比例达68.48%。全面优化出租车能源结构。完成所有老旧出租车的更新。清洁能源车型的占比达100%，其中纯电等新能源车型的比例达89.41%，其余全部为清洁能源车辆。新能源“出租车驿站”正常运转，为全市出租车提供洗车、充电、就餐、购物等一站式服务。淘汰不合规营运货车，全年累计清理“国三”及以下老旧营运货车167辆。

【交通行业治理】 2021年，市交通局开展“平安交通年建设活动”，狠抓行业治理，完成省市各级事故“黑点”整治。全年，累计出动执法人员3.25万人次，排查企业1.28万家次，查处各类违法案件4656起，处罚982.1万元。其中，查处路警联合治超案件2410起（超上年100%以上），卸载10.66万吨，收缴罚款194.9万元。查处“百吨王”72辆，超限率金华最低，全省前列。开展安全生产三年行动、“遏较大”等专项整治行动，突出“两客一危”重点，充分应用省厅综合监管平台，实施一竿子捅到底的“穿透式监管”，全年处理异常2300起、转工单280起，转处罚45起。淘汰57座、卧铺大客车58辆，补助600余万元。委托第三方对全行业安全、新建公交站棚质量开展抽查，整体情况较好。通过机构全面下沉、管养体制改革，成功创建“四好农村路”全国示范县。

【路域环境专项整治】 2021年，市交通局开展“全市公路路域环境专项整治”，累计发现排查公路沿线问题点位236处。完成整改236处，上报省厅重点问题清单62处。完成整改62处。绿化补植提档16727平方米，清理路域环境垃圾829吨。开展高铁和普铁沿线环境综合整治，完成安全隐患以及视觉污点相关问题12处，拆除违建900平方米，加固简易房1760平方米，实施绿化补植提档7809平方米。提早完成12处省、市各级事故“黑点”整治工作，其中省级1处，金华1处，义乌10处。

【“利剑”行动】 2021年，市交通局开展“利剑”行动，深挖彻查专项整治交通运输领域乱象和违法违规行为，全力营造安全稳定的交通运输环境。成立利剑行动专项检查组，由质监部门主要负责人任组长，固定业务骨干人员为成员，每日开展项目检查，结合综合执法大检查。采取邀请第三方质量安全咨询专家检查，组织类型相似项目主要管理人员开展交叉检查等形式，对全市9个重点项目11个施工标段开展全方位检查。查出问题隐患104个，实施行政处罚5起，隐患整改55处。

【精准防疫】 2021年，市交通局从严抓好“外防输入”，及时暂停中高风险地区班车、严禁途经班车配客、暂停包车备案；配合相关部门加强进口高风险货物运输防疫工作；发布《对来义班车非法下客线索实行有奖举报的通告》，发动群众、精准防疫。推进1.98万从业人员疫苗接种工作，除去有禁忌206人，疫苗接种率达99.5%，其中客运、公交、出租车等行业从业人员疫苗接种率达100%。从严抓好防疫措施，全面落实客运班车、公交车、出租车、网约车、客运站、公交枢纽消毒通风，驾驶员戴口罩、乘客戴口罩、亮码等措施，督促从业人员做好自身健康监测。开展春节留义服务工作，制定公交、出租车、汽修洗车行业留义服务政策，保障春节期间全市公交免费乘坐，发放公交行业、出租、维修等行业留义补助1229万元。

【清廉交通建设】 2021年，市交通局开展清廉交通建设，层层压实党风廉政建设“两个责任”，全面贯彻落实管党治党的政治责任。全年开展各类督查18次，下发各类通报69起（其中疫情防控督查通报64起），查处信访举报8起，运用第一形态处理18人次。结合执法领域突出问题专项整治、交通运输领域突出问题专项整治、涉企奖补资金审查等行动，更新完善“三重一大”、危化品非法运输预警工单联合处置等7项管理制度。

【换电站建设】 为实现“碳达峰、碳中和”，服务百姓“绿色出行”，恒风集团与蔚来公司合作建设换电站项目，充分发挥双方资源优势，实现优势互补、资源共享、合作共赢。2021年11月27日，恒风汽车城、国际商贸城客运中心2座蔚来汽车二代换电站启用。蔚来汽车第一代换电站为车主提供专属代客换电服务，第二代换电站在第一代基础上进行升级，实现自助智能化“一键换电”。二代换电站能储备13块电池，只要3～5分钟就能完成一次换电，并支持自动泊车，车主全程无须下车。同时，蔚来换电站每次换电都会为车辆进行一次“三电”系统（电池、电机和电控系统）自检，确保车辆在满电出发前始终处于最佳状态。至年底，全市有换电站5座。

（陈金春）

城乡公交

【概况】 2021年，义乌市内公交业务由浙江恒风集团公交分公司、义乌市万方交通有限公司、义乌市稠廿客运有限责任公司、廿三里公交公司4家公司经营。为落实公共交通优先发展战略，促进公共交通行业可持续发展，2月，义乌市人民政府出台《关于进一步落实公共交通优先发展战略的实施意见》，推动公共交通精细化管理。年内，全市新建公交候车亭221个，新增公交线路3条，优化公交线路17条，新增更新公交车辆102辆。新增公交充电桩63个，全市有151个。至年底，全市共有城乡公交线路218条，其中，城市线路139条、农村公交线路79条。城乡公交车1373辆、1510.1标台，其中，纯电动公交车642辆、708.9标台，气电混合动力公交车302辆、359.3标台，天然气公交车214辆、254.5标台，油电混合动力公交车36辆、40.8标台，柴油公交车170辆、142.1标台，汽油公交车9辆、4.5标台，清洁环保公交车占全部公交车比例为86.96%。有运输服务站点（含城市公交首末站）44个，总面积17.37万平方米。所有公交车实现GPS定位、智慧调度、市民卡刷卡及移动支付功能。全年输送客流6421万人次，日均输送17.59万人次。 （方 莹）

2021年义乌市新增公交线路一览表

表17

投放时间	线路名称	起止（线路走向）	里程（千米）	停靠站（个）	班次/天（个）	营运时间
1月26日	566B路	六都村环线	16.3	21	8	6：50—21：00
2月4日	18B路	塔下洲（银河湾）—黎明湖路—南门街—江滨路—香山路—铁东路—绣湖西路—西城路—望道路—四季路—经发大道—畈东	15.1	25	20	银河湾：7：32—18：10 畈东：6：20—17：05
10月11日	Y351路	岩南—曹村—502乡道—机场路—北站大道—城北路—净居路—寺前	11	17	14	岩南： 6：20—16：30 寺前： 7：05—17：20

（宋仙芳）

【定制公交】 2021年，恒风集团稳定运行家校专线、通勤专线、就医专线等特色定制业务专线，深入挖掘拓展商城定制线、晶澳通勤线等定制业务，满足群众个性化、多样化出行需求。6月11日，东阳厦昆溪（紫荆庄园）至义乌国际商贸城客运中心的公交定制班线启动试运行。全年稳定运营定制线路62条，其中，家校线33条、就医线9条、通勤线12条，企业线8条，累计服务群众252万人次。 （张 龙）

【公交车动态服务质量第三方测评】 2021年，为规范义乌市公交企业经营行为，保障乘客权益，提高公交综合服务质量，9月，完成2021年度2期（1—6月）公共交通动态服务质量第三方测评。经统计，全市公共交通动态服务质量平均得分为95.92分（总分100分），浙江恒风、义乌稠廿、义乌万方分别环比提升0.36、0.55、0.77个百分点，义乌廿三里环比下降2.65个百分点，已按测评扣分点完成有针对性整改。11月，对2022年度公共交通动态服务质量第三方测评进行招投标，由北京零点市场调查有限公司中标，测评期为1年（2022年1—12月），测评的项目内容主要为企业经营、社会反映、安全生产、营运车辆、营运线路、运营服务、站点站牌。 （宋仙芳）

【公交车辆投放】 2021年，义乌市城乡公交车辆投放以新能源、零排放公交车为主，新增更新纯电动公交车94辆，采购金额6131.2万元。新增更新柴油公交车8辆，采购金额195.84万元。新增更新新能源和清洁能源公交车占比达92.16%。首次投放无障碍车，全年采购无障碍公交车36辆，无障碍公交车在后门加装一块活动踏板，驾驶员通过手动操作使踏板翻转落地，轮椅便可通过此坡道进入车厢，后车厢正对门设独立空间可摆放轮椅，配备安全带予以固定，防止残障人士在车辆运行时发生轮椅滑行现象。无障碍公交车投入使用，方便了残疾人、老年人

义乌首批无障碍公交车投放

（恒风集团供图　2021年10月27日摄）

等特殊人群乘车，有利于打造无障碍绿色出行交通环境。10月，第一批18辆无障碍公交车投放在37路公交线，成为义乌首条拥有车门无障碍装置的公交车线路。12月，第二批18辆投放在809路公交线上。（方　莹）

【城乡公交票价调整】 2021年11月11日，市发改局、市交通局发布《关于调整我市城乡公交票价的通知》，自2022年1月1日起，市内BRT实行3元一票制，城区、城乡公交实行2元一票制，农村支线实行1元一票制。普通市民卡享受9折优惠，学生卡享受7折优惠，持市民卡享受1小时内换乘7折优惠。70岁以上老人、离休干部、残疾军人（武警）、伤残警察、现役军人、在本市享受定期抚恤补助的对象（含“三属”、带病回乡退伍军人、参战和参加核试验退役军人）、消防救援队伍人员、市级人才、献血人员、反扒人员、残疾人、特困人员、1.2米以下儿童等人员按国家和地方有关政策规定凭相关证件（儿童免证）享受免费乘坐公交车的优惠。60～70岁老人、1.2～1.5米儿童等人员凭相关证件（儿童免证）享受半价优惠。此次票价调整是义乌市自2010年11月以来首次公交票价调整。

（张　龙　俞　剑）

【新场站·枢纽投入使用】 2021年11月25日，火车站公交首末站正式启用。公交场地占地1.25万平方米，共有站台21个，线路25条。12月28日，城西站公交枢纽正式启用，占地面积2.6万平方米，共有公交站台17个，线路32条。主要功能包括始发客流集散、客流换乘、运营调度、车辆停放、车辆清洗、车辆小修等。（张　龙　俞　剑）

【应急运输保障】 2021年12月，恒风集团派驻人员入驻义乌市新冠肺炎疫情防控指挥部交通物流专班和转运专班，全力配合全市新冠肺炎疫情防控任务。日常配备硬隔离转运车辆10辆，配备硬隔离公交车30辆，参与火车站、机场排查出的健康码红码、黄码人员转运。全年转运红码、黄码人员6743人，为各卫生站驻点转运人员418人。

（张　龙）

【“我为企业解难题”实践活动】 2021年，市交通局将学习教育与解决实际问题结合起来，为企业解难题、为群众办实事结合起来，组织开展“我为企业解难题”实践活动，常态化落实“助企八条”“暖心八条”，努力破除企业生产经营中的痛点难点堵点。义乌公路港园区入驻245家物流企业，18家大型供应链企业及大型仓储企业，启用3栋综合办公楼作为直播电商、跨境电商的孵化基地，日车流量过万辆，日均出入园区人流达到4000余人，园区人员通勤交通便捷性需求剧增。市交通运输局与园区企业进行面对面交流，深入摸底企业需求，了解企业员工到义乌公路港的通勤时间、交通方式等，并会同公路港公司对园区周边道路进行实地勘察，就公交站点选址、运营路线等重点问题商讨研究，确定实施方案。结合园区实际情况，决定将385路公交延伸至园区内，由国内公路港提供场地作为公交首末站，同时设立南北两个站点，方便园区经营户公交通勤。4月28日，385路公交正式入驻义乌公路港，行驶路线为江东客运站—义乌公路港，途经胜利二区、新科花园和稠江街道办事处等地，真正做到让入驻企业享受“家门口”式出行。

（陈金春）

出租车管理

【概况】 2021年，义乌市共有巡游出租汽车企业12家，在运巡游出租汽车1379辆。经营权分属12家出租车企业，其中，义乌客货运输有限公司138辆，浙江恒风交通运输股份有限公司161辆，义乌市万方交通有限公司103辆，浙江省义乌市长途汽车运输有限公司171辆，义乌市杭长运输有限公司140辆，义乌市联运有限公司166辆，义乌市恒风运达出租客运股份有限公司90辆，义乌市之江出租车客运股份有限公司90辆，义乌市顺凯出租车客运股份有限公司90辆，义乌市速达出租车客运股份有限公司90辆，义乌市怡达出租车客运股份有限公司90辆，义乌市腾飞汽车代驾服务有限公司50辆，出租车从业人员1999人。年内，更新巡游出租车321辆，其中，纯电动出租车270辆，双燃料混合动力51辆，新能源汽车占比84.11%。全年，运送旅客2061.36万人次。年内新增网约车经营平台18家，全市共有网约车经营平台31家。新增出租车行业从业人员881人，营运车辆511辆。

【新能源出租车“门检”】 2021年，出租车驿站将服务与行业监管相结合，在驿站内设置“门检”功能，每月1次，定期对巡游新能源出租车灯光、轮毂、车内设施等26个子项进行常规检查，确保出租车车容、车貌、车况符合行业监管标准。至2021年年底，完成1.06万辆次出租车桑拿“门检”业务。

【巡游出租车管理考核】 为更公平、公正对巡游出租车进行管理考核，提升全市出租服务质量，2021年11月，通过招投标，由北京零点市场调查有限公司对2022年度（1—12月）义乌市巡游出租汽车进行动态服务质量第三方测评，对市域巡游出租车行业总体及出租汽车公司的服务质量水平进行综合评价。项目内容包括出租车服务质量动态测评、斑马线礼让率、企业主体责任落实情况调查、投诉处理情况分析、行业协会自律情况调查等。通过第三方测评，确保考核数据真实有效，及时掌握同行业先进城市经验，准确把握行业发展与管理脉络，提高管理决策质量，降低决策风险。

（宋仙芳）

公路运输

【概况】 2021年，义乌市共有公路客运企业7家，国际商贸城客运中心、站前客运站2家客运站。客运线路113条，客运车辆266辆，其中：旅游包车104辆，省际客运线路57条、客运车辆52辆；市际客运线路41条、客运车辆64辆，县际客运线路15条、客运车辆46辆。外地进义乌客运线路249条，其中，跨省以上客运线路132条，跨地以上客运线路88条，跨县以上客运线路29条。至年底，完成客运量6572.18万人次，同比下降2.3%；旅客周转量6.06亿人千米，同比下降3.71%。其中：长途客运量151.18万人次，周转量1.41亿人千米；公交客运量6421万人次，周转量4.65亿人千米。全市共有公路货运企业976家，货运站4家，货运车辆4809辆（含挂），其中危险货物运输车辆198辆。全年完成公路运输货运量1.1亿吨，货物周转量661.11亿吨千米。

【车辆管理】 2021年，市交通局贯彻执行“安全第一，预防为主”方针，制定《义乌市关于提前淘汰卧铺及57座（含）以上营运客车奖补方案》（按照全省平安交通建设年及相关专项整治行动要求），淘汰卧铺营运客车8辆，57座以上营运客车50辆。发放奖补资金591.5万元，其中，省补资金174万元，义乌市财政保障417.5万元。

（宋仙芳）

【驾驶员培训】 2021年，义乌市驾培行业共有驾培机构16家，教练车1113辆，驾培从业人员1464人。机动车驾驶员培训招生4.18万人，同比增长19.08%。完成培训结业3.81万人，同比增长88.6%；道路运输驾驶员从业

资格考试合格人数1365人，同比下降16.26%。（楼　彬）

【道路市场秩序整治】 2021年，以“两客一危”为重点，市交通局开展春运站外组客整治行动、成品油市场专项整治、驾培行业整治等专项行动。在铁路义乌客站、义乌国际商贸城客运中心等重点区域开展黄牛整治，查处非法营运、大客违法违规行为及出租车违章行为，维护道路运输市场秩序。全年查处道路运输行业案件609起，其中，客运行业案件305起（站外组客106起），货运行业案件244起（危货案件127起），维修行业案件5起，驾培行业案件55起。实施行政处罚2381起，同比增长354.4%。其中，公路管理案件1322起，道路运输案件609起，轻微违法行为394起，法院强制执行56起。（宋仙芳）

【违法超限整治】 2021年，市交通局与公安交警保持紧密联系，联合对重点区域、重点路段、重点时段的非法超限超载车辆进行集中治理。召开协商会议探讨提高治超效率措施，落实1名交警派驻治超所。推进老旧超限超载非现场执法点升级改造，年内，4个超限超载非现场执法点正常启用。探索“一超四罚”，对超限超载行为的运输车辆、驾驶人、货运企业、承运人四方进行处罚，通过对证据链的详细摸排，首次对源头企业开出罚单。推进市域之间跨区域联合执法行动，与诸暨、浦江、东阳、金东等县市（区）开展跨区域联合治超9次。全年查处违法超限案件3326起，同比增长97.1%，其中非现场执法案件673件，点位超限率从10%以上降至2%以下。（文育生）

【客运班线清理整治】 2021年3月25日，根据《浙江省人民政府办公厅关于开展平安交通建设年活动的通知》和浙江省交通运输厅《关于开展全省长途班车和包车客运安全专项整治绩效考评和以奖代补工作的通知》，启动义乌市800千米以上客运班线清理整治工作。经与浙江省公路与运输管理中心核对，义乌市有800千米以上一类客运班线29条，其中，义乌客货运输有限公司17条，义乌市恒风长途客运有限公司11条，义乌市万方交通有限公司1条。至11月，完成班线清理整治工作，其中，里程缩短不到800千米7条，申请注销9条。保留的13条班线完成第三方安全风险评估。（宋仙芳）

【义乌“内环路”实现闭环通车】 2021年12月22日，省重点工程G527至规划S214义乌江东连接线工程项目通车，义乌城市内环快速路“最后一公里”正式打通，义乌城市“内环”实现闭合。至此，义乌“内环”总里程42千米，环内城区面积112平方千米，形成主城区快速路网的30分钟“通勤圈”，成为全省首个构建形成“内环高架、外环高速”环城快速路体系的县级市。义乌江东连接线工程起点位于G527宗泽路互通，路线平行甬金高速往东延伸，设置互通跨越S310省道，与阳光大道采用立交形式相接，路线总长4.18千米，概算总投资13.3亿元，采用一级公路标准设计，设计时速80千米每小时。义乌是目前全国唯一规划每个乡镇都通快速路的城市。（陈金春）

公路工程

【概况】 2021年，义乌市安排综合交通大会战重点建设项目（含前期）31项，其中，新建2项，续建18项，完工4项，前期7项，全年完成有效投资78.78亿元。完成农村公路大中修60千米，农村公路新改建40千米。年内，义乌市获批“四好农村路”全国示范县。（厉之超）

【G527至规划S214省道义乌江东连接线工程】 2021年12月22日，G527国道至规划S214省道义乌江东连接线工程举行通车仪式。工程总投资13.32亿元，2019年4月开工建设。起点位于G527宗泽路互通，对宗泽路互通进行适当衔接改造，路线平行于甬金高速向东延伸，穿越山岭接阳光大道，对阳光大道进行改造并设置互通立交，终点接规划S214省道稠廿立交。采用一级公路标准建设，兼顾城市道路功能。路线全长4.18千米，其中，G527国道至阳光大道段长2.6千米，阳光大道至规划S214

施工中的G527国道至规划S214省道义乌江东连接线工程

（交旅集团供图 2021年5月21日摄）

省道段长1.58千米。全线设置桥梁24座（含匝道桥），互通立交2处，原互通改建1处。建成通车后，义乌城市内环快速路“最后一千米”打通，实现闭环通车，“内环”总里程42千米，环内城区面积112平方千米。G527国道至规划S214省道义乌江东连接线工程项目建设单位为义乌市交通旅游产业发展集团有限公司，设计单位为义乌市交通设计有限公司，施工单位浙江交工集团股份有限公司。

（厉之超 叶枝依）

【G527金义东公路路面整治工程】G527金义东公路整治路段长14.25千米，金义东路面一期整治路段长7.12千米，金义东路面二期（义乌段）整治路段长8.95千米，共长30.32千米。G527、金义东公路均采用一级集散公路标准，设计速度每小时80千米，采用双向四车道。总投资2亿元，2020年12月底完成招标，2021年年底完成主体工程。项目建设单位为义乌市交通旅游产业发展集团有限公司，设计单位为义乌市交通设计有限公司，施工单位为大陆交通建设集团有限公司。

（厉之超）

【铁路义乌站综合交通枢纽建筑工程】2021年7月26日，铁路义乌站综合交通枢纽大楼旅客出发到达、社会停车场等功能启用。11月25日，铁路义乌站综合交通枢纽大楼一层出站通道及公交车、出租车场地完成功能区域转换，改变以往义乌火车站“露天式”进站方式，改善旅客进出站环境。铁路义乌站综合交通枢纽项目位于后宅街道既有火车站旁，2016年4月30日开工，概算总投资15.49亿元，总建筑面积20.47万平方米，建筑层数为地上5层、地下2层。一层为公交车场地、出租车蓄车场、出站通道，二层为进站集散大厅、售票、社会车辆停车场、办公及商业用房，三层、四层、五层为进站平台、办公管理及商业用房等，地下室一、二层为社会车辆停车场。项目建设单位为义乌市交通置业有限公司，设计单位为中铁第四勘察设计院集团有限公司，施工单位为中国建筑第八工程局有限公司。 （叶枝依）

铁路运输

【概况】义乌有铁路义乌站、铁路义乌西站2个火车站。铁路义乌站为高普并站的一等客运站，铁路义乌西站为货运站、“义新欧”中欧班列始发站，办理整车、集装箱、行包到发运输等业务。2021年，铁路义乌站贯彻落实上级部署要求，落实“一手抓防疫，一手抓安全运输生产”，围绕新冠肺炎疫情防控、运输安全、反恐安保和大客流常态化管理要求，提升车站服务质量，实现春运、暑运、各类小长假和中国共产党成立100周年大庆安保等重点时期安全稳定，实现高质量发展。积极配合地方防疫部门落实流调追溯及监控排查，处置涉疫事件60次计187人。年内，铁路义乌站综合交通枢纽启用，彻底改变以往义乌火车站“露天式”进站方式，改善旅客进出站环境。 （曹 宇）

【铁路义乌站】铁路义乌站（简称“义乌站”）是沪昆铁路线上高普并站的一等客运站，隶属于中国铁路上海局集团有限公司金华车务段管辖，为全国县市级最具规模和活力的车站。铁路义乌站有11个站台，其中，高铁5个站台，普铁6个站台，2021年，日均开行旅客列车310列，全年发送旅客969.1万人，日均发送2.7万人，同比增长13%，相比2019年恢复度为75.6%。完成运输收入11.3亿元，日均310.7万元，同比增长8.9%，相比2019年恢复度为73.8%。（曹　宇）

【铁路义乌西站】 铁路义乌西站隶属于上海局集团有限公司金华车务段，位于义乌市城西街道西站大道800号，中心里程为沪昆下行线318千米612米、沪昆上行线318千米836米，站管长度24.47千米。有到发线6条，货物线3条，集装箱专用线4条，有生产资料、粮食、盐业、化工、油料专用线、军事专用线等专线。货物仓库共4.7万平方米，其中，货场仓库3万平方米，专用线仓库1.72万平方米，堆场2.21万平方米。铁路义乌西站属上海局一等车站，职工69人；与车站并列的有金华货运中心义乌经营部，职工160人。2021年，车站发送货物207.7万吨，装车9万车，卸车7.27万车，货运收入7.47亿元，货物吞吐量367万吨，日均接发列车258列，其中中欧中亚班列开行1277列。至年底，车站安全天数达5678天。（潘亚波）

【金义东轨道交通项目】 金义东轨道交通正线全长107.17千米，由金义线与义东线两条线组成，两线在义乌秦塘站呈双岛四线同站台换乘，整个项目总投资达340.45亿元。其中，义乌市境内路线总长40.361千米（含地下线长6.7千米），设有11座车站，2个停车场（官塘停车场、后宅停车场），项目红线涉及义亭、稠江、稠城、北苑、后宅、福田、江东7个镇街（道）45个村居，投资125.37亿元。至2021年12月20日，义乌段完成年度投资额11.88亿元，为全年目标任务11亿元的108%。从2017年11月28日开工以来，义乌段累计完成投资106.62亿元，占概算总投资的85%。至2021年年底，义乌市境内轨道项目涉及土地征用任务61.38公顷全部完成，房屋拆迁面积16.8万平方米。共拆迁农户184户，企业14家，迁改各类电力线路49条，拨付各类征迁资金8.6亿元。（曹德松）

【金义东轨道交通金义线全线轨通】 金义线义乌段起于下穿杭长高铁处，沿国贸大道二期南侧—国贸大道止于秦塘站，线路长22.2千米，其中U形槽及明挖地下段1.6千米，其余为高架线。沿线设义亭、官塘、稠江、绣湖4座高架车站，终点站秦塘站为地下车站。2021年4月25日，金义线义乌段完成长轨贯通。5月25日，义乌段所有站点实现结顶。8月9日金义线实现试通车。（曹德松）

【铁路义乌站综合交通枢纽启用】 2021年7月26日，铁路义乌站综合交通枢纽大楼落客平台、地下停车场启用，社会车辆可直接进入枢纽大楼，地下2层停车场有停车位1500个。二楼东侧落客平台启用，乘客可在此下车前往候车大厅，同时开放站南一路、二路、三路、四路以及广场大道等进出通道，方便旅客进站，缓解站区附近交通拥堵。11月25日，枢纽大楼出站通道及出站厅、公交车场、出租车及网约车

2021年8月9日，金义东轨道交通金义线试通车

（义乌市金义东城际轨道交通指挥部　供图）

2021年7月26日，铁路义乌站综合交通枢纽大楼部分功能投入使用　　（义乌铁路与综合枢纽建设管理指挥部　供图）

上客区功能启用，车站出口通道同步转入枢纽大楼，实现新建出站通道与枢纽大楼一层无缝连接，改善旅客出站环境。

（曹　宇）

【金义东轨道交通义东线首通】 金义东轨道交通义东线起于义乌高铁站，止于东阳横店高铁站。其中义乌境内线路长17.9千米，设义乌高铁站、凌云站、春晗站、秦塘站、国际商贸城站、浙医四院站、江东站7个站，除凌云站、春晗站、江东站为高架站，其余均为地下站，地下线长6.7千米。2021年12月8日，义东线首通段（义乌凌云站至东阳体育馆站）实现轨道接通。

（曹德松）

【商城大道隧道长轨贯通】 2021年12月8日，商城大道隧道长轨贯通。商城大道隧道工程西起雪峰东路西，东至浙大四院东，全长6.04千米，采用3个工程合建方案，包括1个综合管廊、1个市政的下穿隧道、1个轻轨的轨道交通。2018年7月底，商城大道隧道开工建设，总投资42.85亿元。工程采用地下隧道结合地面道路形式，按城市主干道标准建设。

（曹德松）

民航运输

【概况】 义乌机场位于义乌市区北部，修建于1970年，原为海军训练二级机场，1988年经国务院、中央军委批准同意义乌机场军民合用，1991年4月民用部分正式运行。通航以来，先后投资15.5亿元进行改扩建4次。2021年，机场飞行区技术等级为4D级，机坪面积为5.8万平方米，有11个停机位。军民航共用的跑道长3000米、宽45米，可满足空客300、波音767等大中型客机及波音757货机起降。有国际及地区通航点3个，分别为澳门、大阪、马尼拉，其中澳门为客运航点，大阪、马尼拉为货运航点。国内通航点26个，分别为北京首都、北京大兴、广州、深圳、揭阳、沈阳、天津、青岛、济南、淮安、重庆、郑州、西安、巴中、银川、成都、武汉、贵阳、南宁、珠海、三亚、昆明、乌鲁木齐、长春、太原、哈尔滨。2021年义乌机场共起降航班1.65万架次，旅客吞吐量167.72万人次，货邮吞吐量1.42万吨，分别同比增长6.4%、−17.3%、34.3%。

【义乌—澳门航线开通】 2021年1月19日，义乌机场开通义乌—澳门航线。当日，义乌机场用“过水门”方式迎接首航航班，并举行首航仪式。义乌—澳门航班由澳门航空公司执飞，机型为A320/321，计划每周二、周四、周日往返各一班。义乌—澳门航线作为“十四五”开局之年义乌机场开通的第一条新航线，有着特殊的意义，进一步加强浙中地区与澳门的经贸旅游合作，提升义乌的对外开放水平，为推进义乌自贸试验区建设发挥积极的作用。

【义乌—马尼拉全货机航班开通】 2021年3月2日，一架国际货运航班从菲律宾马尼拉机场返航，降落义乌机场，标志着义乌—菲律宾马尼拉国际货运航线正式开通运行。此航线是义乌机场继义乌—大阪之后，开通的第二条定期全货机航线。义乌—马尼拉航班由杭州圆通货运航空有限公司执飞，机型为B757-200F型，每周三、周五0时30分从义乌起飞，3时45分飞抵马尼拉；每周二、周四14时50分从马尼拉起飞，18时05分抵达义乌，进出港货物以跨境电商货物及普货为主。此航线开辟了义乌至菲律宾空中货运通道，为义乌自贸区建设发挥积极作用。

【新增1架驻场飞机】 2021年3月26日，南方航空一架B737-800型飞机落地义乌机场，为南方航空在义乌机场投放第六架驻场飞机。新入列飞机，对地区运力资源、航线品质、市场服务、物流运输等方面起到提升作用，进一步满足市民出行需求。

【哈尔滨—义乌—深圳航线开通】 2021年3月28日，龙江航空LT4345哈尔滨—义乌航班抵达义乌机场，随后飞往深圳，此为夏航季换季后，义乌机场新引进的航空公司开通首条航线。哈尔滨—义乌—深圳航线由A320机型执飞，航班号为LT4345/6，每天一班。此航线的开通，由南向北串联起深圳、义乌、哈尔滨3座城市，为往来三地的旅客提供更加丰富的出行选择。至年底，此航线共运送旅客3.34万人次。

【义乌—南宁航线开通】 2021年4月8日，由南方航空公司执飞的CZ8659航班从义乌机场起飞，标志着义乌—南宁航线正式开通。此次新增义乌—南宁航线，经停揭阳，由B738机型执飞，班期为每周二、周四、周六。此航线的开通，为义乌、南宁两地深化交流，加强合作架设起一条高效的空中桥梁。至年底，此航线共输送旅客1.97万人次。

【宁波机场与义乌机场互为异地货站项目】 2021年4月29日，宁波机场与义乌机场互为异地货站项目在义乌幸福湖国际会议中心签约揭牌。此为继杭州萧山国际机场之后，义乌机场设立的第二个异地货站项目。项目落地后，双方机场可共享货站资源，实现数据及物流服务设施的互联互通，不仅降低了物流企业的时间成本和运输成本，也为拓宽物流通道、提升货物运输的通达性提供便利。

【义乌—淮安航线开通】 2021年10月31日，义乌—淮安航线首航。此航线由南方航空公司执飞，飞行时间1小时15分，航线由波音737—800机型执飞，每天往返一班，15时05分从义乌机场起飞，16时20分抵达淮安；17时20分从淮安起飞，18时35分抵达义乌机场。此航线为往来义乌与淮安两地的旅客提供了更加便捷、经济的出行体验，至年底，此航线共输送旅客7416人次。

【义乌—巴中—乌鲁木齐航线首航】 2021年11月1日，由南方航空公司执飞的义乌—巴中—乌鲁木齐航线首航。此航线每周执飞2班，周一、周四16时10分从义乌起飞，19时抵达巴中，23时35分到达乌鲁木齐；周二、周五9时5分从乌鲁木齐起飞，12时35分抵达巴中，15时45分到达义乌。此航线的开通推动义乌、巴中、乌鲁木齐三地的经济与文化交流，进一步助推东西部协作发展。至年底，此航线共输送旅客1515人次。

【义乌—银川航线开通】 2021年12月3日，由南方航空公司执飞的CZ5105航班从义乌机场起飞，标志着义乌—银川航线正式开通。航线由波音737—800机型执飞，每周往返4班，其中每周二、周五16时35分从义乌机场起飞，19时30分抵达银川；每周三、周日8时从义乌机场起飞，11时抵达银川。银川是义乌高铁4小时圈之外的省会城市，开通义乌直飞银川的航线，进一步带动两地的经贸往来。至年底，此航线共输送旅客2.86万人次。

（刘静宇）

综　述

【义乌物流业稳步发展】 2021年，义乌市共有国内物流企业1550家，国际货运代理企业1600家，"三通一达""顺丰""极兔"等快递企业127家。有国家A级物流企业60家，其中，AAAAA级2家，AAAA级31家。全年全市完成商贸货运量8258.7万吨，其中江北下朱物流场站、国内公路港物流中心、青口物流中心、福田物流中心和红狮智慧物流园5个物流园区完成货运量1993.39万吨。2021年，新增仓储物流场所77.2万平方米，超额完成年度新增50万平方米的任务，其中，公路港物流中心二期、红狮智慧物流园二期竣工验收，深国际物流港一阶段、中通快递浙江总部、圆通速递浙江总部建成投用，环球义达供应链产业园、Chinagoods共享云仓完成投用。规划占地43.67平方千米的国际陆港物流园区（陆港新区），涵盖国内物流、国际物流、快递物流、电商仓储、物流企业集聚等十大功能区块。国内公路港物流中心、红狮智慧物流园入选2021年度浙江省物流园区提质增效试点，浙江佰川物流有限公司入选2021年度省物流新业态新模式发展试点。年内，义乌市获"中国物流五年特别成就奖"，义乌市陆港铁路口岸发展有限公司获评最佳"国际物流服务企业"称号，义乌市快捷货物运输有限公司等5家企业获"中国物流业品牌价值百强物流企业奖"。（顾朝晖）

【亚马逊集货中心项目】 2021年3月起，义乌市市场发展委及陆港集团与亚马逊全球物流团队沟通亚马逊集货中心建设方案，推进项目落地。9月22日，亚马逊义乌集货中心试运营。亚马逊义乌集货中心位于义乌国际陆港物流园（普洛斯义乌物流园）A3栋，占地30平方米，计6个垛口。11月19日，亚马逊国内首个产业带集货中心正式运行，亚马逊全球物流团队义乌服务中心同期启用。同时，亚马逊全球物流中心与义乌国际陆港电商城签订战略合作，义乌与亚马逊合作迈入新阶段。至2021年年底，亚马逊义乌集货中心为20余家电商企业提供集货服务。（顾朝晖）

【义乌首家网络货运平台】 2021年3月15日，义乌首家网络货运平台在浙江佰川物流有限公司（简称"佰川物流"）试运行。平台利用移动互联网、物联网、云计算、GPS定位等技术，实现前端揽收、中端分拨、末端派送物流信息全流程数字化、可视化场景。商户和司机只需通过手机、电脑上传相关证件，输入相关信息，实名认证审核通过后，便可从网络货运平台下单、接单，实现高效的货物配载和及时的运费结算。试运营当天报名申报的司机有120余人，上线车辆1000余辆。（顾朝晖）

【义乌获中国物流业金飞马奖】 2021年3月20日，根据第十四届中国物流业金飞马奖奖项推选办法，通过媒体推荐、大数据分析、专家评议、组委会审核等评审环节，义乌市荣获第十四届中国物流业金飞马奖——“中国物流五年特别成就奖”“2020抗疫先锋特别奖”2项奖项。义乌市陆港铁路口岸发展有限公司获最佳国际物流服务企业，义乌市快捷货物运输有限公司等5家企业获“物流业品牌价值百强物流企业”。中国物流业金飞马奖是中国物流业界最具影响力的奖项之一，享有物流业的“奥斯卡”盛誉，为物流领域品牌传播发挥了重要的作用。2020年，义乌市完成商贸货运量7683.7万吨，“十三五”期间年均增长3.6%。拥有国内物流企业1550家、国际货运代理1600家。中外运-敦豪（DHL）、美国联邦快递公司（FedEx）、美国联合包裹公司（UPS）等全球快递巨头以及中远海、法国达飞、太平等国际知名船务公司均在义乌设立分公司或办事处。义乌公路货运到达全国31个省(市、自治区、直辖市)的县级以上网点，实现国内重要城市全覆盖。 （陈金春）

【跨境电商产业园及物流园项目】 2021年8月20日，义乌商贸服务业集聚区管理委员会与义乌中国小商品城控股有限责任公司签订协议，建设跨境电商产业园及物流园项目。项目总投资200余亿元，跨境电商产业园投资及跨境物流园投资均达100余亿元。项目采用“仓办分离”模式开发建设，分跨境电商产业园、跨境物流园2个板块。其中：跨境电商产业园规划占地面积53.33公顷，规划设置跨境电子商务、自由贸易服务、商务服务、大数据中心及产业研究院、生活配套服务5个板块；跨境物流园规划占地120公顷，为跨境电商产业园提供物流、仓储等相关配套服务。至年底，跨境电商产业园及物流园完成项目供地。 （程培英）

物流管理

【概况】 2021年，市市场发展委开展物流园区日常检查，以抽查形式检查物流园区61家次，物流企业1165家次，整改隐患324处，梳理重大风险隐患2批7处，发送物流安全生产、平安维稳短信20万条。统筹5个物流园错位布点，确保义乌至全国各省至少1条干线正常营运。成立春节物流保障运输车队，车队有各类短驳运输车辆35辆。全年，受理投诉案件1732起，规定时效内处理完成率100%。 （顾朝晖）

【《建设宁波舟山港“第六港区”支持政策》】 2021年3月22日，为聚焦重点补短板，促进港口功能和船务资源前移，海铁联运班列高质量发展，船务人才集聚，义乌市出台《建设宁波舟山港“第六港区”支持政策（试行）》（简称《政策》）。《政策》共9个方面，鼓励集装箱班轮公司加大义乌堆场空箱进场量，支持物流企业在义乌堆场开展拆空还箱业务；引导集装箱班轮公司在义乌设立经营性机构，推动集装箱班轮公司在义乌落地；鼓励开展多式联运全程提单业务，支持集装箱班轮公司开展企业定制服务。并规定，在义乌设立（含已在义乌设立）全资子公司、分公司的集装箱班轮公司，分别给予50万元、30万元一次性开办费用奖励，对与义乌堆场签订箱管协议并建立义乌堆场独立编码的集装箱班轮公司，年度空箱进场量达2000（含）～5000标箱、5000（含）～1万标箱、1万标箱（含）以上的，分别给予30万元、50万元、100万元一次性奖励。对直接与集装箱班轮公司签订海运订舱代理协议，全年订舱量达3000（含）～5000标箱、5000（含）～1万标箱、1万（含）标箱以上的，分别给予10万元、30万元、50万元一次性奖励。 （陈金春）

【物流企业“英雄榜”发布】 2021年5月30日，经企业申报、线上核查、部门审核评分，2020年义乌市物流企业综合效益评价结果发布。全市非供地物流企业A类8家，B类355家，C类329家，D类191家；供地物流企业A类1家，B类2家，C类1家，D类1家；符合入园条件的卸货点159家。此次效益评价按照供地企业以及非供地企业分类，对企业效益综合评价最终得分进行排序，依据排序情况并参照企业实际，分A、B、C、D 4档确定物流企业效益综合评价结果。首次将供地企业纳入评价指标体系，让全市供地物流企业也能享受到“政策红利”。根据效益评价，A类为优先发展类，指资源利用效率高、质量效益好、贡献大的物流企业；B类为鼓励提升类，指资源利用效率、经营效益相对较好，但发展水平有待提升的物流企业；C类为监管调控类，指经营效益与贡献相对较差的物流企业；D类为落后整治类，指发展水平落后、综合效益差，需重点整治的企业。其中，非供地企业被评为A类的，将在用电、用地、子女就学、重点产业项目申报等方面享受支持。（陈金春）

【“铁路多式联运提单物权化”授信业务】 2021年8月19日，在“义新欧”中欧班列义乌平台累计开行第3000列发车仪式上，班列运营平台与中国建设银行义乌分行、浙江稠州商业银行义乌分行就《中欧（义新欧）班列“铁路多式联运提单物权化”授信业务》达成合作，贸易企业可凭铁路多式联运提单获银行“运费贷”“货物贷”等服务。此班开行的班列货物所属企业义乌市仙歌进出口有限公司获“铁路多式联运提单物权化”银行授信，以“运费贷”和“货物贷”模式融资15万美元，涉及出口商品449箱。义乌萌友网络科技有限公司以“货物贷”方式向中国建设银行义乌分行货款100万元，涉及出口商品为305箱健身单车、跑步机。“铁路多式联运提单物权化”业务，促进外贸进出口企业资金和贸易便利性，提高“中国制造”在国际市场的通达性，助力中小外贸企业实现资金融通和贸易畅通。（朱介冻）

国内物流

【概况】 2021年，义乌市共有国内物流企业1550家，完成商贸货运量8259万吨。其中，公路货运量7889.7万吨，义乌西站货物到发量367.1万吨，义乌机场货邮吞吐量2.2万吨。推进国内物流综合服务平台建设，物流企业信息化使用率达75%以上。（顾朝晖）

2021年8月19日，“义新欧”中欧班列义乌平台累计开行第3000列（国际陆港电商城 供图）

【义乌—宁波舟山港穿山港区海铁联运班列首发】 2021年5月12日上午10时38分，满载100个标准箱太阳能光伏组件的81942次班列在铁路义乌西站启程，驶往宁波舟山港穿山港区。直达宁波舟山港穿山港区后，沿着21世纪海上丝绸之路出口运至印度等国家。为义乌—宁波舟山港穿山港区海铁联运班列开通发运的首趟班列，也是中国远洋海运集团有限公司在义乌启运的首趟全程提单光伏专列。此趟海铁联运班列在“世界小商品之都”义乌与宁波舟山港穿山港区集装箱码头间架起快速运输通道。班列全程最快6小时即可到达，实现铁路、港口与海上丝绸之路国际物流大通道的“无缝衔接”，拓展港口船务等服务功能向内陆地区延伸，实现义乌签发全程提单（提箱、装箱、清关），提高出口通关效率，降低运输成本。（朱介冻）

【义乌—宁波舟山港“第六港区”海铁联运专列首发】 2021年9月28日上午11时，义乌—宁波舟山港“第六港区”海铁联运专列从铁路义乌西站出发驶向宁波舟山港。此趟专列开行后，出口货物在“第六港区综合物流服务系统”多式联运平台信息录入

2021年9月28日，义乌—宁波舟山港"第六港区"海铁联运专列首发 （王建明 摄）

后，即可提前完成码头预放行、预配载等流程。运抵码头后，自动触发放行信息，即可安排装船出口，为客户节省2～3天的物流放行时效，实现"一次申报、一次查验、一次放行"，推动义乌国际陆港与宁波舟山港双核港口一体化。 （朱介冻）

【青口物流中心】 青口物流中心位于义乌市阳光大道与涌金高速交叉处西侧白莲塘和观音塘地块，2019年建成投用。总用地规模20.67公顷，其中，北侧地块占地8.13公顷，南侧地块占地12.54公顷。总建筑面积10.8万平方米，包含集货中转区、零担快运区、辅助及管理用房等。2021年，青口物流中心有经营用房231间，共招引物流企业216家，卸货点6家。南侧区块设有零担快运区8栋共140间，北侧区块设有零担快运区5栋共76间，卸货点1栋共15间。设2层集货中转区，一楼可用于集货中转，二楼用于仓储。全年，青口物流中心货运量计243万吨，进出区车辆20余万辆。 （毛鹏飞）

【福田物流中心】 福田物流中心位于义乌市阳光大道东侧、天宝路南侧地块，总用地11.8公顷。2019年建成投用，总投资1.5亿元，总建筑面积5.68万平方米，经营用房137间。2021年，福田物流中心累计招引物流企业118家，卸货点7家。全年，福田物流中心货运量达118万吨，进出区车辆10余万辆。 （毛鹏飞）

【江北下朱货运市场】 江北下朱货运市场位于310省道与城北路交叉口以东、义乌江以北，2009年7月12日投入运营。占地13.33公顷，总投资3000余万元，建筑面积2.7万平方米，有经营用房465间。2021年，江北下朱货运市场累计招引物流企业177家，卸货点4家。货运网络齐全，专线达140余条。2021年，江北下朱货运市场货运量达233万吨，进出区车辆18万辆以上。 （毛鹏飞）

国际物流

【概况】 2021年，"义新欧"中欧班列义乌平台累计往返运行1277列，发送标箱10.52万个，同比

江北下朱货运市场 （叶应青 2021年5月11日摄）

2021年3月2日，义乌—菲律宾马尼拉国际货运航线开通

（王建明　摄）

增长31%。其中，回程班列294列，同比增长254%。海铁联运累计发运808列，发送标箱6.82万个，同比增长100.6%。义乌（苏溪）枢纽港项目完成合资公司浙江海港义乌枢纽港有限公司组建，与“中远海”“高丽海运”等船务公司开展招商对接。加大航空经济培育力度，年内，开通义乌—马尼拉货运航线。

（程培英）

【“达飞号”海铁联运班列升级为“每周一班”】 2021年1月15日10时，装载90标箱出口货物的81942次“达飞号”海铁国际多式联运专列从铁路义乌西站启程，驶往宁波舟山港，“达飞号”由“每月一班”升级为“每周一班”。2020年9月25日，义乌“达飞”号海铁联运专列首发。此趟专列以全球第三大集装箱班轮公司达飞轮船公司冠名，装载出口货物经铁路运抵宁波舟山港，搭乘国际巨船出海。义乌—宁波舟山港海铁联运班列与国际轮船巨头强强联手，先后开通全球前五强轮船公司专列，其中达飞轮船为首个入驻义乌铁路口岸开行每周一班海铁专列的船公司。

（朱介冻）

【首单数字清关业务】 2021年1月22日，义乌快件（跨境）监管中心一批包裹正式过机查验。清关完成后，由国内快递分拨派送至消费者手中。此次业务采用跨境9610进口模式，由义乌市易链科技有限公司申报，共2800余件进口商品，货值177万元。数字清关项目包含跨境电商9610直购进口和B类快件进口2种模式，国内消费者可通过天猫海外购、别样海外购等电商平台下单，货物按境外出口流程完成清关手续后运送至境内，全程仅需5～7天。为加快推进数字清关项目落地，陆港集团与义乌海关、阿里巴巴eWTP数字清关项目组等单位沟通协调，先后完成数字清关项目配套系统开发和监管中心场地、墙面及流水线改造。

（朱介冻）

【义乌航空口岸迎来首批进口水果】 2021年4月20日19时55分，搭载800千克菠萝的YG9050国际货运航班从菲律宾马尼拉国际机场飞抵义乌机场。此批货物是义乌进境水果指定监管场地获批以来，首次以海外直采、产地直达模式引进的进口水果。2017年8月，国家质检总局批复同意义乌机场建设进境水果指定监管场地，进境水果指定监管场地按查验和仓储一体化标准进行规划建设，配备现场查验场地1000平方米，熏蒸处理场2000平方米，以及冷处理库和冷库300立方米。2019年9月，义乌进境水果指定监管场地通过海关总署验收，为浙中地区首个进境水果指定监管场地。

（朱介冻）

【义乌完成浙中首单冰鲜水产品进口业务】 2021年6月18日，从菲律宾进口的石斑鱼在义乌铁路口岸完成清关，浙中地区冰鲜水产品进口业务实现从无到有的“零突破”。此批进口石斑鱼由马尼拉启程直飞义乌，在义乌铁路口岸经过采样、核酸检测、消杀等环节，完成通关放行手续。义乌市进口冰鲜水产品指定口岸由陆港集团建设运营，2019年4月17日通过海关总署专家组考核验收。按查验和仓储一体化进行规划建设，建有查验平台305平方米，设置装卸口

3个，能同时满足3辆集装箱卡车装卸。配备储存冷库280平方米，冷藏库室内温度可达-18℃。冰鲜水产品指定口岸的落地运营，将东南亚、俄罗斯、澳大利亚等国家和地区的鱼、虾、蟹、贝等类别冰鲜水产品，通过空、铁冷链运输直达义乌，减少进口分销环节，节约时间和成本。

（朱介冻）

【"以星号"跨境电商海铁专列首发】 2021年7月1日10时30分，一列满载100标箱日用百货的列车从义乌铁路口岸出发驶向宁波舟山港，标志着义乌—宁波舟山港"以星号"跨境电商海铁专列成功首发，为义乌铁路口岸携手以星航运船公司打造的首条定制化出口跨境电商海铁联运专列，实现电商海铁联运专列与船公司电商航运快线的无缝衔接。货物经海运抵达美国海港停靠专用泊位，无需排队等待，直卸以星专属车架，再经当地海铁联运发往美国各个城市。此种"海铁+海运+海铁"多式联运方式，是电商货物出口的又一突破和创新，赋能电商货物快速出海，解决出口企业缺舱问题。（朱介冻）

【义乌—莫斯科公铁联运新邮路打通】 2021年9月19日下午，随着转关信息完成申报、海关施封，义乌—莫斯科公铁联运邮运车满载着跨境邮件从义乌国际邮件互换局驶出。邮件经卡车中转，再通过铁路，15天后运至莫斯科，标志着义乌—莫斯科公铁联运新邮路打通，义乌成为全国首个开展公铁联运邮运的县级市。此首班邮车集结菜鸟俄罗斯路向邮件计27万件。公铁联运模式相较于海运模式受船期和港口拥堵等影响，有效提升邮件时限水平，新通道全程时限较海运缩短30天。

（朱介冻）

快递物流

【概况】 2021年，义乌有快递企业137家，标准化营业网点380家，大小型快件处理场地187处，就业2万余人。全年快递业务完成92.89亿件，同比增长29.5%，日均处理2545万件。业务收入累计完成249.4亿元，同比增长24.5%，义乌快递业务量列全省第一位，全国城市排名第二位。全年国际邮件互换局处理业务量1615.22万件，同比下降34.1%，其中：累计出口1550.64万件，同比下降36.3%；累计进口64.58万件，同比增长287.9%。（丁君暇）

【寄递渠道禁毒百日攻坚专项行动】 2021年，义乌市开展"安检机"专项检查、"扫黄打非"专项整治行动、"百日护航"行动、涉恐隐患排查整治等专项行动。整顿快递市场秩序，高质量推进末端网点和操作场地规范化提升，全年出动执法检查1270余人次，检查网点780余家次，检查通报8期，发放责令改正49份，立案28起，处罚50.8万元，责令停业整顿网点10家。市邮政管理局联合市人社局推进全市邮政快递行业"全员签订劳动合同承诺书"工作，保障网点稳定和员工权益。（丁君暇）

【"快递村村通"】 2021年1月23日，"快递村村通"列入义乌市政府十大民生实事项目之一。3月底，实现邮政、中通、圆通、申通、百世、韵达、顺丰、京东、德邦等快递品牌全面通达义乌市所有行政村。5至9月，市邮政管理局先后出台《义乌市快递服务"村村通"民生实事项目实施方案》《2021年度快递服务"村村通"民生实事项目考核评价办法》，根据"政府引导、企业共建、资源共享、市场共融"工作总原则，对"快递村村通"工作作出部署。7月，"快递村村通"项目被评为浙江省"三服务"活动月度十佳典型案例之一，入选金华市党史学习教育"我为群众办实事、我为企业解难题、我为基层减负担"专题实践活动最佳实践案例。至2021年年底，全市主要快递品牌进村率达100%，建制村快递服务站实现全覆盖。（丁君暇）

【全省首个农村电商快递物流服务中心】 2021年7月6日，全省首个农村电商快递物流服务中心在义乌市赤岸镇揭牌成立，为全国电子商务进农村综合示范项目之一。义乌是全国重要的物流枢纽城市，快递业务量常年位居国内前列，但部分偏远农

2021年7月6日，全省首个农村电商快递物流服务中心在赤岸镇揭牌成立 （市邮政管理局　供图）

村依旧无法高效收寄快递。为加快推动全国电子商务进农村综合示范县建设，按照“政府推动、企业主体、资源整合、市场运作”思路，构建市、镇、村三级快递物流服务体系，实现“农产品进城”“工业品下乡”双向便捷流通。2020年12月起，中国邮政集团公司浙江省义乌市分公司（简称“义乌市邮政分公司”）以村邮站为依托，搭建“统一投递，统一揽收”快递共配服务平台暨中邮驿站快递共配点，打通农村地区快递服务堵点，全面降低社会物流成本。2021年年初，义乌市在赤岸、大陈、上溪3个偏远农村镇，建设镇级农村电商快递物流服务中心。至2021年年底，义乌市邮政分公司完成赤岸镇42个行政村中邮驿站铺点覆盖，与义乌速瑞快递有限公司、义乌市万通速递有限公司等6家品牌快递公司达成合作。（丁君暇）

【全省首个快递行业劳动保障信用管理办法】2021年8月3日，市邮政管理局联合市人社局出台《义乌市快递行业劳动保障信用管理办法》（简称《管理办法》），为全省首个快递行业劳动保障信用管理办法。《管理办法》对涉及义乌市快递行业劳动保障信用信息的采集、评价、应用和监督管理进行明确。快递行业劳动保障信用管理，以快递企业、经营快递业务企业的加盟企业、分支机构（简称“快递企业”）为主要对象。快递企业信用档案使用统一的信用代码，信用代码具有唯一性。快递行业劳动保障信用总分1000分，其中，义乌市信用评价200分，行业信用监管评价800分。行业信用监管评价实行“政府评价+企业自评+社会共评”信用综合评价机制，分值分别是600分、100分、100分。其中：政府评价通过社会影响、指标关注、工资支付、社会保险、职业保护等维度实施，企业自评通过快递企业自主申报劳动保障书面审查方式开展，每年开展1次；社会共评通过“众评码”开展，由从业人员对所属快递企业进行评价，评价结果动态更新。义乌市人力社保局、邮政管理局在符合有关法律法规的情况下，对相应信用等级快递企业实施奖惩措施。以信用等级最高的AAA类企业为例，除可以享受A类和AA类企业的各项奖励外，还可叠加享受减免缴纳安全基金50万元奖励；连续三年为AAA类的，可减免缴纳安全基金150万元。（陈全春）

【义乌快递物流行业党工团妇全覆盖】2021年9月16日，义乌市快递物流行业党委成立。成立仪式上，启动上线义乌市“驿家亲”红色驿站电子导图，发布《义乌市关心关爱新就业群体党建服务项目》。10月25日，义乌市快递物流行业工会联合会成立，下设快递行业单建工会、联合工会、物流行业单建工会、联合工会4个工会，保障全市2万余名快递行业从业人员权益，提升快递物流行业职工幸福感、获得感和归属感。12月29日，义乌市快递物流行业妇女联合会成立，来自快递物流行业的40名女员工代表参加会议。选举产生义乌市快递物流行业妇女联合会第一届执行委员会主席1人、副主席2人，委员6人。义乌快递物流行业团委于2019年8月15日成立。义乌快递物流行业实现党、工、团、妇组织全覆盖。（丁君暇）

海 关

【概况】 2021年，义乌海关共监管1210清单2800.5万单，同比增长12%。启动eWTP进口数字清关项目，监管进口9610和B类快件45万票，货值2亿元；监管出口9610货物1042万票，出境邮件1546.6万件。监管进出境航班818架次，同比增长28.6%；完成货邮量5150吨，同比增长67.6%。全年检出有害生物36种类125种次，检出不合格进出口食品化妆品31批次198.1吨，完成健康体检和传染病监测6933人，检出传染病14例。查办行政案件297起，货运渠道知识产权立案154起，涉及货物249.4万件。（杨嬿翔）

【义乌进出口总值攀升】 2021年，义乌市进出口总值3903.1亿元，同比增长24.7%，其中：出口3659.1亿元，同比增长21.8%；进口243.9亿元，同比增长95.3%。义乌以多种形式促进中国与东盟贸易发展，开行首趟“义新欧”中老铁路（义乌—万象）国际货运列车，及义乌—马尼拉国际货运航线，对东盟进出口总值503.5亿元，同比增长42.8%。劳动密集型产品出口1430.7亿元，同比增长24.7%。机电产品出口1350.1亿元，同比增长18.3%，其中：二极管及类似半导体器件出口101.3亿元，同比增长488.8%；太阳能电池出口100.9亿元，同比增长490.3%；高新技术产品出口159.1亿元，同比增长180.5%。通过市场采购贸易方式出口2901.6亿元，同比增长30.1%；一般贸易进出口900.9亿元，同比增长4.9%。义乌海关监管“义新欧”中欧班列进出口货物总值305.3亿元，同比增长47.2%。其中：出口货物总值253.7亿元，同比增长26.4%；进口货物总值6.6亿元，同比增长683.9%。2021年，义乌主要贸易市场实现稳定增长，对泰国、智利实现高速增长。对非洲进出口总值762.6亿元，同比增长14.5%；对欧盟进出口总值410.8亿元，同比增长42.2%；对美国、印度、泰国、智利、马来西亚分别进出口414.9亿元、175.8亿元、133.6亿元、122.1亿元、115.0亿元，分别同比增长41.0%、38.5%、92.5%、62.4%、28.7%。对“一带一路”沿线国家和地区合计进出口1616.4亿元，同比增长18.7%。（陈金春）

【“国门利剑2021”行动】 2021年，义乌海关开展“国门利剑2021”行动。立案走私刑事案件8起，涉案1030万元，涉税163.6万元。受理各类行政案件297起，涉案9305.38万元，列杭州海关关区首位。查办濒危类走私、违规案件12起。查获象牙制品7.15千克，濒危仙人掌植株6株，蟒蛇皮、西洋参等5.9千克。侦破各类精神类药品案件7起，仿真枪案件4起；查获三唑仑、安非拉酮等精神类药品405粒，仿真枪8399支。（陈国华）

【首批海关高级认证企业】 2021年1月14日，浙江天派针织有限公司、浙江仁派服饰有限公司获义乌海关高级认证授牌，成为义乌市首批取得海关高级认证资格的企业。海关高级认证资格企业是海关认定信用等级最高企业，也是中国海关与国际接轨的企业信用管理方式。海关高级认证资格企业在国内可享受最低查验率、免除担保、设立协调员、优先通关等便利措施，与中国实现AEO（即“经认证的经营者”）互认的42个国家和地区可享受对方海关给予的通关便利措施。海关自收到企业申请后，根据《海关高级认证企业标准》要求，从企业的内部控制、财务状况、守法规范和贸易安全4个方面进行认证。至2021年年底，义乌共有2家海关高级认证企业。（杨嬿翔）

【非法象牙制品查获】 2021年3月16日，义乌海关邮件监管科关员在查验中发现一批日本进口的申报品名为工艺品绘画装饰画轴和工艺品绘画装饰纸片的货物中，似有非法入境物品，遂予以扣缴。6月7日，经浙江省检验检疫科学技术研究院鉴定，此批物品中112个画轴轴头为象牙制品，重2.24千克，物品按相关程序移交缉私部门做进一步处理。（杨嬿翔）

邮政·通信

邮　政

【概况】 2021年，中国邮政集团公司浙江省义乌市分公司（简称“义乌市邮政分公司”）实现金融收入2.5亿元，列全省第二位，实现寄递收入10.98亿元，同比增长20.55%。实现总收入14.16亿元，收入规模列全省第二位。年内，义乌—莫斯科公铁联运新邮路打通。组织开展《红船》观影活动，助力建党百年项目拓展，共接待党建团队2443批次，定制邮品8100套，建党百年综合项目获评全省最佳实践。至年底，义乌市邮政分公司获评“全国交通运输服务文化建设优秀单位”。

【特种邮票首发活动】 2021年3月20日，义乌市邮政分公司举办义乌首届集邮博览会暨《五牛图》特种邮票首发活动，推出《传世名画》珍藏版、典藏版邮册，一次性集齐中国邮政40年来发行的传世名画系列珍邮。展出稀有珍邮、名家书画、珍藏钱币、贵金属、精品石雕、名家手工制作陶瓷系列等藏品200余种，为义乌有史以来举办规格最高、规模最大、内容最丰富的一次集邮品鉴会。其间，《五牛图》特种邮票首发。《五牛图》特种邮票一套5枚，小型张1枚；全套邮票面值5.9元，小型张售价6元。《五牛图》是中国历史上著名的绘牛画作，现藏北京故宫博物院，无作者款印，传是唐代韩滉存世的孤本。此套邮票根据五头牛在原画中的布局采用多样化的票幅设计，小型张则采用大规格票幅，充分展示出五头牛各具状貌、姿态互异的特色。整体设计古朴典雅，邮票微雕模切齿孔工艺与小型张无齿孔设计相结合，在方寸间重现《五牛图》细腻精微、形神兼备的艺术特色。《五牛图》特种邮票发

2021年3月20日，《五牛图》特种邮票首发

（中国邮政集团公司浙江省义乌市分公司　供图）

行数量720万套，小型张计划发行数量630万枚；另发行本票册1本，售价50元，计划发行数量10万本。此套邮票由王虎鸣设计，河南省邮电印刷厂印制，邮票采用机制宣纸材料印制。活动期间著名国画艺术家及名家大师现场挥毫泼墨，500余名集邮爱好者和书画爱好者参与活动。

【义乌邮政雪峰邮局揭牌成立】2021年6月30日，义乌市邮政分公司联合赤岸镇政府在雪峰故里神坛村举行雪峰邮局揭牌仪式，全市政府机关、单位代表300余人出席揭牌仪式。冯雪峰是参加过二万五千里长征的著名作家，被誉为党和鲁迅之间的"架桥人"，他的卓著功绩深为后人敬仰。为进一步弘扬红色文化和传统书信文化，义乌市邮政分公司倾力打造雪峰邮局，为群众、游客提供时光慢递、声波明信片定制以及纪念邮戳加盖等服务，让更多游客留下雪峰故居的专属印记。同时，雪峰邮局将作为红领巾邮局，让更多的青少年接受爱国主义教育，感受传统文化熏陶，增进爱党、爱国、爱社会主义的情感。在此基础上，义乌邮政分公司继续秉承"人民邮政为人民"的服务宗旨，逐步叠加代收代缴、普惠金融、快递进村等便民服务，把雪峰邮局打造成传承红色基因、弘扬雪峰精神的重要阵地，为周边群众与广大游客提供邮政综合服务。至年底，雪峰邮局共接待游客2万人次。

【义乌首个校园主题邮局揭牌成立】2021年9月22日，义乌市邮政公司在中国计量大学现代科技学院义乌校区中邮驿站基础上，成立校园主题邮局计量拾光邮局，为义乌首个校园主题邮局。在保留中邮驿站快递业务办理区、取件区、校园收发室和卸货分拣区四大功能区基础上，将校园文化与邮政文化相融合。根据校园师生需求和运营实际，新设置时光慢递区、个性化邮票定制区、明信片区、文创产品区、休闲氧吧、阅读吧等功能区域，保障学院邮政普遍服务和快递包裹高效共享配送。至年底，计量拾光邮局共接待师生10万人次。

（金　昕）

电　信

【概况】2021年，中国电信义乌分公司大力推进移动5G网络建设及千兆光网建设，承建党政机关整体智治等项目，发挥云转数改核心优势，全面赋能义乌数字化改革。投资1.6亿元进行4G扩容增补与5G新建，其中4G扩容543个扇区，开通补盲点位84个站点。全年建设5G基站569个，室分点240个，全市累计建成5G基站1233个，实现所有城区、乡镇主镇区范围全覆盖。至年底，义乌市共有义乌电信本地电话用户18.22万户，移动电话用户61.63万户，互联网宽带接入用户42.36万户。

【政务云扩容优化】2021年，中国电信义乌分公司投资3000余万元，开展义乌政务云平台资源扩容、架构优化，提升政务云平台使用效能，开发的IRS平台在全省IRS试点考核预评估中名列第一。至年底，政务云平台共承载应用系统200个，为政府数字化改革提供可靠、安全的支撑。

【分水塘数字乡村建设】2021年，中国电信义乌分公司与城西街道在分水塘村共同打造红色智慧展厅。立足未来乡村"三化"（人本化、生态化、数字化）十大场景，以智慧党建、智慧分水塘、红色通信、5G数字化应用等为主要模块，通过实物、信息化及交互等方式，呈现5G数字化在智慧党建、农村数字化建设中的应用成果。进行智慧分水塘数字乡村建设，主要运用云计算、物联网、大数据、地理信息等数字化技术，建设一体化数字智治平台，以农村全要素数字化为基础，通过数据多跨协同，展现农村重要资源全域空间信息"一张图"，实现"党建单元+农村服务""农村旅游""农村经营""农村环境"等模块的建设和应用。至2021年年底，平台上线"党建单元+农村服务"（党员12分制党建单元、微信小程序事件上报等农村服务）功能，上线农村环境治理功能（平台对接小牛垃圾分类）。

【"爱心翼站"关爱行动】2021年8月24日，义乌市总工会"户外劳动者服务站点·爱心翼站"暨中国电信义乌分公司"爱心翼

“爱心翼站”关爱劳动者

（中国电信义乌分公司供图　2021年8月24日摄）

站”关爱行动启动仪式在中国电信义乌分公司绣湖营业厅举行。“爱心翼站”是中国电信联合中华全国总工会共同举办的公益活动，主要为快递小哥、外卖骑手、环卫工人等户外劳动者，以及老年人、残疾人、孕妇等需要特殊照顾的群体提供休憩补给、智能技术科普等公益服务。中国电信义乌分公司将“爱心翼站”建设运营列入“我为群众办实事”实践活动任务清单。至年底，建成首批营业厅“爱心翼站”专区8家，覆盖义乌城区和主要镇街（道），开展送清凉、送温暖及敬老关爱行动和科技微讲堂讲座活动225场，服务2000余人。　　（将丹琪）

移　动

【概况】 2021年，中国移动义乌分公司有手机通话用户182.14万户，宽带用户54.68万户。实现运营收入20.8亿元，位列浙江省县级公司第一。全年完成5G投资5.18亿元，建设5G信息机房18个。新增新建小区、高档楼宇等千兆光宽带网络端口1.09万个。聚焦教育、销售、互联网、工业制造等行业，为企业提供云网融合方案，新增企业用云2812家。参与政府数字化改革工作，开展5G新技术应用，在智慧城市、5G+商贸、5G+工业互联网、5G+电商（含直播）、5G+医疗、5G+交通等垂直行业进行精品5G工程打造。

【商贸行业5G应用】 2021年，中国移动义乌分公司开展商贸行业5G应用。7月20日，中国移动义乌分公司与商城集团签署合作协议，以“试点研发、小范围测试验证、行业面推广”机制，成立“5G+商贸”联合专班。充分融合5G、物联网、云、大数据等新技术应用，融合商城信息化生态合作圈，以购物者、经营户、商城集团（含市场以外的产业）为应用分类主体，多场景探索5G应用。7月底，建设5G+自主健康申报出入管理系统，同时兼顾新冠肺炎疫情防控与市场开放需求，每日为10万余人次采购商提供疫情防控服务。8月，搭建“党建+单元”综合管理平台，导入全量商户数据，依托平台提供疫情防控、纾困解难等功能。

【危化品使用风险精准管控协同应用】 2021年8月，中国移动义乌分公司联合义乌市应急管理局承担危化品使用风险精准管控协同应用揭榜挂帅项目。以危化品经营、使用环节作为小切口，实现危化品风险管控和高效协同监管。9月15日，省委书记袁家军调研省应急管理厅，观摩“危化品全生命周期安全监督在线”（“危化品使用风险精准管控协同应用”作为其中重要子系统）演示，对风险精准管控协同应用工作给予高度肯定。11月，义乌危化品使用风险精准管控协同应用完成建设。此应覆盖全省5万余家危化品企业，其中义乌市危化品企业100%纳入管理。至年底，通过场景智能预警线索，立案调查涉嫌非法经营、运输行为主体7个，办理案件5起，结案2起（非法运输、非法经营各1起），行政处罚13.4万元。

【外国人服务管理平台】 2021年9月，中国移动义乌分公司联合义乌市委政法委共同打造金华市外国人服务管理平台。此平台作为“外国人一件事”两大场景之一，解决涉外政策获取难、知晓难、理解难，涉外事项理解难、办理难、手续多等难题，为外国人在义乌生活、营商创造良好的外部环境。11月28日，金华市委书记凌志峰在全省数字化改革例会上进行“外国人一件事”案例分享。

【5G+工业互联网】 2021年，中国移动义乌分公司围绕数字经济中产业大脑和未来工厂两大核心场景，在光伏和针织产业探索数采、AI质检等新行业5G应用，实现5G赋能千行百业战略布局。10月26日，与东方日升（义乌）新能源有限公司签订5G智慧工厂建设框架协议，建设金额8000万元，树立光伏行业5G智慧工厂标杆。11月25日，与浙江曼姿袜业有限公司签订5G+智能工厂建设合同，围绕边缘计算、数据采集、视觉质检、大数据分析等技术，建立数字化制造集成化平台。至年底，东方日升（义乌）新能源有限公司完成机房托管及弱电深化设计、5G网络覆盖、AGV小车等业务合作，浙江曼姿袜业有限公司初步完成项目建设，达到试运行条件。（王 斯）

联 通

【概 况】 2021年，中国联通义乌分公司有移动用户25.7万户，宽带用户5.7万户，固定电话用户1.8万户，营业收入2.85亿元。中国联通物资信息与采购中心机构交易额1亿元。至年底，义乌联通累计建有3G基站1201个，4G基站1785个，5G基站1543个，网络信号覆盖市区、乡镇、行政村、AAAA级以上景区、高速高铁、交通枢纽及大型商业超市、校园。义乌联通3G网络行政村覆盖率99.40%，3G网络人口覆盖率99.52%；4G网络行政村覆盖率97.34%，4G网络人口覆盖率98.58%。全市联通宽带城域网宽带总出口460G，光纤到户率达99.8%，具备向覆盖用户提供千兆宽带接入能力。

【联通5G建设】 2021年，中国联通义乌分公司加强对相关区域5G基础设施建设，增强5G网络覆盖，更好地服务于市场，全年新增5G宏站669站，新增5G室内覆盖175站，计5G增加规模944站。完成主城区、重要乡镇5G网覆盖，满足eMBB、mMMTC、uRLLC各类场景业务需求。至年底，中国联通义乌分公司5G行政村覆盖率86.98%，5G人口覆盖率89.13%。

【政府数字化改革参与】 2021年3月，中国联通义乌分公司参与政府数字化改革，为义乌市一体化智能化公共数据平台提供基础底座云资源。全年参与党政机关整体智治综合应用、数字政府综合应用、数字经济综合应用、数字社会综合应用和数字法制综合应用等义乌市数字化改革与大综合应用建设。至年底，完成未来社区、产业大脑（未来工厂）、智慧医疗、智慧教育领域数字化改革应用试点项目。

【政务云DC机房启用】 2021年3月，中国联通义乌分公司启用联通政务云机房。建成省政务“一朵云”义乌节点，具备云计算、存储、大数据算力组件、网络安全等服务能力。联通政务机房于2020年10月开工建设，总投资1.3亿元，推进全市政务数字中心整合。开发大数据平台，构建集数据采集、处理、服务、交换、监控运维等于一体的完整数据平台。至2021年年底，完成一体化智能化公共数据平台、市市场监管局“清退一件事”、水务集团“数字孪生”应用。

（黄 丹）

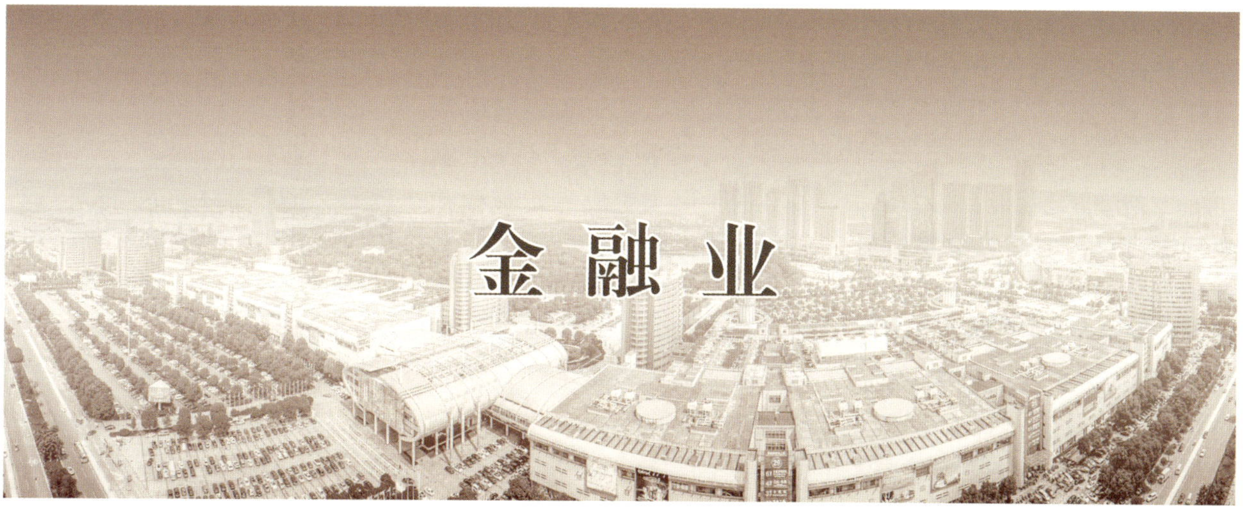

金融业

综述

【金融机构总量】 2021年，全市有金融机构30家，小额贷款公司9家。至年末，全市金融机构本外币各项存款余额4075.29亿元，同比增长7.8%；各项贷款余额3860.8亿元，同比增长13.6%。有证券营业部36家，证券存量账户数89.9万户，全年交易量17974.46亿元，同比增长12.92%。有期货公司8家，全年总交易额661.05亿元，同比下降34.64%。有保险公司分支机构43家，全年实现保费收入71.43亿元，小贷公司贷款余额21.58亿元，融资担保公司在保余额23.06亿元，在保户数1261户，典当行典当余额6988.5万元。

【政策性担保数字化改革】 2021年，义乌市上线数字化系统“农信办”，落地总对总批量化业务—“小微保”，统筹完善配套机制，10月改革落地以来新增担保1220户13.42亿元，政策性担保余额25.2亿元，支小支农占比77.95%。创新金融数字化产品,积极探索显化贸易单据金融属性，通过数字化改革让贸易单据成为信息共享的金融资源,破解小微企业融资难题。基于订单、运单、仓单等推出“货款宝”“海运贷”“铁路运单贷”等数字化融资产品，累计投放42.1亿元，全年小微、民企分别较年初新增241.6亿元、311.9亿元,增速达27.7%、21.9%。深化信用数字化改革,健全数字监管闭环管理机制，覆盖28个部门3899项监管事项，此场景获评全省信用数字化改革应用场景十大示范案例。

【减费让利】 2021年，义乌市开展银行“无费城市”等减费让利行动，贷款利率在上年下降1.06个百分点的基础上，2021年继续保持下行态势，民企贷款平均利率4.89%，较年初下降0.12个百分点。银行各项营收指标增速放缓，全市银行税收增长6.35%，较上年同期上升1.25个百分点。

【金融风险防控】 2021年，是义乌市聚焦不良化解、“两链”（企业资金链和担保链）风险，打好这一轮金融风险攻坚战的收官之战。市金融办全年接洽企业823家次，稳定金额511.7亿元。风险形态从原块状、链式切割为点状、孤立的，担保贷款比例从60%压缩至25%以下，不良率从高峰的4.05%降至0.72%，创2015年至2021年，7年来新低，实现从“化风险保稳定”转变至“防风险促发展”。

【非法金融专项整治】 2021年，义乌市在重点领域开展私募基金、车贷担保机构、第三方财富公司、民间资本机构等八大专项排查整治行动。累计摸排类金融机构2100余家，对风险企业一企一策分类处置，完成整治131家。聚焦非法金融活动，强化部门联动，加大打击力度，对重点机构开展联合检查51次，新立非法集资案件10起，涉案金额1.01亿元。

【金融支持海外仓发展】2021年，中国银行保险监督管理委员会金华监管分局义乌监管组（简称“义乌银保监组”）强化银保联动，为企业开展“一带一路”沿线贸易、投资、海外仓建设使用等提供全方位融资便利、风险保障及商务咨询等服务。中国出口信用保险公司浙江分公司义乌营销服务部承保全省首个“投建营”一体的“公共型”海外仓投资项目——阿联酋义乌中国小商品城（迪拜）海外仓商贸城项目，保额1381万美元，全面保障项目建设、运营过程中因当地政局动荡等原因造成资产损失的风险。至年底，义乌银保监组为10家位于9个“一带一路”国家企业提供合计5亿余美元的海外投资项目风险保障，联动银行为“走出去”企业配套项目融资11余亿元。

【中小微外贸主体融资保障】2021年，义乌银保监组通过科技赋能、创新担保方式等，盘活外贸企业各类资产，推动信用类普惠贷款向外贸领域扩面，为小微外贸企业提供专属信贷支持。2月，稠州银行依托铁路运单创新“运力贷”实现首单15万美元落地。7月，建设银行义乌分行与天盟公司签订《中欧（义新欧）班列“铁路多式联运提单物权化”授信业务合作协议》，创新“运单贷”业务实现首单10万元落地。9月，浙商银行义乌分行基于铁路运单物流信息与报关信息，发放2笔运单项下信用类应收账款融资35.65万美元。创新基于义乌Chinagoods贸易服务平台订单信息。同月，工商银行义乌分行促成浙江省金融综合服务平台和义乌Chinagoods贸易综合服务平台数据对接、融合应用，创新专属订单贷产品“金商E贷”。全年累计申请客户159户，预授信2893万元，投放贷款10笔260万元。

【金融支持跨境电商发展】2021年，义乌银保监组对接跨境电商企业的融资、结算、保险等需求，为跨境电商发展提供系列便利化金融服务。8月，推动稠州银行成为全国首家获得直联模式跨境电商收结汇业务资质的地方法人银行，通过银行与跨境电商直联，实现跨境结汇“秒汇兑”。积极推动政策性保险创新信用保险品种，通过对跨境电商企业贸易结构、资金分布、商品价值等维度的专业分析，率先全国创新推出跨境电商运费信用保险，按月、季、半年等周期为企业提供运费延付担保保障，有效缓解跨境电商企业短期资金压力。9月，中国出口信用保险公司浙江分公司义乌营销服务部为浙江盈和国际物流有限公司成功办理全国首单跨境电商运费信用保险保单，同时也是当前单笔最大金额保单，承保金额1500万美元。

（年鉴编辑部）

银行业

【概况】2021年，全市各项存款余额4075.29亿元，比年初增加294.42亿元，同比增长7.8%。其中：住户存款2102亿元，同比增长4.5%；非金融企业存款969亿元，同比增长22.9%。全市各项贷款余额3860.8亿元，比年初增加461.42亿元，同比增长13.6%。其中住户贷款1736.7亿元，同比增长25.1%。不良贷款率0.72%。围绕中央支持小微企业发展等精神和义乌实际，中国人民银行义乌市支行出台《中国人民银行义乌市支行关于做好2021年义乌市货币信贷工作的指导意见》《关于跨境人民币赋能义乌自贸片区高质量发展的指导意见》等指导性意见，引导金融机构对实体经济、重点项目信贷支持。全面落实六稳六保政策，全市法人金融机构再贷款余额124.2亿元，支持市场主体4.2万余户，大幅减少市场主体贷款利息成本。年内，浙江稠州商业银行被《金融时报》评为“年度十佳城市商业银行”，获“全国村镇银行优秀主发起银行”“2021浙商最信赖助力乡村振兴金融机构”称号；浙江义乌农村商业银行股份有限公司（简称“义乌农商银行”）获“全国地方金融十佳支持小微企业银行”“全国农村金融智慧型新闻·机构”称号。

2021年义乌市金融机构本外币存贷款余额一览表

表18 单位：亿元

序号	金融机构	存款余额	比年初增减数	贷款余额	比年初增减数
1	工商银行义乌分行	516.27	21.25	374.95	83.59
2	农业银行义乌分行	560.53	25.33	428.56	40.17
3	中国银行义乌市分行	243.23	45.15	266.55	19.45
4	建设银行义乌分行	285.64	3.94	250.31	31.03
5	农发行义乌市支行	19.21	4.37	81.10	−2.99
6	义乌农商银行	755.25	94.81	595.90	96.29
7	稠州银行义乌管理部	564.44	−3.17	465.33	30.34
8	兴业银行义乌分行	228.84	5.43	277.68	16.51
9	平安银行义乌分行	48.64	16.05	57.36	5.96
10	浙商银行义乌分行	84.15	−11.62	116.64	10.00
11	交通银行义乌分行	27.27	−4.81	40.33	−3.52
12	中信银行义乌分行	103.52	47.06	136.03	39.45
13	华夏银行义乌支行	48.23	11.36	47.19	−0.97
14	浦发银行义乌分行	58.97	10.25	92.49	−0.22
15	恒丰银行义乌支行	28.48	−3.39	44.73	13.26
16	招商银行义乌支行	35.54	7.55	45.29	3.50
17	广发银行义乌分行	43.78	9.92	38.01	5.33
18	民生银行义乌支行	11.31	−0.20	47.33	15.45
19	金华银行义乌分行	35.23	−4.40	32.00	3.62
20	民泰银行义乌分行	24.31	0.89	18.47	1.88
21	泰隆银行义乌支行	49.24	13.36	29.78	3.31
22	宁波银行义乌支行	28.89	13.91	25.87	−3.41
23	杭州银行义乌支行	14.83	6.81	26.32	14.20
24	台州银行义乌支行	8.98	5.65	14.66	5.53
25	瑞丰银行义乌支行	10.70	4.78	67.74	8.67
26	邮储银行义乌支行	182.42	21.23	66.33	13.97
27	义乌联合村镇银行	17.02	−10.78	29.37	−1.88
28	光大银行义乌支行	8.88	−5.50	18.11	−5.64
29	渤海银行义乌支行	0.52	0.51	0.50	0.50
30	稠州金融租赁公司	0.00	−8.00	137.14	20.04
	合计	4075.29	294.42	3860.80	461.42

（张军强）

【金融稳企业保就业】 2021年，中国人民银行义乌市支行提升金融服务实体经济质量和效率，金融稳企业保就业工作取得积极成效。运用好中国人民银行货币政策工具，扩大基础货币投放，加强再贷款再贴现投放力度，全市3家法人银行年底再贷款余额为124.2亿元，新增低成本再贴现资金4.6亿元，累计为实体企业节约融资成本1.7亿余元。落实普惠小微企业贷款延期还本付息政策、信用贷款支持政策，支持中小微企业发展，办理普惠小微企业延期还本付息228.2亿元，发放普惠小微企业信用贷款134.4亿元。（张军强）

【外籍人员移动支付服务】 2021年，中国人民银行义乌市支行指导义乌农商银行和浙江稠州商业银行，与市出入境管理局等部门加强合作，依托“外籍商友卡”，打通出入境管理局与银行系统壁垒，加强外籍人员身份识别，面向在义乌外籍人员发行联名卡，绑定云闪付App，实现线上购物、消费缴费等移动支付服务。全年发行新版外籍商友卡291张。（王文辉）

【市场采购贸易外汇管理举措】 2021年，中国人民银行义乌市支行积极推动市场采购贸易外汇管理举措扩面增量。至年底，义乌辖内有21家银行接入联网自助结汇平台，平台备案主体达7.61万户，累计完成线上结汇258.48万笔1008.98亿美元。境外采购商备案登记累计2534户，累计开立账户2339个，累计办理结汇53.01亿美元。（雷　婷）

【跨境电商平台系统直联收结汇模式】 2021年，中国人民银行义乌市支行推动银行与跨境电商平台系统直联收结汇模式落地，全年累计为5377家商户办理结汇9078万美元。依托跨境电商综合服务平台，开展电子单证在跨境电商收结汇中的应用，为跨境电商提供便利化收结汇服务。至年底，跨境电商综合服务平台累计备案主体973家，为274主体办理结汇1.67亿美元。（雷　婷）

【跨境人民币结算扩面增量】 2021年，人民银行义乌市支行以推动人民币国际化为宗旨，落实上级行跨境人民币工作部署，围绕自贸区义乌片区建设，推动金融机构加大业务创新，做大做实跨境人民币结算规模。全年累计办理跨境人民币结算361.9亿元，同比增长91.7%。及时落地自贸区跨境融资转卖业务，累计办理跨境融资转卖业务100余笔，金额46亿余元，中非跨境业务、跨境电商、市场采购及NRA不落地结汇等创新业务落地见效。（张军强）

【小额普惠信贷】 2021年，民泰银行义乌分行贯彻落实“根据地+乡村振兴”伙伴银行机制，建立批量营销群组管理，动态监测营销成果，与59个村建立合作伙伴关系，成立党建联盟16个，金融服务站24个。推进和制定信用村社评价管理制度，推广整村授信工作，建立信用村、信用户等信用评价体系，利用大数据、大走访，推动农户小额普惠信贷工作全覆盖。全年评定信用村113个，建立信用档案5000余户，授信总额1亿余元。全面融入美丽乡村、旧村改造等乡村基础建设，采取项目对接、到户对接等方式，加强信贷投入。全年累计投放村居建设贷款611户3.69亿元。（水盈盈）

【金融支持乡村振兴】 2021年，义乌农商银行加大金融支持力度，服务地方“乡村振兴”“共同富裕”。加大信贷投放，11月12日，出台《义乌农商银行高质量发展建设共同富裕示范区实施方案（2021—2025年）》，提出11项工作举措，确保未来5年新增500亿元信贷资金服务义乌高质量发展。累计为250个行政村71个“消薄”项目发放“乡村振兴贷”10.65亿元。深化农村土地改革，盘活公益林、土地承包经营权等农村沉睡资产，加大对城市有机更新、新农村建设信贷支持，为集体土地入市项目发放贷款1.06亿元，为243个村发放“美丽家园”贷款160亿元，受益农户4.2万余户。融入乡村治理，2019—2021年，共捐赠乡村振兴专项基金9000万元，用于扶持乡村振兴产业、美丽乡村建设、消除薄弱村等领域，为165个村捐赠3675万元。携手市农业农村局，在全市660个村上线农村集体“三资”管理系统，完成线上审批8.62万笔，支付7.33万笔28.5亿元。依托411家丰收驿站、489名驿站联络员，打通金融服务“最后一公里”，累计代理便民公共服务103万笔。（吕宵依）

【首单“全口径国内证跨境融资业务”】 2021年1月21日，为紧抓浙江自贸区扩区的历史性机遇，更加专业有效地服务和支持自贸区建设，更好地发挥交通银行在自贸区的综合化、国际化优势，带动银行业务发展，在交通银行股份有限公司义乌分行（简称“义乌交行”）成立“交通银行浙江省分行自贸区创新服务中心（义乌）”。2月10日，义乌交行落地金义自贸片区首单“全口径国内证跨境融资业务”，金额1200万元。此产品系浙江自贸区金融特色业务，也是义乌纳入自贸区后的首单业务。此业务的落地，可以帮助中外资企业实现降低融资成本、拓宽融资渠道、新增担保方式等目标，进一步减轻企业经营成本，实现企业健康有序的发展。至年末，义乌交通银行办理全口径国内证跨境融资业务27笔，计13.68亿元。

（贾华艳）

【金融助力跨境金融与自贸区建设】 2021年，中国银行义乌分行（简称“义乌中行”）依托全球化、综合化的经营优势，聚焦金融服务创新，为共同富裕示范区和自由贸易试验区建设提供金融支持。2月，落地在线信用证开立业务，业务办理时间由原来的3个工作日缩短至1个工作日。3月，办理全市首笔“航运在线通”支付业务，为航运企业在线支付结算、融资、外汇汇兑等提供金融服务。与中远和荣e通平台建立合作关系，签约12家企业。5月，成功叙做首笔跨境人民币汇出汇款融资业务，满足进口商在汇出汇款项下的融资需求，提高企业议价能力。9月，摸排企业需求，为自贸区一企业办理首笔新型离岸国际贸易业务，全年累计办理3.6万元，减少企业的时间成本。落地“中国—印尼双边本币结算机制”业务，帮助企业减少汇率风险和兑换成本，提升资金使用率。12月，实现首笔海关税款担保保函业务，简化进口企业报关手续，缩短货物滞港时间。年内，义乌中行落地内证跨境融资业务，全年共叙做25笔，累计7.18亿元。（徐　越）

【首笔“货款宝”业务】 2021年3月8日，“货款宝”首笔业务放款成功。“货款宝”是Chinagoods为市场经营户、贸易公司推出的市场采购贸易尾款保障服务产品，以“外贸尾款立收，保你货款无忧”为目标，满足卖家提前收款、海外控货、安全回款、安全交货的需求。卖家在平台提交相关业务资料，经平台审核后，可获得相应“贷款宝”额度，货入义乌仓后，即可收到货物尾款60%，最高达500万元额度可循环使用，有效缓解卖家用户的资金压力。同时平台为卖家投保出口信用险等险种，实现全程物流可视，海外仓控货放款。“货款宝”有效解决义乌外贸“赊销风险”。浙江稠州商业银行为此项目唯一金融结算服务机构，全年办理此项业务476笔1462万美元。（高　洋）

【全国首单县市级国有企业市场化债转股】 2021年3月31日，中国工商银行义乌分行联合工银金融资产投资有限公司成功为义乌市国有资本运营有限公司实施“工银投资——义乌国资市场化债转股项目”，融资总规模40亿元，期限“5+N”年，首期10亿元资金于当日到位。项目募集资金用于偿还义乌国资或关联公司的债务，系全国首单县级市政银企合作市场化债转股业务，也是义乌市推动国企降杠杆、实现企业健康可持续发展的重要成果。至年底，项目成功投放二期计20亿元。（杨　飞）

【新版“外籍商友卡”】 2021年3月31日，浙江稠州商业银行为外籍客户开办此行首张新版“外籍商友卡”。新版“外籍商友卡”增加金融服务功能，实现银行卡功能赋能，满足外商在义乌的采购、汇款、支付等需求，极大便利外国人在义乌实现金融无障碍支付。在生活领域，具备乘坐公交车、租赁自行车、图书馆借阅、小额支付、城市泊车、就医等项市民卡功能；在投资领域，探索赋予商友卡外资准入功能，为外商申请注册外资企业提供便利；在贸易领域，推行凭商友卡进行市场采购贸易境外采购商备案，为备案人员提供开立个人外汇结

算账户便利；在数字领域，利用商友卡唯一码开发应用小程序，实现特定场景应用。（高 洋）

【贸易外汇收支便利化试点】 2021年4月，国家外汇管理局浙江省分局下发《关于完善浙江省贸易外汇收支便利化试点工作的通知》，结合浙江省试点业务实际，放宽企业试点条件。试点政策的实施赋予企业更多的自主权，从交易单证审核逐步向交易实质审核转变。6月，中信银行义乌分行为4家试点企业办理贸易外汇收支便利化结算业务，摘得义乌地区首单货贸、服贸双项外汇收支便利化试点业务。此试点业务涵盖货物贸易外汇业务、服务贸易外汇业务、资本项目业务及跨境人民币业务等领域。通过优化收付汇单证审核，减少企业准备纸质材料的工作量，节约企业财务管理成本，提升业务办理效率，推动外贸企业转型升级和高质量发展。

（葛斯怡）

【已故存款人关怀活动】 2021年4月2日，市民政局、义乌农商银行战略合作签约仪式暨已故存款人关怀活动发布会举行，推出"联合办""主动办""方便办""简化办"4项举措。已故人存款由于继承者不知情、未能及时主动提出继承申请等原因，长期留存于银行，市民政局、义乌农商银行合作推出"人已逝，情犹在"已故存款人关怀活动，进一步简化已故人存款提取手续，帮助"沉睡的存款"找到主人。至年末，义乌农商银行共提取已故存款人账户4500余个，计4000余万元。

（吕宵依）

【警银战略反诈模式】 2021年5月14日，义乌农商银行与市公安局在义乌市举行"学史力行服务群众全民反诈红雁先行"系列活动启动仪式上签订警银战略合作协议，创新"公安+金融"反诈模式，开展全民反诈活动。义乌农商银行依托现有组织框架，建立总行、营业网点、丰收驿站三级打击治理体系，综合施策，确保人防、技防、物防到位，积极参与警银合作平台开发，通过此平台实现义乌地区预警可疑人员信息共享、线索对接、特殊案例模块对接等，实现源头治理、综合治理。至年底，义乌农商银行发放反诈宣传资料36.7万份，柜面共堵截电信网络诈骗15起60.25万元。通过反欺诈预警系统和黑名单预警平台，预警冒名开卡、涉赌涉诈、出租出售银行账户等累计271次，堵截欺诈可疑交易行为86起。

（吕宵依）

【首单民企股东背景工业园区项目贷款】 2021年6月，中国民生银行义乌支行落地系统内首单民营企业股东背景工业园区项目贷款，为联东集团工业园区项目贷款4.6亿元，期限5年。联东集团为中国产业园区十强企业，主要涉及生物医药、高端制造、新材料、新能源、电子信息等高新技术产业及高端制造行业。民生银行义乌支行在前期政府招商引资沟通过程中，对接项目并确定合作意向，利用自身优势及政府对中小业务的支持力度，沟通缩短审批流程提高审批时效，及时放款支持地方实体经济发展。

（马向荣）

【村居"扫码贷"】 2021年6月，台州银行义乌支行推进村居"扫码贷"业务，为村居量身定制批量预授信产品"村聚易贷·兴农卡"。台州银行义乌支行与村两委对接，通过签订合作意向书、发放预授信牌匾、选派专属客户经理、批量授信等方式达成合作，采用"整村建档+整村授信"模式，通过小额信用及统一提前授信的方式进行批量覆盖，以定人定村居方式，推进村居"融资监测对接服务全覆盖"。推出金融产品"扫码贷"，村民无论是否持有台州银行的银行卡，只需持有效身份证和智能手机，随时随地登录24小时营业厅扫一扫，即可办理，授信6年有效，随借随还。至年底，成功扫码357户，余额2237.52万元。

（刘晓莉）

【首笔现金异步处理服务】 2021年6月，中国建设银行义乌分行（简称"建行义乌分行"）推出全省首笔现金异步处理服务。现金异步处理是指客户在营业网点办理现金存款业务时，双方现场共同封存款项，配送至后台由集中清分团队清点入账，或由网点在相对闲暇时间清点入账，全业务流程可视追踪的存款模式。首笔业务通过后台完成从1元到

100元6个券别纸币和1元硬币计4.42万元的现金清点工作，使前台一笔预计耗时约2小时左右的业务缩减至5分钟内完成。此项服务提升了客户体验，释放了网点前台资源，加快现金流转速度，提升备付管理效能。

（楼　健）

【平安银行推出“微e贷”】 为支持普惠金融，更好地服务实体经济，2021年6月，平安银行股份有限公司义乌分行推出“微e贷”小微信用贷款产品。“微e贷”具有授信时间长、准入门槛低、申请快捷、还款灵活等特点，为生产和经营类小微企业、个体工商户、种植和养殖农户提供资金支持。至年末，累计授信95户，授信金额5557万元；累计放款189笔，金额6255万元。（王峥峥）

【异地灾备中心建设】 为提升重要信息系统的业务连续性，夯实“两地、三中心”数据中心架构，满足重要业务系统异地灾难恢复等级达到5级（含）以上的监管要求，2020年下半年，浙江稠州商业银行启动异地灾备中心的重新规划和建设工作，包括机房选址、监管报备、设备采购、机房租赁、设备安装、线路割接、应用迁移等工作，2021年7月中旬，成都异地灾备中心投入运行。成都异地灾备中心的投产，优化稠州商业银行“两地、三中心”数据中心架构，确保浙江稠州商业银行各重要业务系统应用服务及数据安全，防止因战争、地震、洪水、机房火灾、服务器宕机、系统硬（软）件故障等带来应用停止、数据损坏等安全隐患。

（高　洋）

【虚拟营业厅上线】 2021年7月24日，浙江稠州商业银行虚拟营业厅项目上线，在稠州银行义乌倍磊支行试点运行。虚拟营业厅中，在营业网点无大堂经理的情况下，视频座席通过柜员机为客户提供咨询解答、业务审核服务。此业务支持“简易网点”业务开展的需求，实现网点智慧柜员机连通虚拟营业厅功能，形成线上线下渠道协同发展的局面。至2021年12月末，虚拟营业厅办理视频业务3437笔。

（高　洋）

【义乌农商银行与世界义商总会签订战略合作协议】 2021年7月30日，在世界义商总会二届三次会长会议上，义乌农商银行与世界义商总会签订战略合作协议。通过此次战略合作，双方将进一步搭建“党建+金融”平台，共建共享良好机制，深入探索共商协作，共谋发展的新路径、新模式，为共同富裕示范区建设贡献“市场+金融”合力。义乌农商银行向世界义商总会综合授信50亿元，支持世界义商总会及其成员单位金融服务需求。

（吕宵依）

【“海运贷”数字融资项目】 2021年，义乌组织实施市场采购贸易组货人制度，打通商务、海关、信用办、银行、保险等部门系统，构建数据资产价值体系，实现政银数据互换，为企业的信用变现提供大数据支持。8月，泰隆银行金华义乌支行“海运贷”数字融资项目上线，项目基于联网信息平台在线申报、数据审核，为义乌组货人提供信用贷款，解决货代行业在运费上涨的环境下融资难融资贵的问题，具有免抵押、高额度、低成本、快速贷的特点。至12月底，授信客户129户，授信金额1.54亿元，发放贷款374笔，发放金额2389.97万美元。

（王莉倩）

【全市首笔以全国碳排放配额为抵押物的贷款业务】 2021年11月2日，中国银行义乌市分行成功落地全市首笔碳排放配额抵押贷款。在人民银行等监管单位的指导与推动下，义乌中行为企业发放碳排放配额抵押贷款1500万元，帮助企业解决低碳生产的流动资金难题。该业务创新采用“碳配额”抵押的融资模式，将企业持有的67.4万吨碳排放配额作为抵押物，并通过人民银行动产融资统一登记公示系统进行登记和公示，从而将企业碳排放配额资产转化为绿色低碳发展资金。有效解决节能减排中企业担保难、融资难问题，引导实体经济绿色发展，实现点绿成金、化污为银的效果。

（陈金春）

【首笔网银批量跨境汇款业务】 2021年11月11日，义乌交行为一进出口客户办理首笔网银批量跨境汇款业务，多笔汇款一键导入批量上传，节省企业操作时

间，提升业务处理效率和客户体验度。至年底，义乌交行实现网银汇出汇款业务1536笔，总金额1.63亿美元。（贾华艳）

【稠州银行与中非服务平台签约】 2021年11月15日，浙江稠州商业银行与中非桥跨境贸易服务平台（简称“中非桥”）举行合作签约仪式，浙江稠州商业银行与中非桥合作，开发中非商贸市场，携手金融创新，以“智库+运营”的模式，助力中国企业更快、更好地走向非洲、走进非洲。中非桥跨境贸易服务平台是在浙江杭州成立的国内第一家服务于中非高质量发展的贸易服务机构，致力于搭建中非贸易服务桥梁，打造中非青年创客平台。浙江稠州商业银行展业区域内客户与非洲地区经贸往来频繁，涉及货物贸易、服务贸易、工程承包等领域，银行与中非桥达成战略合作，旨在借助双方优势，合力为客户打造集物流、商流、资金流和信息流于一体的全面服务，探索全新商业场景，实现多方共赢。（高　洋）

【中信银行首家乡镇网点落地】 2021年11月，中信银行义乌分行佛堂支行开业。此支行位于佛堂镇佛堂大道与朝阳路交叉口，面积689平方米，业务主要针对佛堂镇居民的零售金融服务及佛堂工业区企业的公司业务，在立足传统行业的同时，做好新业态下的跨境、物流、电商等新兴产业的金融服务。为中信银行在义乌的首家乡镇网点，为中信银行服务小微企业和乡村振兴奠定基础。（朱欣蔚）

【首笔贸易外汇收支便利化试点业务】 2021年12月1日，义乌交行为某进出口客户办理首笔贸易外汇收支便利化试点业务，当日累计办理159万美元。此业务在确保交易真实、合法，符合合理性和逻辑性的基础上，对客户提供汇款申请书等支付指令即可办理相关贸易项下的收付汇业务，通过优化货物贸易和服务贸易收支单证审核，提升业务处理效率、缩短收付业务办理时间。至年末，共办理业务316笔，业务量3512.92万美元。（贾华艳）

【全省首单慈善信托】 2021年12月27日，全省首单慈善信托“善建浙行1号曹村印记”在后宅街道曹村开办。建行义乌分行积极履行新金融行动，2021年12月27日，与市慈善总会签订战略合作协议，打造“慈善+金融”新模式。设立“善建浙行1号曹村印记”慈善信托，依托金融创新助力三次分配，促进社会效益和经济效益叠加，推进共同富裕示范区建设。年末普惠金融贷款余额96.76亿元，比年初新增23.12亿元。全年累计投放个人乡村振兴“共同富裕示范区”贷款6.53亿元，贷款余额6.03亿元。普惠金融贷款余额96.76亿元，比年初新增23.12亿元。“裕农通”普惠金融服务点401个，服务点活跃率达98.25%。（楼　健）

【永赢基金银联代付业务】 2021年9月底，中信银行义乌分行联合宁波分行，与中国银联、永赢基金合作，作为主要清算行，为永赢基金提供T+0.5（T为交易日当日，0.5代表半天）银联代付服务。此业务通过中信银行特色化渠道信e汇对接，可在线上高效、安全地发出赎回垫资指令，实现资金秒到账，客户体验极佳。至年底，此业务交易常态化运行，每日结算资金从100万元至90亿元不等。（吴雯雯）

【全省农行首笔“分离式海关付税保函”业务】 2021年12月15日，中国农业银行股份有限公司义乌分行向浙江裕沣融资担保有限公司办理全省农行首笔“分离式海关付税保函”业务，金额400万元。“分离式海关付税保函”业务是指通过引入第三方公司，将保函申请人和保函被担保人相互分离，外贸企业仅作为保函的被担保人，无需提供抵押或保证，即可享受银行担保，有效解决外贸企业授信难、担保弱、资金紧等瓶颈问题，帮助企业提高资金流动性，提升通关速度。（周宗荣）

【农行与义乌市政府签订银政合作协议】 2021年12月22日，中国农业银行股份有限公司浙江省分行与义乌市人民政府以云签约方式，签署“政银共建推进共同富裕示范先行区建设”五年1000亿元战略合作协议。中国农业银行义乌分行分别与浙江中国小商品城集团股份有限公司、义乌市城市投资建设集团有限公司、义乌市双江湖开发集团有限公司、义乌晶澳太阳能科技有限公司签署“义乌综合保税区项目”“义乌市儿童医院新建工程、大剧院等项目”“浙大国际医学院及基础配套服务设施（一期）项目”“年产5吉瓦高效电池及配套项目”等合作协议，涵盖项目贷款投放总额80亿元。2021年，中国农业银行股份有限公司义乌分行各项存款560.53亿元，各项贷款余额428.56亿元，实现营业净收入17.21亿元，不良贷款余额1.7亿元，不良贷款率0.4%，不良贷款率创1993年来新低，且为四大国有银行最低。此次签约后，中国农业银行股份有限公司义乌分行进一步发挥金融服务国家队和领头雁的作用，在加大信贷投入、强化民生保障、助推产业升级、支持科技孵化、壮大数字经济、协助债务转型、扩大普惠金融、服务乡村振兴、鼓励先行先试、开辟绿色通道10个方面持续发力，全力支持义乌高质量发展建设共同富裕示范区成功案例。（周宗荣）

证券·期货业

【概况】 2021年，全市有证券营业部36家，辖内证券公司全年总交易量1691.6亿元，同比增长20%。有期货公司8家，全年总交易金额661.05亿元，同比下降34.64%。国信证券金华分公司新开客户2396户，新开户期末资产5.035亿元。国信证券义乌部新开客户3575户，新开户期末资产7.1543亿元，托管总市值196.38亿元，净利润1.04亿元。浙商证券义乌营业部新开客户3820户，累计开户10.01万户，托管总市值153.89亿元。中信证券义乌营业部新开户3368户，新增资产7.7亿元，全年股基交易额2681亿元。（张康丽）

【防范经济犯罪宣传】 2021年，为进一步提高社会公众防范经济犯罪的意识和能力，树立正确投资理财观念，国信证券金华分公司义乌部与义乌公安经侦合作开展“陪你纳凉，教你防范”防范经济犯罪宣传和反洗钱宣传活动，结合案例，以案说法，以通俗易懂的语言向广大群众讲解如何识别经济诈骗、非法集资、非法证券，提升群众的防范意识，让群众自觉抵制非法集资等违法犯罪活动。全年开展宣传活动59场次。

（陈　媛）

【助力生猪期货首次交割】 2021年，随着生猪期货上市，永安期货股份有限公司义乌营业部开展服务实体经济工作，为生猪养殖企业的稳健经营保驾护航。6月，助力义乌市生猪企业正康（义乌）猪业有限公司成功申请目前浙江省唯一一个大商所生猪非集团交割仓库。在9月15日生猪期货首次交割中，实现国内首单生猪车板实物交割，为浙江省首单期货仓单交割。此次交割库的成功申请，是对生猪期货规则设计的全面检验，也是对生猪期货适应现阶段市场变化能力的全面检验。通过此次交割，增强各方进一步深度参与生猪期货的信心和积极性，为浙江省头部生猪保供企业开展套期保值、期现交易等业务提供便利。（季文攀）

【金融知识教育】 2021年，中信证券义乌营业部开展各种类型的投资者教育活动，提升投资者资本市场业务与各类金融知识。3月，结合国际消费者权益日，以“保护投资者合法权益我们在行动”为主题开展专项投教活动，通过发放宣传折页，面对面讲解以及投教视频等线上线下形式，累计覆盖投资者350人次。5月，开展第三届“5·15”全国投资者保护宣传日活动，利用营业部的电子显示屏、跑马灯和投教专区，宣传防范非法证券相关知识，与绣湖社区合作举办社区公益集市2场，向社区老年人发放宣传折页宣传中国投资者网。同月，营业部开展“警惕团伙作案、勿入非法证券投资圈套”的专项活动，通过短信形式，向1.03万名投资者发送《投资者保护典型案例汇编》《“公平在身边”投资者保护系列丛书》等案例选编，与苏溪派出所开展合作，为上市公司员工开展防范非法证券知识培训3场，84名投资者参加培训。9月，开展“金融知识普及月”“2021年世界投资者周”活动，累计覆盖投资者2.55万人。至年底，开展投资者教育活动11

次，参与活动2.63万人次。

（楼婷婷）

【国信证券分公司更名】 2021年，国信证券股份有限公司在义乌地区设有分公司1家及营业部1家，分别为国信证券股份有限公司浙江第二分公司、义乌稠江街道总部经济园证券营业部，均隶属国信证券股份有限公司浙江分公司。6月11日，国信证券股份有限公司浙江第二分公司更名为国信证券股份有限公司金华分公司。

（陈　媛）

【秋季策略报告会】 2021年9月17日，方正证券义乌北门街营业部在义乌商城宾馆举办收获金秋投顾行策略报告会。报告会围绕经济复苏等主题，详细阐述如何优选赛道，坚定慢牛前行，资产均衡配置等理念。110余名客户参加报告会。

（吴　帅）

保险业

【概况】 2021年，义乌有保险机构公司分支机构43家，其中，财产保险公司25家，人寿保险公司17家，政策性保险公司1家。2021年全年实现保费收入71.93亿元，同比增长1.22%。其中：财产险收入29.69亿元，同比增长1.73%；寿险收入42.24亿元，同比增长0.86%。全年累计给付支出22.99亿元，同比增长5.67%，其中：财产险17.61亿元，同比增长9.25%；寿险5.38亿元，同比下降4.54%。

（张康丽）

【保险业发展态势】 2021年，中国人民财产保险股份有限公司义乌分公司（简称“人保财险义乌市分公司”）全年保费收入11.55亿元，承担各类风险责任总额2.9万亿元，缴纳、代收入库各类税金1.53亿元，支付各类赔款6.84亿元。市场份额38.92%，位列全市财险公司首位。中国太平洋财产保险股份有限公司义乌支公司（简称“中国太保产险义乌支公司”）全年保费收入3.73亿元，同比增长3%；赔款支出2.34亿元，赔付率62.6%。中国大地财产保险股份有限公司义乌中心支公司（简称“中国大地保险义乌中心支公司”）保费收入2.98亿元，同比下降1.86%；全险种市场份额10.06%（不含钱塘保费）。意外险保费2598万元；赔款支出1.71亿元，赔付率57.37%；承保利润1373.78万元，承保利润率5.22%。中国人寿义乌分公司达成总保费收入19.9亿元，与上年基本持平，市场份额47.18%。达成首年期交保费2.92亿元，首年标保9171万元，大短险保费1.1亿元，同比增长4.6%。全年支付赔案3.99万件，赔付金额1.32亿元，理赔申请支付平均时效1.24天。中国太平洋人寿保险股份有限公司义乌支公司（简称“中国太保寿险义乌支公司”）达成业务总保费收入3.86亿元，同比下降4.02%；完成理赔8238起，理赔支付总额2326.5万元，单笔理赔最高金额124.64万元。中国平安人寿保险股份有限公司金华中心支公司义乌地区保费收入7.68亿元，其中新单首期保费1.21亿元。赔付支出1.2亿元，其中，理赔支出5840.06万元，满期给付5177.73万元，年金给付1010.16万元。

（张康丽）

【“商户信保”项目迭代升级】 2021年，为助力自贸区金义片区建设，人保财险义乌市分公司以贸易金融产品创新为抓手，对上年落地的全国首创市场采购信用险政府统保“商户信保”项目进行迭代升级，与市商务局联合推出白名单制度。“商户信保”限额内出险赔付比例从30%提高至45%，白名单内贸易主体赔付比例高至80%，同时享有各项衍生金融支持和创新服务优先权。2021年度，共有125家企业纳入白名单管理，年度出险赔付142万美元。

（陆超男）

【保险助力“双碳”目标落实】 2021年，人保财险义乌市分公司在保险服务上“双碳”目标落实，2019—2021年为义乌国网电力提供供电责任、公众责任保障，年平均承保风险责任逾1.9亿元。支持义乌国网电力开展电网柔性调节、源网荷储协同、屋顶光伏发电并网等降量控碳举措。3月，与华灿光电集团启动战略合作，为其全国四大厂区提供财产一切险和机损险保障，助力碳达峰、碳中和绿色低碳循环发展。

（陆超男）

【低收入人群保险】 2021年，人保财险义乌市分公司推动资源向低收入人群倾斜，独家承保市民政局老年人意外险和医保局长期护理保险项目，共保低收入农户医疗补充保险、残疾人意外险项目，完成全市3378户五保、低保户政策性农房保险承保，为义乌市高龄老人、失能人员、残疾人、低收入农户计6.3万余名低收入人群提供保障，累计保险金额704.28亿元，有效避免因病、因灾、因意外返贫。

（陆超男）

【精神病监护人责任险】 2021年，中国太保产险义乌支公司参与社会平安建设，拓展精神病监护人责任险。精神病人监护人责任险为精神病人在不能辨认或者不能控制自己行为造成第三者人身伤亡或财产损失时，监护人应当承担的经济赔偿责任提供保障。至年底，中国太保产险义乌支公司为全市14个镇（街道）4358名精神病人监护人投保保额6600万元。

（陆云飞）

【“货款宝”项目创新】 2021年1月，人保财险义乌市分公司与商城集团合作创新“货款宝”项目。此项目以信用为基础，保险为后盾。经营户在Chinagoods平台接单发货，商城集团信用评估、授信审核后，按照应收货款的60%向经营户垫付资金，帮助企业快速回笼资金。如遇买方拖欠货款、货物质量产生买卖纠纷、发生货物运输风险，人保财险义乌市分公司按照约定给予60%~100%的赔付，有效规避外商逃单、恶意拖欠货款等风险，提振义乌市场卖家接单信心。此项目3月入选义乌市“三服务”2.0的好案例、好典型，成为全省首个入围数字经济系统多跨场景应用“揭榜挂帅”目录的保险创新项目。

（陆超男）

【大地保险送文化下乡】 2021年1月23日，中国大地保险义乌中心支公司15名青年志愿者赴赤岸镇后金宅村，为在义乌过年的外来建设者及本地群众开展“大地有你·‘义’起过年”送保险、送春联、送文化下乡公益行动。为群众写春联，介绍保险知识，表演歌舞节目，宣传反洗钱、反非法集资、反欺诈知识，提升大众防骗的意识和能力。活动惠及4个村（居）群众1000人次，送出春联1680余对（幅）、新春门联礼包1000份。 （周洪刚）

【建设工程质量缺陷保险】 2021年5月10日，市建设局发布《义乌市住房和城乡建设局关于推进建设工程质量缺陷保险的实施意见》，在全市推广建设工程质量保证保险（简称“质保金保险”）和商品住宅工程质量潜在缺陷保险（简称“保修金保险”）。投保质保金保险的项目，施工单位可免交或在决算后免扣建设工程质量保证金；投保保修金保险的项目，建设单位可免交住宅物业保修金。6月，工程质量缺陷保险落地，首个承保项目为滨江翠语华庭，保险金额1.74亿元。人保财险义乌市分公司按照“保险+服务+科技”模式，战略性引进TIS（工程质量风险管理）服务机构，利用此保险建筑工程全流程风险管理和质量缺陷兜底赔付双重功能，减轻建筑企业复工复产资金负担，防范和化解由于工程质量缺陷引发的社会矛盾。9月，中国平安财产保险股份有限公司义乌支公司为义乌市华捷置业有限公司投保建筑工程质量潜在缺陷保险，总保额2.69亿元。该保险保障范围为整体或局部倒塌，附加门、窗工程保险，附加电气管线、给排水管道、设备安装保险等工程，聘请第三方服务机构对投保项目开展勘察、设计、施工、材料、验收及复查等环节的全流程风险管理服务，针对保单责险范围内容，对质量潜在缺陷的风险源进行风险识别、预防、评估，助力建筑业企业持续健康发展。

（陆超男 黄 勤）

【首单农险期货保险】 2021年6月，人保财险义乌市分公司签出全市首单畜禽饲料期货保险，保险金额3.92万元。此笔业务由人保财险义乌市分公司和人保财险杭州分公司、上海虹桥支公司共同以增强型亚式平值看涨期权形式，为浙江华统肉制品股份有限公司提供畜禽饲料（玉米、豆粕）风险对冲保障，帮助义乌市农业生产企业分散农产品价格风险，助力农险业务提速发展。 （陆超男）

【全国首单“运费应收账款信用险”】2021年8月25日，人保财险义乌市分公司为浙江开亚国际供应链有限公司提供600万美元运费应收账款保障，为全国首单运费应收账款信用险，为货代行业长期面临的运费保障缺失填补服务空白，助推义乌外贸营商环境持续优化。通过信用险项下融资功能，助推义乌市货代公司解决新冠肺炎疫情发生以来集装箱航运价格高企带来的资金压力。（陆超男）

【“逝者平台”上线】2021年9月，义乌市“逝者平台”在现有政务服务门户和浙里办App上线，对当日义乌辖区内死亡人口遗产信息进行查询，每日完成逝者在本公司的相关保单信息查询并将结果反馈给平台，让群众“一次也不用跑”，便可在线实现遗产信息查询、继承办理与信息共享。中国太平人寿保险义乌支公司积极响应号召，安排营运专人每日及时对接此平台并进行数据查询反馈。至年底，受理完成相关业务4000余件。（杜京平）

【大地保险“防返贫责任险”捐赠】2021年11月14日，中国大地保险义乌中心支公司联合金华（义乌）温州总商会等4家爱心单位，为四川汶川、巴州两地3个村共送去总保障额1200万元的“防返贫责任险”，为2389名西部偏远山区农民因灾、因病、因意外等返贫提供有效解决方案。同时，中国大地保险义乌中心支公司发动温州商会为四川省汶川县映秀镇黄家院村274户732名村民捐赠总保额300万元的“防返贫责任险”，发动新世纪、至诚会计师事务所和知联金桥税务师事务所为四川巴州梁大湾、狮子寨2个村1653名村民捐赠保险，总保额900万元。（周洪刚）

【工伤事故调查服务项目承办】2021年11月，人保财险义乌市分公司成功中标义乌市社保中心工伤事故调查服务项目，作为唯一的第三方力量参与义乌市工伤事故调查工作，为全市58.03万名参保职工提供服务。人保财险义乌市分公司在成立专业化工伤调查团队的基础上，借助商业保险机构现有优势，强化工伤保险事故的调查核实及工伤预防等职能，提高工伤保险经办效率和服务质量，促进劳动关系和谐。（陆超男）

【投标保证保险项目上线】2020年11月，中国太平洋财产保险股份有限公司义乌支公司投标保证保险项目在义乌市公共资源电子交易平台上线。通过系统对接、金融级电子交易认证、投标企业资质信用线上审核、企业基本户审核等创新模式，为建筑项目招标人提供保障，当投标人未能按招标文件要求履行规范投标义务而使招标人无法按时签订工程合同，保险人按保险合同对招标人的损失承担赔偿责任。至年底，中国太保产险义乌支公司为180家企业提供投保保额5897.8万元。（陆云飞）

【驻义乌大地保险警务联络室启用】2021年12月15日，义乌市公安局驻义乌大地保险警务联络室揭牌启用。成立警务联络室是中国大地保险义乌中心支公司推进省银保监、省公安厅关于预防和打击保险领域违法犯罪合作的举措之一，为建立常态化沟通交流机制，加强协调会商与信息共享，强化办案协作，深化合作交流，打击保险领域违法犯罪、促进保险行业高质量发展、推动“平安义乌”建设发挥积极作用。（周洪刚）

综　述

【创新主体培育】 2021年，全市一般公共预算科技支出7.18亿元，同比增长15.14%，其中科技发展专项扶持资金1.93亿元。实施创新主体梯队建设工程，新增国家高新技术企业95家，累计314家；新增省科技型中小企业400家，累计1395家。新增新型研发机构1家，累计2家（金华仅此2家）。新增省级重点企业研究院1家，累计3家。新增省级企业研究院1家，累计13家。新增省级企业研发中心11家，累计57家。新增金华市级研发中心69家。年内，市科技局被评为"金华市科技创新工作先进单位""高新技术产业发展工作先进单位"。

【科技创新体系培育】 2021年，市科技局深化科技助企"三服务"2.0版，全力打造科技主体培育、科技项目孵化、科研平台培育、科技人才引育、科技合作服务和区域协同创新六大科技创新体系。新增国家自然科学基金资助项目10个、省级"尖兵""领雁"项目3个、省基础公益项目16个、省软科学项目1个。获2021年浙江省技术需求"揭榜挂帅"大赛新材料行业现场赛一等奖1个。

【产业创新服务综合体建设】 2021年，义乌市构建省市县三级特色综合体，市科技局打造公共服务体系42个，公共服务平台47个，建成产品检测中心5个，引进高校和科研机构30余家，集聚科技中介机构62家，设计人才188人。线上创新服务综合体（服装频道）先进经验在省委全面深化改革委员会《数字化改革》刊发。

【浙中科创大走廊建设】 2021年，义乌市融入浙中科创大走廊建设，制定《浙中科创大走廊义乌段发展规划》。全年实施重大项目83项，实现投资129亿元，完成计划投资的108.4%。入选G60科创走廊产业联盟企业10家。至年底，义乌科技城集聚大学4所、研究院3所，设立院士工作站1个，引进院士团队2个，在校大学生4556人，研究生821人。光电创新城集聚信息光电企业59家，全年实现产值518亿元，同比增长228.6%。（王超萍）

科技管理

【概况】 2021年，经义乌市政府常务会议审议通过，市科技局、市发改局联合发布《义乌市科技创新发展"十四五"规划》。修订并出台新一轮科技创新政策，建立科技投入倒逼机制，加大对企业的支持力度。推进科技创新数字化改革，成立科技创新应用专班，建成并上线科技局党政自治系统主题门户和数字政府科技创新微门户；完善科技创新云服务平台，推进科技计划项目数字审批改革。深化"最多跑一次改革"，推行外籍人才、聘用单位、中介服务机构三张负面清单之外按需准入，优化外国人工作许可、居留、医保、社保一件事办理，改革工作得到科技部肯定。推进“双减”工作，起草制定《义乌市科技类校外培训机构管理暂行办法》，会同市教育局推出学科类校外培训机构转登为科技类培训机构快速通道，平稳推进培训机构转型，完成17家学科类校外培训机构的转登工作。制定《义乌市创新券推广应用实施细则》，全年发放科技贷1亿元，发放创新券4800万元，同比增长59.12%，实际使用415笔，共804万元。年内，新成立市场化基金3支，基金总规模128亿元。

【科技基金】 2021年，义乌市存量义乌科发创业投资合伙企业（简称“科发”）、义乌安芙兰股权投资合伙企业（简称“安芙兰”）、弘坤德胜基金（简称“弘坤德胜”）科技基金3支。科发、安芙兰2018年完成投资，2021年处于投后管理阶段，共投资项目30项，投资金额3.23亿元，其中投向义乌项目14项1.86亿元。弘坤德胜2020年7月入围省科技创新引领基金合作机构，省创新引领基金出资1.5亿元，占比20%。2021年新成立市场化基金3支，基金总规模128亿元，分别是规模20亿元的义乌韦豪创芯二期基金（认缴10亿元，实缴5亿元）、规模100亿元义乌半导体母基金项目（认缴80亿元，实缴2400万元）、规模8亿元中芯聚源基金（认缴6亿元，实缴4亿元）。

【科技信贷】 2021年，市科技局整合科技贷和创新券政策，明确创新券可用于支付科技信用贷款担保费和贷款利息，担保费和贷款利息均可按贷款期满实际支付保费的50%进行抵扣，融资成本平均降低50%，2项合计最高抵扣每家每年50万元，持有奖励券的企业可获得无息贷款。11月，全市首笔创新券用于科技信用贷款抵押担保费落地。年内，组织开展银企对接会10场，发放免抵押科技信贷1.01亿元，受惠企业44家。《“科创贷”为科技企业健康发展保驾护航》被评为全市“三服务”十佳案例。

（金正春　王秀兰）

科技创新载体

【概况】 2021年，新增省级新型研发机构1家，省备案众创空间3家，金华市级众创空间2家，国家高新技术企业95家，新增省科技型中小企业400家。

【义乌启迪创梦众创空间】 2021年12月，义乌启迪创梦众创空间获“省级众创空间”备案。义乌启迪创梦众创空间位于稠江街道戚继光路548号，建筑面积2.5万平方米。园区内入驻直播电商企业40余家，众创空间提供150个共享工位和15个精装修共享直播间，致力于义乌传统电商企业的直播化、产业化、数字化，举办“全球创业者大会”，赋能义乌实体、电商、大学生创业者5万余人次。为入驻企业提供政策申报、财税法务咨询等免费服务，为直播领域培育大学生网红主播、带货主播、达人主播。成功孵化粉丝10余万，带货主播40余人。

【浙江工业大学义乌研究院众创空间】 2021年12月，浙江工业大学义乌研究院众创空间获“省级众创空间”备案。浙江工业大学义乌研究院众创空间位于北苑街道雪峰西路968号科技创业园，建筑面积7000平方米，设办公区、洽谈室、实验室、会议室、休闲区等功能分区，配备打印机、空调、投影仪等办公设配。以智能制造、信息产业、大健康产业、节能环保、文创产业发展为方向，累计引进45个产业化项目团队入驻；孵化科技型企业30余家（17家浙江省科技型中小企业，2家国家高新技术企业）；签订各类合同金额2亿余元，为义乌相关企业新增产值30余亿元。

【KunLong（昆隆）众创空间】 2021年12月，KunLong（昆隆）众创空间获“省级众创空间”备案。KunLong（昆隆）众创空间位于江东街道通宝路158号义乌市昆隆云创电商产业园内，空间使用面积2000平方米，有教室、工作室等30余间。2019—2021年，空间年均注册市场主体30余家。众创空间结合义乌市商贸特色和电商产业发展方向，涵盖直播、跨境、专创、融创等项目，为大学生创业提供政策咨询、项目孵化、实践指导、教育培训、融资服务、跟踪扶持等"一条龙"创业服务，是大学生创新创业实践的重要载体。KunLong（昆隆）众创空间以昆隆云创电商产业园为依托，利用园区资源，辐射义乌市国际商贸城、中国网红直播第一村（北下朱）、中国网店第一村（青岩刘）、义乌工商职业技术学院等，是义乌电商创业生态圈的重要组成部分，助力义乌电商产业升级发展。

【复旦大学义乌研究院】 2021年12月，复旦大学义乌研究院被认定为"省级新型研发机构"。复旦大学义乌研究院（简称"研究院"）是复旦大学与义乌市人民政府合作共建的事业法人单位。研究院以复旦大学和义乌区域优势资源为支撑，按照"一院三基地"总体框架运行，建设义乌复旦创新研究院，开展研究生教育基地、创新创业教育基地和党员干部教育基地工作。2021年，复旦大学义乌研究院获批设立浙江省博士后工作站。研究院重点围绕新材料新器件新装备高精尖缺制造、生物技术与生物医学工程、"一带一路"及全球治理研究、全球传播全媒体研究等领域，汇聚高端基础应用研究和创新型产业化人才，聚焦省级重点科研机构建设，开展国际化高层次人才培养，打造集科学研究、成果转化、人才培养、创新创业、干部教育于一体的国际综合创新合作平台。管理团队19人，项目团队95人，硕士及以上学历占94%。在国内外发表论文30余篇，申请发明专利10余项。2020—2021年投入科研项目经费2410万元，完成科研项目立项63项。（陈英杰）

知识产权（专利）保护

【概况】 2021年，义乌市新增有效注册商标1.88万件，有效注册商标量17.63万件。通过义乌商标受理窗口受理马德里商标国际注册申请11件，涉及208个国家（地区）。专利授权量1.12万件，同比增长13.69%，有效发明专利2997件。万人发明专利拥有量16.1件，新贯标企业95家，PCT（专利合作协定）申请量25件。全市有驰名商标23件，义乌市专利示范企业84家，金华市专利示范企业32家，金华市商标品牌示范企业17家，浙江省专利示范企业17家，浙江省专利优秀奖1项，国家专利优秀奖4项。年内，市场监管局查处知识产权案件844件，移送公安50起；诉调中心接受诉前诉中委托案件4787件，案件标的总额3.71亿元，调解成功1846件，成功率66.71%；承接行政裁决，开展调研考察，组织业务培训，办理知识产权侵权纠纷行政裁决案件6起，案件标的金额12万元。创新知识产权混合质押融资模式，办理企业知识产权质押融资62件36.27亿元。（陈弈帆）

【获批国家海外知识产权纠纷应对指导中心地方分中心】 2021年4月21日，国家知识产权局公布《第二批国家海外知识产权纠纷应对指导中心地方分中心名单》，义乌市知识产权维权服务中心成功获批，成为入围此名单的全国首个县级单位。义乌市知识产权维权服务中心自2016年5月成立以来，不断优化服务体系，积极推进海外知识产权维权援助工作，2021年7月，与中国计量大学达成合作协议，共同推进义乌市知识产权海外维权工作。获批国家海外知识产权纠纷应对指导中心义乌分中心后，开展与知名院校合作对接、实地走访及企业培训研讨工作，8月，发布针对义乌市跨境电商行业的首期海外知识产权纠纷应对预警分析报告，指导企业维权案件11起，其中胜诉2起。2021年提供涉外知识产权纠纷咨询23起。（陈弈帆）

【浙中地区首家省级知识产权服务业集聚发展示范区】 2020年10月，市政府批示同意建设浙江省（义乌科创园）知识产权服务业集聚发展示范区。同月，浙江省市场监督管理局发布《关于公布第二批省级知识产权服务业集聚发展示范区的通知》，浙江省（义乌科创园）知识产权服务业集聚发展示范区入围第二批省级示范区建设名录。2021年7月9日，浙江省（义乌科创园）知识产权服务业集聚发展示范区揭牌运营。示范区入驻知识产权服务机构20余家，涵盖代理

2021年7月9日，浙江省（义乌科创园）知识产权服务业集聚发展示范区揭牌运营（市市场监管局 供图）

服务、维权援助、信息利用、战略分析、复审诉讼、交易运营、人才培育等环节，为"全型态"企业提供"全类别"的"全链条"知识产权服务。至2021年年底，入驻知识产权服务机构20余家。（陈弈帆）

【稠州银行获2项国家发明专利】 2021年3月，浙江稠州商业银行获"一种可监控联网的防盗卷帘门""一种智能可监控可远程操控的配电箱"2项国家知识产权局颁发的实用新型专利证书，专利权期限为10年。"一种可监控联网的防盗卷帘门"实用新型通过设置照明灯、警示灯、警报器等警报设备，对可疑人员进行威慑，通过报警传感器与联网模块，可以在卷帘门被破开后及时报警，便于警方及时出警阻止犯罪行为，挽回商户损失，并为警方侦查案件提供有效资料。"一种智能可监控可远程操控的配电箱"通过电磁阀、温湿度传感器、无线通信模块和微处理器的配合设置，能够利用无线通信模块和微处理器与用户手机进行连接，温湿度传感器实时检测配电箱内部使用情况，并利用用户手机实现实时监控和远程操控电磁阀，及时排水，同时能够将雨水过滤收集进集水槽，与散热孔配合，实现对配电箱的双重散热，提高配电箱的散热性能，通过输水孔的设置，避免多余的雨水进入配电箱内部，影响电器的正常使用。（高 洋）

科技成果及应用

【概况】 2021年，全市新上报省"尖兵""领雁"攻关计划项目9项，入选3项，省软科学研究基地项目3项，省级新产品试制计划项目116项，金华市级科技项目70项，义乌市级科技计划项目186项。浙江工业大学义乌科学技术研究院研发的制备高质量明胶复合材料项目获评2021年浙江省技术需求"揭榜挂帅"大赛新材料行业现场赛一等奖。

【高效晶硅太阳能电池的研发与产业化】 2021年12月，浙江爱旭太阳能科技有限公司承担的"高效晶硅太阳能电池的研发与产业化项目"被列入2022年度浙江省"尖兵""领雁"研发攻关计划。项目计划总投资2800万元，针对当前光伏行业面临主流产品PERC太阳能电池即将达到24%的效率瓶颈，提出高效异质结背接触太阳能电池研发并实现产业化的目标，拟解决高导电性低寄生吸收的钝化选择性接触技术，突破低成本的金属化和耗材技术，开发大尺寸背接触晶硅太阳能电池规模化量产工艺技术，实现全球首创大尺寸背接触晶硅太阳能电池量产成套规模化工艺和行业首条示范线，进行背接触太阳能电池组件和电站的可靠性、发电特性的评估与验证，在国际上尚处于研究阶段的"背接触晶硅太阳能电池的量产技术"和长期被日本垄断的"低成本高导电低温浆料技术"2项关键瓶颈技术方面实现突破，推动光伏技术的革新换代。项目拟研制的大尺寸（M12）背接触电池预期在2023年平均量产正面转换效率目标≥25.5%，正背面综合效率目标≥27%，基于大尺寸和高效率两方面的优势，有助于降低光伏发电成本，预计全生命周期发电成本下降幅度在5%以上。项目预计实现产值3000万元，销售收入2亿元，利润1500万元，上缴税金500万元。

【芯片制备关键技术研究项目】 2021年12月，华灿光电（浙江）有限公司承担的“面向新型显示应用的第三代半导体材料Micro-LED（微米发光二极管）外延生长与芯片制备关键技术研究”项目被列入2022年度浙江省“尖兵”“领雁”研发攻关计划。项目计划总投资2500万元，瞄准国际前沿微显技术，重点研究微米级尺寸、极低缺陷密度的波长一致性高度集中的新型外延生长工艺技术，研究微米Micro-LED光电性能差异及波长变化规律，“尺寸效应”和“边缘效应”对Micro-LED发光器件的发光颜色、效率、可靠性、寿命等特性的影响。研究发光芯片的外延材料、结构和器件制备工艺，开发高均匀性、低缺陷密度、波长高度集中的红、绿、蓝超小尺寸发光芯片。通过项目实施，预计解决关键共性技术1项，申请发明专利12项。预计实现产值3000万元，销售收入2000万元，利润150万元，上缴税金20万元。

【骨髓增殖性肿瘤精准诊治评估技术项目】 2021年12月，浙江大学医学院附属第四医院承担的“临床医学研究中心协同攻关及示范——基于MDSCs的骨髓增殖性肿瘤精准诊治评估技术的创建及临床研究”被列入2022年度浙江省“尖兵”“领雁”研发攻关计划。项目计划总投资150万元，针对治疗骨髓增殖性肿瘤（MPNs）的技术瓶颈，开展髓源性抑制细胞（MDSCs）与MPNs诊治的相关性研究，发现MDSCs数量增多的患者生存期短，提示基于MDSCs的MPNs精准诊治评估技术将为MPNs诊治开辟新纪元。通过MPNs患者大样本回顾性研究，以转染细胞株和移植小鼠模型的临床前研究为基础创建该精准诊治评估技术，结合多中心、前瞻性、Ⅲ期临床研究验证该精准诊治评估技术的临床价值。此研究创新性地提出MPNs免疫学参与表观遗传调控的新机制，明确MDSCs在MPNs数量和功能的差异；获得基于MDSCs的MPNs精准诊治评估技术的临床前研究数据；建立独特的基于MDSCs指导下的MPNs精准诊治“浙江模式”。上述研究结果将用于临床，编制临床诊疗规范和制定标准的MPNs诊治“浙江模式”，使浙江省MPNs长期生存率达到国际先进水平。项目参与制定国家标准1项、地方标准2项，编制临床诊疗规范1项，发表高水平论文4篇，培养硕士或博士研究生等高级人才6人。

【获“揭榜挂帅”大赛新材料行业一等奖】 2021年11月29日，在第六届中国创新挑战赛（浙江）暨2021年浙江省技术需求“揭榜挂帅”大赛新材料行业现场赛上，浙江工业大学义乌科学技术研究院研发的“应用于生物医药高纯天然明胶复合新材料合成——螯合吸附强化多级膜分离制备高质量明胶复合材料”解决方案获一等奖。2020年与浙江合丰胶业有限公司就项目合作及技术攻关开展交流工作，了解企业发展需求。此项目针对浙江合丰胶业有限公司面临明胶原材料更新速度慢、高分子有机物分离提纯技术不成熟等难题，通过改良技术工艺设计，开发新型材料等方式，优化现有明胶材料浓缩纯化工艺，降低企业生产成本，拓宽明胶材料的应用领域。浙江工业大学义乌科学技术研究院入驻义乌以来，整合行业企业资源，开展产学研合作。至2021年年底，走访对接企业120次，收集技术难题120余项，技术服务师生300余人次，签订合同78项，合同金额1162万元。

（金正春　王超萍）

科技人才合作与交流

【概况】 2021年，市科技局促成技术交易额25.69亿元，占金华地区的29.3%。培育企业科技专员170人，技术经纪人30人。培育技术经纪人99人、科技专员726人。发布“卡脖子”难题400项，揭榜81项。新增技术转移中心2家，累计6家。科技大市场服务企业200余家次，发布科技成果657项，实施发明专利产业化项目49项，完成科技成果登记18项。

【海外人才引进】 2021年，市科技局对接乌克兰、日本等国家的科技专家，做好外国专家、“133创新工程”第三层次人才等的筛选、推荐工作。新引进海外工程师2人，新增全球顶尖人才和科技领军人才1人，入选国家级人才计划的青年人才2人，新引进博士113人、博士后7人。深化“百博入企”活动，选派博士到企业开展产学研合作，累计选派入企博士14人。

【外国人工作“一件事”优化】 2021年，市科技局推行外籍人才、聘用单位、中介服务机构3张负面清单之外按需准入制度，优化外国人工作许可、居留、医保、社保“一件事”办理。全年，发放自贸区5年工作许可668人，新增B类外国人才742人。“一件事”办理事项4878件，同比增长18%，“义乌小微商贸企业外国人来华工作许可试点实施细则”得到科技部充分肯定。

【助企“揭榜挂帅”】 2021年，市科技局建立完善企业发布难题、人才发布成果的“双向联动”平台，实现线上实时难题问诊和成果对接。全年，开展各类“揭榜挂帅”、小规模技术对接等线上线下活动64场，依托各类媒体发布“卡脖子”难题400项，榜额4.3亿元，揭榜81项，合同金额4860万元，兑付资金3012万元。《浙江义乌“揭榜挂帅”助企扬帆》在4月21日《中国组织人事报》刊登。

【产学研合作新模式】 2021年，市科技局探索“科技牵线、企业出题、专家解题”的产学研合作新模式，依托浙江大学、浙江理工大学、浙江师范大学等院校，开展项目路演、校企对接、成果展示等活动。新增西安交通大学国家技术转移中心和宁波大学技术转移中心，累计6家技术转移中心。开展“百企联百校”科技对接活动26场，促成技术交易额25.69亿元，同比增长56.6%。6月8日，《浙江日报》刊登《柔性引才的义乌实践：通过“揭榜挂帅”、产学研结合扩大人才“朋友圈”》，报道义乌吸引人才的做法。

（王超萍　陈宏斌）

企业研发机构

【概况】 2021年，全市认定省重点企业研究院1家、省级研究院1家、省级研发中心11家、金华市级研发中心66家，累计认定企业研发中心589家。

【浙江环龙TPU薄膜省级高新技术研究开发中心】 2021年1月，浙江环龙TPU（热可塑性聚氨酯）薄膜省级高新技术研究开发中心被认定为“浙江省级高新技术企业研究开发中心”。此研发中心依托于浙江环龙新材料科技有限公司，致力研发生产TPU薄膜制品系列产品，TPU被广泛应用于汽车、医疗、服装等领域，具有强度高、韧性好、耐磨、耐寒、耐油、耐水、耐老化等特性，同时具有高防水性、透湿性、防风、防寒、抗菌、防霉、保温、抗紫外线等独特的功能。以“功能性、实用性、环保性”为长期研究目标，以科技环保为研发方向，改进设备，改善工艺，提高产能效率。2021年，有研发场地530平方米，专职研发人员26人，科研装备原值570万元，投入研发费用895万元。至年底，累计获得专利46项。

【浙江爱旭太阳能电池省级高新技术企业研究开发中心】 2021年1月，浙江爱旭太阳能电池省级高新技术企业研究开发中心被认定为“浙江省级高新技术企业研究开发中心”。中心依托的浙江爱旭太阳能科技有限公司成立于2016年，有员工4700余人，拥有业内领先的高效PERC太阳电池制造技术和生产供应能力，年产能24.8吉瓦，是省内最大的专业化太阳能电池片厂商。中心建有电池实验室、组件实验室、品质实验室、检测实验室等专业化实验场所，引入光伏产业链知名企业在中心设立联合创新实验室，开展协同创新活动。中心有专职研发人员850余人，其中博士人才10人，研发设备总价值1.8亿元，累计获得授权专利650余件。2021年，投入研发资金4亿余元。

【浙江省蝶妃化妆品高新技术企业研究开发中心】 2021年12月，浙江省蝶妃化妆品高新技术企业研究开发中心被认定为“浙江省级高新技术企业研究开发中心”。浙江蝶妃化妆品有限公司成立于1996年，是国际知名的彩妆OEM/ODM（原始设备制造商/原始设计制造商）企业。蝶妃化妆品有限公司位于北苑工业区景二路，占地面积4.8万平方米，拥有符合GMP（良好操作规范）标准的研发中心、制造中心、铼元检测中心和仓储物流中心，有一支专业的设计队伍，拥有油膏开发实验室、粉类产品开发实验室、微生物检验室、重金属检验室、10万级的空气净化车间，为浙产美妆十大品牌企业。至2021年年底，拥有专职研发人员101人，大专或中级职称以上人员80人。科研装备原值503万元，累计获得专利22项。2021年，投入研发费用922万元。

【浙江省龙呈医用卫材高新技术企业研究开发中心】 2021年12月，浙江省龙呈医用卫材高新技术企业研究开发中心被认定为“浙江省级高新技术企业研究开发中心”。依托单位浙江广鸿新材料有限公司成立于2006年，专注于医用卫材（非织造无纺布）的研发和生产，是浙江省区域内最大的非织造无纺布的生产企业。公司通过GB/T 19001质量管理、GB/T 24001环境管理和GB/T 45001职业健康安全管理等体系认证，产品畅销国内、欧亚等国家和地区的医用防护用材市场。至2021年年底，拥有专职研发人员38人，其中大专或中级职称以上人员30人。科研装备原值568万元，拥有有效专利10项。2021年投入研发费用1028.28万元。

【浙江省好材好环保健康非织造布高新技术企业研究开发中心】 2021年12月，浙江省好材好环保健康非织造布高新技术企业研究开发中心被认定为“浙江省级高新技术企业研究开发中心”。依托单位浙江好材好非织造布有限公司创建于2017年，由义乌市政府2017年以义乌市重大工业项目招商引进。公司引进法国安德里茨3.5米幅宽水刺生产线，是一家专业生产非织造布（水刺无纺布）材料的高新技术企业。主要生产成人及婴儿湿巾、面膜、医疗卫生材料及装饰服装粘合衬等。至2021年年底，有专职研发人员28人，大专或中级职称以上人员15人。科研装备原值994万元，累计获得专利12项。2021年，投入研发费用731万元。

【浙江省天派无缝内衣高新技术企业研究开发中心】 2021年12月，浙江省天派无缝内衣高新技术企业研究开发中心被认定为“浙江省级高新技术企业研究开发中心”。依托单位浙江天派针织有限公司成立于2009年，专注于高档针织无缝内衣的研发、生产和销售。公司通过GB/T 19001质量管理、GB/T 24001环境管理和GB/T 45001职业健康安全管理等体系认证，产品畅销北美、欧洲等发达国家和地区，为国际知名品牌代工，同时公司拥有金华市著名商标S.PIN等自主品牌。至2021年年底，有专职研发人员53人，其中大专或中级职称以上人员29人。科研装备原值738万元，拥有有效专利30项。2021年，投入研发费用3259万元。

【浙江省大高环保材料高新技术企业研究开发中心】 2021年12月，浙江省大高环保材料高新技术企业研究开发中心被认定为“浙江省级高新技术企业研究开发中心”。依托单位浙江大高镭射科技股份有限公司成立于2015年9月，是一家生产环保型高科技企业，拥有进出口自主权。2018年被认定为国家高新技术企业；2019年被认定为义乌市大高环保材料研究开发中心，2019年12月通过《知识产权管理体系》认证，2020年被认定为“金华市专利示范企”；通过ISO 9000、ISO 14000、OHSAS 18000等管理体系认证。至2021年年底，中心拥有研发人员19人，其中专科以上学历研发人员12人，与国内多所知名高校建立长期的技术研发合作关系。中心科研设备原值527万元，累计获得各类专利授权33项，2021年，投入研发费用391.4万元。

【浙江省红雨医疗用品高新技术企业研究开发中心】 2021年12月，浙江省红雨医疗用品高新技术企业研究开发中心被认定为“浙江省级高新技术企业研究开发中心”。浙江红雨医药用品有限公司成立于2002年，专注于医疗用品（医用口罩、各类创可贴、急救包、绷带等系列产品）的研发、生产和销售，企业的核心品牌——开颜，是中国医用护理市场上的主导品牌，开颜品牌旗下的创可贴、棉签、胶带、贴剂、敷料、绷带、急救包、口罩等系列产品，在全国各地8万余家药房终端销售，形成稳定的客户群和良好的市场口碑。公司产品先后通过了美国FDA和欧洲CE认证，ISO 13485医疗器械质量管理、GB/T 24001环境管理和GB/T 45001职业健康安全管理等体系认证，产品畅销国内、欧美等地区的医疗用品市场。至2021年年底，拥有专职研发人员27人，其中大专或中级职称以上人员19人。科研装备原值549万元，拥有有效专利41项。2021年，投入研发费用718.2万元。

【浙江省义乌购电子商务大数据管理软件高新技术企业研究开发中心】 2021年12月，浙江省义乌购电子商务大数据管理软件高新技术企业研究开发中心被认定为“省级高新技术企业研究开发中心”。依托单位浙江义乌购电子商务有限公司成立于2014年，为浙江中国小商品城集团股份有限公司控股子公司。主要以计算机软件、多媒体技术、计算机网络及应用系统、计算机监控及信息管理系统的研发为主营业务。公司开发、运营的义乌购（www.yiwugo.com）电子商务平台，是一个依托实体市场、服务实体市场，线上线下融合发展的专业B2B电子商务平台。至2021年年底，公司拥有专职研发人员37人，其中硕士研究生学历4人，专科以上学历及中级以上职称人员占研发机构人员比例为100%；研发场地面积833.63平方米，科研设备原值147.5万元，累计获得软件著作权13项。2021年，研发费用投入908.52万元。

【浙江省荣利功能性无缝针织内衣高新技术企业研究开发中心】 2021年12月，浙江省荣利功能性无缝针织内衣高新技术企业研究开发中心被认定为“浙江省级高新技术企业研究开发中心”。依托单位荣利服饰有限公司是一家集技术研发、设计、生产、销售于一体的科技型企业，公司成立于2001年3月。拥有现代化标准厂房2万平方米、意大利无缝内衣生产设备190余台、日本先进缝纫设备400余台。通过ISO 9001-2000国际质量管理体系认证，参与制定浙江省无缝织造行业协会标准《生态无缝服装》（Q/WFLM 001—2013）。所生产的无缝美体内衣、常规内衣、健康塑形内衣、无缝内裤、丝袜等系列产品畅销国内30余个省（市），并远销欧美、中东、日韩等市场。至2021年年底，企业有职工507人，其中科技人员57人，占职工总人数的11.24%。科研装备原值563.5万元，累计获得专利31项。2021年，投入研发费用1140万元。

【浙江省母爱婴童用品高新技术企业研究开发中心】 2021年12月，浙江省母爱婴童用品高新技术企业研究开发中心被认定为“浙江省级高新技术企业研究开发中心”。依托单位浙江母爱婴童用品股份有限公司成立于2000年1月3日，公司占地面积1万平方米，建筑面积4万平方米，总投资2亿元。是一家集研发、生产、营销于一体的婴童用品科技型企业，是中国婴童用品行业首家新三板挂牌上市企业，是中轻联认证的国家轻工业百强企业、国家标准化委员会行业强制标准制定单位。至2021年年底，公司旗下拥有“母爱”“全能妈妈”“咿咿呀呀”3个著名品牌，有国内领先注塑机、日本进口注拉吹瓶机、进口液态奶嘴成型设备等国际先进生产设备，日均产量1万余件，主营的各项产品都通过QS认证和ISO 90001质量管理体系认证。至2021年年底，企业有职工105人，其中科技人员16人，占公司总人数的15.24%。科研装备原值596.86万元，累计获得专利26项。2021年，投人研发费用283万元。 （陈英杰）

教 育

综 述

【教育规模】 2021年，义乌市有幼儿园357所、小学77所、普通初中26所、普通高中20所、中等职业学校3所（含技工院校）、特殊教育学校2所、电大分校1所、普通高校2所、成人文化技术学校14所、考试院1所、教育研修院1所、教育服务中心1所、教育财务中心1所、青少年体育艺术科技（足球）指导中心1所、科技和劳动教育中心1所、教育监察大队1个。在校（园）学生26.69万人，另有在读外籍学生236人。教职工2.49万人，其中专任教师1.8万人。全年实施新建、续建项目101项，建成中小学、幼儿园41所，新增学位1.6万个。为1505间教室安装空调，改造1701间教室灯光。建成25所学校“上下学接送区”。建成9个校内可拆装式泳池，全市700余名校园安保人员参加业务培训。

（朱岸松 王丰平）

【上海市政府教育合作代表团到义乌考察】 2021年1月20—21日，上海市政府教育合作代表团到义乌考察，双方就推动两地教育高质量合作开展交流。代表团认为上海和义乌都是中国改革开放前沿阵地，义乌改革开放活力和奋发有为的拼搏精神值得学习，希望与义乌教育系统谋划推进长三角新时代教育合作及一体化发展，在继续教育、基础教育等领域走出长三角发展新路子。代表团希望进一步加深义乌与上海之间的合作，在推动长三角教育一体化发展上展示新作为。其间，代表团实地考察义乌市城市规划馆、义乌工商职业技术学院、数字综保区，国际商贸城一区等地。 （陈金春）

【省现代化学校创建】 2021年1月29日，浙江省人民政府教育督导委员会办公室公布2020年浙江省现代化学校名单，义乌市宾王幼儿园、廿三里第二小学、后宅中学、义乌中学、城镇职业技术学校、赤岸镇社区教育学院6所学校被认定为浙江省现代化学校。2020年4月，省教育厅、省政府教育督导室联合启动浙江省现代化学校督导评估工作，义乌市对标对表现代化学校督导评估指标体系，制定现代化学校创建目标和路线图，组织各类学校开展创建工作。 （何春雷）

【教育数字化改革】 2021年，义乌强化教育数字化工作。4—12月，“入学一件事”“未来社区教育场景”“教育装备智能管理”3个应用场景列入省数字化改革试点。“入学一件事”改变学生报名填报为确认，简化小学、初中新生报名入学手续；“未来社区教育场景”打造义乌市全民终身学习平台，开展线上线下社区教育；“教育装备智能管理”对全市教育系统装备进行全生命周期管理。至年底，3个应用4次在省级会议上作交流汇报，演示推广。

（宋荣罡）

【全国电子制作锦标赛义乌获殊荣】 2021年5月26—31日，全国电子制作锦标赛网络预选赛在山东省日照市举行，来自全国135所学校的4530名选手参加电路编程、模拟机器人等五大项目比赛，义乌市11所学校527人参赛。义乌共获团体一等奖23项、二等奖38项、三等奖21项；获个人一等奖25项、二等奖96项、三等奖57项，总获奖数居全国各县市第一。（翁明喜）

【"线上"科技运动会】 2021年11月16—18日，义乌市中小学科技运动会集中赛在实验小学举行。为配合新冠肺炎疫情防控，此次集中赛确定1个项目为现场赛，16个项目为"线上"赛，6个项目延期举行，1843人次师生参与"线上"集中赛。在实验小学总指令室里，11名监视员从场地布置、器械准备、参赛人员到比赛全过程，实时监控各自负责的赛点。每个参赛学校作为一个赛点，4个摄像头同时拍摄，视频连线到总指令室。比赛一结束，各赛点立即上传比赛视频，接受监督。评委室里，专家两人一组，根据完赛视频打分，并仔细查看不同角度拍摄的视频。中小学科技运动会是义乌坚持了19年的科普品牌活动，在普及科技教育、培养创新精神方面发挥重要作用。自2013年起，比赛采用"线上"分点赛形式，为后疫情时代"线上"比赛奠定基础。（龚琴娟）

【校园食品安全管理】 2021年11月22日，市教育局印发《校园食品安全管理重点工作指导十条意见》，梳理食品安全风险点及规范做法。至年底，在全市6个镇（街道）开设25个学校食堂后勤管理培训班，培训中小学、幼儿园食堂运营骨干1600余人。（吴小锋　王理光）

教育管理

【概况】 2021年，市教育局成立"陈钱林"等名校长工作室，开展"种子校长"培养工程，60余名学员参加培训。选派25名年轻骨干赴杭州余杭高中、杭州中学等优质中小学挂职锻炼。46个名师工作室开展公开教学、专题讲座1600余场次。6名教师参加对口支援支教，3名教师获评省正高级教师，13人获评义乌市拔尖人才。4所学校在2021年度省教师发展学校等级评估中被评为优秀，实验小学获评省级示范性教师发展学校。（盛剑源）

【义乌碧桂园实验学校落地】 2021年1月22日，义乌与博实乐教育集团签约合作办学，义乌碧桂园实验学校正式落地，义乌引进的博实乐教育集团为十二年一贯制民办学校，学校总占地面积13.6公顷，建筑面积11万平方米，投资6亿元。计划招收双语小学60个班2160名学生，双语初中24个班864名学生，国际课程高中12个班288名学生。博实乐教育集团于1994年初创于广东顺德，为全球领先的K12教育集团，是世界500强碧桂园核心联盟企业，拥有北京师范大学、哥伦比亚大学、加州大学伯克利分校、伦敦大学学院、剑桥国际考试委员会等顶尖合作伙伴。（龚琴娟）

【教育督导责任制】 2021年3月5日，市教育局下发《关于落实四大教育督导责任区责任督学驻点工作的通知》，实行责任督学驻点四大教育督导责任区集中办公，统筹开展督导工作。4月7日，下发《义乌市人民政府教育督导委员会关于试点开展对部门、镇街履行教育职责评价的通知》，对市人社局、江东街道及赤岸镇履行教育职责情况开展同级督政。至年底，完成116所幼儿园办园行为督导评估工作，委托第三方评估机构对全市32所小学进行办学水平发展性评估；宾王幼儿园、廿三里二小等6所学校被评为浙江省首批现代化学校。（何春雷）

【教育东西协作】 2021年7月23日，义乌市教育局与四川省巴中市巴州区教育科技和体育局签订对口协作协议，就职校学生培养、学校结对、教学教研、跟岗挂职、教育项目等方面进行合作。双方共结对6所学校，54名四川籍学生在义乌市职教集团就读。年内，义乌市教育局共募集价值64万元的爱心物资用于帮扶巴州区困难师生，改善学校办学条件，鼓励偏远学校开展丰富多彩的文体活动。（施跃跃）

【与海亮教育集团合作】 2021年12月18日，义乌正阳实验学校与海亮教育集团签署战略合作协议。海亮教育集团发挥五大学科金牌教练团队与拔尖人才培养经验等优势，协助义乌市正阳实验学校开设正阳英才班，并就拔尖创新人才培养、多元化办学、招生、教师培训等方面开展合作。义乌正阳实验学校是一所小学、初中、高中十二年一贯制民办学校，2021年9月投入使用。学校总占地面积6.67公顷，总建筑面积4万余平方米，可容纳从小学到高中12个年级学生1800余人。 （龚琴娟）

【第三届中华经典诵写讲大赛义乌获佳绩】 2021年12月22日，由教育部、国家语委主办的第三届中华经典诵写讲大赛获奖名单公布，义乌市10件作品上榜。其中：稠州中学季圣函等20名学生朗诵的《军礼》在“诵读中国”经典诵读大赛中获二等奖，绣湖中学龚子一等7名学生朗诵的《青春中国》和绣湖小学教师黄高峰朗诵的《将进酒》获优秀奖；群星外国语学校教师廖维善的《诗经·周南·芣苢》和义乌中学教师楼数敏的《只有玫瑰才能盛开如玫瑰——〈诗经·邶风·静女〉解赏》，获“诗教中国”诗词讲解大赛中学教师组优秀奖；群星外国语英特小学学生黄静怡《童趣》获“笔墨中国”汉字书写大赛小学硬笔一等奖，下骆宅小学骆江奇的《毛泽东诗词两首》获小学硬笔优秀奖，毛店初中朱姿霏的《人民解放军占领南京》获中学硬笔优秀奖，义乌公学李彩虹书写的对联获教师软笔一等奖，群星外国语学校张杰的《饮酒》获中学软笔优秀奖。 （龚琴娟）

特色教育

【概况】 2021年，义乌推进新时代学校体育、艺术、科技工作。从2011年4月起，义乌市教育局开展“一校一品”建设活动，至2021年年底，创建全国青少年校园足球特色学校40所、特色幼儿园28所，浙江省青少年校园足球特色学校29所、特色幼儿园10所。布局项目特色学校体育类76所，艺术类34所，科技类29所。非物质文化遗产传承项目4所，优秀传统文化类9所，劳动类8所。项目布点学校体育类（不含足球）231所，艺术类271所，科技类40所，优秀传统文化类12所。项目基地校体育类9所。 （翁明喜）

【13所学校获评全国足球特色校】 2021年1月15日，教育部公布2020年全国青少年校园足球特色学校和足球特色幼儿园名单，义乌市义亭小学、苏溪镇中、大成中学获批全国青少年校园足球特色学校，城西街道中心幼儿园、东洲第二幼儿园、苏溪镇中心幼儿园等10所幼儿园获批全国足球特色幼儿园。至2021年年底，义乌市共有全国足球特色学校40所，特色幼儿园28所。 （翁明喜）

【足球省赛双冠王学校江湾小学】 2021年5月15日，浙江省第12届中小学生校园足球联赛小学男子甲组总决赛，江湾小学获男子甲组总决赛冠军。同月20日，江湾小学夺得此赛事女子甲组总决赛冠军，江湾小学成为全省第一个足球双冠王学校。自2015年

2021年5月1日，义乌市首届幼儿足球表演大赛在绣湖广场足球场举行 （龚琴娟 摄）

始，江湾小学开展校园足球运动，通过开设足球三级课程、制定相关制度，开展足球文化周等举措，形成具有学校特色的“水跃”足球文化，至2021年年底，拿下3个省赛冠军。（龚琴娟）

【全国网络学习空间应用普及活动优秀学校楂林小学】 2021年7月30日，教育部发布2020年全国网络学习空间应用普及活动优秀区域和优秀学校名单，义乌市楂林小学获评全国网络学习空间应用普及活动优秀学校。楂林小学拥有浙江省精品网络教学空间一等奖获得者2人、二等奖4人，浙江省特色网络教学空间获得者6人，金华市教育技术工作先进个人1人、空间应用市级讲师3人。学校师生有110人次在省市空间应用比赛中获奖或参与经验交流推广。在网络学习空间应用领域，楂林小学开设“竹趣”等10门网络同步课程及67个学科线上教学阵地，实现课程全景规划、学科全面覆盖、师生全员参与。

（张湖坚）

【春晗学校棉花特色课程】 2021年10月11日，春晗学校开心种植园里的棉花开采，20余名师生采集25千克棉花。从2020年起，为丰富学生多学科知识，春晗学校设计棉花特色课程，在教师的指导下，同学们参与棉花移栽、灌溉、驱虫、施肥等工作，并坚持做植物生长记录。同时根据面积计算棉花种子，分析棉花的结构特点，制作棉花工艺品，用文字歌咏棉花，多学科的参与，提升学生动脑、动手能力。（龚琴娟）

【全国中小学中华优秀传统文化传承学校田心小学】 2021年11月23日，教育部公布第三批全国中小学中华优秀传统文化传承学校名单，义乌市田心小学以书法项目入选。从2020年起，田心小学开设“翰墨润心田”书法特色课程，编写6个年级的校本书法教材，构建“一天一书写、一周一课程、一月一活动、一年一综合”“翰墨润田心”书法教育体系。2021年1月，书法研究课题“书无形之诗，表无形之意——田心小学翰墨润心田书法特色课程的构建与实施”获浙江省书法教育研究成果一等奖，并入选中国教师研修网省培项目。同年10月，田心小学被教育部评为“全国中小学中华优秀传统文化传承学校”。至2021年年底，田心小学师生在省级、金华市级书法比赛中累计获奖300余人次。（陈丹萍）

学前教育

【概况】 2021年，义乌市有幼儿园357所，其中，城市幼儿园259所，镇（街道）幼儿园48所，农村幼儿园50所。等级幼儿园304所，其中，一级幼儿园18所，二级幼儿园100所，三级幼儿园186所。等级普惠性幼儿园294所，覆盖面82.35%。全市3～6周岁在园幼儿7.75万人，学前三年入园率99.9%。专任教师5872人，幼儿教师资格证持有率100%。年内，出台《义乌市“十四五”学前教育设施布局规划》，发放2020年度学前教育财政扶持资金7711.94万元。

（陈桦润）

【园级奖项定制】 2021年2月3日，在佛堂镇实验幼儿园休业式上，中（一）班学生张恩铭获“坚毅小天使”奖并为大家表演滚铁桶。这是此园首次根据孩子品质量身定制的园级奖项，共设置“暖心小天使”“礼仪小天使”等5个特别奖。奖项的设置，旨在引导老师、家长关注孩子品质发展，促使身心健康成长。

（龚琴娟）

【第一轮百园工程完工】 2021年2月27日，北苑中心幼儿园香樟苑园区投用。此幼儿园位于北苑街道何麻车二区39幢，按浙江省一级幼儿园标准建造，总投资1300万元，占地面积1024平方米，建筑面积3197平方米，办学规模为6个班。至2021年年底，义乌市2017年启动的第一轮百园工程全部完工。（陈桦润）

【足球小将创省级佳绩】 2021年5月21—23日，浙江省幼儿体育大会暨第十届幼儿足球表演大赛在温州召开，来自全省的48支代表队参赛。比赛包括1分钟颠球、6人绕桩传球、6人运球接力和定点射门PK赛5个项目。义乌市城西街道中心幼儿园获6人绕桩传球单项全省

第一名及“5人制PK赛”特等奖。义乌总成绩位全省第三名，团体总分一等奖。（傅乐庆）

【幼儿园民间游戏展示】 2021年5月30日，以“义幼十年幸福幼教”为主题的义乌市学前教育宣传月暨民办幼儿园民间游戏展示活动在绣湖广场举行，市教育局、市教育研修院、义乌国贸学校相关负责人，各镇街幼教干部及校外教育培训协会学前教育专业委员会部分理事单位和会员单位负责人等200余人参加演示。80余所民办幼儿园组织孩子体验各种民间传统游戏玩法，向市民展示义乌市5年来民间传统游戏发展成果。从2016年起，义乌市大力推进学前教育游戏化课程改革及义乌民间传统游戏课程建设，至2021年年底，整理创设游戏100余种，在全市14个镇（街道）普及。（陈桦涧）

【义乌市实验小学附属幼儿园登上央视节目】 2021年9月11日，义乌市实验小学附属幼儿园登上中央电视台13套新闻频道节目，时长44秒。义乌市实验小学附属幼儿园坐落于实验小学教育集团江南校区，为义乌市公办幼儿园。该园占地面积7000平方米，建筑面积5311.55平方米，园内种植4000余平方米的松树和樟树，是一所得天独厚的森林式幼儿园。林间设有供幼儿游乐的沙坑、植物种植区、百草园等，还设有适合不同年龄段孩子锻炼的民间体能区。幼儿园以实验小学“阳光文化”“七彩课程”为依托，充分展示森林式幼儿园蕴藏的“自然课程”。（龚琴娟）

【宋庆龄幼儿园成立托育中心】 2021年9月29日，义乌宋庆龄幼儿园举办“守护最美童年，把最宝贵的东西给予儿童”托育中心成立发布会，宋庆龄幼儿园托育中心成立。托育中心构建一整套面向0~3岁婴幼儿的课程体系，包括0~1岁的亲子成长课程，1~2岁前导课程，2~3岁主题课程，并对托育工作人员及孩子在园一日流程实施标准作业程序管理。（章小芬）

【学前教育教师研修活动】 2021年11月4日，义乌市学前教育备案制教师研修活动在宾王幼儿园举行，17名指导教师和57名备案制教师参加此次活动。会上，浙江省特级教师王芳作“自主游戏与观察评估”专题讲座，从自主游戏概念出发，通过实例解读游戏区域建构，材料投放，宾王幼儿园园长余巧娟、新丝路学校附属幼儿园园长斯玉玲等4名名师分享教育理念。活动现场，市教育研修院领导为17名指导师颁发指导师聘任书。（冯秀雅）

义务教育

【概况】 2021年，义乌小学在校生12.3万人，比上年增加6661人；初中在校生4.1万人，比上年增加2818人。外来建设者子女就读公办小学2.84万人，公办初中1.05万人。义务教育阶段在册外国籍小学生162人，初中生16人。小学专任教师6785人，初中专任教师3108人。全市公办及民办小学、初中招收学区生实现全网办，非学区生实现无纸化报名。严格实施“公民同招”，全市23所民办学校执行计算机摇号派位录取，3.7万名义务教育阶段新生顺利入学。（丁 靓）

【义务教育优质均衡发展】 2021年，义乌市进一步完善集团化办学办法，成立15个紧密型教育集团，七大教育联盟，升级10对“互联网+义务教育”结对学校为城乡共建型教育共同体。至年底，义乌市教育局“‘一个连接三维建设’——义乌市推进教共体工作品质提升”案例被选为浙江省城乡义务教育共同体区域典型案例，北苑中学、义亭镇中“‘体操精灵’腾跃圆梦共同成长——探索教共体‘互助竞争共赢’新模式”案例入选浙江省城乡义务教育共同体区学校典型案例。（刘静雅）

【“双减”工作】 2021年，义乌市中小学启动“品质课堂”建设。遴选绣湖中学、后宅中学、畈田朱小学等9所学校试点课后服务，“5+2”课后服务工作实现义务教育阶段学校全覆盖、有需求学生全覆盖，学生参与率94.4%，从校外培训机构回流学生5万余名。在全市452家学科类培训机构中，188家学科类培训机构转型非学科类办学，156家机构注销停办，108家机构转为非营利性（含原先非营利登记5家）。学科类机构100%完成“营转非”，100%进驻“金信培”平台。开通义乌市家庭教育指导中心预约咨询平台，新建金华市级数字家长学校35所，培训中级家庭教育指导师150人，召开家庭教育专题讲座130余场。

（丁　靓　陈东栋）

【免费冬令营开营】 2021年2月5日，“暖‘义’融融”冬令营开营仪式在义亭小学举行，相关领导及义亭小学家长代表、师生代表等400余人参加开营仪式。义亭小学有747名非义乌籍学生留义乌过年，占学生总数的87%，其中400余名学生参与首期冬令营。为让留义乌学生更好“品义乌味，过义乌年”，义亭小学结合校本课程和地域文化特点，开设11个班，配套三茗茶道、吉祥红果、冰糖葫芦等11门课程，帮助学生增长知识，强健体魄，快乐过节。冬令营为期10天，费用全免，所有学生午餐费及民办学校教师补贴由市财政承担，公办学校按正常财务政策自行承担。至2月25日，全市开展3期冬令营，参加学生3.3万人次。

（龚琴娟）

【省书香校园亮色工程受益学校】 2021年7月9日，省教育技术中心公布2021年全省中小学书香校园亮色工程受益学校名单，义乌市14所学校榜上有名。其中，宗泽小学为一类受益学校，福田小学、绣湖小学、香山小学等5所学校为二类受益学校，稠城第一小学等8所学校为三类受益学校。5月，为促使全省中小学生“多读书、读好书”，推进书香校园建设，省教育技术中心组织实施2021年全省中小学书香校园亮色工程。省级财政为入选受益学校提供专项补助，其中，一类受益学校每校补助6万元，二类受益学校每校补助4万元，三类受益学校每校补助2万元，补助方式为纸质图书补助。（龚琴娟）

2021年2月5日，义乌市“暖‘义’融融”冬令营在义亭小学开营

（龚琴娟　摄）

【“开学第一课”】 2021年9月1日，由市党史学习教育领导小组办公室、中共义乌市委宣传部主办，市教育局、市融媒体中心等单位承办的义乌市深化“四史”宣传教育进校园暨“开学第一课”活动在香山小学举行，全市26万名师生共同在电视上收看这一课。在香山小学主会场，师生以道情表演、歌舞、微课、朗诵等形式开展学“四史”宣讲；在各分会场，思政课教师向同学们讲授党史、新中国史、改革开放史、社会主义发展史，让学生在学“四史”中提升爱党爱国情怀，坚定理想信念。

（龚琴娟）

【义乌学生获“学宪法讲宪法”省赛一等奖】 2021年10月16日，第六届全国学生“学宪法讲宪法”活动浙江赛区省级遴选赛在杭州师范大学举行，来自全省各地小学、初中、高中、高校4个组别的107名学生入围省级遴选赛。经选拔，义乌市佛堂镇中学生柳子毅获初中组一等奖。柳子毅以金华第一名的成绩参加浙江省初中组遴选。（楼娅婷）

【北京明远教育书院合作校揭牌成立】 2021年10月23日，北京明远教育书院合作校揭牌仪式在义乌市绣湖小学举行，义乌市副市长、教育局局长及北京明远教育书院院长等30余人参加揭牌仪式。授牌仪式后，市教育局、市教育研修院相关负责人与北京明远教育学院及绣湖小学管理团队，就课程建设、教师成长等具体合作事项进行深入商讨。北京明远教育书院由教育家顾明远及志同道合者共同发起，是专门从事教育研究和服务的公益性、非营利性专业机构。绣湖小学是义乌中小学标杆之一，该校在教育教学中不断传承与创新。2019年12月，绣湖小学加入明远实验学校联盟，成为明远教育书院合作校。（龚琴娟）

普通高中教育

【概况】 2021年，义乌不断优化高中生态，推动高中高质量发展，2021届高考整体创优，文化成绩特殊控制线上线人数1325人，上线率25.8%，一段上线率70.21%。在五大学科竞赛全国总决赛中，化学学科1人获金牌，生物学科1人获银牌；11人次获全国一等奖，28人次获二等奖，15人次获三等奖。义乌中学、义亭中学被确定为金华市级科技类特色高中试点学校。全年普通高中招收新生6939人，共有在校生1.87万人，教职工2673人。（傅丽芳）

【义乌中学学生提案获全国最佳】 2021年8月16—20日，第八届全国青少年模拟政协活动在南京举行，来自全国87所学校700余名中学生代表带着100份提案以网络形式参与展示。义乌中学模拟政协社团代表队《关于农村文化礼堂建设从“有”到“优”发展的建议》提案，获“最佳提案”等5个团体奖项和“最佳风采个人”等12个个人奖项。此提案由义乌中学政治学科教师冯敬、宗艺煊、洪志恒指导，学生王书畅、吴羿萱、季卓言、傅婉云、吴岳桓和陈兴治撰写。（宗艺煊）

【义亭中学校友喻景权当选中国工程院院士】 2021年11月18日，中国工程院公布2021年新当选院士名单，义亭中学知名校友、浙江大学教授喻景权上榜。喻景权1976年至1979年在义亭中学就读，成绩优异。2021年11月21日，喻景权回到义亭中学看望师长，表达对母校和恩师的感谢，并和师生分享求学经历，勉励学生刻苦学习，报效祖国。（邵 明）

中等职业教育

【概况】 2021年，义乌市共有义乌市国际商贸学校、义乌市城镇职业技术学校2所中职学校和浙江省机电技师学院1所技工类院校。中职学校（含技工院校）共招收新生3890人，在校生1.12万人。1089人报名参考浙江省高职单考单招，上线人数1084人，上线率99.54%。881名学生参加“3+2”选拔考试，866人被高职院校录取。高职本科上线30人，其中，义乌市城镇职业技术学校20人，义乌市国际商贸学校7人，浙江省机电技师学院3人。（黄 琪）

【职业技能培训】 2021年，义乌市3所职校开展各类职业技能培训项目（专业）68个，培训2.37万人次。义乌市国际商贸学校和浙江省商业职业技术学院合作共建的浙江电子商务学院培养中西部人才1943人，其中1500人留在义乌创业发展。组织实习就业双选会17场，为义乌市400余家电商企业提供人才服务。年内，义乌在2020年市（县）中职教育发展考核中被评为优秀，义乌市城镇职业技术学校在金华市中职学校发展考核中被评为优秀，浙江省机电技师学院以全省第三的成绩通过省中职名校建设终期验收。（黄 琪）

【义乌市职业教育集团成立】 2021年5月31日，义乌市职业教育集团成立。集团由义乌市国际商贸学校、义乌市城镇职业技术学校2所中职学校及义乌市技工学校、义乌市金蓝领学院、义乌市国际商贸学校附属幼儿园等单位组成，各成员单位独立行使办学职责。义乌市职业教育集团以高水平职业院校和高水平专业群创建为抓手，通过优化专业布局，深化产教融合，加快构建区域现代产业体系，促进人才培养供给侧和产业需求侧结构要素全方位融合，形成“1+4+6”（1个职教集团，中职、幼儿园、技工学校、社会培训4个板块，6个产业学院）职教集团办学新格局。（黄　琪）

【义乌市职业教育发展获评省级优秀】 2021年6月1日，浙江省教育厅办公室公布2020年度全省职业教育发展考核结果，义乌市教育局被确定为优秀单位。义乌职业教育秉承“德”“技”兼修理念，以服务“世界小商品之都”和自贸试验区建设为本，办学层次、品质不断提升。构建“1+4+8+X”（1个职教集团、4个校区、8大产业学院、若干个产教融合基地）职业教育发展体系，整合义乌市国际商贸学校、义乌市城镇职业技术学校2所市属中职学校办学资源，成立义乌市职教集团，实行集团化办学。义乌市国际商贸学校与浙江商业职业技术学院合作建设的大学生双实双创基地，自2018年至2021年培养中西部大学生2500余人，其中2000人留在义乌创业发展；浙江省机电技师学院与义乌信息光电高新区共同成立义乌信息光电学院，成为浙江省中职院校“政校企”混合所有制办学的成功实例之一。（黄　琪）

【义乌市城镇职业技术学校迎来10位四川巴中学子】 2021年9月27日，义乌市城镇职业技术学校迎来10名来自四川巴中职业技术学院的学生。这些学生主要就读计算机网络信息安全和电气技术应用2个专业，学制为3年。2001年，义乌市城镇职业技术学校与四川巴中职业技术学院建立合作关系，互派教师，联合办学。（龚琴娟）

【义乌市技工学校成立】 2021年9月30日，根据省委办公厅、省政府办公厅印发的《关于实施新时代浙江工匠培育工程的意见》文件精神及浙江省人力资源和社会保障厅颁发的准予行政许可决定书，义乌市城镇职业技术学校增挂义乌市技工学校牌子，培养与产业发展相适应的高素质技能型人才。至年底，义乌市技工学校共招生71人。（胡玫瑰）

【义乌市城镇职业技术学校获国家荣誉】 2021年12月5日，2021年全国行业职业技能竞赛——第三届全国电子信息服务业职业技能竞赛电子商务师竞赛全国总决赛在成都举行，来自全国各地92名职工、127名学生进入决赛，义乌市城镇职业技术学校电商专业参赛团队全员获奖。其中：教师杨晨获职工组特等奖第三名，被授予“全国技术能手”荣誉称号，破格晋升高级技师；教师赵也获职工组一等奖，破格晋升技师；教师蓝梦佳获职工组三等奖；电商专业学生朱俊韬、黄静茹获学生组一等奖，王凯乐获学生组二等奖；教师刘扬青被评为优秀指导教师。（刘扬青）

【“全国技术能手”】 2021年12月14—19日，2021年全国行业职业技能竞赛—全国工业设计职业技能大赛在深圳龙华区举行。在无损检测员（逆向设计与三维检测）赛项中，浙江省机电技师学院现代制造系教师杨明道获职工组一等奖第二名，并获“全国技术能手”称号。至年底，浙江省机电技师学院有“全国技术能手”2人。（胡盛夏）

【获评全国实践基地】 2021年12月15日，工信部中小企业发展促进中心发文，义乌市国际商贸学校与浙江商业职业技术学院合作共建的浙江电子商务学院“双实双创基地”入选全国首批“校企协同就业创业创新示范实践基地”建设项目。基地以“新零售”为建设方向，结合义乌市电子商务产业优势，打造“一个空间，两个智库，三个中心，四个专项”，服务义乌地方经济发展。（吴驰昊）

高等教育

【概况】 义乌工商职业技术学院（简称“义乌工商职院”），为浙江省优质高职院校、浙江省高职高水平学校建设单位，首批省创业型大学建设试点院校，跻身全国高等职业院校育人成效50强，服务贡献50强，国际影响力50强。下设人文旅游学院、机电信息学院、经济管理学院、外语外贸学院、建筑工程学院、创意设计学院（商城设计学院）、创业学院（电子商务学院）、国际教育学院、马克思主义学院（体育教学部）9个教学单位33个招生专业，并办有继续教育（自考）学院。2021年，义乌工商职院招生总计划为4801人，录取4710人，其中社会扩招生340人，录取人数、报到人数均创新高。学生初次就业率98.92%，创业率13.5%。学历继续教育规模持续扩大，同比增长20%。1名毕业生获评全省“奋斗的青春最美丽”大学生创业典型人物。健全以国际经济与贸易、大数据技术2个省高水平专业群为引领的八大专业群体系建设，获评省级教学成果奖3项，省级课程思政教学项目10项。首获2021年全国职业院校技能大赛教学能力竞赛一等奖1项，获评教育部首批国家课程思政项目1项，主编教材获评首届全国教材建设奖。立项省级实习实训基地1项、省级产学合作协同育人项目4项。全年累计开展各类专题学习100余次，承办全国高职院校宣传部长暨马克思主义学院院长联席会等主题特色活动100余项，10万余人次参加。

【创业创新教育改革】 2021年，义乌工商职院持续推进创新创业教育改革，经验做法4次在省级以上平台分享交流。《深化教育评价机制改革推动高校双创人才培养》入选教育评价改革典型案例，《深化教育评价机制改革推动高校双创人才培养》入选教育评价改革典型案例，《实施“五链融合”精准发力推进毕业生直播电商领域创新创业》入选浙江省教育厅就业创业典型案例。全年获全国创新创业大赛奖4项，获奖数并列全省第一。创业园青创空间获省科技厅国家级备案众创空间推荐。深化国际合作，新增意大利佛罗伦萨中外合作办学项目。面向境外培训3953人次，培养国际学生825人，国际化总体水平位居全省高职高专院校第四。开展社会服务198项，惠及18.9万人次。

【师资队伍建设】 2021年，义乌工商职院有正式在编教师615人，其中：高级职称215人，硕士以上531人；省“151人才工程”培养人选2人，省级高层次C类人才6人，省教坛新秀、省优秀教师、省高职高专专业带头人21人；享受国务院政府特殊津贴人员1人。4名教师当选全国行业职业教育教学指导委员会委员。拥有国家级教学成果奖4项、精品课程3门、中央财政支持实训基地建设项目2项。有国家骨干专业6个、省级“十三五”特色优势专业10个、“1+X”证书制度试点专业30个。年内，获批国家级职业教育教师教学创新团队1个、国家级技能大师工作室1个、省级技能大师工作室3个，国家级“双师”培养培训基地1个。获批第二批国家级职业教育教师教学创新团队建设单位。

【国家语委科研项目立项】 2021年1月7日，国家语委科研规划领导小组办公室发文，义乌工商职院教师冉晓丽申报的科研项目“浙江省少数民族流动人口国家通用语言培训研究”获国家语委科研项目立项，义乌工商职院成为全国唯一立项的高职院校。从2016年起，冉晓丽在义乌市鸡鸣山社区开展在义乌少数民族国家通用语言公益培训，帮助少数民族群众消除语言障碍，更好地融入城市生活。至2020年年底，连续开展5期培训，每期持续1年，得到时任国家民委主任巴特尔等领导的肯定。冉晓丽将丰富的实践经验总结成“浙江省少数民族流动人口国家通用语言培训研究”，探索浙江少数民族流动人口国家通用语言培训的价值意蕴、内容、现状、效果以及存在问题，形成一套规范化、可操作性强、可复制转移推广的少数民族国家通用语言培训体系，推动国家通用语言培训事业发展。

【获评浙台经济社会融合发展突出贡献单位】 2021年3月15日，中共浙江省委办公厅、省人民政府办公厅联合下发《关于表扬浙台经济社会融合发展突出贡献单位的通报》，义乌工商职院获评浙台经济社会融合发展突出贡献单位。义乌工商职院重视与台湾地区的交流与合作，自2016年起，成功举办6届“两岸同心·E路同行”台湾青年创业研习活动，线上线下累计2万余名台湾高校师生参与。至2021年年底，义乌工商职院与台湾大叶大学、南开科技大学、铭传大学、玄奘大学等10余所台湾高校建立友好合作关系，打造多层次交流合作平台，赴台研修学习师生200余人，累计招收培养台湾学历生20人，引入台湾籍教师10余人。

【2所海外义乌丝路学院成立】 2021年1月28日，义乌工商职院与马来西亚ITS工业培训及服务有限公司共同组建的马来西亚义乌丝路学院在马来西亚马六甲揭牌成立。12月17日，义乌工商职院与义乌西班牙交流基金会、西班牙马德里远程教育大学三方合作共建的西班牙义乌丝路学院在义乌工商职院和西班牙马德里同时揭牌成立。2所义乌丝路学院的成立，整合义乌对外开放资源和义乌工商职院优质资源，推进浙江省与“一带一路”沿线国家教育与人文交流。

2021年12月17日，举行西班牙义乌丝路学院揭牌仪式（陈俊豪　摄）

【获批首批国家级课程思政示范课程】 2021年5月28日，教育部印发《关于公布课程思政示范项目名单的通知》，义乌工商职院“大学英语”课程入选教育部首批国家级课程思政示范课程，课程教学团队8名成员获评国家级课程思政教学名师和教学团队。“大学英语”课程团队开展课程思政教育教学改革，注重学生语言技能与职业素养的融合培养，从时事热点、生活实例、中国文化典籍中提炼出与教学内容高度吻合的育人元素，建立线上思政导学资源库；通过完善课程标准，制定思政育人目标，创设“语言知识技能和思政育人元素”相融合的课程思政教学模块；采用模块化、情景化教学方法，全方位提升学生语言实际运用能力、思辨创新能力、跨文化交际能力和职业核心素养。

【参加“三大国赛”获佳绩】 2021年6月18—19日、7月8—9日，义乌工商职院组团参加全国职业院校技能大赛，分别获高职组“风光互补发电系统安装与调试”赛项二等奖1项，高职组“创新创业”赛项二等奖1项。全国职业院校技能大赛是教育部发起，相关部门、行业组织和地方共同举办的全国性职业院校学生技能竞赛活动。10月12—14日，义乌工商职院学生参加第七届中国国际“互联网+”大学生创新创业大赛，获银奖1项、铜奖2项，此赛事为当前国内创新创业类级别最高的赛事。12月，义乌工商职院教师团队参加全国职业院校技能大赛教学能力比赛，获公共基础课程组一等奖，实现义乌工商职院在此赛事的历史性突破。2022年1月7日，据中国高职发展智库报告，义乌工商职院在2021年全国职业院校技能大赛、全国职业院校技能大赛教学能力比赛、“互联网+”大学生创新创业大赛三大国家级竞赛中表现突出，共获奖6项，跻身浙江省排行榜第三名，全国第62名。

【学生自主创业义乌地方标准】 2021年7月6日，由义乌工商职院主导制定的《学生自主创业认定工作指南》获批为义乌市地方标准。义乌工商职业技术学院以“创”立校，自2003年起开展大学生自主创业认定工作，每年有20%的在校生投身创新创业实践活动，毕业生创业率稳定在12%左右，居全省高校前列。2021年4月，义乌工商职院会同义乌市标准化研究院、义乌制造标准化研究中心和小商品标准化研究中心开展《学生自主创业认定工作指南》制定工作，邀请浙江师范大学、中国计量大学现代科技学院、金华职业技术学院等高校进行研讨。《学生自主创业认定工作指南》的制定，填补了国内学生自主创新创业认定标准的空白。

【获批国家级职业教育教师教学创新团队】 2021年8月9日，教育部公布《关于第二批国家级职业教育教师教学创新团队立项建设单位和培育建设单位名单的通知》，义乌工商职院商务数据分析与应用专业成功入选国家级职业教育教师教学创新团队建设单位。自2018年9月始，商务数据分析与应用专业进行招生，为国家级骨干专业、浙江省“十三五”优势专业、浙江省A类高水平专业群骨干专业。专业根植义乌，服务“世界小商品之都”，聚焦传统商贸产业数字化转型，对接支撑25万家中小企业发展和210余万种小商品升级需求，形成“校地共育、数字促教、专创互融”的人才培养特色。

【研究报告在联合国网站发布】 2021年12月9日，受义乌市人民政府外事办公室委托，以义乌工商职院教师陈宇鹏为负责人的科研团队撰写的《和谐、创新、开放、发展：中小城市的可持续发展之路——联合国可持续发展目标义乌地方自愿陈述报告》在联合国网站发布，为中国政府第二次向联合国递交地方自愿陈述报告。课题组围绕联合国可持续发展17个评估目标，针对义乌城市发展进行广泛的调研评估，对各个国际城市落实可持续发展报告进行深入研读，并在广泛收集政府公开数据、有效吸收专业机构建议和群众声音的基础上，进行本地化地方自愿陈述（VLR）成果体系的搭建。项目历时12个月，先后进行10余次数据调研、资料整理、会议研讨、文字撰写与修订，形成5万字的双语版《义乌地方自愿陈述报告》。 （朱玉清）

成人教育

【概况】 2021年，浙江广播电视大学义乌学院在校学生1403人，其中，开放教育本科339人，开放教育专科611人，远程教育388人，浙师大函授65人。新增老年学位1.8万个，完成任务数的120%。各类培训活动进文化礼堂251个，活动覆盖率80.96%，全年服务农村文化礼堂学习活动1300余次。录入学分银行成果数突破49万人次，被浙江省终身教育学分银行管理中心评为“2020年度学分银行先进单位”。至年底，佛堂镇老年开放学校被评为浙江省优质（示范）老年学堂，城西街道社区学院的“斯路晨读”被评为2021年度浙江省社区教育进农村文化礼堂学习品牌。

（虞雪莲　何晓瑜）

【老年人智能技术日常应用普及】 2021年3月9日，浙江广播电视大学义乌学院举行“老年人智能技术日常应用普及行动”启动仪式。为配合此行动，浙江广播电视大学义乌学院编写《老年人一学就会的智能手机技术学习手册》，包括出行篇、办事篇、就医篇等六大板块，内容涵盖打车服务、铁路出行、就诊服务等智能手机应用场景。课程分提高班、普及班，每周上1次课，共16节课32个学时，课程持续至6月底结束。全年老年学员参加普及行动1.5万人次。 （龚琴娟）

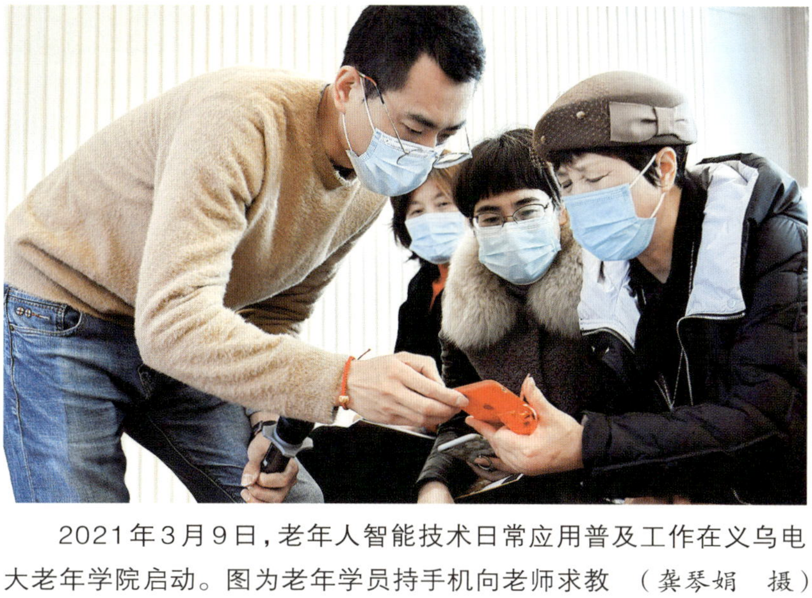

2021年3月9日，老年人智能技术日常应用普及工作在义乌电大老年学院启动。图为老年学员持手机向老师求教 （龚琴娟　摄）

2021年12月8日，2021年金华市暨义乌市全民终身学习活动周启动仪式在义乌文化广场剧院举行。图为浙江省老年大学义乌学院师生表演剪纸（龚琴娟 摄）

【全市老年学员合唱比赛】 2021年6月3日，“追忆峥嵘岁月，歌颂伟大成就”全市老年学员合唱比赛在义乌市群星外国语学校举行。比赛由市教育局主办，浙江广播电视大学义乌学院承办，来自全市各镇（街道）老年开放学校及浙江老年开放大学义乌学院选派的16支队伍共800余人参赛。经比赛，稠江街道稠江之声合唱团、稠城街道孝子祠银铃合唱团、江东街道致青春合唱团、浙江老年开放大学义乌学院醉美夕阳红合唱团等10支队伍获金奖，佛堂镇佛韵合唱团、后宅街道德胜合唱团、浙江老年开放大学义乌学院晚风合唱团等6支队伍获组织奖。

（杨文伟）

【宾王社区入选省数字社会未来教育先行建设单位】 2021年10月19日，省教育厅办公室公布浙江省数字社会未来教育重点场景先行建设单位（第一批）名单，义乌市宾王社区入选。宾王未来教育场景融合周边数字校园、公共场所等学习空间，汇聚全生命周期教育公共服务，满足居民个性化学习需求，突破教与学行为在对象、空间、时间等方面的限制，实现“人人皆学、处处能学、时时可学”。

（鲍佳乐）

【金华市全民终身学习活动周】 2021年12月8日，2021年金华市暨义乌市全民终身学习活动周启动仪式在义乌文化广场举办。启动仪式上，与会领导为金华市“百姓学习之星”“学习型家庭”“学习型社区”“学习型社团”“终身学习品牌”等奖项颁奖。廿三里、北苑、佛堂、义亭、福田等社区学院及浙江老年开放大学义乌学院的学员，及义乌市廿三里街道第一小学、义乌市义亭镇义亭小学、义乌市新丝路学校的学生用舞蹈、戏剧、道情、合唱等形式展现学习成果。其间，各社区教育学院开展好书推荐、好书诵读、数字化阅读、书友会、书香之家等学习宣传活动。

（龚琴娟）

【全省老年教育优质（示范）学校】 2021年12月17日，省教育厅公布2021年全省老年教育优质（示范）学校名单，全省共30所入选，义乌市佛堂镇老年开放学校名列其中。2019年，市教育局整合电大和社区教育资源，依托浙江电大义乌学院办学力量，建立浙江老年开放大学义乌学院及镇（街道）老年开放学校，推动老年开放教育迭代升级，提升终身教育高质量发展。佛堂老年开放学校自实体化办班以来，以服务老年人学习为宗旨，树立“创新、协调、绿色、开放、共享”新发展理念，探索老年教育多元模式。至2021年年底，学校有教学班13个，学员560余人，聘请有专业水平的教师、医师任课，部分退休教师和社区居民分管教务、财务、后勤等。旗袍走秀班、佛韵合唱团在全国获奖5次，在全省获奖1次；诗词班师生撰写的教材《佛堂新韵》《结缘一品阁》等公开出版发行。

（龚琴娟）

特殊教育

【概况】 2021年，义乌市有特殊教育公办学校——义乌市星光实验学校，特殊教育民办学校——义乌市后宅残联育智学校，共

34个班，450名学生。有教职工66人，其中专任教师50人，开展融合教育培训250余人次。全面完成资源教室建设的2个"全覆盖"任务，完成首批金华市示范性资源教室创建任务。年内，义乌市星光实验学校被评为"浙江省最美志愿服务组织"。

（丁 靓）

【**救护联盟**】 2021年4月22日，义乌市星光实验学校与义乌市中心医院救护联盟签署义乌市校园救护联盟合作协议，双方就紧急救治、救护培训、手语翻译等方面开展协作。特殊教育学校的教育对象有智力、情绪等障碍，身心不够健全，此救护联盟的协作减少学生疾病、安全事故的发生。至年底，义乌市中心医院与义乌市星光实验学校开展学生救助1次。 （龚延锋）

【**特殊学生才艺展示**】 2021年5月13日，义乌市第八届特殊学生才艺展示暨第二届义浦特教联盟活动在义乌市星光实验学校举办。来自义乌各中心校、市直学校、康复机构和浦江的22支代表队共202名特殊学生参加活动。展示活动包含舞台表演、书画手工和生活技能三大类。此活动自2019年开始，每两年一届，为特殊学生搭建展示才艺的平台，促进区域内融合教育的发展。 （俞巧龙）

【**T20特教联盟**】 2021年10月18日，浙江省首届特教名校长班学员到义乌市星光实验学校参观学习。绍兴、宁波、杭州等20所特殊教育学校共同签订"T20特教联盟"协议，就学校管理、教师发展、学生成长等方面开展合作，实现资源共享，推进特殊需要儿童的教育和康复。

（俞巧龙）

民办教育

【**概况**】 2021年，义乌市有民办幼儿园310所、民办中小学47所（含2个新义乌人子女教育集团26个校区）。其中，独立小学29所，独立初中1所，九年一贯制学校7所，十二年一贯制学校6所，完全中学1所，高级中学2所，民办特殊教育学校1所。民办中小学在校生4.61万人，其中，义务教育阶段学生4.24万人，高中教育阶段学生3712人，教职工3120人。年内，17所新义乌人子女学校完成提升改造，义乌市博一小学、义乌市金桥小学、义乌市育英小学、义乌市静远小学4所民办学校通过省标准化学校评估。 （冯向龙）

【**树人中学获评浙江省教育机器人教学示范校**】 2021年3月24日，浙江省教育厅办公室公布全省教育机器人应用试点示范学校名单，义乌市树人中学获评浙江省教育机器人教学示范校。义乌市树人中学依托"鼎新学苑"导师制工作坊建设，培育一批科技类主题的精品课程，项目成果"服务于多学科的STEAM教育样态实践"被评为浙江省"基于技术的教学变革"案例。

（朱振华）

【**义乌与上海均瑶世外教育科技集团签约办学**】 2021年5月30日，义乌市教育局与上海均瑶世外教育科技集团签约办学，委托上海均瑶世外教育科技集团管理福田二小。协议要求福田二小三年内创评浙江省标准化学校，两年内创评浙江省现代化学校，成为浙中一流、省内知名的优质学校，为义乌市义务教育阶段学校提供样板。

（冯向龙）

【**《义乌市民办教育财政扶持实施办法》出台**】 2021年8月25日，市教育局、市财政局联合下发《义乌市民办教育财政扶持实施办法》。扶持对象为民办幼儿园、民办中小学，其中，民办幼儿园设置升等奖励、学前教育公用经费补助、师资补助、基建补助、安保补助5个扶持项目，民办中小学设置公用经费补助、师资补助、基建补助、安保补助4个扶持项目。同时强调，义务教育阶段学校财政扶持以面向大众、收费合理、办学规范、保教科学、保障待遇为前提，以创建省标准化学校为导向，补助内容涵盖学位、师资、基建和安保补助等。原政策中，对民办义务教育阶段学校、民办高中阶段学校及民办特殊教育学校的补助统一整合为对民办中小学的财政补助。此办法经市政府第99次常务会议审定通过。 （冯向龙）

文化

综 述

【文化广电工作上新台阶】 2021年，义乌市健全现代公共文化服务体系、筹划培育文化品牌活动，推进重大文化项目建设、做好传统文化保护传承，推进文化广电工作发展再上新台阶。年内成功创建浙江省公共文化服务体系示范区。举办第16届中国义乌文化博览会。朱丹溪中医药文化入选第五批国家级非物质文化遗产代表性项目名录。市文化馆作为首批全国文化和旅游公共服务机构功能融合试点取得积极进展。新创排的婺剧现代戏《义乌高华》入选浙江省党史学习教育推荐剧目，在北京梅兰芳大剧院举办的"百年辉煌——中国文联、中国剧协庆祝中国共产党成立100周年戏剧晚会"、浙江省庆祝中国共产党成立100周年优秀舞台艺术作品展演中登台亮相。"望道之路——陈望道与《共产党宣言》暨中国共产党成立100周年纪念展"入选中宣部、国家文物局庆祝中国共产党建党100周年精品展。《义乌通史》中英文双语版图书由中共中央党校出版社正式出版。桥头遗址保护、研究、利用工作深入开展，总体规划编制和保护规划稳步推进，出土文物精品在中国国家博物馆专题展览。

【重要场馆项目建设】 2021年，义乌市文化和广电旅游体育局优化公共文化设施网络。博物馆（美术馆）建设，博物馆（美术馆）公共区域装修基本完成。公共阅读场所设施建设，新建、升级基层阅读场所10个，其中自助图书馆3家，市图书馆通过省文旅厅首批"满意图书馆"验收。义乌大剧院建设，完成施工图图审、工程清单编制审核、施工总承包招标和中标合同签订，工程已开工建设。义乌剧院改造方案获批，完成预算方案及标书编制；婺剧中心二期附属用房工程完成主体及内部装修。指导四季社区完成"丝路文化驿站"建设。至年底，义乌市有文化馆1个、分馆14个。市图书馆有总馆1个、分馆15个，其中，镇（街道）分馆14个，直属南门街分馆1个。通借通还的悦读吧170个。

【公共文化服务】 2021年，义乌市开展文化惠民活动。举办"花开四季"课外公益学堂、"蒲公英"群文课堂、澄心学堂低价公益培训、阅读推广活动等活动5448场，受益群体12万人次。开展读者活动791场，送书下乡10万册，新增藏书10.48万册，图书借阅82万册，服务读者200万人次，数据资源访问量374.18万次。年内，3户家庭被评选为省"文化示范户"，8人被评选为省"乡村文化能人"。线上服务便民惠民，适应新冠肺炎疫情形势，图书馆、博物馆推出线上直播、竞赛、云听讲座、展览等活动。春节期间，在义乌剧院组织精品戏曲惠民演出40场，观众2.3万余人次；组织"多彩非遗迎新春""我们的中国梦"文化进万家义乌道情新春下乡演出12场。

【群众精神文化生活】2021年，庆祝中国共产党成立100年系列活动蓬勃开展。由省文化和旅游厅、省文物局主办的百年党史文物说——浙江省文物系统“六个一百”庆祝建党百年系列活动启动仪式在义乌陈望道故居举行。由义乌市博物馆与金华市博物馆合作举办的“望道之路——陈望道与《共产党宣言》暨中国共产党成立100周年纪念展”入选中宣部、国家文物局庆祝中国共产党成立100周年精品展。围绕庆祝中国共产党成立100周年，举办义乌市庆祝中国共产党成立100周年文艺晚会，同时举办系列赛事、展览、展播、讲座等活动，线上线下参与365万人次。以红色资源“活教材”推动党史学习教育的学习热潮，创作情景剧《丝路新语》等文艺作品10余件。传统文化活动异彩纷呈。组织“流动书场”进文化礼堂巡演活动543场，观众2.69万人。非遗馆每周末安排非遗项目展示展演，接受团队预约参观50次，参观人数1万余人次。文化广场剧院引进“中国歌剧舞剧院新年音乐会”等剧目84场，观众6万余人次。举办专题展览活动269场，举办“一带一路·美好生活”全国手机摄影展往届作品精选文化礼堂巡展21场。举办“温暖义乌年”影棚免费约拍、“多彩非遗迎元宵”、2021年义乌市“文化和自然遗产日活动”“月满中秋、情溢团圆”中秋节活动、“图书馆之夜”大型朗诵会、2021浙江省百名摄影家聚焦佛堂采风、“万年行旅——浙江新石器文化探索”讲座等活动16场。

【文化传承保护】2021年，义乌市加强文化传承保护。“朱丹溪中医药文化”入选第五批国家级非物质文化遗产代表性项目名录扩展项目，义乌市中医医院入选第五批国家级非物质文化遗产代表性项目保护单位；“骆宾王的传说”等5个项目入选金华市第八批非物质文化遗产项目名录；公布义乌市第八批非物质文化遗产代表性项目、第五批非物质文化遗产传承基地，非物质文化遗产代表性项目20个，非物质文化遗产传承基地7个；义乌市敲糖帮食品有限公司的精品红糖礼盒入选第三批浙江省优秀非遗旅游商品名单。开展文化基因解码工程，完成100个文化元素梳理。做好文物保护工作。开展博物馆馆藏银器、金属器的修复和近现代商贸文物征集，实施45项文物建筑修缮项目，开展全市文物安全大排查大整治大提升工作，完成雅端村古建筑群、赤岸朱宅建筑群、塘下方大宗祠3处国保单位6项安防、消防工程项目申报和资金申报，义乌效顺堂保护维修工程被评为“2021年度浙江省优秀古迹遗址保护工程项目”。统筹谋划红色旅游保护利用体系，建好陈望道、冯雪峰、吴晗3个重点红色教育基地和上溪、大陈2条红色旅游精品线。陈望道故居等20处文物保护单位入选浙江省第一批不可移动革命文物名录，吴晗故居入选第十二批省级爱国主义教育基地。推进桥头考古遗址公园建设、推进桥头遗址保护、研究、利用工作，推进总体规划编制和保护规划的优化提升。完成游客服务中心建设，出土文物精品在浙江省博物馆、中国国家博物馆等地开展专题展览，与中国社会科学院、浙江大学等合作开展人骨架、古河道复原等课题研究，完成遗址博物馆可行性研究委托及桥头遗址保护与区域协调发展研究委托。

【文化文艺精品工程实施】2021年，义乌市深入实施文化文艺精品工程，由浙江省文旅厅、中共义乌市委、义乌市人民政府联合出品的婺剧《义乌高华》入选浙江省党史学习教育推荐剧目，在北京梅兰芳大剧院举办的“百年辉煌——中国文联、中国剧协庆祝中国共产党成立100周年戏剧晚会”、浙江省庆祝中国共产党成立100周年优秀舞台艺术作品展演中登台亮相，完成演出9场。

【获评省级文化示范户和文化能人】2021年8月23日，浙江省文化和旅游厅公布“2021年度省级文化示范户和乡村文化能人”名单，确定省级文化示范户342个、乡村文化能人811人。义乌市大陈镇叶义栋等3个家庭入选省级文化示范户，义乌市赤岸镇毛小康等8人入选乡村文化能人。此次义乌评选出来的文化示范户和乡村文化能人，是义乌乡村文化振兴的“领头羊”；长期扎根乡村，熟悉本地情况，具有领导魄力和丰富的组织经验。通过评选，推动文化资源向基层倾斜，对于培育和壮大包括乡村文化能人在内的基层人才队伍，推动基层公共文化服务提质增效起到积极的作用。

【义乌文广旅体“十四五”发展规划发布】 2021年，市文旅局在总结“十三五”规划经验的基础上，赋能义乌市高质量发展建设共同富裕示范区，缩小城乡差距试点工作，制定发布《义乌市文化广电旅游体育“十四五”发展规划》。规划以文旅体融合和数字赋能为导向，以改革创新为动力，以国际化、融合化、数字化、全域化为路径，深入实施文化引领提升、文化遗产传承、文旅产业转型、文旅服务提质、文旅品牌培育、“文旅+”融合发展、文旅体制创新七大工程，进一步整合义乌文化、旅游、体育资源，着力推进产业平台建设，在产城融合、特色区块、全域联动、全民共享上做足文章。目标是至“十四五”末期，全面形成“一核引领、三区联动、十线示范、多点带动”的义乌市文广旅体融合发展的空间格局，以数字化、均等化提升公共文旅体服务效能，以国际化、融合化推进现代文旅体产业高质量发展，努力实现世界商旅之都、中国文旅名城的美好愿景。

【特殊群体阅读服务】 2021年，市图书馆设独立视障阅览室、盲文点读机、听书机、助视器等视障设备，服务人员2人；馆藏盲文图书200余册、盲人有声读物400余张。建有残疾人无障碍通道、无障碍厕所、免费轮椅拐杖等，为残疾人提供贴心服务。面向全市广大视障读者长期开展“用心‘悦’读听‘见’光明”——盲人听书机实名制免费外借送到家等活动。配有免费轮椅拐杖、老花镜等老年人用品。年内，为驻义乌海航部队、武警部队、看守所等单位送书6000余册，换回旧图书5900余册。

【省级文化强镇、文化示范村复核】 2021年12月27日，浙江省文化和旅游厅下文公布浙江省文化强镇、文化示范村（社区）入选名单和复核结果，义乌市北苑街道、佛堂镇通过浙江省文化强镇复核，廿三里街道陶店村被命名为新一批文化示范村，城西街道七一村等21个村（社区）通过浙江省文化示范村复核。

（朱联程）

公共文化

【概况】 2021年，义乌市公共文化服务体系注入新动能。“蒲公英”群文课堂完成8期次849课时，服务群众2.3万人次。澄心学堂开展低价公益培训8项，传统课程9342课时，授课8.62万人次；组织公益活动33场次，服务1480余人次。文化广场剧院引进演出120场，服务5万余人次；组织公益活动39场次，服务群众1万人次。七墨美术馆开展各类艺术展览17场，受众1.07万余人次；开展公益活动52场次，服务6000人次。全年组织赛事活动16场，参与群众5万人次。开展线上活动37场，服务364.7万人次；“掌上微课堂”共开设绘画、器乐、非遗等系列线上培训，点击量6万余次。全年各艺术门类获省级以上奖项27项。市图书馆馆藏总量139万册（件），签约14个数字资源，共有超星、中文在线、中国知网等14类16个数字资源。线下服务200万人次，外借图书82万册次，送书下乡10万册。新建提升悦读吧（主题馆）10个，总面积2200平方米，藏书量4万册。图书微信公众号推送文章394篇，累计阅读量18.77万次，累计关注读者3.08万人次。组织开展“学习四史喜迎百年”“清风雅韵诗画中秋”等线上活动9场，数字阅读推广活动185场。全年数据库的访问量374.2万次，数据资源的下载量20万次，超星移动图书馆点击量169万次。

（俞兰贞　丁晨颖）

【阅读推广活动】 2021年，义乌市举办图书馆各类讲座及培训397场，展览活动191场，阅读推广活动203场。结合庆祝中国共产党成立100周年主题，市图书馆在国庆前后推出“建党百年书华章，水墨丹青绘乌伤——‘美丽义乌’山水画家创作邀请展”“中国共产党党史上的第一”“中国梦主题展”“新中国的诞生——1949年那些值得铭记的故事”等红色主题展

览，在镇（街道）分馆、悦读吧、文化礼堂等地进行红色主题巡展48场。（俞兰贞 丁晨颖）

【古籍与地方文献挖掘与研究】 2021年，义乌市开展地方文化整理与研究，市图书馆完成14种238册古籍与地方文献的数字化，影印家谱714册；完成家谱格式化标引104条，上线义乌家谱服务平台。义乌籍人士著作陈列馆新增9人28种51册，累计622人3098种5101册；地方文献入藏83种210册，6种馆藏地方文献入选浙江省图书馆2021年度数字化工程。赠送浙江图书馆地方文献44种48册，赠送金华图书馆地方文献47种51册。开展馆藏古籍在线品鉴之《河东先生集》《扬子法言》、"乌伤人文悦读书香"地方文献阅读推广、《义乌江：水的记忆》等活动6期，精选54种110册义乌地方文献参加"金华历史文化研究成果展"。

（俞兰贞 丁晨颖）

【"多元文艺"活动】 2021年，为庆祝中国共产党成立100周年，市文学艺术界举办"多元文艺"活动，讴歌中国共产党的光辉历程。6月9日，由市委宣传部主办，市文联、市书画研究院、市书法家协会、市美术家协会联合承办的商城文艺大观园"百年伟业筑梦商城——义乌市庆祝中国共产党成立100周年书画作品展"在绣湖公园华川书舍开展，展出义乌市艺术家创作的书画作品80件。5—6月，市文联组织"学党史、铸初心"主题创作小分队，走进上溪、大陈、义亭3个镇14个村开展采风创作，挖掘红色文化，寻访红色印记，传承红色精神，创作文学作品90余篇，7月编辑出版《枣林》庆祝中国共产党成立100周年纪念专辑，用文字回顾革命志士的烽火岁月与感人事迹。6月11日，由省文联指导，省杂技家协会、金华市文联主办的"学党史、传精神、跟党走"浙江省文艺志愿服务活动首次走进义乌，在分水塘村举办杂技、魔术表演，省杂技家协会的30余名演员演出节目11个。7月，市文联联合机关工委开展"红色印记"书画摄影文学作品征集活动，共征集4类作品570余件。（丁 扬）

【图书借阅实现全国电子社保卡"一卡通"】 自2021年2月20日起，市图书馆对市民卡借阅权限升级。普通借书证每证借阅量从原来的5册提高至10册，信用证（信用分120分以上）每证借阅量由原来的8册提高至15册。自6月1日起，持有全国社保卡、浙江省内社保卡、义乌市第三代社保卡的读者，均可在义乌市各级图书馆享受入馆、阅览、借还等服务，享有同等的借阅权限和借阅权益。至年底，通过信用证借书8778册；通过"你选书我买单"，读者从线下书店直接借走新书2606册。

（俞兰贞 丁晨颖）

【"点亮稠江"悦读吧揭牌启用】 2021年3月8日，位于稠江街道新时代文明实践所的"点亮稠江"悦读吧揭牌启用。此悦读吧由市图书馆总馆指导、稠江街道负责场地建设，地处标志性建筑文化广场红房子内，占地面积120平方米，结合稠江街道新时代文明实践所进行文化艺术学习交流，馆藏图书由市图书馆总馆统一采购、统一编目、统一配送，各阅读场所通借通还，首次配送图书2000册。

（俞兰贞 丁晨颖）

【赤岸镇文联成立】 2021年3月31日，赤岸镇文联成立，是义乌市第三家镇（街道）文联。赤岸镇文联共有作家协会、曲艺协会、诗词楹联学会、美术协会、书法协会、摄影家协会共6个民间社团，顺应新形势新要求，履行新职能，进一步团结动员更广大文的艺工作者，传承赤岸镇文脉，谱写赤岸镇文艺事业繁荣发展新篇章。（丁 扬）

【文学艺术界联合会活动】 2021年4月，市文联制定出台《关于进一步加强文艺家协会规范化建设的意见》，加强对协会的政治引领。6月，开展谢高华老书记文化内涵研究挖掘并形成调研报告。7月，组织作家赴廿三里、大陈等6个镇（街道）开展美丽乡村精品线采风活动，编辑出版《廿三里老街》《至美大陈》书籍，用文艺作品描绘乡村振兴的新气象、新作为。8月，举办《枣林》创刊40周年主题征文及编读会。全年出版《枣林》正刊6期、澳门培正中学增刊1期,《义乌书画》1期。

（丁　扬）

【全民阅读节系列活动】 2021年,义乌市图书馆落实《义乌市公共图书馆服务大提升行动方案（2020—2022年）》要求,举行全民阅读节系列活动,600余人参与。4月23日,在市图书馆一楼大厅举行“图书馆之夜”,开展诗歌朗诵、美文朗读、民乐演奏、少儿科学实验课等阅读推广活动,600余人参与活动。至年底,市图书馆举办图书馆各类讲座及培训397场,展览活动191场,线上线下阅读推广活动203场。（俞兰贞　丁晨颖）

2021年4月23日,市图书馆举行少儿手工课阅读推广活动

（市文旅局　供图）

【“童心向党创未来”六一文艺晚会】 2021年5月30日,由市文旅局主办、市文化馆承办的“童心向党创未来”2021年义乌市庆六一文艺晚会在市文化广场剧院举行。晚会围绕庆祝中国共产党成立100周年主题,用爱国红歌、弘扬爱国主义情怀的舞蹈、诗歌朗诵等形式,让孩子感受中国共产党100年来取得的伟大成就,勿忘国耻,牢记使命,激发孩子爱国主义热情,400人参加演出,晚会线上直播点击量11万人次。

（俞兰贞　丁晨颖）

【庆祝中国共产党成立100周年百部合唱创意短视频展播】 2021年,为庆祝中国共产党成立100周年,义乌市广泛动员全市党员群众参与党史学习活动,营造浓郁的党史学习教育氛围。开展“我在首译地,给党唱首歌”——义乌市庆祝中国共产党成立100周年百部合唱创意短视频展播活动。活动3月启动,由市委宣传部主办,市文旅局、城西街道办事处承办,通过组织全市各个层面开展丰富多彩的红色歌曲演唱和创意短视频拍摄,进一步激发全市人民爱党爱国爱家乡的热情。至5月31日,5000人参与活动。6—7月,选取100部短视频在各大媒体集中展播。8月25日,经专家打分和综合评定,实验小学报送的《在灿烂阳光下》等20件作品获评“优秀作品奖”;市公安局报送的《走向复兴》等30件作品获评“精神风貌奖”,市卫健局等5家单位获评“优秀组织奖”。（俞兰贞　朱联程）

【庆祝中国共产党成立100周年文艺演出】 2021年6月30日,由市委宣传部、市文旅局主办,市文化馆承办,市融媒体中心协办的“义乌市庆祝中国共产党成立100周年文艺演出”在市文化广场剧院举行。演出以“真理之甘信仰之源”为主题,共分为“火种”“开拓”“追梦”3个篇章,先后演绎《信仰》《战火》《在太行山上》《新生》《义乌高华》《一带一路畅想曲》等13支歌舞节目。市四套班子领导,集聚区管委会主任,法检两长;各镇街各机关部门相关领导和党员干部代表;老干部、老党员及曾获得过省级以上党内表彰的功勋党员代表;“两优一先”“光荣在党50年”表彰对象;共青团员、少先队员代表;工人、妇女、市场经营户等社会各界代表共600余人观看演出。演出现场,王健、丁政、葛国庆等市领导为义乌各级各部门涌现出的“优秀共产党员”“优秀党务工作者”“先进基层党组织”“光荣在党50年”老党员代表,颁授

2021年7月15日，"放飞梦想"义乌市第30届青少年声乐比赛在市文化广场剧院举行决赛。图为获奖选手上台领奖

（市文旅局 供图）

促进军政军民团结，营造爱国拥军的良好氛围。

（俞兰贞 朱联程）

【"图书一键借阅"上线】 2021年8月，市文旅局牵头自主开发的"图书一键借阅"在"浙里办"上线。"图书一键借阅"是省发改委确定的首批50件民生关键小事之一，推出馆藏图书及书店新书线上借阅服务，线上可借图书20余万册，实现市民自主选书、物流到家。至年底，"图书一键借阅"累计访问量3万余人次，线上借还图书3000册次。（丁晨颖）

证书奖牌或纪念章。

（俞兰贞 朱联程）

【"放飞梦想"义乌市第30届青少年声乐比赛】 2021年7月14—15日，由市文旅局主办，市文化馆承办的义乌市第30届"放飞梦想"青少年声乐比赛在文化广场剧院举行。比赛设小学低段组、小学高段组、初中组3个组别，346人报名参赛，66人晋级决赛；各组别分别设金、银、铜奖若干名。经过角逐，决出小学低段组、小学高段组和初中组3个组别金奖、银奖、铜奖获得者共40人，金思奇等4人获小学低段组金奖，楼殊屹等2人获小学高段组金奖，冯敏获初中组金奖。

（俞兰贞 朱联程）

【军地共建文艺晚会】 2021年7月30日，义乌市"双拥情深、共创一流"庆祝中国人民解放军建军94周年文艺晚会在市文化广场剧院举行，91321部队运动场设立分会场同步视频直播。主题晚会分为"信仰的味道""强军的力量""伟大的梦想"3个篇章，部队官兵与市文化馆舞蹈团共同合作，表演婺剧、器乐、舞蹈、快板、情景剧、歌曲、朗诵等节目。通过文艺演出，进一步增强国防意识，

【第30届义乌市文化艺术节】 2021年10月30日，由市委宣传部、市文旅局、市文联主办，城西街道党工委、办事处承办，市融媒体中心、中国义乌网共同协办的第30届义乌市文化艺术节开幕式文艺演出在城西街道望道中学举行。此届文化艺术节围

2021年10月30日，第30届义乌市文化艺术节开幕式文艺演出在城西街道望道中学举行

（市文旅局 供图）

绕“百年百艺共富共享”的主题，用具有地域特色和时代风格的文艺作品，展现义乌人民奋勇进取的精神风貌。除开幕式外，举行“音乐叙党史使命铸忠诚”、义乌市学百年党史“音乐党史课”，“舞动商城”义乌市第十三届广场舞比赛，“百年百艺共富共享”义乌市农民书法大赛及绘画写生活动、东洲大鼓、罗汉班、抬阁跷等非遗展演，“哆唻嘻”非遗市集，东河肉饼、白糖制作技艺、红糖制作技艺，“浙江省非物质文化遗产宣传展示基地”挂牌仪式等活动30余个。10名画家现场写生创作，现场所有作品无偿捐献，用于文化礼堂建设。

（俞兰贞　朱联程）

【“诗画浦江，商城义乌”浦江—义乌文化走亲】2021年12月3日，义乌与浦江两地开展“诗画浦江，商城义乌”浦江—义乌文化走亲活动。活动由义乌市文旅局、浦江县文旅局主办，义乌市和浦江县文化馆承办。义乌市文化馆共安排了道情《鸡毛换糖换出个大世界》、戏曲《一带一路畅想曲》、表演唱《十里糖乡》等13个富有当地特色的文艺作品在浦江张氏宗祠演出，500余人观看。

【综合文化站评估定级】2021年12月23日，浙江省第七次乡镇（街道）综合文化站评估定级结果公布，义乌市佛堂镇文化站、苏溪镇文化站、福田街道文化站及北苑街道文化站4家单位被评为特级综合文化站，上溪镇文化站、江东街道文化站、赤岸镇文化站、稠江街道文化站、廿三里街道文化站及城西街道文化站6家单位被评为一级综合文化站，大陈镇文化站和稠城街道文化站2家单位被评为二级综合文化站，义亭镇文化站和后宅街道文化站2家单位被评为三级综合文化站。年内，对2020年之前建成的14个镇（街道）图书分馆和164个悦读吧（主题馆）进行星级评定。

（朱联程　丁晨颖）

2021年12月3日，义乌与浦江两地开展“诗画浦江，商城义乌”浦江—义乌文化走亲活动

（市文旅局　供图）

群众文化

【概况】2021年，市文旅局开展以书画、乐器、曲艺等培训为主题的2021年度民生实事“花开四季”课外公益学堂375场，服务群众1.32万人次。流动书场进文化礼堂543场，送展览进文化礼堂、文化馆分馆31场，受众1.3万人次。开展广场文化，大秧歌、健美操、乡风民俗、民间艺术等群众文化活动789场，参与19.7万人次。

【美育课堂开设】2021年，浙江省文化馆协同全省各级文化馆开展2021“圆梦青苗·以艺育美”活动，浙江省百名文艺志愿者面向农村未成年人开设“美育”课堂。8月20日—10月10日，义乌市文化馆选派3名文艺志愿者为农村未成年人授课，围绕庆祝中国共产党建党100周年“请党放心·强国有我”红色文化主题，开设音乐、舞蹈、美术三类课程。在江东街道九联文化礼堂，为30名小学生上舞蹈课；在后宅街道李祖村，为15名小学生上音乐课；在后宅街道曹村，为45名小学生上美术课。

【“江滨之夜”系列演出】2021年10月16日，由市委宣传部、市

2021年10月23日，“江滨之夜”2021中外音乐会演在文化广场下沉广场举行

（市文旅局　供图）

文旅局主办，市文化馆承办，市融媒体中心协办的“江滨之夜”首场演出“百年风华不忘初心”义乌市庆祝中国共产党成立100周年文艺演出在文化广场下沉广场举行，表演花鼓《真理的味道非常甜》，歌曲《不忘初心》等节目，500余人观看。同月23日晚，“江滨之夜”2021中外音乐会演在文化广场下沉广场举行，吸引1000余名不同民族、不同国籍的音乐爱好者观看。（俞兰贞）

文学艺术

【概况】 2021年，市文旅局创作情景剧《丝路新语》、音乐快板《留义过年》、花鼓《扛旗争先创辉煌》、歌曲《牛气冲天过大年》等文艺作品10余件。《义乌通史》中英文双语版图书由中共中央党校出版社正式出版。举办2021年“一带一路·美好生活”第五届全国手机摄影展、庆祝中国共产党成立100周年视觉艺术作品展、“美丽义乌”山水画家创作邀请展、“恰是风华正茂”主题特展等展览，推动党史教育的学习热潮，展示人民美好生活。其中，“望道之路——陈望道与《共产党宣言》暨中国共产党成立100周年纪念展”入选中宣部、国家文物局庆祝中国共产党成立100周年精品展。

【“信仰之光点亮梦想”青少儿书画大赛】 2021年3月15日，由市文旅局、市教育局、城西街道办事处共同主办的“信仰之光点亮梦想”义乌市青少儿书画大赛启动，此次大赛分青年组、少儿组、幼儿组，旨在庆祝中国共产党建党100周年，重温红色信仰，唱响爱国主义主旋律，讴歌新时代、新风貌和新成就。至5月17日，收到参赛作品3001件，其中，美术作品1837件，书法作品1164件。经专家初评、复评，评出一等奖（优胜奖）30名，二等奖（入展奖）60名，三等奖60名，优秀指导教师20名，优秀组织奖10个。6月27日—7月5日，大赛优秀作品在市文化广场一楼七墨美术馆展出。

【承办2021年第五届全国手机摄影展】 2021年3月29日，由中国文联摄影艺术中心、浙江省文化馆主办，义乌市文旅局、佛堂镇政府承办，市文化馆、佛堂镇摄影家协会执行承办的2021年“一带一路·美好生活”第五届全国手机摄影展启动征稿。至8月30日，收到来自全国32个省区市和“一带一路”国家的摄影爱好者拍摄的参赛作品4万余幅。经评委评选，评选出“美好生活”58幅，“美丽佛堂”优秀手机摄影作品40幅，12月9—13日在义乌文化广场剧院大厅展出。

【庆祝中国共产党成立100周年视觉艺术作品展】 2021年6月17—24日，由市文旅局、市文联、福田街道党工委共同举办的“百年辉煌筑梦义乌——庆祝中国共产党成立100周年义乌市视觉艺术作品展”在市文化广场开展。收到义乌市书法绘画、工艺美术界的书法、篆刻、绘画、雕塑、剪纸、民间艺术等艺术门类作品200余件，展出作品160余件，评选出优秀作品85件。展览分七墨美术馆和福田街道陶界岭文化礼堂2个展区。作品展现了义乌人民在中国共产党领导下取得的辉煌成就，以艺术的形式讴歌了建党百年以

来义乌取得的历史成就，进一步激发义乌人民的历史责任感和奋斗精神。至年底，800余人次观展。

【“美丽义乌”山水画家创作邀请展】 2021年6月29日，由市文旅局主办，市图书馆承办，翰邦美术馆执行承办，市美术家协会、市书法家协会协办的“建党百年书华章，水墨丹青绘乌伤——‘美丽义乌’山水画家创作邀请展”在市图书馆开展。邀请金心明、章耀、朱克明等8名省内外山水画名家到义乌写生，围绕中国共产党成立以来义乌市的发展成果，聚焦红色旅游、美丽乡村、传统村落等开展美术创作。画家们先后参观陈望道故居、冯雪峰故居、佛堂古镇、古月桥、黄山八面厅等地，以义乌的自然风光、人文景观、生产生活场景为主题，创作具有时代特点、风格独特的作品100幅。6月29日至7月20日，创作成品在市图书馆展厅集中展示，观展1万余人次。

【“恰是风华正茂”主题特展】 2021年7月9—27日，由浙江省委宣传部、浙江省委党史和文献研究室指导，浙江省文学艺术界联合会、中国美术学院支持，浙江省文史研究馆、浙江画院、中国新闻社浙江分社主办，义乌市委宣传部、市文旅局承办，市文化馆、市七墨美术馆执行的“恰是风华正茂”庆祝中国共产党成立100周年主题展在市文化广场七墨美术馆开展。以时间为轴、以史为纲，通过中国传统艺术和现代新媒体艺术相结合的形式展现中国共产党的故事。特展的作品分为“文心胆气”“大地峥嵘”“人民江山”“风华正茂”四大版块，用艺术致敬建党百年，赞颂祖国的风华正茂。

【义乌原创少儿舞蹈获省群众舞蹈大赛金奖】 2021年10月18—21日，浙江省第31届群众舞蹈大赛在绍兴市举办，来自全省各地的34个作品、800余名群众舞蹈演员参赛。经角逐，由义乌市文化馆选送的原创少儿舞蹈《这是我家》获金奖。《这是我家》作品由14人表演，用拟人的手法展现了鹅的一家温馨而充满爱的画面。

2021年10月18日，义乌原创少儿舞蹈《这是我家》在浙江省第31届群众舞蹈大赛上展演　　（市文旅局　供图）

【义乌·岱山两地美术交流展】 2021年10月17—18日，岱山县“油走岛迹”美术团队一行8人赴义乌市开展义乌、岱山两地美术作品展览研讨交流文化走亲活动，活动由义乌市文化馆和岱山县文化馆共同举办，系两地首次以美术写生展览的名义开展的文化艺术交流活动。义乌、岱山两地美术创作团队就油画、国画等美术作品的创作、团队发展、活动开展等内容进行研讨交流。同月18—28日，义乌、岱山两地美术作品交流展在义乌市文化馆开展，展出两地美术创作团队的优秀美术作品70余幅。展览作品以油画为主，兼以水彩画、丙烯画、综合材料绘画等，作品形式多样、内容丰富，表现技法娴熟、风格多元。两地的艺术家以绘画的形式相互“对话”，在“对话”中交流艺术家的创作理念，阐述作品中形式美感。

【兰溪·义乌文化走亲摄影展】 2021年12月14—20日，由义乌市文旅局、兰溪市文旅局主办，义乌市文化馆、兰溪市文化馆承办，兰溪市摄影家协会协办的“水墨兰乡画意兰溪”兰溪·义乌文化走亲摄影展在义乌市文化馆二楼剧院大厅举行。摄影展分为风雅古城、千年古镇、美丽村落、风光旖旎四部分，展出作品45个。通过举办此次摄影展，展示义乌市、兰溪市不同文化韵味、民俗风情，丰富和拓展义乌、兰溪两市的文化内涵及影响力，推进区域文化繁荣发展。

（杨立霞）

戏 剧

【概况】 2021年，市婺剧保护传承中心创作经典折子戏《牡丹亭·幽媾》《八仙过海》《临江会》《通天犀》《拷打》《狮子楼》《红灯记》，婺剧大戏青春版《红丝错》。由浙江省文旅厅、义乌市委、市政府联合出品的婺剧《义乌高华》入选浙江省党史学习教育推荐剧目，在北京梅兰芳大剧院举办的“百年辉煌——中国文联、中国剧协庆祝中国共产党成立100周年戏剧晚会”、浙江省庆祝中国共产党成立100周年优秀舞台艺术作品展演中登台亮相，完成演出9场。春节期间，在义乌剧院组织精品戏曲惠民演出，表演《白蛇传》《穆桂英》等经典戏曲40场，2.3万余人次观看。

【新年惠民精品戏曲展演】 为丰富义乌市民及留义乌过年“新义乌人”的文化生活，2021年2月12日（大年初一）至3月20日，市婺剧保护传承中心在义乌剧院开启新年惠民精品戏曲展演。义乌市婺剧保护传承中心、杭州越剧院、浙江婺剧团、浙江小百花、上虞小百花展演了《一缕麻》《红楼梦》《陆游与唐琬》《西厢记》《白蛇传》《穆桂英》等经典戏曲40场，浙江话剧团、浙江杂技总团带来话剧《寻她芳踪·张爱玲》，杂技魔术《开开心心过大年》和儿童剧《七色花》《神秘的牛奶瓶》等节目，2.3万余人次观看，为“留义过年”的市民们度过有“年味儿”的新春佳节。

【婺剧现代戏《义乌高华》】 2021年5月20—24日，由浙江省文化和旅游厅、义乌市委、义乌市政府联合开展，市婺剧保护传承中心创作演出的婺剧现代戏《义乌高华》在市文化广场剧院举行首轮公演，3600余名干部群众观看演出。此剧时长2个小时，采用多元艺术形式串联起义乌改革开放以来敢为人先的光辉历程，主要演绎原义乌县委书记谢高华带领义乌干部群众冲破藩篱、积极作为，将义乌发展成为全球最大的小商品市场的故事。此剧入选2020年度浙江省舞台艺术重点题材扶持项目、浙江省党史学习教育推荐巡演项目，2021年6月10日，“百年辉煌——中国文联、中国剧协庆祝中国共产党成立100周年戏剧晚会”在北京梅兰芳大剧院举办，义乌市婺剧保护传承中心团队受邀参演婺剧现代戏《义乌高华》的“四个允许”片段。7月15日，《义乌高华》作为浙江省庆祝中国共产党成立100周年优秀舞台艺术作品在杭州主会场展演。

【《断桥》剧组赴中央电视台录制节目】 2021年5月12日，义乌市婺剧保护传承中心《断桥》剧组青年演员李忠、张琛珞、于倩云3人应邀赴中央电视台录制戏曲栏目《角儿来了》。此次录制主题是以《白蛇传》系列为主，受邀的剧种有京剧、婺剧、越剧、粤剧、川剧等剧种，片段有游湖、惊变、金山寺等各剧种的特色片段，婺剧展示的是经典片段《断桥》。同月13日，3名演员参与

2021年5月20日，婺剧现代戏《义乌高华》在市文化广场剧院首轮公演。图为《义乌高华》剧照

（市文旅局　供图）

录制互动节目《名家讲解》。

【"迎国庆婺剧惠民演出"活动】2021年9月29日—10月2日，义乌市婺剧保护传承中心组织的"迎国庆婺剧惠民演出"在义乌剧院举行。演出当日，市婺剧保护传承中心上演《拾玉镯》《五台会兄》《米兰敲窗》《杀狗劝妻》《三岔口》《小宴》《井会》《李逵探母》《断桥》等折子戏专场8场。在婺剧惠民演出中，表演者把对祖国的美好祝福融进自己的节目表演中，2800余人次观看演出。

【首届百姓婺剧演奏演唱大赛】2021年11月26日，由市委宣传部、市文旅局、市文联、市婺剧促进会主办，市婺剧保护传承中心，市戏剧家协会承办的义乌市首届百姓婺剧演奏演唱大赛在义乌剧院举行。来自各镇（街道）的400余名戏曲爱好者组成22支队伍参赛。比赛采用现场坐唱表演形式，考验演员的演唱功底和乐队的演奏水平，评分规则是乐队演奏水平分占60%，演员演唱水平分占40%。经角逐，评选出金奖2个，银奖5个，铜奖7个，优秀奖8个。比赛通过"爱义乌"平台进行线上直播，吸引2.2万人次观看。

【季灵萃婺剧折子戏专场在杭州蝴蝶剧场上演】2021年12月5日，"戏文里的青春"季灵萃婺剧折子戏专场在杭州蝴蝶剧场上演。专场演出由市婺剧保护传承中心优秀青年演员季灵萃主演的《杀四门》《武松大闹狮子楼》《临江会》，青年演员汤义波、李忠、卢芙蓉表演婺剧《牡丹亭·幽媾》《打金砖》等节目。除大戏或折子戏专场演出外，"台上一分钟"系列互动讲座是此次"戏文里的青春"展演的重要版块，在讲座分享过程中，蝴蝶剧场采用直播的方式，让疫情期间到不了现场的观众也能参与到活动中来，900余人观看演出。

【戏曲进校园活动】2021年5月11日，义乌市中小学校举行戏曲专场演出活动，学生们用自己的方式重新创编演绎婺剧、京剧、越剧等传统剧种的经典剧目，集中展示当地各校戏曲进校园的活动成果。（廖　薇）

文物保护

【概况】2021年，义乌市有全国重点文保单位7处，省级文保单位12处，省级考古遗址公园1处，市级文保单位272处。市博物馆馆藏各类藏品1.15万余件（套）。全市文保单位及文保点以上古建筑共有业余文保员335人。8月，义乌市文物局挂牌成立，设义乌市文物保护所。为加强桥头遗址保护研究，设立上山文化浙中考古基地义乌桥头遗址考古工作站，落实专门人员和工作经费。年内，市文物保护所实施文物保护维修工程45项，文保单位零星修缮9项，投入资金3400万元。效顺堂保护维修工程获评"2021年度浙江省优秀古迹遗址保护工程项目"。加强对陈望道故居、冯雪峰故居、吴晗故居、黄山八面厅等4个重点文保单位的开放管理，全年累计参观19万人次。

【革命文物保护与利用】2021年1月26日，浙江省文物局《关于公布浙江省第一批革命文物名录的通知》，义乌市陈望道故居等20处不可移动文物入选浙江省第一批革命文物名录。年内，市文物保护所实施溪后楼氏宗祠、必胜亭等3项革命文物修缮工程。12月，市文物局会同市委党史研究室完成《义乌红色资源普查名录》，梳理红色资源54处。

【文物安全守护】2021年3—12月，市文物保护所组织开展"百日排查整治活动""全市文物领域安全大排查大整治大提升攻坚行动"等文物安全专项联合检查7次，出动108人次，检查文保单位300余家，发现安全隐患40处，整改到位40处。10月15日，义乌市府办组织召开全市文物安全工作会议，研究文物安全工作。

【义乌市文物局挂牌成立】2021年，根据《浙江省人民政府关于进一步加强文物工作的实施意见》"进一步优化文物保护管理机构，优化配置文物保护管理机构编制"等有关规定，8月17日，义乌市文物局在市文旅局挂牌成立。新成立的义乌市文物局主要负责全市文物保护监督管理、指导协调文物保护利用、指导文物保护工作和博物馆业务等。义乌文物资源丰富，有全国重点文保单位7处，省级文保单位12处，省级考古遗址公园1处，市级文保单位272处。市博物馆各类藏品1.1万余件（套）。

（万嘉丽）

2021年义乌市的浙江省第一批革命文物名录一览表

表19

序号	文物名称	地 址	保护级别
1	陈望道故居	城西街道分水塘村	全国重点文物保护单位
2	冯雪峰故居	赤岸镇神坛村	省级文物保护单位
3	华萼堂（陈英旧居）	上溪镇和平村	市级文物保护单位
4	冯雪峰墓	赤岸镇神坛村	市级文物保护单位
5	必胜亭	赤岸镇神坛村	市级文物保护单位
6	吴店烈士墓	上溪镇塘西村	市级文物保护单位
7	塘西普济桥	上溪镇塘西村	市级文物保护单位
8	溪后村楼氏宗祠	大陈镇溪后村	市级文物保护单位
9	季鸿业故居	城西街道鲤鱼山村	市级文物保护单位
10	吴山民故居	上溪镇里美山村	市级文物保护单位
11	义乌市烈士陵园	江东街道孔村	市级文物保护单位
12	“柳村会议”旧址（本立堂）	北苑街道柳三村	文物保护点
13	吴山民墓	上溪镇里美山村	文物保护点
14	大陈烈士墓	大陈镇大陈一村	文物保护点
15	东塘烈士墓	大陈镇杜门村	文物保护点
16	畈田朱烈士陵园	义亭镇畈田朱村	文物保护点
17	抗日首战告捷处	上溪镇萧皇塘村	文物保护点
18	上大路村烈士陵园	苏溪镇上大路村	文物保护点
19	尚经烈士墓	福田街道尚经村	文物保护点
20	苏溪镇烈士陵园	苏溪镇楼存傅村	文物保护点

非物质文化遗产

【概况】 2021年，义乌市有非遗代表性项目164项，其中国家级非遗代表性项目3项，省级非遗代表性项目14项，金华市级非遗代表性项目56项。义乌市非遗代表性传承人120人，其中，国家级非遗代表性传承人1人，省级非遗代表性传承人12人，金华市级非遗代表性传承人51人。有省级非遗传承基地6个，金华市级非遗传承基地12个，义乌市级非遗传承基地45个；

省级非遗主题小镇1个，省级民俗文化村1个，金华市级民俗文化村12个。年内2人列入第六批省级非遗代表性传承人名单，义乌市敲糖帮食品有限公司的精品红糖礼盒入选“第三批浙江省优秀非遗旅游商品”名单。

【非遗馆运营】 2021年，义乌市非遗馆利用每周周末和节假日，开展常态化的活态展示活动，围绕“我们的节日”主题，打造非遗体验活动精品，组织开展“多彩非遗闹元宵”“月圆人团圆”“情系端午”等传统节日活动。抓好青少年非遗普及教育，推动非遗广泛传承，接待32批次青少年研学群体进馆参观，开展“非遗与你童行”“花开四季”等公益培训课堂。至年底，市非遗馆接受团队预约参观52次，参观人员9000人次。

【国家级非遗代表性项目】 2021年6月10日，国务院印发《关于公布第五批国家级非物质文化遗产代表性项目名录的通知》，“朱丹溪中医药文化”入选为第五批国家级非物质文化遗产代表性项目名录扩展项目，系义乌市第三个国家级非遗代表性项目。“朱丹溪中医药文化”由义乌市中医医院与义乌三溪堂国药馆连锁有限公司联合申报，双方共同开展“朱丹溪中医药文化”的保护、传承和弘扬。

【文化和自然遗产日活动】 2021年6月12—13日，以“人民的非遗人民共享”为主题的2021年义乌市“文化和自然遗产日”活动在市文化广场非遗馆举行。活动安排30个展示非遗项目，展演曲艺项目3个，举办非遗手作体验活动2场，同时举办“朱丹溪中医药文化”惠民行动相关问诊、艾灸、拔罐等义诊活动。800余人参加活动。

【省级非遗代表性传承】 2021年11月22日，浙江省文化和旅游厅公布第六批浙江省非物质文化遗产代表性传承人名单，义乌市陈培亮（义乌红糖制作技艺）、王进（木活字印刷术）入选。陈培亮从事红糖制作30余年，在保留传统工艺特色的同时，提升传统红糖的质量，挖掘红糖文化，弘扬义乌鸡毛换糖的精神，注册“敲糖帮”等10余个商标，开发义乌红糖衍生产品20余种，红糖产品远销国内外。王进高中毕业即跟随其父亲学习木活字印刷术，1991年专业从事木活字印刷术，熟练操作木活字印刷术刻字、检字、排版、印刷等20道工艺流程，木活字印刷代表作品有《凤林王氏宗谱》《铜塘傅氏宗谱》《骆宾王文集》《傅大士传》等。（童巧珍）

文化产业

【概况】 2021年，义乌市深入发掘区域特色文化，因地制宜、创造性培育设计“义乌好礼”品牌，推进区域文化资源转化，培育打造“义乌造”等文创品牌，围绕义乌文化非遗、馆藏文物、图书古籍、国家重点文物保护单位等实施义乌文化产业3套主题图库开发，推出15款应用产品。

【北京·义乌文创产品设计开发中心成立】 2021年，基于义乌特有的产业基础和资源优势，义乌有礼文化创意有限公司与北京国际设计周有限公司展开多角度、深层次的合作，成立“北京·义乌文创产品设计开发中心”。义乌有礼文化创意有限公司总部位于义乌市福田街道国信证券大厦21楼，主要业务项目：货物进出口、技术进出口和进出口代理。北京国际设计周有限公司推动北京市文化和旅游局与义乌市政府签订“共同促进两地文创和制造业融合发展战略合作协议”，基于各自的产业基础和资源优势，在文创产业建立多角度、深层次的合作，与义乌有礼文化创意有限公司联合在义乌成立“北京·义乌文创产品设计开发中心”。借助中心的力量，义乌有礼文化创意有限公司助力企业在文创产品领域实现市场竞争力和社会影响力的双增长，为文创产品开发需求提供打样、选品、品控、物流等供应链服务。

【文创产业创新】 2021年7月8—10日，清华大学在义乌市举办“清华三创（义乌）工作营”。通过深度调研，为提升义乌城市品牌、完善综合保税区文旅业态，改进购物旅游策略、升级城市IP和文创产业链，提供实施方案。9月25—27日，在第16届中国义乌文化和旅游博览会上举办奇妙城市大会，邀请业界专家和学者，为城市文旅高质量发展提供思路，打造“奇妙城市论坛”“奇妙城市展”“创意产品，义乌发布”三大板块。同步发布“创意产品新品发布会”，邀请阿狸、罗小黑、魔豆朝上等潮玩文创做现场展示。为义乌新城乡、新产业、新场景提供新动能，推进区域高质量可持续发展赋能。

【义乌市政府与北京市文旅局签订战略合作协议】 2021年9月25日，义乌市政府与北京市文旅局战略合作协议签约仪式在义乌市举行。北京市文旅局党组成员、副局长刘斌，义乌市委常委、副市长王炜参加活动。义乌市政府与北京市文旅局基于各自的产业基础和资源优势，在文化创意产业探索并建立全方位、多角度、深层次的合作，共同推进两地文创和制造产业融合发展。签约后，双方利用各自优势，实现战略资源的全面对接。活动现场，义乌有礼文化创意有限公司与北京礼物品牌管理中心签约，北京礼物品牌推广中心和北京·义乌文创产品设计开发中心正式落地义乌。

【自贸区艺术品交易平台】 2021年，义乌市文旅局重点对接火凤凰国际文化集团，开展回流艺术品拍卖业务。10月，义乌综保区“封关运行”后，其深圳投资主体公司深圳华岳创新供应链管理有限公司在义乌综保区注册成立浙江华岳创新网络技术有限公司，完成仓储和办公地点实地察看。省商务厅批复同意下放义乌拍卖资质审批权限，省文旅厅下放中外合资经营、中外合作经营娱乐场所设立审批事项权限。 （金淑娴）

档 案

【概况】 2021年，市档案馆接收档案全宗31个、14.3万卷、1.68万件，实物3件。馆藏总量40万卷49.1万件，同比分别增长55.64%、3.59%。发布《关于开展高质量建设共同富裕示范区档案、数字化改革档案和实施碳达峰碳中和行动档案接收、归集工作的通知》，完成新冠疫情防控档案归集1453件，脱贫攻坚档案归集202件。编纂《“两手理论”在义乌的探索与实践资料精选》《义乌荣耀——“国字号”档案实录》《侵华日军细菌战陈列馆图录》。累计完成2139.6万页的馆藏档案数字化，数字化率91.67%，除涉密档案和短期档案，应数字化率达100%。全年完成现场档案查阅6148人次、829卷次、1.54万件次，出证7815份，共2.76万页。年内，编制市档案事业发展“十四五”规划，国家级增值税电子发票电子化报销、入账、归档试点、省级档案工作服务农村基层社会治理试点通过验收，义乌市被确定为“三个地”（习近平新时代中国特色社会主义思想重要萌发地、中国革命红船启航地、改革开放先行地）“重要窗口”档案资源建设指数测评指标体系试点地区。

【档案工作助推基层社会治理】 2021年7月，义乌市被确定为省级档案工作服务农村基层社会治理试点地区。2021年，市档案馆开展村社档案规范化建设，完善“村档镇管”试点，全面推行村社档案“四有一化”（有场所、有专员、有档卷、有制度、数字化）。全市14个镇（街道）547个行政村（社区）档案人员和设备设施全部配备到位，100%完成档案收集和数字化加工率，完成所有行政村社区档案室系统账号开设，数字化成果全部上传至系统，全年整理2.8万卷档案。7月，在绍兴召开的全省档案工作服务农村基层社会治理试点工作现场会上，义乌市作为典型代表发言，并进行经验推广。11月，中国档案报刊发《义乌市坚持“五个引领”推动“村档镇管”工作显成效》。

【档案工作数字化转型】 2021年，市档案馆推进档案工作数字化转型，成立档案系统数字化改革专班，完成全市电子文件归档公共组件部署，选取具有代表性的公积金管理系统、不动产登记档案系统等重要业务系统进行组件调用试行，逐步向其他部门推广应用。聚焦政府数字化转型，升级电子公文归档处理系统，实现与义乌市统建OA系统的开发对接，组织开展电子公文归档和电子档案管理试点，完成数管中心、档案局、卫健局三家试点单位2021年139件收发公文的在线归档。深化一网查档，百馆联动，开通掌上查档，全年浙江档案服务网网上办理326件、金华市区一证通办5件。

【档案宣传】 2021年，市档案馆举行“6·9”国际档案日、新《中华人民共和国档案法》宣传贯彻等活动。制作国际档案日专题、修订《档案法》、图解《档案法》等宣传展板，进行档案知识宣传展示。在《义乌商报》专版图文并茂介绍新修订的《中华人民共和国档案法》，在义乌文明网“档案义乌”专栏增设“回眸百年”板块，讲述发生在义乌的党史故事、峥嵘往事。结合庆祝中国共产党成立100周年重要活动，服务党史学习教育，开展档案宣传。组织开展红色档案故事采编活动，报送的红色文物故事《一张货票背后的故事》在“学习强国”浙江学习平台发布。与市委党校共同主办党性教育主题展，协助办好“峥嵘岁月——义乌市庆祝中国共产党成立100周年主题展”。汇编完成《“两手理论”在义乌的探索与实践资料精选》，收录文章23篇。完成《义乌荣耀——“国字号”档案实录》《侵华日军细菌战陈列馆图录》编辑出版。摄制完成《“义新欧”时光机——世界最长铁路货运班列的档案故事》《信仰的火种》《望道亲笔信》档案微视频。《“义新欧”时光机——世界最长铁路货运班列的档案故事》入围国家档案局“凝百年之辉，筑兰台之梦”主题微视频展播活动300部入围作品名录，在浙江省档案局公众号展播推广。全年，新闻媒体宣传报道档案工作信息33条。

【细菌战史实陈列馆开馆】 2021年1月29日，位于和平公园的侵华日军细菌战史实陈列馆对外开放。陈列馆设4个展厅，展示民国档案及报纸100余份，历史照片700余张，书籍200余册，视频30余部，展示史料记载及文字说明8万余字。6月，陈列馆被金华市关工委授予“关心下一代教育基地”；7月，被中国计量大学和市工商学院授予“大学生思政实践基地”。建设完成陈列馆第五展厅“浙中抗战的中流砥柱——中国共产党义乌地方组织抗日救亡运动历史回顾”。2021年，侵华日军细菌战史实陈列馆接待参观1.5万人次，团队150批次。

【义乌好人馆开馆】 2021年4月16日，由市档案馆与市文明办共同建立的义乌市城市荣誉体系荣誉室——义乌好人馆开馆。义乌好人馆位于市档案馆，设全国劳模、助人为乐、见义勇为、诚实守信、敬业奉献、孝老爱亲6个展区，展示义乌历届全国劳模、道德模范、金华市级以上道德模范和2015—2020年浙江好人64人，发挥榜样的示范引领作用，营造向上向善的道德风尚。

【档案服务与指导】 2021年，市档案馆提升档案业务水平，全面推进档案工作改革。指导试点单位义乌市恒风传媒科技有限公司推进系统建设，细化电子发票归集、报销、入账、归档方案，实现发票管理模式变革，全过程线上化、可追溯。11月，义乌市恒风传媒科技有限公司通过由国家档案局办公室、财政部办公厅、商务部办公厅、国家税务总局办公厅联合组织的“增值税电子发票电子化报销、入账、归档”试点工作国家级验收。市档案馆建立作战单元微信塔群，服务档案行业企业，完成22家档案服务企业登记备案。做好新冠肺炎疫情防控等重大活动档案建档，制定下发《关于开展高质量建设共同富裕示范区档案、数字化改革档案和实施碳达峰碳中和行动档案接收、归集工作的通知》。开展送档下乡进村活动，全年梳理11个村社1951年的土地房产证67卷、土地房产5197户、清册1776户，方便村民查档办事。 （许　微）

党史编研

【概况】 2021年，义乌市委党史研究室（义乌市地方志编纂室）围绕中国共产党成立100周年，与各部门单位合作开展党史宣传教育活动、宣传报道、线上党史知识党建知识竞赛、红色旅游启动仪式等活动。拍摄制作“八婺风云，红色故事”《信仰的味道》《谢高华，一座人民心中的丰碑》，并参与金华市委宣传部组织的展播活动。充分利用《义乌史志》内刊和党史馆、方志馆阵地，讲好党史红色故事。对义乌市党史陈列馆“领导关怀”栏目内容进行更新，重点展示习近平12次来义乌考察及重要指示，体现习近平关心支持义乌发展。参与望道纪念馆、吴晗史学馆、雪峰文学馆、诸义东根据地义乌展示馆、侵华日军细菌战陈列馆的展陈文稿、设计评审，从党史方面提供意见建议。系统整理上溪、大陈党史资料，为两地红色资源保护开发工作提供史料基础。部分党史研究成果在全国、全省党和文献系统获奖，其中《从义乌分水塘到上海石库门：探析〈共产党宣言〉第一个中文全译本诞生的“四重之选”》获2016—2020年全国党史和文献部门优秀科研成果三等奖。

【红色资源梳理与保护】 义乌红色资源遗存较为丰富。2016年党史胜迹普查登记63处，2021年确认为不可移动革命文物20处。2021年，对义乌市革命老区开发建设促进会调查梳理汇总的98项红色资源，进行史料核查，属红色资源范畴的93项，其中，革命故事传说类16项，革命遗址遗迹类77项。77项遗址遗迹类红色资源中，事件、机构旧址12处，革命人物故居、墓址11处，纪念设施3处，烈士墓碑51处。其中，散葬烈士墓40处。牵头起草《义乌市红色资源保护利用工作规划》，整合为“3+2+2+X”，即3基地、2线、2馆、X个点。经市政府专题会议研究，形成会议纪要，明确全市红色资源保护利用的职责、资金保障等事项，红色资源保护利用工作得以贯彻实施。

【义乌党史编研】 2021年6月，编印《光辉的足迹——义乌党史百年回眸》，收入图片288张，文字3.5万字，以图文并茂的形式，展示党领导义乌人民百年奋斗的历程；修订《义乌党史要览》，以专题形式回顾义乌改革发展的关键节点和大事要事，概括介绍义乌党史重大事件、重要人物，重点修订改革以来义乌发展历程、重大事件，全书8万余字。7月，编印《中共义乌市委文件选编1993—1998》《中共义乌市委文件选编1999—2002》。11月，编印《中共义乌县委文件选编1978—1985》《中共义乌市委文件选编1986—1992》，计200万字；收集1978—2002年间县（市）委相关文件资料450份，内刊资料2669份。10月，编印《亲历者说——义乌革命记忆》，收集整理义乌革命亲历者的回忆文章，从亲历者的角度再现义乌在新民主主义革命时期波澜壮阔的革命历史。2021年，重点跟进义乌发展经验资料征集研究。围绕义乌发展经验15周年主题，收集整理《义乌发展经验资料集》，收集各类专著论文40余篇、新闻媒体报道100余篇；梳理《义乌发展经验大事记》40余万字。《习近平县域治理重要论述在义乌的创新实践研究》课题被列入中央党史和文献研究宣传专项引导资金重点项目，《“义乌发展经验”历史轨迹与习近平关心支持义乌发展的时代内涵探析》获浙江省青年党史工作者资政课题三等奖。

【《义乌市革命老区发展史》出版】 2021年6月，《义乌市革命老区发展史》出版，28.1万字，插图30余幅。该书由义乌市革命老区开发建设促进会、中共义乌市委党研究室编著，浙江人民出版社出版。全书勾勒出义乌从1920年陈望道翻译《共产党宣言》至2018年年底义乌近100年的革命发展历程，是一本彰显义乌特色、弘扬革命传统的红色读本，也是系统性反映义乌革命老区发展历程的地方历史读物。

（李丽莉）

地方志

【概况】 2021年，义乌市地方志编纂室出版发行《义乌艺术史》《义乌民间文化的别样视角》《义乌军事文化略述》3部新编丛书著作，古籍点校本《杏溪禹贡集解》《万历义乌县志》《楼俨集》《宗泽文集校注》《傅禹集》五种。出版地方综合年鉴《义乌年鉴（2021）》。编辑《义乌史志》期刊4期，每期14万字。义乌方志馆为社会各界免费提供史志书籍赠读和参观展览服务，累计接待群众3000人次。全年向机关部门、镇（街道）、学校、企业、农村文化礼堂赠送书刊2万册。5月，义乌方志馆被公布为义乌市第五批非遗基地。义乌史志公众号共发布信息115条。

【中国年鉴精品工程创建】 义乌市委、市政府高度重视地方志事业发展，中共义乌市委党史研究室（义乌市地方志编纂室）不断提高政治站位，严格把控地方综合年鉴编纂质量，不断树立精品意识，打造精品年鉴，按照"争创精品、提升质量"的工作目标，拓展编纂思路，创新体制机制，科学设置篇目，突出时代性、地域性、年度性和规范性。经省级专家评审，国家级3轮30余人次的专家评审，《义乌年鉴（2021）》成功获评"中国精品年鉴"。全书设置类目51个，分目341个，条目1856条，图照200幅，计88.4万字。采用全彩印刷，大16开。全书类目设置科学，内容系统翔实，地域特色鲜明，具有浓厚的义乌城市个性和地方色彩，使年鉴与经济社会发展的变化紧密结合，更具有时代感和参考价值。

【《杏溪傅氏禹贡集解》点校本】 2021年3月出版，20万字，南宋傅寅撰，赵晓斌点校，张涌泉审定，中华书局出版，精装。作者傅寅，因讲学于杏溪，人称杏溪先生，长于职方舆地之学。该书为其《群书百考》（大部分已佚）中唯一传世的著作。以图解说《禹贡》地理，采用集解之体，汇集诸家之说，依经文次序，逐句疏解，断以己意，具有独特见解，不因袭前人之注。书中对"三江""九河"等的考辨，充分展示了利用绘制地图进行地理考证的新方法，体现了当时地理学领域在思想、方法上的新发展。该书的整理，以国家图书馆藏宋刊元修本《杏溪傅氏禹贡集解》（《中华再造善本》影印）为底本，以通志堂经解本、文渊阁四库全书本、墨海金壶本、丛书集成初编本为通校本。

【万历《义乌县志》点校本】 2021年4月出版，26.5万字，明代周士英、吴从周等纂修，窦怀永点校，中华书局出版，精装。万历《义乌县志》修于明万历二十四年（1596），是现存最早的义乌地方志。此志正文分20卷，细述县境建置、城郭山川、学校礼仪、户口物产、徭役田赋、职官名宦、政事义行、方志艺文，较为全面地反映了当时的义乌地情。采用平列诸目的编纂框架，内容详今略古，具备当时地方志一般特点。此次整理，以义乌市志编辑部影印的余绍宋旧藏本为底本，以浙江省图书馆誊抄本之影印本对校，同时参校明崇祯《义乌县志》和清康熙《义乌县志》。

【《义乌民间文化的别样视角》】 2021年5月出版，20.5万字，义乌丛书编纂委员会编，陈永革著，上海人民出版社出版，平装。《义乌民间文化的别样视角》是一本义乌地域宗教文化研究著作。书稿分别论述了义乌的"佛教文化""道教文化""民间宗教、"基督教文化""'义乌穆斯林'现象"。以义乌为立足点，覆盖南北朝以来整个义乌地区的发展。书中囊括丰富的史料和考据，呈现出义乌地区深厚的文化积淀。

【《义乌艺术史》】 2021年7月出版，45.7万字，图片358张，义乌丛书编纂委员会编，何晓东著，上海人民出版社出版，平装。本书较全面地反映了义乌地方艺术发展历程，对各个历史时期的总体艺术特征进行了总结归纳，呈现出义乌艺术的面貌特征，构建义乌艺术的多元维度，侧重于展现义乌的造型艺术（绘画、雕塑、建筑、工艺美术、书法、摄影等）、表演艺术（音乐、舞蹈、曲艺等）、综合艺术（电影、电视、歌剧、戏剧等），反映出义乌艺术醇厚的人文精神、朴拙的自然精神及卓绝的创新精神。

【《楼俨集》点校本】 2021年8月出版，42.4万字（分上下册），清代楼俨撰，陈瑞峰、张涌泉点校，中华书局出版，精装。该书为清康熙至乾隆年间义乌名人楼俨的全集。前六卷为楼俨遗稿《蓑笠轩仅存稿》；卷七为《逸诗》、辑录楼俨散佚诗词；卷八为《序类》，辑录楼俨所作书评序跋和载于《梅溪楼氏宗谱》及相关宗谱的寿序等；卷九为《记类》，辑录楼俨所著题记类文章；卷十为《祭文像赞类》，辑录楼俨所著祭文、墓志铭、像赞等文章；卷十一为《雍正朱批楼俨奏折》，辑录楼俨担任广东按察使和江西按察使期间呈给雍正皇帝的奏折及雍正所赐朱批。前六卷《蓑笠轩仅存稿》以光绪二十七年刻本为底本，以雍正年间刻本为校本。

【《义乌军事文化略述》】 2021年10月出版，15.3万字，义乌丛书编纂委员会编，王贤根著，上海人民出版社出版，平装。该书以中华人民共和国成立为断限，简要记叙了义乌历史上的重大军事事件和重要军事人物，从中体现“刚正勇为”的义乌精神。《义乌军事文化略述》以人物、事件为线索，以事件发生的年代为顺序，以通俗的笔法写历史，可读性强，为普及性历史读本。

【《宗泽集校注》】 2021年11月出版，32万字。束景南校注，中华书局出版，精装。此书收录宋代抗金名将宗泽一部分存世的奏疏和诗文。本次校注，以同治八年刻《金华丛书》本《宗简公集》为底本，主要以万历三十三年宗焕刻本、崇祯十三年熊人霖刻本、康熙四十五年宗文灿刻本、光绪二十四年黄卿夔刻本为参校本。

【《傅禹集》】 2021年12月出版，27.3万字，清代傅禹辑编，关长龙、邢文芳点校，张涌泉审定，中华书局出版，精装。《傅禹集》收《武备志略》五卷、《地理捷诀》一卷。前者为兵书，后者为地理著作。另有《罗经解密传》一卷和《阳宅真诀口授》一卷因故未收录。《武备志略》以《四库全书存目丛书》影印的北大图书馆藏清康熙十五年（1676）刻本为底本，《地理捷诀》以国家图书馆所藏康熙二十八年（1689）刻本的电子文本为底本。 （李丽莉）

社科活动

【概况】 2021年，义乌市共有市级以上社科基地54家，其中年内新增4家。有省级社科学科组专家2人，义乌市级社科专家60人（含金华市级24人），金华市级优秀青年社科工作者11人。社科课题立项62项，结题57项，其中重点课题23项，一般课题34项。出台《义乌市社科普及基地动态管理办法》，各社科基地严格按照动态管理要求加强社科基地建设。创新社科研究团队组织，采用“请进来”方式，吸引中国社会科学院、中共中央党校等的专家团队3批14人次走进义乌，邀请中国宏观经济研究院教授、著名经济学家常修泽一行前来义乌调研，为义乌发展出谋献策。年内，三溪堂中医文化博物馆被省社科联命名为“第十批省级社科普及基地”。

【社科组织建设】 2021年，市社科联通过整合资源，联合属地高校，加强校地合作，发挥民间智库作用，切实加强社科队伍和社科联自身建设。3月31日，组织召开第三届理事会第四次会议，调整增补理事2人（中国计量大学现代科技学院胡宇南教授、复旦大学义乌研究院范丽珠教授），理事单位1家（义乌市城市规划设计院）。审议通过“义乌市义乌兵研究会”申请社科联为业务主管单位的请示。11月4日，召开第三届理事会第五次会议，会议增补金旭东为义乌市社科联理事，选举金旭东为义乌市社科联主席。审议通过“义乌市文史研究院”申请社科联为业务主管单位的请示。

【“义乌发展经验”理论研讨会】 2021年6月8日，省委宣传部和金华市委联合在义乌举办“义乌发展经验”理论研讨会。来自中央党校（国家行政学院）、中国社会科学院、中国国际经济交流中心等学术机构的专家学者，浙江省有关单位负责人和社科研究机构代表200余人参会。会议深入研讨了如何从理论和实践上把握、推广“义乌发展经验”。与会专家学者认为，“义乌发展经验”是结合地方实际、创造性地贯彻中央精神的经验，是结合义乌实际落实浙江省委实施“八八战略”和建设“平安浙江”、文化大省、“法治浙江”等决策部署的经验，是从实际出发充分尊重和切实保护群众首创精神的经验。“义乌发展经验”研讨活动得到省社科联的鼎力支持，在研讨会召开前，省社科联与义乌市委联合举办理论征文活动，扩大了活动影响。征文活动共征集论文17篇，经评比，获奖文章6篇。

【社科普及宣传活动】 2021年，以中国共产党成立100周年为契机，市社科联组织系列社会科学普及宣传活动。6月29日，在社科普及基地——市博物馆组织开展“峥嵘岁月——义乌革命斗争史”图文实物展，展出各类实物、文物和文献资料200余件（组），其中展现义乌社会主义建设，尤其是改革开放以来发展成就的摄影作品100余幅，早期义乌党员遗物、金萧支队第八大队和坚勇大队的战士遗物及学习材料等义乌革命斗争时期的文物、社会主义建设时期的藏品、改革开放以来“鸡毛换糖”代表人物的重要见证物等实物100余件。通过回顾中国共产党成立100年发展历史，探寻中国共产党人在义乌的辉煌足迹。6月30日—7月7日，在“义乌之心”举办“义乌记忆”百幅老照片展，设老城寻踪、那人那事、商贸崛起、新城有约4个板块，展出珍贵的老照片100幅，旨在通过回顾老照片背后的“老城记忆”，引导市民重走义乌人民奋发进取的追梦之路，领略从贫困县城到世界小商品之都蝶变的义乌力量。

【社科基地建设】 2021年9月14日，市委宣传部和社科联联合下文公布诸义东根据地史迹展示馆、中小学质量教育社会实践基地、义乌供销印象馆、义乌非遗“宗塘豆腐”制作基地4家单位为义乌市第四批社科普及基地，至此，全市共有市级社科普及基地54家。同月30日，推荐3家单位申请第六批金华市级社科普及基地。

【2021年度义乌市社科立项课题】 2021年3月12日，义乌市社科联下发《关于公布2021年度义乌市社科立项课题的通知》，经过组织申报，专家评审，决定将“建设宁波舟山港‘第六港区’的研究”等43项课题作为2021年度应用对策类立项课题，“义乌江水运史研究”等8项课题作为2021年度历史文化类立项课题，“冯雪峰的故事”等4项课题作为2021年度社科普及类立项课题，“义乌‘兴商建市’战略：演进机理及新时代价值”等7项课题作为2021年度“学习推广义乌发展经验”15周年专题研究立项课题。2021年4月底，7项专题研究立项课题申请结题，根据课题质量，全部通过结题并评出重点课题4项，一般课题3项。至10月底，对策类、历史文化类和社科普及类55项立项课题有50项申请结题，根据课题质量，全部通过结题并评出重点课题19项，一般课题31项。

【“云上社科微讲堂”】 2021年3月底，义乌市启动百集“云上社科微讲堂”项目，邀请市内外社科专家、社科基地宣讲员和社科活动志愿者授课，贴近基层、贴近群众，用通俗易懂的语言传播理论；市社科联依托“中国义乌网”，在浙江新闻客户端设置“云上社科”栏目，以中国共产党成立100周年为契机，开展党史学习教育活动。开展“云上社科微讲堂”宣讲活动，共拍摄60集、审核播出40集、上“学习强国”平台4集，总点击量120余万次，平均每集3万余次。义乌市“云上社科微讲堂”提升理论宣讲实效的做法在《浙江宣传（工作信息）》第110期刊出。省委宣传部副部长、省社科联主席盛世豪批示：“义乌市‘云上社科微讲堂’聚焦习近平新时代中国特色社会主义思想传播，专家层次高，内容丰富，影响力大，望进一步深化提升，着力提升传播力。”

【社科特色品牌培育行动】 2021年5月，市社科联积极申报全省“揭榜挂帅项目”。5月14日和6月11日，市社科联围绕“建设基层数字化改革理论体系”“深化义乌发展经验、擦亮义乌发展金名片”召开专题会议，研究如何为义乌数字化改革和深化义乌发展经验的理论研究提供智力支持，积极探索“政府主导+社会参与”的数字化改革理论研究机制。7月20日，社科联组织社科专家，在大陈镇召开大陈红色文化研讨暨诸义东根据地史迹展示馆文本审读会，为地方红色资源的保护开发建言献策。同月30日，省社科联公布义乌市社科联为“市社科课题申报管理系统”揭榜单位。9月，“义乌市‘互联网+不动产登记’领跑全国”，获第三届浙江省高质量智库论坛“政府数字赋能高质量发展优秀案例”。 （张子民）

报刊·广电·新媒体

【概况】 2021年，市融媒体中心围绕市委、市政府中心工作，做好中国共产党成立100周年、“义乌发展经验”15周年、十九届六中全会精神贯彻落实等重大主题宣传；聚焦数字化改革、共同富裕、“十四五”开局、重点工程建设、自贸区建设等重大主题，推出重点专栏专题50余个；完成“义乌发展经验”理论研讨会、东义同城、人口发布、义乌“两会”等重大报道任务。《义乌商报》编发351期，发行7.6万份；刊发稿件3万余篇，其中图片8000幅，用稿2100万字。在《人民日报》（含海外版）刊发报道30篇，在《浙江日报》刊发报道103篇，获“学习强国”平台用稿420条，获浙报集团共享联盟最具传播力奖。报刊、广播电视、新媒体新闻作品获得省新闻奖18项、金华新闻奖26项，广播电视节目技术质量奖省级奖项9项，科技创新奖1项。全市有数字电视有效用户16.97万户，互动终端5.47万个，宽带2.58万线、广电宽带接入1.13万户。

【对外宣传报道】 2021年，市融媒体中心多措并举，不断加大对外宣传工作力度，开展对外宣传活动，为义乌高质量高水平建成世界小商品之都营造浓厚的外宣舆论氛围。至年底，获中央电视台《新闻联播》用稿25条，《焦点访谈》5次报道义乌发展经验；获《浙江卫视》用稿415条，《浙江新闻联播》用稿138条；“中国之声”用稿72条；“浙江之声”用稿400条。市融媒体中心获“全省广播电视新闻协作广播特等奖”“电视特等奖”“电视新闻上送央视《新闻联播》全省前十强”“广播新闻上送中国之声全省前十强”称号，被评为2021年度“学习强国”浙江学习平台优秀供稿单位。

【党史学习教育宣传】 2021年，市融媒体中心开设《奋斗百年路启航新征程》《学党史悟思想办实事开新局》《牢记初心使命争取更大光荣》等党史学习教育栏目10余个，刊发稿件1200余篇（次），推出“信仰的力量——寻访《共产党宣言》首译本”等系列报道和红色档案故事，拍摄《寻访义乌红色印记》《听老党员讲述初心故事》等方言类节目。《人民日报》、新华社、中央电视台等省级以上媒体刊播义乌市开展党史学习教育报道200余篇，“学习强国”平台刊发相关报道56篇。7月21日，《人民日报》第16版刊发《这是一片创新创业的热土》，肯定了义乌在努力优化营商环境上全方位覆盖、全领域推进，为中外青年创业培育良好沃土，同时反映出在中国共产党的引领下，中国在改革开放以来取得的变化。12月21日，中央电视台《新闻联播》头条播出《在习近平法治思想指引下法治中国建设迈出坚实步伐》，肯定了义乌结合党史学习教育。

【新媒体矩阵运营】 2021年，义乌市以“爱义乌”客户端、“爱义乌”微信公众号、“义乌TV”“爱义乌”微信视频号、“爱义乌”抖音号为主的新媒体矩阵总粉丝数量210万，阅读量10余万次的作品228条，其中，微信推文阅读量1万余次的作品每月保持在40条以上，单条最高阅读量131万次。“爱义乌”客户端作为融媒体中心结网下沉的枢纽，与新时代文明实践中心建设紧密结合，开设28个分站，实现14个镇（街道）全覆盖。交通广播《车友俱乐部》节目通过“爱义乌”视频号直播，推动广播节目的可视化，实现多渠道节目推广与听友互动。年内，“爱义乌”微信公众号和客户端粉丝量各新增9万，分别达到60万和51万。做强“义乌TV”“爱义乌”微信视频号，推进电视和手机大小屏互动，全年点击量10余万次的爆款短视频100余条，“义乌TV”微信视频号在全省县级融媒体中心官方视频号中排名第一位。在新华社、《人民日报》等国家级新媒体平台刊发阅读量100万次的作品33条，单条视频最高阅读量2837.7万次。年内，市融媒体中心获全省广播电视新闻协作县级新媒体一等奖。

【疫情防控舆论宣传】 2021年2月，市融媒体中心成立疫情防控宣传专班，完善新冠肺炎疫情宣传报道机制。报纸、广播电视、新媒体多平台多形式融合报道，为义乌市统筹推进疫情防控和经济社会发展提供有力的舆论宣传保障。开设“从严从紧打好疫情防控战”等专题专栏，围绕“在义乌过大年”宣传主轴，综合运用新闻报道、评论、公益广告等形式，多视角关注、多终端呈现，使“在义乌过大年”成为众多外来建设者的自觉行动。1月22日—2月26日，为响应留义乌过年政策，全市数字电视用户免费收看义乌电视台有线数字电视节目、付费节目和点播节目，减免收视费用504万元。至12月，日均疫情防控宣传报道120余篇（条），新媒体平台阅读总量7000万次；全年各平台日均常态化宣传报道40余篇（条）。

【“义乌TV”微信视频号开通】 2021年2月5日，“义乌TV”微信视频号开通。涉及民生的重点工程、重要政策法规等内容，在手机端以短视频的形式呈现，增强时政新闻的可视性和传播力，推动大小屏互动。至12月31日，先后讨论“主播说天气”“新闻现场”“美丽乡村”等主题180条，发布信息602条，播放数量超过1万次的400余条，单条最高播放量240万次。4月26日始，《义乌新闻》《今晚播报》2档日播栏目在“义乌TV”视频号上同步播出，大小屏互动联通成效初显。年底，“义乌TV”视频号在全省县级融媒体中心官方视频号中综合排名第一位。

【义乌与东阳、浦江电视信号互通】 2021年4月26日，义乌、东阳两地电视信号互通，两地新闻频道实现互传互播。5月20日，义乌、浦江两地电视信号互通，两地新闻频道实现互传互播。电视信号的互联互通极大程度上推动了三地的文化交流。

【首档少儿栏目《同学，你真棒！》】 2021年7月6日，义乌市首档少儿栏目《同学，你真棒！》在义乌新闻综合频道首播。栏目每周六18时15分播出一期，时长15分钟。《同学，你真棒！》栏目内容丰富多样，每期分4个版块，3个固定版块为同学情报站、同学游乐馆、听听同学说；1个预备版块从同学小剧场、同学梦想秀、现场教教乐“三选一”。栏目以健康向上的内容、生动活泼的表现形式，为同学们提供一个展示自己的舞台，也为学校间的交流提供了平台。至年底，该栏目共播出26期，引起社会广泛关注，话题热度持续上升。

【《同年哥讲新闻》开播15周年】 义乌本地方言类民生新闻栏目《同年哥讲新闻》自2006年创办以来，每晚18时30分至19时在义乌商贸频道播出，受到市民喜爱。2021年《同年哥讲新闻》栏目通过运营微信公众号，拓展节目传播渠道，扩大受众覆盖面，实现线上线下融合传播，栏目公众号粉丝突破10万人次，公众号头条平均阅读量7000余次。2021年7—10月，《同年哥讲新闻》栏目开展“开播15周年·送服务进村入社活动”，开展节目质量提升问卷调查和医疗养生等志愿服务，发放问卷900余份，深入了解群众对栏目定位、节目内容、最喜爱的节目版块、主持人风格等方面问题的意见和建议，促进栏目质量。9月，《同年哥讲新闻》栏目新推出“同年哥逛菜场”版块，每周一期，由记者带着大家探访14个镇（街道）的菜市场，寻找市场里的最新鲜的食材、当季时令菜，为观众介绍各种美食，并在线上推出抽奖活动，增强节目的互动性。至12月底，《同年哥讲新闻》栏目微信公众号粉丝量突破10万，公众号头条平均阅读量8000次，阅读率为7%，高于一般微信公众号5%的平均阅读率。《同年哥讲新闻》栏目全年收视份额常态保持在40%左右。

（刘富城）

综　述

【医疗机构规模】 2021年，全市有各类医疗卫生机构1039家，其中，三级以上医院5家，综合性医院12家，专科医院22家，镇（街道）中心卫生院14家，社区卫生服务站151家，村卫生室91家，各类诊所、门诊部744家。实际开放床位8030张，其中三级以上医院床位3467张。全市共有卫生技术人员1.3万人，执业医师和执业助理医师6188人，注册执业护士6688人。全市有健康促进学校97所，其中，金牌学校5所，银牌学校24所，铜牌学校68所。创建健康促进医院9家，覆盖率100%。新建健康社区（村）35个，健康家庭1326户，健康机关4个，健康企业6家。

【卫生服务机构规范化】 2021年，义乌市医疗基础设施建设完成有效投资1.3亿元（年度计划投资2.78亿元）。启动浙大四院双江湖院区、儿童医院建设。口腔医院迁建工程、稠城卫生院搬迁工程主体结顶，浙大四院国保楼项目主体结构施工。安排1300万元预算用于基层学科专科发展，20个专科学科上报评审。推进村级卫生服务机构规范化改造工作，投入400余万元，新增15家、改造28家。全市14个基层院区均达到“优质服务基层行”基本建设标准，后宅、北苑、义亭达到推荐标准。安排1300万元预算用于基层学科专科发展，20个专科学科上报评审。推进村级卫生服务机构规范化改造工作，投入400余万元，新增15家、改造28家。

【新型冠状病毒感染疫情防控阻击战】 2021年，市卫生系统全员参与新冠肺炎疫情防控。提升大规模核酸检测能力，组建一支600人的应急采样队伍。采购移动核酸检测车3辆，建设1个10万管核酸检测基地和3个5万管核酸检测基地，提升核酸检测能力至30余万管。加强医务人员、冷链从业人员等重点人群及重点场所、关键环节外环境核酸监测，累计监测100万份样本，均为阴性。全年累计完成核酸检测9000余万份。按照“平战转换”机制组建溯源调查队伍。联合市公安局组建5支15小组的市溯源调查队伍，储备由228名各医疗卫生机构人员组成的流调队伍，确保一旦发生疫情，现场流调处置，全年，累计管控密接196人，次密接1500人。落实预检分诊和首诊负责制，制定下发《关于进一步加强医疗机构疫情防控和院感工作的通知》，组织专家每周对各医疗机构疫情防控和感控风险进行专项检查，累计巡查医疗机构9000余家次，责令停业整顿107家，自主关停125家。全市有26家单位（接种台223个）承担疫苗接种工作，14个镇（街道）均建立方舱式临时接种点，单日最大接种量4.5万剂次。全年完成接种467.2万针次。构建标准化、规范化集中隔离点，与基本符合条件的50家酒店签订征用合同（日均最高可隔离3700

人），对12家酒店实行标准化改造。滚动式组建健康观察点管理小组，累计组建700人的管理小组42支。全年紧急处置境外输入确诊病例1例、无症状感染者17例，未造成本地感染。

【“健康大脑+”体系建设】 2021年，市卫健局加快推进“浙医互认”“浙里院前急救”“健康大脑+”建设，8家二级以上医院完成“浙医互认”中首批项目186项，互认项次5.3万项，涉及金额404.7万元。急救中心120指挥调度平台打通与省、金华市的网络，浙大四院试点完成救护车上“5G”实时传输诊疗信息，“健康大脑+”上线数字家医、预约就诊、出院访视等模块。“健康大脑+数字化慢病健康管理”项目完成顶层设计，建成数字家医、预约就诊、出院访视等模块。

【健康素养促进系列活动】 2021年，市卫健局推进健康促进场所创建。全年申报健康促进学校32所，通过评审金牌学校1所，银牌学校7所，铜牌学校13所。全市累计有健康促进学校97所。组织开展健康素养促进系列活动，组织省级讲师巡讲2场，市级讲师开展讲座74场，全市共开展健康讲座902场、中医药服务409次；399家文化礼堂开展健康素养活动。推进新媒体健康教育，健康义乌微信公众号编辑发布文章575篇，总阅读量38.5万次，外媒发表信息79篇。组织开展市疾控中心第15届青年科技论坛，举办“传染病防控技术培训班”、免疫规划专业技术培训班等培训班29期，累计培训2100人次。

【中医药一体化管理】 2021年，深化中医药一体化管理，结合义乌市实际起草《义乌市关于促进中医药传承创新发展的实施意见》。发布实施“互联网+中药代煎服务规范”义乌市地方标准，为省级、国家级标准提供中药饮片服务的“义乌样板”，中医院医共体、三溪堂医药有限公司、大德医药有限公司3家煎制服务，市场化运作，形成良性循环。加强中医药高素质人才培养，开展“第二批义乌市名中医”评选活动，选出10人；4名优秀中医药人才入围参评金华市名中医、金华市青年名中医、金华市基层名中医。启动“青苗”计划项目，评选出28名“青苗”培养对象。实施“朱丹溪中医药文化”传承创新工程。围绕朱丹溪中医药文化传承创新发展，谋划市中医医院二期工程、“一带一路朱丹溪健康研究院”可行性。申报“丹溪学派”等5个流派参与浙江省中医流派传承调查。协同交旅集团，与省中医药大学策划，初步完成朱丹溪中医药文化博物馆规划方案。

【爱国卫生工作科学规范】 2021年，义乌市高度重视爱国卫生工作，将爱国卫生工作列入重要议事日程，制定并印发《2021年爱国卫生工作要点》《关于开展冬春季爱国卫生运动的通知》等政策文件，推进爱国卫生工作科学规范发展。开展冬春季爱国卫生运动和夏季爱国卫生专项整治、控烟网上直播等活动，大力推进农村户厕排摸整改，顺利通过全省病媒生物防制C级评估。李祖村、分水塘村开展“除四害”示范村试点。指导大陈镇、佛堂镇迎接国家卫生镇复审，复审获良好等次。全面推进省级卫生村创建（复审）工作，新创建省卫生村44个、复审52个。

【卫生行业作风建设】 2021年，市卫健局开展基层站所腐败和作风问题专项治理，查处问题线索3条，处理人员2人，健全完善规章制度14个。开展跨部门联合专项检查3次，联合双随机检查2次。开展漠视侵害群众利益问题专项整治活动，市卫健局联合市医保局开展不合理医疗检查治疗专项检查，组织药事质控中心检查2次、药品使用处方点评4次，检查单位60余家。开展医疗领域腐败问题专项治理，梳理完善制度60个，查处问题线索25个，医务人员主动上交（退回）红包、回扣或其他礼品、礼券等141人次，总金额18.30万元。常态化开展“医路公益”义诊、送医下乡、党员志愿服务、认领“微心愿”等活动，全年完成“微心愿”576个。（虞金洪）

健康义乌

【概况】 2021年，市爱卫办、市健康办制定并印发《2021年爱国卫生工作要点》《2021年健康义乌建设工作要点》《2021年健康义乌考核评分细则》《健康义乌专项行动三年实施方案汇编》，召开2021年健康义乌26项行动工作推进会。与稠州论坛联合开展控烟网上直播活动，15.8万人次观播。与中国义乌网联合开展爱国卫生知识竞赛活动，9000余人次参与答题；与城西街道联合举行"活力城西健康行"暨"提升健康素养、共享健康生活"趣味运动会，33支队伍330余人参加比赛。推进省级卫生村创建（复审）工作，新创建省卫生村44个、通过复审52个。12月，省委、省政府印发《关于表彰2018—2020年健康浙江建设先进市、县（市、区）和先进集体的通报》，义乌市卫生健康局获评先进集体，受到通报表彰。

【全民健康生活方式推进】 2021年9月11日，义乌市组织第六届"万步有约"职业人群健走激励大赛，44家单位52支健走小团队677人参赛。充分发挥健康微生活、商城健康等新媒体的作用，通过现场活动、印发健康教育资料等形式开展慢性病健康教育与干预活动，在市主流媒体上宣传报道。同月29日，在全省高水平推进健康浙江行动现场会上，义乌市爱国卫生运动委员会发表"做强幼有所育推进妇幼健康促进行动"的主旨发言。

【健康素养监测】 2021年，市卫健局抽取4个街道8个省级监测点和10个市级监测点共1295户进行健康素养调查。结果显示，2021年义乌市居民健康素养水平为33.5%，比上年健康素养水平上升3.8个百分点。

【儿童青少年近视防控】 2021年，义乌市全力做好儿童青少年近视防控。建立健康副校长制度，为全市173所学校配置健康副校长；通过政府购买服务的方式由卫生院向学校派出卫生专业技术人员47人。成立义乌市儿童青少年近视防控工作指导中心，建设义乌市儿童青少年近视防控平台，投入400余万元开展学生视力普查，为全市22万名学生建立视力健康档案，一人一档，档随人走。

2021年4月25日，举行义乌市儿童青少年近视防控工作指导中心揭牌暨"百年百场进百校"近视防控活动启动仪式 （市卫健局 供图）

【精神障碍患者管控】 2021年，义乌市严格落实严重精神障碍患者管理。9月，市卫健局联合市政法委、市公安局联合下发《关于进一步加强精神障碍患者管控工作的通知》，成立由市政法委牵头，市卫健局、市民政局及各镇（街道）为成员单位的精神障碍患者管理工作小组，规范全市精神障碍患者救治和管理工作。进一步加强对生活困难的严重精神障碍患者的监护和管理，全年补助80人11万元，发放监护补助金771万元，惠及4300余人。

【血液安全管理】 2021年，全市共采集血液1.93万人次，同比增长11.02%，其中采集全血1.7万人次共5481.86升，采集血小板1899人次共2599.90治疗单位。供应临床各类血液制品5.6万治疗单位，同比增长11.88%。支援外调上海市血液中心、浙江省血液中心血浆50万毫升。成分输血率达100%，临床用血100%来自无偿献血。与浙江省血液中心联合开展外国人稀有血型的筛查工作，筛查出稀有表型35例并冰冻保存，助力浙江省稀有血型保障工作。

【未来社区（乡村）健康场景建设】 2021年，市卫健局推进未来社区（乡村）健康场景建设。围绕“健康大脑+智慧医疗+未来社区”的建设思路，在社区建设一个升级版的社区卫生服务站（智慧健康站），做实做细健康档案开放、自助健康监测、全周期慢病管理、居家医疗和婴育照护，数字赋能于基本医疗、健康管理等服务。年内，稠城街道宾王社区、义亭镇缸窑村、江东街道鸡鸣山3个试点智慧健康站建成投用。

【省家庭医生服务基地创建】 2021年12月，市中心医院医共体江东院区连续第二轮被认定为浙江省“家庭医生签约服务培训”基地。家庭医生和居民签约，居民得到基本医疗、基本公共卫生的健康管理服务，同时享受普通门诊诊疗费全免，参照乡镇卫生院的报销比例实行医保报销制度，签约过的普通门诊统筹支付比例在原有基础上提高5个百分点，慢性病种门诊统筹的支付比例在原基础上提高10个百分点。全年家庭医生在签4.67万人，签约率51.91%；十类重点人群在签3.32万人，重点人群签约覆盖率99.07%。市中心医院医共体江东院区发挥签约服务培训基地和示范点带动引领作用，做好培训基地的带教任务，对兰溪市、磐安县、武义县6家社区卫生服务机构结对点开展家庭医生签约服务互访交流工作。院区周倩获“2021年浙江省优秀家庭医生”称号。（虞金洪）

卫生改革

【概况】 2021年，市卫健局推进数字化改革，建立数字化改革专班，及数字政府、数字社会、党政机关整体智治、技术服务、宣传5个分专班，明确分工职责，确保项目高效推进。主动与省、市相关部门对接，做好数字医共体住院服务一体办、未来社区健康场景建设等项改革任务，其中“老年人‘两慢病’全周期数字健康服务应用”“5G互联网云诊室+智能药柜项目”入选基层创新项目。探索数字审批改革。制定《数字审批改革方案》，梳理出4批69个政务服务2.0事项及6个省定高频政务服务事项共75项数字审批优化提升表。实现“智能秒办”事项10项，其中全程秒办8项，部分情形秒办2项，秒报+秒办3项。

【“云诊所”数字化改革】 2020年7月，义乌市建立以门诊HIS系统、电子病历系统、药品管理系统、依法执业监管、医疗质量监管、合理用药监管、健康宣教等为主的云诊所平台。2021年，市卫健局稳步推进“云诊所”数字化改革项目，形成治理端“一舱知医”、机构端“一网助医”、群众端“一屏问医”的诊所在线智治系统，通过强监管、优服务促进中小医疗机构可持续发展。至2021年年底，部署至676家诊所及门诊部，通过“云诊所”系统接诊患者81万余人次，填写病历74万余份，开具处方66万余张，转诊发热病人8469人。执法部门通过“云诊所”系统对诊所不合理用药、病历书写不规范等违规行为进行非现场办案59件，罚款73万余元。

【“放管服”改革】 2021年6月，义乌市开展诊所备案制管理工作改革，明确诊所备案定义及范围、诊所备案标准、举办主体及医师执业条件、诊所备案材料、诊所备案工作程序及监管保障要求。在全省率先推出“承诺即入”许可模式，只需一张表单、一个承诺，即可领取相关许可证，实现“准入即准营”。至年底，5个事项纳入“承诺即入”许可模式，办件量1560件。深化“放管服”改革，取消计划生育技术服务机构设立许可等3个审批事项，公共场所卫生许可等4个事项实行告知承诺制。与江西省5个县市，湖北枝江、贵州兴仁等地开展政务服务“跨省通办”9个事项。与省内的台州、衢州，金华市内的4个县市开展“异地通办”。（虞金洪）

卫生教育培训

【概况】 2021年，市卫生进修学校运用教育培训、协会组织两大平台，不断提高医学教育服务能力，全年完成2.6万余人次培训。

以需求为导向，充分发挥现有教学设施设备资源，实现传统的课堂型培训向技能操作结合型培训的转化。开展医共体基层医务人员常见模块化培训，由学校牵头实施3个模块培训。基层常见护理操作，开展20项常见护理操作的考核工作，完成1批34名护士培训考核，29人获得合格证书。心肺复苏及气道异物处理，开展体格检查、病历书写培训58人。完成18期215名基层医务人员AHA基础生命支持BLS培训，全员取得全球通用合格证书，其中，为保障校园安全，24名校医完成培训并通过考核。开展精准送教，根据基层单位的培训需求征求意见，开展5期“精准送教”活动，培训200余人。深化“医路公益”志愿服务内涵，开展公益急救培训志愿服务活动进市场、进机关、进学校、进企业、进社区和进农村的“六进”活动，活动自3月开展至年底，累计组织培训210次1.19万人。开展初级卫技人员继续医学教育、中高级卫技人员继续医学教育、新模式住院医师规范化理论学习培训，社会医疗机构继续医学教育、远程继续医学教育、学分管理，提升基层卫技人员岗位胜任能力。开展卫生健康管理干部培训、卫生健康系统党务干部培训、乡村医生全员培训，提升乡村医生医疗服务水平。开展医德医风专项培训、西学中培训，以培训结合技能比武常态化开展的形式，促进医务人员服务水平的提升，组织开展义浦同城医务人员急救技能竞赛等培训活动。

【精准送教】 2021年，为提高基层医务人员的整体素质，缓解工学矛盾，切实为基层减负，提高培训工作的针对性和有效性，根据基层单位的培训需求征求意见，市卫校组织师资专家下基层开展5期“精准送教”活动，培训200余人，培训内容为基层医护人员情绪管理与压力调适。通过培训，学员们受益匪浅，学会了如何在高压环境下积极调整情绪，以更阳光的心态面对患者，从而进一步提升医疗服务质量。

2021年7月17日，市卫校为福田街道社区卫生服务中心医务人员进行“基层医护人员情绪管理与压力调适”专题培训

（市卫健局　供图）

【卫生健康管理干部培训】 2021年5月28—29日，2021年第一期卫健系统管理干部培训班在市委党校开班，局机关中层及以上干部、各公立医疗卫生单位副院长（副主任）及以上管理干部、党政办主任、人事科科长共160余人参训。培训内容包括公立医院绩效考核管理实践、信息化助力医疗质量和安全的提升、医改回顾和展望等。通过培训，干部的政治素养与业务水平进一步提高，医院管理能力得到提升。

【商报小记者急救培训】 2021年6月19日、10月30日，市卫校开展2期商报小记者急救培训，80余名小记者及其家长参加培训。学校志愿者通过理论讲解和现场模拟操作，为小记者及其家长开展生动、实用的急救技能大讲堂。此次培训帮助小记者学习和掌握必备的急救知识与技巧，通过向社会普及急救常识，进一步提升民众自救互救意识，提高临床急救成功率。（虞金洪）

疾病防控

【概况】 2021年，全市共调查处置散发传染病494例，其中，肠道传染病32例，呼吸道传染病446例，自然疫源性疾病16例。调查处置聚集性疫情16起，所有散发个案和疫情都得到有效控制。累计报告甲、乙类传染病发病率为217.58/10万人，传染病报告系统综合评价为100%。

【全流程流调溯源机制】 2021年，义乌市建立"3+X"流调溯源队伍建设机制，实现部门联通。"3+X"即抽调疾控、公安、卫监3家单位、X名医疗机构医务人员，由294人组建130支队伍，设3个梯队流调。建立标准化全流程流调溯源机制，实现战术联通。实施一例一专案模式管理，开展流调溯源，信息共享，协同高效处置，形成全流程闭环管理。建立应急演练和日常培训相结合的工作机制，做到平急联通。定期开展研判、培训、演练，战时迅速启动联合流调，就地管控、立即隔离，迅速切断传播途径和链条，努力达到"2+4+24"的流调要求，即实现2小时到达现场、4小时内完成核心信息调查、24小时完成全面的流行病学调查。全年开展各种演练3次，相关培训10次。

【百日咳疾病监测研究】 义乌作为国家百日咳疾病负担估计研究项目的国家监测点之一，2021年，市疾控中心共报告百日咳监测病例583例，PCR检测阳性100例，细菌培养阳性28例，随访样本采集57人次。通过实验室主动监测，明确确诊病例在不同年龄组的发病率，阐明百日咳鲍特菌的基因型和血清型对传播的影响，为新疫苗研发提供资源和数据支撑。

【急性传染病防控】 2021年，全市累计报告甲、乙类传染病发病率217.58/10万人。肠道传染病危险因素监测共检测水样40份、海水产品60份，未检获霍乱、伤寒、痢疾等相关致病菌。手足口病报告3346例，同比上升45.86%，无重症死亡病例。鼠传疾病综合监测捕鼠572只，采集血清、肝脾、肠道内容物等标本1724份，检测结果均为阴性。伊蚊媒介累计监测14次28个点，监测结果提示5—9月义乌市的媒介密度具备暴发风险（即中度风险）。疟疾媒介监测12次，均未捕获按蚊。布病监测，高危人群主动采样检测169份，检出抗体阳性2例。流感哨点监测，采样检测1025份，检出阳性标本53份，阳性率为5.09%。人禽流感监测外环境标本221份，均为阴性；职业暴露人群监测40人份，其中1份H5N6阳性。犬伤监测患者1.56万例。诺如哨点监测413份，阳性56份，检出率13.56%。

【重大传染病防控】 2021年，全市新报告HIV/AIDS235例，同比下降2.89%。新确诊病例207人，新诊断并治疗率87.92%。发放安全套15万只，艾滋病宣传台卡6800个，开展暴露后阻断170人次。与"同声公益"社会组织合作，在MSM人群艾滋病宣传干预、动员检测、互联网+检测等领域开展重大传染病防控工作。累计宣传干预覆盖1万余人次，动员检测380人次，确诊阳性6人。全市医疗机构共报告肺结核、疑似肺结核2033例，总体到位1970例，总体到位（归口管理）率96.9%；新登记治疗结核病患者858例，同比下降

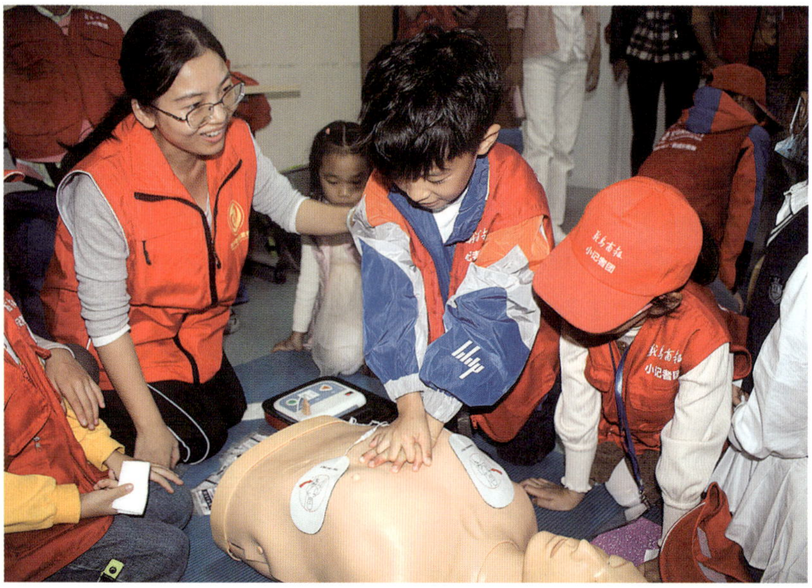

2021年6月19日，市卫校为商报小记者开展急救培训

（市卫健局 供图）

2.5%，未建病案在治患者列入管理54例。春秋季完成143个流行村中81个村的查螺工作，并完成义亭镇、上溪镇的灭螺工作，查螺面积55.44万平方米，灭螺面积2.95万平方米；病情监测，完成血吸虫病主动、被动监测2865人，完成年度监测任务的159.16%，均为阴性。免疫相关疾病累计报告麻疹、风疹疑似病例38例，确诊风疹1例，无暴发疫情和死亡病例报告；累计报告疑似AFP病例12例，均排除脊灰病例；累计处置学校水痘苗头疫情161起，发现水痘病例271例。开展60岁以上老年人群免费流感疫苗接种民生实事项目，全市累计接种民生项目流感疫苗13万剂次。补种麻风或麻腮风疫苗的儿童2059人，脊灰疫苗儿童3140人。

【慢性病综合防控】 2021年，市疾控中心开展死亡、慢性病监测。3月，完成《2020年度出生、死因、慢性病监测年度分析报告》，报告显示，2020年全人群粗死亡率为5.23‰，户籍人口平均期望寿命为81.96岁（较2019年增长0.08岁），重大慢性病过早死亡概率为8.24%（较2019年下降12.9%）。报告发病率居前五位的恶性肿瘤为肺癌、甲状腺癌、结直肠癌、乳腺癌、胃癌。推进老年人健康状况队列研究项目，完成调查问卷并采集血样115份。6月，启动第二年度重点人群结直肠癌筛查项目，全市共完成2.09万例目标人群筛查，目标人群筛查率为47.28%，发现确诊直肠癌病例16例，癌前病变130例，其他良性病变708例。

【省级资质认证复评审】 2021年10月15—17日，义乌市疾控中心开展省级资质认定复评审工作。经现场检查资料，进行83个参数89份样品93项次的现场试验，市疾控中心实验室通过省级计量认证复评审，通过计量认证项目384项。年内，实验室新增超声显示仪1台、实时荧光定量PCR仪1台、冷藏车2辆、医用保存箱10台，累计新增专用设备固定资产67万余元。全年收受样品3.32万件、计4.46万项次，发放报告2113份。参加国家、省、地市室间比对、能力验证以及中心内部考核41次103份样品157项次，已反馈结果的均为合格以上。 （虞金洪）

中医中药

【概况】 2021年，开展“第二批义乌市名中医”评选活动，选出10名义乌市名中医。启动“青苗”计划项目，评选出28名“青苗”培养对象。协同交旅集团，与省中医药大学策划，完成“朱丹溪中医药文化”博物馆规划方案。深化中医药一体化管理，发布实施“互联网+中药代煎服务规范”义乌市地方标准，为省级、国家级标准提供中药饮片服务的“义乌样板”。围绕庆祝中国共产党成立100周年主题，开展“践行百年初心 弘扬中医国粹”实践活动80余场。市中医医院在全国三级公立中医医院中，绩效考核排名全国第84位，比上年上升81位；位列全省所有中医医院第八位，县市级中医医院第一位。

【中医药防治新冠肺炎】 2021年，市中医医院发挥中医药的防疫抗疫作用，根据上级新冠中医诊疗方案，研发流感一号等协定处方，在发热门诊的医疗救治中广泛使用。根据国家、省卫生健康委新型冠状病毒肺炎中医药防治推荐方案，制订高风险人群预防用方、普通人群茶饮方（大锅方）、儿童预防方、中药香囊、中药香薰等，在门诊大厅无限量免费提供普通人群新冠预防茶饮供市民使用。至年底，共煎制新冠茶饮预防方300余锅，服务5万人次。开设企业或集体统一购买中药预防新冠方热线，通过预约定制、主动配送等服务，多途径、多方式提供服务，助力全民抗疫。

【中西医结合诊疗胃食管反流病】 2021年1月，市中医医院挂牌成立“上海岳阳医院胃食管反流病义乌分中心”。整合脾胃病科、五官科、心胸外科、呼吸科、心内科等学科，为广大胃食管反流病患者提供一站式、多学科合作的中西医结合诊疗服务。2月24日，义乌市中医医院医共体大陈院区胃食管反流病社区管理中心启用。市中医医院充分发挥学科优势，有针对性地将医、教、研等工作有机结合，不断提高医共体院区在胃食管反流病方面的诊疗能力和综合服务能力，打造医共体系统化和一体化的胃食管反流病诊疗平台，让更多患者获益。

【长三角区域中医推拿（针灸）专科联盟】 2021年5月，市中医医院被授牌成为“长三角区域中医推拿（针灸）专科联盟”单位。联盟以上海中医药大学附属岳阳中西医结合医院推拿科（针灸科）为牵头单位，按照开放、合作、共享原则，围绕推拿（针灸）诊疗模式一体化建设、推拿（针灸）学科优势病种临床能力提升、推拿（针灸）质量控制体系建立、实施推拿（针灸）学科疑难重病种远程会诊、推拿（针灸）学科人才培养5方面开展工作。联盟成员之间通过流派建设、专科共建、临床带教、业务指导、教学查房、进修培训、技术推广、联合科研、项目协作等方式，为专科医护人员提供支持，共同建设推拿（针灸）专科队伍。10月，市中医医院针灸科参与开展“上海市海派中医流派传承延伸计划项目子课题”研究。

【“浙江省社会科学普及基地”创建】 2021年5月10日，浙江省社会科学联合会发布《关于命名第十批浙江省社会科学普及基地的通知》，三溪堂中医药文化博物馆被评定为“浙江省社会科学普及基地”。三溪堂中医文化博物馆位于义东路365号，2018年11月开馆，设三溪堂历史展区、三溪堂中药炮制技艺展区、三溪堂中医药文物展区三大部分。其中，三溪堂中医文化博物馆历史展区展出三溪堂非遗技艺传承谱系、国医馆、国药馆、中药炮制、中医临床、自研产品、企业荣誉等内容。中药炮制技艺展区介绍浙江省非物质文化保护项目三溪堂中药炮制技艺，展示中药炮制工具。中医药文物展区主要展出动物、植物、矿物药材标本，中医药古籍，中医药文物，精制饮片，药酒，已故名医处方真迹和已故名医书画真迹等。

【《互联网+中药代煎服务规范》发布】 为推动中药代煎、配送更趋规范化，2021年10月15日，义乌在全省率先探索制定并出台《互联网+中药代煎服务规范》地方标准。由浙江三溪堂中药有限公司牵头，杭州唐古信息科技有限公司、义乌市标准化研究院参与起草，经义乌市市场监管局批准发布，自11月15日起实施。“互联网+中药代煎服务”是以电子信息化为手段建立的区域性服务平台，通过互联网及视频监控传递信息，从患者就诊、医生处方、费用结算、接方审方、中药调配、浸泡、煎制、灌装，配送至患者手中，全过程实现回放，保证操作的正确性和规范性，实现全程在线监管。平台为浙大四院、义乌市妇幼保健院、横店文荣医院等40余家医疗机构及杭州微脉、广东快问等互联网医院代煎中药，并代加工一人一方丸剂和膏方，市场化运作，形成良性循环。（虞金洪）

医疗技术

【概况】 2021年，市医疗卫生系统重点推动基层院区特色专科及扶持培育学科的评审，安排预算1300万元，用于基层学科专科发展，20个专科学科上报评审。投入400余万元，推进村级卫生服务机构规范化改造，新增15家，改造28家，完成10家。做好重点学科培育，指导浙大四院妇产科、中心医院骨伤科争创省市共建学科。中标厅局级以上科研项目25项，地市级项目9项；获金华市科技局科技三等奖2个，省科技厅科技进步三等奖1个；享受国务院特殊津贴专家1人。2021年，招引2021届毕业生127人，其中博士1人，硕士66人。与高层次人才进行对接和考核，办理聘用手续52人，其中，学科带头人1人，后备学科带头人3人，重点人才13人，青年骨干22人，其他人才13人。

【市中心医院医疗能力提升】 2021年，市中心医院依托浙大一院优质医疗资源，增设甲状腺乳腺门诊、创面修复科、痔科门诊、眼部整形门诊、眩晕门诊、消瘦门诊、乏力门诊、高血压门诊、肥胖门诊等10余个专科门诊，开设青少年近视防控指导中心、肝病诊治中心、眩晕诊治中心、创面修复中心，既为患者提供更加精准的医疗服务，也为医院培育了一批专科名医。全年开展新技术、新项目100余项。开展省自然科学基金项目1项、省基础公益研究计划项目1项、金华市科技局立项21项、义乌市科技局立项85项；撰写论文152篇，其中SCI 115篇，实用新型97项，计算机软件著作权5项。

【义乌市首台可降解支架手术】 2021年4月13日，义乌市首台可降解支架手术在杭州医学院附属义乌医院成功实施。患者楼某胸闷、头晕，经过冠脉CT检查，显示心脏的前降支血管重度狭窄，经心脏造影检查，发现前降支血管完全堵塞。经过商议，医院决定采用支架治疗的方案，随后在术中成功植入一个直径3.5毫米×18毫米的可降解支架，为义乌首例可降解支架手术。此枚支架全部由可降解材料制作而成，3年左右可以完全降解为二氧化碳和水，无其余残留。

【省内首家移动数字医院】 2021年5月，浙大四院成立省内首家移动数字医院。充分发挥移动医院的微型诊室、CT、B超、心电图、血化验、远程会诊、移动护理医疗服务，为群众提供免费筛查肺结节、早期前列腺癌等义诊服务。至年底，移动数字医院共服务义乌市91个基层社区（村）、企业，以及武义、浦江、永康等周边7个县市1.51万人次，发现早期肺结节6549人、高危结节338人，完成义乌市“万人肺结节免费筛查”民生项目。年内，移动数字医院获评2021年度中国现代医院管理“智慧医院建设典型案例”、工信部和国家卫健委“5G+医疗健康应用试点项目”、2021年全国医院CHIMA大会新兴技术应用“典型案例”。

【义乌市首例经皮基底动脉支架植入术】 2021年11月10日，杭州医学院附属义乌医院神经内科独立完成义乌首例经皮基底动脉支架植入术。3岁的患者头晕、伴随行走不稳，头颈CTA提示“椎基底动脉中—重狭窄”，从安徽赶至杭州医学院附属义乌医院神经内科就诊。在脑血管造影显示，患者基底动脉极重度狭窄达到95%以上，血流只有一丝通过，且侧支循环开放不好，病情严峻。针对病情，医院神经内科深入讨论，决定为其施行微创手术—经皮基底动脉支架植入术。术中，医生从大腿根部股动脉穿刺置入导丝导管，通过迂曲的血管到达病灶，并精准释放支架。手术经历3个小时，术后不到10分钟，患者即恢复了意识，语言、肢体活动情况良好。一周后，患者康复出院。 （虞金洪）

卫生急救

【概况】 2021年，全市设有急救站（点）17个，拥有24小时值班急救车19辆（监护型）、负压救护车14辆、孕产妇及新生儿转运车1辆、备用车14辆。全年接听120急救电话15.54万个，派出急救车4.55万次，日均出车125次；接治病人3.47万人，日均收治病人95人。完成110应急联动任务1.53万次。参加各类保障任务7次，举办防震救灾应急演练1次，消防安全演练3次，参与义乌市实战化防空演练1次。组织季度院前急救医务人员急救知识及技能培训2次，计235人次；举办新上岗人员岗前培训8次，计104人次。面向社会开展急救知识普及讲座2次，计43人次。开展院前急救专题培训2次，举办新冠疫苗接种异常反应救治工作方案培训1次，计73人。全市所有急救站（点）急救单元实现一医、一护、一驾的人员配置。市急救中心与中心医院、中医医院、浙大四院、復元医院、妇幼保健院的胸痛中心、脑卒中中心五大中心签约，院前急救与院内急救形成网络。加强对各急救站点的督查考核，通过GPS、站（点）监控、出车反应时间等实时对院前急救工作各环节进行全程跟踪，发现问题及时反馈给相关急救站（点）。每季度对17个院前急救站（点）的综合管理、业务用房、病历书写和管理、救护车状况、药品器械配备情况等项目进行督查，并做出总结。全年对1个急救站（点）进行2次限期整改处罚，对2个急救站（点）进行暂停调度处罚。

【新冠肺炎疑似及确诊病例急救转运】 2021年，市急救中心常态化做好新型冠状病毒肺炎疫情防控，严格落实《义乌市负压救护车转运工作方案》，规范新型冠状病毒肺炎疑似及确诊病人的急救转运。浙大四院成立隔离人员的负压车转送专班，全市14辆负压型急救车、19辆监护型急救车随时待命，确保转运、协调、指挥、消杀等环节安全。不定期组织人员到全市21个医疗机构开展全面的疫情防控督查，包括急救物资储备、转运车辆消毒、个人防护及新冠病人转运制度的落实情况等。至年底，通过负压车转运病人400人。

【院前急救从业人员业务培训】 2021年，市急救中心根据年度工作计划按季度对院前急救医师及驾驶员开展院前急救技能培训及理论考核，培训考核内容为“生产安全例会”“ACS早期症状识别及现场急救”“创伤患者的初始评估与处理”“如何提高院前急救质量及技能竞赛赛前准备”等业务知识。全年培训235人次，人人考核过关，达到预期目的。院前急救新上岗人员岗前培训8次，计104人次。对季度质控考核存在问题较多的普济骨伤科医院急救点、义南急救站每季开展一次院前急救知识专题培训，确保院前急救质量。

【杭州医学院附属义乌医院急救点开通】 2021年4月22日，城中站復元第一医院（杭州医学院附属义乌医院）急救点挂牌开通，义乌市急救中心下属急救站（点）从16个增至17个，初步达到主城区院前急救半径3.5千米、乡镇急救半径10千米以内的国家标准。院前急救车辆全面执行“就近、就急、自愿”的原则，严格按照“白天一分钟，晚上两分钟”内的出车速度，平均急救反应时间在11分钟以内，为全市人民群众生命健康提供可靠保障。

【院前医疗急救体系信息化建设】 2021年4月19—21日，市急救中心对全市院前急救值班车上的车载终端进行统一升级，全部更换为新科五代车载终端。新科五代车载终端使用4G网络，功能更加丰富，故障率更低，网络信号更加稳定。10月底，市急救中心120指挥调度平台完成与“浙里办”的对接，实现“一键呼救”及救护车、患者双向定位，同时完成与金华市院前医疗急救信息的互联互通。至年底，利用5G信息技术，在浙大四院急救点完成车上患者基本信息、车辆轨迹、生命体征等信息实时传输到医院试点。

【防灾减灾日应急演练】 2021年5月12日，市疾控中心举办“5·12”防灾减灾日应急演练，中心医院急救点、稠州医院急救点、復元医院急救点、城西急救站的100余名急救人员参与演练。接到调度指令后，各院前急救梯队救护车迅速集结，最快于8分钟赶到现场。最先到达现场的院前急救人员首先对事故现场进行快速评估，立即对伤员进行检伤分类，依据伤者的情况，按照“重度、中度、轻度、死亡”分类，分别给予“红、黄、绿、黑”的伤病卡分类标识，并及时向120调度中心汇报，请求第二、第三急救梯队增援。遵循先救命后治伤，先重后轻，先救活人后处置尸体的急救顺序进行现场急救。陆续到达的各梯队院前急救人员配合默契，立即展开现场救援。对伤员进行意识判断、吸氧、心电监护、心肺复苏、止血包扎等现场急救和救治转运。通过此次演练，锻炼院前急救队伍，提高重大突发事故应急处置能力，增强了防灾救灾应急救治意识，进一步提升义乌市院前急救水平。

【义浦同城医务人员急救技能竞赛】 为切实提高义乌市院前急救理论水平和操作技能，展现院前医疗急救人员勇于奉献的精神和精益求精的职业素养，更好地维护人民群众身体健康和生命安全，推进义浦同城院前急救体系建设，加深义乌、浦江急救同行间的交流。2021年9月15日，由义乌市卫健局主办，义乌市急救中心和浦江县120急救指挥中心联合承办的义浦同城联合暨第五届义乌市院前急救操作技能竞赛在义乌急救中心拉开帷幕。来自义乌和浦江23支代表队69名选手参加竞赛。比赛分为理论知识和技能操作两部分，主要考察急救人员抢救操作技能和对突发事件的处理能力。竞赛评委会由金华市医疗急救指挥中心专家、永康市急救中心专家、义乌市急救中心专家、浦江县人民医院等10余名专家组成。两地的参赛选手围绕理论知识和技能操作同台竞技，以规

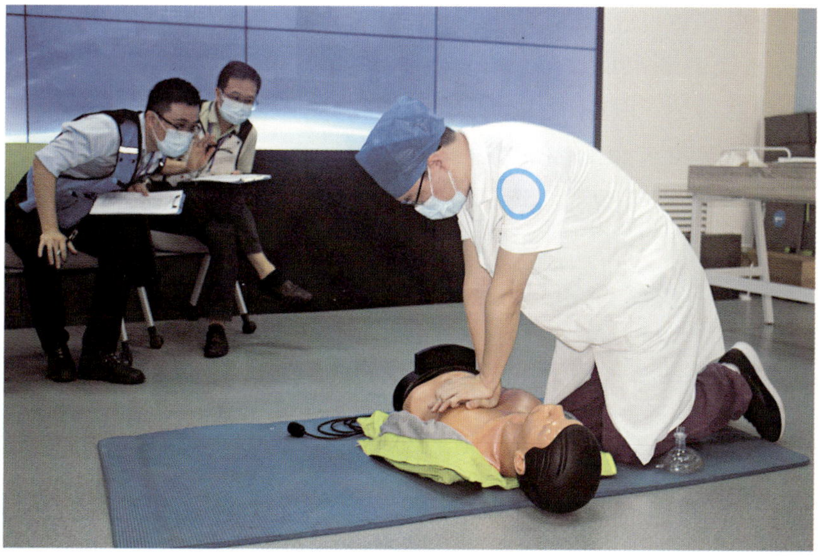

2021年9月15日，义浦同城联合暨第五届义乌市院前急救操作技能竞赛在义乌市急救中心举行　（市卫健局　供图）

范、严谨、娴熟的操作，快速的反应处置能力和精湛的专业技能充分展现出急救人员良好的操作水平和精神风貌。经过紧张激烈的角逐，天祥医疗东方医院急救点获义乌组团体一等奖，浦江县中医院1队获浦江组团体一等奖。（虞金洪）

医政管理

【概况】 2021年，义乌市医疗卫生系统加强与省市医院在人才、技术和管理等方面的合作，市校合作建设浙大四院，浙江大学医学院附属第一医院托管义乌中心医院。市中医院与上海岳阳中医医院携手共建“上海中医药大学附属岳阳中西医结合医院义乌医院”。强化医院内涵建设，提升各医院医疗服务能力，促进医院向精品医院迈进。在国家卫健委发布的2019年度国家三级公立医院绩效考核结果中，浙大四院等级为A+，在全国2413家三级公立医院中排名第114位，中心医院以高分位于A等序列,排名第128位。开展医疗质量安全专项检查巡查，落实重点环节、重点岗位、重点科室的医疗质量持续改进，强化医疗质量和安全管理，全年组织临检、院感、药事、血透等，医学质控中心开展医疗质量安全专项检查10余次。做好医学重点学科培育，市属各医院学科科教方面共立项厅局级以上科研项目25项，地市级项目9项，各类科研经费210万元。申报、受理或已授权各类发明专利41项；获得软件著作权5项。市属各医院学科共发表SCI论文108篇，核心期刊论文146篇；参与撰写论著19部，学会、期刊任职57人。印发《义乌市负压救护车转运工作方案》，全市14辆负压救护车统一调度管理。确定浙大四院和中心医院为义乌市新冠肺炎医疗救治定点医院。根据国家新冠肺炎收治定点医院、发热门诊设置最新标准，确定佛堂中心卫生院收治隔离病房及中心医院、中医医院、妇幼保健院、第二人民医院、復元医院、稠州医院、天祥医疗东方医院等发热门诊改造方案。

【涉外医疗服务】 2021年，义乌市加强国际交流与合作，浙大四院与加拿大阿尔伯塔大学医学院签订全科医生培训协议、外科合作意向书，举办7期“4＋6”全科医生能力提升项目培训班。引入医院国际标准，浙大四院通过JCI国际医疗标准认证，成为浙中地区首家通过JCI第六版评审的医院；通过国际HIMSS EMRAM（住院急诊）六级评审，成为全省第四家获得此项殊荣的省级医院；医院检验医学中心通过医学实验室质量和能力认可CNAS ISO15189监督评审。加强国际医疗保险合作，浙大四院与MSH、友邦等15家国际医保公司达成合作，至年底，为200人次外籍患者完成国际医保报销范围内门诊或住院医疗服务费用院内直报业务，有效解决外籍人士医疗费用的后顾之忧。

【医共体优化配置】 2021年，义乌市医共体内人员实行统筹管理，调配使用，由医共体统一完成岗位设置、统一招聘，对医共体基层院区紧缺人员实现医共体内部调剂。印发《义乌市医共体绩效管理指导意见》，设立医共体年度考核奖励基金，用于医共体基层院区发展奖励。医共体账户实现并账管理，账户完成统一招标，经费直接拨付医共体。医共体资源实现集约共享，药品耗材统一采购、管理，信息后勤统一招标，临床科室垂直化管理，完成影像、消毒供应等共享中心建设，实现基层病区床位资源的联动互通。

【医共体保障体系改革】 2021年3月，市卫健局制定《2021年度义乌市县域医共体建设重点任务清单》，改善医共体保障体系。加大财政投入保障，政府购买服务资金从"倒算"向"顺算"调整，同时建立对医共体经费投入绩效评价制度。全面实施住院按病组（DRGs）点数法、门诊按人头包干结合门诊病例分组(APG)付费改革，调整新增"家庭型病床""长护病房"等按床日付费类别。4月，完成新一轮医疗服务价格调整，调整新增77项医疗服务项目及收费，医疗服务价格调整实现常态化、精准化。全市医疗服务收入占比达32%以上。（虞全洪）

卫生监督

【概况】 2021年，市卫生监督所制定下发《义乌市卫生监督所红黑榜管理制度》《义乌市卫生监督所腐败问题专项整治工作方案》，全力推进卫生监督重点工作落实落细。全年，累计巡查医疗机构9000余家次，各类公共场所、集中隔离点、学校等场所7000余家次，根据市政府疫情防控通告要求及上级部门督查反馈，关停医疗机构186家、美容美发场所889家、沐浴足浴场所655家、游泳场所66家。全年受理投诉举报333件，及时处理和结案率均达100%。立案1550件，作出处罚决定1512件，其中一般程序1115件，简易程序397件，罚没款511.1万元，罚没款较上年同期增加42.4%。上报重大行政处罚备案案件100件。在省执法监管平台设置和完成专项任务38个，双随机任务数41个，在平台完成检查机构2126家次，涉及医疗机构、沐浴场所、集中式供水、影剧院、民办学校等监管领域。

【重点行业信用风险分类监管】 2021年，市卫健局推进医疗卫生行业信用风险分类监管。运用省医疗废物智慧监管、口腔诊疗机构风险监测、精密智控疫情调度指挥等平台，预警监测触发78家次，按期处置率100%，立案25起。对省执法平台信用12分制进行重构优化，认领监管事项36个，配置清单36张，对284家监管对象实施信用监管扣分。开展控烟专项治理，每月一次对全市餐饮单位禁烟控烟工作情况开展督查，对28家单位立案处罚。开展游泳场所夏季专项监督检查和游泳场所水质检测工作，对3家检测不合格企业予以立案处理。

【"云诊所"平台数字化监管】 2021年，市卫生监督所依托"云诊所"推进基层医疗机构数字化改革。开展"云诊所"智治在线二期建设，应用"云诊所"系统四色管理，争取"云诊所"与省执法平台数据对接，设置不合理用药、超范围经营、三天未正常使用等风险预警，实现非现场精准执法。至年底，"云诊所"平台部署至725家中小医疗机构，安装人脸识别探头356家，安装诊室内监控349家，通过该系统接诊72万余人次，填写病历82万余份，开具处方72万余张，为基层医疗领域数字化改革奠定坚实基础。利用"云诊所"、口腔风险监测、社会监督信息监测预警等平台，开展非现场执法办案46起，推动医疗卫生行业智能监管信息系统全域覆盖。

【医疗智慧监管应用远程视频监控】 2021年，义乌市3家餐饮具集中消毒单位重新在清洗、消毒、包装、检验等重点生产环节安装电子探头，并全部纳入智慧监管平台，通过强化数据监控、风险预警、探索问题追溯、线索核查，实现企业自治、行业自律、消费者监督、政府监管等多方面共治的目标。在原195家口腔诊疗机构实行诊疗器械压力蒸汽灭菌器在线监测，23家医疗机构纳入医疗废物智慧监管，4家住宿场所客房保洁全过程和1家游泳场所水质在线监控的基础上，新增3家住宿场所客房保洁全过程，9家游泳场所水质在线监控，让客房保洁和顾客用品用具消毒在“阳光”下操作，让顾客“放心游”，实现经营者自律、消费者放心。

【新冠肺炎疫情期间卫生检查】 2021年3—12月，新冠肺炎疫情防控期间，市卫生监督所采取错时交叉执法，开展中小医疗机构疫情防控交叉检查9次，重点突击检查城区个体诊所和门诊部220家，发现问题责令整改115家；组织开展医疗机构疫情防控“回头看”，对屡改屡犯的医疗机构从严查处。领导班子分片包干，开展疫情防控每周一督查，共督查民营医院、诊所、门诊部431家，发现问题144家。2月春节期间，执法人员向正常经营的1001家理发场所兑付补助，共发放补贴216.35万元。

（虞金洪）

妇幼保健

【概况】 2021年辖区产妇数6630人，活产数6755人；早孕建册率99.98%，产后访视率98.13%，孕产妇系统管理率98.13%，住院分娩率100%，孕产妇死亡1例。全市出生活产数1.67万人，其中本地户籍6755人，流动人口9983人；7岁以下儿童保健覆盖率98.91%；3岁以下儿童系统管理率98.42%；6个月内纯母乳喂养率70.51%；贫血患病率1.51%，其中中重度贫血患病率0.04%；低体重患病率0.31%；生长迟缓率0.41%；消瘦率0.25%；超重率2.38%；户籍新生儿死亡6人，死亡率0.89‰，流动人口新生儿死亡10人，死亡率1.0‰；户籍婴儿死亡14人，死亡率2.07‰，流动人口婴儿死亡16人，死亡率1.6‰；5岁以下户籍儿童死亡20人，死亡率2.96‰，流动人口5岁以下儿童死亡27人，死亡率2.7‰。组织养育照护小组活动1395场次，受益儿童8226人；为育龄妇女免费开展“两癌”筛查，筛查3.3万人。年内，市政府与浙江大学医学院附属儿童医院共建的浙大儿院义乌院区开工建设。

【妇幼公共卫生服务项目】 2021年，全市新增叶酸服用人数6257人，服用率100%。完成苏溪、稠城、后宅3个镇（街道）1.8万名妇女的“两癌”筛查。确诊宫颈癌病人9例，宫颈癌发病率50.52/10万例；确诊乳腺癌17例，乳腺癌发病率94.77/10万例。接受“艾梅乙”免费咨询、检测孕妇数（包括流动人口）2.61万人，咨询检测率100%；发现艾滋病感染孕产妇20人，梅毒感染孕产妇131人，均接受孕期阻断治疗及追踪管理。乙肝表面抗原阳性产妇数1052人，所生新生儿全部接受免费乙肝免疫球蛋白，免费母婴阻断率为100%。全市新生儿听力筛查初筛率99.5%，复筛率97.32%，确诊听力异常人数25例；新生儿遗传代谢病筛查率为99.87%，查出可疑阳性病人727人，召回715人，召回率99.3%；确诊CH患儿20人，确诊PKU患儿1人，确诊G6PD患儿48人，确诊17羟孕酮异常患儿1人，均得到规范干预和治疗。

【儿童早期发育筛查】 2021年，义乌市儿童髋关节B超项目检查5626人，全身运动评估项目检查5482人，脑发育五项检测6928人，听力筛查项目3.22万人次，视力筛查项目2.33万人次，孤独症检测1.7万人次，ASQ检测2.42万人次。共确诊各类异常患儿657人次，均接受指导干预训练。筛查新生儿先天性心脏病1.76万人，双指标筛查阳性347人，转诊342人，转诊率98.56%，确诊先天性心脏病数量125例。

【儿童早期发展服务】 2021年，义乌市推动建立以妇幼保健机构、基层医疗卫生机构（14家）、村级活动点为主的“1+14+X”的市、乡、村三级儿童早期发展服务体系。即成立1家儿童早期发展指导中心，14家儿童早期发展服务中心，X家活动驿站。全市村（居）利用党群活动中心、村文化礼堂、幼儿园、小学校舍等布点，设置100个20平方米以上的“儿童早期发展活动驿站”，设计“三叶草”标识，并统一配置柜具、地垫、玩具、教具、音乐播放器等设施用品。全年开展3岁以下婴幼儿养育风险筛查6万余人次、组织养育小组活动2014次1.21万人次、阳性家庭访视指导1073家次。探索建立“政府引导、多方参与、家庭为主、儿童优先、公平可及、全面成长”的富有特色的义乌市儿童早期发展服务工作机制。

【托育服务多元化发展】 2021年，义乌市鼓励托育服务多元化发展，着力提升普惠托位数量。全市有各类托育机构240余家，托位总数8300个，每千人口拥有3岁以下婴幼儿托位数4.5个，率先达到全省“十四五”规划指标。年内，加快保育员队伍建设，市卫健局联合市教育局、市人社局等部门按职业技能项目制培训保育员及保健员3650人。在全市400家托幼托育机构全面推行“托幼机构卫生保健信息管理系统”，建立智慧托育服务体系，加快妇幼信息平台建设，对全市儿童保健与早期发展服务实行信息共享管理。

【儿童、托幼机构体检】 为进一步加强托幼机构卫生保健管理，有效预防传染病的发生，保障在园儿童身心健康，促进幼儿健康成长，义乌市妇幼保健院依次对全市托幼机构在园儿童进行2021年度健康体检工作。完成儿童体检9.06万人，体检率100%。查出贫血1502人，生长迟缓517人，低体重740人，消瘦510人，超重5362人，肥胖2173人，龋齿26914人，视力不良4189人，弱视518人；完成托幼机构工作人员体检1.12万人。

（虞金洪）

优生优育

【概况】 2021年，义乌市贯彻执行《中共中央、国务院关于优化生育政策促进人口长期均衡发展的决定》，在城乡新社区集聚建设、农村有机更新审批中不再进行计生审核。清理历年社会抚养费征收申请法院强制执行的91例案件。在公共场所和用人单位建设标准化的母婴设施，建成较为规范的公共场所母婴设施45处，其中三星级以上30家。实行市、镇（街道）、村（社区）三级联动机制，为每一名扶助对象确定一名镇（街道）干部和一名村（居、社区）干部作为帮扶联系人，全年慰问计生特殊家庭352人次。2021年接受免费婚前医学检查7004人，婚检率达90.3%。检出疾病420人，患病率6%，其中性病7人，精神病4人，生殖系统疾病160人，内科系统疾病248人。对前来婚检的人员均进行生殖健康教育。参加生殖健康检查妇女总数6.52万人，对检查结果异常人群均给予及时治疗，对转诊人员给予及时追踪管理。全年免费发放口服避孕药3445盒，避孕栓500盒，避孕膜270盒，避孕凝胶360套，避孕套36.83万只，宫内节育器4277套。接待查阅既往计划生育相关资料及接待各类计划生育政策、条例咨询200余人次。2021年义乌户籍人口出生上报6345人，其中一孩3060人，二孩2782人，三孩及以上503人。

【孕妇产前筛查】 2021年，户籍孕妇免费产前筛查5303例，免费筛查率96.7%。开展产前诊断1137例，产前诊断（含无创）率98.27%。孕产妇免费心理筛查1.21万人，筛查异常人数（轻中重度）366人，筛查异常率3.03%，进一步转诊91人（中重度），确诊人数77人，确诊率84.62%。

【出生缺陷综合防治】 2021年，全市共监测围产儿1.79万例，出生缺陷518例，总发生率28.95‰，其中大于或等于28周出生缺陷371例，围产儿出生缺陷发生率20.73‰。围产儿死亡85人，围产儿死亡发生率4.75‰，其中死胎67人，死产2人，0～6天新生儿死亡16人。2021年出生缺陷总发生率、围产儿出生缺陷率均低于往年同期。

【国家免费孕前优生健康检查】 2021年，完成国家免费孕前优生健康检查6336人，其中，风疹IgG(−)334例，弓形虫IgM(+)20例，巨细胞IgM(+)20例，筛出具有临床意义的高风险人群281人。对高风险人群均进行一对一的婚育指导，疑难病例及时通过线上转介平台进行转诊，方便对象及时就诊、及时得到进一步治疗，使高风险人群管理更新到位、异常指标干预更及时。所有高风险对象由市妇幼保健院整理成电子版，专人负责每3个月随访1次，随访结果及时反馈给各镇街卫生院，做好双重管理工作。

【育龄夫妇避孕节育技术服务】 2021年，义乌市各类计划生育总服务数3.32万例，其中放环5236例，取环5156例，输精管绝育8例，输卵管绝育402例，负压吸引1.41万例，钳刮566例，药流7603例，放皮埋44例，取皮埋30例，输卵管吻合术107例。病理性流产8468例，人工流产率5.26%。未发生重大计生手术并发症。

【优生健康宣传教育】2021年，义乌市定期更新宣传阵地内容，并利用网络、微信等信息平台，开展优生健康教育和避孕节育知识宣传。通过短信推送信息，宣传出生缺陷一级预防的重要性，提醒符合生育的育龄夫妇及时参加免费孕前检查。市卫健局、市疾控中心、各镇（街道）卫生院，结合重大宣传日举办多种类型的宣传教育活动，共向群众发放宣传资料800余份，接受女性义诊、咨询服务300余人次，免费发放避孕药具300份。

（虞金洪）

社区卫生

【概况】2021年，义乌市稳步推进基本公共卫生均等化，服务内涵逐步丰富，受益人群不断扩大，基本公共卫生服务均等化取得成效。全年全市建立居民电子健康档案81.31万份，电子健康档案开放率75.15%。至12月底，全市共登记高血压12.98万例，管理9.24万人，规范管理6.33万人，规范管理率68.47%，血压控制数6.69万人，血压控制率72.4%；共登记糖尿病4.6万人，管理2.87万人，规范管理1.96万人，规范管理率68.34%，空腹血糖控制数1.65万人，控制率57.49%。全市严重精神障碍患者规范率96.24%。借助信息化手段，按要求开展每月传染病漏报调查自查工作，传染病疫情报告率均为100%，全市所有传染病报卡及时率达100%。为65岁以上老年人开展健康体检8.19万人，为60周岁以上老年人免费接种流感疫苗13万余人次，结直肠癌筛查2万余人次。在人员密集公共场所安装AED（全自动除颤仪）100台。开展“政府主导、属地管理、医防融合、全员参与”的家庭医生签约服务模式，组建134支以全科医生为主体，以多元化的团队提升对签约居民的诊疗和健康管理服务能力，有效期内家庭医生签约率53.64%。

【村级卫生服务机构标准化】2021年，义乌市围绕“20分钟医疗服务圈”的布局标准，按照“布局科学、式样统一、功能齐全、设施完善、运行规范”的总体要求，结合镇（街道）区域规则，新增16家社区卫生服务站（其中未来社区健康智慧站1家），对28家村级卫生服务机构进行规范化改造、提升。至年底，全市达到规范化标准村级卫生服务机构178家，村级卫生服务机构规范化率为72.95%。

【家庭医生签约服务】2021年，义乌市全面推行“政府主导、属地管理、医防融合、全员参与”的家庭医生签约服务模式，组建187支签约服务团队。至年底，组织家庭医生签约37.79万人，家庭医生签约率44.28%，重点人群签约率86.7%。开展“2+1”结对帮扶活动，由家庭医生团队的1名全科医生、1名专科医生与1个标准化村卫生室，开展技术帮扶和团队支持服务。

【稠江医院推广“点单式”医疗服务】2021年，市中心医院医共体稠江院区将为健康“点单”服务模式推广到稠江未设村级医疗服务机构的7个社区，打造“1+3”做法。“1”即1张清单，精选专科诊疗、家庭病床等11项服务内容，向社区公示健康“点单”服务清单，提供“移动微医院+云药房”、慢病随访等医疗及健康服务；“3”即街道、社区、医院三级联动，使效率更高、内容更丰富。至年底，共提供点单式服务33场，慢病管理水平、服务覆盖面、医生价值感等5个方面得到提升。

【科学育儿流动驿站】2021年，浙大四院医共体福田院区设立流动驿站，打通科学育儿“最后一公里”。利用村委活动室、文化礼堂、幼儿园或小学校舍等资源，设立婴幼儿照护服务流动驿站，推进儿童早期发展和家庭科学养育知识进家庭、进社区，实现以家庭为基础、社区为依托、机构为补充的婴幼儿照护服务体系。至年底，累计开展活动61场次，受益家庭323户、儿童383人。

【首家慢病一体化服务中心】 2021年2月，位于市中医医院医共体北苑院区的慢病一体化服务中心启用，为义乌首家集“取号、诊疗、签约、缴费、检查、检验、取药、随访、宣教、转诊”于一体的服务中心。此中心就诊流程完善，就诊率、群众满意度得到大幅提高。至年底，“两慢病”患者门诊就诊人次同比增长10%。先后在《健康报》《义乌商报》等新闻媒体报道，全年接待参观交流单位26家。

宾王健康智慧站内景　（市卫健局供图　2021年6月25日摄）

【医养结合照护中心开设】 2021年，义乌市探索医养结合的模式，开设医养结合照护中心，有条件的医疗机构利用医疗资源优势将“长护险”与医保政策有机融合，为老人提供医疗、康复、护理、临终关怀等接续性服务。3月，市卫健局制定下发《关于开展医养结合照护服务专项补助的通知》，组织相关单位进行申报。至年底，全市有8家医疗机构开设医养结合照护中心，共设床位251张。

【未来社区智慧健康站投用】 2021年6月25日，宾王健康智慧站开通运营。宾王健康智慧站位于宾王社区义驾山43栋1号，占地面积285平方米，内设5G云诊室、24小时智慧云药房、全科医生智慧工作室、微检验室、运动膳食康复干预室、中医门诊等特色科室。配置2名医生（中医、西医各一名），1名社区护士，1名药剂人员。配置健康小屋、穿戴式健康监测等数字化设备，建立智慧健康生态圈，为居民提供诊前—诊中—诊后全生命周期的医疗健康管理服务。至年底，完成有效门诊1818人次，新增签约居民278人，“两慢病”管理1333人次，健康宣教指导4500余人次；开展健康教育讲座4次，举行专家义诊3次，健康管理一体机服务体验100余人次，提供医共体专家远程会诊服务20人，为1名78岁的患者建立家庭病床，提供居家穿戴式健康监测和上门诊疗护理服务。12月底，缸窑未来乡村智慧健康站投入使用。此健康站位于义亭镇缸窑古村（距杭畴小学东南侧约70米），由义亭镇政府、市财政保障资金投资58万元建设。建筑面积150平方米，配有医护人员4人（医生、护士各2名）。利用互联网+医疗健康技术，为居民提供全生命周期的医疗健康管理服务，服务辐射缸窑及周边何店、陈店、枧畴、前屋等村居。智慧健康站投用后，义亭中心卫生医疗服务收入同比增长30%，患者健康管理人数由582人增至636人，高血压、糖尿病患者的家庭医生签约人数由407人增至514人，规范管理率90%，控制率达95%。

（虞全洪）

体 育

综 述

【全民健身事业蓬勃发展】 2021年，义乌市认真学习贯彻落实《浙江省体育发展“十四五”规划》《浙江省全民健身实施计划（2021—2025年）》和相关文件的要求，统筹做好疫情防控的基础上，紧密结合义乌实际情况，全面谋划义乌体育发展，抢当“重要窗口”模范生，高水平建设足球城市，高要求备战第十七届省运会，高质量创建体育现代化城市。推进实施全民健身计划，完善基础体育公共设施，提升体育公共服务体系，努力打造“10分钟”健身圈，满足群众日益增长的健身需求。全年，举办（承办）浙江省青少年武术套路锦标赛、足球冠军赛、义乌第23届全民健身节、义乌市羽毛球俱乐部联赛等活动赛事40余场，运动员2万人参与赛事，吸引各界人士关注30万人次，带动消费180万元。群众体育、竞技体育蓬勃发展，体育产业健康发展。

【浙江省体育现代化市创建】 2021年12月17日，义乌市通过浙江省体育现代化创建验收。浙江省体育现代化县（市、区）是经国务院审批、并由浙江省人民政府命名体育领域唯一高规格的表彰项目，是衡量县（市、区）体育综合发展水平的最重要标准，是深入实施全民健身国家战略，推进健康浙江建设，促进体育事业高质量可持续发展的重要抓手。

【“我在义乌挺好·新春杯”系列赛事】 2021年2月春节期间，为丰富留义乌人员的春节假期生活，营造健康快乐、祥和幸福的节日气氛。2月13日（大年初二）开始，市体育局开展“我在义乌挺好·新春杯”系列赛事活动，2月12—26日（大年初一到元宵），免费开放市体育公共场馆，满足广大留义乌人员的锻炼需求。2月13日（大年初二），“我在义乌挺好·新春杯”羽毛球赛在E电园羽毛球馆开赛。比赛设置男双、女双A、B组4个组别，108名来自国外和全国各地留义乌过年的羽毛球爱好者参赛。同日，“我在义乌挺好·新春杯”三打三篮球赛在动客体育馆和东傅宅村举行，比赛设置少年组、青年组、壮年组、老年组4个组别，33支队伍280人报名参赛。同日，“在义乌挺好·新春杯”棋王挑战赛在弈友之家开赛，比赛采用线上线下相结合的形式，线上成绩最好的前16名选手进入第二轮的线下角逐。来自韩国、俄罗斯的外国友人及国内留义乌过年的棋类爱好者100余名选手参赛。2月17日（年初六），“我在义乌挺好·新春杯”5人制足球赛在葫芦岛足球场开赛，青少年、成人组各有8支队伍192人参赛，400人观赛。

【“足球之城”打造】 义乌市委、市政府将打造足球城市的目标写入政府工作报告，编制《义乌市足球发展中长期规划》《足球场地建设三年行动计划》。义乌“足球之城”创建工作顺利，发展势头良好，成为推动全民健身的重要抓手。2021年，注册业余足球俱乐部球队达43支，注册球员3000余名，举办赛事2000余场。义乌市校园足球起步于2009年，经过10多年的发展，足球布点学校从最初的17所发展到2021年的71所，占全市中小学校数的67.6%，其中，省青少年足球特色学校63所、全国青少年校园足球特色学校46所，6万名学生参与校园足球，实现了足球特色学校遍及城乡、足球联赛席卷城乡的"满天星"格局。

【义乌市长跑协会第二次会员代表大会】 2021年9月27日，义乌市长跑协会在天恒酒店召开义乌市长跑协会第二次会员代表大会。浙江省体育局竞赛中心、省马拉松和路跑协会、杭州市拱墅区政协，杭州雁渡寒潭运动俱乐部，义乌市文化和广电旅游体育局，义乌市廿三里街道办事处，义乌市体育总会，义乌市民政局，义乌市长跑协会，浙江蝶妃化妆品有限公司等部门单位相关领导共180余人出席会议。大会第一项议程，由义乌市长跑协会第一届主席朱日文作义乌市长跑协会第一届理事会工作总结和财务收支情况报告。会上，表决通过财务收支情况报告、第一届理事会报告、章程（修订案）、财务管理办法及会员会费收取标准（草案）、选举办法（草案），组建领导机构，选举产生第二届理事会、会长、副会长及监事长。

（何　强）

群众体育

【概况】 2021年，市基层体育场地设施不断完善，建设完成38条健身路径、20个灯光篮球场、11个百姓健身房、4片足球场、3个多功能运动场、3片门球场、2个羽毛球场，投入体彩公益金近700万元。全市体育公共场馆100%向市民开放，人均体育场地面积达到2.3平方米。坚持在做好疫情防控的前提下，开展市民喜闻乐见的赛事活动40余场，参与运动员2万人，吸引各类关注30万人次，带动相关消费180万元。2021年5月20日，市人大常委会听取市体育局就义乌市全民健身活动开展情况作工作汇报。9月2日，义乌市被国家体育总局授予2017—2020年度全国群众体育先进单位。

【大众体育赛事活动常态化】 2021年，在做好疫情防控的基础上，成功举办义乌市第23届全民健身节、美丽乡村越野跑活动、羽毛球俱乐部联赛等40余项具有地方性和群众性的比赛活动，参与2万人次。

【第23届全民健身节】 2021年4月10日，由义乌市委宣传部、义乌市文化和广电旅游体育局、市卫生健康局、城西街道共同主办的义乌市第23届全民健身节暨"信仰味道，红色毅行·万步有约"活动在城西街道分水塘村启动，义乌市副市长骆小俊出席开幕式。此次全民健身节以"健康义乌、全民健身"为主题，在全市各镇街、机关、医院、学校、企事业单位、体育社团中组织开展，活动包含"信仰味道，红色毅行""全民健身，万人齐奔跑"、第六届"万步有约"健走激励赛等11项赛事活动。来自义乌各镇街120支队伍的500余名选手参加活动。比赛全程15.5千米，设3个打卡点，选手们需在打卡点上分别进行党史知识问答、乒乓球趣味接力及朋友圈视频打卡，在锻炼体能的同时学习党史。

2021年义乌市全民健身节系列比赛（活动）一览表

表20

比赛活动名称	时　间	地　点	主办单位
"体育彩票"杯三打三篮球赛	4月9—10日	市民广场	义乌市篮球协会
"信仰味道，红色毅行"活动	4月10日	城西街道分水塘村	义乌市户外运动协会
义乌市网球邀请赛	4月10—11日	梅湖体育中心网球场	义乌市网球协会

续表 20

比赛活动名称	时　间	地　点	主办单位
“体育彩票”杯登山比赛	4 月下旬	华溪森林公园	义乌市长跑协会
美丽乡村精品线越野赛	4 月下旬	佛堂镇、义亭镇	义乌市长跑协会
第 12 届羽毛球锦标赛	4 月 16—17 日	市文化广场全民健身中心一楼羽毛球馆	义乌市羽毛球协会
五人制笼式足球赛	4 月 17 日—5 月 17 日	葫芦岛足球场	义乌市足球协会
“全民健身，万人齐奔跑”活动	5 月中下旬	主会场，植物园；分会场，各镇街	
“体育彩票”杯乒乓球精英赛	4 月 24—25 日	宾王乒乓球俱乐部	义乌市乒乓球协会
镇、街干部乒乓球比赛	5 月中上旬	义乌市拥军路 209 号	义乌市乒乓球协会
第六届“万步有约”健走激励赛	5 月 11 日—8 月 18 日	各机关、事业单位	义乌市疾病控制中心

【美丽乡村越野跑】 2021年4月17日，由义乌市文化和广电旅游体育局举办的美丽乡村200千米分站越野跑活动在佛堂镇倍磊村落幕，乡村越野跑活动自2020年10月启动，历时7个月，在186天的时间里，举办了12场分站越野赛。比赛路线：起终点森山健康小镇，途经铜山路、铜山禅寺、后张村、深塘水库、里后张村、新樊村、里库三队、四海大道（游步道）、森山健康小镇内环线，全程共200千米。涵盖10个镇街，参赛人数6000余人次，200人坚持8站以上打卡完赛。大赛设一等奖5名，二等奖10名，三等奖20名。

【2021年义乌市羽毛球俱乐部乙级联赛】 2021年6月12日，由义乌市文化和广电旅游体育局主办，义乌市羽毛球协会承办的“庆祝中国共产党成立100周年”暨2021年义乌市羽毛球俱乐部乙级联赛在义乌市国际博览中心A2馆举行。24支俱乐部300余人参赛。经角逐，商城雅厨俱乐部、宇特俱乐部、乔西俱乐部分别获得青年A、B、C组第一名，雪峰俱乐部、拨浪鼓月色俱乐部获得中年D、E组第一名；健颢·e电园队获体育道德风尚奖，盛禾俱乐部获最佳俱乐部，新羽俱乐部获最佳组织奖。

【首届“会长杯”中老年篮球联赛】 2021年6月中旬，由义乌市篮球协会主办，浙江动客体育发展有限公司承办的2021首届“会长杯”中老年篮球联赛在动客壹号城市运动馆举行，16支队伍170人参赛。由协会各主席、副主席负责组队，队员全部由抽签决定，抽签先抽序号签，然后按蛇形方式进行轮转。参赛运动员必须于1981年4月31日前出生。比赛采用中国篮协最新审定的篮球竞赛规则，严格执行《义乌市篮球协会纪律处罚条例》。

【2021中国义乌三对三国际篮球精英赛】 2021年10月23—24日，由浙江省体育局指导，义乌市人民政府、义乌市文化和广电旅游体育局支持，义乌鸿翔体育发展有限公司主办，义乌市北苑街道办事处协办，鸿星尔克、大润发发到家生活超市、北京红牛饮料销售有限公司金华分公司赞助的“鸿翔万体广场”2021中国义乌三对三国际篮球精英赛在义乌鸿翔万体广场篮球馆举行。来自中国、美国、塞尔维亚、澳大利亚墨尔本、蒙古国乌兰巴托等8支球队分为2个小组进行小组循环赛。经过12场激烈争夺，中国球队飞翔兄弟获得冠军，上海YM为亚军，季军、殿军分别为美国PBA、成都本直体育队。

（何　强）

竞技体育

【概况】 2021年，义乌市获市级以上比赛奖励964人次，其中，获国家级金牌2人次，银牌3人次；省级金牌64人次，银牌83人次，铜牌81人次；金华市级金牌207人次，银牌124人次，铜牌67人次。安置14名浙江省优秀退役运动员为学校、镇街事业单位在编人员。通过年薪制招聘7名教练员，充实省运会5个备战项目的教练队伍。2021年，累计安排备战经费1200余万元，保障武术、排球、足球等项目日常训练工作，力争完成赛中金牌任务。竞技水平显著提升，跻身全省前列。义乌市输送的运动员李嘉豪在第14届全运会获男子足球U20组冠军；市女子丙组足球队获省青少年足球锦标赛冠军；市男女排球队分获省第14届中学生运动会排球比赛亚军。

【省级青少年体育赛事承办】 2021年5月17日，由浙江省体育局主办，义乌市文化和广电旅游体育局承办的2021年浙江省青少年足球（女子甲组）冠军赛在梅湖体育中心田径场举行，11个地市代表队179名运动员参赛，义乌代表队获第六名。7月16日，由浙江省体育局主办，义乌市文化和广电旅游体育局承办的2021年浙江省青少年武术套路锦标赛在梅湖体育中心篮球馆举行，11个地市代表队24支队伍525名运动员参赛，义乌代表队夺得14金14银9铜的创历史最好成绩。10月27日，由浙江省体育局主办，义乌市文化和广电旅游体育局承办的浙江省青少年五人制篮球冠军赛（女子甲组）在梅湖体育馆举行，8个地市代表队133名运动员参赛。义乌市代表队获A组第4名。

【2021年第17届全国武术之乡武术套路比赛义乌市选拔赛】 2021年6月19日，“第17届全国武术之乡武术套路比赛义乌市选拔赛”在宾王中学举行，义乌市共10支代表队参赛。此次比赛添加了金台拳、五虎拳、四门板凳等富有义乌本土特色的展示项目。

【门球单人赛和双人赛】 为提升义乌市门球协会骨干队员的门球基本技术与战术能力，2021年7月28—29日，义乌市门球协会在胜利公园举办门球双打、单打友谊赛，29支球队参加比赛，现场有裁判员、服务人员和观战的门球队员共160余人。稠江队黄昌余、陈满华获双打第一名，西山下2队楼荣铨、楼金柱获双打第二名，齐山楼1队楼金泳、楼翠菊获双打第三名；下车门队李成兴获单打第一名，苏溪2队方莲香获单打第二名，楂林1队楼相梅获单打第三名。

【2021义乌市青少年击剑锦标赛】 2021年7月31日至8月1日，由义乌市文化和广电旅游体育局主办，义乌市尚清体育发展有限公司承办的2021义乌市青少年击剑锦标赛在义乌市全民健身中心举行，来自义乌各击剑俱乐部的158名青少年击剑运动员参赛。比赛采取中国击剑协会审定的国际剑联最新竞赛规则。个人赛采取分组循环和淘汰赛制，每局时间均为3分钟，共循环参赛260人次。比赛共决出花剑、重剑等个人赛冠军12人，亚军12人，季军24人，团体赛冠军9人，亚军9人，季军9人。

【2021年浙江省中青年足球比赛在义乌举行】 2021年10月1日，由浙江省足球协会主办，义乌市文化和广电旅游体育局承办，义乌市足球协会协办的2021年浙江省中青年足球比赛在梅湖体育中心举行，12支代表队300名运动员参赛。12月8日，由浙江省体育局主办，浙江省足球协会承办，义乌市文化和广电旅游体育局协办的浙超联赛（B组）第五轮在梅湖体育中心开赛，义乌乐健队主场6：0打败了舟山墨迪卡队，持续保持2021浙江省足球超级联赛B组南区榜首位置。

【2021年金华市青少年武术（套路）锦标赛在义乌举行】 2021年10月3—6日，由金华市体育局、金华市教育局主办，义乌市文化和广电旅游体育局、义乌市全民健身中心（市体育竞赛中心）承办，义乌市冬虹武术俱乐部执行的2021年金华市青少年武术（套路）锦标赛在义乌市宾王中学武术馆举行。锦标赛按年龄段分为甲、乙、丙3个组别，各设有拳术（长拳、南拳、太极拳、地躺拳）、短器械（刀、剑、南刀、太极剑）、长器械（枪、棍、南棍、朴刀）等项目，来自义乌、东阳、磐安、永康等县（市、区）21支代表队共311名运动员参赛，为近

年来该项目参加人数最多的一次。义乌宾王学校获集体基本功第一名。

【金华市青少年攀岩锦标赛佛堂二小创佳绩】 2021年11月20—21日，由金华市体育局、金华市教育局共同主办的2021年金华市青少年攀岩锦标赛在永康体育中心举行。全市5支代表队，122名运动员共同争夺5个组别、4个大项的金牌。义乌佛堂二小攀岩队33名队员参赛，斩获18金19银16铜，其中D组何子悦包揽4金。比赛中，队员王馨、余程亦、叶雨晨分别拿下各自组别的3金；队员盛一轩在速度赛中因抢跑犯规取消资格，但他将攀岩精神，勇攀高峰的拼搏精神表现得淋漓尽致，不放弃不气馁，最终通过奋勇拼搏获得2金的好成绩。（何　强）

青少年体育

【概况】 2021年，市教育局以学生“健康第一”为中心，推进多样化、现代化、高质量学校体育工作。下发《关于组织开展义乌市中小学生阳光体育冬季长跑活动的通知》，以定时、定量方式，督促学校推进阳光体育运动。全年组织足球联赛626场，112支队伍1314名运动员参赛。义乌市中小学田径运动会“区域阳光体育展演活动”共有35所学校2000余名学生及20名教师参与。1月，教育部委派专家组对义乌市校园足球工作进行复核，推荐上报义乌市作为全国10个“工作成效突出的校园足球改革试点县（区）”之一。8月，《义乌市以“四个聚焦”打造校园足球可持续发展示范样本》报告获副省长成岳冲批示。至年底，市教育局评出足球特色优秀学校16所，良好学校7所，共给予奖励性扶持经费227万元。有专职体育老师902人。（翁明喜）

【省武术（套路）比赛义乌获佳绩】 2021年5月15—17日，由浙江省体育局、浙江省教育厅主办，杭州师范大学钱江学院承办的浙江省第六届青少年学生阳光体育运动会武术套路比赛在杭州师范大学钱江学院举行。来自全省各中小学26支队伍参加比赛，义乌派出5支队伍共48人参赛。比赛分为个人项目和集体项目，有初级拳术、初级器械，国际第一套竞赛套路及集体武术操等。经角逐，义乌市青少年选手共斩获17金18银19铜，其中，义乌三中武术代表队获高中组团体总分第一名，宾王中学武术代表队获初中组团体总分第二名，青口小学武术代表队获小学组团体总分第二名。（翁明喜）

【全国艺术体操锦标赛义乌获佳绩】 2021年7月28—29日，由中国中学生体育协会主办的中国中学生艺术体操锦标赛在福建省晋江市举行，来自全国23支代表队147名运动员参赛。比赛分高水平组、高中组及初中组三大组别，含15个大项。经比赛，义乌代表队勇夺4金、4银、2铜，江东中学获体育道德风尚奖，江东中学教师秦惠怡获评优秀教练员。（翁明喜）

【义乌代表队获全国排球冠军】 2021年9月17—25日，第14届全国运动会沙滩排球比赛项目在陕西省渭南市大荔县大荔沙苑沙滩排球场举行，来自17个省、自治区、直辖市和香港、澳门特别行政区的86支队伍的172名运动员参赛。经角逐，义乌三中学生洪伟强获男子17岁以下组金牌赛冠军。2005年，义乌三中成立第一支排球队，用多种形式提升学生运动素质。至2021年年底，义乌三中共有12名排球队员被浙江省体育局确定为国家一级运动员。（陈佳山）

【义乌代表队获浙江省拳击锦标赛冠军】 2021年9月26—30日，浙江省青少年拳击锦标赛在浙江金华举行，来自全省8个地区15支代表队的420余名选手参赛。义乌市第五中学高三学生骆佳明斩获男子甲组75公斤冠军。至2021年年底，义乌五中田径队3人获国家一级运动员称号，16人获二级运动员称号。（傅琳璐）

【义乌市中小学田径运动会】 2021年10月20日，2021年义乌市中小学田径运动会在上溪中学开幕。本届赛事为期3天，来自全市各中小学校的63支代表队、1087名运动员参赛。比赛中16

人次破11项义乌市中小学田径运动会纪录，18人次破12项义乌市青少年最高纪录。

（吴旭丹）

体育产业

【概况】 2021年义乌体彩销量达7.12亿元，为义乌市募得体彩公益金5389万元，代扣个人偶然所得税562万元，圆满完成省中心下达的任务指标。2021年，体彩管理“一件事”在“浙里办”App上线运行。为深入贯彻落实省委、省政府数字化改革决策部署，提升为购彩者、销售人员和门店业主的服务能力和工作效率，义乌市体育彩票管理中心（简称“义乌市体彩中心”）将体彩设备维护服务、门店迁址变更、体彩公益宣传、阳光邀约等应用，纳入“浙里办”体彩管理“一件事”当中。极大提升了工作效率，方便了购彩者和体彩从业者。

【竞彩帮扶】 2021年，义乌市开展竞彩游戏帮扶活动，投入8.1万元；为新增实体店提供补助6.6万元；星级评定配套补助24.45万元；为实体店配套防疫物资，投入7.56万元。

【体彩公益活动】 2021年5月11日，义乌市体彩中心联合城西街道党工委、办事处，义乌市融媒体中心，中国联会狮爱飞扬服务队共同举办“牵着蜗牛去散步”党史学习全国联动大型公益活动，70余人参加活动，为残联育智学校的孩子们送上画笔，帆布袋等材料，一起绘制红色主题图案。7月21日，义乌市体彩中心携手大德药房走进义乌江东街道商博社区，为70名环卫工人送上体彩清凉礼包，价值1.5万元，感谢“城市美容师”为城市建设做出的贡献。10月，义乌市体彩中心为残联育智学校和佛堂朗达心声幼儿园2个体彩公益书吧送去价值2.66万元的文体用品和书籍。11月22日，义乌市体彩中心再次携手大德药房走进义乌稠城街道兴中社区，为100名“城市美容师”送温暖礼包，价值2万余元。

【体彩销售渠道开辟】 2021年，义乌市体彩中心开展阳光邀约活动，全年在全市范围内开展体彩实体店阳光征召工作6次，新增实体店46家，一类渠道实体店2家。6月14日，义乌首家商超体彩主题店在新城吾悦商场开业。同月11日，义乌市体彩中心联合义乌市融媒体中心在万达广场中庭举办“欧洲杯义乌体彩嘉年华启动仪式”，借助“欧洲杯”赛事，进一步提升竞彩品牌知名度。“欧洲杯”赛事期间，义乌体彩实现销量8627万元，同比增长382%，销量增幅为全省第一，义乌市体彩中心也是全省唯一一家零违规体彩中心。

【省体彩中心调研组到义乌调研】 2021年10月13日，浙江省体彩中心主任王振璋一行6人调研组到义乌开展调研工作。义乌市文化和广电旅游体育局相关领导和义乌市体彩中心相关领导及各科室负责人共10余人参加调研座谈。张凤德介绍义乌的整体情况和义乌体育的发展情况，义乌市体彩中心主任叶国斌介绍2021年义乌体彩的重要工作举措和销售情况，汇报义乌体彩发展面临的一些困难。省体彩中心相关科室的调研人员就义乌体彩的各项业务工作进行分析，提出改进意见。座谈结束后，调研组一行走访检查部分体彩实体店，对义乌体彩的渠道建设工作予以肯定，同时指出了一些有待改进的细节，期待义乌体彩的实体店能更完善，营造更好的购彩氛围。

（何　强）

综 述

【人力资源规模】 2021年，全市实现城镇新增就业人数9.61万人，城镇登记失业率1.37%。引进大学生3.9万人。开展职业技能培训4.3万人。新增专业技术人才7570人，培养高技能人才5127人次。新增省级博士后工作站3家，引进和培养博士后人才7人，拨付博士后工作站建站补助及科研经费补助124万元。开展"133创新人才工程"选拔工作，选拔一层次5人、二层次15人、三层次49人。完成金华"321人才"期满考核、"133人才"2020年度考核，拨付科研资助经费48.4万元。

【就业创业平台建设】 2021年，市人社局强化援企稳岗，落实阶段性下调失业保险、工伤保险费率政策，全年为企业减轻负担1.6亿元。为230家企业发放创业担保贷款5943.9万元，累计发放创业担保贷款3.4亿元。推进市、镇（街道）、村（社区）三级联动公共就业平台建设，组织开展春季就业推介会、困难群众专场招聘会等专场招聘活动14场，推出岗位1.3万个，现场达成就业意向2000余人。新增省级高质量就业社区（村）5个。举办浙江省第二届"国际创客"创业创新大赛等高质量创业活动42场。

【人才招引】 2021年，市人社局对接人社部合作成立"中全—义乌人力资源协调发展合作中心"，组建"电商人才研究院"。创新构建政、校、企、人力资源服务机构"四位一体"产业人才培养新模式，组建全国光伏产教合作联盟，率先在光伏光电企业、义乌工商职业技术学院、机电技师学院、人才集团开展"四位一体"试点。举办首届全球电商人力资源大会、"千企万岗进百校"、万名大学生义乌行等线上线下人才招引活动261场，服务用人单位1.2万家，招引大学生3.9万人。

【技能人才培育体系】 2021年，市人社局推进职业技能提升行动，全年开展各类职业技能培训4.3万人次，完成农村电商、医疗护理、育婴保健、水库移民就创业等职业技能培训民生实事1.03万人次。12月9日，义乌颁发全国首批互联网营销师职业技能等级证书。完成华灿光电（浙江）有限公司等45家企业和义乌工商职业技术学院、义乌市城镇职业技术学校、义乌市国际商贸学校3家社会培训组织的技能人才等级认定备案工作。在义乌市城镇职业技术学校设立义乌市技工学校，新增金华市技能大师工作室4家、省级技能大师工作室1家。实施新时代浙江工匠培育工程，王关根入选浙江大工匠，鲍正浩入选浙江杰出工匠，王其芳等6名高技能人才入选浙江工匠，钱飞等20名技能人才入选浙江青年工匠。

【自贸人才评价机制】 2021年，义乌市在全国首创自贸人才评价机制，出台高端紧缺人才个税奖励实施办法、自贸专才特才评价管理实施办法，探索建立以纳税额为主要指标的市场化人才评价机制。在全市跨境金融、跨境物流、跨境电商、工业设计等领域评选出29名人才。进一步推进自主评聘改革，实现工程领域高技能人才和专业技术人才贯通。15家单位实行自主评聘，9名高技能人才取得工程师任职资格。全市各系列职称评审实现线上办理，新增专业技术人才7570人，开展公需科目继续教育2.05万人次。编制《2021年—2022年义乌市紧缺人才导向目录及人才薪酬指导价》《2021年—2022年义乌市紧缺职业（工种）目录》。

【首个人才公寓项目】 2021年2月24日，义乌人才发展集团与安歆集团合作投资的义乌首个人才公寓项目开工建设。项目位于义乌科技创业园，共设129间278张床位，涵盖多人间、单人间、套间等种户型，并配套2400平方米公共区域，能满足人才在岗位对接、创业培训、项目孵化、共享办公、社群活动等方面需求。项目5月底完成建设，创业者到义乌拎包即可入住，应邀到义乌大专以上人员可享受7天免费入住。

【"义乌i人才"数字应用】 2021年，义乌市人力社保局聚焦人才就业、创业、居住、子女入学等方面问题，打造人才全生命周期"掌上办"数字应用——"义乌i人才"，为义乌人才提供"数字保姆"式服务，实现服务人才能力、人才治理水平有效提升。2021年2月全省首个人才全生命周期"掌上办"数字应用——"义乌i人才"上线。此应用由市人社局牵头打造，整合全市12个部门54项人才服务事项，实现高频业务多跨协同。4月20日，全省数字改革工作例会展示"义乌i人才"案例，"义乌i人才"获评"全省数字化改革门户优秀应用"。至年底，访问量840余万人次。通过政策主动推送服务，政策享受率提升200%以上，拨付人才补助资金较上一年度翻番。12月，"义乌i人才"获评浙江省数字改革门户优秀应用。

【首届电商人力资源大会暨第七届全球创业者大会（电商专场）】 2021年4月12日，由中国电子商会指导，义乌市人社局和义乌市市场发展委主办的首届电商人力资源大会暨第七届全球创业者大会（电商专场）在义乌国际博览中心举行。活动现场，2000余名地区产业化代表、社交新零售行业优秀代表、全球大学生代表、创业者参会，聚集直播、网红、高端供应链、网红产业园区等电商创业热题，讨论电商行业发展与机遇。线上线下15万名企业家与创业者、在校大学生参与活动。

【城市创业精品展示】 2021年10月14日，义乌参加第三届全国创业就业服务展示交流活动，获评城市创业精品展示项目。义乌市人社局从城市创业环境、创业政策介绍、马兰花创业培训、创业品牌活动4个方面入手，通过文字和图片等形式展示近年来义乌市在优化创业就业服务方面的创新实践和工作成效，展现创业营商新气象新环境，通过轮播，义乌市城市、人才就业创业政策、义乌各类创业活动介绍3个宣传片和发放就业创业人才政策宣传册，立体化展现义乌市大众创业、万众创新的良好创业环境和氛围。（王姝岩）

就业创业

【概况】 2021年，义乌市城镇新增就业9.61万人，失业人员实现再就业5319人，其中就业困难人员实现再就业710人，城镇登记失业率1.37%。新增大学生就业见习实训基地17家，创业孵化基地8家，累计认定义乌市创业孵化基地27家，其中，金华市级创业孵化基地17家，省级创业孵化基地3家。各类创业培训合格人员2090人次。落实创业金融扶持，完成创业担保贷款资格认定181人，发放创业担保贷款5943.9万元，创业担保贷款贴息补助182.23万元，一次性创业补贴，创业带动就业补贴379.6万元。向全市取得职业资格证书或技能等级证书的621名企业职工发放技能提升补贴74.94万元。做好失业人员保障工作，按时、足额发放失业金2.76万人次4028万元、失业补助金1.33万人次837万元；为失业人员开展职业指导培训7期992人。

【企业用工监测】2021年1月，完善企业用工监测样本，更换不符合监测条件的样本企业29家。至12月底，监测企业从业人数10.4万人，较年初增加4535人，增长4.6%；针织、电商等块状企业从业人数3.7万人，较年初增加860人，增长2.4%。

【企业用工服务】2021年2—3月，义乌市开展春季就业推介会13场，1089家招聘企业提供岗位1.2万个，吸引1.16万人参加推介会，1624人达成初步就业意向。

【2021年“数智赋能创享未来”创业活动】2021年4月，市人社局发布《关于开展2021年“数智赋能创享未来”创业活动项目申报的通知》，在全市范围内征集创业大赛、创业论坛、创业沙龙等创业活动项目，重点围绕传统产业创新转型升级、新兴产业发展、互联网经济、直播电商、新业态创业、青年创业、人力资源、创业金融服务、创新设计等方面征集优质创业活动项目，采用“线上+线下”平台联动，以创业人才为辐射原点，形成社交群体创业激励。全年举办创业大赛8场、创业论坛2场、创业沙龙32场、创业培训讲师大赛1场。其中2021年浙江省第二届“国际创客”创业创新大赛征集到来自美国、俄罗斯、加拿大等40个国家和地区的各类创业创新项目300个，进一步推动创业创新在义乌的发展。

【重点群体就业帮扶】2021年，市人社局开展重点群体就业援助攻坚活动。1月，开展就业援助月活动，走访111户生活困难就业困难人员，发放生活补贴22.2万元。10月中旬，组织开展重点群体专场招聘会，组织48家企业推出岗位2550余个，达成就业意向380余人。至年底，开展岗位推介153个，就业创业指导46人，成功帮扶35人；新开发公益性岗位13个，发放公益性岗位补贴7.5万元。

（黄尚保）

2021年4月，浙江省第二届“国际创客”创业创新大赛上展示创新作品

（市人社局　供图）

人力资源市场

【概况】2021年，市人力资源市场开展大中城市联合招聘高校毕业生义乌站（电商专场）巡回招聘会、相约成功夏季人才交流会、“留在义乌、春暖义乌、圆梦义乌、天下英才义乌行”“千企万岗进百校”“万名大学生义乌行”各类线上线下活动261场，服务用人单位1.2万家，招引大学生3.9万人，硕士1084人，博士101人，引进海外人才775人，引进实习生2.21万人；培育人力资源服务机构32家，引进知名人力资源服务机构3家，有效解决引才难等阶段性产业人才短缺问题。

【高校毕业生电商专场巡回招聘会】2021年4月11日，由人社部全国人才流动中心发起、义乌市人社局和义乌市市场发展委共同承办的2021年大中城市联合招聘高校毕业生义乌站（电商专场）巡回招聘会在义乌国际博览中心举行。来自湘潭大学、湖北纺织大学、南华大学、黑龙江财经学院等全国各地30所高校的1200余名学生参加招聘会，8家人力资源服务机构、10家职业技能培训学校、9家创业孵化基地，到场进行服务展示。438家用人单位到场，提供电商运营、客服、美工、主播、设计等行业岗位1.2万个。招聘会现场接待6256人次，达成意向1414人次，其中硕士及以上学历6人、本科572人，现场录用168人次；10家企业参加直播带岗活动，推出岗位470余个，收到线上简历600份。

【夏季人才交流会】2021年7月13—14日，2021“相约成功”夏季人才交流会在义乌人力资源产业园举办。307家参会企业提供岗位4966个，3479人次进场求职，现场达成初步就业意向498人次，录用293人。

【“千名硕博生、留学生义乌行”活动】2020年7月4日，“智引全球才聚义乌”——“千名硕博生、留学生义乌行”活动启动仪式在伊美酒店举行。来自浙江理工大学、浙江财经大学、浙江工业大学、浙江工商大学、中国计量大学现代科技学院、义乌工商职业技术学院等高校的200名硕博生、留学生代表参会，20余家市内外企业代表携高层次人才岗位需求到现场与参会硕博生和留学生代表面对面洽谈。此次活动旨在通过与高等院校建立战略合作关系，引进千名硕士、博士生到义乌实习就业，以“企业实践+项目合作”“企业实践+项目研发”“企业实践+多维度培养”等模式搭建校企合作平台，最大程度发挥人才资源效用，为推动企业转型升级、经济高质量发展提供人才支撑。

【人力资源能力提升培训班】2021年9月10日，由市人社局主办，市人才管理服务中心、义乌市人才发展集团承办的2021年义乌市人力资源能力提升培训班在义乌科创园义歆青年社区举办，商城集团、陆港集团、温投集团、蓝宇数码、华鼎锦纶等100余家企业报名参加培训。培训班上，市人才管理服务中心副主任骆旭伟介绍义乌市的人才政策，人才发展集团副总经理黄薇推介自贸区外籍人才引进政策，劳动人事争议仲裁院副院长王晟作劳动争议典型案例分析，现场为企业解答困惑，部分参会企业代表分享企业校园招聘的经验，市人才发展集团围绕企业内部育才培训体系的搭建进行解读。（龚丽娅）

劳动工资

【概况】2021年，开展劳动关系“和谐同行”能力提升三年行动，围绕电子劳动合同开展调研，引导职工在在线秒签、非接触式快速查阅和调用等应用场景中逐步接受电子劳动合同。年内，在义乌晶澳科技有限公司、义乌狂蜂食品配送有限公司等5家用人单位签订电子劳动合同1500份。全市办理事业单位工作人员正常晋升薪级工资1.75万人，确保义务教育教师平均工资收入水平不低于公务员平均工资收入水平。深化工资支付信息化监管，在建项目实现信息化监管全覆盖。

（王　珍）

【最低工资标准上调】2021年，根据金华市政府下发的《关于调整全市最低工资标准的通知》，义乌市最低工资标准于8月1日起从1800元调整至2070元；失业保险金标准从1440元调增至1656元。（王　珍）

【工资支付信息化监管】2021年，市人社局加强工程建设领域信息化监管和劳资专管员管理，推动在建工程项目工资支付信息化监管和劳资专管员持证上岗，至年底，330个在建工程项目实现线上监管，704名员工获得劳资专管员证。推进“浙江省企业工资支付监管平台”在服装行业、快递行业的试点应用，召开业主大会，为企业劳资管理人员培训工资支付监管平台应用实操。至年底，77家快递企业、13家服装企业实现线上监管。

（陈旭良）

劳动监察

【概况】2021年，聚焦国家、省、市对根治欠薪工作提出的新期待、新目标和新要求，以数字化改革为契机，以实现“义乌安薪”智治为目标，市人社局纵深推进根治欠薪工作。全年处置各类劳动纠纷案件3622起，为1.05万名劳动者追回劳动报酬1.34亿元。其中，行政处罚52

起、行政处理2起，涉嫌拒不支付劳动报酬罪移送公安机关案件29起，人社部根治欠薪线索反映平台转办线索案件2070起，浙江省统一投诉举报平台、市长信箱、96150等转办案件417起，金华E人社线索反映平台转办案件194起。各类案件得到及时有效处理，未发生因处置不及时而引发重大群体性事件、重大舆情案件、恶性案件。12月，市劳动监察大队大队长王晖被评为“全国根治拖欠农民工工资工作先进个人”。

【“根治欠薪”联合监管】 2021年，市人社局组织开展护航建党百年专项行动、重大工程建设项目劳资纠纷专项治理等专项检查，主动监察用人单位7068家，完成书面审查网上2.9万家，通过“一网通管”平台开展“互联网+监管”掌上执法检查602家。落实“一处违法、处处受限”失信联惩，向社会公布重大劳动保障违法行为4起，向“信用义乌”公示拖欠工资“黑名单”企业3家，向义乌信用信息共享平台报送行政处罚信息52条、欠薪逃匿信息29条。突出根治欠薪基层治理，镇（街道）共化解劳动纠纷1635起，调解率99.95%。

【“党建+安薪”】 2021年，义乌市以党建为引领，通过现有党支部、临时党支部、联合党支部、流动党支部等方式，充分发挥党员先锋模范作用，吸收员工代表参与“安薪”监督管理工作，形成用人单位保障农民工工资支付工作的内部管理闭环，推动劳动纠纷问题隐患化解在萌芽状态，推动实现纠纷不出企。至年底，60个在建工程项目、11家制造业、2家邮政服务业建立“安薪之家”，为农民工提供法律咨询、权益保障等服务。

【根治欠薪应急联动】 2021年，义乌市强化110联动案件属地处置，实现市、镇（街道）联动处置。2月8日，市人社局印发《关于进一步规范和加强根治欠薪110联动应急处置工作的通知》，按照快速、就近、便民处置原则，实行劳资纠纷类110联动警情向所属镇街分类推送处置，确保联动案件100%快速、高效地在现场解决。3月8日起，指派到各镇（街道）处置，有效推进110联动属地镇（街道）从源头根治欠薪。全年快速出警110联动案件4657起。

【建设领域根治欠薪】 2021年5月24日，市人社局印发《关于做好建设领域根治欠薪源头治理“一件事”工作的通知》，6月15日，印发《关于加强建设领域保障农民工工资支付六项制度实施监管工作的通知》，进一步完善职能监管部门、行业主管部门、属地政府之间各司其职、无缝衔接、有效配合的联动机制，实行信息互通、问题互补、处置互联的源头治理“一件事”闭环工作体系，推动欠薪问题早发现、早介入、早处置。

【快递行业信用监管体系】 2021年8月3日，市人社局、市邮管局联合印发《义乌市快递行业劳动保障信用管理办法》，从信息采集、评价、应用和监督管理等方面进行明确，并形成23项行业信用奖惩措施。建立“2611”（信用总分1000分，其中，公共信用评价200分，劳动保障信用政府评价600分、企业自评100分、社会共评100分）赋分评价体系，在ABCDE等级基础上，增加AA及AAA2个等级，细化形成“5+2”〔950分（含）以上为AAA级，900分（含）～950分为AA级，850分（含）～900分为A级，750分（含）～850分为B级，650分（含）～750分为C级，500分（含）～650分为D级，500分以下为E级〕信用等级。至年底，信用管理共覆盖443家快递企业，服务人数9884人，员工众评458条。（陈旭良）

劳动仲裁

【概况】 2021年，市劳动人事争议仲裁院受理劳动人事争议案件3505件，其中上年结转202件，审结案件3457件，结案率95.4%，涉案金额7072.62万元。其中以调解等方式结案2965件，占结案数的85.8%。在市社会治理中心仲裁立案窗口旁设立农民工法律援助接待专窗，为劳动者免费提供代书、调解、仲裁代理等“一站式”法律援助服务。开展“送法入企”活动3场，教学

370人。开展“企业工会进仲裁旁听”活动，邀请企业工会主席和调解员参与庭审旁听，提升企业劳动争议自主协商调解能力，开展旁听活动1场，镇（街道）调解员参会18人。年内，义乌市劳动人事争议仲裁院被浙江省劳动人事争议仲裁委员会评为全省劳动争议处理工作优秀单位。

【法律援助】 2021年，市法律援助工作站全年接待咨询4160人次，代书262人次，受理援助申请1434件，为劳动者挽回经济损失3429万元。

【仲裁数字化建设】 2019年11月，市劳动人事争议仲裁院被列入浙江省劳动人事争议仲裁院“建标准院、开标准庭、办标准案”试点单位。2020年，市劳动人事争议仲裁院完成“标准院、标准庭、标准案”建设并通过省人社厅验收。2021年，依托省劳动人事争议仲裁信息管理平台，推进“互联网+仲裁”应用，充分运用网络调解仲裁平台，实现多渠道受理，网络立案数548件，占案件受理总量的13%，通过网络视频和网络派件电话调解，网络调解645件。

（陈传林）

职业技能鉴定

【概况】 2021年，全市新增45家企业和3家社会培训组织完成等级认定备案。市人社局指导社评组织和备案企业开展技能人才评价8804人，6645人取得各类证书，其中获评高技能人才3305人。开展直播销售员（互联网营销师）技能等级认定工作，18人获证，举办9场职业技能竞赛。

（周志刚）

【直播销售员（互联网营销师）技能等级认定】 2021年10月29日，省机电技师学院开发电子商务师、互联网营销师2个工种题库。11月15日，互联网营销师首批资格认定考试在省机电技师学院首次开考。12月9日，18名直播行业从业者取得互联网营销师职业技能等级证书，此证书是自11月25日人社部、中央网信办、国家广播电视总局联合发布《互联网营销师国家职业技能标准》后，颁发的全国首批互联网营销师职业技能等级证书。

（周志刚）

2021年义乌市职业技能大赛一览表

表21

时　间	承办单位	比赛工种	一等奖获得者
10月13日	浙江省机电技师学院	电子商务师	杨　晨
10月19日	义乌市臻信职业技能培训学校	电工	朱庭桦
10月27日	义乌市技师协会浙江省机电技师学院	钳工	赵夕夕
10月27日	义乌市技师协会浙江省机电技师学院	车工	陈志国
10月27日	义乌市技师协会浙江省机电技师学院	工业机器人	艾周威
11月2日	义乌市餐饮宾馆行业协会	中式烹调师	刘显德
11月3—4日	义乌工商职业技术学院	企业人力资源管理师	杨一寒
11月16—18日	义乌工商职业技术学院、义乌市之江职业技能培训学校	茶艺师	陈银连
11月23日	浙江省机电技师学院	美容师	李翰林

（李斌娟）

社会生活

综　述

【民政领域数字化改革】 2021年，义乌市民政局深化"救助一件事"试点应用。建立完善"一门受理、一网研判、一站式联办"的社会救助"一件事"工作机制，整合民政、卫健、医保等相关部门，实现30个救助事项的一键申请，14个救助事项实现"无感智办"，累计完成联办事项1721件。为困难群众优惠电量26.93万千瓦时，为1.5万户家庭减免数字电视费28.58万元，减免用水3.91万吨。此项改革成果得到省厅厅长王剑侯的批示肯定，在浙江民政信息122期（增刊）中向全省民政系统推广义乌"社会救助一件事"改革经验。承接省数字化"揭榜挂帅"项目。4月23日，省发改委发布数字社会第二轮"揭榜挂帅"中榜单位名单，义乌市民政局数字化群众"身后一件事"项目中榜。按数字化改革需求与问题导向，实现10项业务重塑，通过数据互通互享，实现联办平台一张网、身后事项全覆盖，群众"身后一件事"改革纳入市数字化改革。2021年，"身后一件事"办理4934件，实现全市115家金融机构全覆盖，累计查询逝者金融账户信息11.9万条。相关做法被评为"义乌市第一季度三服务十大典型案例"，被浙江卫视、中央二套等媒体报道。指导稠江养老服务中心完成全省智慧养老院试点建设，实现智慧养老院、养老机构失智症康复护理2项地方标准立项。承接省民政厅养老服务数字化改革试点，怡乐新村、稠江养老服务中心率先建设完成省级"智慧养老院"示范项目。

【救助监管】 2021年，义乌市加大困难群众保障力度，完成全市低保提标任务，低保标准提高至每月950元，低保发放标准位居金华各县（市、区）首位。至12月31日，各项社会救助支出3728.50万元。全市有低收入家庭3787户4996人（低保家庭2872户3700人，低保边缘家庭户723户1103人，特困人员192户193人），新增低保146户207人，注销261户366人。累计探访高风险对象466次，重点对象6988次，一般对象1.05万次。通过"浙里办"的"浙里救"、微信端"幸福码"的探访关爱模块，实时监测探访率，探访关爱率达100%，全市在册困难群众实现幸福清单送达率100%。强化救助监管督导，受助人员信息在政府网站公开6.09万人次，在《义乌商报》刊登4个版面公开在册低收入对象，印发宣传册5000份，公开监督举报电话，接受群众监督。完成3.16万人次困难群众经济状况复核工作，委托第三方对1200户在册低收入家庭开展家境调查及关爱探访，收集发布需求，实现及时救助、精准帮扶。常态化开展流浪乞讨救助工作。年内，市社会救助中心共提供站内受助1489人，其中：未成年27人，滞留站内31人；站外帮扶受助905人次，护送返籍46人次（含未成年14人、省内9人），其他帮扶受助480人；支付救助金172.84万元。

【社区治理创新与探索】 2021年，义乌市优化专职社区工作者队伍建设，采取“择优招录人、培训深化人、保障激励人”等举措，招聘92名专职社区工作者。开展“2021年社区干部能力提升培训班”，来自95个社区书记、居委委员及党务工作者等300人参训，有效提升基层党组织领导业务知识储备。以“义乌市社工学院”为依托，联合市委组织部组建成立“义乌市社工学院”，全方位提升社区干部专业能力和治理水平。10名社区书记在义乌市文化广场打擂比武，通过VCR展示+参赛选手演说形式开展社区治理创新与探索实践；通过擂台赛，不断拓展社区治理新路径。协同市教育局、市市场监管局等部门，有序开展“双减”“双转”工作。制定《义乌市学科类校外培训机构重新审核登记工作方案》；组建民政“双减”工作专班，业务窗口本着“方便群众办事”的理念，对相关材料进行有针对性的简化，加大人员配置，强化业务培训，优化办事流程，确保当天申报当天审批。年内完成154家校外培训机构名称预登记，新注册登记128家学科类校外培训机构。

【社会事务综合事务管理】 2021年，义乌市进一步推进婚俗改革。普及婚姻文化和婚姻法律知识，举办“首届家庭文化周”颁证活动、“迎建党百年、结一世情缘”颁证活动、“以国之名、见证爱情”国庆颁证活动。常态化开展婚前指导，离婚调解、法律咨询等服务辅导2009人次。大力推广绿色殡葬，全年实施树葬363例，撒散27例，发放奖励372万元。完善殡葬基础设施建设，高标准、高起点推进骨灰存放堂建设，2021年新增投入使用城西、江东2个镇级骨灰堂，新增存放格位3万格。全市共建有8个生态葬区，分布于佛堂、上溪、赤岸、义亭、大陈、廿三里、北苑7个镇（街道）。移民帮扶成效显著。协调做好双江湖水库重点工程移民安置点建设，搬迁安置人口4855人，完成移民补偿协议签订2471户，发放移民征地补偿等费用12.44亿元。加大水库移民扶持力度，下达移民资金1478万元；2021年，安排扶持资金100万元以上的产业项目5个。提升地名管理能力和服务水平。依托城市e管家和社会组织志愿服务平台，持续对主干道、商业大街道路路牌、门牌等113处地名标志不规范设置问题进行整治，地名“大、洋、怪、重”等问题得到进一步治理。深化平安边界创建，牵头完成义乌市与兰溪市行政区域界线（义兰线）联合检查。浙江省红色地名系列展·义乌篇在义乌望道展示馆揭幕开展。

【养老服务事业】 2021年，义乌市实施困难老年人家庭适老化改造。高质量开展困难老年人家庭适老化改造民生实事，针对老年人失能情况，重点解决老年人在如厕洗澡、起居行走、康复护理等最基本、最迫切的需求，让必备功能的生活设施更加安全、便利。年内，完成380户困难家庭老人适老化改造和验收工作。促进养老机构提档升级。优化顶层设计，推进怡乐新村、上溪养老院2家康养联合体建设，为500余名老人建立健康档案，制定康复计划，每月提供康养服务1600余人次。提高机构兜底照护能力，护理型床位占比达58%。按照每万名老年人20张失智床位要求，所有养老机构均规划设置失智症照护专区床位。实现护理员业务培训5023人，护理员等级认证（五级）通过165人，每万名老年人拥有持证护理员18.35人。助餐、配送餐城乡全覆盖，全市建成居家养老服务照料中心390家，居家养老服务站115家，除去因有机更新等缓建的村居外，助餐、配送餐服务覆盖率为100%。进一步规范居家养老服务照料中心运营，完成101家居家养老服务照料中心食品经营许可证办理及实体化登记。

【社会福利慈善事业】 2021年，义乌市加大福彩营销活动力度，开展双色球“28送6”1000万元派奖、“3D”3000万元派奖、双色球12亿元大派送等活动，通过“以赛代补、以奖代补”等方式持续支持投注站发展。义乌市福彩总销量达6亿元，其中，电脑票销量3.89亿元，即开票销量2.11亿元，超额完成省中心任务的30%。关爱困境留守儿童，2021年，全市有困境儿童890人、社会散居孤儿11人、留守儿童16人，救助困境儿童1.07万人次，发放基本生活费681.57万元；社会散居孤儿138人次，发放基本生活27.39万元；发放孤儿助学金5人次2.5万元。织牢织密三级保护网络，全市儿童督导员常态化线上培训交流政策业务，提升困境留守儿童的保障服务水平。围绕“中华慈善日”，全市先后组织慈善活动、“慈善一日捐”活动，募集善款1869万元。实施“义乌温度”“等待阳光的向日葵”等慈善项目39个，通过项目联动慈善组织，提供普惠性慈善服务，取得良好的社会效应。

【“僵尸型”社会组织专项整治】 近年来，义乌市社会组织在促进经济发展、繁荣社会事业、创新社会治理、助力脱贫攻坚和参与抗击疫情等方面发挥了积极作用，但尚存在一些连续不年检、不开展业务活动、无法取得联系的“僵尸型”社会组织，既挤占社会资源、耗费成本，又有潜在风险，影响社会组织健康有序发展。2021年8月16日，义乌市启动“僵尸型”社会组织专项整治行动（简称“专项行动”），对全市1519家社会组织进行深度检查，对违规的社会组织采取撤销登记、注销登记、限期整改等措施。根据实施方案，重点整治连续未参加2019年度、2020年度检查（年报）的；自取得登记证之日起1年未开展活动的；自2019年1月1日以来，未按章程规定的业务范围对外开展业务活动的；通过登记的住所、法定代表人等信息无法取得联系的；民政部门和业务主管单位、行业管理部门认为应当纳入整治的，按“名存实亡类”“管理混乱类”“效能不高类”3个类别分批次进行整治，对连续两年不参加年检的社会组织依法进行信用扣分、列入异常名录等相应处理，为优化营商环境、维护经济发展和社会稳定大局营造良好的社会组织发展环境，推动社会组织高质量健康有序发展。

【民政干部队伍建设】 2021年，义乌市加强民政干部队伍建设，年内，完成巡察整改工作，巡察反馈问题39个，整改完成39个，整改完成率100%。注重“当下改”和“长久立”相结合，建立健全制度建设和长效化机制。参加2021年市直机关百堂精品微党课现场比拼，民政局推送的“学史明初心，民政连民心”微党课入选优秀微党课。以“我为群众办实事”为主基调，开展“三服务”工作，“已故人存款关怀活动”深化“身后一件事”改革获选市“三服务”活动一季度十佳案例。做好信访处置工作，全年受理商城e管家来件180件，数字城市系统来件80件、信访系统来件47件，均及时办结，对存在争议、纠纷类问题，均有告知具体解决的渠道和流程，全局全年信访工作平稳有序。（陈金春）

城乡居民收入支出

【城镇居民人均收入】 根据城市居民抽样调查显示，2021年义乌市城镇常住居民人均可支配收入86628元，同比增长8.1%。其中：工资性收入36936元，同比增长8.2%；经营净收入15196元，同比增长8.9%；财产净收入23862元，同比增长7.2%；转移净收入10634元，同比增长8.7%。

【城镇居民消费性支出】 2021年，义乌市城镇常住居民人均消费性支出37299元，同比增长15.7%，恩格尔系数24.3%。其中：衣着支出3615元，同比增长14.3%；居住支出为13156元，同比增长13.1%；生活用品及服务支出为2190元，同比增长10.5%。交通通信支出9311元，同比17.0%；医疗保健支出3109元，同比增长21.6%；教育文化娱乐支出4921元，同比增长19.2%；其他用品和服务支出997元，同比增长19.3%。

【农村居民收入】 据农村住户抽样调查显示，2021年，义乌市农村常住居民人均可支配收入46121元，同比增长9.6%。其中：工资性收入22537元，同比增长9.6%；家庭经营净收入为13965元，同比增长9.4%；财产净收入5453元，同比增长7.0%；转移性收入4166元，同比增长11.6%。

【农村居民消费性支出】 2021年，义乌市农村常住居民人均消费性支出17403元，同比增长24.8%，恩格尔系数为33.2%。其中，居住、教育文化娱乐、衣着和医疗保健支出3532元，同比增长20.3%；教育文化娱乐支出4627元，同比增长22.0%；衣着支出1589元，同比增长24.9%；医疗保健支出2024元，同比增长26.3%；交通通信支出3281元，同比增长32.5%；生活用品及服务支出1718元，同比增长37.3%；其他用品和服务支出632元，同比增长43.3%。（朱培培）

人口管理

【概况】 至2021年年底，义乌市有户籍人口382991户871656人，比2020年增加18278人，增长率2.14‰。其中：男性433851人，占49.77%，女性437805人，占50.23%；城镇人口536529人，占61.55%，乡村人口335127人，占38.45%。全市在册流动人口1744156人，比2020年增加111051人，增幅6.8%，流动人口总量平稳增加。流动人口以中青年为主，学历结构持续优化，大专及以上学历170851人，占流动人口总数9.8%，同比增加17360人；居住时间以半年以上为主。

【人口出入境管理】 2021年，义乌市受理审核（批）中国公民因私出国（境）申请8607人次，同比下降35.9%。登记管理境外人员3.41万人次，同比下降38.9%，其中：外国人29706人次，同比下降40.9%；中国台湾居民2498人次，中国港澳居民1777人次，华侨124人次。签发签证和居留许可1.34万证次，同比下降19.0%，其中签证6157证次，居留许可7250证次。审批签发外国人护照报失证明19证次、外国人出入境证件16证次。

【户口专项清理整顿】 2021年，义乌市常态化开展户口专项清理整顿，打造"精准型"业务窗口。核查清理"应销未销"户口，经调查核实、上门走访、告知等流程，注销自动丧失国籍、死亡等人员51人。开展人像比对存疑信息核查清理工作，全年处理重人线索182条。办理户口迁移业务时，要求各派出所在办理省外户口迁入时，对迁移人事先进行人像识别比对，减少重人概率。建立包干联系制度，督促各派出所工作进度、开展业务答疑指导，对疑难件一事一议，解决重复户口问题。

【出入境证件签发管理】 为疫情防控等工作需要，2021年2月，义乌出入境管理局根据上级通知要求，严格把控出入境证件签发，通过微信公众号宣传、视频播放、现场劝导等形式，劝导群众减少非紧急非必要出国（境）活动；加强对前往非洲人员的劝导工作和对内地居民申请澳门团队旅游签注的次数管理。2021年，中国公民出入境证件办件量1.11万证次，同比下降39.2%，劝阻1028人。

【入境人员疫情管控】 为加强入境人员新冠肺炎疫情管控，2021年3月开始，市公安局出入境管理局会同市外事办、边检、疾控中心等部门，组建管控专班，常态化开展疫情形势分析、数据报送与衔接、入境人员核查、点对点闭环转运等工作。全年下发管控指令4304人次，累计派车576车次，累计接回入境人员1200人，确保全市疫情防控工作平稳有序。

【老年人出入境办理服务】 2021年4月，义乌出入境管理局根据国家管理局部署，推出新举措，为老年人办理出入境证件提供便利。建立老年人优先办理"绿色通道"，简化老年人办证照片采集流程，优化老年人办事效率，加强自助设备人工引导，协助解决老年人在办证过程中遇到的困难。至12月底，为192名60周岁以上老年申请人办理出入境证件247证次。

【团圆行动】 2021年，为查找走失或被拐儿童，让失散家庭团圆，市公安局部署开展"团圆行动"。8月4日，市公安局联合团市委、市慈善总会、义乌市爱心公社在国际商贸城开展"团圆行动"宣传会，现场采集寻亲人员血样。市公安局物证鉴定室通过上门采集、定点采集等形式，接收寻亲人员血样。至年底，物证鉴定室受理、检验分析寻找失散儿童父母样本624份，寻找父母儿童样本160份，通过全国公安机关查找被拐卖、失踪儿童信

2021年，义乌市爱心公社在绣湖公园举办主题为"团圆行动让爱回家"的寻亲大会。图为嵊州马利安夫妇找到定居山东的女儿

（何卫荣 2021年9月19日摄）

息系统进行比对，获得比中数据172条，帮助53户家庭实现团圆心愿。

【户籍"云上服务+智能窗口"】 2021年，市公安局依托"云上服务+智能窗口"，将户籍窗口打造成标准化设置的区块云服务公安办事大厅，推广"义网通"办和政务服务2.0平台，引导群众网上全流程办理户政业务，实现零次跑。全年办理户政网办业务5.6万笔，办理以户籍为中心的联办业务1.92万件，为160余名群众上门服务，"无感智办"7.74万件。（陈国华）

社会保险

【概况】 2021年，全市参加基本养老保险90.14万人，新增职工基本养老保险6.14万人；工伤保险参保人数59.43万人，比上年年末新增4.94万人。户籍人员基本养老保险参保率99.33%。工伤认定2536件、劳动能力鉴定1282人。累计追回重复享受人员、死亡信息滞后人员养老金121.76万元。社保中心全年总办件量138.55万件次，社保业务高频事项网办率89.76%，人工审核各类业务11.53万件次，月均发放社保各类待遇22.72万人次、5.49亿元。义乌市获准为社保医保参保一件事省级试点城市、全国社银通基本公共服务标准化试点城市。

【工伤"一件事"优化升级】 2021年，义乌继续推行工伤"一件事"办理，将原由3个处室分别办理的"工伤认定、工伤保险待遇支付、劳动能力鉴定"3项业务整合为"一件事"办理，并将办事窗口直接从行政服务中心移到医院。年内，新增邮寄材料受理方式，减少办事人员跑的次数；新增5家工伤联办"一件事"定点医疗机构。

【被征地农民基本养老保险】 2021年，根据金华市人力资源和社会保障局、金华市财政局、金华市自然资源和规划局、国家税务总局、金华市税务局《关于贯彻落实〈关于进一步做好被征地农民参加基本养老保险有关工作的通知〉若干政策的实施意见》，3月，在金华市范围内率先完成被征地农民基本养老保险集中经办。至年底，义乌市全年新增被征地农民参加基本养老保险人数3822人，向11.67万名已参加或未参加企业职工基本养老保险的被征地农民点对点告知政策。年内，完成被征地农民转保2个缴费科目非税统一支付平台缴费省级试点工作，实现线上（支付宝）、线下（银行柜面）多渠道办理。

【新业态人员职业伤害保险】 2021年，义乌市将超龄人员、新就业形态人员等纳入工伤保险，实现工伤保险对象由企业职工向职业劳动者广覆盖。6月30日，省人社厅在义乌召开全省电子劳动合同平台论证及义乌新业态职业伤害保障先进经验现场会，介绍义乌新业态职业伤害保障先进经验。至年底，新增快递等新业态从业人员参加职业伤害保险1.5万人。

【社保数字化】 2021年6月22日，义乌市社保医保参保"一件事"省级试点上线，办事群众登录浙江政务服务网或“浙里办”App，搜索“社保医保参保一件事”，即可办理职工参保登记、个体劳动者（灵活就业人员）参保登记、单位基本信息变更、职工个人基本信息变更、个体劳动者（灵活就业人员）参保信息变更、参保单位查询打印社会保险信息、参保个人查询打印社会保险信息7个事项，实现社保、医保参保“一件事”一个入口、一次办结。10月起，退休“无感智办”全面应用金华市人社服务“智配直享”平台。年内，在浙江省智慧大厅工作台（政务2.0系统）上线参保登记、待遇支付、工伤认定等类业务46个事项，实现可经办事项100%达标。实施跨地区通办，与省内外18个地市达成“进一家门、办两地事”合作经办，可经办服务事项49个。

（郑　铮）

医疗保障

【概况】 至2021年12月底，全市基本医疗保险参保115.08万人、生育保险参保34.21万人，较上年底分别新增7.63万人、3.94万人，其中外籍人士参保6463人，居全省首位。全年开展退休职工健康体检4.61万人，医保基金支付1066.99万元。累计资助困难人员基本医保二档5153人次，资助金额920.29万元，资助大病保险5599人次，资助金额167.85万元，确保“应保尽保、应付尽付、即时结算”。救助困难人员1.23万人次，救助金额592.49万元。完善困难群众高额医疗费用临时救助机制，采取“一事一议”方式化解困难群众高额医疗费用，上年度自负费用超5万元的8名困难群众全部“清零”，化解高额医疗费用19.15万元。

【春节期间便民医保服务】 2021年1月22日，义乌市出台延长医疗费用零星报销规定时限、延长规定病种单次处方用药量、允许规定病种市外配药、允许新冠核酸检测费用由医保个人账户支付、不见面办理医疗费用报销、畅通医保经办业务“微信办、电话办”服务、确保春节期间定点药店服务不停、确保规定病种待遇正常享受、确保长期护理保险待遇正常享受、确保新冠肺炎患者“零负担”共10项医保服务举措，确保春节期间全市90%的医保定点药店正常营业，持续做好新冠肺炎疫情期间医保服务，助力全市春节留人工作。2月3日，浙江省医保局网站刊出《义乌市强化过年期间药店疫情防控加强医保基金监管》，推广义乌春节期间医保就医便民新举措。

【医保基金监管】 2021年2月5日，全国首家独立机构运行的义乌市医疗保障基金第三方监管中心在市行政服务中心挂牌成立。第三方监管中心计30人，由临床医学、护理、药学、信息技术、法学、会计等专业人才组成，主要负责协助医保部门开展定点单位监督检查、外伤稽核、投诉举报案件核查等工作。3月25日，省医保局副局长考察医保基金第三方监管中心，对义乌市在医保基金监管方面全国首创的做法给予肯定。4月23日，省医保局简报第16期单期刊发市医保局《义乌市强化“四治”推进基金监管社会共治体系建设》，省医保局局长杨烨批示肯定：“义乌‘四治’经验值得肯定，望继续深化，取得更大的成效。现予以刊发，供全系统学习借鉴”。7月16日，义乌市深入打击欺诈骗保专项整治行动工作会议在市政府召开，医保、公安、司法、财政、卫生健康、市场监管、纪检监察等部门及全市定点医药机构、长护险定点单位200余人参加会议。12月23日，省医保局《医保简报》刊发《义乌市用好“加减乘除”医保基金第三方常态化监管显成效》。年内，医疗保障基金第三方监管中心对全市所有10家二级以上定点医疗机构驻点检查，实现定点医药机构巡查全覆盖，巡查在院病人6.85万人次（含现场核查和数据核查），完成7060份病历审核，开展外伤个案调查473件，定点药店暂停整改48家次，解除医保协议管理3家，定点医疗机构巡查频次从原来的每季度1次提高至每月1次，高频次的监管巡查形成基金监管的高压态势，避免医保基金损失3000万元。

【医共体医保行业自律示范点建设】 2021年8月25日，省医保局下发

《关于同意浙江大学医学院附属第四医院医共体开展县域医共体医保行业自律示范点建设的批复》，浙江大学医学院附属第四医院医共体作为金华地区唯一一家试点单位开展医共体行业自律试点（全省共5家）。

【医保同城通办共管】 3月24日、4月19日、4月21日，义乌市医保局分别与浦江县医保局、东阳市医保局、兰溪市医保局签订医疗保障“同城通办共管”合作协议，协议明确基本医保参保、报销、转移、备案等21项医保经办服务事项可在两地实现同城化通办；高频事项全程网办，备案事项线下通办，报销事项代收代办，同时对同城化基金监管，建立同城化长效机制，开展经验交流进行了规定。4月16日，省医保局简报刊发《义乌浦江七方面发力率先推进两地医保“同城通办”》，获省医保局局长杨烨批示肯定：“义乌、浦江两地医保通办是很好的便民举措，望进一步探索，将两地的工作合作转化为通办的制度创新，为全省‘一窗通办’探路。”5月10日，《金华义乌、东阳医保领域实现“服务通办，监管联动”》获“学习强国”平台推送。

【长期护理保险】 2021年3月25日，全省长期护理保险试点工作会议在义乌市召开，宁波、温州、嘉兴、义乌、桐庐5个市、县医保局参会。会后，省医保局党组副书记、副局长王广兵要求义乌市医保局承担建立全省长期护理保险制度课题研究。4月26日，市人大常委会副主任骆亘带队，组织部分市人大代表视察义乌市长期护理保险试点工作，对全市长护保险试点工作取得的成效表示肯定，认为建立长护保险制度是一项民心工程，对于减轻失能老年人的家庭压力和经济负担、优化医疗资源配置、促进护理产业发展等方面具有重要意义。12月31日，义乌市医保局以浙江省高质量建设共同富裕示范区、奋力打造“重要窗口”为指导，以数字化改革为引领，完成“省级统筹、单独险种、独立运行、城乡一体”的长护险制度框架体系的课题研究。至12月底，义乌市全面实施长护保险系列地方性标准，共有长护定点机构39家，养老床位5708张，长护床位1359张，长护病房241张、家庭病床206张，累计享受长护保障6865人，基金支付1.55亿元。

【购药“网订店送”】 2021年3月，金华市医保局开展医保定点药店“网订店送”服务，康佰家正一医药义乌北苑店纳入试点范围。5月10日，第二批6家医保定点药店集中上线“网订店送”，通过数字化改革构筑“未来药店”应用场景，参保群众足不出户享受购药“外卖式”服务。至年底，定点药店“网订店送”扩大到36家，送药服务1.58万人次，个人账户支付91.54万元，支付金额居金华各县（市）首位。（郭方红）

民政事务

【概况】 2021年，义乌市新增低保146户207人，注销261户366人；新增低保边缘家庭87户143人，注销163户277人。全市共有低保户2872户3700人，低保边缘家庭723户1103人，特困人员192户193人，共发放低保金3362.46万元，发放特困人员供养费315.79万元。实施临时救助56户157人50.25万元，幸福增收岗补助2173人次65.19万元。春节走访慰问困难人员5379人，带去慰问品58万余元，送上慰问金100余万元，其中特困人员199人，发放物资5万余元。发放麻风病人慰问金2.4万元。全年为精减退职人员、国民党抗战老兵和“三老”人员等发放生活补助313.65万元。（楼丽琴）

【社会救助帮扶】 2021年，市社会救助中心救助帮扶1.48万人次，实际直接受助1489人，发放受助物品、御寒物资295件，防疫口罩8290只，护送返籍47人次，使用财政救助保障资金172.84万元。针对极端天气、防御台风和实施“夏送清凉”“寒冬送暖”等活动救助808人，发动社团、义工等民间力量参与635人次。社会购买服务实行机构托养，安置长期滞留智力障碍人员21人，委托医疗机构托养救治10人，分别安置在义乌市怡乐新村养老服务中心和义乌市精神卫生中心。

（张杭青）

【虚拟就业“幸福增收”】 2021年，市民政局为低收入家庭中无劳动能力困难群众发放每月300元的“幸福增收”岗工资，全年发放“幸福增收”岗补助2173人次65.19万元，通过虚拟就业形式（“幸福增收”岗）促进低收入家庭无劳动能力人员幸福创收。（楼丽琴）

【最低生活保障标准提高】 根据市民政局《关于提高城乡居民最低生活保障标准和特困人员基本生活标准的通知》，2021年1月1日起，义乌市城乡居民最低生活保障标准由每月900元提高至950元，标准为金华地区最高。（楼丽琴）

【收养登记】 2021年，义乌市办理收养登记9对，收养登记证8对，解除收养登记1对。救助社会散居孤儿138人次，发放基本生活费27.39万元，发放散居孤儿助学金5人次2.5万元；救助社会困境儿童1.07万人次，发放基本生活费681.57万元。为21名留守儿童建立“一人一档”，形成一对一帮扶机制。为机构内和院外困难家庭残疾儿童康复治疗45人，接收弃婴（儿）2人，办理国内弃婴（儿）送养5人。（胡　燕　严伟豪）

【困境儿童家庭帮扶】 2021年，织牢织密三级保护网络，组织全市儿童督导员开展线上培训，进行政策业务交流，提升困境留守儿童的保障服务水平。全年走访困境留守儿童150余人次，送服务上门30余次。（严伟豪）

【福利彩票销售】 2021年，义乌福利彩票总销量6亿元，即开票销量2.11亿元，销量首次突破2亿元。完成省民政厅下达的销量目标4.6亿元，超额完成30.4%。通过常态化公开征召平台新增福利彩票投注站17家，退机39家，新增万达广场、义乌之心、吾悦广场3家大型商业综合体福彩代销点。（毛江飞）

【水库移民后期扶持】 2021年，义乌市完成大中型水库移民后期扶持人口年度复核工作，共核减106人，直补发放1.35万人801.36万元。完成水库移民后期扶持项目28个，拨付资金1478万元，受益2万余人。全年，安排扶持资金百万元以上的产业项目5个，扶持756万元，占全年资金的51.15%，有效助推移民增收致富。（楼丽琴）

【区划地名工作】 2021年，市民政局完成义乌市和兰溪市第四轮县级行政区域界线联合检查，命名（更名）地名29条，其中，道路名称2条，住宅区名称25条，建筑物名称2条。6月18日，由浙江省民政厅主办的“追寻地名文化，探究党史故事——党史中的浙江地名”系列展览·义乌篇在义乌市城西街道望道展示馆开展，开展仪式上，城西街道分水塘、北苑街道前洪等20个村被授予“红色地名”称号。此次展览共讲述义乌和金华等28个“红色地名”，讲述义乌党史中革命先辈留下的故事。（叶汉林）

【婚姻登记管理】 2021年，市婚姻登记中心办理内地居民结婚登记5409对，离婚登记1404对，补发婚姻登记证1411件；涉外结婚登记10对，离婚登记5对，补发婚姻登记证2件。受理结婚生育户口“一件事”联办4223件。常态化开展婚姻家庭辅导工作，参与婚姻调解1109对。自1月1日开始实施“离婚冷静期”至年底，离婚登记量比上年下降27.7%。（龚君婷）

【殡葬管理】 2021年，市殡仪馆火化遗体4934具，减免基本丧葬服务费300.83万元。持续推进生态葬实时实施服务，全年实施生态葬363例，其中树葬336例，撒散葬27例。发放相关奖励补助374万元。（毛俊民　骆青兰）

【社会组织管理】 2021年，全市有依法登记的社会组织1628家，其中，社会团体443家，民办非企业单位1183家，基金会2家。对89家社会组织进行注销登记。依法加大对社会组织的监管力度，进行双随机检查，8家社会组织被列入社会组织活动异常名录。开展社会组织评估，18家社会组织获AA以上评估等级；稠城街道省级城乡社区治理和服务创新实验区通过终期评估，北苑街道成功申报金华市城乡社区治理和服务创新实验区。推进“社会工作者职业水平考试”各项工作，8827人报名参考，616人考试通过，累计通过1571人。年内，义乌市社会组织总会被评为2021年度及浙江省品牌社会组织，3名社会组织负责人被评为2021年度浙江省“社会组织领军”人物。

（季国政　丘斐远）

【孤儿基本生活费提标】 2021年7月1日起，根据市民政局、市财政局发布的文件精神，义乌市提高孤儿基本生活费标准，福利机构养育孤儿生活费由每月2478元提高至2485元，社会散居孤儿生活费由每月1982元提高至1988元。（严伟豪）

【“滴灌书屋”授牌】 2021年9月30日，市民政局、市关工委、市教育局在文华小学举行捐赠“滴灌书屋”授牌仪式，福利企业协会、“福彩有爱”志愿者团队捐赠图书、书包及文具用品价值2.3万元。至年底，新增设文华小学、华立小学、梓林小学“滴灌书屋”3所。（毛江飞）

精神文明建设

【概况】 2021年，市文明办围绕巩固提升全国文明城市创建成果总目标，大力弘扬社会主义核心价值观，实施公民道德建设工程，推进新时代文明实践，推动全域文明创建，扎实开展群众性精神文明建设活动。深化新时代文明实践中心建设国家级试点，推动机关部门和全市552个中心、所、站提升文明实践水平，在2021年金华市“晒拼创”评比活动中，义乌被评为优秀，望道“信仰树”关于《真理的味道非常甜》主题宣讲活动做法入选中央文明办优秀案例。推进城市荣誉体系建设，评出“义乌好人”29例，“金华好人”11例，“浙江好人”2例。开展文明细胞培育，培育全国文明单位1家、文明村镇3个，全国文明校园1家。全面推进巩固提升全国文明城市创建工作，结合文明创建第四批10个工作项目，开展文明创建“红黄旗”小区（村）竞赛，优化城乡环境秩序，推动全域创建，先后2次接受并通过中央文明办的复评考核。

2021年9月30日，市民政局、市关工委、市教育局在文华小学举行捐赠“滴灌书屋”授牌仪式（市民政局　供图）

【“红黄旗”小区（村）竞赛】 2021年3月25日，市文明委印发《关于开展2021年“红黄旗”小区（村）竞赛工作的通知》，部署市级层面（稠城、江东、稠江、北苑、福田、后宅六街道建成区）和镇街层面（辖区）开展“红黄旗”小区和村竞赛。其中建成区范围竞赛活动，从第二季度开始，每季度开展一次。市文明办组织市委宣传部、市“五水共治”办、市督考办等12家单位联合参与“两代表一委员”、市民代表、网民代表监督的实地考评工作。至年底，共评出市级红旗小区（村）5个、黄旗小区（村）2个，镇街级“红黄旗”小区（村）24个。开展对黄旗小区（村）挂牌重点整治，提升整体创建水平。

【全国文明城市重点项目整治】 2021年3月29日，市文明委印发《关于巩固提升全国文明城市重点推进十个项目的通知》，协调相关职能部门实施“深化文明出行”“深化车辆乱停放整治”“深化门前五包”“城市家具提升”“垃圾分类”等十大项目整治，提升城市精细化管理水平。其中：“深化文明出行”整治项目，修复人行横道标志牌214块，路口标线更新2.6万平方米，修复、更换、新增标志牌4500余块，修复隔离护栏74.7千米，现场查处"不礼让斑马线"行为5.4万例起，查处非机动车交通违法10.7万例起。"深化车辆乱停放整治"项目，施划人行道机动车泊位2614个、非机动车泊位3366个，查处人行道机动车违停17.75万辆、非机动车违停1.96万辆，清理乱停放共享单车7.81万辆，监控抓拍查处违法停车10.5万例起。"深化门前五包"整治项目，建成区完成18条"门前五包"示范道路创建，处罚相关案件5659起，罚款297.7万元。"城市家具提升"整治项目，累计交办问题14.19万个，整改13.56万个，整改率95.55%；累计办理案件1620起，罚款190余万元。"垃圾分类"整治项目，累计建成垃圾分类2.0版投放点位73个，完成全市25%农村"二定四分"村的点位建设。

【优秀公益广告示范点评选】 2021年7月14日，市文明办印发《关于开展优秀公益广告示范点评选活动的通知》，部署全市14个镇（街道）和相关部门开展10类优秀公益广告示范点评选，并推动公益广告设置提质扩面。在公园广场（街头绿地）、商业大街（主次干道）、特色小区、背街小巷、新时代文明实践所（站）、镇（街道）农村、集贸市场（专业市场）、窗口单位营业厅、中小学校、医院等重点场所，共征集镇（街道）和相关部门提交的10类153处公益广告设置的照片。结合镇（街道）创建考核、部门实地模拟测评和巩固提升全国文明城市攻坚两轮督查工作，对公益广告实地设置情况开展检查评比。11月3日，汇总评选情况后，10类56处公益广告被评为优秀示范点。

（赵剑强）

残疾人事业

【概 况】 自2021年起，义乌市困难残疾人生活补贴标准由每月360元提高至380元，重度残疾人护理补贴标准，按生活自理能力分别由每月900元、450元和225元提高至每月950元、475元和237元。2021年，新增残疾人"三项补贴"发放对象2866人，累计发放残疾人"三项补贴"6399.95万元，残疾人生活保障标准居省内最高。市残联与中国人保义乌分公司牵头的保险共同体完成2021—2024年残疾人意外伤害保险合作签约，全年办理残疾人意外伤害保险2.18万人。继续强化残疾人基本康复服务，完成残疾人精准康复1.03万人，家庭责任医生签约服务率达到96.7%。完成精神残疾人免费施药2978人，免费住院170人次。

【无障碍环境建设】 2021年，江东街道鸡鸣山社区通过第四批省级无障碍社区创建验收。结合"净居亮居"行动，完成残疾人家庭无障碍改造230户。依托浙江省机电技师学院建成残疾人电商直播孵化基地，完成残疾人电子商务等职业技能培训310人。实施残疾人助学152人次，发放助学资金46万余元。结合村社换届配套组织建设，调整组建村、社残疾人协会542个。在浙江省首届残疾人工作专职委员知识竞赛上，市残联获团体组织奖。加强残疾人动态监测工作，完成残疾人基本状况和服务需求信息采集2.24万户，入户率达98.94%，App采集率达100%，为残疾人事业发展提供大数据支撑。

【残疾人民生实事】 2021年，义乌市落实省政府民生实事，市妇幼保健院儿童康复科、市心声聋儿语训部和市扬帆儿童潜能开发中心3家残疾儿童定点康复机构通过省级验收，市心声聋儿语训部被评为金华市残疾儿童康复示范机构。市妇保院王栋、市心声聋儿语训部徐仙琴等6人分别被评为金华市最美残疾儿童康复师、教师和志愿者。上溪镇幸福汇残疾人之家成功创建为全市首家五星级残疾人之家，市爱心残疾人之家"融合商业与公益探索助残造血新模式"入选全省百个助残共富好案例。

【"观影无障碍·志愿暖人心"专项行动】 2021年4月，市委宣传部、市文明办、团市委、市残联、市教育局、市场集团、市融媒体中心联合发起“观影无障碍·志愿暖人心”专项行动。5月10日，在市星光实验学校演播厅举办“红心向党、无障观影”暨“观影无障碍·志愿暖人心”专项行动启动仪式，全市180名视障人士及家属现场观看无障碍电影《大火种》。市残联与浙江师范大学“耳涡”团队合作，成立无障碍观影志愿服务联盟，举办第一期无障碍观影志愿服务项目负责人培训会。至年底，组建无障碍观影讲解志愿服务团队1支，开展无障碍观影活动28场次1206人次。

【残疾人就业创业】 2021年5月13日，中国邮政集团有限公司浙江省义乌市分公司与市残联举行战略合作签约仪式，建成“中邮驿站”残疾人代理点7个，通过叠加邮政业务帮助残疾人提高生活质量，促进残疾人再就业。7月19日，市残联、财政局、国家税务总局义乌市税务局制定出台《关于进一步推进残疾人辅助性就业实现共同富裕的实施意见》，探索构建“1+X+Y”残疾人辅助性就业模式，“1”是指每个镇（街道）都建立1个管理主体的辅助性就业机构总部，“X”是指在有条件的中心村，设置分部，“Y”是指“X”区域范围内的残疾人家庭，通过送货上门等方式，开展来料加工业务，增加收入。全年完成残疾人之家提升建设6家，其中新建2家，全市13家残疾人之家实现残疾人辅助性就业383人。全年审核确认按比例安置残疾人就业企业301家，实现残疾人按比例就业666人；发放残疾人创业扶持、社保补贴、贷款贴息等创业补助资金279人次，计142.3万元。

【残疾人文体事业】 2021年，市残联组织全国助残日、国际残疾人日等系列助残宣传活动，加强宣传残疾人文化体育事业。5月13日，义乌市第八届特殊学生才艺展暨第二届义浦同城特教联盟活动在星光实验学校举行，来自义乌、浦江的25个代表队202名特殊学生参加活动，展示分舞台表演、书画手工和生活技能三大类才艺。8月，市残疾人游泳项目训练基地在佛堂文体中心挂牌成立，为残疾人运动员们创造良好的训练环境。市残疾人运动员参加各类残疾人文艺会演、运动会，在金华市第九届残疾人文艺会演中获得一等奖1个、二等奖2个、三等奖3个。骆冰洋在第11届全国残疾人运动会上获得男子S4级50米蝶泳项目金牌，破全国纪录。

【助残数字化】 2021年5月，义乌市“残疾人证和社保卡功能应用互通方案”中榜浙江省残联数字化改革“揭榜挂帅”项目。此方案以拓展社保卡基础服务功能，同步兑现助残优惠政策为总体思路，通过社保卡加载残疾人信息实现残疾人基本医疗、基本养老保险补助的“无感智办”，开通残疾人刷社保卡免费乘坐公交场景应用，全年无感办理残疾人基本医疗保险6346人，政策覆盖对象免费参保率100%。全面启用智能残疾人证（三代证），市残联自主开发“云评”电子评定App，推动残疾评定实现随诊服务，实现残疾人证网上申请、电子评定、快递发证全流程的网办闭环。残疾人证遗失补办、残损换新、迁移、注销4个事项，实现全程“零跑”。至年底，共新办、变更残疾人证3137人次，其中通过“云评”系统新办、变更2224人次。残疾评定频次较上年增加5倍，平均办证周期压缩50%以上。年内，市残联“掌上申请、云端评定”模式入选市“三为”专题实践活动暨“三服务”活动第二批十佳案例。

【义乌市获评省残疾人工作突出集体】 2021年11月16日，浙江省人民政府残疾人工作委员会发文对“十三五”期间全省残疾人工作成绩突出集体和个人进行通报表彰，义乌市残疾人工作成绩突出受到表彰。“十三五”期间，市政府残工委围绕残疾人高水平全面小康目标，着力构建普惠特惠的残疾人生活保障体系、优质标化的残疾人公共服务体系、全面均衡的残疾人事业发展体系、创新驱动的残疾人事业发展支撑体系、融合共享的残疾人事业环境体系“五大助残体系”，残疾人事业迈上新的发展台阶。至2021年，建成市残疾人综合服务中心、残疾人阳光家园项目，星光实验学校新校园和心声聋儿培训中心新项目建成投用；建成省级、金华市级定点康复机构5家，在工作片、社区开发设置残疾人专职委员公益性岗位，创新“无感智办”、实现残疾人“三项补贴”“零跑”服务；创建省级无障碍社区4个，建成省级残疾人文化艺术基地2个、金华市级残疾人体育健身基地1家，全国残疾人运动会实现金牌零的突破；义乌市残疾人基本生活保障水平走在全省最前列。

【残疾人相亲联谊会】 2021年12月3日，市残联和北苑街道办事处联办的“情定雪峰公园，给你一个家”残疾人相亲联谊会在雪峰公园举行。活动现场安排专业红娘提供牵线服务，并设置猜灯谜、剪窗花、捏纸人等游戏环节，残障人士每2人一组进行游戏，增进双方的交流与了解。来自镇（街道）的45名单身残障适龄青年参加活动。通过举办残疾人相亲联谊会，平衡群体差异，帮助单身残障人士组建家庭。（陈骏飞）

慈善事业

【概况】 2021年，义乌慈善总会募集各类善款4486万元，通过助医、助学、助老、助残及对非营利组织补助等形式，支出救助款项1983万元，1万余人次直接受益。积极响应参与对口帮扶，支援四川省巴中市巴州区慈善总会200万元。

【慈善捐资助力乡村振兴】 2021年1月16日，浙江敦和慈善基金会向市慈善总会捐赠483.64万元，用于义亭镇西田村、下店村、田塘村、早溪塘村居家养老服务中心建设。12月20日，义乌农商银行向市慈善总会捐资500万元，助推义乌市10个村集体经济发展。同月27日，中国建设银行浙江省分行首单慈善信托“善建浙行1号曹村印记”成立仪式在曹村道德讲堂举行，活动现场，中国建设银行浙江省分行与市慈善总会签订战略合作协议，中国建设银行义乌分行与义乌市慈善总会共同促成建行机构与慈善服务团队对接，融合社会公益组织力量，通过结对共建等方式，开展志愿服务活动，助力改善社会收入和分配格局，推进共同富裕示范区建设。“善建浙行1号曹村印记”是全市首单以“乡村振兴”为目的的慈善信托，用于曹村老年人的生活补助和儿童的教育补助，体现新乡贤反哺家乡、支持乡村振兴的实际行动。

【慈善总会第六届会员大会】 2021年3月28日，义乌市慈善总会第六届会员大会暨六届一次理事会在市政府八楼会议室举行。大会审议通过第五届理事会工作报告和财务报告，修订《义乌市慈善总会章程》《义乌市慈善总会财务管理制度》《义乌市慈善总会救助实施办法》《义乌市慈善总会冠名基金实施办法》等相关制度。选举产生新一届理事会和监事会，市人大常委会主任丁政担任慈善总会会长。

【慈善助学】 2021年4月，浙江鲁冠球三农扶志基金“四个一万”工程资助学生37人10.74万元。8月20日，市慈善总会在市慈善总会会议室举行“爱心伴你上大学”大学新生慈善助学活动，资助大学新生106人，资助91.6万元；向20名历年结对大学生发放助学金11.24万元。

【未成年人保护专项基金设立】 2021年5月8日，义乌农商银行捐赠30万元，与市慈善总会、市检察院共同设立“一心守护者”行动专项基金，用于未成年人保护工作。年内，此基金支出2000元。

【“善行孝义”慈善项目】 2021年6月8日，市民政局、市慈善总会、市社会组织总会联合印发《关于2021年度“善行孝义”慈善项目征集的通知》，市慈善总会出资100万元，向社会各界公益组织征集优质慈善项目。项目聚焦于社会民生热点，致力于解决社会民生难题，项目类型主要为疾病救助、助困救灾、教育助学、乡村振兴、特殊群体公益服务等方面。各社会组织自愿申报，经筛选后确定慈善公益创投项目19项，其中入围项目15项，培育项目5项。具体资助标准由各相关部门人员和专家组成评委，对每个项目给予5万～20万元的奖励。至年底，拨付12家组织前期项目资助款28.8万元。

【"慈善一日捐"活动】 2021年，义乌市以"汇聚慈善力量，助力共同富裕"为主题开展"慈善一日捐"活动。9月3日，"慈善一日捐"活动启动，主会场设在市政府大院，市领导带头捐款；在14个镇（街道）各设1个分会场，其他企事业单位设置若干个捐赠点。活动共募集善款1871.34万元。

【首个慈善信托】 2021年12月15日，市慈善总会联合万向信托股份公司成立善行义乌慈善信托，为义乌首个慈善信托。慈善信托，即"受人之托、代人行善"，是《中华人民共和国慈善法》出台后各地兴起的"慈善+金融"新模式。此次慈善信托的落地是市慈善事业新增的一种捐赠方式，为爱心企业、爱心人士和慈善组织参与慈善事业提供更多元的选择。此慈善信托采用双向委托的方式，万向信托股份公司与市慈善总会担任共同受托人，市慈善总会负责慈善项目的运作，万向信托股份公司负责资产投资管理，将信托制度与灵活、高效、专业的资产管理能力融入慈善，实现慈善资产的保值增值。

【镇（街道）慈善分会、村慈善工作站成立】 2021年，为推进义乌市慈善事业发展，发挥慈善组织在第三次分配中的作用，12月底，市慈善总会在14个镇（街道）成立慈善分会，同时成立赤岸镇清溪村、上溪镇黄山村、大陈镇北金山村3个村慈善工作站，动员更多力量参与慈善事业。镇（街道）慈善分会，村慈善工作站的成立有助于挖掘辖区内慈善资源，组织开展慈善募捐和慈善救助、志愿服务活动，开展慈善文化宣传，培育公众慈善理念。（陈　媛）

民间救援

【概况】 2021年，义乌市民间救援协会（简称"救援协会"）有会员326人，以消防兵、空降兵为主。分为户外山地搜救队、城市应急队、水上救援队、通信保障队、医疗保障队与后勤部等10支搜救及保障中队，与市公安局、市人武部、市应急管理局、团市委、市红十字会等部门开展合作。组建党员突击队、青年突击队、红十字救援队、退役军人突击队、民兵应急机动连，成为公安局110救援联动单位，主要参与义乌及周边2小时以内区域的地震、水灾、火灾等自然灾害救助和社会公益救助服务活动。配备猛禽施救车、通信指挥车、救援装备车、救援气垫船、水陆两栖车、救援冲锋舟、红外热成像仪、生命探测仪等价值500余万元的专业救援装备，整合不同型号的5架直升机，16台挖掘机及推土机团队，30余辆越野救援车等8000余万元的救援资源，由会员无偿提供用于救援出勤。组建由100余名专业搜救队员组成的救援大队，承担现场搜救和应急抢险工作。2021年，救援协会共参与救援19起，其中山地救援7起，溺水救援3起，人员走失救援9起。开展防溺水安全教育培训28场、各类赛事保障21场、金华地区救援技能竞赛1场，省、市各级领导到协会调研6次。

【南山公园搜救失联老人】 2021年2月19日，新年农历初八，救援协会指挥部接到市公安局110指挥中心通知，要求协助江东派出所在南山公园搜救1名失联老人。20分钟后，协会突击队队员先行前往搜救地点，与江东派出所会合，经过研判，接受指挥部的安排，市民队员带3名派出所人员搜索南山公园上山游步道，在左右两侧延伸的陡坡进行搜索。下午5时23分，在徐村附近找到失联老人。

【迷路驴友搜救】 2021年4月18日，救援协会接到市公安局110指挥中心通知，八岭坑方向8名驴友在山上迷失方向被困，要求协会前往搜救。协会立即抽调12名队员，携带GPS，热成像无人机，救援单架及医疗箱等救援装备前往搜救。从接到指令到搜救成功，仅用1小时找到迷路的被困人员并安全带回。

【暑期防溺水教育】 2021年7月，救援协会组织10名专业队员，

2021年8月9日暑假期间，义乌市民间紧急救援协会组织突击队员面向全市中小学生开展防溺水安全教育活动

（市民间紧急救援协会　供图）

在水域训练基地为青少年开展防溺水现场教育培训，同时采取视频直播的方式开展线上教学。至年底，共开展防溺水安全教育活动5次，普及防溺水人员500余人次，视频直播教学累计观看1.87万人次。

【金华市首届社会应急力量技能竞赛义乌获佳绩】 2021年11月23—25日，金华市首届社会应急力量技能竞赛在永康举行，来自金华市各县（市、区）10支社会救援队伍100余名参赛队员参加技能比武。竞赛通过综合体能、安全破拆、顶撑救援、翻舟自救、绳索悬吊等7个项目的比武，达到磨炼队伍、锻炼技能、学习互助的效果，不断提升全市社会应急力量实战水平。义乌民间救援协会8名参赛队员，训练5天，完成全部比赛救援科目，取得团体第三名的成绩，协会队员的凝聚力和战斗力得到提升。

（余旭含）

红十字会

【概况】 2021年，义乌市实现器官捐献13例，遗体捐献6例。强化红十字应急救护培训，培训急救员3158人，普及培训2.5万余人。年内，市红十字会募集爱心款416.3万余元。通过“常青博爱暖心基金”“復元爱心助医基金”“宾王扑克博爱基金”等爱心平台开展爱心活动，资助困难群众846人次，发放爱心款物127万元；援助河南、山西水灾24万元。开展对口支援活动，将毛毯等价值20.6万余元物资运送至四川巴州；联合侠客羽毛球杯俱乐部将4万元爱心物资捐赠贵州丹寨贫困学生；红十字救援队开展搜救失联老人、迷路驴友救援等活动10余次。参与德胜岩垃圾清理、美丽乡村精品线分站越野跑保障等保障活动20余场。通过微救援平台发布救人信息38条，找回走失人员32人。健全志愿者队伍及志愿活动的组织工作机制，组织开展“抗战老兵”等助老、助困、献血宣传等爱心活动30余次。（陈金弟）

【急救培训】 2021年，市红十字会开展红十字应急救护培训进企业、进学校、进社区（农村）活动160余场；完成普及培训2.52万人次，救护员培训3158人次。完成民生实事AED除颤仪操作员培训4255人次，初步构建全市公众急救响应圈，提升了群众应急救护意识和自救互救技能。

（陈金弟）

【红十字工作综合评估】 2021年2月，金华市红十字会下发《关于2020年度县（市、区）红十字会工作评估情况的通报》，义乌红十字会获“综合评估优秀单位”称号。2020年，义乌市红十字会全力助力打赢疫情防控攻坚战，累计收到疫情捐赠款2057.69万元，位列全省各县市第二名。人道品牌项目扎实开展，发放爱心款物99.8万元，受益困难群众593人次；助学8.5万元，11名贫困学生受益。通过红十字会网上虚拟仓库购买价值375万余元的救灾物资，北京、深圳等地红十字会购买急救用品15万余元，助力义乌经济发展构建双循环。深入一线开展急救普及培训1.66万人，发证2426人；“急救花开进

校园”项目获“2020年义乌市新时代文明实践志愿服务项目大赛”金奖。（陈全春）

【义乌世界商人献血日】 2021年7月15日，第六届义乌世界商人献血日活动在市中心血站举行。第六届义乌世界商人献血日活动从1月15日启动，由市商务局、世界商人之家发起，40家中外团体联合主办，701人成功献血，献血总量21.42万毫升。义乌世界商人献血日活动已连续开展6届，累计9424人参与活动，成功献血5072人次，累计献血量151.57万毫升。旭日公益俱乐部曾获第二届“义乌慈善奖”慈善项目奖，世界商人之家获第二届“金华慈善奖——慈善项目奖”。（陈丹花）

2021年7月15日，第六届义乌世界商人献血日在市中心血站举行。图为土耳其外商奥兹坎在献血（汪小闵 摄）

【“红十字”精神弘扬】 2021年“黑格比”台风过境，红十字救援队第一时间赴赤岸鱼曹头村参与救援，投入队员70余人次，成功救援转移群众46人。组织志愿者以上门慰问、过生日等方式开展慰问老兵活动20余次，发放慰问款物10余万元。成功完成造血干细胞捐献3例，挽救3名白血病患者生命；8名遭遇突发事故的大爱人士，在生命的弥留之际，捐献出自己的器官，让20余名在死亡和生存边缘的重病患者重获新生。（陈全春）

【义乌市红十字会消防公益基金成立】 2021年6月3日，义乌市红十字会消防公益基金成立，此基金启动爱心资金200万元，并接受企事业单位、个人捐赠或资助。红十字会消防公益基金主要用于救助资助身患重病、家庭困难或因战、因公牺牲、致重伤或致残的消防救援人员及家属。消防专项公益基金的成立，进一步细化消防救援公益基金使用范围、救助标准、审批程序等内容，借助消防公益基金平台，实行一事一救、特事特议，做到专款专用，多渠道开展抚恤优待和扶危救困工作。（陈全春）

【“世界急救日”系列活动】 每年9月的第二周周六为“世界急救日”，2021年9月10日“世界急救日”义乌市红十字会志愿者开展急救进学校、进社区及各种宣传活动，主题为“做学校、社区的急救英雄”。以此唤起人们的生命保护意识，提高公众应急救护能力，努力减少和减轻突发意外对生命的威胁和损失。志愿者走进校园、走进义乌国际商贸学校、稠城一小、义乌城镇职业技术学校等学校，为学校师生开展救护知识普及活动，活动受益人群4455人次。志愿者走进十七冶集团义乌廿三里街道第二集聚区项目部，为工地上的工人开展应急救护知识讲座，提高员工面对突发情况和意外事件的自救互救能力。志愿者走进义乌国际商贸城客运中心开展急救演练，提高客运中心的工作人员在面对紧急情况时能从容处置能力。“世界急救日”活动周期间，连续开展AED配置点位的操作员培训3场，新增救护员70人。（陈全春）

【爱心献血】 2021年，10月29—30日，义乌市红十字会联合义乌中心血站走进中国计量大学，2天时间内453人次无偿献血12.63万毫升；10名学生完成造血干细胞采样，加入中华骨髓库。11月3日，义乌市红十字会联合义乌市中心血站在稠城街道词林移民事务服务站举行无偿献血活动，来自马里、肯尼亚、尼日利亚等国家的22名外商贡献血液8400毫升。（陈全春）

【“陇头朱红梅博爱共富基金”成立】2021年11月30日，在义亭镇陇头朱村博爱家园举行“陇头朱红梅博爱共富基金”签约仪式，正式成立“陇头朱红梅博爱共富基金”。义乌市红十字会、义亭镇红十字会、义亭镇政府，陇头朱村两委等单位代表和陇头朱村村民代表、捐赠人共30余人参加签约仪式。“陇头朱红梅博爱共富基金”是义乌市首个接受义乌市红十字会管理和监督的村级博爱共富基金，规范和完善了村级慈善救助形式。由义乌市红十字会与义亭镇陇头朱村共同设立，并接受企事业单位、陇头朱村党员干部、村民、乡贤等爱心人士捐赠，基金主要面向陇头朱村村民，是专项用于助医、助学、助困的村民互助基金。协议签署后，村民现场捐赠5万元作为基金启动资金；参加签约仪式的人员现场观看流动献血车的献血情况。签约仪式结束，义乌市红十字会工作人员将急救包等物品赠送给陇头朱博爱家园，丰富了博爱超市的物品种类。（陈全春）

老龄工作

【概况】2021年，义乌市有60岁以上人口17.24万人，占总人口的19.78%，其中百岁老人76人。建成居家养老服务照料中心（站）514家，其中，居家养老服务照料中心406家，居家养老服务站108家，实现居家养老全市全覆盖，助餐、配送餐全覆盖，惠及老年人3万余人。全市养老机构入住2200人。市民政局全年办理老年人优待证1.67万张，拨付养老机构建设、运行补助及居家养老服务照料中心建设、运行、就餐补助和养老服务补贴6631.21万元。（胡　燕）

【养老服务体系完善】2021年，市民政局推进义乌市养老服务康养结合发展，推进怡乐新村、上溪养老院2家省级康养联合体建设。为500余名老人建立健康档案，制定康复计划，每月提供康养服务1600余人次。每天为1500名老人提供血压、血糖监测，为700名老人提供药物配发及指导。加强未来社区康养场景建设，逐步向一般城乡社区拓展，让居家养老服务照料中心成为社区的标配。实现老年人家庭签约医生全覆盖，建立家庭病床396张，养老机构普遍建立康复室，打造养老、医疗、康复、护理、临终关怀一体化、连续性的服务体系。（胡　燕）

【居家养老服务】2021年，为满足老年人的物质和精神需求，帮助居家老人解决日常生活中的困难，市民政局根据《义乌市居家养老服务补贴制度实施细则（试行）》，开展居家上门服务项目，针对义乌户籍65周岁及以上的低保低边、高龄（90周岁以上）老人，提供每月4工时或8工时的养老服务，服务内容包含容貌整洁、修剪指甲、洗发理发、足部清洁、助浴、陪聊沟通、陪医代购等。搭建居家养老信息平台，跟踪监督指导居家上门服务工作，确保服务质量。至年底，总服务4.14万人次，总工单数20.62万单。（程娇燕）

【“敬老月”活动】2021年10月，市民政局落实《义乌市推进孝义文化建设实施方案》，组织“孝心十碗菜”活动，在苏溪镇六都村居家养老服务中心为村里80周岁以上老人准备“孝心十碗菜”，菜谱面向全市征集，25名志愿者作为厨师为50余名老人提供服务。加强养老服务领域的社区、社会组织、社会工作“三社联动”，发动各类社会组织、各镇（街道）社工站组织人员到11家养老机构开展义诊、文艺演出等“敬老爱老”活动。（胡　燕）

关心下一代工作

【概况】2021年，义乌市关心下一代工作委员会（简称“市关工委”）围绕庆祝中国共产党成立100周年，落实立德树人根本任务，教育引导广大青少年听党话、跟党走。聚焦党史学习教育，启动“传承百年信仰争当时代新人”主题教育，开展“红色百年史”宣讲活动，举办“传承百年信仰争做时代新人”信仰对话1期，开设“老党员讲初心故事”电视专栏16期，开办“红树林”讲坛宣讲300余场，受教育青少年3.7万余人次。

【“红色百年行·童眼看世界”研学活动】 2021年4月，市关工委启动“红色百年行·童眼看世界”研学活动，组织青少年学生赴陈望道故居、“一带一路”青少年教育体验基地等关心下一代教育基地开展党史、国史、改革开放史和社会主义发展史教育，其中追寻“真理的味道”红色研学接待学生1.3万余人，“一带一路”研学活动微视频在中央广播电视台新媒体旗舰平台“央视频”播出。拍摄的“一带一路”青少年教育体验基地专题微视频《驶向辉煌的彼岸》在浙江少儿频道播出。探索“家校社协同”共育模式，开展推进“党史学习进万家”活动暨“家校社共育”签约仪式、“红色基因永相传老少携手庆重阳”“学时代英雄庆建党百年”校园主题征文、家校共建讲党史、老幼互动水墨画展等活动。深耕“义同成长”品牌，助力共同富裕和“双减”政策落地落实，“圆梦助学”关爱帮扶活动累计关心慰问新义乌人子女、困境儿童等特殊青少年群体667人次、点亮“微心愿”210个，“爱心伴你上大学”为106名困境学生发放慈善助学金91.4万元，为四川省巴中市关工委募集金秋助学款32.5万元。举办关心下一代“留义暖冬”行动、第二届“义同成长”夏令营、第七届青少年模拟法庭训练营、“同在蓝天下，科普共分享”等活动，“扶正行动”参与讯问现场维权3人次。实施“心灵护航”行动，推进鸡鸣山、锦都2个社区青少年心理健康服务社区试点。立足固本强基，常态开展“两问大走访”基层调研活动，相继走访14个镇（街道）、15个部门、36个村社、20所学校、8家企业、2个商会、10个基地，推进基层关工委的自身建设。年内，“一带一路”青少年教育体验基地被命名为“浙江省第三批关心下一代教育基地”，市教育局、廿三里街道、义亭镇缸窑村、城西街道何斯路村、江东街道塔下洲社区5家关工委被评为金华市“五好”基层关工委，市关工委红色导师、抗战老兵朱光被评为全省“红船精神优秀五老宣讲员”，稠州一小学生金汉邈被评为2021年度浙江省“青少年英才·红船好少年”。

2021年8月2日，在义乌市第二届“义同成长”夏令营开营仪式上，市关工委向小朋友赠送“童心速递”礼包 （市关工委 供图）

【第二届“义同成长”夏令营】 2021年8月2日，由市“三服务”办、市关工委、市总工会、北苑街道党工委、市快递行业党委主办的义乌市第二届“义同成长”夏令营开营仪式在义乌老年大学报告厅举行，各主办单位相关领导及90名小营员参加开营活动。举办“义同成长”夏令营活动，旨在为部分家庭缓解暑期无暇照顾子女的问题，让新义乌人子女融入义乌，并通过为期5天的红色教育、传统文化教育、安全教育和职业体验等课程和实践活动，为青少年提供挑战自我、增长知识、磨炼意志的平台。

【首届“一带一路”随手拍国际大赛】 2021年6月26日，由市委两新工委、市关工委、市侨联及义乌市互联网行业党委指导，城西街道党工委、国际生产资料市场分公司主办的2021义乌市首届“一带一路”随手拍国际大赛在义乌生产资料市场

2021年4月21日，江东街道组织辖区内的少数民族群众在阿依乐莎莎工作室开展精读红色书籍活动 （吐送尼莎肉孜买提 摄）

举行启动仪式。大赛共设青少年摄影组、青少年短视频组、成人摄影组、成人短视频组4个组别，征集反映“一带一路”倡议为沿线国家、城市、企业和民众带来新的机遇、新的故事、新的梦想的短视频、摄影等随手拍作品。10月10日，在义乌中国进口商品城孵化区举行颁奖典礼。大赛共征集来自美国、意大利、日本等10多个国家和地区的摄影爱好者400幅摄影、视频作品，活动线上专题访问量30万次。经专家评审，《扫货全球，来义乌就“购”了》《驶向未来》等84件作品分获各组一、二、三等奖及最佳人气奖。 （黄林滨）

民族事务

【概况】 至2021年12月，全市有来自31个省（市、自治区）的52个民族（不含汉族）成分的少数民族17.83万人，其中外来少数民族流动人口16.88万人，落户少数民族9500人。年内，义乌市工商职业技术学院获评“省级中华民族共同体意识研究基地”，陈望道故居获评“民族团结进步教育基地”，江东中学获“全省铸牢中华民族共同体意识教育试点”，长春社区获评“省级民族团结进步创建重点培育单位”，市民族宗教事务局获评“全国民委系统先进集体”。

【“同心庆百年”系列活动】 2021年，市委统战部（民宗局）围绕“民族‘义’家亲”主题，组织开展走进美丽新农村、“我心向党民族团结一家亲同心庆百年”主题快闪，“党的恩情说不完——少数民族企业家座谈会”“石榴花开红艳艳——红色老物件背后的故事”分享、“铭记革命历史弘扬爱国精神”爱国主义教育等活动，进一步增强各族人民对祖国、中华民族、中华文化、中国共产党和中国特色社会主义认同感。3月23日，由市委统战部主办的“民族一家亲·同心庆百年”暨“百年征程·义商向党”活动在上溪镇黄山村举行。市民族团结进步促进会、世界义商总会到黄山村，开展党史教育、红歌合唱、结对共建等系列活动，46人参加活动。4月18日，由四季社区和市民族团结进步促进会联合举办“我心向党民族团结一家亲同心庆百年”主题快闪活

2021年9月26日，“欢喜迎国庆·共叙民族情”——义乌市民族文化艺术节2021暨民族团结进步宣传月系列活动在市工人文化宫举行 （市委统战部 供图）

动在雪峰公园举行，以拍摄MV形式歌唱《唱支山歌给党听》，以此表达对共产党和祖国的热爱之情，来自13个民族的民促会的会员和社区工作者32人参加活动。4月21日，江东街道组织辖区内的少数民族群众在阿依乐莎莎工作室开展精读红色书籍活动，抒发爱党爱国的真挚情感。

【国家通用语言义乌培训班】 2021年，为助力少数民族群众实现共同富裕，义乌探索建立需求、资源、项目"三张清单"工作法，通过政府购买服务、社区培育孵化等形式，依托社会组织广泛参与，实现社区、社会组织、社工、社区志愿者"四社联动"，确保各类培训项目常态化。在鸡鸣山和银海社区组织承办2021年度浙江省少数民族人员国家通用语言培训班，培训时间为2021年6月至2022年5月，鸡鸣山社区开课时间为每周六8时30分至11时30分，银海社区开课时间为每周四12时至15时。在组织语言学习的同时，穿插法律法规学习、国学经典诵读、爱国主义教育等内容。全年，累计开展培训80场次，参加少数民族群众4000余人次。

【民族文化艺术节】 2021年9月26日，"欢喜迎国庆·共叙民族情"义乌市民族文化艺术节2021暨民族团结进步宣传月系列活动在市工人文化宫举行，市委统战部（民宗局）、各镇（街道）、部分在义乌的商会组织代表及少数民族代表等160余人参加活动。活动采用线上与线下相结合的方式举行，线下在现场表演婺剧、古筝独奏、民族舞蹈等文艺节目，线上在稠州论坛官网及App上播放，16.7万人次在线观看。9月，是民族团结进步宣传月，市委统战部组织开展民族文化展、民族团结故事会、民族团结知识网络竞答、民族文化艺术节等系列宣传教育活动，125.35万人次在线参与活动。

【获"省级民族团结进步创建重点培育单位"称号】 2021年12月16日，浙江省民宗委发布《关于公布第四批省级民族团结进步创建重点培育单位名单的通知》，义乌市福田街道长春社区被命名为第四批省级民族团结进步创建重点培育单位。福田街道长春社区成立于2006年1月，占地面积1.36平方千米。社区共有常住人口3386人，流动人口1万余人，其中包含30个民族成分的少数民族614人，以维吾尔族、苗族、回族、布依族、土家族居多。社区坚持以党建为统领，进行组团式的全覆盖服务，多元化的参与模式，多形式的人文交流。社区联合共建单位福田派出所成立义乌市首个少数民族服务站。除聘请少数民族同胞作为服务站工作人员外，还邀请少数民族热心人士担任志愿者，成立"和缘居"少数民族工作室，通过生活向导、就业指导、心理疏导等优质高效服务帮助少数民族同胞解决生活就业难题。依托春节、中秋、端午等传统节日，以体育、文化、美食等为载体，促进各民族的交流交往交融。推动双向服务，共建美好家园。

（王伟杰）

宗教事务

【概况】 2021年，全市共有佛教协会、基督教三自爱国运动委员会、基督教协会3个宗教团体，依法登记的宗教活动场所89处。加强对宗教活动场所安全监管，召开宗教工作专题会议8次。对全市宗教活动场所开展安全生产"排险除患"集中整治行动，严格落实宗教活动场所的安全主体责任。

【民族宗教界共庆中国共产党成立100周年系列活动】 2021年，市民宗局以"同心向党·和合义乌"为主题，组织开展庆祝中国共产党成立100周年系列活动。共开展"四史"学习（学习中共党史、新中国史、改革开放史和社会主义发展史）、"颂党恩"等系列活动10余场次，2400余人次参与活动，提升感党恩、听党话、跟党走的政治自觉，凝心聚力，为实现第二个100年奋斗目标和中华民族的伟大复兴贡献力量。

【"五教同行·和合义乌"活动】 2021年2月26日，2021年"五教同行·和合义乌”春季读书会在同心苑举办。市民宗局全体领导干部，义乌市佛教、道教、伊斯兰教、天主教、基督教五大教负责人26人参加读书会。会议学习《中国共产党统一战线工作条例》中的民族工作条例和宗教工作条例和《宗教教职人员管理办法》。3月31日，市民宗局举办“同心向党·五教同行”讲经说法比赛，80余名宗教界人士参加活动，来自五大教的10名参赛选手围绕“爱国主义”主题开展演讲，诠释对中国共产党和祖国的热爱，展现义乌市宗教界感党恩、听党话、跟党走的信心和决心。6月22—24日，市民宗局组织全市五大宗教代表人士赴湖州、上海等地，开展“同心向党·五教同行”红色教育实践活动，40余名宗教界人士参加活动，感受共产党人一心为人民谋幸福的奉献精神和不怕流血牺牲的钢铁意志。9月29日，由市民族宗教事务局主办、市消防救援支队协办的义乌市“五教同行·和合义乌”消防大比武在义乌市城隍庙举行。比武分个人赛“原地着装负重50米一人两盘水带连接操”和团体赛，五大教分别派出1名代表参加个人赛、一支4人队伍参加团体赛。经现场评判，伊斯兰教代表队获团体赛和个人赛第一名。通过此次实战化灭火救援技能比赛，检验各教消防安全能力，增强宗教领域消防协同作战和应急救援能力。

【佛学图书馆新建】 2021年3月26日，浙江省佛学图书馆义乌分馆由香山寺迁至双林寺，新建佛学图书馆启用。佛学图书馆由寺院山门殿改建而成，占地面积为100平方米。有藏书5000余册，其中佛学相关书籍2500册。全年无休对外开放，开放时间为8时至16时（含节假日）。至年底，佛学图书馆共接待读者1.2万人次。（何杭军）

【双林文化】 2021年6月23日，义乌双林文化讨论交流活动在双林寺召开，来自浙江省佛教协会、浙江省社科院、四川大学、义乌本土的专家学者及市双江湖新区管委会、市民宗局、市自然资源和规划局等有关部门23人参加讨论，共同探讨双林寺规划建设定位和双林文化的发展弘扬。双林寺位于义乌市佛堂镇云黄山，为南朝梁时傅大士所建，经15个世纪，梁陈初创时因规模宏大、高僧辈出而名扬中外。北宋时有僧舍1200余间，僧尼2000余人，被誉为“震旦佛国，庄严第一”，又有“天下第三，江浙第一”的盛誉。与会人员充分肯定了义乌市对佛教文化建设保护工作的重视，指出义乌的双林佛教文化是丰厚的历史文化遗产，应充分挖掘其文化历史价值和宗教价值，更好地加以保护、开发和利用。2021年，对双林寺进行修缮建设，完成建筑面积9000平方米的两侧厢房建设的审批和主体建筑建设工作，完善日常修行管理、房屋修缮、生态园林打造等工作。10月25日，双林寺被评为“省级平安宗教活动场所”。

【中国—东南亚道教城隍信仰文化系列活动】 2021年7月19—21日，由中国道教协会、新加坡道教总会主办，义乌市城隍庙承办的2021年中国—东南亚道教城隍信仰文化系列活动在义乌举行，活动采用线上+线下同步参与的方式，中国道教协会会长李光富、中国道教协会副会长谢荣增、董中基、张高澄及来自全国各地的高道大德、国内各城隍庙代表、专家学者等300余人到义乌参加活动，新加坡道教总会会长陈添来及马来西亚道教总会、印尼三教庙宇协会、泰国道教总会、菲律宾中国道教总会、新加坡韭菜芭城隍庙代表等通过网络在线参加活动。活动的主要部分为城隍文化研讨会，共分4场。张高澄做主旨发言，道教界人士、专家学者、东南亚道教团体代表和国内各城隍庙代表作交流发言。与会人员围绕城隍信仰的起源、发展、特点、时代价值、传播路径，及城隍庙的创修与沿革等内容进行深入探讨，系列活动包括祈福法会、道乐雅集、婺剧表演。（王伟杰）

镇·街道

佛堂镇

【概况】 佛堂镇位于义乌市南部，全镇区域面积134.1平方千米，下辖54个行政村，7个社区，户籍人口8.8万人，总人口22万人。2021年，全镇地区生产总值81.87亿元；完成财政总收入9.2亿元。城乡居民可支配收入分别为8.01万元和4.22万元。

全镇耕地面积2886.67公顷，耕地流转面积2593.33公顷，土地集中流转率89.8%，新增垦造耕地面积11公顷，粮食播种面积1400公顷，总产量7600吨；蔬菜面积1180公顷，产量3.4万吨；水果种植面积1266.67公顷，产量5600万吨；甘蔗56公顷，产量1.4万吨；肉类7575吨，禽蛋10.7吨。全镇有农业企业50余家，大户（20亩以上）180余户。第一产业增长值4.67亿元，同比增长6.9%。

2021年，全镇实现工业总产值338亿元，同比增长7.8%，其中规模以上工业产值100亿元，同比增长23%。全年14个牵头实施的市重点工程及重大工业项目均顺利推进，完成有效投资15亿元，其中工业投资8.6亿元。开展小微园建设，完成市级认定1家、省级认定1家。完成工业存量用地提升改造46.13公顷；完成国家高新企业申报11家，续展2家；新增省级科技型企业27家、市级研发中心11家、省级研发中心1家、高新技术企业9家。申报国家级重点人才5人、省级重点人才9人。

基本建成市数字化改革“9+2”重点项目——基层治理四平台“安心居”应用场景，实现出租房管理一图全览、一网联动、一键预警。承接省“防汛防台在线集成应用”贯通试点，完成内河水位监测等智能化装置安装。全面完善政府法律顾问制度，扎实推进“一村（社区）一法律顾问”，在全市率先探索村社合法性审查工作，获评“金华市法治建设示范乡镇”。

【重大工业项目推进】 2021年，佛堂镇坚持项目牵引，14个市重点工程及重大工业项目均顺利推进，万建鞋业、中科环境、蜜蜂集团二期3个重点项目落地开工；日信、王宅等区块建设项目顺利进行，蟠龙二期完成2308套。渡磐桥、朝阳路下穿等重点交通工程开工，芳山路、渡磐路等6条新建、改造道路完工。入城口景观点亮古镇地标，智慧公厕、城市客厅定义新时代老街，蒲川水街开街当日引流10万余人次，伏虎桥及两岸照明工程获中国照明奖工程设计一等奖。

（金群明）

【“百园工程”全面完成】 2021年，佛堂镇将“百园工程”作为重点攻坚项目，每个项目都制定倒排时间计划，明确每月节点目标，工程建设“加速度”“百园工程”全面完成。新建2个省、市级示范垃圾分类小区、4个示范村，违停率下降60%。完成全市首批农村家宴“阳光厨房”建设，老街65家食品经营单位全部纳入“234”消费维权新模式，镇食药安办获评“省五星级食安”。全年开展各类文化活动4000余场，承办全国手机摄影大赛。完成低保低边关心关爱工作，残疾人艺术创作中心开业，7个“枫桥式”退役军人服务站创建。年内，佛堂镇高分通过国家卫生镇复审。（金群明）

佛堂镇农业“双强”示范区

（佛堂镇政府供图 2021年7月7日摄）

【农业高质量发展】 2021年，大力推动全镇非粮化、非农化土地整治，建设高标准农田1466.67公顷，完成“非粮化”整治433.33公顷；新建设906.67公顷高标准农田，占全市新增标准地总量94.4%，新增认定农业“标准地”126.67公顷，提升64.47公顷，引入南江生态农业园等招商项目14个，全年新建、改造涉农项目4个，其中南江生态产业园10月开园营业。建立优质农产品无公害农产品基地1家。与市场集团签订合作协议，通过实施农业“双强”示范区，推动一产接二连三、全链融合升级，30公顷蔬菜产业园基本成型，预计年产蔬菜1300吨，产值800万元。强化农业数字化管理，承接市农业局数字“标准地”2.0试点，与华东勘测设计研究院合作开发农业数字化管理平台，聚集农地管理、农人管理、农业设施管理、农业主体管理四大管理功能，实现气象监测预警、营养长势、病虫害监测、作物产量四大助农服务，实现平台模拟运行，蔬菜产业园、南江生态农业园数字设施先行先试，全镇规模连片土地数字化管理全覆盖。毛陈—舟塘湖、龙溪—塔山两大粮食生产功能区双翼提升。村村行动，点点特色，2个村整村拆除，5个村有机更新有序推进，新增省新时代美丽乡村达标村9个、精品村6个，A级景区村7个。以改革引领共同富裕示范乡镇建设工作在金华市第九次改革会上作典型交流发言。（金群明）

【全域土地综合整治】 2021年，佛堂镇结合全域土地综合整治和国土空间规划调整，重点推进朝阳新村、前王、下前王、东山、后力山等村的社区化+高层集中安置模式，探索石壁、倏芹等村的原址更新+高层集中安置模式，形成资源优化配置与服务提档升级相辅相成的集成效应。打造农村宅基地改革2.0版，完善宅基地农户资格权保障机制，多种形式保障农户居住权。坑口村通过宅基地有偿配置，4个自然村集中改造、共同发展，实现从远近闻名的经济薄弱村向和美乡村的蝶变。推进农业标准地改革，通过建立粮食、蔬菜、农旅三大万亩片区，红糖、畜禽、渔业三大千亩基地，形成全域农业发展格局。将碎片化、分散式的土地集中纳入平台，经规模化、标准化打造后，统一流转，龙溪村86.67公顷的高标准农田，为村集体增收30万元。（金群明）

【基层治理改革】 佛堂镇作为浙江省基层治理数字化改革试点单位，积极探索基层治理的创新方式。2021年，深化“大综合一体化”行政执法下沉式改革，打造“党建统领、一体运行、数据互通、证据互认、联合执法”的社会治理大数据中心，接轨贯通“141”体系，统筹推进治理现代化。“四个平台”网格智能化管理标准化试点项目以92.5分的成绩通过国家标准委第五批社会管理和公共服务综合标准化试点项目终期验收，得到评审专家一致肯定，认为“四个平台”网格智能化管理标准化试点项目构建了一套高效、智能、专业的服务管理标准体系，在营商环境和政府管理上实现重大突破，为其他基层社会治理标准化提供良好的借鉴。（金群明）

【社会治安联合防控】 2021年，佛堂镇采取“社会治安联合防控、矛盾纠纷联合调解、突出问题联合治理、重点工作联勤联动、基层平安联合创建、重点人员联合服务管理”等措施，并形成常态长效机制。劳动争议调处486起，追回劳动者报酬1081万元。建成村社“矛盾不出村”站点5个，处理矛盾纠纷1360起，初信初访化解率达96%以上，电信网格诈骗警情同比下降16.6%。强化安全生产责任，2780家企业全部列入“一图一扫一码”数字化监管，扎实开展电气线路、高层消防等专项整治行动，发现问题隐患1万余处，96%的问题完成整改。加强防灾减灾救灾体系建设，至年底，建设村社标准化避灾点4个，推广智慧用电系统180套，利用安全体验教育基地接待参观、学习9000余人次。（金群明）

【疫情管控】 2021年，佛堂镇做好新型冠状病毒肺炎疫情防控工作，全年累计核查3.9万人次、管控3388人，推进疫苗全程接种16.3万人。同步推进指挥部运行体系全面完善、全面提速，4个专班高效协作，25个单元“条块同责”“疫网通控”精准留痕，发布《佛堂镇疫情防控督查通报》12期，发现、整改问题7946条，关停各类场所673家，停业整顿企业33家，通报、约谈、训诫干部及企业主119人次。68支宣传队携手5600余名党员志愿者，依托2460个三级作战单元，让疫情防控成为全民共识。（金群明）

【文化阵地建设】 2021年，佛堂镇以“人文美、生活美”为要求，在紧抓经济建设的同时，不断完善文化阵地建设。年内，对文化中心进行整体扩建及装修，补齐基础设施短板。对原文化中心原本存在的桁架屋顶漏水、会场内部老旧、空调灯光音响功能不完善，使用功能不完善进行改造；对原本进门处暗，观众厅老旧且功能与实际需求不匹配进行整体改造。文化中心装修改造后，门厅、剧院、接待室、化妆间、设备间、音响室、储藏室、档案室、办公室等焕然一新。（陈金春）

【美丽城镇建设】 2021年，佛堂镇聚焦美丽城镇建设，重点打造生态廊道、“蒲川之夜”网红街、伏虎桥廊桥等景观工程，年内，成功登榜新时代美丽城镇建设省级样板，入选浙江省美丽宜居小城镇优秀样本。深入推进全域旅游，成功创建15个省新时代美丽乡村达标村，6个新时代美丽乡村精品村。（陈金春）

【防汛防台应急演练】 为应对和防御暴雨、洪水、水利工程险情等突发事故，进一步增强处置突发事故的快速反应能力、应急处理能力和协调作战能力，有效检验突发事件应急机制和防汛应急预案的针对性和可操作性，增强群众防灾避灾应对能力，最大限度地避免或减轻暴雨、洪水、水利工程险情等灾害造成的生命和财产损失，2021年4月28日，义乌市佛堂镇在钟村举行2021年佛堂镇防汛防台应急演练。佛堂镇、市应急管理局、市水务局相关领导共120人参加演练。演练背景：义乌市受某天气系统影响，连续多日出现较强降雨，启动山洪灾害Ⅲ级响应。演练分为监测预警组、堤防抢险组、水上救援组、人员转移组、后勤保障组、观摩组6小组。监测预警组根据上级预警信息，向总指挥报告启动山洪灾害Ⅲ级响应。模拟预报南江洪水位将超过堤顶并可能漫顶，为防止洪水淹入村庄，抢险作业组在接到水利工程发生险情抢险指令后，迅速开展堤防抢护工作，为防止堤防漫溢，加高堤防60厘米；模拟有村民落水和被困遇险，急需组织水上搜救和被困转移，水上救援组对此开展水上巡查及救援；模拟根据气象预报未来3小时南江钟村段降雨达100毫米，根据山洪转移指令，山洪灾害人员转移组按“方向对，跑得快”的原则，敲锣、鸣笛后，快速分组组织转移受威胁的群众。整个演练过程组织严密、紧张有序、有条不紊，各应急小组快速

响应、密切配合，快速、准确、高效地处置了预设险情，演练达到了预期效果，为应对突发事件积累了实战经验。（陈金春）

【两岸景观照明工程获中国照明奖一等奖】 2021年9月13日，第16届中国照明奖获奖名单出炉，佛堂镇伏虎桥、伏虎桥到浮桥段，两岸景观照明工程，获"中国照明奖工程设计一等奖"。伏虎桥古建廊桥总长204.8米，伏虎桥改建工程采用水桥式廊桥主题，廊道采用古建筑风格，实体建筑为木构架结构，由牌楼、长廊、八角亭等组成。其中，廊桥上雕刻的瑞兽、花鸟虫鱼、琴棋书画等融合了大士伏虎等历史文化典故，与义乌江沿河佛堂老街景观、远处万善浮桥交相辉映，成为佛堂古镇独特的美景。伏虎桥的灯光色温灵感来源于义乌江水面的光影交叠与明暗变化，捕捉和提炼了江南建筑灵动、精巧、雅致的意趣，透过粉墙黛瓦、连廊、花墙、漏窗、楼阁，起伏错落有致，使桥体建筑与自然环境巧妙结合。灯光分布随形而变，描绘建筑不同的细部景致，还原佛堂古建筑古朴厚重的灯光韵味。整体灯光氛围以展现古镇历史人文特色为基调，以塑造夜景典范为目标，打造恬静自然、雅致休闲的夜景氛围。两岸景观带利用夜景灯光串联万善桥、伏虎桥，使两桥灯光风格统一、自然过渡。伏虎桥及浮桥两岸的灯光很好地烘托出佛堂镇的整体气氛，进一步提高了群众夜间游玩的舒适性、安全性，丰富了城镇夜间景观。（陈金春）

苏溪镇

【概况】 苏溪镇位于义乌东北部，总面积109.1平方千米，下辖43个行政村和5个社区，户籍人口5.67万人，常住人口21万人。2021年，全镇地区生产总值108.28亿元，同比增长12.07%，2021年，财政总收入2.72亿元，同比下降60.9%，一般公共预算收入3.02亿元，同比下降29.8%。

全镇耕地面积1260公顷，连片流转土地160公顷，新增农业标准地100公顷。粮食播种面积600公顷，总产量4000吨；连片蔬菜播种面积20公顷，产量600吨；水果种植面积26.67公顷，产量700吨。引进纯农业项目1个，落实小麦种植133.33公顷，水稻种植466.6公顷。引进新型农业主体1个。"欢乐杜村"极速部落趣玩谷项目一期投入运营，杜村获省级特色精品村称号。启动农村有机更新14个，审批宅基地1134户。向上争取土地指标53.77公顷、林地指标5.33公顷。

全镇实现工业总产值446亿元，同比增长86.3%，其中规模以上企业86家，产值349亿元，同比增长120.3%；全年完成有效投资55.9亿元，其中本级完成6.7亿元。全年新增义乌市级小

佛堂镇伏虎桥及两岸景观照明景观　　（佛堂镇政府供图　2021年9月15日摄）

微园1家，新增爱旭太阳能、天合光能2家产值超百亿元企业，新增省级平台入库小微园2家、金华市级研发中心4家、数字化车间改造备案5家、“小升规”企业15家、统计五星单位11家和四星企业单位16家；新增国家高新企业22家、省科技型企业44家。完成规模以上工业企业研发费用8.8亿元，同比增长134%。新增省科技型中小企业41家，完成率117%；新增申报国家高新企业19家，复评3家。完成重点人才申报2人次，高层次人才申报2人次。完成D类企业整转15家，完成低效工业用地整治29.13公顷。（朱　剑）

【重点项目建设推进】 2021年，苏溪镇完成9.8千米金甬铁路（苏溪段）政策处理，征收土地32.27公顷（涉及15个行政村），拆迁安置191户。推进义乌（苏溪）国际枢纽港一期政策处理，完成上山下村整村拆除、货运站轨道拓宽工程1.37公顷土地征收和范家村53.33公顷土地流转。完成1300人的畈田整村集聚，为高新产业项目腾出26.67公顷发展空间。启动农村有机更新14个，审批宅基地1134户。车站全高层顺利结顶。完成所有高层住宅小区燃气“液转天”“瓶改管”，受益居民4571户；完成梦湖苑雨污水管、人民路马丁雨污水管、东湖门张卜村污水连接管、塘里蒋污水连接管4项工程，新建雨水管1650米、污水管3643米；完成紫竹苑、中都·御金嘉园、水木清华3个老旧小区改造。新建公交候车亭15个、新能源汽车公共充电桩63个、天然气入户2256户、村社卫生服务站提升改造7个，智慧安防小区建设26个，完成6个学校上下学接送区建设、丽景街市政道路一标、胡宅幼儿园周边道路建设。实施雨污工程152个，累计污水减量每日2000吨，断面水质稳定在Ⅲ类水以上。（宣自成）

【疫情联防联控】 2021年，苏溪镇新型冠状病毒肺炎疫情防控继续运行“党建+单元”三级作战体系，制定《苏溪镇“党建+单元”运行激励办法》，进一步夯实“党建+单元”三级作战体系，压实各级指挥单元主体责任，全镇50个党组织3600余名党员干部带动2000余名干部群众，依托“党建+单元”作战体系，建立起5172个三级作战单元，昼夜坚守大小卡口，齐心协力做好疫情防控工作。全年全镇累计开展核酸演练147次，接收上级指令7.84万条，下达指令7.84万条，完成率100%。防疫期间共隔离925人（入境119人，市综合服务点806人），累计管控4830人，日常健康监测3905人，自主摸排5999人，开展核酸和血清检测2.34万人次。首推疫苗接种线上预约，率先开发出苏溪镇防疫工作数字化管理系统，平稳有序接种疫苗。至12月底，累计完成疫苗接种36.77万剂次，其中，未成年人完成全程接种1.95万人，加强针（仅限成年人）完成接种2.18万人，老年人（60周岁以上）完成全程接种1.06万人。（王航军）

【“消薄”项目推进】 2021年，苏溪镇持续推进“消薄”项目，通过村级单建项目、联建项目等增加村级集体经营性收入，使43个村全面达到50万元，其中7个村达到100万元以上；268个低保家庭户及52个低边家庭户累计发放低保金325.6万元。年内累计上报市慈善总会救助42人次，大学生救助3人，救助金21.1万元；临时救助17人次，救助金9.93万元。开展“慈善一日捐”活动，累计募捐40万元。（寿戈菲）

【民生工程创新推动】 2021年，苏溪镇新建文化礼堂18所，实现500人以上行政村全覆盖；承办义乌市“咨询一口清”试点工作，设立咨询专窗；公安窗口改制，由原先的身份证、户籍、流动人口、交警等各自分散的服务统一改制成一窗自助受理；新建24小时自助服务区，实现24小时“不打烊”政务服务；建立六都、邢宅2个村社直办点。胡宅、长府、镇东3个幼儿园和1所12年制一贯制学校建成投用，共增加学位3150个。居家养老中心全面恢复运营，新建居家养老照料中心4个，配送餐实现全覆盖。新建长府幼儿园东侧、胡宅幼儿园南侧、老区委3个停车场，新增停车位260余个，完成龙祈路二标绿化、木城街心公园、春风大道（长府村）

花境、国贸大道辅路蒋宅段绿化、国贸桥下蒋宅村段绿化等5项工程，新增绿化7000余平方米。完成9个卫生服务站改造，其中全省首个联合卫健部门、药企创设的五星级标准的药事服务站挂牌营业；成功创评健康村6个，健康企业3家，健康食堂1家，健康主题公园1家。完成对镇内金峰山、楼存傅、齐庐山烈士陵园的整改修缮工作，完成6个枫桥式退役军人服务站，退役军人之家及老兵码注册率达到60%。年内，苏溪镇文化站被评为浙江省“特级综合文化站”。在第十届“浙江孝贤”中，评选苏溪镇入选慈孝之乡。苏溪镇“叠红馃”“打草鞋”获第八批义乌市非物质文化遗产代表性项目。完成3个文保点，1个三普点大修（溪北张大宗祠、花厅申福堂、翁界务德堂，青春村栋梁堂）。六都村获评省垃圾分类示范村、省无废乡村，里外甘小区获省级垃圾分类示范小区。创建省级五星食安办，光源科技小镇获评省AAA级景区镇，新创建1个浙江省AA景区村庄（杜村），7个浙江省A级景区村庄。

（胡炜炜）

【平安综治维稳】 2021年，苏溪镇矛盾调解中心受理案件513件，协调处置327件次，联席会商解决48件次，交办138件次。镇调委会调解室、派出所调解室和法庭调解室，全年受理、调解成功各类矛盾纠纷745起，涉案人数1820人，涉及案值4266万元，其中意外亡人16件。调解劳资纠纷1248件，涉案值1500余万元。全年收到市级以上信访件1425件，化解率99.7%，其中：国家级积案交办14件、省级积案交办9件全部化解；初信初访件178件，化解率95.5%。建成智安小区13个。牵头交通综合整治工作，经验做法获市领导批示，全市进行推广。年内成功创建金华市级民主法治村9个、省级民主法治村1个。辖区内所有危化品使用企业纳入“浙江省危险化学品风险防控大数据平台”，实施危化品生命全周期监管；继续完善“基层党建+安全生产标准化”监管体系，2021年获得“金华市检查党建+安全生产标准化示范镇”称号。

（韩宗华）

【15个行政村全面完成征迁】 2021年1月11日，苏溪镇召开金甬铁路苏溪段建设拆迁动员会，成立4个工作专班，深入征迁村开展政策宣传、解释、答疑工作。2月23日，位于苏溪镇联合村的2幢腾空房屋完成征迁“首拆”。7月15日，位于苏溪镇上山下村的金甬铁路红线内最后一栋旧房成功拆除，为金甬铁路苏溪段红线内191户拆迁户画上圆满句号。金甬铁路是国家经济发展战略中的重要节点工程，此铁路起自义乌站，终于宁波云龙站，全线长188.3千米，总投资287亿元，设计行车速度每小时160千米，按满足运行时速200千米动车组的标准建设，为客货共线铁路。其中，苏溪段长9.8千米，计征地面积32.27公顷，拆迁安置涉及15个行政村。苏溪镇高度重视金甬铁路拆迁安置工作，充分发挥党员先锋模范作用，依靠项目沿线村及社会各界力量，全面攻坚历史遗留问题，确保项目无障碍施工。

（陈金春）

【助力复工复产新春招聘会】 2021年2月15日，由市人社局、市经信局、苏溪镇政府主办的“开门奔共富奋斗创未来”苏溪镇助力复工复产新春招聘会在咚咚孝义广场举行，70余家苏溪辖区企业携2000余个岗位供求职者选择。招聘会当日，30余家企业有关负责人轮番上场推介招聘，累计6.33万人次观看招聘会网络直播，325人通过直播间初步达成到苏溪就业的意向。此次招聘会，为招工企业和务工人员搭建了有效对接平台，帮助新苏溪人及农村富余劳动力通过就业实现致富增收，助力苏溪镇经济社会发展。

（陈金春）

【“第一书记”管理标准】 2021年，为扎实推进“五星三强”基层党组织建设，4月22日，苏溪镇发布《苏溪镇村党组织第一书记管理10条标准（征求意见稿）》（简称《标准》），确保全镇下派的40位“第一书记”真正沉下去、待得住、干得好。《标准》要求，实行村党组织第一书记全覆盖，推行“5810”工作机制，做实开门五件事，周五参加“两委”班子集中办公，每月十五日参加主题党日活动；村党组织第一书记对村务决策和公开、“三资”管理、工程项目建设、发展党员等重大事项进行把关和监督，指导推动村级权力和事务规范运行，严格落实村级工程项目建设招投标、村级资金支出联审联签、村级财务审计等制度，进一步规范“村账镇管”；团结带领村两委班子广泛开展“两问大家访”，形成干事创业项目清单，签订“军令状”并主动认领两项以上工作任务。同时，结合年度考核，苏溪镇每月至少1次对村党组织第一书记的总体评价、村级班子整体运行情况、存在问题、改进意见等进行分析研判，统一建立村党组织第一书记信息化人事档案。《标准》明确了对“第一书记”的关心关爱举措，健全教育培训机制，并提出将村党组织第一书记的履职情况作为“两优一先”评选重要依据，全面系统地完善了选派一批驻村包村的“第一书记”、构建一系列村务决策的规范流程、探索一组简洁管用的公开办法、形成一个四位一体的监督体系、健全一套保障落地的有效制度等村级权力监督“五个一”工作机制，进一步激发“第一书记”干事创业的热情。（陈金春）

【同心苑乡贤会客厅启用】 2021年，苏溪镇为进一步落实“乡村振兴战略”和《关于发挥新乡贤在助推乡村振兴战略中积极作用的指导意见》精神，进一步加强基层统战工作，深入细致挖掘新乡贤资源，统筹镇乡贤会、镇侨联、镇商会、苏新荟、知联分会等资源，合理调配现有场地资源，倾情打造镇同心苑（乡贤会客厅），为新乡贤及其他统战成员打造一处温馨家园。5月26日，苏溪镇同心苑乡贤会客厅启用。10月15日，苏溪、福田乡贤会在同心苑乡贤会客厅启动乡镇乡贤会合作交流活动，16名乡贤齐聚苏溪镇，就两地乡贤工作助推地方经济发展开展交流。乡贤交流中，福田街道与苏溪镇互赠书籍和书法作品。（陈金春）

【苏溪LNG应急储备站置换投产试运行】 2021年8月9日，苏溪LNG应急储备站正式置换投产试运行。苏溪LNG应急储备站位于苏溪镇高新管委会后方（东洪地块），占地面积1.39公顷，建筑面积1922.3平方米，总投资概算5998万元，为义乌市十大民生实事工程之一。项目于2020年5月开工建设，2021年8月9日投产。投产现场，操作组人员分区域进行操作，严格按照置换方案保证置换的总体进度，共耗时14小时，完成置换通气。义乌天然气公司苏溪LNG应急储备站正式置换投产试运行，有效缓解了义东及义北区域天然气的供需矛盾，为义乌市的民生发展提供了强有力的气源保障。（陈金春）

【全国首座工业污水处理厂污水处理工艺调试运行】 2021年9月30日，义乌首座工业污水厂武德净水厂开启污水处理工艺调试运行。武德净水厂是全国首座高浓度光氟废水再生利用的工业污水处理厂。此厂于2019年建设，项目总投资概算3.6亿元，总占地面积3.4公顷。主要建设内容包括污水处理系统、再生利用系统和浓盐水处理系统三部分，其中，污水处理系统设计规模每日3万吨，再生利用系统设计规模每日2万吨，浓盐水处理系统设计规模每日1.6万吨。此水厂的污水处理系统主要服务高新区爱旭太阳能和华灿光电2家企业。武德净水厂以接收处理企业排放的工业污水，通过双膜系统再生后，回供给企业作生产用水，实现水的循环利用，置换出优质饮用水资源，有效缓解水资源紧缺现状。同时有利于义乌市构建优水优用、分质用水、高效利用的水资源利用体系，形成多水源配置格局。（陈金春）

【浙江海港义乌枢纽港有限公司揭牌】 2021年11月2日，浙江海港义乌枢纽港有限公司揭牌仪式在苏溪镇举行。义乌商贸服务业集聚区管委会、义乌市国际陆港集团、苏溪镇人民政府、义乌铁路枢纽指挥部、宁波舟山港股份有限公司、浙江义乌港务有限公司等单位相关负责人参加仪式。2021年3月24日，省海港集团与义乌市政府签订《义乌（苏溪）国际枢纽港建设框架协议》，双方约定以资本为纽带、项目为载体，共同组建合资公司，负责义乌（苏溪）国际枢纽港项目的投资、建设、运营和管理。8月19日，宁波舟山港股份有限公司、义乌市国际陆港集团有限公司2家股东联合出资1亿元，完成工商注册，取得营业执照，标志着浙江海港义乌枢纽港有限公司正式成立。为保障项目落地，7月15日，苏溪镇完成全长9.8千米，涉及15个行政村、32.27公顷土地、191户农户的金甬铁路苏溪段全线政策处理工作。9月底，完成枢纽港项目上山下区块整村拆除、土地征收和范家村53.33公顷土地流转工作。浙江海港义乌枢纽港有限公司将按照省海港集团和义乌市委、市政府对项目时间节点和重点任务的部署要求，精心谋划，奋力推进，实现项目早日开工建设，将义乌打造成宁波舟山港"第六港区"，为义乌自贸区建设打造内陆国际物流枢纽港、"一带一路"开放合作重要平台。（陈金春）

【苏溪镇入选省慈孝之乡】 2021年12月9日，第十届"浙江孝贤"推选活动组委会发布孝贤人物、慈孝之乡、慈孝企业（浙商）榜单，其中，苏溪镇入选慈孝之乡。苏溪是古代孝子颜乌的故里，颜乌葬父的感人故事家喻户晓，自古孝义之风盛行。《义乌县志》记载："秦颜孝子氏，事亲丧，葬亲躬畚锸，群乌衔土助之……"颜乌侍亲极孝，父亲死后，他悲痛难当，赤手刨土筑坟葬父，感天动地，引来乌鸦群衔土相助。2000多年来，颜乌后裔就聚居在颜村和颜坞村一带，苏溪镇也被称为"孝义故里"。2021年，苏溪镇首创的"孝义指数"的构成主要包括志愿汇积分、老干部银领积分、垃圾分类积分、孝义之星积分、媒体宣传报道积分、优秀党员荣誉积分和文明实践积分七大类，让孝德义行有了量化标准。（陈金春）

上溪镇

【概况】 上溪镇位于义乌市西部，区域面积102.8平方千米，下辖45个行政村、2个社区。户籍人口2.57万户5.33万人，外来人口5.26万人。2021年，完成财政总收入3.88亿元，同比增长38.57%，其中一般公共预算收入2.63亿元，同比增长46.11%。全镇耕地面积1262.8公顷，耕地流转面积839公顷，土地集中流转率41.75%。粮食播种面积420公顷，总产量1823吨，蔬菜播种面积530公顷，产量3.4万吨，水果种植面积874公顷，产量2.8万吨；甘蔗种植面积57公顷，产量5211吨；肉类总产量345.9吨，禽蛋产量197.9吨。全镇实现农业总产值2.1亿元，同比增长2.16%。

完成项目投资8.6亿元，同比增长162.21%。固定资产投资4.78亿元，同比增长36.88%，其中工业投资3.6亿元，同比增长172%。完成工业总产值103.65亿元，同比增长16.4%，其中规模以上企业80家，规模以上工业产值28.91亿元，同比增长2.1%。（龚丰华）

【"空巢""长高""提低"三大行动】 2021年，上溪镇实施"空巢""长高""提低"三大行动，完成德泰纺织地块、新中鑫地块等历史遗留区块处置，启动巨龙箱包地块处置，完成整治低效用地33.87公顷，新建厂房30万平方米，新增建设用地133.33公顷。新培育新材料产业板块，拉链产业板块，无缝内衣3个双亿元以上板块。培育省级科技型中小企业22家，指导培育国家高新技术企业9家，新增市级以上研发机构5个。开展院企对接活动3场，协助企业解决技术难题5个。引进B类人才1人，133创新人才工程培育对象1人。（龚丰华）

【村集体经济发展壮大】 上溪镇坚持把发展壮大村级集体经济作为提升基层党组织组织力的重要举措，从班子、项目、民主、制度四方面发力，持续发展壮大村级集体经济，为推动巩固脱贫攻坚成果与乡村振兴有效衔接提供保障。2021年，全镇45个行政村经营性收入均达到20万元以上，其中85%的村达50万元以上。（龚丰华）

【帮扶服务优化】 上溪镇立足人力社保职能，制定精准措施，优化帮扶服务。2021年全镇低保户385户，发放补助金额473万元。慈善救助75户，补助金额34.9万元；大学新生慈善救助7人，补助金额6万元；新增残疾人354人，新增享受残疾人补助8万元。完成残疾人无障碍改造进家庭改造13户；完成残疾人动态更新入户调查2245人；申请创业补助21人。镇、村（社区）两级示范“枫桥式”退役军人服务站建设完成5个。

（龚丰华）

【岩口水库流域综合治理】 2021年，上溪镇启动岩口水库流域综合治理工程，库区内12个村启动雨污管网改造提升建设，上游11个农村垃圾分类“两定四分”站点开工建设；委托省农科院编制方案，对库区上游农业种植结构进行优化，制定“护水二十条”并写入村规民约，营造全民护水氛围。至年底，岩口水库水质已稳定在地表Ⅱ类水以上。

（龚丰华）

【“迎七一颂党恩百千万行动”系列活动】 2021年3—7月，上溪镇开展“迎七一颂党恩百千万行动”系列活动。“百”即通过开展百名党员党课宣讲、百名党员才艺展示、百名党员优秀事迹展示、百名党员走访慰问、百名新党员集体宣誓、百名党员展现巾帼英姿等活动，传承优良传统，汇聚向上力量。“千”即通过开展千名党员唱响红歌、千名党员维护疫苗接种现场、千名党员重温入党申请、千名党员观看红色电影、千名党员重走红色现场、千名党员参观“百年党史”文化主题广场等活动，传承革命精神，强化宗旨意识。“万”即通过开展万名党员助力交通安全、万名党员助力反诈宣传、万名党员助力美丽村居创建、万名党员守护绿水青山、万名党员联户助力化解矛盾、万名党员点亮万个心愿等活动，强化示范引领，让老百姓看到变化得到实惠。开展“光荣在党50年”纪念章颁发活动。活动现场对200名老共产党员集中颁发纪念章，颁发活动结束后镇班子成员对因身体不便未参加颁发活动的233名老党员上门颁发、佩戴纪念章，将党的关怀送到老党员家中，号召全镇党员干部握紧前辈手中的接力棒，在一线工作中用忠诚诠释党员担当。

（龚丰华）

【上溪镇核心区块开发】 2021年，上溪镇推进核心区块开发，加快城乡融合。1月，上城路实现全线贯通，总长4500米，宽24米，投资7650万元，成功打造上溪镇东西走向又一重要通道。红星天瑞项目建成住宅13栋742套，项目受让用地3.37公顷，总建筑面积11.25万平方米，出让金4.64亿元。启动上溪二幼项目主体、周边绿化和道路配套建设，项目总用地1公顷，总建筑面积9682平方米，总投资4300万元，可容纳18个班540名儿童。上溪小学云门校区完成地块政策处理，规划总用地2.5公顷，迁建规模36个班，可容纳1620人，估算投资1.8亿元。上溪一、二、三村新社区集聚建设区块清理腾出土地6.52公顷，规划总建筑面积19.1万平方米，提供安置住房1442套。航慈溪绿道完成寺西段建设并全面开放，总长9.7千米，两侧各20米，为周边居民区提供绿地配套，同时结合“人文上溪”精品线、“红色旅游”线，串联成全市首个成环的文旅精品线。交警队广场改造林荫停车位85个，增加充电车位8个，为交警队、上溪法院、上溪卫生院以及周边办事群众提供便利停车环境。贺田路林荫停车场新建车位42个，解决上溪一幼接送家长“停车难”问题。

（龚丰华）

【“护水二十条”写入村规民约】 为进一步规范全镇各村村民的涉水行为，营造各村“爱水、惜水、节水、护水”的浓厚氛围，引导全体村民深入践行“五水共治”，积极主动投身岩口水库流域综合治理，2021年3月，上溪镇将“护水二十条”，写入村规民约。护水“正面清单”：1.有偿用水，按规定缴纳水费。2.节约用水，优水优用，一水多用。3.积极参与水源保护和水环境治理的各项志愿活动。4.爱护供水管道和用水设施，发现户外水管有漏水或破损现象时，及时向村委反映维修。5.积极响应党委、政府号召，加快种植产业调整，从事生态绿色种植。6.推广使用渠道防渗和农田灌溉节水技术，大力发展高新节水农业。7.科学使用生态洗衣房，同时做好节水工作。8.积极劝导、监督、检举各种破坏水环境、水资源和水利设施等不文明行为。9.积极配合宣传并执行垃圾分类要求，做到垃圾分类收集、杜绝乱投、乱倒现象，避免对水体造成污染。10.宣传护水工作，普及护水知识，宣传引导周边人、教育引导子女投身护水实践。护水“负面清单”：1.不准向河道、溪流、渠道、水塘内倾倒生活垃圾和建筑垃圾。2.不准将农药瓶、化肥袋等农药包装废弃物随意丢弃在田埂、河畔甚至河道内。3.不准在水源保护区内垂钓、游泳、烧烤、放生、毁绿种菜。4.不准在溪流、河道、水塘内洗衣、洗菜、洗拖把、洗垃圾桶等。5.不准破坏为加强水利工程特别是饮用水源保护区管理而设置的隔离护栏、监控等设施设备。6.不准私拉乱接、人为破坏农村雨污管网，如发现排水不畅情况向村委反映解决。7.不准向雨水井内倾倒餐厨垃圾和污水。8.不准在河道沿岸乱搭乱建、侵占河道。9.不准在水塘、溪流周边可视范围内散养家禽。10.不准在山塘水库（水塘）内投饲养殖，污染水体。村规民约通过制度再创新后，成为突破村居治理瓶颈的金钥匙。（陈全春）

【“枫桥上溪”新品牌打造】 2021年，上溪派出所下辖45个村、2个社区，有民警17人、辅警73名，其中党员民警10人。公安部先后4批次调研检查组到上溪派出所实地指导工作，对上溪派出所创建“枫桥式公安派出所”的做法和成效给予高度肯定。6月，上溪派出所党支部获“金华市先进基层党组织”称号，上溪派出所获“金华市政法系统先进典型”称号。7月29日，在公安部召开全国公安机关深化创建“枫桥式公安派出所”活动推进会上，上溪派出所作为全国2个派出所代表之一在会上作经验交流。上溪司法所成立于2000年，配有专职调解员5人、业余调解员332人、法律顾问9人、志愿者128人。2020年12月被浙江省司法厅评为浙江省“枫桥式”司法所，为义乌市首家省级“枫桥式”司法所。2021年，上溪司法所共排查出各类矛盾纠纷615起，调解成功613起，达成书面协议403起，口头调解成功210起，成功率达99.67%。年内，上溪镇开展“枫桥式”村社创建，荷市村、岩口村和金傅宅村获评首批“枫桥式”村（社）。完成宪法主题公园建设，启动法治乡村指数研究课题，获评全市唯一的全国“七五”普法先进单位。（龚丰华）

【高质量发展建设区域富裕上溪样本推进会】 2021年9月7日，上溪镇组织召开高质量发展建设区域富裕上溪样本推进会，全体镇干部，镇属部门副职以上干部，各村社党支部书记、副书记（监委会主任）、副主任等300余人参加会议。镇党委书记何显锋作题为《扬帆破浪乘风起航高质量推动建设区域富裕上溪样本》的讲话。要求全镇干部从物质富裕、区域共富、城乡共富、创业创富、民生共享、精神共富、基层治理、党建引领8个方面着手，结合上溪实际，干实义兰公路两侧和松山区块开发、模具城三期落地、工业提质增效、企业创新引领、人居环境改善、路网联通提升、城乡有机更新、非粮非农化整治、精品线路提质、岩口水库治理、数字平台打造、农旅产业开发、农村集体“消薄”、安全隐患排查、矛调信访消除、水利工程建设、红色根脉延续、党员整治立规、基层组织管理、新冠疫情防控20项重点工作。（陈全春）

【云上之溪消防主题公园开园】 2021年11月9日，上溪镇云上之溪消防主题公园开园。公园位于上溪镇金塘路与四海大道交叉口，占地面积1.7万平方米，公园兼具休闲娱乐和教育体验功能，由消防知识科普教育区、消防常识和休闲结合区、消防安全体验馆、消防健身器材区、新中国消防救援队伍发展史区5个区块组成。公园设置融合各类消防元素的宣传牌、雕塑、小品、主题墙、健身器材，让群众在游玩途中、休闲健身之余学习消防安全知识，了解消防队伍改革历程。同时可通过烟雾逃生区、现场急救体验区、安全隐患排查区、VR逃生体验区、消防装备器材展示区、警示教育区、逃生结绳体验区等区块，模拟开展消防安全隐患的排查整改、火灾现场的逃生、受伤人员的现场急救、消防真实案例的警示教育等活动。年内，公园获评“浙江省应急消防科普教育基地”、浙江省

"优秀园林工程奖"金奖。

（龚丰华）

【义乌市宪法宣传周在上溪举行】 2021年11月30日，义乌市"12·4"宪法宣传周活动启动仪式在上溪镇宪法主题公园举行。活动的主题"以习近平法治思想为指引坚定不移走中国特色社会主义法治道路"，旨在深入学习宣传习近平法治思想，全面贯彻中共十九届六中全会精神，大力加强宪法宣传，弘扬宪法精神，维护宪法权威，推动宪法全面实施，引导全社会坚定不移走中国特色社会主义法治道路。活动现场观看上溪镇"七五"普法展示片，宣布法治乡村指数（上溪）研究课题正式启动；上溪镇新提任中层干部进行宪法宣誓；宣读上溪镇"枫桥式"村（社）评比先进单位，进行颁奖。

（陈金春）

【上溪镇第十七届人民代表大会第一次会议】 2021年12月26日，上溪镇第十七届人民代表大会第一次会议召开，来自全镇各领域的86名人大代表出席会议。会议听取镇政府工作报告和人大主席团工作报告；选举产生镇人大主席、副主席、镇长、副镇长；票决产生2022年民生实事项目10项，并对2021年民生实事项目实施情况进行满意度测评。楼航宇当选镇人大主席，王厚法当选镇人大副主席；何华东当选镇长，胡俊、陈建斌、王利双、何帆、徐燕玲、金光华等当选副镇长。（陈金春）

大陈镇

【概况】 大陈镇地处义乌北大门，与诸暨、浦江接壤，属丘陵、半山区，全镇总面积135.63平方千米，森林覆盖率76%，下辖31个行政村和1个居民区。2021年，大陈镇总户数1.87万户，户籍人口3.98万人，外来流动人口3万人，常住人口6.68万人。完成财政总收入2.56亿元，同比增长13.16%，一般公共预算收入1.59亿元，同比增长7.74%。

全镇耕地总面积1200.72公顷，耕地灌溉面积932.36公顷，经济作物播种面积545.4公顷；全年水果产量5323.8吨、茶叶产量316.9吨、蜂蜜产量1.3吨。全年完成工业总产值64.74亿元，同比增长7.24%，其中规模以上工业产值15.32亿元，同比增长18.47%。完成有效投资2.08亿元，同比增长0.93%，其中工业投资9102万元，同比增长5.20%。重视科技创新，全年创建12家省科技型中小企业、3家金华市科研中心，服装衬衫二类创新综合体投入使用。整治低效用地3.67公顷，改造升级11家企业数字化车间，整治"低散乱"企业46家。推进工业企业"三服务"工作，收集解决问题71个，完成3家企业政策性担保申请，保障5家有贷款企业享受降息优惠，缓解企业资金难问题。

【美丽城镇建设】 2021年，大陈镇开展美丽城镇项目84个，全部完成建设。保障甬金铁路建设，确保无障碍施工；加快前山区块开发，完成一期4.73公顷土石方平整。推进镇区基础设施提升，实现省级美丽城镇达标镇、省级园林镇、省级特色农业强镇、省级AAAA级景区镇"四镇联创"。推进乡村振兴，32个村全部实现经营性收入50万元以上。深化乡村旅游，建成镇级旅游服务中心，完成红色旅游精品线建设。

【社会生活和谐维稳】 2021年，大陈镇实现农村文化礼堂和新时代文明实践站所全覆盖，全年承办各类活动1100余场。临时救助、慈善救助、残疾人救助1086人次，计210万元。化解初信初访76起、重复信访件13件，化解率100%；深化"至美善陈"品牌调解室，化解矛盾纠纷610件，涉及金额750万元。基层智治探索"村干部健康码"智慧管理机制，对重点工作实行挂图作战，清单管理、限时销号；推行一线工作法、闭环工作法，开展"5421"做法（每周5个白天、4个夜晚、周末2天的工作安排，落实一线作战法），深化"三服务""两问大走访"等活动，解决各类问题891个。

【大陈镇首届睦邻节】 2021年1月1日，由市文旅局、大陈镇政府共同主办大陈镇首届睦邻节在义乌国际赛车公园开幕。此次睦邻节开设迎新年感恩情系列暖心活动、元旦文艺演出、舌尖上的乡宴、"飞驰大陈，邻里竞速"卡丁车比赛、"温暖邻距离·共沐乡里情”冬季趣味运动等主题活动，增强节日的氛围，丰富群众精神文化生活，增进邻里感情。累计2400人次参与活动。

【金华市推广“清廉钉办”现场会在大陈镇召开】 2021年1月18日，金华市推广“清廉钉办”现场会在大陈镇召开，金华市纪委、监委，金华各县（市、区）纪委、监委，义乌市委、各镇（街道）党委等单位50余人参加会议。与会人员现场考察大陈镇红旗村、八里桥头村“清廉钉办”系统应用情况，大陈镇党委书记介绍大陈镇“清廉钉办”开发运用情况和推广情况，金华各县（市、区）纪委、监委参会人员围绕会议主题展开讨论。会议强调，要积极稳妥推进“清廉钉办”推广工作，务求实效，谋划成熟，各地可在义乌基础上结合地方实际进行优化，适时增加模块功能。

【“百场宣讲献礼建党100周年”活动】 2021年3月10日，由大陈镇党委、政府主办，大陈新时代文明实践所、大陈镇党群服务中心承办的大陈镇“百场宣讲献礼建党100周年”活动在溪后诸义东纪念馆举行启动仪式，10支宣讲员队伍成员及11个村的村民代表参加仪式。启动仪式上，为小小少年宣讲队、大陈青创队、大陈三服务宣讲队等10支宣讲员队伍授旗，坚勇宣讲队吴联隆、钢铁女班队虞岚为村民及其他宣讲员队伍宣讲“百场宣讲献礼建党100周年”“第一课”。仪式后，10支宣讲员队伍“进企业、进农村、进礼堂、进学校、进网络”，以讲故事、唱红歌、快板、舞蹈等形式开展“党史巡回宣讲”，传承红色基因，把党史、革命史讲得更深、更透、更生动，让党史学习教育深入寻常百姓家，从而推动美丽城镇建设。

【大陈镇纸艺文化节】 2021年6月5—6日，“童手初心·纸上生花”2021大陈镇纸艺文化节暨大陈镇中心幼儿园第九届纸艺作品展在义乌之心举行。此次纸艺文化展以“过去、现在、未来”为主线，依托大陈镇中心幼儿园师生创作的系列建党百年剪纸作品，通过传统艺术和孩童创意相结合的形式展示共产党的百年光辉历程。活动设置纸浆、折纸、立体造型、衍纸、编织、剪纸六大纸艺互动活动，通过纸艺作品展示、纸艺互动、纸艺公开课等形式，让大家了解纸艺文化，促进纸艺文化的传承和交流。

【省级水果粮食特色农业强镇创建】 2021年10月25日，浙江省农业“两区办”组织相关专家对大陈水果粮食特色农业强镇创建工作进行验收。专家组实地查看蓝城美丽田园、八都溪猕猴桃园、“大陈小集”展馆、九都酒业等主导产业基地，听取大陈镇关于特色农业强镇创建工作的汇报。经查阅资料、现场问答、专家评定等程序，大陈水果粮食特色农业强镇通过验收。大陈水果粮食特色农业强镇自2019年列入省级特色农业强镇创建名单后，以粮食生产种植为基础产业、四季鲜果为特色主导产业，通过科学编制规划、健全工作机制、加大资金投入等举措，大力发展现代设施农业和休闲观光农业，建立农产品区域公共品牌，延伸农产品产业链，形成以“至美大陈”美丽乡村精品线、综合性公共服务中心及四季鲜果生产示范区、高产粮食生产示范区、农旅深度融合示范区为主体的“一线一心三区”特色农旅产业发展新格局，创建资金2亿余元。至2021年年底，大陈镇存量认定农业“标准地”337.53公顷，粮食种植面积稳定在666.67公顷以上；建成完善猕猴桃、樱桃、大红桃等产业基地15个，水果生产面积361.13公顷。

【入选浙江省AAAA级景区镇】 2021年12月23日，新一批浙江省AAAA级景区镇名单公布，义乌市大陈镇榜上有名，从浙江省AAA级景区镇晋升成为浙江省AAAA级景区镇。近年来，大陈镇坚持贯彻“两山”理念，成功创建浙江省美丽乡村特色精品村2个、浙江省美丽宜居示范村2个、长三角最美乡村1个、浙江省特色旅游村1个，培育龙山风景区、北山风景区、九都风景区等旅游景点，建设浪漫八都、竹韵九都、古韵十都3条精品线，汇聚“五寺二院”的人文景观、卧薪尝胆的古越文化、诸义东老区的红色文化、回报家乡的书院文化，历久弥新的茶桑产业，形成全域旅游助推乡村振兴。

【大陈镇第十七届人民代表大会第一次会议】 2021年12月26日，大陈镇第十七届人民代表大会第一次会议召开。会议听取审议大陈镇人民政府工作报告、大陈镇人大主席团工作报告，书面审议大陈镇财政、环境报告，选举产生大陈镇第十七届人大主席、副主席、镇长、副镇长，票决产生2022年大陈镇十大民生实事项目。（赵俊开）

义亭镇

【概况】 义亭镇地处义乌市西南部，区域总面积54平方千米，下辖行政村38个，居委会5个。2021年，义亭辖区户籍人口5.77万人，常住人口7.52万人，流动人口6.68万人，常住人口与流动人口比例为1.13∶1。全年实现财政收入3.1亿元，同比增长3.25%，其中一般公共预算收入1.96亿元，同比增长2.31%。土地出让收入20余亿元，创历年新高。

全镇耕地面积2132.63公顷，蔬菜和食用菌播种面积1073.3公顷，产量2.68万吨，水果产量5893.2吨，甘蔗种植面积333.4公顷，产量3.05万吨，肉类总产量16238.5吨，禽蛋产量27.6吨。

完成全社会固定资产投资2.2亿元，全镇实现工业总产值194亿元，同比增长72.25%。规模以上企业59家，总产值140.07亿元，同比增长217.69%。完成工业投资1.37亿元，投入科技研发经费5.47亿元。培育国家高新企业10家，培育省级科技型企业14家，完成企业股份制改造3家、挂牌2家。

义西大道、国际冷鲜城一期、华统康地等产业项目入驻，带来产业转型升级，人口结构变化，为美丽城镇注入新的发展能级。国贸大道二期、金义轻轨（义乌段）、杭温高铁等项目实施及配套建设，强化了义亭镇作为义西南的重要交通枢纽地位，义亭镇加速融入双江湖科教板块，突出在金义都市区义亭片区的重要节点作用。（章剑锋）

【城镇建设规划设计完善】 2021年，义亭镇严格按照义亭镇总体城市设计、义亭镇美丽城镇建设行动方案，以建设"甜美义亭，健康小镇"为总目标，以"1+9+X"（1即实施美丽城镇建设行动，9代表九大方面的工作，X即围绕美丽城镇建设的民生工程）为城镇建设主线，以"拆"促改、以"拆"促建、以"拆"提升镇区功能。完成义亭镇详细控制性规划调整、成片开发方案编制审批，加快农村有机更新的规划步伐。编制完成铜山岩山地城市公园、冷链市场项目方案设计等社会效应强烈的规划，强化对何店、陇头朱历史文化名村的保护规划，突出村庄保护力度。（章剑锋）

【社会优抚】 2021年，义亭镇参加城乡居民基本养老保险2.1万人，城乡居民基本医疗保险3.4万人。享受农村最低生活保障472人。共救助辖区内各种大病困难家庭83户，救助金额50.15万元。发放慈善救助50.15万元；临时救助14户24人，计6.77万元；救助低保户378户，463人；残疾人共补助544.75万元。办理各项残疾人业务3000余件，新办理残疾人补助389人，12名残疾人得到创业补助金。年内，"残疾人之家"投入使用，形成助残扶残、创新创业的良好氛围。除有机更新村居外，实现居家养老中心全覆盖。（章剑锋）

【社会矛盾纠纷调处化解】 2021年，义亭镇积极推进初信初访和重点件的治理，按照群众诉求合理的解决问题到位、诉求无理的思想教育到位、生活困难的帮扶救助到位、行为违法的依法处理的"三个到位一个处理"的指导方针和工作要求，引导群众依法理性表达诉求，在政策范围内定纷止争。严格落实"训诫教育两个模板"，在群众中营造"依法信访"、不能越级信访的氛围。对国家级重复信访件"一周一推进"，倒排计划，定期通报攻坚进展。2021年，国家级重复件23件，化解23件，化解率100%。省级重复件3件，完成化解。至12月，义亭镇4个平台信件总量765件，满意率95.8%；镇矛盾调解中心接待来访群众983批次，其中，劳资纠纷470件，矛盾调解276件，信访投诉225起，政

务政策咨询11起，其他1起。初信初访112件，化解109件，化解率97.3%。（章剑锋）

【危化品精准智控】 2021年，义亭镇全力推进安全生产领域数字化建设推广，利用省级平台“危险化学品经营使用动态管理”系统，将全镇61家危化品使用企业纳入线上数字监管。通过系统平台实时掌握每家危化品使用企业的安全人员配备、人员培训、危化品出入库及库存情况，对库存超上限、人员未培训、安管员无证件、学历与专业不符、未配置安全员及危化品出入库流水等异常情况实时在线预警，为镇安全监管提供第一手资料。同时，义亭镇综合监管中心通过网格、安监对辖区危化品使用企业开展线下督导监管。至年底，全镇共完成危化品使用企业安全人员配备71人、岗前培训119人、危化品出入库记录1233条。累计完成企业检查159家次，督促企业完成自查自纠312家次，排查整治隐患186处。（陈金春）

【义亭镇获评金华市十强工业强镇】 2021年2月18日，在金华市召开“四攻坚四争先”动员大会上，义亭镇被评为“金华市十强工业强镇”。2021年，义亭镇完成低效工业用地改造15.73公顷，19家D类企业完成整治16家；完成旧厂区改造5.09万平方米；通过“低小散乱”整治行动，关停低散乱企业126家。做好重大项目的服务工作，围绕国际冷鲜城，积极推进涉及区块内企业有机更新工作，完成区块内13宗工业用地收购。推进工业企业数字化改造，59家规模以上企业均全部完成数字化诊断，其中森山、晶澳数字化车间改造入选市级数字化改造车间项目。（章剑锋）

【首届邻里生活节】 2021年5月15日，“五亭有爱温暖常在”2021义亭镇邻里生活节在义亭镇五亭公园启动。此次邻里生活节以邻里情、邻里乐、邻里学、邻里亲、邻里帮五大主题作为出发点开展系列活动。活动设置文艺演出、乐队表演，“温暖集市”“闯关攒‘亭’趣”及“民义学堂·幸福乐学”等居民们喜闻乐见的互动节目。“义亭五亭有爱公益协会”志愿者提供理发、补鞋、电器维修等服务。邻里生活节上，义亭镇政府向“孝老爱亲”的刘追飞，“敬业奉献”的盛松花2名“义亭好人”颁奖；对陈倩倩、郑俊毅等7名“最美宣讲员”进行表彰。（陈金春）

【青年委员创新创业大赛】 为巩固并深化“一村一青年委员”改革成果，2021年5月26日，义乌义亭镇开展青年委员创新创业项目大赛，8名青年委员代表参加比赛。参赛项目包括“江边休闲地，儿童娱乐园”“陶艺传承，继往开来”、线上直播教学、民宿、集配中心共享平台、红糖产业振兴、打造农业版北下朱、“左手80右手80”等内容。经角逐，“陶艺传承，继往开来”项目和“打造农业版北下朱”项目获得评委认可，作为义亭镇优秀项目参与义乌市创新创业项目大赛。（陈金春）

【服务百姓健康行动】 2021年9月18日，义乌市义亭中心卫生院组织内科、外科、中医科、超声科及直肠癌筛查团队等10余名医务工作者在义亭镇石塔二村开展“服务百姓健康行动”大型义诊活动。通过发放高血压健康教育宣传材料宣传单、宣传手册等方式向群众普及医学常识和健康知识，让群众能够更加了解日常保健、慢性病防治、防控的相关知识，建立健康生活方式，养成健康生活习惯，做到早预防、早发现、早治疗，引导群众科学就医。此次活动，累计为当地村民义诊100余人次，发放健康宣传资料200余份，超声检查50余人次。（陈金春）

【“红梅指数”提升“平安指数”】 2021年，义亭镇深入开展“红梅指数”内涵的拓展和延伸，融入镇、村、村民三级评价体系。10月18日，在陇头朱村两委会议上，党员干部与市公安局义亭派出所社区民警展开讨论，继续优化“红梅指数”建设实施办法的“治村总纲”。义亭派出所协调村两委将降警情控发案、矛盾纠纷排摸调处、平安志愿活动等一并纳入“红梅指数”评价体系，陇头朱村成立以“红梅义警”为主的5支志愿者队伍。依托“红梅指数”，村里的事情都优先通过村民自治协调组织协商解决，真正做到“小事不出村、矛盾不上交”。借力“红梅指数”提升“平安指数”以来，村里的侵财案件、“黄、赌”案件、电信诈骗案件连年下降。2021年发生的2起侵财案件均属流窜作案，嫌疑人全部抓获。全村新安装的60余组治安监控发挥了关键作用，“黄、赌”案件、电信诈骗案件则首次零发生。“红梅指数”与公安基层基础工作的深度融合，为构建现代警务模式增添“义乌样本”。

（陈金春）

【校地携手助力农村产业高质量发展】 为促进镇域资源与高校资源的开放共享，为乡村产业发展注入更大活力，助推乡村振兴，2021年10月20日，义亭镇与义乌工商职业技术学院开展校地合作对接交流活动。义乌工商职院党委书记李昌祖一行对义亭镇缸窑村进行考察并开展座谈交流。考察团一行先后参观缸窑九龙樟、陶艺体验中心、党群服务中心、新老龙窑、东金古道、谦受堂等地，详细了解缸窑村产业发展、党群建设、民俗文化、自然资源等情况，为缸窑村今后的发展提供了清晰的思路和独到的见解。参观完毕，双方在缸窑研学基地进行座谈，深入探讨校地合作方式方向、重点内容和实现路径。校地双方就岗位设置、培养内容、人才培养模式等方面进行深入交流，达成初步共识。双方表示将秉持“开放合作，资源共享”的原则，发挥各自优势，纵深推进校地对接产学研合作，助力农村产业高质量发展。

（陈金春）

【义乌市首个村级博爱共富基金成立】 2021年10月30日，义亭镇与义乌市红十字会签约成立“陇头朱红梅博爱共富基金”。此基金是义乌首个村级博爱共富基金。“陇头朱红梅博爱共富基金”主要面向陇头朱村村民，专项用于助医、助学、助困的村民互助基金，接受企事业单位、陇头朱村党员干部、村民、乡贤等爱心人士捐赠。此基金模式能够更好地帮助有需要的村民，捐赠的物资会及时在官网上进行公示，做到清晰、规范、透明。签约当日，陇头朱村民现场捐赠5万元作为基金启动资金。至2021年年底，共接收捐赠资金30万元。

（陈金春）

赤岸镇

【概况】 赤岸镇位于义乌市区西南部，区域面积149.98平方千米，下辖42个行政村、2个社区，常住人口5.6万人，户籍人口3.5万人。2021年，完成财政收入2356万元，其中一般公共预算收入4325万元。

全镇耕地面积1582.3公顷。粮食播种面积1800公顷，蔬菜播种面积6532公顷，产量1.07万吨；水果产量1.14万吨，甘蔗产量4239.8吨。肉类产量3586.1吨，禽蛋产量10.5吨，家禽出栏217.93万羽。完成“非粮化”整治324.2公顷，垦造水田3.95公顷、粮食生产功能区提升1.06公顷；新增高标准农田266.67公顷。新增山盆、五柳等设施大棚1.5万平方米。培育农业龙头企业10家、合作社50家、家庭农场90家。

全年实现工业总产值80亿元，同比增长11.29%。新增规模以上工业企业5家，共有28家，实现产值67亿元，同比增长15%。在库项目40个，新增15个，完成有效投资6.3亿元。新增市场主体615家，同比增长18.69%。新招引1亿元以上项目4个，年产值10亿元的DHT自动变速器项目、超1亿元的九天（义乌）光伏材料有限公司投产，义乌市华川热电有限公司二期投用，春华微谷产业园开工。新增国家高新技术企业3家，达到15家；新增省科技企业3家，达到29家。完成研发经费归集3.46亿元，30家企业完成新智能平台诊断，11家企业开展数字化改造。浙江华川深能环保有限公司被评为全省绿色低碳工厂。落实助企贷款7.62亿元，整治低效工业用地17.93公顷，完成低效规模以上工业企业退库2家。

2021年赤岸镇民生支出3.2亿元，发放社会救助补贴854.9万元，争取补助扶持资金9219万元。完成普惠金融签约1246户，为4234人提供免费结直肠癌筛查。梳理115项事项村级代办、26项高频事项延伸至村，让村民在“家门口”办理。全年受理各类矛盾纠纷417件，化解率达96.1%，被评为金华市法治示范建设乡镇。

【镇区建设】 2021年，赤岸镇多措并举，全力推进镇区建设。完成镇区“三河五岸”城市设计和核心区四街九巷十景开发保护规划。推动镇区有机更新，完成双峰路区块国有房屋签约收购，为镇区腾出5.33公顷发展空间；完成赤岸四村第二批143户签约腾空。基础设施不断完善，华川南路拓宽延伸工程、能源通道一期、倍鱼线通车；尚止线、平望至湾塘等6条农村道路完成提升改造，后山路、中学北路2条断头路实现通车。新建林荫停车场1座、公交候车亭13座。三角毛店村文化礼堂、双峰村文化礼堂入选2020年度五星级农村文化礼堂。

【美丽乡村建设产村联动】 2021年，赤岸镇加快美丽乡村建设，建设秀美之村，坚持产村联动，拓宽增收渠道，带动特色产业发展。年内，创建省美丽乡村达标村36个、美丽庭院812户，完成美丽乡村项目18个。推动13个村有机更新，新增审批农民建房333户，完成267宗农房办证，薛乔、田沿等5个村安置房落地建设。推进“快递进村”，全年配送快递70.2万件；打造“邮乐购”线上推销，培育“蒲墟南货”区域电商品牌。累计投入联建项目1.54亿元，清溪村农副产品展示中心、塘边山水摇户外营地、西海夜市等“消薄”项目陆续投用，实现村集体经营性收入50万元全覆盖。挖掘传统文化，编撰“红色地图”和百个红色故事，完成中国名镇志《赤岸镇志》初稿，朱丹溪中医药文化获国家非遗名录、赤岸镇被命名为“千年古镇”，获评省“AAAA级旅游乡镇”。

【快递村村通做法入选全省典型】 2021年年初，全市有94个较偏远村为快递“空白村”。为全面推进快递进村工作，赤岸镇建立全省首个农村电商快递物流服务中心，致力打通消费品下乡进村，多方联动“邮快共配”，实现快递到村。由邮政管理部门牵头建立镇级农村电商快递物流服务中心，统筹邮政公司和各快递公司，推行“邮快共配”模式；在94个偏远农村布局“红色驿站”助推服务到户，聚焦快递从村到户“最后一百米”，实行“快递到镇、邮政到村、党员到户”接力配送服务；多元融合“山货出村”，在镇级农村电商快递物流服务中心开辟展销区块，集聚本土优质农产品，打造“大陈小集”“蒲墟南货”等镇一级特色农产品品牌，链接邮乐购、稠州优品、绿禾网等电商平台线上销售农产品，促进乡村电商发展。9月3日，赤岸镇快递村村通做法入选全省“三服务”活动月度10个好典型。

【赤岸三村综合市场开业】 2021年1月6日，义乌赤岸三村综合市场开业，为全市首个水库移民村发展集体物业经济扶持项目。位于赤岸三村桥头新区，由义乌市朝水岩市场开发有限公司投资开发建设。工程占地7333平方米，连地下室共5层，总投资4000余万元，一层为菜市场，二层为超市，三层为酒店，四层为电影院等。菜市场的投用不仅满足了附近村民的日常需求，也为赤岸三村在内的6个移民村创造了每年250万元的集体经济收入，从而推动村集体经济持续增收。

【赤岸镇获评浙江省“千年古镇”地名文化遗产】 2021年4月21日，省民政厅、省住房和城乡建设厅、省文化和旅游厅、省文物局联合公布浙江第二批“千年古镇（古村落）”地名文化遗产名单，赤岸镇入选浙江省“千年古镇”。赤岸镇历史上名人辈出，代表人物有金元四大名医之一、滋阴学说创始人朱震亨（字丹溪），《元史》编者之一朱廉，现代著名诗人、文艺理论家冯雪峰，“中国棉花之父”冯泽芳等。流传至今有哑叠石的传说（民间文学）、拉线狮子（民间舞蹈，市级）、根艺（传统技艺，市级）、朱丹溪中医药文化（传统医学，省级）等非物质文化遗产。保存下来的古物、物产丰富，有宋代名儒徐侨的“东岩庵”摩崖石刻、讲习所“东岩书舍”遗址，明代铜门厅、冯孝祠堂、冯孝祠堂碑记，清代、民国初建的祠堂古迹，有上丹溪红曲酒、朱店豆腐皮、毛店六月饼、柴叶豆腐等特产。

【赤岸镇与浙江财经大学签署党建共建合作协议】 2021年5月19日，赤岸镇党委与浙江财经大学机关党委在杨盆村签署共建合作协议，并在神坛村冯雪峰故居举行"'三地一窗口'思政教育实践基地"挂牌仪式。双方党建共建合作内容包括共享党建资源、共添组织活力、共强党员队伍、共树党建品牌四方面。双方将利用各自的实践优势和理论优势深入推动数字化改革，以数字赋能，加速共同富裕；共享党建工作资源，共同增强双方党组织活力，携手推进党建工作科学化；建立党员联动教育长效机制，共同推动党建与业务深度融合，促进双方党组织建设和党员干部队伍共同发展；依托双方党组织的优势，了解掌握基层党建工作中存在的热点、难点问题，共同打造"党建+基层""党建+互联网""党建+服务"等"党建+"品牌。

【赤岸镇第十七届人民代表大会第一次会议】 2021年12月26日，赤岸镇第十七届人民代表大会第一次会议召开。会议应到代表74人，实到代表74人。大会圆满完成各项议程，通过政府工作报告、人大主席团工作报告等项决议，依法选举产生人大主席1名、副主席1名、镇长1名，副镇长4名，并票决选出2022年民生实事10项。

【赤岸镇入选浙江省AAAA级景区镇】 2021年12月28日，2021年度浙江省AAAA级景区镇名单验收结果公示，赤岸镇成功入选。近年来，赤岸坚持把发展壮大休闲旅游产业作为促进生态与经济转换的重要着力点，初步形成"1+3+X"的全域旅游发展格局。"1"是指以省级历史文化名镇保护开发为主，加快赤岸镇区有机更新，建设赤岸美丽城镇；"3"是指三条精品线路，西线以四季花海、古村名人为特色，发展红色文化和田园民俗生态旅游，东线以传统古村落，融汇丹溪医药文化、戚家军文化、古月桥等古建文化，发展人文历史深度游，南线主打养生项目开发，适合登高览胜、运动、休闲和纳凉避暑；"X"是指杨盆栖隐大安民宿项目、帐篷家项目、龙山风景区项目等一系列串联的旅游项目。赤岸镇充分保留朱丹溪、冯雪峰等历史名人留下的丰富文化遗产，至2021年年底有全国重点文物保护单位古月桥，省级文保单位3处，市级文保单位2处。结合地理环境和区位优势，开展以"新赤岸、新农村、新旅游、新体验、新风尚"为主题的乡村旅游，推出5条"一日游"休闲度假带，开创的乡村旅游新模式成为赤岸的一张亮丽名片。 （项　墅）

稠城街道

【概况】 稠城街道是义乌市人民政府所在地，是全市的政治、经济、文化中心。区域面积12.6平方千米，下辖13个社区。户籍人口2.76万户8.33万人，外来流动人口7.84万人。2021年，全地区生产总值183.47亿元，同比下降1.7%，财政总收入24.36亿元，同比增长74.31%；地方财政收入17.19亿元，同比增长73.41%。

全年完成工业总产值7510万元，同比下降79.11%，完成有效投资47.3亿元，同比增长0.64%，其中本级5500万元。引进内资5.43亿元。新产品产值7510万元，装备制造产值7510万元，新兴产业产值7510万元，高新技术产值7510万元。通过金融"三服务"为5家企业解决资金需求1000万元，排查辖区内的355家含有"资产管理""投资管理"等23个字眼的二类金融机构。完成171人次人才租房补助申领审核，处理588人次人才购房申请，收集71家企业入人才信息库。

【新型城镇化建设】 稠城街道立足实际、突出特色，不断完善基础设施配套，加快转变城镇化发展方式，内外兼修，新型城镇化工作取得显著成效。2021年，完成秦塘区块有机更新房屋拆除并出让回迁房区块，交通大厦、星耀风机房屋拆除；基本完成胜利（二）区块更新改造工作。完成词林四园景观工程、廉政公园建设，秦塘小区、词林四园、江滨四园等老旧小区改造工程，桥西街市政配套工程、稠州小学配套道路工程、赵宅基础设施、望辰府配套道路等改造工程。新建卿悦府西区、望江府垃圾房3个，诗词曲赋、大都、解放新苑等小区试行垃圾分类刷卡投放。年内，宾王社区入选全省第一批低（零）碳社区（村）试点创建单位名单，宾王国际夜生活街区、老车站·1970文创园、义乌之心、三挺路夜市入选2021年度义乌市夜间经济示范街区和示范点。加速未来社区建设，下车门、宾王2个社区列入全省未来社区试点，宾王社区被列入省直管的6个先行先试社区。完成智慧服务平台和服务端、驾驶舱、治理端三端建设并投入运行，上线应用22个，完成门户首页和2个场景的开发（治理、服务），上线“浙政钉”数字门户。

【新冠病毒肺炎疫情防控常态化】 2021年，稠城街道新型冠状病毒肺炎疫情防控工作进入常态化，全年累计完成境外入境人员管控518人，核查国内中高风险地区人员指令10.82万条，累计管控7023人，做到入境和国内重点地区到义乌人员应查尽查，应管尽管。稠城街道方舱接种点投入使用后，做到“周周清”疫苗，完成接种11.52万人，接种25.19万剂次。

【平安建设推进】 2021年，稠城街道便民服务大厅建成投用。全年共受理各类事项1.28万件，按期办结率100%，其中钉钉代办代跑3087件，完成招投标26个；累计完成“社区直办”各类办件5906件。全年接受申请调解矛盾纠纷667件，调解成功661件，其中重大、疑难复杂案件7起，涉及人员死亡案件6起；全年办理上级转办的信件413件，接待群众来访330余人次，化解去市初访件44件，初信239件。全年检查生产经营单位和居住出租房屋8.27万家次，发放整改通知书2832份，完成整改2664处，组织关停各类隐患单位168家，培训房东业主1.69万人。排查液化气用户1.75万户，整改隐患1.26万处；收缴充电飞线9000余根，安装智能充电桩1272个。对各重点单位开展消防疏散演练50余场，应急拉练500余次。成功通过省四星级乡镇（街道）食安办评级。

【省级城乡治理和服务创新实验区验收通过】 2021年6月25日，稠城街道省级城乡治理和服务创新实验区通过浙江省民政厅验收。稠城街道于2019年3月入选省级社区治理和服务创新实验区名单后，以义乌市推进新时代文明实践试点工作和街道争创省级城乡社区治理和服务创新实验区为双重契机,创新打造“义集”平台，积极探索社区党组织为引领，围绕城乡治理和服务创新实验区考核要求对基础设施进行重新规划，编制场地使用说明、申请流程及管理制度，制定入驻组织积分考核机制，协助社会组织规范机构管理、开展各项业务，营造良好的社会组织发展氛围，实现共生共创共赢。至2021年，接待市内外参访12次，服务60余家社会组织，累计孵化、培育18支入驻组织、20余支志愿服务队；开展“公益家”社会组织专题活动10场，为入驻组织、意向入驻组织及社区社会组织开展面对面督导80次，提升社会组织在机构运营、项目设计等方面的能力，促进各社会组织专业化、规范化发展。

【全市首个“家校社”联动项目启动】 2021年3月12日，稠城街道绣湖社区与绣湖小学举行结对共建签约仪式，绣湖小学向绣湖社区筹备中的锦绣书房捐献爱心书籍500余册。此种协同联动为全市首个“家校社”协同联动的合作模式。共建签约后，通过整合学校和社区资源，有效为孩子们建立专业服务平台。在基层治理中嵌入家庭、学校和社区，充分利用载体开展形式多样的青少年培训活动，常态化开展家校社联动工作，让青少年积极参与社区服务，提高社区归属感，并感染和带动更多家长、居民参与社区建设。至年底，家校社联动活动共开展24次，服务1890人次，志愿者参与203人次。

【宾王社区入选全省未来社区名单】 2021年5月25日，浙江省发改委、浙江省建设厅公布全省2021年未来社区创建名单，宾王社区入选全省第三批未来社区创建试点。宾王社区创建将重点突出“改革和城市大脑建设”，做到去房地产化、资金平衡、产城融合和数字引领，创建“全国示范”的未来社区，输出“义乌样板”。至年底，完成智慧服务平台和服务端、驾驶舱、治理端三端建设，完成治理、服务、交通3个场景的应用开发并上线，共上线应用23个，其中4个上架“浙里办”。

【稠城廉政文化公园建成开园】 2021年6月25日，稠城廉政文化公园建成开园。公园分为“启智”“明德”“修身”3个场景，分别象征着人的少年、壮年、老年3个阶段，彼此之间又以“义新欧”飘带连接。其中，少年时代重在启发智慧，以三字经、廉政小故事、黑白棋墙等形式展现；壮年时代重在警示教育在职人员，以习语清风、廉吏雕像、正邪迷宫等形式展现；老年时代重在休闲健身，以棋盘、步道、廊亭等形式展现。公园由宾王社区3个街心公园植入清廉文化元素进行提档，投入430余万元改造而成，成为周边居民新休闲场所，让市民在潜移默化中接受清廉文化熏陶。开园当日，举行稠城街道徒步思廉行动，以打卡挑战的方式感受廉政文化，增强清廉意识；组织前往金华廉政教育基地参观学习，筑牢防腐拒变的思想防线，开展“稠城雅韵·趣味廉动”清风市集等活动，推动街道全员廉政教育活动开展。

【词林移民事务服务站揭牌运营】 2021年9月2日，稠城街道词林移民事务服务站揭牌运营。服务站由6个功能区块构成，配备常驻民警1人、精通外语的辅警3人、社区工作人员1人，志愿者团队1支，定期开展涉外“法律课堂”“法律培训”和“普法日”政策宣讲活动，强化境外人员敬畏法律、尊法守法意识。依托“党建+单元+警务”巷战体系，搭建“1+N”（1为警务人员，N指社区工作者、楼栋长、志愿者及其他协助人员）管理模式，激活最小管理“细胞”，深化基层数字警务革新，为境外人员提供临时住宿登记办理、签证网上预约、涉外企业登记备案、外籍商友卡申办等出入境“一站式”管理服务，将境外人员全部纳入“实有人口、动态管理”，实现全时空管理。词林社区位于义乌市主城区中心区域，是稠城街道内最大的一个社区，也是义乌市境外人员聚集程度最高的社区之一。来自95个国家和地区的1300余名境外人员在此居住。词林移民事务服务站组建“商友联盟”外国人平安巡逻队，有效弥补了语言沟通不畅、文化习俗差异引起的管理难题，织密“基层防控网”；组织一批文化素养高、中文流畅、热心公益的境外人员，作为“洋娘舅”参与涉外纠纷调处，实现“以外调外”“涉外矛盾不出社区”。 （徐佳诚）

福田街道

【概况】 福田街道位于义乌市中部，区域面积40.3平方千米，下辖31个行政村，13个居委会。户籍人口2.64万户6.5万人，外来流动人口17.36万人，从业人员14万人。2021年，街道财政总收入12.02亿元，同期增长54.11%；一般公共预算收入7.63亿元，同比增长51.97%。全街道社会固定资产投资完成6.73亿元，同比减少48.17%。2021年，实现工业总产值81.65亿元。规模以上企业18家，总产值9.35亿元。完成技改投资3250万元；新培育国家高新技术企业3家，省级科技型中小企业36家，实现“小升规”企业8家。实现内资项目投资6.73亿元，新增市场主体9000余家。街道耕地面积966.72公顷，耕地流转面积668.8公顷。粮食播种面积166公顷，总产量878吨；蔬菜播种面积336.5公顷，产量8675.4吨；水果种植面积80.1公顷，产量949.3吨；甘蔗种植面积9.6公顷，产量752.6吨；肉类总产量16.8吨，禽蛋产量11.5吨。

（汪　洋）

【和美乡村争创】 2021年，福田街道对29个村进行星级动态管理，创建省级新时代美丽乡村达标村25个，其中精品村8个；创建金华市级现代化和美乡村3个。按照“六有六提升”工作要求推进出租型企业整治，整治低小散乱企业47家，整治D类企业28宗。 （汪　洋）

【民生保障完善】 2021年，全街道参加城乡居民基本医疗保险2.9万人，参加农村社会养老保险2.2万人。全街道共有低保户91户109人，低保边缘户33户44人，困境儿童69人，低保低边家庭适老化改造21户，低收入家庭、困境儿童生活保障193户。享受残疾人3项补助878人，残疾人无障碍进家庭12户。开展“慈善一日捐”活动，筹集善款60万余元。市慈善总会慈善救助27户9.6万元，街道慈善协会救助28户6万元。正常运行的居家养老服务中心31家、服务站8家。（汪　洋）

【矛盾纠纷排查化解】 2021年，福田街道受理各类矛盾纠纷688起，调解成功率100%，涉及金额2800余万元；组织村社调解主任培训8场次。通过签约，实现村社法律顾问全覆盖，法律顾问团共走访辖区群众528人次，解答法律咨询105起，协助调解矛盾纠纷89起。交办初信初访件188件，化解185件，化解率98.4%；通过“浙里访”网上流转办理信访件1591件，按期办结率100%。（汪　洋）

【文化系列活动】 2021年，与市文旅局、市文联联合举办庆祝中国共产党成立100周年系列活动。开展“我们的中国梦”文化（含送电影下乡）进万家活动755场，其中举办“辉煌百年 幸福福田”系列活动536场。承接省级“迎建党百年 享美好生活”浙江省民间音舞大型广场展演义乌福田分会场活动；举办“辉煌百年 幸福福田”“Lady Go！与新时代同行”——义乌首届国际女性绿色公益骑行活动、义乌“拒绝暴力 共筑平安”点亮橙色行动、“枣香福田 共同富裕”义乌南蜜枣非遗展示活动、“传承好家教 弘扬好家风”义乌市首届家庭教育讲师大赛决赛等市级大型活动15次。组织开展党史、科学养生、民俗文化、健康知识等宣讲活动171场。《福田》杂志推出庆祝中国共产党成立100周年专刊2期。完成街道社工站建设并委托义乌市青少年综合服务中心运行，全年服务群众2894人次，培育志愿服务队伍3支。（汪　洋）

【全市首个“社区青少年服务中心”成立】 2021年6月，义乌首个“社区青少年服务中心”在福田街道福田社区挂牌成立。福田社区共有本地儿童572人，每逢寒暑假增加2600余名流动儿童。福田社区以“童享福田”为党建品牌，通过服务儿童、辐射家庭，打造“儿童友好型社区”，成立15支涵盖各年龄段的志愿服务队伍，拥有12个机制成熟的服务项目，每年常态化开展大大小小活动200场。福田社区青少年服务中心建立后，市青少年综合服务中心派驻具备国家社会工作师资格的专业人员常驻社区，有针对性地开展各种服务、帮扶工作。至12月，福田社区党群服务中心、福田社区青少年服务中心、新时代文明实践站累计开展活动191场次，参与5157人次，志愿服务时间5528小时，累计服务6085人次。（汪　洋）

【校地党建共同体签约】 2021年7月21日，浙江理工大学经济管理学院和义乌市福田街道共建“校地党建共同体”、与义乌市福田小学“大中小学红色文化一体化传承联盟”签约仪式在福田街道举行。仪式上，浙江理工大学经济管理学院与福田街道签署了共建“校地党建共同体”协议、“大中小学红色文化一体化传承联盟”协议，共同为“大中小学红色文化一体化传承联盟”揭牌。“大中小学红色文化一体化传承联盟”由浙江理工大学联合延安大学共同发起，旨在以红色文化资源为依托，以“三全育人”为导向，面向各地大中小学开展红色思想政治教育一体化传承，通过联建联学联育联办联创，结合不同层次在校学生群体红色文化教育，做到无缝衔接，有机融合，更好地实现为党育人、为国育才，办好人民满意教育的初衷。当天上午，浙江理工大学经济管理学院一行观摩经济管理学院义乌“微关爱”暑期夏令营闭营仪式，考察义乌市丝路金融小镇党群服务中心。浙江理工大学经管学院与福田街道自2013年起开展长期友好合作。至2021年，经管学院师生通过义乌“微关爱”夏令营，为福田街道留守流动儿童累计支教时长1000余个小时，1000余名儿童从中受益。（汪　洋）

【新社区集聚福田街道湖塘高层分房】 2021年7月28日，福田街道在义乌五中礼堂举行湖塘集聚区分房抽签定位会，新社区集聚福田街道湖塘高层完成首批435套新房分房抽签定位工作。新社区集聚福田街道湖塘高层东临工人北路、西临城中北路，总用地面积3.69公顷，总建筑面积18.23万平方米，由19~30层高层住宅和配套商业服务用房组成，安排住宅837套，其中，70平方米78套，90平方米8套，105平方米192套，110平方米2套，125平方米2套，140平方米389套，175平方米166套。项目于2018年10月开工，2021年12月底，累计安置713套。（汪　洋）

【长春社区入选省级民族团结进步创建重点培育单位】 2021年12月5日，浙江省民宗委发布《关于公布第四批省级民族团结进步创建重点培育单位名单的通知》，福田街道长春社区入选名单。长春社区成立于2006年1月，占地面积1.36平方千米，有常住人口3386人，流动人口1万余人，其中包含30个民族成分的少数民族614人，以维吾尔族、苗族、回族、布依族、土家族居多。社区联合共建单位福田派出所成立义乌市首个少数民族服务站，成立“和缘居”少数民族工作室，通过生活向导、就业指导、心理疏导等优质高效服务，帮助少数民族同胞解决生活就业难题。2021年，为38名少数民族同胞解决就业、住房困难。（汪　洋）

【党史现场学习暨集中宣誓活动】 2021年6月27日，福田街道领导班子带领辖区各共建委、行政村书记和新党员代表赴市红色示范基地——赤岸镇冯雪峰故居开展党史现场学习暨集中宣誓活动，举行向党旗宣誓活动。全体党员穿过林间小道瞻仰冯雪峰墓地，沿着红色足迹走进冯雪峰故居，聆听雪峰后人讲述冯雪峰平生事迹。

（陈金春）

【耕地“非农化”“非粮化”整治验收】 2021年6月1—2日，福田街道组织农业农村办、国土所、纪检监察、部分村社分管领导、测量单位、人大代表、政协委员组成专项验收组，对前期耕地“非农化”“非粮化”整治工作进行验收。专项验收小组对48个整治点逐点进行全面的检查和验收。总体而言，辖区“非粮化”整治成效初显，粮食功能区内种植苗木、果树等经济作物或抛荒等非粮化现象有很大的改善。全宅、白岸头、下骆宅等“非粮化”整治相对较大面积的地块整治效果较好。至5月底，福田街道耕地“非农化”“非粮化”整治面积138.8公顷，其中市下发图斑整治面积32.53公顷，粮食功能区22.28公顷，其他耕地84.06公顷。整治后的耕地由种植大户种上了水稻、旱粮104.4公顷，其余由各村及农户种植旱粮、蔬菜等农作物。对现场指出的田块存在的问题6月10日前整改到位。（陈金春）

江东街道

【概况】 江东街道位于义乌市东侧，区域面积91.6平方千米，下辖36个行政村、16个社区。户籍人口3.76万户9.32万人，外来人口20.1万人。2021年，江东街道实现财政总收入9.87亿元，同比增长24.4%，一般公共预算收入6.42亿元，同比增长24.9%。

耕地面积866.8公顷，耕地流转面积323.5公顷，土地集中流转率37.3%。粮食播种面积269.1公顷，粮食总产量1617.8吨；蔬菜播种面积298.2公顷，产量7544.4吨；水果种植面积165.6公顷，产量3974.4吨，甘蔗种植面积14.5公顷，产量1109吨。肉类总产量4.85吨，禽蛋产量5.66吨。实现农林牧渔业总产值1.39亿元，农林牧渔业增加值500万元。完成“非农化”“非粮化”整治115.53公顷，完成许宅、东上、塔下洲等连片流转81.07公顷，成功申报美丽田园20公顷。

实现工业总产值54.5亿元，同比下降22.85%，其中26家规模以上工业总产值14.16亿元。培育“小升规”企业8家。完成固定资产4.83亿元，其中工业投资1.03亿元。企业研发经费投入6361万元，新增省级众创空间1家，国家高新技术企业2家。新增金华市研发中心2家；开展院校专家江东行活动5次，对接企业技术难题36个，发放企业科技创新券340万元。

参加城乡居民基本医疗保险3.81万人，农村社会养老保险6万人。做好低收入家庭的动态管理，发放低保金112户计123.03万元，发放特困户3户计

7.09万元，发放慈善救助61户计26.9万元。江东第一批“百园工程”13所全部完成建设，第二批“百园工程”15所，1所投入启用；义乌中学、青口小学、艺术学校等7所学校的放学区改造工程完成建设。全力推进双江湖开发各项工作，完成供店、前流2个村集聚腾空拆迁工作。（何宝青）

【新型城镇化建设】 2021年，江东街道推进新型城镇化建设，完成9宗地块出让，出让金93.22亿元。投资1.26亿元创新采用EPC模式（指承包方受业主委托，按照合同约定对工程建设项目的设计、采购、施工等实行全过程或若干阶段的总承包模式）推进东洲花园6个老旧小区改造，完成全市首台老旧小区户外电梯安装，受益群众3200余户。投资1600余万元开展17个区块美丽城镇“三线整治”，打通平湖路、东山路和平海路3条断头路。年内，创建美丽乡村精品村2个，达标村7个，江东街道工业垃圾分拣中心建成并投入运营，创建垃圾分类省级示范3个、市级示范村2个。推进“基层党建+应急管理标准化”建设，建成智慧应急安全站1个、智慧应急安全社区16个，11个村实现微型消防站提升。创建省四星级菜市场1家，省三星级菜市场3家，省放心菜市场4家，省“五化”菜市场2家。（何宝青）

【城乡有机更新推进】 2021年，江东街道推动有机更新，改善居民居住环境，助力共同富裕。双江湖毛店集聚一期、久府西侧、毛店集聚二期三大集聚项目以“分房、建设、动工”梯队依次推进，共1万套安置房，受益群众1万余人。久府西侧集聚区完成结顶，毛店集聚一期2618套分房到户，毛店集聚二期开工建设。供店村、前流村900余户2000人完成“整村拆”，拆除面积14.3万平方米。青岩傅、下麻车、张村、潘村4个村完成630户1370间房屋选位工作，投标款2.62亿元。（何宝青）

【新任“两委”干部履职培训】 2021年1月18日，江东街道在市委党校报告厅举行新一届两委班子成员就职仪式暨履新培训会，街道全体干部工作员、52个村社新一届两委班子参加会议。会议由街道党工委副书记、办事处主任楼志军主持，街道班子成员为新任村社干部授印，新一届村社两委班子成员进行就职宣誓；义乌市委党校教师周松强围绕“深刻领会十九届五中全会精神核心要义、争做新时代村社好干部”主题，为新一届村社两委成员开展了履职培训。（陈金春）

【党员整治立规创优行动推进会】 为持之以恒地以“严”的主基调，“实”的硬作风把党员整治立规纵深推进，锤炼一支素质过硬砥砺奋进的江东铁军，2021年3月14日，江东街道召开党支部书记集体约谈暨党员整治立规创优行动推进会。街道全体干部工作员、第一书记、各村社、居民区、两新党组织书记参加会议。党工委委员楼淑颖通报1—2月街道党员违纪违法典型案例与组织处理情况，组织与会党员学习《义乌市整治党员违法问题“九个一律”规定》，街道党委组织受通报党员、所在党支部书记分别进行公开检讨与表态发言，街道党工委书记龚卫兵与各党组织书记签订《江东街道“零违纪”“零违法”创建责任书》，确保责任层层压实。（陈金春）

【村社书记“晒拼创”擂台赛】 2021年4月18日，江东街道组织开展2021年度第一期村社书记“晒拼创”擂台赛，街道全体班子成员、中层副职以上干部、网格长、第一书记，52个村社的书记、组织委员，参赛村全体村两委干部、各社管会董事长兼支部书记出席擂台赛。擂台赛首期参赛队伍为新兴村、青岩傅村、徐村、毛店村、下傅村、下湾村6支队伍。每支擂台赛参赛队伍发言展示后，街道班子成员对参赛队伍展示内容进行点评，就近期工作开展情况对台上的第一书记（网格长）、村两委成员进行质询，由街道中层副职以上干部进行打分，青岩傅村、新兴村、徐村分获前三名。（陈金春）

【村社集体资产清理专项行动】 2021年5月25日，义乌江东街道召开村社集体专项行动动员会，进一步加强集体资产监督管理，深入推进清廉村居建设。此次专项行动整治范围涵盖江东辖区36个行政村和社区下属27个经济合作社组织。按照集体“三资”全纳管、合同管理全规范、财务事项全公开的总要求，全面清理村社集体资产和相关合同，包括清理村级以下组织涉及村集体和农民直接利益的各种收付，清理村级资产资源以及自2016年起村社集体签订的所有收入、支出合同和2016年前签订的仍在履行的合同等问题。街道纪工委成立督察组，全程督导工作进度，对主体责任不落实、起底和清理工作不认真不负责不到位、问题整改不力、虚报瞒报谎报的村社有关负责人，及时采取约谈提醒、通报批评、诫勉等措施，以严明的纪律保障专项行动有力推进。（陈金春）

【未来社区“鸡鸣山议事厅”打造线上办】2021年，江东街道鸡鸣山社区在未来社区创建中，积极探索基层协商之治和数字之治的深度融合，共创基层整体智治，在“鸡鸣山未来社区”线上平台中嵌入“鸡鸣山议事厅”基层协商板块，8月9日，未来社区服务端在“浙里办”上线，为全省首个成功上线“浙里办”App，其中国际老娘舅、社区议事厅、社区党建和社区留言板4个应用同步上线开放使用，同时紧密对接17个“关键小事”落户社区开展试点。线下结合未来社区整体规划，按照“3+3+3”顶层设计，即“三心、三带、三区”的25个线下空间，线上线下同步推进。线上依托“请你来协商”，线下依托“民生议事堂”，建立起政协委员与各界群众常态化的线上线下互动机制。线上“请你来协商”，开设委员面对面、请你来议事委员风采、民情连连看等模块，邀请街道工委的政协委员为嘉宾，围绕未来社区“三化九场景”开设协商主题。至年底，开展电商创业、社区第二课堂、家门口的健康服务等微协商10场，为浙江省其他社区场景运营的探索实践有着借鉴启发作用。（何宝青）

【鸡鸣山社区入选省级“最佳实践”案例】2021年12月8日，浙江省公布9个社区场景运营“最佳实践”优秀案例，义乌鸡鸣山社区入选，成为金华唯一上榜案例，为社区开展场景运营创新提供了好经验、好做法。鸡鸣山社区辖区面积2平方千米，户籍人口3512人，流动人口2.5万人，其中包含29个少数民族群众2082人，来自74个国家和地区的境外人员1388人，以及义乌工商职院1.3万名师生，是一个多国籍、多文化、多元素的国际社区，被称为“联合国社区”。鸡鸣山社区以特色课堂为依托，着力探索线下体验、线上交互深度融合的特色教学模式，以积分制推动社区治理、特色课堂双向发展，多方协同推进高质量课堂建设，致力于打造未来式、多元化、烟火气、幸福感的未来社区典范。自2021年5月鸡鸣山社区列入全省第三批未来社区创建名单以来，聚焦数字化场景建设，着力打造“亲如一家”联合国社区、“文化共融”国际化社区、“智慧生活”数字化社区。至2021年，在微信、“浙里办”等线上服务端形成涵盖邻里、教育、健康、创业、交通、服务、治理七大场景共78项数字化应用，线下已完成健康服务站、智慧图书馆及数字化展厅建设方案。（陈金春）

稠江街道

【概况】稠江街道地处义乌市区西南，行政区域面积38平方千米，下辖2个共建委、11个社区、24个行政村，常住人口28.3万人、户籍人口5.47万人。实现财政总收入25.79亿元，同比增长19.98%；一般公共预算收入17.58亿元，同比增长5.37%。

2021年，街道实现工业总产值189.35亿元，同比增长18.66%，其中规模以上工业企业完成工业总产值89.73亿元，同比增长36.92%。完成固定资产投资5.57亿元，同比增长1.86%，其中工业投资3.4亿元，同比增长29.5%。整治D类企业37家，新增复评国家高新技术企业23家，省级科技型企业50家；新增华羽、双创街、创智汇3家省级小微企业园，总数达到11家。引进宝湾、中通二期、星辰智慧E谷等重大项目，梦娜袜业、卡游动漫等重点工程开工建设。

全街道共有耕地面积802.13

公顷，耕地流转面积430.62公顷。粮食播种面积160.88公顷，粮食总产量1180.3吨；蔬菜播种面积626.2公顷，产量3516吨；水果种植面积67.33公顷，产量1330.43吨。新增农业标准地25.14公顷，旱改水项目面积28.16公顷，垦造耕地0.81公顷，建设用地复垦0.67公顷。辖区内24个行政村全部实现集体经营性收入20万元以上，其中12个村经营性收入50万元以上。完成创建一星级和美乡村样板村2个，三星级样板村1个。

加强疫情防控，核查新型冠状病毒肺炎疫情防控指令10.9万条，人员管控1.4万余人次。稠江疫苗接种方舱医院建成并投入使用，全年完成疫苗接种54.8万针次。新社区集聚项目古母塘一期（龙海花园）完成分房，喻宅、古母塘北、下沿塘3个新社区集聚项目启动。建成麻车、龙回、新屋3个幼儿园，改扩建浙师大附小、稠江四小2所小学，投入20万元创立义乌教育基金会稠江分会。小区、农村、企业、商业街垃圾分类实现全覆盖，稠江街道获评省级垃圾分类示范街道，2个小区获评省级示范小区，6个村和小区获评市级示范村（小区）。开展矛盾大排查大化解专项行动，全年各级调解组织共化解矛盾纠纷401起，化解各类劳动纠纷343件。

【土地综合利用整治】 2021年，稠江街道结合全域土地综合利用整治，谋划制订《稠江街道全域土地谋划》，制订“十四五”稠江发展蓝图。完成富港大道与国贸大道交叉口、稠江二中地块、双江湖水利枢纽工程等14个项目和金义东轻轨、杭温高铁两大铁路线政策处理，计征土地18.46公顷，租用土地12.16公顷。完成伏龙山路、宝港路、恒通路、广通路等7条路网建设，新建改建道路4.5千米；打通城店路环城路下穿段、富港大道国贸大道下穿段等4条断头路。消化批而未供土地65.56公顷，完成农村乱占耕地卫片执法图斑整改工作302处，14宗国有建设用地完成出让，收取出让金38亿元。

【“道路安全整治月”专项行动】 2021年，稠江街道投入1090.4万元，实施2轮“路口革命”，完成25个道路交通安全整治提升项目，实现“一牌、一线、一带、一桩、一灯、一镜、一语音”七个一全覆盖。开展燃气使用安全整治专项行动，排查企业2.3万家次，更换燃气软管5000余根，整改隐患问题1200余个。建成智安小区20个。

【非粮化整治和高标准农田建设】 2021年2月，稠江街道启动非粮化整治工程，至年底，共完成非粮化整治面积121.02公顷，其中，江湾村3.38公顷，红联村16.65公顷，崇山村24.98公顷，下柳村3.92公顷，金村2.32公顷，西王界村4.28公顷，下金村2.32公顷，上金村8.33公顷，春联村18.92公顷，犁头山村6.29公顷，杨梅院村25.1公顷和龙回4.53公顷。建成高标准农田面积54.41公顷。

【低效工业用地整治】 2020年9月，义乌市儿童医院落户稠江后，稠江街道组建专班推进涉及的4家企业腾退和安置工作。谋划启动金汇化纤低效工业用地地块有机更新，用100天时间再腾出工业用地7.29公顷，用于解决浙江爱美莱科技有限公司、义乌市晟佳织造有限公司等优质企业异地安置用地问题。2021年9月，市儿童医院项目进场施工。至年底，完成低效用地整治27.53公顷，盘活存量建设用地46.67公顷，同时编制启动涉及3400公顷的“十四五”城市有机更新和工业有机更新蓝图。

【新社区集聚项目龙海花园完成分房】 2021年10月，稠江街道第二个新社区集聚项目古母塘一期（龙海花园）启动分房工作。此项目位于古母塘西侧，总权益面积13.6万平方米，由14幢18～22层高层住宅和配套商业服务用房组成，共有1084套房屋，但已拆迁、需安置的农户有1521户，缺口437套。街道实行“首套房主动退让、非首套房主动退让、户型匹配退让”，实施“当好调剂媒人暖心服务、子女入学保障暖心政策、剩余房源公开抽签暖心安置”，通过3轮抽签行动，至11月26日，完成分房工作。

【卡游动漫总部项目开工】 2021年12月28日，卡游动漫总部项目开工建设。此项目是浙江省、市、县重点项目，是推进义乌市动漫文化创意产业发展，助推文化强市建设的重要支撑性项目。项目规划总占地6公顷，总建筑面积21万平方米，计划总投资23亿元。计划建设资源配置一流、产业链条完备、生产制造智能的总部产业园区，包含10条卡牌智能生产线、15条文具智能生产线及研发中心、模具楼等功能区域。项目由浙江卡游动漫有限公司投资建设，分两区块实施，其中戚继光路项目计划于2023年上半年投用，崇山三区项目计划于2024年投用。 （范翰翰）

北苑街道

【概况】 北苑街道位于义乌市区西北，区域面积36.6平方千米，下辖16个社区。常住人口6.53万人，流动人口24.4万人。2021年，实现财政总收入22.65亿元，同比增长29.44%；一般公共财政预算收入15.44亿元，同比增长33.84%。

街道耕地面积463.7公顷，蔬菜播种面积388.5公顷，产量1.04万吨；水果种植面积96.6公顷，产量1671.1吨；甘蔗种植面积1.67公顷，产量142.2吨。肉类产量1.5吨，禽蛋类产量1.4吨。

全街道实现工业总产值231亿元，同比增长16.44%，其中规模以上企业70家，工业总产值146亿元，同比增长25.96%。实现固定资产投资7.13亿元，其中工业投资2.89亿元，新增经济主体2.43万户。完成美联荟创业园、云栖电商园、芬莉针织产业园市级小微园认定。完成浙江省科技型中小企业认定53家，国家高新技术企业认定15家。完成D类企业整治37家，挖掘升规潜力企业3家，培育“小升规”企业10家。推进企业数字化改革，推动义乌市易开盖实业公司、浙江蝶妃化妆品有限公司等市级数字工厂、数字车间项目申报，完成迪元仪表工业智能制造数字化转型升级试点项目申报。落实“能耗双控”，组织实施企业有序用电，实行辖区294宗工业宗地错峰生产计划，确保用电平稳、安全。开展无欠薪行动，全年调解劳动工资纠纷案件292起，帮助员工追回工资765万元。

参加城乡医疗保险3.06万人，养老保险4.55万人。发放低保、残疾、困难群众救助补助资金271.36万元。推进“百园工程”建设，香樟幼儿园等6家幼儿园投入使用。完善“大安全”格局，建成智安小区40个。陆续投入使用“邻里坊”14家，16个社区微型站进行提档升级。举办青少年“花开四季”文体课外学堂123场。提供优质、高效、便捷的政务服务，街道服务大厅窗口办理服务事项7685件，钉钉代办代跑办理服务事项3761件。深化“1+26+X”（1个新时代文明实践所，26个新时代文明实践站，X个新时代实践点）新时代文明实践三级体系，串点成线、结线成网，打造15分钟文明实践服务圈，开展惠民展览1635场，文化公益培训517次。 （陈泰辛）

【安全生产风险排查】 2021年，北苑街道对辖区小微企业进行安全排查，消除安全隐患4300余处，完成整改658家；消除地下室隐患2000余处，完成整治2210家；完成加工制造类安全生产风险普查1240家，宗地企业“一扫一图一码”纳入数字安全监管。开展“两房一店”大排查大整治，集中整治200余处，收缴劣质灶具4000余具；完成辖区1万余户出租房“三色治理”，打造畈东样板出租房；完成21处160幢高层消防体检，并销号整改。 （陈泰辛）

【有机更新项目推进】 2021年，保障街道范围内市重大项目13个。创新实施街道“5+2”（5个数字化应用，2个未来社区试点）数字化改革，上线矛调系统、项目管家、党员发展系统、垃圾分类3.0、餐饮油烟数字化管理5项数字化场景应用。围绕九大场景打造丹溪、四季2个未来社区试点，年内，丹溪社区成功入选浙江省第四批未来社区创建名单。 （陈泰辛）

【国有土地出让】 2021年，北苑街道加快国有土地出让，完成铁西地块、柳青、前洪老工业区等9宗土地出让，出让金174亿元。全域消化批而未供,完成宇宅口、柳一、柳二、柳三等地块供地,累计完成批而未供消化总面积46.47公顷。推动全域土地流转,完成44.13公顷土地整备、40.2公顷土地流转以及23.33公顷农田非粮化整治。

（陈泰辛）

【基础配套设施建设】 2021年,北苑街道投资4.5亿元推动13项绿化工程、44项市政配套工程、11项土建工程、22项供电工程等项目建设。新增绿化面积10 公顷,累计完成路网、人行道等改造面积28.69万平方米。丹溪一区实行微更新,丹桂苑完成首部电梯加装。“三改一拆”累计拆除违法建筑面积6.6万平方米,完成两路两侧,“四边三化”整改60余处。推动全域红旗小区创建,完成72个街道级红旗小区验收,在丹桂苑等6个试点小区推行小区生活垃圾刷卡投放,完成294家宗地企业垃圾分类投放点建设。对企业雨污分流实行“回头看”,完成反弹企业整改188家,整改面源、雨污混流等问题1085个,完成丹溪社区零直排示范创建。

（陈泰辛）

【信访溯源机制建立】 2021年,北苑街道落实推进“最多跑一地”,累计接访群众547批次1185人次,化解信访积案55件,调处纠纷3076件,涉及金额2790万元。16个社区完成金华市级民主法治社区创建,成为全市首个金华市级民主法治社区100%创建镇(街道)。

（陈泰辛）

【新冠肺炎疫情防控“3+9”指挥体系】 2021年,指挥体系细化新冠肺炎疫情防控“3+9”(综合协调组、人员核查和管控组、社会面管控组3个工作组,综合协调专班、后勤保障专班、卫生防治专班、监督执纪专班、舆情宣传专班、数据专班、人员管控专班、社会面管控专班、交通卡口专班9个专班)指挥体系,建立指令清零的闭合回路,全年,累计核查重点人员11.63万人,管控9185人,核查管控入境人员246人。完善核酸演练方案,重新布置核酸检测点位和单元,确定采样点226个,采样单元443个,实现区域采样全覆盖。开展新型冠状病毒肺炎疫苗预约分时段接种,实行社区预约、精准通知、凭证接种制度,接种55.98万剂次、25.59万人次。春节期间谋划留义乌过年活动100余场次,发放致外来建设者一封信邀请外来建设者留义乌过年,留义乌人数7.5万人。

（陈泰辛）

【邻里坊建设】 2021年,北苑街道投资4500万元,新建集矛盾调解、居民活动、文化娱乐、居家养老服务等多功能于一体的“邻里坊”14家。“邻里坊”设有老年人餐厅、棋牌室、悦读吧、影音室、康复训练室等,方便老人学习、娱乐、康养,深化“15分钟生活圈”,推动居家养老服务从“有形覆盖”向“有效覆盖”转变。同时结合未来社区建设,在丹溪社区引入养老小微机构,按需设置机构和居家养老床位,打造线上与线下相结合、小微机构与上门服务相结合,集“助餐、助医、助洁、助乐、助学、助急”于一体的智慧康养社区,让“养老不用出社区”。

（陈泰辛）

【历史遗留问题解决】 2021年2月7日,北苑街道攻坚破难解决最后历史遗留问题,完成柳青工业区一期所有企业和住宅100%签约。6月,拆除建筑47万平方米。完成王高畈整村拆除,累计拆除3.7万平方米。完成此村土地全流转,解决茂后、万村旧改遗留问题,拆除旧房12户,推动第三批投标选位;拔除大三里塘高层项目、柳青路拓宽工程、周村、上里角塘等10余年“钉子”“无钉子”村社增至28个。实施柳青老工业区有机更新,127宗地100%签约,完成41.07公顷47万平方米建筑拆除。

（陈泰辛）

【走进企业现场会】 为进一步推动各级服务力量和资源下沉一线,解决一批核心制造业企业的痛点、难点、堵点问题,助力企业复工复产、达产增产,2021年4月9日,北苑街道召开“深化‘三服务’、春风暖企行”走进企业现场会。义乌市委、北苑街道、市经信局等单位,22家企业负责人参加现场会。会上,市“三服务”办公室、市经信局、市科技局、市人社局、市市场监管局、市金融办等部门进行惠企政策解读，并与辖区22家企业负责人现场交流，解决企业存在的困难。现场会首开政策解读“直播间”，全市范围的企业主通过扫描二维码，即可在线收看场内政策解读内容。惠企政策解读直播结束后，12家企业和10家电商产业园负责人分别介绍当前生产经营状况，提出生产经营中遇到的实际问题。对于能够立即解决的问题，相关部门、金融机构当场给出解决方法；对于暂时无法解决的问题，承诺回去研究并及时落实解决。

（陈金春）

【北苑街道第二集聚区项目】 2021年，北苑街道推进新社区集聚北苑第二集聚区地块二项目。项目位于雪峰西路以北，春晗路以西，四季路以南，秋实路以东围合区域内，占地面积9.54公顷，建筑面积26.13万平方米，总共由26栋12～13层高层住宅和配套商业服务用房组成，安排住宅1256户。地下为局部二层停车库，计划停车1800辆。4月，王高畈完成整村拆除及全域土地流转，上连树、金山脚、王高畈3个经济合作社腾出发展空间100 公顷。5月，市政府同意将原二手车市场区块纳入北苑街道第二集聚区，与梦娜区块、义合区块“一揽子”解决4个经济合作社安置问题。三季度上连树、金山脚、王高畈陆续截止人口计算日，完成集聚报批。7月，街道自筹资金先行垫付梦娜区块3.3亿元出让金及土石方费用，项目开工建设。11月，市政府明确前洪村集聚实施路径，由街道先行垫付政策处理费用，快速推动前洪村拆除工作。

（陈泰辛）

后宅街道

【概况】 后宅街道位于义乌西北部，区域面积67.88平方千米，下辖3个共建委、32个行政村、6个社区，常住人口11.21万人，户籍人口6.2万人。2021年，完成财政总收入6.53亿元，同比增长5.46%，其中一般公共预算总收入4.54亿元，同比增长26.07%。

2021年，实现工业总产值36.98亿元，同比增长9.98%，其中规模以上企业总产值12.53亿元，同比增长6.85%。全年累计完成全社会固定资产投资3亿元，同比增长26.61%，其中工业投资1.051亿元，同比增长66.52%。引进专精特新“小巨人”企业恒邦科技、上市公司振德医疗、产投集团高新科技园、生命科技园项目，全部启动建设。新增省科技型中小企业申报24家、国高企业5家、市级研发中心2家，培育“小升规”企业6家，培育宸晟文化、浪人文化等小微企业6家，培育市级小微园1个、省级数字化示范园区（吉成文体小微园）1个。全年整治提升低效工业用地16.2公顷，改造旧厂区8.2万平方米。

全年完成非农化非粮化整治138.2公顷，持续开展马交塘、马踏石等村高标准农田建设超266.67公顷，全面优化25.93公顷粮食功能区历史遗留问题。种植小麦油菜141.6公顷，水稻141.97公顷，高粱、荞麦、玉米等旱粮种植85.33公顷，主要粮食作物生产面积同比增加187.07公顷。辖区390.6公顷农用地块100%完成“标准地”数字化系统导入。

参加城乡居民医疗保险2.97万人，参保率99.02%；参加城乡居民大病保险2.49万人，参保率96.03%。全年落实辖区内低保户最低生活保障247户357人，低边户47户79人，慰问困难家庭51户118人；通过“慈善一日捐”活动，募集资金60余万元，救助困难群众、贫困大学生120余人。全年排查调处矛盾纠纷850件，涉及金额1743万元，调处成功率99%。全年初信初访调解率100%，辖区反诈案件发案率同比下降14.08%。

（陈双英）

【重点工程建设全力保障】 2021年，后宅街道全力保障杭温一期、杭温二期、金甬铁路等11个省市重点工程开工建设，完成杭温铁路涉及下万、下旺村319户农户旧房拆除，杭温一期政策问题清零，杭温二期全线交地。完成梅山大道涉及的11个村20.4公顷土地征收。建成投用后宅中心园、塘李、职教附属等8所幼儿园，新增学位1500个，推进九洲百合、万锦城、洪华3所幼儿园建设。完成对九州社区、湖门、吴宅等8家村社居家养老中心的餐点配送，实现辖区内村社居家养老中心全覆盖。全力推进中心镇区有机更新，立足“高铁新城”，推进集聚项目、市政配套、公建配套等项目16个，完成镇中北侧1号地块529套房屋分房，永宁集聚项目结顶，完成镇中东侧1号地块挂牌，完成后毛店村100%签约，100%腾空、100%拆除。推进20个村有机更新，其中，更新改造村6个，拆除西关田、苏街、后傅等6个村旧房1498户24.6万平方米。完成全备、前傅、陈宅等8个村农房选位794户。（陈双英）

【环境最美村共创】2021年，启动李祖村未来乡村试点建设，擦亮李祖“众创乡村品牌”，深化“德胜古韵”精品线上美丽乡村建设，新增美丽庭院500户，星级样板村5个。辖区有景区村庄22个，其中A级景区村庄16个、AA级景区村庄4个、AAA级景区村庄2个，景区村庄占比63%。创建美丽乡村28个，其中一星级村9个，一星级样板村9个，三星级村10个。通过土地流转、物业联建、项目招引、众筹投资等形式，推动村集体经济多元化发展，32个行政村集体经营性收入全部达20万元以上，87.5%的行政村经营性收入达到50万元以上。开展五水共治“截污控源、治源治本”源头整治，整改问题164处，完成李祖、洪家、马踏石等21个村的点位数字化治水监测，李祖村列入市数字化治水试点村，街道获评全省“五水共治”（河长制）工作考核优秀乡镇（街道）。（陈双英）

【民情夜访】2021年4月6日，后宅街道部署开展“两问大走访民情夜访”行动。后宅街道结合党史学习教育“四个千”（即千场党课“学党史”、千场活动“悟思想”、千名党员“干实事”、千个项目“开新局”）行动，创新“红色钉访红色钉办”两大板块，围绕“1+X+Y”工作机制（1即街道主要领导，X即班子领导，Y即全体干部、工作人员），聚焦民生，化解矛盾纠纷，集中攻克堵点难点。至年底，累计走访群众2.7万人次，收集答复民情民意1.9万项。（陈双英）

【后宅食安办入选全省首批“五星级食安办”】2021年，后宅街道以“本质安全”为核心，打牢食品安全工作基础，全面开展“食品安全基础提升年”行动。结合辖区实际创新性推出“1+2+3+4+X+Y”综合监管模式，通过编制1张责任清单、打好红黄牌2块牌子、组建3支队伍、夯实4项监管措施、建立X个食品安全自律群、打造Y个示范点，形成以“政府管理为基础、部门监管为主导、企业自律为主体、社会监督为重点”的食品安全监管新机制。6月25日，农村家宴义乌市地方标准发布会在后宅街道李祖村创客中心举行，会上出台首个《农村家宴中心建设和管理规范》义乌地方标准。11月2日，街道食安办成功通过省级评审验收，成为浙江省首批五星级乡镇（街道）食安办。（陈双英）

【全市首批农村有机更新试点村全备村】后宅街道全备村是全市首批农村有机更新试点村，该村位于商城大道与环城北路交叉口，毗邻植物园，本地村民1308户2714人，更新改造前，常住外来人口2000余人，是后宅行政村撤并前最大的一个村。全备村有机更新项目多规合一规划，规划用地面积24万平方米，其中包括高层住宅、多层住宅、垂直房、商业街、合院。2021年5月，完成合院屋基投标选位，全市第一本宅基地权益凭证在全备村发放。7月，完成商业街选位，全市农村有机更新代建项目首本建设工程规划许可证在全备村诞生。9月，完成垂直房选位，是全市农村有机更新进展最快的村之一。（陈双英）

【后宅街道入选美丽城镇省级样板镇】2021年，后宅街道围绕“高铁新城德胜后宅”发展定位，编制《后宅街道美丽城镇建设行动方案》，获评浙江省第二批优秀样板创建城镇优秀行动方案。街道在小城镇环境综合整治阶段性成果的基础上，累计投入各类资金30.17亿元，谋划美丽城镇专项支持项目88个，在持续推进设施、服务、产业、品质、治理上下功夫，城乡风貌优化提升。12月21日，浙江省城乡环境整治工作领导小组公布《浙江新时代美丽城镇建设工作2021

年度考核验收结果》，后宅街道获评“都市节点性美丽城镇省级样板镇”。（陈双英）

【“邻里中心”全覆盖】 2021年，后宅街道在实现“1+5+N”生活圈与社区“邻里中心”全覆盖，以及“15分钟健身圈”和村社健身设施全覆盖的基础上，500人以上行政村全部建起文化礼堂。新建、改建幸福湖小学、德胜小学等学校，新增学位1.05万余个。完成康乐园养老中心建设，建成并投用村社居家养老服务中心37家；以街道社区卫生服务中心为中心，构筑“15分钟医疗服务圈”，实现“小病不出村，常见病不出街”。（陈金春）

【融合风貌整治提升】 2021年，后宅街道发挥“正门厅”“后花园”定位功能，从“腾笼换鸟”与“文旅融合”两方面着手，重点发展美丽经济。以全域土地综合整治为抓手，对辖区162宗工业用地逐个过堂，“一地一策”定制提升方案，整治“低散乱”，建成小微产业园建设8个，腾出发展空间52公顷。大力发展交易市场，2021年，汽车成交量6.9万余辆，成交额60亿元，客户群体辐射全国各地。以德胜岩省级森林公园、义乌植物园、稠岩曹村点道乡吧、李祖国际文化创客村等热门景点为平台，培育文旅产业，年内，引进42家各类业态创客入驻。（陈金春）

【村干部“季”效考核新方式】 2021年，为深入开展“精密智管提效年”活动，推动“确保换届后高效运行”“选后迅速形成战斗力”，切实发挥党员干部“五（吾）带头”作用，深化推进“五星三强”基层党组织建设和农村“双星争创”，促进村级管理制度化、规范化，激发干事创业积极性、主动性，后宅街道结合实际，创新推出村干部“季”效考核新方式。4月6日，在后宅街道全备村有机更新改造现场举行后宅街道村干部“季”效考核。“季”效考核新方式中的民主测评采取现场述职评议的方式，由党员和村民代表组成“考官团”，现场听取村干部述职，“考官们”结合村实际工作对村干部的述职进行问询，相关班子现场作出解答，对照工作任务清单，对每名村干部进行打分。除民众评议外，后宅街道村干部“季”效考核还包括竞赛比拼和集中考评。考核方式分街道、共建委、村（居）3个层面进行，重点围绕街道红黄旗竞赛、在岗履职情况、群众满意度3个方面，通过竞赛赋分、考评亮分和评议得分，每季度定期对每名村干部进行量化打分排名。根据考核结果，对每季度考核总排名末3位的村干部、专职干部排名末3位的村干部，由街道组织、纪委联合约谈；对一年内连续2个季度总排名末3位的村干部，劝其辞职或启动罢免程序“季”效考评结果作为年度考评的重要组成部分，与村干部考绩和绩效报酬相挂钩，让村干部在有压力的同时更有动力，不断营造“拼争抢创、比学赶超”的浓厚干事氛围。（陈金春）

【“党建+护校单元”政府主导区域联动启动仪式】 2021年4月29日，后宅街道举行“党建+护校单元”政府主导区域联动启动仪式。后宅街道、市考试院相关领导出席会议。后宅街道派出所、交警队、市场监管、行政执法、卫监、卫生院等部门分管领导，各中小学校长，家长代表共300余人参加启动仪式。启动仪式上，与会领导向各部门分管领导发放“党建+护校单元”指导员聘书，为12所学校校长发放“党建+护校单元”作战图、“党员安全服务站”展示牌；实施“党建+护校单元”政府主导区域联动机制，政府主导、学校主体、部门协同、社会参与，市教育局党委和街道党工委统筹安排，辖区各学校成立校园周边应急作战领导小组，统筹指挥校园周边应急处置工作。采用“6+1”模式，设置周边交通、安保管控、食品安全、非法经营管控、校园卫生、疫情防控6个专项工作小组，另设校外党员安全服务站1个。构建“横向到边、纵向到底、全员覆盖、不留死角”的严密作战体系。“党建+平安”仪式结束后，全体与会人员参观后宅小学校外“党员安全服务站”，现场工作交流。（陈金春）

【百日攻坚誓师大会】 2021年5月17日，后宅街道召开“党建+平安”暨全民反诈百日攻坚战誓师大会，以最高标准、最大力度、最快速度，精准发力，决战决胜，推动平安后宅建设再上新台阶，迎接庆祝中国共产党成立100周年。市委宣传部、市政法委、市公安局党委、铁路公安分局相关领导，后宅街道班子相关领导，后宅街道全体干部、工作人员，村社两委、社区工作者，平安服务队队长，派出所、交警、行政执法、市场监管所工作人员等800余人参加会议。会上部署2021年后宅街道平安建设的重点工作，全面吹响十大专项攻坚战的冲锋号。通过结合“两问大走访”行动，扎实打好工矿领域安全战、消防领域安全战、新型涉网犯罪安全战、矛盾调解信访领域安全战、道路交通领域安全战、社会治安领域安全战、防范化解金融风险安全战、建筑领域安全战、教育领域安全战、食品安全领域安全战十大专项攻坚战，弥补平安建设中的问题和薄弱环节，不断开创平安后宅建设新局面。（陈金春）

【早稻田间管理专项督查】 为摸清辖区内早稻种植及田间管理情况，助力稳定粮食生产，确保街道2021年粮食生产目标圆满完成，2021年6月2日，义乌后宅人大工委到后余村开展早稻田间管理专项督查。代表们深入后余村田间地头，现场察看早稻长势和田间管理情况，听取相关汇报后与种粮大户深入交流，仔细询问早稻种植过程中存在的困难。田间督查结束后，随即召开座谈会。会上，代表们听取街道相关分管领导、科室及各共建委相关负责人关于早稻田间管理及后续种植情况汇报后，将在田间地头发现的问题进行反馈。同时，针对当前粮食种植存在的问题、后续工作和建议，双方进行深入交流。（陈金春）

【耕地保护】 2021年，后宅街道严格落实藏粮于地战略和耕地保护制度，持续深化农业“标准地”改革，大力推进粮食生产功能区“非粮化”整治优化，加强农田水利基础设施建设，进一步改善农业生产种植条件，提前谋划好耕地整治。至6月，完成小麦收割103公顷，完成早稻种植31.67公顷。年内，后余村以“非农化”“非粮化”整改为契机，完成9.6公顷土地流转工作。（陈金春）

廿三里街道

【概况】 廿三里街道位于义乌市区东部，区域面积72.2平方千米，下辖4个社区，28个行政村，2个居委会。户籍人口2.51万户5.29万人，流动人口14.32万人。2021年，全年实现财政总收入4.5亿元，实现一般公共预算收入3.2亿元。

街道耕地面积1500公顷，耕地流转面积800公顷。粮食播种面积810公顷，总产量4800吨；蔬菜播种面积400公顷，产量1.4万吨；水果种植面积85公顷，产量2900吨；推广商品有机肥330吨。完成垦造耕地1公顷。“旱改水”7公顷；耕地质量提升8公顷；完成非粮化整治面积（抛荒整治）50公顷，其中粮食生产功能区完成调整“非粮化”109.47公顷。完成街道27个标准地图斑入库，标准地数值集成全部进入全省数字化系统，建成华溪飞扬农机专业合作社基地数值化数字集成系统，可随时数字化监测土壤肥力、污染、气象、病虫害、鸟害、鼠害情况，并实时上报。依托高标准农田建设，在埠头、李宅、钱塘村打造188公顷美丽田园建设。新植百万株珍贵树种0.98万株、彩色健康森林124公顷。完成森林松材线病防治3333公顷。加大农业安全检查力度，全面抽查农产品，检测665批次。

完成工业总产值229亿元，同比增长56.7%；销售产值221亿元，同比增长55.87%。规模以上企业105家，实现工业产值165.4亿元，同比增长119.1%，销售产值158.72亿元，同比增长120.1%。实现规模以上企业工业增加值33.1亿元，同比增长119.2%；出口交货值22.98亿元，同比下降3.1%。引进内资6.38亿元，技改投资8590万元。实现高新技术产值134.97亿元，战略性新兴产业产值117.87亿元。实现新产品产值134.97亿元，同比增长232.3%。晶科能源高效太阳能组件项目一期二阶段投产，形成产能10吉瓦，完成工业产值90.8亿元；交旅建筑工业化项目完成主体结构建设。

完成固定资产投资5.7亿元，其中工业投资4.44亿元。实施旧厂房改造项目37个，培育"小升规"企业17家。新增国家高新技术企业14家、省级科技型企业32家。完成建设的9座小微创业园共新增入园企业38家，招引规模以上工业企业3家，培育"小升规"3家，培育并认定省科技型中小企业9家。

参加城乡居民医疗保险2.37万人，参保率99.99%。新办理低保户13户，新办理低保边缘户5户，享受农村最低生活保障家庭195户、256人。办理临时救助9户，救助金额5.01万元，慈善救助对象58人，金额33.2万元。享受残疾人三项补贴939人。完成残联无障碍设施进家庭项目9家。残疾人创业资金扶持13户，补助资金6.3万余元。新增幼儿园3所，改扩建教学场所5所。新增篮球场4个、百姓健身房1个、小康健身点5个、羽毛球场8个。

【新时代美丽乡村建设】 2021年，廿三里街道投资1500余万元，完成美丽乡村项目21个，创建新时代美丽乡村7个、创建三星级美丽乡村2个。完成投资3000万元，完成多彩华溪精品线埠头—武沿路游步道工程基础设施建设，前溪印象项目基础设施建设基本完成。南枣产业园项目顺利推进，完成投资750万元。楼山塘等4个村农村有机更新集中安置项目开工，累计完成10批次1380户农户选位。推进上社高层、集聚二期、集聚三期项目建设，完成通宝路南侧区块拆迁扫尾。完成葛塘村270户、钱塘村380户产业用房货币安置工作，涉及金额1.8亿元。30个村100%实现村集体经营性收入20万元以上，24个村经营性收入达50万元以上，6个村经营性收入达100万元以上。完成美丽城镇建设项目91个，总投资28亿元，年内通过浙江省"城市副中心型"美丽城镇样板街道验收。红星美凯龙商业综合体建成开业。

【惠民工程建设】 2021年，义乌市完成市政道路提升改造9条，打通断头路3条，拓宽卡脖子路2条，道路"白改黑"4条，完成6条主干道绿化景观提升改建，建成街心小品公园4处、林荫停车场2座，道路两侧绿化长度增长3.5千米。持续推进惠民工程建设，累计解决道路破损、绿化缺失等问题2500余处，新设信号灯7处，"路口革命"改造8处，交通隐患点改造26处，新建停车场2处，新增道路停车位350个、非机动停车位50处。完成桥下空间利用项目1处，老旧小区提升改造2个，义东大桥建设完成并实现通车。

【社会各项事业整体推进】 2021年，廿三里街道开展建党百年庆祝活动100余场。常态化开设鼗鼓公益课堂，开展各类课程646课时；开展以"小小拨浪鼓"为主题的亲子手工、烘焙活动，累计开展活动210余次，参与人员2600余人。开展送戏下乡20余场，送电影下乡和开展公益电影活动300余场。全年举办"非遗"保护活动15次。陶店村糖画成功申报义乌市非物质文化遗产项目。全年累计开展文体活动600余场，累计参与5000余人，服务5万余人。承办市级文体活动4次。街道矛盾调解中心全年共办理上级交办件1286件，化解本级矛盾纠纷2549批次。全面提升辖区食品安全整体水平，推进食品药品安全智慧网格建设，全年完成问题闭环整改2412件。街道便民服务中心完成办件量4.7万件，设置"综合服务窗口"4个，对143个事项实现"无差别全科受理"，办件量1.83万件；打造"24小时自助区"，为办事群提供网办、掌办、帮办服务，全年完成网办件1732件。

【义东大桥通车】 2021年7月18日，义东大桥举行通车仪式。义东大桥原名何宅大桥，横跨东阳江，连接义乌市廿三里街道与东阳市白云街道。2019年下半年，经过两地对接，共同商讨确定新桥建设方案，总投资2500万元，义乌和东阳各出资50%，由义乌负责建设。大桥总长235米，宽度25米，双向四车道，两侧各有一条非机动车道。2020年10月动工建设，2021年4月15日，义乌与东阳签订"推进同城化共建都市区"战略合作框架协议，何宅大桥更名义东大桥。大桥的通车，完善了两座城市的交通网络和交通格局，强化了义乌、东阳同城化效应，有利于两地加快要素资源整合，推动产业集群发展。

【“拨浪鼓创意市集”活动】 2021年7月18日，“拨浪鼓创意市集”活动在西京村举行。正处暑期的孩子们化身“小摊主”，向往来村民推销自己的手工艺品、玩具、饰品、服装等商品。活动由廿三里街道新时代文明实践所、关工委联合举办，西京村是“拨浪鼓创意市集”活动的第一站，下一步继续结合党史学习教育，反诈宣传、防溺水宣传等内容，在街道34个村社流动举行创意市集活动。

【新编婺剧《逛老街》首场公演】 2021年7月29日，新编婺剧现代戏《逛老街》首场公演在廿三里街道何宅村文化礼堂举行。此剧由市委老干部局，廿三里街道党工委、办事处联合出品，廿三里老年大学教导主任虞修苞根据《廿三里老街》一书改编，鲍秀忠作曲，林文贵导演，总时长20分钟，分《鸡毛换糖》《廿三里由来》《老街概况》《星罗棋布的商铺》《传统手工艺再现》《市场变迁》《落幕》七大场景。此剧聚焦廿三里老街故事，以老街为脉络和主线，展现廿三里人敢为人先、不怕挫折的精神风貌，在共产党的领导下从贫穷走向富裕的发展历程。此次首演吸引200余人到现场观看。

【首届廿三里柿子丰收节】 2021年11月5日，在廿三里街道小镇会客厅内，首届廿三里柿子丰收节在线上举行。派塘村青年委员华杰通过网络直播，把派塘村种植的360箱柿子全部销售完，直播吸引数万名“游客”参与，共庆丰收。派塘村是远近闻名的“柿子村”，已有数百年的柿子种植历史，村内有结柿果树1000余株，现存最老柿子树有400余年树龄。派塘村出产的柿子，因为形似灯笼，被称作“灯笼柿”，果肉肥美、汁水丰沛。村内种植有结柿果树1000余株，每株年产量150千克。

【农村有机更新集中安置项目】 2021年12月8日，廿三里街道举行农村有机更新集中安置4、5号区块开工仪式，廿三里街道农村有机更新集中安置项目正式启动。此安置项目位于大通路和华盛路交叉口南侧，涉及楼山塘等4个村，用地面积8.5万平方米，建筑面积15.6万平方米，包括76幢垂直房及其附属用房，预计房屋建设投资额2.5亿元。

（楼青元）

城西街道

【概况】 城西街道位于义乌市区西部，区域面积60.2平方千米，下辖30个行政村，1个社区，户籍人口2.18万户4.67万人，外来流动人口6.85万人。2021年，财政总收入4.77亿元，一般公共预算收入2.9亿元，完成有效投资4.4亿元，同比增长123%。2021年，完成工业总产值53.55亿元，同比增长22.1%。规模以上企业35家，总产值23.25亿元，同比增长19.3%。外贸出口交货值10.32亿元，同比增长29.3%，实现“小上规”企业8家。年内完成固定资产投资6.83亿元，其中工业性投资1.61亿元，落实工业性投资项目（含技改）5个，完成投资项目12个。

街道耕地面积952.6公顷，完成非粮非农100.73公顷，粮食农作物播种面积155.4公顷。蔬菜播种面积507.07公顷，产量1.44万吨。水果种植面积165.8公顷，产量5612吨，其中草莓种植面积14.53公顷，产值376万元，甘蔗种植面积24.47公顷，产量1860吨。肉类总产量5.6吨，禽蛋产量2.1吨。

保障口岸二期立体仓建成投用，以“大物流”框架打造为重点，加快现代物流建设，国内公路港成功入选省级物流园区提质增效试点单位，保障物流中心二期建成投用，新增物流仓储面积10万平方米，并实现企业100%入驻。

招引实施石明堂“稻虾共生”、分水塘“未来乡村”、何斯路“三农平台”、流里塘田园综合体、夏演夜市等一批“消薄”项目。30个行政村全部完成村集体经济总收入和经营性收入50万元以上，其中8个村达到100万元以上，殿口村被评为省级高质量就业村。

【有机更新全面推进】 2021年，城西街道加速推进有机更新，21

个区块的征迁、拆除、规划、建设工作，实施4个村的整村拆除，其中于宅村、殿口村完成整村拆除；五一村联立式合院及产业用房区块61幢272户全部结顶，完成总工程量的75%；六一村高层安置联建区块开工建设，新社区集聚项目香溪锦园完成建设，成为全市新社区集聚建设二期项目首个全面交付的小区。完成“连片拆”33.65万平方米，“违法拆”6.7万平方米；完成拔钉清障项目4个。排查低小散企业32家，取缔18家，关停3家，原址提升11家。

【新时代乡村建设】 2021年，城西街道以深化“千万工程”引领新时代乡村建设，投入资金900万元，实施项目46个，完成45个，创建新时代美丽乡村达标村9个，优秀村3个。推进12项标配设施建设，完成23个村新时代美丽乡村设施导览图建设、26个村的标配标识设置。实施省级美丽宜居示范村创建，投资1000万元，完成吴坎头村外立面改造、古建筑修复、村庄道路建设、中心广场建设等项目。街道成功创建省AAA级景区镇，分水塘、何斯路、七一村成功创建省AAA级景区村庄，何斯路村入选“浙江省气候康养乡村”。深化“望道信仰”和美乡村精品线建设，完成石明堂至东黄线道路“白改黑”、东石线两侧绿化景观提升、“美丽庭院”打造等项目，精品线入选省级休闲农业和乡村旅游精品线路名单，民宿、咖啡厅和酒吧等产业项目投入营业。实施望道景区智慧管理，实现“党建单元+农村服务”“农村旅游”等模块的建设和应用，围绕“初心之旅十个一”，打造景区预约、参观、VR讲解三合一智能导览系统。

【惠民生做实事】 2021年，城西街道完成民生实事94项。蓝天小学、上杨幼儿园、新港幼儿园建成投用，承办全市第30届文化艺术节，望道书场落户城西文化馆，开展各类演出57场。升级31个村（社）居家养老照料中心、站点老年人用餐服务。常态化开展新型冠状病毒肺炎疫情防控，编制全员核酸演练预案，深化“党建+单元”精密智控，核查指令数据1.21万条，实施管控2828人。街道新型冠状病毒肺炎疫苗方舱接种点全年接种9.03万人。为101宗宗地企业开展“三服务”750余次，解决企业难题150余个。开展安全生产提升行动，签订安全生产责任书4804家；开展危化品企业专项整治2次，整改隐患107处；排查机械制造、使用企业321家，发放指令书207份，整改隐患630处。全域推进智慧钉办建设，探索增加“疫情防控”“村级工程立项审批”“人大联络站”等8个功能模块，激活钉钉用户1万余人，所有村社大户实现100%全覆盖，线上共办理各类事项6万余项。

【“新时代文明实践云平台”上线】 2021年4月7日，城西街道“新时代文明实践云平台”上线，为全市首个掌上文明实践平台。此平台汇集城西街道线下文明实践优势资源，利用数字技术赋能文明实践活动，增强志愿服务信息发布力度，简化志愿服务参与流程，形成“新时代文明实践+志愿服务+大数据”互融互通工作体系。至年底，城西街道新时代文明实践云平台通过“三句半”、道情等老百姓喜闻乐见的方式，宣传疫情防控、接种疫苗的重要性与必要性；结合“丝路起点红色城西”微信公众号、志愿汇、志愿浙江等平台，开展线下活动44个，线上活动33个，其中大型活动32个；共招募志愿者8665人。

【全国宅基地资格权跨村调剂竞拍第一单】 2021年5月12日，城西街道五一村率先面向本村及义乌市域范围内的其他村级组织成员开展宅基地资格权有偿调剂投标，成为全国宅基地资格权跨村调剂竞拍第一单。五一村是《义乌市农村有机更新实施办法》施行后的首批试点村，为进一步深化农村宅基地制度改革，率先开展宅基地资格权有偿调剂投标。村民自愿退出的全部或部分宅基地资格权由村级组织统一回购，再由城西街道委托农村土地整备公司，通过市场公开配置等方式调剂给符合条件的村集体经济组织成员或安置对象。调剂所得的宅基地资格权在五一村安置，按批准的规划建设要求执行，具体按城西街道五一村农村有机更

义乌市“望道信仰”美丽乡村精品线路之分水塘村

（城西街道供图 2021年6月4日摄）

新相关规定办法安置落实。竞拍当天，61户村民通过公开竞拍方式取得五一村相应的宅基地资格权，调剂投标总成交价1.7亿元。宅基地资格权有偿调剂，为村民建房减轻一定的资金压力。

【省级休闲农业和乡村旅游精品线路】 2021年5月23日，省农业农村厅、省文化和旅游厅公布2021年浙江省休闲农业和乡村旅游精品线路名单，义乌市“望道信仰”美丽乡村精品线路上榜。“望道信仰线”是义乌十条美丽乡村精品线之一，主要围绕望道红色精神进行总体布局，将沿线的七一生态园、新石器文化遗址（上山文化）、石明堂花厅、长堰水库、古圣寿寺、何斯路薰衣草公园、陈望道故居等旅游景点、景区有机串联，打造中国红色宣言瞻仰圣地、中国爱国主义教育基地、中国红色文化旅游目的地。2021年，望道信仰线的游客人数25万余人次，其中七一村接待团队327批次，累计2.3万人；何斯路村接待学习团队126批次，3.2万余人次，营业收入201万元；分水塘村接待参观学习团队1640批次、5万人次，散客14.6万人次，带动村民增收230余万元。

【陈望道故居入选“浙江红色根脉打卡地”】 2021年8月22日，浙江省文化和旅游厅、省教育厅、省妇女联合会联合推出“薪火相传跟党走——百万亲子家庭寻访红色根脉”活动，发布全省52个红色根脉打卡地，陈望道故居榜上有名。陈望道故居建于清宣统元年（1909年），为前廊式天井院砖木结构建筑，整体布局保存完整，雕刻精美，具有浙中民居的典型特点。陈望道在此翻译了《共产党宣言》首个中文全译本。陈望道故居是近现代重要史迹，是展示陈望道一生为追求真理、严谨治学的光辉历程，是促进马克思主义在中国传播，为中国共产党的创建提供思想理论基础的重要展示场所，是重要的爱国主义教育基地。

【入选美丽城镇省级样板】 2021年12月21日，城西街道被浙江省城乡环境整治工作领导小组美丽城镇办公室评为“商贸特色型”美丽城镇省级样板。城西街道拥有国际生产资料市场、铁路口岸、陆港电商小镇、云驿小镇、国内公路港、粮食市场等众多商贸创业平台，围绕美丽城镇建设，街道将20公顷土地优先用于美丽城镇建设，经营性土地出让收入扣除计提资金后，100%支持辖区各项经济社会事业发展，税收超收部分返还比例提高到100%，土地、项目、资金等建设要素得到重点保障。共编排建设项目88个，累计完成项目75个，2021年完成投资45.4亿元，高标准完成美丽城镇共性指标和个性指标，投资完成率超过180%，“人、产、城、文、景”融合发展的美丽城镇新面貌初步形成。（韦　悦）

国家级荣誉先进人物

【"全国优秀农民工"高志发】 2021年1月6日，国务院农民工工作领导小组公布"全国优秀农民工"名单，在义乌就业的企业员工高志发获"全国优秀农民工"称号。高志发，湖北武汉人，1980年11月出生，浙江四达工具有限公司高级工程师，负责生产一线新产品开发、新项目关键技术攻关等工作。在国内高档工具市场被德国、日本等国家垄断的情况下，四达公司的生产工艺相对落后，很多关键技术上不去，生产不出高品质的产品。作为企业主要的技术骨干，高志发一门心思投入企业的新产品开发和技术项目的升级改造中去，先后研发出10余款省市级高新技术产品，17款国家发明、新型产品等专利高新技术产品。2019年，高志发主导制定出套筒手动扳手"浙江制造"的研发标准，并通过认证审核。高志发曾是普通的车间工人，来自一线基层岗位，因在本职工作中兢兢业业、任劳任怨、勤奋学习、刻苦钻研，成为所在行业的排头兵，先后获浙江省优秀农民工、义乌市"最美职工""义乌市十佳外来建设者"等荣誉称号。

【全国人民法院涉外商事海事审判工作先进个人王亚萍】 2021年5月，最高人民法院授予王亚萍"人民法院涉外商事海事审判工作先进个人"称号。王亚萍，女，1982年10月出生，中共党员，2004年毕业于中国政法大学，后获得浙江大学法律硕士学位。2004年11月进义乌市人民法院工作，先后在上溪人民法庭、民事简易审判第一庭、佛堂人民法庭、知识产权庭工作，历任书记员、助理审判员、审判员、佛堂人民法庭副庭长，2012年担任知识产权庭副庭长，2015年7月起主持知识产权庭工作，带领团队创新设立国内首家知识产权诉调对接第三方平台—义乌市知识产权诉调对接中心，在中心设立法官工作室，中心自2015年7月成立至2021年，受理案件8500余件，调解成功率53%；办理案件4200余件。2019年6月，该平台在最高人民法院举行的"世界知识产权组织（WIPO）调解在知识产权诉讼中的应用研讨会"上获得推介。2020年7月，在义乌市知识产权诉调对接中心的基础上，创新设立"义乌商贸纠纷诉调对接中心（云平台）"，平台上线至2020年9月底，接受诉前委托调解案件239件，在调案件130件，调解成功63件，调解终止46件。王亚萍多次被评为优秀公务员、先进工作者、"义乌市巾帼建功标兵"、办案能手等，被记金华市三等功2次。2017年2月，因在2016年度知识产权保护工作中做出较大贡献，被中共义乌市委、义乌市人民政府嘉奖。2020年被评为"全国法院先进个人""全省突出贡献法官"。

【人民法院司法警察先进个人赵敏】 2021年10月9日，最高人民法院授予赵敏"人民法院司法警察先进个人”称号。赵敏1990年4月2日出生，中共党员，2013年进入义乌市人民法院工作，现任司法警察大队副大队长。赵敏坚守主责主业，承担着重大复杂、涉黑恶等庭审被告人的警务保障及机关安保工作任务。至2021年12月，共组织保障刑事案件庭审9617次，被告人1.22万人次，民事、行政案件141次。赵敏以勇于吃苦、敢于担当、甘于奉献的精神风貌战斗在警务保障工作第一线，以勇于拼搏争当排头兵的顽强作风创造了可喜的成绩。曾被浙江省高级人民法院记个人二等功一次，被授予“全省法院司法警察标兵”，获评“全省法院司法警察信息宣传先进个人”。在首届全国法院司法警察技能大比武中，获个人实战防卫技能全国第二名；获浙江省法院司法警察教练员技能大比武三等奖，并纳入浙江省司法警察教练员人才库，成为浙江省司法警察实战教官。

【全国检察宣传先进个人赖栩栩】 2021年11月，最高人民检察院检察日报社对全国检察系统2021年度检察宣传工作成绩突出的个人进行表彰，义乌市人民检察院干警赖栩栩被评为2021年度“全国检察宣传先进个人”。赖栩栩，女，1985年3月出生，2011年毕业于西南政法大学知识产权法学专业，硕士研究生。同年进入义乌市人民检察院工作，先后在监察室、办公室、苏溪检察室负责综合性事务及信息、宣传、检察办案等方面的工作，历任书记员、助理检察员、检察员、办公室副主任、苏溪检察室主任等职务。进入义乌市人民检察院工作后，赖栩栩以其强烈的事业心和高度的责任感，积极履职，其所负责的各项工作在检察系统内部考核中均名列前茅。工作期间，带领检察信息宣传工作队伍，坚持正确的政治方向、价值取向和舆论导向，立足检察工作重点、亮点、热点、焦点，创新形式，加强策划，注重效果，讲述检察好故事，传播检察好声音，为该院检察宣传取得了很好的成绩。2019年至2021年，赖栩栩先后在《检察日报》《浙江日报》《浙江法制报》等媒体上发表文章170余篇，宣传作品获全国第五届平安中国“三微”比赛优秀政法文化作品，第十一届浙江省检察好新闻优秀新闻作品。其中，2020年拍摄的《义乌检察院依法批捕一起销售伪劣口罩案》短视频引发社会强烈反响，该视频在抖音、快手等平台播放量2.5亿次，转发1.25亿次，相关报道被“紫光阁”、人民网等媒体推送，微博热搜阅读1.4亿次；2020年以《袜业知识产权保卫战的义乌“战法”》为主题，报道义乌市检察院院知识产权创新做法，该活动阅读量4000万次，“走近一线检察官”微博直播活动总阅读量突破5.3亿次，讨论72.4万次。赖栩栩用手中的笔记录下检察事业前进的足迹，传递检察办案正能量。赖栩栩2016—2021年先后获评“市级先进工作者、全省检察机关优秀编辑、全国检察宣传先进个人”等荣誉称号，被金华市人民检察院荣记个人三等功2次。

【全国物流行业先进工作者王建明】 2021年12月9日，全国物流行业先进集体劳动模范和先进工作者表彰大会在北京召开。义乌市市场发展委员会王建明荣膺“全国物流行业先进工作者”荣誉称号。王建明1963年7月出生，从事物流管理、研究工作20年。先后担任义乌国际物流中心副主任、义乌市现代物流发展领导小组办公室物流管理科科长、义乌市陆港事务与口岸管理局陆港发展科科长、国际陆港发展研究中心主任等职。其间，王建明积极开拓创新，勇于担当作为，负责义乌国际物流中心运营管理，申报争取联合国亚太经社会国际陆港城市、义乌保税物流中心（B型）等工作，先后参与义乌市现代物流创新发展城市试点、商贸服务型国家物流枢纽等国家级试点等工作，在推动物流基础设施规划建设、扩大口岸开放、完善物流体系、优化义乌物流发展环境等方面做出了突出贡献。

【全国根治拖欠农民工工资工作先进个人王晖】 2021年12月24日，全国根治拖欠农民工工资工作暨农民工工作电视电话会议在北京召开，会议通报《国务院根治拖欠农民工工资工作领导小组关于表彰全国根治拖欠农民工工资工作先进集体和先进个人的决定》。义乌市劳动监察大队王晖获评“全国根治拖欠农民工工资工作先进个人”。王晖1970年4月出生，1995年从事劳动保障监察工作，在26年的劳动保障监察工作生涯中，王晖积极探索研究各种治欠保支长效机制，努力培育“不敢欠”的生长土壤，搭建“不能欠”的监管平台，催生“不愿欠”的内生动力，擦亮“义乌无欠薪”金字招牌。义乌市下辖14个镇（街道），有180余万名流动人口，王晖经常到人力资源市场等招用工密集区，为从业人员送去法律知识解读、规范用工解惑、合法维权教育等劳动保障法律法规解读，年均30余场。其间，王晖领着“义乌劳监人”相继探索建立拒不支付劳动报酬案件查处联席会议制度、人社司法联合追薪模式、欠薪案件司法确认工作指引、失信“黑名单”管理等制度，让治理欠薪“有法可依”；探索建立欠薪预警信息系统，有力落实部门联合预警，实现欠薪实时预警、分层处置；率先对快递、网店等新业态明确劳动用工主体，并建立快递行业劳动保障信用管理办法，实现分类监管、联合惩戒；率先在建设领域推行工资款和工程款两条线拨付制度，应用社保卡发放工资，实行“一企一册”信息化监管，按建设单位、监理单位、施工总承包单位、劳务分包单位、班组长、农民工六方主体分别建立责任清单，实现农民工工资按月足额支付的多方共同监督，共为30万余名农民工追回工资10亿余元，有效实现了对用人单位和农民工的双重服务，从源头上减少了劳资纠纷，被义乌的外来建设者称为“娘家人”。义乌市劳动监察大队多次被国家、省、市相关部门评为“先进单位”“模范集体”；连续23年被省厅评为年度劳动保障监察工作目标管理成绩突出单位；2014年至2020年连续七年被人社部办公厅、工商总局办公厅评为“全国清理整顿人力资源市场秩序专项行动取得突出成绩单位”。王晖先后被金华市委、市政府表彰为“优秀社会工作人才”“劳动模范”“最美公务员”。 （年鉴编辑部）

省级荣誉先进人物

【获省政府一等功骆光丰】 2021年11月22日，全省见义勇为先进人物记功奖励暨见义勇为电视电话会议召开，义乌市民骆光丰获省政府一等功。骆光丰1962年11月生，义乌市福田街道新塘下村村民。2011年6月，骆光丰正在服兵役的儿子骆超强在内蒙古达兰鄂洛木河为抢救一名落水渔民不幸牺牲，年仅20岁。在整理骆超强遗物时，战友们发现一份还没来得及上交的入党申请书。内蒙古军区批准骆超强为革命烈士，并追认为中国共产党党员，追记个人一等功，骆超强的家人则把骆超强生前积攒的3027元津贴交给部队党组织，作为他的第一笔党费。骆光丰为儿子英勇救人的壮举感到光荣和自豪，将对儿子的思念转化为舍己救人的“大爱”，接过儿子救人的“接力棒”，拼尽全力去救人，把这份特殊的爱传递下去。2012年，骆光丰在村里池塘救起一名89岁的同村老人。2018年的冬天，骆光丰跳入深水中救起一名5岁的小女孩。2020年8月8日，骆光丰不顾痛风再次跳入水中救起一名5岁的小男孩。骆光丰父子两代人奋不顾身，勇于救人的壮举在村民中广为传颂，为社会树立了榜样，弘扬了正气、传递了正能量。骆光丰的先进事迹先后被《金华日报》《义乌商报》等多家媒体宣传报道。2021年1月，骆光丰被评为“金华好人”，2月，被评为“浙江好人”，4月，义乌市人民政府为骆光丰记个人三等功一次，8月，被评为“金华市见义勇为勇士”。

【个人二等功应金鑫】 2021年1月，浙江省高级人民法院为应金鑫记个人二等功一次。应金鑫1985年7月出生，中共党员，2009年毕业于中南大学，获中南大学刑法学硕士学位。2009年10月进义乌市人民法院工作，先后在廿三里人民法庭、办公室、执行局工作，历任书记员、助理审判员、审判员、办公室副主任、综合办公室主任、执行局副局长。2015年任办公室副主任，2020年5月起任综合办公室主任。工作期间，按照“创新争优、走在前列”的要求，做好办文办会、后勤保障等工作，义乌法院信息工作每年均位于全省法院前列，个人2次被评为“全省法院信息工作先进个人”，义乌法院也因在司法宣传工作中做出突出成绩受到最高人民法院通报表扬。应金鑫自我加压，先后在《人民法院报》《中国审判》《法律适用》《人民司法》《浙江审判》等期刊上发表调研论文、案例评析、时政评论30余篇。应金鑫多次被评为优秀公务员、先进工作者，被记金华市三等功3次，被评为义乌市首届“最美政法人”，2018年被金华市人民政府授予“平安金鼎先进个人”称号，记个人二等功一次。

【获省援疆指挥部表彰丁莲君】 2021年3月15日，浙江省援疆指挥部党委发文表彰2020年度省援疆指挥部系统先进集体和优秀个人，义乌市稠州中学援疆教师丁莲君被授予“团结协作优秀个人”称号。丁莲君1975年10月出生，为义乌市第十批援疆教师，2020年4月进疆支教。丁莲君充分发挥稠州中学教育集团与温宿四中两校各自优势，着力挖掘两地不同的教育资源，提升语文学科教学质量，努力将援疆课堂上成爱党爱国爱疆主题课、学习成长励志课、立德树人思政课、学科专业精品课，以实际行动生动诠释了民族团结的永恒主题，充分展示了义乌援疆教师的良好形象。同年5月，丁莲君以“石榴籽·中国梦”为主题，在温宿四中七（10）班开启援疆第一课，将爱党、爱国、爱疆的思政教育元素有机融入课堂教学中，让同学们在基础知识的学习积累中，深刻感受到浓浓的民族交融、民族团结之情。10月，义乌市稠州中学教育集团与温宿四中签约结为友好学校。11月，稠州中学教育集团举行“最是书香能致远，共话两地民族情”图书捐赠公益活动。全校师生积极响应、踊跃捐赠，共为温宿四中捐赠爱心图书61箱、计3448册。丁莲君为两校牵线搭桥，在加强教育协作、维护民族团结等方面做出了积极贡献。

【浙江省“最美公务员”傅忆文】 2021年4月18日，省委组织部、省委宣传部举办“闪亮的星”——浙江省“最美公务员”发布仪式，义乌市检察院党组成员、副检察长傅忆文被评为第二届全省“最美公务员”。傅忆文1986年11月出生，从检10余年，一直坚守在基层检察一线，坚持高质效办理案件，所办案件被评为全国典型案例、浙江省“三个效果”有机统一优秀案例、浙江省精品案件。由她牵头完成的多项检察工作获得党委、政府和群众的高度赞誉，先后获全国优秀公诉人、全国优秀女检察官、最美浙江人·青春领袖、浙江省公诉人才等荣誉，3次荣立个人三等功。2019年上半年，傅忆文和同事们受理了一起以采购为名骗取货物的合同诈骗案件，她和同事调出近3年办理的130件合同诈骗案件，逐一分析作案对象、手段和发案原因。走进国际商贸城，向不同行业、不同经营模式的市场经营户了解交易习惯和经营管理模式，走访商城集团、市公安局、市市场监管局等职能部门。通过深入调研，发现上述案件并非个例，市场经营户已经成为合同诈骗案件的主要犯罪目标，占比达到72.3%，受骗市场经营户达886户，涉案金额1.13亿元。认真分析此类案件高发的原因后，傅忆文提出抓紧实施实名采购制、系统构建标准化交易流程、优化内部管理能力三大针对性举措。义乌市检察院的调研报告呈报义乌市委、市政府后，得到义乌市委主要领导批示，有力推动举措实施。2020年大年初四晚上，傅忆文在网络上注意到一则义乌市公安局发布的警情公告，公告显示邵某等人在义乌销售假冒伪劣口罩，被刑事拘留。涉疫案件必须从快从严打击，傅忆文连夜联系公安相关负责人，并在年初五早晨提前介入案件，明确定性争议、取证方向等工作，监督公安机关将邵某等人移送批准逮捕。在远程审讯犯罪嫌疑人时，面对犯罪嫌疑人邵某始终辩解自己并不知道口罩存在质量问题，傅忆文发问：“你有没有想过，如果你销售的这批口罩被一线医护人员使用了，会是什么后果？”邵某痛哭流涕、懊悔不已，认罪态度发生很大转变。此段审讯视频被在场同事发送上网后，引发社会极大关注。“紫光阁”、人民网、央视新闻、《检察日报》等媒体广泛报道，点击量4亿次、转发1.25亿次，创下检察题材短视频传播新纪录。该案成为新冠疫情期间全国首例批捕的“问题口罩”案，入选最高检首批妨害新冠疫情防控犯罪典型案例，获评“全国十大法律监督案例”。

【脱贫攻坚先进个人吴献民】 2021年5月1日，四川省委、省政府决定授予吴献民“四川省脱贫攻坚先进个人”称号。吴献民1964年出生，中共党员，浙江义乌人，义乌市场集团市场开发服务中心有限公司副总经理。2020年，被评为四川省全面创新改革试验先进个人；2020年，因在对口扶贫工作中做出较大贡献，获义乌市委、市政府通报嘉奖，中共汶川县委、汶川县人民政府颁发敬业奉献脱贫攻坚奖；2021年获四川省委、省政府授予的2020年脱贫攻坚先进个人称号。2019年5月，根据工作安排，吴献民赴四川汶川县开展对口帮扶工作，担任川青甘物流产业园区管理有限公司总经理。在任期间，根据周边地区及园区实际情况，重新完善川青甘园区的功能定位，确定园区来料加工基地、冷链中心、商务中心、检测中心“一基地三中心”的核心产业格局；以电商、直播基地的线上销售为驱动，带动当地农副产品的生产加工产业的发展；积极筹措资金，帮助对口帮扶村发展集体经济，累计筹措资金150万元，为对口帮扶村——沙排村建设康养旅游配套设施。

【“全省民族团结工作成绩突出个人”张莉】 2021年8月16日，省民宗委公布“全省民族团结工作成绩突出个人”名单，义乌市民族团结进步促进会秘书长张莉获评“全省民族团结工作成绩突出个人”。张莉，女，1981年3月出生于湖南沅陵，2003年到义乌创业。坚持以铸牢中华民族共同体意识为主线，实干创新，积极带领贫困群众脱贫致富。2017年，在义乌寻找新创业机会，听说生态健康产业前景可期，在随朋友前往安徽霍邱县考察后，毅然决然地开始生态养殖产业的尝试。她与安徽省的一家龙头企业合作，在当地设立养殖产业基地，为当地特困户免费送鸡苗，开展养鸡技术培训，安排基地技术人员上门手把手地指导传授，当地的贫困户依靠销售鸡和鸡蛋，每年能增加4万元左右收入，顺利实现了脱贫梦。2020年年初，张莉联合义乌市工商学院创业园，开展“消费扶贫，电商惠民”行动，帮助沂蒙山革命老区销售3500千克冬桃、脆柿等农产品。为让更多的人吃上健康营养的富硒农产品，张莉创办生物科技有限公司，2020年年底，在建德市大洋镇建立生态养殖鸡场和40余亩的富硒大米种植基地，帮助解决当地贫困农民的就业问题。心系同胞，全心投身民族团结进步事业。2019年6月，在张莉的协调推动下，“义乌市流动党员文明先锋队少数民族分队”成立，同年10月，义乌市民族团结进步促进会成立，张莉当选为副会长、秘书长。2020年9月，由张莉牵头发起的“茉莉花”少数民族工作室在义乌市北苑街道四季社区成立。工作室通过精准聚焦工商业集聚型社区少数民族流动人口需求，整合专业电商培训资源，开展少数民族线上线下融合培训，同时以少数民族同胞直播带货等方式，推广少数民族地区特色农副产品，展示民族非遗文化，帮助少数民族群众实现共同富裕。 （年鉴编辑部）

2021年义乌市获国家级表彰的先进集体一览表

表22

获表彰单位	荣誉名称	表彰单位/表彰文号	表彰时间
市民族宗教事务局	全国民委系统先进集体	全国民委系统先进集体先进工作者和劳动模范评选表彰工作领导小组	2月
中国小商品城妇女联合会	全国巾帼建功先进集体	中华全国妇女联合会	3月1日
义乌吉利发动机有限公司发动机制造部设备保全科	全国工人先锋号	总工发〔2021〕7号	4月27日

续表 22

获表彰单位	荣誉名称	表彰单位/表彰文号	表彰时间
市自然资源和规划局	全国自然资源系统“七五”普法工作成绩突出集体	自然资源部	6月7日
义乌工商职业技术学院	2020年度全国优秀职院媒体	《中国青年报》、中青校媒	7月
义乌工商职业技术学院	商务数据分析与应用教学创新团队获第二批国家级职业教育教师教学创新团队	教育部	8月
市税务局第一税务所	全国青年文明号	共青团中央	8月18日
市统计局	第七次全国人口普查先进集体	国务院第七次全国人口普查领导小组	9月
市文旅局	2017—2020年全国群众体育先进单位	体群字〔2021〕111号	9月
上溪水厂	2021年度农村供水规范化水厂	水利部办公厅 办农水〔2021〕240号	11月29日
市工商业联合会	2020—2021年度全国“五好”县级工商联	全联发〔2021〕25号	12月27日
上溪镇人民政府	2016—2020年全国普法工作先进单位	中共中央宣传部、司法部、全国普法办	12月28日

2021年义乌市获省级以上表彰的先进个人一览表

表23

姓　名	所在单位	荣誉名称	表彰单位/表彰文号	表彰时间
查园花	市人民检察院	全省政法系统执法办案、矛盾纠纷调解成绩突出个人	浙江省委政法委	1月8日
范国潮	市人民检察院	全省检察机关法律监督成绩突出个人（经济犯罪检察类）	浙江省人民检察院	2月18日
骆雨晨	市商务局	中国（浙江）自由贸易试验区建设工作先进个人	浙江省委、省政府	3月
楼小东	市市场发展委	浙江省反走私综合治理工作先进个人	浙江省政府	3月
蒋红阳	市政法委	2020年度全省政法系统军队转业干部培训优秀学员	浙江省司法行政培训中心	4月27日
王颜真	义乌机场管理公司	全国民航优秀共青团干部	全国民航团委	4月28日
公承明	义乌机场管理公司	全国民航优秀共青团员	全国民航团委	4月28日
陈　群	义乌工商职业技术学院	浙江省高校优秀共产党员	中共浙江省委	6月
陈旭华	义乌工商职业技术学院	全省优秀党务工作者	中共浙江省委	6月

续表 23

姓　名	所在单位	荣誉名称	表彰单位/表彰文号	表彰时间
宋永明	义乌工商职业技术学院	第六届浙江省高校“最受师生喜爱的书记”	浙江省教育厅	6月
黄俊侨	市商务局	2020年浙江省“稳外贸”和应对中美摩擦成绩突出个人	浙江省人民政府	7月5日
陈春良	市教育局	第二届“反恐卫士”	浙江省反恐办	11月12日
鲍小龙	市水务建设集团有限公司	浙江省“十三五”实行最严格水资源管理制度成绩突出个人	浙江省政府	11月22日
陈小宝	市自然资源和规划局	浙江省生态文化建设突出贡献个人	浙江省林业局	11月23日
方爱琴	市自然资源和规划局	浙江省绿化奖章	浙江省绿化与自然保护地委员会	12月15日
何　军	市自然资源和规划局	全省松材线虫病防治工作突出贡献个人	浙江省人民政府办公厅	12月22日
刘　娟	市自然资源和规划局	全面禁止非法交易、滥食野生动物工作突出贡献个人	浙江省人民政府办公厅	12月22日
马　玲	市总工会	浙江省优秀工会工作者	浙总工发〔2021〕97号	12月23日
吴红燕	中国电信义乌分公司	省级五星店长	中电信浙公客〔2021〕22号	12月30日

2021年义乌市获省级表彰的先进集体一览表

表24

获表彰单位	荣誉名称	表彰单位/表彰文号	表彰时间
市人民法院司法警察大队	全省法院司法警察信息宣传工作先进集体	浙高法警〔2021〕2号	1月
市国有土地上房屋征收中心（房产处）	浙江省白蚁防治先进单位	浙房协〔2022〕2号（浙江省房地产业协会）	1月5日
义乌市市场发展集团有限公司	全省民兵工作成绩突出单位	浙江省政府、浙江省军区	2月
市市场监管局	2020年度市场监管执法工作成绩突出集体	浙江省打击侵犯知识产权和制售冒伪商品工作领导小组办公室和浙江省市场监管工作联席会议办公室	2月
市自然资源和规划局	2020年度浙江省不动产登记窗口便民利民服务成绩突出集体	浙自然资函〔2021〕15号	3月3日
市自然资源和规划局	浙江省农房确权登记发证工作成绩突出集体	浙自然资函〔2021〕15号	3月3日

续表 24

获表彰单位	荣誉名称	表彰单位/表彰文号	表彰时间
义乌市妇幼保健院	新生儿遗传代谢病筛查先进集体	浙江省新生儿疾病筛查中心	5月
市科协	乡村振兴科技服务行动项目成功揭榜省科协“揭榜挂帅”第一批榜单项目	浙江省科协	6月8日
市商务局	2020年浙江省“稳外贸”和应对中美摩擦成绩突出集体	浙江省政府	7月5日
上溪水厂	2021年度农村供水规范化水厂	浙江省水利厅 浙水办农电〔2021〕29号	8月9日
市科协	“科创中国”省级试点	浙江省科协	8月18日
市数管中心	全省县级公共数据平台建设典型示范	浙江省大数据发展管理局	8月24日
义乌市水务建设集团有限公司	2021年度浙江省营商环境评价“获得用水”指标全省最优	浙江省发展和改革委员会	8月30日
市委政法委	浙江省反邪教协会2018—2020年度先进集体	浙江省反邪教协会	10月
稠江街道社区卫生服务中心	2019—2020年全国麻风病防治管理信息系统工作先进集体	中国疾病预防控制中心麻风病控制中心	10月
金华市生态环境局义乌分局	浙江省打赢蓝天保卫战成绩突出集体	《浙江省人民政府办公厅关于表扬浙江省打赢蓝天保卫战成绩突出集体和个人的通报》	10月15日
市综合行政执法局佛堂大队	浙江省综合行政执法基层队所“最佳实践”	浙江省综合行政执法指导办公室	11月
市自然资源和规划局	浙江省生态文化建设突出贡献集体	浙林办〔2021〕69号	11月
市市场监督管理局	全省市场监管系统2016—2020年度法治宣传教育表现“突出单位”	浙江省市场监督管理局	12月
金华市生态环境局义乌分局	全省“五水共治”工作先进集体	《中共浙江省委浙江省人民政府关于表彰全省“五水共治”工作先进集体和个人的通报》	12月
义乌信息光电高新技术产业园区	2020年度浙江省高新技术产业园区建设突出贡献集体	省科领办〔2021〕3号	12月
市建设局	鸡鸣山未来社区纳入社区场景运营“最佳实践”优秀案例	浙江省城乡风貌整治提升（未来社区建设）工作专班办公	12月
浙江森宇有限公司工会委员会	浙江省模范职工之家	浙总工发〔2021〕97号	12月
市综合行政执法苏溪大队	浙江省“枫桥式”综合执法中队	浙综法发〔2021〕5号	12月
市自然资源和规划局	突出贡献集体	省政府办公厅	12月22日

2020—2021年义乌市经济社会主要指标一览表

表25

指标名称	计量单位	2021年	2020年	增幅%
一、行政区划				
建制镇	个	6	6	0.0
街道办事处	个	8	8	0.0
城市社区居民委员会	个	95	95	0.0
居民委员会	个	10	10	0.0
村民委员会	个	432	432	0.0
村民小组	万个	4339	4339	0.0
二、人口				
年末总户数	户	382991	377665	1.4
年末总人口	人	871656	853378	2.1
其中：乡村人口	人	335127	334220	0.3
城镇人口	人	536529	519158	3.3
年平均人口	人	862517	844736	2.1
年出生人口	人	8213	9307	-11.8
年死亡人口	人	4444	4460	-0.4
人口出生率	‰	9.52	11.0	-
人口死亡率	‰	5.15	5.3	-
人口自然增长率	‰	4.37	5.7	-
三、土地面积				
全市土地面积	平方千米	1105	1105	0.0
其中：建城区土地面积	平方千米	111.11	109.4	1.6
城市建设用地面积	平方千米	111.11	109.4	1.6

续表 25

指标名称	计量单位	2021 年	2020 年	增幅%
其中：居住用地面积	平方千米	32.04	31.38	2.1
本年征用土地面积	平方千米	4.41	9.6	-54.1
四、生产总值				
地区生产总值	亿元	1730.2	1485.6	11.6
第一产业	亿元	24.6	23.8	7.2
第二产业	亿元	554.2	422.03	21.4
工业	亿元	502.8	373.7	24.4
第三产业	亿元	1151.4	1039.8	7.8
人均生产总值（户籍）	元	200594	178565	9.3
五、财政、金融				
财政总收入	万元	1937060	1622696	19.4
地方财政预算收入	万元	1274908	1060054	20.3
地方财政预算支出	万元	1542997	1372730	12.4
科学支出	万元	71802	62363	15.1
教育支出	万元	343485	324695	5.8
年末金融机构存款余额	万元	40752929	37808751	7.8
年末金融机构各项贷款余额	万元	38607952	33993724	13.6
保费收入	亿元	71.4	70.8	0.9
其中：财产险	亿元	29.6	29.1	1.8
寿险	亿元	41.8	41.7	0.2
赔款、给付	亿元	23.3	22.4	3.7
其中：财产险	亿元	17.5	16.1	9.2
寿险	亿元	5.7	6.3	-10.2
六、农业				
粮食产量	吨	44658	43936	1.6
蔬菜产量	吨	235711	232773	1.3
水果产量（含果用瓜）	吨	91314	96481	-5.4
肉类总产量	吨	25475	18683	36.4
水产品产量	吨	4021	3921	2.6
七、工业				
全部工业增加值	万元	5028425	3736979	24.4
其中：规模以上企业				
工业企业数	个	744	677	9.9
工业增加值	万元	2697235.4	1647294.7	47.4

续表 25

指标名称	计量单位	2021 年	2020 年	增幅%
从业人员年平均人数	万人	11.78	10.95	7.6
注册商标总数	件	176322	166460	5.9
中国驰名商标	件	24	24	0.0
八、交通、邮电、电力				
汽车拥有量	万辆	77.7	71.34	8.9
公路客运量（含市内公交）	万人	8710.33	8364.01	4.1
公路货运量	万吨	7889.7	6052	30.4
境内等级公路里程	千米	1542	1559	−1.1
其中：境内高速公路里程	千米	76	76	0.0
民用航空货邮运量	吨	21921.7	18873.7	16.1
民用航空客运量	人	1677265	1366207	22.8
邮政业务收入	万元	129476	107408	20.5
电信业务收入	万元	292827	248420	17.9
年末移动电话用户数	万户	282.92	267.35	5.8
互联网宽带接入用户数	万户	59.2	94.2	−37.2
全年用电量	万千瓦时	1234437	1010684	22.1
其中：工业用电	万千瓦时	699499	555780	25.9
城乡居民生活用电	万千瓦时	197385	187453	5.3
九、内外贸易、旅游				
社会消费品零售额	万元	10337438	9462517	9.2
进口额	亿元	243.9	123.3	95.3
出口额	亿元	3659.1	3006.2	21.8
当年新签项目（合同）个数	个	726	342	112.3
当年合同外资金额	万美元	20054	38076	−47.6
当年实际使用外资金额	万美元	18327	22100	−17.1
入境游客人次	万人次	4.89	3.94	24.3
旅游外汇收入	万美元	2532.2	1816.2	39.4
十、固定资产投资、房地产				
固定资产投资完成额	亿元	–	–	20.3
其中：房地产开发投资完成额	亿元	265.4	218.3	21.6
本年商品房屋施工住宅面积	万平方米	605.8	595.2	1.8
商品房屋销售面积	万平方米	222.1	177.7	25.0
其中：住宅	万平方米	196.6	164.6	19.5
商品房屋待售面积	万平方米	36.5	63.8	−42.8

续表 25

指标名称	计量单位	2021年	2020年	增幅%
商品房屋销售额	亿元	522.8	390.4	33.9
其中：住宅	亿元	481.9	364.0	32.4
十一、教育、科技、文化、卫生				
教职工数	人	24864	22592	10.1
在校学生数	万人	26.7	25.8	3.5
初中毕业生升学率	%	99.13	99.13	0.0
企业R&D活动人员数（上年数）	人	13792	12542	10.0
专利申请授权量	项	11154	9811	13.7
其中：发明	项	910	1204	−24.4
体育场馆数	个	3	4	0.0
剧场、影剧院数	个	29	28	3.6
公共图书馆图书总藏量	千册、件	1390	1289	7.8
医院、卫生院数	个	53	53	0.0
医院、卫生院床位数	张	8579	8594	−0.2
医生数（执业医师＋执业助理医师）	人	6190	5761	7.4
注册护士	人	7281	5759	26.4
十二、人民生活				
城镇常住居民人均可支配收入	元	86628	80137	8.1
城镇常住居民人均消费支出	元	49281	42594	15.7
农村常住居民人均可支配收入	元	46121	42158	9.4
农村常住居民人均消费支出	元	27717	22209	24.8
城镇职工基本养老保险参保人数	万人	72.83	66.69	9.2
职工基本医疗保险参保人数	万人	67.69	61.55	10.0
城镇失业保险参保人数	万人	37.92	33.04	14.8
社会福利院数	个	1	1	0.0
社会福利院床位数	张	204	204	0.0
城乡居民最低生活保障人数	人	3752	3817	−1.7
特困人员供养人数	人	199	223	−10.8
十三、城市建设				
年末实有城市道路面积	万平方米	2117.54	2098.5	0.9
排水管道总长度	千米	2204.68	2161.2	2.0
公共供水综合生产能力	万吨/日	37	37	0.0
供水总量	万吨	12814.41	11798.18	8.6
供气总量（人工、天然气）	万立方米	12550.25	10821.54	16.0

续表 25

指标名称	计量单位	2021年	2020年	增幅%
其中：家庭用量	万立方米	2124.78	1727.8	23.0
液化石油气供气总量	吨	29820	24777	20.4
其中：家庭用量	吨	13008	12640	2.9
年末实有公共汽（电）车营运车辆数	辆	1373	1451	-5.4
全年城区公共汽（电）车客运总量	万人次	6419	6586	-2.5
年末实有出租汽车数	辆	1379	1379	0.0
绿地面积	公顷	4491.02	4504.24	-0.3
其中：公园绿地面积	公顷	1324.14	1298.51	2.0
绿化覆盖面积	公顷	4936.38	5129.8	-3.8

2021年浙江省经济强市县（市、区）主要经济指标一览表

表26

指标名称 / 市县名称	财政总收入（亿元）	其中：一般公共预算收入（亿元）	城镇常住居民人均可支配收入（元）	农村常住居民人均可支配收入（元）	全社会用电量（亿千瓦时）	工业用电量（亿千瓦时）	金融系统年末存款余额（亿元）	金融系统年末贷款余额（亿元）	地区生产总值（亿元）
柯桥区	223.5	147.1	79172	48029	178.4	153.1	2652.1	2814.1	1748.0
萧山区	565.0	343.0	75935	46657	214.3	140.4	5919.7	5897.4	2011.6
余杭区	745.31	375.69	77184	48705	–	–	1942.3	1607.7	2502.2
慈溪市	387.7	225.3	71145	44862	189.1	144.7	3573.5	3058.1	2379.2
余姚市	226.3	129.7	71548	43428	128.8	100.6	2381.4	1921.6	1441.5
海宁市	188.1	114.4	73003	45415	119.9	92.6	2285.0	2215.3	1196.3
桐乡市	178.1	109.3	68153	43709	130.1	106.8	2051.4	2133.1	1141.7
上虞区	170.5	100.1	74589	41952	73.8	56.1	1800.8	1582.7	1135.7
温岭市	131.9	80.4	71025	39667	70.3	42.9	2397.1	2232.8	1257.0
鄞州区	494.4	294.2	80797	47093	109.1	51.8	10037.0	12456.0	2500.3
诸暨市	154.8	100.2	77473	46535	107.6	80.9	2064.0	1836.6	1546.6
瑞安市	134.1	84.3	73762	39424	88.7	56.6	2136.0	1897.3	1149.0
义乌市	193.7	127.5	86628	46121	123.4	70.0	4075.3	3860.8	1730.2
乐清市	166.9	97.0	73287	41991	79.2	44.7	2067.3	1940.3	1433.5
平湖市	158.3	96.6	71814	43914	104.5	88.6	1281.0	1402.9	907.5
富阳区	174.6	105.0	69316	42051	71.5	44.5	1741.8	2242.5	873.3
永康市	112.2	71.0	65869	35869	64.1	47.0	1643.6	1302.4	722.2

附 录

重要文献

以数字化改革锻造高质量发展建设共同富裕示范区成功案例

2021 年 9 月 13 日

金华市委七届九次全会提出了打造高质量发展推进共同富裕先行示范浙中板块目标和打好“八套组合拳”路径，吹响了推动共同富裕的冲锋号。义乌将以数字化改革为统领，强化“四攻坚四争先”，加快共建都市区，锻造高质量发展建设共同富裕示范区成功案例。到2025年，以数字化改革锻造高质量发展共同富裕示范区成功案例取得明显实质性进展，率先形成一批可复制可推广的标志性成果，居民人均可支配收入率先突破10万元。到2035年，实现高水平共同富裕，现代化基本单元、基本场景全面覆盖，人均收入等主要指标达到发达经济体水平。

“十四五”是锻造高质量发展建设共同富裕示范区成功案例进程的“第一程”，义乌将重点在八个方面奋力走在前列，争创实践案例，不断取得突破性进展、标志性成果、普遍性经验。

一是物质富裕走在前列，构建现代化数字经济体系，争创优化经济结构、转换增长动力的实践案例。建设万亿级数字自贸区，提升“义新欧”服务能级，加快义甬舟开放大通道西延，建成未来工厂10个以上，形成3~5个具有国际竞争力的新智造产业集群。到2025年，内外贸总额超1万亿元，工业总产值超2300亿元，数字经济增加值占GDP比重65%以上。

二是区域共富走在前列，构建全域一体化高质量发展格局，争创缩小地区差距、念好新时代“山海经”的实践案例。构建数字孪生、市域一体空间布局，探索以县域为基本单元推进全域土地综合整治，推动四个基础薄弱镇跨越式发展，打造区域合作升级版。到2025年，成为300万人口都市，常住人口城镇化率达到83.8%，农村15分钟通达骨干路网。

三是城乡共富走在前列，构建现代化基本单元，争创缩小城乡差距、破解城乡二元结构的实践案例。打造宅基地改革2.0版，实施科技强农、机械强农，建成15个以上未来社区、30个以上未来乡村新社区，基本完成农村有机更新改造，全领域推进碳达峰碳中和。到2025年，农村集体年经营性收入全部达到50万元以上，城乡居民收入比缩小到1.75以内。

四是创业创富走在前列，构建共同富裕创业就业赋能体系，争创缩小收入差距、形成橄榄型社会结构的实践案例。深化数字审批、普惠金融等改革，打造“义起创业”全国创业集聚中心，实施更加多元精准的带富帮富，建立健全回报社会的激励机制。到2025年，营商环境便利度稳居全国第一梯队，省评价保持第一，农村居民人均可支配收入达到6万元以上。

五是民生共享走在前列，构建数字化全生命周期公共服务优质共享体系，争创基本公共服务均等化的实践案例。推行“教育大脑+智慧学校”“健康大脑+智慧医疗”，创建全国义务教育优质均衡发展市、学前教育普及普惠市，建成浙大四院双江湖院区、儿童医院，争创全国智慧健康养老示范基地。到2025年，基本建成学前教育等6个“15分钟公共服务圈”，人人享有数字化全生命周期公共服务。

六是精神共富走在前列，构建新时代文明窗口，争创弘扬社会主义核心价值观的实践案例。守好红色根脉，深化“义乌发展经验”理论研究，加快建设桥头遗址公园、双林寺等标志性文化项目，打造文明实践义乌样板，推进“规则义乌、义行天下”深植人心。到2025年，文明好习惯养成率达92%以上，社会诚信度超96%。

七是基层治理走在前列，构建数字化社会治理和风险闭环管控机制，争创自治、法治、德治、智治融合的实践案例。推进“县乡一体、条抓块统”“大综合执法”改革，深入开展平安义乌十大行动，做优矛调“智哨”平台，数字化提升“党建+单元”机制。到2025年，全市民主法治村实现100%全覆盖，平安考核全省17强县市前列。

八是党建引领走在前列，构建整体智治、高效协同体系，争创落实新时代党的建设总要求的实践案例。深化党员干部“五（吾）带头”，以数字化改革核心业务高效协同为基础，全面加强基层党建，深入整治群众身边腐败和作风问题，提升党员干部推动共同富裕的素质能力。到2025年，建成上下贯通、执行有力的变革型组织体系，实现干部能力结构全面重塑。

中共义乌市委、义乌市人民政府关于印发《义乌以数字化改革锻造高质量发展建设共同富裕示范区成功案例实施方案（2021—2025年）》的通知

2021年12月10日

为深入学习贯彻习近平新时代中国特色社会主义思想和习近平总书记关于义乌工作的重要指示批示精神，牢记嘱托，担当使命，坚持和深化“义乌发展经验”，根据省、金华实施方案，结合市委“十四五”期间“围绕一个总目标、打造九个中心、打好十五张牌”发展战略部署，按照到2025年、2035年“两阶段目标安排”，创造性系统性落实共同富裕示范区建设各项任务目标，加快建设“两个样板”，抢当“重要窗口”模范生，以数字化改革锻造高质量发展建设共同富裕示范区成功案例，特制定“十四五”时期实施方案如下：

一、发展目标

坚持以人民为中心的发展思想，坚持和深化“义乌发展经验”，以满足人民日益增长的美好生

活需要为根本目的，以数字化改革为统领，以解决地区差距、城乡差距、收入差距问题为主攻方向，以“多规合一”为基础，以经济和城市转型为动力，以群众获得感幸福感安全感为落脚点，更加注重向农村、基层、相对欠发达地区倾斜，向困难群众倾斜，把推进经济发展同促进社会全面进步紧密结合起来，在高质量发展中扎实推动共同富裕、促进人的全面发展，锻造高质量发展建设共同富裕示范区成功案例，形成具有义乌辨识度的共同富裕标志性成果，为全省全国实现共同富裕提供义乌示范、作出义乌贡献。

到2025年，以数字化改革锻造高质量发展建设共同富裕示范区成功案例取得明显实质性进展，率先形成一批可复制可推广的理论、实践、制度、文化创新标志性成果，人均生产总值超10.5万元，居民人均可支配收入率先突破10万元。

——物质富裕走在前列，构建现代化数字经济体系，争创优化经济结构、转换增长动力的实践案例。第六代市场加快发展，具有国际竞争力的开放政策和制度体系基本形成，国际小商品自由贸易中心、数字贸易创新中心、内陆国际物流枢纽港、“一带一路”开放合作重要平台初步建成，内外贸总额达到1万亿元。制造业新旧动能转换加快推进，信息光电、新能源汽车及零部件、高端芯片及智能终端等具有国际竞争力的产业集群初步建成，制造创新示范地基本建成，高新技术企业数量、高新技术产业增加值、战略性新兴产业增加值实现翻番，工业总产值超2300亿元，规上工业增加值年均增长15%以上，数字经济增加值占GDP比重65%以上。

——区域共富走在前列，构建全域一体化高质量发展格局，争创缩小地区差距、念好新时代“山海经”的实践案例。“多规合一”国土空间规划体系不断完善，数字孪生、市域一体布局加快构建，市域空间、产业、基础设施和公共服务设施布局持续优化，全域土地统筹利用更加节约集约，区域合作不断升级，建成全国综合交通枢纽、国际性综合交通枢纽港站，成为300万人口都市，常住人口城镇化率达到83.8%、位居全省前列。政策、要素、产业布局向发展基础相对薄弱的镇倾斜，市域各片区融合发展、协同发展、联动发展格局基本形成。

——城乡共富走在前列，构建现代化基本单元，争创缩小城乡差距、破解城乡二元结构的实践案例。城市管理数字化、精细化、长效化水平显著提高，未来社区、未来乡村等共同富裕现代化基本单元建设加快推进，城镇住房保障受益覆盖率达到28%。农村宅基地制度改革、农业“标准地”等改革纵深推进，城乡融合“义乌标准”迭代提升、全面落实，“中国众创乡村”品牌更加响亮，全市农民建房问题基本解决，农村集体年经营性收入全部达到50万元以上，其中150个村达到100万元以上，城乡居民收入倍差缩小到1.75以内。绿色发展指数、无废城市建设位居全省前列，PM2.5平均浓度持续下降、好于全省，地表水好于Ⅲ类水质比例达到100%。

——创业创富走在前列，构建共同富裕创业就业赋能体系，争创缩小收入差距、形成橄榄型社会结构的实践案例。政务服务2.0改革加快推进，企业全生命周期服务体系基本建立，生产要素市场化配置体制机制更加完善，营商环境便利度稳居全国第一梯队，省评价持续保持第一。数字化全生命周期创业就业赋能体系更加健全，创业创新创造创富动能充分释放，市场主体总量超过100万户、继续位居全省第一。劳动报酬占GDP比重超过60%，以中等收入群体为主体的社会结构基本形成，低收入群体增收能力、生活品质和社会福利水平明显提升。

——民生共享走在前列，构建数字化全生命周期公共服务优质共享体系，争创基本公共服务均等化的实践案例。人的全生命周期民生服务供给走在全省前列，每千人口拥有婴幼儿照护设施托位数达到5.8个，普惠性幼儿园占比达到92.5%，人均预期寿命达到82岁，均好于全省平均，实现高水平的幼有所育、学有所教、劳有所得、病有所医、老有所养、住有所居、弱有所扶。基本建成学前教育、公共卫生、养老照料、体育健身等“15分钟公共服务圈”，实现公共服务更加普惠均等可及。社会保障体系更加完善，社会救助、社会福利和慈善事业长足发展，低保、低边、困难群众保障水平继续保持全省前列。

——精神共富走在前列，构建新时代文明窗口，争创弘扬社会主义核心价值观的实践案例。“规则义乌、义行天下”深植人心，新时代文化义乌工程深入实施，文化软实力全面提升，社会新风尚更加鲜明，基本建成以社会主义核心价值观为引领、传承中华优秀文化、体现时代精神、具有商贸特色的文化强市。城乡一体的现代文化服务体系更加完善，市、镇、村三级文化设施覆盖达标率100%，文明好习惯养成实现率达92%以上，市民文明素质和社会文明程度达到新高度，成为与共同富裕美好社会相适应的新时代文明实践高地。

——基层治理走在前列，构建数字化社会治理和风险闭环管控机制，争创自治、法治、德治、智治融合的实践案例。法治义乌、平安义乌建设一体推进，社会主义民主法治更加健全，社会公平正义充分彰显，公民法治素养大幅提升，党组织领导的自治、法治、德治、智治融合的城乡基层治理体系不断完善，形成舒心安心放心的社会环境。数字化风险闭环管控大平安机制、政法一体化办案体系成为全省标杆，生产安全事故死亡率、万人犯罪率逐年下降，万人成讼率低于全省平均，矛盾纠纷调处化解机制更加完善，网络空间更加清朗，平安建设位居全省十七强县市前列，群众获得感幸福感安全感满意度全省领先。

——党建引领走在前列，构建整体智治、高效协同体系，争创落实新时代党的建设总要求的实践案例。党建引领高质量发展、共同富裕的多跨场景应用持续拓展、长效机制加快形成，以数字化改革核心业务高效协同为基础的党总揽全局、协调各方领导制度体系不断健全，建成上下贯通、执行有力的变革型组织体系。基层党建和两新党建全面加强，党建和群团工作实现全面有效覆盖，各级党组织战斗堡垒作用和党员先锋模范作用充分发挥，党员干部推动共同富裕的素质能力显著提升。清廉义乌建设纵深推进，风清气正的政治生态成为鲜明标志，全面从严治党满意率97.5%以上。

在以数字化改革锻造共同富裕成功案例进程中，必须坚持和深化“义乌发展经验”。“义乌发展经验”是习近平新时代中国特色社会主义思想在县域绽放的理论之花，是红船精神、浙江精神在县域绽放的精神之花，是结合实际创造性地贯彻中央精神和“八八战略”所绽放的实践之花，对于加快高质量发展推动共同富裕具有重要指导和实践意义。要以数字化改革为统领，推动“义乌发展经验”从贯穿历史向引领未来迭代，把“义乌发展经验”金名片擦得更亮，深入汲取其蕴含的历史价值、实践价值和时代价值，破除制约高质量发展的瓶颈，厚植竞争力提升的优势，催生现代化先行的动能，打开共同富裕的实践通道，让人民群众获得感成色更足、幸福感更可持续、安全感更有保障。

二、打造数字化双循环战略节点，夯实共同富裕物质基础

1.加快建设第六代市场。迭代升级“义乌市场+全国产业带”共同富裕协作发展模式，加快打造内外贸一体化双循环大平台，为全球提供稳定高效的供应链。建设万亿级自贸试验区，首创性差别化推进贸易、投资、资金、运输、人员“五大自由”，聚焦全球大众贸易双循环，探索制定数字贸易规则和标准，打造集数字市场、数字展贸、数字物流、数字服务等应用场景的数字贸易创新生态，创新推进市场采购2.0，创新发展国际中转集拼和转口贸易，拓展Chinagoods数字贸易综合服务功能。创新跨境电商快船合作模式，实施国际陆路联运提（运）单物权化等物流配套供应链服务，打造国际联托运体系。争取数字人民币和本外币合一账户体系试点，进一步畅通真实贸易背景下的无障碍收结汇通道。完善外国人综合服务平台，推动外籍商友卡数字化多跨场景应用，实现外国人出入境、工作、生活事项全流程联办。建成新型进口市场、国际商贸城六区市场、跨境电商产业园，完善“保税+”全体系进口服务平台，打造以保税展销、跨境电商等业态为核心，以货物贸易、服务贸易一体化为特色的全链路商品生态圈。实施商品市场优化提升专项行动，建立覆盖全国的优质小商品供应链平台，培育“义乌好货”城市经理人300个，链接国内终端门店3万家以上。实施百县电商人才项目，培训服务10万人次以上。提升以义博会为核心的特色品牌会展项目群，争取定期举办RCEP/CPTPP等经贸博览会，拉动相关行业收入150亿元以上。实现市场采购出口额超3000亿元、进口额超1000亿元、电商交易额超5000亿元、跨境人民币结算额超1000亿元。支持商城集团打造国际贸易综合服务商。

2.打造服务国内国际双循环的功能平台。提升“义新欧”班列服务能级，建成长三角中欧班列枢纽，沿站点布局一批具有贸易中转、物流中枢功能的网络节点，形成全球仓储、全球售后网络，开行规模突破3000列。推进义甬舟西延东拓，建成义乌（苏溪）国际枢纽港，开行海铁联运双层高箱集装箱班列，打造宁波舟山港“第六港区”，实现海港功能和口岸监管功能向义乌国际陆港延伸，提升对长江经济带腹地城市的辐射带动力，义乌港区进出口集装箱达到300万标箱，海铁联运达到15万标箱。构建全球货仓体系，市场化布局280个海外仓、50个“带你到中国”贸易服务中心，建成30组跨境合作“两国（境）双园”，积极推动世界电子贸易平台（eWTP）发展，增加200条以上“门到门”的直达物流专线，国际物流通达全球1000个以上城市，为双循环提供低成本高效率通道。推动海港、陆港、空港、信息港“四港”高效联动，迭代升级公路、铁路、海运、邮路物流中心，培育发展“异地货站”“空空中转”等多式联运，投用物流仓储面积500万平方米以上，联动全国100个以上物流枢纽和节点城市，货运量达到1.2亿吨。打造全国数字快递枢纽，快递业务量跃居全国第一。升级口岸开放平台，落地汽车整车、粮食等“全牌照”口岸，争取设立市内免税店。擦亮“义路同行”全球青年创业培训品牌，推动中阿改革发展研究中心实训基地落地，参加和承办国内外大型会议、论坛，打造世界青年创业创新中心。

3.建设特色产业智造中心。坚决打好新一轮制造业“腾笼换鸟、凤凰涅槃”攻坚战，大力实施淘汰落后、创新强工、招大引强、质量提升四大行动，持续深化“亩均论英雄”改革，全面推动工业高端化、数字化和绿色化。打造以“产业大脑+未来工厂”为核心的数字经济系统，全链条数字化改造针织服装等特色优势行业，建成投产“未来工厂”10个以上。发展信息光电、新能源汽车及零部件等先进制造业，招引培育高端芯片、智能终端、生命健康等战略性新兴产业，建成世界光明之都、绿色动力小镇两大产业平台，形成3-5个具有国际竞争力的产业集群。推进小商品制造业全产业链整合提升，增强龙头企业产业链供应链引领力，做强10个以上标志性产业链，培育行业“单打冠军”“灯塔工厂”，一体打造名品名企名产业名产地，打造世界级的小商品产业集群。加快传统产业改造提升，支持企业建设智能生产线、数字化车间，推动制造企业与电商直播深度融合。拓宽企业融资渠道，鼓励发展订单、仓单、存货质押融资等供应链金融产品，支持企业进行股权融资，新增上市企业10家以上、挂牌企业100家以上。滚动实施小微企业成长计划，促进中小微企业“专精特新”发展。全面落实民营企业发展促进条例，营造激励企业家干事创业的浓厚氛围。大力整治盘活闲置低效用地，推进工业用地全生命周期管理，提升低效工业用地1万亩以上。

4.强化科技人才攻坚。推进双江湖科教园区建设，浙江大学“一带一路”国际医学院2023年投用，复旦大学义乌研究院建成理工医科科创中心、人文社科研究基地等创新平台，园区集聚在校大学生3万人以上。完善科技型企业创新服务机制，大力引进培育行业领军型企业、产业链关键环节企业，高新技术企业400家以上，科技型中小企业2000家以上。支持企业牵头组建创新联合体，实现规上企业研发活动全覆盖，五十强、A类企业研发机构全覆盖。更加重视应用数字化技术推进品牌、质量、标准工作和知识产权保护。加强院士工作站等科创平台建设，争创国家创新型城市，加快形成产学研协同生态，力争实现国家级企业研究机构、省实验室创建零的突破，全社会R&D经费投入占GDP比重达2.5%。实施“义乌英才”“商城精英”等计划，完善人才落户、住房补贴、税收优惠等政策，形成更具有吸引力和竞争力的人才制度体系。做大做强人才发展集团，打响“千企万岗百校行”品牌，做实“一张床”

就业创业扶持，每年新增首次来义大学生3万名以上，各类人才资源达到50万，其中数字经济人才超过30万。

三、激发创业创富活力，拓宽城乡居民增收渠道

5.大力培育更加活跃更有创造力的市场主体。每年发布优化营商环境改革重点任务清单，深化企业数字化全生命周期服务综合改革，围绕开办企业、办理建筑许可、获得水电气、登记财产、纳税、跨境贸易和办理破产等指标推进降本提效。开展商事主体确认制、“证照分离”3.0改革，高质量落地涉企行政许可事项“承诺即入”改革。依托数字化改革，一体推进掌上办、网上办、自动办、不用办、上门办，通过“减事项、减材料、加备案、加承诺”持续降低市场主体准入门槛。探索构建“金融大脑”，深入推进普惠金融改革，提供低成本、个性化的链网式数字普惠服务，构建数字化信用体系，构建金融服务共同富裕政策制度。强化国有资本推动共同富裕战略功能，推进国有资本通过“产业基金、合资合作、园区孵化”等方式向战略新兴产业布局，促进国有企业发展成果全民共享，深入推进以管资本和数字化为导向的国企监管体制改革，加快构建市场化激励机制和现代企业治理体系。完善产权保护制度，构建亲清政商关系，促进非公有制经济健康发展和非公有制经济人士健康成长。

6.推动实现更加充分更高质量创业就业。深化“创业一件事”改革，优化“人才通”数字化场景应用，高质量举办“启航义乌”创业活动，打造“义起创业”全国创业集聚中心，为创业者提供政策完善、服务智能的创业生态环境。充分挖掘信息光电、直播电商等新产业、新业态、新模式就业增长点，发挥创业担保贷款等政策扶植作用，完善大学生、退役军人、农民工等重点群体就业支持体系，实现创业“环境赋能”和“能力赋能”，创业担保贷款3亿元以上，扶持大学生创业1万人以上，高校毕业生创业率达到8%以上。探索开展“互联网+职业技能培训”平台建设，全面推进订单式、菜单式和项目制培训，实现人人皆学、处处可学、时时能学，为每个有需要的普通人提供创业就业支持。大力实施新时代义乌工匠培育工程和“金蓝领”职业技能提升行动，政府资助职业技能培训10万人次以上，开展各类技术管理培训20万人次以上，新增高技能人才1.5万人以上。建成以“网红经济”和直播电商为代表的创业孵化基地30个以上，面积30万平方米以上，打造电商创新创业中心。实现城镇新增就业20万人，城镇登记失业率控制在2.5%以内。探索完善生产要素由市场评价贡献、按贡献决定报酬的机制。做好新时代工会工作，构建和谐劳动关系。

7.实施中等收入群体规模倍增和居民收入十年倍增计划。健全扶持中等收入群体后备军发展的政策体系，让更多普通劳动者有更多机会通过自身努力进入中等收入群体，居民人均可支配收入年均增速不低于7.2%。完善创新要素参与分配机制，加快探索知识、技术、管理、数据等要素价值的实现形式。全面拓宽城乡居民财产性收入渠道，规范发展财富管理事业，鼓励创新支持实体经济发展，鼓励企业通过提质提效拓展从业人员增收空间，支持企业实施灵活多样的股权激励和员工持股计划。实施更加多元更加精准的农民致富行动，运用数字化改革建立企业用工、来料加工信息对接应用，引导偏远地区农民就地创业，加强农民工就业的政策支持；发挥共同富裕示范线辐射带动作用，引导农民以自主开发、入股或合作等形式，盘活闲置农房，发展休闲旅游、农家乐、民宿、电子商务等乡村业态，提升财产性收入，农村居民人均可支配收入达到6万元以上。高度关注“平均数以下”，全面梳理年收入2万元以下人群，开发相应公益性、辅助性就业等岗位，健全低收入农户精准识别和监测体系，将老弱病残等特殊群体、低保户、低保边缘户等纳入监测范围。加强困难人员就业指导和就业帮扶，对因病致贫、丧失劳动能力的低收入农户开展兜底帮扶，实施企业吸纳和灵活就业社保补贴，确保零就业家庭动态清零。全市最低生活保障标准每年稳步提高，达到每人每年1.4万元。

8.推动慈善事业发展。建立健全回报社会激励机制，打造慈善服务信息平台，鼓励引导高收入群体和企业家增强社会责任意识，积极参与和兴办社会公益实体、参与慈善公共事业。创新慈善褒奖制度，落实公益性捐赠税收优惠政策。倡导高收入群体、私营企业主、个体工商户、居民家庭和个人认捐慈善微基金，在街道、村居（社区）设立慈善互助基金。开展以“慈善一日捐”为代表的全民性、常态化慈善活动，引导慈善力量参与精准帮扶和东西部扶贫协作。探索各类新型捐赠方式，鼓励发展慈善信托，探索建立公益慈善活动征信机制。扶持发展应急救援组织，建立和完善重大自然灾害、事故灾难和公共卫生等突发事件慈善应急协调机制，进一步提升慈善组织运行效率和应急能力。完善慈善组织监管制度，规范各类募捐活动，打造阳光慈善。

四、提升公共服务品质，推进人的全生命周期公共服务优质共享

9.高质量实施“教育倍增计划”。以教育现代化和“十四五”末300万教育服务人口为目标，规划实施一批中小学、幼儿园新建、迁建、扩建项目，新增学位16万个以上。探索“教育大脑+智慧学校”，实现教育资源共享、校内外数据融通、家校社协同育人。推动义务教育共同体全覆盖、“互联网+义务教育”结对帮扶全覆盖，创建全国义务教育优质均衡发展市。每年安排15%以上的城区骨干教师下乡，主城区优质学校一对一帮扶农村学校，显著提高相对薄弱区域办学水平，实现城乡孩子同标教育、一体成长。推进外来建设者公共服务便利共享，新义乌人子女学校基本达到浙江省标准化学校要求，随迁子女在公办学校就读比例达85%。进一步减轻义务教育阶段学生作业负担，实施“中小学品质课堂提升计划”和暑期托管，大幅压减学科类培训机构，实现学生和家长负担1年内有效减轻、3年内成效显著。推进普通高中特色化多元化办学，拓宽普通高中和职业高中相互转学通道，推动普职融通实现重大突破，推动产教融合实现职业教育高质量发展。提高特殊教育、专门教育普及水平，提升教育品质，推进“融合教育”。提升义乌高等职业教育办学综合实力，支持义乌工商职业技术学院建成浙江省高职高水平学校。探索终身学习型社会，建设省级学习型城市，提升基层社区学校、老年学校办学能力，实现终身教育丰富便捷，满足人民群众时时处处学习的需要。建立备案制和“编制周转池”等机制破解教师编制瓶颈。

10.大力推进“健康义乌”建设。建成浙大四院国保楼和双江湖院区、儿童医院、中心医院三期，中心医院、浙大四院争创三甲医院，三级医院床位占比达60%以上。建设“一带一路”丹溪健康研究院，积极推动中医药文化的保护和传承。打造“健康大脑+智慧医疗”，打造“看病就医一件事、智慧公卫一张网、健康管理一体化”多跨场景应用，实现医疗信息共享共通，使人人享有便捷化、智能化、有温度的卫生健康服务。加快建设强大的公共卫生体系，健全监测预警、精密智控、医防融合等机制，提升突发公共卫生事件应对能力。深化“三医联动”“六医统筹”改革，合理控制困难群众医保自付比例，提高医疗救助限额。推动镇镇有特色化卫生院，实施乡镇卫生院基础设施补短板项目和村级卫生服务“网底工程”，探索县聘乡管村用的村医用人机制，实现每个基层院区都有市级特色专科，完成村级卫生服务机构优化布局和标准化改造，医共体制度体系和发展模式基本成熟，县域就诊率达到90%以上、基层就诊率达到65%以上。引育优质医疗资源、人才队伍、学科技术，积极打造浙中医疗高地。推动人人有家庭医生健康管理，加快家庭医生签约服务扩面提质，重点人群签约率保持在90%以上，提供全生命周期健康管理服务。实施重点慢性病干预计划，完善医防融合机制建设，总体癌症五年生存率达54%以上。加强医疗卫生行业综合监管，提升医院现代化管理水平。

11.构建幸福养老服务体系。全面推进智慧养老，建成5家智慧养老院，争创全国智慧健康养老示范基地。创新家庭养老支持政策，完善居家养老服务网络，发展普惠养老和互助养老，加快建设居家社区机构相协调、医养康养相结合的养老服务体系，实现城乡养老机构全覆盖。大力发展健康养老新业态新模式，积极发展更优质的康养服务供给，培育省级康养联合体10家以上。完善养老护理员教育培训、技能认定、信用管理制度和激励政策，增强养老机构专业照护能力，每万老年人拥有持证护理员提高到25人以上。试点长期照护保障体系，探索解决失能失智老人护理难题，护理型床位占机构床位数60%。鼓励社会力量投资兴办养老机构，居家养老服务照料中心社会化运营达到60%以上。重点关注空巢、留守、失能、失智、重残等特殊家庭老年人，建立居家社区老年人定期探访制度，每月对重点关注老年人提供居家上门服务。丰富老年人精神文化活动，有效开发利用老年人力资源，促进老有所为。健全多层次、多支柱、可持续的养老保险体系，完善城乡居民基本养老保险制度，城乡居民养老金保持全省前列。

12.完善新时代社会保障体系。落实社保制度精准化结构性改革，完善适应新型就业形态的参保缴费政策，实施新业态从业人员职业伤害保障制度，工伤保险对象由企业职工向职业劳动者全覆盖。加强应保未保人员的动态分析和管理，新增各类社会保险参保30万人次以上。深化医保支付方式改革，强化医保对医疗行为监管，严厉打击诱导住院、挂床住院等欺诈骗保行为和乱收费行为。构建大龄、超龄失业人员社会保障参保资助体系，确保失业保险金及时、足额发放到位，实现困难群众参保率100%、医疗救助政策落实率100%。构建残疾人全生命周期康复服务体系，残疾人康复服务率达到95%以上，有就业能力和意愿的残疾人就业率达到100%。巩固全国双拥模范城创建成果，推行退役军人全生命周期管理保障新模式，全面落实各项优待抚恤政策，提升退役军人三级服务保障能力和水平。进一步扩大社会救助覆盖人群，推进分层分类精准救助，确保老人、病人、残疾人、妇女、儿童、低收入者等六类人群有基本保障，切实维护基本权益，低保对象应保尽保。创新开展智慧救助，救助“一件事”联办率、救助家庭关爱率、救助幸福清单问题联办解决率分别达到100%，人文关怀和社会救助清单实现全覆盖。

13.构建妇女儿童友好型城市。制定实施构建育儿友好型社会促进人口长期均衡发展实施方案，落实一对夫妻可以生育三个子女政策及配套措施，探索建立生育成本共担机制。加强生育妇女就业、工资待遇等权力保障，严格落实产假、哺乳假等制度，进一步完善生育保险制度，在住房、医保、入学等方面制定养育优惠政策，多渠道降低生育、养育、教育成本。大力发展普惠托育服务体系，公立幼儿园托幼一体化设置率达60%以上，新增普惠性托位3000个、标准化托位8000个以上，就近托育服务覆盖城镇小区，鼓励有条件的用人单位提供婴幼儿照护服务。依托企事业单位等社会力量，建立完善学前教育成本分担机制，构建覆盖城乡、布局合理、质量保证的学前教育公共服务体系，创建全国学前教育普及普惠市。扩大0-3岁儿童早期发育风险和异常筛查覆盖面，妇女产前筛查率和“两癌”筛查率分别达95%和75%以上。精准帮扶困难女性、特殊妇女儿童家庭，实现未成年人保护工作站镇（街）全覆盖。

五、构建市域一体融合发展格局，促进城乡区域协调发展

14.率先推进“一个市”一体化发展。按照“一个市”+片区+未来社区+未来乡村理念推进多规合一，建成全域数字化规划体系，让城市建设从规划之初就建在数字空间城市信息模型之上，实现精细化管理、智能化运行、高品质体验。完善分级分类型、全域全要素、全程全方位的“多规合一”国土空间规划体系，优化市域空间布局。探索开展以县域为基本单元推进全域土地综合整治，整治土地20万亩以上，盘活存量建设用地1.5万亩以上。探索二、三产业混合用地，提升土地使用效率。推动城市空间格局、产业布局等肌理重塑，建成双江水利枢纽工程、新CBD、高铁新城等标志性区块，加快建设义乌植物园，基本完成城市二环内开发，辐射带动全域联动共富。积极融入长三角一体化、长江经济带、全省“四大”建设，积极对接2022年杭州亚运会重大历史机遇，更加主动对接北京、上海、合肥等创新资源，加强数字经济等合作。推动都市区共建共富，做强金义主轴，主动共建浙江自贸区金义片区，加强与金义新区、兰溪等地战略合作，加快义东、义浦同城化步伐，联合周边县市打造跨区域三环，建成全长140公里的一级公路通行圈，构建30分钟都市共富圈。加快上溪、大陈、义亭、赤岸四个镇发展，“一镇一策”量身定制发展方案和扶持工具箱，系统实施土地盘活、区块开发、产业发展、全域旅游，谋划实施一批能够改变四个镇发展格局、牵一发动全身的、补短板的产业、民生等投资项目，实施差别化考核，建立镇街生态、土地等互助补偿机制，全面给予赋能支持，激发发展创新力竞争力。上溪镇加快义兰公路两侧开发、松山产业园和模具城三期建设；大陈镇加快一江两岸老镇区有机更新、前山工业区建设和红峰村古村落保护；义亭镇推进黄林山工业区有机更新、国际冷鲜城等项目；赤岸镇加快实施古镇开发保护、老工业区有机更新、江头区块矿地综合利用。深入推进基础设施一体化，推动城乡交通、供水、电网、通信、燃气等基础设施统一规划建设管护。

15.建设全国性综合交通枢纽。实施总投资超过1500亿的基础设施项目，打造沪浙闽、义甬舟、温义合三大交通走廊交汇枢纽、长三角重要公铁空枢纽，构建现代综合交通体系。加快推进高铁全高架站房建设，实现杭长客专、浙赣铁路、杭温高铁、金甬铁路、金义三四线5条铁路互联互通，站场规模达到11台26线，实现与长三角主要城市直连直通。加快市区内轨道线网建设，谋划义乌-诸暨-杭州城际轨道。加快实施机场适应性改扩建，航线总量提升至30条以上，国际（地区）直达通航点达到10个，旅客吞吐量300万人次以上。实施义诸、义龙庆、义温、义浦桐、甬金衢上五条高速和甬金高速扩容前期工程，建成江东公路、义乌至永康、国贸大道二期等快速路，完成商城大道、机场路立交化改造，全面构建主城区至镇街15分钟互达，至周边县市30分钟互达的高快一体化都市区路网。全域建设农村“四好”公路，农村15分钟通达骨干路网。实施交通拥堵综合治理工程，探索数字治堵模式，大力发展城乡智慧公交，健全“轨道+公交+慢行”绿色出行网络，推动职住更加平衡适宜、出行更加便捷舒适。

16.大力建设共同富裕现代化基本单元。完成第二轮城市有机更新、自贸试验区及联动区城市有机更新。实施城乡风貌整治提升行动，实施未来社区“三化九场景”推进行动，迭代提升未来社区智慧服务平台和未来邻里、现代产业等场景，建成15个以上“未来社区”。完成老旧小区改造提升，推进多层住宅加装电梯工作，植入智慧停车等数字化生活服务。全面推进新型智慧城市建设，培育未来城市实践区。加快完善城市配套实施，进一步明确市政、路灯、交通信号、广告、围墙、废土清坡、绿化、公园等各类设施的规划建设管理标准，实现有依据、可操作、责任明确。依托城市大脑，对城市道路、城市家具和居民小区、重要建筑等基础设施实现“一张清单、一图展示、综合运用”数字化管理，提高群众城市管理参与度。推动老旧社区“微更新”，推进无障碍环境建设，打造多功能、复合型、亲民化社区精致生活场景。放活新农村建设改造模式，精准施策解决历史遗留问题，基本完成农村有机更新改造。开工18个集聚项目，基本完成全市集聚范围村庄的集聚建设。持续推进农村危房常态化治理，实现动态清零。坚持“房住不炒”，加大住房保障力度，实行以住房货币补贴、公共租赁住房、保障性租赁住房为主要特色的多体系多渠道住房保障模式，多途径解决新市民、低收入困难群众等重点群体住房问题。持续深化“千村示范、万村整治”工程，以“七个一”创建标准为核心加强星级和美乡村动态管理，实施传统村落微改造，全部行政村达到省级新时代美丽乡村标准，打造280个新时代美丽乡村精品村。打造未来乡村，迭代升级公共服务、乡村文化、特色风貌、绿色低碳、乡村善治等场景，建成30个以上引领品质生活体验、呈现未来元素、彰显义乌特色的示范性乡村新社区。开展村社基层组织综合治理，每年倒排5%的村社逐个整治，抓好村社干部全覆盖大轮训，常态推进“晒拼创”现场会、村社干部“擂台赛”，健全不合格村干部退出机制，全面提升村社干部带领全村共同富裕的能力和综合素质。

17.健全城乡融合发展体制机制。推动美丽城镇建设，率先全域高质量建成美丽城镇，9个建制小城镇全部建成省级样板。加强土地市场调控、商品房销售、房地产金融和中介等领域监管，持续推进房地产市场平稳健康发展。深入实施以土地制度改革为重点的乡村集成改革，打造义乌宅基地制度改革试点2.0版，完善资格权、保障居住权、显化财产权，农房不动产证应发尽发，健全农民住房财产权抵押融资风险处置分担机制、缓释和补偿机制，全面激活农村土地资产，发放调剂宅基地资格权益凭证5000本以上，农房抵押贷款累计300亿元以上，统筹改革收益3亿元以上。打造农业数字化“标准地”综合应用，完成“非粮化”“非农化”整治优化，推动现代农业生产全流程各领域多跨集成，实现农业“标准地”数字化应用全面覆盖，面积稳定在12万亩以上。

18.打造农业农村现代化示范线。推进十条精品线从线到面集成提升，加强对精品线直接串联以外农村的支持，打造共同富裕示范线、农业农村现代化示范线，形成十大美丽乡村组团。推进“农业+”行动，建设“美丽田园项目”10个以上，培育各类省级示范村30个以上、电商专业村200个以上。实施科技强农、机械强农“双强行动”，深化农机农艺融合和数字化融合，做精农业特色优势产业和都市农业，大力发展智慧农业，农作物耕种收综合机械化率78%以上。实施高标准农田建设、粮食生猪综合生产能力提升工程，粮食种植面积稳定在13万亩，总量保持在5.15万吨以上，创建成为省畜牧产业农业“机器换人”高质量发展先行县、省级渔业健康养殖示范县。推进“两进两回”助力乡村振兴，实施新乡贤带富工程，培养一批乡土人才，充分发挥乡贤在招商招才、爱心公益、基层治理方面的积极作用，建立青年委员职业生涯全周期精准管育机制。大力推进强村惠民行动，实施市级统筹、国企结对、镇街联建和村级自建等多元消薄项目，拓宽村集体经济发展路径。开展村社资产专项清理，做好存量资产发包和租赁经营，盘活闲置或低效使用的各类集体资产。强化村集体经济富民惠民功能，积极发挥支持带动低收入农户增收和推动养老、救助等公共服务普及普惠的作用。

19.打造对口协作、山海协作升级版。高质量推进义乌市-巴州区东西部协作，谋划实施义乌好货馆、义乌-巴中航线、电子商务等项目。打造山海协作工程升级版，探索完善“飞地”建设机制，建成“莲都大厦”等标志性项目，继续做好消薄产业园运营，建设莲都-义乌山海协作乡村振兴示范点。长期全面开展与新疆、西藏等地对口支援。深入开展与吉林伊通对口合作，推进深化开放、产业转型、创业创新、要素流动和人文交流等合作。市场化、品牌化、标准化推进“百县万品”行动，构建长期稳定的供应链体系，为全国500个以上县提供农产品、手工艺品市场渠道，打造1000个以上消费助农连锁店、专区专柜，设立30个以上农产品基地，消费助农累计10亿元以上。加强与云南瑞丽、广西东兴等重点边境口岸城市合作，培育发展边境贸易商品市场或商贸物流产业园。

六、创建国家“绿水青山就是金山银山”实践创新基地，高质量建设人与自然和谐共生的现代化美丽义乌

20.打好天蓝地绿水清无废全要素提升持久战。实行最严格的生态环境保护制度，构建数字化生态环保综合应用体系，完善环境司法制度机制、生态环境公益诉讼制度、完善生态环境损害赔偿制度，持续改善环境质量。全面深化“碧水提质”行动，持续推进“美丽河湖”建设，新增义乌江等3条省级“美丽河湖”，创建省级幸福河湖试点县，高质量建设全域“污水零直排示范区”，实施岩口水库流域综合治理工程，创建成为国家节水型城市。争创国家海绵城市试点。全面推进“清新空气”提升行动，实施数字赋能精准治气，深入开展臭气异味专项整治，推进$PM_{2.5}$和臭氧浓度“双控双减”，空气质量稳定优于国家二级标准。大力开展“净土保卫”行动，强化土壤环境全过程风险防控，保障用地安全。高质量建设全域“无废城市”，实现城乡生活垃圾分类全覆盖，严格落实禁塑限塑制度，强化固体废物闭环智能监管，持续推进固体废物源头减量和资源化利用。健全生态文明建设统筹协调机制、生态环境巩固提升持久战工作推进机制，健全突出环境问题数字化全过程闭环管理长效机制，创建国家“绿水青山就是金山银山”实践创新基地。

21.绘好山水林田湖草全域美丽新画卷。推进省级山水林田湖草生态保护修复试点，加强生态修复和生物多样性保护，全面实施“三线一单”生态环境分区管控，统筹推进城乡人居环境综合整治、矿山生态修复、河湖水系整治修复等生态修复工程。全面实行林长制，深挖造林空间潜力，新增国土绿化1万亩以上、森林质量精准提升5万亩以上，创建大寒尖省级森林公园，保持森林覆盖率稳定。完善公园绿地生态格局，建设双江湖等重大生态项目，建设一批口袋公园和林荫停车场，力争城区实现“300米见绿、500米见园”，城市公园绿地服务半径覆盖率达到90%，争创国家生态园林城市。加强湿地保护和自然保护地监管，建立健全自然生态空间和生物多样性保护体系。义乌江美丽城防上下游绿道、骑行线全线贯通，全力构筑“一江九水四区”的生态安全新屏障，义乌江打造成为人水和谐的生态健康线。

22.全领域推进碳达峰碳中和。科学编制实施碳达峰行动方案和能源、工业、建筑、交通、农业、居民生活及科技创新“6+1”重点领域行动方案，推进行业整体清洁生产审核省级试点，推动经济社会发展全面绿色低碳转型。实施数智治理体系构建、节能降耗绿色发展、能源绿色低碳转型行动，打造碳达峰碳中和数智平台，实行最严格的高耗能行业限批缓批政策，鼓励企业购买不占能耗增量的绿电，新增光伏发电装机25万千瓦。深度调整产业结构，大力发展低碳高效行业，创建金华市级以上绿色工厂20家，新建民用建筑100%按照超低能耗标准设计建造，城区公共交通实现新能源车辆全覆盖，畜禽规模养殖场全部创建为省级美丽牧场。建设多层级“零碳”体系，创建10个“零碳”示范乡镇(街道)，100个“零碳”示范村(社区)，5个以上“零碳”党政机构的公共机构。实现单位GDP能耗下降16%，低碳产业增加值占比提高到55%以上。构建绿色发展激励机制，建立义乌市生态产品目录清单，在金融信贷等方面优先支持生态产品价值实现重点项目。开展生态系统生产总值(GEP)核算和提升及应用路径研究，逐步将GEP核算工作纳入生态文明建设考核。

七、全力建设文化强市，树立品质生活文明新风尚

23.学深悟透习近平新时代中国特色社会主义思想。持续巩固深化“不忘初心、牢记使命”主题教育成果，深入实施铸魂工程，健全党员干部理论学习教育制度体系。深入挖掘好、守护好、传承好“义乌发展经验”这一习近平总书记留给义乌的宝贵财富，围绕习近平总书记对义乌重要指示批示精神、围绕“义乌发展经验”，结合最新的实践成果系统开展研究阐述，归纳提炼具有普遍指导意义的新时代改革发展经验。持续深化党史学习教育，大力弘扬伟大建党精神、红船精神，强化新时代爱国主义教育。深入实施走心工程，健全党员领导干部理论宣讲体系、基层理论宣传宣讲工作体系，打造一批基层宣讲品牌。实施传承红色基因薪火行动，加强全市红色资源保护利用，推进陈望道、冯雪峰、吴晗故居3个红色教育基地和上溪、大陈两条红色旅游线路建设，守好红色根脉。打造文明实践义乌样板，健全三级新时代文明实践中心体系，以“一镇(街)一品”的“1+14+N”特色理论宣讲队伍为抓手，推动新时代党的创新理论飞入寻常百姓家。

24.推动“规则义乌、义行天下”理念深植人心。巩固提升全国文明城市创建成果，聚焦“礼让斑马线”“垃圾分类”“文明餐桌”等日常小事，提升市民文明素质和社会文明程度。深化“信用义乌”建设成果，推动信用信息在行政审批、金融信贷、营商环境优化等方面的共享和应用，推进全方位诚信、全数据入信、全社会用信，社会诚信度超96%。加强家庭家教家风建设，健全志愿服务体系，注册志愿者人数占全市常住人口的18%以上，志愿者活跃度达到55%以上。持续开展以劳动创造幸福为主题的宣传教育，大力弘扬劳模精神、劳动精神、工匠精神、企业家精神，营造人与人之间互相尊重、互相关心、互相帮助、和睦友好的社会风尚，厚植勤劳致富、共创共富、共创共享的文化氛围。

25.构建高品质文化体育生活圈。推进公共文化数字化应用转型，打造“文E家”“文化礼堂家”等应用场景。持续加大公共文化投入力度，加快市级文体地标项目建设，博物馆新馆、美术馆等建成投用，每万人拥有公共文化设施面积达到4350平方米。构建契合共同富裕要求的基层公共文化服务体系，实施“百千团队”进基层，引进一批高层次文化领军人才，鼓励社会力量参与公共文化服务，扶持培育100名文化能人、100支文艺团队、1000名社会体育指导员、1000名文化志愿者进礼堂、进社区、进企业。深入开展“周周有戏”、送戏下乡等公益演出，“流动书场”等非遗展演，“蒲公英”群文课堂等公益培训讲座，绿道健步走等体育赛事，每年全市举办各类文化体育活动4000场以上，激活镇街、村社文化礼堂、阅读空间等场景活力，构建万众参与、万众共享的“15分钟品质文化生活圈”。

26.擦亮义乌特色文化标志。弘扬“国际商贸文化”，建设10个特色“丝路文化驿站”，中国商贸博物馆建成开馆。深入实施文化研究工程，推进亿年“观音塘恐龙足迹化石遗址”、万年“桥头遗址”、千年“双林寺”开发建设，将云黄山景区、桥头国家遗址公园建设为国家4A级景区，发展佛堂古镇、西门老街、江湾老街、廿三里老街等特色文化街区。开展“义乌文化”唤醒行动，做好朱丹溪中医药文化、义乌红糖制作技艺、南蜜枣加工等非遗传承，打造义乌市文化艺术节、江滨之夜、佛堂“十月十”、义亭“红糖节”等节庆品牌活动10个以上。开展新时代文艺精品创优工程，加快创作电视剧《鸡毛飞上天2》和电影《望道》等一批具有鲜明辨识度的义乌题材影视作品，加大婺剧《信仰的味道》《义乌高华》等精品剧目宣传推广，创作传统戏曲、现代音乐等各类文艺精品10个以上。构建现代文化产业体系，激发文化产品制造贸易、会展等优势产业活力，推动数字文化产业发展，文化产业、旅游业增加值增速、产业规模在全省县（市、区）中保持领先，成功创建国家级全域旅游示范市。

八、迭代升级“党建+单元”巷战体系建设，不断提升市域社会治理现代化水平

27.健全“四治融合”城乡基层社会治理体系。加强党对基层治理的统筹领导，做实街道“大工委”、社区“大党委”制，高质量推进新业态、新就业群体党建工作。全面推进“县乡一体、条抓块统”改革，推动“党建+单元”与基层治理四平台有机融合，打造基层治理“义乌样板”。深化诉源治理，做实矛盾纠纷多元化解机制，做优矛调中心“智哨”平台，解决好群众的“身边小事”，实现90%以上矛盾纠纷化解在镇街、初信初访化解率达到95%以上，保持“无信访积案市”。深化党群服务中心建设提升行动，推进落实城市基层党建“30条标准”，深化“有事找社区”城市服务机制，探索党组织搭台、项目化运作、党员群众广泛参与的“基层党建+微治理”工作新模式。健全完善“一肩挑”后村级权力运行体系，集成运用、迭代升级“村务清廉钉办”、村干部“健康码”，推动村社班子高效运转。完善基层民主协商制度，创新社会治理多元化参与机制，实现政府治理和社会调节、居民自治良性互动。切实抓好“我们的节日”“民族团结进步宣传月”等活动，打造各民族互嵌式社会结构和社区环境。深入实施百村善治工程，50%以上村社达到“善治社区（村）”目标。更加重视社会建设，更好发挥妇联、共青团等组织在社会治理中的作用。

28.高水平建设法治义乌。发挥立法的引领和推动作用，做好全国人大常委会法工委基层立法联系点工作。深化“大综合一体化”行政执法改革，实现综合行政执法覆盖领域60%以上，形成30个以上执法监管“一件事”集成应用场景案例。全面推进重大行政决策目录化管理制度，完善党委政府法律顾问和专家参与政府法律事务机制，争创全国法治政府建设示范市。开展佛堂镇法治化综合改革试点。深入推进执法司法制约监督体系改革，深化办案运行机制和诉讼制度改革，推动行政争议实质性化解，有效破解执行难问题，健全智能化全流程监督管理机制。健全城乡基层治理体系，推广运用外调委、乡贤会等社会多元参与机制，实现政府治理和社会调节、居民自治良性互动。推进“枫桥式”基层站所建设，培育一批具有全省示范引领并可复制推广的基层法治站所。加快构建依法治网体系，推动线上线下一体化治理，全面提升网络安全整体能力。全面建设法治社会，制定实施“八五”普法规划，加快建成普惠均等、便捷高效、智能精准的现代公共法律服务体系。万人成讼率降低到63.6件，律师万人比提高到5.2人，全市民主法治村实现100%全覆盖。

29.深入实施平安义乌十大行动。建立完善

"监测、预警、处置、反馈"数字化风险闭环管控大平安机制，有效防范化解重大风险挑战。建成数字化政治安全中心，健全反恐和打击处置非法宗教及邪教活动机制，深化行业领域扫黑除恶专项整治和长效机制建设，巩固国家安全人民防线，坚守网络意识形态阵地。全面加强经济安全，强化资源、能源、粮食安全保障，坚决守住不发生区域性经济金融风险的底线。健全立体化、法治化、专业化、智能化的社会治安防控体系，稳步推进以"雪亮工程"为龙头的感知体系建设走在全省前列，新建小区实现"智安小区"全覆盖。建立完善"遏重大"工作机制，聚焦"民转刑"案件防控、道路交通安全、遏制较大安全生产事故、电信网络诈骗防范等重点领域开展专项整治，确保不发生恶性"民转刑"案件和重特大交通安全事故，道路交通亡人事故下降10%以上，亿元生产总值生产安全事故死亡率小于0.008人，电信网络诈骗万人发案率低于全省平均值。加快构建"大安全、大应急、大减灾"体系，完善一图一码智控平台建设，全面开展自然灾害综合风险普查与防控，加强应急处置能力建设，打造"党建+应急管理标准化""党建+安全生产标准化"义乌样板。

九、加强组织领导，确保共同富裕成功案例各项任务落到实处

30.加强党的全面领导。坚持把党的政治建设摆在首位，切实增强"四个意识"、坚定"四个自信"、做到"两个维护"。构建"7+2"问题清单亮晒整改机制，全方位重塑组织新形态，建立健全党总揽全局、协调各方的全面领导制度体系，把党的领导贯穿推动共同富裕全过程、各领域、各环节。市委成立社会建设委员会，市委市政府建立以数字化改革锻造高质量发展建设共同富裕示范区成功案例领导小组，认真制定指标体系、工作体系、政策体系、评价体系，实行闭环管理。健全完善选人用人机制，打造忠诚干净担当的高素质专业化干部队伍，提升干部推动共同富裕的素质和能力。统筹推进各领域基层党组织建设，健全城市党建标准体系。推动全面从严治党向纵深发展，落实全面从严治党主体责任、监督责任，着力打造干部清正、政府清廉、政治清明、社会清朗的清廉义乌，营造风清气正的政治生态。强化正风肃纪反腐，一体推进不敢腐、不能腐、不想腐，大力整治群众身边腐败问题和不正之风。健全大监督工作格局，完善纪律、监察、派驻、巡察等各类监督统筹衔接机制，强化纪检监察与组织、司法、财会、审计、统计、群众等监督的贯通协同，构建权责透明、权责统一的体制机制。

31.全面深化数字化改革。以数字化撬动共同富裕体制机制创新取得重大突破性成果，将"1+5+2"体系各项重点任务与共同富裕各项重点任务相融合，建设一体化、智能化公共数据平台，着力打造一批管用好用实用的典型应用，重塑政府、社会、企业和个人关系，构建数字化时代社会关系的新规则、新政策、新机制。推进党政机关整体智治综合应用建设，打造全局一屏掌控、政令一键智达、执行一贯到底、服务一网通办、监督一览无余的数字化协同工作场景。推进数字政府综合应用建设，全面建成"掌上办事之市""掌上办公之市""掌上治理之市"。推进数字经济综合应用，推动全要素、全产业链、全价值链全面连接。推进数字社会综合应用建设，实现社会空间数字化、社会服务共享化、社会政策精准化。推进数字法治综合应用建设，全面提升立法执法司法普法的科学性、高效性、整体性。在发展数字经济、重塑社会协同、优化公共服务、促进城乡文明、创新社会治理等方面形成20个以上共同富裕"大场景小切口"综合应用。

32.构建"多规合一"统筹推进体系。增强谋划在前的意识，加强规划的前瞻性思考，提高共同富裕发展规划的战略性、科学性、引领性。以"多规合一"为基础，坚持"一个市"思维，党建引领、科学布局、多跨协同，着眼全域对组织建设、空间功能、公共资源、土地要素、基本单元等作出制度性安排、系统性优化。创新实施先富带后富"三同步"行动，紧盯缩小地区、城乡、收入差距，系统化建立先富带后富的帮促政策制度。扎实开展缩小城乡差距领域省级试点，主动承担全国性、全省性改革试点、探索示范任务，努力在数字化改革、自贸区建设、国际贸易改革、科技创新等方面先行示范，按照共同富裕导向变革完善各领域各方面政策制度。推进公共服务社会化改革，创新政府购买公共服务方式，完善社会力量办社会事业政策制度。创新完善财政政策制度，加强财政预算绩效管理和中长期规划管理，提高各级财政对锻造高质量发展建设共同富裕示范区成功案例的中长期保障能力。

33.创新完善落实机制。突出改革突破争先，以数字化改革为引领，开展重大突破性改革，破除共同富裕道路的体制性障碍和机制性梗阻。突出项目化滚动推进，以具有竞争力、带动力的标志性项目落地来撬动区域连片发展，带动全域全面提升。突出提升发展平台，做强特色优势，充分发挥义乌在联动推进共同富裕、构建新发展格局中的独特作用，为全省全国共同富裕作出重要贡献。突出问题导向，围绕经济、城乡和治理现代化中存在的问题和群众关心关切的短板弱项重点攻坚，补齐短板，实现共同富裕整体跃升。在全面承接好中央、省委和金华市委部署的一系列工作任务基础上，谋划一批义乌个性化、突破性的载体抓手，组织实施一批原创性改革举措，形成一批具有义乌元素的标志性成果和最佳实践案例。定期组织检查和明察暗访，推动相关工作落实。围绕共同富裕的重大事项开展决策咨询，通过联合共建、委托研究等多种形式，形成一批高质量研究成果。及时总结成功经验、反馈体系效果、形成义乌标准，争取在全省全国推广。

34.凝聚共建共富的强大力量。坚持群众主体、旗帜鲜明地鼓励勤劳致富、率先致富，旗帜鲜明地鼓励先富带后富、先富帮后富，激发实现共同富裕的内生动力。各部门、各镇（街道）要坚决扛起使命担当，压实工作责任，完善工作机制，实施细化量化闭环管理，形成系统集成、精准施策、一抓到底的工作体系。要充分发挥人大、政协以及各民主党派、工商联、无党派人士的积极作用，创新党建带群建工作机制，深化全国共青团基层组织改革综合试点，强化工会、妇联等人民团体动员联系服务群众功能。宣传部门和新闻单位要充分发挥舆论引导作用，及时宣传锻造共同富裕成功案例的新进展、新成效、好经验、好典型，充分激发全体人民促进共同富裕的积极性、主动性、创造性，让每一个人都成为共同富裕的直接参与者、积极贡献者、共同受益者，依靠全体人民的共同奋斗和团结互助，走共建共治共享的共同富裕之路。

关于进一步加快现代农业发展的若干意见

各镇人民政府，各街道办事处，市政府各部门：

为认真贯彻落实中央农村工作会议精神，进一步整合各类要素资源，全面推进农业供给侧结构性改革，统筹推进强镇富村、美丽乡村建设和现代农业发展，不断提高农业经济效益和竞争力，促进农业增效、农民增收，根据全省“一区一镇”建设要求，结合《义乌市美丽乡村建设总体规划》，现就加快发展现代农业提出如下政策意见。

一、总体要求

全面贯彻落实十八大及习近平总书记系列重要讲话精神，深入践行创新、协调、绿色、开放、共享五大发展理念，坚持强基础保供给、重转型促增收，以“一区一镇”建设和现代农业产业园建设为平台，以推进一二三产业融合发展和打造农业全产业链为路径，以提高农产品质量品质为重点，加大政策投入和招大引强力度，全面推进农业供给侧结构性改革，积极推行绿色生产方式，优化农业产业体系、生产体系、经营体系，切实提高农业全产业链收益，努力走出一条绿色生态、特色精品、品牌示范、农旅融合的都市型高效生态农业发展道路。到2020年，全市承包土地流转率达70%以上；粮食播种面积稳定在13万亩以上，粮食产量稳定在5万吨以上；70%以上的集中连片流转土地实现标准化生产；全市创建“国家级”农业龙头企业和国家级示范合作社（联合社）8家以上，中国驰名商标、中国名牌农产品5只以上，力争培育上市农业企业5家以上。

二、大力推进土地流转

土地流转和规模经营是发展现代农业的必由之路。坚持依法、自愿、有偿和因地制宜、用途不变原则，积极引导农业用地向种养大户、家庭农场、农业龙头企业、专业合作社等农业主体集聚，不断提升农业生产规模化、集约化水平，提高土地产出率、资源利用率和劳动生产率。

1.**健全土地流转工作机制**。加快推进农村土地承包经营权确权登记颁证工作，保障农民土地承包权益。进一步完善市、镇街二级土地流转服务平台，做好土地流转服务，规范土地流转行为。鼓励农业用地实行集中连片流转，鼓励农业"两区"内的土地向种养大户等农业主体集中，鼓励通过招商引资推动农业用地向优质主体集聚，鼓励农业用地长期流转或入股经营。积极发挥村级组织在土地流转中的作用，加大土地流转补助力度，市财政对新形成的集中连片面积100亩以上、流转期限在10年以上的土地，按实际流转面积一次性给予土地所属村级组织每亩100元的奖励。（责任单位：农林局、各镇街）

2.**优化土地承包经营权流转农民养老保障政策**。推进土地承包经营权流转农民与被征地农民养老保障制度衔接，实现符合条件的土地承包经营权流转农民可享受被征地农民基本生活保障待遇。逐步实现土地承包经营权流转农民与城乡居民基本养老保险并轨，实现养老保险政策一体化。（责任单位：人社局、农林局）。

3.**加大农业招商力度**。结合强镇富村、美丽乡村建设，鼓励国企、镇街流转"两路两侧"、农业"两区"、新垦造耕地等土地用于项目开发和招商，鼓励国企和农业企业开发建设现代农业产业示范园，努力实现实施一个项目、建一片基地、兴一个产业。积极引导工商资本投资现代农业，大力引进经营方式新、科技含量高的大项目，努力打造一批农业特色小镇。对经产业部门认定的新开发建设用地规模500亩以上的现代农业产业示范园，市财政对土地流转费用给予400元/亩的补助（不超过流转费用的50%），连补三年；对新引进用地规模1000亩以上、投资额一亿元以上的重大农业项目，经有关产业部门认定，可按照"一事一议"政策予以扶持。（责任单位：投资促进局、农林局、农合联、各镇街）

三、加强农业基础设施建设

1.**抓好农田水利设施建设**。全面排查梳理现有农田水利基础设施，加大新建改建修复力度，完善农业灌排体系，努力增加优质田、旱涝保收田。抓好区域"小农水"项目建设，加快实施病险山塘水库除险加固工程，列入市政府下达的农田水利标准化示范镇（街道）创建年度计划项目的，各街道办事处由市财政按工程建安费60%的补助，赤岸、大陈镇补助90%，其他镇补助75%；三年内农田水利标准化示范镇（街道）达标的，再给予工程建安费10%的奖励。强化工程项目管理，在推进园区开发、道路工程等重点工程建设时，必须同步建设农业灌溉渠系，确保渠系畅通。加大耕地保护力度，抓好高标准农田建设，确保粮食功能区优先发展粮食作物。（责任单位：水务局、农林局、国土局）

2.**全面实施沃土工程**。积极实施"藏粮于地、藏粮于技"战略，加大农业"两区"土壤治理，改善农田地力条件，提升农田质量和农业综合生产能力。大力实施标准农田质量提升项目，积极推广使用商品有机肥、测土配方施肥，鼓励农业主体发展冬种绿肥。对农业主体连片50亩以上施用商品有机肥的粮食作物给予每亩100元的补贴，其它作物给予每亩75元的补助；对农业主体实施冬种绿肥的给予每亩75元的补贴，实施配方肥施的给予每亩50元的补贴。（责任单位：农合联）

四、培育壮大特色主导产业

坚持与强镇富村、美丽乡村建设相结合，完善现代农业产业发展规划。大力发展适应义乌土壤气候、具有比较优势的特色产业，加强传统"义乌三宝"和水果、蔬菜基地建设，推进农业生产基地化、产业化、精品化。

1.**加强良种良法试验示范基地建设**。加快新品种新技术试验示范基地建设，加大推广应用农业新品种、新技术、新方式，提升农业生产效益。

经产业部门认定，每年安排3个以上基地开展新品种、新技术试验，并形成成果，根据规模、投入和成果情况，市财政给予每个基地3–5万元的补助。（责任单位：农合联、农林局）

2.*抓好粮食基地建设*。认真抓好现代农业综合园区和粮食功能区建设，大力推进粮食高产示范基地建设，保障粮食安全。整合优化各级财政补助资金，调整完善我市粮食补助政策，建立逐步增长机制，2017年粮食生产补助标准在2016年的基础上提高10%以上，以后每年根据实际情况进行调整。（责任单位：农合联、农林局）

3.*加快推进农业标准化基地建设*。鼓励农民专业合作社、联合社等为主体建设区域性标准化特色农产品基地，实行统一病虫害防治、统一标识（品牌）、统一标准、统一档案管理（四统一），努力打造一批规模化种植、标准化生产、品牌化销售和产业化经营的优质高效、绿色放心的农产品基地。对连片规模500亩以上的标准化特色农产品基地，当年产品检测合格率100%给予每年每亩300元的奖励，对规模100亩以上的蔬菜基地给予每年每亩600元的奖励。（责任单位：农合联、农林局）

4.*开展美丽生态牧场创建*。继续深入开展畜禽养殖污染扩面整治，大力推进美丽生态畜牧场建设，确保全部保留养殖场都达到美丽生态牧场标准，对通过省级美丽牧场验收的养殖场给予10万元的奖励。在美丽生态牧场内积极探索“农户+生态养殖场+信息化管理”的生猪托养模式，鼓励发展相对隔离的、符合农牧一体的生猪托养小区。对实现全程信息化养殖、托养栏舍面积500平方米以上的生猪托养试点小区，一次性给予40万元的奖励；经有资质的第三方认定，符合规定的程序和条件的，可给予适当的生猪托养奖励。（责任单位：农林局）

5.*大力发展休闲观光农业*。坚持农业产业与强镇富村、美丽乡村、全域旅游有机结合，积极推进一二三产业融合发展，培育一批休闲观光项目、精品采摘园区，实现景美、业精、村强、民富。鼓励镇街加强农业项目建设，完善作业道、游步道、灌溉排水系统、停车场等农业公共基础设施。鼓励美丽乡村精品村、特色村和美丽乡村精品线路沿线村庄采取村企合作、村民众筹等方式发展休闲观光农业，壮大村集体经济，带动农民增收致富。对以镇政府、街道办事处为主体实施的公共配套设施建设和农业项目给予实际投资额80%的补助，对村集体为主体实施的农业基础设施项目给予实际投资额60%的补助，对农业主体投资建设的农业基础设施项目给予50%的补助。（责任单位：农林局、农合联）

6.*完善农业保险制度*。发挥农业保险在防范化解农业生产风险、稳定农民收入、落实国家粮食安全战略和宏观调控政策的重要作用。进一步扩大政策性农业保险覆盖面，逐步发展猕猴桃、杨梅、茶叶、旱杂粮、花卉苗木等地方特色农业保险（含商业保险），市财政对义乌地方特色农业保险的保费补助提高到65%，提高农民参保积极性。（责任单位：农合联、农林局）

五、积极培育农业品牌

1.*保护传统优势名品*。加大对义乌“红糖”、“火腿”、“南蜜枣”等传统品牌的保护和培育力度，进一步打响“义乌传统三宝”品牌。鼓励国企和农业龙头企业开展合作，按照食品工业规范，在全市布局若干现代化、标准化的红糖和南蜜枣加工示范基地。经产业部门认定，市财政对新建或改扩建的标准化加工项目，工程建安部分给予实际投资额50%的补助，生产线和技术改造部分给予实际投资额60%的补助。（责任单位：农林局、农合联、经信委、市场监管局）

2.*加强“三品一标”基地建设*。鼓励农业主体开展无公害、绿色、有机农产品（基地）创建和使用农产品地理标志，引导农业主体开展农产品质量安全二维码追溯体系建设。市财政对当年度具有较大规模的且新获得绿色食品、无公害农产品认证的农业基地，分别给予4万元和2万元的奖励，续展或复评通过的减半奖励。（责任单位：农林局、农合联）

3.*积极培育名企名品*。积极鼓励家庭农场、农业龙头企业做强做大，引导农民专业合作社规范化建设，支持农业龙头企业参与农产品基地建设，发展订单生产和农产品精深加工业，提升农业龙头企业的示范带动能力，打造一批国家级、省级龙头企业品牌和知名农产品品牌。加大农业品牌培育宣传力度，支持和鼓励农业企业参加各类展会，打响品牌知名度。对参加上级主管部门安排的农业展会，给予适当补助。对新获得国家级、省级、金华市级农林业龙头企业、示范性合作社、示范性家庭农场称号的，分别给予一次性奖励20万元、10万元、2万元，对新成立的市级农民专业合作社联合社（有完整的服务体系，覆盖全市某一主导产业并正常运行一年以上）一次性奖励10万元。（责任单位：农林局、农合联）

六、加快推进农业生产机械化、智慧化

坚持机械化、信息化、智慧化发展方向，深入实施农业"机器换人"示范工程，加快先进适用农业设施装备推广应用，提升农业设施装备水平，不断提高农业劳动生产率和信息化、智慧化水平。

1.扶持发展设施农业。在符合产业发展规划的前提下，鼓励农业主体大力发展设施农业，提高农业生产抗风险能力和经济效益。市财政对连片2000平方米以上的标准连栋钢架大棚给予每平方米30元的补助（有外遮阴补40元），标准单体钢架大棚给予每平方米10元的补助；1000平方米以上的玻璃温室等农业设施给予每平方米220元的补助。（责任单位：农合联）

2.大力推进"机器换人"示范工程。鼓励农业主体购买先进适用农业机械，积极推进"机器换人"，不断提高劳动生产率。对购置列入浙江省农机购置补贴产品目录内的主要大型农业机械，在中央、省市直补的基础上，市财政再按上级补贴额的30%予以配套。列入"机器换人"示范创建项目的，对中央、省直补目录之外的机具给予不超过购置价50%的补助；对通过评审认定的市级"机器换人"示范基地每个给予8万元的奖励。（责任单位：农合联、农林局）

3.大力发展智慧农业。积极引导农业主体接入云平台，推广使用自动化智能化设施、农用物联网、农用无人机等装备，实现农业生产全过程监测监控，加强土壤水分、气体、肥水检测和自动调湿、调温、调气、控肥等作业，提高农业生产智能化水平。对列入市农业智能信息化示范点建设的，对农业主体购置的农业智能信息化机械与设施给予购置价50%的补助。（责任单位：农合联、农林局）

七、加强对发展现代农业的工作领导

1.加强组织领导。各镇街、各单位要高度重视"三农"工作，切实把加快发展现代农业摆上重要日程，强化组织领导，加大支持力度，强化督促检查，努力推进义乌农业持续健康向好发展。

2.强化责任落实。各责任部门要进一步加强部门协作，形成工作合力，按照本意见要求，进一步细化工作方案，制订具体实施细则。各镇街要高度重视发展现代农业，切实担负起推进农业增效、农民增收的主体责任。各镇街和相关部门要加大政策宣传，让广大农业主体全面了解各级扶农政策，切实把政策落到实处，让更多的农民享受到政策好处。

3.加强指导培训。加大农业实用技术培训，着力培养一批农业实用技术人才和农民企业家。加大力度培育新型职业农民，积极推进产教融合、校企合作和集团化办学，鼓励现代青年、大学生、工商业主返乡创业。

4.强化要素保障。建立市财政支农投入长效增长机制，全方位整合各级财政支农资金，提高财政支农资金使用绩效。积极鼓励农业主体向上争取扶持资金，对获得国家、省财政扶持资金的项目，补助标准上浮20%（上浮金额以上级补助资金为上限）。各镇街特别是农业大镇，可根据本区域产业特点给予配套扶持。坚持"政府主导，企业主体"，积极构建多元化投入机制，鼓励社会力量、工商业主加大农业投入。加大设施农用地保障，各镇街对符合条件的农业主体及时足额审批设施农用地。

本意见自印发之日起施行，已有规定与本意见不一致的，按本意见执行。本意见下发之前已立项实施的项目，继续按原政策执行。

义乌市人民政府办公室

2021年5月19日

义乌市夜间经济示范街区和示范点标准（试行）

为深入贯彻落实《义乌市人民政府办公室关于印发义乌市加快夜间经济发展工作方案的通知》（义政办发〔2020〕62号），打造示范样板，指导夜间经济集聚区域完善空间规模、业态特点、服务特色、配套设施等，提升义乌夜间经济整体品质与形象，特制定本标准。

一、夜间经济示范街区标准

1.*街区影响*。具有鲜明的定位和特色夜间活动，有较高的知名度和品牌影响力，成为市内外消费者、商务旅游客群消费目的地，日均客流量一般不低于2000人次。

2.*业态结构*。街区商业氛围浓厚，具有购物、餐饮、休闲、文娱、旅游、培训、住宿、健身等夜间消费类型5种以上。

3.*营业时间*。街区可根据不同季节、节假日调整经营时间，其中每年5月至10月闭市时间一般应在23时以后，11月至转年4月闭市时间一般应在22时以后。

4.*街区规模*。街区长度应不小于300米或商业经营面积不低于20000平方米，且商家数量不少于50家。

5.*街区管理*。法人运营管理机构，配置专职管理人员，维护街区经营秩序，积极对外开展街区展示宣传，组织、支持商家开展主题商业促销活动；商户依法办理相关证照，并在经营场所明示。

社区等管理机构对业态布局自然形成、业户管理松散的商业街区进行有序管理。

6.*街区环境*。在符合城市规划的前提下，鼓励设计街区IP及进行视觉设计，在主要出入路口应设置显著的街区标志，在主要节点设置街区导引图或电子导视屏，门店牌匾、广告、临街外墙装修装饰等与街区整体风格保持协调。符合城市管理、环保、卫生、交通、治安和消防等规定要求。对周边生活无噪声、油烟等环境污染。

7.*夜景灯光*。按照街区特色和风貌，统筹实施道路照明、景观照明和建筑照明，做到灯光错落有致、分布合理、重点突出，具有美观舒适的视觉效果。

8.*配套设施*。街区水电气供给、雨污分流排放、餐饮油烟处理、垃圾分类处理等配套设施完善，配备卫生清洁的卫生间等公用服务设施。

二、夜间经济示范点标准

1.*区域影响*。具有鲜明的定位和特色夜间活动，有一定的知名度。

2.*业态结构*。商业氛围浓厚，以购物、餐饮、休闲、文娱、旅游、夜播等某一夜间经营业态类型为主。夜间停止营业时间不早于23时。

3.*经营规模*。商业经营面积不低于10000平方米；夜晚人流量日均达到1000人以上。

4.*管理机制*。有日常运营管理机构，配置专职管理人员，维护经营秩序，积极对外开展展示宣传，组织、支持商家开展主题商业促销活动。

5、*形象标识*。应有设计美观的标识，主要入口应设立显著的标志。

6.*夜景灯光*。夜间照明做到灯光错落有致、分布合理、重点突出，具有美观舒适的视觉效果。

7.*配套设施*。水电气供给、雨污分流排放、餐饮油烟处理、垃圾分类处理等配套设施完善，配备卫生清洁的卫生间等公用服务设施。

8.*环境要求*。符合城市管理、环保、卫生、交通、治安和消防等规定要求。对周边生活无噪声、油烟等环境污染。

义乌市发展夜间经济工作领导小组办公室

（义乌市商务局代章）

2021年7月30日

2021年义乌市重要文件选目

2021年中共义乌市委员会文件选目一览表

表27

发文字号	文件标题
义委发〔2021〕2号	关于制定义乌市国民经济和社会发展第十四个五年规划和二〇三五年远景目标的建议
义委发〔2021〕17号	关于坚持和深化“义乌发展经验”以数字化改革锻造高质量发展建设共同富裕示范区成功案例的决议
义委发〔2021〕18号	关于印发《义乌以数字化改革锻造高质量发展建设共同富裕示范区成功案例实施方案（2021—2025年）》的通知
义委发〔2021〕20号	关于印发《深化生态文明示范创建高水平建设新时代美丽义乌规划纲要（2021—2035年）》的通知
义委发〔2021〕22号	关于印发《中国共产党义乌市委员会工作规则》的通知

（市委办）

中共义乌市委办公室2021年文件选目一览表

表28

发文字号	文件标题
义委办发〔2021〕4号	关于印发《义乌市党政领导干部食品安全责任制工作清单》的通知
义委办发〔2021〕5号	印发《关于加强和改进新时代档案工作的实施意见》的通知
义委办发〔2021〕7号	关于印发《义乌市高水平推进生态文明建设走在前列引领高质量绿色发展两年行动计划》的通知
义委办发〔2021〕12号	关于成立义乌市数字化改革领导小组的通知
义委办发〔2021〕13号	关于坚决打赢遏制较大生产安全事故攻坚战的通知
义委办发〔2021〕22号	关于重新公布义乌市应对新型冠状病毒肺炎防控工作领导小组的通知
义委办发〔2021〕27号	关于召开中国共产党义乌市第十五次代表大会的通知

（市委办）

2021年义乌市人民政府文件选目一览表

表29

发文字号	文件标题
义政发〔2021〕2号	关于鼓励工业企业实现倍增推动制造业高质量发展的若干意见
义政发〔2021〕4号	关于进一步落实公共交通优先发展战略的实施意见
义政发〔2021〕5号	关于表彰2020年度金融机构考核先进单位的通知

续表 29

发文字号	文件标题
义政发〔2021〕6号	关于公布2020年度工业企业“五十强”的通知
义政发〔2021〕7号	关于印发义乌市工业用地全生命周期管理实施办法的通知
义政发〔2021〕8号	关于给予骆光丰同志个人记功的决定
义政发〔2021〕9号	关于公布义乌市重要水域名录的通知
义政发〔2021〕13号	关于印发义乌市突发事件总体应急预案的通知
义政发〔2021〕17号	关于公布2020年度工业亩产效益综合评价A类企业名单的通知
义政发〔2021〕31号	关于公布全市重点货运源头单位的通知
义政发〔2021〕32号	义乌市人民政府义乌市人民法院关于印发《义乌市行政争议化解工作规程》的通知
义政发〔2021〕37号	关于公布义乌市农业龙头企业名单的通知
义政发〔2021〕38号	关于公布2020年义乌市“十佳”农业龙头企业名单的通知
义政发〔2021〕39号	关于公布2021年度义乌市园林式居住区（单位）名单的通知
义政发〔2021〕41号	关于表彰2021年度义乌市政府质量奖获奖企业的通报
义政发〔2021〕42号	关于综合行政执法事项划转的公告

（市府办）

2021年义乌市人民政府办公室文件选目一览表

表30

发文字号	文件标题
义政办发〔2021〕3号	关于进一步加强企业用工保障的意见（试行）
义政办发〔2021〕4号	关于推进医养结合发展工作的实施意见
义政办发〔2021〕5号	关于加快推动生物医药产业高质量集聚发展的七条意见
义政办发〔2021〕6号	关于规范经济适用住房上市转让和回购管理的实施意见
义政办发〔2021〕8号	义乌市政府质量奖管理办法
义政办发〔2021〕9号	关于公布2020年度义乌市金融机构考核结果的通知
义政办发〔2021〕10号	关于印发义乌市加快进口贸易促进创新示范区建设实施方案的通知
义政办发〔2021〕11号	关于印发义乌市白蚁防治工作实施方案的通知
义政办发〔2021〕12号	关于义乌市工程建设项目涉及矿产品处置工作的意见（试行）
义政办发〔2021〕13号	关于印发义乌市进一步加强塑料污染治理实施办法的通知

续表 30

发文字号	文件标题
义政办发〔2021〕14号	关于印发义乌市创建省级渔业健康养殖示范县实施方案的通知
义政办发〔2021〕15号	关于印发2021年政府工作报告重点工作责任分解的通知
义政办发〔2021〕16号	关于做好农函大2021年招生和培训工作的通知
义政办发〔2021〕17号	关于下发2021年一般性工程投资项目建设计划的通知
义政办发〔2021〕18号	关于印发2021年度重大行政决策事项目录的通知
义政办发〔2021〕19号	关于挂牌整治2021年度重大火灾隐患单位的通知
义政办发〔2021〕21号	关于印发义乌市电子商务进农村综合示范工作实施方案的通知
义政办发〔2021〕22号	关于聘请王利明等担任市政府法律顾问的通知
义政办发〔2021〕23号	关于印发义乌市重大行政决策程序规定（试行）的通知
义政办发〔2021〕24号	关于印发2021年义乌市政务公开工作要点的通知
义政办发〔2021〕25号	关于公布义乌市第八批非物质文化遗产代表性项目名录的通知
义政办发〔2021〕26号	关于印发坚决制止耕地“非农化”防止耕地“非粮化”稳定发展粮食生产工作方案的通知
义政办发〔2021〕27号	关于印发义乌市集中式饮用水水源地突发环境事件应急预案的通知
义政办发〔2021〕28号	关于公布义乌市实行告知承诺制事项清单的通知
义政办发〔2021〕30号	关于加强“十四五”期间年森林采伐限额管理的通知
义政办发〔2021〕31号	关于印发《义乌市大型群众性活动事故应急预案》的通知
义政办发〔2021〕32号	关于印发《义乌市推动环境污染问题发现机制落地见效专项工作方案》的通知
义政办发〔2021〕34号	关于印发义乌市“科创中国”省级试点实施方案的通知
义政办发〔2021〕35号	关于印发2021年义乌市金融系统支持地方经济发展考核办法的通知
义政办发〔2021〕36号	关于印发义乌市高标准农田建设工程两年计划实施方案（2021—2022年）的通知
义政办发〔2021〕37号	关于印发义乌市水事纠纷应急预案、城市供水突发事故应急预案的通知
义政办发〔2021〕38号	关于印发《义乌市“小微企业三年成长计划”（2021—2023年）》的通知
义政办发〔2021〕39号	关于印发《义乌市药品安全事件应急预案》的通知
义政办发〔2021〕40号	关于印发义乌市水资源集约安全利用综合试验区实施方案的通知
义政办发〔2021〕41号	关于印发《义乌市重大道路交通事故应急处置预案》的通知

续表 30

发文字号	文件标题
义政办发〔2021〕42号	关于印发《义乌市建设工程生产安全事故应急预案》的通知
义政办发〔2021〕43号	关于印发《义乌市防汛防台抗旱应急预案》等4个应急预案的通知
义政办发〔2021〕45号	关于印发《义乌市石油天然气长输管道突发事件应急预案》《义乌市市场价格异常上涨事件应急预案》的通知
义政办发〔2021〕46号	关于高质量推进义乌气象现代化建设的实施意见
义政办发〔2021〕47号	关于印发《义乌市城镇燃气突发事故应急预案》的通知
义政办发〔2021〕48号	关于印发《义乌市地震应急预案》《义乌市矿山事故应急预案》《义乌市危险化学品事故应急预案》的通知
义政办发〔2021〕49号	关于印发《义乌市突发事件治安维护应急行动方案》的通知
义政办发〔2021〕50号	关于印发《义乌市粮食安全应急预案》的通知
义政办发〔2021〕51号	关于印发义乌市农村生活污水治理“强基增效双提标”行动工作方案（2021—2025年）的通知
义政办发〔2021〕52号	关于印发《义乌市突发急性呼吸道传染病事件应急预案》《义乌市突发公共事件医疗卫生应急救援预案》的通知
义政办发〔2021〕55号	关于印发《义乌市重大火灾事故应急处置预案》的通知
义政办发〔2021〕56号	关于印发《义乌市特种设备事故应急预案》的通知
义政办发〔2021〕57号	关于印发《义乌市突发重大动物疫情应急预案》《义乌市农作物生物灾害应急预案》的通知
义政办发〔2021〕58号	关于印发《义乌市国民经济和社会发展第十四个五年规划和二〇三五年远景目标纲要》的通知

（市府办）

索 引

说 明

一、本年鉴索引采用主题分析方法排列，由主题词索引、图表索引两部分组成，全书“大事记”“附录”未做索引。

二、主题索引中文标目按汉语拼音字母顺序排列，同音字按笔画数从少到多排列。首字相同，按第二字音序排列，依次类推。

标目后的阿拉伯数字表示内容所在页码，abc表示所在栏位置。标目后有多个页码的，则表示相关信息在这些页码中均出现，类目标题用黑体字表明。

三、图表索引分按所在页码顺序排列，并标注所在页码。

主题词索引

D

E

F

J

L

M

N

Y

Z

图表索引